北京石景山年鉴(2011)

Beijing Shijingshan Almanac(2011)

北京市石景山区人民政府　主办
北京市石景山区地方志办公室　承编

中　华　书　局

图书在版编目（CIP）数据

北京石景山年鉴. 2011/北京市石景山区地方志办公室编.
—北京：中华书局，2011.10
ISBN 978—7—101—08128—2

Ⅰ. 北… Ⅱ. 北… Ⅲ. 石景山区—2011—年鉴
Ⅳ. Z521.3

中国版本图书馆 CIP 数据核字（2011）第 159346 号

责任编辑：朱　慧

北京石景山年鉴 2011
北京市石景山区地方志办公室编
*
中 华 书 局 出 版
（北京市丰台区太平桥西里 38 号　100073）
http://www.zhbc.com.cn
E-mail:zhbc@zhbc.com.cn
廊坊市金虹宇印务有限公司印刷
*
787×1092　1/16　37.625 印张　54 插页　1 329 千字
2011 年 10 月第 1 版　　2011 年 10 月第 1 次印刷
印数：1500 册　　定价：180.00 元

ISBN 978—7—101—08128—2

《北京石景山年鉴》编辑部

王亚智	王志坚	王秀荣	王松岩	王桂洋	王琳琳
王椿淋	王慧琴	邓志宏	乐园	付皓飞	代蓉
田未来	白雪松	白墨菊	石硕	任群	刘凯
刘泽	刘娟	刘燕	刘会生	刘建新	刘润荣
刘爱君	刘清泉	刘鸿静	孙琳	孙凤玲	孙金梅
孙晓亮	安侠	巩云鹏	朱莹	祁强	许晓峰
邢瑞华	邬玉	闫静	齐忠	严峻	何艳珺
吴彬	吴芝蒸	吴英莉	吴展标	张才	张旭
张涛	张清	张霞	张慧	张小军	张书克
张守余	张建国	张树华	张桂清	李威	李思
李夏	李莹	李菲	李滢	李瑾	李蕾
李世民	李艾娟	李如松	李江宁	李晓红	李桂芝
李淑萍	李鹏宇	杜悦	杜群	杜玉敏	杜志刚
杨丹	杨琳	杨文彪	杨晨琛	陈坤	陈茂全
陈海彦	周烈	孟庆亮	尚颖	尚宏瑛	庞宏
苗天娥	范金慧	范爽斐	范璐丹	郑宇	郑玉伟
郑文靖	侯世玺	姜葵葵	战菲	战天宇	段娜
炼立颖	胡浩	胡成杰	赵莹	赵勤	赵国廷
赵超英	赵建立	郝庆军	郝亚丽	唐艳	夏阳
徐卫东	徐艳丽	徐晓东	徐莹莹	耿增军	贾海艳
郭静	郭文翠	郭淑菊	郭燕艳	钱昌照	高文学
高嘉璐	崔乐	崔鑫	崔建国	康楠	曹红
曹颖	曹建峰	梅雪峰	黄杰	彭燕玲	曾海河
程华祥	程怀宇	董湘	董海峰	蒋丽丽	谢莹
甄珍	蒙巍	路庆华	靳献乐	翟剑	翟国鑫
樊颖	霍醒文				

编纂说明

一、《北京石景山年鉴》以马列主义、毛泽东思想、邓小平理论、“三个代表”重要思想为指导，深入落实科学发展观，把握地区“大调整、大建设、大发展”工作主基调，遵循实事求是的原则，如实记载石景山区改革开放取得的新成就、新经验以及出现的新情况、新问题，力求体现中国特色、时代特征、石景山特点，科学反映客观情况。

二、《北京石景山年鉴》是石景山区人民政府主办、区地方志办公室按年编纂、连续出版的大型综合性、实用性、权威性、资料性工具书，是石景山区政治、经济、文化、社会等领域信息的总汇；为各级领导决策提供可资参考的依据，为各行各业提供有价值的资料，为各界人士及海内外客商了解、研究石景山区提供丰富可靠的信息；同时为修编《北京市石景山区志》积累史料。

三、年鉴收录范围以地域为界，凡在石景山区境域之内的部门单位、各行各业，不论其性质、隶属关系和级别。均在收录之列。本卷以详记区属各系统、各单位情况为主，适当记述辖区内中央、市属单位情况，突出主题而又概括全貌。

四、年鉴所收录资料信息的主要形式为文字（文章和条目）、数据（表格）、图片，采用分级分类编纂法，以条目体为主，用规范的语体文直陈其事，文字力求言简意赅。按栏目、分目、次分目、条目四级结构层次编排，以条目为主要载体。本卷共分栏目30个、分目131个、次分目190个、条目2090个，彩页52幅、表格60张。全书总计约132.9万字。

五、年鉴主体部分的栏目设置与编排，与上年基本保持一致，略作微调。本鉴分为：总述、特载、专文、大事记、中共石景山区委员会、石景山区人民代表大会、石景山区人民政府、政治协商会议石景山区委员会、纪检·监察、民主党派·工商联、人民团体、政法、军事、综合经济管理、财税·金融、中央市属驻区企业、商业贸易、旅游业、规划建设、城市管理、科学技术、教育、文化·传媒、医疗卫生、体育、社会事业、社会建设、人物、统计资料、附录等30个栏目。按政治、经济、文化、社会的顺序，依次排列。

六、《北京石景山年鉴》从2007年开始逐年编纂，2011卷为总第7卷。本年鉴由于处在“十一五”收官之年，特收录少量五年回顾情况。其他内容记述时限均为2010年1月1日至12月31日，本卷中凡未注明年份的事物，均为2010年内所发生。记录的石景山区党、政、军、民主党派、团体、街道、企事业单位负责人任职情况，一律以2010年12月31日在册统计为准。

七、本年鉴所用文章和条目，部分由区属各部门和驻区有关单位确定专人撰写或提供，并经撰稿单位主管领导审核；符合保密要求；撰稿人随文署名，以示尊重其劳动成果并文责自负；部分由编辑部依据有关资料自行撰写。综合性统计资料由区统计局提供，业务部门的统计数字则由各主管部门提供，凡因统计口径、方法、时间不同造成条目中数据不一致时，均以区统计局资料为准。图片由各单位提供。

八、《北京石景山年鉴》卷首有“总目”和“目录”，卷尾有“索引”。索引采用主题分析索引的方法，按主题词首字汉语拼音字母顺序排列。为便于涉外交流，年鉴“总目”采取中英文对照。

九、本年鉴由《北京石景山年鉴》编辑部负责编辑、加工文字和版式设计。在编辑出版工作中，得到全区各单位及各方面的大力支持和配合，也得到中国版协、市志办领导和专家的悉心指导，在此谨表诚挚谢意，同时希望进一步得到关注与帮助。年鉴中存在的疏漏讹误之处，恳请读者批评指正。

编　者

2011年9月

中共中央政治局委员、国务院副总理王岐山到石景山游乐园调研

中央政治局委员、市委书记刘淇为燕山水泥厂保障性住房开工奠基

市长郭金龙走访慰问军烈属及残疾人家庭

市人大常委会主任杜德印听取中关村园石景山园建设规划情况

区委书记荣华到军区调研

区人大主任赵玉民视察节能
减排和控制大气污染工作

区长周茂非在市第六届金
融博览会石景山展区调研

区政协主席倪国锋视察重点工程建设

十一五回顾—党的建设
SHI YI WU HUI GU-DANG DE JIAN SHE

共产党员代表庄严承诺

荣华到社区调研“我是党员我承诺”活动开展情况

服务站工作人员为新居民发放计生用品

社区退休党员组成的金色亲情服务队进行现场服务

在创先争优活动中举行群众心
目中的好党员先进事迹报告会

社区党委换届实行公推直选

党代表接待群众来访

学习实践活动动员大会

在街道层面成立社会工作党委

十一五回顾—经济建设
SHI YI WU HUI GU-JING JI JIAN SHE

经济发展推进大会

荣华调研中关村石景山园建设情况

中铁建设集团乔迁庆典

投资说明会

中国（北京）数字娱乐产业高层论坛

万千百货

❖ 十一五回顾—城市建设
SHI YI WU HUI GU-CHENG SHI JIAN SHE

靓丽石景山

西五环现代娱乐区

远洋山水小区夜景

莲花池西路衙门口段新景

十一五回顾—城市建设

SHI YI WU HUI GU-CHENG SHI JIAN SHE

万达广场

北京台湾街

T S M商务区

四通八达的城市交通

十一五回顾—社会建设
SHI YI WU HUI GU - SHE HUI JIAN SHE

“世界城市.社会建设”论坛，社会建设领域知名专家学者、中央部委和市委、市政府部门领导、北京各区县的有关负责人出席论坛

游乐园狂欢之夏

八大处重阳游山会

万达电影城

石景山区图书馆

法海禅寺之夜

青少年活动中心

石景山区人民代表大会常务
SHI JING SHAN QU REN MIN DAI BIAO DA HUI CHA

区十四届人大五次会议

纪念人大常委会设立30周年座谈会

人大领导视察人口普查工作

区委第三次人大工作会议

人大领导调研"十二五"规划编制情况

"代表之家"揭牌仪式

石景山区人民检察院
SHI JING SHAN QU REN MIN JIAN CHA YUAN

“名家讲坛”诉讼监督专题系列讲座

党组书记、检察长进首都之窗接受记者采访

与怀柔区检察院共同举办第四期法治沙龙

京西法治沙龙暨“检察机关执法理念与执法效果”专题研讨会

成功化解矛盾，当事人对检察院工作表示感谢

依靠群众、反腐倡廉、服务大局宣传

石景山区人民法院
SHI JING SHAN QU REN MIN FA YUAN

法院接受人大代表、政协委员询问、咨询活动

全国人大代表、首钢总公司党委书记、董事长朱继民到法院就首钢搬迁停产后的相关法律问题座谈交流

十四届人民代表大会第五次会议全票通过法院工作报告

法院“全国先进工作者”魏长朋同志、“北京市先进工作者”张鹏同志受到区委隆重表彰

最高法院政治部主任周泽民莅临检查司法警察警示教育活动开展情况

法院二个案件被评为区政法系统十大精品案件

首钢集团
SHOU GANG JI TUAN

中共中央政治局委员、国务院副总理张德江参观京西重工展台

炼铁厂

第二炼钢厂

中厚板轧钢厂

首钢集团
SHOU GANG JI TUAN

京唐钢铁公司2号高炉开炉仪式

动力厂

型材轧钢厂

高速线材厂

截至年底，首钢北京石景山钢铁主流程实现安全、经济、稳定停产。

首钢集团
SHOU GANG JI TUAN

市长郭金龙、副市长苟仲文等领导在首钢调研

迁钢公司1580毫米热轧生产线

氧气厂

京唐钢铁公司1700毫米生产线

焦化厂

首钢集团
SHOU GANG JI TUAN

鲁家山垃圾分类处理焚烧发电项目奠基仪式

辽东硼铁资源综合利用产业基地建设正式启动

石景山区司法局
SHI JING SHAN QU SI FA JU

副市长、市法制宣传教育领导小组副组长
刘敬民带队检查验收“五五”普法工作

举行“小手拉大手”家庭法律知识大赛

第一届律师代表大会第一次会议

“崇尚法律，共筑和谐”主题
法制宣传咨询周活动启动仪式

八角司法所工作人员深入社区进行走访

总　目

MAIN CONTENTS

目　录

总　述

特　载

专　文

大事记

中共石景山区委员会

政治协商会议石景山区委员会

纪检·监察

民主党派·工商联

人民团体

政 法

军　事

综合经济管理

财税·金融

中央市属驻区企业

旅 游 业

规 划 建 设

城市管理

科学技术

教 育

文化·传媒

医疗卫生

体 育

社 会 事 业

社会建设

人 物

统计资料

附录

总 述

石景山概览

石景山区位于本市市区西部。因“燕都第一仙山石景山”而得名。地理坐标为北纬 39°53′～39°59′，东经 116°07′～116°14′。东至玉泉路与海淀区毗连，南抵张仪村与丰台区接壤，北倚克勤峪与海淀区为邻，西濒永定河与门头沟区相邻，东西宽约 12.25 千米，南北长约 13 千米，全区总面积 84.38 平方千米，常住人口 61.6 万人，其中户籍人口40万。区域内山地面积占23%，城市绿化覆盖率为47.2%。人均绿地面积达 73.18 平方米，是连续十几年的全国和北京市绿化先进城市(区)。

石景山区最东端距天安门 14 千米，是地铁一号线西起点，它纵贯东西，加之横穿南北的五环路，以及四通八达的城市主干线、快速路，构成立体便捷的城市路网，为文化创意、休闲娱乐、商务金融、高新技术、旅游会展等五大产业发展提供有利条件。同时，又是海淀、丰台、门头沟三区重要连接点，是京西板块空间关键支撑点，是城市总体规划确定“一轴一带”的结合点，战略地位十分突出。根据北京城市空间发展规划的调整和城市功能转变，随着首钢搬迁，从传统工业区转变为绿色生态区，从第二产业“一枝独大”到高端产业“集聚发展”。年内，先后获批“国家服务业综合改革试点区”、“国家可持续发展实验区”，中关村石景山园创建“中关村国家自主创新示范区”特色园区，为全区经济社会全面转型、科学发展注入强大动力。

全区上下推动战略转型和经济社会发展，圆满完成了“十一五”规划确定的各项任务，圆满完成了 CRD 建设第一步发展任务，首都文化娱乐休闲区建设初见成效。加快经济发展方式转变，区域经济实现了平稳较快发展。截至年底，地区生产总值完成 280 亿元，同比增长 15%；第三产业实现增速 12%以上，三产比重达到 56%；区级财政收入完成 19.1 亿元，同比增长 5%；全社会固定资产投资完成 154.4 亿元，同比增长 13.3%；社会消费品零售额完成 217.6 亿元，同比增长 23.7%；居民人均可支配收入达到 28051 元，同比增长 9%；城镇登记失业率为 9%。

新兴产业迅猛发展。文化创意产业集聚发展，以搜狐畅游为代表的龙头企业继续快速发展，以华录文化为代表的新兴企业迅速抢占国内市场，文化创意企业超过 2700 家，实现收入 160 亿元，同比增长 25%以上。高新技术产业快速发展，认定中关村高新技术企业 1806 家。商务金融产业发展取得突破，设立创业投资引导基金，引进商务金融企业 50 家，发行全国首支文化创意企业集合票据和中小企业集合信托，贵金属交易所正式营业，保险交易所试营业，特许经营权交易所建设积极推进，石金小额贷款公司发放贷款 2.6 亿元。旅游会展、休闲娱乐产业加速发展，北京台湾街开街，游乐园酒吧街主体完工，洋庙会等老品牌旅游市场地位进一步巩固，北京台湾美食文化节等新活动品牌效应逐步显现，发放 CRD 卡 4.1 万张，带动消费 5.6 亿元。实现旅游业综合收入 18 亿元，同比增长 20%，接待人数 950 万人次。

经济活力更加彰显。加大投资力度，38 个土地储备项目投资 82 亿元。安排重大项目 108 个，22 个重大项目被纳入市绿色审批通道，十项重点工程全部开工建设。拓宽融资渠道，与 13 家银行签署战略合作协议，意向融资额达到 520 亿元。向市政府各部门争取政策性资金 21 亿元。进一步整合区域商业资源，成立石景山区商业联合会。消费市场保持活跃，社会消费品零售额增速排名全市第一。消费结构加速升级，汽车、家电消费比重继续扩大，达到 57%，同比增长 8%。外贸出口完成 3.8 亿美元，同比增长 41%。各类市场主体快速增长，总量突破 4 万户，同比增长 7%。深化国企改革，国有经济良性发展，区属国有企业实现收入和税收同比增长 33%和 14%。集体经济健康发展，收入同比增长 12%，4 个重点产业项目建成并投入使用。投入资金 3327 万元，扶持中小企业、非公经济发展。

区域发展趋向协调。加强土地集约利用，《石景山区土地利用总体规划(2006-2020年)》通过市政府审批。整合长安街西延线、阜石路、莲石路和永定河周边可利用土地28处,约650公顷。初步完成“天泰山·水岸绿都”规划发展定位研究,产业布局进一步明确,发展主题概念更加丰富。西部地区固定资产投资同比增长2倍。西山国际文化小镇等项目扎实推进。完成五里坨地区路网控规调整。

招商引资成效显著。召开第四次经济发展推进大会,落实扶持企业资金2亿元,再掀招商引资热潮。加强宣传推介,打造“中国数字娱乐第一区”新形象,搜狐宣传网页点击量突破2800万人次,举办数字娱乐产业高层论坛等推介活动,积极参加京港洽谈会、中国改革与发展论坛等高端活动,CRD知名度和美誉度持续提高。完善招商引资政策,制定石景山区鼓励民营总部经济发展暂行办法等文件。与海航集团等3家企业签署战略合作协议。新引进企业1408家,同比增长16%。招商引资企业实现税收16亿元,入区财政5.1亿元。

功能区建设进展顺利。银河商务区CRD银座入驻,紫御国际、北方中惠国际中心开工建设,E地块完成上市交易,L、K地块一级开发建设扎实推进。京燕酒店商务区融科创意产业中心开工建设,南园大厦完成外立面装修。TSM商务区基本建成,茂华集团总部、华录公司入驻。苹果园交通枢纽商务区、京西会展商务区、国际雕塑园商务区开工建设。

园区实现快速发展。制定促进园区产业集聚和企业发展办法,发展专项资金提高到5亿元,全面覆盖CRD五大主导产业。完善企业服务体系,创业板企业培育中心作用进一步增强,3家企业实现上市,6家企业筹备上市。新引进企业856家,巨人征途、盛大无线、趣游科技等知名文化创意企业落户我区。全年预计实现收入和税收突破400亿元和10亿元,同比增长30%以上,增速继续保持“一区十园”首位,“中关村国家自主创新示范区特色区”品牌初步树立。

科技创新更加深入。高水平建设“国家科技进步示范区”,区生产力促进中心被认定为国家级示范生产力促进中心,北京建材总院获批建设国家级重点实验室,阿尔西公司入选国家级专利试点企业,中科博联公司获得国家“863计划”资金支持,我区首家博士后科研工作站落户东方信联公司。引进行业领军人才13名。完善知识产权服务保护体系,成立保护知识产权举报投诉服务中心,全区企业技术交易额14.4亿元,同比增长1倍,专利授权量931件,同比增长2倍。

节能减排效果突出。成立应对气候变化及节能减排工作领导小组。京能热电等节能改造项目获得国家节能技术改造奖励。实施“绿色照明工程”,推广高效照明产品72万支。万元地区生产总值能耗下降3.2%,荣获“中国改革十大低碳示范单位”称号。严格落实空气质量保障措施,完成环保十件实事,新建空气质量自动监测站5个。强化污染源监管,扎实推进污染减排,空气质量二级和好于二级天数达到247天,实现了连续五年持续改善。继续推行垃圾分类处理和垃圾减量化工作,生活垃圾减量1万吨。完成绿化面积41.5公顷,绿化覆盖率达到48.6%。

重大项目有序推进。充分发挥重大项目推进和环境整治指挥部作用,加强组织领导,实行区领导分工负责制。中关村科技园区石景山园南区确定概念性规划方案,启动控规调整,北京国际绿色展示推广交易中心落户绿能港。北一区住宅拆迁完成80%,西井地块签署征地协议,60亩创意产业基地完成控规调整,新媒体基地中区竣工、南北区主体结构封顶。中国动漫游戏城完成北京市文化创意产业集聚区认定,土地一级开发方案初步确定,中国动漫集团有限公司入驻中铁大厦,1.7万平方米的先期启动项目竣工。意向入驻企业400余家,310家先期入驻园区。西部地区土地一级开发进展顺利,五里坨建设组团项目完成投资44.3亿元,拆除房屋面积35.6万平方米,占总建筑面积的93%。西山木材厂项目完成上市交易,南宫住宅小区基本达到上市条件。永定河绿色生态发展带石景山段建设顺利推进,莲石湖完成蓄水。

基础设施建设全面提速。重点道路建设扎实推进,阜石路二期、黑石头村路竣工通车,五里坨路、新隆恩寺路加快建设,杨庄大街一期开工建设。投资2632万元,完成五里坨西路北段等13条道路大修工程。完成高井排洪沟渠综合治理和小流域治理工程,铺设、改造供排水管线25.1公里,完成10条道路雨污水管线改造。积极推进五里坨污水处理厂、自来水厂和热力管网项目,加快南马场水库大坝消隐加固工程建设。启动永乐东、西小区等配电网改造工程。投资7000万元,大修更新供热设施241处,改造18个老旧小区供热管网,惠及居民3万户。启动“三网融合”示范工程,免费发放高清交互机式顶盒8万台,推动物联网应用,完成“智慧北京”物联网基础设施试点工程,实现有线电视信号和3G全覆盖。

环境综合整治有效开展。成立城乡结合部建设整治领导小组,统筹3个市级挂账重点村建设整治工作。老古城、刘娘府综合改造项目完成拆迁52.1万平方米,安置房开工建设。衙门口综合改造项目取得土地一级开发授权批复,启动控规调整。西黄村综合改造项目完成入户调查。开展街面环境秩序“百日整治行动”等专项整治,查处各类违法行为6.2万起。妥善关闭天马、模金顶市场,周边居民出行和居住环境得到明显改善。加强城市“边角地”综合整治，确定何家坟村等3个综合整治地块，永引渠南侧环境整治项目启动拆迁。投资1950万元，实施八角西街、杨庄东路和银河商务区夜景照明亮丽工程。城市环境卫生综合考评保持全市领先位置。

长效机制建设更加健全。成立区城乡环境建设委员会。制定环境卫生管理办法，强化区、街两级管理责任制。组建区查处违法建设指挥部，拆除违法建设316处、5.4万平方米。加强城市管理公共服务平台建设，全年处理各类城市运行案件2.5万件，结案率达到98%。

社会建设管理继续加强。民主法制建设取得新进步。召开社会建设推进大会，主办“世界城市·社会建设论坛”，出台进一步加快推进社会建设的若干意见。投资5488万元，完成143项便民工程和60个社区规范化建设，60%的社区用房面积达到350平方米。完善社会管理网络，社会管理工作创新中加强，大幅度提高社区工作者和退离居委会老积极分子待遇。方便居民生活、降低蔬菜价格，建成首批12个便民菜站。出台《人文石景山行动计划》，加强精神文明建设，扎实开展双拥工作，通过“全国双拥模范城”北京市验收。推进军民融合式发展，投入资金8000余万元，为部队解决出行、营房配套设施建设等困难。民族、宗教、侨务工作得到加强，成立区佛教协会。做好人民武装和对台工作，全力支持工会、共青团、妇联等群团组织开展工作。扎实推进社会矛盾化解、社会管理创新、公正廉洁执法三项重点工作，进一步健全大维稳大防控大调解机制。

就业再就业工作扎实推进。支持企业稳定就业，拓宽就业渠道，招录125名大学生社工，鼓励青年创业，古城中小企业基地等5个青年创业楼投入使用。全区新增就业岗位13609个，继续保持全区“零就业家庭”动态为零。加强就业培训，中华职教社“温暖工程”北京地区工作委员会落户我区。妥善做好首钢富余人员分流安置工作，新接收人员再就业率达到81.3%。积极保护劳动者合法权益，为751名农民工追回拖欠工资440万元。

社会保障体系更加完善。大力实施济困工程，支出1.2亿元，同比增长30%，救助慰问24.5万人次。稳步推进公费医疗改革，实现公费医疗向基本医疗保险制度并轨，迁安地区北京参保职工实现持卡就医实时结算。老龄事业健康发展，深入落实“九养政策”，发放市民养老(助残)券1170万元。妥善解决农转居后续问题。使用残疾人就业保障金1500万元，落实残疾人各项保障措施。加大政策性住房建设力度，开工建设保障性住房7897套、定向安置房12228套。

教育卫生水平不断提高。整合优质教育资源，区域教育品牌加速升级，成立北京九中教育集团，与北京师范大学合作共建“励耘实验学校”和“绿色教育发展实验区”。圆满承接内地新疆班，首批86名学生入学。全面实施义务教育阶段教师绩效管理，高考成绩取得新突破，全区本科上线率达到67.9%，提高了12.4个百分点。完成12.8万平方米校舍安全工程，投入800余万元，聘请229名专职保安，切实保障校园和学生日常安全。投入2亿元加强医疗卫生工作。稳步推进医药卫生体制改革，重大传染病防控和突发公共卫生事件处置能力进一步增强，基本医疗卫生服务水平有效提升，社区卫生建设有序推进。加强健康促进工作，深入落实“健康北京人”十年行动规划。人口和计划生育工作得到加强，建立人口信息平台。完成第六次全国人口普查户口整顿、入户登记和数据汇总工作。

文化体育事业蓬勃发展。实施文化惠民工程，多项群众文化表演获得国家和市级奖项。加强公共文化设施建设，文化馆新馆选址确定，区图书馆、少儿图书馆被评为国家一级图书馆。加强文物保护与开发，通过第三次全国文物普查北京市验收，争取文物修缮资金3135万元，启动双泉寺、皇姑寺二期等修缮工程。加大文化市场监管力度，开展全区专项整治行动。第二轮地方志书编修工作稳步推进。群众体育蓬勃开展，荣获“全国全民健身活动先进单位”称号。竞技体育成绩突出，我区运动员在广州亚运会上获得3金1银的好成绩。建成中国电子竞技馆，举办电子竞技冠军联赛，成为国家级品牌赛事。

和谐稳定局面更加巩固。严格落实交通、食品、药品、消防等各项安全生产责任制，杜绝重大安全生产事故发生。完善应急管理体制，成立综合应急救援支队和地震灾害应急救援队，处置突发公共事件能力明显增强。深入开展“平安石景山”建设，群众安全感保持全市前列。加强流动人口和出租房屋服务管理，“新居民互助服务站”模式得到中央和市领导的充分肯定，并在全市推广。加强信访网络建设，实行“信访代理制”，不断完善信访工作体制机制。

特　　载

在区委十届十三次全体(扩大)会上的讲话

(2010 年 12 月 3 日)

中共北京市石景山区委书记　荣　华

这次全会开得很好。全会深入贯彻落实党的十七届五中全会和市委十届八次全会精神,听取讨论了区委常委会工作报告,审议通过了区委《关于制定国民经济和社会发展第十二个五年规划的建议》和全会决议,对在新形势下抢抓机遇、迎难而上,加快推进我区经济社会战略转型、科学发展,统一了思想、明确了任务。下面,就贯彻落实好全会精神,讲四点意见。

一、认清形势、抢抓机遇,凝聚我区战略转型的合力

随着首钢涉钢产业全部停产、全面启动开发建设,我区进入了战略转型、爬坡上行的关键时期,经济社会的全面转型成为我区工作最显著的特征,加快推进转型升级成为当前和今后全区工作最核心的任务。这次全会明确指出,我区仍处于大有可为的重要战略机遇期,既面临难得的重大机遇,也面临诸多严峻挑战,总的看是机遇大于挑战。

就现实挑战而言,我们不能忽视,我区尚未形成具有较强带动作用的主导性支撑产业,在首钢涉钢产业全面停产后,区域经济总量将会经历一个下滑期,加快产业结构调整的任务十分紧迫;我们不能忽视,首都文化娱乐休闲区(CRD)的品牌影响力还比较有限,对高端要素资源的吸引力和聚集能力亟待加强;我们不能忽视,我区区域发展不平衡问题仍然存在,城市建设管理服务的现代化水平还需要全面提升;我们不能忽视,首钢搬迁调整后,就业和社会保障压力加大,影响社会安全稳定的不利因素仍然存在,社会建设与管理的任务十分艰巨。

迎接挑战,信心是金。本届区委已经走过的四年,是石景山区在发展进程中很不寻常、很不平凡的四年。四年来,全区上下团结一致、奋力拼搏,形成了务实高效的领导体制和工作机制,打造了迎难而上、奋发进取的干部队伍,圆满完成了北京奥运会、国庆 60 周年的服务保障工作,成功应对国际金融危机的冲击,不断推进我区"大调整、大建设、大发展",经济建设、城市建设、社会建设和党的建设都取得了显著成绩。我们完全有信心、有能力应对战略转型带来的巨大压力和严峻挑战。我们应当看到,四年来,我们创新"双进入"、"重大项目指挥部"等工作机制,坚持区主要领导挂帅、四套班子领导全员参与、各部门各单位全力以赴的领导体制和工作机制,形成了党委政府主导、人大政协支持、社会各方面参与、合力推动转型发展的生动局面,牢牢把握住了工作主动权。我们应当看到,四年来,随着六大商务功能区、永定河生态发展带、中国动漫游戏城等一批重大项目的推进建设,我区发展环境更加优化,发展载体更加丰富,发展潜力进一步显现。我们应当看到,四年来,我区招商引资成效显著,经济结构日趋优化,文化创意、高新技术等新兴产业蓬勃发展,第三产业比重不断加大,CRD 建设初见成效。我们应当看到,四年来,我区城市化进程不断加快,西部开发、重点村拆迁、环境整治等工作深入推进,城市空间布局更加合理,城市综合服务能力进一步增强。我们应当看到,四年来,我区不断加大保障和改善民生的工作力度,进一步巩固和维护了和谐稳定的良好局面,全区人民生活水平显著提高,社会建设取得全面发展。我们更应当看到,四年来,通过学习实践活动、党员承诺活动、作风建设年、创先争优等活动,全区各级领导干部和基层党组织、党员队伍经受住了执政能力、执行力、凝聚力、战斗力的严峻考验，关键时刻起到领导核心、骨干带头、战斗堡垒和先锋模范作用，保证了各项工作的高标准推进。以上这些不仅是我们用辛勤汗水换来的成绩，更是我们继续前进的信心。

哪里有压力哪里就有动力、哪里有挑战哪里就有机遇，压力与动力共生、挑战与机遇并存。当前，我们迎来了前所未有的发展机遇期。今年我区获批并启动了"国家服务业综合改革试点区"和"国家可持续发展实验区"建设，科技园区发展也受到"中关村国家自主创新示范区"的极大带动，我区将充分享受国家先行先试的优惠政策，为加快产业结构调整、培育壮大新兴主导产业、优化区域发展环境、打造在全市乃至全国具有一定影响力的高端产业聚集区创造了十分有利的条件。近期，市委市政府正在深入研究京西地区产业升级方案，抓紧制定各项发展规划，这既是北京建设中国特色世界城市的重要举措，更是我区加快推进战略转型的大好时机。市委市政府已明确提出，要以首钢工业区为载体，建设"首钢高端产业综合服务新区"，继CBD、金融街等六大功能区之后，打造成为北京新的高端产业功能区，成为引领京西地区发展新的经济增长极。另外，永定河绿色生态发展带、中国动漫游戏城等一批重大项目建设取得阶段性成果，以及我区西部地区开发、科技园区、六大商务功能区等加速建设，都为我区的全面转型发展创造了更为有利的条件，京西地区正在成为北京加快转变经济发展方式的主战场和示范区，社会各界必将聚焦京西，聚焦石景山，为我们高标准做好明年工作，高质量启动"十二五"建设，加快推进战略转型提供了难得的机遇。

历史充分证明，只有抓住机遇，才能获得主动；只有用好机遇，才能赢得未来。明年和"十二五"时期我们如果不能抢抓机遇、乘势而上，以后再想得到上级各部门以及社会各界如此高度的关注和支持就更难了。为此，我们必须统一思想，变压力为动力，化挑战为机遇，切实增强紧迫感、责任感和使命感，更好地珍惜机遇、抓住机遇、用好机遇，一项一项工作抓重点抓推进抓落实，牢牢把握工作主动权，下大力气解决我区全面转型发展过程中存在的不平衡、不协调、不可持续的问题，坚定不移朝着实现CRD建设目标迈进，加快推进由传统工业石景山向绿色生态石景山的全面转型。

二、明确方向、准确把握，加快我区战略转型的进程

全会通过的"十二五"规划建议，以邓小平理论和三个代表重要思想为指导，深入贯彻落实科学发展观，按照北京建设中国特色世界城市和"人文北京、科技北京、绿色北京"的总体部署，确定了"十二五"时期全区经济社会发展的指导思想、总体思路、目标任务、重大举措，对推动"十二五"时期我区经济社会发展作出全面部署，全区上下，特别是各级领导干部要认真学习、深刻体会，切实把思想和行动统一到区委的决策部署上来。

第一，准确把握"十二五"时期发展的主题，确保科学发展取得新进展。全会强调，做好"十二五"时期各项工作，必须以科学发展为主题。坚持科学发展这个主题，就必须紧密结合工作实际，全面准确领会科学发展观的科学内涵、精神实质、根本要求。就我区而言，落实科学发展观，"十二五"时期关键要做到好与快并重、建与管并重、经济与社会并重。要坚持好与快并重，既要保持发展的速度，努力壮大区域经济总量，又要千方百计调结构、上水平，尽快做大做强新兴主导产业，切实做到又好又快发展。要坚持建与管并重，既要加大开发强度、加快建设速度，迅速提升城市面貌，大幅度提高城市化水平，又要注重科学规划、合理开发、精细管理，切实处理好人口资源环境的关系，处理好加快城市化进程与提高城市现代化水平的关系，切实利用好宝贵的不可再生的土地资源，真正把石景山区建设成为与世界城市相适应的绿色生态的现代化首都新城区。要坚持经济与社会并重，更加注重改善民生，更加注重维护稳定，更加注重精神文明建设和民主法治建设，使经济发展成果更好地惠及最广大人民群众，不断巩固和发展和谐稳定的社会环境。

第二，准确把握"十二五"时期发展的主线，确保转变经济发展方式取得新成效。全会把加快转变经济发展方式作为我区"十二五"时期发展的主线，这是贯彻落实科学发展观的内在要求和推动科学发展的重大举措，是顺应我区经济社会战略转型的必然要求。在思路上，我们要坚定"打造北京CRD、构建和谐石景山、建设现代化首都新城区"的奋斗目标，明确传统工业石景山向绿色生态石景山的转型总方向，强化"大调整、大建设、大发展"的工作主基调，落实"一轴一带一核一园多支点"的空间布局，全力发展壮大文化创意、高新技术、商务服务、现代金融、旅游休闲等新兴主导产业，在发展中促转变，在转变中谋发展，提高发展的全面性、协调性、可持续性。在工作中，我们要坚持把继续解放思想作为转型发展的前提条件，坚持把经济结构战略性调整作为转型发展的主攻方向，坚持把科技进步与创新作为转型发展的重要支撑，坚持把提升人民生活品质作为转型发展的根本目的，坚持把绿色低碳作为转型发展的重要理念，坚持把改革开放作为转型发展的强大动力，努力使加快转变经济发展方式的要求贯穿我区"十二五"各项工作之中，以实际行动推进经济社会转型升级。

第三,准确把握"十二五"时期发展的目标任务,确保做好我区经济社会全面转型的各项工作。全会在全面总结"十一五"期间我区的发展成就和经验的基础上,围绕新时期推进我区战略转型、科学发展这一重大历史任务,综合考虑未来发展形势和条件,提出了今后五年全区经济社会发展的主要目标。这些目标,突出了保持经济平稳较快发展、提升城市现代化水平、实现社会建设新跨越、大力加强生态文明建设、进一步深化改革开放等方面内容,反映了我区经济社会发展的新形势和新要求,是区委、区政府对全区人民的庄严承诺。这些目标既鼓舞人心又艰巨繁重,全区各级领导干部一定要全力以赴,确保这些目标任务如期实现,经过"十二五"时期的艰苦努力,为我区经济社会全面转型打下具有决定意义的基础。

第四,准确把握"十二五"时期发展的重大举措,确保落实到位。实践证明,实现既定发展目标,必须提出针对性强、操作性强、力度大的政策措施,并花大力气抓好落实。为实现"十二五"时期发展的目标任务,全会就加快国家服务业综合改革试点区建设、推动城市建设全面提速、加强生态文明建设、深入实施科教兴区战略和人才强区战略、全面加强社会建设、推动文化大发展大繁荣、继续深化改革扩大开放、加强和改进党的领导等方面提出了一系列重大举措。全面落实这些重大举措既可以解决当前我区经济社会发展面临的突出问题,又可以为我区经济社会全面转型打下更加坚实的基础。有关部门要按照全会要求进一步完善"十二五"规划纲要,各单位要结合自身情况明确目标、突出重点,编制好各专项规划,细化各项落实措施,积极争取市有关部门的支持,加强与周边区县的沟通,强化各部门之间的相互配合,增强工作的系统性、协调性、前瞻性、创造性,扎实做好各项工作,着力提高发展质量和效率。要深入做好宣传展示工作,借助区"两会"等时机,大力宣传"十一五"以来取得的丰硕成果,形象展示"十二五"时期及今后全区战略转型的宏伟蓝图,使广大党员干部群众全面了解和把握我区发展的前进方向、奋斗目标、美好前景,最大程度地调动全社会的积极性,万众一心为实现"十二五"发展任务而努力奋斗。

三、突出重点、狠抓落实,夯实我区战略转型的基础

对我区而言,"十二五"时期是推进战略转型的关键时期,而明年则是承前启后的关键一年。首钢涉钢产业全部停产,在全市乃至全国都有重大影响。届时,将举行盛大仪式,将吸引全社会广泛关注。首钢全部停产之时,正是我区全面转型之际。我们要善于借势,借首钢停产之机大力对外推介石景山,最大程度地吸引社会各界对我区战略转型的关注和支持;我们还要善于造势,借机策划开展系列亮点不断、精彩纷呈的宣传展示活动,全方位展现我区的政策优势、区位优势、环境优势、发展优势,大力争取市委市政府等上级部门的支持,广泛吸引国内外资本、技术、人才到我区聚集,掀起"大调整、大建设、大发展"的高潮,为"十二五"建设起好步、开好头,为今后全区战略转型、科学发展打下坚实的基础。明年工作中要着力把握好以下四点:

第一,经济建设中要突出发展方式转变,在落实经济布局和培育主导产业上下功夫。一方面,要大力深化、细化、优化区域经济空间布局。在以往工作的基础上,我们在"十二五"规划建议中进一步丰富和发展了"一轴一带一核一园多支点"的空间布局,这是支撑未来区域经济发展的总体架构。明年要在落实这个空间布局上取得新进展,要把经济发展规划、城市建设规划、土地利用规划紧密衔接起来,进一步深化对土地集约、产业关联、开发进度、重大项目等的深入研究和统筹安排,有计划、有步骤推进经济空间布局落到实处。另一方面,要大力培育、发展、壮大新兴主导产业。文化创意、高新技术、商务服务、现代金融、旅游休闲是我们今后重点发展的主导产业,明年要深入研究制定五大产业发展规划,明确每个产业的重点领域、空间布局、优惠政策、支撑体系和发展目标。要把主导产业培育与引企、引资、引智结合起来,尤其要抓好重大项目,抓好重点企业,推动产业优化升级。

第二,城市建设中要突出绿色生态,在重点区域建设和城市亮点打造上下功夫。一方面,要通过重点区域建设加速城市现代化进程。高标准推动首钢厂区、科技园区、西部地区、三个重点村、商务功能区等重点区域开发,坚持基础设施建设先行,着力推动重大项目建设,完善城市综合服务功能,提高城市化水平。另一方面,要打造城市亮点提升城市面貌。以迎接建党90周年为契机,实施亮丽工程,加强环境整治,开展绿化美化,做好长安街西延线、永定河等重点区域、重点部位的夜景照明、环境建设等工作,更好地打造、展示我区绿色生态的城市新形象、新面貌。

第三,社会建设中要突出共建共享,在着力改善民生和确保安全稳定上下功夫。一方面,要始终把改善民生作为各项工作的出发点和立足点,全面做好就业、社会保障、扶贫济困、保障性住房、教育、医疗等各方面工作,不断满足人们追求更高生活质量的需求。另一方面,要全力维护社会安全稳定,突出做好首钢停产切换期职工安置、市政基础设施对接等工作,突出做好人民内部矛盾排查调处工作,突出做好社会治安综合治理工作,突出做好安全生产工作,确保万无一失。

第四,党的建设中要突出执政能力建设,在对内提升和对外凝聚上下功夫。一方面,要着力提升党的执政能力和先进性。以迎接建党90周年为主题，继续深入开展创先争优活动，扎实推进学习型党组织建设，大力加强领导班子和干部队伍建设，加强基层党组织和党员队伍建设，加强党风廉政建设，为推动全区战略转型、科学发展提供坚强的政治和组织保证。另一方面，要广泛凝聚各界群众。主动适应新形势、新任务的要求，以改革创新精神深入开展社会领域党建、社会领域统战、党建带工建带团建带妇建、基层党组织公推直选、商务楼宇综合服务站等工作，进一步发挥各级党组织的战斗堡垒作用和广大共产党员的先锋模范作用，进一步提高党对群众的影响力、凝聚力、吸引力，更好地团结带领各界群众聚精会神搞建设、一心一意谋发展。

四、提升能力、改进作风，加强对我区战略转型的领导

做好明年工作，完成好"十二五"时期的任务，关键在各级党组织，关键在广大党员领导干部始终保持良好的精神状态，敢于负责、敢于担当、敢于迎难而上、攻坚克难，团结带领广大群众全力推动我区战略转型、科学发展。

第一，要着力提高领导科学发展的能力。加快转变经济发展方式，推动全区战略转型、科学发展，是一场深刻变革，关系经济社会建设全局，既是一场攻坚战，也是一场持久战，是对我们领导水平、执政能力的一次重大考验，是对全区领导干部思想政治、素质能力的一次重大考验，也是对各部门、各单位执政能力、创新能力的一次重大考验。在新的形势下，在新的任务中，我们不了解、不熟悉的东西很多，比如如何准确了解世界经济潮流，准确把握首都经济特征，更好地定位我区调整方向，更好地利用市场经济手段，加快区域经济转型升级；比如如何加强对人口资源环境的掌控，更加科学高效地利用水、土地等稀缺资源，依靠创新驱动来推进科学发展；比如如何争取上级部门支持，协调与首钢的关系，形成与周边区县的联动，实现互利共赢，等等。我们要加强学习，包括向书本学习、向实践学习，在学习中不断提高引领发展的能力和水平。同时，要继续强化组织领导，充分发挥区委总揽全局、协调各方的领导核心作用，充分发挥区四套班子的整体效能，充分发挥重大项目指挥部的组织协调作用，充分发挥全区各部门各单位的工作合力，打主动仗、打整体仗、打攻坚仗，确保各项工作按照时间进度向前推进，确保全区战略转型的正确方向。

第二，要着力提高做好新形势下群众工作的能力。落实好明年和"十二五"时期各项任务，必须广泛动员群众，充分调动广大群众推动科学发展的积极性、主动性、创造性。要牢固树立群众观点，坚持思想上尊重群众、感情上贴近群众、工作上依靠群众，正确把握同人民群众的关系，摆正同人民群众的位置，从群众中汲取智慧和力量，切实增强贯彻执行群众路线的自觉性和坚定性。要注意把握群众诉求，科学处理好群众的利益问题，想问题、作决策、做工作都要从群众利益出发，充分考虑不同群众的利益和承受能力，统筹协调好各方面的利益关系。要讲究群众工作的方式方法，综合运用法律、政策、经济、行政等手段和教育、协商、疏导等办法，与群众密切联系、增进互信、加强引导，切实提高群众工作的针对性和实效性。要建立开展群众工作的长效机制，不断健全服务群众制度、干部联系群众制度、信访工作制度，健全党和政府主导的维护群众权益机制。

第三，要着力提高抓好自身建设的能力。推动全区战略转型、科学发展，要攻坚克难，对每一名领导干部都有新的更高的要求。要有良好的精神状态，各级领导干部要全身心地投入到工作中去，靠前指挥、身先士卒、以身作则，当先锋、作表率，带动全区干部群众以饱满的热情、只争朝夕的精神去应对挑战，克服困难。要进一步转变工作作风，把心思放在抓好工作上，把功夫下到察实情、出实招、办实事上。既要有思路、有部署，又要抓实施、抓落实，建立健全工作责任制，深入一线调查研究，加强监督检查，及时发现新情况新问题，及时加强和改进工作，切实把各项工作抓出实效。要强化廉洁自律意识，时刻不忘自己是共产党员，时刻不忘讲党性、重品行、作表率，时刻保持清醒的头脑，想干事、干成事、不出事。

最后，特别强调一下，明年是本届区委的收官之年、换届之年，全区各级领导干部必须要处理好换届与保持正常工作秩序的关系，确保换届工作的顺利进行，确保各项工作的有序推进。要有针对性地做好深入细致的思想工作，教育全区各级领导干部牢固树立正确的权力观、地位观、利益观，讲党性、顾大局、守纪律，自觉服从组织安排，做到在整个换届过程中思想不散、秩序不乱、工作不断，通过换届凝聚人心、增进团结、振奋精神，实现两手抓、两不误、两促进。

同志们，美好蓝图鼓舞人心，宏伟目标催人奋进。我们要全面贯彻落实党的十七大、十七届五中全会和市委十届八次全会精神，切实做到"不动摇、不懈怠、不折腾、不浮躁"，团结带领全区广大人民群众，坚持以科学发展为主题，以加快转变经济发展方式为主线，深入推进"大调整、大建设、大发展"，努力实现从传统工业石景山向绿色生态石景山的转型，为建设"三个北京"和世界城市做出新的更大贡献，以优异成绩迎接中国共产党成立90周年！

政府工作报告

——2011年1月5日在北京市石景山区第十四届人民代表大会第六次会议上

北京市石景山区人民政府区长　周茂非

各位代表：

现在，我代表石景山区人民政府向大会作工作报告，请予审议，并请各位政协委员提出意见。

2010年工作回顾

2010年是CRD“三步走”战略第一步目标任务和“十一五”规划的收官之年。在市委、市政府和区委的领导下，在区人大、区政协的监督和支持下，区政府坚持以邓小平理论和“三个代表”重要思想为指导，以科学发展观统领经济社会发展全局，认真贯彻落实党的十七大精神，加快经济发展方式转变，全力推动“大调整、大建设、大发展”，圆满完成了区十四届人大五次会议确定的各项任务，区域经济发展取得新突破，城市建设管理实现新跨越，社会事业迈上新台阶。

初步预计，我区地区生产总值完成280亿元，同比增长13%；第三产业实现增速12%以上，三产比重达到55%以上；一般财政总收入完成40.6亿元，同比增长12.2%；全社会固定资产投资完成153亿元，同比增长12%；社会消费品零售额完成210亿元，同比增长20%；居民人均可支配收入达到28000元，同比增长9%；城镇登记失业率为2.7%。

一年来，我们主要开展了五个方面的工作：

一、坚持科学发展，经济发展方式加快转变

大力调结构、上水平、强主业、促转型，经济发展方式转变初见成效。

新兴产业迅猛发展。获批“国家服务业综合改革试点区”和“国家可持续发展实验区”。文化创意产业集聚发展，以搜狐畅游为代表的龙头企业继续快速发展，以华录文化为代表的新兴企业迅速抢占国内市场，文化创意企业超过2700家，实现收入160亿元，同比增长25%以上。高新技术产业快速发展，认定中关村高新技术企业1806家。商务金融产业发展取得突破，设立创业投资引导基金，引进商务金融企业50家，发行全国首支文化创意企业集合票据和中小企业集合信托，贵金属交易所正式营业，保险交易所试营业，特许经营权交易所建设积极推进，石金小额贷款公司发放贷款2.6亿元。旅游会展、休闲娱乐产业加速发展，北京台湾街开街，游乐园酒吧街主体完工，洋庙会等老品牌旅游市场地位进一步巩固，北京台湾美食文化节等新活动品牌效应逐步显现，发放CRD卡4.1万张，带动消费5.6亿元。初步预计，实现旅游业综合收入18亿元，同比增长20%，接待人数950万人次。

经济活力更加彰显。加大投资力度，38个土地储备项目投资82亿元。安排重大项目108个，22个重大项目被纳入市绿色审批通道，十项重点工程全部开工建设。拓宽融资渠道，与13家银行签署战略合作协议，意向融资额达到520亿元。向市政府各部门争取政策性资金21亿元。进一步整合区域商业资源，成立石景山区商业联合会。消费市场保持活跃，社会消费品零售额增速排名全市第一。消费结构加速升级，汽车、家电消费比重继续扩大，达到57%，同比增长8%。外贸出口完成3.8亿美元，同比增长41%。各类市场主体快速增长，总量突破4万户，同比增长7%。深化国企改革，国有经济良性发展，区属国有企业实现收入和税收同比增长33%和14%。集体经济健康发展，收入同比增长12%，4个重点产业项目建成并投入使用。投入资金3327万元，扶持中小企业、非公经济发展。

区域发展趋向协调。加强土地集约利用，《石景山区土地利用总体规划(2006－2020年)》通过市政府审批。整合长安街西延线、阜石路、莲石路和永定河周边可利用土地28处，约650公顷。初步完成“天泰山·水岸绿都”规划发展定位研究，产业布局进一步明确，发展主题概念更加丰富。西部地区固定资产投资同比增长2倍。西山国际文化小镇等项目扎实推进。完成五里坨地区路网控规调整。

科技创新更加深入。高水平建设“国家科技进步示范区”,区生产力促进中心被认定为国家级示范生产力促进中心,北京建材总院获批建设国家级重点实验室,阿尔西公司入选国家级专利试点企业,中科博联公司获得国家“863计划”资金支持,我区首家博士后科研工作站落户东方信联公司。引进行业领军人才13名。完善知识产权服务保护体系,成立保护知识产权举报投诉服务中心,全区企业技术交易额14.4亿元,同比增长1倍,专利授权量931件,同比增长2倍。

节能减排效果突出。成立应对气候变化及节能减排工作领导小组。京能热电等节能改造项目获得国家节能技术改造奖励。实施“绿色照明工程”,推广高效照明产品72万支。万元地区生产总值能耗下降3.2%,荣获“中国改革十大低碳示范单位”称号。严格落实空气质量保障措施,完成环保十件实事,新建空气质量自动监测站5个。强化污染源监管,扎实推进污染减排,空气质量二级和好于二级天数达到247天,实现了连续五年持续改善。继续推行垃圾分类处理和垃圾减量化工作,生活垃圾减量1万吨。完成绿化面积41.5公顷,绿化覆盖率达到48.6%。

二、坚持统筹推进,区域经济平稳较快发展

坚持招商引资方针不动摇,不断扩大增量、壮大存量,优化环境、丰富载体,区域经济稳定向好的态势更加巩固。

招商引资成效显著。召开第四次经济发展推进大会,落实扶持企业资金2亿元,再掀招商引资热潮。加强宣传推介,打造“中国数字娱乐第一区”新形象,搜狐宣传网页点击量突破2800万人次,举办数字娱乐产业高层论坛等推介活动,积极参加京港洽谈会、中国改革与发展论坛等高端活动,CRD知名度和美誉度持续提高。完善招商引资政策,制定石景山区鼓励民营总部经济发展暂行办法等文件。与海航集团等3家企业签署战略合作协议。新引进企业1408家,同比增长16%。招商引资企业实现税收16亿元,入区财政5.1亿元。

园区实现快速发展。制定促进园区产业集聚和企业发展办法,发展专项资金提高到5亿元,全面覆盖CRD五大主导产业。完善企业服务体系,创业板企业培育中心作用进一步增强,3家企业实现上市,6家企业筹备上市。新引进企业856家,巨人征途、盛大无线、趣游科技等知名文化创意企业落户我区。全年预计实现收入和税收突破400亿元和10亿元,同比增长30%以上,增速继续保持“一区十园”首位,“中关村国家自主创新示范区特色区”品牌初步树立。

功能区建设进展顺利。银河商务区CRD银座入驻,紫御国际、北方中惠国际中心开工建设,E地块完成上市交易,L、K地块一级开发建设扎实推进。京燕酒店商务区融科创意产业中心开工建设,南园大厦完成外立面装修。TSM商务区基本建成,茂华集团总部、华录公司入驻。苹果园交通枢纽商务区、京西会展商务区、国际雕塑园商务区开工建设。

重大项目有序推进。充分发挥重大项目推进和环境整治指挥部作用,加强组织领导,实行区领导分工负责制。中关村科技园区石景山园南区确定概念性规划方案,启动控规调整,北京国际绿色展示推广交易中心落户绿能港。北一区住宅拆迁完成80%,西井地块签署征地协议,60亩创意产业基地完成控规调整,新媒体基地中区竣工、南北区主体结构封顶。中国动漫游戏城完成北京市文化创意产业集聚区认定,土地一级开发方案初步确定,中国动漫集团有限公司入驻中铁大厦,1.7万平方米的先期启动项目竣工。意向入驻企业400余家,310家先期入驻园区。西部地区土地一级开发进展顺利,五里坨建设组团项目完成投资44.3亿元,拆除房屋面积35.6万平方米,占总建筑面积的93%。西山木材厂项目完成上市交易,南宫住宅小区基本达到上市条件。永定河绿色生态发展带石景山段建设顺利推进,莲石湖完成蓄水。

三、坚持建管并重,城市面貌明显改善

积极顺应大调整,加快推进大建设,城市建设管理能力不断提高。

基础设施建设全面提速。重点道路建设扎实推进,阜石路二期、黑石头村路竣工通车,五里坨路、新隆恩寺路加快建设,杨庄大街一期开工建设。投资2632万元,完成五里坨西路北段等13条道路大修工程。完成高井排洪沟渠综合治理和小流域治理工程,铺设、改造供排水管线25.1千米,完成10条道路雨污水管线改造。积极推进五里坨污水处理厂、自来水厂和热力管网项目,加快南马场水库大坝消隐加固工程建设。启动永乐东、西小区等配电网改造工程。投资7000万元,大修更新供热设施241处,改造18个老旧小区供热管网,惠及居民3万户。启动“三网融合”示范工程,免费发放高清交互机式顶盒8万台,推动物联网应用,完成“智慧北京”物联网基础设施试点工程,实现有线电视信号和3G全覆盖。

环境综合整治有效开展。成立城乡结合部建设整治领导小组,统筹3个市级挂账重点村建设整治工作。老古城、刘娘府综合改造项目完成拆迁52.1万平方米,安置房开工建设。衙门口综合改造项目取得土地一级开发授权批复,启动控规调整。西黄村综合改造项目完成入户调查。开展街面环境秩序“百日整治行动”等专项整治,查处各类违法行为6.2万起。妥善关闭天马、模金顶市场,周边居民出行和居住环境得到明显改善。加强城市“边角地”综合整治,确定何家坟村等3个综合整治地块,永引渠南侧环境整治项目启动拆迁。投资1950万元,实施八角西街、杨庄东路和银河商务区夜景照明亮丽工程。城市环境卫生综合考评保持全市领先位置。

长效机制建设更加健全。成立区城乡环境建设委员会。制定环境卫生管理办法,强化区、街两级管理责任制。组建区查处违法建设指挥部,拆除违法建设316处、5.4万平方米。加强城市管理公共服务平台建设,全年处理各类城市运行案件2.5万件,结案率达到98%。

四、坚持以人为本,社会事业全面进步

统筹兼顾,着力解决群众关心的民生问题,不断提高人民群众生活水平。

社会建设管理继续加强。召开社会建设推进大会,主办"世界城市·社会建设论坛",出台进一步加快推进社会建设的若干意见。投资5488万元,完成143项便民工程和60个社区规范化建设,60%的社区用房面积达到350平方米。大幅度提高社区工作者和退离居委会老积极分子待遇。方便居民生活、降低蔬菜价格,建成首批12个便民菜站。加强精神文明建设,扎实开展双拥工作,通过"全国双拥模范城"北京市验收。推进军民融合式发展,投入资金8000余万元,为部队解决出行、营房配套设施建设等困难。民族、宗教、侨务工作得到加强,成立区佛教协会。做好人民武装和对台工作,全力支持工会、共青团、妇联等群团组织开展工作。

就业再就业工作扎实推进。支持企业稳定就业,拓宽就业渠道,招录125名大学生社工,鼓励青年创业,古城中小企业基地等5个青年创业楼投入使用。全区新增就业岗位13609个,继续保持全区"零就业家庭"动态为零。加强就业培训,中华职教社"温暖工程"北京地区工作委员会落户我区。妥善做好首钢富余人员分流安置工作,新接收人员再就业率达到81.3%。积极保护劳动者合法权益,为751名农民工追回拖欠工资440万元。

社会保障体系更加完善。大力实施济困工程,支出1.2亿元,同比增长30%,救助慰问24.5万人次。稳步推进公费医疗改革,实现公费医疗向基本医疗保险制度并轨,迁安地区北京参保职工实现持卡就医实时结算。老龄事业健康发展,深入落实"九养政策",发放市民养老(助残)券1170万元。妥善解决农转居后续问题。使用残疾人就业保障金1500万元,落实残疾人各项保障措施。加大政策性住房建设力度,开工建设保障性住房7897套、定向安置房12228套。

教育卫生水平不断提高。整合优质教育资源,区域教育品牌加速升级,成立北京九中教育集团,与北京师范大学合作共建"励耘实验学校"和"绿色教育发展实验区"。圆满承接内地新疆班,首批86名学生入学。全面实施义务教育阶段教师绩效管理,高考成绩取得新突破,全区本科上线率达到67.9%,提高了12.4个百分点。完成12.8万平方米校舍安全工程,投入800余万元,聘请229名专职保安,切实保障校园和学生日常安全。投入2亿元加强医疗卫生工作。稳步推进医药卫生体制改革,重大传染病防控和突发公共卫生事件处置能力进一步增强,基本医疗卫生服务水平有效提升,社区卫生建设有序推进。加强健康促进工作,深入落实"健康北京人"十年行动规划。人口和计划生育工作得到加强,建立人口信息平台。完成第六次全国人口普查户口整顿、入户登记和数据汇总工作。

文化体育事业蓬勃发展。实施文化惠民工程,多项群众文化表演获得国家和市级奖项。加强公共文化设施建设,文化馆新馆选址确定,区图书馆、少儿图书馆被评为国家一级图书馆。加强文物保护与开发,通过第三次全国文物普查北京市验收,争取文物修缮资金3135万元,启动双泉寺、皇姑寺二期等修缮工程。加大文化市场监管力度,开展全区专项整治行动。第二轮地方志书编修工作稳步推进。群众体育蓬勃开展,荣获"全国全民健身活动先进单位"称号。竞技体育成绩突出,我区运动员在广州亚运会上获得3金1银的好成绩。建成中国电子竞技馆,举办电子竞技冠军联赛,成为国家级品牌赛事。

和谐稳定局面更加巩固。严格落实交通、食品、药品、消防等各项安全生产责任制,杜绝重大安全生产事故发生。完善应急管理体制,成立综合应急救援支队和地震灾害应急救援队,处置突发公共事件能力明显增强。深入开展"平安石景山"建设,群众安全感保持全市前列。加强流动人口和出租房屋服务管理,"新居民互助服务站"模式得到中央和市领导的充分肯定,并在全市推广。加强信访网络建设,实行"信访代理制",不断完善信访工作体制机制。

五、坚持改革创新,政府自身建设不断加强

牢固树立科学行政、民主行政和依法行政的理念,创新公共服务体制,改进公共服务方式,政府行政能力明显提高。

依法行政能力进一步增强。坚决执行区人大及其常委会的决议,做好专项工作报告。主动加强与区政协的联系,积极听取各民主党派、工商联、无党派人士和人民团体的意见。认真做好人大代表议案、建议和政协委员提案办理工作,全年办结210件,办结率100%。完善依法行政考核办法,加强行政规范性文件管理。加强审计监督、立项监察、效能监察、执法监察和行政巡察。全面推进依法治区工作,通过"五五"普法总结验收。

政府职能转变进一步深化。切实转变政府职能，稳妥推进政府机构改革。强化行政审批集中办理，减少审批环节，受理6万件行政许可服务事项申请，全部办结。建立健全政府信息公开工作机制和制度规范，政府工作透明度进一步增强。

科学决策水平进一步提高。建立重大行政决策规则及六项制度，完善并坚持“三重一大”制度，政府决策的公众参与度进一步提高。召开政府常务会、区长办公会38次，对133个重大问题进行专题研究。

对外交流合作进一步加强。强化国际友好城市工作，拓展国际友好联系市区6个，26个国家40批次代表团来我区友好访问，4批46家境外媒体来我区采访。区域合作和对口支援工作扎实推进，与四川资阳、陕西安康签订区域合作框架协议。向青海玉树等灾区捐赠130万元。安排资金2368万元，支持四川什邡、西藏堆龙德庆、内蒙古宁城等地区发展。

各位代表，过去一年的成绩来之不易。这得益于市委、市政府和区委的正确领导，得益于区人大、区政协和社会各界的监督支持，得益于全区上下坚定信心、同心同德、迎难而上、奋力拼搏。在此，我代表石景山区人民政府，向工作在各条战线上的广大干部群众，向给予我们支持与监督的人大代表、政协委员、各民主党派、工商联、无党派人士、各人民团体及社会各界人士，向关心、支持和参与石景山区建设的驻区单位、驻区部队，表示衷心的感谢并致以崇高的敬意！

回顾一年的工作，我们在坚决贯彻落实党和国家的方针、政策及北京市重大决策的同时，更加注重解放思想，创造性地开展工作，不断更新发展观念，创新体制机制，为经济社会发展注入了不竭动力。我们在推动经济快速发展的同时，更加注重走可持续发展的道路，推动了经济、资源、人口、环境的协调发展。我们在快速增强区域综合实力的同时，更加注重改善民生，统筹社会发展，不断提高人民生活质量，真正做到了发展为了人民、发展依靠人民、发展成果由人民共享。我们在全面推进各项工作的同时，更加注重基础性工作，科学编制“十二五”规划，不断丰富和完善CRD内涵，为我区长远发展绘制了宏伟蓝图。我们在全面履行政府职能的同时，更加注重调动各方面的积极性，动员和凝聚广大干部群众的智慧和力量，齐心协力、团结拼搏，在现代化首都新城区建设的征程上又迈出了坚实的一步。

在总结成绩的同时，我们也清醒地认识到前进中还存在着许多亟待解决的矛盾和问题，尤其是对照建设“三个北京”和中国特色世界城市的要求，有些问题更显突出，如产业结构依然不合理，第三产业支撑作用尚不明显；产业发展载体不足，供需矛盾仍然比较突出；城市建设与管理水平还不够高，环境仍需进一步改善；就业形势更加严峻，安全稳定形势不容乐观；公务员队伍的服务意识、服务水平还有待进一步提高。对这些问题，我们将在区委的正确领导下，采取有效措施，认真加以解决。

2011年主要工作任务

今年是“十二五”规划和CRD“三步走”战略第二步目标任务的启动之年，是首钢主厂区涉钢产业停产后北京市全面启动西部地区建设的关键之年，更是本届政府实现各项目标任务的拼搏之年。我们将面临新的发展形势，总体上看，机遇前所未有，挑战依然严峻。

一方面，发展中面临的严峻挑战需要我们积极应对。一是世界经济有望继续恢复增长，但不稳定不确定因素仍然较多。二是宏观经济平稳运行面临复杂形势，经济结构调整压力加大。三是全市高端要素、高端产业、高端服务竞争加剧，给招商引资工作提出了更高的要求。四是服务首钢涉钢产业搬迁调整，保持经济社会平稳过渡任务艰巨。五是随着我区产业结构调整和城市化进程的加快，社会管理任务更加繁重。

另一方面，发展中面临的前所未有的机遇需要我们牢牢把握。一是首都经济实力和社会发展水平持续提升，有助于带动我区发展。二是市委、市政府高度重视西部地区经济社会发展，研究制定加快西部地区转型发展的相关政策和措施，势必极大地提升我区在全市发展中的地位。三是在区委的领导下，全区上下形成的行之有效的机制、经验和良好工作氛围，有利于推动今后的发展。四是近年来发展的丰硕成果，为支撑长远发展提供了条件。五是我区仍处于城市化不断加快的发展阶段，内在动力依然强劲。六是首钢涉钢产业搬迁调整、与周边区域合作步伐加快，为我区提供了更加广阔的发展空间。只要我们牢固树立危机意识、竞争意识和发展意识，紧抓发展机遇，破解发展难题，就一定能够实现全区经济社会全面、协调、可持续发展。

区政府2011年工作的总体思路是：全面贯彻落实党的十七大、十七届五中全会、中央经济工作会、市委十届八次全会及区委十届十三次全会精神，深入贯彻落实科学发展观，抢抓机遇，迎接挑战，以加快转变经济发展方式为主线，着力抓改革求创新，着力调结构促发展，着力强功能优环境，着力惠民生促和谐，着力抓服务上水平，推动石景山区经济社会实现又好又快发展。

2011年工作的主要预期目标是：万元地区生产总

值能耗下降9%;第三产业实现增速12%以上,占地区生产总值比重60%以上;一般财政总收入增长10%;全社会固定资产投资增长10%;社会消费品零售额增长12%;居民人均可支配收入增长8%;城镇登记失业率控制在3.4%以内。

为完成全年任务,区政府将重点抓好以下五个方面的工作:

一、进一步解放思想,着力抓改革求创新,为全面实现CRD战略目标奠定坚实基础

面对新的发展形势,我们必须坚持以科学发展观为指导,转变思想观念;必须坚持改革创新,转变发展方式;必须坚持建管并重,转变服务模式;必须坚持以人为本,转变民生理念;必须加强自身建设,转变政府职能,进一步增强统筹力、执行力和战斗力,努力开创CRD建设新局面。

坚持解放思想,增强科学发展能力。思想的领先是最重要的领先,观念的滞后是最致命的落后。从传统工业石景山向绿色生态石景山发展转型,我们必须从"等靠要"的思想、因循守旧的方式、一般化平庸化的标准中解脱出来,大胆去想,把石景山的发展放到建设中国特色世界城市的视野中去谋划;勇敢去闯,发扬开拓创新、艰苦创业、锲而不舍的精神,在险处难处攻坚,在关键环节克难,为传统老工业区改造闯出一条发展新路;放手去干,全力打造新兴主导产业,全面推进功能区建设,以十年努力奠定百年基础。具体来讲,就是要认真研究对接市委、市政府加快西部地区转型发展的意见及配套政策措施。深化与首钢合作共建,认真做好首钢停产及转型发展的对接工作,充分发挥"北京服务·新首钢产业股权投资基金"作用,建设新首钢高端产业综合服务区,打造京西核心经济增长极。加快启动长安街西延工程。建立与首钢集团招商合作机制,成立首钢地区投资服务中心,完善支持首钢配套招商引资优惠政策。加强土地资源整合,争创国土资源节约集约模范县(市)。推进永定河绿色生态发展带取得突破性进展。统筹推进功能区建设,进一步奠定CRD建设的坚实基础。

坚持改革创新,增强持续发展动力。创新是工作前进的不竭动力和力量源泉。改革创新的动力来源于科技进步,来源于管理创新,我们必须在用人制度、行政管理体制、社会管理机制、自主创新政策四个方面着力推进改革创新。具体来讲,要召开加快"国家服务业综合改革试点区"和"国家可持续发展实验区"建设动员大会,进一步明确任务、落实责任,抢抓我区在服务业准入、业态管制放开、要素市场落户等领域先行先试的大好机遇,积极探索建立适应服务业经济特征的体制机制。严格落实责任制,认真抓好"十二五"规划任务分解落实工作。进一步深化区属国有企业改革,推动国有经济健康快速发展。力争完成全部农工商公司的改制工作,提高集体经济发展质量和效益。毫不动摇地支持中小企业、非公经济快速健康发展。优化支出结构,提升财政管理水平。积极争取上级部门的资金支持,扩大融资渠道,带动社会投资,增强拉动经济增长的社会合力。加强与北京军区、西南五区以及驻区企事业单位的战略合作。

二、转变发展方式,着力调结构促发展,全力推进区域经济步入科学发展快车道

继续加大招商引资力度,着力推进自主创新,大力发展主导产业,打好节能减排攻坚战和持久战,加快产业结构调整步伐,保持经济平稳健康运行。

优先发展主导产业,打造新的经济增长点。大力发展文化创意产业。力争全区文化创意产业收入同比增长20%以上。支持中国动漫集团发展,推进中国动漫游戏城建设。成立文化投资公司,设立文化产业投资基金,推动文化创意产业快速发展。大力发展高新技术产业。充分发挥中关村品牌资源凝聚作用,培养一批电子信息、新材料、节能环保等高端产业骨干企业,提高低碳经济发展中的科技贡献率。建立"科技石景山"项目管理系统,凝练科技创新项目。推动商务服务产业快速发展。引进新兴高端商业业态,优化商业布局。加快商务载体建设,积极发展电子商务、连锁经营、物流配送等现代营销方式,构建便利生活、满足消费、强化城市功能的现代商业服务体系。大力发展现代金融产业。深入贯彻落实现代金融产业发展规划,初步建立起以股权投资、风险投资、融资担保和上市培育四类业务为核心的区域投融资体系。落实创业投资引导基金管理办法,继续推进保险、贵金属和特许经营权等要素市场建设,积极引进股权投资基金等金融企业,促进金融服务业发展,争取金融机构和准金融机构数量比2010年增加20%以上。大力发展旅游休闲产业。创新旅游发展机制,促进旅游休闲与相关产业联动发展,推动与周边区域的旅游协作,形成大产业、大市场的一体化发展格局。

快速集聚优势企业,切实抓好招商引资工作。召开第五次经济发展推进大会,进一步创新招商工作机制,完善招商优惠政策,举办北京CRD国际创意节、第十二届世界漫画大会,扩大"中国数字娱乐第一区"影响力,增强区域发展吸引力。整合招商引资资源,重点引进符合我区发展定位、发展潜力较大的京外、境外企业,吸引国内知名民营企业总部入驻。加大"中国民营总部"等区域招商品牌宣传推介力度,进一步提高CRD的知名度和美誉度。加大对新引进企业的主动服务力度,重点做好盛大集团、巨人集团等龙头企业对接服务工作。加大督查考核力度，调动全区各部门、各单位招商引资的积极性，进一步提高招商引资企业的实际贡献度，实现招商引资工作质量和效益的新跨越。大力支持存量企业健康发展，完善配套服务机制和政策支持体系，认真做好驻区企事业单位服务工作，鼓励和支持驻区企业技术改造和产业升级。进一步完善扶持中小企业和服务业发展的一系列政策措施，提供优质服务，鼓励、支持、引导非公有制经济迅速发展。积极培育区域自主创新品牌，支持驻区品牌企业发展壮大。

发挥龙头带动作用，加快推进园区开发建设。北一区完成修建性土地利用详细规划，完成一级开发和部分地块上市交易，西井地块力争完成拆迁工作，新媒体基地全部实现入驻，60亩创意产业基地全面开工建设。完成南区控制性规划调整并适时启动一级开发。围绕中国绿能港、国际创意谷等重点项目，打造一批产业示范工程，提升区域产业促进能力。加快北京数字娱乐产业示范基地、华录文化产业园和3G应用产业示范园等特色基地建设。进一步优化投资环境，大力实施园区道路配套和信息化建设工程。实施高端企业培育工程，在人才引进、资金筹措、市场开拓等方面为企业提供深层次服务。全年新引进企业900家，园区企业收入和税收达到500亿元和14亿元。

促进区域协调发展，全面推进西部地区开发建设。进一步整合资源，充分调动各方面的积极性，形成西部地区开发建设的合力。进一步丰富和完善“天泰山·水岸绿都”规划，调整完善广宁和麻峪地区建设规划，高端、高效、高标准推进西部地区开发建设。加快路网体系建设，落实京门路道路规划。推进五里坨供水厂、污水处理厂建设，加快供电、供热、燃气等市政配套设施建设。继续加大拆迁工作协调力度，完成五里坨建设组团项目土地一级开发，实现部分地块和南宫小区上市交易。加快五里坨定向安置房建设，确保搬迁居民及时回迁。启动西部社会公益项目土地一级开发，力争消防中队和西部法庭项目开工建设。

抓好节能减排工作，着力推进自主创新。实施生态环境优化战略，积极打造“联合国低碳城市示范区”。探索新机制，寻求新模式，开发新技术，加强节能减排、节水、节地、节材和资源综合利用工作。全面落实环境保护规划和控制大气污染的各项措施，落实减排目标责任制，完成环保十项实事，强化执法监察，实现二级和好于二级天数大幅增加。加强环卫基础设施建设，升级改造43座垃圾楼。加强垃圾分类处理工作，力争分类小区达到30%，投资1.2亿元，建设日处理能力200吨的餐厨垃圾处理厂。完成116公顷的园林绿化和城市美化任务。着力推进自主创新，深入推进“国家科技进步示范区”建设。修订区科学技术奖励办法，建立健全知识产权保护服务体系，争创“国家知识产权强县”。

三、提高城市建管水平，着力强功能优环境，全力推进首都新市区建设

继续发挥重大项目推进和环境整治工作指挥部作用，落实加快重大项目建设办法，大力推进重点功能区建设，狠抓重大工程，提高城市综合服务功能，优化区域发展环境。

塑造城市新形象，全面推进重点功能区建设。银河综合商务区初步建成总部办公和商务金融启动区。紫御国际、北方中惠国际中心建成并投入使用，CRD银座全面运营，E地块开工建设，K地块上市交易并力争实现开工建设，力争CRD休闲广场及地下停车场工程主体完工并同步进行招商。加快台湾文化创意商务区建设，整合国际雕塑园、北京台湾街空间资源，以台湾文化为特色，重点发展现代金融、文化创意、商务办公、特色餐饮、休闲娱乐等高端产业。高标准、高品质建设西五环现代娱乐区，融科创意产业中心实现主体结构封顶，南园大厦投入运营。加快京西会展商务区建设步伐，以“金融魔方”建设为依托打造京西新地标。苹果园交通枢纽商务区南区经营性建设用地上市交易，北区力争完成拆迁。

增强城市新魅力，加快推进旅游区建设。召开全区旅游产业发展大会，落实促进旅游业发展的实施意见，进一步理顺管理体制，整合旅游资源，打造精品景区，带动旅游产业全面发展。科学编制莲石湖和西部地区综合旅游发展规划，加快天泰旅游休闲区建设，重点发展文化旅游、生态旅游。落实西南五区旅游合作机制，为打造京西旅游集散中心奠定基础。继续做好茶文化节、洋庙会、重阳登高节等传统活动，努力打造新的节庆活动品牌。

提升城市发展环境，扎实推进重大工程建设。计划总投资170亿元，开工建设十项重点工程。做好S1线工程涉及我区的征地拆迁和建设工作。计划总投资23亿元，推进杨庄大街一期等17条城市主、次干路建设工程。完成八角东街等15条道路及桥梁大修，改造实兴大街等9条道路雨污水管线。全面完成莲石湖一期工程，加快推进莲石湖二期建设，力争申报市级以上水利工程奖。继续推进西山国际文化小镇等项目开发建设。

提高城市综合服务功能，狠抓长效管理。借助城市管理公共服务平台，建立城市管理长效机制。强化科学规划与综合管理，统筹解决交通拥堵、停车难等问题，完成金顶路等9项交通疏堵工程。举全区之力，通过国家卫生区复审。加强城乡结合部地区环境综合整治，稳妥推进拆除违法建设工作，遏制新生违法建设。

积极推进永引渠南侧环境整治项目。统筹各方力量,扎实推进市级挂账重点村整治工作。加强老旧小区公共设施维护,投资1.2亿元进行配电网和供热管线改造。加强水务工程建设,完成人民渠首钢段渠道整治、五里坨小流域综合治理、南马场水库大坝消隐加固工程。进一步做好人防、防汛和防震减灾等工作。加大市容环境管理力度,推进"拆墙透绿"工程。加强户外广告管理,实施夜景亮丽工程,对实兴大街、中关村石景山园夜景照明进行改造,提升石景山路沿线夜景景观品质。

四、扎实推进社会事业健康发展,着力惠民生促和谐,努力构建平安和谐石景山

以保障和改善民生为出发点和落脚点,进一步完善社会管理和公共服务体系,推动社会事业全面发展。

健全社会保障体系。实施更加积极的就业政策,围绕重点项目建设,开发适合我区失业人员的就业岗位。充分发挥首钢职工就业服务中心的作用,积极协助首钢做好富余职工分流安置工作。努力落实社会保险政策,认真做好基本养老保险转移接续和医疗保险整合工作。强化企业用工规范管理,完善《集体合同》备案审查制度。贯彻"大民政"工作思路,投入1.8亿元,实施63项济困工程,加大对困难群众的帮扶力度。落实好老年人优待办法和"九养政策",发展老龄事业,积极应对人口老龄化。加大保障性安居工程建设力度,重点建设老古城、刘娘府等定向安置房项目,为2万户家庭提供政策性住房140万平方米。落实残疾人各项保障政策,做好就业保障金审核征缴工作,为残疾人提供更高水平的服务。安排医疗卫生及社会保障专项资金3.1亿元,增长10.7%。

优先发展科技教育事业。加快"智慧石景山"建设步伐,进一步完善信息服务平台建设,推进教育、卫生、社会保障等社会公共领域的信息化,推进物联网和"三网融合"试点工程建设。巩固科普示范区建设成果,全面落实《全民科学素质行动计划纲要》。贯彻落实全国教育工作会议精神,全面推进素质教育,优化教育结构和学校布局,推动与北京师范大学的深层次合作,扎实推进"绿色教育发展实验区"建设,支持黄庄职业高中争创国家级示范校。启动实施国家级教育体制改革试验项目,加强品牌学校建设,深入推进"双名工程",实施教师成长阶梯计划,促进区域教育特色发展。扎实办好学前教育,支持和规范民办教育。

大力发展文化卫生体育事业。继续加强精神文明建设,以军地融合式发展为主题,深入开展双拥共建活动,争创"全国双拥模范城"六连冠。大力扶持公共文化事业,深入实施文化惠民工程,积极推进区文化馆新馆建设,加强非物质文化遗产管理与利用,做好文物单位的升级保护与整体开发,强化文化行业监管与政策引导。完成第二轮地方志书初稿撰写工作。深化医药卫生体制改革,推动社区卫生服务全面发展,提高公共卫生和基本医疗服务质量。大力发展群众体育,开展金秋体育盛会等全民健身活动。提高竞技体育水平,组队代表北京市参加第七届全国城市运动会。筹办好北京国际自盟场地自行车世界杯赛、环北京职业公路自行车赛等国际品牌赛事。

加强人口和人才服务管理。树立"大人口"观念,促进人口与经济、社会、资源、环境协调发展,科学把握人口规模,提高人口素质,优化人口结构,不断探索统筹解决人口和人才问题的有效途径和方法。优化人口计生工作网络,推动人口和计生工作健康发展。加强流动人口服务管理,建立良好的人口秩序。继续实施人才强区战略,不断优化人才发展环境,完善和创新人才管理运行机制,大力引进和培养高素质人才,完善人才服务绿色通道,打造"首都创意人才特区"。加强第六次全国人口普查成果的开发和运用,为区域经济社会发展提供服务。

全面推进社会建设。落实社会建设推进大会精神,深化社会建设管理体制改革。全力推进社区规范化建设,深入开展和谐社区创建系列活动。切实加强大学生社工规范管理,提高社会工作者和志愿者队伍建设水平。安排资金5000万元,实施149项便民工程,力争社区用房全部达标。继续推行居务公开,大力培育社区服务组织。巩固大接访成果,不断完善信访工作机制,建立多元化矛盾纠纷化解体系,加大人民内部矛盾排查调处力度,继续安排化解社会矛盾资金2000万元。认真贯彻实施《北京市物业管理办法》,提升物业行业监管水平。加快推进农贸市场改造试点工作,深化"农超对接",继续优化便民菜站布局,加强物价监管,努力稳定物价总水平。继续加强民族、宗教、侨务工作,扩大和深化对台交流合作,支持工会、共青团、妇联等群团组织开展工作。

坚持安全发展。健全应急管理体制机制,提高防灾减灾意识,增强突发事件应急处置能力。高度关注民生安全,切实抓好食品药品质量安全和生产安全,严格落实消防、交通等安全工作责任制,加强事故隐患排查整改,杜绝重特大事故发生。全面做好人民武装工作,进一步加强国防后备力量建设。深入开展"平安石景山"建设,加强社会治安综合治理,严厉打击刑事犯罪,完善治安防控体系,不断提高人民群众的安全感。

五、进一步转变政府职能,着力抓服务上水平,努力建设服务型政府

切实转变政府职能,创新管理模式,改进公共服务方式,提升服务水平。

加强依法行政能力建设。坚持向区人大及其常委会报告工作制度，自觉接受人大监督。强化民主作风，充分听取意见和建议，自觉接受区政协的民主监督。继续安排专项资金2000万元，认真办理人大代表议案、建议和政协委员提案。坚持民主决策，建立健全依法行政决策机制，保障决策的科学性、合法性。启动“六五”普法，全面推进依法治区工作。加强行政执法监督，规范行政行为。落实党风廉政建设责任制，坚决贯彻“三重一大”制度，加强政风行风建设，努力构建完善有效的廉政监督机制。

加强执行能力建设。坚决贯彻落实市委、市政府及区委的决策部署。加强公共服务体系建设，深化岗位目标责任制，切实做到岗位明确、职责清晰。建立健全问责制度，深入开展绩效评估，完善效能考核规则。严格执行代建制和便民工程建设管理办法。加强行政监察和督查工作，积极推动行政巡察，切实把工作和责任落实到每个部门、每个岗位和每个环节，确保政令畅通。

加强服务能力建设。开展好创先争优活动，强化“人人攸关发展环境、个个都是投资形象”的理念，进一步提高服务经济社会发展的能力。强化公务员培训，推进轮岗交流，提高思想道德素质和业务素质。深入推进政务公开，健全政府信息公开工作机制和制度规范，增强政府工作透明度。大力推进电子政务建设，进一步提高信息化水平。继续落实“CRD绿卡”和区领导联系重点企业等制度。深化行政审批制度改革，减少和规范行政审批，加强对基层科、队、站、所的监督管理，打造“一站式”精品服务品牌。进一步加强对内合作、扩大对外开放，继续做好国际友好城市工作，扎实推进区域合作和对口支援工作。

各位代表，石景山区正处在“大调整、大建设、大发展”的战略机遇期，我们的任务光荣而艰巨，我们的前途光明而辉煌。让我们更加紧密地团结在以胡锦涛同志为总书记的党中央周围，高举中国特色社会主义伟大旗帜，深入贯彻落实科学发展观，在区委的坚强领导下，与时俱进，开拓创新，团结拼搏，扎实工作，为开创CRD建设新局面而努力奋斗！

北京市石景山区人民代表大会常务委员会工作报告

——2011年1月6日在北京市石景山区第十四届人民代表大会第六次会议上

北京市石景山区人大常委会主任　赵玉民

各位代表：

我受石景山区第十四届人民代表大会常务委员会委托，向大会报告常委会一年来的主要工作，请予审议。

过去一年工作的回顾

2010年，区人大常委会坚持以邓小平理论和“三个代表”重要思想为指导，深入落实科学发展观，认真贯彻党的十七届四中、五中全会和市委、区委人大工作会议精神，牢牢把握“大调整、大建设、大发展”的工作主基调，在区委的领导下，依法履行职责，着力服务发展大局，着力做好监督工作，着力发挥代表作用，着力加强自身建设，圆满完成了区十四届人大五次会议确定的各项任务，为推动我区经济社会又好又快发展做出了积极的贡献。

一、围绕中心，服务大局，充分发挥职能作用

过去一年，是我区全面完成“十一五”规划和CRD建设第一步发展任务、谋划好“十二五”规划的关键之年。常委会自觉服从和服务于全区工作大局，有效地发挥了人大工作的优势和作用。

深入贯彻落实市委、区委第三次人大工作会议精神，努力提高工作水平。认真学习、深入领会市委、区委的要求，召开专题工作研讨会，探索改进和完善工作的方式方法。一年来，监督工作在规范程序、突出重点、增强实效上取得了新进展，在加快转变经济发展方式、推动环境保护和城市建设管理、维护社会和谐稳定和改善民生、推进依法行政和公正司法等方面加大了监督力度。代表工作在拓宽代表履职服务渠道、丰富闭会期间代表活动内容、充分发挥人大代表作用等方

面取得了新成效。常委会及机关建设稳步推进,履职能力和工作水平得到新的提高。

认真开展“十一五”规划实施情况的监督检查,促进规划任务全面完成。去年是“十一五”规划纲要实施的最后一年,为督促规划目标任务的全面完成,常委会充分发挥各工作委员会的作用,结合全年议题安排,采取视察、走访、座谈等形式,对财经城建、教科文卫等领域完成“十一五”规划目标任务的情况进行了调研,专题听取了发改委等部门的有关工作情况汇报。重点检查了区政府落实常委会关于“十一五”规划纲要中期评估意见的情况,提出了意见和建议,有力地促进了“十一五”规划目标任务的全面完成,经济社会实现了又好又快发展。

高度关注“十二五”规划编制,发动代表建言献策。“十二五”规划的制定和实施,对于我区实现 CRD 建设第二步战略目标,立足长远谋求更好更快发展具有十分重要的意义。审查批准规划纲要、监督促进规划的实施,是区人大及其常委会的重要职责。常委会积极发挥人大代表的作用,组织人大代表 100 余人次,参与了区政府各部门关于“十二五”规划编制的调查研究和征求意见等工作。代表们以高度的责任感和主人翁精神,从调整转型、科学发展、改善民生、促进和谐等方面提出一些意见和建议,为科学编制“十二五”规划发挥了积极作用。

充分发挥人大工作优势,认真落实区委的决策部署。在市十三届人大三次会议上,组织石景山团的市人大代表,提出了 3 件促进我区发展的议案。市人大确定了“首钢搬迁、矿山关停后开发替代产业,促进西部地区经济发展”议案,交市政府办理。常委会协助市人大抓好议案督办工作,为市人大领导调研提供服务,组织代表进行视察,努力促使议案办理过程转化为推动发展的过程。在重大项目推进和功能区建设中,积极协调西部地区建设,调研拆迁安置工作,加强与重点企业的联系,常委会主任、副主任和部分委员,主动与企业加强沟通,帮助企业反映和解决了 30 多个实际问题。

二、依法履职,强化监督,积极推动科学发展

常委会围绕区委中心工作,把政府着力推进、群众普遍关注的事项作为监督工作的重点,加大监督工作力度。全年共召开 6 次常委会会议,16 次主任会议,听取和审议了“一府两院”13 个专项工作报告和有关工作情况报告,作出了 3 项决议决定和审议意见,开展了 10 项视察和执法检查。依法任免国家机关工作人员 43 人次,受理人民群众来信来访 81 件次。

督促新兴主导产业的培育和发展,推进加快转变经济发展方式。常委会组织代表视察、调研了我区高新技术、文化创意和商务金融产业的发展情况,建议区政府要进一步发挥主导作用,优化产业发展环境,完善产业发展规划,落实产业发展政策,加快调整转型步伐。在办理“对贯彻执行《企业国有资产法》情况进行依法监督”议案的过程中,常委会加强对区属国有经济发展的监督,听取和审议了区政府关于贯彻实施《企业国有资产法》情况的专项工作报告,建议政府深化国有资产管理体制改革,科学监管国有资产运营,不断提高国有经济对区域发展的贡献率。常委会还听取了区政府关于“北京服务·新首钢产业股权投资基金”设立情况的报告。

加强预算监督工作,推动区域经济平稳较快发展。常委会坚持以经济建设为中心,认真履行预算监督职能,听取和审议了区政府关于半年预算执行、财政支出预算变动情况以及决算和审计工作报告,审查批准了区级决算,初审了 2011 年预算草案。在预算监督工作中,注重加强与政府相关部门的沟通,及时提出了改进工作的意见和建议,支持和督促区政府继续完善预算管理制度、充分发挥财政资金的使用效益、增强公共财政的保障能力,促进了区域经济平稳较快增长,社会发展实现了预期目标。

督促城市建设和管理工作,推进提升城市现代化水平。在办理“关于建设高标准国家卫生区”和“关于处理永定河北岸水屯地区填埋生活垃圾”两个议案的过程中,常委会听取和审议了区政府关于建设高标准国家卫生区情况的专项工作报告,视察了我区处理永定河北岸水屯地区填埋生活垃圾的情况;组织代表对我区节能减排和控制大气污染各项措施的落实情况、重大项目和重点工程的建设情况进行了检查,建议区政府落实城市管理长效机制、加强城市日常管理、完善基础设施建设,督促区政府不断改善城市环境质量,提升城市现代化水平。

督促社会事业发展,推动改善民生。在办理“我区贯彻落实北京市实施《义务教育法》办法,实现基础教育优质均衡发展”议案的过程中,常委会视察了我区部分中小学校的教育发展情况,听取和审议了区政府的专项工作报告,建议政府加大力度,支持部分规模小、地处偏远学校的软件建设,进一步发挥优质校的辐射带动作用,促进基础教育优质均衡发展。坚持开展了对《食品安全法》贯彻实施情况的执法检查,汇总人大代表在分组暗查以及集中视察中提出的意见和建议,形成视察意见交办书,交予区政府处理,有力地促进了我区食品安全工作。

加强执法和司法活动监督,促进民主法治建设。常委会听取和审议了区检察院关于做好侦查监督和公诉工作的专项工作报告,就提高公诉工作质量与效率、加强与公安和法院工作协作等问题作出了审议意见。听取和审议了区法院落实常委会关于做好执行工作审议意见情况的报告，就提高执行工作效率、建立执行工作长效机制等问题提出了意见和建议。听取和审议了区政府落实常委会关于加强依法行政工作审议意见情况的报告，提出了完善行政执法内部监督机制、提升依法行政水平的意见和建议。协助市人大常委会，完成了137项地方性法规清理，以及5部法律草案征求意见工作。

三、创建平台，加强服务，发挥代表主体作用

常委会着眼于保障代表执行职务、发挥作用，不断加强代表工作，密切了与代表的联系，提高了为代表履职服务的水平。

进一步创新代表闭会期间活动。指导和支持人大各街工委、代表联组创新代表服务工作，在八角和苹果园两个街道试点，建立了“人大代表之家”，在部分社区设立“人大代表社区联络站”，拓宽了代表联系选民、了解社情民意和反映选民诉求的渠道，受到了选民的普遍好评。常委会还以“走近代表，为代表履职服务；走近选民，为选民多办实事”为主题，开展了常委会组成人员及人大街工委联系人大代表、人大代表联系选民的“双走近”活动，共有80余名人大代表、600余名选民参加活动，收到意见和建议256条，其中大部分由街道予以协调解决，12件转成了闭会期间代表建议。“双走近”活动取得明显成效。

进一步提高代表服务工作水平。通过召开政府半年工作报告会、组织代表听取区市政市容委和区住建委有关工作情况汇报、寄送常委会会刊、订阅报刊、增加手机信息量等方式，为代表知情知政、征集议案和建议创造了条件。坚持邀请代表列席常委会会议，参加执法检查、集中视察和专题调研，旁听法院公开审理案件，扩大了代表对常委会工作的参与。召开代表联组工作研讨会，探讨提高代表履职服务工作水平的途径和方法。常委会还组织市人大代表120余人次，参加了21项专题视察、调研和集中活动，圆满完成了市人大代表(石景山团)的各项服务工作。

进一步规范代表建议督办工作。一是完善建议督办制度，制定了常委会主任、副主任牵头督办代表建议工作规程，对6件建议进行了重点督办，对办理难度较大的建议加强了跟踪督办，有效地推动了建议办理工作。二是充分发挥人大各街工委的作用，采取多种形式加大建议督办力度，组织代表视察、检查建议办理情况，加强代表与承办单位的沟通协调，提高了建议办理质量。三是加强对区政府办理代表建议工作的监督，听取和审议了政府关于代表建议办理情况的专项工作报告，检查了区市政市容委和区人力社保局的建议办理工作。区十四届人大五次会议期间收到的77件代表建议已全部办复完毕，代表满意率为96.1%。

四、总结经验，注重提高，不断加强自身建设

2010年是区人民代表大会设立常务委员会30周年，常委会以此为契机，总结经验，完善提高，进一步加强了自身建设。

隆重纪念常委会设立30周年，认真总结工作经验。通过举办座谈会、编辑专题片、拍摄代表访谈节目、出版画册和《石景山报》专刊，全面回顾了常委会的发展历程，认真总结了30年实践的宝贵经验，结合落实区委第三次人大工作会议精神，明确了做好今后人大工作的思路和措施。30年实践证明，做好人大工作，必须坚持正确的政治方向，最根本的是坚持党的领导、人民当家作主和依法治国的有机统一；必须坚持科学发展观，围绕中心、服务大局，实现好、维护好、发展好人民群众的根本利益；必须坚持民主集中制，充分发扬民主，严格依法办事。

坚持加强制度建设，不断规范工作程序。常委会把制度建设摆在重要位置，按照《地方组织法》、《监督法》等法律法规的规定，经过广泛调查和深入研究，在总结实践经验的基础上，重新修订了《石景山区人大常委会议事规则》和《石景山区人大常委会人事任免工作办法》，进一步完善了常委会议事和开展人事任免工作的程序，使常委会的制度更加符合法律规定，工作更加规范有序。

坚持加强机关建设，努力提高工作水平。组织学习党的十七届五中全会和市委、区委第三次人大工作会议精神，努力推动常委会机关的工作思路和发展理念与时俱进。常委会各工作委员会紧紧围绕中心工作，深入开展调查研究，注重分析难点问题、跟踪热点问题，加强与“一府两院”的联系和沟通，为常委会开展监督工作提供了服务。在机关党员干部中开展了“创先争优”和“党员作风建设年”活动，不断提高了机关的工作质量和服务保障水平。

各位代表，过去一年常委会取得的成绩，是在区委的领导下，全体区人大代表、常委会组成人员和人大机关工作人员共同努力的结果，得到了市人大常委会的有力指导和“一府两院”的积极配合，也得到了社会各方面及广大人民群众的关心、支持和帮助。在此，我代表人大常委会表示衷心的感谢！

在回顾过去一年工作的同时，我们也清醒地认识到，按照科学发展观的要求和人民群众的期望，常委会工作还存在需要改进和加强的地方，主要是：跟踪监督的力度还不够大，发挥代表作用还不够广泛，常委会及机关的自身建设还需要进一步加强。对于存在的不足，常委会将在今后的工作中努力加以改进。

2011年的主要工作任务

2011年,是我区实施"十二五"规划和CRD建设第二步走的开局之年,是全区上下深入贯彻落实科学发展观,推进经济社会转型和又好又快发展的重要一年,是全面完成本届人大及其常委会各项工作任务的关键一年。常委会工作的总体要求是:以邓小平理论和"三个代表"重要思想为指导,全面贯彻落实党的十七届五中全会、市委十届八次全会、区委十届十三次全会和人大工作会议精神,在区委的领导下,以推动科学发展为重点,以促进加快经济发展方式转变为主线,紧紧围绕"大调整、大建设、大发展"的工作主基调,坚持由传统工业石景山向绿色生态石景山转型的总方向,依法履行职责,扎实做好工作,全面完成本届人大各项任务,为推进经济建设、城市建设和社会建设,促进科学发展做出新的贡献。

2011年,常委会的工作思路是:牢牢把握"一个重点",扎实做好"三项工作",努力加强自身建设。

一、以推动科学发展为重点,保障"十二五"规划的顺利实施

本次会议审议的石景山区"十二五"规划纲要,描绘了"十二五"时期我区经济社会发展的宏伟蓝图,是全区人民全面推进经济社会建设的行动纲领。常委会要牢牢把握抢抓机遇、推动科学发展这个重点,主动监督,为顺利实施"十二五"规划开好局、起好步创造良好的政治、法治环境。

积极推动区委重大决策的贯彻落实。"十二五"时期是我区经济社会发展的重要战略机遇期,区委从我区发展战略全局的高度,明确提出了"十二五"规划的指导思想、奋斗目标、主要任务和工作措施,对做好"十二五"时期的各项工作作出了全面部署。人大及其常委会要明确在推动"十二五"规划实施中所肩负的责任,把保障区委重大决策的贯彻落实作为人大工作的重中之重,发挥人大制度的优势,及时有效地把区委关于经济社会发展的决策转变成为全区人民的共同行动,督促和支持"一府两院"按照各自工作报告提出的目标任务做好工作,保证区委重大决策得到贯彻和落实,凝聚力量,齐心协力,推动科学发展。

围绕"十二五"规划的实施,决定好重大事项。常委会要紧紧围绕"十二五"规划实施中经济、社会发展、民计民生等重大问题,深入调查研究,广泛集中民智,依照法定程序,适时作出决议决定,不断提高决议、决定的科学化、民主化水平,使各项重大决策充分体现人民群众的意愿,实现党的主张与人民意志的有机统一,动员和激励广大人民群众积极投身到"十二五"时期我区各项事业的建设中去。

密切关注"国家服务业综合改革试点区"、"国家可持续发展实验区"和"中关村国家自主创新示范区"的启动和建设。为促进我区加快产业结构调整、培育新兴主导产业、优化区域发展环境、推进战略转型,常委会要适时听取区政府的有关工作情况报告,组织代表进行视察,支持政府紧紧抓住这一难得的历史性机遇,制定好各项发展规划,推动我区服务业繁荣发展、区域可持续发展和科技产业健康发展。

二、扎实做好监督工作,努力提高监督实效

以推动转型发展为着力点,加强对经济工作的监督。听取和审议区政府关于我区中小企业发展情况的专项工作报告,通过审议,推动《中小企业促进法》的贯彻实施,进一步理顺管理服务体制,落实扶持政策,鼓励企业创新,提升产业水平,为我区中小企业健康发展创造良好环境。

关注永定河绿色生态发展带建设。组织人大代表进行视察,支持政府抓住我市实施加快京西地区转型发展战略的有利时机,加快永定河生态环境综合治理,以此来带动整个西部地区的开发,增强我区经济社会的可持续发展能力。

关注重点工程建设。组织人大代表对重点工程进展情况进行视察,推进重点工程项目建设顺利进行,进一步改善投资环境和人居环境,提升我区城市综合服务功能和整体形象。

做好计划、预算监督工作。听取和审议我区2011年国民经济和社会发展计划、财政预算半年执行情况的报告,听取区政府关于2010年度区级财政预算执行和其他财政收支的审计工作报告,审查批准2010年区级决算,不断增强计划和预算执行的约束力,推动计划、财政预算任务的全面完成。

以促进社会和谐稳定为着力点,加强对改善民生问题的监督。

一是听取和审议区政府关于落实保障性住房政策,加快保障性住房建设情况的专项工作报告。常委会要组织好专项调研,作出审议意见,进一步推进我区保障性住房建设,努力解决好中、低收入家庭住房困难。

二是听取和审议区政府关于贯彻实施《北京市学前教育条例》情况的专项工作报告,推动条例的全面贯彻和落实,切实解决好群众反映比较强烈的入园难等问题,进一步改善学前教育办学条件,提高幼儿教师专业素质,促进学前教育事业健康发展。

三是听取区政府贯彻落实《体育法》和《全民健身条例》情况的工作报告,重点检查公共体育设施建设、使用情况,推动以全民健身为重点的群众性体育活动广泛开展。

四是关注群众的“菜篮子”。根据人大代表和居民反映的一些菜市场设置不合理，群众买菜不方便等问题，常委会要组织代表进行视察，督促政府有关部门，根据群众需要，规划、建好便民菜站，把群众的愿望和要求落到实处。

五是听取区政府落实常委会关于建设高标准国家卫生区，继续做好环境整治工作审议意见情况的报告，重点检查居民小区环境卫生管理工作情况，对存在的突出问题，督促有关部门开展集中整治，为小区居民提供清洁、舒适的生活环境。

六是继续开展食品安全集中视察活动，巩固多年来食品安全执法检查成果，不断加大食品安全监管力度，提高监管水平，保障食品卫生与安全，维护消费者的合法权益。

以促进司法公正为着力点，加强对司法工作的监督。跟踪监督区检察院贯彻落实区人大常委会关于依法履行侦查监督和公诉职能审议意见情况，听取有关工作汇报，支持检察机关准确把握自身职能定位，进一步增强监督意识和工作主动性，有效地发挥中国特色社会主义司法制度的优越性。

听取和审议区法院贯彻落实市人大常委会《关于加强人民检察院对诉讼活动的法律监督工作的决议》、接受检察机关法律监督情况的专项工作报告，提高审判机关自觉接受法律监督的意识，实现司法公正的共同目标。

三、扎实做好代表工作，努力发挥代表作用

组织代表听取区政府半年工作情况报告。发挥手机信息平台作用，为代表知情知政服务。继续组织代表列席常委会会议、参加调研、视察、执法检查和旁听法院庭审等项活动。

以贯彻市委、区委第三次人大工作会议精神为主题开展好代表联组活动，学习贯彻执行新修订的《代表法》，加强指导，不断提高代表联组活动质量。

继续在有条件的街道、社区居委会建立“人大代表之家”和“人大代表社区联络站”，为代表联系选民、执行职务创造条件。密切代表与选民的联系，组织代表深入选区，倾听民声、反映民意，使代表在联系中知情、在知情中履职，推动人民群众关心的热点难点问题的解决。

继续坚持常委会主任、副主任牵头督办代表建议，提高代表建议办理质量。总结本届以来代表建议督办工作的经验和做法，使督办工作更加规范、富有成效。

做好市人大代表服务工作，加强市、区人大代表的联系，邀请市人大代表列席区人大常委会会议，参加视察、调研等活动，为市人大代表履行职责提供服务。

四、扎实做好区人大代表换届选举工作，为开好新一届人民代表大会打好基础

明年年初，本届区人大代表任届期满。今年下半年要依法进行换届选举工作，这是全区人民政治生活中的一件大事，是发展社会主义民主政治，建设社会主义政治文明的一次重要实践。常委会要按照市委、区委的统一部署和要求，高度重视，精心组织，周密安排，认真履行宪法和法律赋予的职责，坚持党的领导，充分发扬民主，严格依法办事，促进公民有序政治参与，保证换届选举工作依法扎实有序进行。选举出具有广泛性和代表性的新一届人大代表，为开好人民代表大会，行使好地方国家权力机关职权，更好地坚持和完善人民代表大会制度，推进区域经济社会又好又快发展提供坚强的政治保障。

五、加强自身建设，提升人大工作质量和水平

常委会要继续把加强思想政治建设摆在首位，把坚持正确的政治方向贯穿于人大依法履职的全过程。坚持用马克思主义中国化的最新成果武装头脑、指导实践、推动工作，增强坚持中国特色社会主义政治发展道路、坚持和完善人民代表大会制度的自觉性和坚定性，在重大政治是非问题上保持清醒头脑，使人大工作始终沿着正确的道路健康发展。

要继续加强对人大工作规律和工作特点的研究，及时总结经验，不断规范和完善常委会会议、主任会议、监督工作、代表工作等方面的制度，使人大各项工作制度化、规范化、科学化，保证人大代表和常委会组成人员依法行使职权。今年要以总结本届人大常委会五年工作和推动“十二五”规划顺利实施为主题，开好人大工作研讨会，进一步加强和改进人大工作，提高常委会工作水平。

要提高学习能力，努力建设学习型机关。采取多种形式，组织常委会机关干部学习政治理论、法律知识和业务知识，努力提高综合素质，造就一支政治素质高、思想作风好、业务能力强的人大干部队伍，提升人大整体工作质量和水平。

各位代表，“十二五”时期，我们要实现的目标催人奋进，今年我们要完成的任务艰巨繁重。让我们在区委的领导下，认真贯彻中央十七届五中全会精神，深入落实科学发展观，围绕大局，抢抓机遇，团结进取，扎实工作，全面完成本届人大及其常委会的各项任务，为加快转变经济发展方式、以更高标准推进经济社会全面转型和科学发展，为打造北京CRD、构建和谐石景山、建设现代化首都新城区做出新的更大的贡献！

中国人民政治协商会议
北京市石景山区第八届委员会常务委员会工作报告

(2011 年 1 月 11 日在区政协八届五次会议上的讲话)

石景山区政协主席 倪国锋

各位委员、同志们:

我受区政协常委会委托,向大会作工作报告,请予审议。

2010 年工作回顾

2010 年是全面完成“十一五”规划和 CRD 建设第一步发展任务的关键之年,也是科学谋划“十二五”规划的重要之年。一年来,区政协常委会在中共石景山区委的领导下,高举中国特色社会主义伟大旗帜,深入贯彻落实科学发展观和中共十七届四中、五中全会精神,紧紧围绕区委确定的“大调整、大建设、大发展”工作主基调和编制“十二五”规划这条主线,发挥优势,科学履职,圆满完成了八届四次会议部署的各项任务,为促进我区经济社会全面转型和科学编制“十二五”规划做出了积极贡献。

一、围绕科学编制“十二五”规划和促进经济发展献计出力

积极建言“十二五”规划。政协常委会把围绕“十二五”规划履职作为政协全年工作的重点进行了周密部署。为提高建言质量,就“十二五”规划重点与规划编制部门进行了多次沟通,邀请区领导和政府相关部门向广大委员及时通报了规划编制进展情况。在委员中开展了“我为‘十二五’规划建一言”和专题征文活动,向区委区政府报送建言专刊 30 余期,区领导多次做出批示。召开常委会听取了区规划编制部门专项情况通报,组织委员参与了旅游发展、人口控制、残疾人事业等专项规划征求意见会。以“建言‘十二五’规划,助推我区科学发展”为主题,召开了第 19 次政协工作理论研讨会,区政府主管区长和规划编制部门负责同志出席会议听取建议,并与常委们进行了面对面的交流沟通。综合广大委员的意见建议、专委会专题调研和理论研讨会成果,以常委会建议案的形式向区委区政府提交了《关于编制北京市石景山区国民经济和社会发展第十二个五年规划的若干建议》,区委书记、区长做出批示,要求在编制过程中认真吸纳。据不完全统计,广大委员和各党派、团体通过不同形式积极建言,提出各类建议近千条,充分体现了广大委员、各党派团体和各界人士对我区发展的关心,为科学编制我区“十二五”规划做出了贡献。

主动开展前瞻性研究。未来 5 年,是我区经济社会深刻调整、全面建设、跨越发展的重要时期。针对这一现实背景,区政协充分发挥人才荟萃、联系广泛的优势,就区委区政府重点关注的我区未来战略转型问题,与区政府合作开展了“后工业城市战略转型专题研究”,拟为加快我区经济社会全面转型提供决策支持;围绕科技在促进产业转型中的作用,与区科委联合开展了市级软科学重点课题——《科技引领石景山区产业转型模式研究》,全面梳理和总结了我区产业转型的基本路径、模式,并就进一步发挥科技引领作用、促进我区产业转型提出了对策建议,部分成果已被吸收到我区的“十二五”规划中;与民盟区工委合作,承担了我区“十二五”规划前期研究重点课题——《“十二五”期间政府行政管理体制改革和优化发展环境的目标及政策措施研究》,为推进我区行政管理体制改革、优化发展环境决策提供了参考。此外,区政协还积极参与第四届首都西南区域经济发展论坛,共商推进首都西南区域城市化发展的对策,提交的论文有 6 篇入选论坛《论文集》,区长在论坛大会作了《抓住世界城市建设机遇,加快首都西南地区发展》的主题发言。

大力推进招商引资工作。积极贯彻落实区第四次经济发展推进大会精神,召开了区政协 2010 年招商引资座谈会,进一步推动政协招商引资工作开展。认真落实区领导联系重点企业制度,积极协助做好安商抚

商工作。充分发挥联系广泛优势,加强与工商界人士和各类行业协会的联系,促成了中国电子科技情报研究所“电子信息产业基地”和金顶街“青年创业园”两个引资平台的成立。广泛动员委员利用自身资源开展招商引资,在全体委员的共同努力下,截至到10月底,共引进企业63家,注册资金10.05亿元,招商引资工作再创佳绩。

二、围绕我区“大调整、大建设、大发展”工作主基调履行职能

深入推进政治协商。八届四次全会期间,各党派团体和广大委员认真听取《政府工作报告》,并通过大会发言、小组讨论、当面咨询等形式,就我区经济社会发展的重大问题以及人民群众普遍关心的重点问题,与区委区政府领导和各部门负责人进行了协商。会议期间围绕调整优化产业结构、强化功能区建设、提高城市管理水平、推进社会事业发展等方面提出的建议,区政府以书面的形式进行了答复,很多建议在工作中得到采纳。政协常委会、主席会分别就我区“十二五”规划编制、社会建设两个重大问题,与区委区政府负责部门进行了专题协商,就科学编制“十二五”规划和加强社会建设积极建言献策。各专委会通过调研、视察、座谈等多种形式,就专项规划编制、经济发展、民生改善,以及教育文化、卫生体育、城建环保、社会法制等工作,与有关委办局进行了对口协商,促进了相关工作的开展。

切实加强民主监督。一年来,区政协围绕区域建设与发展组织了一系列富有针对性和实效性的民主监督活动。政协主要领导牵头负责了永定河绿色生态发展带建设工作,多次召开座谈会听取负责部门情况汇报,并组织常委会、主席会成员三次深入施工现场视察,推动了工程建设的顺利开展;政协常委会、主席会分别对北京台湾街、中国动漫游戏城、阜石路二期工程、苹果园交通枢纽建设、永定林公园规划等重点工程和项目进行了视察,还结合调研和提案办理,听取了有关单位关于“十一五”规划执行情况、新居民互助服务站工作开展、城市边角地治理和拆迁等工作情况通报;各专委会围绕《全民健身条例》落实情况、教育文化卫生事业发展,以及就业、住房保障和大气污染控制等民生问题组织了专项视察活动;区政协财政预算民主监督小组围绕区重大投资项目的落实、涉及民生领域的资金使用情况等进行了民主监督和评议;部分委员参加了我区“五五普法”验收、拆迁听证会、处级干部公开选拔面试等监督活动;32名特邀监督员参与了13个单位民主监督工作,政协民主监督的合力和实效得到进一步增强。

广泛开展参政议政。针对区域转型和发展中的重点、难点问题,各专委会与党派、团体和政府部门联合开展调研,撰写了《关于我区进入“大调整、大建设、大发展”阶段的几点建议》、《关于促进永定河石景山段水岸经济发展的调研报告》、《关于我区流动人口服务与管理模式的调研》和《关于打造石景山区高端教育的调研报告》,分别形成主席会建议案,政府有关职能部门向主席会议进行了当面答复,主管区长参加会议并对所提建议给予充分肯定,有力地推动了相关工作;协助市政协完成了《关于永定河流域治理及开发建设的专题调研报告》,其主要观点被吸收到市政协常委会《关于编制北京市十二五规划的若干建议》之中;各民主党派、工商联发挥自身优势,积极围绕区委区政府中心工作开展调研,共完成调研报告15篇,为区委区政府相关决策提供了参考。进一步发挥提案在参政议政中的作用,对区政协八届四次会议以来立案的158件提案进行了分析、交办,办复率为100%,委员满意率97%。对《关于发展永定河水岸经济的几点建议》等8件重点提案进行了专项督办。坚持围绕区委区政府重视和人民群众关注的问题反映社情民意,全年收集信息400余条,经整理向市、区信息部门报送200余条,编辑《社情民意》108期,其中市、区信息部门采用30余条,市、区领导批示30余条(次)。

三、围绕“和谐石景山”建设与维护良好的政治局面凝心聚力

积极关注民生。区政协始终把关注民生、履职为民作为政协工作的出发点和落脚点。在全区社会建设推进大会召开前夕,听取了区社会工作部门专项情况汇报,就进一步加强我区社会工作建设提出建议;对人民群众关心的“医保一卡通”的实施、药品物流安全等医药问题,餐厨垃圾处理、送餐卫生监督等环保卫生问题,西部文物保护、体育活动开展等文化体育问题,以及流动人口服务与管理等社会综合治理问题进行了视察,反映了群众呼声,推动了相关工作;积极关注我区社会治安工作,成立了区政协社会治安综合治理民主监督小组;发挥政协委员街道联组作用,积极参与社区各项建设。此外,还通过提案、社情民意等形式,反映了大量群众关心关注的问题,提出解决建议,协助区委区政府化解矛盾。

广泛团结各界。区政协领导坚持走访慰问区各民主党派、工商联负责人,进一步加强团结。坚持通过各种会议向党派、团体和各界委员通报情况,广泛维护其知情权、发言权,凝聚各界力量。举办了新春电影招待会、年终总结会等联谊活动,营造了良好的氛围。通过教师节等活动,组织界别委员进行参观学习,促进了委员之间的交流。结合调研、视察和提案办理,深入企业、学校、社区和政府职能部门60余个单位200余次,进一步加强了与基层的互动,广泛团结全区各行各界,维护了我区生动活泼的政治局面。

加强对外交往。接待了全国政协港澳台侨委员会委员、市政协老委员对中国动漫游戏城、北京台湾街的视察。邀请市政协研究室就政协有关业务工作进行了指导。参加了市政协年度理论与实践研究大会、信息工作大会、全年工作座谈会,分别作了研讨发言和经验介绍。结合调研,组织委员赴湖南长沙、四川阆中、江苏无锡、上海、重庆等地,以及本市朝阳、通州等兄弟区县进行了学习考察,学习借鉴了先进工作经验。组队参加了18支队伍参赛的西南五区政协系统龙舟赛,取得第三名的好成绩。此外,还接待浙江普陀、安徽怀远等外埠政协友好访问团20余批,300多人,宣传了我区经济社会建设成就。一年来,通过积极对外交往,进一步活跃了政协工作。

四、围绕提升政协整体工作水平不断加强自身建设

建设"学习型政协"迈出新步伐。区政协常委会将加强学习作为不断提高政协履职水平、强化自身建设的重要举措。围绕创建学习型政协,组织委员和机关干部深入学习贯彻中共十七届四中、五中全会精神,北京市第三次政协工作会议精神和区委十届十一、十二、十三次全会精神。制定印发了《石景山区政协关于加强2010年学习工作的意见》,进一步丰富了《委员参考》的内容和形式。举办了区域经济和社会发展、医药卫生体制改革报告会和法制知识讲座,邀请20多个对口委办局通报了本部门工作,增强了委员对区情和专业知识的了解。此外,还积极开展政协理论与实践研究,多篇文章入选市政协《理论与实践研究论文集》,并在市政协召开的"推进人民政协政治协商制度建设"研讨会上,政协领导就"如何搞好人民政协的政治协商"作大会发言,得到市政协理论与实践研究会和与会者的好评。

文史和宣传工作进一步加强。随着我区城市化进程的加快,特别是在我区进入"大调整、大建设、大发展"的历史时期,如何保留我区村庄院落历史,成为委员关注的重点。面对这一情况,区政协以高度的历史责任感和使命感,积极开展村庄、院落史料的采集、挖掘工作,对我区有据可查的63个村庄、院落史料进行了搜集、整理,征集有关稿件200篇40余万字,编辑出版了《石景山文史·村落专辑》。配合市政协开展了《辛亥革命与北京》专辑文史征稿工作,选报有关稿件3篇,政协文史工作不断深入。进一步加强政协宣传工作,召开了宣传信息工作协调会,在市以上媒体报道政协工作30余次,区内报道100余条(次),会同区广电中心制作播放了8期《政协之窗》专题电视节目,在《石景山报·参政议政》专栏刊发"十二五"建言专栏18期,政协各项履职工作得到较好的宣传。

自身建设水平进一步提高。区政协进一步加强对党派、团体和界别提案的重点督办,注重党派、团体和界别反映的社情民意报送,重点研究党派、团体和界别在调研、视察等活动中提出的意见和建议,党派、团体和界别在政协履职中的作用进一步明显。通过政协常委会议、主席会议、专委会议等多种形式,加强各层次协商议政,常委会、主席会的领导作用和专委会的基础作用得到进一步巩固。积极加强对委员履职的引导和服务,注重激发广大委员履职的热情,委员的主体作用在政协工作中得到进一步加强。以深入开展"创先争优"活动为契机,不断强化机关内部建设,规范服务委员制度,精心组织各种活动,机关人员服务能力和水平进一步提升。

回顾过去的一年,我区政协各项工作都取得了新进展。这些成绩的取得,是区委正确领导和区政府大力支持的结果,是政协各参加单位和广大委员共同努力的结果,也得益于市政协的指导和帮助,得益于全区各部门和社会各界的关心和支持。在此,我代表区政协八届常委会向北京市政协,向区委、区人大、区政府及各部门,向政协各参加单位和广大委员、各界朋友,表示衷心的感谢!

在充分肯定成绩的同时,我们也要清醒地看到存在的问题和薄弱环节,主要是:政治协商职能在程序和机制建设上还要进一步完善;界别活动的内容和形式还要进一步创新;党派、团体提案办理程序化、制度化还要进一步规范;政协机关为委员服务的能力还要进一步提升。这些问题都需要在今后的工作中认真研究,切实加以改进。

2011年工作意见

2011年,是中国共产党成立90周年和辛亥革命100周年,是"十二五"规划的开局之年和落实《CRD建设行动计划》承上启下的关键一年,也是本届政协的届末之年。区政协要高举中国特色社会主义伟大旗帜,坚持以科学发展观为统领,认真贯彻落实中共十七届五中全会、北京市第三次政协工作会议以及区委十届十三次会议精神,在中共石景山区委的领导下,以昂扬向上、奋发有为的精神状态,紧密围绕助推"十二五"规划落实、服务科学发展、促进社会和谐这一主线,认真履职,扎实工作,圆满完成本届常委会的各项工作任务,为加快推进我区经济社会全面转型、科学发展做出新的贡献。

一、认真学习贯彻中共十七届五中全会和北京市

第三次政协工作会议精神，在推进人民政协政治协商方面取得新进展

中共十七届五中全会是在我国即将完成“十一五”规划，进入全面建设小康社会的关键时期，召开的一次重要会议。认真学习领会中共十七届五中全会精神是当前和今后一个时期全党全国的首要政治任务，也是人民政协的首要政治任务。要认真学习、全面领会、准确把握全会精神，不断提高思想认识、坚定发展信念，自觉围绕区委区政府部署来谋划工作，始终做到和区委区政府方向一致、目标一致、工作一致。中共北京市委召开的第三次政协工作会议，是市委在建设中国特色世界城市，以更高标准推进“人文北京、科技北京、绿色北京”建设的新阶段，进一步加强和改善党对政协工作的领导，推动全市政协工作再上新水平的重大举措，是全市政治生活中的一件大事。要深入贯彻落实市委第三次政协工作会议精神，积极协助区委开好我区第三次政协工作会议，紧密结合我区实际，规范相关工作，解决实际问题，切实在推进人民政协的政治协商方面取得新进展。

二、努力提高履职水平，在助推“十二五”规划落实、加快我区经济社会全面转型中做出新贡献

要围绕助推“十二五”规划落实、服务科学发展、促进社会和谐这条主线，认真做好政协履职的各项工作，不断提高履职实效和水平。一要围绕区委区政府中心工作和各界群众普遍关注的重大问题，就加快转变经济发展方式、提升城市现代化水平、加强社会建设等方面，选好协商议题，广泛深入地开展政治协商，进一步提高政治协商的质量。二要围绕“十二五”期间我区重大项目和重点工程建设，以及关系人民群众切身利益的就业、医疗、住房、教育、环保等问题，精心组织视察，并充分发挥政协民主监督小组、特约监督员以及街道联组作用，加强与新闻媒体和行业部门的合作，切实提高政协民主监督的实效。三要围绕我区经济社会发展中的重大问题，加强与各民主党派、工商联和各界人士合作，深入开展调查研究，力求在破解区域发展的重点、难点问题上，提出有价值的对策建议，不断提高参政议政的水平。四要积极发挥政协优势，会同区政府办好“后工业城市转型发展论坛”，参与第五届“首都西南区域经济发展论坛”，为加快区域经济社会战略转型建言献策。五要继续做好招商引资和安商抚商工作，为壮大我区经济总量、促进产业转型做出新的更大的贡献。

三、切实加强自身建设，在提高政协工作制度化、规范化、程序化水平上取得新成效

按照“五位一体”的总体格局，全面加强政协自身建设，进一步提高我区政协工作的制度化、规范化、程序化水平。要坚持发扬民主共事原则，进一步发挥各党派、团体和无党派人士在政协参政议政中的重要作用，组织和引导各界人士正确表达自己的意见和主张。积极开展形式多样、内容丰富的界别活动，使各界别在政协履职活动中的作用进一步体现。继续加强常委会、主席会、专委会和委员队伍建设，充分发挥常委会和主席会的领导作用、专委会的基础作用和委员的主体作用，推动政协工作创新发展。继续推进机关建设，深化巩固“创先争优”活动成果，不断提高机关干部队伍的整体素质，提升机关政务工作能力和服务保障水平，把政协机关建设成为学习型、创新型、和谐型、服务型机关。积极配合做好中国共产党成立90周年和辛亥革命100周年纪念活动，进一步维护好中国共产党领导的多党合作和政治协商制度。广泛加强对外交往，学习借鉴上级政协和兄弟地区政协工作的好经验、好做法，进一步促进政协整体工作水平的提高。

四、认真总结本届政协工作，为我区政协事业发展积累新经验

2011年是本届政协的届末之年，高标准完成本年度任务、全面做好本届政协总结，意义重大。政协常务委员会、各专门委员会和机关各室要高度重视这项工作，以召开政协工作理论研讨会、年末总结会等为契机，认真做好常委会、专委会和各专项工作总结。要全面总结本届政协在促进我区经济发展与“和谐石景山”建设中所做的贡献；总结本届政协全面履行政治协商、民主监督、参政议政职能，发挥人民政协优势与作用的情况。要通过多种形式，集中反映八届政协五年来，区委对政协工作的正确领导，区政府对政协工作的大力支持，集中反映区政协围绕中心、服务大局、科学履职的成果，集中反映广大政协委员的履职风采，为我区政协事业的科学发展积累经验、夯实基础。同时，要积极协助区委做好政协的换届工作，推动政协工作不断迈上新台阶。

各位委员，同志们：新的形势和任务对人民政协工作提出了新的更高要求，也为人民政协事业发展提供了广阔的舞台。让我们紧密团结在以胡锦涛同志为总书记的中共中央周围，高举中国特色社会主义伟大旗帜，深入贯彻落实科学发展观，在中共石景山区委领导下，围绕“大调整、大建设、大发展”的工作主基调，以饱满的精神状态，认真负责的作风，同心同德，扎实工作，为早日实现“打造北京CRD，构建和谐石景山，建设现代化首都新城区”的发展目标做出新的更大的贡献！

中共北京市石景山区委关于制定石景山区国民经济和社会发展第十二个五年规划的建议

(2010年12月3日区委十届十三次全会审议通过)

“十二五”时期(2011－2015年),是我国加快转变经济发展方式的攻坚时期,是北京市全面启动世界城市建设任务的重要时期,也是我区加快推进经济社会全面转型和科学发展的关键时期。中共北京市石景山区委十届十三次全会认真学习贯彻党的十七届五中全会精神和市委十届八次全会精神,紧密结合实际,就制定石景山区国民经济和社会发展第十二个五年规划,提出如下建议。

一、加快转变经济发展方式,以更高标准推进经济社会全面转型和科学发展

(1)“十一五”时期经济社会发展取得突出成就。“十一五”时期,是石景山区发展史上极不平凡的五年。在市委、市政府的正确领导下,我们深入贯彻落实科学发展观,充分把握举办北京奥运会等历史性机遇,有效应对国际金融危机和首钢搬迁调整带来的双重压力,推动经济社会全面协调可持续发展,圆满完成了“十一五”规划确定的各项任务,开辟了经济社会转型发展的广阔前景。我们确立了“打造北京CRD、构建和谐石景山、建设现代化首都新城区”的发展目标和“大调整、大建设、大发展”工作主基调,明确了CRD建设“三步走”战略,制定并深入实施了《CRD建设行动规划》,胜利实现了CRD建设“三步走”战略的第一步目标。着力推进产业结构优化升级,努力培育新的主导产业,加快推进重点功能区建设,深入开展招商引资工作,区域经济保持了平稳较快发展。高质量完成了北京奥运会服务保障任务和新中国成立60周年各项庆祝活动,着力提升城市建设管理服务水平,城市面貌显著改观。坚持经济社会双轮驱动,加快推进各项社会建设,着力保障和改善民生,人民生活品质显著提高,全区保持了政治稳定、社会和谐的良好局面。五年取得的成绩来之不易,为长远发展奠定了坚实基础;五年积累的经验弥足珍贵,必将对未来发展产生深远影响。

(2)“十二五”时期经济社会发展面临的形势。随着首钢涉钢产业完全停产和首钢工业区规划建设的全面启动,“十二五”时期我区处于承上启下的重要阶段,深入推进经济社会全面转型和科学发展是这一时期最显著的特征,也是最核心的任务。谋划好这五年的发展,努力实现CRD发展第二步战略目标,立足长远进行总体上的谋篇布局,对于我区谋求更好更快发展、夯实未来百年发展基业具有十分重要的意义。

从历史机遇看,经济全球化深入发展,国际高端要素资源加快转移,国际环境对我区开放发展总体有利;我国有效应对国际金融危机冲击,在世界率先实现经济回升向好,为我区转型发展创造了良好的国内环境;北京市全面启动建设中国特色世界城市任务,深化实施加快京西地区转型发展战略,为我区带来难得的发展机遇;我区将“从传统工业石景山向绿色生态石景山转型”确定为今后一段时期的发展方向,为谋求更大发展指明了路径;随着首钢搬迁调整和首钢工业区进入实质性规划建设阶段,永定河绿色生态发展带加快建设,我区获批并启动了“国家服务业综合改革试点区”和“国家可持续发展实验区”建设,以及区内重点功能区建设规划的逐步实现,都为我区转型发展创造了更为有利的条件,必将助推我区在新的历史阶段实现更高水平的发展。

从现实挑战看,虽然近年来第三产业逐渐发展壮大,但尚未形成具有较强带动作用的主导性支撑产业,在首钢涉钢产业全面停产后,地区经济总量将会经历一个下滑期,加快产业结构调整的任务十分紧迫;虽然首都文化娱乐休闲区建设取得重大进展,但CRD品牌还需深入推广,基础设施和公共服务资源比较优势不足,我区对高端要素资源的吸引力和聚集能力亟待加强;虽然我区借助奥运机遇,城市化建设加快推进,但城市现代化水平还不够高,区域发展不均衡问题仍然存在;虽然我区在保障改善民生、加强社会建设方面成效显著,但由于就业和社会保障压力加大,人民群众对教育卫生等公共服务的需求水平提升,影响社会安全稳定的不利因素仍然存在,社会建设与管理的任务十分艰巨。

综合分析面临的形势,“十二五”时期我区仍处于大有可为的重要战略机遇期,既面临难得的重大机遇,也面临诸多严峻挑战,总的看是机遇大于挑战。我们必须充分利用各种有利条件,加快解决转型发展中的突出矛盾和问题,不断开创科学发展的新局面。

(3)制定“十二五”规划的指导思想。制定我区“十二五”规划,必须高举中国特色社会主义伟大旗帜,以邓小平理论和“三个代表”重要思想为指导,深入贯彻落实科学发展观,以科学发展为主题,以加快转变经济发展方式为主线,按照北京建设中国特色世界城市和“人文北京、科技北京、绿色北京”的总体部署,坚持“打造北京 CRD、构建和谐石景山、建设现代化首都新城区”的发展目标和“大调整、大建设、大发展”的工作主基调,把握由传统工业石景山向绿色生态石景山转型的发展方向,加快推进经济结构战略性调整,全面提升城市建设管理服务层级,在更高水平上保障和改善民生,全力维护社会和谐稳定,推动经济社会全面转型和科学发展,为实现 CRD 建设目标、谋划百年发展大计奠定更加坚实的基础。

加快转变经济发展方式,在新的起点上推动科学发展,既是时代的要求,又是我区经济社会全面转型的必由之路。我们必须在全面转型中实现发展方式转变、在转变中谋求更大发展,提高发展的全面性、协调性、可持续性,实现经济社会又好又快发展。基本要求是:

——坚持把继续解放思想作为转型发展的先导条件,深刻理解和把握科学发展的主题。进一步增强机遇意识和发展意识,紧紧抓住和用好重要战略机遇期,充分体现发展是硬道理的本质要求,更加注重以人为本,更加注重发展的质量和效益,在推动经济社会全面转型过程中,努力实现科学发展、加快发展、创新发展、绿色发展、共享发展的有机统一。

——坚持把经济结构战略性调整作为转型发展的主攻方向,加快发展现代产业。全面推进“国家服务业综合改革试点区”建设,按照高端、高效、高辐射的要求,加快培育和壮大 CRD 主导产业,大力发展现代服务业和战略性新兴产业,改造提升传统产业,促进经济增长由主要依靠第二产业带动向主要依靠第三产业、二产三产协同带动转变,推进区域经济持续平稳较快发展。

——坚持把科技进步与创新作为转型发展的重要支撑,加快推进创新型城区建设。继续深入实施科教兴区和人才强区战略,优化区域创新服务体系,加快聚集各类创新要素资源,增强科技创新能力,促进科技成果转化,提高教育现代化水平,壮大创新人才队伍,提升人口素质,推动发展向主要依靠科技进步、劳动者素质提高、管理创新转变。

——坚持把提升人民生活品质作为转型发展的根本目的,在更高水平上保障和改善民生。积极顺应人民群众过上更好生活的新期待,继续坚持经济社会双轮驱动,深入实施富民强区战略,全面加强各项社会事业,进一步提高公共服务水平,切实解决好涉及群众利益的各类民生问题,全力维护社会安全稳定,努力提高人民生活品质和幸福指数,使全区人民共享改革发展成果。

——坚持把绿色生态作为转型发展的重要理念,进一步增强区域可持续发展能力。实施生态优先战略,深入推进“国家可持续发展实验区”建设,围绕推进首钢搬迁调整和永定河绿色生态发展带建设这两大任务,加快建设资源节约型和环境友好型城区,努力构建绿色的产业体系、消费体系和环境体系,进一步增强区域可持续发展能力。

——坚持把改革开放作为转型发展的强大动力,加快构建有利于科学发展的体制机制。围绕解决转型发展中面临的体制机制瓶颈问题,以更大决心和勇气继续深化各领域改革,充分激发经济社会发展活力。以更加宽广的视野、立足更高领域扩大对外开放,积极争取上级支持,高度重视和加强区域战略合作,进一步优化内外部发展环境,为我区转型发展注入强大动力。

(4)“十二五”时期经济社会发展的主要目标。围绕以更高标准推进我区经济社会全面转型和科学发展这一历史性任务,综合考虑未来发展形势和条件,今后五年经济社会发展的主要目标是:

——经济保持平稳较快发展。经济结构战略性调整力度加大,现代产业加快发展,基本形成 CRD 主导产业体系,科技创新能力进一步增强,经济增长质量和效益明显提高。

——城市现代化水平显著提升。宜商宜居的首都新城区建设全面推进,城市综合服务功能进一步增强,基础设施更加完善,城市管理的智能化和社会化水平显著提高。

——社会建设明显加强。基本公共服务体系更加完善,公共服务水平进一步提升,居民收入持续较快增长,社会保障体系和社会救助体系进一步完善,社会更加和谐稳定,人民生活品质显著提高。

——生态文明建设成效显著。资源能源消耗有效降低,污染物排放得到有效控制,生态治理和建设的投入力度加大,生态环境和区域形象得到全方位改善。

——改革开放迈出新步伐。经济管理体制、行政管理体制和社会管理体制等重要领域和关键环节改革不断深化,区域合作与对外开放的广度和深度不断拓展,地区发展后劲持续增强。

经过全区人民共同努力奋斗,确保实现 CRD 建设第二步战略目标,使我区转变经济发展方式取得实质性突破,区域转型发展取得新的更大成就,为建设世界城市和“人文北京、科技北京、绿色北京”做出积极贡献。

二、加快经济结构战略性调整,推动经济平稳较快发展

(5)全面推进国家服务业综合改革试点区建设。立足于建设世界城市的高度,集全区之力深入推进试点区建设,为塑造“北京服务”品牌积极作贡献。用足用好国家先行先试的各类政策,集聚服务业高端要素资源,积极探索传统工业区转型新路径,着力推动区域产业结构高端转型,将我区建设成为本市乃至全国具有一定影响力的生产性服务业聚集区。全面提高服务业增长质量、效益和水平,提升服务业经济总量,增强服务业对经济增长的拉动作用,初步形成以生产性服务业为主导的服务型经济结构。优化服务业空间布局,以首钢工业区改造带动试点区建设,丰富服务业发展载体,吸引重大项目落户我区。加大对服务业企业的支持和培育力度,出台促进服务业大发展的专项政策,着力构建有利于服务业发展的良好环境。

(6)进一步优化区域空间布局。继续丰富和完善“一轴一带一核一园多支点”总体空间布局,着力推动东部集约发展和西部加速发展,进一步明确发展时序和发展导向,实现东西联动、南北贯通。加快长安街西延线和永定河绿色生态发展带建设,将“一轴”打造成为具有聚集和释放作用的综合发展轴,着力发挥“一带”联接我区南北方向若干功能区的作用,进一步扩大产业集聚效应。积极推进首钢高端产业综合服务区建设,加快中关村科技园区石景山园建设,把“一核一园”打造成为引领我区转型发展的重要引擎,成为带动京西地区发展的首都经济新增长极。加快银河综合商务区、台湾文化创意商务区、中国动漫游戏城等功能区建设进度,丰富深化“多支点”布局,全方位推动经济发展。

(7)加快发展现代产业。按照“做精做优二产、做大做强三产”的总体要求,围绕构建文化创意、高新技术、商务服务、现代金融、旅游休闲五大产业体系,坚持细化整合、重点突破、有序推进的原则,促进产业向高端、高效、高辐射方向发展。加快完成“中国动漫游戏城”建设,重点培育数字娱乐、数字媒体、工业设计等产业,积极推动文化创意产业与相关产业融合发展。深入推进节能环保、新能源、新材料等战略性新兴产业发展和物联网等信息技术的研发应用,提高产业核心竞争力和经济效益。大力发展总部经济、楼宇经济,以品牌化、专业化、国际化为方向积极发展会展经济,打造北京西部地区高端商务中心。推动金融产业创新,形成极具地区特色的金融发展格局,打造北京市新的金融产业聚集区。加大旅游体制改革和资源整合力度,丰富休闲娱乐产业载体,提升旅游休闲产业品质。充分利用驻区工业企业的技术和人力资源优势,进一步优化提升传统产业,适度发展高端制造业。

(8)继续深化招商引资工作。围绕区域功能定位和产业发展方向,按照“规划预定功能、功能引导项目、项目构建载体、载体聚集产业、产业促进发展”的总体思路,进一步拓宽招商引资视野、完善招商引资政策、创新招商引资工作机制,着力引进符合 CRD 产业发展方向的大企业、大项目,推动地区经济总量提升和产业结构升级。加大对引进企业的服务力度,促进招商引资成果转化。创新集成各级各类优惠政策,健全“绿色通道”等优质服务体系,改善投资软环境。加快重点功能区等载体建设,形成规模效应和产业集聚效应。加大 CRD 宣传推介力度,增强地区吸引力。加大市场主体培育力度,进一步增强企业活力,支持各类市场主体做大做强。

三、推动城市建设全面提速,全力打造宜商宜居新城区

(9)高标准推进重点区域建设。继续加大投资力度,将首钢工业区、中关村石景山园、我区西部地区作为建设重点,带动城市建设全面提速。全力支持和服务好首钢工业区的规划建设,全面落实长安街西延工程、首钢启动区建设等重点任务,加快推进市政配套设施建设,把首钢工业区建设成为充分体现我区城市现代化水平的核心区。紧抓建设“中关村国家自主创新示范区”和“国家科技进步示范区”的机遇,进一步加强中关村科技园区石景山园产业载体建设,完善综合配套设施,全面提升园区空间承载力和综合服务功能。按照规划引导、基础先行、产业带动、功能配套的原则,全面推进我区西部地区开发建设,加快土地一级开发进度,启动重点产业项目,打造生态优美、功能完善的城市生活休闲绿都。

(10)加快基础设施建设步伐。坚持高起点规划、高水平建设,进一步加强城市基础设施和公共服务设施体系建设,推进基础设施升级改造,全面提升城市承载能力。加强区内城市主干路网和交通微循环系统建设,大力发展轨道交通和大容量快速公交,重点推进苹果园交通枢纽工程和市郊铁路 S1 线建设,着力建设现代综合交通体系,提高路网承载能力。加强供水设施建设,建立健全水资源供给与高效利用保障体系,提升水资源综合服务能力。加快推进供暖、天然气管道、供电等能源设施建设,着力构建低碳高效的公用设施体系。

(11)全面提升城市管理服务水平。深入推进城市管理模式创新,全面提升城市管理服务的智能化和社会化水平。进一步理顺和完善城市综合管理体制,强化城市管理联动机制,健全网格化管理体系,提高城市管理精细化水平。建立智能交通管理系统,着力解决交通拥堵问题,提高出行效率。加强城乡结合部地区环境综合整治,加大拆除违法建设工作力度,坚决遏制新生违法建设。加快推进老旧小区公共设施改造,加强社区物业管理,为群众创造更好的工作居住环境。加快推进“智能石景山”建设,探索物联网在城市管理服务领域的运用,大力推动“三网”融合试点工作。进一步完善公共安全事件应急预警系统,提高城市应急管理水平。

四、加强生态文明建设,增强城市可持续发展能力

(12)积极推进国家可持续发展实验区建设。以可持续理念引领区域转型,全面推进实验区建设,争创国家可持续发展先进示范区。抓好统筹规划,明确发展方向,突出主攻目标,充分把握区域特色,丰富实验区建设的抓手和载体,切实提高实验区的建设水平。加快构建资源节约型、环境友好型的生产方式和消费模式,促进经济社会发展与人口资源环境相协调,实现经济增长与资源环境承载、社会承受的良性互动,促进人与自然和谐发展。

(13)加大生态建设和环境保护力度。加强综合治理,落实减排目标责任制,严格控制污染物排放总量,有效防治环境污染,推动低碳城区建设。深入推进绿化美化工程,构建多层次绿地格局,进一步彰显绿色城区魅力。加快推进永定河绿色生态发展带建设,继续实施一批生态保护和建设重点工程,进一步改善地区生态环境。加强市容环卫设施建设,完善再生资源回收利用体系和垃圾分类回收制度,推进垃圾处理无害化、减量化和资源化。

(14)加强资源节约和管理。全面落实节能目标,实行资源利用总量控制、供需双向调节和差别化管理。完善土地管理制度,科学高效利用土地,积极争创“全国国土资源节约集约模范城市”。健全水资源配置体系,强化水资源管理,建设节水型社会。大力发展循环经济和环保产业,严格禁止高污染、高耗能企业入区,广泛运用新工艺、新材料加强节能改造,推进清洁能源的利用。弘扬生态文明理念,积极倡导绿色低碳生活方式。

五、深入实施科教兴区和人才强区战略,加快推进创新型城区建设

(15)充分发挥中关村科技园区石景山园的示范带动作用。主动对接中关村国家自主创新示范区建设,加强石景山园与其它园区的产业联动,积极承接和引进重大科技项目,全力打造以文化创意为特色的中关村国家自主创新示范区特色园。围绕我区 CRD 产业发展方向,进一步明确园区的产业发展重点,在北区推动文化创意产业做优做强,在南区重点培育绿色能源、节能环保等战略性新兴产业。积极扶持一批创新型企业在园区发展壮大,增强企业核心竞争力。

(16)完善区域创新服务体系。加快推进科技体制机制改革,优化区域创新环境,强化企业技术创新主体作用,聚集创新要素资源。着力构建以企业为主体、市场为导向、产学研相结合的技术创新体系,进一步激发创新主体活力。建立以政府投入为导向、企业投入为主体、民间投入为补充的科技创新投入体制,形成多元化、社会化的科技投融资体系。加强研发和转化平台建设,深化产学研合作,发挥科技中介机构等组织的桥梁作用,建立产学研技术创新联盟。全面实施知识产权战略,提高知识产权创造、运用、保护和管理能力。

(17)加快教育改革发展。深化教育体制改革,最大限度地满足人民群众对优质教育和终身教育的需求,办好人民满意的教育。坚持教育事业公益性质,优先发展教育,着力构建现代教育体系,实现全区教育优质、均衡、协调、创新发展,使我区教育总体实力居于北京市较高水平。坚持育人为本,继续深化素质教育。积极发展学前教育,巩固提高义务教育质量和水平,着力推进高中教育高品质特色化发展,大力发展职业教育和继续教育,支持民办教育发展,全面加强学习型城区建设。支持驻区高等院校提高办学质量、效益和水平,积极参与地区经济社会发展。促进教育公平,合理配置区域公共教育资源,加快缩小教育差距。加强师德师风建设和教育人力资源开发,打造高素质专业化教师队伍。加强校园周边环境治理,构建学校安全防范体系。

(18)大力实施人才强区战略。牢固树立人才是第一资源的观念,加快推进人才结构转型升级,统筹推进各类人才队伍建设。完善和落实人才工作政策措施,着力营造充满活力、富有成效、更加开放的人才环境,促进优秀人才脱颖而出。扎实推进人才载体建设,依托重点产业、重点项目、重点技术与重点企事业单位,继续实施引智工程,积极打造“首都创意人才聚集区”。通过良好的工作机制、发展环境和发展载体,培养造就一支与我区转型发展相适应,能够服务转型、支撑转型、引领转型的高素质人才队伍,为推动科学发展提供人才保证和智力支持。

六、全面加强社会建设,在更高水平上保障和改善民生

(19)努力促进充分就业。把扩大就业作为经济社会发展的优先目标,持续加大就业公共投入,健全公共就业服务体系,完善就业管理制度和就业促进机制,建立健全统一规范的人力资源市场,实施更加积极的就业政策,进一步强化劳动者自主择业、市场调节就业和政府促进就业的合力。充分发挥首钢职工就业服务中心的作用,做好首钢富余人员安置和再就业工作。认真落实政府促进就业的责任,完善对就业困难人员的就业援助制度,加强对高校毕业生的就业服务,动态消除“零就业家庭”。充分发挥非公有制经济吸纳就业的主渠道作用。着力构建和谐劳动关系,切实维护劳动者合法权益。

(20)切实提高社会保障水平。坚持广覆盖、保基本、多层次、可持续方针,落实制度全覆盖、衔接无间隙、人人有保障要求,不断完善多层次、多元化、覆盖全区居民的社会保障体系,实现人人享有社会保障的目标。推进基本保险与补充保险、商业保险有机结合,进一步提高保障水平。落实国家基本养老保险转移办法,平稳开展城镇企业职工基本养老保险关系转移接续工作。加大财政投入和工作力度,进一步健全社会救助体系,大力发展社会福利事业和社会慈善事业,着力抓好保障性住房建设,切实帮助困难群体解决生产、生活问题,让发展成果更多更好地惠及全区人民。

(21)加快医疗卫生事业改革发展。按照保基本、强基层、建机制的要求,增加财政投入,深化医药卫生体制改革,完善基本医疗卫生制度,健全公共卫生服务体系,加强社区卫生服务内涵建设,发展中医药事业,优化区域医疗卫生资源配置,推进区域医疗中心建设,提升基层卫生服务能力,促进基本公共卫生服务均等化。创新卫生人才队伍工作机制,加快高层次医学人才引进和医学人才培养。逐步实现医疗卫生全行业属地化管理。

(22)全面做好人口工作。认真做好人口和计划生育工作,建立健全人口发展综合调控体系、综合治理机制和社会服务网络,统筹解决人口问题,合理调控人口规模,着力优化人口结构,提高人口综合素质。继续深入推进流动人口管理服务模式创新,提升管理服务水平。坚持男女平等,切实保障妇女合法权益,加强未成年人保护,发展妇女儿童事业。积极应对人口老龄化,认真落实“九养”政策,注重发挥家庭和社区功能,培育壮大老龄服务事业和产业。支持残疾人事业发展,健全残疾人服务体系。

(23)积极推进社会服务管理创新。以保障和改善民生为根本,逐步完善符合区情、完善优质、覆盖全区、可持续的基本公共服务体系,提高政府保障能力,推进基本公共服务均等化。以推进社会管理主体创新、体制机制创新和方法手段创新为重点,加强社会领域党的建设,推进社区建设与管理,培育和发展社会组织,加快社会工作者队伍建设,巩固完善商务楼宇“五站合一”模式,建立健全多元社区治理机制和社会动员机制,构建党委领导、政府负责、社会协同、公众参与的社会管理格局。积极承接首钢等大型国有企业剥离的公共服务职能,做好社会管理对接。

(24)进一步深化“平安石景山”建设。健全党委和政府主导的维护群众权益机制,畅通和规范群众诉求表达、利益协调、权益保障渠道,坚持人民调解、行政调解、司法调解多元化调节手段和联动工作体系,加强矛盾纠纷调处化解力度。坚持和完善社会稳定风险评估机制,加快推进社会稳定预警指标体系建设,完善重大社会矛盾专项协商制度和群众信访工作机制,积极稳妥地处理好人民内部矛盾。妥善处理民族宗教事务,健全社会治安基层基础体系,强化社会治安综合治理,严厉打击各种违法犯罪活动,切实维护社会和谐稳定。加强政法队伍建设,强化履职意识,严格公正廉洁执法,切实维护社会公平正义。

七、推动文化大发展大繁荣,进一步提升地区文化软实力

(25)提升城市文明程度和市民文明素质。大力发展社会主义先进文化,推进社会主义核心价值体系建设,深化公民道德建设和未成年人思想道德建设,提升全民思想道德水平。综合运用教育、法律、行政、舆论手段,弘扬树正气、讲团结、求发展的主旋律,大力营造奋发进取、先进高尚的文化氛围,发挥文化引领功能,不断增强全区人民的凝聚力和创造力。深入开展群众性精神文明创建活动,不断深化志愿服务,积极争创全国文明城区。加强科普工作,全面提高市民科学素质。加强人民武装工作,深入开展双拥共建活动,在推动军民融合式发展方面继续走在全市前列。

(26)繁荣发展文化产业和文化事业。坚持一手抓公益性文化事业、一手抓经营性文化产业,始终把社会效益放在首位,实现经济效益和社会效益有机统一。大力实施文化兴区战略,加强历史文化资源保护和有序开发,注重对现有文化设施的有效整合与充分利用,进一步健全和规范文化市场体系,促进文化与旅游等产业融合发展,增强文化对区域发展的贡献力。加快实施文化惠民工程,完善公共文化服务投入机制,构建区、街道、社区三级公共文化服务网络,健全完善公共文化服务体系,优化区域文化资源配置,提高公共文化供给能力和水平,满足人民群众不断增长的精神文化需求。把握正确舆论导向,提高区属媒体的传播能力,加强网络舆情的监管和引导。大力发展体育事业与体育产业,加强竞技体育人才培养,广泛开展全民健身活动,提高人民群众健康素质。认真做好档案管理工作。扎实推进地方志书编修工作。

(27)切实增强区域文化创新能力。适应群众文化需求新变化新要求,弘扬主旋律,提倡多样化,使精神文化产品和社会文化生活更加丰富多彩。积极创新文化管理方式,推进重点行业协会建设,构建文化发展公共服务平台,建立健全党委领导、政府管理、行业自律、企事业单位依法运营的文化管理体制。积极创新文化生产方式,大力弘扬传统历史文化,发展特色区域文化,培育文化活动品牌,激发区域文化内在活力,拓展区域文化的影响力和辐射力。积极创新文化产品经营机制,进一步开放文化市场,拓宽文化事业投入渠道,扩大文化运作范围,增强多元化供给能力,满足群众多样化文化需求。

八、深化改革开放,为区域转型发展提供制度保障和动力源泉

(28)全面深化各领域改革。深化行政管理体制改革,切实转变政府职能,加强服务型、效能型和法制廉政型政府建设,提高服务水平和办事效率,不断增强政府执行力和公信力。扎实推进经济体制改革,基本完成区属国有企业改制任务,进一步完善国有资产管理体制。继续深化集体经济组织产权制度改革,推动健全现代企业制度,提升集体经济组织的发展能力。大力支持和引导非公有制经济发展,营造更加有利于非公有制经济发展的良好环境,促进非公企业实现产业升级和发展壮大。积极稳妥地推进社会事业体制改革,创新基本公共服务供给模式。

(29)全方位扩大对外开放。按照"优势互补、合作互助、共赢互利"的理念,扩大对外开放。坚定不移地实施开放带动战略,整合优势资源,创新开放方式,积极推进国际交往合作新载体建设。积极创造良好的国际交流合作环境,充分发挥各类组织在对外经济交流合作中的作用,积极吸引国际知名企业、国际机构组织入驻我区。进一步深化对台交流合作,打造两岸交流合作新平台。实施"走出去"战略,鼓励有条件的企业积极参与国际竞争合作。

(30)进一步加强区域战略合作。按照"一河带两带,一厂带三区"的合作发展思路,以永定河绿色生态发展带建设和首钢工业区改造为抓手,发挥西南五区论坛合作机制的作用,积极与周边区县建立资源共享、产业联动、环境共治的合作关系。以推进重大项目建设为重点,探索建立打破行政区划制约的跨区域合作开发模式与工作机制。继续深化与驻区大企业、大单位的战略合作,共同推进区域转型发展。进一步做好对口支援工作,加强与友好市区的交流,推动我区与京津冀、环渤海地区的经济合作。

九、团结带领全区人民,为实现"十二五"规划而奋斗

(31)切实加强和改善党的领导。大力加强党的执政能力建设和先进性建设,充分发挥区委总揽全局、协调各方的核心作用,尊重科学规律,创新发展模式,提高发展质量,推动决策民主化、科学化,不断提高领导科学发展的能力和水平。积极推进学习型党组织和学习型领导班子建设,加大干部教育培训力度,改进干部教育培训方式,注重实践培养锻炼,不断提高各级领导班子和领导干部的思想政治水平,增强推动科学发展、促进社会和谐的能力。深化干部人事制度改革,创新和完善干部选拔任用机制,健全领导班子和领导干部考核评价制度,形成有利于科学发展的用人导向。加强党的基层组织建设,不断提升基层党建科学化水平。深入开展创先争优活动,进一步增强基层党组织的影响力、凝聚力和战斗力,使基层党组织成为推动发展、服务群众、凝聚人心、促进和谐的坚强战斗堡垒。

(32)充分发挥共产党员和领导干部的带动作用。全区共产党员要坚定不移贯彻党的路线方针政策,牢固树立科学发展理念,以身作则、率先垂范,想在前、干在前,带头吃苦、带头奉献,团结带领群众攻坚克难,为党的事业发展和人民群众的利益服务,成为坚定信念、牢记宗旨、爱岗敬业、勇于进取的先锋模范。各级领导干部要坚持全心全意为人民服务的根本宗旨,树立正确的世界观、权力观、事业观,坚持党的群众观点、群众路线、群众立场,进一步密切同人民群众的血肉联系,加强和改进新形势下的群众工作,切实提高做好群众工作的能力。严格遵守党的政治纪律,不折不扣地贯彻执行中央、市委和区委的决策部署,确保政令畅通。大力弘扬求真务实精神,切实改进工作作风,不自满、不懈怠、不畏难、不浮躁,努力做出经得起实践、人民和历史检验的实绩。深入推进党风廉政建设,完善惩治和预防腐败体系,不断提高反腐倡廉建设的科学化、制度化、规范化水平。严格执行党风廉政建设责任制,深入推进廉政风险防范管理工作,深化党性党风党纪教育,加强领导干部廉洁自律和严格管理,严格权力制约和监督,以廉洁自律的行为和高效务实的工作实绩取信于民。

(33)广泛调动社会各界参与"十二五"建设的热情。加强民主政治建设,支持区人大和区政协围绕中心、服务大局,充分调动人大代表、政协委员履职的积极性,切实发挥职能作用。巩固和壮大最广泛的爱国统一战线,充分发挥工会、共青团、妇联等人民团体的桥梁纽带作用,积极引导各党派、各团体和各族各界人士积极投身于我区改革发展稳定各项事业。加快建设法治政府,坚持依法行政,规范行政执法行为,加强普法教育,形成人人学法守法的良好社会氛围。扩大基层民主,保证基层群众依法行使选举权、知情权、参与权、监督权等民主权利。统筹协调所属与所辖、党内与党外、区内与区外的各种资源,充分调动各方面的积极因素,共同促进我区经济社会发展。

全区各级党组织和广大党员干部群众,要紧密团结在以胡锦涛同志为总书记的党中央周围,全面贯彻党的十七大和十七届五中全会精神,高举中国特色社会主义伟大旗帜,以邓小平理论和“三个代表”重要思想为指导,深入贯彻落实科学发展观,进一步解放思想,务实创新,开拓前进,为实现我区“十二五”规划、加快推进经济社会全面转型和科学发展而努力奋斗!

石景山区国民经济和社会发展第十二个五年规划纲要

(2011年1月6日石景山区第十四届人民代表大会第六次会议批准)

(2011年3月)

序　　言

“十二五”时期是石景山区实现首都文化娱乐休闲区(CRD)建设目标的关键时期,是加快推进传统工业石景山向绿色生态石景山转型的重要时期,也是在北京建设中国特色世界城市背景下推动全区经济社会向更高层次、更高水平迈进的战略机遇期。把握“大调整、大建设、大发展”的工作主基调,认清新形势,抢抓新机遇,谋划新举措,对于促进经济社会平稳、健康、较快发展,夯实未来百年发展基业具有十分重要的意义。

《石景山区国民经济和社会发展第十二个五年规划纲要》(以下简称《纲要》)根据《中共北京市委关于制定北京市国民经济和社会发展第十二个五年规划的建议》、《中共北京市石景山区委关于制定石景山区国民经济和社会发展第十二个五年规划的建议》以及市委、市政府对石景山区工作的一系列重要指示精神编制。本《纲要》对“十二五”时期石景山区的总体定位、战略思路、发展目标和重点任务作了总体部署,是在新的历史时期指导石景山区全面转型的战略性、纲领性、综合性的总体规划,是凝聚全区智慧共同开展各项工作的行动指南,也是编制和实施各类专项规划、年度计划及制定相关政策的重要依据。

第一篇　肩负历史使命,开启时代篇章

第一章　五年发展奠定良好基础

“十一五”时期是不寻常、不平凡的五年,是石景山区经济社会发生重大历史性转变的五年。在区委、区政府的正确领导下,全区认真贯彻落实中央和市委、市政府的决策部署,有效应对国际金融危机和首钢涉钢产业搬迁调整带来的双重压力,高质量完成了北京奥运会和新中国成立60周年各项庆祝活动的服务保障任务,基本完成“十一五”规划制定的主要目标和任务,胜利实现首都文化娱乐休闲区(CRD)建设“三步走”战略的第一步目标,经济社会发展取得了突出成就。

经济平稳较快发展。2010年,全区预计实现地区生产总值280亿元,较“十五”末增长35.7%,“十一五”期间年均增长6.3%;剔除首钢压产因素,地区生产总值年均增长14%。按常住人口计算,2010年人均地区生产总值预计达到46000元以上,较“十五”末增长17%。2010年全区一般财政总收入预计达到40.6亿元,“十一五”期间年均增长16.8%。2010年万元地区生产总值能耗预计为2.4吨标煤左右,较“十五”末下降40%,综合经济效益显著提高。

2010年,全区第三产业比重预计达到55%,较“十五”末上升近26个百分点,产业结构进一步优化。其中,现代服务业增加值占地区生产总值比重达到40%,区域经济加速向高端化、服务化转型。2010年全社会固定资产投资预计实现153亿元,“十一五”期间年均增长26%。招商引资工作成效显著,成功引进中国动漫集团、搜狐畅游、盛大网络等一批行业龙头企业。中关村石景山园、东部现代娱乐旅游区、西部生态休闲旅游区、六大商务区等重点功能区建设取得积极进展。

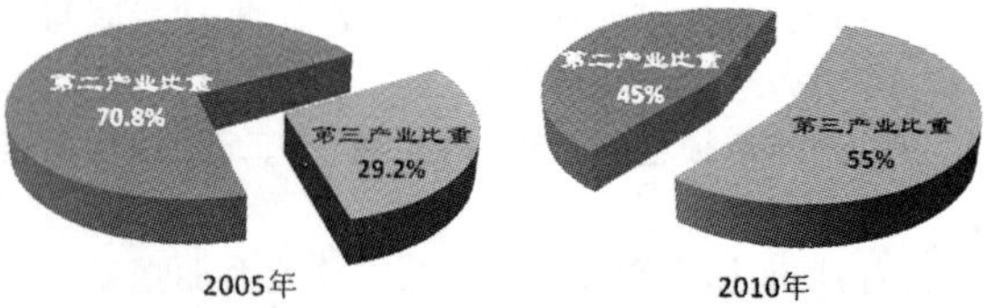

图1－1　“十一五”期间石景山区产业结构变化情况

居民生活水平进一步提高。2010年，城镇居民人均可支配收入预计达到28000元，“十一五”期间年均增长11.6%；居民人均居住面积达到25.65平方米，较“十五”期末增长11.5%，居住条件进一步改善；预计完成社会消费品零售额210亿元，较“十五”期末增长58.6%；规模商业设施显著增加，商业业态日益齐全，全区消费氛围和消费规模较“十五”末明显提升；居民消费结构不断升级，服务性消费比重大幅提高，居民生活质量进一步改善。

城市建设与管理水平显著提升。“十一五”期间，累计投资71.3亿元，先后实施了18项市政基础设施建设重点工程，城市面貌显著改观。交通基础设施建设全面提速，“两高两快六主”的城市主干道和“五横五纵加半环”的内部交通网络基本形成。水电气热基础设施进一步完善，实施西部地区输气管道建设，完成5个街道天然气改造工程，全区燃气气化普及率达到95%；建设10条中水管线，新建、改造44条道路的污水管线，完成五里坨水厂建设前期工程。“数字石景山”建设取得重要进展，城市管理信息化、标准化、精细化水平大幅提升。

社会建设全面推进。教育事业稳步发展，学前教育发展水平位居全市前列；中小学教育硬件基础设施日益改善，素质教育深入推进；初等、中等教育入学率均达100%。科技事业成果丰硕，2010年荣获“国家科技进步示范区”称号。就业、社会保障体系进一步健全，城镇登记失业率控制在3.2%以内；“一老一小”参保工作取得积极进展，养老保险、医疗保险实现全覆盖。文化、体育、医疗卫生等各项事业成绩突出，先后获得“全国先进文化区”、“全国计划生育优质服务先进区”、“国家卫生区”、“全国体育先进区”、“全国双拥模范城”五连冠等荣誉称号，2009年成为全市唯一荣获“全国军民共建人口和计划生育工作先进单位”称号的区县。和谐社区建设扎实推进，城市基层管理机制改革取得巨大突破，荣获首批“全国和谐社区建设示范城区”荣誉称号。“平安石景山”建设扎实推进，安全生产管理成效显著，食品、药品抽检合格率保持在较高水平，社会治安综合治理力度加大，八类危害严重的刑事案件得到有效控制。

生态文明建设成效显著。生态环境治理投入力度进一步加大，集中治理了一批重点污染源，区域生态环境质量显著改善。2010年二级和好于二级天数占全年有效监测天数的68%，比2005年提高10个百分点，创历史最好水平；全区城市绿化覆盖率达47.38%，人均绿地面积73.12平方米，位居原城八区前列；城市生活垃圾无害化处理率达到100%，道路清扫保洁率达到100%。

体制机制改革取得新突破。行政管理体制改革、国有企业改革、城市管理体制改革等各项改革取得重要进展。政府机构改革加快推进，机构设置更加规范，职责分工进一步明晰，政府工作效率显著提高。《石景山区行政巡察办法》颁布实施，强化了对行政权力的监督；“阳光工程”扎实推进，政府采购和部门预算改革逐步深化。

奥运筹办和国庆60周年服务保障任务圆满完成。圆满完成奥运火炬传递和各项赛事的组织承办工作，探索建立“双进入”机制，得到中央奥运筹办工作领导小组和市委市政府、北京奥组委的充分肯定并全面推广。出色完成群众游行、联欢等新中国成立60周年重大活动任务，实现现场运行零差错、活动内外零事故，确保全区安全稳定，被市委、市政府和国庆筹委会授予“最佳服务保障奖”。

经过五年的探索和实践，全区经济社会发展迈上新的台阶，为“十二五”时期区域全面转型升级奠定了良好基础。

第二章 新的起点机遇挑战并存

当前，国际金融危机影响深远，全球经济增速趋缓，世界经济发展面临深刻变革，新兴经济体地位进一步提升。我国正处于加快转变经济发展方式的攻坚阶段，经济结构战略性调整力度不断加大，战略性新兴产业成为未来重点发展方向。北京已步入以服务经济为主的后工业化发展阶段，未来将全面推进“人文北京、科技北京、绿色北京”和中国特色世界城市建设，着力推进产业结构升级和城市空间布局优化调整。石景山区应深刻认识和准确把握国内外发展形势的新变化，抢抓机遇，应对挑战，加快推进区域全面转型升级，实现经济社会持续较快发展。

一、发展机遇

国际高端要素转移加快。国际金融危机爆发后，世界经济秩序面临重新调整，新兴经济体在国际事务中的地位和作用日益增强，全球高端要素加快向新兴市场国家和发展中国家转移。石景山区处于全面转型升级的重要时期，应聚焦北京高端资源的重新布局，站在更高的层面上，获取更多的要素资源谋求自身的发展。

发展战略性新兴产业上升为国家战略。国家和北京市高度重视新能源、节能环保等战略性新兴产业的发展，不断加大政策支持力度，陆续出台相关产业规划。这为石景山区培育新的主导产业、加快转变经济发展方式创造了良好条件。

北京市全力推进中国特色世界城市建设。在建设中国特色世界城市战略目标的指引下，北京市将更加注重城市功能建设,努力打造国际活动聚集之都、世界高端企业总部聚集之都、世界高端人才聚集之都、中国特色社会主义先进文化之都、和谐宜居之都。石景山区将在承接首都核心区功能拓展、发挥首都西部发展带重要引擎作用等方面迎来新的机遇。

首都西南部地区发展加速。北京市高度重视城市均衡发展,以永定河绿色生态发展带建设为纽带,以首钢涉钢部分搬迁调整为先导,进一步加大对首都西南部地区发展的支持力度。这为石景山区推动产业向低碳化、高端化转型升级,优化空间格局,改善生态环境,深化交流合作,提升区域影响力提供了有力支撑。

国家重点示范区建设全面推进。国家服务业综合改革试点区、国家科技进步示范区、国家可持续发展实验区建设,将有力促进石景山区经济发展方式向服务主导、创新驱动型转变,促进生产性服务业和文化创意产业发展水平的提高,有利于石景山区争取更多市级政策、资金支持和重大项目落地。

二、面临挑战

新的主导产业尚未形成。首钢涉钢部分搬迁调整后,以重工业为主的传统第二产业将逐步退出,全区重点培育的文化创意、高新技术、旅游休闲等新兴产业规模相对较小,产业集群效应不明显,辐射带动能力有限,对区域经济持续较快发展的支撑能力有待进一步提升。

就业和社会保障压力较大。首钢涉钢部分搬迁调整过程中仍有部分富余人员需要分流安置,其中相当比例年龄偏大、技能单一;城市化快速推进过程中,一次性农转居还存在社会保障不到位等遗留问题,大规模拆迁也将带来一系列社会问题。随着区域转型的逐步深化,石景山区将面临更加严峻的就业与社会保障压力。

高端资源要素聚集能力不足。近年来,石景山区首都文化娱乐休闲区(CRD)建设取得重大进展,但其品牌形象为全社会广泛接受尚需时日,对高端资源的吸引力有待进一步增强;同时,城市基础设施和公共服务设施承载力与全面转型的要求还有一定差距,尚不能满足聚集高端资源的要求。

区域发展不平衡。东部地区经济社会发展较快,基础设施和公共服务设施相对完善;西部地区经济基础薄弱,基础设施和公共服务设施缺乏,城市化水平低,与东部地区形成较大反差;中部地区市政基础设施老化比较严重,区域承载能力有待进一步提高。这对石景山区实现区域协调发展、全面提升城市品质和居民生活水平提出了挑战。

第三章　继往开来谋划发展宏图

一、发展定位

坚持首都文化娱乐休闲区(CRD)的长远发展目标,把握全面转型、科学发展的主题和“大调整、大建设、大发展”的主基调,按照“首都绿色转型示范区”的发展定位,以低碳、绿色的发展理念推动区域经济社会全面转型,使石景山区成为经济发展强劲、创新创意活跃、绿色生态文明、现代和谐宜居的首都新城区。

二、指导思想

以邓小平理论和“三个代表”重要思想为指导,深入贯彻落实科学发展观,按照建设“人文北京、科技北京、绿色北京”和中国特色世界城市的总体部署,围绕“首都绿色转型示范区”的发展定位,以体制机制创新为动力,以加快转变经济发展方式为主线,把握新首钢高端产业综合服务区和永定河绿色生态发展带建设的有利契机,着力实施“四位一体,转型升级”战略,统筹推进主导产业培育、城市建设提速、社会建设创新、生态环境优化四项重点任务,全面加快区域转型,在转型中推动经济社会向更高水平、更高层次迈进,努力将石景山区打造成为建设“人文北京、科技北京、绿色北京”和中国特色世界城市新的增长极。

三、战略重点

主导产业培育:把握国际产业发展新趋势,加快推进产业结构优化调整,着力培育新兴主导产业,实现产业体系由重工业主导型向服务主导型转变。

城市建设提速:以强化城市服务功能、提高城市承载力为主要目标,以基础设施和公共服务设施建设薄弱环节为突破口,加快城市建设,创新城市管理模式,全面提升城市管理的信息化、社会化、精细化水平。

社会建设创新:着力解决首钢富余人员安置、农转居居民社会保障等全面转型期的突出问题,全面提升公共服务水平,创新社会管理理念和管理模式,维护社会和谐稳定。

生态环境优化:在巩固永定河生态环境综合治理成果的基础上,加快推进永定河绿色生态发展带建设;立足近城山水特色,加大生态修复力度,进一步改善生态环境和区域形象。

四、发展目标

到“十二五”期末,新的产业体系基本形成,重点功能区成为区域经济发展的重要支撑,经济发展方式转变取得实质性突破,综合经济实力和可持续发展能力显著增强,城市建设与管理的现代化水平不断提升,和谐社会建设开创新局面。

主导产业顺利接续,区域经济增长强劲。服务主导型产业体系基本形成,第三产业增加值比重达到70%。文化创意、高新技术产业成为新的经济增长点,占地区生产总值的比重分别达到15%和25%。重点功能区建设取得重大进展,新首钢高端产业综合服务区和中关村石景山园对区域经济发展的支撑作用显著增强。区域经济保持健康较快发展势头，地区生产总值年均增长12%，一般财政总收入年均增长10%，在全市经济发展中的地位和作用进一步提升。

科技创新快速推进，创新驱动能力增强。产学研用协同创新层次大幅提升，重点产业与优势领域取得一批关键技术和一批重大科技成果，形成一批具有国际领先水平的行业标准，中关村石景山园的辐射带动作用进一步增强，成为京西创新创意的源泉、高端发展的引擎。

基础设施日益完善，城市运行高效有序。基本形成适应现代化、生态化首都新城区发展要求的城市基础设施和公共服务设施体系，城市管理信息化、社会化和精细化水平不断提高，对经济社会转型发展的支撑作用日益增强。

低碳城区建设加快，人居环境明显改善。生态环境进一步改善，城市空气质量二级和好于二级天数占全年总天数的75%，城市绿化覆盖率超过50%，城市环境质量不断提高。节能减排取得明显成效，万元地区生产总值能耗比“十一五”期末下降40%。

民生保障持续改善，社会发展和谐稳定。教育、医疗卫生、文化体育等公共服务优质化、均等化水平不断提高；人民生活水平进一步改善，居民人均可支配收入年均增长9%；城镇登记失业率控制在4%以内；社会保障和社会救助体系日益完善，社会保险参保率达到98%；社会管理和服务体系更加完善，和谐城区建设稳步推进。

第二篇　培育主导产业，推动经济转型

围绕“扩总量、调结构、转方式、上水平”的经济发展主线，以新首钢高端产业综合服务区和中关村石景山园建设为重点，重塑产业体系，优化空间布局，转变发展方式，全面推进国家服务业综合改革试点区建设，努力实现经济平稳转型和较快发展。

第一章　打造服务主导型现代产业体系

加快推进产业结构优化调整，按照高端化、服务化、集约化、绿色化的产业发展趋势，做精做优二产，做大做强三产，重点发展文化创意、高新技术、商务服务、现代金融、旅游休闲五大主导产业，提升传统优势产业能级，全力构建以现代服务业为主体、以高新技术产业为先导的现代产业体系，实现首钢搬迁调整后区域主导产业的顺利接续，使石景山区成为首都加快转变经济发展方式的示范区和北京建设中国特色世界城市新的增长极。

一、重点发展五大主导产业

文化创意。实施差异化产业发展策略，发挥骨干文化创意企业的引领作用，紧抓优势细分行业，重点发展数字娱乐、数字媒体、工业设计等领域。大力推进中国动漫游戏城、国际创E园、国际创意谷、影视传媒产业基地、西山汇新媒体产业基地等重点载体建设，积极吸引一批国家级文化创意项目落户，聚集一批国内外知名文化创意企业和机构。加强体制机制创新，激发文化创意产业发展活力，将石景山区打造成为创意资源丰富、创意氛围浓厚、创意品牌彰显的文化创意产业集聚区。

高新技术。瞄准高新技术产业发展前沿，重点发展新一代信息技术、新材料、新能源、节能环保等具有较好基础的产业领域。坚持创新引领，发挥中关村石景山园创新高地作用，培育一批创新型企业，鼓励企业围绕关键技术领域开展原始创新和集成创新。坚持重大项目带动，积极争取国家、北京市重大科技成果转化项目。加大招商引资力度，着力吸引战略性新兴产业的总部型企业及研发中心落户。

商务服务。大力发展会展业，加强会展业基础设施建设，以品牌化、专业化、国际化为导向，引进和培育一批会展品牌，积极举办特色展会；充分利用首钢品牌资源，重点发展企业管理服务业，打造以冶金、能源为特色的中国制造业总部集聚区；围绕总部企业的发展需求，积极培育法律服务、知识产权服务、咨询与调查服务、广告业等专业服务业。加大招商引资力度，加快推进载体建设，以银河综合商务区为先导区，以新首钢高端产业综合服务区为主要承载区，实现商务服务产业集群式发展，力争将石景山区建设成为服务京西、辐射全市、面向环渤海地区的商务服务中心。

现代金融。积极引入和聚集高端金融要素，着力发展以商务金融为特色的金融细分领域，逐步形成以金融要素交易、金融投资理财、金融服务中介为重点的发展格局。重点推进贵金属交易所等要素交易平台建设，着力引进投资基金、证券投资、信托投资、财务管理等金融投资理财企业；努力吸引金融租赁、金融信息服务、典当、担保等中介机构；鼓励金融机构紧密围绕产业发展需求开展绿色金融、科技金融、电子商务金融等新型金融业务。支持金融机构开展金融产品创新，实现金融与实体经济的融合发展和良性互动。加快推进台湾文化创意商务区、京西会展商务区建设，完善配套服务设施，打造北京市新的金融产业集聚区。

旅游休闲。创新旅游发展机制，理顺旅游管理体制，探索以资产重组、对外战略合作为途径的发展模式，进一步整合旅游资源，促进旅游休闲与相关产业联动发展，加强与周边区域的旅游协作，形成大产业、大市场的一体化发展格局。立足区域特有的自然、人文资源，积极开发都市休闲娱乐、历史文化旅游、生态旅

游休闲等特色产品,精心打造一批旅游线路和活动品牌。完善旅游配套设施,推进旅游服务标准化建设,提升旅游服务承载力。重点建设西五环现代娱乐区和天泰旅游休闲区,逐步确立京西旅游休闲综合服务中心地位。

二、优化提升传统优势产业

制造业。以首钢涉钢部分搬迁调整为契机,坚决淘汰落后产能,推动制造业内部结构优化升级,改造钢铁制造等传统领域,引进具有先导性的高端装备制造,促进制造业向"特、精、专"方向发展。以信息技术支撑制造业改造升级,全面提升企业信息化水平。支持企业加大技术改造投入力度,增强新产品开发能力和品牌创建能力;鼓励技术骨干企业延伸产业链条,逐步实现由生产型制造向服务型制造转变;引导优质企业兼并重组,组建具有较强竞争力的大型制造业企业集团。

商业。坚持外向服务与内向服务相结合,整合全区商业服务业资源,优化商业业态,积极引进新兴高端商业业态,丰富购物、餐饮、休闲娱乐等功能,培育消费热点,扩大消费规模。加快商业设施建设,逐步推动商业集聚发展,形成核心商业区、次区域商业中心和社区便利商业网点的合理布局,构建便利人民生活、带动京西消费、强化城市功能的现代商业服务体系。积极发展电子商务、连锁经营、物流配送等现代营销方式,努力推进商业与旅游、会展等行业的融合发展。

房地产业。紧密结合石景山区主导产业发展需求,积极调整房地产业发展方向,以商务地产和商业地产为重点,切实调整土地供应结构,提升商务地产和商业地产比重,引导房地产业向专业化、精细化方向发展。

第二章 构筑集约协同的产业空间格局

按照"产业集聚、用地集约、差异定位、有机联动"的原则,对原有总体空间格局进行调整、丰富和完善,进一步整合空间资源,构筑"一轴、一带、一核、一园、多支点"的新空间格局,以长安街西延线、永定河绿色生态发展带为纽带,依托新首钢高端产业综合服务区和中关村石景山园,打造具有更大规模体量、在全市具有影响力的产业功能区,提升功能区层级,形成集约、协同的产业空间格局,实现双轮驱动、东优西进、沿河建设、纵深发展。

一、"一轴一带"

着力构建"一轴一带",串联支撑石景山区经济发展的重点功能区,促进高端资源和高端产业集聚,沿长安街西延线和永定河形成"T"型空间发展格局。

长安街西延线综合发展轴。以长安街西延线为石景山区东西向综合发展轴,沟通东西、联动南北、统筹全区,串联新首钢高端产业综合服务区、中关村石景山园以及银河综合商务区、台湾文化创意商务区、西五环现代娱乐区、京西会展商务区、苹果园交通枢纽商务区等重要支点。力争将长安街西延线打造成为集商务办公、高端商业、文化创意、休闲娱乐等功能为一体的京西财富大道。

永定河绿色生态发展带。以永定河绿色生态发展带串联天泰旅游休闲区、新首钢高端产业综合服务区和中关村石景山园。积极培育商务服务、现代金融、高新技术产业,做大做强文化创意、旅游休闲产业,打造产业高端、功能完善、环境优美、宜居宜业的水岸经济带,带动石景山区乃至京西地区持续较快发展。

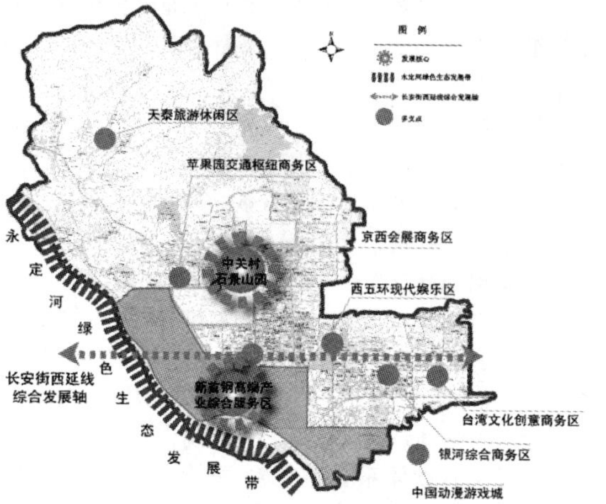

图2-1 石景山区经济发展空间格局示意图

二、"一核一园"

依托"一核一园"形成双轮驱动,打造引领石景山区乃至京西地区快速发展的两大重要引擎。

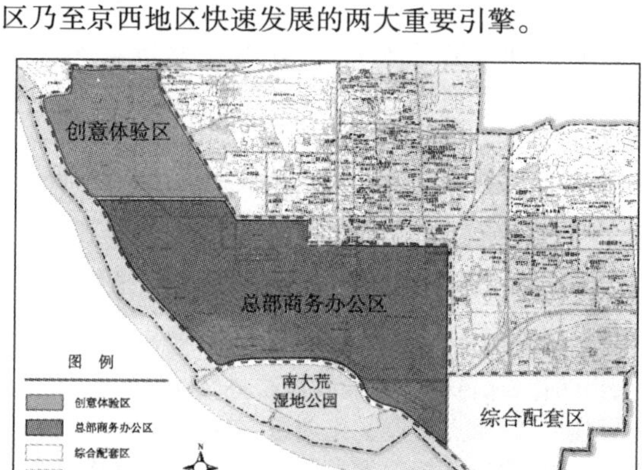

图2-2 新首钢高端产业综合服务区示意图

新首钢高端产业综合服务区。以首钢主厂区为主要空间载体,重点发展现代金融、商务服务、文化创意、高端商业等产业,完善总部办公、创意体验、会议展览、城市游憩等功能;做好首钢工业遗址保护与开发,积极推进高档写字楼、大型会展中心、星级酒店等商务设施建设，打造总部特征明显、创新创意活跃、高端要素聚集、生态环境优美的现代商务区，立足京西、服务首都、面向全国，成为展现首都国际大都市形象的标志地区。

中关村石景山园。充分利用中关村国家自主创新示范区和北京文化创意产业集聚区的相关政策，聚集高端资源要素，重点发展数字娱乐、数字媒体等文化创意产业，积极培育新一代移动通信、新能源、新材料、节能环保等战略性新兴产业，形成特色产业集群，将中关村石景山园打造成为石景山区科技创新高地和经济发展的核心动力引擎，成为北京市重要的创意产业集聚区。

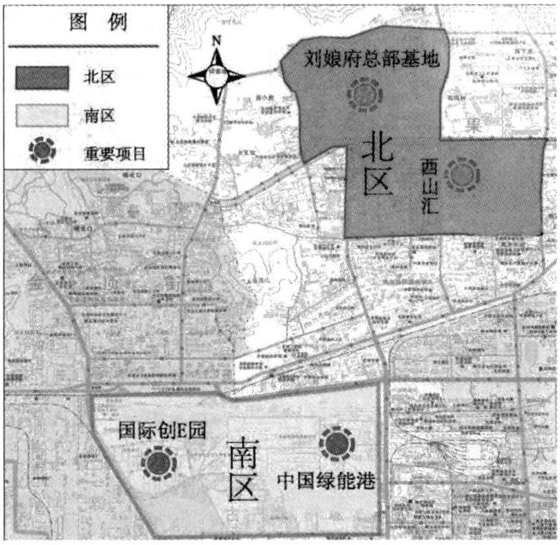

图 2-3 中关村石景山园示意图

三、"多支点"

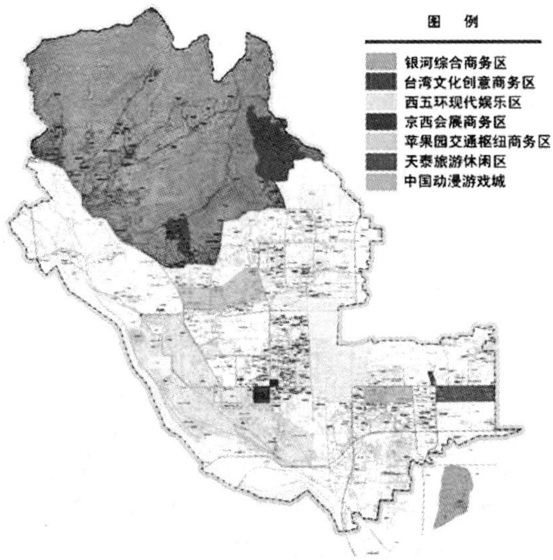

图 2-4 多支点空间布局示意图

银河综合商务区。积极推进新能国际大厦等商务楼宇建设，加强中铁建设大厦、万达广场、CRD 银座等项目载体的产业引进力度，大力发展商务服务、现代金融等生产性服务业；提升万达广场、华联商厦、万商大厦等现有大型商业设施服务能力和水平，进一步完善周边地区公共配套设施，建设集商务办公、现代商业、休闲娱乐为一体的区域性商务商业中心。

台湾文化创意商务区。整合北京国际雕塑公园地下商务区、北京台湾街、北京国际雕塑公园北区等空间资源，以台湾文化为特色，重点发展现代金融、文化创意、商务办公、特色餐饮、休闲娱乐等高端产业，加快北京国际雕塑公园地下商务区等载体建设，努力构建两岸文化交流和经贸合作的新平台，不断扩大和深化两岸交流合作。

西五环现代娱乐区。整合东部现代娱乐区、西五环体育休闲产业带、京燕酒店商务区、TSM 商务区，高标准高品质打造西五环现代娱乐区。加快推进石景山游乐园梦幻世界室内主题乐园建设，打造全国最大的游乐主题园区。依托奥运老山自行车馆、首钢篮球馆等体育场馆资源，大力开发体育竞赛和体育健身活动，积极培育和规范体育服务市场。完善金鼎商贸区、茂华 都会休闲商业街、游乐园酒吧街等商业设施建设，与娱乐、体育两大主题区联动发展。

京西会展商务区。以"金融魔方"等载体建设为依托，打造京西新地标。以会展业为龙头，重点引进规模大、层次高、专业性强、具有较大影响力的品牌展会，引导银行、证券、保险、基金、信托、投资公司等金融机构聚集，建设集会议展览、现代金融、商务办公等为一体的现代化会展商务中心。

苹果园交通枢纽商务区。以苹果园交通枢纽综合建筑群为核心，引进复合型城市商业综合项目，整合升级零散、低端的经营业态，完善停车场、交通集散中心等商业服务配套设施，形成集交通枢纽、现代商业等功能于一体的交通枢纽型商务区。

天泰旅游休闲区。进一步挖掘、整合区域自然、人文景观资源，依托"天泰山·水岸绿都"、八大处公园、法海寺公园、西山大峡谷国际体育运动公园等重点项目，着力开发生态旅游、文化旅游线路，促进生态休闲与历史文化旅游融合互动，打造都市生态文化旅游胜地。

中国动漫游戏城。依托首钢二通厂的空间资源，加快推进中国动漫游戏城项目建设，大力吸引动漫游戏及衍生产品企业入驻，建成集动漫创作、生产、展示、交易于一体，覆盖完整产业链的国家级文化创意产业示范园区。

第三章 坚持创新驱动型经济发展模式

以建设国家科技进步示范区和中关村国家自主创新示范区特色区为契机，以中关村石景山园为创新龙头，强化企业自主创新主体地位，积极引入和聚集创新资源，完善自主创新服务体系，提升自主创新能力，推动经济发展方式由资源投入型向创新驱动型转变。

一、增强创新主体活力

培育一批具有国内外影响力的创新型企业。鼓励企业加大研发投入，在文化创意、新材料、新能源等关键领域开展核心技术攻关。支持重点领域的骨干企业建立研发中心，鼓励和引导企业申报国家、北京市重点实验室和工程研究中心。遴选一批创新能力强的企业，实施创新企业试点，推动企业建立和完善有利于自主创新的发展机制和模式。

深化产学研合作。鼓励企业与科研机构开展合作，积极探索以企业为主体、市场为导向、高等院校和科研院所为技术依托的产学研合作新模式，建立产学研长效合作机制。鼓励和引导中科院高能所、北京建筑材料科学研究院、北方工业大学等机构整合科研资源，促进重大科研成果落地转化。促进新型创新组织发展，鼓励企业联合各类创新主体，组建产学研用相结合的标准联盟、技术联盟和产业联盟。支持高等院校、科研院所以技术入股等方式衍生新企业或参与股权收益分配，充分调动各类创新主体的积极性。

二、加速创新资源聚集

吸引高端创新人才聚集。充分把握中央实施“千人计划”、北京市实施“海聚工程”的契机，以产业发展需求为导向，实施石景山区创新人才聚集工程。重点围绕战略性新兴产业，加大海外战略科学家引进力度，努力聚集一批具有世界水平的创新人才和创新团队，聚集一批掌握前沿技术、有成功创业经历的高端创业人才。健全创新型人才激励机制，鼓励企业实施科技成果入股、股权奖励、科技成果收益分成和股票期权等多种激励形式。进一步优化创新人才发展环境，着力在户籍管理、子女教育、居住环境、创业辅导等环节加强对创新型人才的服务，增强对创新型人才的吸引力。

推动科技金融机构聚集。鼓励商业银行、担保公司、保险公司等金融机构设立为科技型企业服务的专营机构。支持金融机构针对创新型企业开展信用贷款、知识产权质押贷款、信用保险和贸易融资、小额贷款等金融业务，综合运用多种金融工具加大对创新型企业的融资支持。完善“投资—担保—贷款”联动机制，形成政府资金与社会资金、股权融资与债权融资、直接融资与间接融资多种融资渠道有机结合的科技金融体系。

推动科技中介机构聚集。通过租金减免、税费优惠等多种途径，聚集一批科技咨询、技术推广、科技评估、知识产权服务、技术转移、技术交易等科技中介服务机构，为企业提供专业服务。搭建科技服务供需对接平台，建立科技中介服务资源数据库，推进企业与区内外各类科技服务机构的交流对接。

加快创新创业平台建设。鼓励重点行业领域的龙头企业独立或与高校、科研院所联合组建面向行业的研发中心、开放式实验室，提升行业整体研发能力。搭建一批专业化的检测、认证、标准化服务平台，完善科技成果产业化平台，提升“研发—孵化—成果产业化”全链条的平台支撑能力。支持创业服务中心、留学生创业园等创业服务平台建设，鼓励社会资本参与孵化器的建设和运营，着重建设文化创意、新材料、新能源、节能环保等专业孵化器，提高孵化器的综合服务能力。

三、实施创新示范工程

实施知识产权示范工程。鼓励和引导企业提升知识产权创造、运用、保护和管理能力，支持企业提升技术创新能力和市场开拓能力，加大对重点企业形成专利池和产业技术联盟构建专利群的支持力度。推进知识产权服务机构规模化发展，实施知识产权托管工程，引导中介服务机构为加速科技成果产权化、专利技术产业化提供良好服务。加大知识产权执法力度，切实提高专利、商标、版权等知识产权保护力度，深化知识产权维权援助工作，健全知识产权案件调解机制。

实施政府采购自主创新产品示范工程。搭建政府采购自主创新产品信息平台，全方位发布政府采购信息，加大政府采购自主创新产品与服务力度，将政府采购范围从政府行政类办公扩展到市政设施、节能环保、技术改造、科技研发等使用区级财政性资金投资的项目，在预算中保证一定比例的政府采购自主创新产品与服务的支持额度，推进企业自主创新产品与服务在区域发展建设中的广泛应用。

实施重大科技成果产业化示范工程。建立项目发现和筛选机制，重点关注和吸引高校院所、大型央企、军工集团、境外知名企业和研究机构、海外高层次人才创业企业的重大科技成果和产业化项目。充分用好政府支持科技重大专项及产业化项目统筹资金，带动社会资本投入，为国家科技重大专项和北京市重大科技成果产业化提供资金支持。

第四章　营造公平开放的产业发展环境

以服务经济平稳转型、促进经济持续发展为目标，以国家服务业综合改革试点区建设为契机，围绕石景山区未来重点产业发展方向，探索促进产业发展的制度创新和政策创新，营造良好的产业发展环境。

一、推进服务业综合改革试点

全面推进国家服务业综合改革试点区建设，围绕服务业发展需求，在创新传统工业区开发模式、推进产业主体改革发展、放宽市场准入等方面先行探索，增强服务业发展活力，突破资源流动、资源整合的政策体制障碍，推进服务业市场化、社会化、标准化发展。

探索创新首钢开发模式。坚持政府主导、联合开发的基本原则，深化厂区联合，积极探索适合新首钢高端产业综合服务区建设的开发模式，以新首钢高端产业综合服务区开发建设带动试点区建设。打造多元化的投融资平台，支持设立“北京服务·新首钢”股权投资基金。

推进产业主体改革发展。按照政企分开、事企分开、营利性机构与非营利性机构分开的原则，推进产业发展主体的体制改革，引导服务业企业建立健全现代企业制度。推进竞争性领域国有服务企业的股份制改造，加快国有企业非核心服务业务剥离；推进集体资产股份制改革，积极探索土地流转新机制，加快集体经济产业结构调整。

建立公开、平等、规范的市场准入制度。鼓励非公有制经济与公有制经济公平竞争，引导非公有制经济和集体经济健康发展。鼓励扩大民间投资，支持民间资本进入基础产业、社会事业、市政公用事业、基础设施等领域。

实施品牌塑造工程。选择具有自主品牌、发展潜力大、产业带动性强的服务业企业，实行“一企一议”的培育方式，塑造一批企业品牌。鼓励优质企业通过整体上市、并购重组等方式形成若干在国内外具有竞争力和影响力的企业集团，鼓励龙头企业通过申请国际专利、承担国际工程项目、国际并购、境外上市、建立海外分支机构等方式拓展国际化路径。

推进服务业标准化建设。在商务、金融、旅游、商贸等领域加快开展标准制定、实施和评价等标准化建设工作，发挥龙头企业和中介服务组织的带动作用，引导服务企业向标准化方向发展。

二、加强规划引导和政策支持

切实发挥规划的引导调控作用。坚持“规划预定功能、功能引导项目、项目构建载体、载体聚集产业”的产业发展思路，落实产业发展规划。研究制定产业准入标准，提高产业进入门槛，对于鼓励类产业以及带动性强的重大项目优先给予支持，加快改造和淘汰高能耗、高污染、低效益的落后产能和工艺。

加大政策支持力度。综合运用土地、税收、财政投入、项目审批、政府采购等政策手段，形成导向明确、衔接有效的产业发展政策体系，重点支持产业升级、科技创新、龙头企业培育、融资环境改善、高端人才聚集、优势品牌塑造等关键领域的发展。

三、进一步优化市场环境

积极推进企业信用体系建设，建立健全企业信用信息数据库和企业信用信息公共服务平台。鼓励企业开展内部信用管理，促进企业信用融资和信用交易。继续加强市场监管与整顿，规范市场秩序，营造公平、有序的市场环境。

第三篇 提速城市建设，打造现代城区

加快城市基础设施建设，构建便捷高效的路网交通体系，保证安全稳定的资源、能源供给；发挥重点区域的辐射和带动作用，把握首钢搬迁调整的有利契机，加快推进新首钢高端产业综合服务区建设，进一步完善中关村石景山园、西部地区等重点区域基础设施建设；建管并重，理顺和完善城市建设与管理体制，显著提升城市管理水平，大幅提升城市综合承载能力，促进区域城市建设与管理均衡发展。

第一章 全方位大幅度增强基础设施能力

坚持基础设施先行，着力加强基础设施建设和升级改造，构筑外联通畅、内联快捷的道路交通体系；进一步强化区域水资源、能源供应等市政基础设施建设，提升城市承载能力。

一、高效便捷的交通设施

加快区内路网建设。进一步完善“两高两快六主”的城市主干道和“五横五纵加半环”的路网结构。加快推进长安街西延线、永引渠南路、石龙路等东西向道路建设，打通与门头沟区的重要联络线。强化南北向道路建设，加快推进苹果园大街、北辛安路、古城南街和永定河东侧路建设工程。完善道路微循环系统，改善街坊路及居住区内道路系统，提升路网的连通性和通达性。

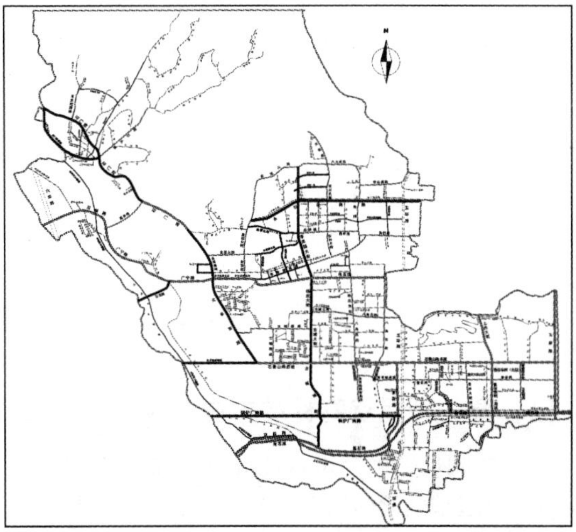

图3-1 石景山区“十二五”时期主要道路建设规划示意图

加强公共交通建设。加快推进市郊铁路S1线建设。优化调整公共交通线路，重点建设阜石线大容量快速公交线路,在主要客流走廊上增辟公交专用道。优化公交场站布局,加大公共停车泊位建设力度。继续推进苹果园交通枢纽工程建设,改善公共交通衔接换乘条件,实现多方式交通网络的匹配与无缝衔接。

强化道路交通的智能管理。推进智能交通技术在重要交通枢纽建设项目中的应用,加快建设覆盖全区的智能交通系统,实现道路交通系统的智能控制,有效提高路网通行能力。

二、稳定的水资源承载力

加强供水设施建设。建立安全可靠的供水保障体系,提高水资源利用效率。加强水源地保护,确保饮用水水质达标。建设集中供水设施,提高全区自来水普及率,更好地满足居民用水需求。

加强排水设施建设。按照雨污分流原则,配套完善雨水排除设施,改造、完善排水系统,统筹建设污水管道和污水处理厂,基本建成雨污分流的城市排水系统。

建设节水型社会。加大节水宣传力度,加强水资源节约、保护和优化配置,合理利用雨洪资源,扩大再生水利用范围;强化工业节水管理,加大以节水为重点的供水结构调整和技术改造;加强地下水资源管理,严禁超采地下水。

三、安全可靠的能源供应

加快输气管道建设。加快实施西部地区输气管道建设,提高全区天然气管道供气比例,逐步形成以管道天然气为主、液化石油气为辅的燃气供应方式。

构建可靠的供电体系。建设稳定可靠的电源点,高标准架设输电线路,重点完成区域内新增110kv变电站建设,加快原有变电站及线路增容和改造。进一步实施电力惠民工程,完成符合条件的老旧小区配电设施改造。

积极推进供暖设施建设。加快实施燃煤锅炉清洁能源改造工程,建立多元化的供热用能体系,发展以城市热力网和燃气锅炉房供热为主,以天然气、电力、地热等为补充的多种供热方式;加快推进西北热电中心建设,增加热力管网集中供热面积;加快对老旧小区供暖设施的维修和更新,完成老楼通气工程和供暖管线改造。

第二章　高起点高标准推进重点区域建设

以首钢地区、中关村石景山园、西部地区为重点,高标准推进基础设施和公共服务设施建设,补足中部地区和西部地区基础设施建设短板,强化综合服务能力,为中、西部地区快速发展提供强力支撑。

一、推进首钢基础设施建设

加强首钢地区路网建设。坚持道路建设先行,做好首钢地区道路交通网络规划设计,打通首钢地区对外交通联络线,尽快实现与周边路网的衔接。重点推进石龙路、长安街西延线、锅炉厂南路、北辛安路南延、古城南街五条道路建设,构建"三横两纵"的方格状路网格局。

加快市政基础设施建设。加快启动实施供水设施改造工程,改善生活用水供水水质,确保用水安全。加快首钢地区变电站建设,逐步实现首钢地区现有供电系统向市政供电系统的转移过渡。

推进公共服务设施建设。按照建设一流国际化社区的标准和要求,加快推进医疗卫生、教育培训、文化体育等设施建设,提升公共服务供给能力和水平,营造舒适的工作和居住环境。

二、加强中关村石景山园建设

强化综合配套建设。加快园区路网改造与建设,提升交通智能化管理与服务水平,完善公共交通体系,形成网络完善、布局合理、运行高效的复合型快速交通网络。强化办公、生活等配套设施建设,提升园区承载力。

改善园区发展环境。统筹考虑园区内外的联动开发,整合利用周边教育、医疗卫生、商务、物流、餐饮、旅游、文化娱乐等资源,构筑宜商宜居的发展环境。

建设低碳集约载体。全面推进节能、节水、节地、节材,加强资源综合利用,推广绿色建筑、生态建筑、节能建筑,促进产业载体建设向节约节能型转变,提升园区集约化水平。

三、完善西部基础设施建设

构建"三纵三横"路网格局。加强道路基础设施建设,建设和完善新隆恩寺路、石门路、京门新线以及五里坨西路、五里坨路、黑石头村路等主要道路,完善西部地区路网体系。

加快市政配套设施建设。启动五里坨供水厂、五里坨污水处理厂等工程建设;按照西部地区整体供热方案,加快"一主五支"的热力管网建设;完成燃气管网铺设,实现与北京市燃气供应对接;加快西部地区供电管网建设,增强电力供应的安全可靠性。

第三章　新模式新技术提升城市管理水平

创新城市管理模式,进一步理顺和完善城市综合管理体制,强化部门联动,深入推进网格化城市管理;做好土地利用管理,促进土地集约化利用;充分利用科技手段完善信息化管理体系,显著提升城市管理水平。

一、健全城市综合管理机制

强化管理联动机制。理顺管理体制,形成城市管理部门间的横向联动机制;整合区、街道和社区各级城市管理资源,建立"三级"垂直联动机制。

提升精细化管理水平。推进城市标准化管理，建立科学量化的标准和可操作、易执行的作业程序。以数字城市管理系统平台为依托，充分发挥街道、社区等基层组织作用，形成“街道、社区、网格”三级网格化社会服务管理平台，提高对城市运行的动态管理和控制能力。进一步落实城市管理责任制，做到责任分工明确化、责任追究制度化。

二、加强城市土地管理和利用

推进土地资源集约利用。完善土地管理制度，科学高效利用土地，积极争创“全国国土资源节约集约模范城市”。严格控制土地供应总量，统筹安排各类建设用地，保障重点基础设施项目、重点产业项目的用地需求。加强土地储备开发力度。加大闲置、低效利用土地的盘活力度。科学编制土地储备计划和土地利用年度计划，建立和完善规划实施的监督体系，做好规划实施的监督检查和跟踪分析。

加强国土资源保护。切实加强自然生态景观和历史文化古迹的保护，加大西北部山区和永定河沿岸景观建设力度，合理安排生态建设和环境保护用地，促进国土资源的可持续利用。

三、提升城市管理信息化水平

加快“智能石景山”、“无线城区”建设，积极推进物联网等现代信息技术在城市管理方面的示范应用。对城市管理系统平台进行升级改造，完成城市基础数据更新等内容，保证数据信息的安全、有效。充分发挥石景山区信息和通讯优势，大力推进三网融合入社区、入楼宇、入户的试点工作。建立和完善统一、安全的电子政务网络平台，进一步提升政府行政管理和服务的信息化水平。构建社区便民服务网络平台，提高社区管理和服务的信息化水平。

第四篇　改善民生质量，促进社会和谐

按照中国特色世界城市建设的要求，以民生工程为载体，以创新工作机制为手段，以和谐发展为目标，全面提升社会公共服务优质化、均等化水平，扎实推进民主法治建设，着力解决全面转型期的社会问题，切实保障和改善民生，顺应广大人民群众过上更好生活的新期待，加快推进“和谐石景山”建设。

第一章　提供优质均等的社会公共服务

大力发展教育事业，提升医疗卫生服务能力，突出文化的引领作用，促进文体事业全面发展，建立和完善公平、优质、均等的社会公共服务体系，提升公共服务质量和水平。

一、大力推进教育事业发展

促进教育资源均衡发展。完善依托社区的学前教育网络，以发展普惠型幼儿园为方向，积极促进学前教育资源全覆盖，满足多样化的入园需求；进一步改善义务教育办学条件，提高教育的均等化、现代化水平；鼓励普通高中不断创新，依托特色教育资源推动高中教育特色化、品牌化发展。通过名校和特色校办分校等多种方式，加快引进和培育优质教育资源，提升区域教育质量。着力调整教育资源的空间布局，促进优质教育资源在东、中、西部地区的均衡配置。

进一步加强师资队伍建设。积极培育和引进一批骨干教师，实施教师专业成长阶梯计划，进一步优化教师年龄和学历结构；引进高层次教育管理人才，加大干部教师培训力度，全面提升干部教师综合素质，建设一支结构合理、素质良好的师资队伍。

大力发展职业教育培训。围绕文化创意、现代金融、商务服务等重点产业领域，大力提升职业教育的质量和水平，加大职业教育培训力度，促进职业教育与经济社会发展紧密衔接。推动国家级重点职业高中建设，深入整合高、中职等职业教育资源，建立现代职业教育培训服务体系。

二、提升医疗卫生服务能力

加强公共卫生服务体系建设。进一步完善突发公共卫生事件应急机制，健全应急决策指挥系统，提高快速反应能力和应急救治能力。加强院前急救、疾病防控、卫生执法监督、公共卫生信息等卫生服务体系建设。健全公共卫生服务网络，建立公共卫生服务联动机制，促进基本公共卫生服务逐步均等化。

建设运行高效的医疗服务体系。完善区域医疗机构规划、设置和建设，按照属地化和全行业管理的原则，统筹规划医疗机构数量、规模和空间布局，优化分级医疗服务网络。以中、西部地区为重点，加快大中型医院建设，加大优质医疗资源和专业技术人才引进力度，推进医疗卫生资源均衡配置。完善药品供应监督管理网络，加强基本药物市场管理。

提升基层医疗卫生服务水平。合理配置社区卫生服务机构，理顺管理体制。推进社区卫生服务机构建设标准化，加快新社区卫生服务综合管理信息系统建设，加强基础设施建设、基本设备配置及基层医疗卫生人才队伍建设。强化监管考核评价机制，促进基层医疗卫生机构全面履行“六位一体”职能。

三、促进文体事业全面发展

加快文化事业建设。大力实施文化兴区战略，整合各种文化资源，大力弘扬传统历史文化，扶持优秀民间文化，发展特色区域文化，着力创建和培育一批具有石景山区特色的文化活动品牌；制定和实施“石景山区文物中长期保护规划”，加强对历史文化资源的保护、挖掘和利用。

大力实施文化惠民工程。加快文化馆、博物馆、图书馆等区级文化服务设施建设和完善,加强街道、社区文化设施建设,形成区、街道、社区三级公共文化设施网络。加强基层文化队伍建设,充实街道、社区专职文化工作者队伍。推进档案事业发展,做好第二轮地方志书编纂工作。推进文化基础设施均衡化和群众文化活动经常化,打造惠及全民的公共文化服务体系。

提高文化市场管理和服务水平。坚持管理与服务并重,积极引导文化市场向规范化、规模化和高端化方向发展。加大对文化市场的监管力度,深入开展扫黄打非工作,优化文化市场环境。加强文化产品市场和文化要素市场建设,增强文化发展活力。

推动群众体育事业快速发展。加快西五环体育产业带建设,充分利用现有体育设施,兼顾竞技体育与全民健身,建设功能更加完善的体育场馆。鼓励开展全民健身运动,积极开发民间体育项目,建立以社区为基本单元的全民健身组织网络。

第二章　建立完善的就业与社会保障体系

以解决首钢富余人员分流安置和居民社会保障等社会问题为重点,积极促进充分就业,加大社会保障力度,营造安定和谐的社会氛围。

一、多渠道促进充分就业

完善促进就业的相关政策。统筹协调产业政策与就业政策,围绕全区经济转型和产业发展方向,结合重点项目建设,制定和完善区域性就业、创业政策,开发新的就业岗位。综合运用财政、税收等政策措施鼓励中小企业发展,进一步扩大其吸纳就业能力。

建立完备的就业服务体系。加强人力资源市场信息网络及相关设施建设,完善市场信息发布制度,健全人力资源市场信息服务体系。完善用工管理制度,加强对用人单位和职业中介机构的管理,创造公平、开放的就业环境。

加强对困难群体的就业援助。进一步完善就业援助工作机制,多渠道开展就业援助,广泛开展职业技能再培训。积极开发社区公益性就业岗位,做好就业跟踪服务,保障困难群体就业的稳定性。

二、促进社会保障全覆盖

构建完善的社会保险体系。完善基本养老保险制度,逐步做实个人账户。完善基本医疗保险制度,进一步提高医疗保障待遇水平。完善工伤保险制度,建立健全预防、补偿、康复相结合的工伤保险机制。建立“保障生活、预防失业、促进就业”三位一体的失业保险制度。稳步推进生育保险工作,努力实现生育保险全覆盖。促进基本保险与补充保险、商业保险有机结合,形成多层次、多元化、广覆盖的社会保险服务体系。

不断提高社会福利水平。进一步扩大救助面,重点将首钢富余人员、农转居人员优先纳入救助服务范围。鼓励和支持民间资金依法进入社会福利和社会服务领域,大力发展慈善事业。继续加大济困工程资金投入,做好低收入家庭的社会救助工作。以医疗、最低生活保障为重点,增强社区社会福利和社会服务功能。构建以家庭养老为基础、机构养老为补充的养老服务体系。

加快推进保障性住房建设。加快五里坨、老古城、刘娘府、西黄村、二管厂、衙门口等地区定向安置房建设,推进麻峪村居民搬迁安置,解决被拆迁群众基本住房问题。加快廉租房和公共租赁房建设,缓解低收入家庭住房困难。增加经济适用房和限价商品房供给,满足居民住房消费合理需求。

第三章　创新科学规范的社会管理格局

结合新时期社会管理的新趋势,积极探索社会管理新模式,建立以政府为主导的多元化社会管理新格局,实现社会管理的科学化、人性化和规范化。

一、深化社会管理改革

不断提高基层党建科学化水平。完善商务楼宇工作站运作模式,强化商务楼宇社会建设、统战工作和群团组织建设。建立健全以党组织为领导核心、群团组织健全、社会服务基本完善的体制机制,扩大党组织和党的工作覆盖面,巩固、扩大党的社会基础和群众基础。做好“枢纽型”社会组织联合党委试点工作,探索与民营企业发展相融合的党建新模式。

探索新型社区管理模式。创新街道管理机制,强化居民自治,实现行政管理、社会管理与民主自治的有机结合。加强社区党组织、社区居委会、社区服务站建设,以规范化建设为抓手,建立健全社区管理服务体制,推广和完善居站分离管理模式。加强社区工作者队伍建设,建立完备的社工制度体系,健全社区工作机制,努力打造一支职业化、高素质的社区工作者队伍。

完善社会志愿者服务机制。构建志愿者实名注册管理系统,完善志愿服务项目体系,建立志愿服务奖励机制,鼓励企业和个人积极、有序地参加社会志愿服务。进一步加强社会志愿者队伍建设,组织专业技能和岗位培训,提升社会志愿者的职业化、专业化水平。

二、维护社会公共安全

加强社会公共危机管理。建立健全统一领导、分级负责的公共危机管理机构和应急组织系统,加强日常应急管理体系建设。建立公共危机协调机制,保障信息的快速传递和部门的有效沟通。完善公共危机预警系统,提升城市应急系统信息化水平。加强基层人员公共安全培训,普及公共安全知识。强化生产、食品、药品、消防、交通、气象、环境等公共安全领域的监督监管，进一步增强对突发公共事件的应急处理能力。

切实维护社会和谐稳定。完善“大维稳”机制，加强对维稳工作的一体化领导，推进相关部门维稳工作的有机衔接，综合解决社会稳定问题，实现维稳工作常态化、制度化。建立“区防、街防、社区防”三道防线，深化区域防控、等级防控、网格防控模式，采取点线面结合、动静互补的方式，建立具有石景山区特色、集打防控于一体的“大防控”工作格局。推进“大调解”机制建设，大力发展专业性、行业性调解组织，深入开展矛盾纠纷大排查、大化解行动，进一步强化重大社会矛盾的专项协商制度、社会矛盾排查机制和人民调解制度，切实从源头预防和化解社会矛盾。

三、加强民主法治建设

切实强化民主政治建设。加强基层民主建设，建立健全社会公示和社会听证制度，扩大基层民主；完善工会、共青团、妇联等群众团体和社会组织参政议政渠道，保障人民依法行使民主权利。妥善处理民族宗教事务，继续以团结稳定为主线，完善民族工作机制，促进民族工作的常态化，推进民族工作在基层深入开展；进一步完善宗教场所建设与合理布局，加强对宗教团体的规范化、制度化管理，积极发挥各类宗教团体的桥梁纽带作用，促进宗教文化交流。

全面落实依法治区方略。深入推进依法行政，加强行政复议工作，完善法律服务体系。全面实施“六五”普法规划，深入开展法制宣传教育，不断优化法治环境，增强公民的法律意识，提高公务员的法治观念，增强政府部门和社会组织依法管理的自觉性。

第四章 探索健康协调的人口发展模式

紧密围绕人口规模调控、人口结构优化、流动人口服务与管理、人口老龄化等人口发展的突出问题，探索人口均衡、协调、健康发展的动力机制，建立健全人口发展的宏观调控机制和社会服务网络，实现人口与经济社会、资源环境协调可持续发展。

一、促进人口均衡协调发展

调控人口规模和结构。继续稳定低生育水平，合理调控人口自然增长。建立规划、产业政策和重大项目的人口影响评价机制，以产业结构升级调控人口规模和结构；合理控制住宅开发建设规模和速度，推进住宅建设与人口规模调控目标相适应，缓解人口与资源环境压力，促进人口规模与经济社会发展水平相协调。

引导人口合理分布。结合首钢工业区改造和永定河绿色生态发展带建设，着力改善中、西部地区生态环境，提升公共服务供给能力和水平，引导人口在东、中、西地区合理再分布，促进人口分布与城市功能、形态、环境相适应。

提升人口综合素质。预防和降低出生人口缺陷，倡导卫生、健康的生活方式，提高人口身体素质。加大教育培训力度，多渠道开展科普宣传，提升人口科学文化素质。持续开展群众性精神文明创建活动，提高人口的思想道德素质和法律素养。

二、提升流动人口管理与服务水平

合理控制流动人口规模。加强对低端产业的淘汰和清理，做好拆迁地区流动人口流向监测，合理引导人口有序流动。加强用工渠道监管，动态掌握外地来京务工人员的人口信息。制定和完善房屋租赁相关规定，严禁私搭乱建，清理违法出租房屋。加强规范化的便民服务设施建设，取缔散乱流动的非法摊点和非法市场。

创新流动人口管理理念。强化流动人口的自我管理和自我服务，提高流动人口社会参与和社会融入的积极性。充分发挥社区居委会、社区群众性治保组织、社区物业、治安积极分子在流动人口管理与服务中的作用，推动流动人口管理重心向社区转移。

强化流动人口服务工作。积极推进基本公共服务均等化，切实解决流动人口在就业、居住、子女入学等方面的实际困难，营造公平公正的社会舆论环境和工作生活环境，维护流动人口的教育、就业、社会保障等合法权益。

三、加快推进老龄事业健康发展

不断完善老年服务设施。加大老龄事业投入力度，整合开发老年人文化、娱乐活动场所，以社区为重点，加快推进城市为老服务设施建设，鼓励和引导社会力量建设老年服务设施，优化老年人居住和生活环境。

丰富老龄人口精神文化生活。积极组建老年人文化体育活动协会等社会组织，搭建老年人沟通交流平台，广泛开展有益于老年人身心健康、适合老年人特点的文化娱乐活动，营造老年人参与社会发展的社会环境。

建立专业的为老服务队伍。以现有职业技术学校和培训机构为依托，鼓励和支持为老服务培训，引导组建针对老龄人口的志愿服务队伍，培养一批专业护理人员。建立专业护理人员和居家养老服务人员持证上岗制度，逐步实现为老服务人员的职业化和专业化。

四、保障妇女儿童和残疾人权益

维护妇女儿童合法权益。贯彻男女平等基本国策，保障妇女在教育、就业、社会保障、参与国家和社会事务管理与决策等方面的合法权益。坚持儿童优先原则，依法保护儿童的生存权、发展权、受保护权和参与权等各项权利，促进儿童身心健康发展。

积极发展残疾人事业。健全残疾人社会保障和服务体系,进一步推进城市公共场所无障碍设施建设,提高对残疾人服务的专业化、社会化水平和能力,创造残疾人平等参与社会生活的环境。

第五篇　优化生态环境,共享绿色文明

坚持“生态立区”的规划建设理念,积极推进国家可持续发展实验区建设,着力开展生态环境综合治理,全面恢复山水生态系统,以近城山水和都市林荫为特色,构建自然靓丽的生态景观格局;加强低碳城区建设和城市环境保护,努力提高城市生态环境质量,适度开发利用山水生态资源,推动生态与产业的互促融合发展。

第一章　建设清洁低碳的生态精品城区

在保护自然山水资源的基础上,加快“绿色城市”和“园林城市”建设,推动低碳技术的示范应用,构筑多层次的绿地分布格局,进一步提升城市环境品质和城区魅力,打造绿色、低碳、宜居的首都新城区。

一、营造清洁低碳城市环境

深入开展节能环保工作。优化改造市政管网,提高能源资源的输送和使用效率。以环保物联网示范工程为重点,打造城市环境数字监控管理平台,强化对城市环境的有效监管,确保区域环境安全。加快推进新能源交通工具及绿色节能材料和技术的应用,提高能源使用效率。注重开展节能环保宣传活动,推广低碳清洁的生产生活方式,促进全社会参与环境保护。

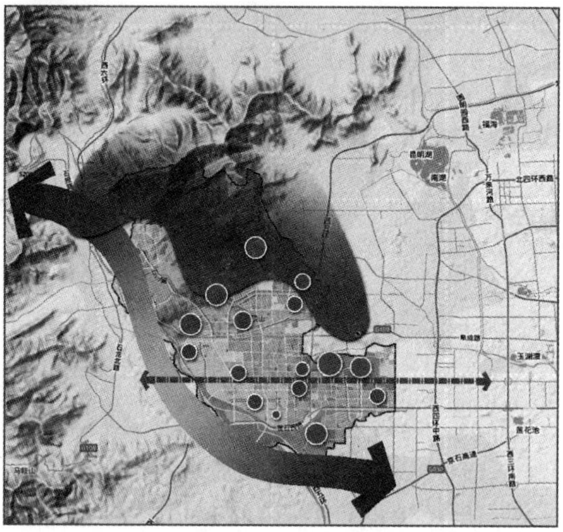

图5-1　石景山区“十二五”绿地空间布局示意图

强化重点污染源治理。加大重点区域和重点行业污染源监督检查力度,加快重点污染治理工程进度。推进首钢主厂区土壤污染治理和水生态环境整治,不断提升主厂区生态环境质量。加强对新建项目的环境监管,加大机动车尾气、挥发性有机物等的监管力度,严格控制污染物排放。

加强环卫配套设施建设。实施垃圾楼改造,加强垃圾分类宣传引导,推行分类投放、分类收集、分类运输。加快垃圾处理厂建设,实现垃圾的清洁处理和高效利用。提高设施配建标准,完善环卫配套设施。推广道路清扫新工艺,提高道路机械化作业能力。

二、塑造优美城市景观

构建多层次的绿地格局。抓好重点水域和林地生态建设,加强森林资源保护和利用。构建城市生态隔离屏障,建成一批代表石景山区景观环境形象和特色的公园、街道绿化项目,以长安街西延线为主轴,形成“山环水抱、一轴贯穿、多园支撑”的绿地格局。

营造高品质的城市夜景。强化永定河夜色景观建设,以长安街西延线永定河跨河大桥、沿岸植被和建筑楼台为重点,加强景观照明设施建设,打造都市河流夜色景观。实施主要道路、景区和建筑景观照明设施的综合升级改造。推广应用绿色照明、智能控制等先进照明技术,强化夜景灯光的艺术特效,塑造独具特色的现代城市夜景。

第二章　打造优美宜人的生态休闲绿都

贯彻绿色、低碳、循环发展理念,切实加强西部地区生态环境建设,保护森林资源,加大环境监管力度,提升生态经济功能,将西部地区建设成为风景宜人、环境优美的生态休闲胜地。

一、强化西部地区生态建设

加强生态环境监管。完善生态环境保护统一监管机制,认真执行生态环境影响评价制度,制定并实施生态环境综合整治方案,加快推进一批生态保护重点工程,开展土地整理和植被恢复,巩固生态保护和建设成果。

推进区域绿化工程建设。大力推进五里坨建设区绿化美化工程,重点开展城市森林绿地规划建设,增加森林蓄积量;加强区域内主要道路绿化带建设,形成多条集生态、景观、交通为一体的绿色通道。

二、提升西部生态休闲功能

实施天泰山风景区绿化美化建设工程,推进天泰山重点工程项目建设,打造集生态旅游、休闲度假、娱乐、会议等多功能为一体的“天泰山·水岸绿都”;深入挖掘西山生态环境资源,打造优美的自然景观和别具特色的旅游观光景点,加强配套服务设施建设,提高景区综合接待服务能力和水平。

第三章　构筑自然靓丽的城市水域景观

推进永定河生态环境综合治理,增强防洪安全保障功能,加快河道生态修复,积极开展沿河绿化美化工

作，形成风景优美怡人、生态系统健康完善的城市水域景观。

一、增强防洪安全保障功能

防洪排洪设施改造升级。翻修、加固永定河石景山段堤防，提升防洪能力。加快实施排洪渠河道恢复工程，修建、改建高井排洪渠等主要水利工程设施，提高防洪标准；加快推进永定河河滨及引水渠缓冲带建设工程，确保永定河蓄水安全。

加快河堤内麻峪村搬迁。加快推进麻峪村整体搬迁，清理建筑废渣，疏通河床，实施行洪区的绿化美化建设，确保永定河行洪安全。

二、加快河道生态修复治理

加强环境整治与管护。强化对河堤内沙坑的回填整治和生活垃圾等固废污染物的清理；加快西部地区垃圾和污水处理设施建设，实现垃圾源头减量和污水回收利用，防止对永定河的污染；进一步加大河道环境监管力度，严厉打击盗采砂石及倾倒固废等行为，有效巩固和提高环境建设成果。

恢复河流自然生态系统。加快推进河道植被恢复及堤岸绿化，加大对河床与堤岸裸露地面的治理力度；做好河道减渗、水质净化与维护工作，改善水质和水环境；积极繁育亲水动植物，培育生物群落，保持生态平衡。

三、打造水岸绿色生态走廊

推进沿河景观建设。对永定河东侧路等沿河道路进行拓宽、改造与绿化美化，打造滨河绿化带。加强与门头沟区的沟通合作，统筹推进永定河沿岸开发建设，促进两岸景观、功能、设施布局相协调。

重点建设“一湖三公园”。兼顾防洪、水源涵养、生态恢复和景观功能，加快推进莲石湖、首钢滨河公园、永定河文化公园和麻峪湿地公园建设，以自然和人工湿地为主，构建多种景观，建设亲水活动平台和体育休闲场馆，开发亲水型户外综合体验项目，为居民提供生态休闲和娱乐游憩场所。

第六篇 创新体制机制，扩大对外开放

切实转变政府职能，努力提高政府的执行力和公信力。继续推进经济体制改革和医药卫生、文化、教育等社会事业体制改革。扩大区域合作与对外开放，着力增强发展活力。

第一章 加快体制机制改革

深化行政管理体制改革，切实转变政府职能，推进政务公开，提高政府服务水平和办事效率。坚持社会主义市场经济的改革方向，继续深化国有企业改革和集体经济改革。加快推进区属经营性事业单位改制工作，完善公平高效、形式多样、和谐发展的社会事业体制机制。

一、深化行政管理体制改革

加强服务型政府建设。强化服务理念，进一步推进政府职能由侧重管理向更加注重服务转变，提高经济调节和市场监管水平，加强社会管理和公共服务，创新服务方式，营造良好发展环境。

加强效能型政府建设。推进政府组织机构改革，优化职能配置，探索实践“大科制”工作模式，建立健全部门之间的协调机制，简化办事程序；深化行政审批制度改革，创新审批方式，探索推行网上审批；加强电子政务建设，提升政府工作透明度，建立健全政务信息发布制度，提高行政效率。

加强法治型政府建设。推进公共决策的科学化和民主化，完善科学民主决策机制。整合执法资源，完善执法程序，不断提高执法水平，完善和落实行政执法责任制。建立健全社会监督机制，加强对政府行政行为的监督。

二、深化经济体制改革

推进国有企业改革。推进国有企业改制重组，切实转换经营机制，健全现代企业制度，完善公司法人治理结构。积极推进国有企业非主业资产调整，实现国有资本的有效配置。健全国有资产监管体制，做好产权界定和资产处置等工作，强化投资的控制与管理。

深化集体经济改革。按现代企业制度要求，推进集体经济组织改制，构建集体经济管理体系，实施集体资产股份制改革。探索集体经济组织运作新模式，通过资源整合，特别是土地、资金、产业项目的整合，提高资源使用效率，实现经济效益最大化。

三、深化社会事业体制机制改革

教育体制机制改革。深入贯彻落实《北京市中长期教育改革和发展规划纲要》，积极实施国家级教育体制改革试验项目，创新义务教育科研工作机制，进一步推动全区教育质量的有效提高；创新学校内部管理机制，提高管理效率；深化办学体制改革，鼓励社会资本参与教育事业发展；积极探索适应市场发展的职业教育办学思路，实现普通教育和职业教育的有机结合。

医药卫生体制机制改革。推进医疗资源的优化整合，建立不同领域、不同区域、不同系统间医疗服务资源的共享机制。稳步推进公立医疗机构管理体制和运行机制改革。鼓励、引导社会优质资本和外资积极参与卫生事业发展。理顺社区卫生管理体制，促进门诊医疗服务重心下沉社区。进一步完善医药价格公示制度，规范医疗服务收费行为，建立科学合理的医药价格形成机制。

文化体制机制改革。加快推进区属经营性事业单

位改制工作,引导建立企业化运作模式,鼓励非经营性资产转为经营性资产进入市场运作。推进公益性文化事业单位内部改制,努力提高管理效率。支持文化中介组织和相关机构的发展,鼓励、支持和引导文化企业发展。创新文化发展模式和文化产品经营机制,积极拓宽文化事业投入渠道,推动区域文化大发展、大繁荣,进一步提升文化软实力。

第二章　扩大区域合作与对外开放

以重大项目开发建设为依托,探索多方联动机制,深入推进区域合作;坚定不移地实施开放带动战略,加快推进国际交流与合作,增强经济社会发展动力。

一、扩大和深化区域合作

以永定河绿色生态发展带和新首钢高端产业综合服务区建设为工作抓手,发挥“首都西南区域经济发展论坛”的影响和作用,与周边区县建立起资源共享、产业联动、环境共治的合作关系。以资本为纽带,建立重大项目开发的多方联动机制,实现石景山区与首钢整体协调发展。大力发展生产性服务业,与滨海新区等国家高端制造业基地联动发展,积极参与京津冀、环渤海地区合作发展。加强与其他地区在教育、医疗卫生、文化等公共服务领域的交流与合作,积极引进优质公共服务资源,提升公共服务水平。

二、进一步加强对外开放

营造开放、公平的发展环境,发挥各类中介机构、社会团体、行业协会的桥梁与纽带作用,吸引跨国公司总部、各类国际学术组织、产业组织和公益组织等国际高端资源落户石景山区。积极承办国际性会议展览、文化交流、体育赛事等大型活动,大力促进对外合作与交流。进一步深化对台文化交流与经济合作,积极推进金融文化产业园落户石景山区,打造两岸合作发展新平台。鼓励和支持具有国际竞争力的龙头企业参与国际分工协作,不断提升石景山区的国际影响力。

第七篇　完善保障体系,确保规划落实

第一章　加强组织协调

组织保障。建立政府负责、部门协调、上下联动的工作机制。成立规划实施专门领导机构,由区委、区政府主要领导担任负责人;区政府全面负责具体工作的部署和督导,各职能部门按照统筹协调、分工负责的原则分解落实建设任务。

强化落实。各部门按照规划的要求制定年度计划,有步骤、分阶段落实各项规划任务,细化工作内容,把握重要阶段性工作节点,确保各项工作顺利实施。建立评价指标体系,分时段实施规划评估。实行规划实施问责制,明确权责,将各项工作进展情况列入各责任部门年度工作业绩考核内容。建立规划实施信息公开机制,面向社会发布重点工作实施情况,扩大公众参与和监督。

第二章　建设人才队伍

落实人才政策。认真落实《国家中长期人才发展规划纲要(2010—2020年)》和《石景山区“十二五”时期人才发展规划》,加强人才政策研究与创新,完善人才引进、培养、流动、管理、激励等各项政策,确保“十二五”时期人才战略的顺利实施。

大力引进和培养高素质人才。围绕产业、科技、教育、卫生、党政等各重点领域,加强人才队伍建设,着力实施高端人才建设重点工程,打造各类人才发展载体,大力培育和引进一批经济社会发展急需的高层次、复合型、高技能人才,提高人才资源总量和人才聚集能力,逐步优化人才结构,提升人才综合竞争力。

优化人才发展环境。建立开放式人事人才工作体制和公共人事人才服务体系,在政策范围内做好高端人才的户籍档案管理和社会保障服务工作,为人才发展提供政策咨询、就业创业指导和人事代理等服务。加强人才市场建设,建立法制健全、运行规范、服务周到、指导监督有力的人才市场。建设和完善区域基础设施和公共服务设施,进一步提升人才工作生活环境品质。

完善人才机制。创新人才管理机制,进一步完善政府宏观管理、市场有效配置、单位自主用人、人才自主择业的人才管理机制,发挥市场在人才资源配置中的基础性作用,提升人才的开发利用水平;探索建立与国际接轨的人才管理、人才创业机制。创新人才投入机制,在整合财政性人才投入资金的基础上,重点保障高层次人才培养、紧缺人才引进、杰出人才奖励和重大人才开发项目的经费。创新人才激励机制,鼓励建立技术、专利、品牌等多种要素参与的收入分配方式,完善突出贡献人才评比表彰机制。创新人才评价机制,建立以岗位职责要求为基础,以品德、能力和业绩为导向,科学化、社会化的人才评价机制。

第三章　构建政策体系

土地政策。严格落实《石景山区土地利用总体规划(2006—2020年)》,制定土地利用年度计划,完善政府土地利用引导和调控机制,科学调控土地开发总量与结构。合理配置土地资源,控制住宅用地规模,优先保障科技含量高、经济效益好、资源消耗低、环保生态型的重点项目用地需求。

财税政策。增强区级财税政策对产业发展、民生

保障等重点领域的导向作用和支持力度，认真编制和实施财政年度预算，完善税收政策体系。以永定河绿色生态发展带和新首钢高端产业综合服务区开发建设为契机，用足用好国家、北京市促进服务业和高新技术产业等相关产业发展的优惠政策。

第四章　强化资金保障

建立多元化的融资体系。坚持政府引导、市场化运作、联合开发的基本原则，以国有投资为牵引，广泛吸引社会资本进入，通过信托投资、银企合作等多种方式拓宽投融资渠道，积极探索多元化的融资新模式，形成高效的投融资机制。

积极争取上级资金支持。加强同上级主管部门的联系，及时掌握国家、北京市相关政策和重大项目信息，争取国家、北京市财政对石景山区基础设施、公共服务设施建设和重点产业发展的专项资金支持。

加大招商引资力度。优化招商引资项目结构，建立财政招商引资专项资金。推进基础设施和生态环境建设，整合公共服务资源，集成土地政策、财政补贴、税收减免、人才引进等优惠政策，优化投资环境。综合采用多种手段，提高招商引资效率和质量。

第五章　规划实施调整

本规划纲要经区人民代表大会批准后，由石景山区人民政府组织实施。规划实施期间由于特殊原因确需调整时，按有关程序报批。

附　　件

一、石景山区“十二五”规划《纲要》指标体系

类别	序号	指　　标	属性	目　标
经济发展	1	地区生产总值年均增速	预期	12%
	2	一般财政总收入年均增速	预期	10%
	3	固定资产投资总额及年均增速	约束	1000亿元，10%
	4	第三产业增加值占地区生产总值比重	预期	70%
	5	文化创意产业增加值占地区生产总值比重	预期	15%
	6	高新技术产业增加值占地区生产总值比重	预期	25%
	7	社会消费品零售额年均增速	预期	16%
社会发展	8	常住人口规模	约束	72万人
	9	居民人均可支配收入年均增速	预期	9%
	10	城镇登记失业率	约束	4%以内
	11	城镇职工五项保险参保率	约束	98%
	12	全区人均公共图书占有量	约束	1.5册
	13	保障性住房应保尽保率	约束	100%
	14	人均住房建筑面积	预期	30平方米
	15	人均道路面积	约束	7.8平方米
	16	食品安全检测抽查合格率	约束	96%
	17	药品质量监督抽验合格率	约束	97%
	18	人均预期寿命	预期	81岁
	19	万人刑事案件立案率、破案率	预期	37.6件，28.2件
	20	亿元地区生产总值生产安全事故死亡率	约束	下降10%
资源环境	21	万元GDP能耗比2010年末下降比率	约束	40%
	22	万元GDP水耗比2010年末下降比率	约束	15%
	23	生活垃圾资源化率	约束	60%
	24	城市空气质量二级和好于二级天数的比率	约束	75%
	25	城市绿化覆盖率	约束	50.1%
开放水平	26	实际利用外资年均增速	预期	15%
	27	年接待境外与外省市旅游人数及年均增速	预期	584万人次，7%

二、石景山区“十二五”时期重点建设项目

序号	项目名称	牵头单位	建设内容	“十二五”总投资(万元)	“十二五”时限要求
项目总计112项				14523797	
(一)城市交通基础设施类26项				1517302	
1	S1线	北京轨道交通门头沟线投资有限责任公司、区市政市容委	涉及石景山区4座车站,总长3.6公里	242000	2011—20172
2	苹果园交通枢纽工程	市公联公司、区苹果园交通枢纽办	规划总建筑面积144700平方米	210000	2011—2012
3	长安街拓宽及西延工程	市公联公司、区市政市容委	区内拓宽6.4公里,延长1.6公里	200000	2011—2012
4	苹果园大街	市公联公司、区市政市容委	道路总长2550米,红线40—60米	65000	2011—2012
5	京门新线	市公联公司、区市政市容委	道路总长1870米,红线40—60米	22000	2011—2012
6	石门路	市公联公司、区市政市容委	道路总长1500米,红线40—60米	20000	2012—2014
7	丰沙线入地工程	市公联公司、区市政市容委	全长7.5公里	56950	2011—2012
8	古城南街	市公联公司、区市政市容委	道路总长1900米,红线40—60米	60000	2011—2012
9	永引渠南路(滨河路)	市公联公司、区市政市容委	道路总长3600米,红线40—60米	65000	2011—2013
10	杨庄大街(一期、二期)	市公联公司、区市政市容委	道路总长4550米,红线40—60米	65000	2011—2013
11	金顶西街	市公联公司、区市政市容委	道路总长1440米	15000	2011—2013
12	锅炉厂南路	市公联公司、区市政市容委	道路总长6000米,红线40—60米	9000	2012—2014
13	北辛安路拓宽改造及南延工程	市公联公司、区市政市容委	道路总长4.2公里,红线40—60米	80000	2013—2015
14	永引渠南路拆迁	区市政市容委	道路总长3600米	50000	2011—2012
15	石龙路	区市政市容委	道路总长3700米,红线40—60米	35000	2013—2015
16	永定河东侧路建设工程	区市政市容委	道路总长11.3公里,红线40—60米	90000	2013—2015
17	S1线拆迁	区重点工程建设中心	涉及拆迁总长3.6公里	38000	2011—2013
18	杨庄大街二期拆迁工程	区重点工程建设中心	道路总长2550米	50000	2011—2012
19	金顶西街拆迁工程	区重点工程建设中心	道路总长1440米	5000	2011—2012
20	金顶西路	区重点工程建设中心	道路总长583米,红线30—40米	23000	2011—2013
21	苹果园北路	区重点工程建设中心	道路总长1321米	39273	2011—2012
22	古城南街拆迁工程	区重点工程建设中心	拆迁总长1900米	40000	2011—2012

续表

序号	项目名称	牵头单位	建设内容	“十二五”总投资(万元)	“十二五”时限要求
23	金顶北路	区土地储备分中心	道路总长 1100 米,红线 30—40 米	11439	2010—2011
24	西黄村路	区土地储备分中心	道路总长 734 米,红线 30 米	11426	2011—2012
25	希望公园南侧路	区土地储备分中心	道路总长 1052 米,红线 30 米	6152	2011—2012
26	规划一路、规划二路等园区道路	北京京石科园置业发展有限公司	道路总长 6000 米	8062	2011—2012
(二)城市公共服务设施类 33 项				1997266	
1	西北热电中心	大唐国际高井热电厂、京能热电	建设 6×350MW(F)级燃气—蒸汽联合循环发电供热机组	1200000	2012—2014
2	五里坨污水处理厂	市水务局、区自来水厂	占地总面积 4.96 公顷,规划总建筑面积 9920 平方米	21000	2012—2014
3	京门路供热管线	市供热集团	供热管线全长约 2 公里	20000	2011—2012
4	南马场水库改造工程	区市政市容委	新建大坝	20000	2012—2014
5	五里坨供水厂	区市政市容委	新建 3 万吨/日的供水厂	20000	2012—2014
6	莲石湖	区市政市容委	河道长度约为 5.8 公里,平均宽 376 米	40000	2011—2012
7	餐厨垃圾处理站	区市政市容委	规划占地面积 40 亩,日处理规模 200 吨	12000	2011—2012
8	供水管网改造工程	区市政市容委	拆除供水管线 15951 米,新建管线 113006 米	43735	2011—2015
9	重点大街夜景照明亮丽工程	区市政市容委	全区主要道路	11000	2011—2015
10	老旧供热管网改造	区市政市容委	全区 500 公里管线	25000	2011—2015
11	首钢搬迁区水生态环境整治工程	区市政市容委	规划总面积 60000 平方米	7200	2011—2015
12	永定河河滨及引水渠缓冲带建设工程	区市政市容委	规划总面积 23200 平方米	8500	2011—2015
13	高井渠生态河道恢复工程	区市政市容委	规划总长度 3.35 公里	6700	2011—2015
14	非正规垃圾填埋场治理工程	区市政市容委	规划总容量 492 立方米	9840	2011—2015
15	石景山区西部医院建设工程	区卫生局	规划总建筑面积 51340 平方米	30800	2012—2013
16	中医院移址重建工程	区卫生局	在杨庄西口新建中医医院,建筑规模 42120 平方米	27046	2012—2013

续表

序号	项目名称	牵头单位	建设内容	“十二五”总投资(万元)	“十二五”时限要求
17	五里坨精神病院移址重建工程	区卫生局	在五里坨地区新建专科医院,建筑规模18000平方米	10800	2012—2013
18	五里坨九年一贯制学校(含征地)	区教委	规划面积47380平方米	45000	2012—2014
19	2011年校舍安全工程	区教委	教学楼整体加固及平房翻建共110763平方米,满足学校抗震及综合减灾要求	240000	2011—2012
20	古城消防支队及特勤消防中队改扩建项目	区消防支队	规划总建筑面积8888平方米	8904	2011—2012
21	石景山区文化馆工程	区文化馆	规划总建筑面积10000平方米	10000	2012—2014
22	麻峪湿地公园	区市政市容委	规划总面积11.8公顷	7000	2013—2015
23	国税局还建大楼	区国税局	规划总建筑面积12000平方米	14000	2012—2014
24	区交通支队指挥中心	区交通支队	规划总建筑面积10000平方米	4000	2011—2013
25	城管指挥中心	区城管大队	规划总建筑面积20000平方米	6000	2012—2013
26	石景山体育健身中心	区体育局	规划总建筑面积20000平方米	30000	2013—2015
27	燃煤锅炉清洁能源改造工程	区环保局	四家燃煤锅炉房及麻峪地区清洁能源改造工程	28300	2011—2015
28	古城社区服务综合配套楼	古城街道办	规划总建筑面积10000平方米	4000	2013—2015
29	银河商务区地下停车场	区国资公司	占地面积1.44公顷,规划总建筑面积46825平方米	24992	2011—2012
30	首钢厂区内水厂	首钢总公司	新建10万立方米/日的水厂	50000	2013—2015
31	杨庄水厂改扩建	区自来水厂	新建5000立方米清水池,扩大容量为90000吨	8000	2012—2014
32	老旧小区电网改造	区供电公司	涉及居民8000户	6000	2011—2015
33	110kv变电站	区供电公司	新建110kv变电站	25000	2013—2015
(三)现代产业类22项				3961275	
1	银河商务区F地块	北京北方中惠房地产公司	规划总建筑面积119000平方米	60000	2011—2012
2	新能国际大厦	新能国际房地产开发有限公司	规划总建筑面积50632平方米	34997	2011—2012
3	京燕酒店商务区	北京融科智地房地产开发有限公司	规划总建筑面积76348平方米	94312	2011—2014

续表

序号	项目名称	牵头单位	建设内容	“十二五”总投资(万元)	“十二五”时限要求
4	新媒体基地	北京鼎轩基业科技发展有限公司	规划总建筑面积 260000 平方米	160000	2011—2012
5	石景山区影视传媒创意园	北京京石科园置业发展有限公司	规划总建筑面积 140000 平方米	80000	2011—2014
6	银河商务区 E,L,K 地块	未定	规划总建筑面积 300000 平方米	180000	2011—2015
7	京西商务区工程	未定	规划总建筑面积 840000 平方米	580000	2011—2014
8	东标电子二期研发楼	东标电子公司	规划总建筑面积 23000 平方米	7000	2011—2012
9	天山新材料研发楼	天山新材料有限公司	规划总建筑面积 17000 平方米	10347	2011—2012
10	世纪盛达思菩兰国际动漫城	世纪盛达开发有限公司	规划总建筑面积 25000 平方米	10000	2011—2012
11	北京国际绿色展示推广中心	首钢特钢	规划总建筑面积 35000 平方米	14000	2011—2012
12	雕塑园地下商务区	物美公司	规划总建筑面积 99000 平方米	55000	2011—2014
13	石景山游乐园梦幻世界项目	石景山游乐园	规划总建筑面积 100000 平方米	100000	2011—2014
14	苹果园交通枢纽商务区	苹果园交通枢纽办	规划总建筑面积 528100 平方米	510000	2011—2014
15	衙门口休闲绿洲 A 区	区集体经济办	规划总建筑面积 2000 平方米	12000	2011—2013
16	衙门口休闲绿洲 C 区	区集体经济办	规划总建筑面积 80000 平方米	29000	2011—2013
17	首钢二通动漫产业园	首钢总公司	规划总建筑面积 1200000 平方米	1536619	2011—2015
18	西山大峡谷体育休闲项目	区集体经济办	规划建设 2076 亩	46000	2013—2015
19	古城西路商业金融项目	北京华怡房地产开发有限公司	规划总建筑面积 45000 平方米	30000	2011—2013
20	五里坨商业中心	区西建办	规划总建筑面积 50000 平方米	20000	2013—2015
21	天泰国际会议度假中心	区西建办	规划总建筑面积 96000 平方米	80000	2013—2015
22	西山国际小镇	区住建委	规划总建筑面积 1410000 平方米	300000	2013—2015
(四)保障性住房类 15 项				2703897	
1	五里坨建设组团定向安置房(01 地块)	北京实兴腾飞置业发展公司	规划总建筑面积 460215 平方米	270000	2011—2013
2	老古城综合改造项目定向安置房(A1、A2 地块)	古城兴业房地产公司	规划总建筑面积 158709 平方米	137427	2011—2013
3	刘娘府综合改造项目定向安置房一期 C1 地块	北京奥宸房地产开发有限公司	规划总建筑面积 291990 平方米	119000	2011—2013

续表

序号	项目名称	牵头单位	建设内容	“十二五”总投资(万元)	“十二五”时限要求
4	西黄村综合改造项目定向安置房一期	北京鎏金置业有限责任公司	规划总建筑面积 144000 平方米	64800	2011—2013
5	第二水泥管厂经济适用房及定向安置房	京汉置业集团股份有限公司	规划总建筑面积 120451 平方米	78388	2011—2013
6	衙门口居住及公建用地项目	北京天石基业房地产开发有限公司	规划总建筑面积 415700 平方米	101499	2011—2012
7	首钢铸造村集资建房项目	首钢总公司	规划总建筑面积 209170 平方米	112000	2011—2012
8	燕山水泥厂限价房及保障性住房	金隅嘉业地产开发有限公司	规划总建筑面积 264000 平方米	179200	2011—2013
9	衙门口南定向安置房	区土地储备分中心	规划总建筑面积 640000 平方米	400000	2012—2015
10	衙门口安置房	北京西部联合置业发展有限公司	规划总建筑面积 730000 平方米	942359	2011—2013
11	东下庄限价房及定向安置房	北京东和伟业房地产开发有限公司	规划总建筑面积 100000 平方米	80000	2011—2013
12	石槽居住、商业及配套项目 E02/03 地块	远洋地产有限公司	规划总建筑面积 98732 平方米	58718	2011—2013
13	远洋山水东区 E－04 地块(住宅)(配建公共租赁房)	远洋地产有限公司	规划总建筑面积 17655 平方米	125506	2011—2013
14	苹果园交通枢纽 H 地块	北京实兴腾飞置业发展公司	规划总建筑面积 20000 平方米	15000	2011—2013
15	苹果园交通枢纽 I 地块	北京天鸿铭基房地产开发有限公司	规划总建筑面积 30704 平方米	20000	2011—2013
(五)土地一级开发类 16 项				4357506	
1	五里坨建设组团 02－07 地块	市、区土地储备分中心	规划总建筑面积 1397273 平方米	305639	2011—2012
2	第二水泥管厂(扣除定向安置房)	市、区土地储备分中心	规划总建筑面积 234849 平方米	43184	2011—2013
3	刘娘府综合改造项目(扣除定向安置房部分)	区土地储备分中心	规划总建筑面积 513563 平方米	426905	2011—2013
4	西黄村综合改造项目(扣除定向安置房部分)	区土地储备分中心	规划总建筑面积 485931 平方米	307748	2011—2013
5	中关村科技园区石景山园北Ⅱ区西井地块	区土地储备分中心	规划总建筑面积 312836 平方米	72466	2011—2013
6	南宫住宅小区	区土地储备分中心	规划总建筑面积 230300 平方米	7732	2011

续表

序号	项目名称	牵头单位	建设内容	“十二五”总投资(万元)	“十二五”时限要求
7	天泰山旅游项目 A 地块	区土地储备分中心	规划总建筑面积 96005 平方米	17500	2011
8	银河商务区三期项目(K、L 地块)	区土地储备分中心	规划总建筑面积 164060 平方米	19600	2011
9	衙门口社区综合整治	区土地储备分中心	规划总建筑面积 647400 平方米	610281	2011—2013
10	八宝山何家坟地块	区土地储备分中心	规划总建筑面积 29600 平方米	19908	2011—2012
11	苹果园交通枢纽商务区土地一级开发(扣除 H/I/G/J/P 地块)	北京燕金源置业有限公司	规划总建筑面积 408512 平方米	105642	2011—2013
12	老古城综合改造项目(扣除 A1、A2 地块)	北京古城兴业置业有限公司	规划总建筑面积 757811 平方米	596079	2011—2013
13	玉泉新城二期	北京玉泉新城房地产开发有限公司	规划总建筑面积 315000 平方米	7957	2011
14	国际创意谷土地一级开发(中关村科技园区石景山园北Ⅰ区)	北京京石科园置业发展有限公司	规划总建筑面积 489047 平方米	105865	2011—2013
15	动漫产业城一级开发(二通厂区)	首钢总公司	规划总建筑面积 1510000 平方米	511000	2011—2015
16	南区(特钢)土地开发项目	北京京石科园置业发展有限公司、首钢特钢	规划总建筑面积 3380000 平方米	1200000	2013—2015

三、石景山区“十二五”规划《纲要》名词解释

1. 全面转型

是指包括经济、城市、社会各个领域的全面调整和转型,其中,经济结构战略性调整是核心,由它带动城市功能的转变和社会结构的转型。推动石景山区全面转型的因素包括三方面:一是首钢涉钢产业搬迁调整直接推动地区主导产业再造,促使石景山区经济由以第二产业带动为主向以第三产业带动为主、二产三产协同带动转变;二是北京市赋予石景山区首都城市功能拓展区和城市职能中心、综合服务中心、文化娱乐中心的新功能(一区三中心),带动石景山区城市功能由原来的传统工业区向新的“一区三中心”转变;三是以石景山区 2002 年实行整建制农转居为标志,石景山区成为无农业人口的完全城区,带动石景山区由原来的城乡二元结构向完全城市社会转变。通过全面转型促进发展方式转变,在转变中实现更好更快发展,是“十二五”乃至更长时期石景山区面临的历史性任务。

2. 国家服务业综合改革试点区

2010 年 8 月 26 日,在“全国加快服务业发展暨服务业综合改革试点工作座谈会”上,石景山区被批准成为全国首批 37 个服务业综合改革试点区之一,是北京市唯一获批的区县。服务业综合改革试点区将在促进服务业发展所涉及的审批、财政、信贷、土地、价格等方面享受国家先行先试优惠政策。同时,石景山区获批国家服务业综合改革试点区,还具有三大战略意义:一是为国家现阶段在中心城市调整搬迁大型企业提供“示范”效应;二是对提升首都城市功能和促进首都全面协调发展具有“助推”作用;三是对加快转变经济发展方式、促进区域经济转型起到有效的“突破”意义。为全面启动国家服务业综合改革试点区建设,区委、区政府制定了《石景山区关于建设国家服务业综合改革试点区的实施意见》和《石景山区建设国家服务业综合改革试点区工作任务分解体系》。

3. 国家可持续发展实验区

2010 年 3 月 16 日,石景山区被国家科技部正式批准为国家可持续发展实验区,建设期至 2014 年,建设期满可申报国家可持续发展先进示范区。建设国家可持续发展实验区有助于进一步提高区域自主创新能力,促进产业结构调整升级,引导经济增长方式向集约化转变,推动区域经济、社会、人口、资源、环境的全面协调可持续发展。为高水平建设国家可持续发展实验区,石景山区制定了《区委区政府关于建设国家可持续发展实验区的实施意见》和《石景山区建设国家可持续发展实验区第一阶段(2010 - 2011 年)工作任务分解》。

4. 现代产业体系

区别于长期以来以重工业为主的区域产业体系,“十二五”时期石景山区将把握首钢涉钢部分搬迁调整的有利契机,紧密结合国内外产业发展趋势,按照北京市产业发展的总体方向,重点发展现代服务业,实现由以第二产业为主的重工业主导型产业体系向以第三产业为主的服务主导型产业体系转变,形成以现代服务业为主体、以高新技术产业为先导的现代产业体系。

5. 低碳城区

按照世界先进的城市建设与发展理念,加快以建筑节能、低碳社区、交通节能等内容为核心的城市基础设施建设,积极培育绿色低碳型产业,倡导绿色生活方式,实现城市建设、运营、发展低碳化、绿色化、循环化。

6. 绿色金融、科技金融、电子商务金融

“绿色金融”是指在投融资决策中考虑潜在的环境影响,把与环境条件相关的潜在的回报、风险和成本融合进银行的日常业务中,在金融经营活动中注重对生态环境的保护以及环境污染的治理,通过对社会经济资源的引导,促进社会的可持续发展。

“科技金融”是指促进科技开发、成果转化和高新技术产业发展的一系列金融工具、金融制度、金融政策与金融服务的系统性、创新性安排。

“电子商务金融”是指专门服务于电子商务领域的网上支付、交易资金托管与贸易融资等金融活动和金融工具。

7. 服务型制造

服务型制造是基于制造的服务和面向服务的制造,是制造与服务相融合的新产业形态,指为了实现制造价值链中各利益相关者的价值增值,通过产品和服务的融合、客户全程参与、企业相互提供生产性服务和服务性生产,实现分散化制造资源的整合和各自核心竞争力的高度协同,达到高效创新的一种制造模式。

8. 首钢地区“三横两纵”路网格局

“三横”为石龙路、长安街西延线、锅炉厂南路三条东西向干道;“两纵”为北辛安路南延、古城南街两条南北向干道。

9. 西部地区“三纵三横”路网格局

“三纵”为新隆恩寺路、石门路、京门新线;“三横”为五里坨西路、五里坨路、黑石头村路。

10. 网格化管理

依托数字城市管理系统平台,将城市管理辖区按照一定的标准划分成为单元网格,通过加强对单元网格的部件和事件巡查,实现城市管理的无缝隙、全覆盖、无死角。

11. 物联网和“三网”融合

物联网的概念是在 1999 年提出的,英文名称叫“The Internet of things”,就是“物物相连的互联网”。其中包含两层意思:第一,物联网的核心和基础仍然是互

联网，是在互联网基础上延伸和扩展的网络；第二，其用户端延伸和扩展到了任何物品与物品之间，进行信息交换和通讯。具体定义是：通过射频识别（RFID）、红外感应器、全球定位系统、激光扫描器等信息传感设备，按约定的协议，把任何物品与互联网连接起来，进行信息交换和通讯，以实现智能化识别、定位、跟踪、监控和管理的一种网络。

“三网”融合，是指电信网、广播电视网和计算机通信网的相互渗透、互相兼容并逐步整合成为世界统一的信息通信网络。“三网”融合是为了实现网络资源共享，避免低水平重复建设，形成适应性广、容易维护、费用低的高速宽带的多媒体基础平台。作为北京市“三网”融合试点区，石景山区将加快推进“三网融合”信息产业园建设。

12．基层医疗卫生机构“六位一体”职能

加强“六位一体”社区卫生服务功能建设是国家在深化城市医疗卫生体制改革、有效解决城市居民看病难、看病贵问题的一项重要举措。根据《国务院关于发展城市社区卫生服务的指导意见》，“六位一体”包括医疗、预防、保健、康复、健康教育、计划生育指导等基层卫生服务内容。

13．文化惠民工程

“文化惠民工程”是党的十七大关于促进社会主义文化大发展、大繁荣的一项重大举措，也是一项惠及全国人民，普及大众文化的工程。主要包括广播电视村村通工程、全国文化信息资源共享工程、农村电影放映工程、农家书屋工程、西部开发助学工程和电视进万家工程等重点项目。

14．“山环水抱、一轴贯穿、多园支撑”绿地格局

“山环水抱”：指石景山区外围河流和山脉构成的生态隔离屏障。石景山区北依西山，西山优质的森林资源为本区域提供了良好的城市空间背景与生态屏障；南靠永定河，永定河的生态环境综合治理将为石景山区打造城市生态走廊提供极佳的水域景观。山环水抱的自然格局成为石景山区优越独特的自然基底。

“一轴贯穿”：“一轴”指长安街西延线——石景山路。长安街西延长线是石景山区重要轴线道路，也是CRD建设的重要载体，通过绿地景观的打造，充分体现其品牌价值，发挥区位优势及交通优势，形成石景山区景观主轴，提升城区景观亮点。

“多园支撑”：“多园”指石景山区多块居民出行500米可达的3000平方米以上的公园绿地。通过多个不同级别、特色各异的城市公园建设，形成石景山区规模配套、层级合理、特色鲜明的公园体系，满足居民日常生活需要，体现石景山区绿色、生态、宜居、宜商等多方面特色。

15．“大科制”工作模式

所谓“大科制”，就是优化政府组织机构，把业务相同、相近或者相叠的业务科室进行合理整合成大部室，合并到一起办公。对外，各科室仍然以各自的业务为主；对内，各科室之间工作协调对接，几个科室的人员一起完成共同的业务工作，分工不分家。

专　文

在北京建设世界城市目标下石景山区加快战略转型与发展的对策研究

市委十届七次全会提出:“瞄准建设国际城市的高端形态,建设世界城市”。这是北京市在成功举办奥运会和庆祝新中国成立60周年活动后,深入贯彻落实科学发展观,全面推进“人文北京、科技北京、绿色北京”建设的重大举措,为实现首都新一轮科学发展确立了战略目标。石景山区作为北京的城区之一,是重要的城市功能拓展区,在北京建设中国特色世界城市的目标下,深入研究石景山区面临的机遇与挑战,探索区域战略转型的思路与对策,对于实现更高层次、更高水平发展具有十分重要的意义。

一、对世界城市基本内涵和特征的认识

“世界城市”是在国际城市概念的基础上提出的一个更高层次的概念。1966年,英国地理学家、规划师彼德·霍尔(Peter Hall)对世界城市做了开创性研究。1986年,弗里德曼从新的国际劳动分工的角度,提出“世界城市假说”理论。1991年,沙森(Sassen)通过对全球领先的生产性服务公司的分析来诠释世界城市。他们对世界城市的内涵基本定义为:世界重要的政治、经济、文化中心,主要的金融中心、贸易中心、人才集聚中心。根据理论界的研究成果,综合起来看,世界城市的内涵和识别主要包括四个方面:一是经济的控制力。世界城市必须是对世界经济具有巨大影响力的城市。世界城市通过强大的经济实力和战略性资源控制对全球经济产生重要影响,成为世界经济体系的控制、管理、协调中心,成为引领并支配世界经济运行的主体力量。二是文化的引领力。世界城市具有独特的城市文明和文化魅力,同时也是文化艺术名城,是古老传统和现代文明相结合、能够促进世界多元文化交融发展的城市。三是科技的创新力。世界城市必须是全球科技创新的主源地,是高新技术产业的生产和研发基地,是创新活动的主要市场、创新人才集聚地,引领世界科技发展方向。四是社会的聚合力。世界城市是社会高度文明进步的城市,是居民生活品质和人民幸福指数极高的城市,是世界人民交流、旅游、工作居住的重要目的地。当然,由于目前对于“世界城市”还没有比较统一的界定,上述四方面也只是一个总体上的描述,并不意味着每一个世界城市都必须同时具备这些能力。

基于对世界城市内涵的理解,其基本特征主要体现为以下六个方面:

1. 经济实力雄厚,战略性资源控制力强。世界城市都是该国经济中心和全球经济中心,对世界经济有举足轻重的影响。这种影响一方面是本身具有雄厚的经济实力,同时具有强大的战略性资源控制力,特别是通过金融控制力影响全球经济(见表1、表2)。

表1　2008年北京与世界城市的经济总量对比

城市	GDP总量(亿美元)
纽约	14060
伦敦	5650
东京	14790
北京	1660

2. 经济高度服务化,产业高端化。世界城市具有集生产、贸易、服务为一体的完整的经济体系,而且以服务业为主,服务业比重都在90%左右。服务业中以金融、文化、科研服务等高端业态为主(见表3)。

3. 国际化程度高,总部特征明显。世界城市首先是国际化的城市,是国际城市的高端形态。主要表现为是国际组织的总部所在地和跨国公司的总部或地区总部所在地(见表4)。

4. 文化旅游发达,城市品牌形象好。世界城市都是文化高度发达的城市,纽约、伦敦、东京等城市都有完善的文化设施。具有世界知名的大学、博物馆、艺术馆和演艺基地；旅游业与文化高度融合，成为时尚之都、旅游胜地；具有比较发达的新闻出版业，对世界舆论产生着重要影响（见表5）。

5. 科技教育发达，高端人才集聚。世界城市的创新力，主要源于发达的科技教育，特别是高端人才。世界城市都是教育科技十分发达的城市，集聚了大量的全球性科研机构和科技领军人物和创新型人才（见表6）。

6. 城市基础设施完善，居民生活品质很高。世界城市具有良好的城市文明，人民生活水平很高，人均年收入在5万美元以上；生活设施齐备、工作条件优越，城市生态环境和社会治安状况良好，人们在衣、食、住、行等方面感到十分便捷（见表7、表8）。

表2 北京与世界城市的金融控制力比较

		纽约	伦敦	东京
股票	证券交易所股票市值占全球比重(2008)	35.7%	5.7%	9.6%
外汇	交易额占全球外汇市场份额(2007.4)	16.6%	34.1%	6.0%
债券	以本国币种标价的国际债券比重(2008.6)	29.4%	13.6%	3.7%
商品期货		第二大黄金现货市场；第一大黄金期货市场；轻质原油、棉花、原糖等商品期货市场	最大黄金现货市场；原油、铜、铝等商品期货市场	第四大黄金现货市场；第二大黄金期货市场；橡胶期货市场

数据来源：根据中国人民银行《国际金融市场报告》

表3 北京与世界城市的产业结构比较

		纽约	伦敦	东京	北京
增加值比重	一产(%,2006)	0.2	0.1	0.05	1.1(2008)
	二产(%,2006)	11.4	11.1	13.9	25.7(2008)
	三产(%,2006)	88.4	88.8	86.3	73.2(2008)
	生产性服务业(%,2006)	45.3	61.4	71.0	38.2(2008)

资料来源：《全球城市竞争力报告(2007－2008)》

表4 北京与世界城市国际组织情况比较

		纽约	伦敦	东京	北京
国际组织	国际组织(个,2003)	21	57	16	2
	主要国际组织	联合国	国际海事组织	国际港口协会	上海合作组织
企业组织	全球500强企业总部(个,2008)	18	15	51	26
	跨国公司地区总部数(个,2008)	1339	1550	530	537

资料来源：《关于北京城市现代化和国际化水平的比较》和福布斯网站

表5 北京与世界城市的文化旅游情况比较

	纽约	伦敦	东京	北京
对全球有重要影响的媒体数量	9	7	6	4
大型国际会议数量(2008)	—	68	68	73
入境游客数量(万人次,2008)	4700	1480(2007)	534	379

资料来源：《全球城市竞争力报告(2007－2008)》

表6　北京与世界城市的科技教育比较

	纽约	伦敦	东京	北京
大学数量(所,2007)	79	59	190	79
大学质量(2000强大学排名个数,2007)	25	26	34	17
国际水准的实验室和科研中心数(2007)	12	18	10	5
国际认可的专利数量(项,2005-2007)	16915	17968	89445	3012
国际论文发表数量(篇,累计到2008年)	20900	527000	638000	387000

资料来源:《全球城市竞争力报告(2007-2008)》

表7　北京与世界城市的工作生活条件比较

		纽约	伦敦	东京	北京
生活水平	人均收入(万美元,2007)	6.08	5.76	5.35	0.35
	恩格尔系数	14	16	19	36(2000)
	房价收入比(2007)	22.8	5.1	6.2	13.6
绿化环境	人均绿地面积(M^2)	14.4(1988)	23	5.2(1999)	11.2(2000)
交通条件	轨道交通里程(千米)	11799(2001)	418(2001)	400	228(2009)
	公交出行比例(%)	66.6	80	70	34.5
	人均道路面积(平方米)	28(1996)	26.4(2001)	10.7(2001)	4.7(2002)
医疗条件	人均期望寿命(岁,2005)	78.4	79.2	81.2	80.1
治安	每万人犯罪发生件数(2005)	267	1390	366	198

资料来源:《全球城市竞争力报告(2007-2008)》

表8　北京市同世界城市空气污染物浓度比较

城　市	总悬浮颗粒物(微克/立方米)2004	二氧化硫(微克/立方米)1995-2001	二氧化氮(微克/立方米)1995-2001
纽　约	21	26	79
伦　敦	21	25	77
巴　黎	11	14	57
东　京	40	18	68
北京(2009年)	255	34	53

资料来源:世界银行《世界发展指标》2008年,《北京市环境质量报告书》2009年

由于目前关于世界城市的指标体系还没有统一的说法和标准,我们只是择其主要特征从上述六方面进行分析,并将其作为本课题研究的主要框架。

二、对北京建设中国特色世界城市目标要求的理解和把握

以圆满完成北京奥运会、新中国成立60周年庆祝活动和成功应对国际金融危机为标志,北京的现代化建设进入了新的发展阶段。市委、市政府基于对国际国内形势的科学判断,围绕提升首都科学发展水平,明确提出了将北京建设成为充分体现人文、科技、绿色特征的中国特色世界城市的战略目标。这一战略目标具有深刻的时代背景、科学内涵和发展要求,需要我们深入理解和全面把握。

1. 北京建设世界城市是我国综合国力和国际地位提升对首都发展带来的客观要求。当今世界正处于大发展、大变革、大调整的重要时期,政治多极化、经济全球化的趋势日益明显。特别是在应对国际金融危机的过程中,我国的国际地位发生了新变化,站在了讨论和处理国际问题的前沿。我国综合国力和国际影响力的提升,既为北京的发展带来良好机遇,同时在客观上也要求我们必须在更高层级上谋划首都的城市发展,使北京在世界城市体系中的地位和作用进一步增强。

2. 北京建设世界城市具有鲜明的中国特色内涵和目标要求。习近平同志在北京调研时对建设世界城市提出了明确要求，他指出：“要按照科学发展观的要求，立足于首都的功能定位，着眼于提高‘四个服务’水平，既开放包容、善于借鉴，又发挥自身优势、突出中国特色，努力把北京打造成国际活动聚集之都、世界高端企业总部聚集之都、世界高端人才聚集之都、中国特色社会主义先进文化之都、和谐宜居之都，充分体现人文北京、科技北京、绿色北京的要求。”市委书记刘淇同志指出：“要从建设世界城市的高度，审视首都的发展建设，提高科学发展的水平、规划建设的档次和服务管理的水准。”同时，刘淇同志也强调：“建设世界城市，要按照科学发展观的要求，大力实施‘人文北京、科技北京、绿色北京’发展战略，在提高全球影响力的同时凸显中国特色、首都特点。”

3. 北京建设世界城市既有良好发展基础也存在明显差距和不足。2009 年全市人均国内生产总值突破1 万美元，产业结构中的第三产业比重已达到75.8%。特别是随着北京奥运会和新中国成立 60 周年庆祝活动的圆满成功，首都的建设管理水平和国际化水平得到极大提升，国际影响力显著增强，已经初步具备了跻身世界城市的基础条件。但是，从主要经济指标、自主创新能力、国际化程度、基础设施、居民生活质量、人口素质等多方面进行对比分析，我们距离纽约、东京、伦敦等世界城市的发展水平还存在不少差距，还有巨大的发展空间。

4. 北京建设世界城市既要遵循国际上的普遍规律又要坚持走自己的道路。从目前公认的几大世界城市的形成过程看，都是在国家具有发达的经济实力和社会发展水平的基础上建立起来的，都经历了一个长期的建设发展过程并在继续完善和发展。我们既要遵循这些普遍规律，但又不是简单地模仿复制已有世界城市的形态和发展路径，同时必须紧紧依赖于中国的加速崛起，充分发挥中国特色社会主义体制的优势，探索符合中国特色和首都特征的新模式。特别是要站在国家发展战略的高度，加快推动环渤海经济圈建设，促进京津冀一体化发展，着力构建北京作为世界城市的区域城市体系。

深入理解和把握北京建设中国特色世界城市的目标任务，是为了进一步明确这一战略目标对于推进我区战略转型与发展提出的新要求。具体讲，包括以下几方面：

1. 我区的转型与发展必须主动融入北京建设世界城市的发展大局。建设世界城市是全北京市的任务。作为北京重要的城市功能拓展区，我区的转型与发展必须紧密结合北京建设世界城市和“人文北京、科技北京、绿色北京”的总体发展战略，朝着同一目标，按照统一步骤，落实重点任务，通过推进“首都文化娱乐休闲区（CRD）”建设，进一步强化“一区三中心”的城市功能定位，以区域转型发展的新成效，为实现建设世界城市的目标作出积极贡献。

2. 我区的转型与发展必须坚持建设世界城市的总体方向和基本路径。要围绕世界城市的基本特征，学习借鉴世界城市建设和发展的基本规律，加快推动区域经济结构向服务型、创意型、总部型经济转变，着力构建以生产性服务业为主的现代产业体系，切实解决好首钢涉钢产业搬迁后区域产业替代和接续问题。同时，要坚持创新驱动、文化引领的发展路径，提高自主创新能力和地区文化软实力。要坚持绿色、低碳、可持续的发展理念，提升地区生态文明建设水平。要深化与周边区域的战略合作，走区域融合式发展道路。

3. 我区的转型与发展必须按照建设世界城市的要求全面提升水平和层级。全面提高科学发展的水平、规划建设的档次和服务管理的水准，是市委、市政府确立建设世界城市目标对全市提出的总体要求。对于我区而言，要把经济结构战略性调整作为加快转变经济发展方式的主攻方向，加快培育和壮大新兴主导产业，努力提高经济发展的质量和效益；要把城市建设全面提速作为带动地区发展的重点任务，切实提升宜商宜居城市建设的水平；要把谋求未来实现跨越式发展作为调整转型的总体要求，树立战略眼光，夯实百年成长和发展的基业。

4. 我区的转型与发展必须既要追求发展质量与效益也要保持较快的发展速度。对于发展水平相对落后的我区而言，加速发展与科学发展二者并不矛盾。我们既要坚持科学发展，全面提升经济发展的质量和效益；又要坚持加速发展，加快壮大经济规模，尽快缩小发展差距。如果不能保持必要的发展速度，就会丧失发展良机，就会缺乏内生支撑力，就不能有效解决前进中的困难和问题，在首都发展大局中就会陷入“掉队落伍”的境地。为此，我们必须把加速发展与科学发展有机统一到转型发展的实践中去，以更高水平、更快速度谋求实现科学发展新跨越。

三、瞄准世界城市目标石景山区所具备的发展基础和差距

近些年来，石景山区紧紧把握经济社会全面转型的重大机遇，认真贯彻落实中央和市委市政府的决策部署，加快推进“首都文化娱乐休闲区（CRD）”建设，积极化解国际金融危机对区域经济发展的冲击，积极应对首钢涉钢部分压产调整的不利影响，顺利完成北京奥运会和国庆 60 周年的筹办与服务工作，基本完成“十一五”规划制定的各项任务，胜利实现 CRD 建设

“三步走”战略的第一步目标，经济、社会、文化等各个领域都取得了新的显著成就，为在世界城市目标下加快推进区域经济社会全面转型和跨越发展奠定了良好基础。

1. 发展思路更加明确。面对北京城市总体规划修编、首钢搬迁调整、北京奥运会筹办等重大历史机遇和挑战，紧紧围绕北京市赋予我区“一区三中心”的功能定位，创造性地提出了建设“首都文化娱乐休闲区”(CRD)的发展思路，并在区十次党代会上确立了“打造北京CRD，构建和谐石景山，建设现代化首都新城区”的发展目标。研究制定了《CRD建设行动规划》，细化了“三步走”发展战略的具体任务，提出了产业建设、文化建设、景观建设、环境建设的总体目标和工作重点，明确了“一轴一核一园一带多支点”的空间布局，为区域转型发展确立了基本框架。

2. 经济平稳较快增长。“十一五”期间，全区地区生产总值年均增长7.2%；剔除首钢压产因素，地区生产总值年均增长16.1%。按常住人口计算，2009年人均地区生产总值达到4.3万元，较“十五”末增长了13%。财政收入年均增长超过15.2%。集体经济呈现持续快速发展态势，增加值年均增长8.7%。综合经济效益显著提高，2009年万元地区生产总值能耗为2.42吨标煤，较“十一五”初期下降了28.3%。

3. 产业结构不断优化。区域经济加速向高端化、服务化转型。截至2009年底，第三产业比重达到54.8%，较“十一五”初期上升了近23个百分点。其中，现代服务业增加值占地区生产总值比重达到37%。招商引资机制不断健全，成功引进中国动漫集团、搜狐畅游、盛大网络、中国节能集团等一批大企业。重点功能区建设取得积极成效，石景山科技园、东部现代旅游区、西部生态旅游区、六个商务功能区等重点功能区建设全面推进。

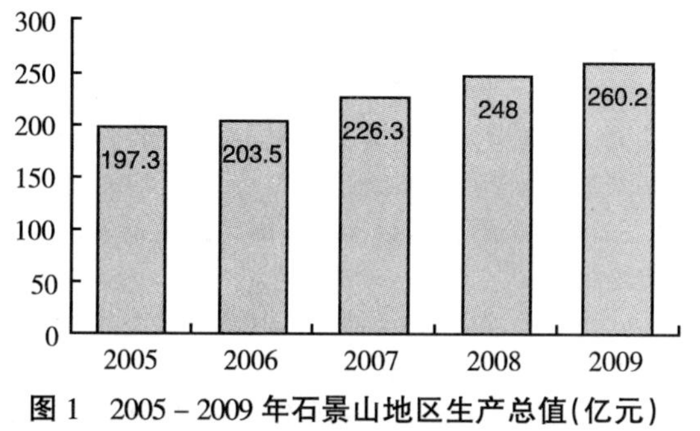

图1 2005－2009年石景山地区生产总值(亿元)

4. 城市建设与管理水平显著提升。交通基础设施建设全面提速，“二高二快六主”的城市主干道和“五横五纵加半环”的内部交通网络结构基本形成，全区路网密度达到2.8km/km²，人均道路面积约7.1m²/人。加大西部地区开发建设力度，编制完成了西部地区控制性详细规划，西部地区开发建设全面启动。加强城市环境综合整治，拆除违章建设和“城中村”拆迁改造取得突破性进展。积极推进城市网络化和数字石景山建设，城市管理逐步实现信息化、标准化、精细化。城市应急管理体系逐步健全，应对突发事件的快速反应能力和处置能力明显增强；安全生产管理成效显著，食品、药品抽检合格率保持在较高水平；社会治安环境逐步改善，公共服务管理能力有效提高，城市综合服务功能不断强化。

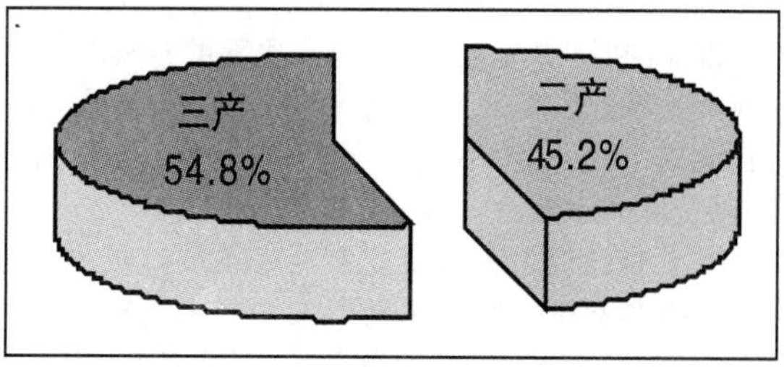

图2 2009年三次产业构成

5. 社会建设得到全面加强。坚持经济社会双轮驱动，全面推进社会建设，着力保障和改善民生，取得显著成效。召开了社会建设推进大会，制定了《进一步加快推进社会建设的若干意见》，坚持每年实施一批社会建设实事工程。教育投入进一步加大，区域优质教育资源进一步拓展，义务教育阶段入学率、完成率均达到100%，区域特色基础教育体系基本形成，社会对教育的满意度进一步提高。科技事业稳步推进，荣获“国家科技进步示范县(市)”称号。就业、社会保障体系进一步健全，五年共安置首钢分流人员8186人，城乡居民最低生活保障全面实现“应保尽保”，养老保险、医疗保险实现全覆盖，在全市率先完成了“持卡就医、实时结算”工作。加强社会治安综合治理，构建了大维稳工作格局，“平安石景山”建设全面推进。先后获得了“全国双拥模范城”五连冠、“国家卫生区”、“全国先进文化区”、“全国体育先进区”、“全国社区建设示范区”、“全国计划生育系统先进集体”等荣誉称号。

6. 居民生活持续改善。预计到“十一五”末，城镇居民可支配收入达到25736元，年均增长12.3%。2009年底完成社会消费品零售额175.9亿元，比“十五”期末增长了32.1%。居民人均居住面积达到26.2平方米，居住条件明显改善。居民消费结构不断升级，服务性消费比重大幅提高，居民生活质量进一步改善。

7. 生态环境治理加快推进。生态恢复及环境保护投入进一步加大，集中治理了一批重点污染源，区域环境质量和生态状况显著改善。2009年二级和好于二级天数为245天，占全年天数的67.1%，创历史最好水平;绿化覆盖率达到47.2%,人均公共绿地面积达到74平方米,荣获"中国十佳绿色城市"称号;垃圾资源化率为35%,生活垃圾无害化处理率达到100%。随着永定河绿色生态发展带石景山段工程的开工建设,我区城市生态宜居水平将进一步提升。

8. 党建的引领保障作用进一步强化。全面提升党建工作科学化水平,建立了务实高效的领导体制和工作机制,打造了迎难而上、奋发进取的干部队伍。深入开展学习实践科学发展观活动,形成了区级层面的"4+X"体制机制框架,凝聚了全区广大党员干部的发展共识。扎实开展"我是党员我承诺"主题实践活动,通过承诺、履诺、践诺把党员凝聚在党旗下、把群众团结在党的周围,为区域经济社会转型注入了攻坚克难、不断前行的强大动力。社会领域党建工作进一步加强,社会领域党的组织和工作覆盖面得到新拓展。大力加强干部队伍建设,形成了以"资格准入、考任分离"为主要特点,以"双推、双考、双票决、双公示"为主要内容的干部选拔任用机制,为全区各项事业发展提供了坚强的人才保障和智力支持。

站在北京建设中国特色世界城市的高度审视我区战略转型与发展,尽管具有良好的发展基础,但仍存在不少差距,主要表现在:经济总体实力不强,首钢搬迁调整后主导产业接续还需时日,加快产业结构调整的任务十分紧迫;科技创新对经济社会发展的支撑作用有待提升,对高端要素资源的吸引力和聚集能力不足;城市现代化特征还不明显,区域发展不平衡问题仍然突出,城市建设管理服务的水平还需要全面提升;区域文化软实力还有待进一步提高;就业和社会保障压力较大,影响社会安全稳定的不利因素仍然存在,构建和谐石景山的任务依然艰巨。这些差距和不足,也是我们在世界城市目标下,加快推进区域经济社会全面转型和发展需要重点解决的难点问题。

四、在世界城市目标下加快推进石景山区战略转型与发展的对策建议

瞄准北京建设中国特色世界城市的战略目标,思考石景山区"十二五"乃至更长时期的发展,必须从总体思路、区域定位、发展策略、重点任务和保障措施五个方面进行通盘谋划。为此,课题组在综合分析我区经济社会发展现状和面临形势任务的基础上,提出如下对策建议。

(一)确立区域转型发展的总体思路,加快推动传统工业石景山向绿色生态石景山的战略性转变

2008年爆发的国际金融危机,既是工业文明的危机,同时也是催生新文明的推动力。如果说在21世纪以前,我们对生态文明的认识还只是停留在理论的假设与推理中,那么在2008年爆发世界金融危机的催化下,全新的生态文明的发展理念已经浮出水面,成为引领世界潮流的新的发展模式。党的十七大明确提出了建设生态文明的执政新理念,这既是贯彻落实科学发展观的重要内容,也是加快转变经济发展方式的必然要求。面向北京建设世界城市的战略目标,石景山区作为传统重工业区,在加快区域转型发展的过程中,必须坚定不移地走生态文明的发展道路,推动经济建设与人口、资源、环境协调发展,实现由传统工业石景山向绿色生态石景山的战略性转变。

1. 必须主动对接建设世界城市的目标要求,努力提高科学发展水平和建设管理服务的层级。城市由不同功能的区域组成,具有整体性、结构性、层次性、开放性等特征。石景山区作为北京城市功能拓展区,是承接首都核心区功能向外拓展的重要区域。在建设世界城市和"人文北京、科技北京、绿色北京"过程中,石景山区应该进一步强化作为北京的城市职能中心、综合服务中心和文化娱乐中心的地位,全面深化和推进"首都文化娱乐休闲区(CRD)"建设,努力提高科学发展的水平、规划建设的档次和服务管理的水准,在首都新一轮发展中发挥更加重要的作用。

2. 必须主动对接首钢搬迁调整的重点任务,加快提升地区经济总量和促进产业结构调整。首钢搬迁调整是国家战略,是北京市的重点发展项目,服务首钢搬迁调整也是我区目前和将来的一项重要职能。充分利用首钢搬迁调整的机遇,加快推动区域产业结构优化升级,大力发展低能耗、低排放、高效益的现代服务业和科技含量高的战略性新兴产业,努力打造北京新的高端产业功能区,成为首都新的经济增长极,这是北京市在建设世界城市目标下对我区提出的目标要求。

3. 必须主动对接中关村国家自主创新示范区建设,增强转型发展的创新驱动力。坚持走以创新驱动为主的发展道路,既是加快转变经济发展方式的要求,也是建设世界城市的核心理念。石景山区紧邻中关村国家自主创新示范区的核心区,拥有良好的区位优势和发展空间,具备承接中关村核心区和首都其他地区科技创新资源和人才资源"外溢"的基础条件。在北京建设世界城市的目标下,需要我们加快完善和提升区域创新服务体系,更好地推动各类创新要素向我区聚集,为加快战略转型和发展提供强大的动力引擎。

4. 必须主动对接市委市政府加快京西地区发展的战略部署,深化与周边区域合作和联动发展。北京市第十次党代会明确提出加快推进北京西部地区发展,近年来关于加快京西地区发展的决策部署不断深化,包括即将出台《促进北京西部地区转型发展的实施意见》等政策文件,必将产生极大的推动作用。加快京西地区发展,包括推动首钢工业区改造、建设新首钢创

意商务区建设,都会涉及多区合作和联动发展的问题,这也是北京建设世界城市的客观要求。因此,我们必须强化区域合作意识,推动功能拓展区与核心城区之间、功能拓展区与新城之间的联动发展,促进优势互补和功能互补,整体协调推进,最终实现多方共赢、联动发展的目标。

(二)继续深化CRD发展定位,进一步明确实现CRD定位目标的发展路径

《北京市城市总体规划(2004-2020)》赋予我区"一区三中心"的城市功能定位,在综合分析我区的区位特点和发展优劣势的基础上,区十次党代会确立了建设"首都文化娱乐休闲区(CRD)"的发展定位。经过几年来的实践检验,我区的CRD发展定位符合北京市赋予我区的城市功能,体现了与其他区县之间形成差异化发展的区域特色,在推动区域转型发展过程中发挥了良好的目标导向作用。因此,我们必须坚定不移地把CRD作为统领全区发展的战略定位,朝着既定目标深入推进。与此同时,瞄准北京建设世界城市的奋斗目标,结合市委市政府加快北京西部地区转型发展的战略部署,我们必须坚持高标准、高站位,进一步明确实现CRD定位的发展路径,着力提升地区发展建设的层级。

1. 努力把我区打造成为加快经济发展方式转变的示范区。由于首钢搬迁和城市功能规划调整,我区较早就开始启动了产业结构调整的步伐。在建设世界城市的过程中,我们必须进一步加快经济发展方式转变,以建设"国家服务业综合改革试点区"为重要抓手,实现由传统重工业为主向以生产性服务业为主的历史性转变,在转方式、调结构方面走在前列,成为加快经济发展方式转变的示范区。

2. 努力把我区打造成为首都生态文明建设的重点区。随着首钢涉钢产业搬迁和永定河绿色生态发展带建设的全面启动,石景山区将彻底改变原有的重工业污染的城市形象。与此同时,按照建设世界城市的要求,需要我们在推进CRD建设过程中,必须坚持走生态文明的发展道路,结合建设"国家可持续发展实验区",通过大力发展绿色经济、低碳经济和循环经济,打造绿色的生产体系、消费体系和环境体系,使我区成为首都生态文明建设的重点区,提升区域可持续发展能力。

3. 努力把我区打造成为首都城市功能拓展的重要承载区。北京建设世界城市,必须解决好城市的人口、资源、环境承载过重的问题,其基本途径就是城市功能向外拓展。我区作为北京城市功能拓展区之一,是规划中的首都城市职能中心、综合服务中心和文化娱乐中心,在服务世界城市建设过程中,必须进一步强化区域的城市综合功能,特别是要主动承接首都高端产业功能区的拓展,打造京西核心增长极;承接首都文化娱乐休闲功能的拓展,深入推进CRD建设;承接首都科技、教育功能的拓展,推动创新型城区建设,等等。通过多方面承接拓展的城市功能,使我区在强化首都的"四个服务"、完善世界城市功能布局方面发挥更大的作用。

4. 努力把我区打造成为和谐社会建设的样板区。我区通过实行一次性整建制农转居,已经基本消除了城乡二元结构,在统筹城乡一体化发展方面进行了实践探索并取得显著成效。跟其他区县相比,我区的区域面积不大,人口规模小,人口结构不是十分复杂,尤其是近些年来我们在加强社会维稳体系建设方面取得良好成效,积累了一定的经验。因此,我们完全有必要也有可能把我区打造成为和谐社会建设的样板区,成为居民幸福指数较高的生活品质之城。

(三)选择转型发展的重点策略,提升区域科学发展的能力和水平

坚持CRD发展定位,走生态文明发展道路,必须进一步明确我区转型发展的重点策略。具体讲,就是要确立"生态优先、科技支撑、文化引领、宜居宜业、开放合作"的发展策略。生态优先就是要大力加强生态文明建设,把新城区建设与建设资源节约型、环境友好型社会统一起来,大力改善生态环境,提高绿化覆盖率,在产业发展方向上积极发展生态友好型产业,严格控制高污染、高耗能企业入区,提高资源集约利用效率,成为低碳、循环经济和生态文明建设的重点区域。科技支撑就是要充分发挥中关村科技园石景山园的辐射引领作用,集聚特色高端企业,提升高新技术产业发展水平和自主创新能力,加快科技成果向现实生产力转化,加快科技体制改革,加快建设宏大的创新型科技人才队伍,谋求经济长远发展主动权,形成长期竞争优势,为加快经济发展方式转变提供强有力的科技支撑。文化引领就是要坚持以先进文化引领全民素质的提升、引领经济转型升级、引领和谐社会建设、引领经济社会协调发展、引领城市文化建设、引领提高地区知名度和美誉度,推动文化大发展大繁荣。宜居宜业就是让城市的环境更加优美、让城市的服务更加完备,不但让居住者就业机会更多、发展机遇更好、生活质量不断提高、社会保障不断完善,同时要让城市的人流、物流、资金流、信息流的载体功能更具吸引力、竞争力和生产力,为全民创业提供最优的政务和商务环境,全力打造开放的环境、创业的平台、投资的热地、兴业的福地。开放合作就是要强化开放意识、破除封闭观念,在国际视野下大力实施全方位开放战略,吸引国际品牌企业入驻,加强与国际组织、机构的合作,提升区域的国际

化水平。同时，继续深化北京西南五区的战略合作，推动资源、资金、技术、市场、人口等生产要素在区域内优化配置、优势互补，在开放中发展，在合作中共赢。

（四）进一步明确转型发展的重点任务，全面推进大调整、大建设和大发展

1. 完善区域空间布局，高效利用土地资源。“十一五”时期，通过实施“一轴一核一园一带多支点”的空间布局战略，重点功能区建设取得了明显成效。考虑区域发展现状和发展要求，在坚持总体布局的基础上，应该着力推动东部集约发展和西部跨越发展，实现东西联动、南北贯通。特别是要重点发展首钢搬迁后形成的围合区域、永定河水岸区域和西部地区。同时，根据发展的重心和未来发展形势，在空间布局规划的推进落实方面，需要进一步明确发展时序和发展导向。要加快六大商务功能区的建设进度，尽快启动中关村科技园石景山园的南区规划建设。同时，应该把“一核”和“一带”的开发建设紧密结合起来，积极配合北京市和首钢等单位，做好首钢工业区改造规划的编制和完善工作，高水平规划和建设好首钢工业区改造的启动区，加快推进永定河绿色发展带建设，使“一核一带”成为未来引领我区乃至京西地区发展的核心增长极。

2. 加快培育主导产业，促进经济转型升级。要按照超前定位、差异定位、错位定位思路，以促进经济服务化、高端化为方向，以功能区为载体，进一步加快培育和发展主导产业。要以新首钢创意商务区建设为核心，用好“国家服务业综合改革试点区”牌子，大力发展生产性服务业，形成北京新的高端产业功能区。我们既要坚持发展 CRD 五大产业体系的思路不动摇，但也要从产业分类角度，对内部产业的类目进行细分和优化选择。要坚持重点突破、有序推进的原则，加快发展计算机及信息服务业、新一代移动通信、下一代互联网技术、动漫游戏业、设计服务业、金融业，重点发展高新技术、旅游业、现代商业和会展业，积极培育新能源、新材料、节能环保、高技术制造等战略性新兴产业。

3. 加快城市化步伐，建设生态宜居城市。建设绿色生态石景山，推进“人文北京、科技北京、绿色北京”，建设世界城市，必须要大力加强生态文明建设，营造生态良好的发展环境。一是要加快基础设施建设。以重点工程建设为抓手，全面提高城市的综合服务承载能力。二是加快提升农转居和西部地区的城市化水平。要以重点功能区建设为载体，通过具体项目建设促进农转居地区土地变性和开发建设，有计划、有步骤的产业项目布局促进农转居地区实现城市化。要加快西部地区基础设施建设和土地一级开发进度，把西部建设成为生态优美、设施完善、宜游宜居的城市生活休闲绿都。三是要加快建设生态工程。加快推进永定河绿色生态发展带建设，形成设施、环境、景观协调一致的生态景观带，并认真研究沿岸产业布局，打造水岸经济带，形成生态效益。四是要提升城市建设管理水平。要加强生态治理，落实控制大气污染等环境保护措施，加强重点地区和重点企业污染源监测，确保生态安全。大力推进“数字石景山”和“智能石景山”建设，利用科技手段加强城市运行管理。实施城市美化、绿化、亮化工程，建设体现绿色生态特点的特色街区。

4. 坚持创新驱动，增强区域自主创新能力。要坚持自主创新、重点跨越、支撑发展、引领未来的方针，依托“中关村国家自主创新示范区”的品牌效应，发挥中关村科技园石景山园的示范带动作用，加快科技发展，提高区域科技创新能力。一是加快中关村科技园石景山园区发展。加强石景山科技园北二区和南区建设，促进科技企业和科技要素集聚；加快推进产业基地建设，促进区域科技特色发展。二是构建自主创新体系。要扶持和引进具有自主知识产权的高新技术企业，联合各高等院校和科研机构，瞄准世界科技发展制高点，突出关键技术，实施重点突破。三是要对接中关村国家自主创新示范区发展规划，承接和引进重大科技项目。特别是要结合国家各项科技发展规划，对接重大科技专项，在数字媒体、新能源、新材料等战略性新兴产业领域，发展系统、特色、尖端的科技项目。四是引进高端科技人才。通过建立健全人才引进、培养、任用、评价制度，积极落实创业扶持、落户安居、医疗保险、子女入学、租房购房补贴等相应政策支持，引进符合区域产业发展需要的具有创新精神的科技领军人才、科技企业家和高科技创业团队。五是完善科技创新政策支持体系。要发挥政府的战略导向、综合协调和服务功能，加快科技体制改革，建立以政府投入为导向、企业投入为主体的多元科技创新投入体制，完善科技创新的服务、激励政策，创造更好的创新环境。

5. 坚持文化兴区，提升文化影响力。坚持把发展文化事业和文化产业结合起来，在加快建立覆盖全区的公共文化服务网络的同时，以促进文化和旅游融合发展为重点，打造独特的区域文化，提升文化影响力。一是建设大型文化基础设施。要统筹规划、合理布局，建设大型公共文化设施，提升文化生产、消费的集约程度。同时要重点加强旅游景点周边基础设施建设，拓宽道路、开通公交线路，修建大型停车场等，为发展文化经济创造条件。二是建设北京西部旅游集散中心。积极争取政策，在石景山区建设北京西部旅游集散中心，使石景山区成为北京的文化旅游目的地和游客集散地。三是引进文化市场运作主体。引进有实力的文化旅游公司，通过市场运作经营开发旅游文化资源。四是推广四大文化品牌。在加强历史文化资源保护的

基础上,注重资源的合理开发利用,重点打造钢铁文化、佛教文化、创意文化和现代演艺文化品牌。

6. 坚持以人为本,全面加强社会建设管理。要坚持以人为本,坚持经济建设和社会建设并重,以民生为重点,以公共服务为基础,以管理服务为保障,加快推进社会建设,促进区域经济社会转型发展。一是抓好首钢搬迁调整后社会建设管理一体化工程。在理顺管理体制的同时,要抓紧解决首钢搬迁调整后的社会建设管理方面的突出问题,特别是在水、电、气、热等方面与大市政进行对接。二是抓好公共服务提升工程,切实保障和改善民生。要加强就业再就业工作,特别是要妥善解决首钢分流职工安置问题。要提高社会保障水平,确保实现全员覆盖。要促进教育、医疗卫生等公共服务事业优质发展,全面提升全区的公共服务水平。三是抓好社会管理创新工程,维护社会和谐稳定。要完善"大调解"机制,并综合利用经济、行政和法律等手段,有效解决人民内部矛盾,营造和谐稳定的社会环境。要在认真总结我区流动人口管理经验基础上,进一步探索流动人口管理新模式,促进社会健康发展。

(五)坚持统筹协调,建立健全推动区域转型发展的保障措施

瞄准建设世界城市目标,推进我区战略转型与发展,是一项系统而复杂、长期而艰巨的任务,需要加强统筹协调,有序推进。

1. 加强组织领导。要强化和完善区委统一领导,政府牵头主导,人大、政协共同参与,区领导分工负责,职能部门协调推进的工作机制,坚持和完善"双进入、双责任"工作体制,加大全区层面的统筹力度,整合发展资源,形成整体合力,破解发展难题。要加强对人才工作的领导,深入贯彻落实好中央、市委关于人才工作的部署,牢固树立服务发展、人才优先,高端引领、整体开发,资源共享、以用为本的理念,加强党政人才、企业经营管理人才和专业技术人才队伍建设,用好"第一资源",支撑"第一要务",促进转型发展。

2. 加强科学规划。科学规划是有效推进各项建设的先导和基础。建设绿色生态石景山,加快区域转型发展,必须要以国际视野和世界眼光,站在建设世界城市的高度,高标准、高起点和高质量制定好发展规划。要立足"十二五"并着眼更长时期的经济社会发展,明确建设绿色生态石景山的基本原则、建设目标、制度措施。规划应全面科学合理,统筹考虑经济建设、社会建设、城市建设和生态发展,明确重点任务、具体项目和建设时序。在制定规划过程中,要处理好总体规划与专项规划之间的关系,形成目标一致、任务一体、有机衔接的规划体系,真正成为推动绿色生态石景山建设的行动指南。

3. 加强政策支持。要深入研究"国家综合服务业改革试点区"、"国家可持续发展试验区"的相关支持政策,用好、用足政策资源,积极争取上级的政策支持,实现政策效应的最大化。同时,要根据区域发展实际,相应制定符合绿色生态发展要求,服务于 CRD 建设的发展目标,形成有利于促进区域转型发展的政策体系。

4. 加强宣传引导。要把对内宣传与对外宣传结合起来,立足首都、面向全国、放眼世界,通过报刊、电视、网络等形式,宣传我区在建设世界城市过程中的优势和发展前景,宣传绿色生态石景山的发展理念、发展重点,对内统一思想,对外扩大影响。要把形象宣传与营销宣传结合起来。通过举办高层次论坛、承办全国性和国际性会议等机会,策划重大宣传活动,让人们认识石景山、了解石景山、投资石景山,不断提高我区的知名度、美誉度,为建设绿色生态石景山营造良好的舆论环境。

实现建设世界城市的目标是一个长期的过程,推进我区战略转型与发展也是一项长期而艰巨的任务。其中,会有许多战略性、复杂性的问题需要研究解决,本课题所取得的只是初步研究成果。在加快推进我区由传统工业石景山向绿色生态石景山转变的历史征程中,我们还需要针对各项具体任务不断进行深化研究,进一步明确发展方向、基本路径和战略举措,在新的历史起点上加快推进区域全面转型和谋求跨越发展,为建设中国特色世界城市和"人文北京、科技北京、绿色北京"作出我区应有的贡献。

课题组长:荣　华
副 组 长:田利跃
责任单位:区委区政府研究室
执 笔 人:姚茂文　赵恩国　马　斌
张德俊　倪斐远　陈雯卿

石景山区"十二五"期间经济社会发展总体思路研究

自区十次党代会提出"打造北京 CRD,构建和谐石景山,建设现代化首都新城区"的奋斗目标以来,在 CRD 建设战略的指引下,石景山区加快推进区域转型升级,经济社会取得了长足发展。国际金融危机爆发后,国内外发展形势出现新的变化,北京全面建设中国特色世界城市对石景山区发展提出新的要求,如何把握新时期经济社会发展的新机遇,进一步明确石景山区发展方向,理清发展思路,加快推进区域全面转型,实现经济社会健康、稳定、快速发展,是"十二五"时期石景山区面临的新课题和新任务。

一、国内外发展形势的新变化新特点与石景山区面临的重要机遇

(一)国内外发展形势的新变化新特点

当前,随着国际金融危机影响的不断深化,国内外发展环境错综复杂,不确定不稳定因素增多,对国家和地区经济社会发展产生了深刻的影响。深入研究国内外发展环境变化的新特点,妥善应对经济社会发展的新挑战,对进一步明确"十二五"时期石景山区发展的总体思路,具有重要意义。

1. 全球经济增速趋缓,世界经济发展面临深刻变革

"十二五"时期,世界经济仍将受到国际金融危机的后续影响,全球经济将面临一个中低速的增长环境,有关机构预期年均增速为3%左右,明显低于 2003～2007年4.6%。未来全球经济发展仍面临诸多不确定因素,世界经济发展面临深刻变革,全球将步入"竞合时代、创新时代、低碳时代、民享时代"。未来国家之间、城市之间、企业之间多层次竞争日趋激烈,多方面合作日趋紧密,产业发展成为其中的关键环节,产业调整和升级将成为"竞合时代"的重要特征。以绿色、智能化为主要标志的第四次科技革命对世界经济产生深刻影响,新能源、新材料、节能环保、生命科学与信息新技术得以大规模开发应用,科技引领和理念突破将成为"创新时代"核心点。随着全球资源环境的进一步恶化,"低碳经济"、"绿色经济"、"循环经济"渐成主流,谋求长远与可持续发展日益成为各国战略目标。福利共享的大趋势已来临,利益主体多元化、国民福利最大化逐步成为发展的客观现实和必然要求。

2. 我国传统粗放的发展方式难以为继,发展战略性新兴产业上升为国家战略

目前,我国资源环境压力空前,加快经济转型和结构调整、推动我国发展方式转变是"十二五"时期经济发展的主线。但目前国际金融危机的影响不断深化,国际市场需求不稳、贸易保护主义加强、汇率变动以及碳排放压力加大等诸多因素对我国加快发展方式转变产生一定影响。同时,国内产能过剩、资源环境矛盾加剧、生产要素成本上升、房地产价格走势不明朗、人民币升值、贸易摩擦增多以及通货膨胀预期加大等也将对"十二五"时期我国加快推动发展方式转变造成压力。面对诸多不利影响,我国积极寻找下一轮经济增长的动力,大力关注对国民经济发展具有重大影响力的战略性新兴产业的培育。2010 年 9 月,国务院原则通过了《国务院关于加快培育和发展战略性新兴产业的决定》,提出加快培育和发展节能环保、新一代信息技术、生物、高端装备制造、新能源、新材料和新能源汽车等战略性新兴产业,大力发展战略性新兴产业上升为国家战略。今后国家将加大支持力度,以战略性新兴产业引领我国产业发展方向,推动经济转型。

3. 北京进入新的发展阶段,全面推进中国特色世界城市建设

目前,北京人均 GDP 已突破一万美元,产业结构不断优化升级,完成了由制造经济向服务经济的转型,总体上看,北京已步入了以服务经济为主的后工业化阶段。北京市委市政府站在推动我国发展方式转变、提升国家国际竞争力的战略高度,提出建设中国特色世界城市的宏伟目标。全面推进世界城市建设,将是指导今后全市各项工作的核心思想。但与东京、伦敦等国际公认的世界城市相比,北京在综合经济实力、国际资源集散能力、交通承载能力等方面还存在较大差距。如 2008 年北京 GDP 仅为东京的 1/12,不足伦敦的 1/3;北京轨道交通占全市交通运量的比重仅为 21%,与纽约的 65%、东京的 70%相去甚远。优化城市空间布局、着力提升经济总量、提高交通运输承载力、加强国际资源要素聚集等成为"十二五"时期北京推进世界城市建设的重点。

(二)新形势下石景山区面临的重要机遇

1. 金融危机深刻影响世界经济格局,国际高端资源加快向新兴经济体转移

国际金融危机爆发后,发达国家经济陷入严重衰退,以中国和印度为代表的亚洲经济总体继续保持较快增长,成为推动世界经济复苏的重要力量。后金融危机时期,新的世界经济秩序面临重建,中国等新兴经济体在世界经济中的地位进一步提升,国际高端资源要素也加快向中国、印度等发展中国家转移。国务院发展研究中心的一份调查问卷显示,金融危机后,国际跨国公司重点向中国转移高端制造业、高端服务业以及区域研发中心等高端环节。北京在新的历史时期着力推进创新型城市建设,加速了对高端资源的集聚和整合,在吸引国际高端资源方面表现出明显的竞争优势。石景山区处于全面转型升级的重要时期,应聚焦北京高端资源的重新布局,站在更高的层面上,获取更多的要素资源谋求自身的发展。

2. 国家推进自主创新示范区建设,将为区域创新发展提供相对宽松优越的政策环境

2009年3月,国务院批复同意中关村科技园区建设国家自主创新示范区,赋予了中关村核心区在体制、机制、政策、金融等方面先行先试的权利,这为石景山科技园构建自主创新动力机制、活力机制和激励机制的新模式注入更多动力,为高端产业集聚发展和升级提供了政策支持平台。如示范区以5年不少于100亿元的规模,集中支持一批成长性好的企业和重大科技成果产业化项目。此外,中关村国家自主创新示范区明确提出要成为"全球科技创新中心",打造中国创新"名片","中关村"品牌对国际高端资源的吸纳、整合、利用能力将日益增强。石景山科技园可借中关村的品牌优势,凝聚高端创新资源,扩大招商引资规模,打造支柱产业,培育园区强势品牌。

3. 北京高度重视城市均衡发展,着力提升京西南地区发展水平

世界城市建设目标的确立,对推进北京城市全面协调可持续发展提出了更高要求,首都西南区域等相对落后地区的发展越来越受到北京市委市政府重视。在北京第十次党代会上,北京市明确提出要积极推进南城及南部地区发展,支持西部地区发展。近期出台的《北京城市南部地区发展实施规划(2010-2020年)》,明确将永定河绿色生态发展带提升为市级四大战略重点之一,以永定河绿色生态发展带建设为纽带,加快推进京西南地区城市建设,其中首钢搬迁改造作为重大产业项目纳入其中。北京市对首都西南区域发展的高度重视为石景山区获得国家和北京市的政策支持、资金投入、涉及长远的重大项目落户创造了条件,为石景山区由重工业区向高端产业聚集区转型,不断完善城市功能及提升区域形象提供了有力支撑。

4. 首钢涉钢部分搬迁调整进入实质阶段,对高端产业的聚集和承载能力将得到有效提升

北京市高度重视首钢搬迁、替代产业发展及推进原厂区开发建设工作。"十二五"时期,首钢主厂区开发建设将进入实质阶段,涉钢部分搬迁调整将为石景山乃至北京市的经济发展提供新的空间载体。首钢主厂区达8.56平方千米,以首钢为核心的协作发展区规划范围总用地达43平方千米,空间资源丰富。首钢主厂区涉钢产业全部停产后,首钢地区将依托自身的区位优势,吸引高端产业聚集,积极打造北京城市西部的创意中心。作为老工业区,首钢主厂区市政基础设施齐备、交通条件便利,具有优化发展的条件。同时首钢涉钢部分全面停产也将极大地改善石景山区生态环境,有效提升区域整体形象,这些都为高端产业的聚集提供了便利条件。

二、"十一五"时期石景山区取得的主要成就与存在的主要问题

(一)取得的主要成就

1. 经济实现平稳较快发展,产业结构进一步优化

"十一五"时期,我区经济保持平稳较快发展势头。2006~2009年,我区地区生产总值从223.2亿元增加到248.7亿元,年均增长4.8%。剔除首钢压产因素,地区生产总值年均增长20%以上。财政总收入年均增长率超过15%。居民收入稳步增长,2009年居民人均可支配收入达到25736元,比"十五"期末增长59%。综合经济效益显著提高,2009年万元地区生产总值能耗为2.42吨标煤,较"十一五"初期下降了28.3%。

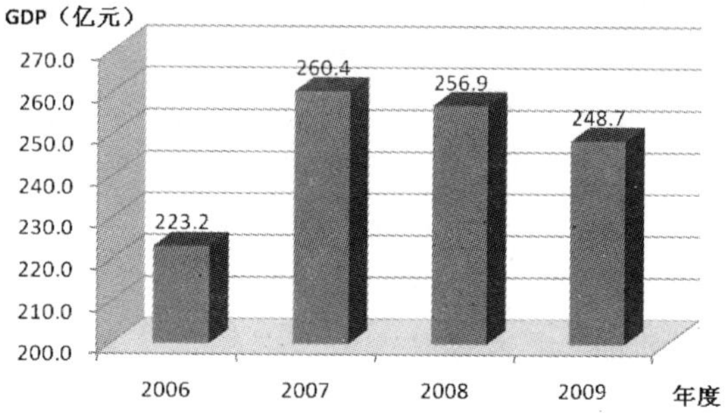

图1 2005~2009年石景山区地区生产总值

产业结构不断优化,区域经济加速向高端化、服务化转型。截至2009年,全区第三产业比重达到54.8%,较"十五"末上升了近26个百分点。其中,现代服务业发展迅速,"十一五"期间增加值年均增长34.5%。2009年全社会实现固定资产投资136.3亿元,"十一五"期间年均增长29.3%。招商引资机制不断健全,成功引进中国动漫集团、搜狐畅游、盛大网络等一批行业龙头企业。

2. 城市建设与管理水平明显提升,城市综合承载力不断增强

“十一五”期间，以筹办奥运会为契机，我区城市建设全面提速。城市交通建设成绩突出，“二高二快六主”的城市主干道和“五横五纵加半环”的交通网络结构基本形成。市政基础设施进一步完善，实施了西部地区输气管道建设，建设了10条中水管线，新建、改造了44条道路的污水管线，完成五里坨水厂建设前期工程。城市应急管理机制和指挥调度运行机制逐步健全，圆满完成奥运会199场次比赛、64批次警卫任务和国庆期间各项服务保障工作。“数字石景山”建设扎实推进，城市管理的信息化、标准化、精细化水平大幅提升。安全生产管理成效显著，食品、药品抽检合格率保持在较高水平。社会治安综合治理力度加大，八类危害严重的刑事案件得到有效控制，2009年群众安全感全市排名第二。

3. 社会事业全面发展，公共服务水平不断提高

“十一五”期间，全区财政支出重点向民生领域倾斜，资金投入年均增长25%。区域优质教育资源进一步拓展，初等、中等教育入学率均达到100%，来京务工人员子女和特殊教育学生受教育权利得到充分保障。科技事业稳步推进，2010年荣获“国家科技进步示范区”称号。就业、社会保障体系进一步健全，城镇登记失业率控制在3.6%以内。“一老一小”参保工作取得积极成效，实现养老保险、医疗保险全覆盖。文化、体育、卫生等各项事业成绩突出，先后获得“全国双拥模范城”五连冠、“国家卫生区”、“全国先进文化区”、“全国体育先进区”、“全国社区建设示范区”、“全国计划生育优质服务先进区”等荣誉称号，2009年荣获全市唯一一家“全国军民共建人口和计划生育工作先进单位”称号。

4. 体制机制创新进一步深化，服务型政府建设取得新突破

政府机构改革加快推进，机构设置更加规范，职责分工进一步明晰，政府工作效率显著提高。2008年，《石景山区行政巡察办法》出台，强化了对行政权力的监督；政府采购和部门预算改革逐步深化，“阳光工程”扎实推进。国有企业改革、集体经济改革成效显著，医药卫生、教育等各项社会事业体制机制改革深入推进。

（二）存在的主要问题

1. 新的主导产业尚未形成，经济可持续发展缺乏有力支撑

近年来我区第三产业呈现快速发展态势，但整体上看，全区重点培育的第三产业规模还比较小，产业集群效应不明显，尚未形成具有较强带动作用的主导产业和对京西地区乃至全市具有辐射作用的高端产业功能区。我区产业处于战略转型期，首钢涉钢部分搬迁调整后，以重工业为主的传统第二产业逐步退出，文化创意、旅游休闲、高新技术等新兴替代产业成长为主导产业仍需较长时间，经济可持续增长缺乏有力支撑。

2. 城市空间资源整合不足，区域空间布局有待进一步优化

《CRD建设行动规划》提出的“一轴一核一园一带多支点”的空间发展格局基本上概括了我区所有发展重点区域，但各功能区分布较为散乱且规模小、层级低，不足以支撑区域经济发展。功能区定位不够清晰，“多支点”与“六个功能区”多定位为商务区，如苹果园交通枢纽、TSM等主要是承担商业功能，定位的趋同化不利于资源的优化配置与特色化发展。此外，辖区内土地权属复杂也制约了空间资源的有效整合。区内特殊用地分布广而散，大型国有企业、事业单位以及部队占用了大量用地，独立工矿用地和军事等特殊用地比重很大，我区可自主支配的土地非常有限。

3. 基础设施建设相对滞后，东中西区域发展存在较大差距

我区东部地区产业发展较快，基础设施和公共服务相对完善。中部地区还存在大量老旧小区，市政基础设施老化比较严重，区域承载能力有待进一步提高。西部地处浅山区，城乡结合部特征明显，基础设施和公共服务设施建设相对滞后，交通设施不完善，市政管网体系不健全，城市化水平较低。东中西区域发展不平衡对我区在新的时期全面提升城市品质和居民生活水平提出了严峻挑战。

4. 全面转型带来诸多社会问题，就业安置和社会保障压力巨大

近年来，我区城镇登记失业率一直高于全市总体水平。随着区域经济转型的逐步深化，我区将面临着更加严峻的就业与社会保障压力。目前，首钢涉钢部分搬迁调整过程中仍有部分富余人员需要分流安置，其中相当比例年龄偏大、技能水平较低；城市化建设过程中，一次性农转居及大规模拆迁也带来一系列社会问题。若不能妥善解决这些社会问题，有可能产生新的不稳定因素。

三、新时期石景山区经济社会发展的总体思路

“十一五”以来，在市委市政府的正确领导下，全区经济社会发展取得了突出成就，总体上看，我区已处于全面转型期，正由以传统重工业为主的工业经济阶段向以现代服务业为主的服务型经济阶段跨越。新时期我们要在坚持CRD建设长远发展战略的基础上，进一步明确发展总体定位，理清经济社会发展思路，为区域全面转型的深入开展奠定坚实基础。

（一）全面转型期石景山区经济社会发展总体定位

1. 明确总体定位需要重点考虑的因素

一是要坚持CRD中长期发展战略目标不变。CRD

是我区落实“一区三中心”定位制定的中长期发展目标,对产业建设、文化建设、环境建设和景观建设都作出了明确的规划,具有极强的前瞻性和指导性。“十二五”时期是CRD建设战略第二步走的重要时期,为保持发展战略的延续性,我们应坚持CRD的长远目标不动摇。

二是要突出石景山区经济社会发展的时代特征。“十二五”是首钢涉钢部分实质性停产、首钢工业区开发建设的重要时期,“全面转型”将是区域发展区别于北京市其它区县的核心特征。在“十二五”发展定位中突出“转型”这一特色,不仅能够更准确地把握“十二五”时期的核心工作和“大调整、大建设、大发展”的工作主基调,同时也有利于更好地配置资源,集中优势力量解决全面转型期所面临的各项突出矛盾和问题。

三是要在北京乃至全国经济发展方式转变中起到示范作用。石景山区的转型,是由以重工业为主要基础支撑的工业经济型社会向以服务业为主要特色的服务经济型社会的转变。作为传统的工业区,石景山区经济社会的成功转型不仅要为全区今后百年的成长发展奠定基础,在全国进入工业化中期、未来逐步由工业化向后工业化迈进的时代背景下,石景山区还要积极为首都乃至全国传统工业区转型升级探索道路、积累经验,这是时代赋予石景山区的历史责任和使命。因此,石景山区要突出绿色发展、可持续发展的理念和特色,强调“绿色转型”,力争在全国发展方式转变转型过程中起到样板和示范作用。

四是要凸显石景山区功能定位的提升。“十二五”时期应把握市委市政府高度关注西部发展的有利契机,加快推进首钢工业区改造与永定河绿色生态发展带建设,积极落实北京市发展一东一西两大增长极的战略功能布局调整设想,按照建设中国特色世界城市的要求,进一步提升我区在全市发展中的地位与影响力。

2. 总体定位

综合上述分析,“十二五”时期石景山区总体发展定位可以确定为“首都绿色转型示范区”。这一总体定位可以由四个方面的职能定位来支撑:

——服务经济新载体:服务经济是北京产业发展的重点方向。我区要把握建设国家服务业综合改革试点区的有利契机,按照高端化、服务化、绿色化的产业发展趋势,加快推进区域产业结构优化调整,大力发展现代服务业,提升产业能级,在北京服务经济发展格局中占有重要地位。

——创新创意新高地:石景山区的转型要着力突出创新的重要地位,在各项建设中广泛融入创新理念,将创新、创意作为经济社会发展的核心驱动力,使我区在京西乃至首都发展方式转变中起到重要推动作用。

——生态文明新典范:发挥近城山水的特色资源优势,以永定河、西部地区为重点,全面推进生态环境建设,营造绿色、低碳的人居环境,成为北京乃至全国生态文明建设的典范。

——和谐宜居新家园:加快推进城市基础设施建设,全面提升公共服务水平,集中解决全面转型期的突出社会问题,打造现代化、高品质、文明祥和、安定团结的首都新市区。

(二)“十二五”时期石景山区经济社会发展总体思路

“十二五”时期石景山区的发展,必须高举中国特色社会主义伟大旗帜,以邓小平理论和“三个代表”重要思想为指导,深入贯彻落实科学发展观,按照北京建设中国特色世界城市和“人文北京、科技北京、绿色北京”的总体部署,坚持首都文化娱乐休闲区(CRD)的长远发展目标和“大调整、大建设、大发展”的工作主基调,围绕“首都绿色转型示范区”的总体定位,以体制机制创新为动力,以新首钢创意商务区和永定河绿色生态发展带建设为重点,围绕转型主线,统筹推进主导产业再造、城市建设提速、社会建设提升、生态环境重塑,推动经济社会全面转型,在转型中谋求跨越式发展,为实现CRD建设目标奠定更加坚实的基础,努力将石景山区打造成为北京世界城市建设新的增长极。

上述发展思路可以概括为“四位一体,转型跨越”战略。这一发展战略的确定,主要基于以下考虑:

——“四位一体”。石景山区的转型发展涉及经济建设、社会建设、城市建设和生态环境建设等多个领域的工作,要全面推进这些工作的开展,就要把握各领域中特色最突出、重要性最强、最核心的重点工作,这些工作集中表现为主导产业再造、城市建设提速、社会建设提升、生态环境重塑四个方面。这四个方面的核心工作紧密联系、相互作用,相互影响。其中,主导产业再造是支撑我区平稳转型的根本与核心,也是维持城市建设、社会稳定、充分就业和生态环境建设的基本保障;城市建设提速是补齐转型发展短板的重点所在,为经济社会的发展提供有力支撑;社会建设提升是维护社会稳定、实现全面转型平稳推进的重要保障;生态环境重塑是改善区域整体形象、增强对高端资源要素吸引力和凝聚力的重要途径。我区在未来的转型发展过程中要重点强调这四项核心工作的“一体化”建设和发展,统筹兼顾、协同推进、协同发展。

——“转型跨越”。转型对石景山区既是挑战,更是机遇。转型跨越就是在转轨、转型过程中,瞄准空当,一举超越。“十二五”时期,我区要抓住全面转型这次宝贵机遇,发挥后发优势,实现在转型中跨越、在转型中超越，通过转型实现大发展，一举改变相对落后的面貌，走在全市工作的前列，实现跨越式发展，成为北京世界城市建设中新的增长极。

四、加快推进经济社会发展的重点任务

（一）着力培育新的主导产业，支撑区域经济高端转型

“十二五”时期，我区要在CRD重点发展产业的基础上，按照高端化、服务化、集约化、绿色化的产业发展趋势，进一步加快推进产业结构优化调整，做精做优二产，做大做强三产，重点培育金融服务、现代商务、高新技术等新兴产业，做大做强文化创意、旅游休闲等特色产业，优化提升传统优势产业，全力构建以现代服务业为主体、以高新技术产业为先导的现代产业体系，实现首钢搬迁调整后区域主导产业的顺利接续，保障区域经济持续、快速、健康发展，夯实全面转型的经济基础。

1. 重点培育产业

(1)高新技术

瞄准高新技术产业发展前沿，重点发展新一代信息技术、新材料、新能源、节能环保等具有较好基础的技术领域。坚持创新引领，发挥中关村石景山园区创新高地作用，培育一批创新型企业，鼓励企业围绕关键技术领域开展原始创新和集成创新。坚持重大项目带动，积极争取国家及北京市重大科技成果转化项目落户。加大招商引资力度，积极吸引战略性新兴产业的总部型企业及研发中心落户。

(2)现代商务

以招商引资为重点，以项目载体建设为抓手，以银河综合商务区为先导区，以新首钢创意商务区为主要承载区，实现商务服务产业集群式发展，力争将石景山区建设成为服务京西、辐射全市、面向环渤海的区域性商务服务中心。大力发展会展业，加强会展业基础设施建设，以品牌化、专业化、国际化为导向，引进和培育会展品牌，积极举办特色展会；充分利用首钢品牌资源，加快发展企业管理服务业，打造以冶金、能源为特色的中国制造业总部集聚区；重点围绕总部企业的发展需求，积极培育法律服务、知识产权服务、咨询与调查服务等专业服务业；坚持特色化方向，促进广告企业规模化发展。

(3)金融服务

积极引入和聚集高端金融要素，深化发展以商务金融为特色的金融细分领域，逐步形成以金融要素交易、金融投资理财、金融服务中介为重点的发展格局。重点推进贵金属交易所等要素交易平台建设，着力引进投资基金、证券投资、信托投资、财务管理等金融投资理财企业，努力吸引金融租赁、典当、金融信息服务等中介机构，鼓励金融机构紧密围绕产业发展需求开展绿色金融、科技金融、电子商务金融等新型金融业务。支持金融机构开展金融产品创新，实现金融与实体经济的融合发展和良性互动，打造北京市新的金融产业聚集区。

2. 做大做强产业

(1)文化创意

立足石景山区文化特色和国家级基地品牌资源，发挥骨干文化创意企业的引领作用，实施差异化产业发展战略，紧抓优势细分行业，重点发展数字娱乐、数字媒体、工业设计等领域。大力推进中国动漫游戏城、国际创E园、国际创意谷、影视传媒产业基地、西山汇新媒体产业基地等一批重点载体建设，积极吸引一批国家级文化创意项目落户，聚集一批国内外知名文化创意企业和机构，着力打造“中国数字娱乐第一区”和“设计之都”。加强体制机制创新，激发文化创意产业发展活力，将石景山区打造成为创意资源丰富、创意活动活跃的文化创意产业聚集区。

(2)旅游休闲

创新旅游发展机制，促进旅游休闲与相关产业联动发展，推动石景山区与周边区域的旅游协作，形成大产业、大市场的一体化发展格局。进一步整合旅游资源，理顺旅游管理体制，探索以资产重组、对外战略合作为途径的旅游发展模式。立足区域内特有的自然资源和人文资源，积极开发都市休闲娱乐、历史文化旅游、生态旅游休闲、商务休闲服务等特色产品，精心打造一批旅游活动品牌，对CRD区域品牌形成支撑。增强旅游基础设施配套，推进旅游服务标准化建设，提升旅游服务承载力。重点建设西五环现代娱乐区、天泰旅游休闲区和滨水休闲服务中心，逐步确立京西旅游休闲综合服务中心地位。

3. 优化提升产业

(1)制造业

以首钢涉钢部分搬迁调整为契机，推动制造业内部结构优化升级，坚决淘汰落后产能，改造提升钢铁制造等传统领域，巩固发展电气机械及器材制造、通用设备制造等特色优势领域，引进具有先导性的高端装备制造，促进制造业向“特、精、专”方向发展。推广先进制造技术和清洁生产方式，提高企业生产效率，降低能耗，减少污染物排放。推进信息化和工业化深度融合，以信息技术支撑制造业的改造升级，全面提升企业信息化水平。支持企业加大技术改造投入力度，增强新产品开发能力和品牌创建能力；鼓励技术骨干企业延伸拓展产业链条，逐步实现由生产型制造向服务型制造的转变；引导优质企业兼并重组，组建在国际国内市场上有较强竞争力的大型制造业企业集团。

(2)商业

树立和谐商业的发展理念,坚持外向服务与内向服务相结合,整合全区商业服务业资源,优化商业业态结构,积极引进高端新兴商业业态,丰富购物、餐饮、休闲娱乐等功能,有步骤推动商业集聚式发展,形成核心商业区、次区域商业中心和社区便利商业网点的合理布局,构建便利人民生活、引领京西消费、强化城市功能的现代商业服务体系。积极发展电子商务、连锁经营、物流配送、网上交易等现代营销方式,努力推进商业与旅游、会展等行业的融合发展。

(3)房地产业

紧密结合我区城市建设和经济发展需求,积极调整房地产业发展方向,以商务地产和商业地产为重点,切实调整土地供应结构,提升商务地产和商业地产比重,引导房地产业向专业化、精细化方向发展。

(二)高标准打造重点功能区,完善“一轴一带一核一园多支点”的空间格局

1. 经济布局调整的总体思路

按照“产业集聚、用地集约、差异定位、有机联动”的原则,进一步整合空间资源,对原有总体空间格局进行调整和完善,完善“一轴、一带、一核、一园、多支点”的空间格局,实现双轮驱动、东优西进、协同联动、高端转型。通过重点功能区建设,带动石景山区乃至京西南地区快速发展,使石景山区成为北京建设中国特色世界城市的重要增长极。

——“一轴”,即长安街西延线综合发展轴。是石景山区东西向综合发展轴。充分发挥长安街西延线的纽带作用,串联新首钢创意商务区、石景山科技园以及银河综合商务区、京西会展商务区、西五环现代娱乐区、苹果园交通枢纽商圈、滨水休闲服务中心等重点功能区,沟通东西、联动南北、统筹全区,打造集商务办公、高端商业、文化创意、休闲娱乐等功能为一体的综合发展轴。

——“一带”,即永定河绿色生态发展带。是石景山区南北向绿色发展轴。以永定河生态环境综合治理为突破口,串联天泰生态旅游区、滨水休闲服务中心、新首钢创意商务区和石景山科技园等重点功能区,积极培育现代商务、金融服务、高新技术产业,做大做强文化创意、旅游休闲产业,打造产业高端、功能完善、环境优美、宜居宜业的水岸经济带,带动石景山区乃至京西地区持续快速发展。

——“一核”,即新首钢创意商务区。是石景山区的金融商务中心。以首钢工业区为主要空间载体,立足京西,服务首都,面向全国,重点发展金融服务、商务服务、高端商业等产业,打造石景山区经济发展的动力引擎和提升全区经济总量的重要载体。

——“一园”,即石景山科技园。是石景山区的科技创意中心。发挥科技资源优势,重点发展文化创意和高新技术产业,与新首钢创意商务区双轮驱动,实现高端资源和高端产业的集聚,成为带动石景山区乃至京西地区发展的两大增长极。

——“多支点”,即银河综合商务区、京西会展商务区、西五环现代娱乐区、苹果园交通枢纽商圈、天泰生态旅游区、滨水休闲服务中心。

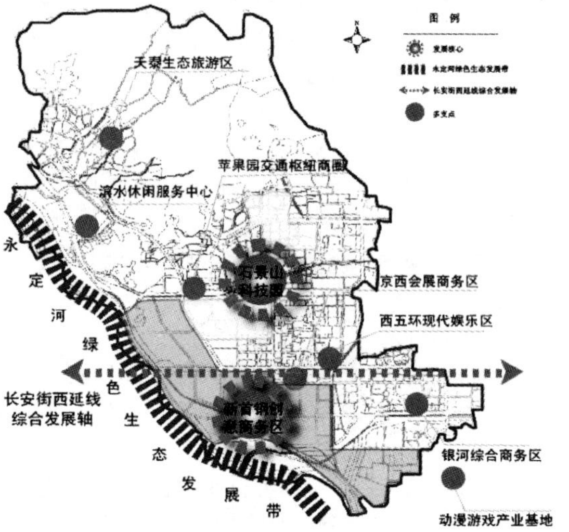

图2 石景山区经济总体布局示意图

2. 重点功能区建设

(1)新首钢创意商务区

把握首钢涉钢部分搬迁的重大契机,加快推进首钢工业区改造,依托首钢丰富的工业遗产和独特的山水历史文化资源,重点发展文化创意产业;围绕首钢总部,通过产业的关联性吸引冶金、能源等相关产业的央企总部以及其他大型企业总部入驻,形成以冶金行业为特色的总部经济聚集区;建设一批高端商业项目,丰富和完善休闲设施,为京西地区发展提供高端商业配套服务,打造总部特征明显、高端要素聚集、创新创意活跃、生态环境优美的综合商务区,成为推动首都经济发展的新增长点和体现北京现代化国际大都市形象的新地标。

(2)石景山科技园

把握建设中关村国家自主创新示范区的有利契机,以北区为载体,稳步推进西山汇、金榜文化创意基地、刘娘府总部基地等项目建设,重点发展以网络游戏、数字媒体等为特色的文化创意产业,形成专业化产业集群,打造“国际创意谷”;南区依托首钢设计院在新材料和节能环保领域的技术优势,加快推进中国绿能港、国际创E园等项目,重点发展太阳能、生物质能、能源消费服务、节能环保、新材料等新兴产业,将科技园打造成为石景山区科技创新的高地和经济发展的核心

动力引擎，成为北京市创意产业高端聚集区。

(3)银河综合商务区

整合原银河商务区、北京国际雕塑公园地下商务区和北京台湾街。以中铁建设大厦、万达广场、CRD银座等载体为依托，以发展总部经济、金融服务产业和现代商业业态为重点，优先引进国内外大型企业总部、地区总部和分支机构落户，着力提升万达广场、华联商厦、万商大厦等现有大型商业设施，建设一批特色商业街区，打造集商务办公、现代商业、休闲娱乐为一体的区域性商务商业中心。

(4)京西会展商务区

加快推进"金融魔方"等重点项目建设，打造京西新地标，重点引进规模大、层次高、专业性强、具有一定影响力的品牌展会；开发建设金融信息交易市场、金融人才市场、电子支付市场等各类立足北京、辐射全国的区域性要素市场，形成集会议展览、商务办公等为一体的现代化会展商务中心。

(5)苹果园交通枢纽商圈

原苹果园交通枢纽商务区经济体量较小，商业特征相对明显，将其调整为苹果园交通枢纽商圈。以苹果园交通枢纽综合建筑体为核心，充分发挥苹果园交通枢纽的交通优势与金顶山自然资源优势，进一步完善商业服务配套设施建设，整合升级区域内零散、低端的经营业态，大力引入国内外知名国际品牌，形成集交通枢纽、餐饮购物等功能于一体的交通枢纽型商圈。

(6)西五环现代娱乐区

整合原东部现代娱乐区、西五环体育休闲产业带、京燕酒店商务区、TSM商务区等功能区。依托石景山游乐园，打造全国最大的游乐主题园区。依托西五环体育休闲产业带丰富的体育资源，大力开发体育竞赛、体育表演、体育健身、体育服务市场。完善金鼎商贸区、茂华璟都会休闲商业街、游乐园酒吧街等商业设施建设，与娱乐、体育两大主题区联动发展。

(7)天泰生态旅游区

充分发挥依山傍水的区位优势，进一步整合和挖掘区域生态文化旅游资源，依托法海寺森林公园、八大处公园、天泰山旅游度假区以及模式口历史文化保护区等重点旅游景区，进一步做大做强旅游休闲市场，重点打造文化旅游、生态度假、旅游配套服务三大功能，将天泰生态旅游区打造成首都旅游发展的新名片、京西旅游的综合服务区和新时期建设CRD的重要支点。

(8)滨水休闲服务中心

积极开发利用麻峪和广宁地区的空间资源，规划建设中高档住宿和娱乐休闲场所、大型商业服务设施和特色商业中心，为周边区域提供旅游配套服务。依托永定河门城湖、门城溪流湿地公园建设开发亲水、嬉水平台和体育休闲场馆，发展滨水、溯溪等户外综合体验项目，打造都市中的"动感水岸体验乐园"。

(9)动漫游戏产业基地

依托首钢二通厂的空间资源，加快推进中国动漫游戏城项目建设，大力吸引动漫游戏及衍生产品的企业入驻，重点建设产学研孵化、流通贸易、公共商务服务、数字化办公、主题公园及配套服务等六大功能区，打造集动漫创作、生产、展示、交易于一体的覆盖完整产业链的国家级文化产业示范园区。

(三)加快城市基础设施建设，提升城市现代化水平

基础设施作为经济社会发展的基础和必备条件，抓好了可以为发展积蓄能量、增添后劲，而建设滞后则可能成为制约发展的瓶颈。我区要在新的起点上推进新跨越，加强基础设施建设显得更加紧迫。

1. 着力开展道路交通系统建设

加快推进长安街西延线、永引渠南路、永定河东侧路、石龙路等重点道路建设，进一步完善区域道路交通网络。重点推进首钢主厂区内部道路建设，分阶段实施首钢南大街、北辛安路南延线、北京锅炉厂南路西延线等重点项目，完善首钢主厂区内交通网络。完善地区道路微循环系统，改善街坊路及居住区内道路系统，提升路网的集散能力和交通可达性。全方位发展公共交通系统，优化调整公共交通线路，建立完善、合理的公共交通体系。加快推进市郊铁路S1线建设，争取提前开通运营。以城市快速轨道交通系统为龙头，全面推进现代化公共客运系统建设。鼓励公共或配建停车场建设立体停车设施，加大公共停车泊位建设力度。

2. 完善市政基础设施和公共服务设施建设

以首钢工业区、西部地区、石景山科技园等地区为重点，推进水电气热管网敷设等工作，加快老旧小区老化水热电暖基础设施的维修和更新，完善小区各项配套服务，营造清洁、优美、安静、舒适的工作和居住环境。建设和完善政务网、企业信息网等互通网络平台，实现政府及其职能部门、企业等各方信息资源共享。推进医疗卫生、教育培训、金融、体育休闲机构建设，积极引进和改扩建医院、中小学、幼儿园等公共设施，建设一批开放式活动广场、公园等文体活动设施，提升区域整体形象和综合服务水平。

3. 着力提升城市综合管理水平

积极推动城市建设管理方式的转变，建立城市管理长效机制，深入推进网格化城市管理，做好土地集约利用管理。建立覆盖全区的全时段、全区域的城市管理信息平台，推进城市管理的信息化、数字化和智能化。依托我区城市建设和改造项目，积极推进首钢改造区物联网应用示范。全面提升城市管理的信息化、

社会化、精细化水平，着力打造现代化首都新城区。

(四)着力保障和改善民生，全面推进和谐城区建设

按照以人为本、惠及民生的基本要求，统筹兼顾，以切实改善民生、构建和谐社会为根本，加大公共服务投入，进一步推进和谐社区建设，确保社会安定团结的良好局面。

1. 完善就业服务和社会保障体系

千方百计稳定扩大就业。根据我区产业结构特点，全力保障本地居民充分就业，大力支持第三产业发展，开辟多种就业渠道，实现充分就业。对困难群体实施就业援助，开发适合困难群体特点的就业岗位，特别是公益性就业岗位。鼓励企业招用困难群体人员，帮助困难群体实现再就业。积极推进信息网络和数据库建设，实现与北京市就业市场信息资源的共享，及时把握就业市场变动情况，使劳动力资源在更大范围内合理配置。将劳动力市场需求、就业岗位开发与职业技能培训相结合，开发和选定适合转岗就业人员、农转居人员和再就业人员的培训项目和培训课程。

完善社会保障体系。扩大社会保险覆盖面，认真执行社会保险政策，构建多层次多元化的社会保险体系。做实养老保险个人账户，形成基本养老保险、企业年金、个人储蓄性养老保险相结合的多层次养老保险制度。在社会保险制度上对农转居人员给予政策倾斜，保证农转居人员退休后享受与城镇职工同等的社会保险待遇。深化养老救助，推进社会化敬老养老，建成养老集中供养长效机制，切实解决面临的土地、资金和人员缺乏问题。全面建立医疗救助制度，健全灾害救助应急体系。完善城市低保制度，改善低收入群众生活，提高最低工资和城乡最低生活保障标准，完善各类救助政策。

2. 均衡优质发展社会事业

提升公共教育服务水平。在政策和投入上加大对西部地区的支持力度，加快调整中部地区的教育布局，实现总体优化，整体提升。在重点地区分别布点建设优质学校，通过优质教育资源的带动，促进东部、中部、西部三个地区的协调发展，进而提高全区教育质量。进一步深化基础教育课程改革，彰显学生的主体地位，积极探索启发式、开放式、多元化等与素质教育相适应的教育方式。加强教学质量的监控与评价，建立与素质教育相适应的中小学评价和招生考试制度。加强职业教育基础能力建设，建设职业教育实训基地，提高职业教育整体办学水平。积极发展多种形式的成人继续教育，加快推进终身教育体系建设。大力发展社区教育，扩大学校资源向社区开放范围，实现学校和社区资源共享。

统筹医疗卫生事业协调发展。按照国家和北京市建设标准，加强卫生监督和疾病预防机构基础设施建设，实施健康教育等基本公共卫生服务项目和重点疾病预防控制等重大公共卫生服务项目。进一步充实基层医务人员队伍，提高基层卫生服务水平。加快社区卫生服务的基础设施建设，提供健康教育、预防、保健、康复、计划生育技术服务和常见病、多发病的诊疗服务。构建社区药品监管的长效协同监管机制，完善药品三级社会监督网络，加强卫生执法监督。

推进文化体育事业发展。深入挖掘我区文化内涵，打造京西文化品牌，全面提升我区文化软实力。启动实施一批重点文化建设项目，积极推进区文化新馆建设，形成覆盖全区、较为完备的公共文化服务设施体系。加强政策引导，建立市场竞争机制，发展职业体育竞赛市场。鼓励社会各界投资兴办体育经济实体，依托西五环体育产业发展带，以八大处网络体育集聚区为平台，加快石景山体育馆改造，充分利用北京射击馆、老山自行车馆等奥运设施，促进电子竞技、体育动漫、网络体育等新兴产业的发展。

3. 扎实推进和谐社区建设

拓展居民参与社区事务的渠道，进一步深化社区自治功能。加快培育社区中介组织，积极发展群众性服务组织和社会团体。加强社会工作者队伍建设，提升社会管理的职业化、专业化程度。建立健全社区管理服务体制，完善居民自治，实现行政管理、社会管理与民主自治的有机结合。搭建社区服务平台，健全治安防控网络，开展群众性共建文明社区活动，把社区建设成为管理有序、服务完善、文明祥和的社会生活共同体。

4. 提高流动人口管理服务水平

按照"公平对待、合理引导、完善管理、搞好服务"的原则，以管理、教育、维权、服务为主要内容，为流动人口提供文明、和谐、宜居、安全的工作和生活环境。借助产业升级优化逐步淘汰低端产业，实现我区常住人口总量控制和结构优化。加强用工渠道调控，规范用工信息，避免流动人口盲目流入，合理控制流动人口规模。实行流动人口常住化管理和市民化服务，切实解决流动人口就业、居住、子女入学等实际困难，创造市民化的工作生活环境和公平公正的法制环境。把流动人口的管理作为和谐社区建设的重要方面，使流动人口能融入社区，发挥流动人口参与和谐社区建设的积极作用。

(五)加强区域生态环境建设，塑造清新靓丽的绿色文明精品城区

生态环境是人类生存和发展的基本条件，是经济、社会发展的基础。保护和建设好生态环境，实现可持

续发展，是我国现代化建设中必须始终坚持的一项基本方针。我区发展要坚持“生态立区”的规划理念，进一步推进绿色文明的宜居城区建设，打造优美的近城山水环境。

1. 加快永定河生态治理，构建生态休闲带

在对永定河石景山段防洪基础情况进行认真详细摸底的前提下，制定具体方案，进一步增强石景山段防洪御洪的能力。加快对河堤内现有沙坑的回填整治、生活垃圾及其他固废污染物的清理；进一步加大河道环境监督管理力度，严厉整查盗采砂石现象及生活垃圾和其他固体废弃物倾倒现象。优化调度水资源，增加河道蓄水，修复河流自然形态，建设绿色亲水景观。进一步加强水面与溪流相连的自然河道修复、滩地生态修复、堤岸生态修复等。加快建设湿地保护区、重要湿地、湿地公园等。

2. 加强市区绿化和西部生态修复，提升区域整体风貌

开展裸露地面的治理，加大新增成规模绿地的力度，继续实施以社区环境整治为重点的便民工程，改善区域整体风貌。做好五里坨建设区的绿化美化以及景观建设，维护地区生态平衡及保护自然环境和森林景观。推进天泰山重点工程项目建设，构建优美的自然景观和别具特色的旅游观光景点，打造集旅游、休闲度假、娱乐、会议等多功能为一体的天泰水岸绿都。

3. 强化污染源治理，加强环境综合治理

从重点区域和重点行业监管入手，加大污染源监督检查的频次和力度。重点加快京能热电公司、大唐高井电厂及首钢电站污染治理工程进度，加强对新建项目的环境监管，严格控制新建项目污染物排放量。加快污水处理厂和配套管线的建设，加强市政污水处理设施建设与管理。实施重点节能工程，推动绿色建筑材料、循环用水系统和低碳建筑设计的示范应用。

（六）推进体制改革和管理创新，扩大区域合作与对外开放水平

1. 推进体制改革和管理创新

深化行政体制改革。加强服务型政府建设，进一步推进政府职能转变，保障居民基本生活条件和平等发展权利，依法调节社会利益关系，减少对微观经济的干预，为企业创造良好发展环境。加强效能型政府建设，优化政府组织机构设置，探索实践“大科制”工作模式，建立健全部门之间协调配合机制，强化部门责任，深化行政审批制度改革，确保政府机构的高效运转。加强法制廉政型政府建设，不断推进公共决策的科学化和民主化，不断提高执法水平，建立和完善社会监督和廉政监督检查机制。

推进经济体制改革。加快集体资产股份制改革，根据各农工商公司的实际情况，对没有改制的农工商公司进行资产重组、改制，适当引入社会投资，优化企业法人治理结构，探索符合市场发展需要的管理体系。深化国有企业改革，推进区内大型国有企业改制重组，切实转换经营机制，完善现代企业制度，加快国有企业非核心业务剥离，实现国有资本的有效配置。

深化社会事业体制机制改革。按照“政事分开、管办分离”的原则，建立公平高效、形式多样、惠及全民、和谐发展的社会事业体制机制。深化医疗体制改革，整合医疗服务资源，建立不同领域、不同区域、不同系统间医疗服务资源的共享机制；鼓励社会优质资本和外资参与部分公立医疗机构的改制，积极发展民办医疗机构和中外合资合作医疗机构。加快文化体制改革，推动经营性文化事业单位向企业化经营管理模式改革，引导建立企业化运作机制；鼓励非经营性资产转为经营性资产进入市场运作。推进教育体制改革，加强基础教育、职业教育办学体制改革，改善民办教育发展环境，在民办教育、非义务教育领域探索实行更加灵活、开放和多样的办学体制和办学模式。

2. 扩大区域合作与对外开放水平

扩大区域经济合作。以永定河绿色生态发展带建设为纽带，以新首钢创意商务区建设为先导，发挥西南五区论坛合作机制的作用，与周边区县建立起资源共享、产业联动、环境共治关系。积极发展总部经济和商务服务等现代产业，占据产业链高端环节，引领首都西部地区产业升级。大力发展生产性服务业，与滨海新区等国家高端制造业基地联动发展，推动石景山区与京津冀、环渤海地区的经济合作。探索重大项目开发的多方联动机制，以重大基础设施建设和永定河生态环境治理为重点，统筹协调重大项目的开发管理机制。

进一步加强对外开放。通过政府引导，创造良好的国际交流合作条件和环境，开展多渠道、多层次的国际交流和合作。发挥各类中介机构、社会团体、行业协会等在促进对外经济交流与合作中的作用，吸引各类国际学术组织、产业组织和公益组织落户。进一步深化对台文化交流与经济合作，积极推进金融文化产业园落户，打造两岸经济交流合作新平台。

课题组长：周茂非
副 组 长：王春杰
责任单位：区发改委 区委区政府研究室
区政府办
执 笔 人：高明 胡志勇 徐培培

大事记

2010年石景山区大事记

1月

7日 区委召开十届十一次全体(扩大)会,审议通过区委常委会工作报告。

12日 中共中央政治局委员、市委书记刘淇到中关村石景山园调研。走访北京建筑材料科学研究总院、中国航天科工集团公司测控中心。

※ 第十四届人民代表大会第五次会议召开,区长周茂非作《政府工作报告》。

16日 银河商务区"北方中惠国际中心"项目奠基。

19日 市委常委梁伟一行考察苹果园街道琅山社区苗圃大院新居民互助服务站工作。

28日 全国电子竞技运动工作会在万商花园酒店召开。

2月

1日 市委副书记、市长郭金龙走访慰问83岁烈属张志坤。

2日 北京军区司令员房峰辉一行与区领导座谈。

3日 中央巡回检查组视察调研深入学习实践科学发展观活动。

4日 与驻区13家银行签署银政战略合作协议。

※ 区委召开年度党务工作会。

11日 国务院副总理王岐山到飞鸿伟业新五星农副产品市场,听取节日期间市场供应情况汇报,并实地检查石景山游乐园游艺设备安全运行情况。国家旅游局局长邵琪伟,国家质检总局局长王勇,市委常委、常务副市长吉林陪同调研。

19日 市委副书记、政法委书记王安顺到石景山游乐园检查"洋庙会"安保工作。

21日 刘淇、郭金龙到边府地区调研城乡结合部建设问题。

28日 永定河绿色生态发展带石景山段建设工程启动。

3月

5日 举行"百年颂歌·时代风采"纪念"三八"国际劳动妇女节100周年电视文艺晚会。

9日 深入学习实践科学发展观活动总结大会召开。

11日 党风廉政建设责任工作会暨区纪委十届七次全会召开。

※ 周茂非与北京市贸促会会长一行座谈,介绍区情及区金融魔方规划建设构想。

12日 市委常委牛有成到区调研城乡结合部改造。

15日 第一次四套班子联席会暨加快经济发展方式转变专题务虚会召开。

16日 被国家科技部批准为"国家可持续发展实验区"。

24日 区文化建设工作专家研讨会召开。

25日 CRD形象标识暨"创意CRD大师论坛"仪式启动。

31日 区二管厂、老古城定向安置房奠基仪式举行。

4月

2日 国务院台湾事务办公室常务副主任郑立中一行就"北京台湾街"建设情况调研。

10日 北京西部骨科国际论坛在石景山医院举行。

13日 CRD杯区青年创业大赛仪式启动。

16日 区环保志愿者协会成立。

17日 郭金龙就加快推进首钢老厂区规划建设进行调研。

27日 第九届八大处中国园林茶文化节开幕。

5月

6日　北京民族团结专题电影展启动仪式在本区举行。

7日　“北京台湾街”开街。刘淇及中国国民党荣誉主席连战及夫人，全国政协副主席、台盟中央主席林文漪，中央台湾工作办公室主任王毅，海峡两岸关系协会会长陈云林等，郭金龙等市领导及区四套班子领导参加开街仪式。

※　台湾新党主席郁慕明一行参观“北京台湾街”。

8日　ECL2010全国电子竞技比赛第一赛季决赛开幕式在区体育馆举行。

13日　市委常委赵凤桐到中关村科技园石景山园调研“中关村国家自主创新示范区特色区”发展情况。

15日　2010中国(北京)数字娱乐产业高层论坛在本区举行。

19日　与海航集团签署《战略合作框架协议书》，政企携手推动区休闲娱乐、旅游会展等重点投资产业发展。

21日　市人大常委会主任杜德印一行调研地区经济发展情况。

28日　文化部副部长欧阳坚到中国动漫集团调研。

※　首钢搬迁调整后京西发展定位专家研讨会召开

6月

1日　中央巡视组组长徐光春一行到中关村石景山园巡视工作，市领导吉林、刘敬民陪同。

※　区代表团赴上海杨浦区进行友好交流活动。

9日　“十二五”规划编制工作部署大会召开。

11日　首届北京CRD国际啤酒节在国际雕塑公园开幕。

28日　社会建设推进大会召开。

30日　“群众心目中的好党员”表彰暨创先争优活动经验交流会召开。

7月

1日　副市长刘敬民率市“五五”法制宣传教育组到区验收普法工作。

2日　区城乡环境建设委员会成立。

10日　市委常委牛有成调研重点村建设。

14日　市委常委、宣传部部长、副市长蔡赴朝调研文化创意产业。

24日　律师协会成立。

28日　刘淇、郭金龙等调研保障性住房建设工作。

8月

5～12日　本区代表团赴东北三省学习考察，借鉴东北老工业基地转型发展的好经验、好做法。

※　成立全市首家警民交流室。

6日　与欧盟中国经济文化委员会签署《战略合作协议》

15日　召开佛教协会成立大会，选举产生本区第一届佛协领导班子。

17日　被国家发改委批准为北京市唯一一家“国家服务业综合改革试点区”。

20日　北京台湾美食文化节开幕。

9月

4日　《我们的北京我的家——人文北京、科技北京、绿色北京》学习读本赠送仪式暨走进社会大课堂实践体验活动启动仪式在北京九中举行。

18日　第二十五届金秋体育盛会在石景山体育场开幕。

27日　“世界城市·社会建设论坛”在本区举行。

28日　第九届北京重阳登高节在北京国际雕塑公园开幕。

※　举办海外华商企业家走进“石景山”活动。

10月

12日　经十届区委第103次常委会审议通过，区委、区政府联合制发《人文石景山行动计划(2010—2012年)》。

21日　海峡两岸金融工作论坛在八大处召开。

23日　本区被评为“2010中国改革十大低碳示范单位”，周茂非被评为“中国改革十大创新人物”。

28日　副市长丁向阳就社区卫生服务工作到区调研。

11月

1日　本区与陕西企业商会座谈暨战略合作协议

签约仪式在陕西省驻京办举行。

4日 党建研究会第一次会员代表大会暨成立大会召开。

5日 副市长程红率队就区商务工作情况和未来发展规划进行调研。

9日 市委常委、常务副市长吉林到区调研。

11日 综合应急救援支队和地震灾害应急救援队成立。

17日 北京第五届中国北京国际文化创意产业博览会第三届新媒体节在本区举办。

※ 副市长苟仲文到区调研物联网基础设施建设工作。

18日 发行“石景山区文化创意中小企业集合票据”。

20日 刘淇、郭金龙等就保障性住房建设工作进行调研。

25日 召开社会领域统战工作大会。

12月

1日 “区商业联合会成立暨京西消费节”启动。

3日 区委召开十届十三次全体(扩大)会议,审议通过《区委常委会工作报告》和区委《关于制定国民经济和社会发展第十二个五年规划的建议》。

15日 全国总工会副主席、书记处书记张鸣起率国务院安委会督导组到区检查督导安全生产。

16日 刘淇、郭金龙到刘娘府村就区重点村整治工作进行调研。

※ “国家网络游戏动漫产业发展基地”重点企业入驻仪式在中国瑞达大厦举行。

22日 纪念区人大常委会设立30周年座谈会在万达铂尔曼大饭店举行。

28日 绿色教育发展实验区年度论坛在中铁建设大厦举行。

中共石景山区委员会

中共北京市石景山区委员会(简称区委)是中国共产党在石景山区的领导机关。本届(第十届)区委是在2006年12月召开的中共北京市石景山区第十次代表大会选举产生的。区委设办公室、组织部、宣传部、统一战线工作部、政法委员会、研究室、机构编制委员会办公室、直属机关工作委员会等8个工作机构;另设老干部局、保密委员会办公室两个部门管理机构。当年是在首都加快建设中国特色世界城市和"人文北京、科技北京、绿色北京"背景下,本区集中精力推动"大调整、大建设、大发展"的重要一年。区委常委会坚持以邓小平理论和"三个代表"重要思想为指导,以科学发展观统领经济社会发展全局,团结带领全区党员干部群众,聚精会神搞建设、一心一意谋发展,圆满完成年初确定的各项任务,完成"十一五"规划确定的各项任务,完成CRD建设第一步发展任务,首都文化娱乐休闲区建设初见成效。年内,区委始终坚持科学执政、民主执政、依法执政,坚持抓大事、谋全局、把方向,牢牢把握战略转型的主动权,进一步成立七个重大项目领导小组,研究制定"十二五"规划建议。经济发展方式进一步转变,区域经济实现平稳较快发展。全年实现地区生产总值280亿元,同比增长13%;财政总收入40.6亿元,同比增长12.2%;全社会固定资产投资153亿元,同比增长12%;社会消费品零售额210亿元,同比增长20%;居民人均可支配收入2.8万元,同比增长9%;城镇登记失业率控制在3.2%以内,主要指标全部超额完成全年任务。全面落实"一区三中心"功能定位,安排重大项目108个,运作土地储备项目38个,进一步优化城市空间布局。坚持经济发展与社会建设并重,充分发挥社会建设在推动科学发展、保障改善民生、促进和谐稳定中的重要作用,民主法制建设、科教文卫各项社会事业得到新发展,安全稳定局面得到巩固。加强和改进党的建设,启动开展创先争优活动,创新实践"五站合一"商务楼宇党建工作模式;深入开展党员作风建设年和"我是党员我承诺"活动,制定区委常委会"关于加强风险防控落实'三重一大'决策制度的实施办法"。

(战天宇　曹建峰)

主要工作和重大活动

【区委常委会】 区委坚持把握全局,统筹各方,全年召开27次区委常委会,围绕经济建设、政治建设、文化建设、社会建设和党的建设中的重大事项共计169个议题,深入研究,科学决策。

区委常委会会议一览表

序号	会议时间	会议名称	主要议题
1	1月4日	10届85次	听取关于创建国家可持续发展实验区情况汇报 听取老干部工作情况汇报 听取做好"两节"期间有关工作的汇报 研究双拥工作要点及关于做好新年春节期间开展双拥月活动的通知 研究上年度机关事业单位工作目标督查考核工作情况汇报、奖金发放意见及补发规范工资单位上年度加值班工资的意见 干部任免

续表

序号	会议时间	会议名称	主　要　议　题
2	1月18日	10届86次	听取市组织部长会议主要精神及区当年组织工作要点 听取市政法工作会议主要精神及区当年政法工作要点 关于区委当年党务工作会议筹备工作的汇报 上年处级领导班子和领导干部综合考核评价工作情况汇报
3	2月1日	10届87次	研究宣传思想工作要点 研究纪检监察工作要点 研究统战工作要点 研究调研工作要点及重点协作调研课题计划 研究社会建设工作要点 听取关于区政府与银行签署战略合作协议筹备工作的情况汇报
4	2月22日	10届88次	研究关于召开区委第三次人大工作会议的筹备意见 关于召开区第十四届人大常委会第二十四次会议的请示 区人大常委会工作要点 区政协常委会工作要点 关于春节及“两会”期间应急、维稳、安全生产工作情况汇报 关于实施“百名青年干部培养计划”工作情况的汇报 关于做好当年提任副调研员工作的汇报 干部任免
5	3月8日	10届89次	全区学习实践活动总结报告及关于全区学习实践活动总结大会安排 关于编纂《中国共产党北京市组织史资料丛书》石景山卷有关工作的汇报 区处两级党委(党组)中心组学习计划 关于召开“石景山区2010年党风廉政建设工作会暨区纪委十届七次全会”筹备工作汇报及党风廉政建设宣传教育月工作计划 关于召开“石景山区四套班子联席会暨加快经济发展方式转变专题务虚会”筹备工作汇报 关于召开经济发展推进大会筹备工作情况汇报 关于劳模推荐评选工作情况的汇报
6	3月22日	10届90次	支持企业发展的若干办法(2010年修订)、上年区域经济突出贡献企业、招商引资先进单位建议名单及当年重点企业建议名单 关于进一步加快中关村科技园区石景山园发展的办法 关于加强新形势下党的建设的实施意见及区委党的建设工作领导小组工作要点 创建文明城市工作意见 关于区领导牵头重点工程分工情况的汇报 关于拟调整政协委员的情况汇报
7	4月6日	10届91次	区人大常委会党组关于进一步做好人大工作的若干意见 关于查办和预防城镇建设领域职务犯罪工作开展情况及下一步工作的报告 关于开展第六届“人民满意政法干警(单位)”评比表彰工作的情况汇报 关于全区处级干部年度奖励情况汇报
8	4月19日	10届92次	关于学习贯彻干部选拔任用工作四项监督制度情况的汇报 关于公开选拔处级领导干部情况汇报 北京台湾街进展情况汇报 关于社会治安重点地区排查整治工作的情况汇报 《关于在全区基层党组织和党员中深入开展创先争优活动的通知》及创先争优活动动员部署大会筹备情况的汇报 汇报市纪委案件工作会议精神

续表

序号	会议时间	会议名称	主　要　议　题
9	5月4日	10届93次	关于召开区第十四届人大常委会第二十五次会议的请示 关于加强全区学校、幼儿园及周边安全工作和加强校园安全管理工作的情况汇报 当年一季度经济形势分析汇报 关于推进学习型党组织建设的通知 关于干部任用条例检查迎检准备工作情况的汇报 关于选拔首批百名青年干部培养计划人选工作情况的汇报
10	5月17日	10届94次	关于制定《石景山区创业投资引导基金管理暂行办法》的情况汇报 关于本区申报国家服务业综合改革试点工作情况汇报 区“十二五”规划编制工作情况汇报 关于区属国有企业改革发展总体方案的汇报 关于召开区文学艺术界第二次代表大会的请示 当年第一季度信访情况汇报 干部任免
11	5月19日	10届95次	干部任免 关于市委组织部选派来区挂职锻炼人员情况的汇报
12	5月31日	10届96次	关于召开本区社会建设推进大会筹备工作情况汇报及关于进一步加快推进社会建设的若干意见 创建双拥模范城自荐报告 区级领导班子和领导干部推进廉政风险防范管理工作实施方案 关于区委常委分工的汇报 干部任免
13	6月17日	10届97次	关于《石景山区机关事业单位纳入基本医疗保险管理并实施补充医疗保险制度的实施方案》的汇报 区法制宣传教育工作情况汇报 干部任免
14	6月29日	10届98次	传达市委组织部检查组对本区贯彻执行《干部任用条例》的反馈意见 关于召开区第十四届人大常委会第二十六次会议的请示 关于创先争优活动暨“群众心目中的好党员”评选表彰情况汇报 关于第六批“北京市优秀青年知识分子”拟推荐人选的情况汇报
15	7月9次	10届99次	区上半年安全生产工作情况汇报 上半年十项重点工程及城乡结合部建设整治项目进展情况汇报 关于当年北京社会建设论坛筹备工作情况汇报 干部任免
16	7月23日	10届100次	半年经济发展情况汇报 关于区委十届十二次全体(扩大)会议筹备工作的汇报 干部任免
17	8月16日	10届101次	关于深化医药卫生体制改革实施方案及主要工作安排的汇报 关于中国动漫游戏城项目建设进展情况汇报 关于“新居民互助服务站”工作情况的汇报 关于推荐评选市人民满意的公务员和人民满意的公务员集体的情况汇报 关于推荐评选第十届市思想政治工作优秀单位、优秀思想政治工作者的情况汇报 当年第二季度信访情况汇报 关于民兵政治教育规范化工作的汇报 干部任免

续表

序号	会议时间	会议名称	主要议题
18	8月30日	10届102次	关于召开区第十四届人大常委会第二十七次会议的请示 关于本区与武警十九支队建立“对口支持、共同建设”对应关系的情况汇报 汇报市《关于加强区县纪检监察机关及基层纪检监察组织建设的实施意见》主要精神及区《关于进一步加强纪检监察机关及基层纪检监察组织建设的实施办法》 关于人才工作会议筹备工作情况的汇报 干部任免
19	9月11日	10届103次	区工会工作情况汇报;团区委工作情况汇报;区妇联工作情况汇报 《人文石景山行动计划(2010~2012年)》 干部任免
20	10月11日	10届104次	区人大常委会党组关于开展区人大设立常委会30周年纪念活动的请示 六大商务功能区建设进展情况汇报 关于西部开发建设进展情况的汇报 关于建设国家可持续发展实验区的实施意见及第一阶段(2010~2011)工作任务分解的汇报 关于就业和再就业情况的汇报 当年第三季度信访情况汇报 本区落实北京市关于近期严格控制因公出国(境)通知精神的情况汇报
21	10月25日	10届105次	关于区委当年常委务虚会筹备工作的汇报 学习宣传贯彻十七届五中全会精神的有关安排 关于落实全国妇联党群共建创先争优会议精神的贯彻意见 关于开展当年处级领导班子综合考核筹备工作情况的汇报 关于区人才工作会议筹备情况的汇报 关于执行评比达标表彰有关规定的几点意见
22	11月8日	10届106次	召开区第十四届人大常委会第二十八次会议的请示及第十四届人民代表大会第六次会议的请示 关于召开区政协第八届委员会第五次会议的请示 当年三季度经济发展情况汇报 关于“平安石景山”建设进展情况的汇报 关于加强和改进社会领域统一战线工作的汇报 关于严厉整治干部选拔任用工作中行贿受贿行为工作方案的汇报
23	11月22日	10届107次	《北京市石景山区人民代表大会常务委员会议事规则(修订草案)》 《北京市石景山区人民代表大会常务委员会人事任免工作办法(修订草案)》 关于建设国家服务业综合改革试点区实施意见、工作任务分解体系及下一步工作计划的汇报 关于首钢新兴产业基地建设工作进展情况的汇报 关于当年财政支出预算变动情况的报告及下年财政收支预算初步安排意见的报告 关于召开区青年联合会第四届委员会第一次全体会议的请示 关于计划分配军转干部安置工作的汇报 关于全额拨款事业单位年终奖金标准及工资规范单位加班工资的汇报 关于对全区落实党风廉政建设责任制推进惩防体系任务完成情况进行检查的工作方案 关于区委管理干部职务任免工作流程的汇报

续表

序号	会议时间	会议名称	主要议题
24	12月1日	10届108次	区委十届十三次全体(扩大)会议筹备工作、区委常委会工作报告、区委十届十三次全体会议决议(草案)的说明 关于制定区国民经济和社会发展第十二个五年规划的建议 关于当年干部选拔任用工作情况的报告 关于起草《2010~2013年石景山区党政领导班子建设规划纲要(讨论稿)》的情况汇报 关于起草《石景山区贯彻<2010~2020年深化干部人事制度改革规划纲要>实施意见(讨论稿)》的情况汇报 处级领导班子和领导干部综合考核评价工作情况汇报 关于开展区级领导班子党员领导干部民主生活会工作方案的汇报 关于《中共北京市石景山区委常委会关于加强风险防控落实“三重一大”决策制度的实施办法(试行)(审议稿)》说明的汇报 关于给予董某党纪处分的请示
25	12月13日	10届109次	关于召开区第十四届人大常委会第二十九次会议的请示 关于区第十四届人民代表大会第六次会议议程草案及有关名单草案的汇报 区人大常委会工作报告;区政协常委会工作报告 区法院工作报告;区检察院工作报告 关于2011年政法工作要点及政法工作会议筹备工作的汇报 关于《国民经济和社会发展第十二个五年规划纲要(审议稿)》及规划编制情况的汇报 关于“北京服务·新首钢产业股权投资基金”设立情况的汇报 2011~2013年对口支援拉萨市堆龙德庆县工作安排 关于深化双拥工作推进军民融合式发展的意见及当年“济困工程”实施情况汇报
26	12月20日	10届110次	传达全市领导干部会议精神;关于筹备区委第三次政协工作会议的请示 关于当年十项重点工程进展情况及下年十项重点工程计划安排的汇报 关于当年招商引资工作开展情况和下年工作思路的汇报 关于《石景山区国民经济和社会发展第十二个五年规划纲要(草案)》的说明 关于下年《政府工作报告》起草情况的说明 关于迎接市党风廉政建设责任制专项检查的情况汇报 关于调整区党务公开工作领导小组成员的方案 关于推荐评选“2006~2010年度首都精神文明建设奖”及评选文明单位的情况汇报 关于做好“两节”期间有关工作的汇报
27	12月27日	10届111次	传达市经济工作会议精神 当年便民工程管理实施情况的汇报 当年固定资产投资和争取资金完成情况与下年计划安排 当年国民经济和社会发展计划执行情况与下年国民经济和社会发展计划草案 调整和加强区推进首钢地区规划建设及产业调整工作领导小组的方案 下年双拥工作要点 关于《石景山区中长期人才发展规划纲要(2010~2020年)》及《石景山区“十二五”时期人才发展规划》的汇报 汇报市关于其他事业单位实施绩效工资工作部署会议精神及区相关工作安排 干部任免

(战天宇　曹建峰)

【区委十届十一次全会】 1月7日召开。会议主要任务是:贯彻落实市委十届七次全会精神,审议通过区委常委会工作报告,总结上年工作,部署当年任务。强调要以“大调整、大建设、大发展”为工作主基调,加快主导产业培育和产业结构调整,加快重大项目和功能区建设,加快首都新城区现代化进程,切实保障和改善民生,维护社会和谐稳定,全面加强党的建设,确保实现“十一五”规划和CRD建设第一步目标,推动区域经济社会又好又快发展。区委四套班子领导、区委委员和候补委员,区纪委委员,非两委委员的区领导、各单位党政正职,部分党代会代表参加会议。

(战天宇 曹建峰)

【区委十届十二次全会】 7月28日召开。会议内容是:贯彻市上半年经济形势分析会议精神,总结部署本区工作。区委有关领导作关于全区经济社会发展工作报告。部署下半年经济工作,明确开展招商引资工作、加快建设重点功能区和重大项目、破解拆迁难题、提升城市建设管理能力、推进社会建设管理各项事业、做好“十二五”规划编制工作等六项重点。区委四套班子领导、区委委员和候补委员,区纪委委员,非两委委员的区领导、各单位党政正职,部分党代会代表参加会议。

(战天宇 曹建峰)

【区委十届十三次全会】 12月3日召开。会议听取并讨论荣华受区委常委会委托作的工作报告,审议通过关于制定本区国民经济和社会发展第十二个五年规划的建议。周茂非就“建议”(审议稿)向全会作说明。全会综合考虑未来发展形势和条件,提出今后五年经济社会发展的主要目标:经济保持平稳较快发展,城市现代化水平显著提升,社会建设明显加强,生态文明建设成效显著,改革开放迈出新步伐,全区转变经济发展方式取得实质性突破,区域转型发展取得新成就,为建设世界城市和“人文北京、科技北京、绿色北京”做出贡献。指出要坚持科学发展,加快转变发展方式,实现“十二五”规划的良好开局,完成区第十次党代会确定的各项任务,迎接建党90周年。区委四套班子领导、区委委员和候补委员,区纪委委员,非两委委员的区领导、各单位党政正职,部分党代会代表参加会议。

(战天宇 曹建峰)

【区四套班子联席会】 全年召开3次区四套班子联席会。3月15日,召开第一次四套班子联席会暨加快经济发展方式转变专题务虚会。集体学习市委市政府理论学习中心组学习(扩大)会资料摘要和刘淇书记在本次会议上的讲话精神,讨论对加快转变经济发展方式的内涵、目标及任务的理解,在加快经济发展方式转变中如何进一步解放思想、转变观念,本区转变经济发展方式的工作着力点及对策措施以及在全区“大调整、大建设、大发展”过程中如何体现转变发展方式的要求等9个议题。4月29日,召开第二次四套班子联席会暨重大项目推进和环境整治工作指挥部工作会。听取首钢新兴产业基地、中国动漫游戏城、中关村科技园石景山园、西部地区、六大商务区、永定河绿色生态发展带开发建设情况和城乡结合部、社会治安重点地区排查整治情况。9月14日,召开第三次四套班子联席会暨重大项目推进和环境整治工作指挥部工作会。听取国家服务业综合改革试点区建设思路,国家可持续发展实验区建设思路,城乡结合部整治工作、永定河绿色生态发展带建设项目和中国动漫游戏城建设项目进展情况及下一步重点工作。

(战天宇 曹建峰)

【社会建设推进大会】 6月28日召开,在全市各区县尚属首次。大会总结过去三年社会建设工作经验,结合当前形势部署今后一个时期社会建设工作目标和战略任务,下发石景山区推进社会建设文件汇编和社会建设拟办实事项目,对30个获“特色社区风采奖”社区、30个获“热心公益事业奖”驻区单位、100名获“志愿服务之星”志愿者进行表彰,5个先进单位和个人进行大会发言。区委、区政府坚持“一手抓经济发展、一手抓社会建设”,社会建设的工作力度、作用发挥进一步加强,基础工作和管理水平明显提升。全区323名大学生社工上岗,77个社区用房均达到350平方米标准,首批确认9家区级“枢纽型社会组织”,24个商务楼宇党建工作站覆盖27座楼宇的419家企业。市委常委梁伟出席并讲话。他强调,按照从建设世界城市的高度,加快实施“人文北京、科技北京、绿色北京”发展战略的要求,社会建设工作要充分肯定成绩,正确认识当前形势,进一步加大社会管理力度、进一步提高社会动员能力、进一步强化社会公共服务。当前,要以贯彻落实北京市社会服务管理创新行动方案为中心,切实加强组织领导,突出工作重点,搞好调查研究,抓好工作落实,推动社会建设工作深入开展。

(战天宇 李 威)

【社会领域统战大会】 11月25日召开,对进一步加强和改进社会领域统战工作作出部署。荣华简要总结近年来全区开展统战工作情况,并就做好社会领域统战工作提出要求。市委常委、市委统战部部长牛有成到会并讲话。会议表彰22名优秀社会主义事业建设者,北京畅游时代数码技术有限公司副总裁黄纬、北京丽贝亚建筑装饰工程有限公司董事长高建林作典型发言,金顶街街道、鲁谷社区交流做好社会领域统战工作的经验体会。会上还下发关于加强和改进社会领域统一战线工作的实施意见(试行)和关于成立加强和改进社会领域统一战线工作领导小组的通知。区属各单位党政正职、主管统战工作的领导和统战干部，区加强和改进社会领域统战工作领导小组成员，部分社区党组织负责人共计180余人参加会议。

（战天宇 曹建峰）

【市委书记调研】 1月12日，市委书记刘淇到中关村科技园区石景山园调研，就加强中关村国家自主创新示范区建设进行专题调研。走访北京建筑材料科学研究总院、中国航天科工集团公司测控中心2家高新技术企业。他肯定石景山园及两家企业取得的成绩，同时强调要切实抓好中关村国家自主创新示范区建设，支持企业走自主创新之路，创造富有活力的自主创新环境，加快重大科技成果产业化步伐。市领导王安顺、赵凤桐、苟仲文一同调研。2月21日，刘淇、郭金龙到苹果园街道边府地区调研城乡结合部建设问题。刘淇指出：边府地区自然条件优越，要在保护生态环境的基础上，发挥优势，吸引人才，推进旧村拆迁、新村建设、环境整治和产业发展，积极创造就业条件，帮助农民就业，增加农民收入，提高农民生活质量，实现区域可持续发展，努力探索推进城乡一体化发展的新路子。7月28日，刘淇、姜伟新、郭金龙等领导到区就保障性住房建设工作进行专题调研。首先到燕山水泥厂经济适用房和限价房项目，出席保障性住房开工仪式，随后到位于鲁谷的京原路七号地块，出席北京燃气集团公租房项目的开工奠基仪式。11月20日，刘淇、郭金龙等一行到区就保障性住房建设工作进行调研。在衙门口保障性住房项目石景嘉园小区与业主委员会工作人员进行亲切交谈，详细了解业委会日常工作情况及市区保障性住房的整体建设进展情况；实地察看小区经济适用房建筑结构及内部装修设施，对区保障房建设工作给予肯定。12月16日，刘淇、郭金龙等领导到刘娘府村就重点村整治工作进行调研。听取周茂非关于全区城乡结合部建设整治情况工作汇报，刘淇对本区有情拆迁、依法拆迁的做法给予肯定，要求进一步加快重点村整治步伐，妥善安置好被拆迁居民，科学规划和利用好拆迁后腾退出来的土地，努力探索推进城乡一体化发展的新路子。区领导荣华、周茂非等参加以上调研。

（战天宇 曹建峰）

【市委领导调研】 1月19日，市委常委梁伟考察苹果园街道琅山社区苗圃大院新居民互助服务站工作。听取专题汇报，向服务站工作人员询问情况，对服务站工作给予肯定，指出“新居民”与“互助”提法非常好，这一做法立足实际、讲求实效，要继续对这项创新工作深入研究，总结经验。市委相关领导，区领导荣华等陪同考察。2月19日，市委副书记、政法委书记王安顺到石景山游乐园检查“洋庙会”安保工作。实地检查游乐园“小吃街”安保工作落实情况并听取安保工作汇报，指出要加强组织领导，落实安全责任，细化安保措施，坚决防止各类问题发生，确保春节期间治安平稳有序。傅正华、李伟、荣华、周茂非等陪同检查。5月13日，市委常委赵凤桐到中关村科技园石景山园调研“中关村国家自主创新示范区特色区发展”，提出石景山园要进一步高举创新旗帜，提高自主创新能力，发挥辐射带动作用，在推动区域经济转型发展中继续当好排头兵。周茂非等陪同调研。7月10日，市委常委牛有成到区调研城乡结合部重点村建设工作。先后视察老古城村、衙门口村拆迁现场，听取荣华、周茂非的相关情况汇报，对3个城乡结合部重点村建设整治工作给予肯定，提出集中精力研究好政策、集中力量解决好当前问题、集中资源进行宣传造势，找准工作突破口，细致、扎实地推进重点村建设工作。7月14日，市委常委蔡赴朝到搜狐畅游公司、首钢二通厂区就网络游戏研发和中国动漫游戏城项目建设情况进行调研。听取汇报并提出本区将文化创意产业作为主体产业发展，走在全市前列，区委、区政府要在中国动漫游戏城项目上发挥属地领导作用，引进规模性企业，尽快形成产业效益，原则同意将中国动漫城项目专项支持资金1亿元委托本区管理使用。市委宣传部相关领导及区领导荣华等陪同调研。

（战天宇 曹建峰）

【创先争优活动】 4月23日，召开创先争优暨党员作风建设年活动动员部署大会。就把握好总体要求、工作内容、时间安排、组织要求四个方面做出部署。荣华对全区各级党组织和广大共产党员提出提高思想认识、切实增强责任感和使命感，注重活动质量、切实增强系统性和实效性，抓好组织领导，切实增强组织力和执行力的要求。6月30日，召开“群众心目中的好党员”表彰暨创先争优活动经验交流会。荣华就进一步深入开展创先争优活动提出坚持围绕中心、服务大局，抓好创先争优活动的领导推进；坚持分类指导、丰富载体，抓好创先争优活动的组织实施；坚持广泛动员、激发活力，抓好创先争优活动的宣传引领。10月，荣华在八角北里社区和青年创业园现场视察并听取创先争优活动开展情况，对基层党组织创先争优活动给予肯定，指出创先争优活动要以促进经济社会发展为总目标，以提升党员先锋模范作用和党组织战斗堡垒作用为工作着力点，以满足群众需求为落脚点，以注重实效创新开展为突破口。

（战天宇 曹建峰）

【规划编制部署】 6月9日，召开“十二五”规划编制工作部署大会，明确规划编制工作需要把握的重点问题和进度安排。荣华要求：1. 立足大局、着眼长远，高度重视规划编制工作；2. 突出重点、抓住关键，扎实做好规划编制工作;3. 精心组织、周密实施,高质量完成规划编制任务。各有关单位着重围绕区位优势、产业体系、空间布局、生态环境等4个方面,进一步深入谋划“十二五”期间重大项目,为规划实施提供有力支撑,根据规划工作方案的时间节点要求,同步推进区域规划和专项规划编制。9月,完善规划体系、纲要内容及指标体系,明确由“纲要”、15项区级重点专项规划及36项区级一般专项规划组成的规划体系。11月1日,召开区委“十二五”规划建议(初稿)汇报会,荣华根据规划起草总体情况,提出修改意见。下旬,召开“十二五”规划建议征求党外人士意见会,对“建议”内容提出修改意见和建议。12月3日,区委召开十届十三次全体(扩大)会,审议通过关于制定石景山区国民经济和社会发展第十二个五年规划的建议。

(战天宇　曹建峰)

【重大项目建设】 聚焦全区发展重点,继承和发扬筹办奥运、服务国庆中形成的体制机制经验,充分发挥“重大项目推进和环境整治工作指挥部”作用,成立七个重大项目领导小组,形成由区主要领导挂帅、四套班子领导全员参与、全区各部门全力以赴的工作机制,对重大项目强化集中统一领导。年内,安排重大项目108个,其中21个重大项目纳入市绿色审批通道;运作土地储备项目38个,项目总用地面积892公顷;区校舍安全工程、永引渠南路拆迁等十项重点工程顺利推进,总投资达153.3亿元,超过过去五年投资总和。

(战天宇　曹建峰)

【区域经济转型】 本区加快经济发展方式转变取得新突破,被国家发改委批准为北京市唯一一家“国家服务业综合改革试点区”,被国家科技部批准为“国家可持续发展实验区”,石景山科技园被确立为“中关村国家自主创新示范区特色区”,区委、区政府进一步研究制定关于建设国家服务业综合改革试点区的实施意见和关于建设国家可持续发展实验区的实施意见,推动区域经济转型升级。

(战天宇　曹建峰)

【“北京台湾街”开街】 5月7日,由区委区政府打造的北京特色文化商业项目——“北京台湾街”正式开街。台湾街位于北京国际雕塑公园西园西南缘,建筑面积4.3万平方米,街长500米,云聚台湾百年历史的雾峰林家五桂楼在内的160余家台湾风情本土商场、风味小吃、明星店铺和原住民生活馆。中共中央政治局委员、北京市委书记刘淇,中国国民党荣誉主席连战及夫人连方瑀女士,全国政协副主席、台盟中央主席林文漪,中央台湾工作办公室主任王毅,海峡两岸关系协会会长陈云林,郭金龙、王安顺等市领导,市有关部门、市有关党派团体相关负责同志和荣华、周茂非等区领导参加举行开街仪式。连战、郭金龙、周茂非分别致辞,刘淇、林文漪和连战共同为“北京台湾街”揭幕,并参观台湾百大特产馆和台湾雾峰林家五桂楼爱国图片展。

(战天宇　曹建峰)

【首钢搬迁调整】 根据市首钢地区规划建设及产业调整领导小组办公室统一部署,本区牵头组建首钢主厂区东启动区、特钢启动区及首钢南滨水休闲区土地开发建设指挥部,即第五专项指挥部,负责首钢主厂区东启动区、特钢启动区及首钢南滨水休闲区土地一级开发建设工作,参与三个工作组及七项重点工作。为做好首钢搬迁调整,本区由党政一把手牵头,将原服务首钢搬迁及建设工作领导小组调整为推进首钢厂区规划建设及产业发展领导小组,内设中国动漫游戏城工作组、首钢富余人员安置及社会和谐协调工作组、首钢开发建设经济政策与替代产业工作组、区域规划建设工作组及水、电、气、热等基础设施保障工作组等五个专项工作组。年内,长安街西延工程与跨永定河桥梁等工程规划设计方案完成报批,S1线通过环保部环评审批;动漫城先期启动项目铸钢清理车间竣工交付使用,形成1.7万平方米创意产业园;首钢厂区四个“厂中村”拆迁并拆除建筑面积4万多平米,丰沙线入地改造方案获铁道部、市政府等认可;主厂区市政基础设施热力蒸汽供应工程项目、家属区热交换站改造项目进入实施阶段,首钢总公司停产职工分流安置方案报市政府通过。

(战天宇　曹建峰)

【永定河发展带建设】 2月28日,刘宁、夏占义、程静、荣华、周茂非等领导按下启动仪式激光球,永定河绿色生态发展带石景山段建设工程正式启动。该工程为当年市重点工程之一,年度首批实施“四湖一线”项目。本区负责莲石湖工程建设,建设范围为麻峪至京原铁路桥段,河道长度5.8千米,总面积226.0公顷,其中水面面积102.5公顷,绿化面积110.26公顷,工程总投资4.67亿元。年内,工程投资2.7亿元,完成全部水下工程及部分结构工程,通过蓄水阶段技术预验收和蓄水阶段验收并开始蓄水,总蓄水量32万方,完成工程总形象进度约65%。

(战天宇　曹建峰)

【3个市级挂账村环境整治】 老古城前街社区、衙门口南社区和苹果园街道的边府社区被列入当年市城乡结合部建设的50个重点村。年内,区委统筹推进3个市级挂账村整治工作。老古城前街社区于12月20日完成搬迁工作,住宅拆迁1059户、约18.8万平方米,占总产权户的87%,定向安置房建设全面启动;刘娘府项目共完成住宅拆迁1463户、约19.6万平方米,占拆迁总产权户数1743户的84%,定向安置房建设工作局部启动;衙门口项

目取得土地一级开发授权批复，完成入户调查和控规调整。同时，开展“百日整治行动”等83项专项治理工作和生态环境建设工作，全年拆除违法建设4.2万平方米，新增绿化面积41.5公顷，绿化覆盖率提高到47.38%，继续保持城区首位。

（战天宇　曹建峰）

【优化园区产业结构】　园区带动区域经济发展的龙头引擎作用进一步彰显。通过“抓大企业落户、抓大项目落地，推动以数字娱乐为特色的文化创意产业”招商引资战略，进一步优化园区产业结构，新引进企业856家，同比增长24%，注册资本突破45亿元。实施“金种子计划”、“明星计划”和“小巨人计划”，为不同成长期企业提供个性化深层次服务，园区规模企业群不断扩大，年收入过千万企业达150家，比上年增加15家。园区开发建设有序推进，全年完成固定资产投资突破20亿元，5个土地开发项目进展顺利，园区配套设施不断升级。实施“小园区大发展”战略，发挥园区辐射引领功能，推动产学研合作，支持科技成果落地转化。园区全年实现收入和税收分别突破400亿元和10亿元，同比增长30%以上，增速继续保持中关村“一区十园”首位。

（战天宇　曹建峰）

【西部开发进入快车道】　7月5日，召开西部地区开发发展研究专题会，听取中联控投公司关于西部地区规划发展研究报告的汇报，各相关部门就西部地区研究方向、功能分区、制约条件、基础设施、水资源研究等方面进行研讨。通过加强对西部地区发展主题的研究论证，开展西部地区水系统综合规划，加强市政配套工程建设，引导农工商公司参与西部地区开发建设，注重与与驻区部队的资源整合等措施加快推进西部开发建设进程。年内，西部地区完成拆迁量的90%，站前小区经济适用房和廉租房项目完成结构封顶，黑石头村路等建成通车，东中西部城市建设资金投资比例优化为1:1.5:3.4。

（战天宇　曹建峰）

【人文石景山行动计划】　10月12日，为贯彻落实科学发展观，践行“人文北京”发展理念，落实人文北京行动计划，推进“人文石景山”建设，经十届区委第103次常委会审议通过，区委、区政府联合制发人文石景山行动计划（2010～2012年）。明确行动计划指导思想、建设目标和重点内容及保障机制，指出到2012年，围绕改善民生、弘扬文明、繁荣文化、构建和谐四大支柱，重点实施十大工程，把“人文石景山”建设提高到新水平。

（战天宇　曹建峰）

【推广“新居民互助服务站”】　“新居民互助服务站”是本区在流动人口聚居区探索创新的流管工作新方法、新模式，是创新流动人口服务管理社会化的重要实践和有利探索。年初，习近平、刘淇、王安顺、梁伟等中央和市领导对先期建立的“新居民互助服务站”给予高度重视，作出重要批示，提出推广工作意见。2月，在全区推广“新居民互助服务站”模式，以实现流动人口与本地居民同管理、同服务、同教育的目标。重点三个“新”：新称谓即将流动人口称为“新居民”；新内涵即居民式待遇、互助式服务、自治式管理；新关系即新居民与政府、新居民与新居民、新居民与本地居民之间的三层“互助”关系。区政府投入100余万元专项经费，用于“新居民互助服务站”推广工作。实现四个统一：一是方案统一，区委、区政府联合下发关于在全区推广“新居民互助服务站”的工作意见，进一步推动“新居民互助服务站”的全面推广和深化；二是硬件设施统一，“新居民互助服务站”均统一标牌，统一互助服务队队员服装，办公设施、主要文体用品全部到位；三是组织建设统一，建立完善由流动人口管理员任站长，流动人口任副站长，广大流动人口志愿者为互助服务队队员的组织体系；四是规章制度统一，制定符合实际的工作内容、工作制度、新居民公约等指导性文件。6月，举办首批新居民互助服务站站长培训班，进一步提高流动人口自我管理自我服务的认识，增强工作责任感，调动工作积极性。8月2日，区委办、区政府办联合下发关于进一步在全区推广和深化“新居民互助服务站”的工作意见（京石办发〔2010〕23号）。“意见”指出进一步推广和深化“新居民互助服务站”的意义，明确推广和深化工作的指导思想、工作目标、工作原则、主要任务和工作要求。

（战天宇　曹建峰）

【开展专题调研】　荣华先后以社区建设工作、功能区建设、教育事业发展等为主题，开展专题调研。主要调研活动见下表。

荣华主要调研情况一览表

时间	主题	单位	主要内容
2月11日～3月11日	社区建设	各街道鲁谷社区	详细了解基层社区建设基本情况后，对基层社区工作给予肯定，并就加强社区建设提出了社区工作者要加强学习、大学生社工要注重将书本知识与社区实践相结合、总结推广社区好的经验做法的要求。

续表

时间	主题	单位	主 要 内 容
3月3日	企业发展	物美集团	肯定物美对本区发展做出的贡献,指出物美集团走科技支撑的发展道路符合世界城市的要求。物美发展一要加快,二要落实,通过创新转变经济增长方式,同时强调各单位主动研究扶持企业发展的政策措施,营造更加良好和宽松的环境,支持和服务企业的发展。
3月23日	老古城综合改造、五里坨土地一级开发项目拆迁进展情况	住建委	强调在指挥部领导下,坚定信心,密切配合,共同促进经济社会协调发展;在项目推进过程中,进一步保障好群众利益;加大群众和社会宣传力度,引导党员和干部在拆迁过程中发挥作用;把维稳工作作为领导的第一责任,把握媒体报道倾向,做好特殊情况工作预案。
3月25日	台湾街和酒吧街建设招商工作	商务委 旅游局	指出关于台湾街项目,围绕八个字四个环节展开,即建设、招商、开街、管理,有关单位要及时出台招商支持政策,并推动招商工作一体化运作;关于酒吧街项目,要打造高质量的精品街,加强自身管理和社会管理。同时加强宣传,形成有利于本区发展的良好氛围。
3月31日	首钢搬迁市政基础设施对接情况	市政市容委	肯定近期首钢搬迁工作取得的进展和成效,提出首钢搬迁调整的全方位对接和居民生活息息相关,正确处理好长远规划和近期落实的问题,以及公共设施建设和小区安家的问题,确保居民生活便捷安全,确保社会稳定安全。
4月7日	教育事业发展	教委	指出在当前重要战略转型时期,教育要优先发展,十二五教育规划编制中推动教育高位均衡发展,体现教育公平;高度重视青少年的健康成长,重视学生做人做事本领的培养,全力打造安全的学习环境;加强学校科学管理,真正办好人民满意教育。
4月12日	首钢新型产业基地项目建设工作	经信委	提出高度重视首钢搬迁建设工作,建立高效并且完善的体制机制,从以人为本的角度做好就业与民生问题的对接工作,宣传工作要准确全面反映首钢搬迁的全过程。
4月13日	公共体育事业发展	体育局	强调抓住全区编制"十二五"规划的契机,解决公共体育事业发展过程中的难点问题;要进一步普及体育科普知识,打造品牌体育活动;要解放思想,创新体育工作方式。
4月13日	社会管理、流动人口管理	综治办 流管办	提出进一步解放思想、创新工作,促进区域经济社会协调发展;要高标准完成社会治安综合治理、维护地区稳定任务,为区域经济又好又快发展保驾护航;进一步加强基层基础工作,做好维稳工作布局。
4月26日	医疗卫生事业	卫生局	强调进一步解放思想,深化医药卫生体制改革;进一步加强统筹协调,努力形成区域品牌特色,加强风险防范管理促进医疗卫生事业又好又快发展;进一步加强医疗卫生队伍建设,注重人才、干部职工队伍的培养及学科建设;进一步加大医疗卫生事业的宣传力度,让群众了解和接受,提升外界知名度。
5月6日	社会服务体系建设	民政局	提出要站在"三个北京"和世界城市建设的高度上谋划、推进民政工作,特别对社会服务等重点工作要有新突破,不断满足人民群众的新期待、新诉求。要注重工作创新和对社会力量的引导,加大对重点难点问题的研究力度。

续表

时间	主题	单位	主 要 内 容
5月13日	人力资源和社会保障工作	人力社保局	提出全面服务于首都和本区发展大局，提高人才工作科学化水平，进一步加强公务员队伍建设和管理，积极开发就业岗位，进一步做好劳动争议仲裁工作，为全区的经济发展、和谐稳定做出贡献。
5月20日	科技公共服务工作	科协	强调围绕全区，服务大局，做好科技创新和科技公共服务工作；要紧抓首钢搬迁、"十二五"规划编制等发展机遇，整合各类资源，争取重大项目，提高工作成效；继续扩大布局、扩大宣传，积极营造良好科技氛围；建立健全专兼职结合的科技队伍，扩充科技服务力量。
5月24日	人口计生工作	人口计生委	指出注重提高人口素质和生活质量，切实在人口、资源、环境协调和可持续发展中发挥好基础作用；进一步加强科学管理和提高服务水平，不断提高人民生活质量；不断创新工作机制，深入研究新情况、适应新特点，解决新问题。
6月10日	卫生系统基层党建工作	组织部 卫生局	先后到卫生监督所、中医院和五里坨医院进行现场调研，提出各级党组织要更好地围绕中心、服务大局、发挥作用，引导广大党员发挥好先锋模范作用；紧密结合工作实际，努力建设学习型党组织；进一步加强作风建设，深入开展创先争优活动。
6月12日	国资系统基层党建工作	国资委	先后到国资委监管企业华游竞界、燕金源公司和鼎诚售楼处实地调研基层党建工作情况，强调要抓住国企发展的正确方向，围绕全区中心工作把企业做大做强；以科学发展观为统领，强班子、建队伍，科学夯实基层党建基础；进一步加强党员作风建设和党组织建设，关爱党员，发挥党员的先锋模范作用和党组织的战斗堡垒作用。
7月2日	商务楼宇党建工作	组织部 社会工委 古城街道 八角街道	先后来到骅悦隆大厦、泽洋大厦、领秀大厦参观党建服务工作站运行情况，指出推进商务楼宇党建工作，进一步围绕中心，服务大局，在加快推进区域经济发展方式转变中发挥作用；不断完善机制，强化功能，把商务楼宇党建服务站建设成为学习型、创新型、服务型组织；不断健全队伍，提高服务水平；进一步完善基础设施，改善工作条件。
7月9日	街道社区推进基层党建科学化和开展创先争优活动情况	社会工委 八宝山街道 金顶街街道 五里坨街道 组织部	先后来到五里坨街道联勤部军营社区、金顶街街道社区服务者协会和远洋山水华普超市，实地考察军地共建社区情况、协会党建情况和"社区联建门店"工作情况，听取有关工作汇报后，提出要围绕大局工作和中心任务开展工作，通过开展创先争优活动等使广大群众看到党组织和党员作用的发挥，要运用科学理念研究社会领域党建工作现实情况和问题，对社会领域党建工作的成功经验进行再提炼。
7月19日	上半年招商引资工作	投促局	提出在转变经济发展方式的关键期，要做好首钢搬迁、动漫游戏城、中国绿能港、中关村园区石景山园等重大项目的开发建设工作，进一步明确招商引资的工作思路，努力"招大商、引强资"，要规范工作制度和程序，用"优质、诚心、主动"的态度为企业做好服务。
8月24日	永定河绿色生态发展带石景山段莲石湖工程	市政市容委	先后来到莲石湖工程第一、二、三标段，观看莲石湖工程宣传展板，听取对工程的整体介绍，了解各标段工程的推进情况。强调：永定河绿色生态发展带建设得到中央及市各级领导的高度重视，工程建设、施工、监理各单位要担当起施工组织建设的主体责任，要严格按照市领导要求，加强监督、科学管理、积极协调，确保建设任务有计划、有目的的组织实施，保质保量地完成好永定河的建设任务。

续表

时间	主题	单位	主 要 内 容
8月25日	九中南大门建设工作	教委	查看九中大门建设情况,并对大门外直至金顶北路一带的道路、设施等情况进行了现场办公,要求有关单位尽快改善九中南大门周边情况,并责成相关部门在9月教师节前制定出九中南大门外道路规划建设方案。
8月25日	环卫工作	环卫中心	听取环卫工作设备设施的升级改造及环卫工人生活条件、工资条件的改善情况汇报,并参观新建成的环卫中心基层综合服务楼。指出要加强对环卫工的重视,留住人才,为区环卫工作做贡献;要高标准完成环境卫生任务,提高百姓生活质量;要着眼长远,创新理念,做好环卫工作。
8月26日	推进绿能港、国家可持续发展实验区和国家服务业综合改革试点区工作情况	科委园区	听取科委园区、区发改委关于绿能港、国家可持续发展实验区和国家服务业综合改革试点区工作情况的汇报后,就下一步工作提出六点要求:搭好一个班子、编好一个规划、配套一批政策、实施一批项目、营造一个环境、建好一支队伍。
8月31日	城市绿化美化工作	园林局 公园管理中心	先后来到老山城市休闲公园、茂华璟都会代征绿地及花语城市休闲绿地,进行实地视察。提出要以科学发展观为指导做好“绿色生态”的大文章,把“绿色生态”品牌做大做强,一手抓好绿化、公园和人才队伍的建设,一手抓好硬件和人才的管理。
9月2日	环保工作	环保局	先后参观环保监控中心、环境监测实验室和空气质量自动监测站,提出要以建设绿色生态石景山为目标,加强环境保护工作,做好“十二五”规划,加强工作研究,不断提升科学发展的能力和水平。
9月7日	“十二五”时期区文化事业发展规划编制情况	文委	先后来到承恩寺、法海寺就寺庙的开发利用、文化宣传等工作进行实地考察,听取文委关于“十二五”时期文化事业发展总体思路和主要举措的汇报,指出在文化事业的发展规划编制中,注重在“世界城市”、“三个北京”和“石景山区战略转型”三个方面做好对接,坚持以科学发展观为指导,加强历史研究与队伍建设。
9月15日	档案管理和编史修志工作	档案局(馆)、地方志办公室、党史办	强调要继续围绕中心、服务大局,发挥档案、史志应有的作用;着眼于全区战略转型,保存下宝贵的历史材料;加强工作研究,以史鉴今、资政育人;加大宣传力度,扩大工作影响力,更好地推进档案和史志工作的开展;抓好队伍建设,提高工作科学化水平。
10月14日	统战及民宗侨工作	统战部 民宗侨办	提出进一步增强全局意识,提高责任感和使命感,加强对新时期新问题新情况的研究,为建立健全各项工作机制,加强组织和专兼职干部队伍建设。
11月2日	纪检监察工作	纪委	强调继续围绕中心、服务大局,在全区营造良好的社会环境;继续加强制度建设,努力做到让权力在阳光下行使;继续加强领导干部的教育和管理,打造一支清正廉洁的干部队伍;继续加强工作研究,创新开展各项工作;继续加强纪检监察干部队伍建设。
11月23日	社区便民菜点工作	苹果园街道 古城街道	先后来到苹果园街道和古城街道的便民菜点,实地查看菜点位置和设施,指出设立便民菜点是丰富居民的“菜篮子”、提高居民生活质量的一项实事,下一步要明确主管部门,深入调研做好全区便民菜点的规划布局工作,加强规范运作和日常管理,建立有效的监管机制。

续表

时间	主题	单位	主 要 内 容
11月25日	党风廉政建设工作	城管大队	提出要把握好科学发展的问题,促进城市管理工作科学发展;深入研究把握好当前形势和发展前景,在工作中不断改革创新;不断加强队伍建设,尤其是要加强班子建设,努力提高执政能力和工作水平。
12月16日	重点工程和重大项目进展情况	住建委	视察京源学校实验楼及京源学校分校工程和刘娘府综合改造项目建设情况,听取专题汇报。提出要牢牢把握住"十二五"规划开局之年的工作重点,注重基础建设,举全区之力合力攻坚克难,进一步规范管理工作,打造高素质工作队伍。

(战天宇　曹建峰)

【出台民主决策制度】 12月1日,贯彻落实市委、市政府印发关于加强风险防控完善区县局级领导班子"三重一大"决策制度的意见(京办发[2010]20号),经区委常委会研究同意,制发区委常委会"中共石景山关于加强风险防控落实'三重一大'决策制度的实施办法(试行)"(京石发〔2010〕15号)。办法规定"三重一大"事项的主要内容、主要决策原则和机制、决策程序及风险防控措施等。通过实施办法进一步健全完善"三重一大"决策制度,提高整体工作效能和执政能力,加强对权力的制约监督,实现区委常委会决策的科学化、民主化、制度化。

(战天宇　曹建峰)

区委日常事务

概　　述

区委办公室作为区委综合办事机构和参谋服务机构,是区委系统的中枢环节,是区委工作运转的重要依托,是区委对外形象的直接载体,下设综合组、秘书组、信息组、督查组和机要组。现有工作人员17名,均大学本科以上学历。年内,贯彻落实区委十届十一次全会精神,把搞好服务作为一切工作的出发点和落脚点,找准定位,提升能力,履职尽责,做到四个坚持,服务一个战略转型的工作总方向、两个百年的追求新境界和"大调整、大建设、大发展"的主基调,圆满完成各项任务,被评为"首都精神文明先进单位"、"北京市党政系统密码工作先进单位"。

地址:石景山路18号

邮编:100043

电话:88699711 88699771

(战天宇　曹建峰)

【信息编报】 围绕北京建设世界城市目标和"三个北京"发展战略及全区战略转型,编发各类信息刊物486期,反映全区重点工作,为市、区两级领导科学决策提供信息参考。其中,普刊138期,增刊189期,报送市委专报250期,业务通讯11期,市、区领导批示41条,市委信息采用72条。全力确保首钢搬迁调整后周边地区市政基础设施无缝衔接、发挥政策扶持作用推进中国动漫游戏城项目建设等一批高质量的信息得到市级领导重视。

(战天宇　曹建峰)

【文秘工作】 围绕区委中心工作,安排34次区委主要领导专题调研,为区委领导科学决策提供依据。起草全区经济推进大会和社会建设大会上的文稿材料,发挥以文辅政、参谋助手作用。全年研究起草各类文稿100余篇,核发区委红头文件82件,在《北京工作》等刊物发表文章3篇,宣传本区"大调整、大建设、大发展"的工作主基调,展示落实十七届五中全会精神推动全面转型升级加快CRD建设的发展成果。

(战天宇　曹建峰)

【综合协调】 组织筹备区委全会、四套班子联席会、社会建设推进大会等重大会议40余次;筹备召开27次区委常委会,安排议题169个;召开区委专题会36次;协调把关区委主要领导参加活动100多项。配合市委办公厅组织安排包括中央巡视组视察、市委领导调研等重要活动16项,200余人次;接待中央、省部级以上领导视察调研19批,200余人次;配合全国妇联组织女部长球队活动15批、400余人次,在工作中注重沟通和服务,保障各项活动顺利进行。同时,完成1200余项各类电话和会议通知的记录落实工作;协调全年52周区领导活动表,涉及各种会议和活动1000余项。传送领导批办件947件,处理信访来信226封,收文332次,共计7100份文件,收发电报600余份,整理归档各类存档文件400余份。

(战天宇 曹建峰)

【强化督查】 围绕重要会议和重大决策,实施优化督查,全年办理办结重要会议决定事项26项,办理办结领导批示和指示32件,办理办结政协提案24件,切实增强督查效能。区委领导对八角街道50名居民联名反映违章建筑扰民问题的信访件作批示,区委督查室联合八角、城管等相关部门进行现场督查,于11月4日对违章建筑实施安全拆除,解决违建扰民问题。

(战天宇 曹建峰)

【机要密码】 制定办公室保密工作规则,完善保密工作各项规章制度。开展保密宣传工作,全年开展保密专题教育3次,组织保密知识答卷1次。按市机要局要求开展密码设备检查工作,完善档案,整理资料,清理帐目。密码通信设备完成升级改造,并对全体值班人员进行业务培训。年内,传送领导批办件950余件,处理来访来信230余封,收文330余次,共计7100余份文件,收发报600余份。

(战天宇 曹建峰)

组 织 工 作

概 述

中共北京市石景山区委组织部(简称区委组织部)是区委的重要职能部门。设办公室、干部组、综合组、组织一组、组织二组、组织三组、调研信息组、人才组,行政编制32人;下辖区党员电化教育中心(事业编制3人)。年内,围绕全区"大调整、大建设、大发展"的工作主基调,注重长效机制建设,完成学习实践活动第二批收尾和全面总结工作,积极动员部署,全面启动创先争优活动;以服务区域科学发展和干部成长为目标,探索"研究式教学"新模式,进一步推进干部教育培训改革;以推动科学发展和促进社会和谐为核心,紧扣中心工作需要,加大干部调整交流力度,进一步加强领导班子和干部队伍建设;以提高选人用人满意度和公信度为目标,进一步深化干部人事制度改革;以匡正选人用人风气为重点,进一步完善干部管理监督体系;以科学引领和实践创新为动力,坚持以特色精品活动为方法、以社会领域党建为重点,进一步提升基层党建科学化水平;以增强党的创新活力和团结统一为方向,进一步推进党内民主建设;以编制两项规划和召开人才工作大会为重要契机,进一步完善人才工作机制;以加强自身建设为重点,深入开展讲党性、重品行、作表率活动,积极带头创先争优,进一步树立组织部门和组工干部良好形象。

地址:石景山路18号
电话:88699810
邮编:100043

(王 浩)

【党组织及党员状况】 截至年底,全区党员总数42471名,其中正式党员41976名,预备党员495名。女党员16964名,占党员总数39.94%;少数民族党员1114名,占2.62%;35岁以下年轻党员4246名,占10%;60岁以上党员18603名,占43.80%;1949年以前入党党员395人,占0.93%;1976年11月以后入党党员28964名,占68.20%;具备大学本、专科以上学历党员16391名,占38.59%(其中研究生以上学历1328人,占3.13%);初中及以下学历党员14185名,占33.40%。全区党员中,有在职党员11274名,占26.55%(其中公有制经济单位在职党员8441名,占19.87%;非公有制经济单位在职党员2833名,占6.67%);离退休党员26616名,占62.67%。全区基层党组织1557个,其中党委107个,党总支100个,党支部1350个。

(韩 玲)

【发展党员420名】 全年发展党员420名,其中女党员193名,占发展党员总数45.95%;少数民族党员10名,占2.38%;35岁以下年轻党员219名,占52.14%;具有大学本专科以上学历党员320名,占76.19%。截至年底,全区申请入党人员3705名,入党积极分子2167名。

(韩 玲)

【处级干部队伍状况】 截至年底,全区有处级干部520人。其中,处级领导干部446人(正处170人,副处276人)。女干部162人,占总数31.2%;少数民族干部22人,占4.2%;党外干部13人,占2.5%。研究生179人,占34.4%;大学本科298人,占57.3%;大学专科41人,占7.9%;中专及以下2人,占0.4%。35岁以下16人,占3.1%;36~45岁153人,占29.4%;46~55岁293人,占56.3%;56岁及以上58人,占11.2%。

(崔 乐)

【干部队伍与班子建设】 研究制定贯彻2010~2020年深化干部人事制度改革规划纲要实施意见。将以"资格准入、考任分离"为主要特点,以“双推、双考、双公示、双票决”为主要内容的干部选拔任用工作做法，上升到制度建设、机制建设层面。研究制定2010～2013年石景山区党政领导班子建设规划纲要，明确领导班子建设总体目标、具体举措，增强领导班子和干部队伍建设的科学化、制度化、规范化水平。制定出台区委管理干部职务任免工作流程图，研究编制区委管理干部职务名称表，提升干部选拔任用工作规范化水平。健全干部选拔任用工作流程，听取分管区领导意见，增加书面征求纪委意见和任职前民主推荐与组织考察环节。全年对37名提拔任职干部在提拔任职前进行二次民主推荐和组织考察，扩大干部工作民主，提高选人用人公信度。

（崔 乐）

【干部选拔任用】 区委常委会召开15次区委干部工作专题小组会讨论酝酿干部，讨论决定干部任免10批126人。其中，提拔处级干部41人，占32.5%，包括通过全市公开选拔提拔干部5人；交流改任处级干部85人，占67.5%。在提拔干部中，正处级领导职务10人、非领导职务2人，分别占24.4%和4.9%；副处级领导职务26人、非领导职务3人，分别占63.4%和7.3%；女干部19人、少数民族干部4人、非中共干部1人，分别占46.3%、9.8%和2.4%。在交流改任干部中，正处级干部28人，占32.9%；副处级干部44人，占51.8%；到龄改任非领导职务13人，占15.3%。常委会票决107名处级干部的调整任免；从全委会成员和区级班子中推荐4个重要正处级岗位拟任人选；对37名处级正职领导干部任职采取无记名投票方式征求区委全委会成员意见。同时，培养并向市委推荐优秀干部，全年提拔副局级领导干部3人，轮岗交流2人，向市属有关部门输送优秀处级干部5人。全年党群系统任免科级干部27人，其中正科级领导职务3人，非领导职务4人，副科级领导职务5人，副科级非领导职务15人。

（崔 乐 梁 汉）

【公开选拔领导干部】 按照全市统一部署，确定区委研究室副主任、区发改委副主任、卫生局副局长、检察院反贪局副局长和区委党校副校长等5个职位面向社会进行公开选拔。有336人报名、审核通过297人，256人参加笔试、参考率86.2%，组织415人参加民主测评、与297人进行个别谈话，纪检监察部门全程参与监督，确保各项工作顺利进行。经过报名、笔试、面试、考察等环节，确定5名任用人选，其中本区2人、外区3人，男3人、女2人，研究生文化程度4人、大学文化程度1人，平均年龄33.2岁、最大40岁、最小31岁，呈现出知识层次高、综合素质好、专业能力强、年纪轻等特点。

（杨昆仑）

【《干部任用条例》检查】 《干部任用条例》检查是当年全市组织工作一项重点任务。市委组织部检查组决定对本区贯彻执行《干部任用条例》和有关规定情况进行检查，并重点延伸检查四个区属二级单位。5月，成立迎检准备工作领导小组，协调相关单位统筹做好基础准备工作；召开工作部署会，并在全区范围内下发通知，对各单位准备工作提出明确要求；梳理总结近年来贯彻学习《干部任用条例》和“四项监督制度”的经验做法；统计分析2006年5月以来新提拔的200余名处级干部情况，并做好干部名册、干部档案、会议记录等检查材料准备工作。按照“协调配合到位，服务保障到位”要求，做好相关协调联络、会议组织以及检查组办公、住宿、就餐、出行等各方面服务工作。6月，市委组织部检查组向区委组织部及四个区属二级单位反馈检查结果，充分肯定干部选拔任用工作。

（崔 乐）

【实施百名青年干部培养计划】 将科级干部纳入组织关注视野，实施有利于优秀年轻干部脱颖而出的选拔培养机制。在全区组织实施“百名青年干部培养计划”，遴选确定首批121名青年干部培养人选，组织30名青年干部参加专门集中培训，选派30名青年干部到重大项目推进、“十二五”规划编制、综治维稳和区委区政府综合部门参与重点工作，在急难险重任务中砥砺品质、增长才干。截至年底，有9名符合条件的青年干部纳入副处级领导职务任职资格人员库，7人通过公开选拔等方式走上副处级领导岗位，为未来区域经济社会发展选拔储备培养一批优秀青年领导人才。

（许海静）

【年度考核奖励】 机关单位参加考核的处级干部477人，其中98人考核优秀；35人记三等功，94人给予嘉奖，事业单位参加考核的处级干部31人，其中考核优秀的5人，合格的26人，5人获一次性奖励。党群系统机关单位参加考核的科级及以下人员441人，其中考核优秀的84人，称职的356人；17人记三等功，84人给予嘉奖。党群系统事业单位参加考核的科级及以下人员72人，其中考核优秀的10人，合格的62人；10人获一次性奖励。

（梁 汉 杨昆仑）

【考核考察】 11月，开展年度处级班子和领导干部综合考核评价工作，抽调27名党性强、作风正、有较强综合分析能力和文字能力的干部组成6个考察组。同月4日，召开工作部署和培训动员会，对考察工作提出要求，正式启动综合考评工作，38个处级班子173名处级领导干部参加综合考评。对3名因到达最高任职年龄或交流调整离任的处级单位党委（党组）书记进行履行干部选拔任用工作职责的离任检查，对19名试用期满干部进行试用期考察。

（杨昆仑 许海静）

【干部监督】 严格执行处级干部任职公示制度,对41名提拔任职处级干部通过内部办公网、区有线电视和公示进社区等形式进行公示。加大试用期测评考察工作力度,民主测评和组织考察50名试用期满干部,组织调整其中2名群众认可度低的干部。健全完善经济责任审计联席会议制度,制定出台领导干部离任经济事项交接办法,经济责任审计7名行政“一把手”。学习贯彻“两项法规”相关要求,开展区处级领导干部个人事项和配偶子女均已移居国外情况报告工作。学习贯彻中组部干部选拔任用工作“四项监督制度”,研究起草区委管理干部选拔任用工作记实办法等实施细则,将“一报告两评议”延伸到全区处级单位,并对3名处级单位党委(党工委、党总支)书记进行离任检查。在全区78个单位1685名干部群众中开展组织工作满意度调查。

(杨昆仑)

【干部谈心谈话】 区委书记和组织部共与44名党政正职干部进行任免职谈话,组织部长和副部长与80名副职及非领导职务干部进行任免职谈话。坚持组织部门与纪检监察部门信访联席会制度,定期沟通解决信访反映的干部问题,对1名违纪干部免职处理,进一步增强监督合力。部长和副部长采取登门探望的形式与36名处级干部进行退休谈话,其中正处级干部19人,女干部24人。

(许海静 梁 汉)

【一报告两评议】 按照市委组织部要求,开展“一报告两评议”工作(即区委常委会向全委会专题报告年度干部选拔任用工作情况,并在区委委员中对该项工作进行民主评议,评议结果报市委组织部;区委委员对新提拔的党政主要领导干部进行民主测评),加强干部选拔任用工作的民主监督。在区委十届十三次全体扩大会议上,总结本年度区委干部选拔任用工作主要做法和成效,组织部长代表区委常委会做专题报告。组织全体区委委员、区委候补委员和处级单位党政“一把手”对本年度区委干部选拔任用工作及新选拔任用处级党政正职进行民主评议,进一步扩大党内监督、提高干部工作透明度。

(许海静)

【军转干部安置】 在严格审核档案基础上,相继与14名团职军转干部谈心谈话,了解军转干部成长经历和工作意愿,做好岗位安置工作。12月21日,召开区军转安置工作领导小组会。同月25日,组织召开本年度军转安置工作大会,部署军转干部安置任务。全年顺利安置军转干部21人,其中副师职1人,正、副团职20人。

(杨昆仑)

【对口支援 挂职交流】 按照全市统一部署,接收市属有关部门和驻京中央单位交流任职干部2名、挂职干部3名,同时,选派2名年轻处级干部分别到市纪委、市旅游局任职和挂职,开阔干部视野,拓展工作思路。选派1名干部赴西藏开展对口支援工作,选派4名年轻干部赴新疆和田开展援建工作,选派2名年轻干部赴内蒙古赤峰挂职、5名年轻干部到浙江湖州挂职,提升干部应对复杂环境、解决实际问题能力。同时,做好外省区干部到本区挂职工作,接收内蒙古、浙江、四川、陕西等地挂职干部6批27人,扩大交流、增进友谊、促进合作。

(杨昆仑 梁 汉)

【干部服务保障】 梳理区管干部档案,归档0.3万余份材料,严格执行档案管理制度。做好1987年以来《石景山区组织史》编纂牵头协调和材料收集整理工作,联合区综治办做好区级干部综治考核和相关建档工作。抽调3名退二线处级干部到区志办担任副主编参与区志编纂。

(杨昆仑)

【学习实践活动】 上年10月至当年3月,在全区开展第二批学习实践活动,街道社区、国有企业、中小学校、“两新”组织四个系统957个党组织、30240名党员参与活动。其中社区党组织602个、党员26097名,国有企业党组织66个、党员767名,学校党组织97个、党员1539名,“两新”组织党组织192个、党员1837名。根据第二批学习实践活动参加对象都在基层的实际情况,把“统筹协调、分类指导,突出重点、强化基层,简便易行、务求实效”作为指导方针,把“需求出发、服务入手,目标引领、组织推动,活动凝聚、典型示范”作为工作方法,淡化阶段和环节要求,把追求活动实效摆在更加重要的位置,将学习贯彻十七届四中全会精神与学习实践活动相结合,突出党员学习教育、突出分析基层现状、突出解决实际问题、突出多办实事好事,加强统筹谋划、协调沟通,确保学习实践活动扎实有序推进。区委和各基层党组织举办集中学习培训班、研讨班479次,举办专题辅导或报告会312次,召开征求意见座谈会、专题民主生活会、专题组织生活会1377次,征集到意见建议2500余条,办成惠民实事好事1100余件。第二批学习实践活动更加简便易行、丰富多彩,涌现出新居民互助服务站、双名工程等典型载体,其中“石景山区苹果园街道设立新居民互助服务站加强流动人口服务管理”刊登在中央1002期简报上,并得到习近平、刘淇等领导批示。2月4日,中央学习实践活动巡回检查组到区进行巡视检查,认为本区学习实践活动“思路清晰、重点突出、推进扎实、效果明显”。3月9日,召开全区深入学习实践科学发展观活动总结大会,对两批学习实践活动进行全面总结,推进活动成果转化。4月26日,制定下发关于建立健全学习实践科学发展观长效机制的通知,进一步推动深入学习实践科学发展观向纵深发展。

（郑 一）

【创先争优活动】 按照中央、市委部署，在全区1515个基层党组织、41332名共产党员中，以“创建先进基层党组织、争当优秀共产党员”为主要内容，全面启动创先争优活动。4月23日，组织召开全区创先争优活动部署大会，制定下发关于在全区基层党组织和党员中深入开展创先争优活动的通知，组建区委创先争优活动领导小组及办公室，明确领导联系点、定期交流、定期汇报、巡回检查、定期表彰等五项工作制度。5～7月，组织开展“群众心目中的好党员”评选表彰工作，丁大文、贾树庆、董文亮3名党员被评为“北京市群众心目中的好党员”，丁兆伟等100名党员被评为“石景山区群众心目中的好党员”。6月30日，召开全区“群众心目中的好党员”表彰暨创先争优活动经验交流大会，表彰“群众心目中的好党员”。10月，组织党员区领导到基层联系点调研。11月11日，召开深入开展党群共建创先争优活动工作会，区总工会、团区委、区妇联作会上发言，推动以党内创先争优带动全社会创先争优，以党内科学发展带动全社会科学发展。12月，开展领导点评创先争优工作，指导督促各基层单位扎实推进创先争优活动，加大对活动的宣传报道力度，在区有线电视台、《石景山报》、石景山组工网等开辟专栏，定期宣传报道基层活动开展情况，组织“向先进典型学习，作践行宗旨模范”专题征文活动。通过丰富多样的活动载体，实现统筹谋划细致、起步开局顺畅、组织推进有序、活动氛围浓厚、实践特色突出。

（郑 一）

【党建项目推进】 开展社会领域党建“一月一典型”项目推进工作。以每月召开现场推进会的形式，挖掘、培育、选树、推广基层党建典型，加大组织推动、宣传推广力度，探索项目管理模式，深化社会领域党建，推进创先争优活动，构建持续推进基层党建长效机制。全年召开9次社会领域党建项目现场推进会，组织部长全程参与推进活动，并对每个党建项目进行现场点评、对持续推进社会领域党建工作提出要求。3月23日，召开八宝山街道“社区联建门店”经验推广会，推广社区党组织与社区周边小门店共驻联建，实现辖区党建全覆盖经验做法；4月16日，召开八角街道“党组织关爱工程”项目化管理经验推广会；5月27日，召开广宁街道“星级党建示范社区”创建活动经验推广会，在社区系统启动星级党建示范社区、星级党员、星级党务工作者创建工作，总结“协会＋党建”模式；7月23日，召开金顶街街道社区服务者协会党建工作现场推进会；8月27日，召开古城街道商务楼宇综合服务站现场推进会，推广领秀大厦“五站合一”经验做法；9月28日，召开苹果园街道“加强基层党建，助力拆迁整治”现场推进会，部署加强拆迁地区党员管理工作；11月12日，召开老山街道流动党员教育管理现场推进会，推广“流动人口党支部”经验做法；12月21日，召开五里坨街道“实施‘双为’工程深化创先争优”现场推进会；同月28日，召开鲁谷社区构建区域化大党建格局现场推进会。

（郑 一）

【开展拆迁促迁】 围绕服务推动全区经济结构转型，尤其是重点项目综合整治，扎实开展拆迁促迁相关工作。1月，印发关于开展“我是党员我承诺，拆迁促迁我带头”主题实践活动的通知，发挥各级党组织和广大党员带头拆迁促迁、带头宣讲政策、带头维护稳定、带头履职尽责、带头维护大局、服务发展先锋模范作用。3月29日，组织部长就组织工作服务重大项目推进在区有线电视台《走进演播室》栏目接受专题访谈。9月28日，召开苹果园街道“加强基层党建，助力拆迁整治”现场推进会，部署加强拆迁地区党员管理工作，保证拆迁地区党的组织不散、队伍不乱、阵地不丢。探索组织工作服务拆迁促迁工作的有效形式。自8月开始，直接参与老古城建设整治项目攻坚克难阶段指挥部工作，牵头成立党员干部督查组，专项负责项目内党员和区属机关、企事业单位干部职工促迁，建立定期汇报、信息互通、督促指导等工作机制，召开3次工作协调会，组织开展入户走访、三方约谈、思想促迁等工作。截至年底，促成34户37名党员签约。

（郑 一）

【基层党建调研】 围绕基层党建科学化主题，结合区域经济社会发展和党员队伍建设实际，开展“提高基层党建科学化水平的研究”、“城乡一体化进程中的基层党建问题研究”、“关于开展深入学习实践科学发展观活动效果的调研”等3个党建课题调研工作。其中“城乡一体化进程中的基层党建问题研究”作为“北京城乡结合部地区基层党建问题调研”子课题；“提高基层党建科学化水平的研究”被确定为区委重点调研课题，由区委书记主持，组织部长牵头；“关于开展深入学习实践科学发展观活动效果的调研”作为区委组织部重点调研课题。开展调研过程中，4月28日，市委组织部副部长带领市课题组到衙门口、老古城、边府等城乡结合部地区进行现场调研；“七一”前后，荣华带队到卫生、国资、商务楼宇、街道社区开展4次专项调研；围绕学习实践活动效果的调研在全区发放1000份调查问卷，收回调查问卷939份。三个调研课题严格按照时间进度形成调研报告，其中“提高基层党建科学化水平的研究”形成“1＋7”的调研报告：“1”就是1个总报告，即“关于提高基层党建科学化水平的研究报告”;“7”就是7个子报告,分别是关于街道社会工作党委科学运行的研究、社区党建项目化管理的实践探索、社区“三驾马车”运行机制研究、推进基层党建科学化的载体建设研究、非公企业党建研究、党员队伍建设情况调研、公推直选社区党组织负责人的研究与思考。通过这次调研,摸清基层党组织建设现状,剖析存在困难和薄弱环节,进一步统一认识,逐步形成以“工作理念现代化、党建布局合理化、分类指导常态化、载体建设丰富化、工作方式项目化、保障制度体系化”为基本内容的基层党建科学化总体思路。“提高基层党建科学化水平的研究”被评为区年度优秀调研报告一等奖。

(郑　一)

【党员教育培训】　全年累计举办培训8个班次,培训范围涵盖街道社区、机关系统、企事业单位、“两新”组织等基层党组织负责人、党务工作者、普通党员等1100余人,人均培训时间40学时。坚持贯彻党的十七大和十七届四中全会精神,落实《北京市贯彻<2009~2013年全国党员教育培训工作规划>的实施意见》,研究制定党员教育培训工作计划,在切实加强经常性党员教育的基础上,努力拓宽培训领域,对全区未纳入各级党委干部教育培训范围的广大基层党员进行分类培训,先后举办组工干部培训、基层党支部书记培训、新党员培训、大学生社区党员培训、入党积极分子培训、退伍军人就业技能培训等6个培训项目。针对培训范围广、学员需求多的实际情况,加强分类指导,提高培训针对性,将全年培训分为精品培训和专项培训。注重丰富培训内容,增强培训科学性,推动培训工作与理论学习相结合,与调研考察相结合,围绕区委关于基层党建科学化调研课题,加强对基层党员教育培训工作调查研究力度,并组织20名社区基层党组织书记党员到青岛等党建工作取得先进经验地区实地参观学习,组织基层党员积极参与全区学习实践科学发展观活动、创先争优活动等党内重大教育活动,引导培训工作贴近党组织和党员实际需求,组织25名退伍军人党员学习计算机应用等技能,增强就业能力。注重创新培训形式,增强培训吸引力,通过座谈会、答辩会、邀请区长讲课、外出拓展训练等新颖形式,对94名大学生社工党员进行集中培训;发挥典型引领作用,邀请市、区级“群众心目中的好党员”为420名入党积极分子做报告,用身边事教育身边人;同时组织学员参观全区“十一五”时期成果展览,帮助学员牢固树立大局意识和对区域经济社会发展的信心。注重及时回顾和总结培训结束项目,形成培训成果良性转化,有效应用到实际工作中来,提升基层党建工作水平。

(刘　远)

【开展评选表彰】　按照市委部署,把评选表彰“群众心目中的好党员”作为开展创先争优活动重点,成立办公室,在全区组织开展市、区级“群众心目中的好党员”评选表彰活动。在起草活动方案、工作流程、公众投票规则和选票统计办法基础上,重点抓好四个环节工作。在名额分配方面,按照1:1.2比例确定候选人名额120人,综合考虑基层党组织实际情况,对候选人名额进行合理分配;在推荐人选方面,采取自下而上、层层推荐方法组织广大党员、群众推荐产生初步人选;在确定人选方面,广泛征求基层群众、党代表、人大代表和政协委员意见,根据分配名额确定候选人名单;在投票评选方面,汇总各单位推荐情况,在《石景山报》、有线电视台、石景山信息网公布候选人主要事迹。评选过程中坚持把握需求、激发兴趣、广泛发动,深入把握群众的意愿和建议,把参与评判活动成果的权利交给群众,激发群众参与意识和活动热情,使活动过程成为党员群众自觉参与、自我教育、自我提高过程。全区有174272名党员群众参与投票,评选出贾树庆、邵誉培等103名市、区级“群众心目中的好党员”。6月30日,召开全区“群众心目中的好党员”表彰暨创先争优活动经验交流会。11月中旬,召开市“群众心目中的好党员”先进事迹石景山区专场报告会。会前,荣华、周茂非等与宣讲团成员亲切会面。优秀党员保安员贾树庆等5名北京市“群众心目中的好党员”代表依次登台宣讲先进事迹,在全区营造向“群众心目中的好党员”学习浓郁氛围。

(朱　梅)

【落实党内帮扶】　确定“一个重点、两个明确、三级补助、四级联动”帮扶工作思路,以扩大帮扶覆盖面为重点,组织和引导基层党组织制定帮扶工作计划。合理确定帮扶范围,明确帮扶范围和“生活困难”对象,按照困难程度,分别申请市级、区级、一般生活困难党员帮扶专项资金,每人一次性补助标准分别为5000元、3000元和500元,严格落实审批程序,做到各基层党组织、各党(工)委、区生活困难党员帮扶专项资金领导小组办公室、市生活困难党员帮扶专项资金领导小组办公室四级联动,在全区街道社区、机关系统、企、事业单位、教育系统、卫生系统等单位党组织中确定19名市级困难党员、102名区级困难党员和1230名一般困难党员,拨付专项资金102万余元。区委加大对建国前入党老党员生活情况的关怀力度,调查掌握全区29名建国前入党未享受离退休待遇的老党员基本情况,在市级400元补助标准基础上,将补助标准增至每名老党员600元标准,划拨专项资金20.5万元。完善困难党员信息库,指导各单位审查生活困难党员情况,对不符合帮扶条件或已经解困的及时进行调整,对新出现生活困难的党员及时纳入关怀帮扶范围。春节和“七一”期间，区委分两次对建国前入党老党员、优秀共产党员和生活困难党员开展走访慰问活动，区委常委和赵玉民、倪国锋分别到25名老党员、困难党员家中探望本人及其子女；各党（工）委开展走访工作，为困难党员送发慰问金、购买米、面、油、鸡蛋等生活品。

（朱　梅）

【党代表沟通服务】　在对全区党代表情况调查摸底、代表结构分析基础上，按照“强化主体意识，提升身份认同”目标，构建区处两级代表联络服务平台。一是在区委组织部成立区党代表联系工作办公室，专门负责对全区党代表活动组织指导、工作协调和综合服务工作；二是在34个党代表选举单位，确定党代表联络服务工作主管领导和工作人员，并将不是党代表选举单位“一把手”安排为召集人，明确开展活动职责，统一纳入党代表任期制工作范畴，定期组织参加活动；三是按照“区域相邻、性质相近，便于组织、利于活动”原则，将区党代表划分为街道党工委、直属党工委、城市建设、社会管理、文体卫、公检法等18个代表组。每个代表组设组长、副组长、联络员各1人，细化代表组任务、活动方式、组织保障等要求，保证党代表能够经常参与活动、履行职责、发挥作用。

（赵立辉）

【建立党代表任期制】　制定出台党代表任期制实施细则和六项党代表任期制具体工作制度，构建党代表任期制“1+6”制度体系，解决党代表开展履职活动缺乏制度保障问题。一是制定“一项细则”。即制定人大代表任期制实施细则，明确规定区党代表的权利与职责，开展工作的主要制度，履行职责的保障等6大项28小项内容，统筹引领党代表任期制工作。二是出台“六项制度”。即“党代表提案提议制度”明确党代表提案提议的基本要求，规范提交、办理、督办、答复党代表提案提议程序；“党代表列席党内会议制度”规定党代表可列席区委常委会、专题会等重要会议，保证党代会代表在任期间至少列席一次区委全委会或区委常委会；“党代表通报情况制度”明确通过党务公开、简报、专题情况通报会等形式向党代表通报情况；“党代表征求意见制度”规定党内重要情况、区委关于经济社会发展和党的建设等方面的重要部署、重大决策出台前，一般要征求区党代表意见；“党代表联系党员群众制度”，要求各代表组每月安排一天专门接待党员群众；“党代表调研视察制度”，明确组织党代表开展调研视察的内容、形式和要求，规定区级层面组织党代表集中调研视察每年至少开展1次，各代表团（组）组织调研视察每年至少开展1次，拓宽党代表履职渠道。

（赵立辉）

【党代表履职活动】　解决党代表发挥作用“一次性”的问题，搭建载体开展多项活动，落实党代表权利。一是结合区域经济社会发展，集中组织党代表开展重点工作、重要项目调研视察。在区级层次，组织开展两次党代表视察活动。分别组织来自基层一线和处级领导干部党代表到中关村科技园区石景山园和区西部五里坨地区进行视察，听取园区发展规划和西部建设情况介绍，为党代表了解区域经济发展、学习交流提供平台；二是围绕区委区政府重大决策，开展座谈交流和主题研讨活动，安排党代表听取党内重大情况通报，参加重大决策征求意见会，发挥党代表建言献策作用。共有10名区党代表被列入区委区政府重大决策事前咨询人员库；三是创造多种条件发挥党代表作用，150余人次的党代表应邀参加区级层面组织活动，如列席区人代会、区委全委会，参加学习实践活动总结大会、争先创优部署大会、军民联欢会等会议，1名代表受聘担任“政法系统执法执纪特邀监督员”，3名代表担任公开选拔副处级领导干部评委。拓宽党代表发挥作用渠道。

（赵立辉）

【基层党内民主建设】　开展“公推直选”社区党组织负责人工作调研。在9个街道（鲁谷社区）131个社区党组织中进行“公推直选”工作问卷调查，发出问卷1213份，收回1213份。为调研报告提供有力数据支撑。撰写完成提高基层党建科学化水平调研子课题“公推直选社区党组织负责人研究与思考”调研报告，获区“优秀调研报告一等奖”。

（赵立辉）

【公务员统计情况】　全区共有机关党政人才2500人。其中，女性1088人，占43.52%；少数民族117人，占4.68%；中共党员2012人，占80.48%；研究生学历435人，占17.40%；本科学历1636人，占65.44%；大专学历368人，占14.72%；具有中专、高中及以下学历61人，占2.44%。35岁及以下857人，占34.28%；36～40岁334人，占13.36%；41～45岁430人，占17.20%；46～50岁453人，占18.12%；51～54岁283人，占11.32%；55岁及以上143人，占5.72%。公务员统计工作连续第六年获得市委组织部颁发全优秀统计单位荣誉。

（刘明君）

【信息化建设】　调整完善区委组织部保密工作实施细则和组工专网管理规定，用制度规范组工专网管理和维护。整改网络，提高信息化软、硬件环境的信息安全性，完成“大组工网”接入和验收工作。联合区保密局，引进USB介质管理系统和非授权外联管理系统，完成部内30余台专网计算机安装，并配发组工专网专用U盘，用于专网之间文件传递，有效地防止涉密网与互联网相连，提升组工专网信息安全性。对区组工网站进行改版升级,通过引进先进内容管理系统,实现“集工作、宣传、学习、交流为一体平台”,重点建设“办公信息库、知识信息库”等功能,有效服务于组工工作各项业务开展,提高组织工作信息公开程度。

(刘明君)

【干部教育培训】 全年共举办主体班5期,培训领导干部160人,包括3期处级干部进修班,培训95人;中期班1期,培训35人;优秀科级干部培训班1期,培训30人。指导各系统开展各类培训班23班次,培训3719人次。在主体班中加大研究式教学比重,根据培训主题情况,安排案例教学、模拟培训、现场教学、专题研讨等研究式教学方法,逐步形成以“开班前充分调研、确定课题,办班中重点辅导、提出对策,办班后转化成果、实践运用”为主要流程一整套、链条式、系统化教育培训模式。3期处级班学员在培训过程中通过调研,形成“浙江现象”对石景山区科学发展启示、促进行政管理法治化,加快服务型政府建设、坚持“以人为本”创新管理模式,构建外来流动人口服务管理长效机制等10余篇对区域发展具有借鉴作用课题报告。制定关于开展处级干部自主选学工作实施意见(讨论稿)。选派4名年轻优秀正处级后备参加北京大学公共管理高级研修班学习。选派52名正、副处级领导干部参加保护环境与循环经济、建设世界城市、社会保障与建设、文化创意产业等专题培训班,选派相关部门处级干部120名参加市区县局级领导干部大讲堂经济社会发展形势、环境问题和十七届五中全会报告解读等为专题学习。

(王军 梁汉)

【人才工作会议】 11月18日,召开全区人才工作会议。会议对区十次党代会以来人才工作进行总结,表彰10名优秀人才、10名优秀青年知识分子、30名先进企业经营管理人才、40名先进专业技术人才、10名先进高技能人才和20名社会管理人才以及6个优秀人才工作项目。并出台“一个办法”(关于鼓励海外高层次人才来区创业和工作暂行办法)、“一个意见”(关于加强石景山区人才培养工作中心建设实施意见),组织开展“一把手谈人才”活动,编辑出版《石景山工作——人才工作专刊》,在《石景山报》进行系列宣传报道受表彰优秀人才、优秀青年知识分子先进事迹材料,利用电视、网络等媒介开展相关人才工作新闻宣传活动,营造“石景山欢迎人才、石景山成就人才”良好氛围。

(邹斌)

【编制人才规划】 根据市委组织部统一部署,研究编制中长期人才发展规划纲要(2010~2020年)和“十二五”人才发展规划。中长期人才发展规划纲要共分形势分析、发展思路、人才队伍建设、人才体制机制、人才环境、人才政策、人才工程、组织实施八个部分,明确未来区人才工作总体思路,即“1354”总体发展思路——坚持一个总体目标:打造北京市人才资源强区;完善三大体制机制:管理体制、开发机制、一体化机制;搭建五大发展平台:人才创新平台、人才创业平台、人才培养平台、人才信息平台、人才国际化平台;落实四项人才政策:人才引进支持政策、人才激励奖励政策、人才投入优先保证政策、人才服务保障政策。“十二五”时期人才发展规划作为中长期人才发展规划纲要行动规划,以五年工作为重点,进一步细化任务措施,更注重可操作性和针对性,明确提出要打造“三高、两优、一特”,即人才密度高、人才素质高、人才效能高,人才环境优、人才机制优,在文化创意等特色产业上具有明显人才比较优势,成为“首都创意人才特区”战略目标。

(邹斌)

【完善政策体系】 在人才引进方面,出台关于鼓励海外高层次人才来区创业和工作暂行办法,重点扶持海外高层次人才来区创业,鼓励海外高层次人才来区工作,对来区创业和工作的海外高层次人才,均给予不低于20万元一次性奖励,用于改善工作、生活条件,在项目实施、技术创新以及房租补贴等方面给予优惠政策;设立200万元专项资金,支持高层次人才集聚区建设,加大海外高层次人才引进力度。在人才培养方面,出台关于加强石景山区人才培养工作中心建设实施意见,着力打造一个更为广阔、更高层次人才成长和发展平台——区人才培养工作中心,提升全区人才培养工作资源开发水平,努力为区域经济社会发展培养一支服务转型、引领发展优秀人才队伍。在人才工作管理方面,出台人才工作项目管理暂行办法,坚持明确职责、过程指导、鼓励创新原则,以项目化运作方式,统筹优化全区人才工作资源,提升人才工作科学化水平和服务区域发展水平。

(邹斌)

【建立工作中心】 组建“石景山区人才培养工作中心”,以项目化管理手段,广泛吸纳区属各系统、部门、单位在人才培养工作中开展重要事项和活动,同时在自身框架内筹划各类人才培养工作项目,进一步统筹推进全区人才培养工作协调、高效、科学发展。出台关于加强人才培养工作中心建设实施意见,明确人才培养工作中心建设指导思想、总体目标、组织形式、培养方向、工作重点、考核评估和有关要求,加强全区人才培养工作指导和协调。设立专项支持资金,加大资助力度,引导、鼓励各用人单位加大人才培养工作投入,探索建立人才培养多元化投入机制。组织实施“央地一体化人才开发机制建设”、“社区工作人才成长工作室”、“百名青年干部培养计划”、“名教师、名校长培养工程”等一批典型人才培养工作项目。

（顾爱华）

【政工职称评定】 6月12日，组织召开思想政治工作中级专业职称评审委员会，会议认定获助理政工师资格1人，获政工师资格10人，同意推荐申报高级政工师3人。10月8日，向全区转发“北京市政工职评工作办公室关于做好2011年度全市政工职评工作的通知”、“北京市政工职评工作办公室、专家联谊会培训中心关于举办2011年度全市申报政工专业职务人员辅导考试及继续教育培训的通知”等有关政工职评文件。组织机关、企事业单位思想政治工作人员参加本市申报政工专业职务人员辅导考试及继续教育培训。

（顾爱华）

【信息稳中有升】 畅通信息工作渠道，制定印发关于进一步做好组工信息工作的通知，对健全组织体系、完善运行机制、加强队伍建设、强化督查考核等作出明确规定。实行信息要点预告制和采用情况季度通报制，调动基层单位和信息员积极性；依托区政务信息网，建立组工信息主管领导库、组工信息员库等联系平台，方便信息、通知上传下发；举办专题培训、顶岗培训、座谈会等活动，提升信息员能力水平。对《石景山组工信息》进行改版，增加“领导批示”、简讯等内容。创新开展专题性信息编发，先后刊发人才专刊、学习型党组织专题、基层特色党建专题等信息，提高信息指导性和针对性。加大信息报送、下发范围，重点信息报送区委书记、副书记、常委，下发范围增加各工委书记、党委（党总支）书记和信息直报点。全年编发《石景山组工信息》145期，简讯39条，其中被市委组织部《组工动态》采用31篇，信息报送率和采用率均位于全市前列，被市委组织部评为年度信息工作先进单位，并在市委组织部信息员培训会上作典型发言。

（王　鑫）

【推进调研工作】 确定市委领导吕锡文重点调研课题“关于推进城乡一体化进程中的基层党建问题研究”子课题1个；参与“关于提高基层党建科学化水平”、“关于进一步提高选人用人公信度的实践与思考”、“关于组织工作科学化的基本内涵与实践途径的思考”、“关于深化学习实践活动成效，进一步助推科学发展”等4个全市组织系统调研课题；参与“关于竞争性选拔干部的实践与思考”、“关于我区‘十一五’期间人才发展状况以及‘十二五’期间人才发展建议的调研思考”等5个全区重点协作调研课题；完成“关于增强干部教育培训实效性的探索”、“关于党员队伍建设情况的调查与思考”等7个部门重点课题。加强指导，完善制度，引入项目管理方法，建立责任制，将调研任务逐个落实到组室、执笔人。建立全区组织系统调研通报联系制度，了解调研进展，强化督促，确保按照既定时间开展调研。整理编印调研报告汇编，推介优秀调研报告参与市区评比。发挥调研工作谋事之基、决策之源作用，做好调研成果向决策思想、工作思路和工作措施转化。“关于提高基层党建科学化水平”调研成果，在基层党建项目化管理实施办法、“关于完善社区运行机制的意见”等文件中得到转化利用；通过“关于进一步提高选人用人公信度的实践与思考”专题调研，研究绘制区委管理干部职务任免工作流程图，进一步健全完善“双推、双考、双票决、双公示”干部选拔任用机制，提升干部工作透明度；通过开展“关于组织工作科学化的基本内涵与实践途径的思考”的调研，全面总结近几年组织工作的成功经验和特色工作，阐述组织工作今后科学发展方向，入选全市组织工作科学化研讨会调研成果汇编。

（张晓东）

【外宣开局良好】 加强阵地建设，注重学习研究宣传工作规律，与《中国人事报》、《组织人事报》、《北京组工通讯》、《北京支部生活》、中国共产党新闻网等多家媒体建立联系，建立范围广泛的宣传阵地，丰富组织工作宣传载体。整合各类资源，利用多种渠道发表言论文章，宣传工作亮点，展示工作成果。《党建研究》、《学习时报》、《中国共产党新闻网》等6家中央媒体刊载宣传稿件6篇，《北京日报》、《前线》、《北京组工通讯》、《社区党建》、《城市区街通讯》、《北京组工》网站等媒体刊载16篇，其中李文起《做转变经济发展方式的“加速器”》被《中国人事报》等5家媒体刊载，提升组织工作影响力和美誉度。

（朱继功）

【党建研究会成立】 成立党建研究会筹备工作领导小组，制定筹备工作时间表，协调落实办公用房、人员经费、登记注册等相关工作。研究制定区党建研究会工作流程，在组织架构、领导机构、选举方式、工作职责、活动方式和工作目标等方面提出初步设想，酝酿提出会长、秘书长、会员人选建议名单。起草党建研究会章程（初稿）、人事安排说明、成立大会上领导讲话等相关文字材料。制作宣传展板。11月，成立区党建研究会。荣华、韩昱出席区党建研究会成立大会并讲话，来自全区57个会员单位120余名代表参加会议。及时向市党建研究会秘书处和石景山信息报送信息，在《石景山组工信息》发布信息。联系区委办、宣传部刊登荣华讲话，扩大区党建研究会影响力。

（张晓东）

宣 传 工 作

概 述

中共石景山区委宣传部(简称区委宣传部)是负责全区宣传思想工作的职能部门。下设办公室、理论组、新闻组、宣传组、《石景山报》编辑部、《石景山工作》编辑部、文化创意产业促进中心。年内,全区宣传思想文化战线全面贯彻落实党的十七大和十七届四中、五中全会及市委十届七次全会、区委十届十一次全会精神,深入贯彻落实科学发展观,坚持"高举旗帜、围绕大局、服务人民、改革创新",按照建设中国特色世界城市和"人文北京、科技北京、绿色北京"的要求,以"大调整、大建设、大发展"为工作主基调,为"打造北京 CRD,构建和谐石景山,建设现代化首都新城区"提供强大的思想保证和精神动力,营造积极健康向上的舆论环境。主要开展五项工作:一是坚持用中国特色社会主义理论体系武装党员干部,建设学习型党组织;二是深入开展思想道德建设和精神文明创建活动,扎实推进社会主义核心价值体系建设;三是提升新闻宣传引导能力,加强 CRD 品牌推介;四是开展群众性文化活动,推进区域文化创意产业发展;五是以科学发展观为指导,不断加强自身建设。

地址:石景山路 18 号
电话:88699827
邮编:100043

(凡　喆)

【宣传绿色生态发展带】 2 月 28 日,莲石湖工程开工,标志着永定河绿色生态发展带建设的全面启动,吸引众多媒体关注。新华社、《人民日报》、中央电视台、中央人民广播电台、《北京日报》、北京电视台、人民网等 20 余家新闻单位现场报道和采访。《人民日报》以"北京开建永定河生态走廊"为题发表大幅图片新闻,《北京日报》在头版以"永定河绿色生态带建设开工"为题刊发新闻。《北京晚报》、《北京晨报》、《北京青年报》、《京华时报》、《新京报》等媒体也以大幅版面刊发相关新闻。网络方面,在百度输入莲石湖,共能搜索到相关新闻 186 篇。

(凡　喆)

【全国"两会"宣传】 3 月,在全国"两会"召开期间,加大 CRD 建设成果的宣传推介力度,呈现出平面媒体、专业期刊、电视台以及网络视频的多层次、多角度宣传态势,为推进 CRD 建设,打造新城区品牌形象,营造良好舆论氛围。一是重点针对全国人大代表和政协委员推介 CRD 建设情况。在《人民政协报》刊发"首都 CRD 特刊",用 4 个版面分别介绍《CRD 建设行动规划》、"一二三六"产业发展格局、蓬勃发展的文化创意产业及 CRD 建设迈入"大调整、大建设、大发展"新阶段的情况,其中专门介绍永定河绿色生态发展带、西部开发建设、北京台湾街、游乐园酒吧街等重大项目建设,凸显本区宜商宜居的发展特色。"首都 CRD 特刊"已在全国"两会"上向人大代表和政协委员发放;二是加强在主流报刊媒体的宣传攻势。围绕文化创意产业发展、城市建设等重点,以及医疗、环保、就业、新居民互助等内容,在《人民日报》、《北京日报》、《北京青年报》等主要媒体刊发相关报道 43 篇,掀起新闻宣传的高潮;三是加大在电视和网络媒体的宣传报道力度。3 月 9 ~ 10 日,"永定河绿色生态发展带"开工建设两次在中央电视台整点新闻播出,"新居民管理自家事、流动人员管理见成效"在北京新闻中播出。与新华社 08 视频合作,推出区域经济、文化、社会等各个方面的现场采访视频,在人民大会堂及人大代表、政协委员驻地滚动播放。在北京电视台 3 频道推出形象宣传片;四是借助专业期刊杂志开展深度报道。在《北京月讯》杂志和《城市住宅》杂志"两会"特刊上重点介绍文化创意产业的发展成果,以"石景山区的发展'魔方'"为题,介绍首钢搬迁调整后,打造 CRD 所做出的成就及当年实施的重点项目。

(凡　喆)

【征集"CRD"标识口号】 3 月 25 日启动征集活动。本次活动有三个特点:1. 覆盖范围广,面向国内外所有专业机构、公司、大专院校、专业设计人士及设计爱好者征集作品;2. 艺术层次高,聘请世界知名创意设计大师担任评委,包括中国银行标识设计者、香港艺术大师靳埭强;长城润滑油标识设计者、台湾艺术大师林磐耸;2008 年北京奥运会"中国印"标识设计者张武;北京大学新闻与传播学院副院长、博士生导师陈刚教授;中国传媒大学副校长、博士生导师丁俊杰教授;清华大学美术学院副院长何洁教授等;3. 影响力深远,征集活动后,定期邀请从事文化创意产业世界级大师,从全球各地齐聚 CRD,举办"创意 CRD 大师论坛",以促进文化创意产业的大发展、大繁荣。整个活动收到应征标识作品近 0.2 万件,口号作品近 0.3 万件,历经初审和复决审、大赛初审等评审环节,有 200 余件作品进入最后复决审,本次大赛二等奖、三等奖和优秀奖共 10 个奖项,一等奖空缺。

(凡　喆)

【文创领导小组会】 3月10日召开文化创意领导小组会。荣华对上年文化创意产业促进工作表示肯定，对当年工作提出五点要求：1. 进一步加大重点项目推进力度，加快中国动漫游戏城等重大项目的建设进程；2. 进一步加强招商引资工作，发挥政策引导作用，提升产业集聚效应；3. 进一步加强资源整合，突出产业特色，打造产业品牌；4. 进一步加大产业宣传力度，营造氛围，推介文化创意产业发展成果；5. 进一步加快人才引进步伐，完善人才服务体系，加大对高端人才的引进、培养、推荐和奖励力度。荣华要求高标准、高水平编制文化创意产业"十二五"规划，强调编制规划时要做到"三个结合"：一是要与市总体发展定位相结合；二是要与区域经济结构调整总体要求相结合；三是要与本区"十二五"总体规划相结合。周茂非提出五点要求：1. 转变观念，提高文化创意产业对本区产业结构调整作用的认识，坚定信心，推动文化创意产业的发展繁荣；2. 举全区之力，把本区打造成为"中国动漫游戏第一区"，继续推动网络游戏、影视动漫、数字媒体三大特色产业发展；3. 完善各项扶持政策，优化产业发展环境，扶持文化创意产业做大做强；4. 继续加大招商引资力度，吸引龙头企业入驻，壮大产业总体规模；5. 策划组织大型节庆活动，加大宣传推介力度，扩大影响力。

（凡　喆）

【理论中心组专题研讨会】 3月15日，召开第一次区四套班子联席会暨加快经济发展方式转变专题务虚会（中心组学习专题研讨会），就加快经济发展方式转变进行学习、讨论。与会人员集体学习市委市政府理论学习中心组学习（扩大）会资料摘要和刘淇在本次会议上的讲话，观看"中心组参考信息"专题片，并进行分组讨论。常务副区长汇报重大项目推进工作进展情况，荣华、周茂非、赵玉民、倪国锋作重点发言。荣华强调，要提高对转变经济发展方式重要性和紧迫性的认识，迅速把思想和行动与中央、市委的决策部署高度统一起来，加快推进经济发展方式转变；要深入思考加快经济发展方式转变的工作着力点，把中央、市委的部署和要求贯彻到工作中。区四套班子领导及全区各单位党政正职领导参加会议。

（凡　喆）

【经济发展推进大会宣传】 3月，集中开展经济发展推进大会宣传。一是立足大转型，不断挖掘经济报道的深度和广度。在《北京青年报》利用四个版面，从招商引资、功能区建设、文化创意产业发展等角度的深度报道，以对区长和委办局领导的专访和走入企业采访等多种形式，挖掘成功故事和案例。新华社内编部对首钢搬迁调整后，本区打造CRD所做出的成就及当年大力实施的项目建设做重点采访；二是立足大宣传，运用多种形式为全区经济发展和招商引资营造良好社会舆论氛围。与新华社、人民网、北京广播电台、《北京日报》、《北京晚报》、《北京青年报》、香港《文汇报》等20余家主流媒体联手，扩大受众面，将CRD建设成果及发展战略推向更高的知名度和美誉度；三是立足重策划，创新形式做好对内对外经济宣传报道工作，精心策划，配合相关部门推出不同的经济转型系列报道，深度挖掘经济转型的意义、思路、措施、成效。

（凡　喆）

【获批市级文创产业集聚区】 3月，经过市文化创意产业领导小组审议，"中国动漫游戏城"跻身市级文化创意产业集聚区行列。至此，本区市级文化创意产业集聚区已有2家。中国动漫游戏城是文化部和市政府共建的国家级动漫产业基地，其核心区为首钢旗下原北京第二通用机械厂厂区。总规划面积约1200亩，建成后建筑面积超过120万平方米，总投资超过100亿元，初步形成集原创、生产、展示、交易于一体，产业链完整的国家级、高水平的重点文化产业园区。该项目的规划建设不仅是探索首钢工业厂区产业转型的新途径，也是北京市承接中央大型文化项目，落实国务院《文化产业振兴规划》的重大举措。

（凡　喆）

【清明系列文化活动】 继续组织系列清明文化活动，展示传统节日独特魅力，传承民族文化深刻内涵，丰富广大市民文化生活。活动突出群众性、民族性、时代性特点，为传统节日注入新活力。一是举办第三届北京清明诗会；二是举行无名烈士纪念碑迁移仪式，4月2日将无名烈士墓从麻峪村迁移至八宝山革命公墓并重新立碑；三是推出以踏青、春游等为主题的游园活动，包括北京国际雕塑公园第七届玉兰花艺术节，石景山游乐园"走近春天——踏青、赏花、科普游"主题游园会；四是开展群众性文化活动，包括清明文化杂谈讲座、国学《论语》精华及文明祭祀、清明文化灯谜专题讲座、清明专题展板展览、少年儿童清明诗会等活动10多场，参与人数近0.2万人；五是加大宣传报道力度。《石景山报》用2个整版和头版头条报道清明诗会盛况；撰写10余篇有关清明节文章。区广电中心开辟新栏目"聚焦清明"，播报20余条有关新闻；制作专题访谈节目"话清明"，邀请有关专家学者讲述有关清明节来历及历史沿革，增强群众对传统节日的了解。

（凡　喆）

【专项资金管理】 4月，制定文化创意产业项目专项资金管理办法（试行）。就本区设立的2000万元文化创意产业发展专项资金具体管理和运用进行规定，要求专项资金重点支持对区域文化创意产业发展具有带动和示范作用的重点项目，具有产业集聚作用的精品项目,促进文化创意产业集聚区发展的重大产业化项目。“办法”规定专项资金采取奖励、贷款贴息、项目补贴等方式进行资助,以便吸引更多企业落户本区,促进文化创意产业发展。在石景山宣传网、科技园区等网站分两次进行公开征集,共征集项目53个。经过专家评审,对“石景山区文化创意中小企业集合票据”、“北京台湾街”、“第五届文博会及动漫产业发展国际论坛”、“3G人才创业创新大赛”、“文化娱乐版权内容发行平台”、“3722手机游戏互动社区”、“《古剑奇谭》单机游戏及网络游戏开发”等35个项目给予项目补贴、贷款贴息等奖励。

(凡　喆)

【新闻发言人培训】 5月28日,举办新闻发言人培训。邀请中国公共关系协会常务副秘书长、清华大学公共关系与战略传播研究所所长董关鹏博士,为全区85个单位和部门的200多名党政领导、新闻发言人、宣传干部、网评员和舆情信息员进行主题为“如何面对媒体与公众——突发事件处置与媒体关系管理”的讲座。就新闻发言人应当如何面对媒体与公众,针对突发公共事件中的媒体应对等问题进行讲解,提升各级各部门负责人在突发事件中的新闻应对能力。

(凡　喆)

【市广电局专题调研】 6月18日,市广播电影电视局局长李春良到区调研国家动画产业基地建设情况。视察华录文化公司和银河长兴影视文化公司,听取国家动画产业基地建设情况汇报,就影视动画产业发展前景进行座谈。周茂非介绍近年来产业结构调整及经济发展情况,重点介绍以影视动漫为代表的文化创意产业发展情况。李春良肯定区委、区政府的思路举措及一年来动画产业发展成效,表示首钢搬迁后,发展前景将更加广阔,指出在建设世界城市目标下,北京市将打造“东方影视之都”,本区作为全市影视动漫产业发展高地具备建设优势。为推动影视动画产业发展,市广播电影电视局与区委区政府建立有效的议事机制,全力推动区域文化创意产业发展。

(凡　喆)

【世界城市·社会建设论坛】 9月27日,区委区政府与市委宣传部、市委社会工委、市社科院联合主办的“世界城市·社会建设论坛”在万达铂尔曼酒店举行。本次论坛以“迈向世界城市的首都社会建设”为主题,广邀专家学者、市社会建设领导小组成员单位和枢纽型社会组织代表和各区县有关负责人,与区社会建设工作者共同就该主题进行广泛深入的研讨和交流。市委常委梁伟提出三点要求,一是要认识准确把握建设世界城市战略目标对首都社会建设提出的新要求;二是要探索全面推进新形势下首都社会管理服务创新;三是要发挥善于利用首都各界专家学者和各战线社会建设工作者的聪明才智。

(凡　喆)

【举办动漫国际论坛】 11月12日,由第五届文博会组委会办公室、市文化创意产业促进中心和区政府主办的“动漫游戏产业发展国际论坛”在铂尔曼酒店举行。论坛前身是动漫设计大师国际论坛,迄今已举办三届。本次论坛以“创意·品牌·营销”为主题,包括主题演讲、圆桌会议和动漫游戏产业投融资对接会等活动。来自文化部、广电总局和市主管部门领导及国内外动漫游戏领军企业、150多所国内外院校及相关机构的专家学者和业界精英共600人出席本次论坛,13名国内外嘉宾围绕动漫游戏产业发展、产业前沿理论及未来发展方向进行主题演讲。

(凡　喆)

【参加第五届文博会】 11月17～22日,第五届中国北京国际文化创意产业博览会举行,本区参与主办推介交易会、参与承办论坛峰会和参加展览展示三个板块活动。1.承办动漫游戏产业发展国际论坛,推介文化创意产业。周茂非介绍以动漫游戏为特色的文化创意产业发展状况,就本区产业重大项目作重点推介;2.主办数字动漫游戏创意产业交易会,促成一批精品项目合作。交易会在海航大酒店举办,历时2天,来自美国、香港的投资机构和企业、全国部分省市及北京企业等150家单位参加,洽谈项目近300个,内容包含动漫游戏创作、发行、外包、研发、设计、运营、衍生产品开发、人才教育、动漫游戏、数字内容等方面,其中180个精品项目达成初步合作意向,涉及金额10.088亿元;3.参加展览展示活动,宣传“中国数字娱乐第一区”品牌。在国际展览中心的整体展位面积342平方米,搜狐畅游、华录文化、暴风影音、蓝港在线、精彩集团、网元盛唐等14家企业进行现场展览交易,重点推介具有自主知识产权、创新能力强、极具示范带动效应的产品,展示在发展北京数字娱乐示范基地基础上,以建设中国动漫游戏城为契机,高端、高效、高标准发展以网络游戏、影视动漫、数字新媒体为特色的数字娱乐产业,带动文化创意产业持续快速发展的新气象。

(凡　喆)

【市外宣办调研】 12月10日,市对外宣传领导小组办公室、市政府新闻办公室主任王惠一行到区工作调研,考察台湾街、法海寺等外宣接待点。听取新闻宣传、接待境外媒体等工作汇报,对外宣工作给予肯定,表示本区外宣资源丰富,工作亮点突出,机制比较完善,媒体接待专业、热情,拥有首钢停产、区域产业转型、举办国际漫画大会等许多重要外宣节点和事件,应把握机会,注重舆论先行。要求一是主动做外宣,外宣工作已成为判断北京与世界城市距离的重要标志,应强化新闻发言人机制,开展更加丰富且专业化的培训,完善采访点和采访线,制作高品质的外宣品,主动用好网络资源;二是策划好外宣,对外宣传机会有限,渠道难得,要提前做好策划,紧抓关键时间节点,采取最能引起媒体关注的形式,突出活动亮点;三是扩大影响,整合资源和渠道,突出亮点工作,提升国际影响力。

(凡 喆)

【开展专题宣传】 开展十七届五中全会精神宣传教育。一是组织学习讨论,请专家为区处两级中心组作专题辅导报告,使全区领导干部把握全会精神实质,透彻理解相关内容;二是组建宣讲队伍,从区委党校、区委讲师团抽调精干人员,筹备成立宣讲团,深入基层党员、干部和群众,宣传十七届五中全会和十二五规划精神;三是做好宣传教育,利用区内电视、报纸、杂志等媒体,做好十七届五中全会精神的解读,同时开辟“回顾十一五、展望十二五”专题专栏,宣传十一五成就和十二五规划蓝图,凝心聚力,为十二五规划的实施营造良好舆论氛围。12月底,配合北京财经频道拍摄年底收官之作《点击年关键》,以访谈形式与区长就西部转型为背景下本区“十一五”取得的成就与“十二五”的规划进行宣传。

(凡 喆)

【获市专项资金】 组织申报43个市文化创意产业发展专项资金项目,包括申请贷款贴息、奖励、项目补贴等,项目数量比上年增加33%。项目分布领域涉及的行业有动漫游戏研发制作、广播影视制作和交易、涉及创意、广告和会展、出版发行和版权交易等。经过市评审,中国动漫游戏城有4个项目获支持,包括中国动漫游戏城产业先导孵化促进体系、中国动漫游戏城动画产业公共服务平台、中国动漫游戏城首意工坊产业促进服务平台和中国动漫游戏城网络信息服务平台建设,资金额度为1亿元。其他获支持的文创项目15个,获支持金额1884.9万元。项目包括:“数字社区”——文化娱乐版权内容发行平台、“开心乐画”之乐画课堂系列动画片、暴风游戏——面向网页游戏的系统平台建设与运营、北京国际青年创意周、广告精准投放与智能监测平台(简称SAM平台)、中法童装设计研发中心建设项目、《铁齿铜牙纪晓岚》第四部影视制作与发行、大型3D动画电影《麋鹿王》、《天龙八部》、自有知识产权VisionNet三维网络游戏引擎开发奖励项目等。

(凡 喆)

【理论研究成果】 制订人文石景山行动计划(2010~2012),经区委常委会审议通过,以区委区政府名义下发。完成市思想政治工作研究会当年基层重点研究课题——“关于扩大CRD品牌效应提升石景山区国际影响力的研究”及3项区重点课题。完成上年度“丹柯杯”优秀研究成果申报和当年第一届“宣讲家杯”优秀党课(报告)参评工作,上报22篇优秀成果。

(凡 喆)

【第二届故事大赛】 5~11月,举行第二届“和谐的家园”故事大赛。深入指导9个分赛区围绕主题开展故事比赛,下发选票0.9万张进行大众投票并邀请专家评审,从23个故事中评选出十佳故事,组织19名故事员进行角逐,产生十佳故事员,举办最佳故事员决赛和故事大赛颁奖电视晚会。整个活动持续近6个月,在全区再次挖掘出一批先进典型,通过宣讲活动再次在全区掀起争做文明人的热潮。

(凡 喆)

【“百姓爱心故事”征集】 全年征集230余篇故事和线索,经过精心挑选上报市“百姓爱心故事”评选办公室156篇故事。承办市百姓爱心故事宣讲团巡回报告会,在居民中取得良好反响。

(凡 喆)

【新闻宣传报道】 全年在主流媒体刊发有关本区的报道2000余篇。其中在中央电视台播发20余条,北京新闻播发50余条,《北京日报》刊发311篇,一版50篇,在主流媒体上刊发专版30余个,在《北京日报》刊发头版头条“石景山:钢城转型高端产业聚集区”。与中国教育电视台合作拍摄13集纪录片《人文石景山》;与《北京青年报》共同合作连续刊发50期文化创意产业发展专题报道。

(凡 喆)

【新闻应急处置】 年内,针对区内重要工作做好新闻应急处置,特别是老古城、刘娘府、五里坨等地区的拆迁工作,提前做好新闻预案应对可能发生的突发事件,期间接受境外媒体相关采访3次。全年会同相关单位制定宣传口径,处置20余起新闻应急事件,没有发生一起负面新闻。

(凡 喆)

【周末社区大讲堂】 5~10月,举行持续6个月的周末社区大讲堂活动。举行15场高水平讲座,0.2万余人次参加。把周末社区大讲堂活动作为落实人文北京行动计划重要任务切实抓好;精心安排讲座,从满足广大居民朋友的精神文化需求出发,挑选活动内容;发挥阵地作用,按照“提升人文素质 建设人文北京”主题,普及社科知识、传播人文精神、弘扬文明新风、创建和谐社区。

(凡 喆)

精神文明建设

概　　述

北京市石景山区精神文明建设委员办公室(简称区文明办)是区精神文明建设委员会的办事机构,负责全区精神文明建设日常工作。年内,围绕推进"人文北京、科技北京、绿色北京"和世界城市建设及本区"大调整、大建设、大发展"工作主基调,以"建首善,创一流"为目标,以"做文明有礼的北京人"为主题,统领精神文明建设各项工作。各种活动丰富多彩、扎实深入,凝神聚气、激发斗志,为全区经济社会发展提供精神动力、智力支持和人文氛围,推动各项工作稳步健康发展。年内,开展"爱首都、爱石景山、讲文明、树新风——做文明有礼的北京人"系列活动,推进六大文明引导行动,掀起"做文明有礼的北京人"活动热潮。通过全国双拥城"六连冠"市级验收;推荐6名来京务工人员参评文明北京"新市民";首都文明热线2010年特色工作巡展以"石景山区是我家、文明建设靠大家"专题,集中展示本区特色活动和工作亮点;《北京日报》用整版篇幅报道本区精神文明建设情况。

地址:石景山路18号
电话:88699862
邮编:100043

(董　湘)

【礼仪文明引导行动】 扎实推进"做文明有礼北京人"主题活动。以文明市民学校、文化大院为平台,以"礼仪石景山、文明伴我行"为主题,开展展示一张笑脸,牢记两种意识,常说三句文明话,常做四件文明事的"文明有礼1234"活动。组织开展"邻里一家亲"、"来京建设者与首都文明同行"、第二届"和谐的家园"故事大赛、"我们的节日"、垃圾分类减量和"低碳生活大家谈"等活动;举行第三届北京清明诗会等。通过活动,把文明礼仪的基本要求融入到居民工作、学习和生活中,塑造石景山人热情好客、文明礼貌的良好形象,形成人人争当文明人、争做文明事的良好社会氛围。

(董　湘)

【环境文明引导行动】 抓住重点人群、重点行业、关键部位和薄弱环节等,开展集中或专项行动,整治群众反映强烈的突出问题。在依翠园小区等16个社区,30%的党政机关和学校开展垃圾分类减量试点工作,评出100户先进家庭,促进资源循环利用。完善"假日文明行动",志愿服务和城管执法结合,加强对不文明现象的综合治理。以环卫工人、保洁员为主体,组建环境文明引导队伍,引导市民自觉践行社会公德、爱护公共卫生、维护市容环境。开展资源节约,引导人们节约一度电、一滴水、一粒粮、一张纸,倡导绿色环保的生活方式。创建节约型机关、节约型学校、环保型企业和环保型社区活动,推动资源节约型、环境友好型建设,培育勤俭节约风尚。针对随便堆放杂物、宠物随地便溺、车辆乱停等不文明现象,开展楼道文明、楼院文明等多种形式群众性活动,形成全社会维护整洁、优美、和谐、有序城市环境的良好局面。

(董　湘)

【秩序文明引导行动】 每月11日在全区公交地铁站台、医院、商场、学校、公园等公共场所,开展文明排队引导活动,引导市民养成自觉排队、主动礼让的文明风尚。7月11日,开展争做"文明小引导员"活动启动仪式暨第42个"排队推动日"宣传活动。巩固文明乘车活动,动员社会单位参与共建文明站台;组建公共文明应急服务队,开展特殊时期重点场所文明秩序引导;加强文明乘车引导员队伍建设,实施"关爱生命、文明出行"交通文明行动计划,宣传"六大文明交通行为",倡导"摒弃六大交通陋习"和"抵制六大危险驾驶行为",发挥车友会、私家车中心作用,在驾驶员中倡导文明行车、文明停车。开展"让座日"、"路德日"、"世界无车日"活动,倡导文明礼让、文明出行、绿色出行。

(董　湘)

【服务文明引导行动】 以增强诚信、提高服务为主题,在窗口行业和其他社会组织中开展"共铸诚信"实践活动,完善社会服务承诺制、生产经营信誉制等规范化服务制度。深化"百城万店无假货"和"首都诚信经营示范街"、"首都诚信经营示范店"活动成果,促进商务诚信、社会诚信建设。开展"创建文明单位网上行"等多种形式"创文明单位、树行业新风"活动,把精神文明创建与窗口行业管理目标紧密结合,通过完善岗位规范、开展全员培训、建立奖惩激励机制、树立服务标兵等综合措施,不断改进行业从业人员的服务态度、服务技能和服务质量。围绕解决群众反映强烈和影响地区形象的突出问题,建立有效的群众监督机制,纠正行业不正之风,提高窗口行业的群众满意度。

(董　湘)

【观赏文明引导行动】 开展高雅艺术进社区、民族艺术进校园等活动,组织文体明星等社会名流参与大众艺术观赏普及活动,宣传文明观赏知识,倡导文明观赏理念,培养文明观赏习惯,提高文明观赏水平。发挥图书馆、文化馆、博物馆等教育人、陶冶人、感化人的作用，营造安静优雅的公共观赏环境，培养在公共场所不大声喧哗的习惯。以“世界读书日”为契机，开展多种形式的读书、演讲、知识竞赛，营造全民读书氛围。“古城之春”、游乐园洋庙会、八大处茶文化节以及街道、社区消夏晚会等各种活动，调动广大文艺工作者和普通市民参与热情，开展丰富多彩的群众性文化普及活动，提供更多更好的精神文化产品，满足人民群众多层次、多样化精神文化需求。

（董　湘）

【网络文明引导行动】 加快网吧监控系统建设，不断推出新的监管技术手段。加强文明办网、文明上网宣传教育，抓好网吧从业人员思想道德教育，引导他们增强社会责任感和网络道德意识；加快网吧监控系统建设，不断推出新的监管技术手段。在网民中开展网络道德教育，引导人们明是非、分美丑，文明上网、文明用网，自觉抵制网上不良信息。开展“网吧文明使者”志愿服务活动，组织志愿者网上传播文明，用积极健康的网络文化占领阵地，满足广大网民精神文化需求。

（董　湘）

【深化文明单位创建】 在企事业单位深化“以诚实守信为荣、以见利忘义为耻”主题教育，在党政机关开展“创文明机关、做人民满意公务员”活动，形成为民、务实、清廉、高效的政风。在街道、社区等开展礼仪、环境、秩序、服务等为内容的“爱首都、爱石景山、讲文明、树新风——我参与、我奉献、我快乐”活动，努力提高市民的文明素质。加强新经济组织和新社会组织培育与引导，深化、拓展“两新”组织精神文明创建工作。按照科学、客观、公正、实用、简便、节约原则，完善群众性精神文明创建活动考核管理办法，巩固创建成果，不断优化发展环境，提升全区社会文明程度。

（董　湘）

【深化“六进社区”活动】 继续深入开展科教、文体、法律、卫生、交通、国防教育“六进社区”系列文化、文艺展演活动；发挥街道、社区文明市民学校作用，开办社区“大讲堂”，组织知识竞赛、消夏晚会等600多场次，参与人员30万。活跃居民文化生活。以全民健身为主题，组织“和谐杯”乒乓球赛、“和谐杯”篮球赛和“健康石景山”登山赛等群众性全民健身活动，丰富群众精神文化生活。推进“城乡统筹、文明先行”活动，扩大范围、增强覆盖、丰富内容、完善机制、提高质量，形成建设城乡一体化发展新格局。

（董　湘）

【社会志愿者服务】 贯彻落实中央文明委《关于深入开展志愿服务活动的意见》，将志愿服务工作融入精神文明创建活动中，普及志愿服务理念、弘扬志愿精神，使开展志愿服务成为群众参与精神文明建设的有效途径。以迎世博、迎亚运为契机，组织志愿者广泛参与文明礼仪知识宣传普及、改善环境面貌、维护公共秩序等项志愿服务，引导人们以志愿服务形式支持和参与世博会、亚运会。开展“空巢老人关爱志愿服务”活动，组织志愿者为空巢老人提供生活救助和日常照料服务。在全市率先成立环保、体育等专业志愿者协会，评出100名“志愿者之星”予以表彰。

（董　湘）

【深化军(警)民共建】 发挥驻区部队多、高层机关集中的优势，开展以联片共建为主要内容的首都军(警)民共建活动，加强军政军民团结。实施新一轮全国双拥模范城创建工作，争创全国双拥模范城“六连冠”，通过北京市对本区全国双拥城“六连冠”验收；举办第八届少年军校军事训练成果汇报会，对苹果园中学分校与93658部队共建的少年军校等7所先进少年军校进行表彰，使青少年在活动中受到锻炼，增强吸引力、凝聚力和影响力。安置25名军嫂就业，受到部队好评。

（董　湘）

【未成年人思想道德建设】 贯彻落实全国净化社会文化环境工作会议和全国未成年人思想道德建设经验交流会议精神，开展校园安全保卫，开展“扫黄打非”斗争，大力实施“文化环保工程”。开展民族艺术、优秀影片、芭蕾艺术进校园等活动，办好青少年电影节、网上大讲堂等活动，营造未成年人健康成长的良好社会文化环境。健全完善学校、家庭、社会三结合教育网络。加强教师和班主任队伍建设。继续建好数字德育平台、网上家长学校。加强对母亲课堂、社区儿童德育中心、家庭教育网校建设，推动家庭教育进学校、进社区、进家庭。深化“小公民道德建设”、“文明示范家庭”、“争做合格家长、培养合格人才”、“社区文明小使者”、“红蜡烛”等教育实践活动，完善中小学生假期回社区报到并参与社会实践制度。按照中央文明委《全国未成年人思想道德建设测评体系》要求，建立健全未成年人思想道德建设长效机制。完善未成年人工作联席会议、联合办公、信息通报、督促检查、奖励激励等工作制度。

（董　湘）

【开展文明礼仪教育】 以文明市民学校、文化楼门院为平台，举办中华伦理道德系列讲座，在全区开展家庭学习周活动，举办文明家庭表彰大会等。结合春节、清明节、端午节、中秋节等中华传统节日，开展有特色、有品位、有影响力的文明礼仪活动，弘扬优秀传统、唱响时代旋律，提高全区广大市民文明素质。

（董　湘）

【抓好文明阵地建设】 采取重点培养、重点扶持、重点投入等举措，抓好文明市民学校示范校建设。统筹街道、社区精神文明宣传栏等设施建设，按照示范宣传栏、示范文化墙的标准加大投入，加强精神文明阵地建设。截至年底，全区有示范栏75处、优秀栏120处，90CM×120CM宣传版面1852块，受到首都文明委好评。结合修订完善《首都市民文明公约》，开展"市民公共文明行为"评议、"市民文明生活提示语"征集等系列活动，为地区文明风尚建设献策献力。

（董　湘）

【精神文明队伍建设】 采取集中培训、理论研讨、观摩学习等多种形式，加强对精神文明队伍的培训。对新形势下精神文明建设特点进行研究，围绕"世界城市与公共文明建设"、"中华传统美德教育与市民文明素质提升"、"网络精神文明建设"等课题进行调研。研究制定"人文石景山行动计划"，为未来五年地区精神文明建设发展提供重要依据和基本遵循。

（董　湘）

【文明参与度得到提高】 全年局处级以上领导干部参加"迎讲树"等各类精神文明创建活动的有1000多人次，参与社会志愿者达10余万人。参与精神文明建设活动的知名专家、文体明星、英模人物等社会各界知名人士超过100余人次，经常性参加精神文明建设活动的市民群众达30余万人次，有力促进精神文明创建工作的新提升。

（董　湘）

统一战线

概　述

中共北京市石景山区委统一战线工作部(简称区委统战部)，是区委主管统一战线工作的职能部门，与区台办合署办公，行政编制10人。年内，贯彻落实区委党务工作会议精神，围绕中心、服务大局，凝聚人心、汇聚力量，全力以赴、真抓实干，充分发挥统一战线的优势和作用，努力为促进区域经济社会发展贡献力量。开展创先争优各项活动，制定区委统战部机关学习交流制度，组织系列活动，加强机关建设，提高能力素质。开展"石景山区新的社会阶层代表人士统战工作实践与思考"等调研，分析思考工作中存在的不足，研究制定提高统战工作水平的方法对策。被评为"首都统一战线创新工作先进单位"、区"文明单位"，获"招商引资工作突出贡献奖"等。

地址：石景山路18号
电话：88699232
邮编：100043

（侯世玺）

【推进社会领域统战工作】 成立加强和改进社会领域统一战线工作领导小组，推进全区社会领域统战工作。明确当前工作重点，加强工作基础，摸清底数，建立台账，建立起一支代表性较强、能力素质较高、有一定社会影响力的社会领域党外代表人士队伍。8月，市社会领域统战工作会议召开后，贯彻落实会议精神，及时召开社会领域统战工作大会，成为全市第一家召开大会的区县。制定下发关于加强和改进社会领域统一战线工作的实施意见(试行)和关于成立加强和改进社会领域统一战线工作领导小组的通知，市委统战部就本区社会领域统战工作的开展发了专报，中央统战部网站刊登本区召开大会的工作动态。以活动为抓手、以服务为手段，开展活动、完善服务，在服务中加深理解，保障权益，形成共识。深入重点联系企业实地调研，解决企业发展中遇到的问题。加强对非公企业奉献社会的引导和宣传工作，发挥非公企业在维护社会稳定、安置就业、扶贫济困等方面的重要作用，动员非公企业为社会献爱心。调动非公经济、"两新"组织成员为"大调整、大建设、大发展"贡献力量，做好第三届市、区"优秀社会主义事业建设者"的推选和评选工作。把统战工作的人才智力优势同社会建设的组织网络优势有机整合起来，发挥统一战线人才荟萃、智力密集优势，更好地推动全区战略转型、科学发展。

（宋晓斌）

【拓宽党外人士学习渠道】 组织党外代表人士专题辅导报告会，按照不同专题邀请党外代表人士参加区理论中心组学习和研讨。组织各民主党派、工商联负责人参加全区经济发展推进大会、政府情况通报会、"身边的榜样——树立和践行社会主义核心价值体系先进人物事迹报告会"等。围绕北京台湾街建设，组织民主党派主委赴台湾和上海世博会学习考察；组织党外代表人士参观市、区重大项目建设成就。举办党外处级干部和党外后备干部培训班，进一步提高党外干部的政治把握能力和自身素质。年内，举办学习班、报告会、座谈会、专题辅导班等15次。

（于　娟）

【加强多党合作】 加强制度建设，推进多党合作事业发展。支持民主党派加强自身建设，协助各民主党派区工委规范组织发展程序，出台人大代表、政协委员中的民主党派成员向党派做述职报告制度。对各民主党派后备人才的储备情况进行调研，完成"新时期党外代表人士队伍建设"的专题调研报告，初步建立党外后备人才的储备库，为党派换届工作布局谋划。结合区委加大力度选拔党外处级干部，及时进行宣传和推荐，参与党外处级干部考察阶段的相关工作。巩固区发改委、教委、住建委、卫生局与民主党派的对口联系制度，丰富和延伸对口联系工作内容。稳步推进科委、投促局等政府部门与民主党派的对口联系工作。协助各党派深入政府有关部门开展调研，为参政议政、民主监督和建言献策提供有效渠道。

（贾晓智）

【组织建言献策】 围绕“大调整、大建设、大发展”面临的形势和任务，组织重点课题推介会，集中统一战线智力资源，广泛开展调查研究和建言献策活动。同时，在全区统一战线中开展“我为石景山区‘十二五’规划建言献策”主题活动，引导各民主党派区工委先后召开“十二五”规划情况研讨会，在调研基础上汇集意见建议。组织各民主党派、工商联、侨联建言“十二五”规划专题会，所提建议被“十二五”规划编制部门采纳。

（贾晓智）

【构建“大维稳”格局】 发挥区民族宗教工作领导小组作用，贯彻落实党的民族宗教政策，维护地区宗教和谐稳定良好局面。进一步完善民族宗教领域信息通报、情况会商、应急处置等制度和措施，在“两节”、“两会”等重要时间节点，加大对宗教活动场所，保持民族团结、宗教和睦的良好局面。加强宗教场所建设，协调解决天主教和基督教教堂选址问题。

（刘景柱）

【举办各类座谈】 相继组织召开各民主党派主委和党外处级干部及所在单位的党政领导座谈会、优秀社会主义事业建设者座谈会、驻区台商座谈会，就进一步发挥自身作用进行座谈。举办统一战线迎新春电影招待会，向各民主党派、工商联、无党派人士、各人民团体和各族各界人士表示感谢和节日慰问。

（侯世玺）

【开展联谊活动】 整合区域内外统战工作资源，成立新的社会阶层人士联谊会。组织开展海联会会长联谊、百名海归西山游和贺台湾街开街中华书画展等活动，先后接待中美文化经济协会北京学术访问团、台湾中华黄埔四海同心会备役将校访京团、英国诺丁汉大学访问团等，宣传推介石景山。

（侯世玺）

【加强信息宣传】 不断加大信息工作报送力度，为各级领导决策提供参考。全年共编报各类统战信息184条，64条被市委统战部采用，33条被区委采用，其中2条受到市领导批示，1条被中央统战部重要信息刊物采用。出刊《石景山统战简报》、《统一战线学习参考》、《党派之声》35期。改版石景山统一战线网站，丰富网站内容设置，增强统一战线网站对外宣传和工作展示作用。年内获市级优秀信息2条、区级优秀信息3条，被评为市“统战系统信息工作先进单位一等奖”。

（于　娟）

【为统战人士办实事】 与有关部门协调，帮助清真寺和民族养老院解决门前道路问题。发挥统战工作桥梁和纽带作用。加强与党外代表人士联系与沟通，及时发现党外干部的思想波动。落实“党外代表人士生病住院报告制度”，走访慰问民主党派老主委等党外代表人士。规范党派楼的物业管理，提高服务质量，解决各党派联络员早餐和提高午饭标准等问题。切实做好黄埔工作进社区，建立社区结对子和走访慰问、生病报告制度等，把党和政府的温暖带给黄埔老人。

（侯世玺）

【外引内联牵线搭桥】 及时向全区统一战线成员传达第四次经济发展推进大会精神，发挥海外联谊会作用，不断创新招商引资工作机制。外引内联、牵线搭桥，使更多的资金、技术、人才和项目落户本区。全区统战系统组织招商引资活动20余次，引进企业13家，注册资金20959万元。

（侯世玺）

对台工作

概　述

中共北京市石景山区委台湾工作办公室、北京市石景山区人民政府台湾事务办公室（简称台办）是区委、区政府主管对台工作的职能部门，与区委统战部合署办公，承担全区涉台工作的组织、指导、管理、协调职能。截至年底，驻区台资企业17家；台胞台属1100人，其中台胞156人，台属944人。年内，以胡锦涛总书记推动两岸关系和平发展六点意见为指导，以落实对台工作四年规划纲要实施意见为基础，围绕中心，服务大局，贯彻落实中央和北京市对台方针政策和工作部署，履行对台工作职能。加强对台政策学习，组织涉台形势报告会，宣传教育培训班，提高领导干部的涉台思想意识。在北京台湾街建设过程中靠前服务争取上级领导和部门支持，协调国台办、市台办、连战团队及台湾嘉宾,完成台湾街开街接待等各项工作。接待两岸及海内外各界人士参访考察等活动。以台湾街为抓手,开展招商引资工作。加强对台交流交往,推动两岸校际结对工作。贯彻《中华人民共和国台湾同胞投资保护法》,做好台商投诉纠纷的预警、排查和协调处理,维护台商合法权益。

地址:石景山路18号

电话:88699233

邮编:100043

(牛利华)

【贯彻市对台会议精神】 3月25日,市对台扩大工作会议召开后,区委区政府把握新形势下对台工作新情况、新特点,贯彻会议精神。结合本区对台工作实际,提出要充分认识对台工作重要意义,树立大局意识,提高思想认识;抓住两岸大交流大合作新契机,在北京建设世界城市和区域经济转型升级关键时期,发挥北京台湾街品牌效应,推进对台商贸交流合作不断深化。11月6日,市对台专项工作会召开后,及时向区委主要领导汇报,7日召开驻区台商及台胞骨干座谈会。听取台商建议,了解台资企业经营状况和台商生活情况,鼓励台商在两岸经济合作大发展进程中发挥作用,用行动维护两岸和平发展的大好局面。

(牛利华)

【提高对台工作意识】 综合ECFA签署后两岸热点问题和岛内五都选举政治生态变化,编写"五都选举'兰''绿'实力对比",为区领导进一步了解和掌握两岸热点问题提供学习参考。举办"两岸关系和台湾政局分析"报告会,组织2期"关于加强对台交流交往工作及交流中应注意的几个问题"专题学习班,全区各局处级领导和对台干部及职能局处涉台岗位干部300余人参加培训。通过学习,加深对党的方针政策的理解,比较全面了解岛内时局和民众心态,在处理涉台事件时做到有理有节有度,坚定做好台湾人民工作的信心。

(牛利华)

【抓好机制建设】 将市对台扩大工作会议精神作为落实区对台工作四年"规划纲要实施意见的重要推手。抓机制和基础建设,起草加强对台交流交往工作管理办法,加强对台交流归口管理,以适应两岸大交流大合作和区域经济发展需要。进一步完善区对台工作领导小组和台胞权益保障协调小组的协调会商机制,加强对涉台突发事件和台商投诉纠纷的预警、排查和协调处理。

(牛利华)

【发挥职能主动服务】 年内加强与市台办、区委、区政府的沟通、协调和配合。高质量完成北京台湾街开街工作。争取国台办、市台办指导和支持,邀请台商实地考察,帮助企业作好台资企业招商工作。协助相关部门,解决台湾商品期限内通关检疫的困难,保障台湾商品在开街典礼前顺利上架,台湾商品标识检查验收工作。为北京台湾街高质量开街提供有力支持和保障:一是完成几十万文字、图片和题词文稿审查工作;二是做好枢纽,完成上通下达联络工作;三是做好连战团队107位嘉宾和统战系统涉台单位领导的邀请和接待。配合市台办及相关部门检查行程环节安全和台湾媒体采访接待工作。

(牛利华)

【吸引台资落户】 北京台湾街是北京首条台湾主题文化商业街,在业态特色上彰显鲜明台湾地域特色的人文气息,为实现台商80%的集聚和高品位经营。区台办发挥广泛联系台商的优势,以北京台湾街为平台,不断吸引台湾各界人士和全国各地台商前来考察、咨询及洽谈合作项目。经台办搭桥,宝岛夜市、金门高粱、捷安特自行车展示馆等台资企业先后落户北京台湾街。配合区商务局举办为期2个月的"台湾美食文化节"。北京台湾街已成为本市特色鲜明的重要商业街和了解台湾饮食文化的窗口。

(牛利华)

【加强两岸交往】 年内,先后接待中国国民党副主席黄喜惠、新党主席郁慕明,台中县县长黄仲生、台南县县长苏焕智、民意代表高金素梅,南投县县长李朝卿等台湾各界人士到北京台湾街考察交流。全年接待两岸及海内外各界人士前来考察参访48批800余人次,区领导接见台胞13批140余人次,完成赴台立项审批33件百余人次。

(牛利华)

【两岸校际交流】 按照市百校结对活动要求和区对台交流实际需求,5月6日下午,邀请台湾明台高级中学20余名师生到黄庄职业高中进行交流参访。两校各自介绍建校史、办学理念、教学特长,参观黄庄职高美容美发、服装、塑形设计与制作等实训室,两校师生各展才艺,共同联欢,表达希望建立长期交流合作的愿望。

(牛利华)

【组团赴台考察】 9月14日,区商业考察团赴台湾进行为期8天的商业考察。在台期间,得到台湾世贸协的鼎力支持和配合,克服凡亚比台风造成的不利影响,与绮丽珊瑚、台湾玉石、台湾茶(八草木堂)和圣宏国际4家企业签订合作协议,推介北京台湾街。对台湾特色夜市、综合商业、文化创意特色街等进行实地考察,完成预期任务,12月4日,荣华率团赴台湾开展为期8天的经贸考察。在台期间,与当地企业界、政界、教育界人士广泛交流,向台湾朋友介绍区情,与远雄企业集团总部就加强合作与投资进行商谈。

(牛利华)

【"五桂楼"落成揭牌】 5月6日,北京台湾街仿建台湾雾峰林家百年

“五桂楼”揭牌，牌匾由台湾台中县文化局赠送。全国工商联副主席沈建国、海峡两岸关系协会副会长张铭清、中直机关工委副书记贾祥，市台办、区有关领导，台中县长黄仲生、台中县文化局长陈志声及雾峰林家负责人兼明台中学董事长林芳英等人共同为五桂楼揭牌，并种下具有象征意义的五棵桂花树，参观五桂楼和《沧海百年 忠义千秋》图片展，观看台湾明台高中原住民同学舞蹈表演。雾峰林家的代表性建筑“五桂楼”引进北京台湾街，成为两岸文化交流平台，让更多的人切实感受台湾、了解台湾，具有深远意义。雾峰林家是台湾著名爱国世家，移民台湾200多年来，拓荒创业，抵御外辱，涌现出林祖密、林献堂等众多为祖国统一富强献身的民族英雄。1911年，梁启超受林献堂邀请访台，共商非武装抗日大计，并留下“五桂楼”手迹。此后数十年，林献堂领导台湾人民开展轰轰烈烈的抗日运动，被誉为“台湾第一公民”、“台湾议会之父”，五桂楼也因此载誉台湾。

（牛利华）

【台商台胞中秋座谈会】 9月19日在西山八大处召开。区有关领导、相关部门负责人与台商、台胞代表30余人参加。区投促局介绍地区经济社会发展情况和投资招商政策项目，与会领导倾听台商、台胞代表的意见和建议，进一步了解台资企业运营发展现状，双方就台商投资政策扶持、台商权益保障、加强合作促进发展等问题，进行广泛交流和深入探讨。

（牛利华）

【加强调研理清思路】 结合对台工作任务和台资企业数量迅速增多的实际，分别到市台办和朝阳区、海淀区等7个城区台办学习考察，归纳梳理本区对台工作现状、存在问题以及今后工作思路，完成“进一步加强石景山区台办工作的调研”、“北京台湾街基本情况和主要存在的问题”。结合地区经济转型发展，形成“‘十二五’期间加强对台经济工作的思考”调研报告。通过调研，进一步整合涉台资源，明确工作重点，落实对台工作规划内容，推动全区对台工作开展。

（牛利华）

【加大走访力度】 宣传党的对台政策法规，通过走访及时了解台胞台属及台资企业在生产经营和生活中的困难。全年走访台资企业46家140次，处理涉台突发事件1起、来信来访投诉3件。为台胞台商解难事，办实事。在不断加强宣传和完善服务中优化投资环境。

（牛利华）

决 策 研 究

概 述

中共石景山区委、石景山区人民政府研究室（简称区委、区政府研究室）是区委、区政府综合性政策研究部门，是为区委、区政府科学决策和工作服务的参谋机构。年内，加强对事关地区发展重大问题的调查研究并取得一批新成果，全区完成调研报告1243篇，其中区领导牵头的重点协作课题24个，处级党政正职领导完成调研114篇。编印《石景山区2009年度优秀调研报告文集》，编发《决策参考》13期。高质量完成一批重要文稿起草任务。全年起草各类报告、讲话等综合文稿40余篇20余万字。获区级“文明单位”称号，被评为区“目标督查考核业绩突出单位”。

地址：石景山路18号
电话：88699721
邮编：100043

（赵秀华）

【确定调研课题】 贯彻落实区委十届十一次全会、区人大十四届五次会议精神，根据当年调研工作要点，确定区重点协作调研课题24个。内容包括：关于建设世界城市背景下本区城市现代化面临的问题及对策研究；关于提高党建工作科学化水平的研究；关于“十二五”期间经济社会发展总体思路的研究；关于区域竞争背景下本区差异化发展策略研究；关于人大工作坚持以人为本的实践与思考；关于在产业转型中发挥科技引领作用的对策研究；关于平安石景山建设新情况及新对策的专题研究；关于“十二五”期间“文化兴区”的总体思路研究；关于“十二五”时期基本公共服务发展思路的研究；关于加强监督检查确保市区重大决策部署贯彻落实的对策研究；关于CRD品牌及城市形象塑造专题研究；关于“十二五”期间新的经济增长点研究；关于近年来贯彻落实科学发展观的经验与启示研究；关于建设高标准国家卫生区工作情况的调查与思考；关于区政府贯彻落实《北京市实施〈中华人民共和国义务教育法〉办法》，实现基础教育优质均衡发展情况的调查与思考；关于区人大常委会开展“十一五”规划中期评估工作的实践与思考；关于完善代表建议督办工作格局，进一步加大督办工作力度的思考；关于“十二五”期间“生态立区”的总体思路研究；关于“十二五”期间基础设施需求与重大项目的研究;关于中关村国家自主创新示范区特色园发展对策研究;关于“十二五”期间“商务强区”的总体思路研究;关于当前宗教工作开展情况的调研;关于深化行政管理体制改革、推进政府管理创新的对策研究;关于流动人口服务与管理模式创新的调研。

(赵秀华)

【完成综合文稿】 起草报告、讲话等各类综合文稿40余篇、20余万字。一是服务区“十二五”规划编制工作,研究起草区委“十二五”规划建议、“建议”说明以及区委十届十三次全会决议;二是起草关于对市委“十二五”规划(建议)反馈意见的报告,经过荣华、周茂非等领导多方协调,通过与市委研究室“建议”起草组沟通,将关于“积极打造首钢高端产业综合服务区”等修改内容,写进市委“十二五”规划建议;三是服务区社会建设推进大会及社会建设论坛,完成“关于进一步加快推进社会建设的若干意见”、荣华在“世界城市·社会建设”论坛上发言等文件和讲话材料;四是服务区四套班子联席会,完成荣华在区四套班子联席会暨加快转变经济发展方式务虚会上的讲话;五是服务区领导赴外省市考察活动,分别完成赴上海杨浦区、东北三省学习考察报告。此外,还起草完成本区在全市调研会上的经验发言材料及领导交办的其他文稿材料。

(赵秀华)

【转型发展研究】 “在世界城市目标下石景山区转型发展的对策研究”是市级关注课题调研。成立由荣华任组长,研究室、发改委等12个部门共同参与的课题组,制定具体课题实施方案,明确各部门职责和任务。3月10日,召开开题会,荣华对开展课题调研提出明确要求。在4~10月课题调研中,研究室作为责任单位,先后组织召开2次专题研讨会,与各分课题单位领导和执笔人进行多次沟通,各单位抽调精干力量投入课题研究,撰写分课题报告,提供调研材料和对策建议,为总报告撰写奠定基础。该课题形成1个总报告、11个分报告,共计14万字的研究成果,为科学谋划“十二五”乃至更长时期的转型发展,提供重要决策参考。总课题报告分为五个部分:1. 北京建设世界城市的基本内涵和特征;2. 北京建设世界城市对本区转型发展提出的新要求;3. 在建设世界城市目标下,所具备的发展基础和条件;4. 比照建设世界城市目标,本区存在的发展差距;5. 按照建设世界城市要求,加快推进区域战略转型发展的对策建议,提出5个方面对策建议。第一,树立生态文明的发展理念,推动由传统工业向绿色生态转变;第二,深化CRD发展定位,把推进新“三区”建设作为实现CRD定位的重要路径;第三,进一步理清发展思路,大力实施五大战略推动区域转型发展;第四,进一步明确重点任务,全面推进大调整、大建设和大发展;第五,要坚持统筹协调,建立健全加快战略转型发展的保障措施。

(赵秀华)

【调研课题推荐】 3月11日,与区委统战部联合召开民主党派工商联调研课题选题推荐会。向民主党派主委及工商联负责人介绍当年重点课题总体情况,推荐28个调研课题,建议各民主党派和工商联围绕“大调整、大建设、大发展”总体思路,选准课题、开展调研,为区委、区政府科学决策和民主决策继续贡献力量。区有关领导对继续发挥民主党派调研优势提出要求。

(赵秀华)

【推进社会建设】 参与社会建设推进大会筹备工作,完成区委、区政府关于进一步加快推进社会建设的若干意见(京石发〔2010〕11号)。“意见”共三部分,第一部分:进一步明确加快推进社会建设的总体要求,提出认识加快推进社会建设的重要意义,进一步明确加强社会建设的指导思想,落实加强社会建设的总体目标,正确把握加强社会建设的基本原则四项内容;第二部分:全面落实加快推进社会建设的重点任务,提出七项任务:实施积极的就业政策,稳定和扩大就业;加强社会保障体系建设,提高社会保障水平;推动教育文化事业健康发展,提升公民文明素质;发展医疗卫生体育事业,提高全民健康水平;推进宜居城市建设,提升群众生活环境质量;推进社会管理创新,维护社会和谐稳定完善社会领域党建工作体系,不断提高基层党建科学化水平;第三部分:建立健全加快推进社会建设的长效机制,提出建立健全统筹协调机制,建立健全财政投入机制,建立健全社会参与机制,建立健全人才保障机制,建立健全监督考核机制五项机制。

(赵秀华)

【课题成果转化】 11月,荣华主持的“在世界城市目标下石景山区转型发展的对策研究”被《北京调研》以《专辑》刊发。全年刊发优秀调研成果14篇。评选出上年度全区调研工作先进单位35个,调研工作先进个人56名,评选出优秀调研报告一等奖10篇,二等奖21篇,三等奖44篇。以优秀调研报告为基础,编印《2009年石景山区优秀调研报告文集》,同时收录区领导主持的区重点协作调研课题20篇以及上年部分重要文件。组织实施的30项“十二五”前期调研成果,为科学编制“十二五”规划提供决策依据。

(赵秀华)

机构编制管理

概　　述

北京市石景山区机构编制委员会办公室(简称区编办)是区机构编制委员会(简称区编委)的常设办事机构,在区编委领导下,负责本区行政管理体制和机构改革以及机构编制管理的日常工作,既是区委工作机构,又是区政府工作机构,列入区委序列。年内,在做好机构编制日常管理工作的同时,不断深化行政管理体制改革,积极探索事业单位分类改革,努力创新机构编制管理,机构编制保障工作取得新成效。

地址:石景山路18号

电话:88699276

邮编:100043

(靳献乐)

【机构改革后续工作】 完成上年政府机构改革后续工作。一是制定印发34个单位的"三定"规定,作为各部门履行职责、设置机构和配备人员的依据。将区政府机构改革的相关文件及政府部门"三定"规定整理编辑,形成政府机构改革文件汇编,印发全区各单位;二是完成机构改革中调整变动的9个政府工作部门所属32个事业单位的整合划转工作。核定新组建的公园管理中心的"三定"规定,理顺公园管理中心与八大处公园管理处的领导体制和工作机制;三是对新组建的区经信委、人力社保局等5个部门执行"三定"规定情况和机构运行情况进行调研,查找存在主要问题,为协调促进新组建部门有效运作,进一步明确部门职责权限,划清部门间职责边界,建立健全和完善部门间协调配合机制提供依据;四是调整充实区人大机关和区纪委(监察局)内设机构、人员编制和领导职数,进一步完善机构设置,加强组织建设。

(靳献乐)

【机构编制调整】 组织召开3次区编委会会议,研究31个单位的45个机构编制事项,形成63个批复文件,及时有效地解决相关单位的机构编制问题。一是为促进永定河绿色生态发展带建设工作的顺利开展,及时成立永定河绿色生态发展带建设管理中心;二是为适应服务首钢搬迁调整和推进首钢厂区规划建设工作需要,及时调整领导小组职责并更名,在机构改革完成后,再次为经信委首钢搬迁建设科增加行政编制;三是为加快推进功能区重点项目建设,更好地服务企业和做好招商引资工作,采取增编、调整机构等多种形式,统筹解决发改委、商务委、科委、园区、金融服务办、投促局等经济部门的机构编制问题;四是加大安全生产监督管理力度,为安监局增加机构和编制,充实街道的执法力量;五是为加强城市环境管理,促进环卫作业GPS定位指挥系统的有效利用,给环卫中心成立检查调度队;六是为进一步推进公共医疗卫生体系建设,解决石景山医院医疗大楼建成后扩大规模所需专业技术人才的编制需求,给石景山医院增加事业编制等。

(靳献乐)

【规范管理与创新】 会同区委组织部重新核定全区机关事业单位处级领导职数;会同区人力社保局、区财政局研究制定机关工勤编制及人员管理办法;进一步完善机构编制审批和议事协调机构管理流程。

(靳献乐)

【事业单位模拟分类】 按照市编办要求,对全区300余家事业单位职能现状进行调查统计,摸清底数,并按照分类改革的要求进行初步模拟分类,为下一步事业单位分类改革奠定基础。

(靳献乐)

【事业单位规范管理】 撤销4个未经市编办审批的处级事业单位:将人力资源发展中心编制划入人才交流服务中心;将重点工程建设中心职能划入国资委所属国有企业;将地方志办公室调整为与档案局(馆)合署办公;重新核定信息网络中心的机构级别。优化整合11个职能相近或职能弱化的事业单位。将房屋经营管理中心和市场管理中心整合组建房屋经营和市场管理中心;将集体经济办所属5个职能弱化的涉农事业单位整合成立集体经济发展服务中心;将人力社保局所属考试培训中心和人才交流服务中心、发改委所属价格认证中心和价格举报中心按照"一个机构,两块牌子"进行有机整合。按照中编办有关要求,完成全区近100家党政群机关和事业单位中文域名的申报审核工作,并协助中编办完成全区各单位中文域名开通费用缴纳工作。

(靳献乐)

【事业单位登记管理】 开展396家事业单位的法人年检工作,年检率达100%。同时,对原法人书中登记住所不详的156家事业单位重新进行变更登记,规范法人登记管理。办理法人设立登记8个,变更法定代表人登记13个。

(靳献乐)

老干部工作

概　述

中共北京市石景山区委老干部局由区委组织部管理,是负责贯彻落实党的老干部政策,为本区离休和副处级以上退休干部服务的职能部门。现归属老干部局服务管理的离退休干部共747人,其中有离休干部223人,易地安置离休干部16人,平均年龄81.9岁,按参加革命时期划分:抗日战争时期58人,解放战争时期165人。副处级以上退休干部508人。离退休人员按所在单位性质划分:党政机关527人,事业单位150人,企业单位70人。其中区职离退休干部43人。全年去世13人。年内,全区各单位认真贯彻落实市、区第23次老干部座谈会精神,以落实老干部政治、生活待遇为重点,结合庆祝建党89周年等政治活动,开展"学先进创'五好',健身心乐晚年"主题活动。另外,组织多种形式的政治文化、体育健身活动,完成全年工作任务。

地址:古城东街113号

电话:68845174

邮编:100043

网址:www.sjslgb.cn

(杜　群)

【走访慰问】 完成"两节"走访慰问。元旦、春节期间,区四套班子领导对44名14级以上离休干部和区职退休干部进行入户走访慰问并发放慰问品。老干部局和基层单位对12名生活有特殊困难的离退休干部每人给予1000元补助;对102名企、事业单位的退休干部每人给予400元补助;对16名易地安置离休干部每人给予400~600元补助;全年对5名因患重大疾病造成生活困难的离退休干部,根据病情和使用自费药情况,给予3000~10000元补助,看望慰问生病住院离退休干部90人次。全局继续开展"进百家门、知百家情、暖百家心"入户走访100名老干部活动。

(杜　群)

【健康体检】 3月下旬,在石景山医院体检中心对区属350余名离退休干部进行健康体检;在密云白龙潭市干部疗养中心举办老干部党校学习班,组织200余名学员同期进行体检;9月,联合区卫生局组织"九九重阳专家义诊活动",邀请区属十几名专家为老干部及家属提供现场诊疗;举办健康知识讲座活动;保健室继续开展日常为老同志测量血压、健康咨询服务。

(杜　群)

【参观疗养】 4月,组织141名离退休干部赴江西、黄山参观疗养。5月,组织全区老干部"我看新北京"一日游活动,参观北京蜂业公司生产基地,全区离退休干部400余人参加。6月,组织106名高龄离退休干部到北戴河疗养。10月,组织局级退休干部赴云南昆明等地参观疗养。

(杜　群)

【支部建设】 年初,召开老干部党支部书记年会,通报上年度老干部工作及本年度工作要点;全年共组织专题报告会10场,参与学习老干部达1500人次。参加市老干部党校培训2期,举办区老干部党校学习班4期,300余名老干部参加学习;4月,根据市老干部局的统一部署,以"学先进创'五好',健身心乐晚年"主题活动为载体,在全区离退休干部党支部和党员中开展创先争优活动。6月29日,与区委组织部召开全区老干部庆祝建党89周年暨离退休干部先进党支部和优秀共产党员表彰大会,区人大离退休干部党支部等5个党支部,黎勇星、张俊山等20名离退休干部获"离退休干部先进党支部"和"优秀共产党员"称号;2个离退休党支部和2名离退休老干部代表作经验发言。

(杜　群)

【健康老人评选】 10月,在全区离休干部和70岁以上的退休干部中开展年度评选"十佳"健康老人的活动。由基层推荐29名候选人参加评选,经过公示评选出傅以诠、张俊山等十名健康老人。重阳节,在老干部局活动中心举行颁奖仪式。

(杜　群)

【文体活动】 2月初,在老干部局报告厅召开区老干部春节团拜会。区有关领导向全区老同志致以新春问候,400多名离退休老干部参加并观看文艺演出,老干部欣苑艺术团表演节目。7月,以送传统、送慰问、送节目的活动形式,举办军地书画联展,与子弟兵共同庆祝建军83周年。展出100余幅北京军区部分离退休干部作品及本区老年书画协会成员作品。下半年,组织老干部观看《建国大业》、《第一书记》、《唐山大地震》等6场影片。"重阳节"前夕,组织年度比赛活动,300多名老干部报名参加包括台球、乒乓球、棋类等10余个项目的比赛。9月19日,举办新老四套班子领导中秋座谈会。区四套班子领导与原区职老领导20余人一起座谈。座谈前老领导们参观首钢"新世纪、新首钢"图片展,了解首钢公司历史发展进程,周茂非介绍当前区域经济社会发展形势、"十二五"规划等情况,老领导代表就本区各项事业发展发表意见。10月13日,参加中组部、总政治部、市老干部局组织的“乐晚年、展风采”健身操表演。

（杜 群）

【人员培训】 加强老干部工作部门自身建设，提高老干部工作人员的政策水平和业务能力。年内，与区委组织部举办2期全区老干部工作人员培训班，各单位80余名工作人员参加培训。学习有关政治、生活待遇方面政策和老干部工作文件选编、老干部工作政策业务知识问答。10月，参加市老干部局开展的老干部工作政策业务知识竞赛活动，获团体一等奖；12月，组织各街道及部分社区书记、主任和老干部工作人员参加全区“四就近”工作交流会并赴朝阳区吉祥里社区参观学习。

（杜 群）

保密工作

概述

区委保密委员会办公室（简称区委保密办），是区委保密委员会的办事机构。区委保密办和区国家保密局是一个机构，两块牌子，既是区委保密委员会的办事机构，又是区政府管理保密工作的职能部门，由区委办公室管理。年内，遵循“积极防范、突出重点、依法管理”的保密工作方针，以服务保障全区中心工作为目标，贯彻区委保密委工作要点，加强保密工作领导力度，深入开展保密宣传教育、建立健全规章制度，履行工作职责，强化技术防范和监管，着力提高保密要害部门部位、涉密计算机信息系统、涉密介质和涉密人员的保密管理，完成各项工作任务，为实现“大调整，大建设，大发展”战略目标提供有力保障。

地址：石景山路18号

邮编：100043

邮箱：baomiju@bjsjs.gov.cn

电话：88699872

（王志坚）

【健全保密组织】 年初，调整充实新一届区委保密委员会成员，保密委委员由各有关部门一把手组成。各级保密组织按照区委保密委的工作部署和要求，调整和完善保密领导小组成员。区委保密办根据强化领导、便于管理的工作需要，将全区108个单位按照系统划分为8个保密协作组，形成区委保密委、区委保密办、各单位保密领导小组和保密协作组立体交叉的保密领导网络。发挥保密领导小组组长和协作组组长的领导、协调和督查作用，强化保密管理力度，确保全区保密工作的管理不出现死角。

（王志坚）

【行业年审注册】 3月中旬，开展定点企业（复制国家秘密载体定点单位）年审工作。为区内定点印刷企业北京市地铁印刷厂和北京中防安全印务有限公司两家定点单位办理年审注册。同时，检查该单位各项保密制度落实情况，就有关保密安全防范措施提出具体要求。并协助市保密局在定点企业开展保密知识答卷活动。2家定点单位共40人签订保密承诺书，全部参加答卷活动。

（王志坚）

【法制宣传教育】 当年是新修订的《保密法》颁布实施之年，也是“五五”普法教育的总结之年，以各级领导干部、涉密人员和保密干部为重点，针对不同教育对象，采取灵活多样方式，开展一系列《保密法》知识和相关保密制度的学习宣传活动，为《保密法》实施奠定坚实思想基础。一是突出重点、分类指导，利用中心组理论学习开展保密法学习辅导讲座，市保密局领导进行保密法辅导讲课。区、处两级中心组成员300余人参加学习。组织100余名保密干部进行岗位培训，对71名初任公务员、新任科级干部和47名军转干部进行保密知识培训，深入基层开展专题保密讲座10余次，听课人数达0.1万余人次；二是创新形式、强化效果。将30集保密法制宣传片《密战》中典型泄密、窃密环节等剪辑成为60分钟宣传片，发给各单位观看学习。组织保密知识答题活动，针对不同人员，设计领导干部、涉密人员、一般干部职工三套试卷，全区2300余人参加保密知识答题活动。区民防局等6个单位获优秀组织奖。由区保密局主办、区检察院、广电中心承办保密法知识竞赛活动，在全区开展学习宣传《保密法》知识竞赛。8个协作组分别选派一支代表队代表全区108个单位参加角逐，政法系统组获第一名；三是借力造势，广泛宣传，开展《保密法》宣传月、宣传周活动。利用广播、电视、专刊、专栏、板报等形式进行宣传。在区有线电视节目黄金时间段插播宣传图片和口号，制作《保密法》知识展板，在区机关各楼层和各单位巡回展出。利用政务网短信平台，向全区领导干部、涉密人员发送保密宣传短信0.1万多条。利用全国普法周向人民群众宣传保密知识，发放宣传材料0.1万余份。

（王志坚）

【涉密计算机管理】 为杜绝涉密计算机和涉密网络的失泄密案件，区委、区政府投资近40万元为全区涉密计算机和涉密网络配备非法外联监控和移动存储介质管理系统，为全区38个涉密单位154台计算机安装保密技术监管系统,发放专用安全保密U盘152个,杜绝移动存储介质密与非密的交叉使用问题。

(王志坚)

【完善保密制度】 先后制定下发关于加强政府信息公开保密审查工作的通知、关于加强3G移动终端使用保密管理的通知、关于印发信息系统和信息设备使用保密管理规定的通知、关于建立旧货、废旧物资和文化市场保密监管工作机制的决定等制度和规定,确保各项保密工作"有制度保障、有机构管理、有人员负责"。

(王志坚)

【加大监管力度】 把依法监管作为确保国家秘密安全的重要手段。继续加大对高考、中考、高中会考、自考和成考等五大类国家教育考试试卷保管使用情况的监管力度,做到保证在考试期间每天检查保密室不少于两次,试卷运送过程中全程押运,试卷交接过程中履行手续。区国家保密局年内对区考试中心试卷保密室以及涉及的15个考点250多个考场进行认真检查,确保高考试卷的保密安全。开展计算机信息系统保密管理技术检查工作,检查40个单位的近300台计算机,130余个移动存储介质,及时发现并消除保密安全隐患。检查全区各单位互联网门户网站40余个,网页300余个,未发现有涉密信息。

(王志坚)

【查处非法交易】 年初,中保委、市委保密委先后下发关于开展集中清理取缔涉密文件资料非法交易工作的通知,根据通知要求,从5月中旬开始对北京博古艺苑古玩工艺品市场(原北方旧货市场)旧书刊营业厅进行集中清理整顿,成立清理整顿领导小组及联合检查组,多次对该市场旧书刊营业厅进行联合检查,发现其存在涉密资料非法交易问题。区国家保密局与公安、安全、工商、商务、文委、农工委等多家单位的联合执法,该市场在达不到整改要求的情况下,对45家商户进行劝退,实现平稳关闭,没有出现集体访等群体性事件,彻底清除该市场在保密、治安、消防等方面的安全隐患,维护社会稳定,为保障"平安首都"和"平安石景山"建设创造了条件。期间,北京市联合检查组两次莅临指导,对此项工作取得的实效给予肯定和高度评价。

(王志坚)

【依规保密审查】 依据区政府信息公开保密审查办法和政府信息公开保密审查办法实施细则,开展政府信息公开保密审查工作的检查,发现个别单位在保密审查工作中还存在程序不完善、手续不齐全、责任不明确等问题,及时规范保密审查工作的标准和流程。

(王志坚)

【定点单位管理】 北京市地铁印刷厂于1995年5月被市国家保密局批准为印刷复制国家秘密载体定点单位。近年来,未承印过涉密印刷品。经单位申请,区保密局核查,报市国家保密局批准,于当年12月22日注销北京市地铁印刷厂印刷复制国家秘密载体定点单位资质。

(王志坚)

【涉密介质管理】 落实中央保密办《国家秘密载体销毁管理规定》,确保国家秘密的绝对安全。在全区开展涉密载体清理工作,确保离岗、离职涉密人员持有涉密载体的清退。在全市区县保密系统中率先开展涉密载体集中销毁工作。全年共销毁涉密载体6次,销毁硬盘22块,U盘18个,软盘500余张,光盘600余张,纸介质文件资料近30吨。

(王志坚)

【目标督查考核】 坚持落实目标督查考核制度,继续把保密工作列入年终目标督查考核之中。采取单位自查、协作组组织互查的方式,发挥保密协作组的作用。用近一个月时间,组织全区108个单位,在8个保密协作组开展目标督查考核。考核重点:涉密人员教育、管理制度及其落实情况;要害部门、部位保密管理制度及其落实情况;涉密载体保密管理制度及其落实情况;涉密计算机及其网络管理制度及其落实情况;《保密工作手册》填写情况。本次考核覆盖率达到100%,全区党政机关、企事业单位未发生失泄密事件。

(王志坚)

企业党建

概　述

中共北京市石景山区人民政府国有资产监督管理委员会委员会(简称区国资委党委)履行区委规定的职责。截至年底,区国资委系统共有74个基层党组织,其中党委5个,党总支部8个,党支部61个;党员812名。其中35岁以下的党员142人,占17.5%;女党员307名,占37.8%;具有大专以上(含大专)学历的党员558名,占68.7%,党员队伍结构进一步优化,素质进一步提高。年内,全面落实区委各项工作部署,深入开展创先争优活动,坚持"围绕中心抓党建,抓好党建促中心"的工作思路,紧紧围绕推动国有企业又好又快发展,在坚持改革创新上下功夫，在突破重点难点上下功夫，在做好基础工作上下功夫，全面推进国资委系统党的建设，企业领导干部和人才队伍建设得到切实加强，基层党建工作扎实推进，基层党组织的战斗堡垒作用和党员先锋模范作用得到进一步加强和发挥，为推进国企改革发展稳定，确保国有资产保值增值提供强有力的思想保证、政治保证和组织保证。

地址：杨庄东街59号今尊大厦10层

电话：68883490

邮编：100043

（陈晓魁）

【围绕中心服务大局】 坚持把企业党建工作与改革发展工作互相衔接融合，正确把握企业改革发展方向，服务企业科学发展。一是服务发展大局。党委坚决落实区委、区政府各项工作部署，带领系统各级党组织，无论是履行社会责任还是经济责任，无论是抓发展还是抓稳定，都从服务大局出发，起到骨干核心作用；二是引领发展方向。深入贯彻落实科学发展观，研究制定国企改革发展三年规划，坚持正确把握国企发展方向，优化发展思路，提高发展能力，整合发展力量；三是协调各方关系。发挥党组织政治核心作用，坚持民主集中制，健全党组织参与公司重大问题决策机制。针对国资委系统实际，重点着手理顺董事会、监事会、经营管理层的关系，逐步形成决策、执行、反馈、监督的良性工作机制。同时，正确把握改革发展稳定的关系，统筹兼顾国家利益、经营者利益和普通职工的利益，维护企业各方合法权益。

（陈晓魁）

【科学用人广聚人才】 干部队伍素质是国企发展的核心，尤其是干部队伍和人才队伍的能力，直接影响国企发展速度和质量。年内，准确掌握班子、干部整体情况。从基础入手，建立系统企业干部、人才信息库。从企业实际状况入手，开展区属国有企业经营管理人才队伍建设的专题调研，全面掌握企业干部、人才信息，为科学配干部、调班子、用人才提供保障。截至年底，全系统一级监管企、事业单位中层以上干部总计309人，从学历和职称两方面看，具有大专及以上学历267人，其中，本科学历127人，研究生学历24人；具有初级及以上职称184人，其中，中级职称80人，高级职称24人。建立科学用人制度。明确系统干部选拔任用途径，把组织选任与市场选聘紧密结合。配合区委组织部调整万商投资公司、房屋经营和市场管理中心、国资公司主要领导职位。通过组织选任，系统内7名工作能力强、作风过得硬、干部职工信得过的优秀干部走上领导岗位；通过系统内部后备干部公开竞聘，有3名干部走上副总经理领导岗位；通过面向社会公开招聘，4名高级财务管理人员进入国资委系统。抓好骨干人才培养，实施“人才强企”战略，探索有效的干部、人才培养途径，通过机关挂职、企业交流、重点使用等办法加强对优秀后备人才的培养。由芳星园物业和实兴金海物业各选派4名骨干分别组成学习调研组，到对方企业进行为期一个半月的挂职交流，在充分调研本区物业经营优势和不足的基础上，派调研组到市国资委监管的优秀物业企业——房地集团下属的两家公司进行为期一个月的交流学习。通过挂职锻炼和学习调研，提高区属物业企业的经营管理水平，为两家物业企业改革发展奠定基础，为系统人才培养探索有效途径。加强干部人才队伍培训，组织基层党组织书记参加全区党支部书记培训班，开展以组工业务、财务管理、企业会计准则、企业领导人员薪酬考核、EVA业绩考核等为专题的业务培训，有效提升系统内各类专业人员业务能力。系统各企事业单位积极建立完善经营管理队伍的培训体系，超过80%的企业每年提取专项经费用于职工培训。国资公司当年提取专项经费50多万元，依托中央财大、区委党校、专业培训机构等社会资源，对公司人员开展政治理论、投融资业务等方面的培训，收到较好效果。

（陈晓魁）

【夯实基础创先争优】 党的基层组织是事业发展的基础，区国资委党委坚持从四个方面下功夫，夯实发展的组织基础。一是深入开展创先争优活动。根据国资委系统特点，结合行业要求，把区委提出的创建“五好”基层党组织和争创“五带头”优秀共产党员的活动具体化为争创“四强”党组织和争当“四优”共产党员活动。全系统各级党组织紧密结合自身实际，创设一系列特色鲜明、务实管用的活动载体，把活动目标与工作任务相结合，把活动成效与工作实绩相统一，特别是各单位党组织紧紧围绕中心工作创先争优，有效促进企业发展；二是规范企业各级党组织的运行机制。全系统凡具备成立党组织条件的各企业及分支机构均成立党组织，一些企业根据经营和人员特点，在项目部成立临时党支部，保证系统党组织全覆盖。制定下发关于规范区国资委系统基层党组织工作和活动经费的通知，要求各企事业单位按照党员年人均不低于200元核定基层党组织工作和活动经费，确保国资委系统党建工作的有效开展；三是形成并宣传国资系统文化。创办《石景山国资》，及时宣传国资国企党的建设、经济建设及先进人物和安全维稳工作，树立崭新国资国企形象，形成特色国资国企文化；四是广泛开展活动凝聚发展力量。结合“我是党员我承诺”主题实践活动，开展“我是党员我承诺，服务岗位做贡献”活动。结合“大调整、大建设、大发展”工作主基调，在国资委机关开展“我为国资发展建言献策”活动；五是真心关爱干部党员群众，结合本系统实际，与区委组织部、老干部局共同研究制定关于曾经由区委任命的国资委监管的企业领导人员退休后参加活动管理办法，决定曾经由区委任命的国资委监管的企业领导人员退休后参加区委老干部局组织的活动，系统7名退休老同志已划归老干部局管理。研究制定国资委系统领导干部定期体检制度，拨付专项资金，每年组织全系统领导干部进行一次身体检查。各企事业单位也根据实际组织职工定期体检。加大对基层党员关怀力度，全年共走访慰问困难党员10余人次，发放慰问金2万余元，各级党组织也积极为生活困难的党员申请帮扶专项资金补助，把“关心人、尊重人、培养人”理念落实到各项工作之中，形成凝心聚力、共谋发展的良好局面。

（陈晓魁）

【完善制度创新机制】 制度是企业健康发展的根本保证，机制是企业发展的生命力。区国资委先后建立外派监事会制度、委派财务总监制度、探望慰问干部制度等制度。逐步完善区国资委监管的区属企业、事业单位负责人任用工作程序，逐步形成比较系统的干部选拔、任用、考评、监督和服务体系，为国有企业改革发展提供制度保障。

（陈晓魁）

转居地区党建

概　　述

中共北京市石景山区委农村工作委员会(简称区委农工委)是负责全区农村系统党的建设、思想政治工作和干部管理工作的区委派出机构。与农委合署办公。内设党委办公室(与农委办公室合署办公)、组宣部、群团工作部(含武装部)、纪检监察机构。整建制一次性农转居后，为维护和保持农转居地区的社会稳定，区农委系统管理体制依然保留，农转居地区党的建设仍由农工委负责。截至年底，全系统有党总支13个、党支部58个，党员593人。年内，加强党组织建设和党员教育管理，加强基层领导班子和干部队伍建设，落实党风廉政建设责任制，进一步理清工作思路、明确发展方向，关心群众利益，提高政务能力，保持农转居地区稳定。

地址：杨庄西口
电话：68861910
邮编：100043

（胡　浩）

【班子队伍建设】 继续严格落实农工委关于对农委系统基层领导班子及其成员监督管理的实施办法，严格按照程序完成八大处农工商公司经理、副经理的选拔工作。着眼于提高领导干部素质，继续开展基层领导干部培训和后备干部培养，加大基层单位之间干部挂职锻炼力度。配合上级组织部门，做好处级干部选拔、考察工作，有3名副处级和6名科级干部进入全区处级、副处级后备干部库。做好北京市公开选拔领导干部的报名、推荐和配合考察工作，1名同志被市老干部局选拔任用为副处级领导职务。

（胡　浩）

【加强理论学习】 按照建设马克思主义学习型政党的要求，组织党员干部，特别是以领导干部为重点，深入学习贯彻十七届四中全会、市委十届七次全会和区委十届十一次全会精神。通过参加学习培训、领导讲党课、组织观看、中心组学习和支部活动等形式开展学习。进一步得到统一思想，加深认识，提高解决实际问题的能力和水平的目的。组织好处级中心组学习。年初制定学习计划，组织参加全区理论中心组和自身学习12次，并对基层中心组学习进行指导和检查。

（胡　浩）

【党风廉政教育】 以党风廉政宣传教育月为契机，开展多种形式宣传教育，提高制度执行意识，增强制度约束力。强化措施落实党风廉政建设责任制，构建党风廉政责任体系，实施定期监督检查。以执行制度情况为切入点，严格防控潜在的廉政风险。落实“三重一大”制度，对重大问题决策、重要干部任免、重大项目安排和大额资金使用上坚持集体讨论、民主决策。自觉执行民主公开制度，有效维护群众在企业经营管理中的知情权、参与权和监督权。切实落实农委系统招投标管理办法，兴盛恒泰投资管理公司隆恩寺生态园工程项目采取公开招投标。制定集体经济组织对外投资管理方法，对集体经济组织征占土地补偿款的使用，对外投资的工程项目建设上做出约束和监督。

（胡　浩）

直属机关党建

概述

中共石景山区委直属机关工作委员会(简称区直机关工委),是区委的工作部门。有编制8人,实有11人。负责领导和管理区直属党、政、群机关基层党组织。截至年底,有党委2个,党总支6个,党支部93个,有党员1595人;区直机关工会有分会55个,会员2109人;机关团工委有团支部11个,团员44人。年内,以全面贯彻落实党的十七大、十七届四中全会和区委十届十一次全体(扩大)会议精神,深入贯彻落实科学发展观,紧紧围绕区委、区政府中心工作,推进机关党建工作创新,深入推进学习型党组织、学习型机关建设,切实加强机关作风建设和反腐倡廉建设,使机关党的建设更好地服务大局、促进发展,为实现区委、区政府提出的"大调整、大建设、大发展"阶段的工作任务,提供坚强的思想组织保证。

地址:石景山路18号

电话:88699175

邮编:100043

(张守余)

【开展"创先争优"活动】 以支部书记为重点,加大培训力度,将培训系列化、经常化。采取专人授课、安排讲座、座谈、经验交流等形式,围绕基层党组织日常工作方式、方法,党务工作程序,创先争优工作手段,廉政建设,区域经济社会发展情况等内容进行培训和探讨。举办五期系列培训班,基层党组织负责人累计240余人次参加培训。将"我是党员我承诺"活动列入创先争优评比内容,扩大承诺活动影响。承诺活动既是创先争优活动重要内容,也是开展创先争优活动有力载体。各级党组织根据本部门工作需求,引导广大党员选择承诺内容。全年有954名党员提出2218条承诺事项,各基层党组织提出63条承诺事项,大部分得以落实。以召开承诺活动经验交流会、座谈会等形式,总结区机关开展承诺活动先进经验,利用学习阵地对开展承诺活动进行宣传报道,把"我是党员我承诺"活动不断引向深入。开展"群众心目中的好党员"评选活动。将"群众心目中的好党员"评选活动作为"创先争优"活动的一项具体内容,对各基层党组织上报的34人,审议,召开书记扩大会确定2名申报市级和5名申报区级名单,将这7人事迹材料报送上级组织部门,经过全区群众投票,区直机关系统3人被评为区级"群众心目中的好党员"。8月召开会议,2名"群众心目中的好党员"作大会典型发言。

(张守余)

【推进机关党建工作】 上半年,机关工委对信访办、残联、环保局、国土分局、统计局、发改委、药监分局7个单位进行调研,有针对性地了解、掌握机关党组织现状、党员干部队伍建设方面存在的问题。5月,机关工委分成三个组,利用近两周时间对区直机关39个单位干部任用条例和四项监督制度贯彻执行情况进行全面检查。通过检查,群众满意度测评结果为70%以上的单位34个,占参检单位的87.2%。7月,召开区直机关系统基层党组织负责人座谈会,统计局、投促局和烟草专卖局等3个单位分别从创先争优工作、干部任用条例贯彻工作和心目中好党员评选工作交流经验。全年新发展34名预备党员,批准29名预备党员按期转正,完成8个基层党组织换届审批工作和21名党员因公、因私出境政审。

(张守余)

【建设党建宣传阵地】 与《石景山报》联系,设立机关党建工作宣传专版——"机关家园"专栏,作为党建工作交流平台。使区直机关基层党组织及时了解机关党建工作动态,加强基层党组织间交流,推进机关创先争优活动开展,宣传机关先进党组织和优秀党员,以及培育"创先争优"先进典型。截至年底,"机关家园"出刊5期。

(张守余)

【学习型机关创建】 当年是区直机关开展创建学习型党组织、学习型机关活动第三年,也是区直机关系统实现全部达标关键一年。3月,召开第三批达标单位培训会,各基层党组织结合各单位工作实际坚持开展"主题学习日"、"班前半小时"等形式多样创建活动,增强干部职工自觉学习积极性,完成"让我学"到"我要学"的转变,使干部职工自身素质和工作能力有较大程度提高,达到学习型党组织、学习型机关建设目标。通过检查评比,26个单位全部达标,被授予"学习型机关建设达标单位"称号。

(张守余)

【开展警示教育】 在党风廉政建设宣传教育月中,结合党员作风建设年,开展"强作风、树形象,我为机关建益言"活动。收到建言献策及警句格言213条,其中加强机关建设的具体建言献策62条,警句格言及读后感151条(篇)。按照区纪委统一安排,6月上旬,组织区直机关系统处级领导干部进行《廉政准则》及党纪条规知识考试。机关纪工委为区直机关系统近1600名党员每人送上一本"从政提醒——党员干部不能做的150件事",同时为机关260名处级以上领导干部每人送上一本《廉政准则》。开展多种形式警示教育,组织区直机关系统支部书记培训班,进行廉政风险防范管理教育,组织支部书记到警示教育基地——石景山拘留所参观,组织区直机关系统部分党员干部,参加区法院公开审理本区一名处级领导干部受贿案,发放警示教育光盘、组织观看电影、发放书籍等。严格依法执纪,重新修订完善区直机关纪工委办理来信来访工作规程和区直机关纪工委查处案件工作程序,确保基层党组织与机关纪工委信息通畅。全年无信访举报和党员违纪违法案件发生。

(张守余)

【发挥群团作用】 组织区机关合唱队参加"五月的鲜花"职工歌咏比赛和"红歌唱响京西"群众合唱比赛,获职工歌咏比赛二等奖、群众合唱比赛优秀奖和文明风尚奖;组织机关大楼内492名科级以下干部职工进行身体健康检查,为108名干部职工接种流感疫苗;举办3期游泳班、每周两次时尚瑜伽练习班、1期网球培训班;组队参加区金秋体育盛会开幕式;开展游泳比赛和登山等文体活动;举办区直机关春节团拜会及区机关"五一"和"十一"主题升旗仪式。

(张守余)

【开展捐款救助】 开展3次"共产党员献爱心"和"博爱在京城"捐款活动,共计捐款15.54万元。"七一"前夕,对区直机关系统困难党员申请市、区两级生活困难补助,其中1名党员得到0.5万元市级困难补助、4名党员得到500元区级困难补助。区直机关工会为突遇生活困难职工申请临时补助,如政法委一名干部家属身患重病,家庭生活发生困难,与区红十字会联系,为其申请0.5万元特殊补助。全年累计资助困难职工2万元。

(张守余)

党校工作

概　　况

中共北京市石景山区委党校(简称区委党校)是在区委直接领导下培养党员领导干部和理论干部的学校,是培训轮训党员领导干部的主渠道。区委党校兼有区行政干部学校、区社会主义学院、区团校和市委党校成人教育学院石景山分院的职能,负责全区党员领导干部、国家公务员、民主党派及无党派人士、团干部培训和成人学历教育等。区委党校实行党委领导下的校长负责制。党校校长由区委常委、组织部长兼任,日常工作由常务副校长主持。党校下设7个处室,分别是办公室、培训处、教研室、科研处、教务处、电教信息中心和总务处。现有教职工32人。其中,专职教师5人,内有高级讲师3人,讲师1人,助教1人。还有一支由中央党校、国家行政学院、市委党校和知名高校专家教授组成的兼职教师队伍。年内,学习、宣传、贯彻落实党的十七大和十七届三中、四中、五中全会精神,全面贯彻落实科学发展观,以区委十一次全会精神为主线,以贯彻落实《中国共产党党校工作条例》和2010~2020年干部教育培训改革纲要为契机,围绕全区中心工作,创新培训理念和方式,深化教学改革,加强队伍建设,发挥干部教育培训"主渠道、主阵地、主力军"作用,推动干部教育培训和党校学历教育工作又好又快发展。全年累计举办10个类型20个班次干部培训,受训学员2760人。协助八个单位举办15个班次培训,受训学员1341人。累计培训轮训党员领导干部和公务员4101人。在培训内容上坚持按需施教,不断适应干部培训新需求,努力将中国特色社会主义理论和科学发展观贯穿在新的教学布局中。在教学方式上推陈出新,不断引进先进的现代培训理念和教学方式,努力增强教学效果。坚持从严治校、从严施教、从严管理,切实加强校风和学风建设,干部培训工作质量和效益创历史新高。连续17年被评为"首都文明单位"。

地址:八角北路9号

邮编:100043

电话:68870925

传真:68870931

(方南火)

【处级干部进修班】 贯彻落实《中国共产党党校工作条例》、《全国干部教育培训条例》精神,进一步强化领导干部的宗旨意识、大局意识和责任意识,提高政治素养和科学行政、民主行政、依法行政水平,更好地履行处级公务员岗位职责,分别于3月25日~4月23日、6月3日~7月2日、10月8日~11月5日,举办三期处级干部进修班,受训学员95人。培训以"提高领导科学发展的能力"为主线,采取深化理论学习与研究实际问题结合的方式进行。培训分三个阶段,即集中学习阶段、实践研讨阶段、成果反馈阶段。集中学习阶段包括拓展训练、集中授课和异地培训三个部分,其中集中授课内容分六个单元,包括政治理论、科学发展能力、公共管理、领导科学与人力资源管理、依法行政、区域经济社会发展及相关知识等。实践研讨阶段以小组为单位进行学习和研讨,在指导教师带领下就工作中遇到的问题展开研究讨论,最后形成小组报告。主要授课专题包括:中国特色社会主义理论与中国模式、当前中国社会问题与利益关系调整、社会转型时期公民有序政治参与研究、本区国家可持续发展实验区情况介绍、发展低碳经济与建设绿色石景山、公共服务体制机制创新、拆迁条例与依法行政、领导者言语表达艺术、加强和改进新形势下党的建设若干问题、中国古代的用人艺术、北京市金融现状与前瞻、加强和改善以民生为重点的社会建设、建设学习型政党等。培训结束后,每位学员提交1500字左右的学习体会一份。

(方南火)

【中青年干部培训班】 3月25日~6月28日举行,受训学员35人。培训分为拓展训练与军训、理论培训、异地培训三个阶段,理论培训包括基础理论与党性修养、领导能力、公共管理、依法行政、调查研究和知识拓展等六个模块。主要培训专题包括:中国特色社会主义理论体系、全国两会精神辅导报告、领导干部的政绩观、领导干部素质与能力、科学民主依法决策能力、执行力与领导艺术、沟通协调能力、学习能力、应对突发事件能力、创新思维与创新能力、行政管理体制改革与大部制、从公共管理到公共服务、服务型政府、如何做好群众工作、行政成本与政府绩效评估、社区建设中的政府与社会、公共管理前沿、电子政务与政府管理创新、依法行政案例剖析、依法行政的内涵与基本要求、领导干部应具备的法律意识与素养、保密及计生法律知识、信息公开条例、如何开展社会调查研究、CRD与文化创意产业、区域经济与首都发展、首都城市规划与石景山经济发展、世界城市的新定位和目标、生态与低碳经济、心理调适、演讲的艺术与能力、领导公众形象塑造、当众讲话的能力、当前国际形势、当前经济形势、中国传统文化、转变发展方式应对金融危机、金融危机背景下中国的经济形势、科学发展观与中国发展新模式、党群关系的新挑战与群体性事件调控、提高领导干部应急管理能力、现代领导素质能力与艺术、如何加强我区招商引资工作、和谐社区建设中的政府与社会、领导干部的语言艺术、传统文化及其现代价值、如何提升演讲技能、现代领导者的智慧与实践、有效沟通与创新思维、树立正确的政绩观等。

(方南火)

【党外处级中青年干部班】 学习贯彻全国和全市党外代表人士教育培训工作会议精神,进一步加强党外代表人士队伍建设,10月18日~23日,与区委组织部、统战部共同举办党外处级干部、中青年优秀干部培训班,受训学员29人。本期培训专题包括中国特色社会主义理论、北京市建设世界城市理论、石景山区"十二五"规划介绍、党外干部素质能力提升等内容。

(方南火)

【处级女领导干部培训班】 10月18~20日,贯彻落实区委关于大规模培训干部工作的实施意见精神,加大女干部培养力度,切实提高处级女领导干部综合素质和履职能力,与区委组织部、区妇联联合举办处级女领导干部培训班,受训学员35人。主要培训专题包括:生殖健康与提高生活质量、话语沟通、女性领导的领导艺术、时尚生活职业裸妆等。培训内容新颖时尚,既有生活中的健康专题,又有职场中的化妆专场,既有艺术文化滋养,又有执政能力提升。培训主题鲜明,体现培训班女性特色。

(方南火)

【优秀青年科级干部培训班】 11月15~26日,与区委组织部共同举办35岁以下优秀青年科级干部培训班,来自全区25个机关、职能部门和街道办事处的30名学员参训,平均年龄近31岁。本期培训以"提升基层工作能力"为主线,采取深化理论学习与研究实际问题结合的方式进行。培训分10个专题,包括政治理论、结合经济形势和社会问题分析学习十七届五中全会精神、领导素质、组织协调能力、依法行政、结合"十二五"规划了解石景山区经济社会发展、做学习型领导干部及相关知识。

(方南火)

【科级干部任职培训班】 10月28日~11月12日举办,51名学员来自全区25个单位,平均年龄37岁。本期培训结合十七届五中全会精神和科级职位要求,安排拓展训练、专题讲座、学员论坛、素质答辩及结业总结等专题。内容包括:十七届五中全会精神辅导、科长的职位分析与素质要求、从依法诉讼角度谈依法行政工作、调研报告和经验总结的撰写、廉政教育、团队建设及团队管理、会议安排与行政礼仪、科级干部心理健康与心理调节等。

(方南火)

【公务员初任培训班】 6月30日~7月16日举办,71名初任公务员参训。培训由拓展训练、专题讲座、实地参观、讨论交流等组成。内容主要包括:中国特色社会主义理论体系、政府机构功能与公文写作、当前经济形势、初任公务员职位分析与素质要求、公文写作、公务员的职业精神和服务能力、《保密法》解读、依法行政、团队意识的培养、职业生涯设计、区情介绍等15个专题。本期培训实行百分考核,结业前,每位学员提交1000字以上的培训总结或心得体会。

(方南火)

【团干部培训班】 12月6~10日,

与组织部、团区委共同举办团校第一期培训班,受训学员36人。培训内容主要包括:十七届五中全会精神辅导、大型活动的设计与组织、石景山现状与未来发展、新时期共青团工作、公文写作、公开选拔面试的几个问题等。

(方南火)

【信息化与电子政务知识培训】 5月10日~11月19日连续举办9期,受训学员1209人。培训由理论讲解与实操辅导等部分组成。培训包括:北京市电子政务总体框架、业务应用系统使用、信息安全现状、个人安全防护、病毒防护与系统安全、微机操作系统与网络应用、Office2003高级应用及技巧、Word2003、Office2003高级应用及技巧、Excel2003、Office2003高级应用及技巧、Excel2003、Office2003高级应用及技巧、PowerPoint2003、考试系统模拟等专题。

(方南火)

【协助区属单位办班】 在完成主体班培训任务的同时,充分利用干部培训优势和现有资源,协助区属单位举办干部培训班,累计协助8个单位举办15个班次培训,受训学员1335人。包括资阳市委党校第5期县级领导干部进修班异地培训,受训学员45人;区工商分局科所长班、青年干部班和职工培训班4期,受训学员198人;组织部组工干部培训班,受训学员60人;区市政市容委城市管理监督员培训班,受训学员200人;区国有资产经营公司员工培训班,受训学员38人;区人力资源和社会保障局"区情介绍"专题讲座班,受训学员102人;组织部基层党组织书记培训班,受训学员150人;陕西安康市委党校中青年干部培训班异地培训,受训学员37人;区委组织部3期入党积极分子培训班,受训学员411人;区委组织部、区社工委大学生社工党员培训班,受训学员94人。

(方南火)

【学历教育】 分为两个系列:一是市委党校学历班在校学员236名,共5个教学班次,即07级经济管理专业大专班26人,07级行政管理专业大专班46人,08级行政管理专业本科班75人,08级社会工作与管理专业本科班37人,10级行政管理本科班52人。年内毕业学员183人,专科71人,本科112人。二是中央党校在职研究生班,在校生208人,包括社会学、行政管理2个专业,2007级社会学专业67人顺利毕业;年内招收社会学专业在职研究生30人。

(方南火)

【科研成效明显】 贯彻《中共共产党党校工作条例》精神,坚持"以科研促教学、以科研带队伍"工作思路,树立全员参与"大科研"理念,取得明显成效。党校教职工2009~2010年度完成论文24篇,其中,完成调研报告4篇,公开发表论文6篇,有1篇论文被评为市党校系统科研成果二等奖。创办党校内部刊物《主渠道学刊》1期、《干训专报》3期,刊载文章、信息50余篇。教科研人员参加对主体班学员调研报告指导工作,参加学员研讨40余人次,指导调研报告13篇,其中4篇在《石景山工作》发表。

(方南火)

【创办内部刊物】 贯彻落实《中国共产党党校工作条例》和2010~2020年干部教育培训改革纲要精神,于10月改版创办新校刊《干训专报》。发挥校刊独特功能,宣传干部教育培训工作新文件、新政策,反映党校整体工作新局面、新成果,主要报道干部培训工作的新动态、新进展,刊登教职员工的理论学习体会与调研科研成果。年内出刊3期,刊载信息、文章及调研报告30余篇,成为党校的形象窗口和宣传阵地,教职员工交流经验相互学习的园地,以及与区领导、相关单位和兄弟党校的沟通平台。

(方南火)

党史资料征集

概　　述

中共北京市石景山区委党史办公室(简称党史办)是区委主管的职能部门。年内,规划、组织、协调、指导全区党史工作,征集、整理、编纂全区党史资料;研究、撰写各类党史科研成果,承担上级部门下达的党史征集研究任务。完成区委组织史资料的初编工作,开展革命遗址普查,整理、编辑、提供一批口述史资料,充分发挥党史工作资政、育人职能,探索为现实服务的新途径,迎接建党90周年。

地址:石景山路18号
电话:88699320
邮编:100043

(程怀宇)

【开展党史征编】 以资政育人为本,开展党史整编工作。1987~2010年党的组织史续编,是经中央批准,市委统一组织开展的系统工程。3月,向区委常委会做汇报并获批准,制定下发关于做好中国共产党北京市石景山区组织史资料(1987~2010)编纂工作的通知,制定编纂方案,组建编委会、编辑部两层架构,编委会负总责，对编纂工作重要问题进行决策和总体协调；编辑部负责具体的编写、培训、出版、发行等工作。研究梳理出1987年10月以来全区副处级以上所有组织机构的历史沿革，确定编写纲目，为开展资料收集工作做准备。召开全区动员暨培训大会并下发内容体例、编写说明、编写纲目、各工作机构历史沿革表、查档说明等全套材料，对照材料进行细致的培训说明。明确由专人负责将本单位在各历史阶段所有副处级实职以上干部任职、免职通知复印件和所归纳整理的总体情况上报编辑部，并由一名主管领导负责并协调解决问题，确保认识到位、领导到位、人员到位。保证资料收集工作的落实，分片分工负责，会后召开片会进行答疑督促。截至年底，已按要求、按时保质向市委上报四套班子的区级领导资料；在本区组织史编纂中，与市委要求同步，由编辑部同志分片负责督促、审核、协调，与组织部、编办、档案馆等单位联系，百余家单位组织史资料陆续收齐，按原定方案顺利完成资料收集、审核工作，编辑部陆续对各单位资料进行核对、汇总及修改，形成初稿交付审核。

（程怀宇）

【革命遗址普查】 继续挖掘革命史料，推动革命遗址普查。5～7月，落实市相关部门要求，与区委宣传部、区文委、民政局联合对民主革命时期的革命文化历史遗址以及新中国成立以来兴建的各类纪念设施开展普遍调查，确定民主革命时期重要遗址3处（其中革命遗址2处：八宝山革命公墓、麻峪无名烈士墓，其他遗址1处：福田公墓），拍摄现状图片30余幅。将文字、图片资料核查后整理建档，了解、核实有关史实、数据，将遗址目录、登记表、普查表，工作报告等上报市委党史研究室。

（程怀宇）

【成果宣传利用】 利用多种渠道和方式，宣传党史编研成果。继续配合本区第二批科学发展观教育活动，与区委党校、宣传部等开展合作，将一些党史编研成果纳入教育宣传活动教材，促进党史的资政育人工作。发挥党史办网站宣传作用，对稿件质量严格把关；面向社会开展征稿活动，得到社会上尤其是一些老干部的积极响应，收到离退休老同志投稿，并在网站上发表老同志回忆性文章、党史知识等内容多篇。

（程怀宇）

【加快口述史抢救】 采访以杨华为队长的全国第一支赴东北青年志愿垦荒队40年风雨历程，在《北京党史》第6期发表文章《我的垦荒情》。配合市委宣传部出版《京华共产党员》，整理、编辑、提供口述史资料，包括《最早牺牲的石景山籍革命烈士——刘住瀛》及《我参加了解放石景山的战斗——侯正果》等历史资料。

（程怀宇）

中共北京市石景山区第十届委员会

书　记　荣　华

副书记　周茂非　岳德顺

常　委　荣　华　周茂非　岳德顺　赵福奎　付生柱　刚　杰　徐维功（5月免）　高道忠　李文起　王春杰　王文光（5月任）　田利跃

委　员　（按姓氏笔画为序排列）

万新恒（8月免）　马　刚（回）　王文光（5月任）　王东申　王忠华　王春杰　石玉贵　田利跃　付生柱　刚　杰（满）　刘亚泉　刘国庆　孙永红（女）　苏小记　李桂珍（女）　吴克瑞　宋世媛（女）　张力兵　岳德顺　周茂非　赵一名　赵玉民　赵福奎　荣华（女）　倪国锋　徐维功（5月免）　高洪雁（女）　高道忠　郭占民　黄　跃（女）　崔章程　梁建新

候补委员　（按得票多少为序排列）

郭景明　李　艳（女）　张淑霞（女）　宋丽荣（女）　李增龄（女）　富大鹏（达斡尔）　田春生

石景山区委工作机构主要负责人

办公室主任　田利跃

办公室常务副主任　徐亚玲（女）

组织部部长　李文起

组织部常务副部长　郭绍华

宣传部部长　王文光

宣传部常务副部长　肖　贝

文明办主任　刁国强

统战部部长　岳德顺（兼）

常务副部长　马　刚（兼）

政法委书记　岳德顺（兼）

政法委常务副书记　王景泉
政法委副书记　赵福奎(兼)
政法委副书记　刘道东(兼)
综治办主任　刘道东
610办公室主任　张德玉
研究室主任　姚茂文(1月任)
区编办主任　杨立华(女)
社会工委书记　沈代平(副区级)
机关工委书记　郭　婧(女,1月任)
教工委书记　邢俊毅(副区级)
农工委书记　李金柱(9月任)
老干部局局长　宁慧娟(女,7月任)
党校(行政干校)校长　李文起
党校(行政干校)党委书记、常务副校长　尹　群(8月免)
党史办公室主任　迟志禹(兼)
保密办主任　王雪颖(女,2月任)
广电中心主任　魏志安

石景山区政府、人民团体、党政分设工作机构党委(党组)书记

检察院党组书记　苗生明
法院党组书记　王忠华
总工会党组书记　李桂珍(女)
妇联党组书记　王宏芬(女)
工商联党组书记　王亚兰(女,7月任)
发改委党组书记　高　明
经信委党组书记　李元涛(8月任)
文委党委书记　高洪雁(女)
科委党组书记　李　艳(女,兼)
中关村科技园区石景山园工委书记　李　艳(女,兼)
住建委党委书记　姚尚志
市政市容委党委书记　裴士信
商务委党组书记　侯建设
卫生局党委书记　李俊岭(副区级)
体育局党总支书记　雪汉宁(12月免)
　　韩孟荣(12月任)
司法局党组书记　郭景明
民政局党组书记　王军辉(7月免)
　　侯宝华(副区级,7月任)
统计局党组书记　陈　伟
环保局党组书记　岳林华(1月任)
人力社保局党委书记　刘志明
财政局党组书记　刘亚泉
审计局党组书记　仲长军(女)
城管大队党委书记、政委　王志信(副区级)
园林绿化局党组书记　付建国
区公园管理中心党总支书记　段忠英(12月免)
　　王金兰(女,12月任)
国资委党委书记　王金龙
环卫中心党委书记　张玉国(12月任)
石景山医院党委书记　苏砚军

石景山区人民代表大会

北京市石景山区人民代表大会常务委员会(简称区人大常委会)是本区人民代表大会的常设机关,由区人民代表大会选举产生。在区人民代表大会闭会期间,依法行使地方国家权力机关的职权,对区人民代表大会负责并报告工作。区十四届人大常委会组成人员24人,其中主任1人、副主任5人、委员18人,设财政经济工作委员会、城建环保工作委员会、教科文卫工作委员会、内务司法工作委员会和维护妇女、儿童、老年人权益小组5个工作机构。区人大常委会机关设办公室、代表联络室(市人大代表联络处)、财政经济工作委员会、内务司法工作委员会、教科文卫工作委员会、城建环保工作委员会、研究室7个办事机构,行政编制30人。年内,坚持以邓小平理论和"三个代表"重要思想为指导,深入落实科学发展观,贯彻党的十七届四中、五中全会和市委、区委第三次人大工作会议精神,把握"大调整、大建设、大发展"工作主基调,依法履行职责,服务发展大局,做好监督工作,发挥代表作用,加强自身建设,完成区十四届人大五次会议确定的各项任务。全年召开6次常委会会议、16次主任会议,听取和审议"一府两院"13个专项工作报告和有关工作情况报告,作出3项决议决定和审议意见,开展10项视察和执法检查,依法任免国家机关工作人员43人次,受理人民群众来信来访81件次。

地址:石景山路18号

电话:88699558

邮编:100043

(张　清)

重　要　会　议

【区十四届人大五次会议】 1月11~14日,北京市石景山区第十四届人民代表大会第五次会议在万商花园酒店举行,会议应出席代表184人,实出席168人。会议听取并审议区长周茂非关于区人民政府工作报告;审议石景山区上年国民经济和社会发展计划执行情况与当年国民经济和社会发展计划草案的书面报告,审查批准上年国民经济和社会发展计划执行情况的报告与当年国民经济和社会发展计划;审议上年财政预算执行情况和当年财政预算草案的书面报告,审查批准上年财政预算执行情况的报告和当年财政预算;听取并审议区人大常委会主任赵玉民关于区人民代表大会常务委员会工作报告、区法院院长关于法院工作报告、区检察院代理检察长关于检察院工作报告,并通过各项工作报告的决议;选举周泽为区人大常委会副主任、苗生明为检察院检察长。会议期间,区政府有关委办局负责人接受代表询问。大会共收到代表提出的议案14件,经大会议案审查委员会审查,大会主席团审议批准后确定为5件,其余9件作为建议、批评和意见,交由区政府及其他有关部门研究办理。大会收到代表提出的建议、批评和意见77件。

(张　清)

【区人大常委会第二十四次会议】 3月11日举行,区人大常委会组成人员22人出席。会议讨论通过区人大常委会当年工作要点,表决通过区人大常委会主任会议、区长周茂非、区检察院检察长提请的人事任免事项,学习传达市委第三次人大工作会议精神。

(张　清)

【区人大常委会第二十五次会议】 5月20日举行,区人大常委会组成人员20人出席。会议听取并审议区政府关于上年决算草案、上年预算执行和其他财政收支情况的审计工作报告,审查批准上年决算;听取并审议区检察院关于依法履行侦查监督和公诉职能情况的工作报告;区人大教科文卫工作委员会提交关于视察区高新技术产业发展情况的书面报告;表决通过区检察院检察长提请的人事任免事项。

(张　清)

【区人大常委会第二十六次会议】 7月22日举行,区人大常委会组成人员18人出席。会议听取并审议区政府关于上半年预算执行情况的报告,听取并审议区法院关于执行工作整改情况的报告,区人大教科文卫工作委员会提交关于视察文化创意产业发展情况的书面报告、关于检查本区贯彻实施《中华人民共和国食品安全法》情况的书面报告,表决通过周茂非、区法院院长提请的人事任免事项。

(张　清)

【区人大常委会第二十七次会议】 9月16日举行,区人大常委会组成人员17人出席。会议听取并审议区政府关于贯彻实施《中华人民共和国企业国有资产法》情况的报告、关于落实区人大常委会加强依法行政工作审议意见情况的报告、关于建设高标准国家卫生区工作情况的报告;区人大城建环保工作委员会提交关于视察节能减排和控制大气污染各项措施落实情况的书面报告;表决通过周茂非、区法院院长提请的人事任免事项。

(张　清)

【区人大常委会第二十八次会议】 11月18日举行,区人大常委会组成人员19人出席。会议听取并审议区政府关于办理区十四届人大五次会议代表建议、批评和意见工作情况的报告、关于贯彻落实《北京市实施〈中华人民共和国义务教育法〉办法》,实现基础教育优质均衡发展的报告;区政府提交关于处理永定河北岸水电地区填埋生活垃圾的议案落实情况的书面报告;区人大常委会城建环保工作委员会提交关于视察区当年十项重点工程建设情况的书面报告;作出召开区第十四届人民代表大会第六次会议的决定;表决通过区法院院长、区检察院检察长提请的人事任免事项。

(张　清)

【区人大常委会第二十九次会议】 12月16日举行,区人大常委会组成人员19人出席。会议听取并审议区政府关于当年财政支出预算变动情况的报告,初审区政府下年财政收支预算初步安排意见的报告;听取区政府关于"北京服务·新首钢产业股权投资基金"设立情况的报告;审议通过区第十四届人大常委会代表资格审查委员会关于代表资格的审查报告;审议通过区人大常委会议事规则(修订草案)、区人大常委会人事任免工作办法(修订草案);讨论并原则同意区人大常委会工作报告讨论稿、区第十四届人民代表大会第六次会议议程草案和各项名单草案;审议通过列席区第十四届人民代表大会第六次会议人员名单。

(张　清)

【人大常委会主任会议】 年内,召开16次主任会议,研究处理人大常委会的重要日常工作,指导和协调人大常委会工作机构开展工作。研究确定6次人大常委会会议召开的时间和日程安排,提出各次会议议程草案;研究讨论人大常委会年度工作要点草案及主要工作安排;研究讨论各工作委员会提交的专项工作调查报告、视察报告、决议草案、工作制度修订草案25项;研究讨论召开区第十四届人民代表大会第六次会议筹备工作方案、议程及有关名单草案、人大工作报告讨论稿;研究讨论人事任免事项43人次,提请任职事项1人次;研究讨论召开人大工作研讨会、纪念人大常委会成立30周年座谈会等重大活动安排。

(张　清)

重　要　活　动

【落实两级人大工作会精神】 学习领会市委第三次人大工作会议精神,研究起草区人大常委会党组关于做好人大工作的若干意见。4月8日,区委召开第三次人大工作会议,批转该"意见",对进一步做好工作作出部署。7月1~7日,召开工作研讨会,探索改进和完善工作方式方法。监督工作在规范程序、突出重点、增强实效上取得新进展;代表工作在拓宽代表履职服务渠道、丰富闭会期间代表活动内容、发挥人大代表作用等方面取得新成效;常委会及机关建设稳步推进,履职能力和工作水平得到新提高;经批复,人大常委会机关组建研究室、信访办公室(归办公室管理)。

(张　清)

【围绕经济发展履行职责】 组织代表视察、调研高新技术、文化创意和商务金融产业的发展情况,建议区政府进一步发挥主导作用,优化产业发展环境,完善产业发展规划,落实产业发展政策,加快调整转型步伐。听取并审议区政府关于贯彻实施《企业国有资产法》情况的专项工作报告,建议政府深化国有资产管理体制改革,科学监管国有资产运营,不断提高国有经济对区域发展的贡献率。听取区政府关于"北京服务·新首钢产业股权投资基金"设立情况的报告。

(张　清)

【围绕城市建管履行职责】 听取并

审议区政府关于建设高标准国家卫生区情况的专项工作报告，视察处理永定河北岸水屯地区填埋生活垃圾情况；组织代表对节能减排和控制大气污染各项措施落实情况、重大项目和重点工程建设情况进行检查，建议区政府落实城市管理长效机制、加强城市日常管理、完善基础设施建设，督促区政府不断改善城市环境质量，提升城市现代化水平。

（张　清）

【围绕促进民生履行职责】 视察本区部分中小学校的教育发展情况，听取和审议区政府专项工作报告，建议政府加大力度，支持部分规模小、地处偏远学校的软件建设，进一步发挥优质校的辐射带动作用，促进基础教育优质均衡发展。坚持开展对《食品安全法》贯彻实施情况的执法检查，汇总人大代表在分组暗查以及集中视察中提出的意见和建议，形成视察意见交办书，交予区政府处理。

（张　清）

【围绕司法监督履行职责】 听取并审议区检察院关于做好侦查监督和公诉工作的专项工作报告，就提高公诉工作质量与效率、加强与公安和法院工作协作等问题作出审议意见。听取并审议区法院落实关于做好执行工作审议意见情况的报告，就提高执行工作效率、建立执行工作长效机制等问题提出意见和建议。听取并审议区政府落实关于加强依法行政工作审议意见情况的报告，提出完善行政执法内部监督机制、提升依法行政水平的意见和建议。

（张　清）

【执法检查　视察活动】 全年组织开展10次视察和执法检查活动。组织常委会组成人员、部分人大代表视察区高新技术产业发展情况、文化创意产业发展情况、节能减排和大气污染防治情况、贯彻落实水污染防治法情况、建设高标准国家卫生区工作情况、重大项目和重点工程建设及处理永定河北岸水屯地区填埋生活垃圾情况、公安分局指挥中心和鲁谷派出所"三室"硬件建设及运行情况、培智中心学校和检察院特殊教育与未成年权益保护工作情况，检查市政市容委和人力社保局办理代表建议工作情况。开展食品安全法执法检查，分暗查、视察、整改三个阶段进行。4月14日～5月10日，组织50余名人大代表，对辖区内食品安全情况开展代表持证暗查；6月12日，组织部分市、区人大代表视察部分农贸市场、超市、建筑工地和学校食堂、中小餐馆等单位的食品安全经营和管理情况，听取相关单位负责人情况介绍。将暗查、集中视察情况和代表的意见建议进行整理，形成人大常委会视察意见交办书，交区政府处理。

（张　清）

【督办人大代表建议】 区十四届人大五次会议期间，共收到代表建议、批评和意见77件，全部按期办复，代表满意率为96.1%。采取措施加大代表建议督办力度：一是完善建议督办制度，制定人大常委会主任、副主任牵头重点督办人大代表建议工作规程，对6件建议进行重点督办，对办理难度较大的建议加强跟踪督办；二是发挥人大各街工委的作用，采取多种形式加大建议督办力度，组织代表视察、检查建议办理情况，加强代表与承办单位的沟通协调，提高建议办理质量；三是加强对区政府办理代表建议工作的监督，听取并审议区政府关于代表建议办理情况的专项工作报告，检查区市政市容委和区人力社保局的建议办理工作。

（张　清）

【代表联系选民活动】 6月17～18日，以"走近选民，为选民多办实事"为主题，9个人大街工委组织开展"人大代表联系选民活动"，80余名区人大代表与600余名选民进行面对面沟通。活动收集到选民提出的意见和建议256件，经人大各街工委梳理、研究，244件由街道协调解决，12件作为闭会建议由市、区人大代表提出，交由区政府有关部门协调解决。

（张　清）

【建立人大代表之家】 8月17日，在八角街道和苹果园街道举行"人大代表之家"揭牌仪式。首次在街道试点设立闭会期间代表活动的固定场所，为密切人大街工委与代表、代表与选民、代表与代表之间的联系创建平台和载体。"人大代表之家"按照"七有"标准规范设置，即有固定场所、有学习资料、有活动计划、有规章制度、有代表履职档案、有代表照片、有代表公示，为人大代表闭会期间执行职务、开展活动提供服务、创造条件。

（张　清）

【代表旁听法院庭审】 先后三次组织人大代表旁听区法院对刑事、民事两类案件的公开审理。庭审后，人大代表与庭审法官、检察官进行座谈，询问有关法律问题，填写"区人大代表旁听审理案件意见表"，对庭审法官、检察官在依法审理、执行诉讼程序、庭审能力、审判作风、公诉水平、应诉能力、仪表举止等方面提出意见和建议，经人大常委会内务司法工作委员会统一整理后，反馈给区法院和区检察院。

（张　清）

【区人大代表集中活动】 根据区人大常委会工作安排，人大各街工委、代表联组每季度确定一个主题，组织一次人大代表联组活动，通报全区或本地区重要工作进展情况、征求意见和建议、组织代表视察和调研活动。8月13日，举办区政府工作情况通报会，通报上半年经济社会发展情况和下半年工作重点。12月21～23日，各人大代表联组开展会前集中活动，为召开区人民代表大会做准备。活动的主要内容：讨论区十四届人大六次会议议程草案;讨论区政府、区人大、区法院、区检察院工作报告征求意见稿;讨论区第十四届人民代表大会第六次会议主席团和秘书长名单草案;讨论区第十四届人民代表大会第六次会议国民经济和财政预算审查委员会主任委员、副主任委员、委员名单草案;讨论区第十四届人民代表大会第六次会议议案审查委员会主任委员、副主任委员、委员名单草案;推选区第十四届人民代表大会第六次会议各代表团团长、副团长。

(张　清)

【市人大代表集中活动】 闭会期间,根据市人大常委会工作安排,组织市人大代表(石景山团)开展集中活动。1月15日,组织市十三届人大三次会议石景山代表团会前活动,推选出席本次大会的团长、副团长,讨论人大、政府、法检等六个工作报告及大会议程草案、主席团名单草案和议案审查委员会名单草案。8月3日,组织市人大代表(石景山团)集中开展年中活动,学习市委书记刘淇在上半年经济形势分析会上的讲话、市长郭金龙关于上半年经济社会运行情况和下半年重点工作的报告、市人大常委会上半年工作情况的报告,听取周茂非关于区上半年经济社会发展情况的通报,17位市人大代表参加活动。

(张　清)

【市人大领导调研】 5月21日,市人大常委会主任杜德印一行到区调研京西地区经济发展情况。视察中关村科技园区石景山园和北京台湾街发展建设情况,并就"首钢搬迁、矿山关停后开发替代产业,促进西部地区经济发展"议案办理情况进行座谈。

(张　清)

【协助市人大督办议案】 在市人大十三届三次会议上,组织石景山团市人大代表,提出3件促进石景山区发展的议案。市人大确定"首钢搬迁、矿山关停后开发替代产业,促进西部地区经济发展"议案,交市政府办理。协助市人大抓好议案督办工作,为市人大领导调研提供服务,组织代表进行视察,促使议案办理过程转化为推动发展的过程。

(张　清)

【纪念人大常委会设立30周年】 通过举办座谈会、编辑《依法履职、不辱使命》专题片、拍摄三集代表访谈节目、出版画册和《石景山报》专刊等系列活动纪念人大常委会设立30周年。12月22日,在万商花园酒店召开纪念区人大常委会设立30周年座谈会。观看专题片;赵玉民总结人大及其常委会实践经验,提出在新的起点上推动人大工作继续向前发展的思路和措施;三位人大常委会老领导畅谈对人大工作的认识和体会;荣华到会并讲话。

(张　清)

石景山区第十四届人大常委会主任、副主任、委员

主　任　赵玉民

副主任　廉　果　邱思达　张文华(女)　范北燕　周　泽(1月当选)

委　员　(18名,按姓名笔划顺序排列)

万　宇(女)　马丽萍(女,回族)　尹慧兰(女)　田景安　白崇岩　任立三　刘景旺　许保国　孙金城　李希英　李桂珍(女)　吴　英(女,回族)　陈　进(女)　郑章石　赵百旺　赵美云(女)　葛秀根　翟培新

石景山区第十四届人大常委会工作机构负责人

财政经济工作委员会主任委员　白崇岩

城建环保工作委员会主任委员　田景安

教科文卫工作委员会主任委员　翟培新

内务司法工作委员会主任委员　葛秀根

维护妇女、儿童、老年人权益小组组长　葛秀根

石景山区人大常委会办事机构负责人

办公室主任　陈　进

代表联络室、市人大代表联络处主任　赵美云

财政经济工作委员会主任　白崇岩

内务司法工作委员会主任　葛秀根

教科文卫工作委员会主任　翟培新

城建环保工作委员会主任　田景安

石景山区人民政府

2010年是CRD"三步走"战略第一步目标任务和"十一五"规划的收官之年。以首钢涉钢产业搬迁调整和西部地区开发建设全面加快推进为标志,本区进入"大调整、大建设、大发展"的新阶段,处于快速推进城市化进程的关键时期。在市委、市政府和区委领导下,在区人大、区政协监督和支持下,区政府以科学发展观统领经济社会发展全局,贯彻落实党的十七大精神,加快经济发展方式转变,全力推动"大调整、大建设、大发展",完成区十四届人大五次会议确定的各项任务,区域经济发展取得新突破,城市建设管理实现新跨越,社会事业迈上新台阶。积极应对首钢搬迁调整给本区经济发展带来的压力和挑战。当年是首钢涉钢产业搬迁调整的最后一年,面对首钢搬迁后遗留下来的产业和经济空白,全区继续大力发展以文化创意产业为龙头的产业集群,带动区域产业转型。第三产业占经济总量比重超过50%。文化创意产业已成为地区支柱产业。以文化创意产业为龙头一批新兴产业开始填补首钢搬迁后造成的空间和经济上的空白。坚持改革创新,政府自身建设不断加强。依法行政能力进一步增强。坚决执行区人大及其常委会的决议,做好专项工作报告。加强与区政协的联系,听取各民主党派、工商联、无党派人士和人民团体的意见。做好人大代表议案、建议和政协委员提案办理工作,全年办结210件,办结率100%。完善依法行政考核办法,加强行政规范性文件管理。加强审计监督、立项监察、效能监察、执法监察和行政巡察。全面推进依法治区工作,通过"五五"普法总结验收。政府职能转变进一步深化。切实转变政府职能,稳妥推进政府机构改革。强化行政审批集中办理,减少审批环节,受理6万件行政许可服务事项申请,全部办结。建立健全政府信息公开工作机制和制度规范,政府工作透明度进一步增强。科学决策水平进一步提高。建立重大行政决策规则及六项制度,完善并坚持"三重一大"制度,政府决策公众参与度进一步提高。召开政府常务会、区长办公会38次,对133个重大问题进行专题研究。对外交流合作进一步加强。强化国际友好城市工作,拓展国际友好联系市区6个,26个国家40批次代表团到区友好访问,4批46家境外媒体来区采访。区域合作和对口支援工作扎实推进,与四川资阳、陕西安康签订区域合作框架协议。向青海玉树等灾区捐赠130万元。安排资金2368万元,支持四川什邡、西藏堆龙德庆、内蒙古宁城等地区发展。区政府被评为"2010中国改革十大低碳示范单位",周茂非被评为"中国改革十大创新人物"。9月,被国家发改委正式确定为国家级服务业综合改革试点区。全国共37个市区列入改革试点区,本区是北京市唯一一个服务业综合改革试点区。以提高自主创新能力为主线,建设传统工业转型和加快经济发展方式转变示范区,进一步打造具有较强影响力和辐射能力的生产性服务业的承载区,到2015年,区域服务业增加值占比和服务业吸纳就业比重均达到70%以上。

(李　威)

主要工作和重大活动

【国务院领导调研】 2月11日,中共中央政治局委员、国务院副总理王岐山到飞鸿伟业新五星农副产品市场,听取节日期间市场供应情况汇报,实地询问市场内菜品价格。随后到石景山游乐园,检查"大摩天轮"设备安全运行情况,视察梦幻欧风商业街和欧洲嘉年华现场布置情况,强调要高度重视节日期间安全工作,特别是游艺设备的安全运行工作,为广大市民营造欢乐、祥和的节日氛围;要熟悉预案,落实预案,并做好预案演练;要做好节日期间的服务工作。

(李　威)

【市长调研】 2月1日,市长郭金龙到区走访慰问军烈属和残疾人家庭,市政府及相关部门领导陪同。4月17日,郭金龙就加快推进首钢老厂区规划建设到首钢调研。对首钢总公司、石景山区和市有关部门为首钢搬迁调整所做的大量工作给予肯定,强调首钢老厂区规划建设要立足于建设世界城市,努力把首钢老厂区建成加快转变经济发展方式的示范区,相关部门要认真研究、积极配合、协同作战,争取国家有关部门的政策支持,加快推进重大项目和重点工作进程,将节能、环保、低碳等理念运用于规划建设中,为建设人文北京、科技北京、绿色北京做出贡献。苟仲文、陈刚和市政府有关部门领导参加,首钢总公司领导和区领导荣华、周茂非等陪同调研。

(李　威)

【市政府领导调研】 2月25日,副市长夏占义到区检查永定河绿色生态走廊建设启动仪式筹备情况,要求凝聚全区之力,大力宣传,为开工仪式营造热烈气氛,梳理施工程序,形成治理永定河的合力。7月1日,副市长刘敬民带队,市"五五"法制宣传教育组到区检查验收普法工作。10月28日,副市长丁向阳到区调研社区卫生服务工作。对"政府购买社区卫生服务"模式的探索给予高度评价,认为该模式可以作为今后卫生管理与医改的发展方向,要求积极探索,大胆实践。11月5日,副市长程红率队就本区商务工作情况和未来发展规划进行调研。程红对区域经济社会发展取得的成绩给予肯定,对全区发展趋势、发展速度和职能转型给予"快速发展,加速转型"的评价。同月9日,市委常委、常务副市长吉林来区调研。强调首钢即将停产,地区正处于转型发展和结构调整关键时期,要抓住机遇稳妥地做好各项相关工作,市政府高度重视并将予以支持,协调相关部门发挥各自作用,支持地区发展。17日,副市长苟仲文到区调研物联网基础设施建设工作。他强调要扩大覆盖范围,深化物联网应用,加快推动物联网产业园建设,推动物联网产业资源向石景山汇聚,形成具有核心竞争力的完整物联网产业链。

(李　威)

【政府常务会】 召开政府常务会12次(见下表)。

序号	会议时间	会议名称	会　议　议　题
1	4月21日	第1次	区发改委《2010年第一季度经济形势分析》 区国资委《关于贯彻实施〈企业国有资产法〉情况的报告》 区法制办《石景山区人民政府关于落实区人大常委会加强依法行政工作审议意见情况的报告》
2	6月9日	第2次	区卫生局《关于"石景山区'健康北京人—全民健康促进十年行动规划(2009~2018年)'实施方案"有关情况的汇报》 区司法局《石景山区法制宣传教育工作情况汇报》 区人力社保局关于《机关事业单位纳入基本医疗保险管理并实施补充医疗保险制度的实施方案》的汇报
3	6月30日	第3次	区财政局《关于2010年上半年财政预算执行情况的报告》 区安全监管局《关于2010年上半年全区安全生产工作情况的汇报》 区住建委《石景山区十项重点工程和城乡结合部建设整治项目进展情况汇报》
4	7月21日	第4次	区发展改革委《石景山区2010年上半年经济发展情况汇报》
5	8月11日	第5次	区卫生局《关于我区深化医药卫生体制改革实施方案及2010年主要工作安排的汇报》 区经信委《关于中国动漫游戏城建设进展情况汇报》
6	9月1日	第6次	区市政市容委《关于建设高标准国家卫生区情况的汇报》 区国资委《关于贯彻实施〈企业国有资产法〉情况的报告》 区法制办《石景山区人民政府关于落实区人大常委会加强依法行政工作审议意见情况的报告》
7	10月9日	第7次	区西部建设办《关于石景山西部地区开发建设进展情况的汇报》 区科委园区《关于建设国家可持续发展实验区的实施意见及第一阶段(2010~2011)工作任务分解的汇报》 区人力社保局《关于石景山区就业和再就业情况的汇报》

续表

序号	会议时间	会议名称	会议议题
8	11月3日	第8次	区发展改革委《石景山区2010年三季度经济发展情况汇报》 区教委《关于贯彻落实〈北京市实施《中华人民共和国义务教育法》办法〉实现基础教育优质均衡发展报告》 区政府办《关于办理十四届人大五次会议代表建议、批评和意见工作情况报告》
9	11月17日	第9次	区财政局《关于2010年财政支出预算变动情况的报告》及《关于2011年财政收支预算初步安排意见的报告》 区经信委《关于首钢新兴产业基地建设工作进展情况的汇报》
10	12月1日	第10次	区法制办《关于制订〈石景山区人民政府重大行政决策规则〉和六项制度的汇报》 区政府办《关于〈区政府加强风险防控完善领导班子"三重一大"决策制度实施办法〉的汇报》 区发展改革委《"十二五"规划编制工作进展情况汇报》
11	12月15日	第11次	区政府办《关于2011年〈政府工作报告〉起草情况的说明》 区发展改革委《关于〈石景山区国民经济和社会发展第十二个五年规划纲要(草案)〉的说明》 区住建委《关于2010年十项重点工程进展情况及2011年十项重点工程计划安排的汇报》
12	12月23日	第12次	区发展改革委《关于〈2010年国民经济和社会发展计划执行情况与2011年国民经济和社会发展计划(草案)〉的汇报》 区发展改革委《关于〈区发改委2010年固定资产投资和争取资金工作总结及2011年计划安排〉的汇报》 区发展改革委《关于2010年便民工程管理实施情况的汇报》

(李　威)

【区长办公会】 召开区长办公会26次(见下表)。

序号	会议时间	会议名称	会议议题
1	1月20日	第1次	人事任免有关事项
2	2月23日	第2次	区统计局《关于我区第六次全国人口普查工作情况汇报》 区政府办《关于〈2010年政府折子工程〉汇报》 区国资委《关于房屋中心和市场中心机构合并方案及相关情况的工作汇报》 区园林绿化局《关于2010年绿化美化建设工作情况汇报》 区环保局《关于2010年环保十件实事的汇报》
3	3月4日	第3次	人事任免有关事项
4	3月17日	第4次	区政府办及相关单位《关于经济发展推进大会各项情况的汇报》 区国资公司《关于中国电子竞技运动发展中心工作进展的汇报》 区法制办关于《石景山区依法行政考核办法(试行)》与《2010年石景山区行政机关依法行政考核指标》,以及《2010年依法行政工作会准备情况》的有关情况汇报 区编办《区政府机构改革工作情况汇报》

续表

序号	会议时间	会议名称	会议议题
5	4月7日	第5次	区市政市容委《石景山区环境卫生管理办法》 区公安分局《关于指挥中心大楼及附属用房电力引入问题的情况汇报》 区环卫中心《关于环卫中心衙门口垃圾转运站改造工程的情况汇报》 区旅游局《游乐园酒吧街建设情况汇报》 区商务委《北京台湾街建设情况汇报》 区商务委《法海寺地区市场综合整治工作情况汇报》 区国土分局《关于石景山区香山南路28号(原北京亚视城)商业办公项目收储方案汇报》 区政府办《2010年区政府常务会议、议议题计划》,《2010年区政府联络人大、政协工作具体安排》
6	4月14日	第6次	区安监局《2010年第一季度安全生产工作情况汇报》 区环保局《关于进一步加强石景山区污染源监管工作的实施意见的汇报》 区城管大队关于《石景山区查处违法建设工作实施方案》的汇报 区人力社保局《关于落实北京市人力社保局公务员管理工作会议的情况汇报》 区国资委《关于区属国有企业改革发展总体方案的汇报》 区委宣传部《石景山区文化创意产业项目专项资金管理办法(试行)》及《关于拨付2010年石景山区文化创意产业项目专项资金有关情况的汇报》 区监察局《2009年行政巡察工作情况汇报》
7	4月21日	第7次	区环保局《关于实施北京市第十六阶段控制大气污染措施任务方案的汇报》 区商务委《关于北京台湾街架空线缆入地工程的有关情况汇报》
8	5月10日	第8次	区信访办《2010年第一季度信访情况汇报》 区法制办《关于制定北京市石景山区人民政府行政规范性文件管理规定的说明》 区发展改革委《关于申报国家服务业综合改革试点有关工作的汇报》 区经济信息化委《关于加强推进首钢规划建设和产业调整工作方案的说明》 区集体经济办《关于北京市石景山区动物防疫体系建设规划的汇报》 区投促局《关于石景山区政府与海航集团有限公司签署战略合作框架协议的情况汇报》 区体育局《关于转让海韵假期酒店产权情况汇报》 区环保局《关于2010年石景山区环保宣传月活动情况汇报》
9	5月19日	第9次	区社会办《关于社会建设推进大会筹备情况工作汇报》 人事任免有关事项
10	6月2日	第10次	人事任免有关事项
11	6月9日	第11次	区经信委《2010年石景山区信息化工作要点》、《石景山区信息化基础设施提升计划》及《石景山区信息化建设管理办法》 区规划分局《关于石景山区主干道两侧遗留项目拆迁及整治情况汇报》 区人力社保局《关于进一步促进大学毕业生、失业人员就业工作的有关情况汇报》

续表

序号	会议时间	会议名称	会 议 议 题
12	6月23日	第12次	区法制办《关于成立石景山区政府第三届政府法律顾问团和第二届行政复议委员会的汇报》 区体育局《关于备战北京市第十三届运动会情况的汇报》 区金融办《关于制定〈石景山区创业投资引导基金评审细则〉的情况汇报》 区国土分局《关于成立石景山区土地矿产执法检查工作协调小组的有关情况汇报》 人事任免有关事项
13	7月1日	第13次	区市政市容委《关于成立石景山区城乡环境建设委员会的有关情况汇报》 区重点工程建设中心《关于黑石头垃圾消纳场环保治理工程进展情况的汇报》 区公安分局《关于〈全区中小学及幼儿园周边图像信息系统建设方案〉的汇报》
14	7月21日	第14次	人事任免有关事项
15	8月11日	第15次	区投促局《2010年1~6月全区招商引资工作情况的汇报》、《关于组织召开2010年石景山区领导联系重点企业交流会的汇报》及《关于在我区举办“2010年中国CFO年会”的汇报》 区教委《关于市政府教育督导室对我区实施素质教育的督导意见及我区整改方案的汇报》 区流管办《石景山区流动人口和出租房屋服务管理工作情况汇报》及《关于调整流动人口和出租房屋管理员工资的情况汇报》 区市政市容委《关于石景山区水利普查工作相关情况的汇报》 区信访办《2010年第二季度信访情况汇报》 区人力社保局《关于我区推荐评选北京市“人民满意的公务员”和“人民满意的公务员集体”的情况汇报》 人事任免有关事项
16	8月18日	第16次	区国土分局《土地储备项目进展情况汇报》 区国资公司《关于国资公司新投资企业运行情况的汇报》 区国资公司《关于八大处消防中队、衙门口消防中队投资情况的汇报》 区综治办《关于组建安全稳定信息员队伍的汇报》及《关于组建专职巡防队经费问题的汇报》 区社会办《关于提高我区退离居委会老积极分子生活补贴方案的汇报》
17	9月1日	第17次	区投促局《关于区政府与大唐国际发电股份有限公司和中国大唐集团新能源股份有限公司签署战略合作框架协议相关情况的汇报》及《关于在我区举办“第三届中国清洁技术产业投融资峰会”的汇报》 区教委《关于北京九中承接内地新疆班工作的汇报》及《关于2010年石景山区教师节表彰工作的汇报》 人事任免有关事项
18	9月21日	第18次	区发展改革委《关于我区重点项目拟申请纳入2011年北京市重点建设项目情况的汇报》 区科委园区《关于中关村石景山园建设5周年活动方案的汇报》及《2008~2009年度石景山区科学技术奖评审工作汇报》 区社会办《关于进一步规范社区工作者待遇方案的汇报》 人事任免有关事项

续表

序号	会议时间	会议名称	会 议 议 题
19	10月9日	第19次	区投促局《关于<石景山区鼓励民营总部经济发展暂行办法>的汇报》 苹果园交通枢纽办《关于苹果园交通枢纽及商务区土地一级开发工作进展情况的汇报》 区环保局《关于加强我区空气质量自动监测站建设与管理工作的汇报》 区信访办《三季度信访形势分析》
20	11月3日	第20次	区投促局《关于建议与首钢集团建立合作招商机制的汇报》 区科委园区《关于京石科园公司申请增加2亿元资本金情况的汇报》、《关于有偿使用农工商资金置换西山汇项目抵押推进北I区土地开发的情况汇报》 区综治办《关于"平安石景山"建设进展情况的汇报》
21	11月10日	第21次	区发展改革委《关于实施老旧小区配电设施改造工作的汇报》及《关于解决西现代城小区欠费引发停电问题的汇报》 区投促局《关于参加京港洽谈会和在香港举办投资推介洽谈系列活动的汇报》 区发展改革委《关于建设国家服务业综合改革试点区的实施意见及工作任务分解体系的汇报》 区安监局《2010年第三季度全区安全生产工作情况汇报》
22	11月17日	第22次	区政府办《关于成立石景山区政府与海航集团战略合作推进工作领导小组的汇报》 区人力社保局《关于2010年度计划分配军转干部安置工作的汇报》 区人力社保局《关于调整工资规范单位加班工资的汇报》及《关于调整事业单位年终奖金标准的汇报》
23	12月1日	第23次	区发展改革委《关于拟调整2011年北京国际雕塑公园第三届新春文化庙会期间门票价格有关情况的汇报》 区经信委《关于我区高清交互数字电视应用工程配套资金的汇报》 区民政局《2010年"济困工程"实施情况汇报》 区政府办《关于2011年~2013年对口支援拉萨市堆龙德庆县工作安排的汇报》 区消防支队《关于当前我区火灾形势的汇报》
24	12月8日	第24次	区国土分局《关于创建国土资源节约集约模范县(市)的汇报》 区商务委《关于建议区政府给予北京台湾街扶持政策的汇报》 区发展改革委《关于"北京服务·新首钢产业股权投资基金"设立情况的汇报》 区民政局《关于制订深化我区双拥工作推进军民融合式发展意见的汇报》 区社会办《关于加强商务楼宇工作站建设的实施意见的汇报》
25	12月15日	第25次	区投促局《2010年招商引资工作情况汇报》 区文创办《关于2010年度石景山区文化创意产业项目专项资金使用建议的汇报》 区人力社保局《关于落实〈北京市城镇居民基本医疗保险办法〉情况的汇报》 区住建委《关于上报我区2010年北京市住房保障工作先进集体情况汇报》
26	12月23日	第26次	国土分局《石景山区第二次全国土地调查工作情况汇报》 区经信委《关于调整和加强区推进首钢地区规划建设和产业调整工作领导小组的汇报》 区市政市容委《关于拟移交时代花园北路热力管线产权的请示》 区金融办《关于给予中广核产业投资基金管理(北京)公司一次性补助的请示》 区人力社保局《关于其他事业单位实施绩效工资会议精神汇报》

(李　威)

【招商引资又上新台阶】 2月4日，银政战略合作签约仪式举行，市金融工作局局长王红，各银行(分行)主要领导，区四套班子领导出席仪式。王红和荣华为区金融服务办公室揭牌，赵玉民和倪国锋为金融家俱乐部揭牌，周茂非代表区政府与驻区13家银行分别签署银政战略合作协议。3月10日，经济发展和招商引资工作专题会召开，周茂非出席会议并讲话。4月21日，园区企业华谊嘉信(股票代码300071)在创业板成功上市。5月，与海航集团签署战略合作协议。同月24日，加拿大大多伦多市华商总会贸易团一行到区进行友好访问并签订备忘录，明确本区与密西沙加市进行友好交流的合作领域、合作内容以及沟通对话方式，为双方开展长效交流合作提供保障。6月22日，由北京数字娱乐产业示范基地与英特尔共同发起成立的数字媒体制作解决方案示范中心挂牌成立。该示范中心可为区域文化创意企业提供硬件平台、软件开发、基础架构优化等技术咨询公共服务。7月22日，区投促局与北京投资咨询顾问有限公司(香港)签署海外招商机构委托协议。9月28日，举办海外华商企业家走进"石景山"活动。180余名海外华商企业家参观考察。10月12日，本区参加市"加快西部地区转型发展高层论坛暨重大项目推介会"。周茂非在大会上作"紧抓历史机遇，共创美好未来"主题演讲，对全区20个项目进行重点推介。区有关领导代表区政府与中融集团签定战略合作框架协议。29日，爱玛裕家居购物广场隆重开业。同日，中关村石景山园"西山汇新媒体基地"举行开盘典礼。基地集中"国家数字媒体技术产业化基地"、"国家网络游戏动漫产业基地"和"国家动画产业基地"等高端资源，建设成为汇聚三网融合背景下全新一代数字娱乐产业精英和新媒体产业、3G应用产业的产业集群。11月1日，区政府与陕西省驻京办合作洽谈会暨中关村石景山园管委会与北京陕西企业商会合作签约仪式举行。12月16日，"国家网络游戏动漫产业发展基地"重点企业入驻仪式在中国瑞达大厦举行。28日，集体经济系统欣安天成投资管理公司新项目"喜隆多奥特莱斯时尚生活购物城"举行开业庆典。

（李　威）

【与四川资阳合作交流】 1月18日，四川省资阳市代表团到区进行商贸合作考察，签署"北京市石景山区·四川省资阳市农产品商贸合作框架协议"，根据协议两地将在商贸投资、农超对接、企业合作等方面加强沟通与合作。9月19日，与资阳市签署工业经济合作框架协议。

（李　威）

【服务平台开通】 1月21日，"高清交互数字电视社区资讯"服务平台开通运营。该服务平台是本区与北京歌华有线合作，在杨庄中区开展基于高清交互数字电视的"社区资讯"服务试点，包含政府信息公开、社区便民服务、政策解读等服务内容，在现有9个高清频道的基础上，新开通交互类服务栏目16个，包含电视7日回看、与天坛医院联合开展预约挂号服务、与工商银行联合开展水、燃气、电话等缴费服务。

（李　威）

【CRD冰雪童趣节】 1月23日，"首届北京CRD奇幻冰雪童趣节"在北京国际雕塑公园北广场开幕。周茂非等区领导及《人民日报》、新华社、中国邮政集团公司、市邮政公司、西区邮电局领导出席开幕式。市邮政公司举行"祝福祖国"优秀寄语墙揭幕仪式。雪上飞碟、真人雪地CS激光枪大赛、大型奇幻儿童充气城堡乐园、大型国际奇幻动感电影等游乐设施在同一天正式投入使用，受到游客欢迎。

（李　威）

【绿色生态发展带启动仪式】 2月28日举行。市水务局局长程静介绍永定河绿色生态发展带规划建设概况，周茂非致辞。水利部副部长刘宁指出，要以对党和人民高度负责的精神抓好此项建设任务，扩大沿河五区城市发展空间，改善投资环境，发展水岸经济，提升市民幸福指数。副市长夏占义要求相关部门切实按照"工程质量更优、外观形象更美、依法管理更严、安全廉洁更好"的原则，科学施工，密切配合，确保永定河绿色生态走廊建设工程顺利实施。市园林绿化局局长董瑞龙及区领导荣华等出席。

（李　威）

【与陕西安康市合作】 3月3日，本区与陕西省安康市经济合作框架协议签字仪式在万商花园酒店举行。根据协议，双方在旅游、商贸、人才等方面开展全面合作，特别是利用本区和安康市的旅游资源，推动旅游资源的开发，交流经验，做大做强各具特色的旅游产业。安康市市委书记、市人大常委会主任刘建明，市委副书记、市长方玮峰及区领导荣华、周茂非等出席签字仪式。

（李　威）

【政府工作会议】 3月4日召开。会议主要任务是：深入动员政府部门和全体工作人员，贯彻落实区委十届十一次全会精神，用科学发展观统领经济社会发展全局，解放思想，认清形势，明确任务，扎实推进大调整、大建设、大发展。周茂非作题为"解放思想 开拓创新 努力奋斗 扎实推进石景山区大调整大建设大发展"的讲话，提出三点意见：一是认清发展形势，大胆解放思想，勇于开拓创新，以思想的大解放推进区域经济社会各项事业的大发展；二是坚持全面推进，切实突出重点，确保不折不扣完成各项工作任务；三是切实转变工作作风，不断提高工作能力和水平，为圆满完成各项任务提供坚强保障。

（李　威）

【经济发展推进大会】 3月30日召开。会议全面总结2007年第一次经济发展推进大会以来的经济工作,深入分析经济发展所面临的形势任务,出台系列新政策,打造招商引资、安商富商的"强磁场",为推动全区经济工作再上新台阶进行再动员、再部署。周茂非作题为"加快转变经济发展方式,推动区域经济实现又好又快发展"的工作报告;发布服务重点企业暂行办法、促进中小企业发展意见、区政府"关于实施稳定就业扩大就业措施的通知"等一系列新的促进经济发展政策。荣华提出要坚定推进发展的信心,把握加快推进经济结构调整、加快推进重大项目建设、科学编制发展规划、大力优化发展环境四个重点。大会表彰区域经济发展突出贡献单位、纳税百强单位、稳定就业岗位业绩突出单位以及招商引资工作突出贡献单位和优秀单位;签订"固定资产投资任务分解责任书";对47家中小企业发放上年发展专项资金,为当年新增重点企业授牌。赵玉民、倪国锋等区四套班子领导参加会议。

(李　威)

【城市管理工作大会】 4月15日召开。总结回顾近两年来城市管理工作,研究部署当年主要任务。会议要求从实际出发,抓住机遇,正视困难,多做战略性的谋划思考,多想促进科学发展和谐发展的创新举措,多干事关民生的实事好事,逐步转变城市管理方式,不断健全与首都世界城市社会经济发展相适应的城市管理体系。着重做好以下工作:以规划制定为龙头,突出工作重点,实现城市建设管理的精细化;以制度建设为保障,创新体制机制,实现城市建设管理的常态化;以依法行政为后盾,加强综合执法,实现城市建设管理的法制化;以群众参与为依托,整合各方资源,实现城市建设管理的社会化;以队伍建设为基础,强化自身建设,实现城市建设管理的专业化。大会下发环境卫生管理办法(试行),城市管理相关部门参会。

(李　威)

【数字娱乐产业高层论坛】 5月15日,周茂非出席中国(北京)数字娱乐产业高层论坛。此次论坛以"三网融合时代数字娱乐产业发展的新契机"为主题,就如何充分发挥电信网、广播电视网和互联网"三网融合"政策对数字娱乐产业带来的积极影响进行探讨。当日,150余家数字娱乐企业中有6家企业确定入驻园区,并与PBN经济组织、3G中日研究院等中介机构初步达成招商合作意向。区政府举办的"首届3G人才创业创新大赛"同期启动。

(李　威)

【"十二五"规划编制】 以十七届五中全会精神为指导,根据全市总体部署,按照科学发展这一主题和加快转变经济发展方式这一主线,开展"十二五"规划纲要编制。6月9日,召开规划编制部署工作会,周茂非介绍"十二五"规划编制工作进展以及规划体系的内容,阐述做好规划编制工作需要把握的重点问题,明确规划编制工作进度安排。规划编制小组及相关部门结合全区发展实际,不断修改完善"十二五"规划纲要思路,着重围绕区位优势、产业体系、空间布局、生态环境等4个方面,深入谋划"十二五"期间重大项目,努力为规划实施提供有力支撑,根据规划工作方案的时间节点要求,同步推进区域规划和专项规划编制。11月,形成"规划"纲要(征求意见稿)。截至年底,规划前期研究圆满完成,30项研究课题绝大部分已转化至规划纲要中。向市政府汇报本区需要纳入市"十二五"规划的发展定位、功能布局、重点项目及政策试点等相关内容,为未来长远发展争取积极主动。

(李　威)

【环境建设委成立】 7月2日,区城乡环境建设委员会(以下简称区环境建设委)正式挂牌成立。周茂非任主任,区有关领导,首钢总公司领导以及北京军区主管领导任副主任,区委组织部、宣传部,区经济和信息化委员会、区发展改革委等全区41家单位成为这一机构的委员单位。下设区城乡环境建设委员会办公室,为其日常办事机构,设在区市政市容委。会议通过区环境建设委及办公室职责和组织机构方案,周茂非就环境建设工作提出要求。区环境建设委成立后,具体负责贯彻执行市委、市政府和区委区政府有关环境建设的重大决定;研究审议石景山区城市环境建设中的发展规划、工作方案及重大事项;统筹协调本区与驻区中央、市属单位和驻区部队以及区与街道、街道与街道之间环境建设工作,加强城市环境建设的整体协作;组织检查全区环境建设工作任务的实施;协调解决城市环境建设中的重大问题。

(李　威)

【深化医药卫生体制改革大会】 8月20日召开。会议下发2010~2011年深化医药卫生体制改革实施方案和当年医改工作安排,就推进医改各项工作进行部署。周茂非就深化医药卫生体制改革提出三点要求:1.要认清形势,增强深化医改工作的责任感和紧迫感,强化责任意识,强化突破意识,强化大局意识,做好医改工作;2.要知难而进,全力打好医改攻坚战,坚定不移地贯彻落实上级决策部署,坚定不移地推进保基本、强基层、建机制,坚定不移地完成今年改革指标;3.要统筹协调,强化各项保障措施,加强部门合作,加强宣传引导,加强信息交流,加强评估督导,加强调查研究,完成各项医改工作任务。

(李　威)

【搭建新平台助中小企业成长】 举行"北京中小·成长之星"中小企业

集合信托资金发放仪式。此次集合信托的发行是应对中小企业融资难、成本高、风险大的有益尝试，是全新的融资服务模式和市区合作模式的大胆探索。市经济和信息化委员会为解决中小企业融资难题，发起“中小企业直接融资行动计划”，本区参与其中，成为第二个发行中小企业集合信托的区县。在发放仪式上，北京国际信托有限公司与4家中小企业签订信托贷款合同，并现场发放3800万元信托资金。市经信委对参与集合信托计划并成功融资的中小企业给予2%的贴息支持，区政府给予相应的政策支持。

（李　威）

【举办文博会新媒体节】 11月17日，由文博会组委会办公室、区政府、新媒体节组委会联合多家权威机构主办的“2010中国新媒体年度盛典暨第三届新媒体节”开幕。作为第五届文博会重要创意活动，以“新媒体·新融合·新世界”为主题，旨在促进新媒体领域国际间的交流与合作，推动新媒体产业的健康快速发展。经过前两届的成功举办，已成为中国新媒体领域高层次、高规格、高水平、最具影响力的年度盛会。开幕式上，周茂非介绍本区经济建设发展情况，欢迎广大企业前来投资建业，共铸美好未来，并与文化部文化产业司司长刘玉珠，文博会组委会办公室副主任储祥银，新传媒联盟主席、人民网原总裁何加正，共同为新传媒产业联盟（总部）、新媒体总部基地落户本区揭牌。

（李　威）

【阜石路二期工程竣工】 12月30日实现通车。该工程于上年4月28日开工建设，工程起点为西五环晋元庄桥，终点为双峪环岛，全线长9.62千米，其中西六环至西五环高架桥路段8.8千米为城市快速路，地面道路为城市主干路。全线设置六环路立交、金安桥立交、苹果园交通枢纽立交等三个互通式立交。阜石路二期工程通车后，从西五环至西六环车程只需7分钟，方便市民出行，对实现全面战略转型和经济快速发展发挥重要作用。

（李　威）

政府日常政务

概　　述

石景山区人民政府办公室（简称区政府办）是区政府的综合协调部门和办事机构，设有秘书组、调研组、督查室、综合组、联络组、信息组、信息公开组、机要档案组、应急办9个组室。年内，围绕区委区政府中心工作，锐意进取，团结拼搏，完成各项工作任务，确保全年各项工作顺利开展。获“首都精神文明先进单位”、市“国庆安保工作先进集体”、“非紧急救助服务先进单位”、“市政府信息先进单位”、“应急管理信息工作先进单位”、“接待保障先进单位”等6项市级表彰和10余项区级奖项。

地址：石景山路18号

邮编：100043

电话：88699600

传真：88699611

办公时间：9:00－17:30

值班电话：88699618

（李　威）

【文稿起草与公文档案】 以提高领导满意度、基层认同感和对实际工作的指导性为原则，力求出好文、出精品，主动参与全区发展，服务于领导实施决策和指导工作，先后完成《政府工作报告》等文稿近百篇，不断完善FTP综合资料库，收录各类材料100余万字。坚持从精、及时、实效的原则，规范办理标准，完善审核程序，自觉执行档案制度，加强保密意识，公文办理质量提高。全年共制发600余件各类公文，字数达100多万字，其中正式文件400余件，办理各类收发文件各类批办件13800余件。

（李　威）

【信息编报与公开】 编发《石景山政务》普刊119期，《石景山快讯》80期，获区领导批示34条。围绕区域经济发展、服务首钢搬迁调整、永定河绿色生态发展带建设、学校安全保卫等重点工作向市政府信息处报送信息近1000余条，被《昨日市情》采用110条，获市领导批示3条。打造服务型政府，全年主动公开政府信息1701条，受理政府信息依申请公开41件，向市政府相关部门移送纸质信息594份。政府信息公开服务窗口共接受咨询311人次，未发生因政府信息公开而引发的行政复议或行政诉讼。

（李　威）

【调研工作】 围绕区领导关注的重点和难点问题，深入基层一线，围绕万达广场周边停车、招商引资、水岸经济带建设等课题开展10多次专题调研，形成事实准确、分析科学、结论可靠的调研成果，为领导科学决策提供及时有效的参考。

（李　威）

【会务服务保障】 全年组织区政府常务会、区长办公会43次，对96个事关全局的重大议题进行研究，区长务虚会1次。接转市区各级会议1900多件，完成王岐山、郭金龙等国家领导、市领导和市政府相关部门主要领导来本区视察、调研服务保障工作20余次,接待张家口市、济南市、资阳市、拉萨市及友好区等党政代表团来区访问30余次;服务保障巨人集团、中国节能环保集团、市侨办领导及侨商代表团、百名海外华商企业家等各种招商引资投资考察150多次;与相关部门密切合作,完成台湾街开街仪式、永定河绿色生态走廊建设启动仪式、与安康建立经济社会关系签约等服务保障工作。

(李　威)

【应急管理】 规范和完善应急体系机制,组织召开应急委全会,实行定期督促检查制度,及时掌握各部门任务完成进度;加大《突发事件应对法》的宣传与培训,作为落实《应对法》工作突出标兵区县接受全国人大的集中检查;在各重点时段,全面启动全区值守应急机制,妥善安排区领导在岗带班工作,落实政府办加强值班制度;进一步规范突发事件信息报送渠道,明确信息工作职责,为领导第一时间掌握准确信息,快速决策部署提供依据;筹划应急体系"十二五"发展规划编制工作,召开全区应急系统研讨会,编制完成"十二五"时期应急体系发展规划。全年参与协调处置各类突发事件200余件,其中自然灾害类4件、事故灾难类57件、公共卫生事件类22件、社会安全事件类137件和预警信息6件。

(李　威)

【专项督察】 围绕固定资产投资、重大项目拆迁等重点工作,组织联合督查。组织协调办理市政府决策督查25项,其中折子工程22项,市政府实事折子工程3项;办理市政府下达专项督查9项,《北京城市管理广播》督办件31件。承办区政府折子工程109项,区领导批示25件。对区领导到重点企业调研以及在便民工程、强拆等环境整治工作中及时与相关部门沟通,协调解决,做到"交办不过夜、督查敢较真、事事有结果、件件有回音"。办理市"两会"建议、提案17件,其中建议12件、提案5件。办理人大议案5件;区人大代表建议73件、政协委员提案132件。非紧急救助服务中心共接听居民电话7030个,受理反映问题7104件,市非紧急救助中心交办件1953件,"区长信箱"79件,办复率96%以上。

(李　威)

政府法制工作

概　　述

北京市石景山区人民政府法制办公室(简称区法制办)是区政府主管法制工作的办事机构,对区政府法制工作负有指导、协调、组织和监督责任。年内,全区各行政机关紧密服务"大调整、大建设、大发展"工作主基调,贯彻落实国务院《关于加强市县政府依法行政的决定》和全国依法行政工作会议精神,围绕全面建设法治政府目标,加强组织领导,积极履职,不断规范行政行为,扎实推进行政执法责任制,加大行政执法监督力度,开展政府法制业务培训,做好行政复议工作,全面提升依法行政的能力和水平,为地区经济建设和社会发展创造良好法治环境,依法行政工作取得显著成效。

地址:石景山路18号
电话:68607189
邮编:100043

(翟　剑)

【建立政府重大行政决策制度】 建立健全区政府重大行政决策的规则和程序,12月14日,区政府以行政规范性形式下发"重大行政决策规则以及重大行政决策听取意见制度"、"重大行政决策合法性审查制度"等六项制度,初步建立公众参与、专家咨询论证和政府决定相结合的行政决策机制。政府各部门提请区政府研究决定的重大事项,必须经过深入调研,并经专家或研究咨询机构等进行必要性、可行性和合法性论证;涉及相关部门的,应当充分协商;涉及重大公共利益和人民群众切身利益的,应事先听取意见,向社会公开征求意见,必要时举行听证会。同时,在坚持区法制办主任列席区政府常务会议基础上,形成区法制机构主要负责人列席区长办公会制度。

(翟　剑)

【行政执法考核】 区政府加强和改进对各行政执法机关的依法行政工作考核机制,修订并发布依法行政考核办法(试行)。以依法履行职责、科学民主决策、加强制度建设、规范行政执法、强化行政监督、防范化解社会矛盾、落实推进依法行政保障措施等为主要考核内容。按照市政府要求,量化考核指标,确定10大类、116项具体考核指标,将日常考核与年终考核、单位自查与定期抽查有机结合起来,力求对依法行政工作监督达到规范化和日常化。增加司法局、信访办等单位为"区依法行政领导小组"成员,加强领导小组力量,各行政机关也相应成立依法行政领导机构,全区形成统一部署、同步推进的依法行政领导体系。

(翟　剑)

【行政复议审理】 区政府严格依照《行政复议法》和《行政复议法实施条例》规定,抓好行政复议案件的受理、审查工作。对于符合法定受理条件的行政复议申请,依法及时办理受理手续;对于不符合法定受理条件的申请,做好解释工作并告知当事人依法寻求其他解决途径。在办理案件过程中,采取现场勘查、召开听证会等方式审查行政复议案件,有效运用调解手段解决行政争议。全年接待行政复议69件次,案前化解47件,受理申请22件,审结22件,其中决定维持9件,驳回3件,终止10件,范围涉及城管、交通、人力社保、教育、公安、住房和城乡建设等部门。事项包括行政处罚、行政强制、行政许可、核定养老保险、工伤认定、拆迁补偿等行政管理领域。

(翟　剑)

【第二届行政复议委员会】 8月12日成立。将行政复议委员会非常任委员参与复议案件审理,作为提升行政复议公信力和权威性的有效保证。区政府贯彻落实国务院和市政府法制办部署的行政复议委员会试点工作,邀请专家学者参与复杂、疑难复议案件的审理,发挥社会智力资源优势。年内组织行政复议委员会参与审理违法建设拆除、国家赔偿等案件,18人次参加案件审理。专家学者从法学理论及法律实务上,就国家赔偿案件涉及审理时限、审理程序、损害鉴定、听证,附带国家赔偿的行政复议决定告知的诉权及救济途径等事宜,发表意见。行政复议委员会在全面客观审查案件的同时,维护当事双方合法权益,保证复议案件质量,在解决行政争议、化解行政纠纷、维护社会稳定方面作出努力,行政复议公信力和权威性得以体现。

(翟　剑)

【第三届政府法律顾问团】 8月12日成立。吸纳政治素质好、业务水平高、法律实践经验丰富的律师和专家作为政府法律顾问团成员,为重要合同和规范性文件起草提供法律支持及服务,在21个区属行政机关实施法律顾问制度。为政府和职能部门处理重大涉法事件提供法律论证和法律咨询意见,并通过陪同党政领导接访、下访、参与突发性事件处置及参与处理重大疑难案件等方式,为区委、政府化解社会矛盾和依法正确决策提供切实可行的法律咨询和建议。年内,法律顾问和专家为区政府和各行政机关审查各类民商事合同40余件,总合同标的过亿元;审查各类规范性文件20余件,确保政府决策的科学性、合法性,从源头上避免经济损失,预防纠纷发生。

(翟　剑)

【行政执法案卷评查】 制定行政执法案卷评查办法,组织开展全区行政处罚案卷工作,参评执法单位19个,参评案卷106卷,其中合格案卷104卷,占总数的98.1%;组织开展有地区突出特色的行政许可案卷评查工作,年内办理行政许可并形成许可案卷的单位22个,参评案卷43卷,其中经绿色通道程序办理的许可案卷8卷。期间,区主管领导亲临案卷评查现场,对评查工作进行检查指导。

(翟　剑)

【行政诉讼案件通报】 区政府和区法院继续坚持行政诉讼案件定期通报制度。召开2次联席会议通报行政诉讼和非诉执行情况,区主管领导,区政法委、法院、政府办、法制办等部门主要负责人及相关人员参加通报会,及时指出区属行政机关在执法过程中存在的问题并提出改进建议。全年区法院受理行政诉讼案件20件,各行政机关出庭应诉,实现区属行政机关零败诉。

(翟　剑)

【规范性文件管理】 完善规范性文件制定、备案监督工作程序,各行政机关执行规范性文件备案审查制度,坚持规范性文件“不经法制机构合法性审核,不提交政府常务会议讨论”的规定。区政府制定行政规范性文件管理规定,经5月10日第8次区长办公会议讨论通过,并组织培训实施。区政府全年制定发布涉及招商引资、中小企业扶持、就业促进、市政市容管理和建设工程项目管理等方面的行政规范性文件35件,向社会及时公布。

(翟　剑)

【与司法制度衔接】 区政府与区检察院制定行政执法与刑事司法衔接工作办法,深入开展“行刑衔接”工作;建立民事督促、支持起诉工作协作机制,加强区检察院与相关区属单位在国有资产监管以及社会公共利益保护方面的配合,逐步实现行政执法与刑事司法的信息共享。

(翟　剑)

【法律学习培训】 坚持政府常务会会前学法制度,区领导带头学法,定期听取依法行政工作汇报。组织相关法律法规和依法行政知识专题讲座;与区委组织部共同加强后备干部依法行政培训,在中青年干部培训中开展法律知识闭卷考试;在全年干部教育培训计划中增加依法行政知识培训课时。各行政机关采取邀请专家授课、增设网上讲堂、倡导自学等形式,培训规范性文件起草和审核技巧,普及执法移动终端机和电子文书使用,及时更新专业法律知识,不断提高行政机关工作人员依法办事能力。

(翟　剑)

【依法拆迁拆违】 建立“十横十纵”(十横,即由拆迁公司和拆迁地区所在街道办事处联合组成的拆迁工作组,分段包片实施具体拆迁事宜;十纵,即由区各职能部门联合组成企事业单位协调、违法建设整治、困难帮扶保障、信访接待调处等十个横向工作组,根据不同职责划分促进拆迁工作顺利进行)拆迁保障机制。制定合理拆迁补偿标准,加快定向安置房建设,加强法律和政策宣传力度,综合运用经济、行政、法律、教育等手段，做到依法拆迁、友情拆迁、和谐拆迁。年内，全区40个在施拆迁项目依法搬迁6093户；拆除违法建设316处，5.4万余平方米。

（翟　剑）

民族·宗教·侨务

概　述

北京市石景山区人民政府民族宗教侨务办公室（简称区民宗侨办）是区政府主管民族宗教侨务工作的职能部门，行政编制7人，实际在岗人数7人。截至年底，全区有41个民族，少数民族人口10450人，街道属民族幼儿园1所，民族团结教育试点校2所，民族养老院1所。有佛教、伊斯兰教、天主教、基督教4种宗教，信教公民约1.5万余人，其中天主教的信徒0.1万余人，基督教信徒约0.2万余人，全民族信仰伊斯兰教的回族、维吾尔族群众0.5万余人，进寺礼拜400余人，佛教信徒0.7万余人。辖区内有宗教活动场所5处，即八大处灵光寺、八大处大悲寺、模式口南里石景山清真寺、老山地区天主教活动点和古城地区基督教聚会点。区属归侨10人，侨眷66人，各社区有“侨友之家”33个。年内获全国宗教系统“五五”普法先进单位，韩冰被评为全国宗教系统“五五”普法先进个人等多项表彰。

地址：石景山路18号

电话：88699260

邮编：100043

（梅雪峰）

【参与慈善公益事业】 1月28日，与鲁谷社区联合区佛教界开展“我们和你在一起”帮扶少数民族困难家庭爱心捐助活动。走访慰问50户少数民族困难家庭，发放3.5万元的慰问品与慰问金（政府出资1万元、宗教界出资2.5万元）。灵光寺方丈常藏大和尚代表出资方感谢政府为他们提供献爱心的机会。少数民族洪智明作为受助方代表，感谢区委、区政府关心和爱护，感谢社会各界爱心人士帮助。4月7日，灵光寺、伊斯兰教、天主教、基督教团体将募集到的6.8万元善款送到区红十字会，用于西南旱区抗旱救灾、恢复生产。9月22日，“慈悲情怀利乐众生”中秋慰问少数民族困难群众专场慈善晚会在西山八大处举行，慰问50户少数民族困难家庭，发放10万元慰问金。12月24日，区政府领导对本区天主教老山弥撒点、基督教古城聚会点进行慰问和安全检查并代表区委、区政府分别送去慰问金1万元。

（梅雪峰）

【安全检查】 2月21日，对宗教活动场所进行节前安全检查，将节日期间的安全工作责任落实到人，依照本区涉及民族宗教突发事件应急预案，把民族宗教界的人民内部矛盾排查调处工作做细做实。3月1日，为确保两会期间本区宗教活动场所安全、稳定，对全区各宗教活动场所进行安全检查，本次检查着重对宗教活动场所用电安全情况、取暖安全情况、周边环境、交通状况及突发事件应急预案进行检查和前期部署。

（梅雪峰）

【举办民族电影节】 5月6日，首届“北京民族电影节”专题影展在万达影城启动。作为北京民族电影节重要活动之一，“民族团结”专题电影展暨新片《圣地额济纳》在全国放映。此次影展由市民委、区政府、市电影家协会联合主办，展映时间为5～10月。活动以“展示和推动民族电影文化艺术发展”为宗旨，集各民族文化艺术、民族电影于一体，举行新片展映、学术研讨、艺术交流等一系列活动。首展区设在中央民族大学、中国电影资料馆和中国电影博物馆。影展期间，在全市13个重要街道、44个社区、5个民族乡、100余个民族村设置展映区，投放民族电影200部。《首都之窗》对60部少数民族题材电影进行网络展映。7月1日，由市民委、区政府等8家单位联合主办的北京民族团结专题电影展暨电影《同心》全国展映启动仪式在区青少年活动中心举行。市民族代表人士、各族群众300多人参加。

（梅雪峰）

【参加市级运动会】 8月20～24日，派出687人的代表团，参加在丰台举办的市第八届民族传统运动会。其中竞赛项目运动员262人，表演项目运动员330人，领队、教练和工作人员95人；参加珍珠球、蹴球、凌球、摔跤、陀螺、空竹等14个竞赛项目中的316个小项和集体太极拳、民族健身操舞、自选项目等表演项目比赛。131人（次）在12个竞赛大项、31个小项上取得名次。在3个表演项目上获4个一等奖、5个二等奖、6个三等奖，并获“体育道德风尚奖”和表演项目“优秀组织奖”。

（梅雪峰）

【民族健身操舞大赛】 4月25日，在八宝山街道永东北社区举办第二届民族健身操舞大赛培训班，为期1天，全区9个街道、教委、石景山医院等60余名健身操舞爱好者参加。7月9日，在八宝山街道国广公寓多功能厅举行区第二届“喜隆多杯”民族健身操舞大赛决赛暨颁奖仪式，来自街道、教育、机关、政法系统的32支队伍、500余名健身操舞爱好者，通过预赛选拔15支队伍参加决赛。西黄村小学舞蹈队获第一名。8月24日，组织13支队伍参加市第八届民族传统体育运动会暨第五届民族健身操舞大赛，包揽各参加组别的全部金奖，参赛队员年龄最小6岁，最年长的72岁。

（梅雪峰）

【民族政策宣传】 各街道、社区在民族团结进步创建活动基础上，开展丰富多样的宣传教育活动。古城街道、八角街道利用社区宣传栏等载体，悬挂宣传横幅、专题板报等60余幅；广宁街道通过办事处电子显示屏向来访群众宣传民族政策。八宝山街道、八角街道、鲁谷社区开展“民族才艺展”、“民族趣味运动会”、“民族知识竞赛”等活动。5月6日，八宝山街道在华普超市门前广场开展以“全面贯彻落实党的民族政策，大力弘扬爱国主义精神”为主题的宣传活动。街道各社区派出56名社区志愿者参与宣传活动向沿街群众发放宣传材料。

（梅雪峰）

【聆听牛街宣讲】 6月22日，邀请宣武区牛街民族团结进步模范宣讲团到区宣讲。来自牛街街道、牛街东里社区、牛街派出所、牛街邮局的5名成员从“打造系列化、精细化民族特色服务体系，创造牛街美好生活”、“东里社区的民族情”、“小家尽暖天下安”、“绿色使者拳拳爱心”、“把握舆论导向，发挥媒体优势，展示牛街崭新面貌”五个主题，宣讲如何做好民族工作的经验体会，并观看宣传片《古街新唱》。市、区有关领导以及来自区相关部门、13个派出所，9个街道主管主任、民政科长、民族宗教工作专干，139个社区主要负责人，重点社区民族宗教工作者，驻区有关单位共200余人参加宣讲会。

（梅雪峰）

【区佛教协会成立】 区佛教协会成立大会暨第一次代表大会于8月15日举行。来自各界佛教徒代表180余人出席会议，会议顺利完成各项议程，审议通过区佛教协会章程，选举产生以常藏法师为会长，演道法师、法柱法师、明觉法师、妙文法师为副会长，演莲居士为秘书长的首届领导班子。中国佛教协会会长、北京市佛教协会会长传印长老向大会发来贺电，赠送亲笔题写字画一副。

（梅雪峰）

【流动人口监测管理】 8月17日，协调组织相关部门“三个到位”，建立少数民族流动人口监测点。机构到位，成立“石景山区少数民族流动人口监测点领导小组”，将区流管办、公安分局国保支队、苹果园街道办事处等相关部门纳入其中。成立少数民族流动人口监测点办公室，由区流管办牵头；制度到位，制定建设少数民族流动人口监测点方案（征求意见稿），征求各方面特别是一线工作人员的意见，提高方案可执行性；监测到位，利用区流管办流动人口信息采集办法和标准，结合苹果园街道建设“新居民”服务点，掌握少数民族流动人口各种信息，对现有数据进行更新和完善，实现对少数民族流动人口的人性化、精细化、动态化管理。在基层成立监测组，由苹果园街道流管办牵头，社区民警、流管协管员、社区民族宗教工作信息员等整合到一个小组中去，加强基层工作力量，防止多头管理，对辖区内少数民族流动人口聚居区域进行定点走访。

（梅雪峰）

【迎接内高班】 8月30日，第九中学新疆内地高中班86名少数民族学生抵达学校。学生中包括78名维吾尔族、7名哈萨克族和1名蒙古族学生。为迎接这批少数民族学生，保护学生民族风俗习惯和合法权益，配合区教委制定相关教学管理方案，在教师中开展民族政策和知识培训，实地检查清真食堂，内容包括食堂储藏、加工、运输等各器具情况，以及使用清真牛羊禽类的进货渠道。

（梅雪峰）

【宗教节日】 9月10日是伊斯兰传统节日“开斋节”，全区穆斯林群众0.1万余人来到模式口清真寺参加节日庆典活动。区领导到现场慰问穆斯林群众，送来慰问品50寸等离子电视1台。11月17日，少数民族传统节日古尔邦节，400余名多穆斯林前往清真寺欢度佳节。民宗侨办、公安分局国保支队、金顶街派出所、街道均派专人维持秩序。12月24日晚，天主教老山弥撒点和基督教古城聚会点分别举行宗教活动，100余名天主教信徒和300多名基督教信徒参加活动。12月25日早上，老山弥撒点举行“天明弥撒”，约100名天主教信徒参加。平安夜、圣诞节期间，区民宗侨办均派人在活动现场值守。

（梅雪峰）

行 政 服 务

概 述

北京市石景山区行政服务中心(简称中心)是区政府统一、集中、联合办理行政许可和行政审批事项工作的组织、协调、指导、监督机构。中心设立办事大厅,为辖区内部分政府职能部门办理行政许可和行政审批事项的集中场所。厅内设有受理送达、审查决定、综合服务、行政收费、行政投诉、政务查询、文本书录、商务中心、办公管理、等候休息等10个功能区,配备计算机网络、电子影音系统等现代设施。驻厅各单位可在厅内完成行政许可和行政审批的咨询、办理即时件以及受理、审查和决定或调度审查和决定、送达即时件等全过程作业。行政编制8名,内设办公室,协调管理科;下设服务保障部为全额拨款科级事业单位,编制4名。年内,坚持以科学发展观为统领,按照“大调整、大建设、大发展”的工作主基调,采取“巩固、提高、开拓”的工作方针,强化行政审批集中办理,行政审批信息公开,规范行政审批行为,开拓新兴工作领域,提高各项工作机制运行水平。24家具有行政审批职能的政府部门和2家政府服务机构64人进驻办事大厅。驻厅单位全年接待办理行政审批服务事项103734人次,办理咨询事项30467件,受理行政许可服务申请73267件,审定行政许可服务事项71433件,送达行政许可服务决定71408件,行政收费298.98万元,接受表扬信10封,接受锦旗17面,有效行政投诉率为零;群众参与满意度测评满意率100%。

地址:八角西街16号
电话:68862780
邮编:100043

(段 娜)

【行政审批集中办理】 完成区政府第103条折子工程——深化行政审批制度改革,减少和规范行政审批,加强行政审批集中办理,强化行政服务中心职能作用。探索实践“大科制”工作模式要求,落实药监分局、规划分局专网进厅;完成科委、药监分局、园林绿化局、招商办等4个部门的50项行政许可和服务类事项进厅办公;质监分局、公安分局、卫生局等原进厅单位,增加37项行政许可(审批)和服务事项进厅办理。印发行政审批非驻厅实施单位管理工作规则,通过核定行政审批事项操作规程、统计分析非驻厅单位办事数据、季度例会、年度考核等措施,对非驻厅单位实施规范化管理,延伸中心管理范畴。通过行政审批集中办理工作的深入开展,行政审批“一站式”办理能力取得成效。全区37个行政审批部门实现10家“一科统办”,19家“一组统办”,8家专人办理。进驻中心办公的具有行政审批职能的政府部门由上年16家增至24家,增长50%,其他政府服务机构增至2家,厅内办理由110项增至313项,增长158%。其中行政审批273项,占全区行政审批事项69%;进厅办理的临时性审批事项3项(黄标车淘汰鼓励资金联合服务小组服务),服务事项37项(政府办、质监分局、国税局、地税局、商务委、科委等6家进厅的行政审批单位办理29项;住房公积金管理中心1项;区招商办7项)。

(段 娜)

【区招商办入驻】 7月9日,区招商引资工作领导小组办公室正式入驻大厅揭牌运行。区招商办主要为投资商和驻区企业提供区情介绍、政策咨询、个性策划、落地代理、组织协调等服务工作。7~12月该平台办理咨询179次,招商引资认定966家,提供企业注册代办118家,累计注册资本7738万元。

(段 娜)

【搭建服务平台】 按照“保障一般、优待重点”原则,加强对重点企业和项目的服务工作。一是整合梳理出涉及行政审批的重点项目,通过大厅首席代表会、网上通告等方式告知驻厅的行政审批部门,要求按照“主动、统告、优先、加快”八字方针,采取主动了解信息,研判拟办事项,集中统一告知,提供优先接待,最大限度压缩审批时限等具体措施,提升行政审批服务水平,确保从宽从速完成重点项目行政审批;二是制定行政审批服务重大项目工作规则,明确专组或专人负责主动联系提供服务,集中统一提供“八告知”,提供优先办理服务,压缩常规办理时限和服务工作效果回访等具体服务要求,进一步规范重大项目进行行政审批工作的程序、标准,以制度确保服务水平的不断提升。组织两次台湾街开业行政审批工作会,对涉及16个行政审批部门的19类228项行政审批事项进行现场指导;接待华录传媒公司、首钢集团、物美集团、永辉超市、工信部电子情报研究所等多家“绿卡”企业,办理涉及公章备案、组织机构代码登记、税务登记、统计登记、餐饮许可、环保许可、价格备案、淘汰黄标车鼓励资金审批等8类200余项行政审批业务。

(段 娜)

【政府信息公开】 制定行政审批咨询一次性告知工作规则、行政审批申办人须知、跨部门审批一般流程等综合指南类信息,方便申办人快捷了解区行政审批工作方式深度查询有关信息，填补本区行政审批综合指南类信息空白。定期在政府办公平台上公布全区行政审批办事数据，方便有关领导及相关单位了解掌握相关工作情况，进一步促进行政审批廉洁高效运行；在采取计算机网络、工作手册、操作规程等媒体公示行政审批信息基础上，开辟广告箱、影视设备等媒体公示有关信息；制定和修订行政服务中心政府信息公开工作规则、《信息公开目录》，明确信息公开内容、形式、范围、时限和程序，规范中心对社会主动公开的政府信息，推进中心政府信息公开工作更加制度化、程序化、规范化。主动公开中心信息24条，按时修订中心信息公开目录和信息公开指南；接收本区17个委、办、局及街道办事处提供的主动公开文件及国务院公报、政府公报共389份，整理成册，置于大厅资料台供办事人员查阅。

（段　娜）

【完善考核评比】 完善驻厅单位互评环节，增加比例等制度。要求各单位评出的每项指标达到“非常满意”的单位数不能超过其所在楼层单位总数的30%，实行定量考核与定性考核相结合的方法，对评出“不满意”的指标，写出书面说明，提升考评的可信度和公正性。建立行政审批人员、事项、规程变更情况台帐，每两周总结一次日常巡查情况，每季度听取一次具有行政审批职能各单位工作汇报、每季度总结各驻厅单位工作亮点等相关工作制度，及时掌握全区行政审批工作动态，加强对驻厅单位的管理。

（段　娜）

【开展民主评议】 5～11月，根据市纠风办（京纠发[2010]2号）文件精神，中心采取自查自纠、部门互查及接受区委区政府“两员”走访服务对象、测评、明察暗访等形式开展民主评议活动。活动期间，各驻厅单位根据运转协调、行为规范、廉洁高效三个方面评议内容，围绕本年度区目标督查考核行政审批部分的各项指标，查找和分析本单位存在的不足及原因，有针对性的制定整改措施，填制“2010年民主评议自查表”并整改；中心组织各驻厅单位、特约监督员对照年度目标督查考核指标进行互评和考评，结合区纠风办的反馈意见制定整改任务分解表，落实整改工作；各驻厅单位首席代表将此次民主评议工作和自身业务工作有机结合，列入重要议事日程；中心将评议情况纳入对各驻厅单位的年度考核。

（段　娜）

【行政案卷评查】 9月6～10日，会同法制办开展行政许可案卷评查。审查22个单位43卷行政许可案卷，发现卷中五大类30余种问题，提出相应解决建议。通过评查，摸清本区行政许可事项底数，发现行政许可工作中存在的问题，明确案卷制作的规范化标准，提高一线人员的工作水平，提升行政许可行为的规范化水平。

（段　娜）

【推进反腐倡廉】 4～5月，中心以“讲党性、强党风、明党纪、促发展”为主题，围绕学习贯彻《党员领导干部廉洁从政若干准则》，集中开展“六个一”活动：1. 讲一堂党课。中心主要领导围绕教育月活动主题，结合单位实际，有针对性地对全体党员干部进行一次生动的党课教育；2. 组织一次集中学习。围绕教育月的学习重点，对全体党员干部进行一次《廉政准则》的集中学习培训；3. 组织一次考试。按照区纪委的统一部署，组织全体党员干部进行一次《廉政准则》及党纪条规知识考试；4. 看一批好书。中心提供适当的经费保障，鼓励党员干部购廉书、读廉书，提升自我修养；5. 写一批感言建言。根据区直机关工委的安排，开展“强作风、树形象，我为机关建益言”活动，组织全体党员干部建言献策，共上报建言10条；6. 开一次民主生活会。根据区委的安排，对照《廉政准则》进行检查，召开领导班子民主生活会。深入开展廉政风险防范工作，消除腐败隐患。在总结去年廉政风险防范试点工作的基础上，深入推进此项工作。结合单位实际，进一步完善廉政风险防范工作制度，深入查找各方面风险点，并有针对性地建立各项防控措施，从源头上杜绝腐败现象的发生。全年，未发生违法违纪事件。

（段　娜）

【完善服务保障】 做好中心办事大厅计算机网络改版、食堂管理、物业管理、车辆管理、房屋维修、保安保洁管理等大厅服务保障工作。制定行政服务中心消防应急预案，明确消防工作的各项管理措施，完善自身制度；改进文本书录区填单台设置，增加其展示表单范本的功能。

（段　娜）

信访工作

概述

中共北京市石景山区委、石景山区人民政府信访办公室(简称区信访办)是区委、区政府负责组织协调信访工作、处理信访问题、人民内部矛盾纠纷排查调处和人民意见征集的职能部门。截至年底,设综合办公室、来信来访科和督查督办科;人员编制13名。全年受理群众信访2459件13029人次,同比件次人次持平,其中办理来信1507件,同比上升11%;接待来访952批7432人次,同比批次下降7%、人次下降8%;集体访199批6483人次,同比批次下降3%、人次上升0.2%。区领导阅批信访526件,占信访总量的21%。初信初访化解率为95%、重信重访化解率为91%、历史积案化解率为100%,实现全年无重大重复上访户、无信访群体性事件、敏感时期无非正常上访工作目标,在全市信访工作目标管理考核工作中评为优秀。

地址:石景山路18号

电话:68607140

邮编:100043

(范金慧)

【工作职能调整】 根据信访办公室主要职责内设机构和人员编制规定(石政办发[2010]19号),对工作职责进行调整。增加两项职责:一是信访事项复查、复核工作职责;二是外地在京上访人员和非正常上访人员劝返接回工作汇总本区相关工作的综合协调职责。转变三项职责:一是加强对信访事项督查督办职责,负责中央和市委市政府以及区委区政府有关信访工作决策部署督查督办工作,确保信访工作决策部署贯彻落实,推动群众信访问题得到妥善解决;二是加强本区跨部门、跨行业、跨地区信访突出问题及群体性事件组织协调职责;三是加强对信访问题排查化解和信访信息汇集分析职责,增强信访工作预见性和针对性。

(范金慧)

【群众信访】 群众信访集中反映的突出问题中,申诉类423件,占信访总量的17.2%;求决类1355件,占信访总量的55.1%;批评建议类280件,占信访量的11.4%;揭发检举类121件,占信访总量的4.9%;其它类280件,占信访总量的11.4%。

(范金慧)

【领导干部大接访】 坚持区委常委会、政府常务会每季度听取全区信访工作汇报制度,掌握全区信访动态;坚持区委、区政府主要领导参加信访专题会议制度,研究解决复杂疑难信访问题。区委书记、区长亲自主持召开信访专题会议4次,研究解决突出信访问题。落实党政领导干部接待群众"四访"制度,即开门接访、带案下访、解案约访、结案回访。区级领导48人次到信访办接待上访群众138批2866人次,分别占来访总量的15%和39%;阅批群众来信391件,占来信总量的26%,其中荣华阅批246件;信访工作调研5次。处级党政领导干部每周一、三上午在本单位、本部门接待上访群众,共计437批2502人次。

(范金慧)

【完善工作机制】 建立健全首办责任制,规范信访事项办理程序,加大对初信初访问题化解力度,对信访事项办理情况实行有效跟踪、及时催办。全年办结中央和市、区领导转办信访督办件10件,结案率为91%;受理复查复核信访事项12件,维持基层答复意见10件,撤销基层答复意见2件。

(范金慧)

【宣传与培训】 4月19~23日,开展以"和谐有序 依法信访"为主题宣传周活动。4月19日上午,开展主题宣传日活动,主会场设在鲁谷社区半月园公园,主管区领导参加宣传日活动。年内,举办专题讲座3次、集中业务培训15次,对全区主管信访工作领导、信访干部及社区干部进行培训,提高信访工作人员政策水平、业务技能和做群众工作能力。

(范金慧)

【排查调处】 区级层面进行3次矛盾纠纷排查,排查出各类矛盾纠纷112件,全部落实主责单位和协办单位并确定化解时限。通过区级联席会议、街道地区联席会议、主责单位牵头集体会商等形式,化解多起复杂信访问题。人民调解组织调解矛盾纠纷5770件,其中,调解成功5475件,成功率95%;信访办通过窗口接待、84次集体会商、约访上访人176次、下访10次,化解矛盾纠纷1547件,将25件有越级上访倾向的信访问题吸附在本区。

(范金慧)

【专项资金使用】 按照区委、区政府领导指示精神和信访矛盾排查化解工作专项资金使用规定,经矛盾纠纷主责单位研究上报,主管区领导同意,全年利用矛盾排查专项化解资金227.64万元,化解疑难复杂信访问题26件。

(范金慧)

【老古城拆迁信访】 9月6日,老古城村拆迁启动后,每天安排2名工作人员到老古城拆迁指挥部值班,随时接待上访群众。9日,主管区领导到老古城拆迁现场信访接待场所进行调研，就做好涉及拆迁上访工作提出三点要求：一要坚定信心。充分认识老古城综合改造项目重要性，认真总结已取得的经验，发扬连续作战精神，全力做好攻坚克难阶段各项工作；二要高度重视。畅通渠道，加强研判，发挥好信访信息网络作用；完善预案，处置及时，避免群体性事件和个人极端行为发生；整合资源，加强协作，将矛盾纠纷吸附在属地、化解在源头；三要依法依规。对信访群众要做到热情接待、服务到位，依法依规解决他们提出的问题，积极化解矛盾，减少社会不稳定因素。对不合理诉求，要耐心解释解答，稳定情绪，做好思想疏导工作。

（范金慧）

【推行信访代理】 在学习借鉴其他区县工作经验基础上，结合自身特点全面推行“信访代理”（即按照信访条例相关规定和工作程序，代理信访人到有权办理的单位和部门咨询政策，反映解决诉求）工作。制定处理信访突出问题及群体性事件联席会议关于建立“信访代理制”的工作意见，召开全区大会，全面部署信访代理工作。先后两次到崇文区学习信访代理工作先进经验，对全区各委办局处、街道（鲁谷社区）主管信访工作领导及信访干部进行两次业务培训，请崇文区信访办在全区信访代理培训会上授课。区信访代理工作稳步推进。

（范金慧）

【信访效能监察】 11月20日，市信访办、市监察局对区信访工作效能进行联合检查。市检查组听取工作情况汇报，查阅信访档案资料、工作台账，并到苹果园街道与信访干部进行座谈。检查组对本区以人为本，全力解决群众信访问题，切实维护地区社会和谐稳定给予肯定。指出：区委区政府主要领导高度重视信访工作，矛盾纠纷排查化解力度大；着力创新机制、整合资源、形成合力，基层基础工作扎实；编辑下发《信访工作手册》、《信访聚焦》等材料指导工作，注重总结与提高。同时强调：要进一步提高思想认识，克服麻痹思想，把工作想深、想细、想透；要强化区、街信访结构搭建与扩展，将矛盾纠纷化解在基层，处理在萌芽状态；要继续推行“信访代理制”，增强为群众服务意识；要以群众工作统揽信访工作，加强思想疏导，夯实基层基础工作，进一步增强信访工作针对性、实效性；要加强信访工作理论研究，对带有普遍性、规律性问题进行梳理、归纳和总结，为上级机关提供借鉴，进一步提高信访工作水平。

（范金慧）

【实现工作对接】 12月23日，召开首钢北京厂区停产后信访工作对接会，区委区政府领导、市信访办领导及首钢总公司党委领导出席会议。首钢信访处介绍北京厂区停产后职工思想状况和下一步信访工作安排；区信访办汇报与首钢信访处建立信访联动机制情况，包括成立信访工作联动领导小组，负责涉钢信访问题组织领导、沟通协调和非正常访联动处置。区委副书记强调：一要统一思想，提高认识。首钢北京厂区停产工作是一项重要政治任务，区委区政府高度重视，要认真落实市委市政府指示精神，全力做好首钢北京厂区停产稳控工作。二要各方联动，做好对接。区里相关部门要明确各自职责，全面做好对接工作；要保证信息通畅，做好深入细致排查工作；及时掌握职工思想动态，做到“抓小、抓早、抓苗头”，超前化解矛盾。三要相互支持，密切配合。要做好相关政策宣传解释和职工思想工作，区信访办要加强与首钢信访部门沟通联系，及时、有效处理矛盾纠纷，共同做好首钢信访工作，维护地区、社会和谐稳定。

（范金慧）

档 案 工 作

概 述

北京市石景山区档案局（简称区档案局）、档案馆为一个机构、两块牌子，是区委区政府负责档案工作的主管部门。截至年底，局（馆）编制26人，内设办公室、业务指导科、法规科、管理科、编研科、信息化科和区直机关档案管理中心。年内，档案工作围绕全区“大调整、大建设、大发展”的主基调，坚持服务先行、夯实基础、依法行政、教育培训，开展城市面貌记录、拆迁档案管理、“档案馆日”活动、民生档案管理等工作，为地区经济社会发展服务。全年举办各类档案业务培训5次，开展专项和综合档案执法检查3次。档案馆接收档案5835卷（件），政府公开信息文本374件，整理抢救国家重点档案543卷（件），向社会开放档案148卷。全区各级档案部门接待利用者12950人次，提供利用档案43757卷次。有4篇论文入选华北五省档案学会学术论文集，2篇论文获中国档案学会年会优秀论文，“兰台大课堂”被评为“石景山区市民学习品牌”。

地址:杨庄东路69号
电话:68833005
邮编:100043

(刘爱君)

【城市面貌记录】 年初,启动“城市面貌记录工程”。以拍摄影像资料为手段,记录本区城市发展进程,提升档案服务经济社会的能力。制定拍摄方案、组建由档案资料义务收集员和部分建设单位为主的拍摄队伍,有计划、分区域进行跟踪拍摄。全年拍摄和整理反映永定河绿色生态发展带、中国动漫游戏城、西部地区拆迁改造、首钢厂区厂貌等发展变化的照片1510张,基本实现对全区重点建设区域全覆盖。

(刘爱君)

【“档案馆日”活动】 10月16日,举办以“追寻北京记忆,感受档案魅力”为主题的第二届“档案馆日”活动。活动开设档案馆和八大处公园两个场所,组织观看主题展览、参观档案库房、体验档案查询、查阅编研作品、听取档案专题讲座等特色活动,邀请档案学会成员、热心档案工作的社会人士参加,现场举行档案捐赠和赠书活动,著名军旅作家石祥捐赠题有“追寻北京记忆,感受档案魅力”的书法作品。活动当日接待部队官兵、社区居民、学校师生、机关干部等参观者1.56万余人,发放各类宣传材料25种共计0.8万余份,展出宣传展板40余块,举办“档案大讲堂”3期,接待区内新闻媒体4家,《中国档案报》、《北京档案》、《石景山工作》等各级媒体进行报道。

(刘爱君)

【档案业务培训】 5月24日~6月3日,举办档案专业知识岗位培训班。培训内容涉及各门类档案收集、保管与利用等基础理论知识和实际操作技能,全区84名专兼职档案人员参加培训。市档案局检查组对上岗班的课程设置、教学形式、培训效果等给予好评。8月,举办以“档案安全工作重于泰山”为主题的第十三期档案执法联络员培训,强化档案执法联络员安全和责任意识。

(刘爱君)

【档案执法检查】 11月,与区法制办联合开展档案行政执法综合检查。结合区工作重点和档案工作实际,重点抽查包括新建单位、机构改革单位、迁址单位及形成重要档案单位在内的32个立档单位。根据检查情况,下发档案执法检查通报,对被抽查单位提出反馈与整改意见。

(刘爱君)

【完成规划编制】 年内,完成档案事业“十二五”规划编制。年初,对规划编制工作进行部署,成立领导小组和编写组,确定具体要求和时间进度。6~11月,召开3次规划编制领导小组会和8次编写小组会,组织2次由专家学者、市档案局相关处室和基层立档单位参加的规划征求意见会,通过《石景山报》“兰台之窗”栏目向社会征集建言。年底形成报审稿,总结回顾“十一五”时期档案工作,确定“十二五”时期档案事业发展的指导方针、目标任务和四项实施工程。

(刘爱君)

【拆迁档案管理】 全力支持地区拆迁工作,加强拆迁档案的宏观指导和跟踪管理,确保拆迁档案完整、准确、系统和安全。年初,以走访、座谈会、发放调查表等形式,对住建委拆迁办、市政市容委等单位,以及五里坨、老古城等拆迁一线地区的30余个拆迁项目主体、实施主体和拆迁从业企业进行调研,掌握拆迁档案形成和保管的基本情况。9月,制定并以政府办名义下发关于在房屋拆迁工作中进一步加强档案管理的意见。10月,召开区拆迁档案工作会议,全面部署拆迁档案工作,进行专题培训。11月,筹备开展拆迁档案案卷评查工作,再次进行集中培训、指导和交流,拆迁档案收集、整理工作初见成效。

(刘爱君)

【民生档案管理】 加强涉及人民群众切身利益的民生档案管理,确保民生档案更好地服务于和谐社会建设。指导区民政局改革婚姻档案立卷方式,使婚姻档案整理进一步科学规范;根据住房保障档案形成特点,结合调研情况,指导区住建委制定住房保障档案的归档方式和编号方法,规范住房保障档案管理;组织召开社区档案工作培训会,联合街道开展社区档案案卷评查工作,做好民生档案的开发、利用服务工作;完成海特和高能所居委会2户居民的家庭档案建档试点工作。

(刘爱君)

【档案安全管理】 7月,以“档案安全”为主题,开展档案安全专项执法检查。全区各立档单位对档案室安全隐患进行全面、彻底排查,以此为契机,采取措施加强监管。一是增设档案安全岗位,明确岗位职责;二是建立责任单位档案安全台帐制度,做到底数清、情况明,及时排查各种安全隐患,跟踪监管档案安全工作整改落实情况;三是拟定与各立档单位签订档案安全责任书,明确各方职责和责任;四是对照档案安全台帐开展日常监督指导,进一步强化监管职能。

(刘爱君)

【档案资源建设】 3月,建立一支由文史和摄影等爱好者组成的档案资料义务收集员队伍,健全档案征集网络和组织。全年通过下发征集通告、开展口述档案整理、接受社会捐赠等方式征集和整理反映区情和党史的档案资料1203件(张),首钢职工参加第一次开国大典等一批珍贵资料被收集进馆。年内,梳理档案馆接收立档单位名册,通过下发调查表形式对重点单位档案资源构成进行调研,按计划开展档案馆档案接收范围修订工作。全区各立档单位依照“文件材料归档范围及文书档案保管期限表”加强本单位档案的收集归档工作，室藏档案资源进一步丰富和优化。

（刘爱君）

【档案信息化建设】 率先在全市区县档案馆100%完成馆藏数字化工作目标。根据电子文件（档案）备份中心开发方案，成立建设开发小组，进行专题调研，遵循制度建设为保障、信息数据为核心和信息安全为基础的原则，开展第一阶段的开发工作。建立档案数字化长效机制，完成档案馆三期数字化工作，全年扫描27个全宗14212卷档案，形成数字化影像原文801230页，档案目录177200条，刻录光盘383张。

（刘爱君）

【举办主题展览】 4月25日，在全市“爱国主义教育基地宣传日”活动期间，举办《“石景山印象”摄影图片展》，并在社区巡回展出。展览通过150余幅照片，反映区域展建设和文化风情，展出期间接待社区群众、机关干部等参观者500余人。10月16日，结合第二届“档案馆日”活动，在八大处公园分会场举办《追寻城市记忆，感受档案魅力——石景山区城市面貌掠影》图片展览，共设展板34块，展出反映本区城市面貌变迁的新旧图片100余幅。当日接待参观者1.5万余人次。

（刘爱君）

地方志工作

概　　述

北京市石景山区地方志办公室（简称区志办）为区政府直属全额拨款正处级事业单位，编制4名，上年11月参照公务员管理。内设政治组、经济组、文化综合组、办公室。年内，组建《北京市石景山区志（1996～2010）》编辑部；形成由120余家区属单位和140余家驻区机关、企事业单位600余人组成的专兼职修志队伍。各承编单位全面启动修志，编辑部全力督促指导修志，召开两次培训会；确定26家牵头单位，发挥组织、协调和督促等作用；完成志书篇目征求意见，框架设置趋于完善；资料长编验收启动，87个单位以纸质或电子版形式上交长编及卡片。完成《北京石景山年鉴》2010卷编纂，10月出版发行，并有多项创新，获全国年鉴评比多项二等奖；志鉴理论建设与学术交流深入开展。在市年鉴工作会上，本区作为区县代表提交经验材料，工作被市领导点名表扬，获奖情况现场展陈。

地址：八角西街27号
电话：68880579
邮编：100043

（王董瑞）

【修志组织架构完善】 5月初，按政治、经济、文化、综合四个部类，确定4位熟悉区情、具有丰富工作经验的处级干部担任副主编，明确工作职责和分管任务，组建编辑部主体。下发通知要求各区属单位和驻区单位成立修志机构，确定主笔；宣传、贯彻依法修志观念，经区志办、各牵头单位等组织协调，参与部门和单位覆盖面逐步扩大。截至年底，120余家区属单位和140余家驻区机关、人民团体、企事业单位分别成立修志机构，并通过抽调、借调、返聘等方式组建一支600余人专兼职修志队伍。以上单位基本覆盖区属单位，驻区机关和事业单位，以及有一定规模和代表性的企业。

（王董瑞）

【二轮修志全面铺开】 按照编辑部要求，承编单位于上半年开展资料收集工作；下半年着手编写资料长编。全区各参编单位根据工作实际，适时启动，分步开展。15年资料庞杂纷繁，参编单位投入较大精力。公安分局建资料卡片4532张，收集资料约60万字。工商分局指定基层科室、所、队26人直接参加本部门修志，建立卡片千余张。老山街道到重聚园小区，经红蜡烛帮教小组创始人、老社区工作者、八十岁高龄当事人口述获相关材料。文委确定主管领导一名、专职主笔一人和三级审阅制度，聘请5名专家研讨文化篇的基本框架和主要内容，签发红头文件责成相关科室鼎力协助修志工作。教委聘任专职编辑6人，使用2间办公室专门用作修志。多数单位上半年未如期完成资料收集工作，整调工作顺延。部分单位修志工作未如期启动。全区整体修志工作在16个区县中领先。

（王董瑞）

【严格掌控修志进度】 3月9日，召开资料收集工作培训会，下发收集资料通知和第二轮志书编纂工作资料选辑，由市志办专家讲解资料收集业务，各单位主管领导和主笔200余人参加培训。5月26日，召开资料长编工作培训会，下发相关通知，120个区属机关、企事业单位和驻区单位200余人参加。主编结合多媒体和文件要求，针对资料长编阶段性工作特点、作用、具体要求和步骤讲解业务，针对资料收集的问题和难点解惑答疑。并按照政治、经济、文化和政法、综合四个组分别进行讨论、交流。随后区志办下发补充通知解答共性问题和难点问题。全年主动到各部门指导、检查近百次，联合各牵头和承编单位召开协调、培训和督促会近百次，培训主管领导和主笔千余人次。同时刊发简报信息近百条、群发短信千余条、电话沟通3000余人次、收发邮件和即时信息数千条指导各单位及主笔。预审100余家单位的资料长编数百万字，及早发现问题，有针对性地进行纠偏。对部分资料收集、长编编写难度较大的单位，一对一辅导；针对进展较慢、责任心较差、业务水平低的以面对面沟通、向编委会和主管区领导反映情况等方式督促。了解市各委办局和区县兄弟单位进展情况，学习借鉴好经验好做法，因地制宜指导本区修志工作。

(王董瑞)

【确定26家牵头单位】 7月6日，召开志书牵头单位工作会，确定26家牵头单位，主管副区长到会讲话。其主要职责是明确工作任务、做好组织协调、交流沟通情况、参加联审和评议、推荐修志先进单位和个人。区科委、经信委、民政局等单位介绍主动协调相关驻区单位和部门、传达修志精神、分解篇目任务以及收集资料工作的经验。区志办自4月联合科委第一个牵头协调园区重点企业参与修志后，先后联合经信委协调中国移动等电信部门和首钢总公司等大型国企、金融办协调金融机构、旅游局协调驻区旅游单位、市政市容委协调西区邮局等单位、教委协调驻区高校、文委协调驻区文艺团体、卫生局协调驻区医疗机构等开展修志。法院和检察院分别与市第一中级人民法院和市检察院第一分院取得联系。区志编辑部联系市交通委员会运输管理局石景山管理处，11月10日与其主管领导就辖区内公共交通、公路和水路运输业户、客运、货运市场、汽车维修等资料收集工作进行商讨；联系市殡葬管理处，促其成立修志办公室，于11月26日安排4名修志人员到志办接受业务培训，并就八宝山革命公墓、人民公墓、福田公墓等资料补遗具体事宜进行交流。区委办、政府办、组织部、统战部、总工会、政法委、国资委、住建委、财政局、商务委、社工委、人口计生委、发改委、体育局等单位分别牵头区属各单位，召开会议，分解任务，落实组织、协调和督促等责任。

(王董瑞)

【志书篇目趋于完善】 与各承编单位反复沟通商讨，针对志书篇目征求各方意见，不断调整修改。10月12日，在征求各单位反馈意见和接受市志办评议的基础上，编辑部对《北京市石景山区志(1996～2010)》篇目设置征求意见稿逐篇进行研讨；对全书内容有机联系、逻辑关系、相互隶属等难点问题进行重点讨论，确定志书篇目修订稿为32篇，突出记述经济转型、结构调整、产业升级，将之作为主线贯穿始终，凸显地域性和时代性，记录转型历史。

(王董瑞)

【资料长编验收启动】 制订资料长编验收标准，11月初发布。标准要求各编、章、节、目资料观点正确、真实可靠，主体资料内容完整，编排合理，衔接顺畅，体例严谨，文本规范。各承编单位需按篇目框架设置准确分类归纳材料，横不缺项，竖不断线，无缝衔接，适当前溯。验收于12月启动。编辑部按照单位自查、领导复审、反复校核、申请验收、组织验收的步骤进行验收。验收过程中，区志办设专人进行登记，由副主编(或指定专人)初审资料长编，约承编单位交换意见，并由其修改补充完善后报送复验，直至合格。验收合格的资料长编(附资料卡片)，各承编单位统一上交纸质文稿一式两份，由单位主管领导签署意见，加盖公章，报送电子文稿。截至12月31日，全区需上交资料长编的约100个承编单位中，87个单位以纸质或电子版形式上交长编及其卡片。区志编辑部及时对问题进行梳理。

(王董瑞)

【人物篇相关问题研讨】 12月，编辑部针对二轮志书人物篇相关问题进行研讨。就收录原则和形式、收录范围和标准、编写内容和报送要求等提出明确规定，拟订以人物传略、人物简介、人物表和人物名录方式，收录断限内对国家或本地区有较大贡献、对社会发展有较大影响人物。编辑部就收录标准等问题与组织部门进行沟通，并提请市志办审查把关。

(王董瑞)

【修志工作简报创办】 10月25日刊发首期，年内刊发5期，信息数十条。简报设领导调研、志办动态、修志进展、解疑答惑、工作安排、修志心得等栏目，每月2期左右，每期4～8页，传达上级精神，把握全区修志进度，展现单位工作动态，交流编修工作经验，面向本区机关事业单位和驻区单位共计200余家以纸质和电子的形式发放。

(王董瑞)

【2010鉴出版发行】 3月面向区属机关、企事业单位和驻区单位征求资料，5月底完成总纂，6月送印刷厂排版，7月上旬向全区120余家供稿单位征求意见，收到条目、标题、词句、语法、标点等各方面反馈意见数千条。7月中旬由市志办及北京年鉴社就框架结构、条目标题、内容编写、政治用语等进行评审，开创市年鉴征求意见阶段评审之先河。8月形成送审稿送中华书局审校，9月定稿交付印刷，10月印制成书，在各区县综合年鉴中完成最早。11月1日，面向全区130余家供稿单位发放1200余本。本鉴分栏目29个，分目136个，次分目168个，条目1939个，彩页54幅，表格57张，共536页，约110万字；记载上年度经济、政治、科技、文化、社会生活等基本情况，反映各行各业新成就、新经验

和新发展,是一部地情资料工具书。较之上年,栏目变更增加 11 个;分目比上年增加 66 个,整书框架更加合理,分类更加科学,记述更加完善。目录前面新增“总目”,使读者更易了解全书框架,便于阅读;增加总目英文对照,使其逐步国际化;对党政重要会议,实行列表记述,保存重要会议信息,同时便于读者检索、阅读。

(王董瑞)

【年鉴彩页实现公益化】 《北京石景山年鉴》(2010)彩页部分不再采用有偿征集方式,改为由各单位自愿选送,编辑部负责排版,免费刊用,实现公益化。30 家单位报送彩页资料,区志办初步编辑彩页 54 版,于 8 月向供稿单位征求到意见 100余项,16 家单位对 50 余张照片进行更换调整。

(王董瑞)

【年鉴获全国评比多项二等奖】 1 月,由中国出版工作者协会主办,中国出版工作者协会年鉴工作委员会承办的第四届全国年鉴编纂出版质量评比(每五年举行一次)中,《北京石景山年鉴》(2009)获评综合、框架设计、条目编写、装帧设计四个二等奖,在市专业年鉴和各区县综合年鉴中,奖项级别和数目均为最。该评比对 2005 年以来全国公开出版的 2000 多种、1 万多卷各级各类年鉴进行评比。12 月,由中国地方志指导小组办公室和中国地方志协会主办的全国地方志系统第二届年鉴评奖工作,经过初评、复评、终审,《北京石景山年鉴》(2009)再获二等奖。本届评奖评出省级地方综合年鉴、地市级(含副省级城市)地方综合年鉴、县区级地方综合年鉴、专业年鉴、军事年鉴、武警年鉴等 6 个系列获奖年鉴 459 部。

(王董瑞)

【地方志工作十年规划制订】 根据市志办要求,结合区地方志工作实际,起草制订地方志工作规划纲要(2011~2020)初稿。纲要约 9000 字,分指导思想、工作原则、总体目标、主要任务和保障措施五部分;内容涵盖未来 10 年本区地方志工作指导思想、长远目标、阶段任务、工作要求、队伍建设、理论保障措施等内容。

(王董瑞)

【理论建设与学术交流】 年鉴编辑部赵宽心撰写论文《年鉴条目规范编纂之我见》在全国史学类核心刊物之一、中国人文社会科学核心期刊《中国地方志》杂志发表,成为本市发表的 2 篇年鉴研究论文之一。区志办组织年鉴编辑部工作人员参加全国性学术交流活动,与全国 10 余个省、市、区的年鉴社和地方志工作部门建立联系并交换志鉴等书籍。交流所获《武汉市志》(1980~2000)、《浦东年鉴》、《秦淮年鉴》、《栖霞年鉴》等在本区编鉴修志中多次起到参考、借鉴作用,《武汉市志》被多部门借阅、复印。

(王董瑞)

集体经济

概　述

本区已是一个没有农民的新城区,但还存在一部分集体经济。北京市石景山区集体经济办公室(简称区集体经济办)是主管全区集体经济各项工作的区政府职能部门,挂动物卫生监督管理局牌子。原农村集体经济表现为乡、村两级形式,乡级即原直属社办企业,村级集体经济组织为 12 个村级农工商公司,其经济主体为村办企业。实现整建制一次性农转居后,深化改革,推进集体经济第三次创业,截至年底,12 个村级经济组织已有 10 个成功改制。集体经济系统开拓进取、乘势而上,紧跟“大调整、大建设、大发展”的律动脉搏,精心谋划维稳大局,稳步推进集体经济体制改革,特别是在发展壮大集体经济,提高创新发展能力,推进党建、廉政建设方面均取得佳绩。全系统经济总收入 77986.8 万元,其中集体经济总收入 74863.9 万元,占 96.0%,个体私营经济收入 3122.9 万元,占 4.0%。经济总收入中,第一产业收入 485.9 万元,占 0.6%;第二产业收入 19656 万元,占 25.2%;第三产业收入 57844.8 万元,占 74.2%。集体经济增加值 32122.2 万元,利润总额 2323.8 万元,上缴国家说金 5532.5 万元。人均劳动所得 20620.9 元,同比增长 16.0%。古城泰然被推荐为市级“文明单位标兵”。集体经济办、景阳天昊被推荐为市级“文明单位”。八宝山、华美宏信、华美天祥、兴盛恒泰、黑石头、气象局被推荐为区级“文明单位”。

地址:杨庄西口
电话:68861910
邮编:100043

(胡　浩)

【重点项目建设】 集体经济系统安排重点产业建设项目 10 个,总投资 16.5 亿元,规划建筑面积 36 万平方米。项目建成后,可实现年利润 1.5 亿元,上交税金 8000 万元,可提供农转居劳动力就业岗位 1200 个。目前,金宝山投资管理公司的北京大公馆项目,建筑面积 4 万平方米,于 5 月 29 日正式营业;麻峪工贸中心的"爱玛峪家居购物广场"项目，建筑规模10万平方米，历时一年多建设，于10月29日正式开业，运营状态良好；向阳亨泰公司的花卉休闲园项目，建筑面积4.5万平方米，计划投资2个亿，一期工程进行室内外装修，二期工程正在建设中；欣安天成公司的喜隆多outlets购物中心项目，建筑面积2.6万平方米，已正式对外营业，效益良好；五里坨公司的隆恩寺生态园项目，建筑面积1.6万平方米，已完成主体建设，正在对外招商中；八大处公司的绿色产业服务中心项目，为建筑面积2.3万平方米的五星级会所，主体工程即将封顶；古城泰然公司的中小科技企业基地D座，已全部投入使用，可增加资产经营收入500万元；衙门口公司休闲绿洲项目，A区已立项，正在办理土地预审，C区正在招商过程中。

（胡　浩）

【完成引资任务】　继续坚持"抓大引小、抓新稳旧、努力攻关、力求实效"方针，细化分解任务，完善奖励机制，多渠道、多形式落实招商引资工作。为确保完成当年目标任务，根据京石办发[2009]12号文件和区第三次经济发展推进大会精神及集经办工作部署，制定当年招商引资工作目标，作为指导性计划分解下达到各公司，并将招商引资业绩纳入年终目标责任考核，招商引资工作取得较好成效。全年实际引进企业31家，注册资金9459万元，同比增长40.9%和1.8%；新引进企业中，注册资本金500万元以上的规模企业6家，其中注册资本金1000万元以上企业3家。

（胡　浩）

【经济体制改革】　集体经济产权制度改革是解放农村生产力、实现集体经济又好又快发展的重要途径，是推进农村地区城市化进程的必由之路。整建制一次性农转居以来，集体经济办按照"先易后难、确保成功、分期分批、确保稳定"的基本思路，在实践中探索，在探索中前进。截至年底，已全部完成改制的村级集体经济组织达到10家，超过全部改制任务四分之三。其中八宝山农工商公司于12月8日正式揭牌；衙门口农工商公司于年底完成新公司登记注册等工作；黑石头农工商公司资产处置工作正在按计划进行，目前已公布劳龄三榜；尚未启动改制的八大处公司已在专家指导下于年底提出拟准备推进的实施草案，并已向主管区领导进行汇报，得到初步肯定。

（胡　浩）

【加大监管力度】　在抓发展、上项目的同时，探索对基层单位经济运行过程的有效监督管理：从程序和技术环节加强对集体经济重大投资和资金使用的监督措施；根据集体经济发展的新情况、新特点，重点加强对征地补偿款和专项资金使用情况的监管，全年集体经济办共完成5个审计项目，涉及17个会计核算单位，累计审计总金额18.6亿元，提出审计建议14条；推动集体经济系统招投标管理办法的实施，通过在兴盛恒泰投资管理公司隆恩寺生态园项目、黑石头农工商公司综合办公室工程项目中的实际运作，达到预期效果。

（胡　浩）

【动物卫生监管】　按照市、区政府及行业管理要求，发挥指挥协调职能，与各相关部门紧密配合，完善应急机制，完成各项保障任务。动物卫生监督执法中，累计出动执法298次，累计检查餐饮企业、市场、超市、动物产品储存场所679家次；查扣、无害化动物产品820公斤；其间出动执法人员1282人次、执法车辆298车次。动物检疫工作中，产地检疫犬51只，猫15只；生猪屠宰检疫4.8万头；口蹄疫免疫289头次、净化检疫马匹30匹、牛289头。犬类免疫工作中，全区注册犬13643只，已完成狂犬免疫87.9%，收容无主犬猫2631只。蔬菜和农药执法工作中，累计行动78次，检查市场239个次，快速抽样1146个。

（胡　浩）

【做好信访维稳】　根据区委区政府要求和涉农信访实际情况，坚持用硬措施落实硬任务，出台集体经济系统信访维稳责任评价考核办法和集体经济系统重大决策信访风险评估机制实施方案，加强对信访维稳工作专项责任追究。进一步整合基层信访资源和力量，加强上下联动，提高各公司自我消解问题的能力。继续坚持每星期三领导信访接待日和每季度一次的全系统信访排查调处会制度，及时梳理、专题研究信访问题。坚持主要领导亲自抓信访，定期听取信访情况汇报，亲临一线调查了解信访问题。结合矛盾重点，集中力量攻坚克难，全年围绕17公顷占地、八大处改制资产处置、古城综合改造拆迁等引发的重点信访问题，特别加强工作力量，专门派驻两个处级领导带队的工作组分别到衙门口、八大处公司，指导公司改制、经济发展等工作，集中力量帮助化解矛盾。截至年底，集体经济系统接待群众来访181批、来访人数3169人次，其中集体访63批、2945人次，处理来信64件。

（胡　浩）

【注重安全生产】　调整安全领导组织机构，加强全系统安全队伍建设，健全完善组织体系和管理网络。加强安全生产基础性工作，建立健全相关制度，进一步严格落实生产、食品、消防等安全工作责任制；对所属各单位安全重点部位和存在的安全隐患进行排查梳理，确定"重点、次重点、一般"3类共计715处可能存在安全隐患的重点部位；加强对建筑施工工地的重点管理和监控，有针对性地召开专题会，通报事故情况，总结经验教训，寻找解决办法。

（胡　浩）

【转居劳动力就业】 在总结前几年成功经验的基础上，继续坚持“以发展促就业，以就业保稳定”的主导思想，超额实现年初制定的新安置农转居劳动力就业1000人的目标。继续坚持农转居劳动力就业专项资金补助和奖励机制，在年初下达安置农转居劳动力就业指导性指标，向区委区政府和相关部门建议，增加对农转居劳动力就业的专项经费投入。通过多方共同努力，全系统年内新安置上岗职工1380人。截至年底，集体经济办系统农转居劳动力总数为5700人，就业率达到72%。

（胡　浩）

【提高人员待遇】 在上年力促“老人老办法”退养问题解决后，继续按照上年第16次区长办公会会议纪要精神，比照本市当年新调整的社保退休人员最低基本养老金1000元/人月的标准，及时对12个公司和社办企业中没有达到该标准的900名老人信息进行梳理、核对，从1月起调整和补发其生活费补贴，确保补贴按时、足额发放。继续配合区民政局、各街道办事处，按“一老一小”政策为无医疗农转居老人办理大病医疗参保手续。区政府以补贴形式解决每位老人300元参保费，确保1581名老人的参保费及时发放到个人。

（胡　浩）

【完善民主管理】 12个公司均按照要求如期召开职工代表大会和股东代表会。依照职责指导八宝山、衙门口、向阳亨泰三个公司完成股东代表的选举工作，经过协商推荐、民主选举等相关程序，两个公司顺利完成股东代表的选举工作。股东依法选举权、知情权和参与权等得到充分体现。稳妥开展改制公司工会组建工作，在已完成5家工会组建工作的基础上，年内完成兴盛恒泰投资管理公司工会组建。

（胡　浩）

【完成民兵整组】 克服困难，发挥优势，历经筹划部署、宣传动员、组织实施、总结验收四个阶段，完成区武装部下达的民兵组织整顿任务。全系统基干民兵任务数为180人，其中反恐连1个、120人，主要编在神农庄园酒店；步兵连1个、60人，主要编在11个农工商公司；预备役指挥排2个，其中华美宏信有限责任公司16人、景阳天昊投资管理公司20人。民兵整组编制的制定主要体现相对集中，便于收拢集结的原则要求。4月16日和5月18日两次接受北京卫戍区和区武装部的民兵拉动检查验收。

（胡　浩）

西　部　建　设

概　　述

石景山区西部建设办公室（简称西建办），原名“石景山区西部地区开发建设办公室”，成立于2004年8月，为区政府临时机构和派出机构。2007年8月，区编办下发关于组建石景山区西部建设办公室的批复（石编办[2007]20号），确定为区政府派出机构，核定编制8名。主要职能是负责本区西部地区的规划、开发建设、协调管理以及对产业项目的论证、审批和组织实施等工作，但人员编制未到位。上年6月，区编办批复（石编办[2009]16号）增加西建办行政编制4名。西建办行政编制总数为12名，内设三个科室，分别为项目推进科、规划发展科和综合办公室。西建办现有10人，其中主任1名，副主任2名，科级干部4人。租用五里坨街道社区服务中心楼二至三层办公，当年对三层会议室重新改造装修，建成大型会议室，并安装规划沙盘。年内，石景山西部地区开发建设全面启动并进入“快车道”，西建办抓住北京市加快京西发展以及永定河绿色生态发展带建设有利契机，以在建工程为重点，进一步加快“三纵三横三延长线”路网建设、市政配套工程建设、保障性住房项目建设，全面推进十个地块一级开发，积极运作公益性项目建设；以定位研究为主题，开展发展规划和产业定位、西部旅游规划、文物保护与利用方案、五里坨建设区规划完善调整、社会管理体系、广宁村改造、驻区部队市政需求等项目的调查研究；以发挥领导小组作用为切入点，及时召开领导小组会议，建立健全督查督办机制，加大廉政风险防范体系建设，确保西部开发建设真正成为群众满意的阳光工程、民心工程，较好完成各项工作任务，为西部地区合理开发、加快建设进程创造有利条件。被评为区“文明单位”，获“督查考核‘业绩突出’奖”。

地址：五里坨车站路1号
电话：88907327
邮编：100042

（杜玉敏）

【土地一级开发】 石景山西部地区位于五里坨和广宁两个街道办事处所辖区域，包括五里坨、黑石头、麻峪三个农工商公司，涉及20个自然村，总面积31.25平方千米，占全区总面积的近37%。五里坨建设区十个地块占地面积258.52公顷,建设用地面积178.94公顷,规划建筑面积221.8万平方米。其中:01～07地块,项目总用地面积211.215公顷,其中建设用地面积140.766万平方米,代征道路面积45.341公顷,代征其他用地25.108公顷,规划建筑面积185.6万平方米。上年12月22日,市、区国土部门联合储备,投资58亿元资金启动五里坨项目组团01～07号地块的土地一级开发,开发周期为17个月。此前,先后启动南宫住宅小区项目、西山木材厂项目和山上天泰山旅游A地块的土地一级开发。为保证拆迁标准统一,十个地块同步启动拆迁,截至年底,五里坨建设组团涉及拆迁户3647户,已签协议3355户,走户率92%,完成2183户选房工作,落实投资约50亿元;非住宅类集体土地地上物拆除,两个农工商公司共计完成60%。西山木材厂项目已完成上市交易并开工建设,招标出让成交价为2.5亿元,规划建筑面积3.54万平方米,折合楼面单价9016元/平方米;07地块、南宫住宅小区基本达到上市条件。

(杜玉敏)

【完善道路系统】 西部地区道路系统主要由京门路(109国道)、京门新线、新隆恩寺路、五里坨西路、五里坨路、黑石头村路构成"三纵三横三延长"路网体系。截至12月底,黑石头村路、五里坨路延长线、五里坨西路延长线、慈善寺路已建成通车;五里坨路、五里坨西路加快推进;新隆恩寺路、京门新线立项、资金问题全部解决,因拆迁问题只实现部分开工。京门路项目正与市交委、市规委协调中。

(杜玉敏)

【市政配套设施】 日处理污水2万立方米的五里坨污水处理厂一期工程于12月22日实现开工。位于西五环晋元桥外高井电厂西南,规划占地面积4.8公顷,南起永定河引水渠南侧,北至小西山,西起永定河三家店拦河闸,东至模式口隘口,服务流域为五里坨边缘集团及门头沟三家店地区,服务人口达5.6万人。远期建设规模为日处理污水4.5万立方米。处理厂出水排入高井沟,作为高井沟及永定河河道的补充水源,下游进入永定河。采用MSBR+ABF滤池工艺,污水厂排放水质达到《城镇污水处理厂污染物排放标准》一级A类国家最高标准。由北京市政集团负责建设、运营和管理,施工单位为市政四公司,运营期25年。自来水厂项目选址工作基本完成,资金尚未落实。热力主干线已落实审批手续和资金问题,并列入下年度十项重点工程,五条支路管网以及供电管网、燃气、电信、上下水等管线也正随路铺设。

(杜玉敏)

【保障性住房】 建筑规模3万平方米的站前小区经济适用房和廉租房项目已完工。48万平方米的五里坨定向安置房项目已开工建设,房型设计实现低碳、绿色、环保的原则,布局合理,户户朝阳,周边配套完善,得到被拆迁居民认可。

(杜玉敏)

【社会公益项目】 年内,对法庭、消防中队、派出所、医院、学校等公益项目用地、绿地以及剩余四个自然村落(高井村、潭峪村、双泉寺村、新隆恩寺村)进行摸底调查和成本测算,总占地面积约95公顷,涉及搬迁居民约1700户,需要配置定向安置房约2500套,一级开发成本约30亿元。其中,消防中队和西部法庭项目已经纳入土地储备范围。

(杜玉敏)

【发展定位研究】 通过对地区规划理念、主题定位、产业布局、水域景观塑造、市政设施需求等方面进行深入研究,借势天泰山良好的自然资源和生态优势,进一步深化对"天泰山·水岸绿都"发展主题定位的研究和论证,为整体规划的调整和完善奠定基础。

(杜玉敏)

【西部规划研究】 年内,完成"十二五"时期石景山西部地区发展规划研究,明确西部开发建设的指导思想、发展思路,确立重点工作和保障措施;结合西部地区的空间形态和天泰山、永定河二大"山水"优势,提出"一体、两翼、三中心"的城市空间布局规划构架;确立"文化休闲旅游经济、绿色商务服务经济、绿色总部(官邸)经济、绿色文化创意经济""四轮驱动"的产业体系;依据北京城市总体规划确定的石景山"一区、三中心"的城市功能定位,结合永定河绿色生态发展带建设规划,在充分遵循西部地区现有规划的基础上,明确把石景山西部地区打造成为"天泰山·水岸绿都"的发展目标。

(杜玉敏)

【旅游规划研究】 西部地区自然环境优越,文物古迹丰富,可用于旅游开发的林地资源2000余公顷,约占整个西部开发建设区的60%以上,约占全区总面积的24%。年内,通过开展西部旅游规划研究,进一步落实"天泰山·水岸绿都"主题定位,进一步发挥旅游资源对改善地区环境、调整用地指标、增益土地价值、统一区域布局等方面的重要作用。专业设计单位正在进行"天泰山风景旅游区"的规划设计。

(杜玉敏)

【建设区规划调整】 五里坨建设区路网规划已获市规委正式批准。按照相关政策要求,在商品房建设中需平均配比保障房,完成上市交易的西山木材厂项目已配建保障房,其余02～08号地块共规划商品房均未配建保障房,建设用地压力较大。为此西建办在年内开始进行城市设计,提出低密度住宅统一配建保障性住房的建议,并着手制定控规指标完善方案。

(杜玉敏)

【广宁村规划调整】 通过多次组织

召开区住建委、规划分局、国土分局、街道办事处等相关部门及京能热电、高井电厂、京西电厂、铁路部门等驻区企业座谈会,全面收集广宁村土地权属、地上物现状、人口等大量数据。年内已完成成本测算。

(杜玉敏)

【文保方案研究】 会同有关单位共同研究制定西部文物保护方案,涉及文物20余处。结合西部地区旅游开发,对市级文物、区级文物、登记文物和古民居进行分类保护的同时,充分挖掘资源,合理开发利用。

(杜玉敏)

【社会管理研究】 年内,对社区居委会、物业公司、业主委员会提前进入新建居民区,开展先行服务进行调研。制定调研工作方案,完成"石景山西部开发建设中建立社会管理体系的研究与思考"调研报告。

(杜玉敏)

【部队需求研究】 满足西部地区驻军单位市政设施需求,开展相关调研和数据采集。年内完成西部地区部队单位2010~2015年建设工程、市政需求调查分析,以实现部队建设与西部开发建设的有机统一。

(杜玉敏)

【督查督办体系建设】 按照"区领导分工负责部分重大项目建设实施方案"要求,区领导多次对西部建设情况进行督查指导和调研。西建办完善联席会、专题会、协调会议制度和党风廉政责任监督制度,并同人大代表、政协委员、党代表进行广泛沟通和座谈,充分听取各方面意见建议。年初,审议通过年度工作计划,将涉及西部开发建设的5大类、28项工作任务细化分解,进一步明确任务,落实责任。坚持每日巡查制度,抓好安全生产。高度重视信访工作,走访慰问地区拆迁群众,掌握地区动态,确保开发建设启动阶段的安全稳定。

(杜玉敏)

港澳台·外事工作

概 述

北京市石景山区人民政府外事办公室(简称区政府外办)是负责本区外事和港澳事务的区政府工作部门。在区委区政府和市政府外办领导下,坚持以科学发展观统领各项工作,服从和服务于中央整体外交和北京市外事工作全局,围绕中心工作,采取多项措施,科学统筹国内国际两个大局,认真履行外事参谋、统筹、协调、管理、服务和保障等职能,解放思想、开拓创新,团结拼搏,扎实工作,服务首都现代化新城区建设大局,支持全区经济社会协调发展,拓宽国际友城交往,促进与境外实质性项目的交流与合作,出入境管理服务和涉外管理服务工作得到进一步规范化,国际语言环境得到不断优化,着力推动区域国际化建设,为区域经济社会又好又快发展,营造良好涉外环境和外事工作氛围,发挥外事工作围绕中心服务大局的助推作用,外事工作取得新成绩,为CRD建设作出新贡献。年内,与相关部门配合,承担大量协调服务和接待保障工作,完成涉及26个国家的40批近480人次外宾到区参观、访问、交流与合作等任务。为51批162人次的顺利出访提供服务,保障本区"走出去"和国际化工作需要。被授予"北京市因公出入境工作先进单位"、区"文明单位"、"首都国际语言环境建设工作优秀组织奖"。

地址:石景山路18号
邮编:100043
电话:88699516

(吴芝蒸)

【完善领导机制】 发挥区委外事工作领导小组及其办公室的统筹协调职能,加大对全区外事工作宏观指导力度,整体推进外事工作科学、有序发展。年内,向区委常委会和区委外事工作领导小组主要领导专题汇报外事工作4次,做好外事工作决策的跟踪反馈、重大事项的通报和成员单位间的协调联络工作,强化对全区外事工作实施综合归口管理,研究外事工作中的重要问题,为外事工作持续、快速、健康发展提供坚强保障。依据市外事工作规划,按照建设世界城市新要求,结合实际,完成本区第一个外事工作五年规划初稿,明确未来五年全区外事工作的发展定位、战略目标和主要任务。完善各级外事工作沟通机制,加强对涉外单位的指导、协调和支持,形成对外工作合力,保证各项任务落实。

(吴芝蒸)

【国际友城交往】 截至年底,建立国际友好城市3个,分别是韩国首尔特别市麻浦区、日本东京都板桥区和墨田区。2月,在军民春晚联欢会上,播放麻浦区、板桥区、墨田区发来的视频新春贺词。4月,麻浦区政府公务员非专业足球代表团一行25人到区访问,与本区政府公务员非专业足球队进行友谊赛。6月,周茂非向当选为麻浦区民选第5届区厅长的朴弘燮区厅长致信祝贺。7月,麻浦区文化院访问团一行40人到区青少年活动中心进行交流访问。同月,本区少年足球代表团到麻浦区友好访问,进行友谊赛,开展参观交流活动,拓宽学生国际视野,增进双方友谊。8月,板桥区区长坂本健随日本东京都区市町村友好代表团访华期间到区访问。9月,麻浦区少年足球代表团一行24人访问本区,与7月赴麻浦区的少年足球队以及先锋小学非专业足球队举行足球友谊赛,参观景山学校远洋分校校舍及教育教学设施。10月,以麻浦区厅长和议长为首的代表团一行12人,拜会区领导,参观园区规划沙盘及园区企业华录文化公司、北京市数字娱乐产业示范基地和基地企业华娱无线公司,在苹果园街道详细了解社区公共福利制度建设及运行情况,到京源学校进行座谈。11月,"中国北京市石景山区与日本东京都板桥区、墨田区、匈牙利布达佩斯市十一区'和平'主题区民摄影作品交流展"在区图书馆举行。此次交流展将四区70幅区民摄影作品汇集在一起,旨在通过区民镜头,反映不同国家和地区人民对于和平的相同祈愿,促进与国际友好城市间理解和交流,增进区民间感情和友谊,上千市民参观展览。

(吴芝蒸)

【友好联系区交往】 截至年底,有国际友好联系区11个,包括日本岛根县浜田市、匈牙利琼格拉德州森特什市和布达佩斯市十一区、奥地利维也纳市二十一区、德国柏林市葵本尼克区、古巴哈瓦那市帕拉亚区和阿罗约纳兰可区、乌克兰基辅市索罗门斯基区、英国伦敦红桥区、智利圣地亚哥市维塔库拉市、捷克卡洛维华利州玛利亚市。2月,在军民春晚联欢会上,播放匈牙利琼格拉德州森特什市、匈牙利布达佩斯市十一区等国际友好联系区发来的视频新春贺词。3月5日,向智利遭受里氏8.8级地震的圣地亚哥市维塔库拉市发去慰问信。7月,维也纳市二十一区区长礼乐先生及夫人一行3人到区访问,拜会区领导,双方就区域经济社会发展情况等进行交流和座谈,表达愿意开展多领域交流与合作,以及签订友好交流合作协议书的意愿。11月,区领导率团赴加拿大、古巴友好访问,在加拿大密西沙加市考察特色街区经营理念、模式,在古巴哈瓦那市考察本区在古巴技术支持项目运行情况、家庭医生项目等。

(吴芝蒸)

【优化友城布局】 围绕CRD建设,根据本区城市功能定位和发展目标,以"突破常规,为我服务"为原则,加强对国际友城工作统筹规划,按照相似性、互补性、地区平衡性和层次多样性要求,主动争取市政府外办、驻外使领馆和各国驻京使领馆的支持,全年先后与美国田纳西州威廉森郡、澳大利亚悉尼北区霍恩斯比郡、加拿大密西沙加市和旺市、芬兰努尔米耶尔维市、美国宾夕法尼亚州威廉波特市建立友好联系,目前本区友好城市和国际友好联系区增至20个,交往范围由原来以亚、欧为主,逐步扩展到北美洲和大洋洲。拓宽友好交流合作的渠道,对外交往格局不断优化。3月,美国田纳西州中国发展中心代表团一行4人到区,拜会区领导,探讨在文化创意、投资、旅游、医疗以及友好城市等多个领域进行交流合作的可能性。5月,加拿大大多伦多市华商总会中国贸易团到区访问,与区领导交流座谈并签订加强经济文化领域交流与合作备忘录。6月,荣华率团赴挪威、芬兰考察社会经济发展、城市推广、国有资产出资人权益保护、消费者权益保护等,并与芬兰努尔米耶尔维市探讨建立友好联系区的可能。9月,美国威廉波特市代表团一行9人到区访问,与区领导就经贸、旅游、卫生、污水处理等领域合作事宜、以及建立友好城市关系等问题进行交流和座谈。

(吴芝蒸)

【外事接待活动】 接待由韩国大宇集团组织、韩国白石大学老师带队的韩国小学生代表团一行15人到景山学校远洋分校进行文化交流;比利时中国经济贸易委员会(BCECC)主席伯纳德·德威特先生及其2位助理到区访问并探讨双方在投资、经贸、科技、金融,以及建立国际友好城市关系等多领域进行交流和合作的可能性;英国诺丁汉大学戴伦·杰克琳教授带领学生访问团一行24人到区访问,参观文化创意企业,与相关单位领导进行座谈;印度纳格兰省妇女发展部理事长内拉欧·凯蒂苏女士带领印度妇女儿童访问团一行5人,到师范附属幼儿园进行友好交流访问;韩国大邱市残疾人综合福祉馆馆长带访问团一行50人,到鲁谷社区了解职业劳动康复工作的情况并参观职业劳动康复站;美国密西根大学Susan Neuman教授和北京师范大学教育学部一行十余人,到石景山实验幼儿园进行参观、访问;泰国总理府知识发展与管理办公室代表团一行7人,到北京数字娱乐产业示范基地参观访问;欧盟中国经济文化委员会法国分部秘书长张丽新女士等2人,参观北京国际雕塑公园等文化设施,与相关部门负责人进行交流座谈;德国国际企业家商会秘书长、德国普鲁士名人协会中国部总裁邓宇伯为首的代表团一行5人就华夏文化产业园项目进行讨论;百名海外华商应邀走进本区参观考察、听取有关区情、重点项目及招商政策介绍,参观动漫游戏产业基地、中关村科技园区石景山园区规划沙盘,重点了解中国动漫游戏城建设情况;泰国诗纳卡宁威洛大学访华团一行37人到区图书馆,对图书馆运营模式及服务职能进行了解;德国勃兰登堡州体育青年联合会代表团一行13人来区参观博雄健身社区青年汇,与青年代表进行亲切交流;来自古巴、墨西哥、智利、委内瑞拉、乌拉圭、厄瓜多尔、秘鲁、哥伦比亚、哥斯达黎加和阿根廷10个国家环境部门25位高级官员就中国和拉美国家的环境保护领域相关问题开展经验交流等。涉及26个国家40批近480人次外宾到区参观、访问、交流与合作，完成对相关单位参观、考察组织协调和服务，直接为区域经济社会发展重点和中心工作服务。

（吴芝蒸）

【语言环境建设】 4月，向全区各单位发布上半年北京英语水平考试报名工作全面启动的通知。10月，举办全民终身学习周暨市民讲外语活动周启动仪式，各街道、单位开展形式多样、丰富多彩的教育专题活动，满足市民多样化学习需求。11月，第八届“爱华英语杯”英语小超人大赛颁奖典礼在首钢电影院举行。12月，与区图书馆联合举行“圣诞英语大联欢”活动，来自街道、社区、幼儿园及驻区部队和大学60多名英语爱好者参加。截至年底，累计培训旅游、卫生、商业等窗口行业人员和社区居民近7万人次。

（吴芝蒸）

【因公出国（境）管理】 与区纪检、监察、组织、财政等部门有效配合，继续贯彻落实市委关于制止党政干部公款出国（境）旅游专项治理工作的部署和要求，对因公出国（境）进行分类管理，与区财政局、监察局和审计局联合转发市党政机关干部因公出国（境）经费管理暂行办法的通知（石财行[2010]14号），加强对因公出国（境）任务审批、经费管理等环节监督检查，采取严管出国计划申报、严控一般性考察、严查持用因私证件执行公务现象、严格进行公示试点等“四严措施”，完善总量控制和量化管理机制，全面推进计划管理，完成市委、市政府提出的当年因公出国（境）团组和人数要在上年核定出访计划数基础上实现零增长，区（县）、局级及以下党政机关因公出国（境）人数要在上年核定出访计划数基础上压缩10%的目标。9月底市政府外办下发《关于严格控制第四季度因公出国（境）团组坚决防止反弹的紧急通知》（京外办发[2010]40号）后，及时向区委外事工作领导小组和区委常委会分别进行专题汇报，对相关出访团组进行压缩和调整。加强对双跨团组、中介机构、境外培训的管理，加强因公出访团组行前教育培训工作，明确境外纪律要求，防范因公出访团组境外违纪违规现象发生。加强因公护照集中规范管理，收缴率达到100%。全年为51批162人次顺利出访提供服务。

（吴芝蒸）

【因公出国（境）公示试点】 作为本市首批因公出国（境）公示试点单位，巩固专项治理工作取得的成果，完善公示试点实施办法，为全市出访公示工作规范开展作出积极贡献。按照市专项办要求，全年公示出访团组15批81人次，实现将专项治理工作转变为长效工作机制。

（吴芝蒸）

【因公证照管理】 强化因公证照统一管理、层层负责的管理制度。证照管理实行电子化，实时登记归档、收缴入库、清理注销，并采用专网查询、实时追缴等多种手段，对因公证照实行动态管理；要求各单位一律按相关规定切实履行责任，不得以任何借口放任本单位人员持因私证照赴国（境）外执行公务；凡因公证照必须在任务完成后的7日内交回统一保管；对于逾期不交或不执行证照管理规定的单位和个人，暂停其再次出国（境）执行公务。

（吴芝蒸）

【印发迎送规定】 年初，市委外事工作领导小组对领导干部出访迎送礼宾安排提出明确要求，并印发相关通知。区主要领导强调要从加强党风廉政建设和贯彻厉行节约要求的高度，认识简化领导干部出访迎送工作重要意义，重申并严格执行有关规定。根据关于严格执行领导干部出访迎送工作规定的通知（京外发[2010]1号）精神和区领导指示，向全区各单位印发石外发[2010]1号通知，再次重申并明确要求：区级领导干部因公出访迎送工作必须严格按照关于进一步简化区级领导出访迎送礼宾安排的意见（京石办发[2003]32号）要求执行，大力简化迎送工作。对于不严格执行文件规定，搞超范围、超规格迎送的单位和个人，将予以严肃批评。

（吴芝蒸）

【会旗交接】 9月15日，区委宣传部部长率团赴韩国参加第11届“世界漫画大会”和第13届“富川国际漫画节”，考察富川市漫画产业发展情况，并作为下一届漫画大会举办方代表出席会旗交接仪式，同时发出邀请，欢迎各国漫画家下年到本区参加第12届“世界漫画大会”。“世界漫画大会”简称ICC，是世界性民间交流机构，大会由中国、日本、韩国主要城市轮流举行，以增进世界漫画家的交流为目的，至今已举办11届，参与的漫画家来自世界十几个国家，近500人。

（吴芝蒸）

【赴德交流访问】 10月，苹果园中学师生代表团赴德国古藤堡高级文理中学进行友好交流访问，了解该校教学体系和课程设置，观摩各类特色课程的课堂教学情况。上年9月，双方正式建立友好合作关系，成为友好合作学校。古藤堡中学分别于上年和当年两次应邀访问苹果园中学。年内正式启动学生互换交流生项目。

（吴芝蒸）

【园林茶文化节】 4月，市人民对外友好协会常务副会长李晓强与部分理事、日本公使山田重夫、佛得角大使夫人、阿根廷3位驻华外交官、突尼斯参赞和毛里塔尼亚驻华外交官参加“第九届八大处中国园林茶文化节”活动。荣华，周茂非等区领导会见并介绍区情和茶文化节情况，参观灵光寺佛牙舍利,欣赏茶艺表演并领略佛教文化。下午,参观北京数字娱乐产业示范基地和基地企业北京华娱无线科技有限公司,听取区域经济社会发展总体情况、投资环境和虚拟经济的基本情况,就相关问题交流座谈。

(吴芝蒸)

【签订合作备忘录】 5月,加拿大大多伦多市华商总会中国贸易团在密西沙加市89岁高龄的市长麦考连女士(Hazel McCallion)和旺市市长凌婕舜女士(Linda Dale JACKSON - CAMPESE)率领下到区访问,拜会区领导、交流座谈并签订与密西沙加市加强经济文化领域交流与合作备忘录。密西沙加市市长和旺市市长分别介绍各自城市基本情况和主要产业发展状况,着重介绍密西沙加市和旺市与本区交流合作的共同点。麦考连表示,希望以此为新的起点,加强双方经济社会发展等领域交流合作,促进发展。荣华表示,签订备忘录对区域经济社会发展起到促进作用,将两区市进行友好交流合作的努力方向以文字形式固定下来,将合作领域、合作内容以及沟通对话方式予以明确,为双方开展长效的交流合作提供保障。

(吴芝蒸)

【接待驻外大使】 4月,中国驻澳大利亚大使章均赛应邀到区进行工作调研,与荣华等区领导会见并座谈,了解区域经济社会发展概况,表达愿意为本区与澳大利亚相关区市间友好往来牵线搭桥,创造平台,并考察八大处历史文化遗产保护情况。荣华希望能以此次调研为契机,同澳大利亚与本区有相似功能定位的区市建立友好联系,拓宽交流渠道和领域。

(吴芝蒸)

【与港澳台交流】 1月,在"活力澳门推广周·北京"活动中,中关村石景山园与澳门动漫文化产业协会签订同盟战略合作协议。在优化文化创意产业分工合作模式上进行有益尝试,开创出整合研发、设计、生产和行销一整套流程环节在内的合作模式。12月,澳门特区政府第一、二、三届立法议员、澳门妇联总会副理事长容永恩团长携澳门妇女骨干北京研习班一行33人,到八角街道杨南社区就妇女组织配合政府施政等问题进行交流座谈,参观考察社区建设。

(吴芝蒸)

【接待友城代表团】 9月,美国宾夕法尼亚州州长亚裔事务委员、威廉波特市国际事务总顾问苏丽凰博士为团长的威廉波特市代表团一行9人,到区就经贸、旅游、卫生、污水处理等领域合作事宜及双方建立友好城市关系等问题进行交流和座谈。内容包括:介绍本区经济社会发展基本概况、威廉波特市历史和经济社会发展情况,观看区情介绍片《这里是石景山》。此次访问带来污水处理等项目的合作意愿,希望与本区开展多领域交流与合作、建立友好城市关系、签订友好交流合作协议书。苏丽凰博士代表威廉波特市授予付生柱威廉波特市荣誉市民证书。

(吴芝蒸)

石景山区人民政府区长、副区长

区　　长　周茂非

常务副区长　王春杰

副 区 长　付生柱　吴克瑞　石玉贵　李　艳(女)　司马红(女)

石景山区人民政府工作机构主要负责人

政府党组成员、办公室主任　富大鹏

发改委主任　高　明

经信委主任　万新恒(8月免)
　　　　　　李元涛(8月任)

教委主任　叶向红(女)

区教育督导室主任　刘志成

集体经济办公室　孙金生

市政市容委主任　刘建国

水务局、地震局局长　刘建国(兼)

重点工程中心主任　李振德(8月免)

住建委主任　肖　平

商务委主任　侯建设

金融办主任　杨京春

外事办公室主任　梁建新

国资委主任　司尚国

科委主任　李　艳(女,1月免)
　　　　　王亚迅(1月任)

知识产权局局长　李　艳(兼,1月免)
　　　　　　　　王亚迅(兼,1月任)

人口计生委主任　宋　平(女)

监察局局长　孟凡柱(兼,6月免)
　　　　　　许景山(9月任)

文委主任　高洪雁(女)

信访办主任　杜　涛

研究室主任　姚茂文

区志办主任　杨博贤(1月免)

刘永明(1月任,7月免)
张相明(7月任)
民防局主任　高庆伟
法制办主任　吕秀艳(女,6月免)
张培莉(7月任)
民宗侨办主任　韩　冰(女)
社会办主任　沈代平(副区级)
体育局局长　徐春生
卫生局局长　葛　强
旅游局局长　吴海龙
档案局(馆)局(馆)长　刘永明(7月免)
张相明(7月任)
财政局局长　刘亚泉
审计局局长　仲长军
安全监督局局长　杨文明
统计局局长　陈　伟
人力社保局局长　赵一名
环保局局长　王震涛
园林绿化局局长　付建国
民政局局长　王军辉
投促局局长　徐　涛
环卫中心主任　高殿亮
流管办主任　刘道东(兼)
维稳办主任　王景泉(兼)
行政投诉中心主任　孟凡柱(兼,6月免)
许景山(兼,9月任)
行政服务中心主任　李景利
区城市管理监督指挥中心主任　吴克瑞(兼)
区城市管理监督指挥中心常务副主任　刘建国(兼)
城管监察大队大队长　冯重北
西部建设办主任　宋世媛(女)
机关行政事务管理处处长　张建刚
石景山医院院长　付　锐
八大处公园管理处主任　王金兰(女)
公园管理中心主任　王金兰

政治协商会议石景山区委员会

中国人民政治协商会议北京市石景山区委员会(简称区政协),是中国人民政治协商会议北京市石景山区地方组织。第八届委员会主席1人,常务副主席1人,副主席6人,秘书长1人,常务委员25人,委员181人。下设办公室、研究室、专委会工作一室、专委会工作二室、专委会工作三室、专委会工作四室6个办公机构。设提案委员会、经济科技委员会、城建环保委员会、教文卫体委员会、社会法制与民族宗教委员会、学习与文史委员会6个专门委员会。年内,在中共石景山区委领导和市政协指导下,深入贯彻落实科学发展观,充分依靠各界委员,围绕区委十届十一次全会做出的"大调整、大建设、大发展"决策和部署,认清形势、坚定信心,同心同德、群策群力,开拓创新、扎实工作,聚精会神搞建设,一心一意谋发展。认真履行各项职能,充分发挥政协人才荟萃、智力密集的特点和优势,围绕全区中心工作,积极开展调查研究、咨询论证和建言献策活动,为推进工作、制定"十二五"规划提出有价值的意见和建议;充分发挥政协多党合作、民主协商的特点和优势,围绕本区重大决策开展协商讨论,促进区委区政府提高决策的科学化、民主化水平;充分发挥政协包容各界、联系广泛的特点和优势,深入民众,体察民情,了解民意,及时、准确地聚合、表达各界群众的利益诉求,积极协助区委区政府做好协调关系、理顺情绪、化解矛盾、凝聚人心、维护稳定的工作,为"打造北京CRD、构建和谐石景山"服务,完成八届四次会议部署的各项任务。

地址:石景山路18号

电话:88699212

邮编:100043

(李如松)

重 要 会 议

【八届四次会议】 1月11~14日召开。市政协副主席葛建平,区委、区政府、区人大领导出席开幕式。会议听取并审议政协北京市石景山区第八届委员会常务委员会工作报告和八届三次会议以来提案工作情况报告;列席区第十四届人民代表大会第五次会议开幕式;听取并讨论《政府工作报告》;补选区政协八届常务委员;听取区政协八届四次会议期间提案审查情况报告;通过《政协北京市石景山区八届四次会议政治决议》,完成大会预定的各项议程。荣华出席闭幕式并讲话。

(李如松)

【常务委员会会议】 年内召开6次常务委员会议。2月2日,倪国锋主持第23次常委会议。会议通报区政协主席会成员分工的意见,审议通过区政协八届常委会工作要点、区政协八届常委会成员联系委员名单和人事任免事项。3月12日,第24次常委会听取党风廉政建设和反腐败情况的通报,审议通过有关任免事项。6月24日,第25次常委会议听取区商务委、区发改委关于"北京台湾街"工作情况和区"十二五"规划编制工作情况汇报。9月9日,第26次常委会议审议和讨论《政协北京市石景山区第八届委员会常务委员会关于编制北京市石景山区国民经济和社会发展第十二个五年规划的若干建议》。11月4日,倪国锋与部分政协常委对区重点工程进行常委会第27次视察。就永定河绿色生态走廊建设工作以及阜石路(石景山段)改建工程,听取区市政市容管委和区住建委有关工作汇报,就永定河绿色生态走廊建设以及当年区十项重点工程进展情况等问题进行深入讨论。12月16日,第28次常委会议审议并通过区政协八届委员会常务委员会工作报告、提案工作报告;审议并通过区政协八届五次会议有关文件;审议并通过关于调整区政协财政预算监督小组成员的意见;审议并通过区政协社会治安综合治理民主监督小组名单。

(李如松)

专门委员会

【提案委员会】 全年征集会议提案188件，平日提案4件，总计192件。经审查，立案158件，占提案总数的83％。其中，民主党派和人民团体提案15件，专委会提案1件，委员提案142件。在立案的提案中，城建环保方面的51件，占立案的32%；经济建设方面的39件，占立案的24%；教文卫体类和社会法制类各34件，分别占22%。全会后，配合区委、区政府完成承办交接工作。158件提案已全部办复。委员对承办结果表示满意和基本满意的为97%，对承办结果表示同意的4件，占3%。

（李如松）

【经济科技委员会】 与民盟、民建区工委开展“我区进入大调整、大建设、大发展阶段的几点建议”；与民盟区工委和北方工业大学经济管理学院联合开展区发改委委托的区“十二五”重点课题“推动政府管理创新和优化发展环境”专项课题；配合区科委、政协研究室开展“科技引领石景山区战略转型的作用研究”专项课题研究工作。为使调研报告贴合本区实际、提出切实可行的建议，调研期间先后走访区委组织部、区发改委、科委、信访办、鲁谷社区等20余家单位，听取各单位主管领导工作汇报，同时深入到东方信联、华录文化等驻区企业中去，为调研收集第一手素材，经过反复酝酿和修改，形成“关于我区进入‘大调整、大建设、大发展’阶段的几点建议”报告，形成主席会建议案。“我区推动政府管理创新和优化发展环境专项研究”编入区“十二五”经济社会规划，为科学编制规划作出贡献。经科委提出开展“石景山区后工业城市战略转型”专题研究的建议。年初和年末分别组织召开政协招商引资工作座谈会和招商引资工作恳谈会，同委员们分享招商引资成果。2009～2010年，政协共引进企业117家，注册资金29亿元，实现税收1.18亿元，提前完成两年引进企业入区库税额300万的任务，实现引进企业入区库税额1947万元，被评为区“招商引资工作突出贡献单位”。

（李如松）

【城建环保委员会】 全年组织开展各项活动12次，委员出席活动200人次。完成“关于促进永定河石景山段水岸经济发展”的调研报告，参加区级领导推荐人选的测评工作和处级干部公开选拔民主监督工作，完成重点提案督办，进行提案追踪工作，开展视察活动3次。城建环保委的委员共提出提案35件，优秀提案5件，引起市、区领导重视。先后组织委员，到区市政市容委、水务局、永定林农工商公司以及永定河绿色生态走廊建设现场南大荒湿地进行调研和视察，在调研、考察、视察基础上形成调研报告，提出的建议和形成的建议案供政府在发展水岸经济、城市建设中决策参考。

（李如松）

【教文卫体委员会】 全年组织活动26次，参加委员289人。与学习文史委联合举办“医药卫生体制改革”报告会，与社法委、学习文史委联合举办法制讲座，邀请区教委、卫生局、体育局等对口部门向委员通报上年工作情况和当年工作安排，组织委员参加区深化医药卫生体制改革工作大会。联合民进区工委、农工党区工委、致公党区工委、九三学社区工委和区教委，围绕“打造高端优质教育”主题，完成“关于打造石景山区高端教育的几点建议”调研报告，客观分析本区高端教育存在问题，提出“加速推进我区名牌学校、品牌学校建设”的建议。分别对石景山小学、嘉和嘉事医药物流有限公司、区体育局进行视察。与提案委员会联合对“关于对‘我区中小学提供送餐服务公司进行卫生监督的建议’”的提案进行督办，视察大成康太送餐公司的操作流程。提出提案22件，反映社情民意24条，市政协采用3条，区领导批示3条。

（李如松）

【社会法制与民族宗教委员会】 全年组织委员活动15次，委员出席活动185人次。其中深入政府相关职能部门开展调研、视察9次，参加有关座谈4次，组织参观考察及其他活动2次。完成“关于我区流动人口服务与管理工作”调研课题，并形成主席会建议案；尝试将视察、调研活动相结合的方式，对上年主席会建议案落实情况进行追踪视察；不断开拓创新学习方式，以讲座形式对委员进行普法教育；加强对重点提案的跟踪督办。筹备成立区政协“社会治安综合治理监督小组”。本委35位委员提出22件提案，其中4件被评为优秀提案，另有优秀社情民意4条。

（李如松）

【学习与文史委员会】 组织委员、特约文史委员参加各种会议、活动18次，全体委员活动2次，委员参与活动200余人次。制定区政协关于加强学习工作的意见，重新调整《委员参考》编辑小组。邀请市卫生局主管领导就深化医药卫生体制改革政策和相关问题进行解读，组织委员听取常务副区长王春杰作的关于区政府上半年工作情况的通报和区文委、旅游局、文联工作情况通报；

结合“大调整、大建设、大发展”主题,听取关于永定河绿色生态发展带以及拟建永定河文化公园建设的有关情况介绍。专委会对政协八届四次会议期间委员关于教育文化类的12件提案进行分析,完成提案分析情况报告以及重点督办提案的推荐工作。专委会委员提出个人和联名提案30件,提案数量与上年相比增加57%。编辑出版《石景山文史第十八集·村落专辑》,完成近200篇40余万字稿件审核。

(李如松)

【接待与交往活动】 11月17日,市政协原副主席黄以云、韩汝琦、陈难先、满运来、朱相远等带领市政协老委员联谊会成员120余人到中国动漫游戏城、北京台湾街和搜狐畅游参观考察,同月19日,全国政协港澳台侨委员会副主任、全国政协原副秘书长杨崇汇一行35人参观北京台湾街,荣华、周茂非、倪国锋等区领导分别陪同参观考察。年内,邀请市政协研究室就理论研究、信息、文稿等业务工作进行指导。参加市政协年度理论与实践研究大会、信息工作大会、全年工作座谈会,分别作研讨发言和经验介绍。结合调研,组织委员赴湖南长沙、四川阆中、江苏淮安、江苏无锡、上海、重庆等地,以及本市朝阳、通州等兄弟区县进行考察学习。组队参加西南五区政协系统龙舟赛,取得好成绩。全年接待浙江普陀、安徽怀远等外埠政协友好访问团20余批、300多人次。

(李如松)

【招商引资取得新突破】 促成金顶街“青年创业园”、中国电子科技情报研究所“电子信息产业基地”两个引资平台的成立。广泛动员委员利用自身资源开展招商引资,共引进企业117家,注册资金29亿元,实现税收1.18亿元。

(李如松)

中国人民政治协商会议北京市石景山区第八届委员会

主　　席　倪国锋

副 主 席　马　刚(回族)　刘国庆　张守信　陆小平　陆德山　王　林　林　宋

秘 书 长　王书重

常务委员　于秀云(女)　张　文　王　颖(女)　王明生　甘秀舫(女,回族)　左小兵　田　汉　史慧生　刘文萍(女)　刘东晖(满族)　刘向东　刘志成　苏文颖　李鸿泰　杨立华(女)　张　杰　张　波(女)　王　强　赵建平　赵继新　徐远平(女)　高　杰　释常藏　魏　臻(女)　魏志强

石景山区政协专门委员会负责人

提案委员会主任　王智勇

经济科技委员会主任　刘卫东

城建环保委员会主任　孙立忠

教文卫体委员会主任　胡丰华

社会法制与民族宗教委员会主任　刘丙杰

学习与文史委员会主任　杨玉玲(女)

石景山区政协工作机构负责人

区政协党组成员、秘书长　王书重

区政协党组成员、副秘书长、办公室主任　刘福利

政协研究室主任　姚茂文(2月免)

　　　　　　　　陈　勇(2月任)

政协专委会工作一室主任　刘卫东(3月任)

政协专委会工作二室主任　刘丙杰

政协专委会工作三室主任　孙立忠

政协专委会工作四室主任　杨玉玲(女)

纪检·监察

中共石景山区纪律检查委员会机关(简称区纪委)和北京市石景山区监察局(简称区监察局)合署办公,在区委、区政府和市纪委、市监察局双重领导下开展工作。内设办公室、干部室、研究室(政策法规室)、宣传教育室、信访室(区政府举报站、区政府行政效能监察投诉中心)、案件审理室、案件检查室(案件管理室)、执法监察室、纠正部门和行业不正之风办公室、领导干部廉洁自律办公室等10个职能部门。区行政投诉中心挂靠在区监察局。全区有42个基层单位设置纪检监察机构,其中有14个纪委、12个纪工委、16个纪检组。区纪委共有委员29人。年内,按照廉洁办各项事业要求,借鉴廉洁奥运经验,完善监督责任体系,健全执法监察、专项督查、行政巡察和纪律保障机制,加强对永定河绿色生态走廊建设、老古城村拆迁等市、区重点工程建设监督检查,推进实施"阳光工程"和"廉洁工程"。加强对保障性住房、校舍安全加固、预防煤气中毒等涉及民生重大事项落实情况的监督检查,发挥行政投诉中心直查快办优势,督促各有关部门执行好政策。重点解决教育、医疗、食品药品安全、安全生产等领域群众反映强烈的问题,排查清理评比、表彰、庆典和研讨会等活动。对全区17个部门的96个基层站所和55个公共服务窗口进行民主评议,创新评议方式,完善评议制度。市民主评议督导组对本区工作给予充分肯定。全年收到政风行风热线反映的问题310件,全部办结,北京电视台《数字北京》栏目以"热线搭建'民心桥'"为题给予宣传报道。组织协调、严格执行党风廉政建设责任制,有序开展廉政风险防控管理"双向延伸",四套班子查找风险点47个,制定防控措施71条,分别制定完善"三重一大"(即重大问题决策、重要干部任免、重大项目投资决策、大额资金使用)决策制度。加强对区属处级单位"三重一大"民主决策制度执行情况的监督检查,规范权力运行。开展工程建设领域的专项治理,排查政府投资项目和500万元以上的社会投资项目21个,发现问题31个,整改完成74%。开展"小金库"和假发票专项治理,检查31家行政事业单位、国有企业及社会团体,发现假发票562张,涉及金额约280万元。推进党务公开、政府信息公开、公共企事业单位办事公开等工作,以作风建设年活动为载体,以"讲党性、强作风,明党纪、促发展"为主题,以学习宣传《廉政准则》为主线,以区委书记专题党课为亮点,以领导干部为重点,通过区处两级联动,开展丰富多彩的教育月活动。在市廉政警示教育基地开展新任职领导干部集体廉政谈话。推进因公出国(境)公示试点工作,全年受理信访举报124件次,立案6件,给予党纪政纪处分3人,其中处级1人。

地址:石景山路18号
电话:88699314
邮编:100043

(王 洋)

纪 检

【党风廉政建设责任制】 3月8日,区委制定下发2010年建立健全惩治和预防腐败体系任务分解方案,明确15个单位牵头的38项具体任务。11月10日,中共中央、国务院印发新修订的《关于实行党风廉政建设责任制的规定》,同月下旬,由担任区责任制领导小组成员的8位区委常委分别带队,对区城管大队、鲁谷社区、环卫中心等8个重点单位落实责任制情况进行检查。受检单位党政领导班子反腐倡廉责任意识不断增强,党风廉政建设与业务工作一起部署推进,将责任落实到部门、岗位和人员,做到任务、时间、责任三落实。12月23日,市党风廉政建设责任制专项检查工作组对本区贯彻执行党风廉政建设责任制、推进惩防体系任务完成情况进行检查,对本区党风廉政建设工作给予充分肯定,并对下一步工作提出具体要求。

(牛秋娟)

【廉政风险防范管理】 3月8日,制定下发关于在全区推进廉政风险防范管理工作的通知,在全区普遍开展廉政风险防范管理工作,将廉政风险防范向区级班子和基层岗位"双向延伸"。5月,区委常委会审议通过区级领导班子和领导干部推进廉政风险防范管理工作实施方案,区四套班子查找班子廉政风险点47个,制定防控措施71条;24名区领导班子成员查找个人廉政风险点60个,制定防控措施64条。全区各处级单位向基层站所、国企、学校、社区等基层重要岗位延伸,查找由于履行监管职责不到位所引发的监管风险点,开展项目化管理,进行分类防控。区党风廉政建设责任制领导小组先后对16个基层单位开展廉政风险防控情况进行检查,重点检查岗位廉政风险防范承诺、防控措施的落实情况。

(牛秋娟)

【党风廉政建设工作会】 3月11日,召开党风廉政建设工作会暨区纪委十届七次全会。周茂非主持,传达市党风廉政会议精神。区委常委、纪委书记刚杰作题为"加强反腐倡廉制度建设,为开创经济社会发展新局面提供坚强保证"的工作报告。荣华和市纪委副书记王荣军出席会议并讲话。区四套班子领导、纪委委员、处级单位党政正职、纪检监察干部、民主党派和工商联负责人等200余人参加会议。

(王　洋)

【宣传教育月】 4～5月,以"讲党性、强作风、明党纪、促发展"为主题,以党性党风党纪教育为主要内容,以学习贯彻《党员领导干部廉洁从政若干准则》等党纪条规为重点,在全区党员干部中开展党风廉政建设宣传教育月活动。内容包括:一是举办学习贯彻《廉政准则》启动仪式;二是请市纪委常委李振奇作学习贯彻《廉政准则》专题辅导报告;三是区委主要领导和各单位党政主要领导对本单位党员干部进行一次党课教育;四是为全区处级以上领导准备一套学习教材,编写《廉政准则》习题册;五是组织全区党员干部进行《廉政准则》答卷,约3000名干部参加答题活动;六是开出廉政书单和光盘,组织全区机关干部撰写廉政感言建言、读书体会;七是在重点工程建设领域和行业中,举办预防职务犯罪巡回讲座;八是全区各级领导班子组织召开一次民主生活会,对照《廉政准则》进行检查并制定整改措施。

(庚　博)

【区委书记讲党课】 5月26日,与区委组织部、宣传部联合举办党风廉政建设宣传教育月党课。党课主讲人荣华以"坚持廉洁从政,促进科学发展"为主题,采取多媒体和现场提问互动形式,运用大量数据图片、音像资料、采访视频和典型案例,为区、处两级中心组成员、区直机关副处级以上干部、中青班学员和纪检、组织、宣传干部讲授党课。区四套班子领导、全区处级领导干部及纪检监察干部近300人参加党课教育活动。

(庚　博)

【集体廉政谈话】 10月19日,在市反腐倡廉警示教育基地召开新任职处级领导干部廉政谈话会。新任职的40名处级领导干部观看警示教育展览和教育片后,区有关领导与新任职处级领导干部进行集体廉政谈话。新任职领导干部现场签署廉政承诺书,2人作表态发言;检察长从预防职务犯罪角度对新任职处级领导干部提出要求。会上向新任职处级领导干部赠送《从政提醒——党员干部不能做的150件事》一书。

(牛秋娟)

【"小金库"专项治理】 继续开展"小金库"专项治理。10月20日,对区"小金库"工作领导小组成员进行调整,增设区委组织部、宣传部、区民政局、国资委、国税局、地税局为区"小金库"工作领导小组成员单位,组织协调社会团体、国有和国有控股企业"小金库"和假发票治理工作。制定国有及国有控股企业"小金库"专项治理实施办法、社会团体"小金库"专项治理实施办法、党政机关、企事业单位和社会团体假发票专项治理实施办法。10月22日,召开治理"小金库"及假发票工作领导小组会,专项部署重点检查阶段的工作。领导小组分4组对全区31个单位进行重点检查。发现1个"小金库",涉及金额2万元;发现假发票562张,涉及金额279万元。

(牛秋娟)

【集中培训】 10月26～29日,与区委组织部、区监察局、人力社保局联合举办纪检监察干部培训班,并纳入领导干部在线学习课时及公务员业务培训记录。此次培训不仅有机关干部和派驻干部,还有市直属单位纪检监察干部、巡视组人员、党风廉政监督员、政府特约监察员、纪委委员等人员参加。在课程设置上主要有十七届五中全会精神、反腐倡廉建设形势、纪检监察业务和参观交流等14节课。特邀市纪委常委刘经宇,中国社科院经济研究所所长刘树成,区政府新闻发言人、副区长付生柱授课;机关各室主任主讲专业课。

(庚　博　王　洋)

【党务公开】 12月14日,传达学习中央《关于党的基层组织实行党务公开的意见》和全国电视电话会议精神。12月22日,制定下发关于调整区党务公开工作领导小组的通知,在2006年成立的区委党务公开工作领导小组基础上进行调整。新的领导小组组长由荣华担任，有关区领导任副组长，增加设党委的区属单位党委书记和各街道工委书记为成员。切实加强对党务公开工作的监督检查，成立区党务公开工作监督小组，由纪委书记任组长。增强党务公开工作的针对性和可操作性，起草石景山区党务公开工作基本目录。

（牛秋娟）

【信访举报】 受理信访举报124件次，同比减少16件次，下降11%。在直接查办案件工作中，坚持惩防并举方针，做到“两个注重”（即注重澄清问题，保护干部；注重案后监督，抓好预防）。对重要、疑难问题，与案件检查、审理等部门集体排查分析，筛选出的案件线索成案率大大提高，发挥信访案源主渠道作用。全年信访总量少、越级访及集体访批次少，信访总量列全市末位。全年召开信访举报集体排查会6次，与区委组织部召开信访联席会议1次。纪委信访室被评为区“信访工作先进单位”。

（刘红梅）

【查办案件】 全年初核违纪案件10件，立案6件，结案3件，其中大要案6件。3人受到党纪政纪处分，移送司法机关3件。全年违纪案件特点：1.从涉案人员职级看，科级以上干部发案数有所上升，占全年立案总数的83%，其中一起为副处级干部；2.从涉案人员年龄看，50岁以上人员的案件占立案总数的67%；3.从涉案类型上看，贪污、贿赂性违纪行为较为突出，占立案总数的83%；4.从案件级别上看，大、要案件较为突出，六起案件均为大、要案，其中一起涉案金额达到100万元以上。在查办案件中，严格依法依纪文明办案，坚持“惩防并举、以惩促防”方针，为大调整，大发展，大建设保驾护航。贯彻中央纪委《关于进一步加强党的纪律检查机关办案安全工作的意见》，调整改造纪委谈话室，配备监控等办案设备，并制定谈话室使用规定、谈话室谈话工作安全防范规定等规定。

（王起顺 范景兰）

【落实市纪委15号文件精神】 根据关于进一步做好京纪发［2010］15号文件贯彻落实工作的通知（京纪干［2010］38号）要求，制定出台关于进一步加强纪检监察机关及基层纪检监察组织建设的实施办法（京石办发［2010］27号）。随后，下发纪委监察局主要职责内设机构和人员编制规定（京石办发［2010］32号）。根据实际需要，重新制定机关“三定”方案，按新的“三定”方案核定内设机构、领导职数和人员编制，增设研究室、纠风室，增加行政编制5名。按照市纪委要求，建立工作落实情况月报告制度。10月21日，市纪委检查组到区进行15号文件贯彻落实情况检查，对本区做法给予好评。

（董 影）

【队伍建设】 年内对派驻单位的1名纪工委书记、3名纪工委副书记、9名监察科长进行调整，新增经信委监察科长1名。对纪委机关2名常委、3个处室主任进行调整。全年办理调入调出手续10人次。

（董 影）

监 察

【保障性住房立项监察】 4～11月，对区保障性住房建设和管理工作开展立项效能监察（督查）工作。制定监察方案，重点对《北京市城市廉租住房管理办法》和《北京市经济适用住房管理办法（试行）》贯彻落实情况进行监督检查。成立由区监察局、行政投诉中心、政府督查室、区特约监督员组成的联合检查组，采取听取汇报、查阅资料、明察暗访、反馈结果、督促整改等步骤，实行定期检查和随机抽查、全面检查与重点抽查相结合方式，对被监察单位、保障性住房审核窗口和相关建设工程开展检查。将各类问题及时通知有关部门，督促整改落实，推动“三级审核、两级公示”制度规范化。11月，完成“保障性住房建设和管理工作立项效能监察（督查）情况报告”，通过市工作组检查。

（李 颖）

【重点工程立项监察】 4月5日，区监察局制定下发关于对十项重点工程建设开展立项效能监察实施方案。成立由监察局、行政投诉中心、政府督查室、发改委、住建委、财政局、审计局、重大办等为成员单位，并邀请政府特约监察员组成的检查组，采取听取汇报、查阅相关文件和资料、明察暗访、参加重点工作部署会和现场办公会、发现问题调查和督办、责任追究等方法开展立项效能监察。全年参与市区联查1次，单独组织开展区级领导专题调研检查3次，开展督查组联合检查4次、专项整治检查6次、暗查4次。督促有关职能部门明确工作质量，提高工作效能，推动十项重点工程建设顺利进行。

（李永丰）

【老古城地区综合整治督查】 按照区城乡结合部建设整治工作方案有关要求，5月28日，监察局制定关于对3个重点村城市化工程开展督查检查工作的实施方案，明确检查依据、对象、目标和内容，进一步增强监察工作的组织领导和制度措施。在老古城地区综合整治工作的前期和攻坚阶段,发挥纪检监察机关职能作用,对综合整治中的重点任务和执行环节进行监督,有力推动老古城地区综合整治工作。

(李永丰)

【民主评议政风行风】 5月25日,召开全区民主评议基层站所政风行风工作动员部署会。下发民主评议基层站所工作实施方案。6~10月,在8个街道、鲁谷社区和相关部门,相继开展座谈、明察暗访、现场观摩、与被评站所沟通、面对面评议、民主测评、集中反馈等民主评议工作。11月底前完成对17个部门、10个公共服务单位、135个基层站所和服务窗口的民主评议。全年选拔社区和各界评议代表870人,组织面对面评议大会11次,评议工作会5次,召开各类座谈会16次,进行问卷调查859人,征求群众意见建议300多条。

(穆志斌)

【行政巡察】 年内,以“三重一大”制度贯彻执行和区委、区政府重大决策贯彻落实情况为主要内容,先后对古城街道办事处、金顶街街道办事处开展行政巡察。巡察内容包括“国庆平安行动”、服务辖区居民和管理实施便民工程等项工作情况;“三重一大”制度的贯彻以及领导班子廉政建设、领导干部廉洁自律等情况监察。针对巡察存在问题提出整改要求,促进权力规范运行。

(李永丰)

【因公出国(境)公示】 继续开展因公出国(境)公示试点工作,全年公示因公出访自组团15批81人次。进一步完善因公出国(境)公示试点工作实施办法,实现将专项治理工作转变为长效工作机制,专项治理工作得到市专项办肯定。

(王　洋)

【工程建设领域专项治理】 成立工作领导小组,对区政府所有投资项目和500万元以上的社会投资项目进行全面排查。汇总符合条件项目74个,规划建设用地面积295.8万平方米,总投资246.9亿元,已完成投资41.2亿元。其中,政府投资项目33项,总投资71.2亿元。对在排查中发现21个项目建设手续存在不规范、不到位等31个问题,领导小组提出改进和完善措施以及时间要求。

(王　洋)

【纠风工作】 全年受理网上政风行风热线来信310件,全部办结。11月中旬,与区经信委联合举办区政风行风热线信件办理工作培训,全区52个部门派人参训。12月,建立各部门政风行风热线办理人员信息网络,实现动态管理制度。督促40家政风行风热线信件办理任务量较大的部门,制定本部门热线办理工作制度,完善政风行风热线工作网络。

(穆志斌)

【行政投诉】 区行政投诉中心接待投诉91件,属于受理范围的41件,已全部办结。做好市行政投诉中心批办、交办的行政投诉件,协调指导各基层纪检监察机构做好受理行政投诉工作。做好投诉人的思想工作,稳定情绪、化解矛盾。对反映所属政府部门及其工作人员比较重大、有影响的投诉件,会同有关基层纪检监察机构联查联办,坚决维护纪律的严肃性。开展行政投诉结果分析运用,编写行政投诉分析4期,对倾向性问题进行综合分析,找出原因,提出改进建议。

(李　颖)

民主党派·工商联

中国国民党革命委员会石景山区工作委员会

概　　述

中国国民党革命委员会(简称民革),由中国国民党民主派和其他爱国民主人士所创建,具有政治联盟特点,致力于社会主义和祖国统一事业,是中国共产党领导的多党合作和政治协商制度中的参政党。中国国民党革命委员会北京市委员会石景山区工作委员会(简称民革区工委)是民革北京市委派出机构。有3个支部,民革党员78人,年内发展党员3人。党员中有市人大常委1人、区人大常委1人、区政协副主席1人、区政协常委1人、区政协委员4人。年内,以思想建设为核心,以组织建设为基础,以制度建设为保障,以推进祖国统一为重点,不断加强自身建设,提高政治把握能力、参政议政能力、组织领导能力、合作共事能力。提高党员素质,积极报送信息,反映社情民意,联合市政协、民革市委、区政协等单位开展调研。

地址:八角北路民主党派办公楼

邮编:100043

电话:88927998

(张　旭)

【信息工作】 重视社情民意信息工作,发挥党员中人大代表、政协委员作用,整合资源,提高信息工作质量。获年度区统战系统信息工作先进单位特等奖,陆德山、陈光、柯玲、张旭被评为优秀信息员,“关于新疆农业生产的建议”等三条信息被评为优秀信息。全年报送信息150条,被区委统战部采用55条。其中“内地落实ECFA应遵守商业规则”被全国政协和中共北京市委采用,副市长程红批示;“关注北京市‘四坛’文化建设”,被民革市委采用改编以后,引起中共市委重视,召开座谈会就城市核心区古都风貌保护有关问题听取民革党员意见建议;“建议适当放宽台湾居民在大陆经营服务业的条件”等3条信息被民革中央采用;“关于加强党外人士教育培训改革的建议”、“基层民主党派干部再教育渠道亟待突破”等5条信息被市政协采用;“对美国公然宣布售台武器中国政府作出四项反制措施的反映”等6条信息被市委统战部采用;“加强两岸经贸往来,建设管理好北京台湾街”,得到区领导批示;“关于‘十二五’期间在新兴媒体中加强‘维稳’工作的建议”被区委办采用。

(张　旭)

【参政议政】 把提高参政议政质量放在第一位,协调处理好参政党与执政党关系,调动党员积极性,采取上下联动、横向联合的方法,与基层支部、民革市委以及区人大、政协、统战部合作,从选题到调研,围绕政府中心工作,邀请相关专家、学者、一线干部参加,了解基层实际情况,听取各方意见,使各项意见建议“参”到点子上,“议”到关键处。“关于我区拆迁过程中存在的主要问题及解决办法”获区委统战系统调研报告评比一等奖,并转化为政协大会发言,得到区委区政府领导批示;4月,参加区委统战部开展“我为石景山区‘十二五’规划建言献策”活动,报送20条相关信息。“关于制定‘十二五’时期石景山区国民经济和社会发展规划的建议”(征求意见稿)下发后,区工委立即召开专门会议研讨,形成对“建议”的意见,就加强流动人口管理、提升服务业品牌、首钢老旧小区改造、行政审批制度改革、推动园区发展、招商引资、建设新型高端经济园区等问题提出意见和建议,受到区委区政府重视。到区流管办、苹果园街道、老山街道和鲁谷社区等单位调研,形成调研报告“关于我区流动人口服务与管理工作的调研”,转化为政协大会发言。为推动中关村国家自主创新示范区和北京“世界城市”建设,撰写“在建设世界城市背景下中关村科技园石景山园发展对策研究”调研报告,并转化为党派提案。针对本区“国家服务业综合改革试点区”和

“国家可持续发展试验区”建设，提出成立领导小组，加大招商引资力度，争取市级层面支持和指导等建议，并转化成党派提案。

(张　旭)

【教育活动】 在全体党员中开展为期一年的学习和践行社会主义核心价值体系活动，3月，根据民革中央《关于开展“学习和实践社会主义核心价值体系”活动的通知》要求，参照民革市委系列活动方案，制定实施方案。活动以工委领导班子为核心，以支部为重点，全体党员全程参加。注重将社会主义核心价值体系内容与区工委各项工作对接，突出民革特色，反映时代精神，以实践活动促进履职能力和自身建设水平提高。5月11日，在卢沟桥抗战纪念园开展学习践行社会主义核心价值体系主题教育活动。参加过卢沟桥抗战的98岁高龄老党员王怀谨讲述卢沟桥抗战经历。

(张　旭)

【组织活动】 开展各种活动，增加民革凝聚力和向心力。4月12日，在永西北居委会举办中医健康讲座，第三支部主委对中老年人五种易患疾病进行讲解，同时普及健康知识。7月，第三支部参加民革全国先进基层组织评选活动。8月，第二支部赴河南红旗渠和安阳殷墟遗址考察。22日，区工委副主任及部分党员参加在国家图书馆举办的“百年辛亥专题研究系列讲座”。9月3日，组织党员参加纪念中国人民抗日战争胜利65周年座谈会。27日，举行“喜迎国庆、共建和谐——民革市委学习践行社会主义核心价值体系暨纪念百年辛亥革命文艺演出”。组织5名祖辈参加辛亥革命的党员参加活动。10月16日，组织60岁以上老党员登高游园，为他们集体祝寿。

(张　旭)

【招商引资】 引导、鼓励、帮助党员为地区经济建设服务，吸引项目落户。截至年底，完成注册资金达到4000万元以上。推动河北东旭投资集团总部落户本区，达成合作意向，总投资20亿元左右。一支副主委金智泉注册北京鹏九文化投资有限公司，注册资金2980万元；区工委副主任赵连立介绍北京联兴万达成套设备有限公司落户，注册资金1000万元；区工委副主任徐远平介绍北京行先创新科技有限公司落户，注册资金50万元；二支主委徐福卫在本区注册北京中顾律师事务所，注册资金为30万元；一支支委远毓英介绍北京金翼慧通通信有限公司落户，注册资金10万元。

(张　旭)

中国民主同盟石景山区工作委员会

概　　述

中国民主同盟(简称民盟)原名中国民主政团同盟。民盟石景山区工委是民盟北京市委的派出机构，截至年底，有7个支部，盟员205人，其中女盟员94人；在职盟员115人，占56.1%，离退休盟员90人，占43.9%，平均年龄54.8岁。高教界盟员80人，占39%，普教界45人，占22%，科技界16人，占7.8%，医卫界18人，占8.8%，公有制经济22人，占10.7%，新社会阶层9人，占4.4%。高级职称(正高和副高)103人，占50.3%，中级职称73人，占35.6%。盟员中现任市政协委员1人，区人大常委1人，区政协委员10人。年内，履行参政党职能，坚持“长期共存、互相监督、肝胆相照、荣辱与共”方针，贯彻落实科学发展观，继续解放思想，推动科学发展，促进社会和谐，为地区“大调整、大建设、大发展”贡献智慧和力量。

地址：八角北路民主党派办公楼
电话：88924684
邮编：100043

(张　慧)

【支部活动】 北方工业大学支部与学校宣传统战部配合开展活动，提高盟员思想文化素养；北京工业职业技术学院支部做好本职工作，为学院建设作贡献；首钢工学院支部分别组织在职和退休盟员活动，支部活动定期化、规范化；工业支部盟员大部分在首钢系统工作，连续两年开展首钢搬迁调整相关调研；中学支部定期组织盟员活动并向盟市委、区委统战部报送信息；医务支部发挥职业优势，举办养生保健讲座；综合支部当年新盟员增加较多，为便于开展活动，将支部分为三个小组，注重对新盟员教育引导，培养和鼓励年轻盟员参与盟务工作。

(张　慧)

【思想建设】 区工委和各支部结合实际情况，把“树立和践行社会主义核心价值体系活动”作为开展活动重要内容之一。组织盟员参加盟市委等部门组织的报告会，观看电视剧《民主之澜》，交流观后感，部分盟员上交书面体会。北方工业大学支部举办“树立和践行社会主义核心价值体系”论坛；在年初统战理论研究会举办的课题讨论会上，将此内容列入学习和研讨内容之一，并结合对我国政党制度学习和讨论，对新成员加强启蒙教育，打下思想基础;李素被民盟市委评为“树立和践行社会主义核心价值体系”先进个人。

（张　慧）

【组织发展】 注重“人才兴盟,人才强盟”,坚持“在工作中发展和发展是为了工作”。制定区工委发展盟员工作程序,推动组织发展工作制度化、规范化。坚持发展程序统一,发展每个盟员从支部开始,包括入盟前谈话、入盟材料递交,外调以及在报市委之前的区工委会讨论审批等程序。发展盟员14人,其中女盟员7人;大专以上学历100%,完成年初计划,发展率达到7%。

（张　慧）

【理论研究】 全年完成统战理论文章(包括参与市委课题)13篇,11人撰写论文,有多篇分别报收民盟中央、市政协、市委统战部参与评选。12月14日,召开“树立和践行社会主义核心价值体系”暨2010年统战理论研究工作研讨会。

（张　慧）

【信息宣传】 盟员向区工委报送信息246条,40余人参与。3月23日,区工委在区统战工作会上获“信息工作一等奖”,赵继新、杨卫东、张慧被评为“优秀信息员”,“关于维护区域社会治安,保持社会稳定的建议”(赵继新)、“关于防止甲流的几点建议”(杨卫东)被评为“优秀信息”。在区委统战部组织的“纪念改革开放30周年、庆祝新中国成立60周年、迎国庆讲文明树新风”系列活动中,区工委获“优秀组织奖”,多位盟员在征文等活动中获奖。截至年底,向民盟市委网站上传并发表稿件31篇,《北京盟讯》采用稿件21篇。

（张　慧）

【调研工作】 延续近年“主委带头做,支部动起来”的传统,鼓励支部根据行业特点,力所能及开展调研。全年完成调研报告7篇,其中2篇为向首都西南五区发展论坛递交的论文,分别是“整合资源,做强休闲产业——永定河休闲产业带发展的可行性分析及政策建议”(执笔人:赵继新)、“创设永定新区协调五区发展调研报告”(执笔人:孙道银、赵继新、毛轩),前者被收入《第四届首都西南区域经济发展论坛论文集》。12月25日,区工委参政议政工作会议讨论决定,将调研报告“石景山区文化创意产业公共服务平台建设和运行机制研究”转化为区政协大会发言,“永定河休闲产业带发展的可行性分析及政策建议”转化为党派提案;其他调研报告转化为委员个人提案或者社情民意。经济委员会年内完成“以石景山区为核心的工业会展产业发展调研报告”,调研报告有1篇获二等奖,5篇获三等奖,被评为区“调研工作先进单位”。《北京观察》第4期全文刊登赵继新和孙道银的“北京发展商务金融产业要做好风险防范研究”一文。

（张　慧）

【社会服务】 由区工委妇委会牵头,与盟市委妇委会、区妇联、八宝山街道联合举办“优质服务惠姐妹,民盟专家进社区”公益活动。7月26日在八宝山街道半月园社区举行启动仪式,倪国锋等区领导参加。周永琴、王铟、张雪梅、秦红岭4位盟员专家分别就和谐家庭、青少年网瘾问题、女性与法律等问题作专题讲座,并与社区居民互动交流。12月2日,区妇联综合专家讲座内容,举办知识竞赛。年内组织盟员为玉树地震灾区和毕节水窖捐款。

（张　慧）

中国民主建国会
石景山区工作委员会

概　　述

中国民主建国会北京市委员会石景山区工作委员会(简称民建区工委)是民建北京市委的派出机构。中国民主建国会是主要由经济界人士组成的、具有政治联盟特点的、致力于建设中国特色社会主义事业的政党。工委现有基层支部7个,会员177人。其中男性会员112人,女性会员65人。研究生以上学历有26人,占会员总数的14.7%;大本学历76人,占43%;大专学历52人,占29.4%。会员平均年龄54岁,其中40岁以下23人,占13%;41~50岁59人,占33.3%;51~60岁44人,占24.9%;61~70岁14人,占8%;71岁以上37人,占20.9%。具有高级职称的为43人,占24.3%;具有中级职称49人,占27.7%;具有初级职称14人,占8%。民建市委委员2人,其中常委1人;市人大代表1人;区人大代表2人,其中常委1人;区政协委员13人,其中常委2人。年内,围绕经济建设,履行参政党职能,发挥界别特色,参加政治协商、民主监督和参政议政,开展社会公益活动;加强自身建设,提高会员素质;针对中心工作开展调查研究,建言献策,反映社情民意等。

地址:八角北路民主党派办公楼

邮编:100043

电话:68822161

E-mail:mjsjsgw@163.com

（李　蕾）

【组织发展】 全年发展会员10名。

其中男会员3人,女会员7人。平均年龄37.7岁,其中40岁以下5人,41~50岁4人,51~60岁1人;大本学历5人,研究生学历5人。具有高级职称2人。

(李　蕾)

【思想建设】 重视学习,提高会员政治思想水平、政治把握能力和参政议政意识。围绕社会主义核心价值体系和民建中央成立65周年组织会员学习;召开研讨会、座谈会、支部生活会等,组织会员学习国家大政方针、政策、法规,学习民建会会章、会史;学习中共十七届五中全会精神等。通过《消息树》刊登工委动态、会员文章、理论知识。

(李　蕾)

【社会服务】 根据民建会特色,将社会服务作为工委重点工作来抓。2月1日,组织经法支部和书画小组部分会员,走访老山街道残疾人温馨家园,与残疾朋友和无军籍退休老人联欢,现场书写春联和福字,共送春联和福字百余幅。4月27日,将27150元捐款送到市委;为西南旱灾地区捐助水窖2个,共6000元。7月中旬,响应市委统战部号召,参与贵州毕节试验区建设,捐款2.5万元。与多家会员单位合作,协助苹果园街道新居民互助服务站,为流动人口提供政策咨询、法律维权、求职登记、职业介绍、劳务输出等服务。启动"百名新居民免费技能培训计划"。年内,整理、总结区工委成立22年来坚持开展义务法律医疗咨询服务等情况,制作成展板,图文并茂,内容涵盖支部历年来社会服务工作。驻会干部撰写"发挥合作优势,共建和谐社区"一文,发表在民建市委刊物《北京民建》和民建市委网站上。

(李　蕾)

【参与温暖工程】 由原全国人大常委会副委员长、民建中央主席成思危担任理事长的中华职业教育社,创立并实施的温暖工程,以"为国分忧、为民效力、急人所急,雪中送炭,灯亮一盏,光洒成片"作为指导思想,通过职业教育和培训、职业指导和介绍,为社会上迫切需要就业和优化就业条件弱势群体提供服务,协助党和政府解决城乡富余劳动力就业问题。区工委发挥统战性、教育性、民间性优势,以弱势群体为服务对象,以开展就业前职业技能培训为重点,与有关部门合作,经过一年多筹备,7月初得到中华职业教育社批复,成立温暖工程北京地区工作委员会。11月16日,中华职教社温暖工程新居民第一期培训班开班,经过30天培训,108名新居民学员结业,经过考试合格的90名学员被家政公司、养老院等单位录用。中华职教社副总干事、民建市委常务副主委、区委有关领导分别出席开学典礼和结班仪式。《人民政协报》、《北京青年报》、区有线电视台等多家媒体报道。

(李　蕾)

【参政议政】 5月,成立参政议政专委会,工委主任兼任专委会主任。专委会班子主要由高知人员组成,成员以中青年会员为主,有政府机关人员和经济界人士。学历都为大专以上,其中包括4名教授。专委会经过多次研讨,初步形成"加快转变经济发展方式,强化我区土地节约和集约开发的建议"调研报告,7月初分别提交区人大常委会和区政协常委会。区人大将报告上交区委区政府,区长作出批示。6月中旬,组织部分会员到苹果园街道调研新居民工作开展情况,与办事处领导座谈,现场考察新居民互助服务站。

(李　蕾)

【信息工作】 针对上年会员参与率较低,信息质量相对偏低等不足,3月5~6日,召开信息工作会。工委班子成员、部分政协委员、人大代表、支部主任、支部信息员、骨干会员、新会员30余人参加。会议总结上年信息工作,表彰16名信息工作优秀个人,安排部署当年工作。民建市委宣传处、区政协研究室、区委统战部派人向与会人员作专题讲座、指导,并进行交流。会后各支部及时传达会议精神,调动会员们报送信息积极性。驻会干部重新核对工委会员手机、邮箱,按支部、专委会整理登记,主动与会员联系、交流、沟通,及时将信息报送要点通报给会员,并将被采纳的信息反馈给会员。还通过《消息树》刊载优秀信息,提供范例。全年出版《消息树》4期。会员们围绕"十二五"规划、世博会、四区合并等重点事件报送信息。截至年底,区工委向市、区有关部门报送信息176条,采用率显著提升。

(李　蕾)

【关爱会员】 利用新春佳节走访慰问区工委的老主任、老会员,送去慰问金和礼品。工委领导及驻会干部到医院、家中看望生病的会员。2月6日在友谊餐厅召开区工委新春联欢会,90多名会员参加。书画小组共同创作题为"和谐之声"国画赠送工委。驻会干部坚持自制贺卡,每月为会员寄发生日贺卡。

(李　蕾)

【会员活动】 4月21日,组织部分会员听取区政府"建设世界城市报告会"。同月30日,部分会员前往政协礼堂参加"社会主义核心价值体系"报告会。7月29日,部分会员出席北京社会主义学院银企洽谈会。8月13日,部分会员听取区情通报会。11月22日,部分会员参加民建市委庆祝中央成立65周年文艺汇演。12月2~3日,组织本年度入会新会员参加市委新会员学习班。年内,工商支部、经法支部、教育支部、退休支部分别结合自身实际,开展特色活动。

(李　蕾)

中国民主促进会石景山区工作委员会

概　　述

中国民主促进会北京市石景山区工作委员会(简称民进区工委)是民进北京市委派出机构。中国民主促进会是由从事教育、文化、出版、科学和其他工作的知识分子组成具有政治联盟特点、为社会主义服务的中国政党。截至年底,区工委有会员155名,支部7个,分别是北京九中支部、教育分院支部、金苹支部、古西支部、北方之星青年支部、古动永乐联合支部和退休支部;工委会由9人组成。会员中有区人大代表1名,政协委员9名,区青联委员1名,区特邀监察员2名,民进市委妇女工作委员会、青年委员会、老龄委员会委员各1名,民进中央妇女儿童委员会委员1名。年内,以树立和践行社会主义核心价值体系为主要内容,围绕纪念中国民主促进会北京市委员会成立60周年,开展一系列学习和纪念活动,加强自身建设,提高参政议政能力,发挥党派人才和智力优势,履行参政党职能,开展调研,反映社情民意,开展社会服务活动。

地址:八角北路民主党派办公楼
电话:88924685
邮编:100043
邮箱:mjsjsgw@126.com

(于书江)

【思想建设】 以树立和践行社会主义核心价值体系为中心,围绕北京民进创立60周年开展系列活动,全年召开12次学习会。1月23日召开工委扩大会,学习中共北京市委第十届七次会议精神,传达区委十届十一次会议精神以及区人大、政协会议精神,学习民进市委十三届七次会议精神,确定当年工作要点。3月6日,召开工作总结述职大会,与会会员给予评议。同月20日,召开学习全国“两会”精神座谈会,学习民进中央主席严隽琪讲话和民进市委要求。各支部先后开展学习活动,北京九中支部、教育分院支部会员参加本单位学习。26日、27日和29日,退休支部、金苹支部、古西支部和古东永乐支部都分别组织学习活动,进一步领会“两会”精神,制定活动计划,明确任务。中共十七届五中全会召开后,区工委召开学习座谈会,组织班子成员、各支部负责人和骨干会员学习公报精神。组织40多名会员参观密云县社会主义新农村捧河岩村和黄土梁村,感受中共十七大以来农村巨大变化。当年北京民进成立60周年,根据市委安排,将树立和践行社会主义价值体系与继承发扬民进光荣传统相结合,开展一系列活动。组织40多名会员到民进中央参观会史展览,重温前辈光辉历程,学习感悟前辈革命精神。召开老会员座谈会,请第一任工委主任丁传陶及具有几十年会龄的老会员回顾在民进的成长历程。举行专题学习座谈会,各支部组织写心得谈体会。此外区工委和各支部还组织具有特色的学习参观、座谈等活动。退休支部组织“热爱家乡——石景山区史讲座”,九中支部组织参观冰川博物馆,古西金苹支部组织走访京西等活动。年内,古西金苹支部被民进市委评为先进支部。吴英、冯交露、丁永红、肖莉、金丽花、郭宗旺、岳强、赵志欣被民进市委评为优秀会员。

(于书江)

【参政议政】 在区政协八届四次会议上,作题为“关于我区西部地区生态环境建设的几点建议”专题发言。由大会发言形成的提案,得到区委书记、区长和区政协主席批示,作为重点督办提案。大会之后,工委深入西部山区农村、实地考察西部开发规划、拆迁、道路建设等情况,听取当地居民反映,再次反馈区政府和有关部门。6月29日,工委调研组到西部开发办,听取提案办理汇报。在为“十二五”规划建言献策活动中,区工委广开言路,组织并发动会员参与,对地区经济、文化、教育均衡发展问题及旅游业等方面提出建议。下半年,区工委按照中共十七大精神,就地区文化事业发展问题调研,听取区文委主任关于文化建设和工作现状介绍,针对存在问题提出建议,调研成果为党派大会发言做准备。

(于书江)

【组织建设】 培养青年骨干会员,鼓励其在本职工作与社会活动中发挥骨干表率作用。推荐参加市、区举办的学习班、培训班,提高理论水平。参与工委调研,在实践中提高参政议政能力。加强与会员单位领导联系,征求意见和建议。在发展工作中坚持“以质量取材,宁缺勿滥”原则。年内,发展4名高质量新会员(公务员1名、国企1名、私企2名),其中大本毕业生2名,研究生、在读博士各1名。

(于书江)

【社会服务】 金苹古西支部于5月29日在海特花园广场为社会居民进行医疗咨询,丁永红与30多名医务人员为500多名居民开展11项咨询。丁永红还多次为社区和在校学习的医护人员授课辅导,300多人听讲。侯郑生赴内蒙古医疗支贫3个月,表现突出。被誉为“金牌讲师”的宋竞男年内去杭州、深圳等地辅导讲学5次,听讲者150人。北方之星幼教集团派教师赴大连,为当地幼儿园进行辅导讲课2次;为玉树灾区捐款8000元。张连英、尹玉生为纪念北京民进60周年书画展捐赠书画作品多幅。

(于书江)

中国农工民主党石景山区工作委员会

概　　述

中国农工民主党北京市委员会石景山区工作委员会(简称农工党区工委)是农工党市委派出机构。农工党是以医药卫生界高、中级知识分子为主、具有政治联盟特点、致力于建设中国特色社会主义事业的政党。截至年底,区工委有基层支部4个,党员96人,74%的党员来自医药卫生界。其中男41人,女55人;在职人员55人,退休人员41人;平均年龄55.6岁。具有硕士研究生以上学历14人,占党员总数的15%;大学学历(含大专)74人,占78%;中专以下学历8人,占8%。具有高级职称的51人,占54%;具有中级职称的41人,占43%;初级职称3人,占2%。区人大代表4人,其中区人大常委1人;区政协委员8人,其中政协副秘书长1人,区政协常委2人。担任区政府特约监察员4人。年内,深入学习十七届五中全会精神,按照农工党中央和市委会活动安排,举办纪念中国农工民主党成立80周年,带领广大党员继承和发扬农工党与中国共产党团结合作的优良传统,树立和践行社会主义核心价值体系,推进思想建设。围绕地区经济社会发展中心工作,履行参政党职能,建言献策;完善自身建设,不断提高政治把握能力、参政议政能力、组织领导能力、合作共事能力。开展社会公益活动,号召党员为地区“大调整、大建设、大发展”作出贡献。

地址:八角北路民主党派办公楼

电话:88927996

邮编:100043

(魏志强　王秀荣)

【参政议政】 1月11日,区政协八届四次会议召开,8名政协委员出席。主委魏志强作题为“统筹协调,全面完成‘十一五’规划”大会发言;会议期间提出“关于尽快启动我区永定河水岸经济的建设”和“关于我区西部地区土地储备问题的建议”的提案。与区政协城建环保委员会“关于石景山区重水利用现状及建议的调研”,与政协教文卫体委员会“关于我区文化创意产业起步发展的调研”获优秀调研报告二等奖,“关于我区节能降耗的调研报告”获优秀奖,“关于健全我区节能减排工作的体制、机制的建议”以及联合提出的“关于建立优质的医疗中心为全区百姓服务的建议”、“关于举办佛牙节的建议”获优秀提案奖。工委及纪富水“政协委员热烈祝贺全国政协十一届二次会议开幕”、“全国‘两会’前部分政协委员关注的热点问题”获优秀社情民意一等奖。李庆辉“关于玉泉路北段尽快开工,改善交通秩序的建议”、康雅楠“关于延长老山早市经营时间的建议”获优秀社情民意二等奖。同月13日,4名党员人大代表参加区人大第十四届五次会议。3月23日,获区委统战部优秀信息单位二等奖,魏志强、郑师方获优秀信息员,“关于京西古道环境问题的反映及建议”获优秀信息,工委“关于我区节能降耗的调研报告”获优秀调研报告三等奖。6月29日,工委在区政协第四次会议上提出“关于尽快启动我区永定河水岸经济的建设”提案,得到区政府重视。7月10日,党员焦彦生撰写的“科学认识低碳”调研报告被《北京农工》第三期登载。

(魏志强　王秀荣)

【思想建设】 3月23日,在区委统战部组织的系列活动中,焦彦生获统一战线纪念改革开放30年、庆祝新中国成立60周年、迎国庆讲文明树新风系列活动答题优胜奖、董继红获纪念奖。8月6日,农工党市委为纪念中国农工民主党成立80周年,举办知识答题竞赛活动,工委组织党员参加活动。8月9日,中国农工民主党成立80周年纪念大会在人民大会堂举行,农工党中央主席桑国卫、邮政局负责人为邮政纪念封揭幕,并向每名党员发送纪念封。会后放映电影《铁血丹心邓演达》,工委5名党员参加大会。9月26日,农工党北京市委、社会主义学院举办中青年党员培训班,“如何提高履职能力,做好党派工作”,4名党员参加培训。10月15日,农工党北京市委召开树立和践行社会主义核心价值体系理论工作研讨会,区工委李亦军作“民主党派树立和践行社会主义核心价值体系的必要性和重要性研究”发言,6名党员参加会议。11月16日,农工党北京市委理论研究基地成立,魏志强、孔令多、康雅楠、李亦军被聘为基地专家,4名党员参加会议。11月17日,区工委扩大会议,学习十七届五中全会精神,贯彻市委统战部转发中央统战部关于统一战线学习贯彻党的十七届五中全会精神的通知,14名工委委员及各支部委员参加会议。10月24日,首钢支部举办学习“十七届五中全会精神”活动。对本区经济、文化的发展及医疗、教育、养老、住房、就业、消费观念、工资分配等问题进行讨论,7名党员参加活动。11月25日,八宝山地区支部学习十七届五中全会的会议精神。12月16日,石景山医院支部与古城地区支部联合举行活动,学习十七届五中全会精神,对区“十二五”时期卫生事业发展规划进行讨论,并对未来卫生事业发展建言献策,25名党员参加活动。

(魏志强　王秀荣)

【社会服务】 参与社会公益活动。4月30日,响应农工党青海省委倡议和农工党中央号召,组织全体党员奉献爱心,支援玉树灾区建设,76名党员捐款3540元。9月,杨国军捐助贫困学生4名,捐助资金2000元。年内,李伯军随区人大去西藏考察捐款1000元;李亦军为需要救助的人提供法律援助8次,受益人18人;魏淑兰、任立三为政法大学离休干部和平谷农民咨询义诊,受益人约300人。

(魏志强　王秀荣)

【组织活动】 2月3日,召开工作总结表彰会,52名党员参加,会议总结上年度工作,提出当年工作计划,表彰8名先进党员。2月12日,市委、区工委派代表慰问老主委孔令多,古城地区支部慰问久病在家的老党员,并送去慰问品。12月12日,首钢支部召开支部会,要求每人做好两件事:一是过好组织生活,二是积极参政议政,建言献策,反映社情民意。年底初步完成区工委1996～2010年地方志资料收集和长编编写工作,共查阅索引10卷,调阅案卷157卷,复印各种资料194页,另调阅打印工委档案91页,制作资料卡片106张,形成资料长篇约0.万5万字。

(魏志强　王秀荣)

中国致公党石景山区工作委员会

概　　述

中国致公党北京市委员会石景山区工作委员会(简称致公党区工委)是致公党北京市委的派出机构。中国致公党是由华侨社团美洲致公堂发起,于1925年10月在美国旧金山成立;是以归侨、侨眷中的中上层人士和其他有海外关系的代表性人士组成的,具有政治联盟特点的、致力于建设有中国特色社会主义的政党。致公党因其与海外洪门致公堂的渊源关系,在团结海外侨胞、实现祖国统一的伟大事业中发挥独到作用。致公党区工委现有2个支部,党员68人,其中男党员34人,女党员34人,少数民族4人;大专以上学历60人(其中硕士以上14人),占88%;40岁以下18人,占26%,40岁以上50人,占74%;归侨、侨属、侨眷、留学归国人员48人。致公党区工委中有全国政协委员1人、市人大代表1人、区人大代表1人、区政协委员8人、区青联委员3人。年内,积极参政议政、建言献策,履行职能,在党派调研、提案议案及社情民意等方面继续保持领先。

地址:八角北路民主党派办公楼

电话:88928001

邮编:100043

(夏　阳)

【思想建设】 坚持抓党员思想政治工作,以学习开眼界,以学习拓思路,以学习促提高。年初,组织党员学习全国和市“两会”工作报告等相关文件,请工委副主委介绍参加“两会”情况,使党员了解国家和北京市工作重点,做到知情参政。同时,向党员介绍本区“两会”情况和区政府工作重点,使党员了解区情,更加关注地区发展。年末,及时组织党员传达和学习中共十七届五中全会精神,汇报中共北京市委学习十七届五中全会的情况和致公市委学习动员情况,向党员传达致公市委举办的学习辅导讲座。

(夏　阳)

【组织建设】 重视组织工作和党员队伍建设。进一步完善并严格执行入党人员见面谈话制度,在新党员入党前充分了解其思想状况和对党的认识,把住入党关口,提高新党员综合素质。年内新发展2名党员,党员总数达到68人。全年组织各种活动10次。年中,就树立和践行社会主义核心价值体系教育活动开展活动,结合致公党市委成立30周年,组织党员学习有关材料,发动大家向市委刊物投稿,参与市委组织的征文活动,并在《北京致公》发表文章。在庆祝致公党市委成立30周年表彰大会上,区工委获“先进集体”称号,王泽群、王娓、周斌、刘爱芬、夏阳、董少英获市委“优秀党员”称号,刘文萍、毕世栋获市委“优秀干部”称号。此外,工委委员陈曦获第三届全国校外基础教育培训机构优秀校长称号,高杰获市侨联“首都新侨乡创新发展先进个人”荣誉称号。

(夏　阳)

【参政议政】 年初,组织骨干党员研究当年党派调研工作,结合地区发展状况,确定将老旧小区重建改造作为党派调研课题。工委先后五次组织党员参与调研,取得详实数据,与区有关单位座谈,就调研报告建议部分进行可行性探讨,并多次征求党员意见和建议,修改完善报告内容,据此形成政协大会党派发言稿。工委就区“十二五”规划征求意见工作在防灾减灾、灾难救助、志愿服务、教育和住房保障等方面提出意见和建议。重视信息与社情民意工作,发动党员撰写信息与社情民意。9月中旬,举办培训讲座,组织全体党员学习撰写信息与社情民意,掌握方法和技巧,提高信息撰写质量。年内,区工委撰写的调研报告获区政协优秀调研报告优秀奖;“关于进一步发展我区都市旅游的建议”等3件提案获优秀提案奖;“警惕非法宗教对农村的渗透”等6条社情民意分获区政协优秀社情民意一、二等奖。12月2日,区政府召开《政府工作报告》征求意见座谈会,邀请10名人大代表和政协委员,区工委党员占4人。工委党员全年向区统战部、区政协及致公党北京市委提交社情民意60余条,其中周斌的“警惕非法宗教对农村的渗透”得到市委常委牛有成批示。

(夏　阳)

【加强交流】 5月24日,在日本京都召开的ACFA会议上,区工委常务副主委、中科院高能所研究员高杰被任命为亚洲国际直线对撞机指导委员会(AILCSC)主席,并成为国际直线对撞机指导委员会(ILCSC)成员,任期3年。12月初,全国政协联谊会赴台代表团对台湾进行具有开创性的重要访问。

(夏　阳)

九三学社
石景山区工作委员会

概　　述

九三学社北京市委员会石景山区工作委员会(简称九三学社区工委)是九三学社北京市委的派出机构。主要职责是带领九三学社社员履行政治协商,民主监督,参政议政职能,开展社会服务活动。当年是CRD发展战略“三步走”完成第一步的重要之年,是“十一五”规划收官之年和科学谋划“十二五”规划的关键之年。区工委贯彻中共十七届四中全会和五中全会精神,团结带领社员,学习和树立社会主义核心价值体系,围绕本区中心工作,履行职能,党派建设取得新发展,参政议政取得新成果,为社会和谐作出新贡献。

地址:八角北路民主党派办公楼
电话:88927995
邮编:100043

(张建国)

【思想建设】 组织干部和社员学习十七届四中、五中全会精神和科学发展观。按照社市委工作部署,学习和树立社会主义核心价值体系,全年选送16人次参加社市委、区委统战部以及其它渠道举办的各种学习培训活动,加强参政党能力建设,以适应国际国内形势变化和参政党自身发展,适应中国共产党领导的多党合作与政治协商制度不断完善、加强的需要,共同推进全面小康社会建设。

(张建国)

【组织建设】 召开工委会及扩大会8次;结合工作需要,充实专委会和支委会人员组成;发展新社员5人,截至年底,社员人数达到107人。李惠被九三学社中央评为先进社员。5月23日,区工委代表队参加社市委举办的第二届民科杯乒乓球比赛,获第三名。和海淀九三学社第二综合支社联合在八大处进行重阳登高活动。

(张建国)

【参政议政】 围绕首钢搬迁和“新首钢高端产业试验区”建设、永定河绿色生态发展带建设、北京台湾街建设和“十二五”规划,围绕中心工作,从区委调研选题中精选党派调研题目,参与有关调研和视察,做到“参政参在点子上,议政议到要害处”。党派提案“永定河水岸经济带建设”作为区政协当年主席会重点督办提案。8月14日,召开区工委参政议政研讨会。11月到首钢厂区就永定河生态建设和首钢搬迁改造进行调研。12月24日,到卫生局就政协提案进行调研。在区政协八届五次全会上,区工委提交“关于我区城市化建设过程中集体土地开发利用若干问题建议”、“关于以永定河生态治理为契机制定我区永定河区域休闲旅游发展规划建议”和“关于进一步提高石景山区土地节约集约利用水平的建议”3篇党派提案;提交个人提案21篇。被区政协评为优秀调研报告3篇,优秀提案3篇,优秀社情民意一等奖1篇、二等奖2篇,被区委统战部采用信息30条。

(张建国)

【社会服务】 坚持以围绕中心、服务大局、维护稳定、促进发展为社会服务的大方向,关注社会发展热点问题。5月27日,组织医疗卫生系统社员到鲁谷社区举办药品知识讲座;9月16日,邀请专家到石景山小学讲课;10月28日,在首钢医院举办“粉红家园”健康大讲堂。

(张建国)

石景山区工商业联合会

概 述

石景山区工商业联合会(商会)是在区委、区政府领导下的具有统战性、经济性、民间性的人民团体,是党和政府联系非公有制经济人士的桥梁和纽带,是政府管理非公有制经济的助手。年内,以商会组织建设为基础,以发展会员为切入点,逐步壮大会员队伍,不断创新组织建设。坚持高站位,广交友、强服务、创载体,树立服务立会、活动兴会理念。发挥工商联非公经济人士参与社会政治生活的主渠道作用,把广大会员和非公经济代表人士凝聚在商会周围,为他们参与社会政治生活提供机会和舞台。发挥商会职能,协助政府优化发展环境,深入调查研究,发挥参政议政作用。加强精神文明建设,促进会员文化创建,提高会员综合素质。协助有关部门在企业中建立党、团、工会等组织。搭建桥梁沟通企业与政府职能部门的联系,增进相互了解与协作,注意为企业办实事、解难事、做好事,不断推进非公有制经济健康发展和非公经济代表人士健康成长。

地址:八角北路民主党派办公楼
电话:68833579
邮编:100043

(徐艳丽)

【参政议政】 做好参政议政工作,重点放在提高"两会"代表综合素质上,举办培训班。组织和引导调查了解危机对会员企业实际影响,向上级有关部门反映情况,提出建议。组织会员企业中市、区人大代表、政协委员联席会,反映社情民意。11月再度召开主席扩大会邀请工商联界别人大代表、政协委员传达学习党中央、国务院《关于加强和改进新形势下工商联工作的意见》,就"两会"议案、提案和政协大会发言征询意见建议。工商联两度召开座谈会,广泛征求非公经济人士对区委"关于制定石景山区'十二五'规划的建议"以及政府工作报告意见建议。发挥工商联为非公经济搭建参政议政平台作用。工商联数次以"社情民意"形式直接向区委、区政府反映非公企业问题和困难。

(徐艳丽)

【组织建设】 3月30日,区工商联召开七届五次执委会。选举增补非公经济代表人士李仲秀等6人为执委;审议并通过区工商联七届五次执委会工作报告及年度会费使用情况;表彰优秀信息企业及优秀信息员。会议要求企业家认清形势,统一思想,坚定信心,真抓实干,发挥非公有制经济在"大调整、大建设、大发展"中的重要作用。

(徐艳丽)

【经济服务】 通过不同渠道加大招商引资力度,吸引一部分非公经济企业入驻本区。浙江虎牌投资集团明确表示投资北京台湾街二期工程。支持帮助企业应对危机,七届常委会向非公经济企业发出"树信心、保增长、促就业"倡议书,协助企业缓解"贷款难"瓶颈。与商业银行、民生银行、邮政银行多次接触,多渠道解决会员企业流动资金不足等困难。

(徐艳丽)

【交流活动】 进一步消除金融危机影响,引导广大会员企业"走出去"。加大对外联络力度,联系国际、国内商会组织,拓展会员企业生存发展空间,进行经济技术以及商务交流,年初,与四川资阳市工商联互相交换友好合作意向。5月,接待上海宝山区工商联党组书记一行5人到区访问,双方议定每年进行互访,交流工作经验,共同促进提高。9月,率部分企业家到上海参观世博会,到宝山区工商联回访。响应市关于组织企业家到匈牙利布达佩斯中国城参加国际经济技术合作和贸易交流号召,组织8位企业家赴布达佩斯中国城进行考察访问,迈出走向国际经济贸易第一步。6月间,经市有关部门介绍,接待日本坂桥区中小企业协会考察团,双方就中小企业相互合作事宜进行友好洽谈。到区会员企业瑞杰灵通环境工程有限公司厨余垃圾处理车间参观,日本客人表示愿意就生物环保技术与中国民营企业合作。

(徐艳丽)

【服务拆迁】 根据市工商联要求,掌握和了解会员企业在土地储备和城乡结合部改造过程中出现的拆迁问题。2月26日召开工作会议,布置在会员企业中开展拆迁问题情况登记表填写工作。根据登记表内容详细讲解填表意义及目的,实事求是反映企业在拆迁过程中存在问题和困难,及时向有关部门反映企业意见和呼声,引导企业依法维护合法权益,化解拆迁中的矛盾和问题。

(徐艳丽)

【促进就业】 针对企业落实不裁员、不减薪、促进就业、稳定社会工作中会员反映出各种问题,举办专题讲座,探索化解矛盾的方法和对策,对会员企业同时进行较大规模的书面调查,深入企业调查走访。请专业人员为非公企业答疑解惑,及时将调查情况上报有关部门和市工商联,并及时提交书面调研报告。在5月份与区人力社保局、区工会开展民营企业招聘周活动,组织20

家会员企业参会。

（徐艳丽）

【教育培训】 3月23日，组织统战干部参加区委统战部举办的涉台知识培训。了解新形势下的两岸关系、当前台湾政局的最新演变等；学习与台胞、台商交流需要注意的事项；听取北京台湾街建设情况汇报。

（徐艳丽）

【光彩事业】 4月29日，举办博爱在京城——工商联情系玉树募捐会。现场捐款378540.43元，有企业家当场捐20多万元。年内，区非公经济会员企业及代表人士向灾区捐款捐物250余万元。

（徐艳丽）

【原工商业者】 关注原工商业者及遗孀生活状况，坚持节假日走访慰问，针对物价上涨，尤其生活必需品上涨较快，造成老工商业者和遗孀社会困难的现实，及时向市、区有关部门反映情况，争取增加补助款和慰问金，春节前送到困难户手中。年初，邀20多位原工商业者及其家属座谈，询问生活状况，听取意见建议，就相关问题予以解答。

（徐艳丽）

石景山区各民主党派负责人

中国国民党革命委员会北京市委员会
　　石景山区工作委员会主任委员　陆德山
中国民主同盟北京市委员会
　　石景山区工作委员会主任委员　赵继新
中国民主建国会北京市委员会
　　石景山区工作委员会主任委员　周　泽
中国民主促进会北京市委员会
　　石景山区工作委员会主任委员　史慧生
中国农工民主党北京市委员会
　　石景山区工作委员会主任委员　魏志强
中国致公党北京市委员会
　　石景山区工作委员会主任委员　刘文萍
九三学社北京市委员会
　　石景山区工作委员会主任委员　林　宋

人民团体

石景山区总工会

概述

石景山区总工会(简称区总工会)是在区委和市总工会领导下,职工自愿结合的工人阶级群众组织,是党联系职工群众的桥梁和纽带。截至年底,所属各街道(社区)、委、局、公司及直属基层工会626个,有职工66112人,会员61931人。编制24人。区总工会内设办公室、财务部、组宣部、权益维护部、生产保障部、职工帮扶(服务)中心。年内,围绕经济社会发展大局,“坚持一个方针,突出两个服务,依托三个工程,做好四项重点工作”,即坚持“组织起来,切实维权”的工作方针,突出服务大局、服务职工两个目标,依托经济技术创新工程、职工素质建设工程和送温暖工程,着力做好推进枢纽型社会组织建设、加快建设三级服务体系、加强工会组建和发展会员、健全劳动关系协调机制四项重点工作,推动工会工作的进一步开展。被授予“全国五一巾帼标兵岗”、“全国‘五五’普法工会系统先进单位”、“全国职工互助保障先进单位”、“全国安全生产应急知识竞赛优胜单位”、“首都文明单位”、市“职工互助保障工作优秀代办处”、市“职工职业技能大赛优秀组织单位”等称号。

地址:石景山路42号
电话:68863687
邮编:100043

(康　楠)

【职工帮扶中心成立】 11月3日,经区编委会决定,成立区职工帮扶中心,为区总工会所属全额拨款相当正科级事业单位,核定事业编制9人,其中科级领导职数1正1副。主要职责为:负责在职困难职工的建档、统计、管理、慰问、帮扶等工作;负责为困难职工及家属提供再就业援助,组织就业招聘会和专项技能培训;负责再就业信息平台的建设;负责协助开展劳动、劳务纠纷调解,为农民工和外地务工人员提供法律咨询服务及诉讼代理等法律援助,加强职工法律宣传和培训;负责女工特殊疾病保险、在职职工住院、重大疾病、意外、职工子女意外等五项职工互助保险的承保、理赔代理业务;负责基层代办点的指导工作。撤销区职工文化活动中心机构,编制收回。人员整建制划转到区职工帮扶中心,加挂“石景山区职工文化活动中心”牌子。

(康　楠)

【区工会全委会】 1月21日,召开八届九次全委(扩大)会,区总工会八届委员、经审委员和基层工会主席70余人参加。会议补选区总工会委员会委员、经费审查委员会委员、常务委员会委员、女工委员会委员;听取“围绕中心,深化服务,构建工会工作新局面”的工作报告;传达区委十届十一次会议精神。7月26日,召开八届十次全委(扩大)会。会议总结当年半年工作并部署下半年重点工作,学习市总工会重点工作考核指标。9月17日,召开八届十一次全委(扩大)会,增选区总工会副主席一名。

(康　楠)

【街道总工会实现全覆盖】 8月底,专门组织街道工会主席研讨会,学习市总文件,统一思想,提高认识,9月初,制定下发关于推进街道(社区)总工会建设的意见,并结合实际,编制“街道总工会建设指南”,规范工作程序和工作方法,指导街道总工会建设工作。统一划拨组建经费(每个街道5000元),统一刻制公章,深入街道(社区)进行指导。区委区政府和各街道(社区)都为街道总工会的建立提供人、财、物方面的大力帮助。自9月20日,苹果园街道成立首家街道总工会,至11月15日五里坨街道总工会成立,历时两个月,完成所有街道工会从派出机构到指导机构的提升。

(康　楠)

【市政协领导调研】 4月21日,市政协主席阳安江带队到区调研非公企业职工收入状况。市政协副主席黎晓宏、秘书长闫仲秋以及市政协社会和法制委员会、提案委员会领导、部分市政协委员参加调研。调研组首先走访区餐饮企业仙鹤楼饭庄,视察饭庄操作间、大厅等经营场所,对职工收入、支出和社会保险情况进行调研。随后到八宝山街道四季园社区居委会,与来自重德物业、嘉曼服饰等9家企事业单位的经营者或职工代表围绕企业经营过程最需要解决的问题、职工关注的热点问题、职工收入状况等问题进行座谈。

(康　楠)

【送温暖工程】 组织开展以"心系职工情,温暖进万家,专项解困难,合力促和谐"为主题的送温暖慰问活动,将关注重点投向困难职工、劳模、农民工等群体,"两节"送温暖、"三八"助单亲、夏日送清凉、金秋助学等系列帮扶活动,共发放送温暖资金32万余元,慰问困难职工家庭123户、特困职工20户、外来务工人员300余人、节假日坚守岗位职工400余人。开展技能培训,优先推荐就业,资助困难职工子女就学,使36户困难职工成功脱困,占在册困难职工的三分之一。2月4日,区领导先后走访慰问市级重点工程——阜石路工程6号标段施工现场和区园林绿化局绿化二队部分外来务工人员,发放慰问品价值3万元。同月8日,区领导荣华、周茂非等分别走访劳模庞福林、困难职工李桂英,为他们送去慰问金和慰问品。7月27日,有关区领导先后来到交通支队和环卫中心垃圾清运队,将价值1.5万元的饮料和T恤、清凉扇等防暑降温物品,送到交警和环卫中心职工手中。

(康　楠)

【建设服务型工会】 在街道(社区)、园区、商务楼宇建立工会服务站,完善区、街两级服务体系。拓宽京卡互助服务卡的服务内容,靓靓伊人成为本区第一个加入京卡的单位,也是全市第一家美发类单位。利用12351服务平台为职工提供个性化服务,接案率、办结率、回访率达到100%。在商务楼宇设立"心理减压室",为职工提供心理测试和咨询服务。加强就业服务,职工服务中心全年登记用工岗位119个。与人保局联合组织大学生、农民工专场招聘会,70多家企业提供就业岗位1026个。2月25日,在区首钢篮球馆举办以"服务进城务工、帮助就近就业、扶持自主创业"为主题的农民工专场招聘会。区人力社保局、总工会、妇联、各街道社保所等"春风行动"成员单位参加。活动主要服务对象是来京务工的农村劳动者、本市有转移就业愿望的农村劳动力和准备创业的农村劳动者。有34家企业558个工作岗位参与招聘,291人初步达成就业意向。区总工会在活动中解答咨询32人次,发放职工维权手册、京卡·互助服务卡宣传材料百余份。

(康　楠)

【"五一"庆祝大会】 4月29日,区总工会主办"劳模之光——庆祝'五一'国际劳动节颁奖晚会"。全区近200名劳模、职工代表参加。市总工会、区领导,与本区建立友好工会关系的乌兰浩特市政协副主席、市总工会主席等领导出席。晚会邀请4名来自青海玉树灾区的学生代表参加,周茂非通过视频发表讲话。新当选的25名劳模和本区职工为来自青海玉树灾区的22名学生捐款6.6万元及生活用品。荣华等与会领导为全国、市劳动模范和先进工作者、模范集体颁发奖章和证书。

(康　楠)

【劳模评选工作】 成立区"劳动模范和先进工作者推荐评选工作委员会";以"突出一线,突出创新,突出奉献精神"为标准,自下而上开展劳模评选表彰工作。经民主程序推荐,采取网络、报纸等形式公示;宣传推荐人选先进事迹,举行先进事迹报告会41场。共评选出全国先进工作者2名,市劳动模范8名,市先进工作者15名,市模范集体4个。

(康　楠)

【劳模管理和服务】 "两节"期间,为110名劳模办理公园年票,发放慰问款5万余元。坚持劳模有病必看、去世必访制度,为9名重病劳模和1名去世劳模家属送去慰问款物价值0.5万余元。开展"我身边的劳模"征文活动和百名劳模游园活动。7月5日,为74名劳动模范免费体检。8月29日~9月9日,区总工会分两批组织全区劳模参观上海世博会。来自全区教育、卫生、环卫等系统的69名劳模,包括在职和退休的全国五一劳动奖章获得者和市劳动模范参加此次活动。

(康　楠)

【劳动争议调解五方联动机制】 区总工会在原有三方联动的组织体制和工作制度基础上,于7月20日组织召开"推进劳动争议调解联动机制大会",启动劳动争议调解五方(工会、人力和社保局、司法局、信访办、法院)联动机制。此次大会的召开标志着全区劳动争议调解五方联动机制正式启动,全区形成劳动争议处理各个环节上的有序衔接,加大劳动争议调解工作力度。

(康　楠)

【职工技能大赛】 8月17日,与区人力社保局、区科委共同举办的职工技能大赛汽车修理工实操比赛在银建公司举行。来自全区汽修行业的39名职工参加角逐。选手赛前参加在古城旅游培训学校组织的全市统一理论考试。经过理论和实操比赛,优胜选手代表本区参加市职工大赛复赛和决赛。9月12日,职工家政服务技能比赛在爱依家政服务公司培训学校举行。来自全区家政服务行业的100余名职工参加一般家务、母婴护理两个科目的比赛,

6名家政服务员分获母婴组和家务组一等奖，获区总工会颁发的“技术能手”称号；爱依家政服务公司杨庄分部等四个单位获家政服务技能比赛优秀组织奖。区总工会还组织7名职工参加市技协组织的汽车驾驶比赛，选派30名动漫画设计者参加市动漫画比赛。

（康 楠）

【地区工会主席联席会】 3月31日～4月1日，地区第四次工会主席联席会召开。首钢、北重等10家驻区中央、市属企事业单位的工会主席和区总工会、区人力社保局、安监局等单位领导出席。会议以“共谋发展大计、共建美好家园、共创美好未来”为主题，结合区委区政府“大调整、大建设、大发展”工作主基调，就发挥驻区中央、市属企事业单位在区域经济发展中的作用，以及如何在发展低碳经济、促进节能减排工作中形成发展合力等议题进行研讨。首钢等企业介绍本单位按照循环经济要求，节能减排，发展新型钢铁经济的做法，与会单位达成“发展低碳经济推广节能减排”的共识，共同签署《低碳、减排、环保倡议书》。

（康 楠）

【职工歌咏比赛活动】 5月26日，举办“五月的鲜花”职工歌咏比赛决赛。比赛以歌颂党、歌颂祖国、歌颂改革开放和构建和谐社会为主题，演唱曲目都是红色经典和企业之歌。参赛队伍来自全区机关、企事业单位。星座商厦等10支代表队进入决赛，石景山医院合唱队获得第一名。区有关领导出席活动并为获奖队颁奖。该项比赛是第27届“古城之春”艺术节系列活动之一。

（康 楠）

【职工互助保险】 全年新增会员2168人，“在职职工住院医疗险”参保9531人，保费达48万余元；“在职女职工特殊疾病险”参保4203人，保费达198900元；“在职职工重大疾病险”参保1618人，保费达148950元；“在职职工意外伤害险”参保1267人，保费达48994元；“在职职工子女意外伤害险”参保36人，保费达1800元；保费总额达88万余元。受益职工达520人，赔付金额约66万元。

（康 楠）

共青团石景山区委员会

概 述

中国共产主义青年团石景山区委员会(简称团区委)受中共石景山区委和共青团北京市委领导，负责全区共青团工作，领导少先队石景山区工作委员会，指导石景山区青年联合会，是全区先进青年的群众组织，是党联系青年的桥梁和纽带。团区委机关设办公室、团务部、权益部，行政编制12人、工勤编1人。年内，全区各级团组织在区委、区政府领导下，高举中国特色社会主义伟大旗帜，深入贯彻落实科学发展观，强化共青团组织青年、引导青年、服务青年、维护青年合法权益的工作职能，围绕中心、服务大局，紧跟党建发展步伐，实施基层团建基础工程，继续巩固学校、机关和企事业单位团的建设，加大对基层组织的管理和服务力度，着力加强和探索城市社区和新经济组织、新社会组织团建工作，推动非公团建。加强共青团工作的理论研究，不断推进和探索共青团的职能建设和机制建设，推动团建理论和团建模式创新。完成各项任务，团结带领广大青年为现代化首都新城区建设做出贡献。

地址：石景山路18号
电话：68607210
邮编：100043

（王 磊）

【青年志愿服务】 借鉴奥运志愿服务的成功经验，促进志愿服务工作常态化、规范化。春节期间，共有400名城市志愿者在八大处公园、石景山游乐园、北京国际雕塑公园、华联商厦站点参加春节服务周活动，为广大市民和游客提供信息咨询、语言翻译、应急服务等各种便民服务2万余次。利用报刊、网站等媒体进行宣传，以图片等形式展示石景山近年来的发展成就。开展“我是团员我承诺”活动，发挥团员青年的先锋模范作用，各基层团委均推出团员承诺制度，并将承诺向少先队员延伸。全年区内各级团组织的团员青年共承诺、践诺3万余条。

（王 磊）

【青年创业就业】 通过开展形式多样、内容丰富的活动，为青年创业就业搭建舞台。以北京青年创业园石景山园为平台，开展“关怀创业青年，倾听创业心声——青年创业者座谈会暨青年创业者慰问活动”，倾听青年创业者心声，为他们解决实际困难。5月25日，本区第四个青年创业楼金顶青年创业楼正式挂牌成立，总面积0.7万平方米。同月28日，团区委举办“创业宣传进校园活动”，共有500余名大学生参与其中，取得很好的反响。9月3日，举办“CRD杯”青年创业大赛颁奖晚会，为创业青年提供一系列优惠政策和服务，营造青年创业就业的良好环境和氛围,引导扶持青年走自主创业就业之路。成立石景山青年创业网校,建成集“创业、就业、培训、实习、交流”等功能为一体的创业、就业平台,有效引导青年创业,在全社会营造激励青年干事创业的良好氛围。

(王　磊)

【日常志愿服务】 3月5日,沈阳军区雷锋班班长黄帮维走进华联商厦城市志愿服务站点,带领高井热电厂团员青年志愿服务队为市民提供信息咨询、低碳宣传、便民服务。黄帮维到北京工业职业技术学院,就如何传承雷锋精神与本区的团员青年们一起座谈。4月30日,组织30名青年志愿者走进绍家坡,开展城市道路环境卫生清扫日活动。5月12日,组织应急志愿者骨干参加由区应急办、民政局主办,地震局、团区委协办的“防灾减灾日”宣传活动。志愿者参与防火紧急疏散演练和“防震减灾日”的宣传活动,共向老人和社区居民发放避险应急手册、地震应急避险要诀、消防知识手册等10余种防震减灾宣传品共计400余份。6月下旬,组织全区青年志愿者开展以“人人参与、人人动手、清洁美化家园”为主题的低碳环保志愿服务活动。

(王　磊)

【“两新”团建】 根据团市委要求,探索社区团建新模式,加强非化经济组织团建。举办“两新”组织(新经济组织、新社会组织)团建工作推进会。6月12日,博雄健身青年汇成立,成为本区“两新”组织团建工作试点。在九个街道(社区)中推进社工团组织建设,发挥大学生社工自我管理、自我教育的作用。成立大学生社工团支部,利用业余时间组织大学生社工开展主题团日,文体活动以及公益活动,定期开展培训工作和思想教育引导,促进大学生社工发挥特长服务社区。8月2日,“两新”组织团建工作大学生志愿服务团成立仪式在首钢工学院举办,12名大学生志愿服务团成员奔赴基层岗位。11月25日,成立全市首家社区青年汇联盟,成为全市“两新”团建的创新标兵。

(王　磊)

【丰富青少年活动】 组织区内外来打工子弟学校学生参观清华大学,与清华大学学生交流;举办“六一联欢 文艺演出”活动,给学生带去学习用品和节日的礼物;12355青少年星光自护学校开课,从意外伤害防范、校园与社会安全等方面进行讲学活动,提高青少年自护意识;暑假期间继续开展“暑期青少年回社区报到”活动;组织学生参加市未委会的“远离香烟”、“珍爱生命、远离毒品”夏令营。

(王　磊)

【扶贫助弱】 希望工程工作站进一步完善各项工作制度,抓好制度落实,做好捐助款项发放工作。年内,发放各类助学金10余万元,扶助学生100余人。2月2日,召开送温暖工作会,发放爱心基金1.8万元,资助贫困学生45人,启动低保重残计划。组织区内贫困学生代表参观中国科技馆新馆。3月16日,与区教委、万千百货在石景山万达影城启动“华奥学子,万千栋梁”公益活动计划,开启万千百货本年度对口支援本区打工子弟学校华奥学校的序幕。4月5日,发放当年第一批希望之星1+1奖学金3万元,资助贫困学生56人。5月10日,发放第二批奖学金1.34万元,资助学生18名。11月3日,发放第三批奖学金2.7万元,资助35名学生。100365首善行动——北京农村商业银行健康关爱行动在石景山医院启动,为200名进京务工青年捐款10万元,用于他们的免费健康检查。

(王　磊)

【青少年权益维护】 召开区未成年人保护委员会和预防青少年违法犯罪工作领导小组工作会,下发任务分解表,将工作情况纳入考核。1月8日,在区机关南楼316会议室举办“石景山共青团与人大代表、政协委员面对面活动”,教育系统代表、人大代表、政协委员就互联网与青少年健康成长进行深入探讨,并提出用好互联网服务青少年健康成长的意见建议。1月20~21日,“12355”青少年星光自护学校开课,从意外伤害防范、校园与社会安全等方面进行讲学活动,提高青少年自护意识。加大法制副校长工作力度,完善工作意见,细化考核办法,争取资金支持,健全奖惩机制,提升法制副校长工作成效,本区9名律师团律师均被聘任为市律师团成员。落实中央综治委关于校园安全工作的通知,统计全区未经政府教育主管部门批准的打工子弟学校,与律师团律师对接,做到全区中小学法制教育全覆盖。开展社区闲散青少年排查防控工作,摸清闲散青少年底数及重点人员情况,分类开展帮教,促进闲散青少年的转化,使其走上健康发展的道路。

(王　磊)

【外围组织建设】 开展对外考察学习活动,进一步加强青联、青企协组织建设。加强对外交流活动,10月31日,德国勃兰登堡州体育青年联合会代表团到区进行友好访问,参观博雄健身社区青年汇的建设,并与中国青年进行友好交流。发挥少先队教育、团结、凝聚青少年的作用,全面服务本区青少年成长成才。加强团区委网站等信息化阵地建设,不断推进共青团工作的现代化建设。完善共青团系统信息工作考核办法等制度,编发《石景山共青团信息》,确保团内信息交流快捷畅通。

(王　磊)

石景山区妇女联合会

概　　述

北京市石景山区妇女联合会(简称区妇联)是在区委领导下的社会群众团体。下设办公室、组宣部、权益部(儿童部)和区妇女儿童工作委员会办公室、妇女儿童活动中心。全区有妇女27.8万人,9个街道社区妇女联合会,139个社区妇联,4879个社区妇女小组,15个机关事业单位妇委会,136个企业女职工委员会,35个商务楼宇妇女工作站;有区级妇女工作研究机构2个,行业和特殊群体女性联谊组织5个;区、街两级专兼职妇女干部36人,“巾帼志愿者”志愿者1.5万人。年内,全区妇联组织始终坚持以科学发展观统领工作,按照建设“枢纽型”社会组织要求,立足地区实际,在提升妇女素质、凝聚妇女力量、发挥妇女作用上作出新努力。不断完善妇联组织自身建设,创新工作载体,夯实基层妇联工作的主阵地;创新体制机制,强化基层妇联组织的经费保障;加强队伍建设,壮大社区妇女工作力量;积极履行妇联职能,扎实推进维权工作。争取社会支持,更好地发挥党和政府联系妇女群众的桥梁纽带作用和国家政权重要社会支柱的作用。10月12日,在全国妇联党群共建创先争优、推动妇联基层组织建设创新发展座谈会上,作为唯一一家参会和发言的区级妇联作经验介绍。区地税局第一税务所被授予全国“三八”红旗集体称号。

地址:石景山路18号
电话:68607200
邮编:100043

(战　菲)

【六届九次执委会】 1月20日在北楼602会议室召开。会议宣布区妇联主席人员变动情况;传达市妇联执委会会议精神;介绍区第七次妇女代表大会筹备情况;增补2人为区妇联第六届执行委员会委员;审议区第七次妇代会代表资格审查委员会建议名单;审议并通过“坚持科学发展,创新妇女工作,为石景山区妇女事业又好又快发展而努力”工作报告及区妇联六届执委会在七次妇代会上的工作报告。

(战　菲)

【区第七次妇女代表大会】 3月18日下午在中铁建大厦三层报告厅开幕。市妇联党组书记、主席赵津芳,区四套班子主要领导以及群众团体代表,其他区县妇联代表出席大会开幕式。大会通过“凝聚妇女力量,共促科学发展,为‘打造北京CRD、构建和谐石景山、建设现代化首都新城区’而努力奋斗”工作报告,选举产生区妇联第七届执行委员会委员37名,王宏芬当选为区妇联主席,张波、刘红当选为副主席。出席本次大会代表共有212名,其中正式代表205名,特邀代表7名。

(战　菲)

【落实“三个一”工作】 率先落实全国妇联领导提出的“三个一”要求。解决好基层妇联组织有人干事、有阵地做事、有钱办事的问题。具体措施是:增加“1元钱”,10月25日,经十届区委第105次常委会研究决定,社区妇联工作专项经费由1元/人年,提高至按照地区女性人口数2元/人年,专门用于社区妇联开展工作,从下年起开始拨付。实现社区妇联工作经费的又一突破。全国妇联、市妇联已向全国、全市推广这一做法。打造“1个家”,在全市率先建立“妇女之家”。10月21日,全国妇联副主席陈秀榕,市委办公厅、市妇联领导王翔、赵津芳与荣华等为全区139个社区和35个商务楼宇“妇女之家”授牌,在全国第一家实现“妇女之家”建设全覆盖。配齐“1个岗”,区委常委会研究决定,以政府购买公益岗位的形式,在每个社区设立妇联专干岗位,由大学生社工担任,协助社区妇联主席开展妇女工作。

(战　菲)

【“妇女之家”实现全覆盖】 全国妇联党群共建创先争优、推动基层组织建设创新发展座谈会后,按照市妇联要求迅速行动,采取有效措施落实会议精神。对八角、八宝山、苹果园地区社区妇联进行调研,经与区领导及有关部门研究,在全区139个社区和35个商务楼宇妇女服务站统一挂牌建立“妇女之家”。“妇女之家”实现全覆盖。新挂牌成立的“妇女之家”,以“大众读书会换阅点”、“知心姐妹恳谈会”、“妇女维权工作站”、“女子健身俱乐部”、“巾帼社区服务站”和“姐妹驿站”6个阵地为基础,按照全国妇联“四有”和市妇联要求,从8个方面对“妇女之家”的工作内容、工作职责和活动载体进行进一步规范和完善。

(战　菲)

【商务楼宇妇女工作站】 延伸工作触角,在两新组织中建立“妇女之家”。积极探索在新经济领域和社会组织中创建新型妇女组织。按照“党建带妇建、妇建促党建”的工作思路,围绕“哪里有妇女,哪里就有妇女组织”的工作目标,紧抓党群共建创先争优的契机,7月11日,首个商务楼宇妇女工作站在领袖大厦成立。截至年底在35个商务楼宇建立妇女服务站。以“五站合一”为工作模式,以妇女姐妹的需求为工作重点,以“搭建活动载体,丰富服务内容”为工作方法,开创性地开展工作。着力巩固和提高组建率,及时发掘并推出典型,努力形成有经验、有优势、有品牌、有资源的良性发展模式,进一步拓展妇女工作的空间和舞台。11月3日,与区委社工委联合开展商务楼宇妇女工作站培训会,来自全区35个商务楼宇妇女服务站的工作人员参加培训。

(战　菲)

【送温暖活动】 1月28日上午,在区机关201会议室举办“关爱母亲,共建和谐”两节送温暖活动,为全区150单亲贫困母亲、纯老年人生活困难妇女每人发放500元慰问金;为3名抗日战争时期就从事妇救会工作的老妇救会主任每人发放600元慰问金并入户走访;为169名生活困难妇女提供免费妇科体检1次。市妇联副主席及区有关领导为古城阳光妇科医院颁发“女大学生实习基地”匾牌并讲话。同月27日和2月2日,区妇联主席、副主席分别走访慰问联合国残疾人权利委员会副主席、全国政协委员、中国科学院英语教授、中国盲协副主席杨佳和部分老妇救会主任及妇联老干部,为她们送去节日礼物和慰问金。

(战　菲)

【开展法制宣传】 2月26日上午,联合公安分局、区法院、检察院、民政局、司法局、人力社保局、人口计生委、八宝山街道、鲁谷社区等单位,在万达西广场开展主题为“万千妇女学法律,促进和谐谋发展”的“三八”维权周高潮日活动,区有关领导出席活动并现场向群众发放宣传材料。12月4日上午,在“12.4”法制宣传日十周年到来之际,与区妇女维权联席会成员单位在八角北路社区开展主题为“依法促和谐维权谋发展”的“12.4”普法高潮日活动。通过普法宣传,各级领导、政府和司法部门干部的性别平等意识得到增强,公众关注和保护妇女儿童权益的程度进一步提高。

(战　菲)

【纪念“三八”妇女节】 3月3日,在首钢文化馆举办“百年欢歌·梦想起飞”纪念“三八”国际劳动妇女节100周年女领导干部联谊会。荣华为区第三届“妇女之友”颁发奖杯。周茂非向全区女领导干部致以节日问候,女干部自编自演节目。3月5日,在区广电中心演播大厅举办“百年颂歌 时代风采”纪念“三八”国际劳动妇女节100周年电视文艺晚会。市妇联领导与荣华、赵玉民、倪国锋等出席,全区各条战线女性代表表演诗歌朗诵、歌曲联唱、舞蹈等节目。

(战　菲)

【阳光母亲大讲堂】 5月6日,正式启动“阳光母亲大讲堂”系列活动,苹果园地区100余名女性“新居民”成为首批受益者,市妇联、区有关领导出席启动仪式并为“阳光母亲大讲堂”揭牌。活动通过为地区单亲贫困家庭母亲、留守家庭女性和新居民女性提供有针对性的服务,丰富妇女精神生活,陶冶情操,帮助姐妹们提高社会适应能力、健康生活能力、创业就业能力以及处理问题的能力。为使活动更有针对性,承担试点任务的苹果园街道妇联还通过调查问卷形式,了解服务对象需求。年内举办9场“阳光母亲大讲堂”专题培训,内容为女性健康知识、就业技能、法律知识、地区发展规划等。

(战　菲)

【儿童节活动】 5月20日上午,与区环保局、区少儿图书馆共同举办“争做环保小卫士”幼儿家庭知识竞赛。来自各街道的9支幼儿家庭代表队参加比赛,通过竞赛或亲子互动方式宣传科学的家庭教育知识和社会公德知识。同月24日上午,荣华、赵玉民、倪国锋等区四套班子领导走访慰问古城第二小学、实验幼儿园和华奥学校,为孩子们送去价值70万元的节日礼物。

(战　菲)

【维权与维稳有效结合】 全区有妇女维权“五管员”3487名,通过管法律宣传、管交流谈心、管联谊互助、管信访协调、管法律监督,使维权工作深入到楼门、庭院,为基层妇联组织依法维护妇女儿童合法权益提供有力保障。积极作为,促进维权与维稳的有效结合。通过妇联网络维权服务、建立“流动妇女之家”、各级妇联主席信访接待日、维权“五管员”和法律志愿者开展多种形式的维权服务,拓宽妇女诉求渠道。规范信访接待处理程序,建立基本台帐,健全各类信访制度,全年四级信访网络共接访588件,结案率达到98%以上。

(战　菲)

【阳光母亲公益项目】 7月26日上午,与民盟区工委和八宝山街道联合启动“优质服务惠姐妹——民盟专家进社区”阳光母亲公益项目。该项目的启动,拉开群团组织与民主党派联手服务地区单亲贫困母亲、流动妇女姐妹,联合服务大调整、大建设、大发展的序幕。24位涉及心理咨询、中医、艺术、法律、礼仪、营养健康和青少年教育等不同领域的专家学者组成专家顾问团,针对地区姐妹实际需求,结合区域特点,为地区姐妹们开展服务。同时深入基层社区进行深入调研,为地区乃至全市发展建言献策。民盟市委和区领导联合启动该项目,并为专家代表发放聘书。

(战　菲)

【全国、市妇联到区调研】 10月21日,全国妇联副主席陈秀榕一行到区就基层妇女组织建设情况进行调研。首先来到八角街道文化广场参加石景山区妇女之家的授牌仪式。随后,陈秀榕、王翔为八宝山街道永东北社区为“妇女之家“揭牌,重点考察社区”妇女之家“规范化管理台账、知心姐妹恳谈会、大众读书会、巧娘工作室等妇女活动阵地，要求各级妇女组织以"妇女之家"建立为契机，不断总结经验，开拓创新，在妇女基层组织建设等方面再创出新的经验，成为全国标杆。同月9日，市妇联主席赵津芳率一行9人到区调研基层组织建设情况，先后到八宝山街道永东北社区、金顶街街道模式口西里社区就社区妇联经费使用及效果、基层组织规范化管理、妇女之家情况进行实地考察，并在领袖大厦就商务楼宇综合工作站"五站合一"活动开展情况进行座谈交流。8月5日，市妇联副主席到老山街道就基层妇女工作组织建设、家庭建设、宣传工作、特色活动等情况进行调研。

（战　菲）

【交流活动】 11月19日上午，平谷区妇联主席及优秀科级女干部培训班一行25人到苹果园街道西山枫林一社区参观交流。两区妇联就进一步加强基层妇联组织建设，促进"妇女之家"发展召开座谈会，并参观"妇女之家"。12月16日，澳门特区政府第一、二、三届立法议员，澳门妇联总会副理事长容永恩携妇女骨干北京研习班一行33人，到八角街道杨南社区与区妇联就妇女组织配合政府施政进行交流座谈，并参观八角杨南社区的总体建设，听取杨南社区巧娘工作室、大众读书会等工作介绍。

（战　菲）

【为玉树灾区捐款】 4月14日青海省玉树地区发生7.1级地震后，响应全国妇联、市妇联号召，动员全区广大妇女姐妹积极行动。在1个月时间里组织全区各级妇女组织为玉树灾区捐款200137元，募捐款项通过市妇女儿童发展基金会送交青海省妇联，用于为灾区妇女儿童提供援助。

（战　菲）

石景山区科学技术协会

概　　述

石景山区科学技术协会（简称区科协）是区委领导下的人民团体，是区科学技术工作者的群众组织，是区委和区政府联系科学技术工作者的桥梁和纽带，是推动科学技术事业发展的重要力量，是学术交流主渠道，科普工作主力军，国内外民间科技交流主要代表和科技工作者之家。有区属学、协会10个、街道（社区）科协9个。年内，与所属团体动员组织全区科技工作者进行学术交流，开展科技周、科普之夏、科普行动日、金桥工程、青少年科技创新教育等系列活动。巩固全国科普示范城区成果。贯彻落实《全民科学素质行动计划纲要》。被评为市"家庭数码大赛组织工作一等奖"、"创新大赛优秀组织奖"、市科协系统信息工作先进单位，全国科普先进工作者、市先进科普个人等多个奖项。

地址：石景山路18号

邮编：100043

电话：68607102

（于　娜）

【科学素质行动】 配合第八次中国公民科学素养调查及北京同步调查，完成对八角、苹果园两个街道4个社区共40份样本的入户调查。面向领导干部、公务员、城镇劳动人口、青少年重点人群，开展素质教育活动；围绕"节能、环保、安康"等主题，借助"科技周"、"科普之夏"、"全国科普日"等重点活动，组织系列主题活动。3月12日，召开科素纲要工作会。36个成员单位主管领导参加会议，区主管领导出席会议并讲话。区人力社保局、区科委代表各牵头部门交流上年工作情况，区科协作为科素领导小组办公室总结上年全区"纲要"工作，部署当年工作。区科协作为领导小组办公室单位，以提高公务员和领导干部的科学素质为抓手，加强对领导干部、公务员现代科普知识的学习与培训。区科协研究制定全民科学素质行动"十二五"规划。提出2011～2015年工作目标、重点任务和政策措施。各成员单位通过督查进一步总结经验、查找分析"十一五"期间实施存在的困难和问题，分别结合各自工作任务提出"十二五"实施工作的建议和规划。年底完成"十二五"科学素养规划初稿。

（于　娜）

【区科协委员会】 2月3日，在北京建筑材料科学研究总院科技大厦召开第七届二次全体委员会议。会议回顾总结上年工作，讨论本年工作计划，学习市、区有关工作会议精神。确定区本年主要工作思路：围绕一条主线（保优争先，全面加快全地区公众科学素养的提高）；实现两个发展（在加强社会建设上有新的发展；在加强组织建设上有新的发展）；三个突破（在科普新的服务组织建设上有新突破；在凝智聚力，服务建家上有新突破；在服务中心，建设创新型城区上有新突破）；和四个提高（在科普机制、体制创新发展上有新提高；在打造宣传活动、资源、阵地平台效果上有提高；在发挥科协委员作用上和街道科协整体水平上有提高;在科协各项工作均衡发展上有新的提高),不断推动科协事业高水平跨越。主管区领导结合区情对科协工作提出三点要求:1. 围绕中心,统一思想、提高认识,促进区域经济社会又好又快发展;2. 围绕提高全民科学素质,发挥科普工作主力军作用;3. 加强科协组织自身建设,凝智聚力,不断提高服务水平。

(于 娜)

【举办首届科普节】 5月15日,市科委、市科协和区政府共同主办的"北京石景山区科技周暨首届石景山区科普节",在北京国际雕塑公园开幕。活动持续5个月,以"创新·科技·和谐·发展"为主题,通过主题展览、科普宣传、文娱表演和科技产品体验等活动方式,让市民感受"科技提高生活品质、产品服务惠及民生"。科技周期间,围绕"携手建设创新型国家——提高科学素质,参与低碳行动"主题,开展科普讲座、展览展示、科技竞赛、文艺演出、咨询服务等形式多样的科普活动。活动吸引北京科普发展中心、《北京科技报》、首钢、驻区部队、北方工大和园区企业等50余家单位参与。本届科普节相继推出首届"3G应用人才创业创新大赛"、文化创意产业成果展和青少年科技创新成果主题展览以及"时尚健康石景山"、"绿色环保石景山"、"数字娱乐石景山"主题活动周、"科技改变我的生活"主题征集等一系列活动。期间发放宣传手册209650份,组织科普报告会131场(次)、科普展览20场、参观活动22次、咨询46场、开放科普基地(场馆)8个,受益群众20万余人次。

(于 娜)

【百万家庭数字生活技能大赛】 4月22日~9月10日,区科协、经信委、妇联、教委、广电中心、《石景山报》六家单位联合开展"2010年北京百万家庭数字生活技能大赛"石景山区赛事活动。8月8日,协办"2010年北京百万家庭数字生活技能大赛"全市总决赛。经本区推举的家庭以总分第一的成绩进入市总决赛并取得三等奖,数码摄影和数码DV竞赛分获一等奖各1名,二等奖5名,三等奖2名,优秀奖4名。

(于 娜)

【"心理与健康"主题全国巡展】 4月16日~5月6日,由中国科技馆主办,中国科协科普部支持,区科协承办的首站展览在区科技馆举办。展览历时20余天,0.5万余人参观展览。参与体验多个互动展项。4月16日举行开幕式。此次展览是全国巡展北京首站。该展览以"心理与健康"为主题,设四个分主题:探索"心"世界、了解"心"发展、拓展"心"视野、体验"心"生活。展览由40块展板、19件可参与互动的展品组成。涵盖生理心理基础、心理学与健康、毕生发展、社会心理学等方面,展出面积约600平方米,是国内首个较大规模的心理健康科普展览。

(于 娜)

【"专家讲师团"社区科普活动】 与北京大学首钢医院联合成立区科普宣讲团,聘请首钢医院12名医疗专家作为宣讲团成员,在全区联合开展"石景山区科普宣讲团进社区"系列科普活动。5月18日上午,"科普宣讲团系列科普活动启动仪式"在八宝山街道四季园社区活动室举行。到会领导为专家组成员代表颁发聘书。组织"警惕老年性抑郁症"首场讲座。区科协组织科普宣讲团的专家们在八角、八宝山、金顶街等街道、社区义务举办系列讲座,直接服务0.4万余人。

(于 娜)

【科普之夏活动】 7月15日~8月31日举办,重点活动70项。7月16日由区科协主办,区经信委、妇联、教委、广电中心、《石景山报》协办的"科普之夏活动启动仪式暨北京百万家庭数字生活技能大赛石景山赛区决赛"在区图书馆四层多功能厅举办。来自街道、社区100余名社区居民和16支家庭参赛队参加。在主会场,红旗小学、苹果园第二小学、景山学校远洋分校学生进行科普剧表演。

(于 娜)

【科技周活动】 科技周期间,区科协围绕"携手建设创新型国家——提高科学素质,参与低碳行动"主题,开展科普讲座、展览展示、科技竞赛、文艺演出、咨询服务等形式多样的科普活动。5月15日,"北京石景山区科技周暨首届石景山区科普节"在北京国际雕塑公园隆重开幕。市科委、市科协及区政府、区科委、区科协相关领导与参加活动的单位负责人及各界群众一起参加了开幕式。此次活动由市科委、市科协、区政府共同主办,区委宣传部、区科委、区科协协办,北京科普发展中心、北京科技报社承办。整个活动的现场展示共分六大板块,其中在社会科普活动区,28家区属学协会、厂矿科协、科普基地及有关单位开展了以低碳、节能、环保、生物、健康为主题的展示、咨询和互动活动。此次活动吸引了北京科普发展中心、北京科技报社、首钢动漫基地、石景山驻地军区部队、北方工业大学、中科伟业、惑之光心理咨询、通用依奈特有限公司、青少年活动中心、华奥学校、首钢公司工会乐队、区气象局、三明科技公司、科技园区企业、媒体及等50余家单位共同参与。

(于 娜)

【科学传播创新与发展论坛】 11月27日上午,由市科协、区政府主办,北京科普发展中心、区科协、区科委等承办的"第四届北京科普动漫大赛颁奖仪式暨第八届北京科学传播创新与发展论坛"在万达铂尔曼大饭店隆重举行。200余人参加论坛。本届论坛以"科学传播——创新与使命"为主题,关注行业热点,探讨科学传播手段的创新，借助区特有的区位特点、数字产业发展优势，从数字化科学传播角度分析科普与动漫结合的时代趋势和现实途径，倡导科学传播为区域经济发展服务，为新形势下科学传播事业探寻可持续发展之路。论坛以第四届北京科普动漫创意大赛的颁奖作为序曲，来自政府、科研机构、企业、行业协会的五位国内外嘉宾做主旨报告，分别为中国工程院院士、光纤传送网与宽带信息网专家邬贺铨，英国Futurelab首席科学家Richard Sandford，悉尼跨媒体实验室董事长Brendan Harkin，亚太动漫协会秘书长、亚洲青年动漫大赛组委会秘书长王六一，从政府的产业扶持政策、科学传播在信息技术发展中的契机、科学传播的前沿手段与经典案例、科技动画发展前景和趋势几大方面同与会人员进行探讨，与会人员就相关话题与嘉宾展开交流。

（于　娜）

【青少年科技教育】 组织全区中小学生参加市科技创新大赛，获一等奖7项，二等奖12项，三等奖24项；组织中小学生参加市机器人大赛，17人获市奖；组织首届石景山小学"雏鹰杯"科普剧表演赛，10个代表队获大赛优秀表演奖；组织全区学生参加全国青少年科技创新大赛，获全国一等奖2项，二等奖3项，三等奖1项。其中佳汇中学张林森"模块式鞋底自动清洁消毒机"发明项目在全国青少年科技创新大赛上又分别获得高士其科普奖和茅以升科学技术奖。年底举办的市自然知识竞赛，本区取得全市第二名。4月15日下午，区科协在太阳岛宾馆召开"青少年科普工作研讨会"，20余所中小学校长、主任参加会议。会上区科协总结上年青少年科普工作情况，布置本年青少年开展的重点活动，表彰在第30届北京青少年科技创新大赛获奖的学校。京源学校对开展校外科技活动进行情况介绍。最后对区全面开展青少年科普工作进行研讨。举办科技骨干教师培训班，40人参加，总课时为300学时，开展科技创新思路、科技理念培养、科技论文撰写、科幻画创作、动手做、科技实践活动等方面的专题讲座。

（于　娜）

【科技工作者交流】 加强组织网络建设，加强与广大会员、科技工作者、区人大代表、政协委员、科技专家的联系，发挥科协委员及科技专家的作用。组织科协委员、学（协）会秘书长开展各种形式的学习、培训、考察、调研、交流研讨活动，如组织驻区科协委员以及科协界别政协委员联谊会、召开驻区科协委员、街道科协秘书长工作研讨会。3月4日在中国国际广播电台组织召开本年区科协驻区委员工作交流研讨会。20多名驻区委员参加会议。会上，区科协邀请区委组织部和石景山科技园区有关领导介绍园区概况、相关人才政策；驻区委员围绕区域经济发展建设中心，提出相关建议和意见。会后，委员参观国际广播电台。12月22～23日在昌平区红栌山庄召开"石景山区街道科协及学协会秘书长工作会"，9个街道科协主管主任、秘书长和10个区属学习会秘书长参加会议。会上科协总结本年工作和下年思路，医学会、图书馆学会、苹果园街道科协、古城街道天翔社区四个单位做会议交流发言。来自北京农学院人文社科学院博士后胡勇教授做"社区科普志愿者长效服务机制与创新服务模式"主题发言。

（于　娜）

【举荐科技人才】 推荐申报第二十届北京优秀青年工程师人选，北京建筑材料科学研究总院有限公司杨飞华、肖群芳被评为"北京优秀青年工程师"。参加区人才表彰工作，组织推荐地区科技人才参加科技评审。其中5名通过区常委会评审，被评为"北京市优秀青年知识分子"，15名被评为区优秀科技人才。为发挥地区科技优势，科协与区委组织部共同建设"石景山区高级科技人才数据库"。一期录入工作完成，30余个驻区单位的800余位高级职称以上科技人员成为入库第一批专家。

（于　娜）

【社区科普益民计划】 年内实施市"社区科普益民计划"，推进以"一站、一栏、一员"为载体的基层科普建设。获市科普专项资金52.5万元。年初，同区财政局对2008～2010年"社区科普益民计划"项目实施单位进行全面回访和检查。6月，配合市科协进行"社区科普益民计划"关于"四季园户外科普园地"、"西山枫林科普教育基地"两个项目的专题片拍摄。8月，通过市科协对上年"社区科普益民计划"项目的检查验收；9月申报下年科普益民计划项目，其中推荐优秀科普宣传员15名，优秀科普社区5个，优秀基层科普场馆1个。

（于　娜）

【社区科普志愿者】 强化"枢纽型"社会组织功能，推进科普志愿服务长效机制建设。在开展常规化社区科普活动和科普社区建设的基础上，探索社区科普志愿者在社会建设中服务民生、促进和谐的作用，强化"枢纽型"社会组织功能。4月15日召开社区科普志愿者工作研讨会，9个科普社区主任或书记参加研讨会。通过调研、走访，区科协决定三年内在全区范围内开展科普志愿者队伍规范化建设工作，支持在条件较完备的社区联合筹建社区科普志愿者服务组织试点。组织召开社区科普志愿者工作座谈会，探讨建立专业科普志愿者可行性，征求相关意见和建议。下发关于开展规范社区科普志愿者队伍建设工作通知，在全区部署、推进试点工作。并对九个街道（社区）的9个试点社区进行调研走访,发掘各自有地区特色的科普志愿者活动项目。

(于　娜)

【科普基地在行动】 5月10日～9月30日,以“科普基地在行动,低碳生活我先行”为主题,依托“科技周”、“科普之夏”、“全国科普日”等大型科普活动为主要平台开展第三届科普基地在行动活动。此期间各基地制作相关科普主题展牌300余块,大部分基地拿出来在各街道、社区和部分学校巡回展出;张贴科普宣传标语100余条;悬挂科普横幅20余条;发放各类科普宣传资料5万余份;各种现场宣传、咨询、培训、竞赛、讲座50余次。12月15～16日,在昌平区红栌山庄召开第三届“科普基地在行动”主题活动总结表彰会,18个科普基地的负责人参加会议。会上,区科协总结活动情况,对3个优秀科普教育基地、9个优秀科普活动、12个优秀组织工作奖、7个组织工作奖进行表彰。18个科普基地结合各自工作实际交流活动开展情况。

(于　娜)

石景山区文学艺术界联合会

概　　述

北京市石景山区文学艺术界联合会(简称区文联)是中共石景山区委领导下,由全区各文学艺术工作者协会联合组成的人民团体,是区委、区政府联系区内文艺工作者的桥梁和纽带,是北京市文联的团体会员。区文联由楹联学会、老年书画研究会、书法家协会、民俗文化协会、集邮协会、摄影家协会、作家协会、美术家协会、曲艺家协会、戏剧家协会、舞蹈家协会、音乐家协会等12家文艺协会团体会员组成,机关干部3人,在册会员1100多人,其中国家级会员40余人,北京市级会员180多人。7月召开文学艺术界联合会第二次代表大会。健全各协会章程等规范制度,为会员统一制作颁发会员证。各协会积极稳妥发展会员,一批优秀文艺工作者成为协会会员。区书法家协会推荐加入中国书法家协会会员1人、市书法家协会会员9人,区美术家协会推荐会员2人加入中国美术家协会。年内被评为区“文明单位”,“社会文化工作先进单位”。

地址:石景山路18号
邮编:100043
电话:68607213

(孟庆亮)

【文联第二次代表大会召开】 7月8日,第二次代表大会在科技馆召开,市文联党组副书记王德新,荣华、赵玉民、倪国锋等区领导出席开幕式,有关区县文联和全区文艺界200余代表参加。市、区领导为八大处公园、石景山游乐园、石景山科技馆等3个区文联艺术创作活动基地授牌,为12个文艺家协会的档案局、文化馆、八角北里社区等12个艺术创作活动基地授牌,向原区领导张俊山、王建国、臧中凯颁发区文联名誉主席聘书,向原中国现代文学馆馆长舒乙先生颁发区文联艺术顾问聘书。大会听取并审议第一届理事会工作报告,修改文学艺术界联合会章程,选举产生区文联第二届理事会。理事会第一次会议推选主席、副主席、秘书长、副秘书长,宋青松当选区文联第二届理事会主席。

(孟庆亮)

【举办摄影比赛】 5月初,与区委宣传部、区文委联合主办、由区摄影家协会和区文化馆承办,面向全区举办为期五个月的“人文石景山”摄影比赛。截至10月10日,收到作品509件。12月13日,摄影比赛优秀作品展在区图书馆展出,百余幅作品参展。9月初,与区委宣传部主办,区摄影家协会承办,为期一年的“魅力石景山”摄影大赛活动启动,力求全景式反映石景山宜商宜居新面貌,宣传和展示CRD建设成就。

(孟庆亮)

【举办书画笔会】 6月14～18日,与区环保局、区文委联手,在区图书馆推出以“打造低碳CRD,建设绿色石景山”为主题的“笔墨之间画环保”书画笔会暨书画、集邮、摄影环保作品展。展出书画作品76幅、摄影作品54幅、集邮展板14块,500余人参观。17日,区老年书画研究会、书法家协会、美术家协会及北京华艺书画对外发展促进会的10余位书画家现场创作环保主题作品近20幅,其中11幅赠送区环保局。

(孟庆亮)

【第五届西山诗歌节】 10月,举办第五届北京西山诗歌节,本区成为全市诗歌爱好者的集聚地。本届诗歌节分为“诗韵西山”诗歌创作朗诵大赛、“诗情永恒”大型诗歌艺术晚会和“北京西山文学联盟”三项活动。其中“诗韵西山”大赛以“我和祖国·激情赋”、“诗与重阳·人生赋”和“同学少年·风华赋”为主题,5日下午和6日下午,社会组和学生组专场比赛在北京国际雕塑公园分别举行,参赛者不仅来自本市,还吸引大量外地和外国留学生参加。17日晚,“诗情永恒”大型诗歌艺术晚会在石景山游乐园CRD剧场举行。

（孟庆亮）

【文学创作】 作协会员谭旭东博士创作的《童年再现与儿童文学重构：电子媒介时代的童年与儿童文学》（黑龙江少年儿童出版社2009年版）一书，获第五届鲁迅文学奖。民俗文化协会顾问关续文撰写的《首钢史话》一书，由中国广播电视出版社出版，全书40余万字，记述首钢90年发展历史，见证首钢转型变迁，在石景山厂区关停搬迁之年别具特殊意义。

（孟庆亮）

【《翠微文艺》出版】 与区作家协会编辑出版《翠微文艺》第7期。本期设七月流火、文化名人、小说世界、纪实文学、翠微随笔、心灵牧场、花香满径、都市情缘、茶楼夜话、诗歌广场、诗海流连11个栏目，共128页。其中“诗歌广场”和“诗海流连”刊载诗歌多达36篇。

（孟庆亮）

【服务社会】 组织音乐家协会、舞蹈家协会、戏剧家协会、曲艺家协会会员参加第一届北京奥运城市体育文化节“北京CRD和谐石景山”石景山之夜演出活动。参与主持、创编和表演“北京的微笑”、“共享欢乐”、“古韵京西”、“京西人家”等节目，受到好评。重阳节前夕，组织有关会员到寿山福海敬老院进行慰问。戏剧家协会顾问、京剧表演艺术家朱宝光现场演唱京剧，书画家和老人一起挥毫泼墨，为老人送去欢乐。

（孟庆亮）

石景山区归国华侨联合会

概　述

石景山区归国华侨联合会（简称区侨联）是党和政府联系广大归侨侨眷和海外侨胞的桥梁和纽带，是党的统战工作重要组成部分。现有专职侨联干部3人，侨联委员17人，基层侨联组织9个，全区归侨69人，侨眷1137人。年内，在市侨联和区委统战部指导下，联系和团结广大归侨侨眷和海外侨胞，实践为侨服务宗旨，维护归侨侨眷和海外侨胞的合法权益，加强自身组织建设，发挥侨联作为党和政府联系广大归侨侨眷、海外侨胞的桥梁和纽带作用。

地址：八角北路民主党派、人民团体办公楼三楼

电话：68863356　68811454　68878921

传真：68811454

邮编：100043

（孙金梅）

【联谊活动】 组织50余名归侨、侨眷参加“让世界了解石景山”大讲堂。本期讲座内容是介绍中关村科技园区石景山园的建设和发展现状。主讲人是园区管委会副主任。国庆前夕，组织数十位归侨侨眷参加“北京市侨联成立六十周年”庆祝活动。全年，组织参加各类大型的活动20余次，组织50余名归侨代表到人民大会堂参加第十届海外侨界高新技术人才为国服务暨第三届新侨创新成果交流会开幕式，组织20名归侨代表参加市侨联举办的世界城市与可持续发展论坛，组织20余名归侨侨眷代表参观在北京王府井步行街区展出的市侨联成立60年来成果展，组织侨界代表参加中国侨联法顾委召开的《归侨侨眷保护法》颁布20周年研讨会；组织侨界子女参加市侨联组织的港澳夏令营活动。组织侨联老领导、新华侨以及侨界知名人士参观北京台湾街。中秋节前夕，参加各街道侨联组织的中秋茶话会，指导街道侨联调动发挥归侨侨眷在营造和谐社区中的作用。

（孙金梅）

【慰问服务】 春节期间，开展走访、慰问、联欢等活动，举办侨界联欢会；走访慰问侨界老领导、归侨侨眷代表、病困归侨等20余人；通过各种活动以及电话、信函、电子邮件等多种形式，扩大与国内归侨侨眷和海外侨胞的联谊交流。先后发放百余封慰问信，把党和国家的关怀和问候带给海内外亲友。宣传贯彻《归侨侨眷权益保护法实施办法》，多次为归侨子女的继续深造、加分、就业、房产纠纷等问题给予政策上解答。

（孙金梅）

【宣传调研】 继续做好《石景山侨讯》编辑工作。内容进一步充实、提高，受到广大归侨侨眷关注。完成“浅析侨联组织为侨资企业服务的功能”的调研。在市侨联举办的世界城市与可持续发展论坛会上，报送“发挥国际组织作用 推进世界城市建设”、“简论北京建设世界城市的优势”、“关于北京建设世界城市的几点建议”，被市侨联采纳。

（孙金梅）

【参政议政】 作为政协界别单位，在参与社会事务活动中，发挥民主监督作用。在政协常委会上，区侨联主席围绕区“十二五”规划，提出要站在世界城市高度，抢抓北京市实施促进西部地区崛起战略、永定河周边治理综合配套建设和首钢搬迁后发展战略的重大机遇，进一步解放思想、乘势而上，着力打造国际动漫文化创业基地、现代服务业中心和综合性高新技术产业基地的建议。“进一步做好街道侨联的工作”一文得到相关部门重视，年内，为街道侨联争取经费、人员、场地支持。

(孙金梅)

【考察交流】 国庆节前夕，组织来自世界各地的近200余名华侨华人、海外华商企业家来区考察交流活动，荣华致欢迎辞，周茂非介绍区情，并实地考察动漫产业基地和中关村石景山园建设和项目规划。此次为区侨联成立以来举办的规模最大、规格最高的一次经贸考察活动。经区侨联牵线搭桥，部分知名华商企业家分别与园区管委会、区投促局、招商办等部门建立联系，项目洽谈进展顺利。

(孙金梅)

石景山区红十字会

概　　述

北京市石景山区红十字会(简称区红会)是中国红十字会的地方组织，是从事人道主义工作的社会救助团体，负责组织开展全区红十字会工作。年内，在市红十字会指导下，落实中国红十字会和市红会第九次会员代表大会精神，坚持以科学发展观为指导，以能力建设为核心，以保障和改善民生为重点，以打造北京CRD、构建和谐石景山为目标，开拓创新，扎实工作，完成各项工作任务，全面建设取得明显进步。采取多种形式开展募捐工作，全年募集善款387万元。召开区红会第六届五次理事会。在完成常规群众性自救互救培训工作同时，在公交司售人员、中小学班主任、托幼机构老师及中学生安全员中开展自救互救知识技能的培训，全年培训红十字初级急救员6965人。广泛开展无偿献血和造血干细胞的宣传、动员、志愿者捐献招募及遗体捐献工作，开展健康教育、艾滋病预防宣传，开展国际人道法和国际红十字运动知识传播。继续发挥公益性组织作用、为政府分忧、为群众解难。

地址：体育场南路6号院1号楼5层
电话：68606619
邮编：100043

(刘润荣)

【救护培训】 对全区重点行业6965人进行逃生避险和自救互救培训，并取得初级急救员证，超额完成年度培训任务。发放《逃生避险手册》和《家庭急救手册》等宣传材料5万余份，普及自救互救知识人群达8万余人。接收市红十字蓝天救援队京西分队为本区红十字应急救援队。有两支应急救援队加入区综合应急救援支队和地震应急救援队。协助市红会在本区举办为期7天的灾害应急专业救护培训班。在市红会组织的群众性救护技能演练活动中，选派4个代表队均获“最佳团队”奖，并获“最佳组织”奖。

(刘润荣)

【赈济救助】 建立募捐救助的长效机制，增强救助实力。年内开展海地地震、玉树地震、西南旱灾、舟曲泥石流救援行动和“博爱在京城”募捐活动，募集善款387万余元。其中“博爱在京城”募捐达168万余元，超额完成年度募捐任务。为因重大疾病人员造成的家庭困难提供救助款38万余元，其中走访慰问困难老党员54人，发放慰问金6万元；大病救助9人次，发放救助金5.4万元。全年有2360余人次得到救助。

(刘润荣)

【志愿服务】 开展6次造血干细胞志愿捐献者血样采集活动，志愿者血样资料入库267人份，超额完成年度计划。高立鹏成为北京分库第100例造血干细胞无偿捐献者。举办“医疗救助服务进社区”活动，红十字绍家坡康复医院为患病的贫困和低保人员免费康复诊疗90人次。CRD奇幻冰雪童趣节期间，对100余名意外碰伤儿童提供义务服务。协调区民防局为红十字蓝天救援队京西分队提供办公和训练场所，为开展区域救援工作奠定基础。全年组织1000多名志愿者参加宣传传播、应急演练和自救互救培训等活动。

(刘润荣)

【基层建设】 探索新形势下进一步建立和完善社区基层组织建设。贯彻落实中国红十字会会长华建敏到市红会考察时关于加强基层组织建设的讲话精神，经区领导同意，与有关部门协调，为9个街道(社区)红会配备大学生红十字专职工作者，使基层红会开展工作有组织保障。注重发挥“枢纽型”社会组织的作用，对区艾滋病皮肤性病防治协会进行重点培育，该协会已成为本会“枢纽型”社会组织之一。

(刘润荣)

【宣传传播】 在世界红十字日、世界民防日、全国防灾减灾日、世界急救日、世界艾滋病日、纪念献血法颁发12周年等纪念日期间，集中开展红十字宣传传播活动。有关新闻媒体65次报道区红会工作情况。在市红会举办的“红十字与世界城市”电视知识竞赛中，区红会代表队获决赛优秀奖。被市防艾委、市卫生局评为防艾创意大赛“最佳协作”奖。

（刘润荣）

【社区服务】 加强社区红十字服务站建设。组建志愿服务小组，制定服务站工作职责、服务内容，围绕社区服务、宣传培训、募捐救助工作要求，宣传红十字知识。组织社区居民开展救护知识培训，组织志愿者定期到社区为社区居民义诊，与社区孤寡老人结队帮扶，为他们提供生活上的帮助。以节日宣传为切入点，围绕“5·8”世界红十字日等纪念日，组织志愿者开展宣传活动，通过宣传专栏、横幅、展板、分发宣传资料等形式广泛宣传红十字知识和献血捐髓知识，使更多的人了解红十字精神，参与到捐款、献血、捐髓志愿服务队伍中来。通过爱心捐助、结对帮困、志愿服务等形式，传播“人道、博爱、奉献”的红十字精神。利用苹果园街道、西山枫林社区红十字宣传教育基地宣传基本知识。普及救护知识，提升社区应急能力，促进健康社区建设。开展救护培训，提升社会应急能力。组织志愿者建立救护急救队伍，进行专业培训和强化训练，熟练掌握现场急救操作技能，应对突发事件发生时实施及时、高效的现场救护。

（刘润荣）

【红十字青少年】 发挥教委、学校两级红会作用，以“应急教育进校园活动”为主要载体，加大逃生避险和自救互救培训力度，参训青少年比上年增加2000多人。广泛开展创建“健康促进校”和“低碳生活从我做起”、“博爱一元捐”、和“百优十佳”评选活动，使红十字青少年工作更扎实有效。

（刘润荣）

【交流活动】 3月11日，香港特别行政区医疗辅助队总监助理、参事刘广文一行11人到区红会参观研讨。双方分别介绍应急辅助队基本情况，就应急辅助队的建设等问题进行研讨，还与区红会绍家坡康复医院开展工作经验交流。6月1日，区红会会长随市红会一行赴四川什邡市，参加什邡市政府举行的“北京市红十字会援建什邡市重建项目竣工揭牌仪式”。与什邡市元石镇卫生院签署灾后对口支援协议。6月10～15日，区红会一行10人赴上海世博会中国红十字会馆参观并与馆内工作人员进行交流。9月，随市红会赴长沙参加红十字会总会组织的应急工作研讨会，对两地应急体系建设、救护培训工作进行交流。同月24日～10月2日，随市红会常务副会长一行6人，对挪威国家红十字会、芬兰国家红十字会总会进行考察和工作交流。

（刘润荣）

石景山区群众团体负责人

区总工会主席　李桂珍（副区级）
总工会常务副主席　王智勇
共青团石景山区委书记　张　帆
区妇女联合会主席　王宏芬
区工商业联合会会长　王　林
区工商业联合会党组书记　王永明（7月免）
　王亚兰（7月任）
区归国华侨联合会主席　张　文
区文学艺术界联合会主席　宋青松
区科学技术协会主席　佟长江
区残疾人联合会理事长　崔　宁
区红十字会会长　田春生（副区级）
区红十字会常务副会长　郭增辉

政　法

全区政法系统围绕“大调整、大建设、大发展”工作主基调和“社会矛盾化解、社会管理创新、公正廉洁执法”三项重点任务,全面履职,勇于创新,为区域经济平稳较快发展和社会和谐稳定作出贡献。

全力维护政治稳定。针对当年重大政治活动多、敏感日多的特点,保持高度的政治敏锐性,周密部署,精心组织,专群结合,群防群治。一是确保重大政治活动及重大节日安全。各级领导高度重视,完善预案,强化力度,狠抓落实,广大干警不懈努力,顽强奋战,确保全国“两会”、上海世博会、十七届五中全会等6项重大政治活动期间的安全稳定,确保元旦、春节、国庆等6个重要节日、53项309场次大型活动、86万余名游客绝对安全;二是确保敏感时段社会稳定。针对敏感时段,讲究策略,妥善应对,认真做好涉疆、涉藏等稳定工作,确保多个敏感期平稳过渡;三是做好重点人转化、稳控工作。坚持教育转化和依法打击相结合;启动7次等级防控,在重要敏感日和重要节点,对极高风险重点人实行24小时死看死守,确保各类重点人不脱管、不失控、不滋事。

全力维护社会安全。多方着眼,多措并举,保障社会面安全稳定,为群众安居乐业和各项经济建设创造良好环境。一是推进重点地区排查整治。整合资源、创新机制、综合施策,推进重点地区排查整治,实现“治乱象、净环境、保稳定”目标。通过强化宣传、加强会商、联合执法等方式,多次进行专项清理整治,先后开展联合执法158次,出动执法力量2万余人次,整治4个市级、2个区级治安重点地区黑车拉客、无照经营、贴小广告等违法扰序行为。建立联合执法勤务模式,每周对出租房屋和流动人口聚居区开展治安清理整治、安全隐患排查和流动人口核查录入;发挥新居民互助站作用,改善治安状况;二是加强突出治安问题整治。按照市公安局“4.11”打击卖淫嫖娼专项部署,成立领导小组,制定专项行动方案,全年开展专项打击行动10次,打掉卖淫团伙49个。加大交通整治力度,亡人起数比上年大幅下降。对市、区县两级挂账的火灾隐患开展消防安全专项整治,到年底全部销账,整改率100%,火灾起数同比下降9.6%,未发生亡人火灾事故;三是加强校园及周边区域安保和环境秩序整治。针对外省发生伤害中小学生和幼儿园儿童恶性事件,投入大量人力、物力、财力严密防控。建立确保校园安全长效机制:即由区综治委统一领导,公安、教委共同管理的“三级防控”组织体系,加大校园周边重点人管控及排查调处力度;四是保持对违法犯罪的高压态势。依法严厉打击刑事犯罪,提高人民群众安全感。加大对严重影响群众安全感的暴力犯罪和多发性侵财犯罪、严重危害公共安全和市场经济秩序犯罪的打击力度,推进“打黑除恶”专项斗争。破获“1.14”、“6.29”专案、“7.16”杀人案和“7.27”故意伤害案等系列重大敏感案和大要案。10起命案全部告破,命案破案率连续五年保持100%。探索预防和惩治犯罪的有效方法,各类刑事案件发案1877起,同比下降1%。加强民商事案件审判,受理案件6246件,审、执结6038件;五是化解社会矛盾。安排人民内部矛盾排查调处3次,排查重点人1406名,调处集体访807批6521人次,化解重点事81件。妥善清理涉法涉诉信访积案,化解中央政法委、市委政法委挂账信访积案50件,化解率100%;六是围绕区域建设重点做好维稳保障。做好首钢北京厂区停产稳定工作。借鉴“双进入”工作机制,成立首钢北京厂区停产维稳工作协调小组,推动首钢北京厂区“安全停产、稳定停产、经济停产”。参与区重大项目建设和环境整治。加大有关拆迁敏感纠纷的排查和案件协调力度,对苹果园交通枢纽、老古城、阜石路二期等80件拆迁民事纠纷及时予以妥善处理。

大调解、大防控水平不断提高。在上年推进“大维稳”机制建设基础上,着力推动“大防控”、“大调解”机制建设。一是“大防控”机制建设初见成效。整合基层维稳资源,成立6个综治工作专项协调委员会,在各街道(社区)成立综治维稳中心,部分街道还成立综治维稳分中心和工作站,普遍建立信息共享、情况通报、会商研判等制度。区政府拨付经费1131万元,为整合专群力量提供有力保障,各街道加强投入,为综治维稳中心添置办公设备、为专职巡防队员配备电动自行车等。组建270人的专职巡逻队和1500人的安全稳定信息员队伍,在重点地区建立警务工作站，成立区综合应急救援支队和地震灾害应急救援队，强化基层安全动态防范能力，初步形成“反应快速、打击有力，防范严密、控制有效”大防控工作格局；二是“大调解”工作格局基本形成。统筹兼顾，整合力量，建立人民调解、行政调解、司法调解衔接机制，大力推进“诉调对接”、“公调对接”、“检调对接”，探索律师、工会干部进立案庭、人民调解员进派出所等制度。

社会管理水平不断提高。全区政法系统主动适应新形势，贯彻落实全区社会建设推进大会精神，积极创新工作，不断提高社会管理科学化水平。一是发挥法律宣传职能，为区域建设创造法治环境。坚持把法制教育与推动科学发展、调节社会关系、促进社会和谐紧密结合，推进法律进机关、进学校、进社区、进企业等活动，主动开展系列法律宣传。率先在全市启动涉众型经济犯罪法制教育巡回展活动，在拆迁地区有针对性地开展拆迁、信访等法律法规和政策宣传；二是发挥法律服务职能，满足人民群众日益增长的法律服务需求。推进律师行业健康发展。组建区律师协会，加强律师队伍建设，引导律师参与经济社会建设。推进法律援助体系建设。扩大法律援助覆盖范围，满足更多困难群体的法律援助需求；整合资源，优化受理审查环节，拓宽法律援助内涵；加强法律援助宣传，提高法律援助知晓率。办理法律援助案件184件，同比增长33.3%。加强社区法律服务室规范化建设。严格规章制度，落实工作任务，提高服务质量，使社区法律服务室真正起到方便百姓、化解矛盾“第一线”的作用；三是推广先进经验，提高流动人口服务管理水平。先后推出老山街道“承租大院自治管理模式”和鲁谷社区“相册管理模式”。扎实推广“新居民互助服务站”，截至年底，建立新居民互助服务站81个，互助队员892人，接受服务的流动人口8万余名；四是探索加强社会管理的有效模式。启动“警民交流室”工作，畅通群众诉求，拉近警民关系。在老山地区试点建立“社区警民恳谈会”制度，实现“小事不出社区、大事不出街道”目标。成立“金顶阳光”社会工作事务所，加强社区管理和服务。建立“阳光之家”和“中途之家”制度，为吸毒人员和社区矫正人员提供帮助和关怀。

政法队伍建设水平不断提高。按照年初区政法队伍建设工作会部署和要求，坚持政治建警、科技强警、从严治警和从优待警，进一步提高队伍素质，增强凝聚力和战斗力。一是加强思想政治教育。开展社会主义法治理念教育、科学发展观教育和忠诚、公正、清廉、文明为核心的职业道德教育，使干警明确“为谁掌权、为谁执法”问题，增强大局观和服务观；二是构建作风建设长效机制。继续深化“听呼声、走百家、送服务”为民实践活动，将为民实践活动作为贯彻十七届四中全会精神，改进党员作风的重要抓手，在解决群众实际困难上下功夫，做到“让人民满意”。在政法系统聘请新一届执法执纪特邀监督员，加强对执法行为的监督；三是坚持典型引路。在政法系统中开展第六届“人民满意的政法干警（单位）”评选表彰活动，为增强激励效果，在往届基础上将评选名额增加一倍。穆志洁等人民满意的政法干警48人，公安分局警务督察队等人民满意的政法单位38个，展示政法队伍良好形象，激发干警工作热情。开展“十大精品案件（事件）”评选活动，集中展示政法机关公正执法、文明办案成果和精神风貌。在政法系统基层党组织和共产党员中开展创先争优活动；四是深化从优待警“四项制度”。自上年5月区委、区政府从优待警“四项制度”出台以来，作为贯彻落实主责单位，区委政法委加大从优待警力度，陪同区领导慰问特困干警22人、30人次，慰问和奖励政法基层单位22个。协调相关单位出台政法干警子女入学困难报告制度、政法干警就医绿色通道制度、解决政法干警家属就业困难实施细则等制度和措施，使干警切实得到方便和实惠，更好地为干警排忧解难，增强队伍凝聚力和向心力。

（孙凤玲　宋　薇　赵建立）

政法委员会

概　　述

中共北京市石景山区委政法委员会（简称区委政法委）是区委领导政法工作的职能部门。内设维护稳定工作领导小组办公室（简称区维稳办），作为区维护稳定工作领导小组常设办事机构。区委政法委行政编制6人、事业工勤编制1人；维稳办行政编制3人。年内，做好维护社会稳定和服务区域经济社会发展工作。部署和督导检查全国“两会”安保、校园安全防范、推进区域重大项目建设维稳、十七届五中全会安保、首钢北京厂区停产维稳协调、反恐防暴协调及禁毒等项工作。推进四项重点工作，把队伍建设作为政法工作的重中之重。解决涉法涉诉信访案件50起、医患纠纷4起。评选出政法系统第六届人民满意的政法干警48人、人民满意的政法单位38个;评选出政法系统“十大精品案件”、十二个优秀案件。落实从优待警四项制度,17人、18人次获得关爱,14个基层单位因业绩突出和破案有功获得关爱奖励。与武警十九支队确立“对口支持、共同建设”关系,成立领导小组,建立对应关系运行机制及议事协调机构,使反恐、处突、维稳得到强有力的保障。通过坚持从严治警和从优待警,增强干警的凝聚力和战斗力,提升广大干警的执法能力和执法水平。

地址:石景山路18号

电话:88699118

邮编:100043

(孙凤玲　赵建立)

【政法委员会会议】 1月26日,召开区委政法委员会第一次会议。传达市政法工作会议精神,审议政法工作要点(讨论稿),通报上年全市政法系统社会测评情况(本区在十八区县名列第二名)。原则通过当年政法工作要点,就做好春节和全国“两会”安全保卫工作提出具体要求。3月4日,召开区委政法委员会第二次会议。审议政法队伍建设工作要点、第六届(2009~2010年度)人民满意的政法干警(单位)评比表彰意见、聘请政法系统执法执纪特邀监督员的决定及监督员名单;通报从优待警四项制度落实情况。

(赵建立)

【维稳工作部署】 1月6日,召开重大项目指挥部维稳保障组工作部署会。保障组各成员单位主要领导参加会议。3月2日,召开维稳工作领导小组(扩大)会议。领导小组成员单位主要领导和街道主管领导参加。会议总结上年维稳工作,对维稳工作要点进行说明,部署全国“两会”安保工作。3月3~15日,每日召开全国“两会期间”维稳情报会商工作会,会商全国“两会期间”本区维稳工作情况。5月27日,召开维稳工作领导小组会议。各成员单位主要领导参加会议。6月30日,召开“7.5”维稳工作专题会。公安分局、区民宗侨办、流管办、各街道主管领导参加会议。9月13日,召开维稳工作领导小组紧急扩大会议,通报市维稳办维稳工作安排。同月14日,召开维稳工作会。通报市维稳工作两个指导性文件和近期维稳工作指示,对地区维稳形势进行分析和探讨,要求各单位严格落实工作要求,加强人民内部矛盾排查化解工作。10月16日晚、17日,荣华分别主持召开维稳工作紧急会议和工作会议,听取各单位贯彻落实紧急会议情况,部署检查落实会议情况,对全区分四个小组进行检查。21日,召开维稳联合指挥部工作专题会。荣华、周茂非等区领导及各委办局、街道主要负责人参加会议。会议听取各单位开展工作情况,部署下一阶段工作,要求各单位引导和教育群众理性表达爱国热情,及时发现和稳妥处理不稳定因素。23日,荣华、周茂非带领6个督导小组对全区贯彻落实市维稳工作会议精神情况进行检查,听取各检查小组汇报。12月8日上午,召开维稳工作专题会,传达、学习中央、市两级政法会议精神和领导讲话。

(赵建立)

【政法队伍建设】 3月2日,纪念“三八”妇女节,与区妇联联合在区检察院召开政法系统女干警联谊会。同月18日,召开政法队伍建设工作会。贯彻落实市政法队伍建设工作会议精神,总结上年工作,安排部署当年工作以及聘请2010~2012年度政法系统执法执纪特邀监督员、第六届“人民满意的政法干警(单位)”评比表彰工作。全体区委政法委员,政法各单位中层以上干部等160余人参加会议。4月15日,召开政法各单位政治处主任会。部署“第六届人民满意的政法干警(单位)”评选表彰工作、“政法系统十大精品案件”评比工作,下发实施方案。政法各单位政治处主任汇报本单位贯彻落实“从优待警四项制度”进展情况。6月22日,召开政法各单位政治处主任会议,听取政法各单位开展“第六届人民满意的政法干警(单位)”评选表彰工作情况和“政法系统十大精品案件”评比工作情况汇报。7月6日,区领导到公安分局看守所和区交通支队,慰问战斗在一线干警并送去慰问金。同月13日,召开政法各单位政治处主任会议。会议通报区“第六届人民满意的政法干警(单位)”评选表彰工作进展情况。27日,召开区政法系统“十大精品案件”表彰大会。11月9日,召开政法各单位政治处主任会议,通报“第六届人民满意的政法干警(单位)”评选表彰工作进展情况。

(赵建立)

【案(事)件协调会】 1月5日,召开碧溪家居广场案款发还工作部署会。公安分局、法院、信访办、交通支队、卫生局等单位参加会议。成立工作领导小组,部署案款发还工作流程,明确各部门分工。1月15日、2月4日,分别召开解决庄某某医患问题协调会,市委教育工委副书记、清华大学党委副书记到会,公安分局、法院、维稳办、玉泉医院等部门主管领导参加。会议对解决医患纠纷达成一致意见,确定具体措施和工作步骤。2月10日该医患纠纷问题得以妥善解决。3月24日、30日,两次召开谷某某与首钢医院医疗纠纷问题协调会。公安分局、区卫生局、法院、老山街道、首钢医院等单位主管领导参加。7月7日,政法委、法院领导参加五里坨街道西部拆迁协调会,协调建立西部法庭事宜。

(赵建立)

【反恐处突演练】 4月13日,召开区反恐怖工作协调小组(扩大)会议。传达市防恐会议精神、“莫斯科地铁爆炸案”情况、世博会保卫工作会议精神。市反恐办副主任介绍本市防恐工作形势，区领导讲话。同月19日，召开反恐演习筹备会。20日，在老山东广场西北角简易楼处举行反恐演习。通过此次“实兵、实装、实战”的拉动演练，提升反恐处突专业人员处置高难度、复杂情况的组织指挥能力，同时也增强在恶劣环境下协同作战能力和应急处突能力，为更好完成反恐处突工作提供有力的技术保障。

（赵建立）

【首钢停产维稳】 4月12日，首钢北京厂区停产搬迁维稳案件办案工作调研会召开。首钢办公厅、保卫处分别汇报首钢北京厂区面临的不稳定社情及可能涉及的法律问题、停产以来的治安治理等情况。围绕北京厂区停产后案件办理的新难点及未来困难情况预测分析，治安、刑事案件的发案和侦查取证、提捕、移送、起诉等问题，厂区周边治安、治理等情况，区检察院，市公安局内保局、公交总队，公安分局、区法院等部门相关负责人作交流发言。提出建设性意见和建议。11月10日，召开首钢北京厂区停产期间维稳工作对接会。会议听取首钢公司北京厂区停产的起始时间、需要分流的人数、安置的方式方法及停产后可能出现的维稳风险点、各种难点问题及应对措施，决定成立石景山区、首钢总公司北京厂区停产维稳工作协调小组。同月23日，召开协调小组第一次会议。12月8日，召开协调小组第二次会议。期间，坚持“双进入”工作机制，加强与首钢总公司对接，各部门上下联动、左右配合，制定信访、应急、安置、救助等工作预案，畅通信息渠道，对倾向性、苗头性、潜在性问题做到发现得早、控制得住、化解得了、处置得好。保障停产期间首钢分流人员的水、电、气、热供应，防止因为停产导致出现职工生活困难和诱发其他不稳定因素。确保首钢北京厂区停产期间全区和谐稳定。

（赵建立）

【中小学安全检查】 福建南平血案、山东潍坊校园血案发生后，各相关部门迅速行动，采取多种方式为孩子们筑起“安全网”。各街道、公安部门与学校配合，解决校园安全管理工作实际问题，强化学校门卫、值班、巡逻、安全检查等安全管理制度，充实校园安全保卫力量，加强技防建设，防止不法分子进入校园制造事端。由街道、社区、学校、派出所和志愿者组成巡逻队，加强上学、放学等重点时段巡逻防控，设立专门治安巡查岗，及时处置校园及其周边治安问题。适时组织中小学幼儿园进行模拟实战演练，提高紧急避险能力。对中小学幼儿园内部及周边的治安秩序、交通秩序进行专项整治，加强对校园周边管制刀具的清理整治，不断净化校园及周边治安环境。5月4日，由政法委牵头，成立三个督查小组，对全区中小学校、幼儿园的安全保卫工作进行督查。9月2～7日，区领导分别到街道和中小学、民办幼儿园检查校园安全工作，听取街道、教委工作汇报，并实地查看校园安全工作情况。

（赵建立）

社会治安综合治理

概　　述

北京市石景山区社会治安综合治理委员会办公室（简称区综治办）是区委、区政府解决社会治安问题的常设办事机构，承担维护社会稳定和社会治安综合治理“打击、防范、教育、管理、建设、改造”6项工作任务。本区社会治安综合治理工作围绕年初制定的工作思路，把握“基层基础建设年”的有利契机，以深入贯彻党的十七届四中全会精神为主题，以“平安石景山”建设为主线，以基层基础建设为载体，以组织建设、队伍建设、体制机制建设和对突出问题的重点治理为重点，总结固化“平安奥运”和“平安国庆”经验，组织实施力量整合、重点整治、帮教化解、服务管理、科技创安、机制完善六项工程，坚持抓基层打基础，扎扎实实做好各项工作，继续完善大维稳工作格局，提高新时期维护全区安全稳定工作能力和水平。

地址：石景山路18号
电话：88699106
邮编：100043

（张桂清）

【平安石景山建设】 以“平安石景山”建设为载体，围绕中心任务，开展重点地区排查整治，加强基层基础建设，服务“大调整、大建设、大发展”。贯彻落实市委办公厅、市政府办公厅关于进一步加强社会治安综合治理基层基础建设的若干意见，成立综治委住房城乡建设领域综治工作协调委员会等8个专项委员会。各专项委员会制定专项工作方案，建立健全工作台账，明确组织领导，落实责任分工。以基层基础建设、重点地区排查整治、校园安全保卫等工作为重点，开展不同层面的工作调研。制定实施关于进一步整合基层维稳力量开展综治维稳中心建设试点工作的意见、社会治安重点地区排查整治工作方案、关于建立健全学校、幼儿园及周边安全保卫工作长效机制的实施意见,解决一批突出隐患和难点问题;加大对综治维稳中心投入,确保有人干事、有地干事、有钱干事。实现中心全部挂牌办公,建立联合办公大厅和接待服务窗口。确立统一领导、统一指挥、统一调度、统一受理、统一处置、统一管理运行方式,形成治安联防、矛盾联调、平安联创、联勤联动工作机制,制定会商、考核、督查督办、台账管理、情况通报等工作制度。

(张桂清)

【社区安防总结表彰】 1月26日,召开第六届社区安全防范工作总结表彰大会。会议对上年度全区社区安全防范工作情况进行总结,宣读表彰上年度“社区安全防范先进集体和先进个人”的决定,并颁发荣誉证书、奖牌。金顶街街道赵山社区居委会、八角派出所分别代表先进社区治保会和十佳社区民警作典型发言。十佳社区民警、优秀社区综治委主任、先进治保积极分子、先进治保标兵、优秀治安巡逻志愿者,先进流管工作服务站、先进技防小区监控室、先进治保会等198名先进个人和89个先进集体受到表彰。区综治办、社会办、公安分局、各街道相关领导,各派出所所长以及受到表彰先进单位和个人代表等400余人参加会议。

(张桂清)

【社会面防控】 以社会面防控为重点,本着抓早抓细的原则,深入开展社会治安重点地区排查整治,维护全区良好的治安形势。全年启动防控等级7次,出动专群力量近50万人次,确保不发生重大刑事案件,确保不发生爆炸、火灾等治安灾害性事故,确保“两会”、中秋、国庆、涉日维稳等重大节点及敏感日、53项309场次大型活动、86万余名游客以及64所中小学、幼儿园的绝对安全。

(张桂清)

【群防群治队伍建设】 继承发展“平安奥运”和“平安国庆”成功经验,着力夯实社会治安综合治理的组织基础。以“两节”、“两会”为重点,以实名制勤务化管理为抓手,固化实名制登记、勤务部署、梯次投入、勤务演练等工作机制,开展重点看护、邻里守望、社区巡逻等工作,完成重大节日和重要活动安全保卫工作。6月4日,区委、区政府抽调43个单位和9个街道500名志愿者、2名公安民警,以及区卫生局、区机关行政处30余名后勤保障人员共计536名治安志愿者到天安门广场执行维护秩序任务。全年刑事案件立案比上年同期下降4.4%;社区“三类”案件比上年同期下降20.1%;全年群众安全感在全市名列前茅。全区社区三类案件立案290起,同比下降20%;入室盗窃275起,同比下降16.2%;盗窃汽车14起,同比下降57.6%;入户抢劫1起,同比下降50%。

(张桂清)

【社会管理创新】 推广“新居民互助服务站”管理模式,创建社区警民恳谈会制度,加强流动人口党建工作。3项工作在全市申报的73项创新项目中脱颖而出,被首都综治办评为“开拓创新项目”。组织开展“综治工作社会管理创新”专项征文活动,征集论文27篇,编辑印制《石景山区社会管理创新综治工作文集》,其中“浅论新形势下群防群治工作的创新努力方向”、“关于新形势下石景山区创新基层流动人口服务管理工作的思考”两篇文章被首都综治办、市社科院选入《首都综治论坛文集》。

(张桂清)

【综治维稳中心建设】 贯彻落实首都综治委关于进一步整合基层维稳力量开展综治维稳中心建设试点工作的意见以及首都综治办关于街道、乡镇综治维稳中心规范化建设工作标准,开展街道综治维稳中心建设。年内,9个街道(社区)全部建成街道综治维稳中心,按照要求设置接待大厅和相关功能办公区域、完善制度、制作流程,实现相关部门的集中办公,9个街道(社区)组建270人专职巡防队。依托综治维稳中心工作平台,综治维稳资源得到有效整合。各中心建立基础台账70册,召开联席会116次,会商会83次,组织开展联合执法918次、专项整治672次、督导检查业务60次。全年组织各类排查工作1004次,出动警力4534人次,发动群防力量7.9万人次;排查各类矛盾纠纷684件;消除安全隐患453处;查处非法小广告4011起,无照经营2.9万起,拆除违法建设272处,3.6万平方米;查处非法机动车359辆、摩的627辆、其他车辆55辆,有效遏制部分地区突出问题。全年投入治安志愿者补助、专职巡逻队和安全稳定信息员队伍组建及专业部门慰问等专项经费1500余万元。

(张桂清)

【重点地区排查整治】 根据市委、市政府统一部署,采取“市、区、街”三级挂账方式推进社会治安重点地区排查整治,确定三级挂账重点地区29个。2月,成立城乡结合部建设整治领导小组,由荣华、周茂非担任组长,统筹负责流动人口聚居村拆迁和整治。为确保治安重点地区和高发案地区整治工作同步进行,成立排查整治工作领导小组,办公室设在综治办。明确8名区级领导分工负责市、区级21个挂账地区;6名街道工委书记包片负责街道级7个挂账地区;建立定期例会、信息沟通、情况会商、台账管理、联合执法等专项机制。5月4日,将落实学校、幼儿园及周边安全措施作为排查整治工作的重点,向区委第93次常委会作专题汇报，现场研究解决工作中的难点问题。与公安分局多次深入到各街道、社区，对28个挂账重点地区的点位进行实地勘察，明确整治目标。4月20日，区委区政府下发石景山区社会治安重点地区排查整治工作方案，明确指导思想、工作目标、时限、步骤和要求，逐村、逐点落实责任分工和整治措施，按要求分时段建立工作台账、组织专项行动、进行成果验收，确保排查整治取得实效。5月1日起把加强学校、幼儿园及周边安全工作作为工作重点，由各街道工委牵头，依托街道综治维稳中心，加大对校园周边环境和秩序的整治力度，切实维护学校和幼儿园安全。建立健全三级重点地区的基础台账。9个街道参照区级模式，相应成立领导小组，对辖区内三级挂账的重点地区按照“一地区一方案”的工作要求，制定整治方案。公安、城管、工商等职能部门结合各自工作职责出台相应的整治分方案。同时，针对工作中排查出的安全隐患和突出问题，先后制定房屋拆迁纠纷群体性事件应急预案、区城管大队排查整治工作应急预案、区信访办加强值守应急和各项保障工作的预案、精神病人管控预案等专项应急预案。制定工作方案、预案42个。启动“平安石景山”建设督查机制，按照既定工作目标，采取明察暗访等形式对各职能单位、各街道开展“一对一”的督查，对发现问题及时督促整改。各职能部门与属地街道配合，针对非法运营、违法建设、无照经营等问题开展联合执法。各相关部门发动群防力量13.4万人次，出动执法力量19431人次，执法车辆7451辆次，组织各类排查工作1699次，开展大规模联合执法158次，排查各类矛盾纠纷766件，消除安全隐患485处，拆除违法建设3.14万平方米，查处各类非法营运车辆1015辆(其中查处非法机动车349辆、摩的611辆、其他车辆55辆)，查处非法运营及无照游商2216起，暂扣各类经营工具及物品114846件，处罚非法运营人员1456人。年底，“市、区、街”三级挂账29重点地区中有26个完成销账。

(张桂清)

【上级督导检查】 5月4日，首都综治办、市教工委、市公安局巡特警总队有关领导组成的市委第八督导检查组，到本区检查落实学校、幼儿园及周边安全工作情况。督导组分别到方舟双语幼儿园、海特花园小学、石景山第三幼儿园，春蕾小学(含幼儿园)4所学校、幼儿园进行暗查。下午，市督导组听取关于本区落实全国电视电话会精神，加强学校、幼儿园及周边安保工作情况汇报，反馈督查情况，对本区落实学校、幼儿园及周边安全工作给予高度评价。

(张桂清)

【苹果园地铁专项整治】 11月起，针对第二批市级挂账整治的苹果园地铁及周边地区无照游商、“黑车”严重扰序、人流量大且成分复杂、环境脏乱差突出问题，由综治办牵头，组织多个部门参与对该地区专项整治，打响整治攻坚战，实现对苹果园地铁及新生活广场周边地区社会治安及环境管控。11月5日、9日两次召开专题会，研究整治方案，制定配套机制，固化参加整治行动的单位和人员。制定“攻坚战执法日程表”，由各相关单位轮流组织执法力量进行现场巡视、劝阻、查处违法行为，同时记录当天执法情况及各单位出勤情况。带班领导必须保证为一名副处级以上领导。自11月8～21日，每日下午16:30，在苹果园街道会商。各相关部门、苹果园街道通报当天整治工作进展情况，研究难点问题，探讨解决方案。整合城管40人、公安32人、工商4人、交通2人、卫生2人、巡特警及武警8人、街道2人、综治办1人以及文委、民政、环卫中心等多部门力量，组成联勤联动执法队。自11月9日起，每天7～23时，对苹果园地铁及新生活广场周边的重点地区、重点时段进行严看死守，做到巡查值勤不间断，布防管控无死角。区监察局和区综治办人员每天对各单位出勤情况、现场秩序、现场执法情况进行督查，确保整治行动的严肃性和有效性。

(张桂清)

【流动人口管理服务】 2月，区委区政府下发在全区推广“新居民互助服务站”的工作意见。到年底，全区建立“新居民互助服务站”81个(出租大院57个，楼房区24个)，有互助队员892人，涉及流动人口96251人、出租大院123处、出租楼房6705户。一是坚持基础调查。年底累计新登流动人口19277人、出租房屋739户，核销41251人、2566户，更新4318人、355户，迁移流动人口3690人。全年累计新录入流动人口95215人、出租房屋4329户，核销95116人、5739户，更新58183人、8805户，迁移24002人；二是坚持专项整治。开展专项整治行动155次，其中大型集中排查整治10次，检查流动人口聚居大院191处、废品回收站15处、五小门店等各类重点场所325处，发现并消除各类安全隐患33起，查处非法运营、小广告等365起，查处黑诊所、非法行医20家，查处无照经营594家；三是推进“百日核查”。7月15日～10月31日，开展流动人口和出租房屋基础信息“百日核查”专项工作。核查流动人口重点人员391人；核查存在安全隐患出租房屋445间，其中治安类隐患161间，消防类隐患223间，其他安全类隐患61间，115家房屋中介机构全部建立基础台账档案；摸排发现群租房涉及五个街道、130户、隔成1232间、28242.23平方米、居住1486人；四是坚持排查促迁。配合重大办开展老古城拆迁地区流动人口排查促迁活动15次，发动公安、城管、工商、卫生、消防、街道干部、管理员等力量956人次,检查出租房屋4502户次,流动人口18506人次,经营门店25处。制作发放《致老古城拆迁地区出租房主和承租人的一封信》等资料0.5万余份;五是强化信息平台建设。区政府投入专项资金56万元为140个社区服务站配齐计算机、办公桌椅、文件柜等硬件设施。六是强化宣传教育。组织由司法局、计生委、住建委、工商分局、人保局、教委等职能部门参与的大型集中宣传教育活动2次,街道、社区规模63次,发放材料24.5万余份,提供免费用品15万个,流动人口现场咨询2898人次。配合与区卫生局做好流动人口预防"艾滋病"等工作。管理员采取日常宣传方式,在入户过程中发放《来京人员工作生活服务指南》15.2万册、《一封信》26万余份、流动人口子女义务教育宣传卡5000张。截至12月31日,本区流动人口213699人,其中男113935人、女99764人;农业户口159752人、非农业户口53823人、无户口124人;有居住证件188996人,无居住证件24703人。出租房屋19045户,其中出租平房6548户,出租楼房12289户,地下空间194,其他14处。

(张桂清)

【科技创安】 根据首都综治委科技创安综合协调委员会办公室关于进一步加强科技创安基层组织机构建设的通知要求,6月成立区综治委科技创安综合协调委员会。增加中小学及幼儿园图像信息系统。投入308万元,在121所中小学校及幼儿园主要出入口安装105个摄像头,接入各派出所图像信息平台,实现与市、区监控平台逐级联网,全面掌握中小学校及幼儿园周边治安秩序各类情况,为各级指挥系统提供有力保障。建立图像信息平台视频监控队伍。制定开展图像信息系统社会化服务保障工作实施方案。以公安分局二级图像信息平台为试点,在公安分局指挥中心大厅安放6名巡控员,开展日常工作。加强社区图像联网试点工作。截至年底,建有1026个监控平台,累计安装13990个摄像头(新增105个)。其中,住宅区监控平台138个,安装2637个摄像头;城市管理中心10个,接入社会面摄像头413个;社会单位监控平台877个,安装10940个摄像头;电子报警系统939套,电子对讲系统6040套。老旧小区的科技创安覆盖率达到100%,社会面摄像头覆盖密度为每平方千米12.03个。

(张桂清)

公 安 工 作

概　　述

北京市公安局石景山公安分局(简称公安分局),内设职能机构32个,下属14个派出所。年内,根据辖区"大调整、大建设、大发展"需要,以维护区境社会和谐稳定和服务经济发展为中心,坚持"打主动仗、下先手棋";坚持"学会在研究状态下工作,学会在监督状态下工作";坚持把提升群众满意度和安全感贯穿于警务工作各个环节。建立"三控"(涉稳问题在事前、事中、事后分类控制)核录工作机制,核录240余万次,部级预警信息签收率、反馈率和目标发现率均达到100%。开展"大排查、大整治、大宣传、大培训、大练兵"消防安全"防火墙"活动,市、区两级挂账火险隐患100%消除。受理市民护照及港澳通行证申请2.7万余件,同比增长1.2倍,发放证件2.6万余件,合格率100%。保安公司人防和技防客户达到410家,安全护卫率和客户满意率均达到100%。调整干部109人,其中副处职20人,正科职59人,副科职25人,警探长5人。考核干部106人,民主测评3810人次、谈话2968人次;开展社会主义法治理念教育,强化民警"执法为民"理念;开展"轮训轮值"工作,培训一线民警、领导干部210人。开展7次纪律作风、执法专项教育整顿,受理各类投诉同比下降11.5%。被评为部级"执法规范化示范单位"。

地址:古城南里甲1号
电话:68873814
邮编:100043

(陈海彦　路庆华)

【维护区域社会稳定】 加强维稳情报会商和新闻网站、论坛、博客、即时通信工具四类网络平台的巡检,全年上报市局各类维稳情报信息1160条。破获"6·29"等专案6起,收缴大量"法轮功"非法宣传品。完善分级分类动态管控机制,实现对各类重点人有效控制。妥善处置各类群体访737批6953人次,维护全区社会稳定。完成58项353场次大型活动安全监管任务,221次重大警卫任务的绝对安全。

(陈海彦　路庆华)

【命案侦破连续五年100%】 深化命案攻防机制建设和疑似被侵害侦查工作,进一步发挥专案侦破、多警种协作、警情会商的优势,增强重特大案件侦破能力。继续坚持快侦快破、快查快办和72小时命案侦防等工作机制。刑事案件发案1877起，破获各类刑事案件1830起，抓获违法犯罪嫌疑人1488名；全年10起命案全部破获，破案率连续五年保持100%。

（陈海彦　路庆华）

【整治治安秩序】 针对突出治安问题和影响辖区城市形象的秩序类问题，先后开展“4.11”、“脉冲”和百日整治等专项行动。加大对歌厅、洗浴、出租房屋等治安复杂场所专项整治力度，破获黄、赌、毒类案件96起，打掉卖淫嫖娼团伙49个，抓获违法犯罪人员285名，抓获网上在逃人员17名，黄赌警情同比下降60%。开展打击“黑车”扰序“脉冲”专项行动，围绕长安街延长线等重点地区，开展联合执法152次，查处黑车1828辆，罚款210万元。辖区摩的基本绝迹，“黑车”扰序行为得到有效控制。开展街面环境秩序百日整治专项行动，多警种联勤联动对苹果园地铁周边、万达广场等重点地区，持续开展清理无照游商、强买强卖等街面秩序整治专项行动，清理无照游商865名，作拘留以上处理31名。110治安类警情2778件，同比下降21.8%；查处各类治安案件6868起。

（陈海彦　路庆华）

【严密社会面控制】 推进实战勤务指挥工作新模式，基本实现对各项警务工作点对点扁平化指挥。全年处置各类警情和群众电话求助4.4万余件；调动警力13万余人次；接报110刑事类警情同比下降16.5%，通过110布警现场抓获违法犯罪嫌疑人220名。全面加强社会面巡控，最大限度地把巡警、特警、武警以及机关警力推向街面，重点加大重点要害部位、万达广场、石景山游乐园等人员密集场所巡控力度。巡逻盘查抓获做拘留以上处理违法犯罪嫌疑人568名，全区街头110刑事警情同比下降25.3%。推进社区安全防范，推广“新居民互助服务站”、“居住人员管理”等工作模式，强化中心警务站建设，开展流动人口聚居区整治等专项工作，完善群防群治力量与公安专业巡逻防控对接。社区“三类”可防性案件同比下降20.1%。

（陈海彦　路庆华）

【获评执法规范化示范单位】 推动执法规范化建设。狠抓载体拉动、前期处置、办案质量、执法监督、执法信息化五个环节，强化执法办案管理、监所安全管理。全年法制信息平台及时率、准确率、上网率达到100%；“三室”（候问室、询问室、讯问室）建设100%完成，全部达到A类标准。全年未发生行政复议和国家赔偿案件，行政诉讼案件同比下降90%。被评为部级“执法规范化示范单位”。

（陈海彦　路庆华）

【监所管理实现“双零”】 针对社会舆论加大对监所安全管理的关注，看守所和拘留所以等级化管理为载体，以“规范管理促安全，确保实现双零”（即监所安全无事故，民警队伍无违纪）为目标，以“开展综合治理看守所，整改监所隐患”为主线，实现与驻所检察室执法信息和监控联网，完善监所安全管理机制；出台49项工作制度，规范岗位执法内容、标准和流程；发挥打击犯罪“第二战场”作用，完善“看守所深挖犯罪，打击破案工作”机制。连续15年未发生安全责任事故。全年，实现监所安全“双零”和“两无一降”（看守所全年无脱逃、死刑犯羁押无事故，监所事故持续下降）工作目标。

（陈海彦　路庆华）

【震慑街头犯罪】 巡警支队推出“巡两线、控六点，强化震慑压街头”的防控工作模式。“两线”指石景山路和苹果园大街至香山南路一线；“六点”指玉泉路路口、区政府和万达广场周边、五环八角桥周边、古城地铁口周边、亚疗桥周边、苹果园新生活市场周边。“巡两线、控六点”主要载体是巡警支队6部巡逻车，在重点时段对“两线、六点”进行重点看护。一是在上下班，人群、车辆流动较大时间段，在六个点位采取定点停靠措施，控制重点区域，进而带动“两条线”的整体防控；二是明确盘查核录的重点人群、对象、物品、工具等，有针对性地提高打击和震慑效果；三是加大核录力度，确定民警核录常量，每日通报；四是严格落实现职干部跟班作业工作制度；五是加大督察检查力度，确保警力到位。全年两线、六点周边地区警情大幅下降。

（陈海彦　路庆华）

【推进“三项重点工作”】 推进“三项重点工作”（即社会矛盾化解、社会管理创新、公正廉洁执法）开展，坚持关口前移，措施前置，化解社会矛盾。结合实际，完善“四个工作机制”：晨会、风险评估、矛盾化解、现场处置。编写晨会会议纪要90期，下发督办单159件，落实工作反馈率达到100%；建立“稳定形势评估”和“项目风险评估”两种模式，编写各类专刊378期，被公安部及市局采用各类信息208条；户籍派出所配备专职调解员，设立矛盾纠纷联合调解室；组建信息员管理、矛盾化解、突发事件处置、巡逻防控等“四个工作小组”，维护企业内部稳定；针对辖区占地拆迁等可能引发社会矛盾的敏感问题，规范各类现场维稳处置工作方案预案。创新社会管理工作。率先成立“校园安保室”，创新中小学幼儿园安全防范长效机制。在重点地区推出“拉线过滤、巡线控点”工作机制。注重警察公共关系建设，创建“警民交流室”、“社区警民恳谈会”机制。推动“新居民互助服务站”、“居住人员管理”等工作模式，强化中心警务站建设；开展流动人口聚居区专项整治，完善群防群治力量与公安专业巡逻防控对接，全年社区“三类”（入室盗窃、入室抢劫、撬盗机动车)可防性案件同比下降20.1%。

(陈海彦 路庆华)

【社区民警网上述职述廉】 12月13日,苹果园派出所西山枫林社区民警逯军将题为“咱们枫林这一年”的述职报告发布在小区业主论坛网上警务室。述职述廉报告发出后,社区网民纷纷以“顶”、“感谢、支持”、“感谢逯警官,工作负责”和“民警辛苦”等回帖表达对网上述职述廉工作的认可和支持。论坛版主还将此贴固顶,并设置为精华帖。针对网民们对社区足疗店管理、完善小区监控设施、提高保安人员素质等问题提出的建议,逯军及时跟贴与网民进行互动。三天时间收到居民回帖53条、站内短消息回复7条,提出社区防范建议7条,取得较好社会反响。

(陈海彦 路庆华)

【完成PGIS应用建设】 12月3日,人口管理大队、情况信息中心完成派出所、社区边界划分及相应点位标注等应用工作。按照市局PGIS(警用地理信息)系统业务应用建设中的职责任务,制定分局基于市局PGIS业务应用建设实施方案、派出所PGIS信息上报模版、社区PGIS信息上报模版,方便派出所、社区PGIS信息采集上报,明确各项工作时间节点和责任人,严把数据采集关。

(陈海彦 路庆华)

【推广社区警民恳谈会】 11月23日,召开深化社会管理创新暨“社区警民恳谈会”推广工作会,对在全区推广和落实“社区警民恳谈会”制度作出部署。人口管理系统结合三项重点工作和“听走送”爱民实践活动,以化解基层社会矛盾、解决群众切身利益的问题为出发点,推出“社区警民恳谈会”制度。10月在老山地区先行试点。通过试点摸索规律,健全制度,建立收集分类、分析研判、挂账督办工作机制,派出所协调街道制作办理单、转办单、催办单、办结单,规范流转手续。在为期1个月试点期间,老山街道居民150余人次参加社区警民恳谈会,收集各类情况信息、意见建议68条,现场解决问题10件,挂账督办解决问题32件。

(陈海彦 路庆华)

【推出“打架成本卡”】 八角派出所在针对减少辖区内打架斗殴等社会治安问题,把打架直接和附加成本,制作成“打架成本卡”,下发给辖区群众,引导群众算好违法成本账,在算账中提高群众遵纪守法意识。年内,八角派出所下发5000张“打架成本卡”和200张海报。在此基础上,治安支队把算账活动拓展到“黑车揽客、无照游商扰序、卖淫嫖娼”等各种违法活动中,先后为娱乐场所、黑车多发地区等下发成本卡1万多张,5月3日在石景山电视台新闻栏目播出。

(陈海彦 路庆华)

【民调室“三四五”工作法】 新古城派出所民间纠纷调解联合接待室(以下简称民调室),于2005年6月15日正式挂牌成立,现有调解员3名,其中2名为专职人民调解员,1名为派出所当日值班民警。民调室成立5年来,以“矛盾化解在基层”为出发点,以维护一方和谐平安为己任,总结归纳出“三四五”工作法,累计调解各类民事纠纷和案(事)件132件,涉案人身损害赔偿10万余元,调解成功率达98%以上,双方当事人满意率达100%。基层民调“三、四、五”工作法,“三步走”:一是听;二是立足劝;三是依法调;“四善于”:一是善于分析案情;二是善于了解被调解对象;三是善于掌控调解进程;四是善于把握语言艺术;“五个心”:一是工作要有责任心;二是接待群众要热心;三是询问案件要细心;四是化解矛盾要耐心;五是达成协议要公心。

(陈海彦 路庆华)

【提高出租大院警务工作效能】 因地处城乡接合部且紧邻轨道交通,苹果园街道辖区内有5万多名流动人口,集中居住在出租大院,人员构成复杂,且流动性大,以往社区环境欠佳,住户间纠纷频发,存在不少安全隐患。苹果园派出所在流动人口聚居大院首创“新居民互助服务站”管理模式,这些现象基本绝迹。出租大院入住人员核录率达100%,实现对流动人口底数清,情况明、分层次动态管控目标;建立健全各类基础台账,整合力量落实各项安全防范措施,7个流动人口聚居大院自建站以来仅发案1起。分局推广该工作模式,在全区流动人口聚居大院建成“新居民互助服务站”46个,提高出租大院警务工作效能,夯实治安基础工作,治安状况明显改善。

(陈海彦 路庆华)

【换位体验常态化】 6月开始,分局党委以“真换位、真体验、对单位建设真有帮助”为目标,明确规定开展领导干部换位体验工作的“三项具体任务”。每名领导干部以普通民警的身份,每月到派出所“当一天社区民警,当一天治安民警,当一天巡逻民警”;明确“三同、三不、三到位”的具体要求,即同工作、同学习、同生活,不带车辆、不听汇报、不搞座谈,真正做到工作时间到位、履行普通民警职责到位、了解掌握情况到位。建立提前报备、监督提醒、专题汇报“三项制度”。分局党委采取抓表率作用、抓情况了解、抓问题解决“三抓”措施。

(陈海彦 路庆华)

【信息调研】 全年上报区委、区政府和市局各类调研及信息300余件,被上级机关转发、刊用230余件;在中央、市、区等各级新闻媒体刊发稿件600余篇;人大代表建议、政协委员提案结办100%;接待群众来信来访446件次,其中,中央政法委、公安部和市局交办的重点信访21件,均全部按期办结。

(陈海彦 路庆华)

案例举要

【首起入侵政府信息系统案】 6月，刑侦支队会同分局信通处，在市局网安处的配合下，通过近一个月工作，辗转湘、鄂、粤、豫、川等5省8市，行程8000余千米，打掉一个运用“黑客”手段非法入侵最高人民检察院反渎职侵权厅网站犯罪团伙，抓获涉案嫌疑人4名，破获北京首起非法入侵政府计算机信息系统案。5月8日23时许，最高检反渎职侵权厅网站被黑客侵入篡改，造成网站瘫痪30小时。黑客还在网页上留有自己的网名“helen”及联系方式，并宣称传授入侵计算机信息系统技术。此事件迅速在互联网上传播，多人在百度等知名网站发帖跟帖，在社会上造成极其恶劣影响。接到报案后，分局信通处、刑侦支队迅速成立专案组。经过20余天的艰苦工作，专案组排除“helen”(真实姓名为王××，男，18岁，湖北省赤壁市人)的作案可能，并初步查明，最高检反渎职侵权厅网站被侵入案，是因网络黑客之间结怨报复而起，与“helen”因比拼网络技术而结怨的“闪电计划”黑客小组成员“小荣”、“闪电计划”等人实施入侵并指名道姓嫁祸“helen”。案件事实基本明朗，专案组果断采取抓捕行动，先后在广东广州、河南郑州、广州佛山等地将犯罪嫌疑人范××(男，1991年出生，无业，新疆人)、文×(男、1991年出生，无业，四川人)、游××、张×等4名犯罪嫌疑人抓获。当年7月5日，范、文被分局依法逮捕，游、张取保候审。

(陈海彦　路庆华)

【首起“克隆”银行卡盗窃案】 10月27日，分局破获北京首起系列“克隆”银行卡信息并实施盗窃案件。抓获犯罪嫌疑人3名，起获作案用采集器、写卡器、摄像头、空白磁卡等工具，已核实案件6起。9月30日，事主王某到刑侦支队报案称工商银行储蓄卡被他人盗取人民币4.25万元。接报后，经现场勘查侦查。初步确定，此案很有可能为嫌疑人自装设备，盗取事主银行卡磁条信息及密码后，“克隆”一张银行卡，实施盗窃卡内资金的新型案件。经侦查确定嫌疑人。10月27日和29日、11月4日，在山东、江苏、浙江警方配合下，侦查员先后将犯罪嫌疑人吕××(男，1985年出生，浙江绍兴人)、王×(男，1986年出生，北京市石景山区人)、李××(男，1985年出生，山东省人)等3名犯罪嫌疑人抓获。经审查，三人对“克隆”银行卡信息并实施盗窃犯罪活动供认不讳。当年12月3日，3人被分局依法逮捕。

(陈海彦　路庆华)

【打掉涉嫌电信诈骗犯罪团伙】 6月22日、24日，在福建省、广东省各级公安机关配合下，分局刑侦支队打掉两个台湾籍电信诈骗犯罪取款团伙。侦查员经过近一个月侦查，先后在广东江门，福建厦门两地抓获电信诈骗犯罪两个取款团伙共六名犯罪嫌疑人(刑事拘留4名)。收缴涉案赃款25万余元、涉案银联卡250余张，作案手机15部，破获涉及全国各地诈骗案件多起，初步核实市辖区案件24起。当年5月份以来区电信诈骗案发案有所抬头。刑侦支队成立专案组对区境发生的“5.20田××被骗61万元”和“5.18程××被骗5万元”涉案账号同一，开户地均在福建漳州、厦门等地，取款地却均在广东广州、中山等地；另一起“5.26石××被骗4.78万元”案中涉案银行卡和取款地均在福建厦门漳州两地。专案组随赴广东、福建开展工作。经侦查掌握嫌疑人的活动范围、作案人数、体貌特征、持有嫌疑卡号、取款特点等相关信息。6月22日、24日，分别在广东鹤山市沙坪镇壹叁捌客栈和厦门市火车站一酒店式公寓内将电信诈骗嫌疑人晏××(男，1967年出生，户籍所在地台湾省嘉义市西区福州七街67号6楼2室)、洪××(男，1987年出生，户籍所在地台湾省台中市三民路4段108巷21－3)、颜××(男，1977年出生，户籍地所在地台湾省高雄县大寮乡义和村义和路156－5抓获)、张××(男，1963年出生，户籍地所在地台湾省高雄县仁武乡湾内村21邻明光街176号三楼)抓获。7月28日，4人被分局依法逮捕。

(陈海彦　路庆华)

【入室抢劫杀人案侦破】 1月14日，分局接110报警称：永乐西小区××栋有一名男子被杀死在家中，现场有大量血迹。刑侦支队汇同刑侦总队大案支队、鲁谷派出所成立专案组。经勘查定性为入室抢劫杀人案，且倾向于熟人作案。经查，死者生前一直独居，有上网聊天、记日记、游泳等生活习惯，平时喜好乐器且交往女友较多。侦查员迅速将此情况报告专案组，专案组随即安排专人查看死者生前日记，调取电脑上网记录，并迅速将死者手机号码、电脑进行查控。经工作，项×、程×、张×有重大作案嫌疑。1月21日抓捕组在重庆市将聚首一处的三名犯罪嫌疑人项×(男，1984年出生，重庆市万州区人)、程×(男，1983年出生，重庆市万州区人)和张×(真实姓名郑××，女，1996年出生，湖北省利川市人)全部抓获归案。经突审，三人对预谋并实施入室抢劫、杀害被害人的犯罪事实供认不讳。当年2月27日，3人被市局依法逮捕。

(陈海彦　路庆华)

【侦破公司涉密电脑被盗案】 6月初，分局刑侦支队接搜狐畅游天下科技有限公司工作人员报案称：公司3台存储着新开发尚未面世的一款新网络游戏的所有数据涉密笔记本电脑被盗，一旦泄露，带来的将是数千万元的经济损失。搜狐畅游天下有限公司,是“搜狐”旗下以网络游戏开发为主的 IT 企业,是近年来本区招商引资的重点项目之一。接报后,刑侦支队立即组织专门力量开展侦破工作。6 月 2 日、7 月 1 日分别将犯罪嫌疑人刘×(男,1993 年出生,河北省吴桥县人,万达广场保安)、朱×(男,26 岁,山东德州人,万达广场保安)抓获,涉案 3 台电脑被依次起获。经讯问,刘、朱二人于当年春节以后到万达广场当保安,发现公司内部防范漏洞后合谋盗窃。断定电脑失窃案只是一起普通的盗窃案件,嫌疑人意在电脑而非数据。当年 7 月 9 日,2 人被分局依法逮捕。

(陈海彦　路庆华)

【打掉特大制售假发票团伙】 3 月 8 日,分局与税务部门配合,打掉一个特大制售假发票犯罪团伙,捣毁加工窝点及囤积窝点各 1 个,收缴各类假发票 29161 张,假公章 150 余枚,抓获犯罪嫌疑人 8 人。1 月,刑侦支队经侦大队接到群众举报:有一伙制贩假发票、假病历犯罪团伙长期在 301 医院周边活动,该团伙分工明确、反侦查意识极强。经过两个月经营,3 月 8 日,将涉嫌非法制造、出售非法制造的发票犯罪的王××(男,43 岁,天津市武清区人)、王××(男,41 岁,天津市武清区人)、(男,35 岁,天津市武清区人,以上三人为兄弟关系)、王××(男,39 岁,天津市武清区人)、李××(男,32 岁,天津市武清区人)、王××(男,46 岁,天津市武清区人)、时××(男,45 岁,山东省单县人)、张×(男,45 岁,北京市海淀区人)等八人一举抓获。4 月 15 日,王金栋、王金良、王金柱、王家川被分局依法逮捕,另 4 人取保候审。

(陈海彦　路庆华)

【破获京津冀制售假烟网络案】 5 月 8 日,治安支队接市局京津冀打击制售假烟专案组通知,该专案中有部分制售假烟嫌疑人在本区等地活动。分局成立专案组全力开展此项工作。5 月 9 日,分局专案组兵分三路,前往本区东下庄、朝阳黄港乡、燕山地区同时对本案 3 名主要嫌疑人实施抓捕,起获假烟 12098 条、案值 521 万元。抓获犯罪嫌疑人胡×(男,1985 年出生,河南人);黄××(男,1976 年出生,河北人);陈××(男,1969 年出生,浙江人)。当年 6 月 13 日,3 人被分局依法逮捕。

(陈海彦　路庆华)

检　察　工　作

概　　述

北京市石景山区人民检察院(简称区检察院)是国家的法律监督机关,在辖区内依法独立行使检察权,接受市人民检察院和中共石景山区委领导,对本级人民代表大会及其常务委员会负责并报告工作,主要负责筹办侦查、审查批捕、审查起诉等业务。行政编制 137 人,实有 125 人。其中检察官 81 名,包括检察长 1 名,副检察长 3 名,挂职副检察长 1 名,检委会专职委员 1 名,检委会委员 8 名(不包含检察长、副检察长),检察员 57 名,助理检察员 24 名,书记员 19 名,司法警察 17 名。研究生学历 33 人,事业编制 11 人,实有人数 10 人。从高校引进 1 名博士后、副教授担任中层领导职务,院反贪局副局长职位面向社会公开选拔,首次招录名校法学博士 2 名、硕士以上研究生 10 名,研究生以上学历干警比例由上年的 19% 上升至 27%,提前两年完成市检察院确定的检察队伍研究生学历达到 25% 的标准。年内,以“强基础、上台阶、创一流”三步走为奋斗目标,着力加强基础建设,深入推进“三项重点工作”,全面履行法律监督职能,努力服务区域经济社会发展大局,各项检察工作取得新进展、新成效。5 月,院法警队被最高检授予“全国检察机关司法警察编队管理示范单位”荣誉称号。

地址:古城南里
电话:59734588
邮编:100043

(李　菲)

【贯彻刑事政策】 贯彻落实高检院、市院关于贯彻宽严相济刑事政策的一系列部署,依法履行批准逮捕、审查起诉、出庭公诉职能,受理审查逮捕案件 402 件 631 人,批准逮捕 341 件 496 人,同比分别下降 15.7% 和 20.6%,受理审查起诉案件 447 件 620 人,提起公诉 391 件 550 人,同比分别下降 14.1% 和 23.8%。加大对严重暴力犯罪和多发性侵财犯罪、严重危害公共安全和市场经济秩序犯罪的打击力度;正确处理严格依法、区别对待和注重效果的关系,对于轻微刑事犯罪坚持可捕可不捕的不捕、可诉可不诉的不诉,决定不予批准逮捕 26 人,不起诉 12 人。严格把握证据标准,因证据不确实、不充分,决定不予批准逮捕 34 人,不起诉 5 人。

(李　菲)

【职务犯罪查办】 初步形成以查办城镇建设领域商业贿赂为重心,以查办窝案串案、集中查办大案要案为重点的办案格局,以信息引导侦查,完善与区纪委线索移送、信息共享、密切配合工作机制,挖掘线索资源,立案查处职务犯罪23件23人,同比上升35.3%。其中,贪污贿赂犯罪案件21件21人,渎职侵权案件2件2人,百万元以上大案2件2人,处级以上要案6件6人,追缴受贿赃款400余万元。将公诉引导侦查取证的理念制度化、规范化,侦查阶段主动要求公诉部门提前介入,虚心听取公诉部门对于侦查取证问题的意见和建议,就案件疑点进行商讨。

(李 菲)

【加强诉讼监督】 注重在审查逮捕环节发现立案监督线索,受理立案监督案件线索10件,依法要求公安机关立案2件。监督侦查机关追捕犯罪嫌疑人20人,追诉漏犯15人,追加犯罪事实经法院判决确认30起,纠正侦查活动违法7次。公诉部门共向法庭提出量刑建议152人次,法院采纳率为91.4%;对于经审查认为刑事裁判认定事实、采信证据、适用法律存在错误的,依法提请抗诉6件。办理各类民事行政申诉案件44件,对于经审查认为民事行政裁判正确案件,妥善做好息诉工作,维护司法权威;对于经审查认为民事行政裁判确有错误的提请抗诉5件,上年提请抗诉的案件2件获得改判,1件再审检察建议案件获得改判。针对审判程序问题向区法院发送一般纠错类检察建议1份,与上级检察机关联合向一中法发送一般纠错类检察建议3份。落实检察长列席法院审判委员会制度,在区法院配合下检察长列席法院审判委员会10次。监所部门以维护监管场所的安全稳定为落脚点,完善在押人员羁押表现量刑参考制度,制定社区服刑人员考核奖罚工作监督实施细则,与区看守所签署加强协调配合共同开展预防和查办职务犯罪工作联系机制协议,建立公诉部门与监所部门诉讼监督线索移送工作机制。累计驻所检察310天,开展安全防范检查110次,为本区看守所连续15年无重大事故、连续14年无超期羁押做出贡献。开展刑罚执行中违法减刑、假释、保外就医和不按规定交付执行等情形的监督。针对未及时送达法律文书造成已判决罪犯处于脱离监管状态,向有关单位发出检察建议,督促其完善内部工作制度和岗位职责,保证社区矫正工作正常开展。

(李 菲)

【推进检察改革】 完善诉讼监督事项向同级人大备案制度,针对该制度在实施过程中存在的问题开展专题调研,修订完善关于诉讼监督事项向区人大常委会备案的实施办法,在主动接受人大及其常委会监督的同时,增强检察机关诉讼监督实效。此项机制创新引起高检院、市检察院关注并给予肯定。以加强对国有资产监管和公共权益保护为目的,延伸民事行政检察监督职能,在全市率先落实高检院关于开展民事督促起诉、支持起诉的改革措施,联合区监察局、区政府法制办等六部门共同签署《民事督促、支持起诉工作协作机制(试行)》。

(李 菲)

【检务保障调研】 技术处进一步完善网络基础建设,提高数据库稳定性。采购体式显微镜、电子天平、文检检验箱、现场勘察箱等检验鉴定设备。完成分级保护网络安全设备、弱电屏蔽及门禁系统改造工程。法警队担负起办案区、接待大厅、安防中心安全保卫工作,全年提押犯罪嫌疑人406人次,看管犯罪嫌疑人182人次,执行抓捕、传唤等任务49次。年内,加大信息撰写深加工和综合归纳指导力度,被上级相关部门转发76期,其中10篇得到市、区领导批示。在市级以上刊物转发文章94篇,其中综合类知名期刊发表5篇。

(李 菲)

【维稳情报会商】 3月,召开党组会,深入学习市院突发应急预案和关于加强维护稳定工作的有关要求,研究制定区"检察院维稳情报信息会商联席会议制度",加强维稳情报信息的搜集、分析、研判。明确主要职责,健全协调督办和责任追究机制,及时发现和处理非正常信访事项和承办案件时可能形成的影响社会稳定的涉检信访,注意把握工作节奏和方法,动员当事人的亲朋好友和社会力量,形成化解矛盾合力,讲究工作方法,力争息诉罢访。

(李 菲)

【警务管理系统】 坚持用信息化引领警队建设科学发展,以信息化牵引履职方式转变、用信息化推动警力资源优化、靠信息化带动人才队伍升级。3月,在2005年全国基层院首家开发、应用警务管理软件的基础上,总结警务管理软件使用经验,将涉及检务办案安全保障工作的整个流程全部纳入信息化管理,设计、生成全新的警务管理系统。经测算,该软件仅在工作预约阶段,就使公诉、反贪等部门的办公效率提高83%。以每年提讯提押犯罪嫌疑人900人次计算,全年251个工作日,可节约时间2250分钟。实现司法警察统一管理、使用、派警、考评,打造"阳光警务",完善执法监督、管理和考核,深化规范化、信息化建设水平。

(李 菲)

【京西法治沙龙】 4月20日举办。旨在打造理论研讨平台、加强检察理论研究、推动检察工作发展。研讨主题为关于职务侵占罪"利用职务上的便利"理解与认定。检察长及来自侦监、公诉、反贪、民行等部门的30余名干警参与研讨与交流。中国青年政治学院法律系主任林维,中国政法大学研究生院副院长于志刚,市检察业务专家靳国忠,市检察院一分院专职检委会委员、市检察业务专家刘祥林出席活动并担任点评嘉宾。

(李 菲)

【落实意见督察】 4月,召开党组中

心组学习会、院务会及全院大会,传达学习曹建明检察长贯彻“两会”讲话精神和市“两会”代表、委员意见建议,并针对市政法系统开展的社会测评中反馈的对该院9条工作意见,逐条梳理,落实责任部门,对照检查,改进工作。制定落实人民代表、政协委员意见督察办法,将落实代表、委员意见工作列入纪检监察部门督查范围。

(李 菲)

【参加巡回宣讲】 年内,成功办理一起中央政法委交办、市委政法委督办、历时四年的申诉积案。为进一步推广化解社会矛盾的经验做法,市院将本院作为“恪守检查职业道德、深入推进三项重点工作”先进事迹宣讲团唯一一个先进集体成员,在全市检察机关开展巡回宣讲报告,并推荐参加全市政法系统社会矛盾化解典型报告会。

(李 菲)

【学生安全防范】 针对年内福建、广东、江苏、陕西等地先后发生多起针对中小学生及幼儿园学生暴力事件,加强学校安全意识,迎进来,走出去,尽最大努力为学校维护校园安全提供帮助。副检察长带队走访中小学校,与学校领导就校园安全交换意见,并对校园监控、校园安全保卫工作提出建议。公诉处未成年犯罪组检察官为区第二小学700余名师生作题为“打响‘平安校园’保卫战——我的校园我做主”的主题法制课。同时,邀请区同文中学领导和老师十余人参观驻所检察室,并就加强学生安全问题交流座谈,检察官对如何加强未成年自身防范意识,遇到突发事件的应急措施及疏导等进行讲解。5月,召开维护校园周边安全专门会议,针对校园恶性暴力事件预防与惩治推出专项举措:建立预案,加大对危害校园安全犯罪的惩治力度;整合资源,构建三级体系,全面促进各项校园安全保卫措施落实;参与学校周边环境综合治理,开展预防监控工作。

(李 菲)

【检察官讲堂开讲】 5月,与北京师范大学刑事法律科学研究院共同举行“检察官讲堂”开讲仪式。市院副检察长甄贞,北师大刑事法律科学研究院暨法学院院长赵秉志教授等出席开讲仪式。检察长苗生明以“关于刑事政策、执法层次与办案效果的实践探索”为题进行“检察官讲堂”的首场讲座,并被北师大刑科院聘为兼职教授。近百名师生参加开讲仪式并聆听讲座。“检察官讲堂”是检学共建模式的一种创新,推荐检察官讲授实践中的疑难案件和问题,是推动检察调研的重要措施,更是促进检察官迅速成长的有效平台。

(李 菲)

【青少年法制宣传】 “五四”青年节前夕,主办“迎‘五四’青少年普法宣传活动”,副检察长及院公诉部门十余位青年检察官走上街头,进行青少年普法宣传活动。活动主题是“让罪恶远离”,主要围绕青少年身边较易发生的不法侵害,将最切实有效的防护措施,分门别类制作展板。通过展板展示、法制宣传单发放、现场解答法律问题等灵活多样的方式,向青少年群体及家长进行宣传,提高青少年自我保护意识及能力,在侵害到来时采取保护措施。与此同时,增强法制观念,做到知法、懂法、守法,坚决抵制并绝不参与违法犯罪活动。近百名市民和青少年驻足观看和提问。

(李 菲)

【禁毒宣传进校园】 国家禁毒委员会确定当年禁毒主题是“依法禁毒,构建和谐”,并提出以青少年群体为重点开展禁毒宣传教育。发挥检察职能,突出工作重点,以学校作为阵地,以“远离毒品,健康成长”为主题,发起“禁毒宣传进校园”活动,并在区第二小学举行启动仪式暨第一场展览活动,继而在辖区几所小学开展针对青少年群体、具有科学性、针对性、实效性的系列宣传。通过真实案例让同学们充分认识毒品的危害。结合青少年特点制作形象生动、内容丰富的展板,通过图片介绍毒品类型、毒品危害、防止毒品侵害办法等内容,提高青少年对于毒品的防范意识,为“全民禁毒、全面禁毒”奠定基础。

(李 菲)

【预防职务犯罪】 注重惩防并举,开展犯罪预防,加强警示教育,推动反腐倡廉。6月,“石景山院在国有大型企业开展职务犯罪预防工作的主要做法”信息被最高检转发,在国有大型企业探索构建预防职务犯罪新模式的做法和成效获肯定。7月,推进专门预防,与区卫生局、药监分局签署关于建立石景山区医药卫生系统预防职务犯罪联席会议制度的意见,加强协调配合,从源头上预防和治理腐败。

(李 菲)

【参与综合治理】 进一步规范社区矫正工作,加强政法各部门的沟通联系,联合公安分局、区法院、司法局开展社区服刑人员集中教育培训活动,对40余名社区服刑人员进行法制教育。向社区服刑人员宣传检察机关职能,着重介绍检察机关对监外监管工作履行法律监督的重要职能和监外日常检察和重点检察的工作内容,告知社区服刑人员约见检察官和检察官信箱的控告申诉渠道,对履行检察职能、依法保障社区服刑人员合法权益作出承诺,保证对要求约见检察官的社区服刑人员及时进行谈话、调查和答复反馈等工作。为确保“中秋节”和“国庆节”期间监外社区矫正人员的思想稳定,及时与区司法局各司法所联系沟通,制定措施做到“三个加强”,确保两节期间的安全稳定。一是加强对矫正人员进行节前教育。配合司法所开展节前教育,对重点人员进行走访,依法监督社区矫正三类人员的教育和帮教安置工作，并有针对性地做好社区重点服刑人员的管理教育工作；二是加强走访勤排查。“两节”期间多走访，勤排查，发现问题及时解决消除隐患，最大限度地预防社区服刑人员重新犯罪，保障监督效果；三是加强与区司法局、法院、公安分局人口办等部门协调配合。遇到问题积极协商、形成合力，共同解决。

（李　菲）

【举报宣传周活动】　开展以“依靠群众、反腐倡廉、服务大局”为主题的举报宣传周活动。结合检察机关工作实际和区域经济发展状况，精心选择宣传内容，采取有针对性的“五个一”宣传方式，让群众了解党、国家惩治腐败的决心和检察机关的职能作用，拉近检察机关与人民群众的距离。一是开展一次社区检务宣传，突出广泛性。有针对性地选择三个社区检务工作站开展大规模的反腐倡廉宣传。通过张贴挂图，发放自编的《让权利远离腐败》、《让家庭远离腐败》系列丛书和检务公开宣传材料，增强社区居民的法律意识，共同预防犯罪，推动文明社区建设；现场为群众提供便捷的法律咨询和服务，协助处理民间纠纷，及时解决群众诉求；为社区居民开展举报控告“绿色通道”，对居民控告、举报的线索当日进行登记并按职责分工交相关处室办理；二是举办一次检察长讲课，突出服务性。进一步推进“听、走、送”主题实践活动，副检察长应邀为北京京能热电有限公司开展一次“珍惜手中权利、争当文明使者”法制讲座，为企业100余名干部宣讲当前电力系统职务犯罪案件的特点、原因及对策分析，还向企业赠送反腐倡廉宣传资料；三是组织一次奖励举报有功人员，突出有效性。梳理近三年来检察院查处的职务犯罪中举报有功人员，争取奖励资金并组织发放活动。注意对举报有功人员的保护，应要求不公开任何个人信息，增强举报有功人员对检察机关公正执法的信任感、依赖感和安全感；四是召开一次检察长网上访谈，突出新颖性。打破常规宣传方式，检察长走进“首都之窗”直播间，与网民形成互动，接受法律咨询，宣传工作成果；五是约见一次检察长接待，突出人文性。两名党组成员分别开门接访和登门下访两名长期信访人员，通过耐心倾听信访人诉求，有针对性从法律和政策层面进行解答。宣传周期间，累计5名院领导、7名中层干部和30余名干警参加宣传活动，发放各类检察职能宣传材料1000余份，开展法律咨询3场，受教育群众达到千余人次。

（李　菲）

【实施人才强检】　全面实施市院“人才强检”战略规划，大力推进检察队伍专业化和人才群体化建设，自5月起，按照党管人才、德才兼备、公开、平等、竞争、择优和群众公认、注重实绩的原则，通过资格审查、履历业绩评审、书面评审、现场评审和认可度测评等环节的选拔，授予1人“区检察院专家型人才”称号、7人“专门型人才”称号。截至年底，有17人次获市级以上专家或人才称号，拥有全国检察业务专家1人、全国检察理论研究人才2人、市检察业务专家提名奖2人等一批优秀人才和业务骨干。同时，加强对人才的实践锻炼，精心选拔21名业务骨干受聘担任北师大“检察官讲堂”高级讲师。在共建单位北师大刑事法律科学研究院支持下，合作开办在职研究生课程进修班，31人报名。8月3日，召开第一期研究生课程进修班开班仪式暨人才群体化建设推进大会。市院党组书记、检察长慕平出席会议并讲话。

（李　菲）

【逮捕必要性条件规范】　7月，落实高检院和市检院关于推进三项重点工作部署，出台办理审查逮捕案件适用逮捕必要性条件的意见（试行），确立在办理审查逮捕案件中适用逮捕必要性条件具体规范。“意见”是全市首例逮捕必要性规范，贯彻落实宽严相济刑事政策，提高案件质量和诉讼效率，准确适用逮捕强制措施，创新并完善原有逮捕必要性审查工作方法。市院侦监处对该院制定“意见”给予重视和肯定，将“意见”内容以市院侦监处公文形式在全市检察机关推广参照执行。

（李　菲）

【完善轻案快审机制】　在市院和市委政法委统一部署指导下，开展认罪轻微刑事案件快速办理试点工作，在总结实施情况调研分析基础上，结合实际，制定快速办理认罪轻微刑事案件试行办法，着重建立完善轻案快审内外部运行机制。深化轻微刑事案件快速审理工作，进一步规范和完善审查批捕环节轻刑快审机制，对轻微刑事案件在遵循法定程序、确保案件质量的前提下，简化工作流程，缩短办案期限。

（李　菲）

【大墙内希望工程】　邀请全国、市、区三级人大代表到市女子监狱对在押人员进行帮教，送去就业技能培训费和学习用品。坚持开展对看守所女性在押人员帮教工作，把到看守所帮教女性在押人员作为一项检察改革来抓，拓宽帮教工作范围，提高帮教标准。3月8日，检察院监所处、区妇联和司法局在石景山看守所对女性在押人员开展以“温暖你我他，同庆妇女节”的慰问帮教活动，教育、感化、挽救误入歧途的女性在押人员，稳定她们的情绪，使其能安心改造，为重新返回社会奠定基础。

（李　菲）

【配合首钢停产维稳工作】　贯彻“石景山区、首钢北京厂区停产维稳工作协调小组会议”精神，配合做好首钢北京厂区停产维稳工作。制定实施方案，成立领导小组，分工负责形成合力;发挥检察职能,重点抓好职务犯罪侦查和预防问题;主动与区委、首钢沟通协调,争取有关部门支持,注重配合,实现对接;加强经验成果总结,确保首钢北京厂区停产分流工作安全顺利完成。

(李　菲)

【四步工作法化解纠纷】 在办理案件中探索形成"四步工作法",化解群众矛盾纠纷。第一步,贴近群众,使检察机关在群众中形成公信力;第二步,找到矛盾症结,法、理、情结合,促成双方目标统一;第三步,相信群众,为双方有效沟通搭建平台。第四步,依靠群众,以合力促和谐,在双方基本达到和解意向基础上,借助当事人所在单位、双方同行等多方力量,共同促使双方当事人和解。

(李　菲)

审　判　工　作

概　　述

北京市石景山区人民法院(简称区法院)是国家审判机关,依法行使审判权,审判在法律规定范围内的第一审刑事案件、民事案件、商事案件、行政案件并承担相应的执行职责,通过依法审判,严惩犯罪分子,妥善化解民事、商事和行政纠纷。目前,区法院设刑事审判庭、未成年人法庭、民事审判第一庭、民事审判第二庭、民事审判第三庭、民事审判第四庭(知识产权审判庭)、五里坨派出法庭、行政审判庭、执行局(下设执行一庭、执行二庭)、立案庭、审判监督庭、涉诉信访办公室、审判事务管理办公室、书记员室、研究室、办公室、政治处、监察室、法警队等19个局、庭、处、科、室及信息技术中心和机关后勤服务中心2个全额拨款事业单位。干警166人,其中审判员48人,助理审判员26人;行政序列人员11人,事业编人员11人,法警8人;具有本科文化程度的76人,占总人数的45.8%,具有研究生学历的73人,占总人数的44%。年内,围绕本区"大调整、大建设、大发展"工作主基调,发挥审判职能作用,主动延伸司法服务领域,把抓好队伍建设、提高审判水平作为工作的出发点,将社会矛盾化解、社会管理创新、公正廉洁执法三项重点工作作为各项工作的落脚点,践行"让当事人打一个公正、明白、便捷、受尊重的官司"的庄严承诺,取得显著成效,全年受理各类案件8259件,审结8005件,结案率为97%,一审服判息诉率为87%,居于全市法院前列。发挥审判委员会对于案件质量的监督、指导和决策作用,召开审委会26次,研究各类案件61件次。深入开展法官下基层等项活动,全年共上门立案、开庭、调解、调查取证、普法和提供法律咨询服务4000余次。对近百名生活确有困难的当事人减、免、缓交诉讼费14.2万元。收到当事人送来的锦旗106面,表扬信19封。抓好理念教育,组织新进大学生到边远山区、贫困法院、街道社区进行考察、学习、交流,去体会和感受社会,了解社情民意,通过实践增加对社会主义法治理念的认同感。抓好人才建设,出台关于加强人才工作的意见和青年后备法官的使用规定,对人才的使用及青年法官的选任进行制度上的规制和要求。抓好廉政建设,通过设立廉政文化长廊、制作廉政台历、发送廉政短信,做到廉政教育形式多元化,实现全院违纪违法零指标。抓好基层基础建设,加强组织机构建设,先后成立执行局、信访办、审管办、教培科。抓好监督工作,高度重视媒体监督,建立新闻发言人制度,加大对案件庭审的网络直播力度,开展网络直播51次,进一步增强司法工作公开及透明。获"北京市先进法院"称号,成为全市唯一一家连续六届十二年获此殊荣的单位;干警魏长朋、张鹏分别获"全国劳动模范"和"北京市劳动模范"称号。

地址:阜石路169号

电话:68899888　68899777

邮编:100043

(徐莹莹)

【重大项目协调机制】 服务大局工作取得新进展。适应"大调整、大建设、大发展"的工作要求,出台关于加强为石景山区重大项目推进和环境整治工作提供司法保障的决定,明确涉重大项目和环境整治指导思想、工作原则、协调机构,搭建沟通机制,采取五项措施依法助推重大项目工程进展。一是坚持服务大局。院庭领导亲自挂帅,骨干法官实行专业化审判,强化审判质量;二是及时做好调处工作。优先立案、快速审理、强化调解、及时执结,确保重大项目工程按期开工;三是建立联动处理机制。建立信息通报平台,及时了解和掌握重点工程最新动态以及可能引发诉讼案件纠纷信息;建立联动处理机制,对敏感拆迁案件,加强沟通协调,合力调处,力争以调解方式结案;四是加大排查力度。定期深入街道社区排查摸底,提前引导"隐性纠纷";逐案排查在审案件,跟踪、指导,避免矛盾激化；选取典型案例到基层开庭、宣判，发挥判决示范引导作用；五是发挥司法能动作用。针对案件审理中反映出来的突出问题，及时向相关部门发送司法建议，促进依法拆迁。

（徐莹莹）

【执行局正式成立】　贯彻落实市高院关于调整全市法院执行机构名称等有关事宜的通知和关于执行权配置的若干规定，经区法院党组研究并报市高院和区编委会批准，自4月1日起将执行庭正式更名为执行局，开展各项执行工作。揭牌仪式于3月29日举行。制定出台执行工作岗位职责细则（试行）。

（徐莹莹）

【五里坨法庭运行】　五里坨地区地处本区西部，人口聚集较多，又是拆迁重点地区，自年初拆迁工作全面启动后，因拆迁补偿分配导致家庭内部成员产生争议的纠纷大量涌入法院。为便利五里坨地区当事人参加诉讼，支持区重点工程建设，区法院积极进行五里坨法庭的筹备和建设工作，多次深入五里坨地区开展调研，在掌握该地区现阶段主要矛盾纠纷类型及原因的基础上设立派出法庭，方便群众诉讼。9月17日，公开开庭审理一起家庭内部因涉拆迁补偿分配引发的法定继承纠纷，标志着五里坨法庭进入正式运行阶段。截至年底，进一步加强五里坨法庭审判工作。一是在进一步完善法庭办公硬件设施的同时，将现场审理案件与巡回审判相结合，以应对当事人诉讼的现实需要；二是通过现场开庭、就地调解形式，增强案件审理的示范效应，引导教育当地居民合法、合理维权，达到“审理一案，教育一片”效果；三是对涉拆迁纠纷坚持“快立、快审、快结”原则，加大督办力度，加快审理进度，力求达到保障辖区拆迁工程顺利进行的目的。

（徐莹莹）

【未成年人刑案社会调查】　加大对未成年人刑事案件社会调查制度的探索。新选任数名人民陪审员作为社会调查员队伍新生力量，其中有区未成年人保护委员会的工作人员、大学老师、社区工作者等。邀请调查员参与宣判时的法庭教育；定期组织社会调查员对未成年犯实施跟踪帮教、判后回访，帮助他们回归社会。由仅为本市未成年被告人扩大到包括外地未成年人在内的所有未成年被告人，使之一样有获得社会调查的权利。制定关于未成年人刑事案件审前社会调查工作的若干规定，细化和明确操作程序，规范社会调查报告在庭审中的出示。定期组织社会调查员进行与未成年人有关的法律法规培训以及召开有关实施社会调查过程中所发现问题等情况的座谈会，就进一步规范、完善社会调查制度进行共同研讨和交流。该项制度实行以来，14名未成年被告人被判处非监禁刑，12名在校生未成年犯得以重返校园。自将社会调查对象扩大至外地籍被告人以来，8名外地未成年犯被判处非监禁刑，重新回到校园、单位和社会。被判处缓刑的少年从老家寄来信件向法官汇报思想及自己矫正、改造情况，感谢法院使其获得重生。市委政法委《北京政法内参》和市高级法院《北京法院决策参考》均对区法院未成年人犯罪审前社会调查与审后通报制度进行全面介绍。

（徐莹莹）

【商事纠纷调撤率近80%】　商事审判推行“准点”调解法，案件的调撤率达到85%左右。在坚持商事纠纷预防机制的基础上，针对商事纠纷的特点，进一步深化和完善商事纠纷预防和调解。出台商事纠纷案件调处流程，建立“双向沟通”机制。注重找准双方当事人利益平衡点，注重准确归纳案件争议焦点、关键证据点，注重找准情感契合点，注重找准调解时间点。引入社会力量，借助工商分局、区集体经济办、住建委、各街道等各部门及专家教授、专兼职调解员力量形成纠纷调处合力。在原有建立的商事预防机制的基础上，针对涉供热、物业、租赁等几类案件引入暂缓送达快速调解机制，形成“快速通道”。鼓励资深法官发掘、提炼其在案件处理、调解方法等方面的经验，通过“带教制”方式向年轻法官传授。全年商事纠纷案件调撤率近80%，其中年轻法官及助理参与调解的案件占商事纠纷案件80%以上。

（徐莹莹）

【法庭进科技园区】　加强与科技园区企业的沟通交流，开展“法庭进园区”活动，提高企业风险防范能力。法官们向知识产权局、园区管委会通报园区企业涉诉情况及存在问题，就今后如何帮助企业强化预防，减少诉讼纠纷发生提出意见和建议。深化涉园区企业知产案件通报制度，建立司法审判和企业发展动态的互动沟通机制，共同构建区域知识产权保护体系。定期开展“园区讲堂”形式，对一定时期内较为突出的法律问题和典型案件，及时地向园区管理部门和企业反馈，发挥司法的引导作用。对涉诉较多的园区企业，探索建立“点对点”沟通机制，使企业负责人员特别是高层经营管理人员充分认识到加强知识产权保护的重要意义，从而自觉规范其经营行为。共同构建多方参与、多方联动的区域知识产权纠纷大调解格局，通过建立事前预防机制、加大调解力度、丰富调解方式等多种方式，促进纠纷快速解决。年内，将部分知识产权案件委托中国互联网协会开展调解，委托案件全部以案外调解方式解决。

（徐莹莹）

【清理执行积案1548件】　开展创建“无执行积案先进法院”和开展委托执行案件专项清理的两项活动部署。与“三项重点工作”相结合起来，从源头上预防执行积案的产生，规范执行行为。清理、执结案件1548件,执结标的总金额2亿元,一批涉及农民工、低保户等特困群体的重点案件得以执结。

(徐莹莹)

【行政案件通报2次】 落实与区政府签署的关于建立行政诉讼案件通报制度的决定。行政案件通报2次,查找问题7条,向行政机关提出建议7条,发送司法建议2份,得到相关单位整改。建立并完善行政机关负责人出庭应诉制度,促进行政机关执法水平的提高。

(徐莹莹)

【立案窗口建设】 以"制度健全、功能完善、设施齐备、服务到位"为工作目标,推进立案窗口规范化建设,实现"九个统一"。一是统一接待流程;二是统一立案大厅便民措施,做到设施齐全,功能正常;三是统一实行导诉咨询服务;四是统一设置诉前调解引导程序;五是统一实行文明接待制度;六是统一实行一次性告知制度;七是统一实行首问负责制;八是统一案件受理工作制度;九是统一立案诉讼文书。接待群众2.3万人次,提供诉讼服务1.8万件次。

(徐莹莹)

【监督职能转变】 建立以审判管理为核心的绩效考核制度。遵循审判工作基本规律,运用科学方法,以审判实际工作需要为标准,建立起科学的绩效考核制度。健全以法官业绩档案为中心的管理载体。以常规审监工作为抓手强化内部监督管理。通过案件质量评查、发改案件分析、庭审抽查、裁判文书评查和对检察建议书评析等,对审判进行事前、事中和事后全方位监督,从各个环节对审判过程进行督导,提高案件质量。

(徐莹莹)

【万件案件评查】 开展"万件案件评查"工作,自查案件960件。巩固当年化解信访积案的工作成果,推进清积评查活动进一步向纵深发展。通过探讨、总结"万件案件评查"活动的经验、成果,指导季度案件复查工作的开展。与干警的业绩考核相结合,将评查的结果记入干警的业绩考核之中,实行"奖优罚劣"的奖惩机制。对于各类涉诉信访挂账案件、重信重访案件、督办案件等要全面评查,及时将评查结果反馈信访办。坚持"制度建设"的主线,将评查反映出的问题予以消化,促进制度建设的完善。围绕"维护司法公正,化解社会矛盾,提高司法能力,打牢基层基础"四项重点工作来指导案件评查活动。

(徐莹莹)

【48名当事人息诉罢访】 司法为民举措取得新进展,主动协调相关部门解决部分信访人实际困难,全年使48名当事人息诉罢访。成立涉诉信访办公室,专门负责统筹、协调、指导全院的涉诉信访工作。建立信访责任倒查机制,从源头上防止涉诉信访问题的发生;完善突发信访案件的应急机制;制定清理信访积案工作制度。完善联合接访的案件登记和案件处理流程,规范联合接访案件的卷宗管理;深入开展院庭长信访接待工作,将信访问题化解在基层。加大对民商事案件的调解力度,防止涉诉信访案件产生,探求信访积案成因和解决机制。完善司法救助金管理,建立司法救助金明细档案,确保司法救助金合理、有效使用。

(徐莹莹)

【人民调解进立案庭】 11月26日,与区司法局、北方工业大学举办"人民调解进立案庭"工作启动仪式,与区司法局共同签署关于人民调解与诉讼调解相衔接的矛盾纠纷解决机制的意见,聘请4名专职调解员和7名北方工业大学法律专家作为兼职人民调解员。截至年底,立足工作实际、规范工作流程、创新工作方法,在近一个月时间内,调解民事纠纷250余件,陆续为百余名当事人提供法律知识帮助,初步显现此项工作的优势。一是将"人民调解"和"法律帮助"工作纳入立案审判工作范畴,在立案大厅设置"人民调解室"、"法律帮助专席",并派专人与"立案接待窗口"相衔接,各司其职、互相配合,为当事人提供法律释明、诉前调解,规范立案审查,为后续审判工作奠定基础;二是加强"法律帮助专席"对当事人的法律释明与引导工作。由北方工大法律系师生帮助答疑解惑、减轻对立情绪,同时,为当事人普及法律知识、化解矛盾纠纷;三是有针对性的开展调解工作。特邀人民调解员进行初查、分类处理;四是借助人民调解力量,为诉讼工作服务。特邀人民调解员调处纠纷、核实被起诉人信息、指导当事人举证、帮助当事人归纳争议焦点等诉讼服务,缓解案多人少、任务繁重压力,为诉讼服务改革积累经验。

(张书克 徐莹莹)

【审判管理改革】 抓住队伍建设的核心问题,把最优质的审判资源管好、用好、培养好、发展好。明确审判管理模式改革要坚持从实际出发,坚持以改革求发展,坚持抓主要矛盾,坚持求真务实的原则。以人才培养、选拔、使用和激励为出发点,以整合审判资源,优化资源配置为突破口,突出优质资源的引领和带动作用,建立符合审判工作规律和特点的工作结构、管理模式和考评方式,形成健全和完善的机制。调整现有的审判管理模式为主审法官审判负责制的审判管理模式,将审判管理与职能管理相分离,强化优质审判资源的核心作用;整合审判资源配置,强化以老带新,将优质审判资源集中统一管理和使用,形成审判权行使的精英化,提高审判质量、效率和效果,减少涉诉信访问题发生;探索和建立完善的激励机制,确保优秀人才有用武之地和良好的发展环境及空间，促进优秀人才全面发展。

（徐莹莹）

【后备法官培养】 区法院党组在对青年后备法官的成长规律和成长特点反复研究和论证基础上，出台青年后备法官培养、使用若干规定，明确青年后备法官的培养方式和培养原则、培养目标和培养内容、管理方法和考核内容、选拔使用程序。

（徐莹莹）

【“石景山法院网”开通】 年初正式开通“北京市石景山区人民法院国际互联网站”（http://sjsqfy.chinacourt.org/）。该网站是区法院面向社会展示工作概况，反映全院整体风貌的平台，主要包括法院简介、司法为民、工作动态、审判公开、文化建设、专题报道、法规查询、庭审直播等10余个主栏目，20余个子栏目，还开设互动栏目——院长信箱。当事人和广大的人民群众可足不出户了解到打官司的常识、立案表格的填写方法、现行法律法规、审判业务部门职能等信息，从而避免跑冤枉路，有效减少诉累。网站通过文字、图片等形式及时向社会公众发布该院工作信息，反映全院审判工作和队伍建设动态，接受社会监督，提高司法工作的公开度和透明度，收集当事人和社会公众对法院工作提出的合理化意见和建议。

（徐莹莹）

【“2+3”舆情监控】 探索建立以预防研判、即时发现、妥善处置各类舆情为内容的“2+3”舆情监控工作机制。“控制两条线”，一是与区网监部门连线，强化协作意识。包括协作发现和平处；二是与各级新闻媒体连线，强化媒体意识。定期沟通交流，建立起相互信任、合作共赢的和谐关系，做到司法公开、信息公开、主动引导的、正确的舆论导向。“把握三个点”，一是发挥舆情监控网络在预判和自本发现等方面的功能；二是制定舆情处置预案，包括发现、通报、排查、上报、调处、反馈等多个环节，确保发现负面舆情后，各部门能各司其职，相互联动，共同化解危机；三是对舆情监控机构、人员、职责、管理办法和奖惩措施等予以明确，确保规范化和制度化。

（徐莹莹）

【《法制在线》栏目开设】 与《首钢日报》合作，开设“法制在线”栏目。搭建贴近百姓的窗口和平台，展示区法院及法官公正、为民的司法形象，增进基层群众对法院工作全面、深入了解，感受法官亲民、爱民、便民的人文情怀；发挥“法律讲堂”作用，向广大群众进行普法宣传和法制教育，增强群众知法、守法、用法的法律意识；促使广大群众监督法院工作。

（徐莹莹）

【接受监督不断深化】 继续深化各项自觉接受监督工作。在坚持每季度邀请代表、委员旁听庭审，重要节日及纪念日举办法院开放日活动，街道社区联络员季度走访机制，季度工作通报汇报法院工作，检察长列席审委会，典型案件进行网络直播等工作的同时，不断拓展接受监督渠道，丰富接受监督手段。7月28日，开展“人大代表进法院”活动，就人大代表关注的劳动争议案件，邀请近20名市、区两级人大代表参加座谈；11月25日，召开部分市人大代表座谈会，听取对市、区法院工作的意见和建议。年内，院党组带头走访辖区市、区人大代表，累计100余人次。

（徐莹莹）

【高质审判出精品】 在第二届区政法系统“十大精品”案件评选颁奖活动中，区法院审理的“李印贵诉首钢矿业公司劳动争议信访案”、“张琳娜等73人诉石开公司商品房预售合同纠纷案”被评为区政法系统“十大精品案件”精品奖。“王艳诉骆楠道路交通事故人身损害赔偿执行案”、“李月荣诉张琳饲养动物致人损害赔偿纠纷案”、“未成年人李某抢劫宣判缓刑获司法救助一案”被评为优秀奖。同时获区政法系统“十大精品案件”组织奖。

（徐莹莹）

【完善应急处突机制】 在总结以往法院安全保卫应急处突工作经验的基础上，完善预防和处置突发事件联动机制，制定出台预防和处置突发事件联动机制预案（试行），并与公安分局治安处、区卫生局、八角派出所、金顶街街道等相关单位召开协调会。该预案对适用突发事件的范围、领导小组和成员单位及各自职责、突发事件的处理原则及程序、几类典型突发事件的处理方案均作明确具体规定。

（徐莹莹）

案例举要

【人性判决幼子坠楼案】 原告李志坚与张晓雨于2004年登记结婚，婚后育有一子李佳宗祺。上年10月26日下午3时30分左右，李佳宗祺从原告前岳父母居住的12层家中阳台处坠落，经抢救无效于当日16时死亡。近年来因家庭矛盾，李志坚与张晓雨感情已出现裂痕，这次的丧子事件直接导致家庭矛盾激化，两人也因此解除婚姻关系。李志坚认为前岳父李淳生未能尽监管看护职责是导致受害人死亡直接原因，故将李淳生诉至法院，要求其支付原告死亡赔偿金247250元、丧葬费3335元、精神损害抚慰金5万元，并承担案件受理费。案件从立案之初就引起社会的广泛关注，大批媒体对案件进展程度进行跟踪报道。区法院通过庭审现场询问、交流，引导当事人反思自己行为不当之处、疏导当事人之间怨恨情绪，避免激化矛盾。原告方曾一度怀疑被告方有谋杀嫌疑，承办法官及时联系公安机关调取询问笔录等证据材料，并到被告方所在小区向物业及当地群众了解各方面情况,以求在证据确凿基础上妥善处理本案。在保守审判秘密基础上,进行释疑解惑,引导社会舆论导向。原告痛失爱子提起索赔之诉主要目的是“讨一个说法”。该院将诉讼中调解作为“判前释明”的方式,运用调解过程帮助当事人正确、全面理解法律,引导他们认识到诉讼后果。及时开庭审理,了解案件的来龙去脉后,考虑到当事人的情绪波动较大,且对法律条文存在片面、错误的理解,故不宜较快裁判。在此期间,通过媒体宣传与调解工作,让当事人看到其间存在的矛盾根源,消弭一些误会,形成正确的裁判预期。在了解当事人情绪稳定后,再择期宣判。考虑到本起案件当事人之间的特殊关系,该院在判决书中加入法官寄语,在透彻释明法律的基础上将法官自身对当事人双方的希望寄语其中。中央电视台《经济与法》、《庭审现场》、北京电视台《法治进行时》、《经济法眼》、北京广播电台、《法制晚报》等三十余家媒体对此案进行专题报道,《北京青年报》、《北京晚报》均以整版形式报道此案。法院裁判化解了当事人间的矛盾。

(徐莹莹)

【执结涉市重点工程腾退案件】 市重点工程的阜石路二期是一条连接中心城区与西部地区的城市快速道路,原计划年底建成通车。总面积达4447.71平方米的涉案场地、房屋位于该道路工程与西六环连接处,被执行人王福英系该场地的承租人,在收到房屋的拆迁补偿款后仍然拒绝腾退房屋,其拒腾行为严重影响阜石路二期年底通车的工程目标。考虑到阜石路二期工程全线贯通的紧迫性与拆迁腾房案件本身的复杂性、艰巨性,该案进入执行程序后,多次到被执行人家中作化解工作。在多次和解和劝解工作未果的情况下,针对被执行人王福英的召集亲友聚集现场拒绝腾退的粗暴抗法行为,本区迅速启动强制腾退程序,区政法委亲自牵头,多次召开由区公安分局、区消防支队、区交通支队、卫生局等单位参加的协调会,经过多次研究,制定由核心突破、现场警戒、外围稳控三重措施组成的执行方案,包括建立专案领导协调小组、执行人员统筹调配、具体执行阶段、步骤、应急预案等。区委区政府领导赴现场指导,各单位合理分工,果断采取强制措施,迅速稳控执行人及其亲友,审慎排控现场汽油、煤气罐、长刀棍棒等危险物品,妥善腾退涉案房屋。

(徐莹莹)

司法行政

概述

北京市石景山区司法局是区政府负责本区司法行政工作的职能部门,业务上受市司法局指导。内设办公室、人事法制科、基层工作科、法制宣传科、社区矫正和帮教安置工作科、公证律师管理科6个职能科室,同时承担着区法制宣传教育和依法治区领导小组办公室、区社区矫正和帮教协调委员会办公室的日常工作。在全区9个街道(社区)、集体经济办公室分设10个司法所;设1个参照公务员法管理事业单位即区法律援助中心,1个自收自支事业单位即燕京公证处。区机关司法行政人员编制54人。年内,围绕“深入推进社会矛盾化解、社会管理创新、公正廉洁执法”三项重点工作,依法履行法律保障、法制宣传、法律服务职能。化解矛盾纠纷,维护社会稳定。贯彻落实首要标准,以最大限度降低重新违法犯罪率、服务“平安石景山”建设为目标,明确工作重点,加强基层基础工作。全区全面实现“三不出、两减少”目标。进一步完善普法工作组织领导,开展普法和依法治区工作,通过市“五五”法制宣传教育检查验收组的检查验收,完成区第五个普法规划(2006~2010年)多项任务。广泛开展“法律六进”活动,将法律送到群众身边。贯彻落实《北京市法律援助条例》,开展多项法律援助便民服务主题活动。贯彻执行《公证法》,热情为当事人提供公证法律服务。贯彻执行《律师法》、《行政许可法》等法律法规,加强律师行业管理。6月,对辖区内律师事务所和律师进行年度考核。根据市司法局统一部署,筹备建立区律师协会。9月,对科级干部进行全方位轮岗交流。区法律援助中心被评为区第六届“人民满意的政法单位”。

地址:八角北里

电话:68874144

邮编:100043

(张书克)

【全区调解委员会178个】 四级调解组织网络进一步完善。即以区人民调解工作指导委员会为指导,以街道人民调解委员会为骨干,以社区人民调解委员会、企业人民调解委员会、市场人民调解委员会、外来人口人民调解委员会为基础,以楼门信息员为补充的四级调解组织网络。截至年底,全区有调解委员会

178个,其中街道调解委员会10个,街道物业调解委员会9个,街道劳动争议调解委员会9个,社区调解委员会145个,企业调解委员会2个,市场调解委员会2个,外来人口调解委员会1个。调解人员1272人。

(张书克)

【调处民间纠纷5770件】 3月1日~12月31日,开展人民调解化解矛盾纠纷专项攻坚活动。发挥人民调解组织网络健全、人员队伍遍布城乡的优势,集中时间、集中力量、整合资源对一定区域内比较突出、群众反映比较强烈的矛盾纠纷、多年积累长期未得到有效解决的矛盾纠纷、党委政府交办的矛盾纠纷开展排查调处。多次开展矛盾纠纷排查调处,确保民间纠纷不激化,疑难矛盾纠纷及时发现并得到妥善监控、分流。针对频发的校园安全案件,发挥司法行政职能,组织各级调解组织和调解员对学校、幼儿园、农民工子弟学校周边开展地毯式矛盾纠纷大排查,对排查出的矛盾纠纷和隐患进行登记造册,分析研究,及早采取有力措施,进行宣传引导,把矛盾纠纷隐患解决在萌芽状态。年内调处各类民间纠纷5770件,比上年增加251.8%,调解成功5475件,成功率为94.9%。其中,婚姻家庭642件、邻里1428件、合同16件、赔偿235件、劳动437件、物业366件、征地拆迁142件、计划生育6件、施工扰民1647件、房屋宅基地127件、其他724件。

(张书克)

【司法促迁机制】 5月,服务重点地区整治和重大项目建设工作,联合苹果园等街道建立司法促迁工作机制,成立司法促迁工作领导小组和办公室。司法所定期组织律师、司法助理员和人民调解员深入拆迁现场,解答群众法律咨询;对促迁工作中所涉及的法律问题提供法律意见;对促迁工作中矛盾纠纷进行分析化解,提供参谋意见和法律引导;根据地区需要,适时开展与促迁工作相关的法律法规宣传;搜集拆迁地区矛盾纠纷信息,及时为领导决策提供服务。11月20日,在老古城拆迁地区开展"人民调解法"宣传,在活动现场布置展板20块,为群众解答相关法律和政策咨询,发放拆迁补偿、《人民调解法》、法律服务等宣传材料200余份。

(张书克)

【矫正帮教规范】 规范矫正帮教制度,年内制定关于两节两会期间开展重点人及矛盾纠纷大排查工作的通知、关于充分发挥司法行政职能作用服务校园安全稳定工作的通知、关于贯彻落实全国两会安保社会面等级防控的命令的通知、关于开展矫正帮教百日安全活动的方案等10余份文件。定期开展排查、走访,重要节日、保卫期前实施加密排查,重点区域、重点节点实施地毯式滚动式排查,对千余名两类人员逐一梳理,全面掌握两类人员思想和行为动态,做到底数清、情况明。完善突发事件处置预案,保证信息情报和通讯畅通。在重点时期,针对矫正帮教重点环节,完善落实日报告、24小时值守制度,对重点人稳控情况、重点矛盾纠纷排查化解情况等动态掌握情况,及时反馈各类信息,维护地区稳定。在就业、生活状况普查调研的基础上,与劳动部门加强协作,落实促进就业各项工作措施,强化对两类人员的教育引导,对有就业需求和能力的两类人员,及时登记信息、推荐就业,鼓励自谋职业和灵活就业。在民政、社保等部门支持下,对符合条件的生活困难两类人员及时帮助其办理最低生活保障、申请廉租房等,落实民生保障措施。与公安部门共同研究解决注销户口人员面临困难和问题,按照规定协助其办理恢复户口手续。继续与专业心理咨询机构合作,引进智力支持,将两类人员的心理特征作为排查工作重点项目,加强思想和情绪疏导,促使两类人员尽快转化,防止发生非正常死亡问题或其他危害社会行为。年内社区服刑人员183人,刑释解教人员804人。矫正帮教组织与社区服刑人员谈话2616人次,走访2253人次,组织学习2158人次,组织公益劳动2311人次;社区服刑人员电话报到3855人次,到司法所当面报到2249人次,对刑释解教人员开展走访和教育6000余人次。

(张书克)

【法制教育巡展】 举办打击防范涉众型经济犯罪法制教育社区巡回展。25家单位和9个街道组织干部群众参观1.4人次,社区居民自发参观约6.5万人次。

(张书克)

【法制宣传咨询周】 5月9日,以"崇尚法律,共筑和谐"为主题的区法制宣传咨询周活动在鲁谷社区伴月园广场启动。活动当天,区服务经济发展律师志愿团、燕京公证处、区法律援助中心、区住建委、环保局、卫生局、气象局等有关单位共同参加现场活动。展出法宣展板15块,发放法制宣传折页3000余份,解答群众法律咨询40余人次。各街道、各单位单独组织主题宣传咨询活动5场次,法院等13家单位参与宣传活动,律师志愿团参与各地区法制宣传活动21人次,解答群众法律咨询120余人次,发放法制折页5000余份、各类法制材料万余份,直接参与活动群众达1500余人次。

(张书克)

【"五五"普法验收】 7月1日,由副市长、市法制宣传教育领导小组副组长刘敬民带队,市司法局、市高院、市委研究室、市民政局领导以及部分市人大代表、政协委员,社会科学院专家学者和有关单位领导组成的市"五五"法制宣传教育检查验收组到区,对落实第五个五年普法规划(2006~2010年),开展法制宣传教育工作情况进行检查。听取工作汇报,就工作开展情况进行点评和提问,荣华、周茂非以及有关单位领导就检查组关心的问题进行解答。

(张书克)

【家庭法律知识大赛】 8月9日,经过全区选拔的8个家庭到区总工会参加"小手拉大手"家庭法律知识大赛的现场角逐。根据市关于开展"小手拉大手——家庭法律知识大赛"的相关要求,区法制宣传教育和依法治区领导小组办公室组织全区家庭参赛,以赛促学,为构建和谐石景山、法治石景山营造良好的法治环境。此次大赛以全区有未成年子女的家庭为参赛对象。

(张书克)

【"12·4"法制宣传日】 12月4日,区法制宣传和依法治区领导小组办公室、区总工会、区司法局、八角街道在八角北路社区共同举办"12·4"法制宣传日系列活动启动仪式。企业代表宣读《依法保护外来务工人员合法权益承诺书》,律师代表宣读《提供优质法律服务促进社会和谐发展倡议书》。区法院、区检察院、公安分局、国资委、统计局、城管大队、烟草专卖局、妇联、团区委、律协等10多家单位工作人员在现场开展法律咨询活动,为社区居民解答法律问题,市、区领导在现场与工作人员一起为居民发放多种法制宣传资料,现场气氛热烈。启动仪式后,区司法局还为居民安排一场"人民调解故事会",专门邀请工作在街道社区的人民调解员和司法所长,为居民群众讲述他们调解的案例,通过这些发生在居民身边的调解故事,进一步宣传《人民调解法》,宣传人民调解工作。各单位、各街道办事处此后组织开展丰富多彩的宣传活动。八宝山街道举办"普法宣传大家齐参与"知识竞赛和普法宣传活动,辖区内的律师到三山园等社区为社区居民讲解遗产继承、婚姻家庭等法律知识;苹果园街道在海特花园社区开展法制宣传和法律咨询活动;区环保局在古城路社区组织开展"12·4法制宣传进社区活动";区教委举行主题为"弘扬法治精神,构建绿色教育"的"12·4"法律知识竞赛。

(张书克)

【区律师协会成立】 7月24日,区第一届律师代表大会第一次会议召开,成立区律师协会。本区第一届律师代表大会第一次会议通过律师协会章程,选举产生协会7名理事和3名监事,并选举出方正律师事务所邵昊律师为协会会长、华夏律师事务所谢建国律师为协会监事长。

(张书克)

【律师服务重点工作】 4月26日,为贯彻落实首都综治委关于进一步加强社会治安重点地区排查整治的工作意见精神,推进"社会矛盾化解、社会管理创新、公正廉洁执法"三项重点工作,发挥律师在维稳促迁工作中的作用,组织"服务石景山区经济发展律师志愿团"7名律师与鲁谷、古城、苹果园三个街道司法所举行座谈。听取司法所关于衙门口村、老古城社区、边府社区治安和拆迁情况介绍,7名律师对发挥矛盾纠纷化解作用的方式和范围等问题提出意见和建议。并深入社区进行调查摸底,在此基础上提供法律咨询、纠纷调解、诉讼代理等法律服务。

(张书克)

【律师行业管理服务】 贯彻执行《律师法》、《行政许可法》等法律法规,规范律师行业管理。年内,受理和初审各类行政许可事项38件,其中异地变更执业机构申请4件、本地变更执业机构申请12件、申请执业证5件、执业证丢失补办2件、律所地址变更2件、设立律所申请3件、合伙人入伙3件、合伙人退伙3件、合伙协议变更2件、章程变更2件。年内,根据市局部署,对全区律师开展警示教育。

(张书克)

【公证质量提升】 为提升公证质量,根据市司法局部署,燕京公证处于4~8月开展"恪守职业道德 维护公证公信"主题教育活动。在活动期间,全体公证员参加市公证协会组织的"恪守职业道德、维护公证公信"主题教育培训讲座,并开展相关业务规范的自学。6月17日,市司法局公证质量检查小组到燕京公证处进行公证卷宗质量检查,检查国内民事卷宗30册,主要为继承、遗嘱、赠与合同、协议书、强制执行、保全证据等公证事项,全部合格。年内,燕京公证处办理各类公证事项11790件,其中国内民事6223件,涉外及港澳民事5567件。国内民事以委托书、继承、遗嘱、协议书、声明书等公证事项为主,涉外民事以出生、婚姻、学历、无犯罪证明等公证事项为主。

(张书克)

【法律援助体系构建】 贯彻落实《北京市法律援助条例》,围绕三项重点工作,结合本区实际情况,开展多项法律援助便民服务主题活动,制定关于开展农民工法律援助专项维权服务活动方案,为弱势群体提供法律服务。接待来电来访3294人次,受理法律援助案件222件,同比上升53%;受理案件中刑事案件37件,同比上升19%;民事案件185件,同比上升62%,其中劳动纠纷类案件139件,赡养费、抚养费、扶养费纠纷类案件9件,交通事故纠纷类案件18件,工伤事故纠纷类案件7件,医疗事故纠纷类案件1件,人身损害赔偿纠纷类案件11件。148法律服务专线接待法律咨询494人次,其中电话咨询360人次,来访咨询134人次。

(张书克)

案例精选

【化解养猫扰民纠纷】 5月，瑞达社区调委会到八宝山司法所反映，瑞达社区李某家养猫，影响其他居民正常生活，社区调委会调解无效。经司法所深入细致调查了解，瑞达社区居民李某与其妻于某现养猫37只，其邻居张某认为李某养猫影响自己的正常生活，曾与李某发生过口角，经社区调委会调解，李某表示将上网把猫送人，但一直没有送出。当年瑞达公司调房，新业主因为猫的问题拒绝入驻，老业主与新业主共10人，联合签名要求解决猫的问题，并请一名律师、二名律师助理准备起诉到法院，并向物业提交报告，认为物业管理不到位，拒交物业费，同时表示要到区里、市里上访，并要通过新闻媒体曝光此事。司法所了解情况后，在第一时间走访李某夫妻二人，深入细致做好李某夫妻工作。李某夫妻表示"他们养猫不犯法，邻居们说话过激，愿意起诉就起诉吧"。司法所反复劝说多次，使李某同意将29只猫交给政府处理，留下8只猫，并给猫做绝育手术。司法所进一步做好邻居们的思想工作。邻居们开始时情绪比较激动："已经忍多年，说处理也不处理，猫叫起来很难听，使人不能入睡，没法正常生活，所以才要起诉。物业管理不到位，猫不处理就不交物业费。"司法所开导后，李某邻居们表示愿意冰释前嫌，握手言和。双方达成相互谅解协议。司法所及时与区流浪动物协会联系，流浪动物协会与李某签属法律文书。26只猫被他人认养，3只猫在流浪动物协会等待收养。当事人双方均表示满意。7月12日，瑞达社区居民给八宝山街道司法所送来一副"为民办实事，赢得百姓心"的锦旗。

（张书克）

【家庭纠纷调解】 孙明和孙亮是叔伯兄弟和邻居，因宅基地使用问题而大打出手。孙明和妻子被打成轻微伤。双方到古城联合调解室后，调解员仔细询问有关情况，进行安抚。两家人不听劝，孙亮扔下一句"有本事你到法院告本去"离去。双方情绪稳定后，调解员再次把他们召集到接待室，晓之以理动之以情，让他们以家庭亲情为重，不要为一时利益伤和气。双方让步，孙明同意接受赔偿，不再到法院起诉孙亮。谈到赔偿数额时局面再次紧张，孙明说："因为这次被打，本和本媳妇去医院都好几趟，花不少钱，以后还不知道要花多少钱，他最少得给本2万，否则法院见！"孙亮见孙明理直气壮的样子，自己是气不打一处来："就给1万块钱，你爱要不要，上法院谁怕谁"。看到双方情绪比较激动，调解员知道再继续下去，矛盾很可能会激化，已经取得的共识也可能被打破，于是立即决定暂时停止调解，让双方回家等电话。为防止双方见面后继续争吵，调解员将调解方式由当面谈话改为电话沟通，分别做工作。首先与孙明沟通，让他以实际发生费用为依据，降低赔偿要求，不能没有根据的乱要，而且孙亮家上有老下有小并不富裕，也要考虑他的支付能力。又通过电话做孙亮工作，说：你把他们夫妻二人打伤导致他花费几千块钱的医药费，搭上营养费、护理费、交通费等，1万块钱确实不够，而且你们都是亲戚，没必要为这点事情把关系搞生份。在调解员反复沟通下，孙亮同意支付1.2万元补偿金给孙明，孙明表示接受。两人再次来到调解室，在调解员的主持下签订调解协议书并当场履行。双方握手言和。

（张书克）

【成功转化重点人】 李某曾因违法犯罪被判刑入狱。在监狱服刑期间因违反监规受到处理不服，曾扬言：如果不解决自己在某监狱受处分的事情，就不接受社区矫正，出狱后就背着铺盖卷去监狱局找局长讨说法；不跳楼不爬电线杆子把事情闹大就没人会出面给解决；如果释放后政府部门不给自己解决住房等问题，就让家里人给自己准备一件破大衣，到时自己到天安门去晃，看谁丢人，大不了再回监狱。为做好李某思想教育工作，顺利接收李某回归社会，司法所工作人员先后多次到李某父母家中走访了解情况，并提前入监对李某帮教，告诉他必须依法以正当方式反映问题和诉求，不要有过激言行；要纠正错误认识和偏激心态，树立正确的世界观、人生观、价值观，面对现实调整好心态，增强家庭责任感，过好生活。12月9日司法所入监接李某回来后，考虑到他暂时没有住处，也为便于管理教育，工作人员及时向领导请示，为其解决临时住所，还利用周末时间陪他一起到父母家中做工作，劝说接纳李某，随后帮助他完成低保申请手续。在工作人员的耐心教育和真诚帮助下，李某的心态逐渐发生变化，表示：自己不再去上访，人得面对现实，监狱里的事不再追究。无缝衔接重点人李某被成功转化。

（张书克）

【为伤残农民工解决后顾之忧】 杨某系辽宁省农民，1948年6月14日出生。1993年7月来京在市某金属材料厂工作。1996年5月，杨某在工作时发生事故，导致左眼摘除、右眼视力0.5。2003年，该金属材料厂委托区劳动鉴定委员会对杨某进行工伤等级鉴定，确认其工伤等级三级。之后，杨某回乡生活，单位每月按最低生活费的标准支付其生活费和治疗费。但由于单位一直未支付一次性伤残补助金，未依法为其缴纳社会保险，2008年杨某到退休年龄后无法享受社会保险待遇。上年，单位不为杨某报销工伤继续治疗费用，也不交付社保机构一次性清退的费用。当年，杨某多次与单位协商不成,只好诉诸法律,希望通过法律途径解决自身医疗及生活问题。由于经济困难,杨某申请法律援助。4月2日,区法律援助中心受理杨某工伤赔偿一案,指派市开创律师事务所律师姜昕欣代理该案,姜调取杨某有关工伤证据后为杨某申请劳动仲裁,因其年龄已超过法定退休年龄被驳回。为此杨某二次申请法律援助。区法律援助中心将该案指派市合达律师事务所律师祝海云承办。祝详细了解案情,结合相关法律法规,为杨某撰写起诉材料诉至区人民法院。祝代表杨某与单位进行多次协商,并在主审法官支持下,参照市关于农民工工伤保险的相关法律依据,最终在9月20日,与对方达成调解协议,单位同意一次性支付杨某经济补偿金人民币15万元。杨某几次给区法律援助中心打电话表示感谢,于9月29日制作“扶弱济贫送温暖,助残帮困解民忧”的锦旗送到区法律援助中心。

(张书克)

石景山区政法部门负责人

北京市公安局石景山分局局长　赵福奎
政委　郑燕生
人民检察院检察长　苗生明
人民法院院长　王忠华
司法局局长　郭景明
石景山交通支队队长　李满贺
政委　奎胜利

军 事

人 民 武 装

概 述

中国人民解放军北京市石景山区人民武装部(简称区人武部)受北京卫戍区和中共石景山区委、区政府双重领导,主管全区军事工作,行使区委军事指挥机关和区政府兵役机关职能。下辖23个基层武装部,有专兼职武装干部79人。区武装部内设军事科、政工科、后勤科。年内,坚持把民兵思想政治建设摆在各项工作首位,组织民兵学习党的十七届五中全会精神,开展"缅怀革命先烈、继承优良传统"等教育活动。组织国防教育讲座20余场次,举办国防知识竞赛10余次,协调驻区部队对全区大部分中小学生进行军训,提高全民国防观念。围绕首都反恐维稳任务需要,开展专武干部培训,狠抓民兵军事训练,全区后备力量建设实现新发展。组织兵役登记、体检和政治审查,完成征兵任务。邀请专家教授讲国防课,组织国防教育宣传活动和领导干部参加军事日活动。加强对武器装备和人员安全管理,全年无责任事故。被卫戍区评为"先进武装部"。

地址:八大处路22号
电话:88962828
邮编:100041

(程华祥 赵国廷)

【民兵整组】 2~4月,本着"压缩规模、调整结构、确保质量"的思路,按照实案化、专业化、科技化要求完成民兵整组,进一步优化民兵组织结构,调整编组规模布局,整合民兵队伍,出入转队民兵900人,调整民兵干部150人。通过整组,落实编制,配齐配强民兵干部,实现各类专业技术分队结构合理布局。

(程华祥 赵国廷)

【军事训练】 结合实际及民兵担负的任务,采取岗位分散训、利用基地集中训、依托部队挂钩训等形式,强化军事训练效果。1月中旬,参加卫戍区冬季适应性拉练,4天时间完成25千米徒步行军,280千米摩托化行军,参与指挥所开设、快速动员演练、通过艰难路段、疏散隐蔽、通过沾染地段和急行军等6个课目演练,完成训练任务。5月份,组织900余名专武干部进行实弹射击训练,消耗子弹9000余发。组织人武部机关开展基础科目训练,提高现役干部军事技能。6月初,在卫戍区人武部首长机关基础科目训练比武竞赛中,获全市第一名,被评为卫戍区基础科目训练比武竞赛"优胜单位"。

(程华祥 赵国廷)

【专武干部集训】 4月,组织全区专武干部在密云进行3天集中培训。采取领导授课辅导、请优秀专武干部传授经验、讨论交流等多种形式,提高基层专武干部的业务能力。

(程华祥 赵国廷)

【"军事日"活动】 7月22日,区四套班子领导及部分委办局和街道负责人,到怀柔北京卫戍区某部开展"军事日"活动,同时向全体官兵致以节日问候。这支部队常年担负着接待国外宾客以及世界各国军人的参观和交流,射击,队列,反恐演练表演等任务,被称为身穿迷彩服的"野战仪仗队"。领导一行观看军事表演,参观营房、队史展览,与战士们一起用餐,体会军营生活,强化领导干部重视、支持、参与国防事业意识。

(程华祥 赵国廷)

【国防教育宣传】 9月17日是第十个全民国防教育日。区委、区政府、区武装部领导以及全区专武干部、民兵和部分群众代表300多人,在万商大厦、古城公园、五里坨商场设宣传点,对广大群众进行国防知识宣传。

(程华祥 赵国廷)

【完成征兵任务】 9~12月,组织征兵工作宣传,进行兵役登记,组织应征青年体检和政治审查,严把征兵质量关。11月6日,正式开始征兵体检工作,石景山医院成立征兵体检领导小组,对参加体检工作的医务人员进行培训,严格掌握体检标准,严格组织纪律,严格执行“谁体检、谁签字;谁签字,谁负责”的原则,确保向部队输送身体条件合格的兵员。当年,共向部队输送113名新兵,其中男兵104人,女兵9人。

(程华祥　赵国廷)

【民兵政治教育】 6~10月,完成北京市、北京卫戍区赋予民兵政治教育规范化建设试点任务。制定出台民兵政治教育工作规范,从组织领导、教育内容、时间、方法、保障等方面进行规范,组织人员撰写12课“民兵政治教育授课提纲”,拍摄制作“民兵政治教育规范化教学片”,依托区信息网建立区国防教育网,在区有线电视台、《石景山报》开设“民兵报道”、“民兵天地”专栏,规范“青年民兵之家”及“国防教育一条街”建设。10月中旬,卫戍区首长、机关各部(处)长、预备役高炮师领导、各区县人武部领导200余人到区观摩民兵政治教育规范化建设成果。在八角街道开展民兵政治教育规范化建设试点工作。

(程华祥　赵国廷)

民防工作

概　述

北京市石景山区民防局(简称区民防局)是区国防动员委员会常设办事机构,也是区政府人民防空工作主管部门。下设办公室、指挥通信(应急管理科)科、工程建设管理科、法制宣传教育科,下属事业单位2个,即区防空防灾指挥中心、区人防工程管理中心。负责全区民防指挥通信建设与管理、人防工程建设管理与开发利用、防空防灾知识宣传教育、人防专业队伍建设、民防志愿者队伍建设;承担区政府赋予的应急指挥保障、公用人防工程安全管理等任务。年内,完成2台电声防空警报器安装;规划人防工程10.5万平方米;验收人防工程5.9万平方米;开发利用人防工程1.4万平方米,用于开办电视和网络购物物流中心。在市民防局支持下,完成八宝山街道远洋山水民防应急物资储备库建设任务。接待解决上访问题8件,主要是人防工程居住人员扰民、人防工程产权界定等问题,均给予答复和解决。引进企业4家,注册资金2400万元。

地址:石景山路18号
电话:88680178
邮编:100043

(崔建国)

【指挥中心建设】 一是对音视频矩阵进行改造,分别将32×16、64×48矩阵更换为64×64和80×80矩阵;二是更新调整总控设备,更新中控程序,将视频监控摄像头控制系统调整至中控设备中;三是对程控交换机进行改造,增加程控交换VOIP网管设备,满足各街道指挥所引接中心小号电话需要;四是完成154兆短波电台数据传输终端安装调试,实现与市民防局及七城区报务、图像互联互通;五是及时组织操作人员规程培训1212人次,完成教学1224课时;六是完成防空防灾指挥中心通风口改造工程及自备水井远程自动控制系统建设任务。

(崔建国)

【应急指挥保障】 完成元旦、春节、元宵节、民防宣传日、重要节假日、敏感日及区临时应急通信保障任务(区消防演习、防汛演习及区政府办公大楼应急供电演习)16次,出动213移动指挥车、815D卫星通信指挥车46台次,参加保障人员184人次,备勤156人次,完成市应急指挥中心、市民防局视频会议保障20次。

(崔建国)

【设施维护管理】 制定防空警报日常维护管理规定和“警报设施单位日常维护登记表”。推进全区防空警报设施社会化管理,规范防空警报设施日常维护管理。全年组织防空通信警报设施检查、维修20次,出动车辆72台次,动用人员236人次,全区防空警报设施随时处于良好战备状态。为首钢技术中心增设避雷接地设施,排除避雷接地故障4处,全区防空警报设施完好率100%,音响覆盖率98%以上;完成老山街道办事处防空警报设施恢复安装和调试检测。

(崔建国)

【设施维护培训】 8月5~6日,举办各街道(社区)民防干部和所有警报设点单位维护管理人员业务培训班。技术人员就防空警报器的操作方法与常见故障进行专业知识授课,进行实际操作和模拟演示;结合防空通信警报设施日常维护管理暂行规定,就防空警报设点单位与维护管理人员职责进行讲解。年内组织培训2次,培训防空通信警报设施维护管理人员79人次,与各警报设点单位签订维护管理协议书49份。

(崔建国)

【制订人口疏散掩蔽方案】 立足防空,着眼防灾,加快推进人口疏散体系建设。完成人口疏散掩蔽方案制订工作,9个街道(社区)60多万人口在战时如何开展疏散掩蔽有了指导性的具体应急方案。方案明确人员疏散掩蔽的原则、方法和有关保障措施。统一制定"方案"格式并下发各街道居委会执行,组织人员到各社区居委会进行检查指导。组织一次人口疏散掩蔽演练,进一步检验社区人口疏散掩蔽方案可操作性,同时使参演群众熟悉疏散时机、内容及程序,掌握危急情况处置方法,有效增强国防观念和防空意识。

(崔建国)

【街道民防应急指挥所建设】 经过调研论证、制定方案、筹措资金、监督指导、多方协调等环节,完成八宝山街道、苹果园街道、金顶街街道地下民防指挥所和八角、广宁、五里坨三个街道地上民防指挥所通信设施建设任务,实现与区防空防灾指挥中心互联互通,使民防应急指挥通信平台建设得到加强,方便区领导机关对下实施有效指挥。

(崔建国)

【人防工程专项检查】 开展春季火灾防控专项行动。春节、元宵节、"两会"期间组织开展人防工程安全检查整治,填写人防工程限期整改通知单100余份,对检查出的问题及时督促整改,消除隐患。按照市局关于立即开展人防工程安全生产大检查的通知要求,制定工作方案,4月5日至5月底,分组对在用人防工程进行检查,填写检查通知单80余份,对问题及时复查,监督责任人整改到位。4月1～30日,根据区防火委通知要求,开展人防工程消防安全专项整治行动,向各街道(社区)民防办下发通知,组织对全区在用人防工程消防安全情况进行检查。根据区防火委和区综治委统一部署,开展构筑社会消防安全"防火墙"工程,建立机构、制定方案、明确责任、落实任务,结合人防工程安全管理实际,全面落实每个阶段具体任务。按照区安全生产办关于集中开展严厉打击非法违法生产经营建设行为专项行动工作要求,开展"打非"活动,对所有在用人防工程进行全方位检查,确保在用人防工程不发生非法违法生产经营行为。

(崔建国)

【人防工程防汛】 3月始,做好人防工程防汛准备工作,做到防汛责任制、预案、物资、队伍、应急处置"五落实"。3月5日,召开街道、首钢公司参加的防汛工作会,全面部署人防工程防汛,签订责任书,下达任务。开展汛前安全大检查,重点是防倒灌、防坍塌,发现问题及时进行处理,现场处理庞村居委会院内防空洞塌陷问题和一起人防工程水管冻裂漏水问题,对两起群众反应的情况进行调查核实。五里坨街道、广宁街道注重早期人防工程的防汛检查,对查找出的隐患和问题主动和区民防局沟通,及时进行处理,确保安全。做好防汛物资、抢险队伍、车辆等准备工作。5月12日下午,在永定河引水渠组织防汛演练,应急抢险志愿者队伍和通信指挥专业队约20人,分指挥组、防汛演练组和通讯保障组三个组,检验五个方面内容:检验防汛器材的使用和维护保养,应急通讯指挥车、无线移动视频监控指挥车信息采集,应急无限集群对讲系统功能使用,区防空防灾指挥中心指挥自动化系统功能使用,应急抢险志愿者队和通信指挥专业队员操作技术水平情况。通过演练,全面验证防汛预案可执行性和可操作性,进一步提高应急抢险志愿者队伍和通信指挥队员专业技能和熟练程度。加强应急值守,6月1日准时上汛,防汛电台及时开通,值班人员到岗到位,各项通信设施保持畅通。节日期间,每天对重点工程进行检查,了解情况,提出要求,保证安全无事故。

(崔建国)

【开展执法检查】 联合各街道(社区)、首钢人防办出动民防干部490人次,对所有在用人防工程开展执法检查,消除、治理不安全因素76件次。利用政府短信平台,向在用人防工程使用人、管理员发送人防工程安全预警信息、情况通报等900余条次。突出检查使用单位能否做到"三有、三明确",即人防工程内有专人负责防火工作,明确内部消防设施、器材装备设置情况并会使用;有人员疏散示意图,明确应急出入口的具体位置;有日常检查制度,明确人防工程内禁用电器和物品。联合区消防支队、安监局,对八角北里43号楼、五芳园16号楼2处未安装消防简易自动喷淋灭火系统,不具备消防使用要求的人防工程进行联合检查,下发停止使用通知书;阻止重厦房地产开发公司非法出租人防工程行为发生;为各街道建立在用人防工程基础情况台账,促进规范化管理。全年行政处罚2起,罚款2.1万元,对13处非法使用的人防工程进行关停处理。

(崔建国)

【国际民防日宣传】 3月16日,在伴月园公园举办"国际民防日"社会宣传活动。区委宣传部、区民防局、应急办、安监局、科协、地震办、流管办、质监局、消防支队、交通支队、环保局、红十字会、广电中心、首钢武装部、各街道(社区)等23个单位和市蓝天救援队京西分队100余人参加活动。主席台设置主题墙和等离子电视视频播放区,向市民播放抗震宣传片;设置医疗救助演练区,进行红十字会应急辅助队"灾难医疗"情景演练、专家现场授课、蓝天救援队现场展示救灾帐篷和野外救援设备三个演练项目;设立20米长咨询台,为群众发放宣传材料和宣传品5万余份,现场安排有关工作人员对群众进行详细讲解;设立应急救援指挥装备器材展示区,民防局展示应急指挥车,消防支队展示消防车和消防专用器材;展区悬挂条幅30余条。向居民发放"防灾减灾避险"等书籍、光盘和公共安全宣传材料;讲解防范和消除灾害知识;展示各灾种专用器材、展板和条幅等,万余名群众受到公共安全知识教育。

(崔建国)

【防灾减灾日宣传】 5月12日上午,与区应急办、民政局在社区福利院举办"防灾减灾日"宣传活动。开展小型防火紧急疏散演练,包括现场疏散、现场紧急救护和演示灭火器使用三项内容,福利院医护人员和老人近百人参加演练,现场观摩群众多达400人。区领导向福利院老人和群众发放宣传材料,包括居民应急避险手册、城市防灾减灾手册、地震常识、消防常识、城市防空手册等10余种、400余份。提高福利院医护人员应急抢险技能和救护能力,增强福利院老人面临火灾等突发应急事件的心理承受能力和处置能力,活动达到预期效果。

(崔建国)

【街道宣教基地建设】 基地建设本着"全面宣传,重点教育,面向市民,兼顾培训"原则,进行合理的功能设置,集应急指挥、宣传教育、人员掩蔽、物资储备等功能于一体,向社区居民展示丰富多彩的公共安全知识。组织选址调研,召开多次协调会进行可行性论证,制定建设方案,对施工过程进行经常性的监督指导,完成金顶街街道、八角街道公共安全宣教基地建设工作。

(崔建国)

【人防知识师资培训】 7月6~7日,举办公共安全与人防知识师资骨干培训班,全区35所中小学和区民防局全体干部参加培训。市地震局宣教中心,红十字会专家,《中国人民防空》杂志社副社长分别作题为"科学避震和自救互救"、"心肺复苏与常见急救常识"和"新闻摄影瞬间获取的实战技巧及新闻写作的基本方法和要求"讲座。提高全区中小学任课教师公共安全和人防知识教学水平。

(崔建国)

石景山区军事机构负责人

人民武装部党委第一书记　荣　华
人民武装部部长　耿振虎
　　　　政委　高道忠
石景山消防支队队长　刘海龙
　　　　政委　高国富
民防局局长　高庆伟

综合经济管理

综合经济调控

概　述

北京市石景山区发展与改革委员会(简称区发改委)是负责本区国民经济和社会发展统筹协调,经济体制综合协调的区政府工作部门。当年是实施"十一五"规划收官之年,也是继续应对国际金融危机、保持经济平稳较快发展的关键之年。在中央"保增长、调结构、促转变"方针的指引下,抓住国家启动服务业综合改革试点区申报工作的机遇,扎实推进创建"试点区"工作,进一步加快区域经济发展方式转变,加速产业结构高端转型。全年地区生产总值完成287.4亿元,同比增长15.6%;第三产业实现增速12%以上,三产比重达到56%;一般财政总收入完成46.2亿元,同比增长12.2%;全社会固定资产投资完成154.4亿元,同比增长13%;社会消费品零售额完成217.6亿元,同比增长23.7%;居民人均可支配收入达到28051元,同比增长9%;城镇登记失业率为2.73%,同比下降0.11个百分点。初步核算万元地区生产总值能耗下降14.4%,获"中国改革十大低碳示范单位"称号。吕戈被评为全国收费统计先进个人。

地址:石景山路18号
邮编:100043
电话:88699333
网址:http://www.sjsfg.gov.cn

(胡卓群)

【"十二五"规划纲要编制】 在区委区政府直接领导下,在区人大、政协全程参与下,在各有关部门共同努力下,依据党的十七届五中全会和市委十届八次全会精神,结合区委关于制定石景山区国民经济和社会发展第十二个五年规划的建议要求,在全面总结"十一五"时期发展情况基础上,经过前期调研、思路研究、专家论证、框架设计、相互衔接、意见征求、文本起草等七个阶段,自上年9月起,历经近15个月的深入调查研究和充分酝酿讨论形成。期间,开展30多项课题调研,并广泛听取人大代表、政协委员、民主党派、工商联、专家学者和基层干部群众意见,经区政府常务会、区委常委会、区人大联组会等重要会议研讨。

(郭志文)

【十一五"规划实施情况】 "十一五"时期,全区应对国际金融危机和首钢涉钢产业搬迁调整带来的双重压力,完成北京奥运会和新中国成立60周年各项庆祝活动服务保障任务,基本完成"十一五"规划制定的主要目标和任务,实现首都文化娱乐休闲区(CRD)建设"三步走"战略的第一步目标。主要表现在:一是经济平稳较快发展;二是居民生活水平进一步提高;三是城市建设与管理水平显著提升;四是社会建设全面推进;五是生态文明建设成效显著;六是体制机制改革取得新突破;七是奥运筹办和国庆60周年服务保障任务圆满完成。

(郭志文)

【"十二五"规划建言活动】 为高起点、高标准、高水平地编制好"十二五"规划,区规划编制工作领导小组办公室于6~9月开展主题为"融汇百家之言,共著'十二五'鸿篇"的规划建言活动,面向社会各界广泛征集意见建议。建言活动期间,干部群众踊跃参与,网络媒体点击量达4000余次,接到电话建言500余人次,收到各方建言700余条,取得良好效果。规划编制办公室对收到的建议认真研究、积极采纳,并组织专家进行评审,共评选出建言一等奖3名,二等奖5名,三等奖10名,单位优秀组织奖1个,个人突出贡献奖1名。

(郭志文)

【重大项目建设积极推进】 完成市政府对本区下达的全社会固定资产投资153亿元的目标任务,同比增长12%。加大投资力度,38个土地储备项目投资82亿元。安排重大项目108个,22个重大项目被纳入市绿色审批通道,十项重点工程全部开工建设。银河商务区CRD银座入驻,紫御国际、北方中惠国际中心开工建设,E地块完成上市交易,L、K地块一级开发建设扎实推进。京燕酒店商务区融科创意产业中心开工建设,南园大厦完成外立面装修。TSM商务区基本建成,茂华集团总部、华录公司入驻。苹果园交通枢纽商务区部分地块上市交易。京西会展商务区、国际雕塑园商务区开工建设。中关村科技园区石景山园南区确定概念性规划方案,启动控规调整,北京国际绿色展示推广交易中心落户绿能港。北一区住宅拆迁完成70%,西井地块签署征地协议,60亩创意产业基地完成控规调整,新媒体基地中区竣工、南北区主体结构封顶。中国动漫游戏城完成北京市文化创意产业集聚区认定,土地一级开发方案初步确定,中国动漫集团有限公司入驻中铁大厦,1.7万平方米的先期启动项目竣工。意向入驻企业400余家,310家先期入驻园区。西部地区土地一级开发进展顺利,五里坨建设组团项目完成投资44.3亿元,拆除房屋面积35.6万平方米,占总建筑面积的93%。西山木材厂项目完成上市交易。南宫住宅小区基本达到上市条件。永定河绿色生态发展带石景山段建设顺利推进,莲石湖完成蓄水。

(冯雪娥)

【基础设施建设全面提速】 重点道路建设扎实推进,阜石路二期、黑石头村路竣工通车,五里坨路、新隆恩寺路加快建设,杨庄大街一期开工。投资2632万元,完成五里坨西路北段等13条道路大修工程。完成高井排洪沟渠综合治理和小流域治理工程。铺设、改造供排水管线25.1千米,完成10条道路雨污水管线改造。推进五里坨污水处理厂、自来水厂和热力管网项目,加快南马场水库大坝消隐加固工程建设。启动永乐东、西小区等配电网改造工程。投资7000万元,大修更新供热设施241处,改造18个老旧小区供热管网,惠及居民3万户。

(冯雪娥)

【环境综合整治有效开展】 成立城乡结合部建设整治领导小组,统筹3个市级挂账重点村建设整治工作。老古城综合改造项目完成拆迁26.6万平方米,安置房全面建设。刘娘府综合改造项目完成拆迁25.5万平方米,安置房开工建设。衙门口综合改造项目完成入户调查,启动控规调整。西黄村综合改造项目完成入户调查。

(冯雪娥)

【申报国家服务业综合改革试点】 积极申报国家服务业综合改革试点区,进一步创新发展模式,促进本区服务业快速健康发展,探索传统工业区转型带动区域经济社会发展的新路子。在各方共同努力下,8月17日被国家发改委批准为北京市唯一的一家,国家首批37个国家服务业综合改革试点区。同月27日,在李克强副总理出席的"加快服务业发展暨服务业综合改革试点工作"座谈会上,本区作为代表将服务业综合改革试点区建设情况向国务院领导进行汇报。服务业综合改革试点区工作有序推进,成立由区委、区政府主要领导为组长,38个委办局及首钢为成员单位的建设国家服务业综合改革试点区领导小组,领导小组办公室设在发改委。区政府出台关于建设国家服务业综合改革试点区的实施意见,试点工作稳步推进。

(侯泽麟)

【节能工作成效显著】 全年能源消费总量为631.3万吨标煤,万元GDP能耗为2.20吨标煤,同比下降14.3%,超额完成"十一五"末万元GDP能耗下降至3.43吨标煤的目标。由于节能工作表现突出,获得市"节能攻坚突出贡献区县"称号并获得80万元奖金。截至年底,首钢涉钢产业已全部搬迁调整完毕。在完成节能目标的同时,节能减排工作机制进一步完善,6月11日,应对气候变化及节能减排工作领导小组正式成立。区主要领导任组长副组长,成员单位包括区委办、政府办、发改委、教委、科委等26个部门。领导小组办公室设在区发改委,承担全区应对气候变化和节能方面的综合协调工作。领导小组成立后建立完善信息通报制度,形成各部门协作配合的工作机制。同月11~17日,开展以"打造低碳CRD,建设绿色石景山"主题的节能宣传周活动,在全区公共机构倡导"绿色办公、低碳生活"理念,开展能源紧缺体验日和"节约粮食、反对浪费"等活动。针对区内用能单位和节能技术服务企业开展"低碳技术、绿色经济"征文活动和节能培训。向市民发放《低碳行为指导手册》。节能周期间,还开展节能先进单位和个人评选活动。

(侯泽麟)

【开展"绿色照明工程"】 按照"绿色北京行动计划(2010~2012年)"要求,北京市在本区开展"绿色照明工程",推广高效绿色节能照明产品。推广工作从9月6日正式启动,11月底结束。期间向全区260多家公共机构以及9个街道的15万个居民家庭用户推广72万余只节能灯。区发改委先对各公共机构需求情况进行摸底调查,组织召开各街道、大宗机关用户与绿色照明工程供货企业的见面对接会。制定详细实施方案,并安排专人跟踪方案实施情况,及时解决推广过程中发现的问题。"绿色照明工程"推广活动推广高效绿色照明产品720505只。其中公共机构90779只,居民用户629726只,在全区推广普及率为82.03%。

(侯泽麟)

【政府采购】 政府采购中心全年完成采购项目1193项,完成采购金额

15297万元，节约资金1333万元，节约率8.7%，其中公开招标项目1104项，招标项目总金额为11775万元；扩大政府采购领域和采购规模，首次将便民工程项目采购纳入政府采购集中采购目录，顺利开展便民工程项目的采购工作，通过国内公开招标确定区年度便民工程定点承包商入围20家，全年完成项目123个，项目总投资2259.33万元；扩宽区政府采购信息发布渠道，实现“三网”(中国政府采购网、市政府采购网、区政府采购网)同发，累计发布各类政府采购信息374条；规范采购程序，提高中心管理水平，自上年6月启动ISO9001质量管理认证体系建设，于当年11月在第三方专家组考核下，通过ISO9001:2008国际质量管理体系认证；发挥政府采购政策引导功能，加大自主创新产品采购的政策扶持力度，政府采购自主创新产品不断增加，采购金额共计2020万元。

(宋　琦)

【便民工程顺利完成】 区便民工程资金投入达到7250万元(区财政投入5488万元，市政府补助资金1762万元)，其中上年度社区用房规范化建设项目31项，总投资达到4634万元；常规便民工程143项，总投资达到2616万元。工程建设内容涵盖居民生活的方方面面，全年更新、修缮社区道路42条，设立或更新社区各类设施63处，开展小区绿化10处，开展环境保洁及其他工程28项。

(张建伟)

【项目代建制稳步推进】 依据区政府投资建设项目代建制管理办法(试行)(石政发[2009]54号)，先后在校舍安全工程和京源学校试验楼等项目上推行代建制。其中，校舍安全工程涉及16所中小学35栋校舍的整体加固改造，总建筑面积114163平方米，总投资25329万元。在各职能部门配合下，发挥代建单位专业化优势，加强对工程的指导和管理，将工程细化为26个标段，以公平、公开、公正为原则，通过公开招投标确定26家施工单位，同时进行施工，克服时间紧迫、任务繁重、情况复杂、技术性强等诸多困难，于9月1日前全部竣工，确保各学校如期开学，使用单位反映良好。

(张建伟)

【电力隐患整治】 与北京兴发三环电力设备安装有限公司签署“关于220千伏门宝一二60#110千伏高山一二31#四回线路铁塔抢修中相关协调工作的协议”，并组织有关工作的开展，拨付抢修资金150万元。妥善解决阜石路边220千伏门宝一二60#110千伏高山一二31#四回线路铁塔，由于A、B腿下沉导致的安全隐患。10月与市电力公司确定区内老旧小区配电设施改造工程投资共建资金比例，并签署有关协议。

(吕　戈)

【煤炭许可证年审】 4～6月，通过采用年检工作会，问题解答等工作，在规定时限收齐煤炭企业年检材料，并进行汇总，根据全市开展煤炭企业经营资格证年检工作要求，及时报送到市发改委煤炭处。我区煤炭企业全部通过年检审核。

(吕　戈)

【电力设施改造】 11～12月，对西现代城居住小区26#楼电力设施进行改造，确保该小区生活秩序稳定，用电安全，受到小区居民称赞，并赠送锦旗1面。

(吕　戈)

价格管理

【概况】 年内，面对严峻的价格形势，认真贯彻全市价格工作总体部署，紧紧围绕“稳增长、调结构、惠民生”中心工作，大力规范市场价格秩序，努力提高价格监管水平，突出改革与发展相适应，充分发挥价格监管在扩内需、促发展、保增长中的重要作用，为促进区域经济又快又好发展创造良好价格环境。

(贾　蕾)

【停车收费管理】 首推假日机动车停车计次收费。在八大处公园举办“第九届中国园林茶文化节”和第二十三届北京八大处重阳游山会暨首届北京重阳文化节期间。对周边机动车停车场实行计次收费，小型车10元/次，大型车20元/次，有效缓解八大处公园周边道路交通拥堵。此举得到市发改委充分肯定，并与来访的东城、海淀等兄弟单位进行讨论交流。加强机动车停车场收费管理。一是对辖区机动车停车场标牌进行编号和更换；二是修改和完善关于加强机动车停车收费的管理措施，建立停车场退出机制。

(贾　蕾)

【民办教育管理】 核准5所民办学历教育学校学费和住宿费标准。核准北京市艺考高级中学、礼文中学、盛基艺术学校、石景山区华奥学校和北京佳汇中学等5家民办学历教育学校学费、住宿费收费标准，缓解部分民办学历教育学校因成本上涨带来的压力，促进民办教育事业健康发展。

(贾　蕾)

【市场价格监测】 针对以农产品为主的生活必需品价格上涨较快的情况，按照部署要求，紧急行动，全力做好物价稳定工作。一是制定具体调控措施。制定流通成本监管、积极组织货源、加大执法检查、强化价格监测、落实价格补贴和舆论正面引导六条具体措施；二是加强市场价格监测。对粮、油、肉、蛋、菜等主要生活必需品，实行“日监测、日报告”制度；三是广泛开展调查研究。开展辖区大中院校学生食堂伙食成本调查，及时上报市发改委，为领导决策提供数据支持；四是及时报送市场信息。每周汇总本区市场价格动态，工作落实情况，报送市生活必需品应急调控协调小组；五是加强宣传舆论引导。通过发改委网站和《石景山周刊》物价专版,广泛宣传党和国家保持居民生活总水平基本稳定的信心和决心,及时发布稳定物价政策措施及市场价格情况,正确引导居民合理消费,稳定社会心理预期。

(贾　蕾)

【经济适用住房价格初审】 落实住房保障工作重大决策部署,按照重大建设项目快速审批要求,加快实施保障性安居工程,完善房地产价格管理。协调相关部门,积极开展五里坨站前小区、燕山水泥厂等经济适用住房项目价格初审工作,为本区低收入居民早日迁入新居创造条件。

(贾　蕾)

【行政性事业性收费管理】 开展上年度本区行政事业收费年审工作。根据市发展改革委统一部署,3月29日~4月30日,开展辖区行政事业收费年审工作。审核92家行政事业性单位,年审金额2.11亿元,未发现价格违法行为。

(贾　蕾)

【审核学校公示标牌】 会同区教委、区财政局对辖区75家义务教育学校、高中及中等职业学校等公示标牌重新进行审核更换。进一步规范教育收费行为,增加收费透明度。

(贾　蕾)

【市场专项检查】 年内先后开展涉农物价与收费政策落实情况、机动车停车收费、清明节、行业协会收费、房地产开发企业经营行为、质量监督检验检疫收费、教育收费等7个专项检查。根据消费者举报的热点问题开展重点整治。针对机动车停车收费问题,召开停车收费重点企业的座谈会,宣讲价格政策、通报价格举报案例;针对零售商业明码标价不规范问题进行重点区域整治。三天内共检查万达广场服装、鞋帽、饰品、家电小商品销售商户35户,当场处罚11户。该地区明码标价明显规范。全年对辖区内1587户企事业单位进行检查。查处价格违法案件24件,经济制裁总金额2.599万元。其中罚款1.395万元,没收违法所得1万元,退款0.204万元。受理价格咨询、举报339件。其中价格举报56件,查出有价格违法问题的41件,行政处罚9件,协调退款2.86万元,解答价格咨询283件。案件办结率100%。

(胡彩霞)

【价格法规宣传】 强化服务意识,多种途径宣传价格法律法规。通过上门培训、座谈会、问卷调查、解答价格咨询,以案说法等多种方式宣传价格法律法规和物价方针政策。年内召开超市、机动车停车场、餐饮、药店、园林景点、民办幼儿园、学校等主管负责人培训会12次,培训人员200人。6月,接市举报中心转来的一封举报信,反映一所幼儿园以加强幼儿安全为由强行收取赞助费,次日组织全区27家民办幼儿园、学校负责人开会,宣讲国家发改委、市发改委有关收费政策,防止类似问题发生。

(胡彩霞)

【价格鉴定】 本年度价格鉴定1990件,鉴定金额371万元,业务领域有所拓展。受理区政府法制办委托的城管强拆赔偿案件,工商部门假酒的价格鉴定,电厂粉煤灰市场价格认证,得到相关部门认可。

(袁　坤)

经济和信息化

概　　述

北京市石景山区经济和信息化委员会(简称区经济信息化委)于上年10月成立,是负责本区工业、软件和信息服务业发展、服务首钢搬迁建设、推进中小企业发展和信息化工作的政府工作部门。下设办公室、工业综合科、信息化科、中小企业科、首钢搬迁建设工作科、监察科六个行政科室,行政编制19人。下属四个事业单位,分别为信息网络中心、信息资源中心、产业促进中心、企业服务中心。信息网络中心和信息资源中心是全额拨款事业单位,编制19人。信息网络中心负责公用信息平台和公用信息网络管理与维护、负责信息网络联网工作,并负责安装、调试等;提供计算机硬件、软件、主页制作、系统集成,信息网络建设以及多媒体信息产品开发的技术配套服务。信息资源中心负责研制信息资源开发和利用的规划方案并组织实施,负责信息资源共享、交换和整合,负责研究拟定信息资源的管理制度和技术规范,负责集中管理重要信息资源,提供信息咨询服务。产业促进中心和企业服务中心为自收自支事业单位,目前无在编人员。产业促进中心负责整合各类社会中介服务资源,营造以双向服务为特色的产业促进服务体系,解决中小企业在生产经营上遇到的诸多难题,在各方面给予中小企业必要的指导和支持,推动融资担保体系建立,为中小企业进行融资推介,协助企业获得各类资金、融资担保,以扶持和推动中小企业的稳步健康发展。企业服务中心主要负责市转、军转企业改革、改制、破产及相关历史遗留问题，原街道下属集体所有制企业历史遗留问题，原区属国有、集体企业历史遗留问题等的处理及承担领导交办的维稳工作。企业服务中心下属有五家未改制集体企业。年内，围绕“大调整、大建设、大发展”工作主基调推进 CRD 建设，通过推动产业结构调整，保障经济平稳运行；通过加快推进信息化建设，提升信息服务水平；通过加强政策资金对接，扶植企业发展；通过加大工作协调力度，加快推进首钢新兴产业基地建设。

地址：石景山路 18 号
电话：88699890
传真：88699665
邮编：100043

（庞　宏）

【信息基础设施提升】 以建设世界城市信息化先导区为目标，推进信息化基础设施提升工作。全面推进基站、宽带建设。截至 12 月，基本实现 3G 全区覆盖，完全实现 2M 宽带全区覆盖。建设 2G、3G 基站 1131 个；推进“光进铜退”光纤入户工程，启动 20M 光纤入户试点，全区铺设光缆 435.45 千米。北京移动、北京联通、北京电信、歌华有线、北信基础等企业累计完成基础建设投资 1.9亿元，完成 18 个小区约 3 万户的光纤入户工程。开展电子政务专网提速工程，将国际互联网出口带宽从 95M 扩充到 225M。

（李炯希）

【高清电视示范区建设】 截至年底，高清数字电视示范工程总投资约 6 亿元，惠及 14 万户家庭，约 59 万居民，涉及 9 个街道（不含首钢用户）。发放高清交互机顶盒 79533 台，覆盖率达到自然户的 72%；完成高清交互数字电视前端平台建设；完成现有区广电中心传输机房的升级改造，设立双向交互专用机房；完成全部单向网改造和 AB 类网及所有网络的统调，开通双向网业务。

（李炯希）

【软件和信息服务业发展】 推动软件和信息服务业发展，产业收入规模超过 100 亿元，产业增加值占 GDP 比重达 8%，收入占三产比重达 56.6%。推动软件开发和系统集成，互联网信息服务、信息咨询等新兴业务持续快速发展。软件开发、系统集成和支持服务收入占 82.5%，互联网信息服务占 11.5%。主动扶持企业发展，吸引特色企业入驻。入驻软件和信息服务业企业数量较快增长，新增企业 438 家，企业总数达 1200 多家。

（李炯希）

【物联网基础设施建设】 落实市委市政府关于“智能北京”建设的指示精神，开展物联网基础设施建设，提升地区信息化基础设施，对首都在全国物联网建设工作中保持领先地位作出重要贡献。截至年底，信号覆盖 39.4 平方千米，约占全区总面积的 46.7%；完成易燃易爆危险气体监测、大气环境检测、环境噪声检测、工业用辐射源监测、餐厅燃气泄漏监测、医疗废水指标检测 6 项物联网应用验证项目；通过建设 19 个物联网基站，初步形成“政府管理、企业运维、服务社会”的政务网络—无线物联数据专网。11 月 17 日，副市长苟仲文、市经信委主任朱炎等到鼎城大厦，实地查看物联网基站建设情况，随后在区政府听取开展物联网基础设施建设工作情况汇报，观看“智能石景山”综合管理信息服务演示系统。

（李炯希）

【公共服务领域信息化】 本着服务区域经济、协助招商引资、推动政府工作原则，调整政府网站内容及版面。落实政府信息公开条例，在石景山信息网共发布 22 类 11781 条政务信息。对区内 32 家单位办事事项目录重新梳理，完善办事指南、表格下载等服务内容，梳理事项 775 项，其中个人 211 项，企业 564 项，提升网上办事服务能力和规范化水平。建设“教育服务”和“要住房”两个场景式服务，涵盖教育及住房主要方面，提供个性化在线行政办事服务。与驻区企业三友宇天合作，确立信息网百姓生活栏目长效更新机制，做到其旗下网站京西圈和百姓生活栏目数据实时更新。

（王　闪）

【集中运维管理平台建设】 集中运维管理平台二期建设基本完成。在第一期监控体系建设基础上完成第二期运维管理流程体系建设，并初步完成适合本单位的电子政务运维管理体系构架。平台建成后，在设备监控方面，实现对全区电子政务网络资源全面实时监控，其中包括服务器主机设备 83 台，网络设备 262 台。在系统安全方面，实现 CA 认证集成，通过单点登录方式保证系统安全管理。在故障预警方面，完成与短信机对接，做到邮件和短信告警方式并存，保证故障告警信息及时被发现处理。在系统功能上，实现值班系统、资产系统、培训管理等功能集成。在运维管理上，实现事件管理、问题管理、变更发布管理、资产管理统一运维，实现运维流程自定义设置，为区电子政务网络运维提供软件支持。

（万　晨）

【中小企业服务体系建设】 制定促进中小企业发展意见，从税收政策、融资渠道、创业扶植等方面对中小企业发展给予全面指导。联合信托投资公司、担保公司、再担保公司，探索实施“中小企业集合信托计划”。阿尔西、明诚技术等 4 家中小企业共获得 3800 万元信托资金，并获得市级资金 2% 的贴息支持。对中小企业网、项目储备及申报系统进行改版升级，增强政府部门、服务机构与中小企业之间沟通互动，解决三方信息不对称问题。增加创业辅导、融资服务，实现服务机构与企业间信息对称。4 月，瑞达大厦成功获批建设市软件和信息服务业新潜力企业创新园。

（张颖莉）

【中小企业发展专项资金】 组织发放上年中小企业发展专项资金，分为贷款贴息、担保费用补贴、外贸企业开拓国内市场补贴、逆势上升企业奖励等9大类，47家企业获得1527.4万元的资金支持。安排2000万元当年中小企业发展专项资金，采取贴息、补助、奖励方式，推动产业优化升级、中小企业健康成长。

（张颖莉）

【企业减负专项治理】 2月，制定减轻企业负担专项治理工作方案，召开领导小组联席会，部署减负工作。加强治理和规范涉企收费，严格行政事业收费年审，各减负领导小组成员单位联合开展收费清理整顿工作，涉及收费项目30余项。当年落实稳定就业、专项资金奖励、工商管理、卫生监管等各级惠企政策金额1.5亿余元，落实惠企政策十余项。12月，各相关单位按要求完成自查自纠，区减负联合检查组对重点部门进行实地检查。各相关部门落实惠企政策、完成减负任务。

（沈晓风）

【提高引进企业数量和质量】 培训动员，多渠道挖掘招商引资信息资源；采取自主招商、委托招商等多种方式，提高引进企业数量和质量；克服人员不足困难，安排专人提供政策咨询、创业辅导、注册登记等一条龙服务。引进企业16家，注册资本70296万元。其中北京北重汽轮电机有限责任公司下属风电事业部将拆分出的北京京城新能源有限公司落户本区，注册资本62446万元。

（张 钦）

【保障首钢搬迁调整】 5月13日，在国务院首钢搬迁领导小组基础上，成立北京首钢地区规划建设及产业调整改造领导小组，组长由市长郭金龙担任，同时成立由市委常委、宣传部长、副市长蔡赴朝担任组长的中国动漫游戏城项目领导小组。5月30日，由区党政一把手牵头，将原服务首钢搬迁及建设工作领导小组调整为推进首钢地区规划建设及产业发展领导小组，同时成立区中国动漫游戏城项目领导小组。市政府确立“10+3”（10个专项指挥部+3个工作组）工作内容，涉及本区3个工作组及7项重点工作。按照首钢地区规划建设及产业调整领导小组办公室要求，由区政府牵头，组建首钢主厂区东启动区、特钢启动区及首钢南滨水休闲区土地开发建设指挥部，即第五专项指挥部，负责首钢主厂区东启动区、特钢启动区及首钢南滨水休闲区土地一级开发建设工作。

（张晓寒）

【动漫游戏城项目建设】 加强项目策划，争取政策及资金支持，组织包装中国动漫游戏城动画产业推广及服务平台、3G产业园、中国动漫游戏城国家立体影像制作基地、中国动漫游戏城公共服务孵化体系建设、中国动漫游戏城招商服务体系平台等五个动漫城项目（总共43个）。市政府自当年开始，每年拿出1亿元专项资金支持中国动漫游戏城的建设，专项资金委托本区管理。完成首钢二通中国动漫游戏城用地规划方案及市文化创意产业集聚区认定。中国动漫城先期启动项目铸钢清理车间改扩建工程于8月底竣工，项目形成1.7万平方米创意产业园，集办公、会展、餐饮、商业、休闲等功能于一体。中国动漫游戏城项目是上年文化部、市政府关于推动首都文化建设的战略合作框架协议确定的共同建设和扶持重点项目，是市、区组织推进的重点引进项目，也是全面推进CRD建设、加快经济结构战略性调整的龙头项目。项目规划范围为246公顷。其中一期二通厂区为83公顷，分别为36公顷的核心区和47公顷的配套区，总建筑规模120万平方米，将保留和再利用的工业特色建筑物约20万平方米，配套住宅20万平方米（其中10万平米用于解决原区域内800余户拆迁居民安置问题），主要包括主题公园、流通贸易、产学研孵化、公共商务服务、数字化办公和酒店、住宅及配套服务等六个功能区，涵盖企业聚集区、动漫主题体验、高端动漫技术平台、信息交流和展示交易平台等具体内容。打造一个真正意义上的、高层次、大规模、综合性的国家级动漫产业基地和园区，是一个商、学、研全领域贯穿，产、供、销全链条打通。住、游、乐全方位融合的城中之城，是中国动漫产业的科技城（硅谷）、创意城（好莱坞）、演艺城（百老汇）和欢乐城（迪斯尼）。

（许 辰）

【中国绿能港项目建设】 中国绿能港项目以首钢特钢为中心，辐射中关村石景山园南区，产业定位为新能源、新材料、节能环保等新兴产业。在新版控规中，项目用地性质为展览展示用地、用地面积为3.88公顷、建筑高度60米、容积率为1.5，建筑面积5.82万平米。北京国际市级部门征绿色展示推广中心选址绿能港，12月报市政府审批。

（姜 博）

【永定河绿色走廊建设】 永定河绿色走廊石景山段涉及首钢段长安街以北地区，总体建筑规模216万平方米，总用地2.66平方千米。首钢方面初步确定“缓步拆除、整体规划、同步招商引资、确定项目分步实施”的开发建设设想。首钢段长安街以南，首钢南滨水休闲区规划总用地约129公顷，总建筑规模约100万平方米。燕山水泥厂用地被市政府列入建设保障性住房用地，金隅嘉业房地产开发有限公司推进该项目工作，已开工建设四个楼盘。

（孙 斌）

统　　计

概　　述

北京市石景山区统计局、经济社会调查队(简称区统计局、调查队)是区政府负责综合统计和国民经济核算的职能部门,受区政府和市统计局双重领导。局机关设一室、一队、三中心、十一科,即办公室,执法队,普查中心、数据中心、计算机中心,综合科、工业科、商贸科、城建科、服务业科、价格调查科、住户调查科、能源监测科、人口就业科、专项调查科、纪检信息科、法规教育科,下设10个统计所。年内,以科学发展观为统领,以推动统计事业科学发展为主线,以贯彻实施新《统计法》为契机,围绕"大调整、大建设、大发展"主基调,发挥统计职能作用,完成各项任务。全年撰写统计调研报告、统计分析143篇,调研成果转化率有较大幅度提升。连续九年被评为"首都文明单位"和区"调研先进单位";注册"北京固德宏信信息技术有限公司",注册资金100万元,被评为区"招商引资工作突出贡献单位"、信息"三优"单位等。4月,被区建设学习型城区工作领导小组评为学习型组织创建先进单位。11月1日人口普查正式入户登记后,荣华、周茂非、赵玉民、倪国锋等四套班子领导分别视察人口普查工作。

地址:杨庄东路71号
电话:88920357
邮编:100043

(刘　泽)

【开展人口普查】 根据《全国人口普查条例》和国务院(国发[2009]23号)、市政府(京政发[2009]31号)通知精神,开展第六次全国人口普查。1月27日,区政府下发通知,成立以主管区长为组长、49个相关部门为成员单位的普查领导小组,领导小组下设办公室。2月23日,第二次区长办公会专题听取汇报,研究部署人口普查工作。3月3日,召开第六次全国人口普查动员大会,正式启动人普工作。7月15日,召开领导小组第一次会议,进行全面部署。按国务院规定标准时点(当年11月1日0时),5000余名普查员、普查指导员和普查工作人员对居住在行政管辖区内(含首钢迁安矿区)自然人以及在境外但未定居的中国公民(不包括在境内短期停留境外人员),采用按现住地登记原则,进行地毯式清查和登记。主要内容包括姓名、性别、年龄、民族、国籍、受教育程度、行业、职业、迁移流动、社会保障、婚姻、生育、死亡、住房情况等。区普查办制定18项制度和工作办法,开通"石景山人口普查"网站。区政府与各街道人口普查领导小组签订人口普查工作目标管理责任书。

(刘　泽)

【人口普查基本情况】 4~11月,区、街两级普查办依据行政管辖情况,按照地域原则,将全区划分145个普查区(含迁安矿区6个普查区)、2324个普查小区,核查68563个地上建筑物。4~6月,在八宝山和八角街道分别进行流动人口和户口整顿试点,全面演练整个流程。分成三个普查小组对9个街道和迁安矿区督察督办,确保工作质量。10月24日,在鲁谷社区伴月园广场举行人口普查宣传日活动,9个街道和首钢迁安矿区设立分会场,同步开展宣传。户口整顿与摸底期间,区统计局局长和公安分局副局长做客《记者视线》栏目,就人口普查相关内容接受专题访问;10月27日,主管副区长做客《记者视线》,向公众全面解读第六次全国人口普查,为人口普查正式登记预热。区、街两级普查办组织完成绘制普查区图、户口整顿与摸底、入户登记、专项编码、数据处理等多项工作,对普查员进行业务知识、入户技巧培训38场16338人次。截至12月底,发放张贴宣传横幅0.4万余条、制作发放宣传画1.5万余张、宣传折页0.5万余份、一封信60万封,普查公告1万余张;设立户外广告5块,约500平方米;围挡17处,约300平方米;先后制作展板累计100余块;在全市率先悬挂人口普查宣传路旗900余面,约计15千米;投放公交车身广告,在3条公交线路、6辆公交车车身两侧喷涂上宣传人口普查画,实现全方位立体式覆盖。普查初步统计全区登记总户数281171户,登记总人口762129人;上年11月1日至当年10月31日全区常住人口中出生人口3895人,死亡人口2675人。11月1~5日,荣华、周茂非、赵玉民、倪国锋分别带队调研人口普查工作,先后到区普查办、八宝山街道、鲁谷社区、八角街道,听取汇报,询问普进展及难点,到一线慰问普查员和普查指导员。

(刘　泽)

【统计调研分析】 完成调研报告和统计分析143篇,其中调研26篇。重点围绕"十一五"规划完成情况、"十二五"规划准备、CRD第一步走以及领导关注的重点问题开展专题研究,集中力量完成"关于世界城市建设中实施差异化战略的调研"、"举统计之力,服务区域发展"两个重大课题报告。前者刊登于《决策参考》、《北京调研》;后者刊登于《数据》杂志。“立足数字娱乐产业基地，石景山打造‘中国数字娱乐第一区’”为打造数字娱乐产业提供统计支撑，纳入“关于推进北京数字娱乐产业示范基地建设的专题调研”专项课题，获区优秀调研报告评比二等奖。对“十二五”规划相关的统计指标进行测算和分析。

(刘　泽)

【执法检查 283 家】 使用“执法检查单机版”的升级版软件及后期处理的网络版软件，执法效率和案卷质量明显提升；采取督导与常规执法相结合的检查方式，帮扶企业提升统计水平，从源头把控数据质量；向受查单位发放统计调查问卷，征询意见、建议，互动查找执法、培训不足。局队连续第六年被评为区“依法行政先进单位”。全年检查单位 283 家(其中全市集中执法 12 家，互查 30 家，区内督导执法检查 143 家，区内常规执法检查 98 家)。处罚统计违法行为 60 起(其中简易程序 36 起，一般程序 24 起)，罚款金额合计 1.3 万元。

(刘　泽)

【提升服务水平】 召开部门统计工作会，协调区内 20 余个部门工作，健全统计经济社会全方位服务体系。开通人大代表经济数据手机短信服务平台，为区领导和职能部门决策提供大量信息和咨询建议。编发经济发展统计月报 11 期；编辑出版《统计年鉴》，为区“两会”印发“数字看发展，精彩石景山”。对外提供数据近 7 万多笔。

(刘　泽)

【完成统计年报】 组织对全区 0.3 万多家基层单位，涉及 15 个专业、137 个表种、900 多张报表的 0.47 万人次，进行 36 场培训。在数据集中采集平台系统，年定报开通报表 147 张，设置汇总表 390 张，所有企业实现网上填报。在市局、总队统计年定报评比中，局、队取得第九名。

(刘　泽)

【开展价格监测】 开展居民生活必需品价格日监测工作。由于实行 PDA 采价器，市统计局统一安排将生活必需品规格品与居民消费价格统计规格品相融合，由国家统计局数据采集平台统一审核，采集 34 种规格品(规格品数量和内容随着监测重点的改变随时调整)；1～11 月份起价格监测为旬报(每月 10、20、30 日进行价格监测)，12 月份因物价上涨明显，国家统计局统一调整为 5 日监测(每月逢 5、0 的日期进行价格监测)。数据采集汇总审核后，上报市局相关处室及区领导。全年撰写价格监测报告 12 期。

(刘　泽)

【价格在地统计】 自 2008 年 8 月起，实行居民消费价格在地统计并区分高、中、低层进行价格调查。对全区 1800 种规格品，确定 113 个调查网点，所调查商品中鲜活类商品每 5 天采价一次，一般商品每 10 天采价一次，国家定价部分商品每月采价 1 次，每月采集价格 4772 笔。从 1 月起，采价员将规格品价格经过实地采集后通过“CPI 手持数据采集器”(PDA)进行数据上报，价格科人员通过“CPI 手持数据采集管理系统”进行审核，同时上报市统计局调查队相关处室。

(刘　泽)

【统计登记服务】 梳理行政办事事项，更新统计登记行政管理工作手册，加强部门名录交换机制，保障基本单位名录库实时更新维护。全年办理新增单位统计登记 1887 家，换证、补证 510 家，迁出 45 家，迁入 79 家，注销 122 家，变更 1229 家，变更项目 6111 项。

(刘　泽)

【开展专项调查】 先后组织完成“北京市公众对城市环境保护满意率调查”、“北京城镇居民住房需求及满意度调查”、“北京市企业发展状况调查”、“石景山区非公有制企业发展状况调查”、“全国组织工作满意度民意调查”、“国有企业反腐倡廉民意调查”、“北京市党风廉政建设民意调查”、“北京市工商局石景山分局政风行风建设满意度调查”、“北京市部分区县反腐倡廉建设民意调查”等 9 项调查。调查涉及 209 个党政机关、企事业单位，320 个居民户，1806 个调查样本，调查结果成为各级党政部门评测工作业绩、加强政风行风建设、制定政策措施重要参考。特别是“全国组织工作满意度民意调查”，其调查结果成为评测各级组织部门工作重要依据；“国有企业反腐倡廉民意调查”、“北京市党风廉政建设民意调查”成为各级纪检监察部门掌握党风廉政和反腐倡廉建设成效的重要参考。这 3 项调查成为每年必做的常规性调查。

(刘　泽)

【统计能源监测】 按照北京市循环经济统计试点实施方案，开展循环经济试点调查，摸清 16 家规模以上工业和建筑业主要资源利用现状，为全市完善循环经济统计指标体系，科学评价资源消费与产出情况提供详实统计资料。根据市局开展公共机构摸底调查工作要求，9 月和 11 月分别开展全区公共机构能源填报渠道摸底调查 2 次，有 361 家公共机构参与调查，为公共机构统计报表提供依据。

(刘　泽)

【重视统计宣传】 重新修订统计局调查队信息宣传工作考评办法，结合岗位特点，对人员分三个层次考核。丰富信息宣传内容，除对统计数据、经济分析等专业内容重点宣传外，还对党建、统计文化建设等方面加强报导。扩大《中国网》、《数据》、《石景山报》、《石景山工作》及区有线电视台等媒体宣传渠道。局队人员撰写信息意识增强。全年报送信息 638 条，其中局网站全年刊稿 324 篇，在《北京信息》、《数据杂志》、《石景山政务》、《石景山信息》、

《石景山报》、市统计信息网、石景山信息网等各级媒体刊稿241篇次。制发网站内容更新维护审批单和网上咨询、投诉批阅单，对日常更新维护内容及公开情况实行“责任人、责任科室、主管领导”三级审核把关，确保上网内容准确、及时、不泄密。

（刘 泽）

【完成抽样调查】 全年完成各项调查16项。其中，常规性调查6项：“城镇居民家庭生活情况日记账跟踪调查”、“城镇居民低保家庭生活情况日记账跟踪调查”、“北京市城镇住户粮油消费日记账调查”、“北京市城镇居民国内旅游调查”、“城镇居民生活能源消费情况跟踪调查”、“北京市城镇居民家庭用水器具情况调查”；临时性调查3项：“北京市城镇居民出行调查”、“北京市城镇居民家用汽车使用情况调查”、“石景山区居民家庭基本情况调查”。

（刘 泽）

【主动公开信息240余条】 结合机构改革和市区重点工作修改完善平台结构，增加人口普查、统计数据（信息）发布等内容。通过政府信息公开专栏主动公开信息40条，全文电子化率达100%。在主动公开的信息中，数据发布类信息22条，占总体比例55%；部门动态类信息18条，占45%。更新完善机构设置类信息3条。截至12月31日，政府信息公开专栏累计主动公开政府信息240余条。

（刘 泽）

【推进依法行政】 一是落实依法决策制度。执行规范性文件制定办法和区法制办制定的行政规范性文件备案监督制度，依法履行规范性文件制定和发布程序；对印发的规范性文件，严格审核，确保合法性、规范性、操作性和实效性。全年完成人口普查和统计执法大检查文件备案，通过合法性审查。二是完善行政执法责任制。根据新《统计法》中赋予统计局新的职责对行政执法责任制中第一篇的执法主体、执法依据、行政处罚行为和其他行政行为、行政许可等内容进行梳理，并重新制定执法职权分解。三是贯彻落实全国统计执法大检查，与区监察局、司法局联合部署，组织检查。通过自查与抽查，统计报表单位、区政府各部门均未发生违法违纪行为。四是依法实施行政许可和审批。将1项行政许可事项、2项行政审批事项和1项其他行政管理事项，全部进入行政服务大厅统一管理。五是全年审查24件拟给予处罚行政执法案件，保障行政处罚合法、合理、适当和公平公正。在区政府法制办组织开展的案卷评查中，名列全区第三。六是多层次全方位宣传统计法律法规。结合第六次全国人口普查，利用媒体，开展送法进机关、进部队、进社区、上街宣传、会前讲法、执法检查等形式法规宣传。全年开展会前讲法46场次，涉及5800人次；上街宣传2次，发放材料近500份、纪念品200份。利用互联网进行法律法规宣传，在外网上更新法律法规，以及公示行政审批和行政许可的办事程序。七是贯彻落实国家统计局11号令，全年核发统计调查证176个，换证18个，注销163个。连续六年被评为区“依法行政工作先进单位”，当年被评为区“依法行政标兵单位”。

（刘 泽）

【从业资格考试】 贯彻执行国家统计局第10号令，5～9月，组织当年度全国统计从业资格考前辅导和报名报考及考试。704人报考，418人成绩合格，及格率高于全市平均水平。截至年底，384人申领统计从业资格证书。

（刘 泽）

【信息化建设】 制定当年年报和下年定报统计数据处理工作方案，维护整个采集平台年定报工作，包括建立区级工作组50个、所级工作组52个，分配报表150余张，汇总表390余张；为企业重置密码；对业务人员操作进行指导。信息网站增加“数据发布”、“咨询回复”栏目。为配合全国第六次人口普查，开通运行区人口普查网站。

（刘 泽）

国有资产监督管理

概　　述

北京市石景山区人民政府国有资产监督管理委员会（简称区国资委），是代表区政府履行国有资产出资人职责，承担国有资产监管职能的政府直属特设机构，监管范围为区政府履行出资人职责企业和授权实行企业化管理事业单位的国有资产，并对区属国家原始出资集体资产进行指导监管。截至年底，全区纳入区国资委监管的企、事业单位共76家，其中一级企业15家，二级企业52家，三级企业9家。监管企业中，国有独资企业33家，国有独资公司6家，国有控股公司16家，国有参股公司12家，事业单位6家，集体企业3家。区属国有企业资产总额156.4亿元，净资产33.7亿元，较“十五”期末分别增长177.3%和67.7%；国有资本总量达到33.3亿元，较2005年增长66.5%。全年主要开展以下工作：1.重大项目建设。苹果园交通枢纽商务区、五里坨、西井、西黄村、衙门口等地区土地一级开发、融景城、游乐园“梦幻世界”室内主题乐园、CRD休闲广场及地下停车场、银河商务区k地块拆迁、华游电竞、石金小额贷、贵金属、保险交易所、“北京服务·新首钢产业股权投资基金”等项目均按计划实现阶段性目标；2. 国资运营管理。系统全年营业收入总额为17.25亿元(未含集体企业)，同比增长52.69%，实现利润总额2.2亿元，累计缴纳税金1.25亿元。国资投融资平台全年投入项目建设资金1.83亿元，累计为市政项目、公益项目及经营性项目投入30亿元；3. 企业改革重组。形成区属国有企业改革发展总体方案，基本完成“十二五”期间国有经济发展规划，完成房屋中心与市场中心两家事业单位机构合并工作，启动芳星园物业中心与实兴金海物业中心两个物业同业合并工作，深入研究二建、恒辰改制方案；4. 国有资产监督管理。通过强化资产管理、外派企业监事会、纪检监察等方式完善国资监管模式，通过委派财务总监、建立法律顾问体系等方式丰富国资监管方式，通过修订、完善、建立国资监管相关管理办法健全国资监管制度体系，完善公司制企业法人治理结构；5. 履行国企社会责任。通过设立社会公益基金、稳步实施老旧小区设施改造、完善物业管理等方式参与社会公益性建设；开展有限空间、建设施工安全、消防等专项整治工作，全部消除列入区级挂账重大安全隐患，年内实现无重大责任事故目标；履行信访接待日制度，保障职工队伍稳定，区国资委系统区级信访总量继续下降，没有发生群体访、越级访和极端访行为。

地址：杨庄东街59号今尊大厦10－11层
电话：68880498
邮编：100043

(李 滢)

【“十一五”期间国企改革重组】 “十一五”期间，按照资产重组、业务整合、机制创新、体制改革的方针，以“调、改、剥、破、转”为基本手段，围绕“一二三六”(一个科技园区、两个休闲旅游区、三个产业基地、六个商务功能区)重点区域建设，全面推动区属国有企业改革工作，成效显著。研究制定区国有企业改革重组三年规划，明确通过改革重组、调整股本结构、引进战略投资者等方式组建企业集团的发展思路。通过多种方式先后完成实兴、金鼎、兴华等企业的改革重组，完成房屋经营管理中心和市场中心的机构合并和资产重组，通过引进战略投资者、国有股合作等模式，组建石开、燕金源等公司，同时，芳星园物业管理中心与实兴金海物业管理中心同业合并进入实施阶段。国有企业通过改制加强自身实力，在地区经济中地位进一步提升。在推进区属一级和重点企业改革的同时，区国资委系统全面推进区属二三级小企业改革工作。以国有资本在二、三级企业逐步退出的方式，有序淘汰亏损企业，先后完成一批淘汰企业的改制工作，使国有资本在部分领域实现有序退出，逐步缩短资产链条，压缩管理层级，理顺产权关系。

(王 振)

【加强国有资产监管力度】 “十一五”期间，不断强化国有资产监管，探索有效的国资监管体制，建立和完善相关制度体系，不断加强国资监管力度，取得积极成效。国资监管制度进一步健全，探索国有资产监管的有效形式，先后制定出台多项监管规定和办法，初步形成国资监管和国企改革发展的基本管理制度框架，对国企改革、改制、企业经营过程的监管能力不断得到加强。区属国有企业监事会办法、区国资委委派财务总监管理办法(试行)及配套文件相继出台；国有资产监督管理办法及其配套的专项管理规范修订完成；区属国有企业负责人绩效考核办法和薪酬管理办法完成重新修订；经济分析制度基本建立，统计分析管理进一步强化。国资监管模式进一步完善，通过强化资产管理，履行出资人职责的能力不断提升；通过外派企业监事会，依法履行财务监督的能力不断提高；党委纪检通过党的作风建设和廉政建设开展，履行监察职能的效果不断显现。国资监管模式不断完善。国资监管方式进一步丰富，通过委派财务总监进一步提升企业财务管理水平，强化企业内部控制管理。通过建立法律顾问体系，为企业重大决策提供法律服务，依法规避企业经营风险。通过委派财务总监、建立法律顾问体系等方式健全国有资产风险防范体系，国有资产安全防范能力逐步提高。

(王 振)

【加快产业转型步伐】 按照区委区政府确立的CRD产业发展方向，国有资本逐步向商务金融、休闲娱乐等领域扩展，有力带动CRD核心产业发展。“十一五”期间，国资公司和宏润公司引进农业投资有限公司等投资主体共同成立北京石金小额贷款股份有限公司，成为本区第一家小额贷款公司，标志着区属国有资本开始进入金融领域；国有资本参股组建贵金属交易所、建材交易所和保险交易所，推动地区要素市场发展，填补产业结构空白。华游竞界科技发展有限公司的成立标志国有资本进入电子竞技体育领域，推进“西五环体育发展带”形成，提升发展带科技含量，国有资本向文化创意产业发展，为CRD主导产业形成奠定基础，加快产业转型步伐。

(王 振)

【资金配置能力提高】 区国有资产经营公司推进投融资平台建设，发挥政府投融资平台作用，进一步提高国有经济的资金配置能力。国资公司成立以来累计取得通过区人大常委会批复的授信额度共43亿元，为市政项目、公益项目及经营性项目累计投入30亿元，完成区政府折子工程确定的5大类31项任务。区国资公司通过合理利用综合授信贷款，弥补区财政建设资金的不足，保障奥运工程及配套工程的建设顺利完成，为市政基础设施和商务区等重大项目建设提供资金支撑，推进"一二三六"功能区建设顺利实施，成为扩大投资、拉动经济增长的主要力量，加快投资环境改善，有力促进经济社会协调发展。

（王 振）

【加强国有资产基础性工作】 完成区国资委监管和非监管企事业单位国有资产年报统计工作。截至12月底，资产总额142.1亿元（未含集体企业），所有者权益35.5万元。每月对所监管国有企业报送的财务快报进行审核、汇总，并针对监管企业经营成果、财务状况增减变动情况进行分析，做好汇总上报工作。加强产权管理工作，开展国有资产产权登记年检和国有产权转让年检工作，年检共涉及所有国有及国有控股企业96家（含13家注销企业），涉及国家资本金6.28亿元，国有法人资本金12.9亿元，国有资产总额16.9亿元。全年办理产权变动登记10家，产权注销登记1家，新设占有5家。实兴腾飞公司与八大处房地产开发公司正式签订股权转让协议，实兴腾飞增持鎏金置业20%股权，总股权达到70%，成为控股公司；实兴腾飞公司与京汉集团共同成立西部联合置业公司，总股1000万元，实兴腾飞公司占51%股权。

（杨 洁 简耀先）

【重点工程进展顺利】 围绕"大调整、大建设、大发展"主基调，国资委系统承担重大项目建设取得新进展，CRD新兴产业引领作用取得新成效，招商引资工作取得新突破，成为区域经济建设主要力量，完成各项重点工程任务。西部五里坨建设组团项目完成投资44.3亿元，拆迁面积达36万平方米，占拆迁总量的93%，站前小区保障性住房主体完工，五里坨定向安置房实现开工建设；西井地块签署征地协议，西黄村项目完成入户调查；衙门口综合改造项目取得一级开发授权批复，完成入户调查，启动控规调整；苹果园廉租房实现开工建设，廉租房H地块占地面积7182平方米，规划建筑面积17956平方米，总投资额约为1.36亿元；苹果园交通枢纽商务区南区四个地块实现上市交易，引进中铁建设、通用地产和天鸿铭基等大型国企，实现开工建设；银河商务区K地块拆迁，工业厂房实现局部拆除；CRD休闲广场及地下停车场项目工程设计方案完成；融景城项目截至12月，一期累计完成交房497套，二期结构封顶；石景嘉园经适房交付使用，两限房实现结构封顶；游乐园酒吧街主体完工，招商工作基本完成；完成国企在老古城综合改造项目的拆迁腾退工作；鲁谷供热厂筹划实施煤改气改造，完成改造方案。

（李 滢）

【国资投资领域拓宽】 国有资本向商务金融等投资领域不断拓宽。石金小额贷款公司累计发放贷款2.6亿元。贵金属、保险交易所取得阶段性成果。国资参与设立创业投资引导基金，研究设立"北京服务·新首钢产业股权投资基金"。华游竞界科技发展有限公司成功举办竞游ECL电子竞技冠军联赛，完成电竞平台"竞游网"上线运营，电竞馆正式投入使用，吸引盛大、腾讯等大型娱乐企业的参与。

（李 滢）

【完成招商引资指标】 利用国企资源引进企业21家，注册资金1000万元以上的企业达6家，新增区库收入累计达800万元。引入大型企业，与海航集团合作实现对接，成功引进首开隆基公司注册资金2000万元，合作开发建设苹果园交通枢纽项目。年内通过房屋租赁引进的企业17家，其中注册资金100万元以上的企业有4家，50万元的企业2家，50万元以下的企业11家。

（简耀先）

【推进国企改革重组】 坚持以科学发展观为统领，立足北京建设"世界城市"高度，围绕CRD发展战略，深入研究国有经济"十二五"时期的布局与结构，按照"以改革促调整、以调整促发展"思路，稳步推进国企改革重组工作。一是形成区属国有企业改革发展总体方案，并经区长办公会和区委常委会审议通过，力争用三年时间分三个阶段实现国企改革发展的总体目标，推进国有资本向优势行业和关键领域集中，形成国有资产规模化、集约化发展之势；二是顺利完成房屋中心与市场中心两家事业单位的机构合并等改革工作，启动芳星园物业中心与实兴金海物业中心两个物业同业合并工作，前期基础工作顺利开展，完成二建公司清产核资和产权认定工作；三是启动"十二五"时期区属国有经济发展规划的编制工作，系统各单位规划研究不断深化。通过调研、专家研讨、系统座谈等方式，基本完成"十二五"期间国有经济发展规划，未来五年国资国企改革发展方向基本明确。

（张 鹏 李 滢）

【业绩考核与培训】 到6月4日，按照国有及国有控股企业负责人经营业绩考核办法，完成实兴腾飞公司、宏润公司、芳星园物业、鲁谷供热厂四家国有企业负责人上年度经营业绩考核和兑现工作。确定企业考核定级情况如下：A级企业暂缺，B级企业占20%，C级企业占40%，D级企业占20%，E级企业占20%。

9月17日,区国资委系统召开EVA业绩考核与管理专题培训会,区属国企全体领导班子成员参加会议。同月27日,召开国资委系统新旧会计准则衔接转换专题培训会,国有企业财务人员参加培训。

(杨　洁)

【完善国资监管制度】 全面落实《企业国有资产法》,创新国资监管方式,提升国资监管规范化水平,增强国企内控管理意识。一是通过强化资产管理,提升履行出资人职责能力。通过向国资公司、实兴腾飞、万商公司、宏润公司4家国有企业外派企业监事会,提高依法履行财务监督能力,党委纪检通过党的作风建设和廉政建设开展,实现履行监察职能的效果;二是通过委派财务总监提升企业财务管理水平,强化企业内部控制管理。通过建立法律顾问体系,为企业重大决策提供法律服务,依法规避企业经营风险;三是相继出台区属国有企业监事会办法、委派财务总监管理办法(试行)及配套文件,修订完成国有资产监督管理办法及其配套的专项管理制度,修订区属国有企业负责人绩效考核办法和薪酬管理办法,建立经济分析制度,强化统计分析管理;四是积极完善公司制企业法人治理结构,逐步配齐完善国有公司制企业的董事会、经理层、外派监事会。

(李　滢)

【国企承担社会责任】 保民生,促稳定,积极履行国企社会责任。出资100万元设立"实兴腾飞助学基金",成为本市第一家设立社会公益基金的国有企业。国有物业单位稳步实施老旧小区设施改造,妥善处置水电气热突发事故,有效保障辖区住宅居民生活设施需求。围绕"以月促年、全年保稳"的安全生产工作思路,严格落实企业主体责任,重点开展有限空间、建设施工、人员密集场所、消防等专项整治工作,着力抓好重大安全隐患排处和应急演练,国资委系统区级5项挂账重大隐患年内全部消除,获市"安全生产活动最佳实践活动奖"、被评为区"安全生产先进单位"。履行信访接待日制度,国企各尽其责,落实信访代理制。区国资委全年接转信访件30件,接访194人次,便民电话转办单44件。在国企改革过程中切实解决职工实际困难,做到国企在岗职工不下岗,保障职工队伍稳定。全系统区级信访总量继续下降,没有发生群体访、越级访和极端访行为,被评为市"信访先进单位"。

(司丽君　李　滢)

【落实安全生产工作】 通过"三加强一完善",采取"一二三四"模式,全面落实国资系统安全生产工作。"三加强"即加强隐患排查,在国资系统牢固树立"隐患就是事故"理念,强化企业隐患排查治理主体意识,针对重大安全隐患及时召开专题会,研究排处办法,确保隐患尽快解决;加强跟踪治理,在完成建立隐患排查治理台账等基础性工作后,按照定期汇报、定期沟通、适时整改的要求,及时协调解决工作难点,扎实推进隐患治理进度;加强监督检查,一方面在系统内开展不定期的安全检查,另一方面严格落实安全生产责任考核制度。通过与绩效奖罚挂钩,确保责任落实不衰减。"一完善"即完善预案体系,结合系统实际和新形势、新要求,逐步修订完善各类应急预案并做好备案工作,进一步增强预案的可操作性,力争做到超前防范,有效应对,救援及时,处置科学。"一二三四"即"实现一个目标"——全力实现"安全生产年"工作目标。通过召开系统安全生产工作会,与各单位签订责任书,促进安全生产工作落实到位。"明确两个中心"——围绕坚持安全发展,落实安全责任,服务世界城市建设这一中心主题及明确"以月促年、全年保稳"的中心工作思路,开展好全年安全生产工作。"构建三个网络"——构建督察管理网络,将安全生产工作延伸到最基层;构建信息报送网络,进一步拓宽信息报送渠道,确保及时、准确、全面;构建宣传教育网络,利用多种宣传方式,提高职工安全生产意识。"落实四项工作"——健全安全管理制度、明确安全管理人员、落实安全管理措施、加强开展隐患排查。结合国资系统重点工作,加强开展应急演练,既"多干事",又避免"多出事",更好地推动国资系统经济健康发展,创造良好安全生产环境。

(司丽君)

【与市属国企交流学习】 7月12日,经市国资委协调安排,芳星园物业管理中心和实兴金海物业管理中心8名干部到市属企业房地集团下属物业企业天岳恒公司和首华公司进行为期一个月的学习交流。10月28日,区国资委召开市、区两级国有企业战略发展座谈会,就今后物业企业发展方向及如何加强市、区两级企业交流展开讨论。

(张　鹏)

【调研信息档案】 全年完成调研课题3篇,其中1篇调研报告获奖。对北京芳星园物业管理中心和北京实兴金海物业管理中心开展调研,着重对企业组织机构、人员构成、资产情况、经营情况、薪酬体制进行分析研究,形成物业企业调研工作汇报。全年编发各类信息70篇,被上级采用50篇,其中区政府采用30篇、区委采用20篇。被评为区委系统"信息工作先进单位"。自当年起,国资委档案管理与国资公司实施分管,区国资委完成机关上年文书档案归档工作及文书档案电子录入工作,共整理归档文书档案520件、科技档案8盒、实物档案11件、照片、音像104张。全年查找国资委档案资料累计61人次、利用档案269件。

(李　祯　李　滢)

北京市石景山区国有资产经营公司

【概况】 北京市石景山区国有资产经营公司(简称区国资公司)于2002年6月6日正式成立,前身为区国有资产管理局下属机构,注册资金10050万元,2004年11月与新成立的区国资委合署办公。上年3月,按照区委、区政府要求与国资委实现职能分离、机构分设,并完成增资,注册资本20850万元。国资公司分设以来,按照区国资委区属国有企业改革发展总体方案要求,履行"五个平台"职能定位,一是推动区域经济和社会发展,实现区委、区政府战略意图的投资平台;二是以市场方式进行资本运作的融资平台;三是持有全部出资或部分出资企业的股权管理平台;四是推动国企改革重组、实现国有资本有序进退的产业整合平台;五是促进先导产业发展和企业科技创新的创业投资平台。同时逐步调整经营方向和范围,将工作重心转向创业投资、企业经营,公司主营业务逐步扩展到商务金融、现代服务业、电子竞技产业等领域,初步形成公司本部外加10家出资企业的集团化经营模式。公司现有干部职工40人,其中领导班子成员7人(董事长1人,总经理1人,副书记1人,副总经理3人,财务总监1人),中层干部8人,党员23人。员工全部为大专以上学历,其中本科以上学历28人,占员工总数的70%;21人具有专业技术职称,占员工总数的68%。根据发展需要,公司结合实际调整和建立了机构和组织体系,设立了董事会、监事会、经理层,下设投融资管理部、资本运营部、经营部、综合办公室、人力资源部(党办)、财务部6个职能部门。年内,围绕服务区域经济社会发展的战略目标,初步拟订公司"十二五"发展规划,明确以资本运作为中心的战略发展思路,公司发展思路进一步清晰,发展目标更加明确。适应发展转型,推动风险防控,统筹资源,规范管理,狠抓内部管理及制度建设,梳理汇总形成国资公司管理制度汇编,内容涵盖公司战略规划和长远发展、运行机制建设、经营管理、员工和后备干部队伍建设等3个部分、26项规章制度,初步建立一套较为完整、操作性强的激励约束管理体系,推动内部管理更加顺畅,运作更加有序。11月25日,与国资委正式签订经营业绩考核责任书,主动加压,第一批纳入国资委系统企业负责人经营业绩考核范围,明确基本指标和分类考核指标,并与公司内部绩效考核管理挂钩,制定实施绩效考核管理暂行办法,初步拟定全资子公司企业负责人考核办法,进一步落实任务分解,兑现绩效考核奖励。制定中层后备人才库建设管理办法(试行)、中层后备人才库建设实施方案,启动后备人才库建设工作,经两次公开考试选拔,12人进入后备人才库,6人走上中层管理岗位。同时制定员工培训管理制度,设立培训和教育专项经费,每年定期组织专业知识和岗位培训,并通过挂职锻炼、外派出资企业任职等方式,在参与重点工作及出资企业经营管理中锻炼干部队伍。围绕公司经营管理和发展目标,以开展学习实践科学发展观、"创先争优"、"我是党员我承诺"等活动为载体,开展革命传统教育,规范做好党员发展工作,不断提高党员干部队伍素质。截至12月31日,国资公司资产总额541511万元,净资产135619万元,实现经营收入17184万元,实现利润总额6782万元。

地址:杨庄东街59号今尊大厦8-9层
电话:68887260
邮编:100043

(张　霞)

【出资企业情况】 自上年8月以来,国资公司按照区政府授权,发挥政府唯一的对外投资主体的重要作用,支持CRD主导产业发展。国资公司现有纳入合并报表范围出资企业6家:华游竞界公司、银河嘉业公司、石金小额贷款公司、燕金源公司、金鼎大学生公寓、海特饭店;同时对石开房地产及保险交易所执行权益法核算,将其利润并入国资公司利润;另于3月参股成立贵金属交易所;受国资委委托作为游乐园出资人。北京华游竞界科技发展有限公司成立于上年8月,注册资金500万元,为国资公司全资子公司,主营电子竞技及相关产业。年内完成ECL四个赛季及总决赛的策划、组织、筹办等工作,报名参赛总人数累计达到近10万余人次,得到包括中央电视台体育频道、人民网等近百余家知名媒体的广泛关注,促进ECL电子竞技冠军联赛品牌推广。公司自主研发的电子竞技游戏门户网站"竞游网"已完成多项功能的增加和主题页面改版,网站点击率稳步上升。电子竞技馆装修改造工程已全部完成投入使用,具备面向全球同步直播电子竞技赛事等多项功能。公司各项工作得到国家体育总局、市体育局、区委区政府及有关部门支持,申请到市体育产业引导资金856万元和区文创资金180万元。北京银河嘉业商务管理有限公司成立于当年1月,注册资金100万元,为国资公司全资子公司,主营停车管理及相关业务。年内先后接手政府周边、银河商务区、北京台湾街、静洋大厦的停车收费管理,小轮车赛场和电子竞技馆物业管理服务工作,在推进公司内部管理、提升效益、确保停车管理安全的同时,履行国企社会责任。北京石金小额贷款股份有限公司成立于上年9月,注册资金10000万元,国资公司出资3000万元,参股30%,为单一最大股东,主要服务于中小企业发展。年内开拓营销渠道,与北京首创投资担保有限责任公司和中关村科技担保有限公司建立长期合作关系,与北京银行、交通银行、工商银行等多家银行建立合作关系,拓展业务范围,确立市场地位。采取最低利率政策、绿色快速通道、多种放款模式扶植区内优秀企业。全年公司累计发放贷款166笔,贷款总额32540万元,获中国小额信贷最具发展潜力奖。

(张　霞)

【参与两个基金运作】 12月,推动"国家服务业综合改革试点区"建设,促进地区服务业快速发展,加大对服务业资金投入力度,市发改委、区政府、首钢总公司、京煤集团共同组建"北京服务·新首钢产业股权投资基金",基金规模10亿元,其中国资公司代表区政府注资2亿元。为便于基金管理,四家股东投资成立"北京京西创业投资基金管理有限公司",注册资金5000万元,国资公司出资1000万元已到位。"石景山区创业投资引导基金"是区政府专门设立的旨在引导社会资本进入创业投资领域并按照"政府引导、市场运作、科学决策、防范风险"的原则进行投资运作的政策性基金。国资公司作为受托管理机构,负责引导基金的运作。年内,公司按照区政府颁布实施的创投基金管理暂行办法、评审细则,进一步完善创投基金运作方面的制度建设,规范组织运作程序和工作流程,草拟相关制度3项报区金融办。

(张　霞)

【贷款余额13.7亿元】 地区向现代化首都新城区的战略转型开辟出经济社会全面升级、跨越发展的广阔空间,国资公司积极转变思路,适应发展,进一步发挥好政府融资平台作用,在商务金融、文化创意、西部地区开发建设、科技园区建设、土地一级开发和道路建设等领域,支持地区经济社会建设和先导产业发展。年内投入到阜石路拆迁、金顶山路、公安分局和检察院项目、黑石头垃圾消纳厂等重点道路、重点工程及公益性建设项目的资金为18350万元,确保重点工程和重大项目建设资金需求。通过办理专项资金申请、提供担保等方式,为京石科园置业公司、金顶街街道办事处、石景山游乐园、八大处公园、燕金源公司等单位建设发展提供支持。同时,不断加强投融资平台财务管理,确保平台资金运转安全。截至12月底,投融资平台贷款余额13.7亿元。

(张　霞)

【法人治理结构】 根据区政府和区国资委要求,公司董事会、监事会、党委和经理层领导成员全部到位。按照现代企业制度要求和《公司法》有关规定,明确董事会、党委会和经理办公会权责。结合实际对领导班子进行分工调整,坚持民主集中制原则,落实领导班子集体决策和领导成员分工负责相结合,制订公司党委会议事规则,起草董事会议事规则、经理办公会议事规则,进一步健全和完善相关工作制度、运行机制和运作程序,推进领导班子科学民主决策。

(张　霞)

【规范股权管理】 现有任职10家出资企业董、监事和高管人员6人,发挥任职出资企业董事、监事和高管人员代表公司行使出资人权利作用。通过参与出资企业重大决策和监督执行,进一步提高履职能力,维护出资人权益。制定和实施出资企业管理暂行办法,逐步从资产经营控制,财务监督和管理,对外投资管理,抵押、贷款、担保管理,重大事项报告等10个方面对全资、控股和参股企业的股权管理进行规范。通过实施全面预算管理,加强财务动态管理和事前监控,提高国有出资企业的风险防控能力,确保实现投资收益。

(张　霞)

【国有资产运营】 经资源整合、梳理,国资公司有经营性资产69848平米(其中创业园15360平米,创新园20671平米,厂房综合楼6211平米,公建楼11180平米,商业房屋873平米,市政综合楼2753平米,紫薇宾馆12800平米)。通过建立经营性资产租赁软件管理系统,完善工作流程和管理制度,明确相关部门责任,严把合同审核、签订关,实现资产动态管理。加大租金催收催缴力度,加强市场调研和预测,拓展租赁业务,建立租金收入正常增长机制。引入物业管理机构,实现对经营性资产日常管理服务的专业化。按计划先后组织对创业园、创新园厂区环境、综合楼绿化、插卡电表等基础设施设备进行升级改造,完成夏季排水改造、供暖系统、道路照明等维修维护工作,逐步完善配套功能,提高服务管理水平。全年公司实现经营性资产收入1704万元,比上年增长795万元。

(张　霞)

区国资系统主要负责人

区国资委主任、党委副书记　司尚国
区国资委党委书记、副主任　王金龙
区国资委党委副书记、纪委书记　高　竹
区国资委副主任　时才仁
区国资委副主任　王彦明
区国有企业监事会主席　韩若姮
区国有企业监事会调研员　文建武
区国有企业监事会专职监事　李念之

区国有企业监事会专职监事 郑朝阳
区国有企业监事会专职监事 许志顺
北京市石景山区国有资产经营公司
董事长、党委书记 杨贵宝
总经理 邵立文
北京实兴腾飞置业发展公司
董事长、党委书记 陈 新
总经理 明万富
北京宏润投资经营公司
董事长、党委书记 裴永安
总经理 张继忠
北京石景山游乐园
总经理、党总支书记 刘景旺
北京万商投资发展公司
董事长、党总支书记 毛 盾
北京市石景山区房屋经营和市场管理中心
主任、党总支书记 李茂生
北京石开房地产开发有限公司
董事长、党总支书记 时才仁
总经理 王志刚
北京鲁谷集中供热厂
厂长 侯来福
党支部书记 李瑞平
北京芳星园物业管理中心
总经理、党总支书记 张恕峰
北京市石景山物资总公司
总经理、党总支书记 米庆中
北京市石景山区建筑公司
总经理 吴庆敏
党委书记 王铁峰
北京市恒辰工贸集团
经理、党支部书记 冷德林
北京市石景山区第二建筑工程公司
经理、党总支书记 张宗富
北京海特饭店
总经理 乔 英
党支部书记 贾 静
北京燕金源置业有限公司
董事长 陈 新
总经理、党支部书记 刘成林

工商行政管理

概 述

北京市工商行政管理局石景山分局(简称工商分局)主要负责辖区内市场经济主体登记、商标广告监管、经济合同监管、市场竞争监管、打假维权等工作,维护辖区市场经济秩序稳定。分局下设27个部门,包括16个职能科室、5个工商所、5个事业单位、1个执法检查队。干部职工206人,其中公务员166人,事业单位35人,工勤人员5人。区域内各类企业14865户,个体工商户26140户,注册市场专营公司49个。年内,助推招商引资和产业结构调整,促进区域经济健康发展;强化依法监管,维护交易公平,营造良好市场环境;推动监管体系建设,强化食品安全监管;关注民生,维护消费安全。启动第二轮修志工作,完成资料长编撰写。

地址:实兴大街64号
电话:88791318
邮编:100041

(孙 琳)

【市场主体发展】 企业数量、规模增长迅猛。登记新设企业3086户,同比增长33.19%;企业保有量达到14865户,同比增长21.1%,企业注册资本数额累计2658278万元,同比增长24.36%,三项增幅均居城六区首位。其中:私营企业11553户,同比增长28%;私营企业注册资本期末实有1514642万元,同比增长48%。新设立企业注册资本1000万元以上158户,同比增长74%;注册资本合计243646万元,同比增长42.23%。全区实有1000万元以上企业767户,同比增长33%;注册资本合计1434428万元,同比增长21.29%。中关村科技园区石景山园设立企业1979户,同比增长63%,累计设立企业数量4077户,同比增长119%;已认定中关村高新技术企业1213家,企业总收入占中关村比重已突破2.5%。园区高新技术企业中,规模以上137家。

(孙 琳)

【市场准入服务】 抓紧落实一系列营造良好市场生态环境的措施,打造安全的投资环境。出台加强市场准入服务营造良好市场生态环境工作意见,采取定窗口、定人员、定岗位的“三定”举措保证,对示范区企业和重点企业实施“提前介入、提前受理、提前发照”的登记注册“直通车”,保障公平的准入条件和便捷的准入程序。在集中办公区试行受理人现场登记制度,不定期派受理人员现场咨询指导。培训招商引资部门人员,发展其为“登记注册咨询员”。推行代办备案制及轻微失误督促改进制,对代办机构及人员进行资质备案登记,开设专门窗口,受理代办人员提交材料,进行严格审核、管理。建立完善平台服务相关应急机制,制订服务大厅秩序、安全应急预案,特需企业服务应急预案等,维护服务平台正常工作秩序。

(孙　琳)

【推进园区建设】 4月,制定印发推进中关村科技园石景山园自主创新示范区工作意见。组成法规顾问团,定期为示范区企业提供咨询服务。对在园区内注册、登记管辖在工商总局、部分外商企业以及国有资产管理公司投资设立的部分企业,予以远程申报或直接负责。推进石景山园范围内高新技术企业试行报备式年检。落实工商机关经济户口信息公开公示,试验将企业信用信息向社会公示。推进集中办公区建设,对园区企业注册资本缴付实行行政指导。支持商标无形资本化运作,为示范区企业搭建商标权质押贷款平台。为企业提供商标注册咨询,加强对示范区商标境外注册工作指导。引导企业到商标局驻示范区办事处办理有关商标注册申请及高新产业商标战略研究、商标咨询、服务等业务。培育著名、驰名商标,做好有计划、有重点、有目标的商标扶持、培育,发展有潜力、有市场竞争力、有较高知名度的商标。启用网上抵押登记申请和信息查询系统,公开动产抵押登记信息。

(孙　琳)

【查处无照经营】 7月,区政府出台关于建立查处取缔无证无照经营工作机制的意见(石政办发〔2010〕69号)。将查处工作纳入全区重点工作中,形成政府统一领导,各职能部门密切协作、齐抓共管的工作格局。落实社会治安重点地区市场秩序整治,将治理无证照经营与平安社区建设、流动人口管理、出租房屋管理和查处违法建筑等工作相结合。按照“政府主导、部门履责、属地管理、综合治理”原则,发挥联合执法优势,全面清理无证无照经营行为。年内,各成员单位出动执法检查人员53364人次,车辆24255台次,检查各类市场主体13176户,发放责令改正通知书1704份,取缔各类无证无照经营户298户,引导办理各类证照772户,办理各类无证无照经营案件172件,查处无证无照经营行为(含无照游商)31862起,罚款365万余元。配合百日整治办公室,开展治理无照经营“百日执法”活动,取缔无照经营132户,责改388户,疏导办照163户。

(孙　琳)

【联合打击传销】 自上年启动西部五区(石景山、海淀、丰台、门头沟、房山)“打击传销、规范直销联防联动合作机制”以来,以打击传销、规范直销、监控新兴业态为核心,加强五区之间执法协作与支援以及执法信息资源共享,建立健全打、防、控、管长效机制,实现交界地区联防联治,切实挤压传销活动生存空间,把传销行为遏制在萌芽阶段。年内,开展执法检查47次,接待涉嫌传销行为投诉举报25起,取缔涉嫌传销窝点1个,清查教育遣散涉嫌传销人员320余人次。西部五区共同参与,查处北京宏德天泰科技有限公司涉嫌传销违法行为,涉案金额100余万元;查处北京国泰园生物科技公司以传销手法销售口腔修复药品、皲裂粉剂等的违法行为,涉案金额近20万元。

(孙　琳)

【绿色通道联盟】 以万达物业、市场协会石景山工作委员会为基础,在商业服务业核心区和有形市场内推进绿色通道机制建设。相继建立以入驻万达广场商家为基础的万达商业圈绿色通道企业联盟、以有形市场为成员单位的绿色通道企业联盟,将万达广场内100余家知名商业、餐饮企业和辖区38家有形市场统一作为共同解决消费者投诉的主体,加强员工培训,搭建交流平台,提高企业(市场)解决消费争议的能力和效率;使消费者、商家两方共同受益,同时将消保维权与促进企业发展、提升服务水平有机结合,进一步营造辖区良好消费安全环境。

(孙　琳)

【先行赔付制度】 试行小额消费争议先行赔付机制。针对额度一般、消费争议产生的责任无需技术手段鉴定可直接判定的小额消费争议,帮扶企业建立快速调解机制。通过组建解决消费争议绿色通道企业联盟,吸纳万达广场、北京台湾街等特色街区23家消费集中的大型商户,建立绿色通道平台、情况通报会等沟通机制,通过服务、法规培训提升商家责任意识。设立企业及有形市场内部专职消费调解员81人,采取走访、约见、告知等方式,帮助商家从内部建立消费争议解决制度。建立消费矛盾前瞻系统,运用三级平台和12315投诉举报系统,归集和分析整合信息,向商家发布消费争议警示信息79条,掌握消费争议情况动向。建立服务质量监督机制,对消费者投诉多、问题相对集中的商家,采取行政告诫、约见、警示、处罚、违法案情披露等形式,给予惩戒。

(孙　琳)

【管理无假冒商标示范单位】 强化对星座商厦、物美集团、华联超市等无假冒商标示范商场(店)管理。采取“一规范二培训三级监管四查方式”,巩固提高辖区“无假冒商标示范单位”规范管理。依据北京市无假冒商标示范商场(店)管理办法,对辖区4家无假冒示范单位采取统一的制度模式,着重规范示范单位的商标管理、商标档案备案、受理消费者投诉举报等制度。建立健全企业内部商标管理制度。组织示范单位、进货企业商标管理人员,开展商标法规培训，从进货源头抓好无假冒商标工作，规范商标授权代理行为。对无假冒商标示范单位实施三级监管。其中，辖区网格责任人实施一级监管，对示范单位开展日常巡查、指导；工商所实施二级监管，对一级责任人的落实情况实施检查，开展帮扶指导；分局实施三级监管，对一级、二级监管开展复查、抽查。对示范单位的监管，采取网格责任人每季巡查、工商所定期抽查、商广科组织互查、督查考核组督查的四查方式，巩固无假冒商标示范单位规范管理基础工作。

（孙　琳）

【与社区交流】 八角工商所主动与街道办事处协商，参加办事处组织的社区居委会主任例会，形成工商所与辖区社区居委会常态化沟通交流机制，丰富工商职能进社区的平台建设。6月2日，分局邀请社区办、各街道（社区）领导，就八角工商所参加社区居委会主任例会制度进行交流座谈。社区办对八角所参加居委会主任例会方面的做法和成效给予肯定。年内，工商所长参加街道（社区）居委会主任例会制度在全区推广。

（孙　琳）

【规范化建设】 各工商所按照北京市工商行政管理所（站）规范化管理标准，抓好"规范化标兵工商所"建设。对上年度"规范化建设标兵工商所"苹果园工商所进行回查回看，与门头沟分局共同召开"创建规范化建设标兵工商所工作交流会"，取长补短，共享经验。在苹果园工商所召开绩效考核工作现场会，强调各部门加强内部考核管理，制订管理办法。实现对干部工作考核常量化，日常管理透明化，风险防范日常化。年内，鲁谷工商所被评为年度"规范化建设标兵工商所"。加强基层所基础建设。为每个工商所配备4台电动自行车，新增2万元图书，更新办案设备，提高巡查机动性和执法专业化水平。完成古城工商所新址标志标识标准化建设、迁址工作。

（孙　琳）

【规范网游市场】 7月6日，与《中国工商报》联合召开网络游戏消费者保护暨营造首都良好市场生态环境研讨会。邀请国家工商总局、文化部、中消协相关负责人，业内专家，征途、搜狐等网游运营商及消费者代表，分别就国内网游现状、网络游戏消费的投诉热点、难点及建立维护网游消费者权益长效机制等展开深入研讨，形成一定共识。目前，网游消费投诉主要集中在账号归属权投诉，游戏币、游戏道具交易投诉等方面。此外，游戏玩家在线交易过程中产生的各种纠纷也是网游消费投诉的热点。

（孙　琳）

【3·15系列宣传】 与区消协周密安排，围绕"消费与服务"主题，以"提供服务、拉动消费、促进发展"为活动主线，把促进经营者诚信经营、服务企业健康发展、倡导消费者理性消费作为活动中心内容，开展以宣传消费政策、推进消费维权、提高消费信心、服务经济发展为目的的3·15系列活动。金顶街所联合知名厂家、银行，深入北京军区联勤部社区，就军营特殊群体维权问题，解答官兵提问，听取意见建议，厂家提供的食品安全知识讲座及银行传授的真假币鉴别方法等受到官兵和家属欢迎。八角所针对研究生院社区、八角北路社区老年人多的特点，采取知识问答、猜谜、维权漫画等形式，向老人普及消费知识，倡导科学、健康、环保消费方式。3月12日，联合区教委、物美集团举办第八届"物美杯"青少年消费维权知识竞赛，与教委签订维护青少年合法权益创造和谐校园周边环境协议书。发挥网上工作站的作用，受理、解答群众问题。将涉及百姓消费维权典型案例、查处过的侵权违法案例、维权做法、支持企业发展举措等上传至网站。设立专人，开展与社区居民网上交流，随时受理、解答消费者提出的问题。金顶街所开动流动工作站宣传车，覆盖辖区所有自然村落，进山服务、送法下乡，推动"驼铃古道"品牌流动工商工作站建设。

（孙　琳）

【协会作用显现】 私个协强化组织和私个经济党（团）建设，搞好会员活动、行业自律，做好会员服务，引领私企、个体户构建辖区良好市场生态环境。强化协会组织建设，扩大协会组织覆盖面，按照地域、行业划分179个会员小组，其中食品流通行业小组45个，会员小组共有5531人。年内，对私营企业中党支部（临时党支部）、党员进行调查摸底。全区私营企业中，建立11个党支部、4个临时党支部，党员5396人。以党建带团建工作，实现团组织的全覆盖。在爱依家政服务公司，建立全区私营企业首家团总支。全区团总支1个，团支部13个。主动为会员上门年检、验照，为5000余户经营户提供咨询、服务。与法学会、律师事务所联系，成立会员法律服务中心，为507名会员提供法律咨询，为923人开展法律法规培训。成立食品流通行业分会，撰写、编印《食品流通行业自律手册》，在国庆、中秋两节前召开发布会予以公布。采取走访慰问困难会员开展"送温暖"、庆三八妇女节女会员座谈、迎国庆大型文艺汇演、"光彩活动日"帮扶弱势群体、体育比赛等等多种形式，拉近会员间距离，提升会员社会责任，凝聚协会组织向心力。

（孙　琳）

【个体私营融资服务】 与邮政储蓄银行西区支行实现层级对接，帮助私营个体企业解决融资贷款难题，为企业搭建起高效便捷的融资贷款服务平台。制订融资贷款服务实施方案，与邮储银行签订个体私营企业金融服务合作协议，西区支行在2

年内拿出20亿资金,支持企业发展。2月8日,区私营个体经济协会中小企业融资贷款服务正式启动,实现区私个协服务部与西区支行信贷部,私个协各分会与西区支行所属各营业部,私个协各分会干部与信贷员三个层级分别对接,确立双方联系人,使一批私营和个体企业走出融资困境。全年为800余户企业成功推荐,其中404户获得融资贷款5051万元。

(孙 琳)

【便民菜站进社区】 切实关注民生,推动社区建设便民售菜点。10月,联合古城街道办事处、百日整治办公室,在八千平、古城路北等5个社区设立便民蔬菜售卖点,方便5022户家庭就近买菜,还为73户行动不便空巢老人家庭和9户残疾人家庭提供上门送菜服务。由于社区不收场租费,菜价比农贸市场还低。设立便民蔬菜服务点,是落实市、区街面环境秩序"百日整治行动"工作要求,清理不符合管理、食品要求的摊点后,切实解决百姓"菜篮子"的重要举措,旨在解决社区出入口游商拥堵、街面秩序混乱等问题,巩固百日整治活动阶段性成果。同时配合街道办事处,逐步筹划开办临时假日市场,为规范游商入市创造条件。

(孙 琳)

【食品安全监管】 依据《食品安全法》,探索街道食品安全管理机制,建立健全监管组织网络体系。年初,与区食品办、苹果园街道办事处共同会商,草拟苹果园地区食品安全管理委员会实施方案。设立食品安全监督员,通过区食品办统一组织食品安全培训考试,持证上岗。将辖区分成6个食品安全监督组,协助监督食品经营单位食品安全执行情况和反馈。制订食品安全监督员工作内容、工作流程,建立"周会商、月通报、季评估、年总结"等制度,完善街道食品安全监管网络,规范辖食品经营主体资格和经营行为。5月26日,成立苹果园地区食品安全管理委员会,由工商、卫生、城管、质监、农委及所辖各居(家)委会、地区食品经营者代表组成,各居(家)委会设立2名食品安全监督员,通过有效组织社区居委会,形成监管合力,消除监管盲点,进一步延伸食品安全基层监管触角,实现无缝隙监管。12月3日,市局组织各区县到苹果园街道观摩,面向全市推广。

(孙 琳)

【工商开放日活动】 3月24日,开展以"邀请首都市民代表体验食品安全检测,接受社会各界监督"为主题的工商开放日活动。代表亲身体验食品安全检测过程,听取履行对流通领域食品安全监管职责、开展食品安全监测工作情况汇报。10月28日,举办主题为"邀请首都市民走进工商,了解商标服务战略"的"工商开放日"活动。向与会代表介绍几年来商标监管和知识产权保护工作成果,观看商标服务与保护的专题片。在喜隆多购物中心门前组织商标服务战略宣传分会场,向市民发放商标宣传手册、提供现场咨询,展示真假logo对比,普及商标知识。部分区人大代表、政协委员、特约工商监督检查员、企业和社区居民代表参加活动。

(孙 琳)

质量技术监督

概　　述

北京市石景山区质量技术监督局(简称区质监局)是市质监局垂直管理的正处级政府职能部门。内设5科1室1队,即计量科、标准化科、质量科、法制科、特设科、办公室、稽查队,下设区组织机构代码管理中心、区计量检测所、区特种设备检测所。全局在编干部职工63人。全区共有在用特种设备9761台,停用特种设备1969台,合计11730台;另外还有压力管道333千米,气瓶1.2万只,分布在500余家使用单位中。年内,累计开展行政执法活动575起,完成计划的144%;结案查处案件45起,结案立案处罚案件26起,罚没款数额87876元;按照收支两条线规定,100%收缴入库;办理投诉举报32件、咨询服务260件,办理行政许可660台件,办结率100%。行政执法案件按期办理完毕,未出现延期办理案件。没有出现行政复议、行政诉讼案件,没有出现国家赔偿案件。完成19817台件计量器具的检定,完成特种设备检验5198台,特种设备作业人员培训392人次。

地址:杨庄东路73号
电话:68865189
投诉电话:68827817
邮编:100043

(王慧琴)

【特种设备监管端口前移】 转变监管理念,将工作端口前移,增强主动性,提升监管手段。与区安监局、旅游局、街道办事处等部门组织多次联合检查,对重点监察单位石景山游乐园、八大处公园、首钢总公司开展重点检查,保障特种设备无故障运行。针对首钢设备多、范围大的特点,组织首钢特种设备管理部门对自有设备进行自查。全年办理开工告知159项计619台套，注册登记许可131项计562台套，停用52项254台，注销70项463台，启用9项，变更17项。参加区联合安全大检查活动，分别对京燕饭店、万商美居饭店、大江南饭店、海特饭店等进行检查。全区未发生特种设备事故。

（王慧琴）

【电梯监察】 以电梯监察为重点创新工作机制，推进节能监管，强化基础保障。进一步解决在用电梯安全运行维护问题，做好电梯安全预警工作；与相关部门合作，做好电梯安全运行、维护问题。鼓励有条件的电梯日常维护保养单位逐步建立在用电梯安全信息检测平台，对电梯日常安全运行状况、日常维保状况及故障报警进行实时传输和数据统计。通过运用现代化科技手段及管理理念，创新在用电梯安全管理机制，提高电梯维护保养的科学性和规范性，提高突发事件快速反应、及时救援能力。

（王慧琴）

【法规宣传】 持续开展《特种设备安全监察条例》宣传培训工作。下发《条例》500本，全年培训各类操作人员、管理人员200余名。利用开会、现场检查、上街、网络等形式，将安全法规宣传到基层。“安全生产月”期间，针对辖区特种设备逐年增多的特点，坚持开展特种设备安全“三进”（进企业、进社区、进校园）宣传活动，由专业人员对电梯、锅炉、液化气钢瓶、大型游乐设施等与群众生产生活密切相关的特种设备，讲解安全操作常识、防范和应对事故方法，宣传普及特种设备安全知识，发动群众提高自身安全防范意识，共同做好安全工作。

（王慧琴）

【执法检查】 狠抓食品安全监管和整顿，严格市场准入，监督抽查和执法并重。成立食品安全领导小组，摸清企业和产品情况，实行责任追究制度，更加关注食品添加剂和高危食品安全，对纳入行政许可和强制认证的产品重点监管。加强与相关部门沟通协作，互通整顿信息，完成市级监督抽查45起，抽样50个，经检验，不合格样品1个，抽样合格率90%。对现有3家食品加工小作坊开展巡查检查12次，重点检查进、出货台帐，原辅料清单；对1家台帐记录不规范企业现场责令整改。协助企业把好从原料生产到产品入库、送检、出厂各关键环节，未发生因食品引发安全事故。

（王慧琴）

【专项整治】 坚持抓重点、抓专项，依法打假治劣，突出打击直接关系人民群众健康安全的假冒伪劣产品。加强对生产企业的日常监督管理和定期监督抽查，明确重点监管企业和一般监管企业，做到重点突出，监管有序到位。开展细木工板等四类产品质量专项检查和联动抽查，开展汽车零部件产品生产企业专项检查，对一次性塑料餐饮具和密胺生产企业实施执法监督抽查，开展塑料购物袋生产企业专项监督抽查检查。根据质检总局关于禁止使用镉及各镉合金材料生产食品的通知精神，对辖区是否存在内饰品及仿真品生产企业进行排查。对全区生产卫生纸和紫砂产品的企业进行排查。组织开展人造板、助力车、汽车防盗器、粉煤灰、矿粉生产企业实施监督抽查。开展钢筋混凝土用热轧带肋钢筋、电线电缆、橡胶密封制品、特种劳动防护用品、危险化学品、玩具、家具、床上用品、儿童服装、建筑用胶粘剂、塑料管材、外保温用聚合砂浆、汽车润滑油监督抽样检查。接收审查工业企业自查报告资料22家，各项资料计350份；接收审查食品及相关产品企业自查报告资料33家，其他资料650份。完成重点持证企业现场核查。

（王慧琴）

【行政许可】 优化窗口服务，对行政许可事项派专人、专车定期进行交换件。全年受理组织机构代码6734件，其中新办单位3297家，变更单位3101件，年审单位463家，注销单位188家，制作IC卡4584张，发出代码证5937套，为财政收取代码费178110元。扫描电子档案6734套。交换行政许可文件受理473家1548台件，其中非本区审理有189家539台件，计量方面受理33家88件，标准备案受理94家241件，生产许可证受理7家7件，安装维修改造资质证书受理17家17件，特种设备安装改造维修开工告知受理185家586台件，特种设备使用登记受理147家609台件，无一差错。

（王慧琴）

【计量工作】 继续推进社区菜市场计价秤统配统管等“消费者的放心工程”。针对剩余的8家菜市场，分别与区商务委、集体经济办、市场管理中心、相关街道办事处协调，8家菜市场已全部完成统配统管工作。与已实施统配统管的11家集贸市场和7家加油站举行“诚信计量自我承诺签约的仪式”。对相关用能单位开展调查，坚持围绕健康计量进医院、公平计量进商场、光明计量进镜店、服务计量进社区开展宣传活动。结合节假日安排、世界计量日和各专项检查活动，重点对超市、集贸市场、眼镜制配场所、定量包装商品、加油站、医疗卫生单位、餐饮场所等开展各类计量监督执法检查活动。全年出动执法人员210人次，检查单位105家。立案处罚6起。

（王慧琴）

【标准化推进】 鼓励企业参与国内外标准化活动，增强标准意识，向服务标准化发展。对有效期内的企业标准备案、企业标准登记信息进行清理，摸清底数并定期制成文件，将其挂在局公共平台，供相关科室检索。有针对性地对能效标识使用情况进行检查。与园区管委会及时沟通，传达资金资助受理有关信息；电话联系重点企业,提示其做好相应资料收集与提交准备。对通过备案的165份标准中的152份进行文本监督检查,对标准文本存在问题企业,督促其对内容及时修改。全年执法检查100起,出动执法人员200人次。查处案件30起,其中现场处罚24起;立案查处6起。

(王慧琴)

安全生产监督管理

概　　述

北京市石景山区安全生产监督管理局(简称区安监局)是区政府行使安全生产综合监督管理的职能部门。内设办公室、综合管理科、监督管理科、职业卫生科、监督检查科、执法监察队等7个科室。年内新增规范事业编13名,成立两个执法队,率先在各区县安监系统统一执法服装,公务用车两年增加4辆。年内,全区安全生产工作在区委区政府和市、区两级安委会领导下,始终坚持"安全第一、预防为主、综合治理"方针,围绕"安全生产年"主线,进一步建立健全并落实安全生产管理各项规章制度,督促安全生产主体责任落实,加大排查治理事故隐患力度,认真解决安全管理上存在的突出问题和薄弱环节,有效防范和坚决遏制重大事故发生,为推进"大调整、大建设、大发展"创造良好安全生产环境。一是深入开展"安全生产年"宣传培训活动。6月3日召开全区"安全生产月"动员部署大会,6月13日组织全区开展咨询日活动;二是深入开展企事业单位"安康杯"竞赛活动。按照部署,全区619个企事业单位6.95万名职工参加"安康杯"知识竞赛,全区50余个局处级单位,123个科、班、组、站、所,近万名职工参加竞赛答题活动;三是开展"安全生产年"执法检查活动。重点加强春节期间烟花爆竹监管,加强危险化学品监管,加强职业卫生和有限空间监管,配合市局加强首钢迁安铁矿及尾矿库安全监管,督促企业落实主体责任。区领导荣华、周茂非带队督察安全生产工作7次,组织相关部门参加的联合检查13次,出动执法人员260人次,抽检生产经营单位78家,查处各种安全隐患312项;四是大力开展"安全生产年"专项整治活动。开展全区燃气及管线专项整治,确保区内776千米燃气管线及各种设施、设备的安全使用。加强建筑施工安全监管,认真开展施工工地、深基坑、施工管理等专项检查与治理。加强道路交通安全监管,以"平安北京交通"为主线,建立133个社区交通安全工作站,不断加大交通违法行为打击力度。加强消防管理,组织开展"构筑社会消防安全'防火墙'工程"、消防安全"四个能力"建设工程等10余项消防安全专项整治活动。以落实"三个突出、三个加强"为重点,以开展"安全生产月"等重大活动为载体,以全力压减一般事故、坚决杜绝重特大事故为目标,安全生产各类事故控制死亡指标下降27.7%。贯彻落实国务院、市安委会关于安全生产工作一系列指示精神,狠抓工作落实,坚持依法监管,强化主体责任,夯实安全基础,确保全年安全生产工作形势平稳有序。本区被市安委会评为"安全生产先进区县"。

地址:石景山路18号
电话:68607186
邮编:100043

(李江宁)

【控制考核指标完成情况】 当年,市安委会下达给本区各类事故年度控制死亡指标27人。其中,生产安全9人,道路交通14人,火灾1人,铁路交通3人。年内,全区发生交通、消防、生产安全和铁路事故5918起,伤2241人,死亡18人。与去年同期比,事故起数增加736起,上升14.20%;亡人数减少5人,下降27.78%。其中:发生交通事故5803起,伤2241人,亡11人。事故起数同比增加751起,上升14.87%;伤人数增加57人,上升2.61%;亡人数减少3人,下降21.43%。发生火灾109起,死亡0人,伤0人,同比减少12起,下降9.90%。发生生产安全事故4起,死亡5人。同比事故起数减少3起,下降42.9%;亡人数减少2人,下降28.6%。发生铁路事故2起,亡2人,事故起数与死亡人数同比持平。全年死亡人数占市安委会下达年度死亡控制指标27人的66.67%。

(李江宁)

【机构调整与队伍建设】 3月初,经过认真筹划、充分酝酿,对区安委会原有组织机构领导及成员单位作出重新补充与完善。周茂非任区安委会主任,成员单位由51个增加到62个,将驻区九大企业及中石油、中石化纳入其中。重新划分和明确成员单位监管职责,印发关于进一步加强安全生产工作的意见。区、街两级安全监管机构得到进一步加强。各街道办事处建立3人的安全生产管理机构,落实安全科长职数、必要的办公用房设备和10万元年度专项经费。驻区企业分别建立健全安全生产管理机构,配备专(兼)职安全生产管理人员。9月9日，成立区安全生产协会，建立区安全生产宣传教育培训基地。截至年底，协会发展会员96家，各类工程师、经济师等专业人员83人。协会成员单位分别由行业主管部门、街道办事处、工业企业及其他不同类型与规模的企业组成。

（李江宁）

【开展“安全生产年”活动】 根据国家、北京市关于继续开展“安全生产年”活动的要求，5月28日，区安委会按照有目标、有内容、有重点、有措施的要求，制定关于深入开展“安全生产年”活动的实施意见，62个成员单位分别结合实际制定“安全生产年”工作执法检查计划和落实方案。深入开展“安全生产年”各项活动。抓好“三个突出”，做到“三个加强”，即突出预防为主，突出加强监管，突出落实责任；加强宣传教育和队伍建设，加强安全基础工作，加强协作联动。全面推进安全标准化工作，促进安全生产管理水平提高，有效防范和遏制生产安全事故的发生。做好“安全生产年”检查、督查和总结工作，与相关行业部门组成检查组，深入成员单位督促检查各项活动开展落实情况，要求各成员单位及时报送本系统、本辖区开展“安全生产年”活动相关数据、台账及阶段小结，并形成季度总结提交区政府办公会，上报市安委会办公室。以区广电中心、政府信息网、区四套班子及部门刊物和首钢电视台等为重点宣传媒介，深入进行“安全生产年”宣传报道，宣扬典型、曝光隐患；相关行业及街道(社区)还充分利用橱窗、专栏、板报、横幅、电子显示屏等工具，大力宣传安全口号、标语、警示等内容，全区形成良好的“安全生产年”舆论氛围。

（李江宁）

【开展“安全生产月”活动】 6月3日，召开全区动员部署大会，500余人参加会议。6月13日，组织开展咨询日活动，在八角街道设主会场，其他街道和部分行业、企业设分会场，近300个单位、133个社区2.1万人参加宣传活动，发放材料3万多份，制作展板300余块；组织全区开展规模不同的应急演练60余场。

（李江宁）

【学习国务院23号通知精神】 7月23日，国务院办公厅发布《国务院关于进一步加强企业安全生产工作的通知》(国发[2010]23号)，进一步明确现阶段安全生产工作的总体要求和目标任务，提出新形势下加强安全生产工作的一系列政策措施，涵盖企业安全管理、技术保障、产业升级、应急救援、安全监管、安全准入、指导协调、考核监督和责任追究等多个方面，是指导全国安全生产工作的纲领性文件。8月，按照“开好部署会议，定好措施文件，搞好专项检查，组织好知识答卷”要求，在全区深入开展“通知”学习贯彻活动。周密筹划部署，制定宣传教育培训方案，各成员单位成立领导小组，制定落实方案。突出学习环节，向区四套班子领导、安委会成员单位、企业领导和一线员工下发5000余本“通知”解读小册子。9月25～30日(其中9月28日为“宣传咨询日”)，组织贯彻落实国务院“通知”宣传周活动。活动以解读“通知”内容条款为重点，开展全方位、多层次、立体式的宣传教育，发放200条横幅、45块展板和6000多张挂图，做到全面宣传与重点解读相结合，广泛面向公众与集中宣讲培训相结合，学习贯彻“通知”精神与开展“打非治违”专项行动相结合。10月，区安委会办公室组织安全生产试题答卷，将“通知”9章32条分解成100道题200个填空，通过网上发布回收答卷2000余份。同月27日首钢技师学院举办知识竞赛，9个行业、9个街道和9个驻区大企业共27个单位组队参加。通过三场预赛、一场决赛，产生各类奖项27个，发放奖金2.7万余元，极大地推动和鼓舞全区学习热情。《中国安全生产报》头版对此进行报道。区住建委、文委、旅游局、民防局、集经办等行业部门和首钢、北重公司、高井热电厂等驻区企业，分别采取多种形式组织职工进行培训；市政、国资、商务等部分重点行业，分别对所属区域、系统、企业单位进行检查督导，确保“通知”精神落到实处。

（李江宁）

【安全生产综合考核】 10月中下旬至11月上旬，区安委会办公室在学习市安委会2010年各区(县)政府安全生产综合考核细则基础上，结合本区实际，制定石景山区2010年各成员单位安全生产综合考核细则。“细则”明确组织领导、重点工作、隐患治理、应急管理、事故查处、工业企业和指标控制7个方面、20个考核项目、50条具体考核内容；明确各项考核内容具体分值及扣分标准；明确具体考核方式与方法及考核的标准和范围。在62家成员单位征求意见，经过调整、修改于11月上旬下发至安委会各成员单位。“细则”突出三个特点：一是依据充分。主要依据安全生产法、市安全生产条例等重要文件，重点参考市考核细则；二是符合实际。按照分类、分级管理的要求和各行业、街道(社区)、企业的安全监管职责，进一步细化考核内容和评分标准，使考核更加趋于合理；三是突出重点。围绕年度工作重点和安全生产事故措施，重点突出“一票否决”制。11月30日～12月1日，对9个街道办事处(鲁谷社区)、16个行业部门进行安全生产工作综合考核，并按照考核条款进行对照检查打分。考核实行分值量化，总分值为100分，其中安委会领导测评分10分；安委会办公室考核10分；行业主管部门、街道办事处之间交叉评分80分。考核采取各单位领导汇报(配合多媒体文稿)，安委会办公室查看资料,街道、行业互评分汇总的办法,使此次考核真正做到公开、公平、公正;做到坚持标准,严格审核,实事求是,不搞平衡照顾,严格遵守考核纪律,切实发挥综合考核的激励促进作用。考核结果在全区予以通报,并向区委、区政府汇报。

(李江宁)

【有限空间专项治理】 随着地区经济快速发展,城市规模不断扩大,基础设施日益庞大,市政工程建设、地下管道施工维修等有限空间作业的安全生产问题突出。按照市安全生产委员会通知(京安发〔2010〕6号)要求,决定4~8月在全区范围内开展有限空间专项治理工作。4月6日,区安委会制定下发有限空间安全生产专项治理工作方案,各街道结合实际,制定专项治理方案,下发辖区生产经营单位300余份。成立有限空间安全生产专项治理领导小组,各相关部门和街道为成员单位,负责组织、协调、指导工作。各街道也相应成立由主管领导任组长的领导小组。同月22日召开工作会议进行部署,对各相关部门和街道提出要求,320多人到会。会后,开展调查摸底工作。全区127家单位,其中有限空间作业清掏单位3家,污水井处理1家,热力井维护1家,电力维护1家,物业公司121家。将有限空间作业单位实行分类管理,按危险程度划分为一、二、三类,并建立监管台账。按照分类,现有一类单位65家;二类单位9家;三类单位53家。通过专项治理,进一步加强有限空间作业安全监管,督促企业落实主体责任,消除安全隐患,有效遏制事故多发态势,保护人民群众生命财产安全。

(李江宁)

【12350举报投诉平台】 年初,进行专门部署,明确分管领导,统筹安排人力、物力抓好举报投诉平台工作落实,保证群众举报投诉及时查处。明确事故科负责联络市安全监管局并落实12350举报投诉平台登记、受理和办结;确定各部门负责各自职责范围内举报投诉办理工作;专人盯守12350举报投诉平台,确保举报投诉事项和文件通知及时接收办理。充分发挥区安委会作用,本着"谁主管,谁负责,谁查处"的原则,将部分举报投诉转交相关委、办、局处理,保证依法行政,不越权执法;加强与举报人联系沟通,加大执法力度,消除安全隐患。全年收到12350举报投诉中心转来投诉举报37件,受理量同比上升600%。其中,批发和零售业13件,烟花爆竹销售12件,居民服务和其他服务业5件,住宿和餐饮业2件,建筑业2件,交通运输、仓储和邮政业1件。除1件退回外,其余38件全部按时办结。其中26件举报投诉为属实或部分属实,占总数的74%。

(李江宁)

【首钢搬迁安全生产督察】 4月13日,区主管领导带领专家和相关执法人员,对首钢总公司进行安全生产工作检查。听取首钢总公司、氧气厂、焦化厂和动力厂主要领导就如何做好搬迁调整期间安全生产工作的汇报,搬迁调整工作已进入实质性阶段,设备拆除工作于12日正式启动。成立安全停产稳定工作和实施工作两个专项工作小组,加大对压力容器、焦炉煤气、高炉煤气、转炉煤气等有毒有害气体危险点,贮存设备和管道的监控,确保搬迁调整工作安全稳定。检查组实地检查焦化厂、氧气厂,观摩动力厂进行的模拟煤气泄漏应急预案演练。

(李江宁)

【"打非治违"专项整治】 8~11月,按照协作联动、联合执法,形成依法严厉打击合力的原则,在全区范围内集中开展重点行业(领域)严厉打击非法违法生产经营建设行为专项行动。1.严密组织,科学制定整治方案。按照要求,制定全区专项行动工作方案,各成员单位分别成立领导小组,制定实施方案。2.认真督导,扎实开展联合执法。突出督导落实,组织督查组对商务、文化、民防等多个行业部门、驻区工业企业和街道(社区)进行督察;突出属地治理,组织街道(社区)采取多种形式积极开展执法专项检查;突出联合执法,11月中下旬,联合区消防支队、公安、住建委、街道等相关单位成立联合检查组,用10天时间对辖区建筑施工工地、地下空间、人员密集场所、工业企业等进行专项联合检查。3.突出重点行业,确保打非实际效果。8~11月,组织成员单位在非煤矿山、建筑施工、人防工程、道路运输、危险化学品、烟花爆竹、民用爆炸物品、冶金等行业的重点领域,对部分经营单位在安全生产方面所存在的岗位责任制不健全、培训内容、事故应急预案落实不到位、企业生产作业现场从业人员不佩戴劳动防护用品、个别单位消防安全疏散通道不畅通及消防栓损坏等问题,现场提出整改意见,并对存在安全隐患的经营单位下达责令整改通知书。检查生产经营单位3363家,取缔非法违法经营单位291家,停业整顿16家,行政处罚200起,罚款161.96万元。

(李江宁)

【开展联合执法行动】 全年组织联合检查20余次,检查生产经营单位199家,发现整改隐患532项,实施行政处罚14起,罚款30余万元。区市政市容委对56家供热企业、65处锅炉进行检查;国土分局开展为期100天的"盗采沙石百日整治行动";区民防局出动1000余人次,对138处在用人防工程进行覆盖检查,工商分局取缔无证照经营276户,立案49起,罚款35.96万元,交通支队查处酒后驾车、超载、超速、无证驾车等违法行为1532起,罚款74.84万元。8~11月,在非煤矿山、建筑施工、道路运输、危险化学品、烟化爆竹、民用爆炸物品、冶金等行业重点领域，深入开展专项执法行动。全区共检查生产经营单位3363家，取缔非法违法经营单位291家，停业整顿16家，行政处罚200起，共处罚金161.96万元。11月15～25日，区安委会组成6个联合执法检查组，由区安监局、民防局、市政市容委、住建委牵头，重点对危险化学品、人员密集场所、地下空间、建筑施工、工业制造等行业领域生产经营单位进行联合执法检查。

（李江宁）

【加强危险化学品检查】 在两次开展危化从业人员、危化经营单位底数调查的基础上，专项整治涉危单位29家，查处治理隐患156条，保证危化行业安全稳定。春节期间，组织全区4000余人次对96家烟花爆竹销售网点及重点部位、禁放区域实施严密监控检查，确保春节安全稳定。对全区40家粉尘与高毒重点企业实行全覆盖检查，对127家有限空间作业场所进行适时监管，企业职业危害申报率100%，杜绝两类死亡事故的发生。

（李江宁）

【粉尘与高毒物品危害治理】 根据市安监局、市卫生局、市人力社保局、市总工会四部门联合下发的关于印发北京市粉尘与高毒物品危害治理专项行动工作方案的通知（京安监发[2009]169号）精神，制定关于印发石景山区粉尘与高毒物品危害治理专项行动工作方案的通知。1月7日，召开专项行动动员会，各街道（社区）成立领导小组，组织召开属地相关生产经营单位参加的会议，部署粉尘与高毒物品危害专项治理的工作，要求企业认真做好申报和自查工作。1～2月，全区共申报粉尘与高毒物品企业158家，其中粉尘和高毒企业88家。由于地区处于大调整阶段，企业变化较大，因此将40家企业列为重点企业，其中工业企业24家，家具企业2家，印刷企业14家。7家企业因活源不足、待搬迁等原因，处于暂时停业状态（北京邓禄普纺织有限公司、北京中防安全印务有限公司、北京市首地印刷厂、北方工业大学印刷厂、北京市繁荣印刷厂、北京市凌云鸿志印刷有限公司、北京艺诚盛源彩色印刷有限公司），有1家企业工作性质转为劳务输出（北京市电力粉煤矿灰工业公司），其他32家企业中，有25家企业进行作业场所的检测，占整体的78%。

（李江宁）

【调整职业危害监管方向】 自2007年职业危害普查至当年底，本区存在职业危害因素的生产经营单位明显减少。由2007年的318家到当年年底的158家，减少160家。产业结构和经营方式也发生变化，从2007年工业企业占主导，到以汽车销售、维修及高新科技企业为主导，家具、印刷企业逐年减少。随着首钢停产搬迁，首钢附属加工企业也随之关闭转产，存在职业危害的单位大幅度减少。职业危害从重工业的粉尘、噪音为主的物理因素，转化到轻工业的电子制造、印刷及汽车维修为重点的化学因素危害。针对特点转变监管思路和方法，加大化学危害因素的宣传培训和防护，督促企业资金投入，减少化学因素对职工的劳动危害，达到危害申报率100%，防护设备使用率100%的双百要求。

（李江宁）

【烟花爆竹安全监管】 1月15日，组织召开春节烟花爆竹销售网点负责人安全生产动员部署大会，下发春节烟花爆竹许可、销售工作实施方案，发放宣传材料及宣传品600余份。全区96家烟花爆竹零售网点与区安监局签订烟花爆竹安全承诺书。春节期间，前后5次组织相关单位、销售网点负责人召开烟花爆竹销售安全保障工作会，转发各类文件、要求6份，通过内部办公平台发送短信900余条，要求各零售网点要加强安全检查，落实主体责任。将96个零售网点的检查工作按街道划分落实到各科室，在除夕、初一、初五、十五等重点时段，区安监局全体停休，专人盯专片，每天对辖区内烟花爆竹经营单位进行全天不间断的“地毯式”排查活动。其中2月13日（除夕）、14日（初一）、17日（初四）、18日（初五），采取全面检查与重点检查相结合，检查组督查与各街道自查相结合等形式，现场发现问题当场解决。截至22日，检查烟花爆竹零售网点520家次，下达限期整改文书86份，下达强制措施决定书7份，共发现各类隐患150条，整改隐患150条。

（李江宁）

【可燃物清理专项督察】 2月5日，按照区防火委员会下发的可燃物清理工作专项督察方案的通知要求，会同区教委、园林绿化局、民政局和消防支队等部门，对部分单位可燃物清理工作进行督察。督察组采取听取汇报、实地检查等形式，重点检查可燃物清理工作的责任人及其职责任务确定落实情况，可燃物清理情况，火灾隐患自查整改情况，节日值班巡逻力量安排及落实情况。

（李江宁）

【危化单位安全调查】 根据市局关于对危险化学品生产经营单位从业人员基本情况进行调查的通知、关于开展冶金有色企业煤气安全管理专项检查的通知、关于调查上报危险化学品经营单位储存基本情况的通知及市安委会办公室关于开展非经营性加油站整治工作的通知要求，于2月25日～3月31日、6月1日～7月30日、7月7～20日、10月12～12月31日，在全区范围内分别开展危化从业人员、危化经营单位储存、冶金企业煤气使用及非经营性加油站安全情况调查工作。共调查危化生产经营单位30家，从业人员3500余人，冶金企业6家，非经营性加油站12家。全年年检查危险化学品生产经营单位496家次，下达执法文书189份，4家单位被责令停产整顿，行政罚款5.5万元。

(李江宁)

【查处非法储存危化品案件】 5月27日、8月20日，牵头组织相关单位联合查处广宁、衙门口地区非法储存危险化学品案件，消防部门对非法储存的危险化学品进行暂扣，司法部门对主要责任人进行行政拘留。8月25日，在执法检查中发现天大建材市场未经许可经营危险化学品，责令其立即整改并对违法单位罚款2万元。

(李江宁)

【剧毒品使用单位安全监管】 1月，对辖区4家液氯液氨使用单位下发关于加强春节期间液氯使用单位安全生产工作的通知，要求确保节日期间安全，防止液氯液氨泄漏事故发生，并进行一次全方位安全自查。保障应急联络渠道畅通，重点部门、重点部位24小时人员值守，制定应急措施操作牌，监控设施保证完好运行。全年，牵头会同相关部门先后对涉危单位进行"液氯液氨使用专项检查"、"危险化学品储存情况专项检查"、"冶金企业煤气使用情况专项检查"、"危险化学品安全管理专项整治"、"羟亚胺专项检查"、"危险化学品单位应急救援队伍专项检查"、"非经营性加油站专项检查"等专项检查8次、联合检查12次。

(李江宁)

【高危行业安全监管】 贯彻落实市局"6·30"紧急电视电话会议精神，汲取房山区燕房华兴仓储有限公司"6·29"火灾事故教训，从7月1日开始，利用一个月的时间，成立两个检查组，对辖区加油站、建材市场、机械等涉危企业进行安全生产大检查。出动180人次，共检查16家加油站、52家涉危企业机械企业，查处违规单位10家，发现隐患95处，责令整改95处，处罚5家，罚金3万元。

(李江宁)

【安全生产隐患自查通报】 3月18日，召开安全生产隐患治理工作会。研究通过安全隐患治理工作有关事项，对年初区安委会办公室组织并通过相关行业、街道和企业自查安全隐患汇总情况进行通报，并对其中17项较大隐患，按照"谁主管谁负责"、"谁审批谁负责"、"谁受益谁负责"、"谁是业主谁负责"和"属于哪个行业，哪个行业部门负责"要求，进行任务分解，明确隐患治理牵头单位、主责单位、行业监管部门和整改期限。与会领导还就相关隐患产生背景、过程作了介绍，对现状、形势进行分析，对隐患治理方法、步骤开展讨论。

(李江宁)

【市级挂账隐患整改有序展开】 南马场水库除险工程被市安委会列入跨年度重点治理项目。3月7日，水务所工程部组织参建各方召开施工质量分析专项会议，施工单位通过自检提出施工注意事项，监理单位及区质监站通过验仓及旁站，提出绑筋支模及混凝土浇筑过程中须改正的措施。北京通成达水务建设有限公司于同月9日组织公司领导班子及技术委员会成员现场办公，对溢流坝堰面混凝土四个施工方案进行比较论证，并安排滑模专家进行现场考察，确定落实方案的可行性。南马场水库除险工程总工期8.5个月，水务所全面跟进工作。在区市政市容委、水务所统一部署和组织管理下，经参建各方共同努力，工程建设的形象进度、施工质量、安全均处于受控状态，安全有序展开。

(李江宁)

【区级挂账隐患消除】 从年初开始，区安委会各成员单位开展安全生产隐患排查工作，着力抓好重大安全隐患排查和应急演练。区安委会对区国资委6月2日呈报的"关于2010年国资系统安全生产隐患治理工作的汇报"中的四项隐患进行研究，并向主管副区长作汇报，提交区政府办公会进行专题研究，决定投入资金115万元(政府支持及企业自筹资金各半)。年底，永乐小区84号楼电梯、六合园小区6号楼电梯大修、六合园小区9号楼电梯区级挂账隐患已全部消除。

(李江宁)

【修订应急预案】 年初，区安监局作为安全生产应急指挥部重新调整完善领导组成及工作职能。按照有关法规和市、区突发公共事件应急救援预案要求，采取"行业分类，对口负责"办法，组织全区23个主管部门和9个街道(社区)，结合实际对2007年编制完成的万余份应急预案中的部分重点预案进行认真调整、补充和完善，并进行备案落实。分别落实建筑、危险化学品、人员密集场所和"十三类"小型服务企业应急预案备案工作，共计备案3200余份。

(李江宁)

【应急救援机制】 区安委会经过补充完善，成员单位已达62个，初步形成"统一领导、综合协调、分级负责、属地管理"的安全生产应急管理体制。区安监局作为安全生产应急专项指挥部，履行24小时值守应急、信息汇总和综合协调等职责，发挥安全应急运转枢纽作用。全区安全生产应急救援队伍不断壮大，应急救援物资按标准储备。形成以消防支队(5个消防中队)为主，驻区大企业救援物资和救援队伍为辅的救援模式。驻区大型企业，有健全的救援管理制度，有一定应急物资日常储备量且有运输能力，24小时值班。区安委会与之签订安全生产应急保障协议，能够在应急时及时保障物资供给。11月，在消防支队现有灭火和救援工作基础上，通过拓展应急救援职能，整合应急资源，成立首支综合应急救援队，专门用于处理突发事件和应急救援，特别是针对地震等不可预测性灾害的救援工作，标志着全区应急队伍建设迈上一个新台阶。

(李江宁)

【开展应急演练】 按照突发公共事件应急救援预案要求，各成员单位和相关行业、街道(社区)、企业，利用“安全生产月”、“安康杯”知识竞赛等群众性活动，开展应急常识进社区、进工厂、进学校、进家庭活动。同时多次邀请市相关专家来区开展突发公共事件应对专题讲座，使全区高危企业负责人认识到国家应对突发公共事件有关法律法规重要意义和肩负的工作责任。区安全生产应急专项指挥部领导多次深入实地，检查应急队伍建设及各种物资储备情况。同时为提高事故状态下有效处置、科学施救能力，不断组织成员单位加大监管力度，除组织较大规模企业每季度组织应急演练外，督促从业单位特别是加油站每月进行一次预案演练。4月13日，在首钢动力厂二加压站进行针对处置煤气泄露的大型应急演练。5月12日，组织中石化应急救援队伍在鲁谷加油站开展综合应急演练，演练模拟加油站汽油泄漏衍生火灾及犯罪分子抢劫场景，通过实战检验危险化学品应急预案的实用性和可操作性，锻炼各专业应急队伍，加强各部门之间的协调联动机制。

(李江宁)

【加强消防安全专项整治】 以打造社会“防火墙”工程及“四个能力”(扑救初起火灾能力、消除火灾隐患能力、宣传教育培训能力、组织人员疏散逃生能力)建设为主线，深入开展文物古建、居民社区、汽车4S店、学校及幼儿园、建筑消防设施、社会单位地下空间等22项专项整治行动。全年检查单位3120余家，发现整改火灾隐患4487处，行政处罚184起，罚款108.5万元。

(李江宁)

【燃气及管线安全专项整治】 组织区市政及相关行业，对重点单位、区域、部位的燃气管线、设施、场站、燃气运输及储存、充装，以及使用燃气的工地、餐饮、食堂等进行全覆盖检查，投资5000余万元整改233处供热设备和管线隐患，确保区内776千米燃气管线及各种设施、设备的安全使用。

(李江宁)

【特种作业管理专项行动】 深刻吸取吉林、上海发生的重特大火灾事故教训，贯彻落实市安委会“11.16”紧急会议精神及市局关于开展特种作业管理情况专项执法检查的通知要求，11月23日至12月中旬，在全区范围内开展一次特种作业管理情况的专项执法检查行动。区安监局各科室按照本科室职责结合此次专项检查内容对辖区建筑企业、人员密集场所、工业企业等重点行业、领域进行特种作业管理情况专项执法检查。检查过程中各科室深入建筑企业、人员密集场所、工业企业等重点行业、领域，对企业的电工作业类、金属焊接切割作业类、高处作业类、制冷作业类等特种作业证件的管理情况；特种作业人员持证(包括无证、假证、过期失效证等)上岗情况；辖区内具有特种作业培训机构的履职情况进行了全面细致的检查。对部分企业在特种作业管理方面所存在的特种作业管理制度规定不健全、教育培训落实不到位等问题，现场提出了整改意见，并对存在安全隐患的部分企业下达责令整改通知书。

(李江宁)

【首钢非煤矿山专项整治】 配合市局对首钢矿业公司位于河北迁安大石河两个露天采矿场和四座尾矿库进行监管。按照相关文件要求，及时制定非煤矿山企业汛期水害防治工作方案及措施。矿山企业加强汛期管理，开展隐患排查；加强应急值守，落实值班制度；关注天气变化，报送监测数据；完善应急预案，加强应急救援。首钢总公司成立防汛工作领导小组，制定防汛工作措施，派人随同市局进行实地调研、检查。

(李江宁)

【建筑施工安全专项整治】 按照“坚持科学管理，严格质量标准，强化施工监管，规范主体行为”要求，开展施工安全检查和隐患治理工作。重点加强施工工地起重机械安全管理及备案管理；开展深基坑专项治理，加强基坑工程雨中、雨后检查；开展春季施工扬尘控制和复工审核、夏季防暑降温、雨季防触电、秋季食品安全、冬季消防和预防煤气中毒的管理工作，消除隐患，防范事故。

(李江宁)

【道路交通安全专项整治】 以“平安北京交通”为主线，按照“压事故、保安全、保畅通”要求，通过落实主管区长、公安分局局长、交通支队支队长、安监局局长“四长负责制”，认真做好智能交通科技工程、交通疏堵治堵工程、道路交通安全防范工程、停车秩序综合治理工程“四大工程”建设。全区建立133个社区交通安全工作站，设立2038个社会单位交通安全组织。全年合计查处酒驾、涉牌、超速等各类交通违法行为29336起，实现连续17年交通事故管界和监管亡人指标“双减少”。

(李江宁)

【铁路交通安全专项整治】 区域内有5条铁路线，全长43千米，涉及9个街道31个社区和3个铁路派出所。专门在区综治委成立铁路护路办公室，按照“联心、联责、联治”要求，不断加大铁路安全宣传力度，组织铁路护路知识竞赛，开展铁路安全生产专项整治和铁路沿线环境秩序治理活动。

(李江宁)

【集体经济安全专项整治】 建立健全12个农工商公司和4家直属企业的安全组织监管网络。重点加大对改建、新建、扩建项目和建筑工地及人员密集场所监管力度，有效解决企业特别是出租单位安全责任不落实、安全管理不到位、隐患排查治理不彻底和违规违章等突出问题。

（李江宁）

【安全生产大检查】 4～5月，按照国务院“立即开展全国安全生产大检查”的通知要求，印发开展安全生产大检查实施方案，组织召开安全生产大检查工作部署会。全区成立456个检查组，出动5200人次，采取自查与联查的办法，重点检查驻区企业责任制落实、相关行业领域隐患和重大危险源监控、生产经营单位应急管理及应急预案等落实情况。全区检查生产经营单位2430家次，下达执法文书1600余份，治理隐患920余个，处罚金额20.74万元。

（李江宁）

【有限空间执法检查】 6月，在企业自查，街道督查的基础上，联合区住建委、市政市容委、环卫中心、街道（社区）等单位，利用1个月时间开展有限空间作业专项治理执法检查。重点对物业管理企业、环卫、市政工程建设、燃气、热力、电力、大型工业企业等重点单位进行检查。开展检查14次，出动人员70人次，检查单位50家，下达执法文书13份，下达现场检查记录30份，查处安全隐患41处。在检查中，对自行进行井下暖气维护、粪池清掏的单位，要求企业建立有限空间管理制度、应急预案、购置必需的防护用品。对外包企业进行，承包方资质检查，严格企业监管责任。经过检查，全区有限空间作业全部委托给有资质的作业单位，90%以上的物业公司委托有资质的公司进行清掏作业，其中有85%以上的单位委托给区环卫中心。

（李江宁）

【安全生产执法检查】 全年检查生产经营单位780家999次；查处安全生产隐患1917项；下达执法文书571份，其中责令限期整改通知书555份，强制措施决定书16份；行政处罚28次；经济处罚罚款金额84.30万元，其中事故罚款金额61.00万元，检查罚款金额23.30万元。

（李江宁）

【确保全国政协会议召开】 6月17～21日，确保政协第十一届全国委员会常务委员会第十一次会议的顺利召开，组织相关单位及街道，对北京万达铂尔曼大饭店周边200米范围内17家生产经营单位进行摸底调查和检查。而后，根据摸排情况，迅速联合区消防支队、商务委、文委、旅游局等相关部门，积极开展行业检查，专项检查、联合检查。通过采取联合检查与自查相结合、普遍查与抽查相结合、现场发现问题与解决问题相结合等形式，检查17家生产经营单位，其中：商场超市6家，饭店2家，邮电局1家，电信局1家，建筑工地1家，娱乐场所6家。共下达责令整改通知书15份，现场记录2份，发现隐患50条，整改隐患50条。凡接受检查的单位，要求做到“五个到位”，即落实制度要到位、培训教育要到位、安全检查要到位、责任落实要到位、隐患整改要到位。确保会议期间铂尔曼大饭店周边生产经营单位安全。

（李江宁）

【工业企业专项执法检查】 6月以来，依据工业企业（机械行业）专项执法检查实施方案，组织相关行业、街道对工业企业（机械行业）采取宣传、自查、摸排和联合执法检查等多种形式开展调查摸底并建立台账。全区有百人规模以上机械企业单位48家，其中加工类9家，制造类26家，印刷类13家；安全生产标准化初始阶段35家，安全生产标准化自评28家，区级达标1家，市级达标5家，未开展14家。结合贯彻落实国务院一系列文件通知精神，先后下发宣传画1626张，宣传手册1217本，规范文件46份，悬挂条幅210个，宣传橱窗59块。共检查工业企业单位115家次，查处违规单位10家，发现隐患195处，责令整改195处，处罚15家，罚金15万元。出动执法检查人员480人次。

（李江宁）

【对驻区大企业安全检查】 6月22日，对北京北重汽轮电机有限责任公司进行安全检查。主要采取听取汇报、审查资料、实地检查、观摩演练等方式。对企业的安全生产责任制落实情况；安全生产法律法规、标准规程执行情况；隐患排查整改和重大危险源监控情况；应急救援管理情况；安全基础工作及教育培训情况；职业健康管理和职业危害防治制度落实情况等六方面的安全生产工作进行检查。两个检查小组分别对企业安全管理制度和生产现场进行检查，实地观摩企业应急救援演练。针对演练中存在问题提出加强应急工作要求。

（李江宁）

【节日（节前）联合大检查】 5月1～3日，组织消防支队、公安、旅游及相关街道，在全区范围内重点对宾馆、饭店、旅游景点等人员密集场所开展安全生产大检查。共检查旅游景点3家，宾馆3家，饭店3家，检查内容包括节日期间应急预案落实情况，安全生产经营单位主体责任落实情况，值班情况，人员流动登记情况，安全设施情况等，共发现安全隐患27处，开据责令限期整改文书5份。9月25日，荣华带队，区政府办、安监局、住建委、工商分局、旅游局、质监局、卫生局、消防支队、交通支队、公安分局等部门领导参加，对部分旅游景点、人员密集场所、建筑工地等涉及公共领域安全生产工作及“国务院23号文件”贯彻落实情况进行检查，重点检查石景山游乐园、中铁建设集团西山汇新媒体基地。强调国庆期间一定要注意保护国家和人民群众的生命财产安全，确保不发生任何安全事故；不要抱有侥幸心理，要扎实抓好各项安全生产工作落实。12月30日，联合区商务委、工商分局、消防支队、金顶街街道等单位，对美廉美超市、金园网吧、北京金顶街宾馆、玉鼎娱乐有限责任公司、大鸭梨烤鸭店、京客隆超市等人员密集场所开展节前安全生产执法检查。

（李江宁）

【首钢停产后安全生产检查】 12月29日，对首钢停产期间及停产后的安全生产工作进行检查。截至当日，炼铁、炼钢、轧钢已全部停产，只剩下氧气厂3万立方米制氧机和电力厂3号锅炉仍在运行，以保证其他工序停产后对管道、容器的吹扫、置换需要，年底2台设备也停产使用。检查组实地检查正在运行制氧机组和锅炉，并就设备运行的安全管理提出要求。随后又对已停产的炼铁厂1号高炉、焦化厂炼焦炉进行检查，并要求各企业及首钢安全处认真分析停产后的安全形势及安全管理工作特点，落实各项安全措施，确保停产工作安全平稳。

（李江宁）

【开展自查整改】 3～5月，在粉尘与高毒物品企业开展自查整改，要求企业按照自查表的内容逐项进行整改，并由街道对企业进行督察。在企业自查整改阶段，各街道按照企业自查表内容对辖区企业进行逐项督办，使企业建立比较完善的职业健康管理机构，配备专兼职人员进行管理。建立职业健康管理制度，配备必要的个人防护用品，在醒目位置设置警示标识，定期给职工做职业健康体检等等。隐患自查整改阶段共整改隐患406条。5～7月，组织《中华人民共和国职业病防治法》宣传周及宣传进中小企业等系列宣传活动。2300人次参加活动，发放宣传材料1100份，宣传画300余张，其中主题宣传画200张，各厂矿企业共计制作宣传板报6块，横幅3条，展板5块。此外多次开展对职业危害作业单位负责人员培训工作，组织大型公开课3期，单位企业负责人共计76人次参加学习培训。8月，对粉尘与高毒物品危害企业进行专项执法检查，牵头组织区卫生局、街道办事处检查单位40家，下达执法文14份，查处隐患30处。全年重点企业职业危害申报率达到100%；职业危害告知、培训率达到100%；作业场所职业危害因素检测率达到78%。

（李江宁）

【安全生产培训】 全年累计组织开展各种培训130余期，培训各级各类人员1.93万人。其中，区安委会办公室组织执法培训班两期、160多人；组织特种作业人员培训11期、1.03万多人；组织烟花爆竹、职业卫生、有限空间作业等培训5期、500余人；组织安全生产工作领导干部培训班3次，246名各级负责人参训。

（李江宁）

【安全歌曲征集】 第二届“生命之歌”全国安全歌曲大赛是国家安监总局、广电总局、全国总工会、共青团中央、中国音协共同开展的全国性安全生产宣传教育活动。按照安监总政法［2010］9号通知要求，牵头成立参加活动组委会，办公室设在区安监局。各成员单位也成立相应机构，负责本辖区、本单位活动的宣传、征集、评选、上报等工作。动员社会各界积极参与合作、演唱、传唱主题鲜明，内涵丰富、旋律优美的安全题材歌曲，使以人为本、安全发展的理念和“安全第一、预防为主、综合治理”方针更加深入人心。八角街道创作的“安全社区之歌”在全国评选中获奖。

（李江宁）

【安全生产信息化建设】 根据区县安全生产信息化建设工作会议精神和北京市安全生产信息化建设总体规划（2009～2012）要求，把安全生产信息化建设作为提高安全监管能力的主要措施之一，纳入“十一五”后期和“十二五”时期重点建设工程。成立信息化建设领导小组，将此项工作列为区安委会办公室“一把手”工程，明确分管领导，明确负责部门，研究制定方案。与应急救援平台建设同步考虑，区政府在重点研究应急体系及平台建设中，将安全生产信息化建设纳入总体建设规划进行同步考虑、同步建设、同步实施。学习借鉴兄弟单位经验，从上年开始，就安全生产信息化建设模式与区经信委多次到顺义等区县学习。按照“坚持统筹规划，搞好总体设计”要求，制定以综合集成为主，实现安全生产组织指挥、监管力量、监管工作“一体化”为目标的安全生产信息化建设方案，并就全区企业生产经营单位底数进行全面调查摸底。投入30余万元，改造完成安全生产信息化会议视频系统；文件上传、相关数据统计与上报同市局信息数据平台实现无缝对接与信息共享，文件下达等业务通过区政务信息门户网，实现成员单位互通互连，及时传递。

（李江宁）

【安全生产标准化建设】 在机械、冶金、建材行业开展安全质量标准化活动，并引导其他企业结合实际同步开展。区重点企业成立领导小组、制定工作方案，开展标准化的推进和落实工作，其余企业也按照要求，开展安全质量标准化工作，年底前有34家企业达到市级安全生产标准化要求。

（李江宁）

审　计

概　述

北京市石景山区审计局(简称区审计局)是负责本区审计工作的区政府职能部门。依据《宪法》和《审计法》规定,开展审计工作,对本区年度预算执行情况、领导干部经济责任、行政事业单位财务收支,政府重点投资项目和国有企业资产、负债、损益情况等进行审计监督,对专项资金开展审计调查。向区政府和市审计局负责并报告工作。年内,完成审计项目27项,其中预算执行审计6项、效益审计3项、审计专项调查10项,经济责任审计7项,财务收支审计1项,同时监督重点工程项目44项。审计查处管理不规范问题金额23.3亿元,核减工程造价5362万元。通过审计,提出审计建议29条。对外报送审计信息127篇。

地址:八角西街甲32号

电话:68861879

邮编:100043

(代　蓉)

【预算执行审计】 拓展范围,由一般性预算资金审计拓展到包括税收、政府债务、转移支付等全部政府性资金审计,加强与市审计局协调,突出整体性。在信息系统审计上寻突破,加大利用计算机审计的力度,全程同步开展AO辅助审计,及时根据财政系统数据变化更新调整审计方法,形成以模块化审计形式逐步覆盖财政各项业务的审计格局。健全财政管理制度,针对预算单位预算指标跨年度结余和国库集中支付系统管理不规范的问题,提出逐步消化部门沉淀资金,加强对国库集中支付系统的监管的建议。揭示政府债务管理存在主要问题与运行风险,预警和防范政府债务风险。采取自查与抽查、点面结合检查的方法。

(代　蓉)

【固定资产投资审计】 建立风险预警控制方法、提高重点建设项目审计质量。年内纳入审计监督的政府投融资重点建设项目共44项。根据建设单位具体要求,适时介入,强化沟通协调机制,随时掌握项目进展情况,对重大投资项目运用风险分级控制方法,加强对中介机构的复核监督,强化对委托审计质量控制,保障重点监督建设项目健康运行,合理控制工程造价,促进投资效益提高。年内,校舍安全加固改造工程涉及16个学校,26个标段,资金量为2亿多元,审计主要从建设程序履行情况、工程建设质量、工程进度、安全生产管理、建设资金使用情况五方面入手。在对国有投融资重点建设项目组织、管理及运行情况审计调查中,通过审计调查形式关注建设领域深层次问题,关注代建制背景下建设项目组织架构、管理模式、内部运作,分析执行中的问题,通过对监管部门的沟通协调机制建立情况分析、管理模式的对比分析、建设单位内部运行机制的分析,找出机制性、体制性问题,为重点建设项目组织管理提出建议。

(代　蓉)

【专项资金审计】 加强民生资金审计。教育资金审计突出校园安全理念,将着眼点放在学校对校园安全管理问题上,重点对专项资金投入技防设施等使用情况检查。关注弱势群体,对“济困工程”资金和居家养老(助残)服务补贴管理使用情况进行审计调查,针对政策制定和执行中存在问题提出审计建议。开展玉树地震抗震救灾资金物资跟踪审计,成立审计组,完成第一阶段救灾资金及物资的审计。摸清全区社区用房存量,了解社区用房建设整体规划和方案,调查社区居委会用房规范化建设。加大资源环境审计力度。开展土地一级开发审计调查。对土地储备开发项目进行第二阶段审计调查,调查土地储备项目9个,包括17个地块,总用地面积297.95公顷,涉及资金23.1亿元。开展黑石头垃圾填埋场环保治理工程绩效审计,对工程取得数据与其设计方案相关指标对比,做出绩效评价,分析存在问题,提出改进建议。

(代　蓉)

【经济责任审计】 受区委组织部委托,对7位领导干部任期经济责任进行审计。根据发现问题,起草领导干部离任经济事项交接暂行办法,明确领导干部经济事项交接内容、规范交接程序,保证离任者交明白账、继任者接明白账。开展国有企业领导人员审计,与联席会成员单位国资委配合,在资源共享、人力支持方面加强协作,整合审计资源,提高效率。

(代　蓉)

【两月一法学习】 实行审计组长任职资格制,开展审计组长资格考评。开展“两月一法”学习,观看审计署总审计师孙宝厚视频讲座,自学、答题;学习宣传和贯彻落实《审计法实施条例》、《国家审计准则》。全年全局参加各类培训27场次,326人次,阅读书目130余册。

(代　蓉)

【接受社会监督】 设立电子投诉信箱、公开监督电话。通过区政府门户网站“信息公开”栏目,主动将社会各界关注的相关审计法律法规、审计工作纪律、主要职责、审计机关权力运行流程、审计机关领导、内部设置、重大事项等公开。年内,主动公开政府信息38条,全文电子化率达100%。其中审计业务动态33条,占总体比例约89%;法规文件类信息5条,公开《审计法》、《国家审计准则》、《审计法实施条例》、审计署《关于加强内部审计工作的规定》和市局关于加强审计纪律的八项规定等审计法律法规,占总体比例约11%。

(代　蓉)

烟草专卖

概　述

北京市石景山区烟草专卖局(中国烟草总公司北京市石景山区公司)在市局(公司)领导下,依据国家法律法规,实行"统一领导、垂直管理、专卖专营"的经营管理体制,承担本区烟草经营业务、净化卷烟市场、规范烟草经营秩序、对地区烟草专卖品经营企业实施全面监管职责。内设五科一室,有职工63名,其中处级干部4名,科级干部15名;党员16名,团员15名。年内,践行"国家利益至上,消费者利益至上"的行业共同价值观和北京烟草"服务别人就是服务自己,提高效率就是提高效益"的企业核心理念,以"好字当头、严格规范、提高素质、争创一流"工作方针为指导,严谨求实、扎实工作,为打造北京CRD,构建和谐石景山,建设现代化首都新城区作出应有贡献。连续三年被评为"首都精神文明单位"称号;连续两年获市安全保卫工作集体嘉奖;获区"纳税百强企业"、"依法行政工作先进单位",被评定为国家局创建优秀基层烟草分公司试点,市局"双创优"试点,并通过达标验收,跨入市烟草优秀基层单位行列。

地址:古城西路170号

电话:88928969

邮编:100041

(甄　珍)

【市场营销】　坚持从大局出发,开展市场调研,了解市场真实需求,增加有效供给,进一步提高经济运行质量和效益,实现销量和税利同步增长,卷烟结构明显提升,重点骨干品牌健康发展。年内完成卷烟销量25507箱,同比增长4.14%,高于年计划3%的目标;一、二类烟销量达3411箱,同比增长16%,占总销量的13%,高于创优指标1个百分点;30个重点骨干品牌销量为19462箱,同比增长6%,占总销量的76%,高于区县公司平均水平1.7个百分点;单箱销售额达到1.82万元,居全市第6位,同比增加0.10万元,增长5.7%;实现利税7816万元,同比增长12.11%,经济运行保持良好发展,完成市局(公司)下达的各项考核指标。"十一五"时期(2006~2010年),共销售卷烟118689箱,比"十五"时期增长24.7%;实现利税29022万元,是"十五"时期的3倍,其中各项税费9120万元,是"十五"时期的4.7倍;资产总额从4000万元增值到1.2亿元,增长2倍。

(甄　珍)

【网络建设】　作为国家局和市局(公司)创优试点单位,年内进一步巩固创优成果,在"服务工业企业见品牌"和"服务零售客户见效益"方面取得新成绩,通过网建验收检查,并在北京烟草网建工作会上作大会交流发言。7月,被市公司选定为第二批"五统一"(统一客户管理、库存管理、品牌培育、供应策略、营销管理)流程调整试点单位。8月,在客户维护工作中对2~4档客户适当升档,缩小与其余城区客户占比差距,使城区统一营销策略在本辖区执行。开展网上订货市场调研3次,明确重点培养对象,加强跟踪指导,召开分析研讨会,加大政策宣传和分类指导力度,零售户参与程度、计算机拥有率及网络覆盖率均有显著提高。11月,分两批开展网上订货,网订客户达到250户,提前一个月完成市局(公司)下达的任务指标。9月底,开展零售终端系统的安装推广工作,制作《零售终端简易操作流程指南》宣传页,对工作流程进行演示说明,到年底已有80个零售户安装并试运行。注重客户经理培训,制定全年培训计划,组织开展业务培训21次,人均培训时间达85学时,培训面达100%;同时细化客户经理考核办法,提高其整体素质和工作能力。加强对零售客户经营指导,其盈利水平的提升促进客户满意度的提高。客户综合毛利率达13%,同比提高1.2%,在委托第三方所做的客户满意度市场调研测评中,得分为93.55,位列全市第一。

(甄　珍)

【品牌培育】　按照北京烟草品牌管理统一规划要求,以"三个重点"品牌培育目录为重点,以真实的市场采集信息和精确的卷烟品牌分析为依据,定期与工业企业召开有针对性和有具体规划目标的工商座谈会,共同研讨"重点经营"品牌的发展规模和结构提升、"重点培育"品牌的市场覆盖和客户反馈、"重点关注"品牌的前景发展和市场定位,探索建立"公平、公正、公开"的品牌进退机制。更加关注客户利益,关注客户诉求,关注终端建设,构建工、商、零协同互动、共育品牌的新机制、新模式,形成品牌培育的合力。根据辖区特点制定品牌培育计划,把培育10多个重点品牌作为品牌培育的长期战略任务,进一步提高品牌培育能力和水平。年内向市场投放新品34个规格,由于前期准备充分,在单品销售及总体上柜率都有较大幅度提升。围绕30个全国性重点骨干品牌、零售户库存、客户满意度等重点开展市场调研,强化市场分析,为创新服务内容提供明确方向。销售30个重点骨干品牌19462箱,同比增长6%;其中销售规模前15个品牌销量同比增长5%,有8个品牌销量增幅超过10%,其中"黄鹤楼"增幅达23.3%,"长白山"增幅达29%,"黄山"增幅达到39.6%。在知名品牌价值提升方面,销售额前15个品牌同比增长10.7%,有8个品牌增长超过15%,其中"中华"增幅达18.2%,"黄鹤楼"增幅达29%,"长白山"增幅达43.2%。

(甄 珍)

【专卖管理】 充实专卖队伍力量,切实履行职责。以专卖管理员职业技能鉴定为抓手,加大真假烟鉴别和执法技能培训力度,采取"请进来、走出去"形式,开展讲课辅导、观摩学习、技能竞赛等岗位练兵比武活动,调动专卖执法人员积极性。在市局专卖技能比赛中,有3人进入前30名,1人获市局"技能标兵"称号。发挥与公、检、法、工商、运输、交通等执法部门的联合工作机制,在打击制售假烟网络和大要案查处上动手早、收获大,侦破案件和办案能力明显提高。发挥教育、管理与服务的综合作用,一方面教育引导广大零售户切实做到"三不卖"(不卖假烟、走私烟、非渠道进货卷烟),在八宝山地区率先推行烟草专卖社区化管理,聘请10名文明监督员,开辟法制宣传栏,加强烟草专卖法律法规宣传;另一方面,采取不间断地巡查,建立健全领导班子成员带队抽查的长效机制,专卖和营销两支队伍切实加强专销结合,分别制作市场监管和零售户信息传递单。新修订的烟草专卖法、《烟草专卖行政处罚程序规定》以及"两高"《司法解释》颁布实施后,分层级分岗位对领导干部、专卖执法人员、营销人员进行培训。

(甄 珍)

【依法行政】 新办零售许可证163户,注销68户,歇业61户,变更9户,办理延续1户,停业178户。截至年底,有效许可证1115户,同比增加88户,增幅为8.6%;其中正常经营924户。联合工商部门加大取缔无证经营户力度,取缔无证经营户61户,联合查处持证零售户涉烟违法案件15起,向工商部门移交无证经营案件7起。对2户存在后台结算等违规经营行为的零售户采取停止供货、注销零售许可证的处罚;对1户多次出现违规行为的十档户采取降到八档的处罚措施。以"3.15"、"12.4"等活动为载体,开展零售户法律培训和真假烟鉴别培训进社区、进军营等宣教活动,播放《京烟首善与法同行》,解读近年来查获的涉烟违法典型案件专题片,制作并发放"卷烟打假举报名片"、《致零售户的一封信》等宣传资料,提高零售户的法律知识和守法经营意识。年内培训零售户15期、793户。落实涉烟案件法律审核和重大案件集体讨论制度,加强行政许可和行政处罚案卷评查,在市局和区政府法制办组织的案卷评查中,案卷合格率和优秀率均达到100%。贯彻落实内部专卖管理监督工作规范,发挥专卖内管信息系统作用,通过信息系统定性违规经营行为1起,处理预警信息522个,系统预警处理完成率和优秀率均达到100%。10月,为加强法制工作,单独设立法制科。

(甄 珍)

【市场监管】 年内查处各类违法案件120起,其中5万元以上大要案7起,一般程序案件58起,简易处罚程序案件62起,罚没款13.9万元。"十一五"时期,破获制售假烟网络案件3起;查获各类违法案件298起,其中大要案18起,刑拘39人,判刑13人;查获非法卷烟2077.31万支,案值1344.34万元,罚没款107.29万元。定期召开由区委政法委牵头组织的公、检、法、司、工商、烟草联席会议,开展"两法衔接"工作专项调研,进一步巩固加强联合打假工作机制,有效增强工作合力,提高打假破网水平。完成辖区货运场站、货运企业的调研报告、无证经营情况的调研报告、辖区部分零售户使用违规涉烟类广告标识情况的调研报告和解决公开摆卖、无证经营的工作方案,掌握辖区卷烟市场动态。建立领导带队、各科室负责人参与的定期监督检查长效机制,联合交通执法八队、区运管处加大对重点监管的29家货运企业的日常监管力度。结合营销流程调整,严格按照预警处理流程加强对经营行为的监管,及时调查分析预警信息,处理异常问题。补充完善"一户一档"零售户基础信息、市场监管动态等档案采集,使日常监管有的放矢。开展卷烟经营大户市场调研,制作卷烟经营大户监管档案,通过客户信息传递单及时沟通,严格控制大户数量。

(甄 珍)

【打网办案】 5月9日,在国家局、公安部统一协调指挥下,京津冀三地烟草、公安统一行动,经过48小时连续奋战,一举摧毁涉及北京、天津、河北等省市特大跨省销售假冒卷烟网络。北京地区指挥部设在本区,公安分局负责立案侦查。在铁路、公路及昌平、西城等局全力配合下,查获各假烟241.96万支,标值521.87万元,现场查扣涉案车辆3部,起获囤假窝点5个,抓获涉案人员9人,刑拘3人,此案被国家局、公安部列为部督案件，再一次创新公安立案主办、烟草配合保障的卷烟打假新模式。9月，专卖执法人员配合公安分局办案人员，南下广西、河南等地搜集调取上年破获的“11·26”网络案件的相关证据，最终将主犯盛某、马某的“上线”张某网上追逃成功并缉拿回京，扩大战果。

（甄　珍）

财税·金融

财 政 管 理

概 述

北京市石景山区财政局(简称区财政局)是主管全区财政收支、财税政策、会计管理和财政、财务监督管理工作的区政府职能部门。设办公室、人事教育科、预算科、国库科、行政事业财务管理科、社会保障科、城建科、其他事业财务管理科、综合计划科、会计科、政府采购管理科、法制监督科、绩效评价科、纪检监察科、行政科 15 个行政科室;下属预算编审中心、国库收付中心、绩效考评中心、财政监督检查所、财政所、函校 6 个事业单位。年内,以科学发展观为统领,积极组织财政收入,严格控制财政支出,不断深化财政改革,完成各项财政财务工作任务。

地址:阜石路 167 号

电话:68872800

邮编:100043

(付皓飞)

【财政收支平衡】 1~12 月,本区一般财政收入完成 188541 万元,比上年增加 8709 万元,增长 4.8%,其中共享税收完成 149530 万元,固定税收完成 26500 万元,非税收入完成 7424 万元。一般财政总收入达到 462436 万元,比上年增加 100,426 万元,增长 27.7%。一般财政支出 428490 万元,比上年增加 94073 万元,增长 28%。结余 33946 万元,实现财政收支平衡。

(付皓飞)

【经济建设投入】 实施积极财政政策,安排 30000 万元资金重点支持文化创意、高新技术、商务服务、现代金融、旅游休闲五大产业发展;落实"招大商、引大资"策略,发挥财政资金作用,做好招商引资政策落实资金保障,巩固税基,涵养税源;安排文化创意产业项目专项资金 2000 万元,出台文化创意产业项目专项资金管理办法(试行),以项目补贴、奖励、贷款贴息等方式支持文化创意产业发展;投入中小企业发展专项资金 1527 万元,帮扶中小企业发展壮大;区级及市追加专项资金 68875 万元,加强基础设施建设、西部地区开发和环境整治,保证永定河绿色生态发展带、阜石路二期征地拆迁等重点工程进行。

(付皓飞)

【加大民生投入】 坚持"科教兴区"战略,投入 63598 万元,保证教育经费依法增长,保障校舍安全、网络建设等教育工程实施,支持教育结构优化和学校布局调整,推动教育事业均衡发展;投入 74173 万元,支持社会保障和就业,落实城乡无社会保障老年居民养老保障、"一老一小"及无业居民大病医疗保险、"九养"等保障政策,保障就业和稳定政策落实;医疗卫生支出 22162 万元支持公费医疗改革,保障"两癌筛查"等公共卫生项目的落实,推进医药卫生事业发展;投入资金 1317 万元,做好廉租住房租赁补贴发放工作;设立突发事件专项准备资金 200 万元,出台突发事件专项准备资金管理和使用办法,重点维护中小学、幼儿园及少儿图书馆等公共场所安全;投入便民工程、济困工程资金 17488 万元,解决社区和居民实际困难,发挥化解社会矛盾、消除不和谐因素作用。

(付皓飞)

【部门预算改革】 按照"公开、公正、安全、有效"标准,将绩效理念引入部门预算中,进一步推进预算编制精细化,将绩效考评结果和结余资金使用情况作为安排下年度部门预算的重要依据,逐步推行绩效预算,同时实施规范有效的监督约束机制,严把预算执行关。明确部门预算思路。听取多方意见,整合系统现有资源,规范预算系统数据,强调绩效考评文本、结余资金使用及出租出借收入填报,考虑人大、审计及财政监督需要建立预算公开模板。提升部门预算质量。年初预算批复率进一步提高,下年度部门预算安排一般预算 202478 万元,比上年167850万元增加34628万元，增长20.6%，占全年预算352000万元的57.5%；适应公费医疗改革和事业单位绩效工资改革需要及时对部门预算进行调整、完善；适应加强预算管理需要，逐步将资产管理和出租出借收入等纳入预算。

（付皓飞）

【收付制度改革】 区住建委作为第三家试点单位纳入非税收入收缴制度改革，扩大非税收入收缴制度改革试点范围，逐步实现非税收入规范化管理；采取新缴款、代理银行收款、培训等方式和过渡措施，保证非税收入及时入库，同时减轻执收单位工作量；完成国库集中支付改革程序升级，及时进行系统测试，多方协作解决运行问题；广泛征求意见基础上结合资金特点，将集中支付改革与财政预算管理相关办法衔接，优化软件流程；开展预算单位软件操作培训，使各单位财会人员熟练掌握新系统操作方法。

（付皓飞）

【政府采购改革】 创新管理模式，推进政府采购改革向纵深发展。在政府采购预算编制中优先安排自主创新产品预算，开发政府采购管理系统，出台政府采购代理机构管理办法，加快建立运行协调、高效的政府采购管理机制。年内，完成采购项目980个，预算金额22800万元，实际采购金额21800万元，节约资金1000万元。公开招标比例89.69%。政府采购金额突破20000万元，再创历史新高。实现采购范围、采购规模“双突破”。完成网络系统建设，完善协议采购价格管理，实行采购人自行确定协议供应商的管理方式。

（付皓飞）

【开展绩效评价】 前移绩效评价关口，重点考评年内实施及经常性财政项目，进一步发挥绩效评价工作效能。围绕财政体制下划资金和民生重点开展绩效考评，提高财政资金使用效益。采取由项目单位自评与财政部门复评相结合方式开展绩效评价工作，发挥项目单位作为考评主体专业优势，提高项目单位开展考评工作的积极性。

（付皓飞）

【黄标车淘汰】 加快黄标车、老旧车淘汰更新。延长黄标车淘汰以旧换新鼓励资金发放时间，至次年1月31日；提高换购新车且提前报废老旧汽车、黄标车补贴标准，最高由5000元提高1.8万元；当年以后购买新车的，同时享受汽车以旧换新补贴与车辆购置税减征政策；放宽黄标车提前报废时限，凡在强制报废截至日期前报废的车辆，具有以旧换新资格。进一步强化财政“政策、责任、服务”三个意识，不断提升黄标车淘汰与汽车以旧换新窗口服务水平。截至12月31日，全区淘汰黄标车1024辆，发放鼓励资金553.16万元，办理汽车以旧换新216辆，发放鼓励资金22.42万元。

（付皓飞）

【家电以旧换新】 建立数据统计机制，掌握资金需求量；建立资金预警机制，保证资金拨付连续性；建立信息反馈机制，减轻企业负担，提高工作效率和服务质量。新政继续推广家电以旧换新，经再次招投标，除大中电器公司续约外，物美商业集团股份有限公司成功中标，成为区内第二家家电以旧换新销售企业。截至年底，全区财政共拨付回收、销售双中标企业补贴资金16900万元，相关企业售出享受该补贴五类电器593027台。

（付皓飞）

【街道财务管理】 规范街道社区财政财务管理，推进街道社区建设发展。加大便民工程资金投入，安排5488万元，比上年增长近10个百分点，出台新便民工程管理办法，规范管理流程，加强资金监管，提高便民工程经济和社会效益。加强街道资产管理，完成街道及基层单位的房屋及资产摸底调查，为提升街道房屋及资产管理打下基础，加强资产制度建设、规范内部资产管理流程规范、明确资产管理者职责，规范街道基础工作。加大社区工作者队伍建设支持力度，落实市社会建设工作领导小组办公室转发关于进一步规范社区工作者待遇的通知要求，投入资金546.82万元，补发全区1277名社区工作者提标经费。

（付皓飞）

【财政监督管理】 推进财政监督管理法制化，不断提高财政资金使用效率。坚持依法行政、依法理财，采取自查和重点检查相结合的方式开展专项资金使用情况的检查，市财政局追加本区各项专项资金120947.46万元。截至12月31日，拨付资金120196.34万元，结转金额751.12万元，资金拨付率99.38%，同比提高1.61个百分点。结合区域经济发展的形势与特点，围绕财政改革方向确定重点检查内容，开展会计信息质量检查，确保宏观调控政策的落实和区域经济平稳较快发展。开展党政机关和事业单位的“小金库”、假发票治理治理工作，清理“小金库”4个，假发票562张，逐步建立“小金库”治理长效机制，强化对财政资金使用监督管理。

（付皓飞）

【会计从业管理】 规范单位核算体系设置，统一核算口径，提高会计信息质量。更新单位信息，调整部分科目，作好卫生单位财务报表系统测试，建立教育系统重点财务数据表，深化会计电算化工作。加强会计从业人员管理，组织各类教育培训9次；安排会计从业资格考试笔试考场130个，比上年增加21个，应考人数5356人，成为本区规模最大考试；会计初级职称考试共安排考场43个，考生1261人。

（付皓飞）

税 务

国家税务

【概况】 石景山区国家税务局(简称区国税局)隶属市国税局,设有办公室、政策法规科、征收管理科、货物和劳务税科、所得税科、收入核算科等13个科室;1个直属机构稽查局;2个事业单位信息中心、机关服务中心;6个派出机构(六税务所)。全局有干部职工241人,其中具有大专以上文化程度216人,占全局总人数的89.6%;科所级领导干部60人;平均年龄43岁;党员130名、团员14名。主要负责首钢总公司、北京汽轮电机有限责任公司、北京京能热电股份有限公司等大中型国有企业、联营企业、股份制企业、外资企业及私营、个体集贸税收征管工作。辖区征管户13394户,其中私营以上企业10407户;外资企业225户;个体工商户2727户、集贸市场35个。缴纳增值税企业9836户(私企以上企业6990户、涉外129户、个体2717户),其中一般纳税人2025户,占私企以上、外资企业缴纳增值税户数28.45%。年内,面对首钢搬迁、涉钢收入锐减、区域经济转型,招商引资企业效益尚难以弥补首钢搬迁所带来的收入缺口,组收任务十分艰巨的局面,坚持以组织收入为中心,采取多项积极措施,加大依法组收力度;以科学化、精细化管理为目标,夯实税源征管基础,深化各税种管理;以服务纳税人需求和区域经济转型和发展为导向,建立多元服务体系,努力营造和谐税收环境;以推进信息化建设为载体,提升税收征管和依法行政整体水平,较好地完成各项税收任务。全年累计完成税收收入291366万元,同比减少18660万元,降低6.02%;完成区级收入41338万元,同比增加380万元,增长0.93%,完成区政府下达区级任务的103.35%,超收1338万元。获"首都文明单位称号"。

地址:石景山路61号

邮编:100043

电话:68862873

(杜志刚)

【多措并举组织收入】 应对首钢集团公司整体搬迁收入锐减给组收带来的巨大压力,举全局之力,采取多项措施,加大依法征收工作力度。一是加强组收工作领导,制定组收方案,明确部门职责。深入分析收入形势,密切关注区域经济发展动态,挖掘税源新增长点,加强组收科学指导;二是抓好征管基础,严把税务登记关,对新办企业税务登记2549户纳税户(私营以上企业2005户,外资59户,个体485户)经营范围严格审核,准确界定税种,避免漏征漏管。完成8户外资企业及其下设的8户非独立纳税分支机构的数据迁移、档案资料交接及有关衔接管理工作;三是建立季度收入分析会制度,利用数据综合分析软件和TRAS系统数据,加强税源监控,特别是对年纳税额在100万元以上的176户企业纳入总局(市级)、局级和所级三级重点税源监控,采取有针对性对应组收措施;四是加强政策性组收,规范留抵抵欠,严格欠税管理。建立欠税数据快报制度,密切关注欠税企业的关联企业,通过进项留抵抵欠、以退抵欠、管理所催缴等方式,清缴入库欠税税款2330.45万元。

(杜志刚)

【增值税管理】 严抓增值税基础管理,把握重点,加强一般纳税人管理,对新办商贸企业,加强申报纳税和发票监控。加强流转税政策效应分析及可能对税收收入带来的影响,强化各项政策的宣传、落实和执行检查,及时、掌握和监控政策调整运行和执行效果,增值税管理水平得到提高。开展对"纳税人销售自己使用过的固定资产"、供热企业免税、农产品免税、综合利用企业免税、软件企业、安置残疾人企业一系列政策效应分析及专项清理工作并收到很好效果。以提高有税率为目的,加强增值税小规模纳税人清理,自6月开始对长期零申报和低收入的小规模纳税人进行评估清理,所辖小规模纳税人有税率提升到71.1%,同比65.91%提高5.79%。规范增值税纳税评估,完善纳税评估方法、加大评估力度,纳税评估成效,全年评估39户次,补缴增值税64.93万元。规范落实税收减免政策,全年办理软件企业退税251户次,退税金额达14062万元;福利企业退税63户次,退税金额248万元。

(杜志刚)

【消费税管理】 全面落实消费税清理工作,摸清管户情况,夯实消费税基础管理。经清理,原有消费税税种鉴定纳税人26户,保留消费税税种鉴定纳税人12户,另外14户纳税人虽有消费税税种鉴定,但未发生应税行为且今后也不开展此类业务,协调此类企业变更营业执照和税务登记。根据消费税税源特点,从系统中筛选可能涉及应纳消费税行为而又没有税种鉴定的纳税人153户,共涉及改装车、化妆品、酒、汽车轮胎、燃料油、润滑油、首饰、珠宝的八个行业,采取拉网式及实地核查方式,逐一对税源企业进行清理,取得阶段性成效。经核实,需补作消费税鉴定3户(润滑油销售企业),补缴消费税37.7万元。全年实际组织消费税2388万元,同比增加1168万元,增长95.74%。

(杜志刚)

【所得税管理】 针对企业所得税户数、所得税收入呈增长之势且占本局税收比重的增大,进一步加强企业所得税管理。一是做好上年度企业所得税汇算清缴工作。采取各部门配合,分工负责,加强内、外辅导和培训,汇算清缴工作操作性及工作效率大为提高。应参加年度企业所得税汇算清缴企业为6244户(其中查帐企业2447户、核定征收企业3797户),实际申报6228户,实际申报率为99.74%,同比99.41%,增长0.34%。汇算清缴五率指标在全市排名第一,其中盈利面、有税率、亏损面名列全市第一,取得历史性突破;二是以规范化、科学化、精细化管理为原则,推行所得税分类管理模式,提高所得税科学管理和实效;三是推行所得税核定征收工作,对其中符合条件的3797户企业进行核定征收,占全部所得税管户55.66%,起到助推所得税增收作用。全年所辖的企业所得税户数共6822户,同比增加578户,增长9.26%;企业所得税收入累计完成99183万元,占全局税收收入291366万元的34.04%,同比增加45074万元,增长83.3%。

(杜志刚)

【非居民企业税收管理】 非居民企业系依照外国(地区)法律成立且实际管理机构不在中国境内的企业,他们或在中国境内设有机构、场所,或未在中国境内设立机构、场所,但由来源于中国境内的所得。年内依据国家相关税收政策加大非居民企业税收规范化管理。一是完善非居民企业所得税各项制度、流程,加强对扣缴义务人和非居民企业的制度化和规范化管理;二是针对非居民企业所得税特点,税收政策宣传到户,不留死角。对直属分局迁入企业中存在对外支付开具税务证明业务需求的纳税人,采取集中或上门辅导形式加大售付汇税收政策宣传和操作流程培训,提高纳税人税法认知度及遵从度;三是根据部分企业付汇次数多,业务量大的情况,优化工作流程,简化事前审批,避免资料重复报送,降低纳税人纳税成本,提高纳税服务质效;四是严格执行税收协定,健全内部岗责、跟踪监控、档案管理等制度,按期报送税收协定执行情况报告和报表;五是信息交换严格执行专人、专机、专时上报,确保信息安全、传递及时。全年各类非居民税收业务累计发生495户次,其中按征收方式划分,属于核定征收的22户,属于由代扣代缴义务人扣缴的473户;非居民企业税收收入累计入库4005万元,其中按征收方式划分,因核定征收入库税款16万元,由代扣代缴义务人扣缴的税款为3989万元;按收入类型划分,属于提供劳务所得而缴纳的税款为16万元,属于利息所得而缴纳的税款为23万元,属于股息红利所得而缴纳的税款为635万元,属于特许权使用费所得缴纳的税款为3331万元。

(杜志刚)

【出口退税管理】 应对全球金融危机给外贸出口企业带来的持续深重影响,落实国家多次出口退税率调整,帮扶企业实现转机。严格按照市局出口退税工作流程和三级审批制度层层把关、严格审核,并分阶段制定出适合本局办理出口退(免)税计划目标,避免因出口退(免)税计划管理不准确给企业造成应退未退、迟退,使企业利益受到损失的情况,提高办理出口退税计划性和工作效率。全年所辖出口退税登记户数205户,其中享受退免税政策的外贸企业112户;享受免、抵、退税政策的生产企业66户;小规模纳税人出口货物享受免税政策27户。累计审核办理出口退税额22199万元,免抵调库税额7868万元。完成年出口退(免)税计划,提升出口企业应对危机和重塑发展能力。

(杜志刚)

【个体税收管理】 贯彻个体税收管理一致性原则,将全区所辖个体、集贸纳税人统一划归第四税务所管理,由一个个体集贸组管理。以管理规范、定额合理、税负公平、监控及时为目的,推广个体工商户计算机定额核定管理,完成市场外1064户个体定额户的15960条信息准确采集录入,完成定额生成、文书出具、公告核定结果和逐户下达核定定额通知书工作,其中达到起征点的为945户,占已核定户的89%。对年用票量在20本以上的10个市场推行计算机开票系统,实现对部分集贸市场发票开具的规范管理,个体税收规范化管理进一步加强。全年组织个体税收861万元,同比739万元增加122万元,增长16.51%。

(杜志刚)

【稽查成效显著】 税收稽查充分发挥以查促查、以查促管职能,强化税收专项检查、重点税源检查和日常检查,组织企业开展自查,税收执法刚性作用增强。税收稽查累计组织入库33598.78万元,入库率100%。其中:检查入库32538万元,自查入库1060.78万元;增值税入库29070.89万元,所得税入库529.51万元,滞纳金入库3840.38万元,罚款入库158万元。完成市局下达组收任务4936.2万元的681%。清理稽查欠税,加强对欠税企业宣传,提高依法纳税意识,共清理稽查旧欠230万元。加强稽查制度建设,落实稽查工作规程及税务检查执法监督制约工作管理办法,制定加强稽查局与各部门信息沟通和协作办法、稽查案卷评查制度、稽查局案件移送管理办法等制度,规范税务检查工作日志格式、内容等,完善选案、检查、审理、执行四个环节月工作动态的报表制度。

(杜志刚)

【发票专项整治】 与区地税、公安联合开展打击发票违法犯罪专项整治工作,打掉一个特大制贩发票犯罪团伙,抓获犯罪嫌疑人8名,刑拘8人。打掉加工窝点及囤积窝点各1个,收缴各类假发票近3万份,假发票专业章150余个,制造假发票的电脑1台,打印机2台。对重点行业使用虚假发票检查企业57户,查处发票违法企业57户。涉及非法发票共计1138份,涉及金额3679万元,涉及税额724万元。

(杜志刚)

【构建多元税收服务体系】 以纳税人需求为导向,深化纳税服务,构建多元化税收服务新体系。1. 围绕扶持区重点企业总体战略,出台加强对重点企业纳税服务的若干规定,建立重点企业网络沟通平台,每月将新税收政策、12366热点税收问题解答、并将相关税收资料发送至企业邮箱;对列入区重点企业、纳税百强企业、纳税信用A级且未发生过欠税、处罚及稽查在案的204户重点企业提供一对一相关政策服务。2. 对新办企业进行入门税收宣传和培训,从源头上提高其税法认知度和遵从度。3. 开展发票流向查询服务,避免企业损失,深受企业好评。4. 进一步完善网上办税服务,年累计网上受理办结税务登记变更、出口退税预审2308户次,涉及5471余项目;加大12366、QQ群、公共邮箱等现代通讯方式税收宣传。5. 经充分论证和精心准备,于12月1日全面推行"一窗通办"服务模式,实现办税服务厅由过去分散式服务为集中统一服务,一个窗口可以同时办理纳税申报、文书受理、变更登记、发票发售认证等业务,极大地方便纳税人办税,解决过去多窗口办税之苦,同时实现窗口人员也由"单一型"服务向"全能型" 服务转变,办税厅综合服务功能和效率全面提升。6. 进一步简化办税流程,简化普通发票验旧供新、批量、扩版供应等审核手续,加强售后管理,提高管理效率。7. 于10月成立第六税务所,专门负责中关村科技园区石景山园2620户企业税收征管和涉税服务事项管理,园区企业和招商企业税收专业化管理进一步提升。

(杜志刚)

【信息化建设】 围绕税收中心工作,完善内部信息化管理13项制度,对异常情况做到及时发现、及时上报、及时通知。全面提升全局6个网络节点、38个应用系统、21台服务器、296台内网计算机和79台外网计算机设备和系统的运维能力。切实落实"信息管税"理念,完成76项业务科室数据分析统计需求,保证税收工作顺利开展。坚持务实创新,搭建内网交流平台和视频点播服务器,定期将各部门培训资料、国税大讲堂视频讲座等资料在内部文化建设信息平台等栏目刊发,内部信息沟通和知识共享能力有进一步提升。

(杜志刚)

【税收法制与宣传】 本着合法、公正、公开、及时便民原则,做好行政复议、行政诉讼工作。在办理税务行政复议案件和行政诉讼过程中,悉心听取行政相对人意见,保证行政相对人充分行使复议权利。严格依照法定程序对被申请的行政行为加强合法性、适当性审查,并作出相应的复议决定,做到有错必纠、公正无私。通过办理税务行政复议和应诉,维护纳税人的合法权益,增强征纳双方理解,维护良好税收秩序,全年受理复议案件1件、参加行政诉讼2件。做好税收宣传工作,利用局内外网平台以及多种途径,开展主题为"税收·发展·民生"的第19个税收宣传月和第4个发票宣传月的宣传活动。领导带队深入重点税源企业调研,现场解答税收政策问题,宣传发票及税收知识。开展送税法到企业、到市场、到军营活动,税法宣传覆盖面和社会影响力进一步扩展。

(杜志刚)

地方税务

【概况】 北京市石景山区地方税务局(简称区地税局)隶属于北京市地方税务局,在石景山区行政区域内行使地方税收管辖权。负责营业税、企业所得税、个人所得税、契税、房产税等18种税费的税收征管工作,维护和规范税收秩序。设14个科室、10个税务所、1个稽查局和1个后勤服务中心,现有干部职工271人,平均年龄41岁。其中处级领导职务6人,科级领导职务67人,大专以上学历(大专、大学、研究生)256人,占总人数95.2%;研究生7人,两名为中央党校在职研究生,占全局总人数2.6%。设1个党委,18个党支部,1个团总支。党员207名,占76.4%。截至12月31日,区地税局税源登记户数29405户,比上年增加3829户,增长幅度为15.0%。从企业经济类型看,内资企业14168户、港澳台及外商投资企业259户、个体工商户14978户。从企业行业分类看,社会服务业14339户,占税务登记户总数的48.8%;商业、餐饮业9971户,占33.9%;科教文卫业2281户,占7.8%;交通运输、仓储及邮电通信业800户,占2.7%;制造业625户,占2.1%;建筑业655户,占2.2%;房地产业399户,占1.4%;其他行业335户,占1.1%。1~12月,新增税源户5110户,因吊销、注销及转出等原因造成税源户减少1305户,净增加3805户。全年开展21次税务讲堂主题讲座。445人次参加教育培训。

地址:八角南路28号。
电话:68840281
邮编:100043

(高文学)

【税收收入】 适应"大调整、大建设、大发展"的区域经济环境,积极应对首钢涉钢产业搬迁所形成的真空带对税源的影响,坚持收入简报制度,精确掌握税源变化。坚持组织收入联席会制度,做好收入分析和税源监控,税收分析到户到人,细化税源管理及监控,税源监控平台由4个增加为7个(首钢、房地产、建筑、50万元以上大户以及园区招商引资企业、万达广场、台湾街)。深入分析重点行业、重点税源,提高征收质量,掌握组织收入的主动权。推行"所长带户制"、"一楼式税源管理",主动掌控税源变化。利用综合信息共享平台,加强税源监控。截至年底,累计组织各项收入329883万元,比上年增加7429万元,增长2.3%。完成地方一般预算收入270876万元,比上年增加14600万元,增长5.7%,完成年计划的105.4%。

(高文学)

【纳税服务】 完善《纳税指南》,提供无声税务指导。新编指南涵盖咨询服务方式、办税事项业务流程、各职能科室业务职责、纳税申报与税收缴款等四大项,39个小项内容,为纳税人提供及时、方便、快捷无声税务指导。为新办户实行前移税务指导。从涉税的六个基本方面对新办户基本办税情况加以指导,使新办户企业在第一时间掌握办税要点,促进纳税人税法遵从度的提升。加强对纳税人的集中培训指导。针对首钢搬迁调整带来的解除劳动合同一次性补偿、下岗再就业、注销税务登记等一系列涉税事项开展宣传辅导;针对中关村石景山园企业特点,开展"动漫企业专项培训"、"双软企业专题培训",为企业开通绿色培训通道。结合"一楼式税源管理",对万达广场入驻户企业进行集中辅导;结合外资企业征收城建税、教育费附加变化要点,对全区涉外企业进行专项辅导。

(高文学)

【税收征管】 对"一册代评"制度进行整合,以在途户报到率、登记率、申报率、未申报户核实处理率、入库率、非正常户核实处理率等六率作为重点征管指标,以征管质量月通报手册为载体的考核制度。实现按月三级征管质量、效率和工作量的考核。截至12月底,登记率由2006年的91.41%提高到100%;申报率由97.14%提高到100%;入库率由99.41%提高到99.99%;在途户报到率由82.04%提高到96.58%;未申报户核实处理率由86.57%提高到99.91%;非正常户核实处理率由63.21%提高到99.45%。

(高文学)

【税收宣传】 通过主题宣传活动、上门指导服务、张贴海报、发放宣传册等多种形式将税法知识宣传给企业、广大纳税人。4月15日,联合市局企业所得税处、区委宣传部、区投促局对辖区内文化创意企业开展税务指导服务;同月26日,与北京工业职业技术学院共同举办税收宣传进校园活动;27日,与区国税、公安分局联合开展"严厉打击发票违法犯罪,维护首都社会经济秩序"为主题的发票宣传活动。在各新闻媒体上重点宣传第一税务所获"全国三八红旗集体"事迹。

(高文学)

【税政职能发挥】 对全区2886户企业进行企业所得税汇算清缴宣传辅导,受理6020人次的个人年所得12万元申报,开具个人所得税涉税证明2792份。对房产税、土地税基础税源进行清理,房产税修正1362户次,补缴房产税31户,税款及滞纳金173万元;土地税修正2722户次,补缴土地税34户,税款及滞纳金34万元。采用契税征收"一表式"管理模式。年内第二税务所为6家开发商,10余家中介,近3000位纳税人提供有效纳税咨询。实行残保金分类征收管理,提高征管质量。截至12月31日,应审核11431户,已审核10503户,审核金额3519万元,实际入库金额3525万元,同比增加635万元,增长22%。对区域内纳税企业进行税收调查,对260户重点企业进行税收调查,对57户典型户进行营业税专项调查。

(高文学)

【纳税评估】 按照"评估一个行业规范一个行业评估,服务一个行业管理,指导一个行业纳税"思路,开展纳税评估。开展4批52户服务业(广告、出版、传媒、文化)以及14户教育费附加纳税人专项评估,评估发现问题41户,补交税款209余万元。完成对房地产、广告、非学历教育机构、交通运输、旅店、制造、典当、建筑、服务9个行业评估规范模板和行业分税种评估重点编制。制定广告业等分行业的评估指导范本、"易发涉税问题识别表"、"易发涉税问题纠正表"。

(高文学)

【税务稽查执法立案121户】 组织实施房地产业、建筑业、交通运输业、教育培训机构、娱乐业、餐饮业、重点税源户七个行业专项检查,立案121户,实施检查121户,审结案件92件,有问题86户,有问题率93%,查补税收收入总额657万元,查处重大案件3件,偷税案件3件。协同公安机关打掉两个重大非法倒卖发票犯罪团伙,打掉加工窝点及囤积窝点各一个,收缴各类发票、票据3万余份,"假章"170余枚,制造假发票电脑两台,打印机2台。

(高文学)

【依法行政检查率10.55%】 对2007至上年6大类11项内容,计245卷案卷进行检查,对当年窗口处罚情况,发票领购资格审核情况,税务证明开具情况,稽查处罚案卷、技术交易减、免征营业税备查项目执行情况,残疾人个人所得税税收优惠政策执行情况和退税管理工作情况等7项内容进行检查,涉及案卷1924卷,调取案卷203卷,检查率为10.55%。

(高文学)

金 融 服 务

概 述

石景山区金融服务办公室(简称区金融办),是负责促进商务金融产业发展和金融服务工作的区政府管理机构。由区发展和改革委员会管理,2月挂牌运行。行政编制10名,现有公务员7人。设有综合科、金融发展科、金融服务科。主要职责:负责贯彻落实国家和市关于金融方面的法律法规、规章和政策;研究拟订本区商务金融产业发展规划和政策措施,并组织实施;研究分析金融形势和金融业发展规律,掌握有关信息,制定本区商务金融产业发展布局规划,协调推进本区商务金融功能区、载体和重大项目的建设和发展;负责指导本区商务金融产业体系建设,组织推进金融市场、要素市场发展,协调指导多层次资本市场发展;根据管理权限,指导规范各类交易所的设立和发展;负责统筹推进本区金融发展环境建设,建立健全金融服务体系,为在区金融机构提供服务;负责银政合作工作,管理政府授信额度;参与研究拟订政府重大项目融资方案,协调金融机构综合运用各种金融工具和平台,为本区企业提供融资支持服务;策划和协调本区重大建设项目投融资工作等。年内,紧扣"大调整、大建设、大发展"主题,加强与驻区金融机构沟通协调,把握金融信贷政策导向、投放的重点领域及金融运行特点等,突出重大项目、重点项目,切实做好资金筹措工作,确保重点项目建设的资金需求。不断丰富融资主体,规范平台管理,加强能力建设;稳妥包装推介融资项目,多方筹集资金,为地区建设提供资金保障。

地址:政达路18号
电话:68607109
邮编:100043

(杜 悦)

【银政合作】 2月4日,"银政战略合作签约仪式暨区金融办揭牌仪式"在万达铂尔曼饭店举行。市金融工作局局长王红,各银行(分行)主要领导,区四套班子领导出席仪式。王红和荣华为区金融服务办公室揭牌,赵玉民和倪国锋为金融家俱乐部揭牌,周茂非代表区政府与驻区13家银行分别签署510亿元额度的银政战略合作协议,为区重点建设项目融资122.5亿元,解决高科技园区、五里坨建设区、城中村改造等重点项目的资金需求。

(杜 悦)

【金融产品】 年内,引导驻区银行不断创新金融产品,提出40种符合本区不同企业特点的融资产品。组织发行"石景山区文化创意企业集合票据"和"石景山区中小企业集合信托",为企业融资8600万元 。其中,为3家文化创意企业融资4800万元,为4家高新技术企业融资3800万元。

(杜 悦)

【企业培育】 成立全市第一家政府直属的"石景山区创业板企业培育中心"。培育中心占地5000亩,第一期位石景山园"西山汇",占地1000亩,6月第一批企业入驻。该中心与北京大学创业研究院等相关机构合作创办创业培训中心,对引入企业按照创业板上市标准提供系统培育。通过创业者培育、创业培育、上市培育和上市后管理四个服务环节,形成宝塔式、全链条培育结构。年内,联合市金融工作局举办三期"企业上市辅导班",建立企业上市培育工作体系,促进企业通过上市融资实现规模化发展。2家企业在创业板成功上市,19家企业被纳入区上市储备库。其中,5家企业处于改制阶段,2家企业进入辅导阶段,2家企业进入申报阶段。

(杜 悦)

【引导基金】 制定创业投资引导基金管理暂行办法和创业投资引导基金评审细则。引导基金按照"政府引导、市场运作、科学决策、防范风险"的原则进行投资运作。建立专家评审委员会,完成合作机构遴选。"办法"、"细则"的出台,为有效缓解中小企业融资难题,转变政府资金扶持方式,丰富招商引资手段,培育商务金融产业创造条件。

(杜 悦)

【金融产业】 优化现代金融产业服务环境,促进金融机构集聚发展。引进商务金融产业企业50余家;其中银行、证券、保险等机构22家,比上年增长22%;小额贷款公司、要素市场、股权投资、金融中介服务等机构38家,比上年增长50%。金融网点数达98个,比上年增长18%;存贷款余额分别为789.5亿元和290.9亿元,比上年增长19.5%和21.2%。北京石金小额贷款股份有限公司运转情况良好,累计发放贷款1.89亿元。

(杜 悦)

【要素市场】 加快推进要素市场建设。北京保险交易所、北京贵金属交易所和北京特许经营交易所完成设立相关手续,开始经营活动。其中,北京贵金属交易所完成价值6.8亿元交易额;北京特许经营权交易所完成全国经纪人网络体系建设。10月底,第一家经纪机构"温州运营中心"正式挂牌成立。12月底,北京特许经营权网络交易系统开发完毕并投入运营。

（杜　悦）

【企业融资】 11月18日，“石景山区文化创意中小企业第一期集合票据”成功发行，由北京银行主承销。该票据集合是北京银行与区政府合作，筛选优质文化创意中小企业，最终确定北京三浦灵狐动画设计有限公司、北京超炫广告有限公司和北京丽贝亚建筑装饰工程有限公司三家企业作为集合票据发行主体，总发行规模为0.48亿元，集合票据期限为1年，北京首创投资担保有限责任公司为本期集合票据提供信用增级，按百元面值发行，票面利率根据簿记建档结果确定。起息日为11月19日，11月22日上市流通。主承销商北京银行股份有限公司组织承销团，并以余额包销方式承销当期债券。经上海新世纪资信评估投资服务有限公司综合评定，本期集合票据的债项级别为A-1级；所募集的资金将主要用于补充发行人运营资金需求。中小企业集合票据是中小企业的一种新型融资渠道。

（杜　悦）

驻区金融机构

概　　述

面对首钢搬迁带来的产业调整机遇与经济社会挑战，针对地区产业升级对金融发展要求，按照差异化、错位发展的工作思路，通过不断探索和完善，确立现代金融产业发展方向，多元化银行业机构体系初步形成。中国工商银行、中国农业银行、中国银行、中国建设银行、交通银行、北京银行、华夏银行、中国光大银行、北京农村商业银行、兴业银行和中国邮政储蓄银行等11家银行在本区设立27家分支机构，98个营业网点。年末，金融机构存款余额达到789.5亿元，年平均增速为25.5%；贷款余额达到290.9亿元，年平均增速为23.6%。金融业在全面贯彻落实国家金融政策，实现自身平稳发展的同时，促进地区经济持续快速协调发展。当年金融业增加值为14.7亿元，对地区GDP的贡献为5.1%。非银行金融机构、准金融机构和经济鉴证类中介机构稳步发展，全区有保险机构8家、证券营业部3家、股权管理公司7家、小额贷款公司1家、典当机构9家、投资与资产管理机构29家、经济鉴证类中介机构61家。

（杜　悦）

中国建设银行股份有限公司北京石景山支行

【概况】 中国建设银行股份有限公司北京石景山支行（简称建行石景山支行）成立于1987年7月，原名中国建设银行北京市分行石景山支行，1992年1月4日完成改制。隶属于中国建设银行股份有限公司北京市分行，是国有股份制商业银行，为二级分行。支行主营业务为办理人民币存款、贷款、结算业务，办理票据贴现，代理发行金融债券，代理发行、代理兑付、销售政府债券，代理收付款项，办理外汇存款，外汇汇款，外币兑现，国际结算，结汇、售汇，通过上级行办理代客外汇买卖，以及总行在中国银行业监督管理委员会批准的业务范围内授权的业务。上年，被评为“区域经济发展突出贡献单位”和“纳税百强单位”。年内，向首钢京唐钢铁联合有限公司发放2.66亿元银团贷款；按照市分行工作安排，反洗钱数据上收项目正式投产运行；营销国美电器银行承兑汇票业务1.34亿元，实现中间业务收入6.70万元；向北京昂内房地产开发有限公司发放5000万元房地产开发贷款（二季度累计投放2.85亿元）；为市红十字会急诊抢救中心开通网银代发工资业务。

地址：石景山路22号

电话：51993501

邮编：100043

（李　夏）

【机构管理方式创新】 自上年6月以来，北京分行在整个系统内推进管理流程再造，实施管理模式扁平化改革，“分行— 一级支行—二级支行”三级管理模式向“分行—支行”两级管理模式转变。原石景山支行所辖各二级行均升格为支行独立经营，所辖储蓄所也归属区域网点管理中心。按照精简高效原则合并内设职能部门，支行内设部室缩减至3个：综合部、营业部、公司部。削减管理层次，加强风险控制，有利于提高服务标准化、经营规模化，也有利于资源在全行范围内进行整合。

（李　夏）

【反洗钱数据系统投入运行】 反洗钱可疑交易监控系统（反洗钱数据上收项目）正式投入运行。极大简化反洗钱可疑交易监测系统操作，解决原来依靠人工识别交易效率低下问题，减轻柜面业务人员补录交易信息压力和劳动强度。该系统功能丰富，涵盖本外币可疑数据自动生成，网点经办、网点主管、主管部门三级数据维护，系统权限维护，报表自动或定时生成功能,可满足反洗钱报表日常申报、监管功能,提高反洗钱数据报送质量和效率。

(李 夏)

【推出网银代发业务】 把发展电子银行作为工作重点之一,针对网银代发业务进行重点营销。为市红十字会急诊抢救中心开通网银代发工资业务,网银代发人数达到762人,年代发工资总额4000万元。有效减少现金流量,减轻前台业务压力,增加资金沉淀,提高同业竞争力。

(李 夏)

【贷款投放】 投放26.57亿元贷款,实现对首钢京唐钢铁联合有限责任公司贷款投放5.33亿元、航港发展有限公司贷款投放2亿元,与中国铁道建筑总公司签订1亿元流动资金贷款合同,实现贷款投放0.5亿元。

(李 夏)

中国银行股份有限公司北京石景山支行

【概况】 中国银行股份有限公司北京石景山支行,成立于2009年6月19日,隶属于中国银行股份有限公司北京分行,并更名为石景山支行。内设办公室、业务管理部、个人金融部、公司业务一部、公司业务二部(金融机构部)。现有职工总人数168人,其中大专以上学历159人,占职工人数的94.6%。营业网点共7家,分别为支行营业部、长安支行、翠微支行、西翠路支行、鲁谷支行、杨庄东路支行、门头沟支行。在充分利用传统优势为中小企业提供优质金融服务的同时,以客户为中心、以市场为导向,吸收和借鉴国内外同业成功做法和先进经验,改造和优化金融服务业务模式,根据中小企业客户"短、频、快"融资需求特点,为客户量身定制中小企业金融服务模式。

地址:复兴路甲14号华鹰大厦F座2层

电话:63975310

邮编:100043

(曾海河)

【特色服务】 为区政府和辖区企业提供各项资金支持累计25亿余元,为中小企业发展提供融资贷款累计达2亿余元。年内,开办公司和个人金融业务共计100余种,新开立企业客户1100余户。利用外汇业务上的优势为该区走出去的企业提供全方位金融服务,积极参加区金融办举办的各类金融产品推荐会,为驻区企业和个人提供各项金融服务。

(曾海河)

【出国留学金融服务】 出国留学一站式服务是中国银行利用外汇业务优势,针对出国留学人员各类金融服务需求而设计的产品组合,包括出国留学外汇贷款,出国留学人民币贷款,出国留学购汇预交保证金,出国留学保函,开具存款证明,长城人民币借记卡,长城国际信用卡,代售旅行支票,汇款,出国留学换汇,开具外币携带证,通信存款等业务,实现在同一地点为留学人员提供方便快捷的金融服务。年内为客户量身设计提供服务,涉及产品涵盖资产业务、负债业务、中间业务、理财业务等个人金融全产品,满足客户在出国留学申请阶段、国外就读阶段、学成回国阶段的需要。

(曾海河)

中国工商银行股份有限公司北京石景山支行

【概况】 中国工商银行股份有限公司北京石景山支行(简称工行石景山支行),原名中国工商银行北京市分行石景山办事处,成立于1984年5月。隶属中国工商银行股份有限公司,是国有股份制商业银行。支行主营金融业务,下辖网点18个,其中综合网点15个,单一网点3个,贵宾理财中心9个。营业网点包括八角支行、玉泉路支行、高井支行、北辛安支行、黄楼支行、八角北支行、古城东街支行、鲁谷支行、苹果园支行、八大处支行、游乐场支行,金顶街支行、重兴园支行、古城分理处、四平台分理处、五里坨储蓄所、第一储蓄所、星座储蓄所。近年来各项业务快速发展,业务服务办理快捷高效,在区域同行业中保持领先地位。上年被评为"区域经济发展突出贡献单位"和"纳税百强单位"。截至年底,有员工507人。年内,不断拓展金融领域,为地区建设提供一流金融服务。

地址:石景山路63号

邮编:100043

电话:68874128

(邬 玉)

【信贷业务】 向万达电影院线股份有限公司发放2亿元影院项目建设贷款,实现分行对电影终端服务行业的首次信贷投放。发放分行第一笔"能源通"小企业贸易融资贷款,实现小企业国内保理、订单融资、商品融资业务的全面开展。本外币合计各项贷款时点余额80.57亿元,其中:公司贷款余额63.75亿元;个人贷款余额16.28亿元;贴现贷款5246万元。为首钢办理银行承兑汇票贴现17.77亿元。累计为14户企业发放保理融资282笔、2950.75万元。为建安、电力企业发放贷款1.9亿元、开立保函6.2亿元。年末,房地产开发贷款余额24.06亿元,个人住房贷款余额16亿元。一手房直贷全年累计投放3425万元,同名贷投放540万元,信用增值贷投放74万元;信用贷款投放444万元,汽车消费贷款发放322万元。

(邬 玉)

【住房贷款】 年内,房地产开发贷12.55亿元,年末贷款余额18.78亿元。票据直贴业务发生额21.02亿元,其中为首钢办理票据贴现19.5

亿元，对优质建安、电力企业累计投放贷款1.65亿元、开立保函7975万元。全年累计发放个人贷款4.73亿元；发放一手房按揭贷款3.37亿元；发放二手房按揭贷款1.1亿元。各项贷款余额71.83亿元，其中短期公司贷款余额30.89亿元；短期个人消费贷款266万元；票据融资余额10.95亿元；中长期公司贷款1700万元；中长期房地产贷款17.98亿元；中长期个人消费贷款1665万元；个人住房贷款10.68亿元；中长期个人经营性贷款1405万元；系统内联合贷款8000万元。

（邬　玉）

【个人信用贷款】 各网点营销流动资金贷款、银行承兑汇票、投行、履约保函等业务。作为北京分行首批开办个人信用贷款的支行，成功发放新流程下北京分行首笔个人信用贷款，个人信贷服务向高端客户群延伸。各项贷款余额52.39亿元，其中：短期公司贷款余额30.29亿元；短期个人消费贷款259万元；票据融资2.84亿元；中长期公司贷款3000万元；中长期房地产贷款9.86亿元；中长期个人消费贷款3938万元；个人住房贷款8.63亿元；中长期个人经营性贷款438万元。

（邬　玉）

北京农村商业银行股份有限公司石景山支行

【概况】 北京农村商业银行石景山支行（简称农商行石景山支行）成立于1992年10月，前身是北京市石景山区信用合作社联合社，2005年10月改制并入国务院首家批准组建的省级股份制农村商业银行——北京农村商业银行，2006年1月16日正式开业成立，隶属于北京农村商业银行总行。支行主要从事吸收公众存款，发放短期、中期和长期贷款，办理国内结算、票据承兑与贴现，代理发行、兑付、承销政府债券、收付款项及保险业务，从事银行卡业务，提供保管箱服务等业务，在农村金融市场持续保持较为明显的优势地位，被评为区“纳税百强单位”。支行设立综合管理部、人力资源管理部、授信审批部、资产风险管理、个人金融部、支行营业部6部。6月21日，石槽分理处迁址与京原支行营业部合址办公，正式营业；7月26日，古城分理处迁址与八角支行营业部合址办公；9月14日，八角支行古城分理处迁址古城西路甲8号。截至年底，存款总额达到47亿元，营业网点10个。

地址：杨庄东路78号。

电话：68841937

邮编：100043

（蒋丽丽）

【增资扩股】 总行提出“按规矩办事”的指导思想，确定2009～2011年为“精细化管理年”、“风险防控年”、“开源挖潜年”。全行经营理念进一步得到转变，经营管理能力进一步得到提升，业务发展和转型步伐进一步加快。根据总行部署，结合支行经营发展特点，提出“在发展中求规范、在规范中求创新、在创新中求效益，实现利润最大化”方针，积极转变增长方式，在有效控制风险前提下稳健开展各项工作。截至12月末，筹集股金合计9758.61万元。

（蒋丽丽）

【服务创新】 突出“农”字特色，支持本市现代农业发展和新农村建设。通过创新全力支持本市现代农业发展和新农村建设，以银政合作为平台，与区政府有关部门开展全方面的涉农业务合作。推进小企业信用和联保贷款，拿出一批有份量、有市场、有效益的中小企业创新产品和服务。打造小企业综合平台，以创新理念推动各进业务发展。

（蒋丽丽）

【产品创新】 加大支农资金投放的同时，创新支农产品，改善服务质量，重点发展具有高回报和高增长潜力的个人中间业务品种。大力开展保管箱业务；开办“金凤凰理财”，发挥“农信银”优势，加大对异地汇款等个人结算业务营销。同时加强中间业务定价管理，规范收费减免工作，保证中间业务经营效益。开展中小企业理财业务，中小企业的融资咨询顾问、协助引入风险投资、上市培育、等投资银行业务；探索开展大客户理财业务，推出针对大型客户的理财业务。

（蒋丽丽）

北京银行股份有限公司石景山支行

【概况】 北京银行股份有限公司石景山支行（简称北京银行石景山支行）是北京银行在本区设立的唯一一家管辖行，下辖京源路支行，设石景山和京源路两个营业网点，内设两部两室（公司业务部、零售业务部、营业室和办公室），经营业务横跨石景山和门头沟两个区。成立于1996年1月8日的北京银行（即原来的“北京市商业银行”，2004年更为现名），在原90家城市信用合作社基础上组建而成，是一家由境外投资者、首都众多知名企业和广大投资者参股的新型股份制商业银行，是中国第二大城市银行及北京地区第三大银行。历经十四年创新改革和跨越发展，实施品牌化经营、区域化布局、综合化发展三大战略，相继实现更名、引资、跨区域经营、公开发行上市等系列历史性重大突破，总资产在英国《银行家》杂志全球1000家大银行中排名第262位，在中国银行业排名第13位。截至年底，在岗员工49人，平均年龄32岁，50岁以上2人，占4%；40～50岁11人，占23%；30～40岁8人，占16%；30岁以下28人，占57%。员工学历较高，大专以上学历占90%，其中:硕士4人,占8%;本科学历20人,占41%;大专学历20人,占41%;中专等5人,占10%。支行成立以来,延伸网点服务,为辖区人民提供优质金融服务,在区内布放许多自助机具,包括在石景山医院、朝阳医院、清华大学玉泉医院、北方工业大学、北京工业职业技术学院、当代商城等处安装自动取款机;在区政府和御景山、远洋山水、六合园、天鸿美域、古城北路社区等处安装自助缴费终端,方便居民24小时自助购买燃气、买电、交纳电话费等。

地址:石景山路42号

电话:68878224

邮编:100043

(曹　颖)

【业务创新】 支行提供全方位金融产品,销售基金达300多只,除传统的基金申购和赎回,还开办风险波动性较小、适合大众的基金定期定投业务。证券公司、保险公司派业务员到银行网点驻点,方便群众在银行购买基金、保险产品。与北京银行石景山管辖行合作的保险公司主要有中国人寿保险公司和中荷人寿保险公司,主要销售的保险产品以储蓄分红和养老、大病为主,丰富群众投资理财渠道。其中中荷人寿保险公司是北京银行2010年与战略合作者荷兰ING集团共同出资建立的保险公司,以中国和荷兰国家名命名。

(曹　颖)

【深化银政合作】 年内,银行授信额度扩大为28亿元,期限延长至五年,累计放款40笔,金额56.9亿元,到年底余额为12.4亿元。支持包括莲花池西路、香山南路、玉泉路三期、金顶北路、阜石路二期和五里坨路等13条重点道路建设项目;南山1、2号院"城中村"环境整治、苹果园中学、疾控中心、分局指挥中心、苹果园交通枢纽商务区等多个重点项目,为区域经济发展提供持续有力的资金保障。另外为区土地储备中心提供授信20亿元;为区政府成立的石金小额贷款公司提供授信5000万元。

(曹　颖)

【编织中小企业成长摇篮】 为解决首钢搬迁带来的产业空心化问题,陆续为区内中小企业提供有针对性的特色金融服务,为辖区企业搭建"幸福家园"。与园区管委会和招商办共同打造良好招商引资环境,采取从企业入区验资开始到对企业进行金融产品培训、融资培训、设专人专柜为企业服务等一系列服务举措,参加区政府组织的中小企业恳谈会,为改善非公经济环境出谋划策;与区工商联、中小企业促进中心进行融资需求信息收集,做到有的放矢;与区发改委共同举办中小企业融资讲座,提升中小企业对融资产品的理解程度,提升中小企业资金运用能力。投入信贷资金支持阿尔西制冷工程技术(北京)有限公司、北京嘉曼服饰有限公司(水孩儿)、北京铁通康达铁路通信信号设备有限公司、北京明诚技术开发有限公司、北京合康亿盛科技有限公司等一批中小企业发展较快,经营规模不断壮大,成为同行业领军企业,为区域经济发展再添新活力。

(曹　颖)

【中小企业金融服务产品】 陆续推出面向中小企业金融服务系列产品。主要有:1."创意贷",针对文化创意企业所属行业特点及文化创意集聚区建设的不同用途,主要包括文艺演出贷款、出版发行贷款、影视制作贷款、动漫网游贷款、广告会展贷款、艺术品交易贷款、设计创意贷款、文化旅游贷款、文化体育休闲贷款、文化创意产业集聚区建设贷款等;2."创融通",即面向创业初期小企业发放、在提供北京银行认可的担保方式后,用于弥补小企业创业期投入资金不足和提供前期生产经营所需流动资金的系列融资产品;3."及时予",是为扶持中小企业发展壮大,面向经过一段时期经营正常、有良好发展前景的中小企业,特别推出的解决企业经营过程中流动资金短缺状况的系列融资产品;4."信保贷",是针对在北京银行开户2年以上、资金结算量大、有一定存款规模、信用记录良好的忠诚中小企业客户提供的综合授信业务。5."短贷宝",向个体工商户、企业主(包括企业的主要股东、法定代表人或实际控制人等)发放的用于其企业正常经营活动的个人贷款或个人授信。主要担保方式包括房产抵押、有价单证质押、担保公司保证、房产抵押+担保公司保证、市场经营管理公司保证、自然人保证以及其他我行认可的担保方式。

(曹　颖)

【打造"温暖工程"】 "下岗职工再就业贷款"是北京银行服务社会的一大亮点工程。北京银行与市发改委联合推出此项贷款业务,关注企业下岗职工再就业问题,帮助弱势群体排忧解困。支行与石景山、门头区两区社会保障部门联手,共同建立信用社区,为下岗职工寻求新的职业生涯,使下岗职工家庭享受到来自北京银行的"温暖"服务,促进家庭稳定,构建和谐社会。

(曹　颖)

【贴近百姓生活】 作为医保承办行,在为群众办理医保支取业务的同时,还针对客户群特点,推出风险低、收益高的专属理财产品。根据百姓对金融知识和理财知识的需求,到各街道社区服务中心举办10多场"金融知识进社区"大课堂讲座,走到居民中间普及金融知识,讲解识别假币方法和理财知识等。

(曹　颖)

【个人按揭贷款】 年内,区政府打造宜商宜居石景山的构想吸引大批人员到区买房,构筑幸福爱巢。在为北京实兴腾飞公司提供开发贷款的同时,支行及时介入个人按揭业务,为购房者提供优惠的条件、优质的贷款服务。全年发放个人住房及商住两用房贷款260笔,金额18574万元。

(曹 颖)

中国光大银行股份有限公司北京石景山支行

【概况】 中国光大银行股份有限公司北京石景山支行(简称光大银行石景山支行),是中国光大银行北京分行在本区唯一分支机构。光大银行成立于1992年8月,1997年1月完成股份制改造,成为国内第一家国有控股并有国际金融组织参股的全国性股份制商业银行。按照分行统一要求,设有办公室、营业室、公司业务部、理财中心和个贷中心,有员工27人。设有24小时自助银行。自2007年4月18日开业以来,一直关注和参与新经济、新产业发展,支持地方建设,为CRD企业和辖区群众提供优质金融服务,取得良好经营业绩,在综合经营、公司业务、理财业务等方面培育较强的比较竞争优势,基本形成各主要业务条线均衡发展,零售业务贡献度不断提升,风险管理逐步完善,创新能力日益增强的经营格局。

地址:阜石路166号泽洋大厦北座首层101室

电话:52638610

邮编:100043

(董海峰)

【零售业务发展】 代理销售国债5121万元;代理销售基金15535万元;代理销售保险1560万元;第三方存管客户达到160户;销售人民币理财产品4亿元;发放信用卡1600张(其中发放新卡种"存贷合一卡"900张);个人网上银行客户达到3400户;自助设备缴费交易5430笔;黄金现货交易87万元、新增黄金白银(T+D)业务12万元;储蓄存款余额27149万元。发放个人贷款2733万元。

(董海峰)

【公司业务发展】 支行对公一般性存款余额128319万元,贷款余额363377万元。信贷业务和贸易金融业务发展较快,贸易金融业务包括国内信用证累计开证27.75亿元;国际业务进口开证2.3亿美元;押汇累计金额1.86亿美元;货押业务累计金额2.79亿元。汽车金融业务得到进一步发展,开立银行承兑汇票6.11亿元。

(董海峰)

交通银行北京石景山支行

【概况】 交通银行北京石景山支行(简称交行石景山支行)成立于2000年5月8日,隶属交通银行北京西区支行管辖,有员工25人,包括行长3人,客户经理4人,大堂经理1人,综合柜长1人,综合柜员13人,引导员3人。作为网点级支行,公、私贷款业务均由管辖行统一办理,且不单独考核利润。始建于1908年的交通银行是中国早期四大银行之一,也是中国早期的发钞行之一。1986年7月24日,作为金融改革试点,国务院批准重新组建交通银行。1987年4月1日,重新组建后的交通银行正式对外营业,成为中国第一家全国性的国有股份制商业银行,现为中国五大国有大型商业银行之一。

地点:石景山路29号京燕饭店西配楼一层

电话:68876307

邮编:100043

(田未来)

【主要经营业务】 秉承"发展是硬道理,是第一要务;质量是硬约束,是第一责任;效益是硬任务,是第一目标"的经营理念,年内先后增加公私理财等业务,且伴随着网点搬迁改造及人员增加,业务规模与日俱增,开始独立核算存款业务。为辖区企业提供住房公积金缴存、查询及支取等业务,累计办理住房公积金联名卡20余万张,为区公积金分中心和各缴存单位提供服务。

(田未来)

华夏银行股份有限公司北京石景山支行

【概况】 华夏银行是首钢总公司兴办的全民所有制金融企业,行政上归首钢总公司领导,业务上接受中国人民银行指导和检查,具有独立法人资格,注册资金10亿元。作为中国第一家由工业企业独资开办的全国性商业银行,成立于1992年10月。1995年经中国人民银行批准进行股份制改造,由33家法人单位以共同发起方式将原华夏银行改制变更为华夏银行股份有限公司,并于1998年3月18日在国家工商管理局办理工商登记,股本为人民币25亿元。2003年9月,华夏银行公开发行股票,并在上海证券交易所挂牌上市交易(股票代码600015),成为全国第五家上市银行。根据华夏银行总行和北京分行要求,结合当年经营发展目标制定适合自身发展的机构管理方式。以"服务辖区经济、履行社会责任"为己任,开展各项金融业务。年内,服务特大型企业首钢及其下属单位,为首钢总公司及其职工提供金融服务。支持辖区房地产业发展,为京汉旭城等项目提供按揭服务;支持辖区民营经济发展,为民营企业提供信贷支持,通过信贷、结算等多种金融产品支持中小企业发展。开展水费、电话费、燃气费、有线电视费等代理收费业务,服务广大群众。

地址:石景山路66号

电话:68830863

邮编:100043

(安 侠)

【推出华夏速通卡】 年内率先推出

高速公路电子缴费联名卡“华夏速通卡”,并为客户赠送 ETC 设备,对车辆通过高速公路时减少尾气排放和燃油消耗,为建设“绿色北京”付诸行动。

(安 侠)

【便民金融服务】 在辖区推广银行卡,宣传银行卡业务,为银行卡普及作出贡献。在全区布放自助设备 20 余台,为公司及个体工商户安装 pos 机,完善金融设施,改善用卡环境。坚持节假日不休,全年 365 天开门营业,全天候提供储蓄业务。延长服务时间,早上 8 点半开始营业,每日营业时间长于同业平均水平,为辖区内群众提供更多金融服务。

(安 侠)

中国邮政储蓄银行有限责任公司北京西区支行

【概况】 中国邮政储蓄银行有限责任公司于 2007 年 3 月 6 日正式成立,是在改革邮政储蓄管理体制基础上组建的商业银行,承继原国家邮政局、中国邮政集团公司经营的邮政金融业务及因此而形成的资产和负债,并继续从事原经营范围和业务许可文件批准、核准的业务。存款规模列全国第五位。是中国营业网点最多的金融机构。中国邮政储蓄银行北京分行于 2007 年 11 月 28 日挂牌成立,西区支行作为中国邮政储蓄银行北京分行下属的一级支行,内设办公室、财务会计部、个人金融业务部、公司业务部、信贷业务部、风险稽查部、渠道科技部七大部室及 19 个一类支行、26 个二类支行、30 个代理网点。有 343 名员工,平均年龄 30 岁,其中大专以上学历 245 人,占职工总数 72 %。所辖网点 75 个,横跨东城区、西城区、海淀区、石景山区和丰台区,其中在本区有 20 余个网点。西区支行始终致力于为客户提供个性化金融解决方案,履行“立足社区、服务中小企业、服务政府”社会责任。

地址:阜成门北大街 17 号
电话:68332868
邮编:100037

(闫 静)

【战略合作】 着眼于服务百姓民生,不怕利小,不嫌琐碎,为广大群众提供多项与日常生活息息相关的业务。助力企业发展,为众多大型知名企业提供资金归集、对公理财、企业融资等多元化、全方位金融服务。注重与地方政府沟通与合作,相继与区工商分局、个私协会、发改委和团区委等部门签订战略合作协议,达成服务地方经济发展、助推地方经济繁荣的共同目标。不断丰富产品线,不断更新改造网点设施,为群众、企业、政府做好金融服务。

(闫 静)

【助推区域经济】 1 月 12 日 邮储西区支行与区私营个体经济协会召开共同助力中小企业融资会议。2 月 8 日,与区私个协签署个体私营企业金融服务合作协议,提供 20 亿元资金,用于支持地区个体私营经济平稳快速发展。4 月 12 日,与团区委签署“贷”动青春金融服务合作协议,支持青年创业工作发展,为有贷款需求和实力的青年创业者提供小额信用贷款。截至年底,为区私个协、工商联等中小企业客户和创业园青年创业者提供近 5500 万元零售贷款,有效缓解中小企业“贷款难”问题,帮扶青年创业者发展,有效推动区域经济发展。

(闫 静)

【服务民生】 每月为地区代发养老金数额近 2 亿元。首钢集团是西区支行最大的养老金发放客户,月发放额 1.2 亿元,代发户数近 6 万户。不断满足群众需求,先后开办代发企业补充养老金、代扣委托存档人员医疗保险金、代发代扣自谋职业人员社保金、代发老年无保障人员福利养老金、代发代扣老年人、儿童和重度残疾人员医疗保险金、代发代扣退休人员工龄补缴款、代发新农村合作医疗款等社保业务。此外,以承担社会责任为已任,为群众办理代收水、电、燃气费用等业务、一卡通充值、代缴通讯费等多项与百姓生活息息相关的业务,月服务人群近 20 万人。

(闫 静)

新华人寿保险石景山支公司

【概况】 新华人寿保险股份有限公司北京市石景山支公司(简称新华保险石景山支公司),成立于 1998 年 11 月 12 日,隶属新华人寿保险股份有限公司北京分公司。承保险种有:个人意外伤害保险、个人定期死亡保险、个人两全保险、个人终身寿险、个人年金保险、个人短期健康保险、个人长期健康保险、团体意外伤害保险、团体定期寿险、团体终身寿险、团体年金保险、团体短期健康保险、团体长期健康保险、经中国保监会批准的其他人身保险业务。1998 年 11 月 12 日石景山支公司成立,设有三个营业部(群星部、红剑部和恒生部)和两个管理部门(收银室、内勤室),员工约 40 人。2001 年开展大力增员,在职员工增加到 100 人,年度保费收入 494.37 万元。2002 年在职员工由 120 人增长到 400 人,营业部扩展到 6 个,分别是:群星部、红剑部、恒生部、晁鹏部、恒远部和宝鼎部,全年保费业务快速增长到 2610 万元。年内,保费收入为 1312 万元。

地址:石景山路 23 号院中础大厦 A 座 7 层
电话:68684603
邮编:100043

(李 莹)

【防灾宣传】 一直把对外宣传作为重要工作来抓,工作人员频繁组织相关培训和客户服务活动,并通过展板、公示栏、案例汇编，以及《我和新华的保险故事》系列书籍等各种形式宣传服务理念和理赔知识，强化保险知识普及，加深客户对保险的认知和与保险公司之间相互理解。

（李　莹）

【保费理赔】 把服务作为理赔工作重中之重来抓，不断充实理赔服务内容。进一步完善自身工作流程，作业水平得到显著提高，件均理赔时效仅有1.76天，赔款银行转帐率接近100%，电话和短信平台结案通知率达到95%以上，绿色理赔服务通道机制有效运转。另一方面，长期坚持理赔附加值服务，全年向客户邮寄或通勤索赔资料投递量万封以上，对住院客户开展鲜花慰问1600余人次，处理电话、现场和转办的各种咨询8000多件。

（李　莹）

中央市属驻区企业

年内,受经济整体回暖及首钢涉钢产业搬迁调整措施逐步落实影响,全区工业生产经历由低点快速回升继而逐渐趋缓的发展态势。辖区132家规模以上工业企业实现现价工业总产值630亿元,同比增长16.6%;累计完成主营业务收入978.9亿元,同比增长38%;实现利润21亿元,同比增长75%;应缴税金22亿元,同比下降26.4%;出口交货值25.3亿元,同比增长26.1%;累计完成工业固定资产投资7.8亿元,同比下降4.4%。全年累计生产钢材597.6万吨,同比下降3.6%;累计发电量97亿千瓦小时,同比增长2.6%;累计生产集成电路2.55亿块,同比增长74.8%。25家产值亿元企业全年实现工业总产值599.9亿元,同比增长16.9%,占全区工业总产值95.2%。全区万元产值能耗从上年的1.17吨标煤下降到1.03吨标煤,同比下降12%。年内,首钢北京石景山钢铁主流程逐步全部停产。

(李娅娜)

首钢集团

概　　述

首钢集团是以钢铁业为主,兼营矿业、电子、机械、建筑、服务业和海外贸易的大型企业集团,首钢总公司为母公司,下属13家子公司及其他独立经营单位,6家国内联合重组企业,4家香港上市公司,有首钢秘鲁铁矿股份公司等海外企业。首钢在搬迁调整中加快发展方式转变,钢铁主业形成"一业多地"发展新格局。通过建设首钢京唐钢铁公司、迁钢公司、首秦金属材料公司、首钢冷轧公司等新项目和重组贵州水城钢厂、山西长治钢厂、贵阳特殊钢公司、新疆伊犁钢厂、通化钢铁集团等企业,具备3000万吨产能规模,新首钢的框架已基本形成。全年生铁、粗钢、钢材产量分别为3174万吨、3154万吨、2978万吨,名优拳头产品产量1028万吨。销售收入2200亿元,增长69%;实现利润19.7亿元,同比增长41%;资产总额达3090亿元,资产保值增值率101.7%。技术经济指标中,入炉焦比333千克/吨,钢铁料消耗完成1093千克/吨,综合成材率95.8%,吨钢综合能耗618千克。启动汽车板开卷落料线等加工配送中心建设,与31家汽车企业建立合作关系;管线钢客户达到40家;家电板实现与知名企业合作。完成科技成果91项,同比增长68.5%,其中13项达到国际先进水平,8项获得冶金行业和北京市科技奖励,成果转化率达97%以上。完成科研改造周期短、见效快项目17项;申报企业技术秘密123项,完成专利申报280项,比上年增长22%;获国家专利授权190项,比上年增长1.4倍,其中发明专利83项,增长近4倍。发展循环经济,首秦公司能源管控中心6月投入运营,实现能源集中管控和优化配置,年节约标准煤4.9万吨;迁钢高炉矿渣微粉、尘泥集中处理、利用焦化工艺处理废塑料等项目建成投产;生物质能源项目开工建设。截至年底,实现北京石景山地区钢铁主流程"安全经济稳定"停产,各新钢厂建设基本完成。

地址:石景山路首钢厂东门
电话:88293520　68873606
邮编:100041

(李淑萍)

【钢铁产量突破3000万吨】　在石景山钢铁主流程压产、停产和部分地区限电的情况下,钢铁产量突破3000万吨。全年生铁产量3174万吨,粗钢产量3154万吨,钢材产量2978万吨。其中,高附加值、高技术含量的名优拳头产品产量1028万吨,同比增加202万吨。管线钢产量101.1万吨,汽车用钢产量109.9万吨,船板产量104.8万吨,冷轧汽车板、家电板产量99万吨,150毫米高强水电用中厚板实现国内首次生产。2月9日，迁钢公司4、5号转炉采用首钢自主集成的“一键式”自动化炼钢核心技术，冶炼出第800炉优质钢水。转炉炼钢技术水平的主要指标终点碳和温度双命中率均达到90%以上。京唐钢铁公司建成1000万吨规模的生产基地。顺义冷轧公司产能超过设计水平，全年产量173万吨。迁钢公司3号高炉1月8日开炉以来，入炉焦比和喷煤比273千克/吨和194千克/吨，创出国内一流水平。首秦公司4300毫米粗轧机、3号铸机6月竣工投产，中厚板覆盖到桥梁、造船、容器、管线用钢等54个品种。联合重组企业竞争能力增强。水钢公司建成500万吨钢铁规模，开发出硬线钢、冷镦钢、焊线钢等一批拳头产品。长钢公司围绕与总公司管理对接，着力打造竞争优势，主导产品产量、销售收入和可比产品成本降低额创历史最高水平。贵钢公司老区产品开发及工艺创新取得重要突破，中高端产品已占总产量的80%以上，实现盈利。首黔公司一期一步200万吨焦化项目已取得立项批复。伊犁钢铁公司产能达到历史最高水平。通钢公司推进老区改造。

（李淑萍）

【石景山钢铁主流程停产】 根据国务院2005年2月批复的搬迁调整方案，石景山钢铁主流程于年底全面停产。6月28日，中厚板厂停产。12月16日，炼铁厂和北京首钢电力厂分别停产。同月19日，第二炼钢厂、型材轧钢厂停产。20日，高速线材厂、动力厂停产。21日，始建于1938年的焦化厂和始建于1975年的氧气厂分别停产。

（李淑萍）

【京唐公司生产线投产】 3月31日，京唐钢铁公司1580毫米热轧生产线热负荷试车一次成功，并轧制出合格钢卷。该生产线设计年产热轧钢卷390万吨，主导产品为高品质汽车板，特色产品为管线钢、压力容器钢和造船用钢。6月6日，首秦公司4300毫米粗轧机竣工投产。6月26日，2号高炉举行开炉仪式。高炉容积5500立方米，采用68项自主创新、自主集成的先进技术。11月30日，2230毫米酸轧线热负荷试车一次成功，第一卷钢卷下线。该生产线设计年生产能力为215万吨，主要产品为软钢及高强钢。12月21日，2230毫米冷轧连退生产线热负荷试车成功，第一卷规格为1.2毫米×1250毫米的冷轧卷下线。该生产线设计年处理冷硬卷111.75万吨，产品规格宽度为900～2080毫米、厚度为0.40～2.5毫米，可对CQ、DQ、DDQ、EDDQ、SEDDQ、DP、BH、TRIP等钢种进行处理，轧制高等级汽车板和高级家电板。

（李淑萍）

【提高资源保障能力】 全年资源采购总量为2104万吨，采购金额356.2亿元。其中，炼焦煤、喷吹煤、动力煤同比分别增长45%、33%和74%，金属矿、非金属矿、铁合金同比分别增长46%、38%和21%，废钢同比增长78%。采购辅助材料达到19大类，新增材料品种达到5472个；外销固体废弃物和废次材99.3万吨，实现销售利润2.96亿元。与山西焦煤、开滦等战略级供应商合作，国有矿炼焦煤采购比例由60%提高到75%，喷吹煤、电力煤国有矿炼焦煤采购比例分别达65%、50%。对钢铁新基地实施差异化采购和资源配置，全年水运炼焦煤占京唐钢铁公司供应量的29%。开辟青海地区低灰低硫的炼焦煤资源。废钢采购标准由原来的三大类10个级别细分为32个级别，发展拆船废钢、打包废钢、破碎废钢和纯净废钢等品种。在进口的851项材料中，国产转化15项，部分转化5项。耐火、大五金、石油油漆三类9项国产化项目共实现经济效益106.4万元。实现部分用铌铁砂替代铌铁，镍铜合金替代电解铜、电解镍，节约成本1970万元。完成料场仓库清理工作，清理场底料30.7万吨，其中原料27.1万吨，燃料3.6万吨，累计供应清出的合格料24.64万吨。

（李淑萍）

【钢材销售2028万吨】 全年钢材产品销售量2028万吨，其中拳头产品销售1028万吨；钢铁产品销售收入795亿元。顺义冷轧全年汽车、家电和专用板三大品种销售量124.08万吨，比上年增加88.27万吨。开发集装箱板、花纹板、低碳钢的薄规格(2.0毫米以下)产品，实现增效8940万元。推进700MPa以上级别高强钢、750MPa以上级别大梁钢、700MPa以上级别汽车改装用钢及550MPa以上级别高强集装箱板等品种的市场开发。开平板销售满足用户个性化需求。加大高建钢、储油罐用钢、水电用钢、核电用钢、耐磨钢市场开发力度，完成中石油西南分公司储罐用钢12MnNiVR供货，中标宁德核电站一期工程和大连红沿河核电站一期20Cr核电用钢392吨。钢绞线、合金焊线、冷镦钢、轴承钢、齿轮钢、抽油杆、精轧螺纹均保持多年来市场竞争优势，其中抽油杆全国产量第一，钢绞线、合金焊线全国产量第二。年内，家电板全面进入国内知名家电企业，成为核心供应商，订货比重达到72%。开发高级别焊丝用钢等专用板，拥有一批行业龙头企业用户。热轧产品拥有战略用户达到20家，全年战略大客户资源比例从上年18%上升到34%。拓展管线用钢龙头企业，拥有40家稳定客户，覆盖国内所有制管企业。

（李淑萍）

【钢铁产品进出口】 全年出口创汇9.8亿美元，同比增长112%；钢铁产品出口量130.88万吨，同比增长103%；首钢总公司进口矿石量3038万吨，同比增长86%；进口焦煤150.5万吨，创历史新高。承揽印度埃萨135万吨焦化、印度JB焦化及布山公司7米63大型焦炉砌炉等项目,承揽额9258万美元。调整海运包干价格、自行消化富裕运力、自行承担滞期费等,降低海运费3810万美元。全年签约项目98个,金额9697.38万美元;进口到货335批,到货金额3.47亿美元;实现减免税2.03亿元人民币。秘铁公司老区改造进展顺利,细粉保产项目投产;新区项目环评获秘鲁能矿部批准,建设购电工作程序全面启动。与开滦集团、德华矿业就加拿大盖森煤田项目达成合作和转股协议,股权交割和增资工作基本完成。"十一五"期间,进出口额159亿美元,进口铁矿石总量1.25亿吨,钢材出口总量738万吨,海外工程承揽额超过7亿美元。

(李淑萍)

【科技实力大幅提升】 科技创新综合实力及科技成果、专利、标准等软实力建设推动企业不断创新,进入国内先进企业前列。全年开发新产品59项,总产量达到13.4万吨。首次开发冷轧电工钢3个牌号产品,产量2.5万吨。27.5毫米X80场站用钢板、21毫米X70抗大变形管线钢实现批量生产,31.8毫米X70海底管线用钢板研制成功,X120级别16毫米热轧卷板试制成功。冷轧双相钢780DP与冷轧相变诱发塑性钢780TRIP两个品种成功下线。高附加值、高科技含量的拳头产品产量1028万吨,同比增加202万吨;拳头产品实现增收25.7亿元,其中热轧产品增收21.8亿元,冷轧产品增收3.9亿元。产品综合合格率完成99.73%,同比提高0.11%。北京地区完成"短平快"项目9项,实现效益472万元。取得科技成果91项,同比增长68%,其中13项达到国际先进或领先水平,47项达到国内领先水平;8项获得上级科技奖励,其中"首钢迁钢优质板坯连铸技术开发"等2项获冶金科学技术一等奖,"迁钢2号高炉低焦比低燃料比生产技术"获冶金科学技术二等奖,"首钢大规格高强度钢绞线用钢的研制"等5项成果获北京市及冶金科学技术三等奖。完成专利申请280项,同比增长22%;获授权专利190项,同比增长138%,其中发明专利83项,同比增长388%;首钢"复合闪烁磁场精选机"获得"北京市发明专利奖"二等奖。

(李淑萍)

【矿产资源开发利用】 全年自产精矿粉460.2万吨,烧结矿储量产量1129.1万吨,球团矿产量382.9万吨,矿熟料产量再创历史新高;销售收入193.8亿元,利润4.6亿元。开展排土场资源回收、磁滑轮干选和尾砂再选,利用回收资源生产精矿粉82.6万吨,占自产精矿粉总量17.9%。完成烧结老厂扩能改造、环境治理、360平方米烧结脱硫工程。实施烧结余热发电项目。开展82米站料场扩建。开展水厂铁矿北区下盘扩帮修改设计、马兰庄铁矿地采方案的行政审批、二马采区的详查勘探和地采设计。外部资源项目全年生产铁精粉194.5万吨,磷精粉18.1万吨,钛精粉2.9万吨、球团矿216.7万吨,实现投资回报1.3亿元。丹东硼铁项目采矿场、选矿厂和铀水冶厂建成投产,硼化工厂完成主体施工和设备安装。承德信通首承矿业有限责任公司球团厂实施200万吨扩建项目,实现当年建设、当年投产。丰宁三赢公司完成前营扩能改造,生产均衡稳定。与安徽省六安市政府合作实施霍邱铁矿深加工项目。曹妃甸矿石深加工项目进入施工建设阶段。"十一五"期间,年自产精矿粉480万吨,生产精矿粉343.33万吨,熟料生产规模净增500万吨、达到1500万吨以上水平。掌控外部资源超过10亿吨,7个资源项目进入经营期,形成年产铁精粉350万吨、球团矿400万吨及磷、钛等产品生产能力,累计实现收益5.41亿元。

(李淑萍)

【房地产获利2亿元】 首钢房地产全年销售收入22.7亿元,实现利润2.78亿元;与"十一五"初期相比,销售收入和实现利润分别为2005年的7.14倍和18.66倍。截至年底,首钢房地产资产总额已达百亿元,房地产项目分布在北京、重庆、河北、吉林、福建等城市。河北大厂回族自治县夏垫镇项目完成一级开发协议,签约项目9家,累计签约出售工业用地约千余亩,已收回土地出让款(含订金)近亿元。位于北京西南三环的万年花城二级开发项目1号、2号、4号、5号地住宅全部售罄,11号地住宅售罄,剩余的一级开发地块拆迁进展较快。位于朝阳区西大望路的禧福汇项目全部售罄,实现利润总额近亿元。5月开工建设的西北旺项目进展顺利。位于重庆的首钢·美利山项目一期(一)、三期全部售罄,一期(二)已售出百余套;该项目累计销售500余套商品房。南戴河鸥洲项目开盘销售1262套,销售回款约4亿元,实现利润近100万元。吉林市蛟河首钢·美丽城项目住宅销售率和商业房地产销售率分别达到95%和80%。迁钢公司生活小区二期8—12号楼及配套工程全部竣工,健身中心投入试运行。金顶街两限房业主全部入住,23栋楼取得大产权证。组建北京首钢建设投资有限公司,启动首钢工业区改造整体定位及发展战略研究。厂区"城中村"完成拆除面积7.22万平方米,占总拆迁面积的59%。获得中国动漫游戏城项目一级开发权。通过ISO9001质量管理体系认证和一级企业资质的重审。首钢房地产公司获"中国房地产百强企业"称号。

(李淑萍)

【发行两期中期票据】 5月20日,发行年度第一期中期票据,发行金额40亿元,期限5年。本期票面利率通过簿记建档程序确定,起息日为5月21日,5月24日上市流通。

经评定，票据信用等级和发行人主体长期信用等级均为AAA级。9月27日，发行第一期短期融资债券，发行金额50亿元，期限365天，募集资金用于补充营运资金和替代银行贷款。10月15日，发行第二期中期票据90亿元，期限5年，主承销商为农业银行、华夏银行。

（李淑萍）

【人力资源管理】 人力资源开发已步入良性循环轨道，完善适合企业特点的人才引得进、留得住、用得好、长得大的新机制，形成经营管理人才、专业技术人才、高级技工人才三支队伍。首钢集团北京地区年末在册职工人数7.1万人，比上年末净减1264人。销售收入全员劳动生产率254万元/人·年。高技能人才占技能人员比例为40%。北京地区在岗职工收入全年同比增长7.38%。制定颁发首钢北京钢铁主流程停产职工分流安置方案及相关政策实施细则等制度，妥善安置好每名职工。为钢铁业新基地转移755人。整合资本运营部和投资管理部的机构，设置重组企业管理工作办公室。修订完善12个三支人才队伍建设配套制度及管理办法。举办主技能、多技能和专业管理人员培训班729个，培训18.43万人次。获中国冶金企业管理现代化创新成果奖7项、北京市第25届企业管理现代化创新成果奖21项。

（李淑萍）

【信息化建设取得新进展】 1月1日，首钢主网站完成改版并上线。3月10日，召开板材“在线质量判定信息系统”、“产品综合查询信息系统”、“一体化质量管理信息化系统建设”项目启动会，建立在线质量判定信息查询平台。4月，迁钢公司炼钢、热轧MES系统主要模块上线。8月，炼钢生产调度模块上线。完成首秦公司ERP部分的实施和上线。完成首钢SAP系统归档项目。建立并落实首钢信息系统周维护专题例会制度，完成信息系统月结分析及备份工作。改造首钢OA系统。完成ERP系统用户、权限、主数据梳理工作。对水钢、贵钢、伊钢等重组企业信息化情况进行调研，形成调研报告。编制完成首钢集团情报及信息化建设“十二五”规划。

（李淑萍）

【加大环境治理投入】 坚持“绿色首钢”理念，继续加大北京地区必要的环境治理投入，确保环境质量得到稳定改善。全年烟（粉）尘排放量7702吨，减排2084.47吨；二氧化硫排放量8804吨，减排1035吨。强化设施管理，组织完成高炉、焦炉、转炉、锅炉脱硫等58台布袋除尘器及电力220吨锅炉等22台电除尘器的检修维护，消除300个除尘设备故障、隐患。强化监察管理，整改污染问题，消除污染隐患，并对责任单位落实经济处罚63.49万元。制定“首钢停产期间放射源及射线装置处置方案”。组织已停产单位妥善处理废水及有毒有害物质。迁安市西部精品冶金产业园区发展规划环境评价、首钢汽车用板落料压力成型线项目环境影响报告表、北京首钢华夏工程技术有限公司焊丝产业化项目、首钢生物质能源项目分别获当地环保部门批复。6个环保项目投产。完成国家《耐磨沥青路面用钢渣》等5项标准编制任务，已在全国推广应用。承担国家科技支撑计划“炉渣干法粒化和余热回收新技术”的子课题“钢渣显热回收与封闭式连续处理及稳定化技术”研究。10月，该课题被国家发改委列为钢铁行业低碳技术创新及产业化专项，作为钢铁企业五项低碳技术项目之一。自主研发的“焦化有机固废综合利用技术”获国家环保部“环境保护科学技术三等奖”。截至年底，厂区绿化面积达到192万平方米，可绿化率实现100%，青山碧水、绿树红花，成为工业旅游的示范单位。

（李淑萍）

【非钢产业效益增长】 非钢产业在搬迁调整中获得长足发展，盈利能力逐年大幅增长，成为首钢集团经济效益的重要支撑，凸显首钢作为“一业为主，多业并举”的综合性特大型企业集团的独特优势。全年子公司、独立单位实现利润38.2亿元；改制企业实现利润7亿元。机电制造业自主研发首钢京唐公司4号板坯连铸机和海水淡化主体设备等一批新产品；完成首钢京唐公司、迁钢公司三期、首秦公司、汽车板信息化建设；承揽天安门巨型LED显示屏等钢结构工程；开展石景山厂区总体规划深化、土地一级开发、工厂搬迁和城中村拆迁方案编制工作。中国动漫游戏城项目一级开发主体和土地证获批，先期启动的铸钢清理车间改造竣工。自产精矿粉460万吨，熟料产量创出历史最高水平。丹东硼铁选矿厂等资源项目建成投产，承德球团厂扩建200万吨项目竣工。在迁钢、顺义冷轧、京唐公司建设钢材包装产业链；中国“绿能港”启动区年底前完成立项。优化海外网点布局，全年出口钢材131万吨，同比增长1倍多；调剂低价进口矿资源，降低海运成本3810万美元；海外工程承揽项目合同额9300万美元。年内，首钢贯彻国务院《关于进一步加强企业安全生产工作的通知》和北京市安全生产电视电话会议精神，修订完善安全制度，强化安全管理，全年无死亡、重伤事故，工伤总人数同比下降11.6%。全年首钢北京地区在岗职工人均收入同比增长7.4%。

（李淑萍）

【入选世界著名品牌500强】 3月，首钢总公司入选“世界著名品牌500强”。此次评选由世界品牌组织、美中经贸投资总商会、美国世界著名企业联盟联合推选。入选品牌为年营业收入均超过100亿美元的企业；获颁3项年度品牌大奖，即年度“世界著名品牌500强”大奖、年度

"影响世界最具全球竞争力中国力量领军品牌"大奖、年度"关注民生、构建和谐"优秀品牌建设者大奖。

(李淑萍)

【投资京西重工】 6月27日,由首钢总公司、北京房山国有资产经营有限责任公司、宝安投资发展有限公司共同出资组建的北京京西重工有限公司(简称京西重工)在北京房山基地举行减震器工厂厂房落成暨设备安装剪彩仪式。京西重工是一家具有国际化管理和国际化经营性质的跨国公司。首钢总公司出资4.08亿元,占股份51%。该项目通过一期、二期工程建设,将在房山形成京西重工的管理中心、利润中心、技术中心及高端零部件制造和总成中心。

(李淑萍)

【重组通钢集团】 7月16日,首钢总公司、首钢控股公司与吉林省政府签订战略合作框架协议,重组通化钢铁集团股份有限公司(简称通钢集团)。首钢出资25亿元现金受让吉林省国资委持有的通钢集团部分股份,并向通钢集团增资,吉林省国资委同时向首钢总公司划转部分通钢集团股份。首钢总公司及首钢控股公司共同持有通钢集团77.59%的股份,华融资产公司持有10.33%,吉林省国资委持有10%,其他小股东持有2.08%。位于吉林省长春市的通钢集团年产钢600万吨,主要经营黑色金属采矿、选矿、钢铁、炼焦、冶金设计等,形成从热轧板、冷轧板、无缝钢管、精密焊管、型材、建材等产品系列。产品出口亚洲、欧洲和中东等国家和地区。

(李淑萍)

【投资北汽股份】 9月13日,北京首钢股份有限公司(简称首钢股份)召开年度第一次临时股东大会,审议通过关于投资北京汽车股份有限公司(简称北汽股份)的议案。首钢股份以持有的北京汽车投资有限公司23.62%的股权及部分现金投资北汽股份,总出资额19.49亿元,持股9.16亿股,持股比例18.31%,为第二大股东。

(李淑萍)

【生物质能源项目奠基】 10月23日,鲁家山垃圾分类处理焚烧发电项目在首钢鲁家山矿区南区奠基。该项目为垃圾减量化、资源化、无害化处理及可再生能源焚烧发电的环境保护工程,由市政府和首钢共同投资,首钢全资子公司——北京首钢生物质能源科技有限公司负责建设、运营和管理,经营期为30年。项目建设用地1.27万平方米。建成后日处理京西地区经分类分选后的垃圾3000吨,大气、水和固体废弃物排放均达到北京2008和欧盟2000等国内外最严格的排放标准,其中废水实现零排放,每年产生的10万多吨炉渣在用于制造建材后做到资源循环再利用。垃圾焚烧后的余热通过两套30兆瓦的汽轮发电机组,每年可发电4.2亿度,上网电量达3.2亿度,并可向周边居民供热。市委书记刘淇等领导为项目奠基,市长郭金龙讲话,市人大常委会主任杜德印以及吉林、李士祥、刘晓晨、黄卫、赵文芝等市领导出席奠基仪式。

(李淑萍)

【卫建平工作室】 是市总工会在全市第一个挂牌的职工创新工作室,以首钢机电公司机械厂高级工程师卫建平命名。该工作室于2008年6月建立,由市总工会授权,市交流中心和首钢机电公司机械厂管理运作。卫建平1988年参加工作,在数控机床的技术开发及应用方面取得突出成果。他提出的"用数控机床加工无进刀槽双线变螺距螺纹加工技术"、"弧面分度凸轮机构及蜗杆凸轮数控加工技术"等技术工艺创新论文,在国家一级核心刊物《机械工人》杂志上发表,获得2006年西门子杯数控机床应用方案征文大赛一等奖等。他参与《数控车工》《数控铣工》《加工中心操作工》等关于数控机床国家标准和技术工艺、操作要领书籍的编写和审定工作。先后开发研制成功国家攻关项目薄板坯连铸中结晶器铜板的工艺、工装、卡具设计、刀具选型及数控编程工作,获得北京市科技成果奖;在机械厂扇形段框架高效加工项目中取得突破,提高效率170%。并完成航天二院239厂数控车床加工球形万向节等单位的多项技术攻关项目。卫建平工作室已培养数控技师40多人、高级工60多人。

(李淑萍)

【动漫游戏城项目建设】 由首建集团钢构公司承建的中国动漫游戏城首个被改造的老厂房——首钢二通铸钢清理车间改扩建工程主体结构全部完成,进入装修阶段。中国动漫游戏城项目于上年10月14日启动,文化产业示范园区总建筑规模120万平方米,将保留和再利用的工业特色建筑物约20万平方米,配套用住宅20万平方米,形成主题公园、流通贸易、产学研孵化、公共商务服务、数字化办公和酒店、住宅及生活配套服务等6个功能区。首钢二通铸钢清理车间改扩建工程包括现有厂房加固利用和新建两个部分。

(李淑萍)

【战略合作】 1月22日,与华锐钢管有限公司签署战略合作协议。3月9日,与辽宁省人民政府签署战略合作协议,启动辽东硼铁资源综合利用产业基地建设。该项目年采选原矿处理量设计能力200万吨。8月13日,与北京热力集团签署关于首钢厂区热能供应合作协议书和关于首钢厂区五一剧场热力站消隐改造项目合作协议书。8月27日,与北京京能集团签署战略合作框架协议。

(李淑萍)

【教育培训】 培训中心编制"十二五"发展规划,完善中高职专业结构和实训基地建设布局规划。全年完成办学收入9404万元。完成各类职工培训3.2万多人次。高端人才培养结合首钢实际需要，与东北大学首次合作开办EMBA硕士研究生班，面向总公司中高级管理人员招生40人；与东北大学、北京科技大学合作招收工程硕士研究生138人，在学人数440人，取得学位67人；与中国人民大学合作开办财务管理研究生课程班，66人参加学习。以首钢京唐、迁钢、首秦、顺义冷轧为培训服务对象的新基地工作站坚持靠前服务，组织完成专业技术培训、领导干部培训等各类培训4174人。开拓与首钢重组企业的培训合作，与长钢、水钢、贵钢公司建立全面合作关系，签订合作培训框架协议。面向重组企业管理人员、专业技术人员、班组长、技能操作人员举办培训班16个、专题讲座3次，累计培训996人。加大岗位技能人员培训力度，举办各类技能培训班93个，培训学员9565人。适应公司“一业多地”发展特点，信息化职工培训规模不断扩大，全年信息化职工培训系统平台访问量达53万人次。开展教学改革，完善中高职接轨工作体系，中高级工取证率继续攀高，技师学院和工学院中级工取证率分别为97.6%、90.1%，高级工取证率分别为98.11%、82.6%。两院毕业生就业率继续保持北京市先进水平，分别达100%和99.67%。完成四川灾区学生培养工作，技师学院接收的中国东方电气高级技工学校31名学生，全部取得“焊工中级工”、“冷作中级工”证书，并实现就业。

（徐 励）

【荣誉称号】 1月23日，首钢党委书记、董事长朱继民在“中国经济高峰论坛暨中国经济人物颁奖盛典”上被授予“新中国60年经济之星年度人物大奖”。3月，首钢总公司入选“世界著名品牌500强”。此次评选由世界品牌组织、美中经贸投资总商会、美国世界著名企业联盟联合推选，入选品牌为年营业收入均超过100亿美元的企业。4月，首钢职工刘宏、崔允、马志伟获得“全国劳动模范”称号，胡锦涛等党和国家领导人出席表彰大会并颁发荣誉证书。6月，首钢总公司在“第二届全国顾客满意度测评”活动荣获“全国（行业）顾客满意十大品牌”称号。11月13日，在“新中国60年企业精神传承与创新——中外企业文化2010年北京峰会”上，首钢“敢为人先”的创新精神被评为“新中国60年最具影响力十大企业精神”，朱继民被评为“新中国60年企业精神培育十大杰出人物”。

（李淑萍）

北京北重汽轮电机有限责任公司

概 述

北京北重汽轮电机有限责任公司（简称北重公司，前身北京重型电机厂创建于1958年），是以生产经营火力发电机组（包括电站汽轮机、汽轮发电机及其辅机）、风力发电机组、双馈异步风力发电机、交流电动机为主导的电力装备制造企业。注册资本7.4亿元；员工2800余人，其中工程技术人员350多人；拥有以数控设备为主的加工设备700多台（套），其中先进数控设备40台（套）。装备水平精良，试验检测设施完备；占地面积26万平方米，其中建筑面积18万平方米，并在北京延庆、河北三河建有生产基地3万平方米。公司以市场为导向，通过引进、消化、吸收法国阿尔斯通公司先进技术和管理，不断技术改造，自主创新，已形成批量生产330兆瓦汽轮发电机组的规模，具有年产火电机组4000MW、风电机组600MW以上、双馈异步风力发电机和交流电动机1000MW的生产能力。产品遍及中国各大发电集团和地方（企业）电力公司的众多电厂，并出口到印度、印度尼西亚、越南等国家。年内，贯彻落实科学发展观，面向国内外发电设备细分市场，以“专注于为客户提供清洁、高效、优质的发电设备和深度服务，使北重公司成为在细分市场中具有竞争优势的发电设备制造和服务的供应商”为愿景，建立起“火电业务、风电业务、服务业务”三个业务单元为主导的业务组合，形成以亚临界、超临界300 360MW湿冷、空冷、单双抽供热火电机组和1.5－2MW常温型、低温型风电机组为主导的产品系列。8月，参与组建北京京城新能源公司，完成制度整顿工作，形成155项制度汇编。被评为“区域经济发展突出贡献单位”、区“纳税百强单位”；300MW等级机组获“2009年度全国发电可靠性火电300MW级金牌机组”称号。

地址：吴家村57号
邮编：100040
电话：68632552
传真：68639675
电子邮箱：office@bzd.cn
网址：http//www.bzd.com.cn

（唐 艳）

【主要指标完成情况】 主营业务收入完成10.22亿元，同比下降17.6%；利润总额完成3074万元，同比降低62.1%；应收账款净额完成4.09亿元,同比增加2.2%；新增订货完成12.8亿元,同比上升49.8%；主营货币收入12.35亿元,同比下降1%；产品产量：电站汽轮机12台/3285 MW,同比增长38.6%；汽轮发电机9台/2410 MW,同比降低3%；辅机330MW冷凝器10套(含排汽装置4套)、低加10套、机座9台,600MW低加2套。

(唐 艳)

【完成主机本体设计】 以自主开发超超临界660MW汽轮机机组为重点,完成产品设计开发、产品项目的组织和实施。12月通过业内专家技术审核,汽轮机完成主机本体设计,进入产品施工设计阶段,具备参加招投标条件。

(唐 艳)

【市场营销】 秉承"客户至上、质量第一、服务永恒"的经营理念,以专业的用户服务机构和完善的服务网络为基础,为用户提供高质量产品和满意服务。全年新增订货12.8亿元。300MW等级机组继续保持市场占有率,参加国内300MW等级机组21个项目44台机组的投标,公司中标8台机组,中标率为18.2%。余热、生物质发电机组方签订三台进口300MW机组改造合同。

(唐 艳)

【科技开发】 汽轮机产品完成储备产品开发12项,合同产品开发18项,科研项目15项；发电机产品完成储备产品开发6项,合同产品开发15项,科研项目19项。年内通过市高新技术企业认定。

(唐 艳)

【数字化管理】 对ERP系统进行工时定额管理子系统、人力资源统计分析系统、财务价格审查台账系统应用开发,完善全面预算管理制度。公司被国家科技部授予"制造业信息化科技工程应用示范企业"称号。

(唐 艳)

【财务成本管理】 加强现金管理,制定质保金支付流程,实现控股公司资金集中管理系统的上线运行。强化成本费用、存货、应收账款、价格审计的管理,较好实现各项控制指标。积极利用国家财税政策及资金补贴政策,密切跟踪,取得贴息补助及退免税共计706.12万元。完成新能源公司出资部分的资产评估、资产重组以及上级安排的多项调查、审计工作。

(唐 艳)

【质量管理】 以做精产品为目标,全面梳理300MW机组实物质量,编制超临界350MW汽轮机PQR卡,对330MW机组PQR卡进行规范整顿,完成PQR卡中英文电子版化。认真查找问题,制定改进措施,组织实施质量改进计划,质量改进项目全部完成。进一步强化工艺纪律管理和质量督查,工艺贯彻率达到95.6%；不断完善质量体系,加强质量损失统计工作。5月,公司生产的300MW等级机组在"全国发电可靠性火电300MW级金牌机组"及"全国火电300MW级机组竞赛"评比中获得多项荣誉。

(唐 艳)

【人力资源管理】 继续加强人才队伍建设,进一步开发和利用人力资源。完成经营管理者岗位能力素质测评分析和后备人才的考核评价工作；开展员工培训953人次；在社会和院校招聘高技术、高学历人才27人；严格控制人员总量和结构,充分利用现有人力资源,全年完成部门间员工借调114人次。通过两结合的形式完成手工操作作业标准定额贯标,实现制造车间机打工作票管理,基本做到工时定额网络管理；对公司人力资源进行全面分析,编制完成"十二五"人力资源规划(草案)；在主营业务收入同比大幅下降的情况下,实现员工收入不降低并略有增长。

(唐 艳)

【组建京城新能源公司】 8月10日,北京京城新能源有限公司(简称新能源公司)正式成立,至此,北重开始进入新能源领域。通过深入分析风电市场形势、行业竞争格局及公司风电业务发展状况,着手多方寻找风场资源,编制完成关于组建风电新公司的可行性方案,6月获得控股公司和公司董事会批准,决定在风电分公司、大电机事业部的基础上由控股公司、北重公司、北重厂三方投资设立北京京城新能源有限公司,集风电装备制造和风电场投资、运营等业务于一体,注册资本6.2亿元。其中控股公司现金出资4.5亿元；北重厂现金出资3000万元；北重公司实物出资1.4亿元。新能源公司于8月3日完成工商注册,并以11月30日为基准日进行资产、业务、人员重组工作。

(唐 艳)

【院士专家工作站启动】 3月5日,北重公司院士专家工作站正式启动。市科协、京城机电控股公司、钢铁研究总院、结构材料研究所等单位相关领导出席启动仪式。市科协副主席向北重公司总经理齐剑波授予院士专家工作站铜牌。齐剑波向钢铁研究总院李正邦院士颁发聘书,聘请其为北重公司院士工作站进站院士。公司依托这一平台,紧密结合发展实际,以企业研发机构为依托,以产学研合作项目为纽带,采取一切有利于促进院士、专家与企业合作的方法、形式、机制开展工作,在院士专家带领下攻克各种技术难关,研发出一批具有自主知识产权的专有技术和特色产品。

(唐 艳)

中铁二十二局集团有限公司

概　　述

中铁二十二局集团有限公司(简称集团公司)是铁路工程施工总承包特级,公路、市政公用、水利水电、房屋建筑施工总承包一级,公路路基、桥梁、隧道、钢结构工程专业承包一级,地质灾害治理工程甲级和城市轨道交通工程专业承包资质企业;拥有对外工程和境内国际招标工程的经营资质,并拥有对外派遣实施境外工程所需的劳务人员的特许经营权。集团公司下辖第一、二、三、四、五、六工程有限公司,哈尔滨铁路建设集团有限责任公司、电气化工程有限公司、天瑞机械设备有限公司、天瑞泰投资有限公司,深圳分公司,铁路运营指挥部,北方、南方、华东、西部指挥部等10个子公司、1个分公司和5个指挥部。职工10595名,较上年增加893名。其中:干部6042人,占职工总数的57%,工人4553人,占43%,;大学本科及以上学历2514人,大学专科学历2946人;专业技术人员4936人,占46 %,其中高级职称488人,中级职称998人;高技能人才1897人,占18%,其中高级技师25人,技师310人。资产总额125.1亿元,其中固定资产原值17.1亿元,流动资产109.5亿元。截至年底,集团公司实有机械动力设备4405台(套),设备原值114222万元,设备净值58873万元,设备成新率51.54%,技术装备率5.85万元/人,动力装备率21.68千瓦/人。其中主要施工机械设备596台(套),设备原值70292万元,设备净值37211万元。主要设备完好率93.95%,利用率88.09%,机械设备成新率52.94%。年内更新设备1769台,价值34324万元,报废设备37台(套),原值809万元。年内,企业超额完成上级下达的各项指标。承揽任务金额306.5亿元。完成企业总产值187.1亿元,其中施工产值177.4亿元。国有资产保值增值率116.91%,应上交款完成率95%。截至年底,集团公司及所属各单位在建项目共计196个,全年累计完成施工产值180.26亿元,剩余投资387.2亿元。完成主要实物工程量有:路基土石方4200万立方米,桥梁88千米,隧道41千米,房屋建筑46万平方米,制梁9800片,架梁5400孔,铺轨136千米,机械化整道1100千米。集团公司以施工生产为中心,以标准化管理为手段,强化过程管理和过程控制,完善工程管理体系,规范管理行为,各重点工程进展顺利,在保证质量安全的前提下,超额完成工程任务。制订"十二五"发展规划,贯彻党的十七届四中全会和全国国有企业党的建设工作会议精神,加强各级领导班子建设,扎实开展"创先争优"活动。抓好重、难点工程,大力推进企业文化建设。胡锦涛总书记在大年初二视察公司厦门翔安海底隧道项目,企业员工备受鼓舞。重视科技创新,年内完成技术革新项目87个;加大对工程质量管理力度,实施安全质量综合大检查,全年检查评定分项工程35910项,分项工程检查率100%,一次评定25525项,合格率100%;检查路基填土277245万立方米,合格率100%;评定单位工程249项,全部达到集团公司质量目标要求,全年无重大安全质量事故。年内审计项目69项,提交审计报告55份,提出和采纳审计建议265条。

地址:石景山路35号

电话:51889839

邮编:100043

(万红梅)

【科技创新】 "四线特大桥运架一体机施工技术研究"获总公司立项;"第二松花江特大桥砂层地质深水基础施工技术研究"等42项科技研究开发课题在集团公司立项研究;"铁路客运专线900T架桥机及13.4m宽箱梁过隧道施工工法"获2008~2009年度国家级工法;"城市轨道交通先隧后站逆序施工工法"及"隧道内铺设客运专线有碴大号码道岔"2项被评审认定为铁道部级工法;"斜拉三角挂篮悬臂浇注预应力混凝土连续梁施工工法"被评审认定为交通部级工法。"复杂地质条件下大断面海底隧道施工关键技术研究"获股份公司科学技术特等奖;"盾构先行条件下拓建地铁车站施工关键技术研究"获股份公司科学技术一等奖;"斜拉三角挂篮悬臂浇筑预应力砼(混凝土)连续梁施工技术"获股份公司科学技术三等奖。"整体移动式梁柱支架现浇高铁箱梁施工工法"获股份公司优秀工法一等奖;"多渡多交道岔铺设施工工法"及"地铁区间既有人防隧道扩挖施工工法"2项获股份公司优秀工法二等奖。"V形刚构组合连续梁施工技术"等6篇论文获股份公司优秀论文,其中2篇一等奖,4篇二等奖。

(万红梅)

【工程施工】 年内,集团公司及所属各单位在建项目196个,完成施工产值180.26亿元,剩余投资387.2亿元。

1、六沾铁路复线二标(长大隧道:乌蒙山一号隧道)位于贵州省威宁县境内,合同投资57000万元,合同开竣工日期:2007年2月至当年2月。主要工程量:区间路基土石方53.4万立方米,站场土石方23.3万立方米;双线桥梁2座,全长594.6米,其中双线特大桥(杨柳湾特大桥)1座,长501.5米,双线中桥(观音河中桥)1座,长93.1米;新建隧道5座,全长10635.06米,其中双线隧道3座,8804.06米,单线隧道2座,1831米;设车站1个:梅花山站。目前乌蒙山一号隧道平导已经顺利贯通。

2、湘桂铁路LN-3标工程 合同投资:447354万元,合同开竣工日期:上年10月~2012年6月,全长64.361千米。线路途经黎塘、古辣等五个镇。标段范围改移道路、迁改、路基、桥涵(含梁体预制及架设)、隧道、房屋、站场、其他运营生产设备及建筑物、大临及过渡工程、同时还承建2~5标铺架工程。主要工程量:路基土石方288万、桩基钻孔16.4万米、混凝土130万立方、道碴约126.6万立方米、钢材约15万吨、基底处理:水泥搅拌桩44.6万米、CFG(水泥粉煤灰碎石)桩6.4万米、抗滑桩砼1.7万立方米、桩板挡土墙砼1742方。完成主要工程量有:区间路基挖方累计完成196万立方米,占设计98.6%;填方累计完成55万立方米,占设计79%;站场填方累计完成131.7万立方米,占设计98%。桥梁工程:桩基累计完成154711米,承台(含扩大基础)累计完成1096个,墩台完成1020个,制梁241孔,架梁97孔,占线下设计工程量84%;隧道工程:隧道洞身开挖支护累计完成3703米,仰拱累计完成3621米,二衬累计完成3158米,占设计82.4%;

3、茂湛铁路工程 本标段(MZZQ-1标段)包括线下工程和预制、铺架线上工程两部分,其中线下工程长17.173千米;改建既有广茂线7.1K米;新建广茂疏解线3.38千米及茂名东站改扩建。线上工程长77.05千米。合同投资:149016万元,合同开竣工日期:上年7月~当年12月。主要工程量:本标段线下工程28.4千米,线上工程77千米,其中:路基土石方工程:土石方共计267.2万立方米,路基混凝土8728方。桥涵工程:特大桥6114.95米/3座,中小桥8186.07顶平方米,各类涵洞1615.9米。铺轨工程:正线铺轨168.83千米,站线铺轨14.8千米,铺设道岔88组。房建及道路:站场房建2918平方米,站场道路3850平方米。预制梁:预制架T梁992孔。工程进展情况:年累完成投资40000万元,完成的主要实物工程量:完成土石方149.5万立方米,完成桥梁2890米,框构桥5268顶平米,涵洞1220.5米,浆砌片石、片石砼14848立方米,预制梁135单线孔,占线铺轨7千米,上道砟15万立方米。

4、哈齐铁路工程(重点桥梁:松花江大桥) 松花江特大桥为滨洲铁路与哈齐客专合建四线桥梁,设计速度200千米/小时以下,采用有砟轨道,桥位于直线上。桥位处哈齐客专与改建滨洲铁路并行,哈齐客专位于改建滨洲铁路右侧,两线线间距均为4.4米,哈齐客专左线与改建滨洲右线间线间距为8.0米。桥梁全长3810.5米。本标段为新建哈尔滨至齐齐哈尔铁路客运专线土建(站前)工程HQTJ-1标段,正线全长47.7千米。本标段主要包括路基、桥涵、无碴轨道等工程,其中正线路基长34.108千米,占本标段总长的71.5%;正线桥梁长13.592千米,占本标段总长的28.5%。合同投资:476274万元,合同开竣工日期:上年10月~2013年10月。主要工程量:路基土石方:共计568.6万立方米。桥涵工程:各类桥梁135000延米/8座,钻孔桩1.8万立方米,涵洞63座。铺轨工程:铺轨289.5千米,拆除道岔25组,新铺道岔48组。制架梁工程:预制架梁384孔,现浇箱梁103孔,价购T梁132孔。完成实物工程量:桥桩基3928根、承台320座、墩台身270座、浇注箱梁80孔;CFG桩403万米、桩筏板142112立方米/13974米、路基挖方88.13万立方米、借填57.4万立方米、清淤换填27万立方米;轨道板预制16652块,预压土28.15万立方米。

5、邯黄铁路Ⅳ标 该工程位于河北省沧州市境内,起自赵庄跨京沪高速公路特大桥桥尾,经沧州市东光县、南皮县、孟村县、盐山县、海兴县、黄骅市,止于港区矿石码头装车站DK386+650。标段全长130.05千米,设11座车站。合同投资:289453万元,合同开竣工日期:当年9月~下年12月。工程概况:本标段路基土石方1596万断面立方米,特大桥8座21061米,大桥5座1496米,中桥33座2633米,小桥19座2310顶平方米,涵洞356座6793米。主要完成实物量包括:混凝土拌合站6座,中心试验室1座及2座工地试验室,钢筋加工场7座,施工便道45千米,桥梁桩基654根,路拱及砂垫层122825立方米,水泥搅拌桩202960米,袋装砂井403800米,涵洞开工15座。

6、沪昆铁路长昆段12标 新建沪昆铁路客运专线长沙至昆明段(贵州)站前工程CKGZTJ-12标段,线路位于黔西南州普安县、六盘水市盘县境内,线路起自刘家庄隧道出口,止于何家地大桥昆明端台尾,标段全长48.32千米,设普安、盘县中间站。合同投资:394183万元,合同开竣工日期:当年10月~2015年4月。工程概况:本标段路基土石方448万立方米,特大桥7座7268米,大桥8座2359米,中桥3座266米,涵洞28座884米,隧道13座32243米,无碴道床96.6千米,双块式轨枕预制151千米。项目完成情况:2010年沪昆客专贵州段工程指挥部年累完成投资1.98亿,主要实物量包括：完成征地2953.2亩，完成设计征地总量的93%；完成临时用地904.5亩，临时用地已全部完成。完成拆迁4537.9平方米，完成拆迁总量的10%。完成临时道路58.1千米，临时道路已全部完成。本标段拌合站共规划8座，均建设完成，且其中5座通过验收。完成隧道辅助洞室7折合米，桥梁0.05折合米。

7、赣龙铁路GL－3标 赣龙铁路复线线路起于江西赣县站，讫于福建龙岩站，正线全长249.418千米。承担施工的GL－3标段总长40.115千米，包括路基、桥涵、隧道、T梁预制及铺设、站场建筑。路基土石方270万立方米，其中软基处理286.5米；桥梁24座，总长11207.47米，其中特大桥7座8287.84米，大桥13座2625.21米，中桥4座294.42米；隧道16座，总长18635米；房建4421平方米；三电迁改24千米；铺轨长度323.18千米。合同投资：311879万元，合同开竣工日期：当年10月～2014年3月。项目进展情况：当年累完成产值15019万元，江东特大桥等具备开工条件的4桥8隧陆续开工。新建临时施工便道35千米；完成4个综合加工场地，土建面积26011.96平方米；本标段已完成1号、2号、7号拌和站的安装调试，已完成土建面积93871.36平方米；完成临电高压架线38千米，变压器安装14台；完成8个隧道的洞口防护，并已具备进洞条件，复杂特大桥完成桩基180米；一般特大桥完成桩基100米、钢筋加工安装30吨。

8、松陶铁路 新建松原至陶赖昭铁路为新建Ⅰ级单线铁路。包括：松陶铁路长110.695千米，其中桥梁长15.857千米，占线路长度的12.87%。团山疏解线长为5.444千米。陶赖昭联络线长为7.133千米。合同投资：191300万元，合同开竣工日期：当年8月～2013年2月。主要工程量包括：路基土石方：992.44万立方米。其中区间路基土石方断面方为814.90万立方米、站场土石方177.54万立方米；桥涵：15857米/233座，其中特大桥14979.55米/9座、大桥438.10米/1座、中桥271.05米/5座、小桥167.80米/15座，涵洞3839.57米/203座；预制T梁472.5孔；轨道：正线铺轨122.37千米，站线铺轨27.03千米（含团山、陶赖昭、松原站改）；站场：房屋14850平方米。工程进展情况：当年完成投资10038万元，主要实物量包括：完成大临及驻地建设；交接桩及复测全面完成；现场实验室及中心实验室建设完毕并通过验收；7座砼拌合站建设全面完成，7个钢筋加工厂建设完毕，设备到位，1个加工厂已具备生产能力，11个取土场手续办理完成，具备取土条件；第二松花江特大桥栈桥、水中钻孔作业平台施工完毕、钻孔桩钢护筒打设完毕、钻孔桩试桩完毕，全桥贯通便道施工完毕。

9、昆玉铁路站前1标（重点隧道：宝峰隧道）昆阳至玉溪铁路扩能改造工程，为Ⅰ级双线铁路，与既有线大部分路段分离。本标段包括：昆玉线长18.429千米、昆阳至普家村联络线长5.502千米、既有昆玉线还建长0.935千米。合同投资：186179万元，合同开竣工日期：当年8月～2013年10月。主要工程量：路基土石方：79.14万立方米，其中区间路基土石方断面方为62.97万立方米，站场土石方16.17万立方米；桥涵：桥涵6638.7米/53座，其中特大桥6269.8米/4座、大桥54.5米/1座、中桥83.16米/1座、小桥31.24米/2座、涵洞976.34米/45座；隧道：9280米/3座，其中宝峰隧道7385米、普家村隧道1480米、观音寺1#隧道415米；全线预制梁及铺架：预制T梁855孔，正线铺轨102.75千米，站线铺轨10.31千米。项目进展情况：年累完成产值3171万，占合同总额的1.7%。主要实物量包括：宝峰隧道1、2号斜井开挖171延米；普家村隧道掘进50延米，观音寺隧道掘进41延米；站场完成土石方2.6万立方米；完成砼拌合站1座，完成便道12千米；CFG桩完成9.4千米，水泥搅拌桩完成8.6千米，预应力管桩完成93千米；完成征地366亩，以及其他临电工程。

10、新建广州至珠海铁路复工工程SG－3标段（重点桥梁：西江特大桥）工程概况：本标段为新建广州至珠海铁路复工工程SG－3标段，长286781千米，铺架工程长103.2千米。合同投资：152976万元，合同开竣工日期：2008年3月～2011年12月。主要工程量：桥梁包括技术复杂双线特大桥1座（西江特大桥），全长6709米，一般双线特大桥5座，总长度6262.7米，一般双线大桥4座，总长度790.2米，框架式桥4239.5顶面平方米/1座，梁式中桥5座，长度342.22米，框架中桥473顶面平方米/1座，框架涵1077横延米/37座，砼圬工总量约40万立方米，预制及架设简支梁1442孔；隧道4座，总计1623米；车站一座（鹤山车站）；路基总长度约12.79千米，路基土石方填挖总量约372万立方米。项目进展情况：路基土石方：完成310万立方米，占设计量366万立方米的85%。桥涵工程：西江特大桥钻孔桩累计完成1573根；承台145座、墩身136座，145#、146#连续梁施工合拢，其他孔连续梁施工中。完成百西公路特大桥钻孔桩638根，承台79座、墩身75座。完成樵高公路特大桥钻孔桩322根，承台37座，墩身24座。完成竹特大桥钻孔桩322根，承台37座，墩身24座。完成鹤山特大桥钻孔桩155根、承台16座，墩身16座。湾屋大桥、樵高大桥下部工程全部完成。仙鹤湖大桥基础完成承台4座，墩身4座。隧道工程全部贯通完成。梁预制593孔，架设111孔。

11、前抚铁路工程 工程概况：前

抚铁路新建正线长169.20千米。全线设置车站7个,其中新设车站6个,接轨站1个(前进镇),预留车站6个。新设车站全部为中间站(洪河、前锋、二道河、寒葱沟、抚远东、抚远),其中抚远为办理客运作业和专用线作业的车站,抚远东为仅办理货运作业的车站,其余车站均为办理客货运作业的车站。合同投资:80000万元,合同开竣工日期:上年7月~当年12月。主要工程数量:施工里程全长88.6千米。主要工程量包括填方457.1万立方米(其中区间路基395.3万立方米,站场61.8万立方米);挖方29.8万立方米(其中区间路基17.5万立方米,站场12.3万立方米)。一般大桥5座、中桥5座、小桥10座、公路桥7座、框构桥26座;涵洞182座(圆涵63座,盖板涵119座)。正线铺轨86.1千米、站线铺轨9.127千米;房屋13501平方米。工程进展情况:完成路基土石方完成,桥涵结构物全部完成,铺轨16千米。

12、新建巴彦乌拉至新邱铁路工程 位于内蒙古自治区锡林郭勒盟、赤峰市、通辽市和辽宁省阜新市境内,线路由锡林郭勒盟西乌珠穆沁旗,向南经林西县、巴林右旗、翁牛特旗、敖汉旗、奈曼旗、库伦旗、阜新市的阜新蒙古族自治县,接入既有新义线新邱站。新建铁路全长486.845千米。本标段为新建巴彦乌拉至新邱铁路工程综合标第15标段,全长24千米。合同投资:18519万元。合同开竣工日期:上年2月~当年10月。主要工程量:特大桥1座、大桥5座、中桥3座、45座涵洞;隧道2座760延米;路基土方A组土96259立方米、AB组土296112立方米、C组土275751立方米、挖方747808立方米、挖石方349415立方米。进展情况:土石方完成169万立米,完成总量254.24万断面方的67%;查干沐沦河特大桥完成总量的62%;框架桥1座,完成基础部分;钢筋砼盖板箱涵45座1351.81米,开工30座,主体完成8座;隧道一座775米,完成360米,完成46%。年内完成施工产值1千万元。

13、津秦铁路客运专线一标段(重点桥梁:宁车沽永定新河特大桥)本标段线路经过天津中心城区,东丽区、塘沽区、汉沽区和宁河县五个行政区;线路走向:与既有京山线路并行,起于天津站改扩建工程设计终点,途径张贵庄、军粮城、塘沽、永定新河。沿线设特大桥二座,车站二座,线路跨外环东路、津滨高速、唐津高速、京津塘高速、北环铁路、永定新河等线路或河道。合同投资:240000万元,合同开竣工日期:2008年11月~2010年11月。工程概况:本标段为新建铁路天津至秦皇岛客运专线工程一标段,长57.413千米。中铁22局负责其中的24.481千米。主要工程量:本标段主要包括路基、桥涵、无碴轨道等工程;区间路基长10.089千米,占线路总长的17.6%,基底处理工程量较大,其中CFG桩154万米,预应力混凝土管桩144万米,水泥搅拌桩137万米,水泥砂浆桩85万米;桥梁长47.324千米,占线路总长的87.4%,其中宁车沽永定新河特大桥,箱梁预制架设整孔箱梁554孔、7联连续梁、12孔现浇梁;无碴轨道96.147千米。本标段的重点工程是宁车沽永定新河特大桥(全长19179.26米)和滨海站、滨海北站软土地区的地基处理。本标段的难点是宁车沽永定新河特大桥跨北塘西编组站站线、北环铁路、京津高速公路等现浇梁和连续梁施工。工程进展情况:宁车沽永定新河特大桥跨津汉快速路连续梁,4月3日施工完成,为全线第一个完成的连续梁工程;宁车沽永定新河特大桥下部结构251个墩台,7月22日已全部施工完成;汉沽梁场所承建的570片900T箱梁10月22日全部施工完成,为全线第一个完成的预制箱梁工程;预应力管桩:设计数量62.4万延米,全部完成;路基底板:设计数量4万立方米,现已完成3万5千方,完成投资的87.5%;路基土石方:设计数量56.8万立方米,完成46.8万立方米,完成投资的82.4%;预压土:设计数量10.7万立方米,完成6.8万立方米,完成投资的64%;涵洞11座,已完成9座,完成投资的82%。桥面防护墙:250孔,已完成249孔,完成投资的99.7%。竖墙:250孔,已完成176孔,完成投资的70.4%。

14、新建铁路岫岩至庄河线 位于辽宁省东南部,北起辽宁省鞍山市岫岩满族自治县,南达我国重要的北方海滨城市大连市下辖的庄河市,全长35.3千米。合同投资:42223万元,合同开竣工日期:2008年4月至当年9月。主要工程量:本标段设车站4座(2座预留);土方297.93万立方米、石方106.1万立方米;特大桥1座,大桥7座,中桥18座,小桥10座,涵洞60座,其中预制和架设预应力砼T梁210孔(含DT2标段内桥梁的梁部及桥面系);隧道3座;正线铺轨68.968千米,站线铺轨6.6千米,铺岔21组(含DT2标段内的轨道和道岔);房建2830平方米;其他运营生产线路35.3正线千米。年累完成3296万元,开累完成41300万元,占总投资98%。基本完成全部工程量。

15、东北东部铁路通灌段铁路工程 新建东北东部铁路通化至灌水段工程起点接轨于凤上线灌水站,终点接轨于梅集线通化站,新建正线长179.54千米,改建通化区段站正线长1.22千米,新建桃园站正线长5.107千米,全线建筑长度为185.867千米,是东北东部铁路通道的重要组成部分。本线路位于辽宁省鸭绿江流域西部和吉林省南部的长白山南麓,属新建单线一级铁路,内燃牵引,预留电气化条件。合同投资：124432万元，合同开竣工日期：上年4月至下年9月。主要工程量：隧道16471米/11座，特大桥6072.36米/8座，大桥3565.41米/13座，中桥204.52米/3座，框构小桥10米/1座，公路上跨桥128米/2座，涵洞2787.13横延米/69座，新建车站2座，改造车站1座，路基站场土石方665.3万立方米，凤上线K78+000~通灌线DK79+000段的铺架及桥梁预制工程，以及凤上线K78+000~通灌线DK50+000段房屋工程、铺碴整道和路基附属工程。工程进展情况：路基主体工程完工，桥涵工程线下部分全部完成，除大蜜蜂沟隧道剩余256米未贯通外，其他隧道全部贯通。预制梁共计生产411片，铺架工程架梁92孔，铺轨7.5千米，铺道砟3万立方米，换铺长钢轨5千米。

16、吉首至怀化高速公路第20合同段 位于湖南怀化市内，长约5.17千米。合同投资：29351.2万元，合同开竣工日期：上年6月至下年6月。主要工程量：舞水大桥537.2米/1座；南山寨隧道1240米/1座；岩腊坡高架桥124.88米/1座；李公湾1#分离式立体交叉桥426米/1座；李公湾2#分离式立体交叉桥156米/1座；涵洞和倒虹吸132.5米/3道；通道412.03米/7座。路基工程约2.8千米，其中，挖土方62.05万立方，挖石方5.57万立方，路基填土方81.54万立方；防护、排水圬工3.55万立方。工程进展情况：南山寨隧道吉首端洞门土石方开挖完成，吉首端洞口边仰坡防护（植草除外）及长管棚、套拱，右洞明洞浇注，吉首端洞身累计开挖支护1560米，仰拱及回填、洞内调平层1500米，二衬1480米，怀化段洞门土石方开挖及套拱及长管棚施工，怀化端暗洞掘进累计600米，仰拱及回填560米，二衬520米；李公湾1#桥基础及下部结构累计全部完成，完成40米T梁预制45片，架设30片；李公湾2#桥基础、下部构造及上部构造全部完成；舞水大桥基础及下部构造全部完成，T梁预制136片，架设130片；岩腊坡高架桥基础及下部构造累计全部完成。

17、福建永宁高速公路路基土建工程A11合同段 位于福建省宁化县境内，全长约7.95千米。合同投资：21301.17万元，合同开竣工日期：上年6月至下年6月。主要工程量：土石方359万立方米，设计主线桥梁9座，改建分离式上跨桥1座，互通匝道桥1座，11座桥梁共计1670延长米，涵洞和通道共24道。工程进展情况：开累施工产值20741万元，占合同总造价的97.4%。完成主要工程量：墩柱砼浇注7根，桥梁桥台2个，盖梁12道，路基填方2万立方米，边坡防护拱形骨架2100立方米，边坡绿化7800平方米，台背回填0.3万立方米，T梁预制107片。

18、利用亚行贷款新建太原至中卫（银川）铁路制梁工程 工程位于山西省晋中市榆次区，合同投资：23813万元，合同开竣工日期：2007年5月至上年12月。主要实物工程量：32米预应力砼梁934孔，24米预应力砼梁64孔。2201梁型32米T梁重达146.31吨，施工难度大工艺水平高。榆次制梁场在施工中采用钢筋整体绑扎入模、模板整体横移拼装等施工工艺。项目进展情况：已预制梁1039孔，合同内梁预制完成，合同外梁开始预制，年内未签订合同，由于天气原因梁场已停工，计划下年完成合同外剩余33孔梁的预制任务。

（林　毅）

【工程安全质量】 坚持“安全第一，预防为主，综合治理”和“百年大计，质量第一”方针，牢固树立“质量建企，安全稳企”理念，以标准化建设为主线，风险控制为关键，确保结构安全为重点，落实终端责任制为支撑，严格、精细管理，依靠科技进步，加大投入，进一步改善安全生产环境，着力构建安全质量长效机制，提供可靠的安全质量保障，全年获奖情况如下：

一、获得国家优质工程奖4项：

1. 集团公司承建的滨洲线海拉尔至满洲里增建第二线及博克图至兴安岭段改造工程Ⅱ标段获国家优质工程银质奖。

2. 哈建承建的哈尔滨群力新区齿轮路、康安路、安阳路道路工程获全国市政金杯示范工程奖。

3. 集团公司承建的京津铁路制梁工程获国家工程鲁班奖。

4. 集团公司获年度“全国工程建设质量管理优秀企业”奖。

二、获省部级优质工程奖16项

1. 三公司承建的南昌市阳明路下穿青山湖隧道工程获江西省优质建设工程杜鹃花奖

2. 六公司承建的哈尔滨市桥北小区二期工程3#楼获黑龙江省结构优质建设工程奖

3. 六公司承建的沈阳地铁一号线运营控制中心获辽宁省优质主体结构工程奖

4. 哈建公司承建的哈尔滨南编组站扩能改造工程获黑龙江省龙江杯优质奖

5. 哈建公司承建的哈尔滨市道外二十道街松花江大桥及引道工程获黑龙江省龙江杯优质工程奖

6. 哈建公司承建的哈尔滨市道外二十道街交通疏解工程获黑龙江省龙江杯优质工程奖

7. 五公司承建的遂渝高速公路LM1段获中国公路建协“优质工程奖二等奖”

8. 集团公司承建的厦门翔安海底隧道获铁道部“火车头优质工程奖”

9. 一公司承建的京承高速公路清水河2#桥工程获铁道部“火车头优质工程奖”

10. 二公司承建的新建东北东部铁路白河至和龙段铺架工程获铁

道部“火车头优质工程奖”

11. 三公司承建的莆田三信·金鼎广场工程获铁道部“火车头优质工程奖”

12 三公司承建的厦门快速公交(BRT)枢纽站及匝道桥工程获铁道部“火车头优质工程奖”

13. 三公司承建的南昌市阳明路下穿青山湖隧道工程获铁道部“火车头优质工程奖”

14. 四公司承建的张石高速公路黑石岭隧道工程获铁道部“火车头优质工程奖”

15. 六公司承建的沈阳地铁一号线十三号街站、站后区间及出入段工程获铁道部“火车头优质工程奖”

16. 电气化公司承建的滨洲线齐齐哈尔至海拉尔自动闭塞改造工程获铁道部“火车头优质工程奖”

三、获中国铁建股份公司年度优质工程奖 8 项

1. 一公司承建的京承高速公路第七合同段清水河 2＃桥获中国铁建股份公司优质工程奖

2. 三公司承建的莆田三信·金鼎广场荣获中国铁建股份公司优质工程奖

3. 三公司承建的厦门快速公交(BRT)第一码头枢纽站及匝道桥工程荣获中国铁建股份公司优质工程奖

4. 三公司承建的南昌市阳明路下穿青山湖隧道工程获中国铁建股份公司优质工程奖

5. 四公司承建的石太铁路冶河特大桥张石高速黑石岭隧道获中国铁建股份公司优质工程奖

6. 六公司承建的中央财经大学沙河新校区一期第一阶段学院楼工程获中国铁建股份公司优质工程奖

7. 六公司承建的沈阳地铁一号线十三号街站、站后区间及出入段线获中国铁建股份公司优质工程奖

8. 电气化公司承建的滨州线齐齐哈尔至海拉尔段自动闭塞改造工程二标段获中国铁建股份公司优质工程奖

四、国家级安全文明标准化诚信工地奖项

六公司承建的哈尔滨市教化广场站铁路局站西大桥站－铁路局站区间工程获中建协 AAA 级安全文明标准化诚信工地奖

五、省级文明工地奖 5 项

1. 三公司承建的滨海西大道道路工程获福建省“省级文明工地”奖

2. 三公司承建的公路局道路研发中心土建工程获福建省“省级文明工地”奖

3. 三公司承建的集美中学高中部教学实验楼及文体综合楼获福建省“省级文明工地”

4. 四公司承建的中国铁建．京南一品工程获河北省“省级文明工地”奖

5. 深圳分公司承建的三峡库区地质灾害治理工程获湖北省三峡库区地质灾害防治工程优秀施工单位奖

六、股份公司级安全质量标准工地(车间)奖 3 项

1. 集团公司直属津秦项目部承建的津秦客运专线项目获股份公司级安全质量标准工地(车间)奖项奖

2. 电气化公司承建的宜万铁路通信工程项目获股份公司级安全质量标准工地(车间)奖项奖

3. 哈建公司承建的新建前进镇至抚远铁路工程获股份公司级安全质量标准工地(车间)奖项奖

七、QC 优秀质量管理小组获奖情况

(一)获得国家优秀质量管理小组奖 3 个

1. 四公司张石高速黑石岭隧道 QC 小组严格关键工序控制提高隧道二衬防水砼施工质量，获全国工程建设优秀质量管理小组优秀奖

2. 三公司连江铁路项目 QC 小组提高滨海滩涂深厚淤泥钻孔灌注桩施工质量获全国工程建设优秀质量管理小组二等奖

3. 哈建广珠铁路三标段 QC 小组深水裸岩钻孔桩质量控制获全国建设优秀质量管理小组三等奖

(二)获省部级优秀质量管理小组奖 3 个

1. 三公司京南一品项目刘毅 QC 小组确保低温环境下人防地下室抗渗防水性，获福建省工程优秀 QC 成果二等奖

2. 三公司连江铁路项目 QC 小组提高滨海滩涂深厚淤泥钻孔灌注桩施工质量，获福建省工程优秀 QC 成果二等奖

3. 六公司武汉市汉西一路辅助用房及办公综合楼工程 QC 小组提高墙板整体浇注砼结构的尺寸偏差施工质量，获铁道部优秀 QC 一等奖

(三)获中国铁建股份公司年度优秀质量管理小组奖 5 个

1. 一公司津秦项目部箱梁 QC 小组提高津秦客运专线侯张法预应力混凝土箱梁压浆质量

2. 三公司厦门市公路局道路研发中心工程项目 QC 小组高层外立面马赛克观感质量控制

3. 四公司张石高速黑石岭隧道 QC 小组严格关键工序控制提高隧道二衬防水砼施工质量

4. 六公司武汉市汉西一路辅助用房及办公综合楼工程项目 QC 小组提高墙板整体浇注砼结构的尺寸偏差施工质量

5. 哈建广珠铁路三标段项目 QC 小组深水裸岩钻孔桩质量控制

(万红梅)

【社会捐助】 开展领导干部“双助”、“送温暖”及“金秋助学”活动。三公司工会在落实“三不让”承诺的同时，还邀请青海玉树地震灾区 42 名儿童到厦门作客，并与当地慈善组织共同举办慈善晚会，捐款达 20.3 万元(其中公司捐款 10 万元、公司 521 名员工捐款 10.3 万元)。集团公司全年累计发放困难补助费

268.4万元、应急救助资金7.8万元、金秋助学资金14.2万元，为547户困难职工、17名突发大病、灾难职工和67名困难职工子女就学提供帮扶和救助。

（万红梅）

北京京能热电股份有限公司

概　　述

北京京能热电股份有限公司是由北京能源投资(集团)有限公司与山西国际电力集团有限公司共同出资组建股份制发电供热企业，是北京地区第一家电力上市公司，2002年5月10日在上海证券交易所挂牌上市(股票代码600578)，公司下辖三家控股、两家参股企业。在京拥有4台220MW现代化燃煤供热汽轮发电机组，年发电量50亿千瓦时左右，供热量1100万吉焦，供热面积3000万平方米，承担全市四分之一的供热负荷和五分之一的供电负荷。京能热电经营范围包括生产及销售电力、热力产品，电力设备运行，发电设备检测、修理，脱硫石膏销售。公司电力产品进入北京电网销售，热力产品进入集中供热网销售。作为本市最早的发电厂，是北京地区规模最大的热电企业，发电量与集中供热面积居全市首位，当年是“十一五”规划收官之年，也是京能热电成立十周年。公司围绕中心任务和“稳节奏、调结构、强管理、增效益、促发展”工作方针，以“保安全，强管理，重落实，增效益，促发展”为重点，内强管理，外谋发展，全面完成各项生产经营任务，保证“两节”、“两会”、两季大负荷期间的安全发供电，取得供热量、综合供电煤耗、安全长周期记录、股票增发、三期扩建项目、利润总额等六项工作的历史新突破。8月27日，与首钢总公司签署战略合作框架协议。被评为市“节能减排工作先进单位”，获“火电机组煤耗考核优秀组织奖”、区“热心公益事业奖”；连续四年获“‘安康杯’优胜企业”称号。

地址：广宁路10号
传真：88992553
邮编：100041
网址：www.jnrd.com.cn

（郭　静）

【落实安全生产责任制】　以“本质安全”为目标，狠抓各级安全生产责任制落实，突出“安全保证、安全监察、群众监督”三个体系作用，查找人的不安全行为、物的不安全状态，完善全员纠章激励机制，加大纠章整改力度，促进设备可靠水平提升、现场作业环境改善和员工责任意识提高。强化技术管理，整合全厂技术力量，分析、查找生产作业环境和设备中存在的安全隐患，加大排查治理力度。开展热控系统优化、防磨防爆管理、电气系统负荷优化、地下管网治理、转动设备滤油、磨煤机煤粉细度监测等工作，制定行之有效的安全防控措施，为生产安全提供技术保障和支持，安全生产基础得到进一步夯实。规范安全作业流程，夯实安全管理基础。抓住“防人身伤害、防非停、防误操作和防止重大设备损坏事故”的安全管控重点，在进一步完善标准工作票库、大负荷安全防范措施，建立防寒防冻台账、加强外包工程管理等方面，采取一系列安全管控措施，安全管理基础得到进一步夯实，为各项生产经营指标任务的完成奠定基础。

（郭　静）

【实现预期融资目的】　再融资工作是当年“三突破”目标之一。在国内资本市场低迷、再融资政策调整、二级市场波动等外部不利环境下，抓住最佳发行时机，经过20余场卓有成效的路演推介，以“区位优势、煤电联营、集团资产注入、坚持回馈股东”四大投资亮点以及近几年公司资产和业绩逐年提升的优异成绩，得到市场机构投资者充分接受和认可。12月21日，以理想价格在二级市场增发成功，募集资金8.2亿元，实现预期融资目的。股票增发成功，使公司形象大大提升，公司资本结构得到优化，公司融资能力及可持续发展能力得到进一步增强。

（郭　静）

【收益逐年提高】　以促进发展为主线，通过多方努力，做实做细基础工作，三期项目取得突破性进展。10月13日，市政府(京政发[2010]30号文)正式将京能热电三期扩建项目列为本市西北热电中心项目之一。年内实现右玉项目的成功收购，资产分布遍及北京、蒙东、蒙西和山西，实现公司外延式增长，公司规模逐渐壮大。投资收益逐年提高，所占公司利润比重逐年增长，在煤价高企不下的局面下，煤电联营产生的效益互补对公司可持续发展的重要性日益显现。

（郭　静）

【全年节支5700万元】　精于谋划，燃料成本控制得力，标煤单价保持同区域较低水平。面对煤炭价格上涨、合同兑现率低的形势，以计划调运为龙头，以优化接卸流程为主线，以完善采制化管理为保障，细化各岗位职责分工，强化计划调运的兑现，紧盯重点用户发运，细化燃料接卸管理,完善应急抢卸预案和抢卸激励机制,有效保证燃料稳定、低价供应。神华合同兑现率达到98%,同煤兑现率达到113%,大矿来煤比例占全厂来煤总量的57.8%,标煤单价控制在可控范围之内,继续保持京津唐地区较低水平。精打细算,财务费用降低成果丰硕。严格控制资金成本,多渠道、多方式筹措资金,合理控制资金规模,通过发行短期融资券、提前还贷、票据贴现等方式,全年节约财务费用1245万元。精细管理,内外联动创收创效。争取各项财政补贴、免税政策,增加收入近2000万元,协商争取南网热价,增加收入422万元,通过"两个细则"补偿净收入增加411万元,努力促成阜石路过街桥报废增加收入220万元,开展废旧物资综合利用增加收入210多万元,累计全年增收3200余万元。加强燃料管理亏卡、亏吨、超硫拒付5400万元,开展修旧利废节约资金301.61万元,累计全年节支5700万元。

(郭　静)

【完成节能减排任务】 公司二号机组电袋、布袋复合式除尘器改造历时30天,于5月11日22:24随机组启动投入运行,标志着公司四台机组除尘器改造工作全部结束。该项目是响应北京市第十六阶段控制环境污染措施的一个重要工程,也是落实本区为老百姓做的十件好事之一。9月25日,公司脱硫旁路烟道挡板加装铅封。按照国家环保部要求,铅封的操作记录将作为核定燃煤机组脱硫设施投运率、脱硫效率和减排量核算的重要依据。脱硫旁路加装铅封标志着公司环保脱硫环保工作又迈上一个新台阶。10月1日,"循环水余热利用工程"正式开工建设,这也是溴化锂吸收式热泵技术在国内大型抽凝机组上的首次应用,该项目为市科协确立的当年全市重大科技项目。12月14日,首钢供气系统投入运行,正式为首钢公司提供工业用气,出口母管流量150t/h。12月18日,化学4、5号澄清池出水,标志着三期化学增容改造主体工程全面完成。此次化学水增容增加两台出力为320t/h的4、5号澄清池和一台120t/h的5号超滤,为首钢供气系统在供热期提供充足水源的同时,在降低厂循环水浊度、防系统冷却水腐蚀方面起到显著作用。

(郭　静)

【抢占电热市场】 审时度势,精心策划,主营业务收入大幅增加。面对京津唐地区供大于求的供电形势和京能热电机组在华北网内相对容量较小的现实,公司转变经营策略,制定"以热促电"和"电量前移"的方针,重点加大区域热力市场开拓力度,积极争取夏季供热方式,扎实推进首钢供汽和余热利用项目建设,为公司未来发展注入新活力,千方百计提高电热产量。

(郭　静)

【车间班组网络化运营】 4月1日,"电子班务管理系统"进入试运行。公司班组记录、台帐、报表、报告、规章制度实现数据共享、信息共享、资料共享,与公司、车间信息实现对接成功,公司信息化管理水平得到有效提升,生产一线车间、班组全部实现计算机网络化运营,现代化管理水平显著提升。

(郭　静)

【发行A股股票获批】 11月15日,京能热电非公开发行A股股票申请获得中国证监会发行审核委员会审核通过。此次非公开发行不超过9000万股股票,募集资金不超过8亿元,发行价格不低于京能热电三届三十二次董事会决议公告日前二十个交易日公司股票交易均价的90%。募集资金投向为内蒙古京泰发电有限责任公司2×300MW矸石电厂项目、石景山热电厂南线供热系统改造工程、石景山热电厂除灰除尘系统环保节能改造工程、山西京玉发电有限责任公司右玉2×300MW煤矸石电厂项目以及补充公司流动资金。

(郭　静)

北京巴布科克·威尔科克斯有限公司

概　　述

北京巴布科克·威尔科克斯有限公司(简称北京巴威公司或B&WBC)成立于1986年,是美国巴布科克·威尔科克斯有限公司(简称美国巴威公司或美国B&W公司)与北京京城机电控股有限责任公司各投资50%组建的国内首家合资电站锅炉制造企业,具有生产百万等级超临界电站锅炉、超超临界电站锅炉、W火焰超临界电站锅炉以及烟气脱硝(SCR)等相关电站环保产品的生产能力,年生产能力达到800万千瓦,总资产达51亿元。北京巴威公司以美国B&W公司144年的设计经验和强大的试验研究能力为基础,动态引入美国B&W公司的先进技术并与自主创新相结合,始终保持在科技水平、产品质量上与美国B&W公司同步创新和发展。12月14日,经市科委认定为高新技术企业。现已形成一套独立的研发、设计、制造、检验和售后服务体系。

截至年底，公司已向国内27个省、市、地区及9个国家提供500余台各类型大容量锅炉，成为美国B&W公司全球最大的生产基地和研发中心，先后通过美国ASME质量认证，取得ASME“S”、“PP”、“U”钢印，取得国家劳动部门颁发的“A”级锅炉制造许可证、哈特福德保险公司颁发的ISO9001证书以及ISO14000，OHSAS18000管理体系认证。

地址：石景山路36号
电话：68862244
传真：68861336
邮编：100043

（曹 红）

【RBC自然循环锅炉】 该锅炉具有自然循环、燃煤墙式对冲燃烧、固态排渣等特点，在美国巴威公司已有近70年的生产历史。北京巴威公司全套引进美国巴威公司成熟的RBC锅炉技术，其设计制造的RBC锅炉水循环回路布置合理，具有先进的可优化设计的计算机程序，在热负荷高的区域采用内螺纹管，能有效防止膜态沸腾，传热恶化的发生。具有结构独特、技术先进、煤种适应广、NOx排放低，燃烧效率高、可用度高并注重环保等优点，并在国内得到广泛应用。

（曹 红）

【产品主导国内市场】 适应国家结构调整、贯彻节能减排政策，发展更大容量、更高参数的超临界、超超临界锅炉机组成为我国电力市场的方向。北京巴威公司超临界、超超临界锅炉解决了水动力计算、启动系统设计、可靠性与寿命设计等技术问题，研发出螺旋管圈水冷壁，汽水分离器以及耐高温合金钢材料加工与焊接等方面的新技术，新工艺，具有效率高，煤耗较低且NOx排放少等特点。截至年底，世界上首台商业运行的超临界锅炉及目前世界上最大(1300 MW超临界锅炉)、连续安全运行时间最长(607天)的燃煤锅炉均由巴威公司设计生产。北京巴威公司相关产品的研制获中国机械工业科学技术奖特等奖。

（曹 红）

【推出新产品】 W火焰锅炉技术是北京巴威公司发挥自身技术优势降低设计风险推出的又一力作。针对中国自然环境和可用煤资源的实际情况，公司在引进技术的基础上研制开发适应低挥发份无烟煤的W火焰锅炉技术，使锅炉的设计与原料的选择使用更加匹配，效率上得到极大提高。作为RBC型锅炉的变型设计，W火焰锅炉采用优化内螺纹管垂直管圈水冷壁结构，拥有良好的自我保护能力，具有制粉系统与燃烧设备匹配的多样性、独特的炉膛配风、良好的着火性和煤质适应性、低符合稳燃能力以及低NOx排放等优点。该项技术的研究成果得到美国巴威公司总部的认可，并对美国巴威公司的设计制造技术起到补充和发展的作用。大唐华银金竹山火力发电分公司二期是北京巴威公司动态引进美国B&W公司技术，自行设计、制造的世界首台600MW W火焰超临界锅炉机组。作为世界首个将600MW W火焰超临界投入实际应用的锅炉机组，金竹山项目为该炉型实现产业化提供可靠的应用数据。项目投产以来运行稳定，得到了用户、美国B&W公司和国内专家的高度认可，并通过国家相关部门技术鉴定，被誉为“攻克了世界性难题 走在了世界的前列”。该项目的投产不仅使北京巴威公司迈进世界锅炉设计、制造的新领域，同时填补世界上燃烧无烟煤的超临界锅炉发电机组领域的空白。

（曹 红）

【SCR烟气脱硝环保产品】 烟气脱硝是目前发达国家普遍采用的减少NOx排放的方法，其中SCR是较为成熟的有选择性催化还原法。美国巴威公司自1982年起大力发展SCR技术，烟气脱硝效率高达90%以上，具有脱除效率高，运行可靠，便于维护等优点，满足全球化环保标准，是世界公认的有效的锅炉脱硝技术。北京巴威公司早在2003年就开始与美国巴威公司进行频繁的深层SCR技术交流，于2004年11月与美国巴威公司签订全面的SCR技术引进协议，并成立环保事业部。截至年底，北京巴威公司的环保产品已在云南滇东、湖南金竹山、河北任丘、安徽芜湖、浙江舟山等项目上得到广泛应用。

（曹 红）

商业贸易

商　　务

概　　述

北京市石景山区商务委员会(简称区商务委)是主管本区内外贸易和对外经济合作的区政府职能部门。内设办公室、外资外贸科、规划发展科、流通管理科、服务交易管理科(区粮食办公室)、安全监督管理科6个职能科室;行政编制21人(含监察科长编制1名),其中主任1名、副主任3名,科级领导职数6正1副,机关工勤编制1人。本年是“十一五”规划的收官之年,也是区域经济及商务工作大踏步发展的一年。商务委围绕“大调整、大建设、大发展”的工作主基调,以科学发展观为统领,在突出重点、创新亮点、破解难点上狠抓各项工作的落实,使各项工作取得新成效。全区完成社会消费品零售额217.6亿元,同比增长24%,社会消费品零售额增幅位居全市16个区县第一;5月7日,北京台湾街落成开街。

地址:石景山路18号

电话:68607225

邮编:100043

(于金锁　徐　沫)

【北京台湾街开街】 北京台湾街于上年5月28日开工建设,历时11个月完工。5月7日举行盛大的开街仪式。中共中央政治局委员、北京市委书记刘淇,全国政协副主席、台盟中央主席林文漪,中国国民党荣誉主席连战及夫人连方瑀,北京市长郭金龙,以及中共中央统战部、中共中央台湾工作办公室、海峡两岸关系协会、台盟中央、中华全国台湾同胞联谊会及市、区有关领导出席。台湾街位于北京国际雕塑公园西南缘,街长500米,占地2.1万平方米,总建筑面积约4.3万平方米,是集餐饮、娱乐、休闲、观光、夜市、购物、文化体验于一体的台湾主题文化商业街。吸引百大特产馆、宝岛夜市、五桂楼、邓丽君音乐餐厅等具有品牌号召力和影响力的企业入驻。截至年底,引进商户136户,完成总招商面积的82%;其中台湾品牌110户,占总户数面积的70%。

(于金锁　徐　沫)

【招商引资显成效】 年内引进企业83家,累计注册资本1.13亿元。2007年以来,响应区委区政府号召,积极开展招商引资工作,累计引进企业136家。2009～2010年度,新增企业实现入区库税收7789万元。

(于金锁　徐　沫)

【编制专项规划】 紧密结合CRD功能定位和发展实际,充分满足经济社会转型升级需求,认真总结评估“十一五”时期商务服务业基本情况,研究探讨“十二五”规划基本框架与思路。编制完成“十二五”商务服务业发展规划、“十二五”商业服务业发展规划两个专题的专项规划稿。

(于金锁　徐　沫)

【促消费保增长】 围绕“促消费、保增长”的工作核心,紧抓商业发展和行业繁荣,全区社会消费品零售额增长实现新突破。在“京西消费节”“北京台湾美食文化节”等活动带动大中、沃尔玛、物美、永辉等重点企业快速发展,“北京台湾街”等新增企业和汽车销售增长等因素影响下,全区实现社会消费品零售额217.6亿元,同比增长23.7%,增速位列16区县之首,获市“促消费突出贡献奖”。

(刘　珊　刘　颖)

【业态更加完善】 六个商务功能区建设稳步推进,商业体量不断扩大,规模档次不断提升。年内新开业商业面积20多万平方米。其中,“北京台湾街”于5月7日正式开街迎客,填补特色商业街空白,也为本市特色商业再添新成员;10月29日,爱玛裕家居购物广场开张营业,总建筑面积10万平方米,总营业面积8万平方米,主要经营项目有建筑材料、家居装饰材料、钢材、木材等,成为本区目前规模最大、品牌最齐全的综合性家居购物广场;12月18

日，喜玛裕商品交易广场开业，是集花鸟鱼虫、古玩玉器、农副产品、烟酒糖茶等综合性交易广场；同月28日，喜隆多Outlets时尚生活购物城，Outlets名品折扣业态首次进入石景山。

（刘 珊 刘 颖）

【台湾美食文化节】 8月20日～9月20日，“北京台湾美食文化节”亮相北京市特色商业街消夏节。活动由市商务委和区政府共同主办，区商务委、北京国新商业投资发展有限公司承办，以“体验特色、共享时尚”、“展现宝岛风情，引领精致生活”为主题，通过逛台湾街、看台湾特色文艺演出、品台湾文化、尝台湾小吃、台湾商品带回家，让广大游客感受地道的台湾夜市文化。美食文化节期间，接待各地游客70多万人次，实现销售收入753万元，促进台湾特色商品销售额增长37%，台湾特色小吃销售额比活动前增长30%，北京台湾街影响力进一步增强。

（刘 珊 刘 颖）

【区商联成立】 12月1日，区商业联合会在万达铂尔曼酒店召开成立大会，地区商业企业有了属于自己的行业组织。包括大型百货商场、超市、餐饮、电子商务、金融服务等行业的30家企业成为首批会员。北京物美商业集团股份有限公司董事长吴坚忠出任首届会长，北京首钢实业有限公司总经理刘刚任秘书长，北京当代商城有限责任公司石景山分公司总经理刘建勤任执行监事。区商联是经社团行政主管机关核准注册登记的行业性社会团体法人。联合会成立后，从维护市场经济秩序和商业流通企业的整体利益出发，研究制定行规行约，规范企业行为，加强行业自律，保护消费者的合法权益，并定期对全行业经营情况、市场动态等进行分析，发布相关信息，更好地引导企业经营，并开展人才培训、技术合作等方面的服务，帮助会员单位协调解决各种困难和问题，运用信息、咨询、交流、协调、调研、培训、行约等多种方式，为政府与企业提供双向服务，推动地区商业经济繁荣与发展。

（刘 珊 刘 颖）

【打造消费品牌】 为庆祝区商业联合会成立，在区政府支持下、区商务委联合万达广场、当代商城、物美、大中电器、沃尔玛、家乐福等30余家会员单位联手推出为期一个月的“京西消费节·2010”活动。作为年内最大规模和力度的促销活动，以赠送、打折、返利等多种促销活动联合让利消费者，取得良好社会效益和经济效益。消费节在拉动企业销售增长的同时，达到推介本区企业、宣传地区商业、树立品牌消费形象的目的。

（刘 珊 刘 颖）

【促进行业发展】 利用政策手段，实施商业流通发展项目，促进行业发展。全年组织实施商业项目23个，申报市级支持项目8个，申报区中小企业发展资金支持项目15个。8个市级项目包括特色商业街改造项目、现代物流体系建设项目、电子商务发展项目、农超对接项目、发展早餐经营网点建设主食加工配送中心项目、餐饮企业开展节能改造项目各1个，停车场改造项目2个，计划总投资3亿元，年内拨付到位资金187万元。最终获得区中小企业发展资金的商业项目13个，其中包括台湾百大馆特色经营改造等商业特色经营项目12个和星座商厦信息化建设项目1个，13个项目获支持资金116.9万元。

（刘 珊 刘 颖）

【天马市场关闭】 牵头市政、城管、公安、司法、工商、文委、信访等近20个部门，前后历时3年时间，半年攻坚，4月30日，天马市场实现平稳关闭。直接安置市场商户113户，解决常年来市场内外秩序混乱、隐患问题突出、社会影响恶劣等问题。同时为模式口村下一步历史文化保护区整体开发扫清道路。

（刘 珊 刘 颖）

【稳定蔬菜市场】 针对年初北京强降雪天气对蔬菜市场供应的影响，采取措施确保蔬菜市场稳定。一是加强市场监测，严格信息报送制度，全面把握蔬菜产品的价格、销量、购销渠道等市场信息，准确把握市场动向；二是对八角特廉特菜市场、当代鼎城超市等重点企业进行调研，全面调查蔬菜产品经营、仓储及调配情况；三是要求企业建立稳固的供应渠道，适当增加农产品库存，确保蔬菜市场货源稳定、品种丰富、供应充足。7月起，为有效控制蔬菜价格居高不下的局面，维护蔬菜市场经营秩序，召开专门会议，了解重点菜市场供货情况，严禁企业借机提高摊位费、管理费等费用，配合相关部门做好菜市场价格的监督检查，坚决打击囤积居奇、哄抬物价等扰乱市场经济秩序的违法行为，健全价格预警和应急机制，确保蔬菜市场稳定。

（杨 光 邓 磊）

【完善监测机制】 4月19日，召开重点流通企业信息监测统计工作会。通报重点流通样本企业调整方案，对本年度企业监测工作进行部署。调整后纳入区重点流通企业监测系统的监测样本企业41家（批发、零售企业29家，餐饮企业12家），监测范围涵盖全区规模以上重点企业28个大类的重要消费品流通信息。为重要消费品市场调控，分析全区消费品市场规模、运行质量及消费结构等情况提供依据，为上级决策提供重要参考。

（杨 光 邓 磊）

【举办生态美食节】 4月22日，举办生态美食节。以“生态美食体验”为主题，旨在倡导“绿色、健康、营养”科学消费理念，加强区域餐饮行业交流与合作，提升本区餐饮行业形象，进一步促进消费增长。活动为期一个月,参与企业20余家。活动内容丰富,促销效果明显,有效拉动餐饮行业的经济增长。

(杨光 邓磊)

【粮食平衡调查及库存检查】 4月,完成上年度本区粮食供需平衡调查,共调查城镇居民64户、粮食经营企业29个(含国有粮食经营企业1家)、粮食转化企业3家、单位食堂30家。通过调查,基本掌握上年本区粮食及油脂消费、流通和库存情况,全年粮食供需基本平衡,为粮食宏观调控提供重要的决策参考依据。同时组织落实上年度本区粮食清仓查库工作,检查结果良好。

(杨光 邓磊)

【粮食普法宣传】 当年是《粮食流通管理条例》颁布的第六年,也是"五五"普法工作的最后一年。为扩大宣传面,组织全区8家重点涉粮企业开展各项宣传活动,发放宣传资料100余份,张贴海报70余张,惠及顾客1000余人,提高粮食流通法规影响力,进一步提高粮食经营者依法经营意识和诚信意识,营造良好舆论监督环境,促进粮食流通工作的开展。

(杨光 邓磊)

【酒类市场整治】 4~6月,对2000户以上大中型社区周边酒类流通市场进行集中专项整治。检查酒类经营网点200余家,对不规范经营的酒类网点及时进行批评教育。整治后新增备案近30家,新增购用随附单企业10家。9月15日~10月7日,组织开展"中秋·国庆"酒类流通市场检查,共检查规模以上零售、餐饮企业32家,限期整改企业9家。提高酒类备案登记的覆盖率,取得良好效果。

(杨光 邓磊)

【参加商业科技周】 5月中旬,组织全区商业系统参加第15届"北京市商业科技周"科普宣传活动,发放宣传资料2000余份,受益人数超过5000人。科技周以"科学消费,倡导低碳生活"为主题,大中电器、华联商厦、物美超市等企业通过形式多样,组织一系列生动活泼的科普宣传活动,让消费者体会科技带来的好处,感受"低碳、环保从我做起"重要性,进而提升区域消费水平。

(杨光 邓磊)

【粮食统计执法检查】 7~8月,组织开展全区粮食统计执法大检查,纳入检查范围的主要单位包括1个粮食行政管理部门,1个国有粮食经营企业,6个重点非国有粮食经营企业及1个重点非国有粮食转化企业,自查内容包括统计违法行为及其查处情况,统计基础建设和工作保障的检查。经检查,统计调查对象均不存在统计违法行为,提供的统计资料及时、准确、完整、合法。粮食统计人员队伍建设情况良好,人员配备合理;国家粮食流通统计制度执行情况良好;2008年以来统计调查经费落实、拨付和使用符合规定。

(杨光 邓磊)

【典当行业年检】 7月,完成北京市典当企业核查工作。全区9家典当企业全部审核通过,被评为A类企业(最高级)。经核查,全区典当行业典当总额1.92亿元,典当余额1.24亿元,上缴税金421.1万元,较上年分别上升74.5%、51.2%、99.9%。

(杨光 邓磊)

【成品油行业年检】 8月,完成成品油站点经营资质检查。有14家加油站提交的年检材料通过审查并换发新证,其他2家加油站因为申请变更事项推迟年检。

(杨光 邓磊)

【洗染业设备更新改造】 年初,对全区洗染行业资质及干洗机情况进行摸底调查,基本掌握本区洗染行业现状及干洗设备情况。会同环保、工商部门,采取多种有效形式,对《洗染业管理办法》及更新改造政策进行广泛宣传,提高洗染经营者对治理工作的认识。经过近半年宣传治理,8月底会同环保、工商等部门对已更新的设备进行现场检查验收,申请补助资金9.772万元。

(杨光 邓磊)

【安全生产监管】 按照"以月促年,全年保稳"工作思路,实现全区商务行业安全无事故。商务行业安全生产工作坚持"安全第一、预防为主、综合治理"方针,全面履行行业安全监管职责,全年出动检查人员700余人次,检查商业经营单位350家次,发现安全生产问题、隐患46处,全部整改完毕。

(迟小丽 张弋)

【宣传教育培训】 对企业法人和员工举办5期安全培训,内容涵盖安全生产法规、消防常识及公安部构筑社会消防安全"防火墙工程"要求、消防"四个能力"(消除火灾隐患、扑救初起火灾、人员疏散逃生、宣传教育培训)等,培训企业法人及员工1000多人。通过培训,普及安全生产相关知识、强化安全生产意识、提高安全生产技能,营造人人参与,形式多样的良好安全生产工作氛围为营造良好的安全氛围。企业员工受教育面达到90%。商务委获市"最佳实践活动奖"。

(迟小丽 张弋)

对外经济

概 述

全区完成实际利用外资 6357 万美元,同比增长 96%(不含投资公司);新批外商投资企业 48 家,投资总额达到 1.6 亿美元;注册资本 1.2 亿美元;合同外资 1.2 亿美元;平均投资规模 339.7 万美元。开业外商投资企业新增投资总额 5996.4 万美元,其中外方增资 2511.8 万美元。投资总额 1000 万美元以上的大项目 5 个,累计投资总额 1.2 亿美元,注册资本 7797.2 万美元,合同外资 7797.2 万美元,分别占全部新批项目的 73%、65% 和 65%。新批企业中,文化创意类 27 个,现代服务类 15 个,高新技术类 6 个。投资总额 1000 万美元以上的大项目 5 个;对外投资新设立企业 5 家,对外增资 2980 万美元。办理外商来华邀请函 9 件,对外贸易经营者备案 45 件。北京东方信联科技有限公司、北京合康亿盛变频科技股份有限公司、阿尔西制冷工程技术(北京)有限公司等 6 家外资企业获中小企业发展专项资金,共计 238 万元,占全部支持资金的 18%。全年组织两次区内外贸企业参加由市商务委与市外办、海关、出入境检验检疫、国税、外汇管理等部门联合举办"进出口政策服务咨询会",现场设立咨询台解答企业问题,并通过五场专题讲解宣讲最新政策。9 家企业获得第三届石景山区优秀社会主义事业建设者评选活动表彰,占全部获奖企业的 41%。5 家企业相关人员获"优秀人才"及"先进企业经营管理人才"奖项。

(刘玉杰 崔晶雪)

【外贸进出口】 根据市商务委提供的数据,年内,本区完成进出口总额 6.5 亿美元,同比增长 23.6%。其中出口额 4.1 亿美元,同比增长 50.1%,占全部进出口总量的 63.6%。出口商品以工业制成品为主,主要销往美国、香港、南非、日本、新加坡、荷兰、英国、德国等 8 个国家和地区。进口总额 2.4 亿美元,同比下降 5.3%。

(刘玉杰 崔晶雪)

【外资结构】 截至年底,开业外商投资企业 228 家。按企业生产方式划分,生产型企业 71 家,非生产型企业 157 家;按合作方式划分,合资企业 78 家,独资企业 147 家,合作企业 3 家。累计投资总额 17.6 亿美元,注册资本 10.2 亿美元,合同外资 7 亿美元,企业平均投资规模 774.1 万美元。

(刘玉杰 崔晶雪)

【外资来源】 外资主要来源于 31 个国家和地区。其中最多的为中国香港,共设立"三资"企业 97 家,外资额为 2.6 亿美元;其次为美国,共设立"三资"企业 20 家,外资额为 1362 万美元;位居第三的为日本,共设立"三资"企业 13 家,外资额为 1.1 亿美元;三个国家和地区的投资企业数分别占全区外资企业总数的 43%、9% 和 6%。

(刘玉杰 崔晶雪)

【新批外资规模】 新批外商投资企业数量创新高,共计新批外商投资企业 48 家,同比增长 6.7%。累计投资总额达到 1.6 亿美元;注册资本 1.2 亿美元;合同外资 1.2 亿美元;平均投资规模 339.7 万美元。开业外商投资企业新增投资总额 5996.4 万美元,其中外资 2511.8 万美元。

(刘玉杰 崔晶雪)

【新批外资结构】 从企业类型划分,新批"三资"企业中,合资企业 8 家,协议投资总额 2318 万美元,协议注册资本 1582 万美元,协议外资总额 1068 万美元;独资企业 39 家,协议投资总额 1 亿美元,协议注册资本 9268 万美元,协议外资总额 9268 万美元。合作企业 1 家,协议投资总额 3750 美元,协议注册资本 1500 万美元,协议外资总额 1500 万美元。从产业结构上分,新批"三资"企业全部符合地区产业发展定位,其中现代服务类 15 家,文化创意类 27 家,高新技术类 6 家,分别占新批企业总数的 31%,56% 和 13%。投资涉及的主要行业有科技研发、商业批发、商务服务、能源环保等。

(刘玉杰 崔晶雪)

【外资大项目】 引进外资项目在规模和质量上不断扩大和提升。新批项目中,投资总额 1000 万美元以上的大项目 5 个,累计投资总额 1.2 亿美元,注册资本 7797.2 万美元,合同外资 7797.2 万美元,分别占全部新批项目的 73%、65% 和 65%。中天凯沃技术(北京)有限责任公司、永新视博数字科技有限公司、北京光极源信息科技有限公司、北京伯乐新时空科技有限公司、摩根实德(北京)教育科技发展有限公司等一批符合地区产业发展定位的规模企业落户本区,为推动外商投资企业高质量发展注入新活力。

(刘玉杰 崔晶雪)

【外经工作成效良好】 设立境外投资企业 3 家,设立境外办事处 2 家。北京伟德沃富投资顾问有限公司在英属维尔京群岛设立伟德沃富国际投资顾问有限公司,同时并购该地区联众资产有限公司;北京博奥森生物技术有限公司在美国设立博奥森(美国)有限公司;北京东土科技股份有限公司分别在德国及印度两国设立办事处。北京物美商业集团股份有限公司境外投资总额增加至4250万美元。截至年底,共有7家对外投资企业,企业"走出去"速度不断加快。

(刘玉杰　崔晶雪)

【完成台湾街专项工作】 "北京台湾街"开街工作是全区重点工作。配合5月7日开街仪式,争取市台办、市商务委、市检验检疫局、区台办、丰台海关和中关村海关等各级相关部门支持,建立联络员制度、半日报制,全方位、多角度、超高效开展工作,先后召开相关协调会18次,专题会6次、走访各级政府及相关单位9次,深入多个市场调研8次,完成开业前全部工作,推动百大馆开业。

(刘玉杰　崔晶雪)

市场管理中心

【概况】 北京市石景山区市场管理中心(简称中心),为区政府所属正处级事业单位。主要负责街道及工商分局移交市场的管理、监督、运营、服务及市场的开发建设。在职职工25人。年内,中心继续围绕"自我完善,自我提高;广泛开展合作,寻求开发机遇"工作思路,围绕"打造北京CRD,构建和谐石景山,建设现代化首都新城区"的发展战略和"大调整、大建设、大发展"的主基调,采取各种有效措施,确保市场经营稳定;开展安全生产大检查,确保市场经营正常开展。各市场在基础设施、经营环境、经营秩序等方面有所改善,市场主办单位的自我发展意识、自我管理意识、安全责任意识都有明显提高,按照区委区政府及国资委要求,完成市场管理中心与房屋经营中心合并及机构改革各项工作。坚持以人为本,把解决人民群众关心关注的问题作为工作出发点和落脚点,建立有效的群众监督机制,营造公平诚信的市场环境、健康向上的人文环境。在市场工作中,坚持以人为本,注重提高管理人员和商户素质,把市场经营安全、规范、服务优良作为利民惠民,解决群众关心关注问题的实际行动,提高群众满意度。被评为区级"精神文明单位"。

地址:古城东街103号
邮编:100043
电话:68880771

(任　群)

【市场管理】 加强日常管理,进一步规范有形市场经营秩序,提高个体工商户文明经营意识,确保市场经营秩序稳定、购物环境良好。按照"六规范、五统一、四整洁、一文明"(设施规范、制度规范、管理规范、交易行为规范、卫生规范、安全保卫规范,证照悬挂统一、计量器具统一、商品价签统一、胸牌制式统一、垃圾容器统一,经营场所整洁、经营设施整洁、经营商品整洁、经营者仪表整洁,文明经商)市场管理标准,坚持每周检查制度,加强日常巡查,严厉打击无照经营、欺行霸市、强买强卖、掺杂使假、缺斤短两等违法行为,保障正常的市场交易秩序。强化对市场内粮食、食用油、鲜肉、蛋、畜禽及其制品、酱油、醋、熟食、豆制品等商品的全程监控,明确市场的索票标准,确保上市商品质量,保证商品可追溯。各市场按照市、区物价管理部门要求,做好稳定物价工作。认真做好节假日期间商品供应,保证货源足,在元旦、春节及"两会"期间,通过加强市场检查,强化安全隐患排查等一系列措施,各市场未发生一起影响安定团结事件。中心陆续完成所辖市场新一年度承包合同签订工作,保障中心整体形势稳定,也保证中心基础经济收入的稳定。

(任　群)

【安全生产】 根据区安委会、国资委"安全生产月活动"方案要求,结合市场中心"安全生产月活动"实施方案。加强检查,落实责任制,消除安全隐患。4月5日~5月28日,出动24人次,检查市场6个,消除安全隐患2处。6月1~30日,共组织安全检查8次,各市场开展安全隐患自查12次,进行安全生产应急演练8次。针对夏季高温多雨,及时解决市场房屋漏雨渗水等问题,确保各市场平安度汛。中秋节、国庆节期间组织4次火灾隐患综合大检查,消除各种安全隐患。通过严抓安全生产工作,使各市场安全形势更加稳定,市场经营秩序保持良好状态。

(任　群)

【专项检查】 按照区政府要求,对《北京市<中华人民共和国突发事件应对法>办法》贯彻实施情况进行专项检查。根据中心制定的应急预案,所属各市场均指定专门的应急救援人员。坚持对市场管理人员及商户进行安全管理制度、应急知识、消防安全等知识的教育培训,对各类事件应急处置做到三会:会报案、会自救、会应急,提高市场人员安全防范意识和能力。对市场内安全设施进行统一清查,配备足够的灭火器材,保证安全防火通道畅通,防火安全设施完好。市场管理者全员掌握应急预案内容,同时进行消防实战演练,熟练掌握安全防火设备、设施、工具的操作和相关知识,提高应急能力。

(任　群)

【机构改革】 11月7日,根据市编办关于调整组建石景山区房屋经营和市场管理中心的批复(京编办[2010]99号)精神,与区房屋经营管理中心合并,组建"北京市石景山区房屋经营和市场管理中心",为区政府直属相当正处级自收自支事业单位,归口区国资委管理。中心按照国资委要求,开展单位合并各项准备工作,将中心人员编制情况、资产情况、各市场经营情况、市场地理位置、市场平面图等相关资料汇编成册，上报国资委；完成固定资产移交清册、中心机关办公设备统计、中心各类档案规整、各类需变更或注销材料的上报等工作。同时配合国资委派驻的审计小组，完成对中心领导离任审计工作。

（任 群）

招商引资

概述

北京市石景山区投资促进局（简称区投促局），是区政府组织、管理、协调、指导全区招商引资工作的职能部门。当年，以贯彻转变经济发展为中心思想，把握由传统工业区向现代化首都新城区全面转型的核心脉络，明确"夯实基础，改革突破；打造精品，发展高端；整合资源，创新体制；提高素质，强化服务"总体工作思路，推进招商引资工作向纵深发展。符合CRD产业方向发展的企业持续增加；文化创意、高新技术产业品牌效应持续提升；旅游会展、休闲娱乐产业新增亮点持续呈现；现代金融环境持续优化。实现招商引资和形象宣传两个突破：新引进企业1516家，累计注册资金77亿元，累计新增企业4731家，实现税收17.4亿元，入区财政5.5亿元，推动区级财政收入稳中有升；以提升区域形象美誉度为目标，抓住首钢搬迁契机，继续以搜狐网站为平台，全面宣传CRD建设行动规划，中国动漫游戏第一区新形象广告累计访问量1800万人次。举办"2010年中国CFO年会"、参加上海世博会"北京周"等重大活动，助推现代商务业快速发展，提升低碳经济影响力和竞争力，塑造京西商务金融区新形象、新品牌和新蓝图。全年组织召开、参加包括金博会、文博会、京港洽谈会等各种宣传推介活动20余次，宣传受众数千人次。以建设服务型政府为目标，围绕服务重点企业进行大量调研和解困工作，应对国际金融危机，竭力帮扶中小企业度过危机；结合区情实际，研究制定促进地区商务金融产业发展政策措施，编印出版《文化创意产业政策选编》、《商务金融产业政策选编》、《高新技术产业政策选编》，设计出版活页《石景山区投资政策指南》，改版《石景山区服务重点企业工作手册》和《石景山区领导联系重点企业工作手册》。坚持以培育新兴主导产业为重点，全面整合资源，招商引资成效明显。引进日本ADK等具有较大影响力的企业，与海航、中节能等公司签署战略合作协议，巨人、盛大、国美电器等龙头企业所属二级公司入驻本区。

地址：石景山路18号机关南楼
电话：88683088
邮编：100043

（张 涛）

【新引进企业1516家】 承担政府31项折子工程，其中牵头8项。全区新引进企业1516家，同比增长14%；引进企业中，注册资本金千万元以上规模的企业158家；注册资本金亿元以上规模的企业12家。新增企业全年实现税收17.4亿元，比上年增长6.4亿元，实现区级财政收入5.5亿元，同比增长2.3亿元。

（张 涛）

【现代金融快速发展】 明确现代金融产业发展定位，出台促进商务金融产业发展暂行办法，从现代金融环境、财政支持政策、金融服务外包产业、投资基金和企业上市、政府专项服务等五个方面明确政策措施，引导产业聚集快速发展。加快"中国民营总部基地"建设。率先出台鼓励民营总部经济发展暂行办法。将中铁建设大厦作为发展载体，由政府部门进行管理，为产业落地提供载体。通过承办各类现代金融会议和各种重大、高层活动，提升区域发展现代金融业影响力和竞争力，拓展投资平台，借此助推招商引资。

（张 涛）

【推进区域经济转型】 以多项措施助推文化创意企业发展，企业总数突破2700家。引进华录文化、完美时空、华谊嘉信、久游炫耀、千橡网景等文化创意产业领军企业，蓝港在线、暴风影音等企业继续保持良好发展势头。彻底改变首钢一家独大的局面，在全国形成品牌，成为本区支柱产业之一。

（张 涛）

【拓展宣传渠道】 继续与搜狐等网络媒体合作，围绕地区功能定位及新一轮发展，把宣传推介做精做实与搜狐网共同举办网络招商推介会，宣传"低碳立区、文创兴区、金融强区"发展理念；在"投资石景山"网站增设企业宣传推广专栏，通过制作专题新闻或报道，帮助企业拓宽市场的同时，全面推广CRD品牌；与投资北京杂志社、驻京商会和行业协会搭建各种商务合作交流平台，利用优势资源，提升区域知名度；争取市投促局和相关部门支持，通过将国家级、市级高层商务金融会议和论坛引入本区承办，借势宣传。

（张 涛）

【搭建平台展示形象】 以公益活动为平台，树立京西绿城新形象。承办“生态中国之绿洲行动”—北京·CRD·石景山亚洲拳王争霸赛，通过LED大屏幕、展板、条幅等形式，加大石景山绿色定位和绿色环境宣传。以杂志媒体为平台，增强投资吸引力。借助《文化月刊》、《新地产》杂志行业影响力，投稿《北京CRD-文化创意产业第一区》和《CRD-石景山的新飞跃》，对投资环境、产业发展现状、发展规划和投资热点进行宣传。以搜狐网络为平台，打造中国动漫游戏第一区。把中国水墨和动漫两大元素与区域特色相结合，以“中国动漫游戏城”为载体，策划中国动漫游戏第一区新形象广告。平均日点击量达10万人次。

(张　涛)

【引资形式灵活多样】 主动与优秀中介机构和专业协会对接，建立广泛联系制度和企业专项服务制度，搭建合作招商机制，共同引进和培育符合区域产业定位企业。与驻京省(市)级商会对接，建立商会定期走访制度，深入挖掘优质企业资源，掌握各商会会员投资动向。主动参与举办方大型活动，增加与成熟企业的交流机会，扩大区域影响力。借助各类市级展会，与参展商直接对接。参与重点展会，针对符合地区产业定位的全国参展企业，直接开展区域项目宣传推介活动，做好后续追踪，确保项目落地。

(张　涛)

【做精经济推介活动】 5月4～8日，赴上海世博会参加“魅力首都经济推介会”。通过背板宣传方式及项目推介、咨询和对接洽谈等多种形式，重点推出本区“中国动漫游戏第一区”理念，集中展示本区经济发展重点区域、重点发展产业和未来发展商机。会议期间引来大量参会者和投资商驻足、咨询，部分投资商当场表达投资和入驻本区意向。

(张　涛)

【创新产业蓬勃发展】 5月13日，中关村国家自主创新示范区重大科技成果转化、产业化股权投资和创新合作签约仪式暨中关村发展集团信息发布会在铂尔曼酒店召开。本次会议首批签约股权投资项目都是自主创新、在国内外具有领先优势的重点项目。市、区领导和70家知名企业高管出席签约仪式，本区与来自全国的知名企业家建立联系，实现“以会招商”目标。在会上及会后有数家企业明确表达入驻本区的愿望。

(张　涛)

【与海航集团签署协议】 5月19日，区政府与海航集团在万达铂尔曼酒店签署战略合作框架协议书。作为国内第四大航空企业集团，海航集团是一家以航空旅游、现代物流、现代金融业为三大支柱产业，集“吃、住、行、游、购、娱”六大元素于一体的现代服务业运营商。该集团并购海韵假日酒店，并成立海航置业石景山投资项目公司，承接区内一系列酒店、旅游和地产项目开发。政企双方携手推动休闲娱乐、旅游会展等重点投资产业发展。利用海航集团丰富资源优势，与本区良好基础设施和政策导向相结合，围绕土地整理和产业开发，开展深层次合作，促进区域项目开发与经营，实现CRD规划目标。

(张　涛)

【入驻行政服务大厅】 7月9日，区招商办正式入驻区行政服务大厅。为投资商提供优惠政策咨询；提供全程指导、代办、跟踪服务；策划方案和陪同考察；完成引进企业认定网上预登记。协调行政服务中心内各委办局加速办理审批，实现行政审批时限缩短20%的承诺。减少办理环节，提供高效、便捷、优质服务，构建多层次、立体化、全覆盖的帮扶企业服务体系，从而不断提高服务质量，打造良好区域软环境，使“绿色通道”真正畅通快捷，成为重商、亲商、扶商的真正阵地。

(张　涛)

【拓展海外招商平台】 7月22日，区投促局与北京(香港)投资咨询顾问有限公司签署海外招商机构委托协议。8月6日，区政府与欧盟中国经济文化委员会签署战略合作协议，设立海外招商平台，利用双方优势，搭建政企、企企合作平台，优势互补，寻求产业发展新领域，在欧盟清洁能源、新技术转移、碳交易与碳金融以及文化创意高等教育等产业领域寻求发展。

(张　涛)

【CFO交流年会】 8月19日，区政府联合《首席财务官》杂志社共同举办“2010年(第三届)中国CFO年会”，围绕文化创意产业上市、低碳经济领域投资等热点议题展开探讨。商务部、《首席财务官》杂志社、区领导及搜狐畅游、中国铝业、施耐德电气、中兴通讯等知名企业家、媒体等150余人参加此次年会。年会特别举办专题推介沙龙，就本区投资环境、重点项目进行展示。

(张　涛)

【检查“绿色通道”运行】 8月26日，区招商办联合纪委监察局对科委园区、人力社保局和环保局等单位服务重点企业工作效能和服务质量进行监督检查。各单位“绿色通道”标牌摆放规范醒目，服务重点企业台账记录完整清晰，落实服务重点企业暂行办法和服务重点企业各部门工作规则等制度严格规范，将“办法”落到实处。

(张　涛)

【聚首CRD共话CCI】 9月2日，区投促局、科委园区与北京民营科技实业家协会签署合作框架协议并联合举办“聚首CRD，共话CCI”为主题的专题交流活动。区委、北京民协、中国动漫集团、中国出版工作者协会领导和全市50余家文化创意类企业参与该活动。3家公司当场明确在本区落户并注册公司。

(张　涛)

【参加京港洽谈会】 11月24日，区投促局参加在香港举办的第十四届北京·香港经济合作研讨洽谈会(以下简称京港洽谈会),同期,在香港金钟万豪酒店举行以“新市区·新首钢·低碳经济新引擎”为主题的投资说明会。会上,7家大企业分别与区政府签署战略合作框架协议。香港金融界、地产界、文化创意界精英及跨国公司高层、新闻界知名人士、海内外工商企业界人士和区领导、企业家约120人参加会议,共商本区未来发展大计。京港洽谈会期间,本区做主题推介,制作展板、分发项目册、宣传插页、《大公报》及《文汇报》专版,《信报》、《明报》、《星岛日报》、中通社、中评社、汇港通讯、紫荆杂志与国内媒体包括新华社、《北京日报》、《北京晚报》等,中国国际广播电台、中央人民广播电台等和北京电视台专栏宣传纷纷在京港洽谈会期间刊登和播出该投资说明会消息。24日下午3点开始至25日,151877人次点击观看本区投资说明会网络直播。

(张　涛)

【中国清洁技术投融资峰会】 12月17日,“第三届中国清洁技术产业投融资峰会”在万达铂尔曼酒店召开。峰会以“迈向绿色和可持续的城市未来”为主题,就“迈向低碳城市,城市责任与环境保护”、“2010全球经济下的中国清洁技术产业趋势展望”等5大议题展开对话。峰会汇聚科技部、环保部等官员,世界自然基金会、美国国际开发署等国际知名机构代表,香港翘然管理资本、安永中国等知名投资机构代表,权威财经媒体及行业媒体代表350人出席。会上,集中宣传“一区三中心”发展定位、五大产业、“一轴、一带、一核、一园、多支点”空间发展布局,提出建设低碳城市的发展优势和未来发展目标。

(张　涛)

企 业 经 营

北京万商投资发展有限公司

【概况】 北京万商投资发展有限公司(简称万商公司)是一家以酒店经营、物业管理和资产运营为主的大型国有企业。公司下设万商花园酒店、万商物业公司、万商如一酒店管理公司、石景山机动车检测场等多家子公司,具备雄厚发展实力。当年是万商公司持续深化改革调整,努力推动增效减亏,夯实企业健康持续发展的关键年。围绕区委区政府“大调整、大建设、大发展”工作主基调,按照区国资委“改革、调整、发展”主线和“调结构、抓改革、谋发展、促转变、增实力、上水平”工作目标,以维护企业稳定为前提,以规范化管理为基础,以减亏增效为重点,持续提高服务质量,不断促进企业经营,主动处理涉访拆迁户问题,积极推动K地块拆迁,较好地完成各项经营指标。全年实现营业收入1.3亿元,向国家上缴税金过千万元。实现“十一五”规划提出的营业收入过亿元,上缴税金过千万的目标。

地址:石景山路22号
电话:68681188
邮编:100043

(李　瑾)

【全力促进经营】 以扭亏增效为重点,不断拓宽经营思路,深入挖潜节支,取得较好经营管理成绩。万商花园酒店以全国旅游服务质量提升年为契机,进一步强化注重细节、精益求精的服务特色。万商物业公司克服万商大厦内外装修对租赁工作的不利影响,密切联系园区管委会,了解相关优惠政策,向来访客户进行宣传,并通过多家中介公司,扩大写字楼招商力度。截至年底,完成营业收入985万元。万商如一酒店管理公司以减亏增效为核心,一手抓经营风险防范,积极运用法律手段确保企业正常有序运营;一手抓经营管理,细化教育培训,不断提高服务质量。公司还与各店店长签订年度经营指标考核责任书,年度经营任务完成情况直接与店长年终奖励挂钩,有效促进各店经营工作开展,在如一鲁谷店拆迁停业情况下,全年完成营业收入3607万元。石景山机动车检测场自3月通过质量认证后,抓住市场机遇,加强基础管理,改善验车环境,有效提高服务质量,验车数量和营业收入双双提升,全年验车近40000辆,完成营业收入869万元。资产经营管理部加强公司外围商用资产的管理,进一步核清商用资产租用状况,健全和规范租赁程序,及时提高到期租户的续租价格、增加公司商用资产的收益,年底外围商用资产实现收入1214万元,超额完成全年计划。

(李　瑾)

【推动K地块拆迁】 K地块京西电子市场拆迁是推动银河商务区建设的一项基础和重点工程,万商公司成立拆迁工作领导小组,主要领导亲自抓拆迁、促拆迁,如期完成年度拆迁工作。加强组织协调,与区国土分局、土地整理储备中心石景山分中心及区国资委磋商,配合评估公司和拆迁公司与商户进行多轮洽谈，促进拆迁工作开展。7月31日，万商如一酒店鲁谷店停业，率先启动拆迁。8月5日，根据区政府办公会精神，与土储中心签订银河商务区K地块国有土地使用权收购意向协议。协议明确被收购土地的四至位置、明确对被收购方现金补偿和实物补偿的基本标准和方案。截至年底，工业厂房3、4、5层已经腾退并移交给国土分局。为推动京西电子市场的拆迁，公司提出并促使华信源有限公司召开董事会，专题研究拆迁工作。工作小组正加紧同剩余商户进行谈判，并做好运用法律等各种手段推进工业厂房拆迁工作的准备。

（李　瑾）

【确立发展战略】 根据国资委关于启动国资系统以及监管企业“十二五”发展规划编制工作的通知，公司主要领导组织班子成员及财务部、企业发展管理部、综合办公室等相关人员到各子公司进行实地调研，听取各业务单位经营汇报，并组织多次分析讨论会。经过认真研讨，确定公司“十二五”规划总体思路，即充分利用未来五年“大调整、大建设、大发展”战略带来的契机，继续秉承“诚信经营、以人为本、和谐发展”的经营宗旨，坚持以经济效益最大化和可持续发展为原则，重点推进酒店管理、物业管理两大主业的发展，力争五年后将万商公司逐步发展成为主业突出、结构合理、管理先进、具有竞争力和品牌影响力的集团公司，并力争做到营业收入翻番，使公司发展进入到一个新境界。

（李　瑾）

【突出特色服务】 北京万商花园酒店加大商散和会务接待营销力度，突出特色服务，提升服务品质，经营成效显著。截至年底，花园酒店及运动中心完成营业收入4153万元。年内完成区人大十四届五次会议、市委考察组、区妇女代表大会、CBA联赛等重要政务会议活动接待服务工作，获得各界宾客称赞。5月7日上午，国民党名誉主席连战携夫人参加“北京台湾街”开街仪式后到酒店用午餐，周到热情服务得到连战认可。

（李　瑾）

【提升管理质量】 从规范业务流程和管理制度入手，发布5项管理制度，不断改进和完善管理和业务流程，提高工作效率。资产管理部进一步健全完善外围物业基础资料，理顺租赁管理程序，不断提高租赁管理水平；财务部加强公司预算管理，不断完善经济活动分析工作的组织管理，协助区审计局完成原董事长离任审计工作，并通过不断健全、完善两级公司财务管理机制，促进公司经营活动开展。结合春节、“两会”、国庆等安全管理重点时段，两级公司分别开展50多次安全隐患检查工作；进行包括防汛预案、煤气泄漏预案、应急消防疏散等30多项次的各类应急演练。尤其是结合“四个能力”建设，制定并实施多项安全管理工作措施，使企业安全生产能力得到极大增强。

（李　瑾）

【解决涉访拆迁问题】 创新工作方法，加强涉访拆迁问题的处理力度，成立专门的信访接待部门，按照“尊重历史，注重事实，依法处理，积极稳妥，化解矛盾，顾全大局”的原则，制定总体工作方案，成立两个职能工作组，返聘熟悉业务的工作人员，并聘请专职律师，主动推进各项遗留问题的处理工作。截至年底，接待来访420余人次，受理40余户争议案件，收集相关资料300余份，拟写法律意见书5份。涉访拆迁问题逐步被引导到依法正规解决的渠道，有效维护企业经营发展秩序。

（李　瑾）

【万商如一酒店商标注册成功】 按照“做强”的要求，调整、巩固和发展并重，抓住品牌建设龙头，积累品牌建设经验、不断扩大品牌影响力。7月8日，如一酒店商标“LOGO”注册成功。有效期期为2010年7月7日至2020年7月6日止。

和字母商标：**W.S RUYI**

（李　瑾）

北京市永定林工商公司

【概况】 北京市永定林工商公司（以下简称公司）隶属于北京市园林绿化局。占地总面积141万平方米，其中苗木用地124万平方米，工副业用地17万平方米。办公厂房建筑2.2万平方米，所属企业总注册资金3021万元。公司机关设办公室、人事劳资科、计划财务科和经营管理科，下辖十个直属单位和一个参股企业。公司职工总人数500余人，其中中级以上技术人员20人，中高级技术工人85人。党委建制下分七个党支部，党员65人。当年是公司转变经济发展方式，寻求新的经济增长点的关键之年。公司党政领导班子以科学发展观为指导，带领广大干部职工科学谋划、攻坚克难、开拓进取、扎实推进，以经济效益为中心，着力夯实发展基础，抓好公司基础设施建设，调整产业结构，致力于公司发展后劲，积极筹划永定河文化公园建设项目，各项工作取得长足进展。按照年初职代会确定的工作目标与任务，实现全年经营收入1.92亿元，税前创利

626.5万元，上交各种税金700万元，超额完成全年生产经营任务。职工人均年收入5.2万元，比上年增长10%。

地址：京原路55号

电话：88958104

邮编：100043

（刘慧敏）

【永定河前期工作】 根据市水务局编制的永定河绿色生态走廊建设规划和市规划委编制的《永定河绿色生态发展带综合规划》，按照市局（办）有关指示精神，公司作为业主，承担永定河文化公园项目建设任务，面积133公顷，包括40公顷潜流性功能湿地。项目被市政府列为“首钢地区十大专项任务”之一、“永定河生态经济发展带”十大主题公园之一和市重点建设项目。委托市水利规划设计研究院和市园林古建设计研究院作为联合体完成湿地公园总体规划方案；完成项目区1:500、1:1000、1:2000地形图绘制、地层结构、地下管线勘探和防洪影响分析；完成水土保持方案、环境影响评价及交通影响评价等工作。

（刘慧敏）

【樱桃园续建】 3～4月，引进100株大规格樱桃苗和1100株两年生樱桃苗，按照技术规范补植养护；合理利用市园林绿化局拨付的观光果园建设专项资金，进行樱桃园的建设和维护，确保苗木的成活率。

（刘慧敏）

【规范工程运作程序】 制定工程项目规范管理办法和关于落实永定河文化公园项目建设的相关工作规定，对项目的规划、申报、计划管理、项目建设及资金使用管理和监督管理等内容进行规范管理，实行项目主管领导责任制和项目领导小组负责制，加强单位工程项目管理，规范工程运作程序，提高工程项目资金使用效率；制定专业技术人员聘用工作办法，加强专业技术人员聘任管理，充分调动和发挥专业技术人员的积极性和创造性，使专业技术人员聘用工作管理制度化、规范化。

（刘慧敏）

【处理拆迁事宜】 8月，由于京石客运专线铁路修建和高压线塔改造，需要下属金属材料厂场区内的高压塔进行迁移、重建。拆建工程对材料厂的日常运营和整体经济效益造成较大影响。公司配合国家重点工程建设，为施工提供必备的基础条件；同时与区重点办、拆迁公司、审计公司和施工单位沟通协商，签订拆迁补偿协议，尽量减小由于拆迁对单位造成的经济损失。

（刘慧敏）

【完善基础建设】 投资95万元对配电室进行维修、更新设备，改变配电室高低压电器设备老化，控制设备带病运行的局面；完成机关网络升级改造，基本实现机关楼网络全覆盖，同时配备机柜、UPS电源、硬件防火墙、可网管交换机等等，对机房进行硬件升级，增强公司网络安全性和稳定性；投资65万元，加盖和装修直属经营单位办公场所；铺设有线电视光缆。

（刘慧敏）

北京市星宇商贸有限公司

【概况】 北京市星宇商贸有限公司（简称星宇公司）前身为北京市石景山区星宇总公司，于2006年7月改制，隶属于北京市供销合作总社，2010年7月，与北京市诚至物业管理有限责任公司进行经营管理体制调整，组建成立北京世欣宇成资产经营管理有限责任公司并持有本公司总股本的51%，成为控股股东。公司占地总面积2.1万平方米，其中可运营资产面积2.3万平方米。公司下设一室三部，即办公室、资产运营部、财务部、人保部。核算单位3个，即北京市星宇商贸有限公司、北京市石景山区供销合作社、北京星宇京西物资回收有限公司。业务经营范围包括：房屋租赁，物业管理，销售金属材料、机械设备、电器设备、五金交电、劳保用品、建筑材料、烟花鞭炮、旧自行车，废旧物资收购等。年内，以突出经济工作为中心，以加快发展为主题，把握市场动向，调整资产经营结构，探索企业发展模式，有效发挥资金效益，科学决策，进行投资论证，参与市供销合作总社合伙人企业项目运作，确保总体利润水平不断提升。为企业经营进入新的发展阶段奠定基础，企业竞争力不断增强。

地址：杨庄东路128号

电话：68863473

传真：68823474

邮编：100043

网址：www.xysm128.com.cn

（周　烈）

【收益持续增长】 公司调整资产经营策略，保持收益持续增长。营业收入总额1195.1万元，投资收益396万元，成本及税费总额1136.8万元，实现利润461.6万元，较上年同期增长7%，上缴国家财政总额272.2万元，社会贡献额1992.2万元。

（周　烈）

旅 游 业

旅 游 管 理

概 述

石景山区地理位置优越，旅游资源丰富。八大处、游乐园、国际雕塑公园均为本市知名景点，具有“东临帝阙，西濒浑河”的区位优势，也拥有厚重的历史文化积淀，不仅留有历代名人的遗风古韵，还有珍藏世界稀有释迦牟尼灵牙舍利的灵光寺，以及拥有明代壁画精品的国家重点保护文物法海寺等历史遗存。旅游业规模不断扩大，逐步形成一个比较完善的产业体系，成为地区国民经济中不可缺少的重要组成部分。北京市石景山区旅游局(简称区旅游局)是负责本区旅游行业管理的区政府工作部门，设综合办公室、旅游管理科和旅游发展科三个科室，行政编制 10 人，工勤编制 1 人；下设 1 个直属事业单位——区旅游咨询服务中心，为全额拨款事业单位，编制 5 人。年内，继续加快推进重点旅游项目建设，夯实产业发展基础，按照国家旅游局《2010 全国旅游服务质量提升年活动方案》和市局部署要求，严格落实北京旅游服务质量提升年暨旅游监督管理工作要点，把质量年活动作为全年的一项中心工作贯穿始终，把服务广大游客、促进旅游服务质量提升作为各项工作的出发点和落脚点，在“旅游市场引导宣传、重点产业发展促进、贯彻《旅行社条例》、旅游标准化建设、旅游质监执法、导游员管理、星级饭店管理、旅行社管理、行业精神文明、旅游诚信和行风建设”等 10 个方面开展 67 项具体工作，全面强化“吃、住、行、游、购、娱”旅游六大要素的质量管理，不断增强全行业“质量兴旅、质量强旅、以质取胜”的意识，进一步提升旅游服务质量和水平，为广大游客提供更加细致、周到、满意、高效的服务，促使人民群众满意度和旅游服务品质不断提高。举办首届北京 CRD 国际啤酒节、第二届北京刷卡节、石景山游乐园第七届狂欢之夏国际文化节等一系列大型活动，以”节”造势，力推 CRD，主打文化休闲娱乐牌，构建开放的旅游体系，打造“新北京旅游”窗口，为地区旅游发展汇聚人气。截至年底，全区共有住宿业、旅游景点、旅行社等旅游业相关单位 95 家，从业人员 4421 人。全年实现各项旅游综合收入 18.23 亿元，其中旅游商业实现收入 12.47 亿元，占旅游总收入的 68.4%，成为旅游收入主要构成部分；接待人数为 1140.8 万人；增长幅度在全市名列前茅。

地址：石景山路 18 号
电话：68607216
邮编：100043

（丁 玥）

【旅游规划编制】 “十一五”期间，结合北京市加快西部开发建设、首钢搬迁、永定河改造的有利时机，区旅游局组织编制一系列规划和课题研究。完成首钢旅游发展概念性规划，石景山区旅游土地利用总体规划，石景山区娱乐休闲业发展目标、思路及措施研究，如何构建与强化石景山区旅游、商业、体育及文化互动机制，打造京西消费核心区等规划与课题，启动天泰山风景旅游区规划和莲石湖休闲旅游区规划的编制工作，并在此基础上形成“十二五”时期旅游发展规划。

（丁 玥）

【项目建设呈现四大特点】 近年来，全区新建、改扩建旅游项目 20 余个，旅游及相关项目投资达到 20 多亿元，旅游项目建设取得重大进展。“十一五”期间旅游项目建设呈现四大特点：一是高端化。石景山游乐园冒险世界和幻想世界主题区、海韵假期酒店、万达铂尔曼大饭店、万商花园酒店健身中心、永泰合众西山汇、八大处绿色产业服务管理中心项目等投资过亿或近亿元项目不断涌现；二是特色化。台湾主题文化商业街和石景山游乐园赛纳·左岸风情街以其鲜明的特色吸引各方注意,品牌效果明显;三是生态化。龙洋休闲园和转马台农业观光项目主打生态产业牌,符合绿色北京、绿色石景山的发展理念,建成后将成为生态旅游的新载体;四是人文景点得以全面修缮。八大处公园,京西慈善寺、法海寺、承恩寺以及冰川馆、田义墓等进行了全面修缮。另外模式口历史文化保护区、天泰绿都景区、永定河绿色生态旅游区也都进入规划实施阶段。上述旅游项目的建设,使本区初步具备了北京西部旅游综合服务功能。

(丁 玥)

【春节收入 1501.9 万元】 春节期间,本区旅游综合收入实现开门红,创收 1501.9 万元,同比增长 6.4%,旅游接待人数 67.4 万人次,同比增长 2.7%。其中,监测范围内住宿单位实现综合收入 308.9 万元。石景山游乐园第十届洋庙会实现营业收入 992.5 万元,同比增长 6%;接待人数 30.7 万人次,同比增长 7.31%。北京国际雕塑公园实现营业收入 101.9 万元,同比增长 170%;接待人数 19.9 万人次。八大处公园实现营业收入 85.3 万元,同比增长 7.3%;接待人数 16.3 万人次,同比增长 17.3%。

(丁 玥)

【"五一"收入 773.5 万元】 "五一"小长假期间,本区旅游环境秩序安全、有序。全区旅游景点共接待游人 25.2 万人次,实现旅游综合收入 773.5 万元,同比分别增长 2.4% 和 37.58%。星级饭店实现营业收入 74.5 万元,同比增长 14.6%,接待游人 1290 人次,同比增长 1.7%;平均出租率为 53.7%。

(丁 玥)

【端午节收入 211.5 万元】 端午节期间,本区三个主要景点接待游人 13.3 万人次,旅游综合收入 211.5 万元,CRD 啤酒节三天接待游人 1.1 万人次。

(丁 玥)

【中秋节收入 263.6 万元】 中秋假期期间,本区旅游市场秩序平稳。旅游收入创丰,三天接待游人 18 万人次,综合收入 263.6 万元。其中,石景山游乐园接待游人 2.7 万人次,综合收入 210 万元;八大处接待游人 11 万人次,综合收入 48.5 万元;北京国际雕塑园接待游人 4.3 万人次,综合收入 5.1 万元。监管执法到位,旅游、公安、工商、文委、城管、交通等部门加大执法力度,对景区周边实行全天候监管,杜绝各类扰乱旅游市场秩序的行为发生,三天出动执法人员 685 人次,执法车辆 206 台次,查处无照经营及无照游商 58 个,检查文物景点等文化娱乐场所 37 家。

(丁 玥)

【"十一"收入 2278.6 万元】 "十一"长假期间,本区实现旅游综合收入 2278.6 万元,接待游人 62.6 万人次,同比分别增长 64.7% 和 7.2%。八大处公园举办的第二十三届北京八大处重阳游山会及第 60 届世界小姐总决赛北京特别活动吸引众多游客,7 天实现营业收入 83.6 万元,接待游人 24.6 万人次。北京国际雕塑公园举办的第二届北京西部旅游文化广场 7 天实现营业收入 13.5 万元,同比增长 15.3%,接待游人 11.3 万人次。星级饭店实现营业收入 881.9 万元,同比增长 474.3%,平均出租率为 45.6%。"十一"期间,区旅游局联合公安、交通、卫生、工商、城管、文委等单位共出动执法人员 3329 人次、执法车辆 828 车次,查处无照经营及无照游商 363 个,检查文物景点及文化娱乐场所 70 家。

(丁 玥)

【CRD 冰雪童趣节】 1 月 23 日,"首届北京 CRD 奇幻冰雪童趣节"在北京国际雕塑公园北广场开幕。雪上飞碟、真人雪地 CS 激光枪大赛、大型奇幻儿童充气城堡乐园、大型国际奇幻动感电影等游乐设施同一天正式投入使用。冰雪童趣节以"寻找童趣,共享童趣"为主题,向广大市民奉献出包括运动休闲、亲子教育、动漫竞技、冰雪文化、商品美食等多个活动板块、数十种休闲娱乐项目。

(丁 玥)

【CRD 卡新春促销】 1 月 27 日 ~ 2 月 28 日期间,北京 CRD 卡面向广大持卡用户,开展刷卡消费单笔满 99 元,即凭 POS 单参与幸运大转盘抽奖活动。本次活动抽奖礼品由深圳发展银行出资统一采购,总价值约 24 万,其中 CRD 卡特约商户采购量约为 12.6 万,占采购总额的 83.34%,采购区内非特约商户产品 4.35 万,占采购总额的 8.49%,活动期间,直接参与抽奖的持卡用户达 6178 人次,中奖率 100%。

(丁 玥)

【新春文化庙会】 北京国际雕塑公园新春文化庙会从 2 月 13 日(除夕)至 20 日(正月初七)在公园东区举办。庙会以"百姓的庙会百姓的乐子百姓的红火年"为主题,除品尝美食、猜灯谜、民俗商品展卖、文艺演出等传统活动外,还举办"百乐会"—百姓欢乐大舞台、万人白领相亲会、门墩文化展、小学生游文化庙会有奖征文活动、全国首届长城摄影大赛展延展等特色活动,体现"博、新、奇、特、珍"特点。庙会期间,公园接待游客 223476 人次,门票收入 672600 元。

(崔 璠)

【质量提升年咨询日】 3 月 27 日上午,在石景山游乐园摩天轮广场举办"品质伴你行,满意在北京"全国旅游服务质量提升年石景山区分会场宣传咨询日活动。此次活动按照国家旅游局《2010 年全国旅游服务质量提升年活动方案》总体要求,通过与市民和游客开展"零距离"咨询互动,发布有用、实用的旅游资讯,使"品质旅游、文明旅游、理性消费、依法维权"观念进入游客思想,走进群众生活。当天设置展位 20 余个,组织有关部门和旅游企业现场接待群众咨询,解答旅游消费疑难,宣传依法维权知识,发放《品质旅游出行提示手册》等宣传资料2万余份,推介品质旅游。

(丁 玥)

【参加鸟巢咨询展】 4月3日,组织八大处公园等区内旅游企业参加北京、上海两市旅游局在奥林匹克中心区共同举办的“2010走进世博,旅游大篷车凯旋仪式”暨“全国百城世博宣传推广周启动仪式”。仪式后,国家旅游局局长邵琪伟在副市长丁向阳陪同下,参观由各区县及主要旅游企业组成的咨询展活动,在本区展台前,邵局长与咨询工作人员亲切交谈,询问石景山游乐园及八大处公园中国园林茶文化节情况,并对区打造北京CRD的战略定位给予肯定。此次咨询活动,本局以推介本区当年春季旅游活动为主题,发放资料近2万份,接待游客咨询2.5万人次。

(丁 玥)

【图行石景山上线】 4月29日,以展现本区旅游产品的专题图片库“图行石景山”在市局官方网站——北京旅游信息网成功上线。登陆“北京旅游信息网电子政务版”及“畅游北京版”,可浏览到本区休闲娱乐、文物古迹、四季旅游节庆活动以及奥运遗产4大类20个主题图片库。此次“图行石景山”是市旅游局为更好地宣传全市旅游产品在官方网站上特别策划的栏目,本区是第二个完成图行专题的区县。

(丁 玥)

【服务技能大赛】 5月17日,“2010北京旅游饭店服务技能大赛(石景山区)初赛”在万商花园酒店开赛。来自万商花园酒店、京燕饭店、海特饭店、西翠会馆、神农庄园酒店和国广公寓的61名选手参赛。比赛分笔试和实际操作两个环节,设中餐宴会摆台、西餐宴会摆台、调酒和中式铺床四个项目,优胜选手进入市级复赛。6月11日,区旅游局获市服务技能大赛“优秀组织奖”。

(丁 玥)

【参加项目推介会】 5月25日,在北京召开的第十届世界旅游旅行大会旅游项目推介会上,“游乐园梦幻世界项目”作为娱乐类重点项目成功推介。该项目类似于韩国“乐天世界”,是大型室内游乐园,投资13亿元,位列全市重大投资项目前三位。项目位于石景山游乐园东园门区,东邻五环路,南依石景山路,西临八角东街,北为游乐园南侧正门,总占地面积2万平方米。项目围绕“欢乐无限”这一主题展开策划,建设一座集知识性、趣味性、娱乐性、参与性于一体,具有游乐业世界先进水平、国内一流的大型室内主题乐园,项目建成后将改变游乐园天气、节庆的约束,成为全恒温、全天候、全年开放的中国第一室内游乐园和北京地区大型休闲娱乐中心。推介会上,数名外商及民营企业对该项目进行咨询,并与区旅游局和游乐园负责人进行接洽,由石景山游乐园现场赠送的吉祥物大耳猫也受到与会代表喜爱。

(丁 玥)

【CRD刷卡节】 6月1日,由区政府和中国银联北京分公司携手主办的第二届北京CRD刷卡节在万达广场正式启动,拉开为期27天的刷“银联标准卡”促销活动。本届在商家参与力度、消费者积极性方面均有突破。区域内主要大型商家如万达广场、当代商城、华联商厦、万千百货、星座商厦、大中电器、大歌星量贩KTV、万达影城等共同参与,并与首届北京CRD国际啤酒节形成互动。活动期间,客流量日均28万人次,带动消费7亿元,创下历史新高,奖品全部送出。

(丁 玥)

【CRD国际啤酒节】 “首届北京CRD国际啤酒节”由市旅游局和区政府共同主办,以啤酒、足球、旅游文化为主题,于6月11~28日南非世界杯期间在北京国际雕塑公园嘉年华广场举行。场地面积达5万多平方米,营业18天,以“喝啤酒、看世界杯”为卖点,通过“节会赛一体化”方式接待游客近20万人。除为游客准备2块面积达54平方米的超大LED显示屏,每日实时播放世界杯比赛,还策划自由搏击表演、新动向模特大赛、啤酒速饮大赛、抽奖等活动。丰富京城百姓夏日文化生活,拉动个人消费。并搭建知名企业品牌展示舞台,青岛、燕京、嘉士伯、喜力等内外资品牌以及来自德国、比利时、俄罗斯、澳大利亚、美国等多个进口啤酒品牌出现在啤酒节上,同时吸引中国移动、中国联通、中国银联北京分公司、中国票务在线、团123等众多知名企业参与。

(丁 玥)

【CRD狂欢之夏】 6~8月,推出“北京CRD狂欢之夏”系列活动。活动以落实CRD建设行动规划,打造夏季旅游文化活动品牌,形成京西综合消费热点,促进经济社会全面发展为宗旨,包括首届北京CRD国际啤酒节、第二届北京CRD刷卡节、石景山游乐园第七届北京狂欢之夏游园会和首届台湾美食文化节等。通过系列旅游文化活动的举办,打造休闲娱乐全北京向“西”看的格局。

(丁 玥)

【石景山旅游咨询日】 8月5日,“品质伴你行,满意在北京”——石景山旅游咨询日活动在华联商厦前举行。来自怀柔、门头沟等区县的10余家旅游企业为居民免费发放旅游资料,提供旅游资讯服务。活动接待咨询者3800人,发放材料4.45万份。现场咨询活动特别突出趣味性、互动性与参与性,对于群众消费维权、政策法规等方面的知识咨询,咨询员们耐心答疑解惑,讲解通俗易懂,尽量让前来咨询的群众听得清楚、看得明白,受到市民普遍好评。

（丁　玥）

【第九届北京重阳登高节】 9月28日在北京国际雕塑公园举行开幕式。本次登高节活动由市旅游局和区政府共同主办，以“九九重阳，快乐久久”为主题，整体分为“游”、“乐”、“秀”三个板块，共12项系列活动，历时20天。第二十三届北京八大处重阳游山会及在石景山游乐园举办的第十一届欢乐金秋游园会，均是重阳登高节的传统活动。游山会秉承传统的重阳习俗，强化人文关怀，以敬老为主题，呼吁现代人敬老尊贤。游园会则以5个亚洲第一，6个全国之最，10个京城唯一为代表，由100多个项目所组成最具G觉冲击力的游艺嘉年华活动。在国际雕塑公园举办的“北京西部旅游文化广场”主题活动，汇集京西各区旅游纪念品精华，同时进行浙江省旅游纪念品展示，旅游文化商品、重阳特品展卖。海淀、房山、大兴及本区旅游企业现场进行旅游咨询活动，推介京西旅游资源，也为市民假日出行提供导航。CRD之“秀”板块中，第五届北京西山诗歌节“诗韵西山”诗歌原创朗诵大赛吸引社会各界诗歌爱好者参与，不到一个月参赛作品500余篇，最终41个作品39名选手从中脱颖而出，获得奖项。组委会筹备“诗韵西山”大型诗歌晚会，为诗歌爱好者搭建交流、创作平台。为期一周的中华奇绝艺术展演，百名荣获吉尼斯世界之最，堪称“中华奇绝艺术之瑰宝”的奇绝艺人现场展示绝活。10月4日，世界小姐于八大处公园学习中国琴棋书画和传统技艺。作为“世界美 中国情”——2010第60届世界小姐总决赛北京特别活动，是世界小姐在北京的一次时尚写真和文化传播。除相关旅游景区，本届登高节还吸引万达、当代、万千、台湾街等商家、特色街的参与，开展“边游边购 乐购重阳”——商企重阳促销活动。百合网第五届北京相亲大会、第二十五届石景山区金秋体育盛会，第六届“舞动北京——群众舞蹈大赛”等活动，将地区旅游、文化、体育、商业资源进行有效整合。

（丁　玥）

【加强行业安全管理】 贯彻市、区安委会和市局关于加强安全生产工作的指示要求，联合有关执法部门，组织旅游企事业单位，采取多项措施加强行业安全管理工作。1.开展“安全生产月”活动。按照市、区安委会和市局有关通知要求，带领全区旅游行业组织开展“安全生产月”活动，确保全区旅游行业安全形势平稳有序；2.强化首届北京CRD啤酒节应急管理。成立组织领导机构，制定相关应急预案，并召开专题会议进行部署，落实全程值班。啤酒节历时18天，未发生任何安全事件；3.认真排查大型游乐设施安全隐患。深入吸取深圳东部华侨城6、29重大旅游安全事故教训，组织技术人员对石景山游乐园和八大处索滑道有限责任公司大型游乐项目设施设备进行检查及隐患排查。7月初配合市旅游局、市质监局对石景山游乐园、八大处索道、滑道等大型设备设施再次进行检查，确保安全运行；4.有效预防天气对旅游业不良影响。7月上旬，做好应对高温天气和防汛各项工作，以会议形式向全区2个4A级景区、8家星级饭店和88家社会旅馆等旅游经营单位发出紧急通知，要求做好高温防暑和强降雨防汛工作；做好空调和电器使用安全保障工作，防止超负荷运转造成安全事故；做好紧急情况下立即启动应急预案及事故处置工作。

（丁　玥）

北京石景山游乐园

概　　述

北京石景山游乐园占地面积35万平方米，拥有大中型主题游艺项目100余项，是目前国内经济效益最好、游艺项目最多、过山车数目最多的大型主题公园。是国际游艺机游乐园协会资深会员，北京市一级公园；国家AAAA级旅游区（点）；是国内唯一一家通过IS09001质量体系、ISO14001环境体系和OHSI8001安全健康体系认证的游乐园。年内，购票入园人数134.5万人次，同比增长5.25%；综合经营收入9118万元，同比增长5.87%。被评为市第一批“重点公园”、“全国精神文明建设工作先进单位”、“全国先进游乐园”，“首都文明单位标兵”、“首都文明旅游景区”、市“爱国卫生红旗单位”、市“消防工作先进单位”、市“交通安全先进单位”、“特种设备安全管理先进单位”、“2010年度最受关注旅游目的地”、“首届新京味旅游创意名片奖”、区“厂务公开民主管理工作先进单位”、“第九届北京重阳登高节最佳效益奖”、区“组织创建先进单位学习型企业”、“纳税百强单位”等。

地址：石景山路25号
电话：68876016
邮编：100043

（刘鸿静）

【第十届北京洋庙会】 2月14～21

日,举办第十届“北京洋庙会”。以“中西合璧异域风情北京洋庙会,吃喝玩乐激情狂欢石景山游乐园”为主题,以2010名洋人逛洋庙会、五洲风情花车行进表演等11项活动为主要内容,以亚洲游艺项目最多大型现代化主题乐园为载体,“看洋景儿、听洋曲儿、品洋味儿”,通过五洲风情花车行进表演、欧美经典音乐、西方民俗表演、时尚流行即兴街舞表演和童话卡通表演等形式,以及运用新服装、新道具、新造型、新彩车、新旋律营造出狂欢氛围。围绕“洋”字策划“2010位洋人逛洋庙会”、“童话婚礼走进洋庙会”、“激情洋庙会,浪漫情人节”有奖大派对等系列活动。“冒险世界”、“幻想世界”两大主题娱乐区增强游客吸引力。召开新闻发布会至大年初八的20天中,媒体每天有“洋庙会”信息,期间播报、刊登信息1300余次,中央电视台播报3次(其中《新闻联播》播报1次)、北京电视台20次、报刊120篇。在10家网站做宣传,地铁前门、宣武门、崇文门、西单等枢纽大站制作广告牌8块,长安街沿线悬挂广告旗720面。8天接待游客30.6万人次,同比提高7%。

(刘鸿静)

【第十届春之韵游园会】 5月1～4日,举办以“走进石景山游乐园,走近春天!赏花、踏青、科普游,低碳健康伴你行”为主题的第十届春之韵游园会活动。作为游乐园品牌娱乐活动,以涉及面广泛、参与人数众多、内容丰富多彩、场面热烈火爆,被全国假日旅游办列为最受老百姓喜爱的热门文化娱乐活动。本届游园会的最大亮点是提倡环保低碳生活方式,推出“我的低碳生活”科技月活动,举办低碳生活小常识讲座,互动课堂、展示低碳生活小窍门等。另外“品质伴你行,满意在北京”、“五四青年节游园会”、“感恩游客,回报社会连环有奖大酬宾活动”等构成此次游园会的十五项内容。5月1～3日购票入园7.2万人,综合经营收入比上年增长12.9%。

(刘鸿静)

【第十一届欢乐金秋游园会】 10月1～7日,举办以“金秋欢聚石景山,精彩炫动游乐园”为主题的“第十一届欢乐金秋游园会”活动。将“国庆”主题演绎为“看巡游、逛美景、品佳肴、参与连环抽奖、体验100多个国际一流的游艺项目”等集休闲、观光、游览、参与体验为一体的特色品牌文化活动。购票入园12.2万人次,比上年增长30%;综合经营收入964.5万元,超额完成“十一”低限计划指标,同比增长35%,创造建园以来“十一”黄金周经营收入最好水平。

(刘鸿静)

【第七届北京狂欢之夏】 该活动系游乐园每年暑期旅游旺季7、8月举办的品牌文化活动。7月3日～8月31日,与联合国教科文组织、中国国际友好文化节组委会、市文明办、市旅游局、FM103.9等单位继续合作,共同举办“北京狂欢之夏国际文化节”活动。同步开展为期60天的以“打造品牌增效益”为中心,以“安全、优质、高效”为主题,以“三比、三赛、三落实”为主要内容的第21次劳动竞赛活动。面对全国气候异常和市场竞争形势,以及全球性金融危机滞后效应影响,调整经营策略,通报劳动竞赛各阶段指标完成情况,及时进行经营分析。单日(非节假日)经营收入突破100万元(收入为103.7万元);8月经营收入1797万元,同比提高7.4%,创造单月经营收入历史最好水平。

(刘鸿静)

【第七届环球宝贝庆六一】 5月29日至6月1日,与中国国际友好文化节组委会举办第七届“环球宝贝庆六一”活动。数十个国家驻华使节、外交官、夫人及孩子参加在CRD剧场举行的活动,数千名中外小朋友同台演出。活动期间,园内举办各种寓教于乐的儿童主题活动,其中大中型游艺项目包括皇家转马、童话火车、儿童爬山车、空中漫游、哈利历险、PK泡泡球、幻想世界主题区内的奥利水战、海洋Party、快乐摇篮等。小朋友们可与各种卡通动漫人物亲密互动,做游戏,表演节目,尽情释放心情,体验欢乐的六一节。

(刘鸿静)

【企业经营管理】 4月,主要针对一般管理人员、分部主管和一线员工组织开展全员竞聘上岗。细化二次分配制度。招聘引进人才。制定关于开展“旅游服务质量提升年”活动方案、安全生产工作实施方案、防洪应急预案、贯彻国务院关于进一步加强企业安全生产工作的方案、火灾隐患排查整治专项行动方案。贯彻国务院《关于进一步加强企业安全生产工作的通知》(国发[2010]23号)精神,组织开展“六个一”活动:即各部门、各联营单位、驻园保安中队每天例行一次安全检查;各部门每周召开一次安全例会;全园每月开展一次隐患排查整改;每季度进行一次安全生产教育培训;每半年组织一次全园应急演练;每年修订一次突发事件应急预案管理制度。建立横向到边、纵向到底安全管理网络,做到安全工作与各项经营工作同部署、同检查、同落实。根据CRD行动规划对游乐园定位,编制石景山游乐园2011～2015年发展规划纲要。全园范围内开展“乐园之星”、“流动红旗岗”评选活动。

(刘鸿静)

【企业品牌建设】 自2005年以来,先后在国家工商总局商标局注册“洋庙会”、企业标识(即商标)、吉祥物“大耳猫”、“白雪公主和七个小矮人”等商标,截至10月,取得商标注册证19件。结合2011年兔年设计创作“欢乐兔”,完成包括“欢乐兔”形象、名称、歌曲、舞蹈等为主要内容的系列品牌打造,向国家工商总局提交注册申请。

(刘鸿静)

【“风情街”建设】 “塞纳·左岸风情

街”(酒吧街)项目从上年年底开工建设。建筑面积约1.6万平方米。年内,主体工程基本竣工,进入装修阶段,按照区政府提出的“定位不变、风格不变、比重不变”原则,除北区个别较偏僻商位仍在洽谈外,其他均已招商到位。

(刘鸿静)

【提示信息】 入园开放时间4月1日至10月31日每天9:00——17:30;11月1日至3月31日每天9:00~16:30;节假日期间正常营业,闭园时间根据当日具体情况适当延长。门票价格10元/人,持学生证、老年证可购买半价门票,价格:5元/人;持老干部离休证、残疾证和身高不足1.2米的儿童可免门票入园。

(刘鸿静)

八大处公园

概 述

八大处公园位于北京西山风景区南麓,本区东北部,为西山余脉翠微山、平坡山、卢师山所环抱。占地面积332公顷,植被覆盖率达97.4%,有名木古树550株。园内有主建筑保存完好的八座古寺院;有世间罕存的佛教创始人释迦牟尼灵牙舍利。是国家AAAA级景区、本市一级一类公园、文明公园(示范)单位、首批市级文物保护单位。公园为区属差额拨款事业单位,现有正式职工138人。内设人事、财务、行政、管理等科级单位14个。年内,公园贯彻落实区委区政府“大调整、大建设、大发展”的战略部署,以科学发展观为指导,推动公园科学发展。年内,进一步加大基础设施建设投资力度,优化美化旅游环境,巩固和拓展旅游市场,提升旅游服务质量。在春季茶文化节和秋季游山会两大旅游文化活动项目中,鼎力打造节会品牌,提升公园市场形象,各项工作均取得良好成绩。公园全年接待游客436万人次,门票收入1556万元,综合收入3771万元。7月25日,经区编办批准,八大处别墅更名为“北京市八大处公园服务中心”,为公园管理处所属(相当正科级)差额拨款事业单位。12月14日,大悲寺交由区佛协使用。

地址:八大处路3号

电话:88964661

邮编:100144

邮箱:badachugongyuan@yahoo.com

网址:http://www.badachu.com.cn

(于长林)

【重大建设改造项目】 3月上旬,北京城望文化发展有限公司投资600余万元用于一处长安寺大殿等古建修缮工程,施工方为中兴文物建筑设计工程公司。北京华林源工程咨询有限公司为工程监理。7月20日,公园接待中心建设工程竣工,进一步完善公园接待服务功能,美化公园窗口形象。该工程总建筑面积3915平方米,工程总投资2300万元。主体建筑分三层,地上一层地下两层。地上建筑为殿庑式仿古做法,青砖灰瓦,朱红色木格门窗,梁枋饰有彩画,外观与对面办公楼相协调,古朴典雅。9月7日,公园投资552万元开工修缮六处香界寺藏经楼院和行宫院部分古建及相关附属设施,修缮总建筑面积2816平方米,铺装地面3678平方米,补砌院墙235米,行宫院内的大戏台、寝宫和眺远斋均挑顶大修。12月20日,八大处公园安全防范管理系统工程竣工并验收合格。该工程由北京义薄云天安全防范技术有限公司独立施工,总投资45万元。由视频监控管理系统、车辆自动识别管理系统、园区主要通道门禁管理系统以及伸缩门管理系统四个分系统组成,该工程所采用的技术、设备、材料等均处于国内优先地位。系统建立与运行进一步确保职工劳动环境与游客游览环境安全。

(于长林)

【第九届园林茶文化节】 4月27日~5月3日举办。中宣部、市对外友协相关领导与日本、佛得角、阿根廷、突尼斯、毛里塔尼亚等国外交使节应邀出席开幕式。由区政府、中国国际茶文化研究会、中国茶叶流通协会、中国佛教协会等联袂主办的第九届八大处中国园林茶文化节,鼎力凸显“绿色·多元·文化”主题,力求全方位、高规格、多层次展示园林茶文化。远道而来的韩国茶道展示成为本届茶文化节最大亮点。“名茗之中 爱在八大处”大型相亲会、第四届春茶供佛斋僧甘露法会、黄芩缘茶文化展等活动也在茶文化节期间举办,吸引游客17万人次,门票收入69万元,综合收入95万元。茶文化节是全国唯——个以佛教寺庙禅林文化为背景,以中国博大精深的茶文化为主题的大型文化活动。活动受到社会各界广泛好评,成为北京旅游市场“五一”黄金周的亮点活动之一。

(于长林)

【第二十三届重阳游山会】 9月28日~10月17日。,区政府主办,区旅游局、文委、公园管理中心、区佛协、区建设办、八大处公园等联合承办“第二十三届八大处重阳游山会暨首届北京重阳文化节”,为期20天。以“重阳文化寻根溯源,金秋美景和谐共享”为主题,深入挖掘我国传统的重阳文化内涵,倡导全民健身和健康生活新理念,不断推出重阳敬老、登高祈福、康体健身系列活动,成为金秋深受北京市民喜爱的节庆活动之一。活动内容包括:九九重阳大型重阳文化展,首届北京重阳文化广场及“吃重阳”,杂技表演,登高取吉、请“老寿星”为双亲增福添寿、戴福还家,老年群众文化活动,重阳敬老爱心墙、吉祥布带送祝福,重阳“健康宝典”愿您健康长寿,携手金秋——爱在八大处相亲活动,欢庆“马帮进京五周年”特别活动,百卉园征名,登高-品秋-赏红叶。本届盛会接待游客52万人次,门票收入140万元,综合收入达255万元。

(于长林)

【中日佛教友谊林添新树】 4月10日,日本阿含宗僧侣代表、中国北京灵光寺僧人、八大处公园职工、国际友人及入园游客总计100余人共聚卢师山腰,携手植下1000株黄栌树苗,以纪念“中日佛教友谊林”建林一周年。此活动由中国国际友好联络会与中国佛教协会共同发起运作。

(于长林)

【藏经楼开光大法会】 4月8日上午,“八大处藏经楼开光大法会”在六处香界寺藏经楼院举行。来自中国佛教协会、北京各大著名寺院的大法师及各界嘉宾160余人出席。始建于唐朝的藏经楼,历经明清两代鼎盛时期,曾有两朝帝王光临香界寺,藏经楼成为皇帝阅读经书之地。在随后的历史岁月中,藏经楼及其大量珍贵藏品受到不同程度破坏,只有用于存放经书的四个藏经柜还完好无损。公园本着保护文物古迹、打造文化品牌,向区里争取20多万元资金,对藏经楼进行全面维修改造,恢复藏经楼内部陈设。

(于长林)

【滑道产权交还公园】 7月25日,“北京八大处富斯特滑道娱乐有限公司”企业合同期满,合作双方代表举行交接签字仪式。按合同规定,滑道资产所有权交还公园,滑道经营性资产经核算后转入公园旅游服务公司。此后,滑道交由北京西山八大处索道有限公司经营管理。该滑道依八大处虎头山山势而设,于1994年春建成,全长1700多米,是当年中国第一条、世界第一长滑道。共设弯道50个,高低落差240米,平均坡度15°。设计最高时速为80千米/小时,目前限速35千米/小时。引进德国技术和设备,1700米U型滑槽全部用高级不锈钢制成。

(于长林)

【世界小姐光顾八大处】 10月4日,“世界美·中国情”——第60届世界小姐总决赛北京特别活动移师八大处。121名世界小姐光临公园,为重阳游山会平添一道光彩夺目的风景。她们充满好奇地参与做中国饭、品中国茶、学中国绝技等活动,无一不被西山秋色和中国传统文化所陶醉,公园知名度和美誉度获得提升。

(于长林)

【签订土地腾退协议】 6月28日,公园与66019部队教导队签订土地腾退协议。协议规定教导队按协议约定时间将原占用的13572.19平方米土地及6079平方米地上建筑腾退给公园。上述土地新中国成立前属庙产,之后由僧人移交政府,政府又交与八大处公园管理。后由于国防需要,一直由部队占用。为支持地方经济建设,促进地方旅游事业发展,区政府与北京军区友好协商,后经军区办公会研究决定,同意将上述土地及地上物腾退给公园,区政府决定该土地及地上物由公园管理使用。

(于长林)

规划建设

规 划 管 理

概 述

北京市规划委员会石景山分局(简称规划分局)于2003年3月1日正式挂牌成立,是市规划委员会的派出机构。设办公室、纪检监察科、综合科、建设工程管理科、规划科、用地科、市政交通科、监督检查科。当年是全区“大调整、大建设、大发展”的关键年,是上承“十一五”规划,下启“十二五”规划的转折年。在北京建设世界城市大背景下,围绕市规划委、区委区政府决策部署,按照强化发展、改善服务、落实总规基本思路,以北京市绿色通道项目和区政府重点项目审批为重点,高度负责地承担起规划管理工作使命,强化服务职能,狠抓自身建设,推行政务公开,接受社会监督,扎实开展各项工作,打造“阳光规划”、“法制规划”和“服务型规划”。全年核发行政许可及其他事项171项,在构建新北京、实现CRD建设中发挥城市规划龙头作用。

地址:八角南路9号

电话:报建大厅 68863815

办公室 68870345

邮编:100043

(杨 琳)

【配合完成总规实施评估】 配合市规划委“规划审批数据统计分析”课题组进行调研。梳理本区重点项目、三大设施、保障性住房等规划建设情况;配合调研本区近五年房地产发展状况等多项内容,通过了解上一版规划实施情况,为新版规划编制提供依据,同时对摸清辖区城市规划建设基本情况有重要参考作用。

(杨 琳)

【干道两侧遗留项目整治】 根据市委书记刘淇主持召开关于“城六区主干道两侧遗留项目”市委专题会精神,为解决城市主干道周边环境脏乱差问题,组织成立“石景山区主干道两侧建设整治领导小组”,协调组织上庄8号院、奈伦代征绿地、合家坟村3个地块遗留项目拆迁安置、绿地腾退及环境整治工作。

(杨 琳)

【配合完成规划课题研究】 配合市规划院推进“十二五”时期重大发展机遇下的空间规划课题,通过对永定河石景山段以及首钢的规划研究,调研本区产业结构状况,提出规划空间引导策略。配合完成“石景山路、阜石路、莲石路、周边永定河石景山段可利用土地规划研究”课题,组织开展对上述地段周边用地情况调查,为“十二五”期间发展产业提供更多土地储备。梳理出“三路一河”周边可利用土地36处综合地块,建议由土地储备部门统一收储,确保对土地资源统一管理和建设用地统一供应,并配合市规划院对36处地块进行控规研究。

(杨 琳)

【配合挂账村项目综合治理】 做好辖区三个市级挂账重点村—老古城前街社区、边府、衙门口的规划研究与调整。深入实地调研,协调市规划委及区政府意见,推进规划编制。到年底,边府、衙门口规划调整方案获市政府批复。同时,配合市规划院进行挂账村路网规划条件的编制。

(杨 琳)

【突出问题专项治理】 开展工程建设领域专项治理排查工作。一是市规委牵头承担的规范城乡规划管理专项工作组的排查任务;二是作为成员单位参加市发改委牵头的规范建设项目决策行为专项工作组,配合发改委开展排查任务。及时成立排查工作领导小组,建立工作、信息沟通机制,督促同步完成各阶段治理任务,同时建立专项治理工作责任追究制度和专项治理工作不定期督察制度。分两批次对市规委要求的涉及房地产开发的83项行政许可进行自查自纠工作,同时配合市发改委开展排查。经过详细核查,本区117项工程建设领域开发项目中有5项涉及对用地性质和容积进行变更,其中变更用地性质的有4项,变更容积率的有1项,全部符合法定变更程序。

(杨　琳)

【完成8件区提议案承办件】 根据区政府办安排,年内承办区人大代表和政协委员建议、提案共8件。内容涉及本区西部广宁地区规划开发建设、加速启动科技园区南区规划建设以及建设高端商务功能区、加快永定河水岸经济带开发建设等方面内容。规划分局及时召开专题会议安排部署,通过与代表、委员座谈,介绍规划情况,较好地宣传规划,完成办理工作。

(杨　琳)

【路网核查】 组织对规划道路与规划道路实现率、停车设施、公交场站及轨道交通接驳情况进行核查。通过对规划道路实现率的分析结果,积极协调市规划院进行五里坨地区规划路网核查、现状摸底和调整;同时完成对该地区范围内文保单位调查和测绘工作,并与区文委等部门制定保护措施。

(杨　琳)

【行政许可】 全年核发行政许可及其他事项171项。其中,建设工程规划许可证37件,总建筑面积:859104.55平方米;建设用地规划许可证9件,总用地面积:1341988.453平方米;核发规划条件意见书17件,总建设用地规模:821903.005平方米,其中自有用地项目14件,总建设用地规模602044.75平方米;授权用地项目3件,总建设用地规模239613.255平方米;规划意见复函13件,建筑面积1135999.62平方米;规划验收28件,规划验收总面积675634.36平方米;市政建设工程规划许可证19件,总长度25748.395米;市政建设用地规划许可证1件,总用地面积24550.451平方米;建筑物命名6件;临时建设工程规划许可证5件,总建筑面积4548.62平方米;规划验线15件,总建筑面积28.7万平方米;规划验收21件,总建筑面积53.8万平方米。

(杨　琳)

【规划监督】 在全区范围内,通过不定期规划检查、巡查,发现违法建设287件,面积6.7万平方米,完成规划认定复函91件,规划查档复函163件,违法建设协查函13件,经规划认定均为无证的违法建设,根据市政府职责分工,全部移送区城管查处。全年进行4次卫星监测,现场核查46处。经确认10处为无证违法建设,其中2处为程序违法建议尽快完善相关手续,另8处违法建设移送城管查处;有证项目5处;农调项目5处;部队项目5处;误判21处,上述情况已上报市规划委。配合对刘娘府、古城、衙门口3个市级挂账重点村违法建设拆违整治,经现场踏勘,摸排违法建设情况,配合区整治办完成违法建设规划认定47件,认定违法建设面积3500平方米。配合有关部门拆除逾期临建20处,共计1.7万平方米。配合城管部门拆除违法建设108处,面积1.1万平方米,其中强拆7处,面积960平方米。集中对五里坨、麻峪、衙门口等侵占集体土地、侵街占道和私自扩建二层以上的违法建设进行现场走访、勘测,快速准确完成规划认定,共认定违法建设面积33245平方米,全部复函城管大队查处。

(杨　琳)

国土资源管理

概　述

北京市国土资源局石景山分局(简称国土分局)为市国土资源局的派出机构,在市局领导下,按照管理权限,负责组织实施本行政区域内土地、矿产资源的行政管理工作。截至年底,新录用应届毕业生1名,调入1名,公开招聘国土所工作人员7名,调出4名,年底在编在岗人员共63名,其中机关工作人员22名、参照公务员管理事业单位人员10名、纳入工资规范管理事业单位人员10名、事业单位人员21名。另外,土地储备分中心仍采取劳务派遣方式聘用工作人员12名。年内,开展土地和矿业权交易市场专项治理、整纪纠风专项治理,深化国土资源管理制度改革。对纳入治理范围的136个工程建设项目,从工程建设项目决策行为和规范土地使用权、矿业权审批和出让行为等角度进行逐一排查。土地储备项目实现投资82.70亿元。完成小业主土地登记105件,抵押登记109件,抵押注销登记112件。办结政务信息公开查询业务178件,比上年增加64.81%。受理数套商品房土地出让申请19批次,办结19批次(37套),出让面积2972.95平方米,收取出让金725409.3元。新建铁路北京至石家庄客运专线临时用地审批面积0.4公顷。建立廉政档案,规范领导干部重大事项报告制度。通过开展效能监察工作,审批按时办结率、审批缩短率、流程按时办结率、流程缩短率较上年缩短。完成土地储备、土地节约集约利用等调研报告8篇,分别获区优秀调研报告一、

二、三等奖。

地址：八角西街66号方地大厦
电话：68876219
邮编：100043

（办公室综合）

【城镇地籍更新调查】 完成当年城镇地籍更新调查工作。城镇范围为5250.35公顷，占全区总面积的62.2%。其中商服用地376.40公顷、占城镇建设用地总量的7.2%；工矿仓储用地1419.49公顷、占城镇建设用地总量的27.0%；住宅用地1354.27公顷、占城镇建设用地总量的25.8%；公共管理与公共服务用地952.55公顷、占城镇建设用地总量的18.1%；特殊用地508.60公顷、占城镇建地总量的9.7%；交通运输用地568.46公顷、占城镇建设用地总量的10.8%；其他土地70.58公顷，占城镇建设用地总量的1.3%。

石景山区城镇地籍更新调查表

地类	面积(单位:公顷)	比例(%)
合计	5250.35	100.00
商服用地	376.40	7.17
工矿仓储用地	1419.49	27.04
住宅用地	1354.27	25.79
公共管理与公共服务用地	952.55	18.14
特殊用地	508.60	9.69
交通运输用地	568.46	10.83
水域及水利设施	0.00	0.00
其他土地	70.58	1.34

（董宇青）

【总体规划修编】 完成石景山区土地利用总体规划(2006－2020年)修编工作，6月通过市长办公会审批。"规划"内容全面落实北京市整体规划下达的各项调控指标，不承担耕地和基本农田保护任务，但突出三个主要特点，即土地节约、集约、高效利用；西部浅山区开发利用、永定河流域综合整治以及城市用地内部生态保护和建设；重点产业功能区和市政基础设施合理用地，并在空间布局上与城市规划进行紧密衔接。此"规划"成为全区"十二五"期间各项规划编制的重要依据，是规划期内全区土地开发、利用和保护的纲领性文件，是严格土地管理、引导城市建设的重要手段，也是加强土地宏观调控和实行土地用途管制的主要依据。

（董宇青）

【节约集约用地】 参与国土资源部开展的国土资源节约集约利用模范县(市)创建活动。重新梳理土地利用总体规划和年度计划执行情况及建设用地审批后监管情况，对违法用地做到及时发现、纠正查处，规范土地管理秩序和依法管地、用地行为，提高用地单位依法用地意识，促进土地节约集约利用。5月，北京国土资源节约集约模范县(市)创建活动阶段性工作汇报会在分局举行，将本区创建活动进展情况向国土资源部和市局领导进行汇报。依据土地节约集约利用特点及创新做法，向国土资源部申报创建节约集约模范区自荐材料，国土部已批准本区成为当年度国土资源节约集约模范县(市)创优活动试点区县。

（崔茜倩）

【土地供应计划】 按照市局通知(京国土市函[2010]1549号)要求，完成"土地供应计划安排建议方案及项目表"及"2011～2015年中期土地供应计划安排建议方案及项目表"编制。在各单位上报用地需求基础上，由区国土分局牵头会同区发改委、规划分局、住建委、财政局等部门对用地项目进行逐一筛选确认，并根据项目实施进程，客观安排供地时序，更好地贯彻国家和本市加强土地调控有关精神，加强"十二五"期间国有建设用地供应统筹管理，保障经济社会建设用地需求。2011年，区土地计划供应25个项目，计划用地总量为133.79公顷。2011～2015年，区土地计划供应122个项目，计划用地总量为701.62公顷。

（崔茜倩）

【绿色审批通道】 根据扩大内需重大建设项目绿色审批通道实施办法，进一步加快项目前期手续办理，采取"串联改并联"的审批方式，缩短审批时限，促进投资项目尽快落地。全区纳入市政府绿色审批通道项目65个，不需供地项目8个，落地项目9个，涉及用地预审审批项目59个，完成用地预审项目43个；涉及征地审批项目41个，完成征地项目12个。

（崔茜倩）

【土地供应及预审】 全区土地实际供应总量为112.97公顷。其中，划拨项目6个，用地面积20.13公顷，出让项目12个，用地面积92.84公顷。完成8个政策性住房项目供地，总用地面积70公顷。全年完成33个建设项目用地预审工作，涉及约308公顷;完成3个项目用地预审初审,涉及约9.66公顷。

(崔茜倩 王 昆)

【5个项目上市交易】 将土地储备开发成熟地块陆续推向市场,为地区整体发展奠定良好基础。全年完成苹果园交通枢纽商务区I、J/P、G地块商业金融项目用地、五里坨住宅项目(原西山木材厂)用地、银河商务区E地块等5个项目在北京市土地交易市场登记、投标、开标工作。项目总用地面积7.27公顷,建设用地面积6.94公顷,规划建筑面积22.93万平方米。

(王 昆)

【土地储备开发计划】 编制完成土地储备开发计划。纳入土地储备计划的项目共38个,其中结转项目29个,新增项目3个,产业用地项目1个,完成开发未实现供地项目5个,总用地面积815.4公顷,规划建筑面积672.08万平方米。编制完成2011~2015年土地储备开发计划,确定土地储备重点开发区域面积288公顷。

(王 昆)

【全国土地调查】 完成第二次全国土地调查。全区土地总面积为8438.21公顷,其中国有土地面积7143.44公顷(10.71万亩),占84.66%,集体土地1294.77公顷(1.94万亩),占15.34%。调查宗地数为3888宗,其中国有土地使用权宗地3351宗,集体土地所有权宗地214宗,集体建设用地使用权宗地323宗。按照1:500比例尺精度要求,取得全区各类土地分类面积、不同权属性质土地面积和国民经济行业分类土地面积的准确数据。结合二次调查,开展首次土地总登记工作。地籍调查工作完成100%,发证面积为4175.66公顷,占全区总面积的49%,占全区国有土地面积的58%。

(胡晓明)

【服务窗口建设】 落实市局关于进一步规范土地登记工作行为的通知(京国土籍[2010]174号)精神,进一步抓好行政服务窗口建设,主动接受社会监督。为中心工作人员、见习人员重新制作胸牌、对外桌牌,在大厅公布市登记中心和分局监督电话,增设全市统一的意见箱、意见本和国有土地使用权登记办事流程。召开两次座谈会,征求用地单位对分局及窗口工作意见和建议。服务窗口严格实行"一口收件,专人负责,一次性告知"业务受理模式,对重点工程建设项目按照"随到随报"原则,及时完成重点项目预审、勘测定界及征地等工作,保证项目进展速度。发挥办公系统优势,优化审批流程,主动压缩办理时限,按项目进展阶段,及时完成储备项目登记发证、抵押登记及抵押注销登记任务,保证项目正常运作资金的及时到位,缩短项目运作周期,实现变"绿通"为"普通"。

(胡晓明)

【受理业务1082件】 全年窗口受理各类业务1082件。其中地籍调查204件、土地登记202件、抵押登记49件、抵押注销52件,小业主土地登记105件、抵押登记96件、抵押注销95件,征地10件、预审34件、数套商品房出让26件、信息公开202件、勘测定界业务7件。完成各类业务968件。其中土地登记202件、抵押登记39件、抵押注销登记52件,地籍调查确认单27件,小业主土地登记105件、抵押登记100件、抵押注销95件,征地9件、预审28件、数套商品房出让25件、信息公开178件,退件103件。完成储备项目土地登记6件,土地抵押登记20件,抵押注销登记21件。各类土地登记发证业务598件,占全部业务办结量的61.79%。其中国有土地使用权初始登记101件,变更登记194件(含小业主登记105件);国有土地使用权抵押登记148件(含小业主抵押登记109件);国有土地使用权抵押注销登记155件。与上年相比,各类业务办结量均有所上升。其中,土地登记业务办结量上升29件,增幅5.1%;国有土地使用权抵押权设定登记发证量增加48件,增幅48%;其余业务办结量上升124件,增幅50.41%。

(胡晓明)

【档案数字化】 将专业档案统一纳入日常数字化,做好与档案数字化成果的衔接。档案数字化成果数据涵盖本区国土资源管理全部业务信息,主要包括:登记1556卷(含央产84卷)、抵押439卷、确认单100卷、预审106卷、军产29卷、数套商品房184卷、征地1817卷、《土地房屋所有证》(老地契)73本、市局档案83卷(含征地1卷)以及城镇地籍调查、集体土地地籍调查档案4110卷共计8497卷专业档案和2005~2009年2887卷(件)、31179页文书档案的数字化工作,项目通过市局专家组验收。

(胡晓明)

【创新调查机制】 年内,建立"月清、季累、年更新"土地变更调查机制,保证土地调查数据现势性。利用高分辨率卫星遥感数据,结合土地审批情况和高精准的野外调查,对辖区内逐月发生的土地利用和权属变化进行清查,每季度更新一次土地调查数据库,每年累计形成年度变更调查成果,实现"天上看、地上查、网上管"土地管理模式。

(胡晓明)

【土地征收】 截至年底,上报项目24个,申请建设用地440公顷,其中集体土地440公顷;办理8个项目征地初审工作(站前小区经济适用住房项目,天泰山旅游项目A地块土地一级开发项目,区结核病防治所项目,老古城综合改造项目,刘娘府综合改造项目A1地块、A2地块、C1地块、C2地块)上报工作,征收集体土地总面积198.4126公顷。为五里坨建设组团01、03、04、05号地块项目、消防支队改扩建项目、玉泉新城二期项目、北八渠环境整治项目、五里坨路道路建设项目、煤气厂西路项目、站前小区经济适用住房项目，计10个项目取得市政府用地批复并办理征地结案。申请结案土地面积计89.6455公顷。

（陈　晶）

【区片价听证】 10月，配合本市基准地价调整更新，召开征地补偿区片(住宅土地级别)价听证会。参会代表提出补偿标准偏低及需明确本次土地补偿区片价制定的依据等问题。本区基准地价与丰台同为三到九类地段。

（陈　晶）

【地矿管理和地灾防治】 完成矿产资源企业采矿权年检、矿产行政许可等工作及采矿权延续发证，收缴矿产资源补偿费及采矿权使用费，完成矿产资源开发利用数据库更新，落实矿泉水生产企业源水检测。开展地质灾害预防，与有关街道签订责任书，落实汛期“四包七落实”(区包街道、街道包社区、社区包楼门、党员包群众；落实转移地点、转移路线、抢险队伍、报警人员、报警信号、避险场所、老弱病残提前转移)工作，并做好抢险、救灾的物资储备。此外，还要组织好乡自为战、村自为战、片自为战、户自为战、人自为战，小水库、小塘坝汛期要有人看守，下游有村庄的要落实预警信号，落实避险方案。增设警示牌，更新应急通信录，换发防灾明白卡。加强地质勘查单位管理，开展城市地质土壤环境调查和汛期地质灾害隐患再排查。本区被国土资源部评定为地质灾害防治“十有县”(即有组织、有经费、有规划、有预案、有制度、有宣传、有预报、有监测、有手段、有警示)。

（赵晓宾）

【查处违法案件6件】 完善政府负总责机制，成立区土地矿产执法检查工作协调小组，形成国土资源、规划、建设、监察和公、检、法等有关部门联合执法、社会监督、层层负责的执法监察机制，及早发现、制止、查处违法用地行为。依法查处违法案件6件，查处到位结案案件4件，没收构建物3.3万余平方米，罚款249万余元。开展卫片(卫星遥感监测图片)执法检查和动态巡查工作，完成巡查148次，里程4310千米。

（李　雪）

【接受例行督察】 5月17日～6月9日，国家土地督察北京局到区开展年度例行督察。内容包括耕地保护责任目标落实、土地调控和产业政策执行、土地审批和履行土地管理法定职责等情况。本区完成包括违法建设高尔夫球场在内的“未报即用”等9方面、35项问题的整改工作，通过预验收。

（李忠庆）

【信息化建设】 4月，“石景山区土地业务综合管理系统”通过评审验收，实现与原业务系统对接。此系统包括土地储备数据库、土地管理辅助决策信息系统和土地批后监管信息系统，从多个方面满足土地管理业务升级需求，进一步完善和提高土地管理信息化建设水平。应用土地储备数据库，实现储备用地现状、权属、规划、市政、地价、经济社会发展信息等多类数据高效集成。使用34条外部共享信息开展协同办公，覆盖4项工作业务，包括卫片执法检查、土地供应计划、土地储备业务、市政府绿色审批通道项目用地审批。形成89.2G的基础数据，包括基础地形图、航空遥感影像、宗地图、地下管网等数据资源；50.3G的业务数据，包括土地规划、土地利用、土地地籍、矿产资源和土地储备等数据资源。累计整合139.5G数据资源。为提升国土资源管理水平、系统辅助决策能力、公众服务能力，深度挖掘数据资源应用能力，形成全区一张图管理模式，形成业务运转的无缝链接。开展土地储备开发管理信息系统、智能手机协同办公系统、三维决策支持系统等三个系统调研工作。以上3个项目被纳入市国土资源“十二五”科技规划。

（赵　亮）

建设管理

概　述

北京市石景山区住房和城乡建设委员会(简称区住房城乡建设委)是负责全区城市开发建设、建筑业行业管理、房屋管理、住房制度改革、保障性住房建设和管理等行政管理工作的区政府职能部门。设机构12个，下属12个直属事业单位，其中包括古城房管所、鲁谷房管所、苹果园房管所、广宁房管所等4个派出机构。年内，围绕“大调整、大建设、大发展”的工作主基调，牢固树立“大城市建设”理念，全面推进城市现代化建设。全区房地产开发实现开复工面积286.99万平方米，同比增长22%，占年计划的120%；其中新开工面积136.34万平方米，同比增长103%，占年计划的126%；实现竣工面积111.30万平方米，同比增长11%，占年计划的111%；完成投资37.54亿元,同比减少1%;完成商品房销售收入88.97亿元,同比减少1%。较好地完成年初制定的房地产开发建设任务。

地点:八角西街66号方地大厦

邮编:100043

电话:68829989

(周广洪　何艳珺)

【重点工程带动城市建设】 会同重点工程牵头单位、责任单位,本着"及早协调、及早推进,积极主动、有所作为,突出重点、狠抓落实"的工作思路,加大工程调度及督查力度,加快项目前期手续办理,及时解决工程疑难问题,保证重点工程建设顺利推进。按照发展定位,结合民生保障、生态环境、产业载体、教育等重点工作领域,规划部署年度十项重点工程,实现十项重点工程"储备一批、推进一批、建设一批、竣工一批",发挥重点工程对区域发展的带动作用。"十一五"期间,先后实施50项重点工程项目,累计总投资约271亿元。相继实施五里坨输变电工程、南山110千伏输变电工程,上庄大街、阜石路二期、苹果园交通枢纽等能源、交通基础设施项目,公共保障能力明显提高,城市承载能力显进一步提升;实施中国第四纪冰川展览馆、八角社区和八角北路小学综合楼、区社区卫生中心站点建设、石景山医院医疗楼、奥运场馆及主要道路周边环境综合整治等科技教育文化卫生环境项目,公共服务能力进一步加强;实施老旧小区及自然村路灯改造工程、首钢供水管网改造置换工程,完成金顶阳光保障房、街门口保障房等政策性住房项目,改善居民居住水平,优化居民生活环境;实施中关村科技园石景山园新媒体基地、京燕商务区、银河商务区、京西会展商务区等现代产业项目,为经济转型和产业结构调整提供发展载体,宜居宜商的现代化城市风貌进一步显现,重点工程建设成为地区经济增长和社会进步的动力引擎。

(闫晓辉　李　旸　贯　洁)

【年度重点工程选定】 围绕转型发展的核心任务,以"大城市建设"理念为指导,着重解决区域生态建设、产业结构调整和公益事业发展、民生改善等关键问题而选定本年度十项重点工程。经区委区政府研究决定,区十项重点工程为:永定河绿色生态走廊建设一期工程、银河商务区F地块工程、定向安置房一期工程、石景山区校舍安全工程、中国创意谷(中关村科技园区石景山园北一区)土地一级开发工程、京源学校教学实验楼及京源学校分校工程、永引渠南路拆迁工程、北京国际雕塑公园商务区工程、区结核病防治所工程。工程建设计划总投资153.3亿元,超过以往五年十项重点工程的投资总和。加快重点工程开工建设,确保资金尽早落地,坚持"一个通道",即绿色通道,对重点工程建设项目简化手续、压缩审批时限,为加快各项工程前期手续的办理提供政策指导、技术支持和服务保障;落实"三项制度",即月调度制度、跟踪巡视制度、工程督察制度,将重点工程列入区重点监察事项,进一步提高重点工程责任单位的工作前瞻性、计划性和有效性。

(闫晓辉　李　旸　贯　洁)

【加快重点工程开工建设】 年内,十项重点工程全部开工,进展顺利。其中,总投资30亿元的永定河绿色生态走廊建设一期工程,自麻峪至京原铁路,全长5.8千米,占地200多公顷,于2月28日开工建设,年底莲石湖项目水下部分已完工,并开始蓄水。总投资11亿元的银河商务区F地块工程为商业金融项目,毗邻万达广场,建筑面积11.4万平方米,1月16日开工建设。定向安置房一期工程,包括刘娘府、西黄村、老古城、二管厂、五里坨等区域的定向房项目,建筑总面积100余万平方米,工程计划总投资25亿元,3月31日起陆续开工建设。校舍安全工程涉及16所学校的校舍维护改造,建筑面积14.8万平方米,总投资3.26亿元,7月全面开工,8月30日全部竣工交付使用,工程进度名列各区县前茅。中国创意谷(中关村科技园区石景山园北一区)土地一级开发工程,占地65.4公顷,规划建筑面积约51万平方米,一级开发总投资约15亿元,工程于5月启动。京源学校教学实验楼及京源学校分校工程,建筑总面积1.27万平方米,总投资4380万元,9月开工建设。永引渠南路拆迁工程,全长3.6千米,计划总投资约5亿元,12月启动拆迁。北京国际雕塑公园商务区工程为综合商业项目,建筑总面积9.9万平方米,计划总投资5.5亿元,12月16日开工建设。京西商务区工程位于老古城,核心项目为石景山国际会展中心,建筑面积84万平方米,计划总投资58亿元,工程于12月28日开工建设。区结核病防治所工程,位于体育场南路6号,建筑面积约900平方米,计划总投资约1000万元,12月30日开工建设。区领导高度重视重点工程建设进度,10月22日和11月4日,赵玉民、倪国锋分别带队,市、区两级人大代表、政协委员视察重点工程建设情况,对工程质量和进度予以肯定。

(闫晓辉　李　旸　贯　洁)

【综合改造整治稳步推进】 综合改造工作坚持以环境整治促进拆迁推进,构建起横向有抓手、纵向有保障、面上全覆盖的网状拆迁保障格局,城乡环境得到不断改善。"十一五"期间,启动拆迁项目46个,涉及拆迁户12852户,截至年底共拆迁10137户,其中15个项目完成拆迁工作。受理行政裁决274户,实施裁决129户,强制拆迁27户。从当年开始,全市启动50个城乡结合部重点村建设整治工作,涉及本区老古城前街社区、苹果园边府社区和衙门口南社区3个重点村。截至年底,老古城前街社区完成拆迁,刘娘府、衙门口建设整治工作稳步推进。

(李国成　武　月)

【城乡结合部建设整治】 衙门口南社区、老古城前街社区和边府社区被列入本市当年城乡结合部建设50个重点村。按照市城乡结合部建设动员大会部署,区委、区政府成立城乡结合部建设整治领导小组,负责统筹协调老古城村(含老古城前街社区)、刘娘府地区(含苹果园边府社区)和衙门口村(含衙门口南社区)三个重点村建设整治工作,领导小组办公室设在住建委。制定详细工作方案,针对城乡结合部刑事、治安案件高发,违章建筑多,私搭乱建现象突出等情况,全面加大对城乡结合部的排查整治力度,以环境整治工作促推拆迁进展。还协调全区各相关部门建立拆迁协调指导组、维稳应急保障组、组织动员促迁组等"十纵"业务工作组,有针对性地开展重点工作、解决突出问题。由街道、社区牵头,抽调相关部门工作人员成立"十横"片工作组,负责拆迁范围内的维稳处突、宣传动员、信息反馈等工作,从而建立"十横十纵"拆迁保障工作机制。老古城村,住宅完成拆迁974户、约18.8万平方米,占拆迁总产权户数1215户的80%;非住宅完成拆迁38个单位、约9万平方米;刘娘府地区,住宅完成拆迁1463户、约19.6平方米,约占搬迁总产权户数1743户的84%;非住宅完成拆迁42个单位、约32万平方米;衙门口村,项目主体取得土地一级开发授权批复,完成土地一级开发实施主体和从业单位招投标工作;办理项目拆迁暂停公示,完成入户调查工作,初步编制完成项目预分方案;同时项目完成控规调整、地下管线物探、道路定线和普测工作。3个重点村拆迁工作受到刘淇、郭金龙等市领导充分肯定。

(李国成　李　莎)

【有序推进拆迁】 在施拆迁项目共有40个,包括新启动拆迁项目8个。其中3月22日启动首钢铸造村集资建房项目,4月16日启动刘娘府综合改造A1、A2、C1、C2、B地块项目及中关村科技园区石景山园北I区土地一级开发项目,5月20日启动第二水泥管厂土地一级开发(一标段)项目),涉及被拆迁户8505户,有6093户协议搬迁,走户率为72%;受理行政裁决85户,对其中59户做出行政裁决。组织申请行政强制拆迁听证会43场,向区政府报送行政强制拆迁申请34件,配合区政府对4户执行行政强制拆迁。在拆迁滞留项目清理方面,通过加大协调力度、有情拆迁等方式,西山木材厂住宅土地一级开发、小杨庄村周边"边角地"环境整治2个项目顺利结案。

(李国成　李　莎)

【房地产业持续增长】 "十一五"期间,房地产开发完成投资325亿元,同比"十五"时期增长近2倍,实现新开工约505.07万平方米,实现竣工面积493.32万平方米,新开工项目中普通商品住房约247.28万平方米,政策性住房约147.21万平方米,商业办公等产业类项目约110.58万平方米,商品房销售收入300多亿元。"十一五"期间,房地产企业数量不断增加,总体实力不断增强,房地产企业已成为推动本区经济发展重要力量。在本区注册的房地产开发企业共有60家;房地产经纪机构208家,其中经纪机构56家,分支机构152家。房地产业行业企业资产总额700多亿元,房地产业增加值占全区GDP比重逐年增加,截至年底已达到24.41亿元,占GDP比重达8.49%。

(闫晓辉　李　旸　贯　洁)

【企业资质管理】 对30多家房地产开发企业进行资质等级核定,注销房地产开发企业2家。截至年底,全区有房地产开发企业60家,其中一级资质企业4家,二级资质企业3家,三级资质企业17家,四级资质企业2家,暂定资质企业34家。年内新办建筑业企业资质8项,增项专业承包资质11项,晋级资质11项;资质内容变更23项,外区迁入本区企业2家;二级晋升一级资质3项,三级晋升二级资质1项。

(闫晓辉　李　旸　贯　洁)

【工程建设专项治理】 根据中办发[2009]27号通知和京办发[2009]24号文件精神和工作部署。成立工程建设实施和工程质量管理专项工作组,制定工程建设领域突出问题专项治理工作实施方案,完成辖区2008年以来政府投资项目、使用国有资金项目以及扩大内需项目的自查、排查工作。牵头负责16个问题项目的整改督办工作,截至12月底,整改率100%。

(闫晓辉　李　旸　贯　洁)

【劳务用工管理】 全区房地产开发企业累计使用劳务队伍158支,农民工2.5万余人。年内,出动执法力量160人次,协管力量120人次,覆盖全区所有备案工地。"两会"及重大节假日期间全区备案工地未发生一起农民工群体上访事件,因单纯拖欠劳务费导致的群体事件得到消除。农民工依法维权、通过合法途径解决问题的意识明显增强,日常主动咨询相关部门、通过合法途径解决问题的情况明显增多,并且将隐患消除在萌芽状态。

(李红印　杨惠宇)

【工程施工招标】 办理建设工程施工招标78项(其中公开招57项,邀请招标21项),招标工程建筑面积1428139平方米,中标造价297031.73万元。办理建设工程监理招标44项(其中公开招标32项,邀请招标12项),中标监理费5772.02万元;办理施工合同备案项78项,建筑面积1428139平方米,备案造价297031.73万元;办理监理合同备案

48项,监理合同价款5878.63万元。

(张洁民)

【施工安全管理】 贯彻执行国家和本市安全生产相关法律法规,实施科学管理,强化超前控制,加强监管,12家工地被评为市级"绿色施工文明安全工地"。促进参建企业进一步提高安全管理水平,全力消除违章指挥与违规操作行为,建筑工地伤亡控制在指标范围之内,保持建筑工地的安全受控态势。绿色施工管理水平进一步提升,加强行业领导,强化施工现场安全监管;不断完善制度建设,规范安全生产管理行为;强化宣传教育手段,开展系列主题教育;分析研究创新管理方式,不断适应工程管理特点;宣传贯彻国务院23号通知精神,深入开展打非行动;完善建筑工地应急工作机制,确保全区建设项目安全度汛;围绕季节施工特点,开展安全生产工作专项治理。

(杨剑海 白 石)

【工程质量监管有力】 "十一五"期间,进一步加大工程质量监管力度,坚持市场与现场、设计与施工、质量与安全一起抓,推动工程质量整体水平的提升,建成一批难度大、质量高的工程项目,打造出一批结构长城杯工程,质量事故得到有效遏制,质量水平不断提升,交付使用的工程合格率达到100%。年内,监督工程201项、建筑面积272.98万平方米,其中市政工程33项、工程总造价14538万元;新收监工程52项、建筑面积97.30万平方米;完成竣工验收51项、94.65万平方米,办理竣工验收备案44项、110.45万平方米。

"十一五"期间石景山区建筑工程基本数据

年份	开复工工程建筑规模/平方米	新收监工程建筑规模/平方米	竣工验收工程建筑规模/平方米	竣工验收备案工程建筑规模/平方米	全年平均在建工程建筑规模/平方米
2006	3045676	955048	1218688	1084103	2015430
2007	3088292	1218187	1043184	865643	2145300
2008	3231011	1387560	681003	825866	2547392
2009	3394886	847443	1638061	1680279	2229587
2010	2729823	972989	946545	1104481	1822415
总计	15489688	5381227	5527481	5560372	/

注:2010年各项数据未包含已开工的77万平方米特殊工程。

(郭庆珍 陈 溪)

【住房保障快速发展】 从2007年11月开始,11个保障性住房审核窗口向全区居民开放,正式受理经济适用住房申请家庭资格申请。2008年增设住房保障科和区住房保障服务中心。一方面按照文件精神,严格落实三级审核、两级公示制度,"十一五"期间,共审核保障性住房申请家庭23721户,其中廉租房2040户,经济适用房8250户,限价房13431户。另一方面克服土地资源匮乏和保障性住房申请家庭较多等困难,通过努力挖潜,共开工建设各类政策性住房27249套,其中廉租实物住房1250套,经济适用房6261套,限价商品住房4524套,公共租赁住房2986套,定向安置房12228套,在解决住房困难家庭的同时,加快城乡结合部自然村改造步伐。

(王晓庆 张 明 左静伟)

【保障性住房建设】 年内,协调市住保办及相关部门,落实廉租房建设资金19461720元。加快推进在施保障性住房项目前期手续办理,加大工程施工协调力度,确保各项工程顺利进行。其中衙门口8.8万平方米经济适用房项目于10月完成竣工验收,11月完成入住;衙门口5万平方米限价商品房项目正在进行外立面装修;站前小区6000平方米经济适用房项目和1.6万平方米廉租房项目已完成室内外装修;远洋山水东区南侧配建3万平方米公共租赁住房项目及衙门口东路北侧商品房配建2000平方米廉租房项目正在进行主体结构施工。燕山水泥厂25万平方米经济适用房项目及京原路7号地11万平方米公共租赁住房项目于7月开工建设;第二水泥管厂5万平方米经济适用房项目及苹果园交通枢纽H地块1.8万平方米廉租房项目于9月开工建设;西山木材厂商品房配建5000平方米廉租房项目11月开工建设。老古城、第二水泥管厂定向安置房项目3月开工建设;刘娘府及五里坨定向安置房项目9月开工建设,上述四个项目共建设定向安置房114.2万平方米。

(王晓庆 张 明 左静伟)

【廉租住房管理】 落实廉租房相关政策,完成廉租住房申请家庭的应保尽保工作。审核廉租申请674件,报市住房保障办公室674件,全部复审合格。为439户廉租家庭进行实物配租,全年收缴租金25.2839万元。截至年底,2427户享受廉租住房待遇,其中:1961户廉租申请家庭通过租金补贴方式解决住房问题,全年发放租金补贴1728.540328

万元;在拆迁地区落实廉租住房政策,2002年至今,有2户家庭通过租金补贴还贷解决买房难的问题;对466户家庭进行实物配租。按照北京市公共租赁住房管理办法(试行)文件精神,对公共租赁住房申请家庭进行登记,登记家庭达到920户。

(王晓庆　张　明　左静伟)

【经适房限价房管理】 落实经济适用住房政策,严格标准,审核经济适用住房申请3104件,报市住房保障办公室备案通过3104件。举行一次经济适用住房摇号配售活动。落实限价商品住房政策,全年审核限价商品住房申请5159件,报市住房保障办公室备案通过5159件。举行一次限价商品住房摇号配售和选房签约活动,其中有346户申请家庭与开发商签订购房意向书。

(王晓庆　张　明　左静伟)

【房改售房审核】 核准批复房改售房方案16件,农转居安置住房方案1件。全年对158个单位次(含退件49件)的房改售(调)房进行审核备案,共售(调)房屋1569套,118408.62平方米(其中:中央21个单位次售100套,6404.78平方米;市属45个单位次售1082套,83280.34平方米;区属20个单位次售323套,24326.86平方米;办理调房23个单位次64套,4396.64平方米)。年内受理5个产权单位申请支取售后公有住房公共维修基金,与物业管理办公室共同审核支取售后公有住房公共维修基金93.09万元,确保售房款和售后公有住房公共维修基金的合理使用。

(安建恒　戚金章)

【住房分配货币化】 全面推进住房分配货币化工作。全区参加本次住房补贴申报的单位218个(含二级预算单位),申报职工14366人,截至12月底,已将通过审核的136个单位住房补贴数据送区财政局,由区财政局将住房补贴资金拨付到申报单位。同步推进离退休无房职工、离退休未达标职工、无房新老职工等全部七类人员住房补贴核发工作,涉及资金约7亿元。

(安建恒　戚金章)

【房屋管理安全到位】 "十一五"期间,检查各类公房7482.49万平方米,检查城镇私有平房93727户,共计413861间,对存在安全隐患的房屋发放房屋修缮通知书,督促其对房屋进行修缮,确保房屋使用安全。完成每年房屋防汛工作,全区房屋未出现任何险情事故。对于普通地下室完善和实践安全管理工作九项长效机制,包括备案制度、约谈制度、应急制度、监督制度、信用制度、巡视制度、联议制度、预警制度和例会制度,实现全区普通地下室备案率达到100%的目标。

(陈京燕　张倩倩)

【汛期安全检查】 全年检查各类城镇房屋1746.11万平方米,同比增加67.06万平方米;包括城镇私有平房17688户、79769间。完善防汛应急预案,加大对危旧房屋的重点监控及排查力度;明确房屋管理人主体责任,签订责任书;严格执行带班、值班制度,防汛抢险队伍到岗待命,抢险物资准备充足,及时发送雨情信息。整个防汛期间,使用短信群发系统8次,发出信息2478条;先后出动113人次,检查楼房113栋次,平房1923间次,对出现漏雨积水等情况在第一时间进行处理,完成本年度全区城镇房屋防汛工作。

(陈京燕　张倩倩)

【节能改造逐步推广】 "十一五"期间,新建居住建筑、公共建筑全面执行建筑节能设计标准。建立起公共建筑节能运行管理体系,加快可再生能源建筑应用的步伐。到上年底,按节能65%的设计标准建造的居住建筑共计43万平方米,由区县负责质量监督的民用建筑工程施工阶段节能标准执行率达到100%。完成部分老旧小区供热节能改造,年内,完成34.07万平方米住宅的节能改造任务。其中,配合区教委在暑假期间完成校舍加固改造12万平方米任务;配合北京工业职业技术学院完成教学楼、单身宿舍2.8万平方米的坡屋顶、外墙外保温、更换外门窗的改造任务;完成八角南路小区和古城南路小区98272.9万平米的更换外门窗改造任务。同时,市住建委确定瑞达23号院10万平方米为市既有建筑住宅综合改造示范小区。全年新建工程节能设计备案25项,备案率及"两项基金"收缴率均达到100%;建筑节能专项验收备案工程33项,备案率达到100%。新建工程节能情况从施工之初的设计审查到最终竣工验收形成"交圈",从而确保达到相关节能效果。

(李红印　杨惠宇)

【物业服务水平提升】 "十一五"期间,物业服务覆盖率不断增长,物业项目数量逐年以近8%的比例增长,年底全区物业服务覆盖率达到85.5%。物业服务企业104家,其中在本区登记注册的有57家,新增企业5家。包括一级资质2家、二级资质9家、三级资质40家,三级暂定6家,从业人员近5000余人。全区有物业项目161个,其中居住小区项目143个、2016栋、176223户,总建筑面积1398万平方米。期间,"无危房工作"实现双百,完成全区国有土地上危险房屋99户、286间,集体土地上危险房屋176户、256间的解危工作。探索制定物业纠纷调处工作办法和物业纠纷调处"一四七"机制(搭建一个共同的议事平台和管理平台,由区住建委牵头,各办事处总协调,以社区居委会为主导,社区党组织、物业管理企业、业主委员会、业主代表四方共同参加,并由七家相关职能部门共同参与的物业纠纷调处机制),这一机制在物业纠纷处理过程中充分发挥作用,得到各相关部门普遍认可,达到业主满意、物业企业满意、政府满意的良好局面。

(陈京燕　张倩倩)

【完成业委会试点】 为减少因开发遗留、前期物业服务等问题引发的矛盾纠纷,以石景嘉园经适房小区为试点,率先在本市完成保障性住房项目先期成立业委会工作。自3月开始,根据市住建委要求和北京市住宅区业主大会、业主委员会指导规则,克服业主高度分散、工作量大,组织人员有限、宣传动员难度大、候选人推荐确定复杂等困难,历经5个多月时间,按照调研筹备、方案制定、任务部署、组织实施和经验总结五个阶段,在衙门口经适房项目石景嘉园成立业主委员会。建立业委会、开发企业、物业公司三方定期沟通机制,有效凝聚民意,取得一定成效,为全市开展此项工作提供宝贵经验,受到市区领导肯定。

(张　欢　郭倩楠)

【普通地下室管理】 年内办理普通地下室备案172件。向普通地下室各产权、管理单位和使用人下发普通地下室安全管理政策法规、管理规定、相关文件会议纪要等材料5000余份,群发短信息3500余条次,接受普通地下室安全管理相关政策、法规咨询500余人次。全年检查普通地下室1805次、3315处,下发责令整改通知书121份,消防安全联合执法工作移交单20份,约谈企业60家,消除事故隐患590余处。关停不达标的普通地下室24处,其中关闭7处,暂停使用17处,无安全事故发生。

(张继奎　卜大鹏)

【房屋权属登记】 全年登记26569件,各项登记件数与上年基本持平。其中预售备案4142件,建筑面积407335.14平方米,房屋所有权登记13107件,建筑面积2175465.11平方米,抵押权登记9320件,建筑面积824614.53平方米。预售许可初审13件。初始登记87件,增长21%;转移登记12028件,减少31%;他项权利登记6269件,注销登记3051件。

(朱宝星　果雪梅)

【房屋交易管理】 保障商品房交易市场平稳有序发展,加强市场监管,实现房地产市场现场检查工作日常化、制度化。坚持进行常规检查和日常巡查、全年重点检查15次,处理市建委监管平台投诉40余次,办结率100%,满意度85%。4月,国务院、住建部、市政府相继出台抑制房价政策,市住建委发布实施细则,按照关于落实同一购房家庭只能在本市新购买一套商品住房有关政策的通知要求,重点对预售项目进行预售前约谈、预售中检查、预售后总结,坚决抑制不合理住房需求。同时,加强服务,提升服务质量与水平,二手房买卖、商品房买卖等18项业务实现即时办理。

(朱宝星　果雪梅)

【经纪机构管理】 全年办理并核发房地产经纪机构登记备案143件。其中办理初始备案证明86件(经纪机构13件,分支机构73件),办理变更(续期)备案证明57件(经纪机构18件,分支机构39件);办理分支机构注销备案13件;办理经纪人执业变更37件。截至年底,全区有房地产经纪机构208家(经纪机构65家,分支机构143家)。受理并处理房地产经纪行业投诉共计21件(网上投诉10件,电话投诉9件,直接投诉2件)。通过执法检查发现并网上受理和处理房地产经纪行业涉嫌违规行为67件,约谈经纪机构5家。处罚经纪机构2家,罚款1.5万元。

(张继奎)

【完成规划编制】 根据区委、区政府工作部署,成立"十二五"规划编制领导小组,开展"'十二五'期间石景山区房地产业发展与调控的目标思路及措施研究"和"'十二五'时期基础设施需求及重大项目研究"课题调研工作。研究分析地区房地产业发展现状、影响因素、面临的新形势及需求,广泛征询意见和建议,提出"十二五"时期房地产业发展思路、发展目标、项目布局、主要任务和保障措施,12月,完成本区"十二五"房地产业发展规划。

(闫晓辉　李　旸　贾　洁)

【行政处罚7起】 全年进行行政处罚7起,处罚金额共计13.7万元。其中一般程序行政处罚3起,分别为对经纪机构未按规定落实资金监管制度行政处罚2起、违章开工行政处罚1起;简易行政处罚4起,均为施工现场安全管理行政处罚。

(李建方　何　丹)

【信访排查调处】 全年登记处理信访事项285件,监察投诉事项103件,区便民热线转办件220件。排查调处更为规范有效,完成市、区级矛盾排查4次、内部矛盾排查1次。注重形势分析,把握重点矛盾,加大矛盾化解力度,加强矛盾纠纷调查分析、研究处理工作,较好地维护群众利益,保证建设房管系统和谐稳定。被评为区"信访工作先进单位"。

(李建方　何　丹)

【其他业务办理】 对13件涉及"经租产"和"文革产"历史遗留问题的来信来访进行调查、答复,其中3户已办理补偿款领取手续,补偿金额为189万多元。全年办理经营场所注册核定1010件(其中,台湾街579件,酒吧街33件,奥特莱斯356件)。

(李建方　何　丹)

【政府信息公开】 全年主动公开政府信息109条。截至年底,累计公开政府信息346条。年内,受理政府信息公开申请43件,主动公开28件,其中非本机关政府信息15件。

(李建方　何　丹)

【行政审批集中受理】 1月18日,在区行政服务中心开设办理窗口,集中办理行政审批事项。全年办理行政审批事项41283件,其中房屋登记31035件,保障性住房资格审查8937件，其他行政审批事项1311项。行政审批工作进一步规范，行政审批效率明显提高。

（李建方　何　丹）

【档案归档管理】 整理归档档案27218卷、413件，其中房屋权属档案私有产18638卷、公有产591卷、私产抵押7604卷、公产抵押29卷、异议类17卷；设备1卷、会计72卷，其他业务档案266卷（房改售房68卷、招标投标62卷、质量监督102卷、执法监督11卷、房屋管理科档案1卷、房改售房办证备案22卷）；文书390件、实物23件。

（王锦云　张秋英）

石景山区重点工程建设中心

【概况】 石景山区重点工程建设中心（简称中心）履行重点工程建设项目法人和招标人资格；按照基本建设程序负责区政府重点工程建设项目的组织实施和各项准备工作；负责组织落实重点工程建设任务；加强重点工程建设的资金管理。内设前期计划部、拆迁部、工程技术部、总工办、行政财务部、督察室6个部门。年内，以科学发展观为指导，全面落实市、区重点工程及其他各项工程建设任务。7月5日，根据区编办关于石景山区重点工程建设中心机构调整的通知（石编办［2010］42号）要求，重点工程建设中心机构撤销，其职能并入区国资委所属实兴腾飞公司，暂保留重点工程建设中心牌子。9月25日正式与实兴腾飞公司进行人力资源、财务、工程、档案等交接工作，至同月30日一般性交接工作基本完成，做到人心不散、队伍不乱、工作不断。

地址：杨庄东路65号
电话：68862968
邮编：100043

（赵连芬）

【市重点工程建设】 受区政府委托，具体负责区界内京石客运专线征地拆迁项目工作。京石铁路客运专线是北京市上年重点工程建设项目。该专线由北京西站至石家庄站，全长283.7千米，在本市境内正线长度48.7千米，途经海淀、丰台、石景山、房山四区，其中在区界内长5.4千米。该专线需永久占地约240亩，涉及住宅拆迁168户，面积约32580.71平方米；非住宅部分15个产权单位，23个企业，面积约31697平方米。预计总投资8.1亿元。年内，住宅拆迁与120户签订拆迁补偿协议，其中，18米红线范围内，拆迁全部完成，占住宅拆迁量71%，拆迁建筑面积共计2.08万平方米；非住宅拆迁全部完成，拆迁建筑面积共计2.18万平方米。确保京石客专工程在区段全线施工。全年完成投资额0.4亿元，累计完成投资额4.3亿元。

（赵连芬）

【区重点工程建设】 受区政府委托，负责阜石路二期道路工程区界内征地拆迁工作。工程西起门头沟双峪环岛，东至西五环，全长9.62千米，区界范围内长度为9千米。该工程是上年区十项重点工程项目，由市公联公司负责道路建设。该项目涉及公房住宅拆迁120户，私房43个院落，共计1.42万平方米；涉及非住宅拆迁30个产权单位，建筑面积7.62万平方米。预计总投资为10.06亿元。年内完成私房（宅基地）和公房拆迁建筑面积0.89万平方米，其中私房拆迁完成84%，公房拆迁完成76%。非住宅拆迁全部签订补偿协议，建筑面积8.46万平方米。完成投资额2.1亿元，累计完成投资额4.6亿元。保证阜石路二期道路工程全线顺利通车。

（赵连芬）

【其他工程建设】 黑石头村路建设工程主路施工完成90%，路段交通设施、路灯齐备，具备通车条件；该路北段完成雨污水工程、2号桥主体工程。五里坨西路建设工程道路北段除局部外其余主路施工及交通标志标线已完成，具备通车条件；南段完成雨污水工程。衙门口社区路工程完成主路施工，具备通车条件。黑石头垃圾消纳场环保治理工程正式进入治理运行阶段。通过9月中下旬第一次试验检测显示，治理运行效果符合治理合同要求。该项目获得市科委先进科技进步奖。完成金顶西路、苹果园北路、苹果园交通枢纽规划三号路工程的部分前期准备工作，苹果园交通枢纽规划三号路已完成立项。

（赵连芬）

房地产开发

北京石开房地产开发有限公司

【概况】 北京石开房地产开发有限公司(简称石开公司)于2006年2月8日成立,注册资本4亿元,由区国有资产经营公司和金融街(北京)置业有限公司共同出资组建。公司主营房地产开发建设、商品房销售,是全国房地产开发资质一级企业、银行资信一级企业。石开公司是在原区城市建设开发公司的基础上进行企业改制组建而成的。现有职工77名,其中研究生文化程度7名,大学文化程度44人,大专文化程度19人,5人具有高级职称,中级职称26人,初级职称20人。年内,在双方股东支持下,认真分析当前形势,及时调整思路,改变经营模式,着力提升产品竞争力,全面加强管理,在“以工程建设为中心,保安全,重服务,树品牌意识,立责任意识”经营思路指导下,积极推进融景城项目开发建设,在工程建设、销售回款、成本控制、安全管理、房屋交付等方面取得阶段性进展。实现融景城一期竣工交付使用、融景城二期结构封顶、“两限房”结构封顶、融景城三期进行基础施工,全面完成年度任务指标。被评为“首都文明单位”、区“纳税百强单位”、“区域经济发展突出贡献单位”、“重点企业”。被新浪乐居评为年度“最佳品质地产”,被中国住宅产业建设促进会评为“中国房地产最具品牌影响力百强企业”;融景城项目被中国房地产投资促进中心评为“中国房地产投融资发展趋势高峰论坛·为城市创造价格典范楼盘”,被搜房网评为“中国投资价值典范楼盘”,被《信报》评为“地铁族最具人气楼盘”。

地址:体育场路2号
电话:51810266
邮编:100043

(马　光)

【衙门口经适房建设】 衙门口经济适用房项目(即石景嘉园)于上年3月开工建设,8月底主体结构封顶,当年开始进行二次结构砌筑和内部精装修工程。按照市经济适用住房建筑安装工程费用标准和建设导则文件要求,项目以精装修交付。为向广大低收入家庭提供品质优良的住宅,公司从规划设计、开发建设、节能降噪、景观布置、精装修、交付使用等各个环节入手,精雕细琢,用设计提档次,通过对细节处理,使经适房做到低价不低质。现场前后有14家分包单位交叉施工,为理顺施工工序,确保施工进度,公司相关部门每周召开三次监理例会,随时沟通工程进度、建设质量、安全管理等工作,解决问题、监督落实。为保证交付质量,与物业公司一起提前两个月逐户检查,以业主身份给工程挑刺。对检查出的问题及时反馈项目部,确定整改时间与标准。通过精心协调、细化组织,石景嘉园1170套精装经适房及周边配套绿地顺利竣工,于10月31日前完成竣工备案,11月15日前交付使用。石景嘉园项目作为本市第一个精装交付的经适房项目,其拎包入住的开发理念及前置成立业委会让业主参与建设过程的创新举措,得到市、区两级政府及相关部门高度评价,公司被评为市“保障性住房建设单位先进集体”。

(马　光)

【市领导调研石景嘉园】 11月20日,刘淇、郭金龙一行到石景嘉园经济适用房项目现场进行调研。市领导对石景嘉园项目在提前交房、施工质量、物业管理与商品房统一招标保证服务品质和现场的一站式交房流程服务予以肯定。刘淇等在实地察看小区楼房后,对项目住房户户朝阳,布局合理,实现业主“拎包入住”需求表示赞赏。区领导荣华、周茂非,金融街控股董事长、总经理等陪同调研。

(马　光)

【大市政工程投入使用】 大市政工程是衙门口经适房项目交付的外围保障工程。在外部地下管线错综、管理部门复杂的情况下,工程项目部加大协调力度,安排好电力、自来水、热力、通讯等管线施工顺序,遵循先下后上,分段交叉作业模式,完成大市政施工任务,年内实现全面投入使用。

(马　光)

【融景城一期竣工】 位于莲石路衙门口桥西侧的融景城一期项目,于上年9月开工建设,当年7月主体结构封顶。由于冬期时间长、温度偏低以及民工荒等问题,导致结构延迟封顶约30天,结构施工进度滞后对外立面装修及市政园林施工进度产生较大影响,延后施工插入时间。经反复论证,公司大胆创新,采用三段式立体交叉作业,通过层层设置防护,外立面分三段施工,1-3层石材施工,4-18层外保温施工,18层以上结构施工。经过合理组织,精心策划,圆满完成施工任务。12月17日,取得融景城一期项目(A-6、A-7、A-8、A-9号楼及A-K2半地下车库工程)竣工备案表。

(马　光)

【融景城一期交付】 融景城商品房项目承载社会各界的期望,为向业主交付一个品质兼优项目,公司全体员工高标准严要求，以客户利益为重，从细节入手，开拓创新，创造融景城一期自开工到交付使用14个月完成，一次收房率100%的好成绩。融景城商品房项目一期共计626套住宅，12月22日正式向业主交付房屋，在交房集中办理期，到26日累计完成交房497套，业主对现场的交房组织和工程质量表示满意。

（马 光）

【完成销售回款】 当年是房地产市场的调整年，在市场严控的大背景下，公司签约回款面临巨大压力。通过增强服务意识，明确责任意识，完善内部管理，全年实现签约回款18.15亿元，实现安全签约1990套，销售签约和回款任务圆满完成。

（马 光）

【创新管理方式】 在融景城开发建设中，创新生产方式，在现场采用三段式立体交叉作业，为外墙节省45天工期，同时腾出小市政场地，成为一期按时顺利交工的关键。同时，小市政园林与土建分时施工，高效组织，现场督导协调。在管理方式上力求创新，针对总包单位管理人员不到位、不配合的状态，采取管理靠前、甲方主导生产的管理模式，公司项目部直接一线指挥，落实分包队伍人员配置，材料准备，工期安排，主控现场管理，全面掌控工程进度。公司主要领导每日巡查工地，主管经理深入工程一线，现场指挥协调。每周召开协调会，统筹协调，项目部每天下午17时召开现场会，落实进度，每天加班到22时，大小事情不过夜，严防死守人盯人，大干60天，确保按期竣工目标的完成。

（马 光）

【创销售佳绩】 融景城项目品质较高而售价偏低，受到社会普遍关注，为实现股东关于“平稳完成签约”的要求，公司面对市场压力，精心组织，细化销售工作各流程环节。提前准备：年内在房地产市场不明朗，客户持币观望心态较强，政府和银行频频出台限制按揭贷款的组合政策，控制房地产需求终端，市场大环境不利于销售签约的情况下，公司提前安排完成客户签约资料的准备工作。做到平稳认购：3月，为融景城二期客户签约提供两区（西城区、石景山区）上门服务；10月和11月，利用节假日时间完成融景城三期和A5号楼的全部网签工作。坚持有序签约：在销售签约期间，公司按照工作预案，周密组织、合理安排，分批组织客户现场签约。销售签约额完成168709万元，实现年计划指标的115.9%；销售回款完成181513万元，实现年计划指标的134.6%。

（马 光）

【注重细节出精品】 在融景城建设中精益求精，确保品质。设计配合全程跟进，建设与设计互动，在项目细节方面精准表现品质标准。做好技术交底，高标准、高品质地做好每道工序，以高起点约束日后的施工。及时处理“错，漏，碰，缺”问题，特别是在园林设计、精装修等方面，通过借鉴同类项目成功案例，力求将设计细节尽善尽美，向住户提供高品质的住宅。坚持方案先行、样板领路的原则，确认样板后，材料现场封样达百余项，有效保证两个项目（石景嘉园、融景城）的建设质量和品质。设计部门与成本控制部门全程动态配合，在预算与设计品质之间切入最佳的平衡点，融景城大堂设计及时调整原方案，即节约成本，又简化施工；电梯厅也根据实际及时规整面砖规格，取消非对称面砖，在保证成本前提下提升效果。深入现场，配合施工，直接主导方案设计，确保项目品质和工期进度。

（马 光）

【注重安全质量】 公司视施工安全和施工质量为生命线，将当年确定为“质量安全年”。在施工作业面大、交叉工序复杂的情况下，根据40余万平米开复工面积制定全年工作指导方针，加强施工现场安全管理。对工地进行安全巡检，坚持日检日报；对驻场各施工队伍及管线分包单位开展安全教育，严格检查各项安全措施的执行、落实情况，发现问题及时整改，全年伤亡事故率为零。召开质量安全专题会，对混凝土质量展开全面检查，并对工程建设、施工、监理等单位质量保证体系执行情况进行梳理，不留安全隐患。对施工现场违规堆放等火灾隐患日检日报，用火证严格检查；生活区食品安全，宿舍区用电安全也是重点监控区域。通过努力，全年没有发生安全责任事故。

（马 光）

【注重客户服务】 年内，根据承担近1800套的交房任务，成立客户服务部，充实人员，建立客服电话，初步建立起客户服务平台。把服务客户放在第一位，建立客户档案，落实合同条款，针对设计变更及时与业主沟通，履行合同承诺。与市、区住建委建立常态联系，在石景嘉园项目交付前，提前成立业委会，成为本市第一个试点项目，获得市、区两级政府关注。物业公司提前介入，客户服务部代表业主与物业公司一起联合预验收，两检两修，确保品质，并组织业主开放日，让业主提前了解情况。在交房前制定房屋交付工作预案和交房工作流程。公司成立专门工作小组，将客户引导、签约、收款、后勤、应急处理、宣传等各环节工作，提前预演、走位，无缝链接。交付时业主收房率达到100%。

（马 光）

北京实兴腾飞置业发展公司

【概况】 北京实兴腾飞置业发展公司（简称实兴腾飞）注册资金6000万元，总资产6.5亿元，二级房地产开发资质，是本区最大的国有房地产开发企业。当年有下属七家子公司,包括:四家全资子公司——北京实兴金海物业管理中心、北京实兴建材公司、北京实兴腾飞酒店物业管理有限公司、北京天泰兴业置业发展有限公司;一家参股子公司——北京石海兴业置业发展有限公司;两家控股子公司——北京鎏金置业有限责任公司、北京西部联合置业发展有限公司。一家代管公司:北京金鼎园大学生公寓物业管理中心。公司(含本部及四个全资子公司)全年实现经营收入5.32亿元,其中本部收入4.83亿元,同比上年增长5.2%。实现利润总额4632.46万元,净资产收益率13.68%,成本费用利润率9.5%。与区国资委下达的考核指标相比,利润总额超额完成913.46万元,净资产收益率超额完成21.2%,成本费用利润率超额完成38% 实现资本保值增值率112%。

地址:杨庄东街59号

电话:68880853

邮编:100043

(张小军)

【五里坨建设组团项目】 五里坨建设组团项目一级开发共投资43.3亿元,完成总量46.8亿元的93%,发放拆迁补偿款约29亿元,收回拆迁服务费约9000万元。住宅拆迁产权户3325户,占总量的91%,拆除房屋建筑面积35.6万平方米,占总量的93%。07地块、南宫住宅小区全部产权户完成签约,达到上市条件。集体土地内企业450家,占地面积34万平方米,已完成拆迁80%;国有土地内企业13家,占地面积3.2万平方米,积极协调各方推进拆迁工作。定向安置房建设完成全套施工图、01地块周边的大市政方案综合、01~07地块地下管线勘测工作。02~07地块周边各条道路的定线工作已全面启动。市政管线咨询全面展开,其中燃气、热力、排水等专业已完成现场踏勘。9月27日01地块正式开工建设,至年底C区1号、3号、8号楼正式破土动工,11月27日,B区2号车库开始挖槽。定向安置房销售累计签约4226套,销售面积35万平方米,完成总面积42万平方米的83 %,销售额15亿元,完成总额16.8亿元的89%。

(张小军)

【鼎城项目收尾】 鼎城尾项工程全部完成,顺利交付物业。年内,鼎城项目实现销售额3.3亿元。C区商业用房、小公寓尾房销售全面完成,A区商业用房剩余5套,总面积1300多平方米,户型不合理、位置欠佳是销售难的主要原因。基本完成住宅、小公寓、商铺客户的交房入住,华录集团购买的B栋写字楼完成入住手续的办理,进行装修。

(张小军)

【公司成立五周年庆典】 11月5日,举办以"秉承兴业、志在腾飞"为主题的五周年庆典暨"实兴腾飞助学基金"启动仪式。荣华等区领导、区国资委及区相关政府部门和合作单位参加庆典。公司出资100万元设立市妇女儿童发展基金会"实兴腾飞助学基金",帮助贫困优秀学生完成学业,首都慈善公益组织联合会授予公司"爱心合作伙伴"荣誉,成为本市首家设立社会公益基金的国有企业。

(张小军)

【法律案件办理】 加大法律案件办理力度。在册案件34件,其中上年结转19件,新增15件,涉案金额1.67亿元,到年底结案11件。通过法律手段收回666.6万元欠款,包括购房欠款24万元、海蓝科技欠款52万元、京磁执行款150万元、天华博实欠款500万元,矫亮房款6000元。妥善处理海南4套房产,不仅避免118万元罚款,且除去各种费用,反收回70万元。同时查找海南案件新的执行线索,仅用两周时间就完成恢复执行申请及法院立案、审理、分案、裁定、冻结等多个环节工作,11月底查封海南兴华公司对海南汇宇公司债权180万元。

(张小军)

【项目开发情况】 天泰兴业公司当年开复工面积44689平方米,完成投资额1.26亿元,回收资金约为8600万元。站前小区保障性住房项目全部三栋住宅及两栋配套用房完工,累计完成投资6778万元,年内回收资金0.5亿元,11月23日小区实现正式供电,其他市政管线也在收尾阶段。苹果园交通枢纽H地块廉租房是受区住建委委托建设的项目,总投资额约1.36亿元,9月30日开工奠基。南宫住宅小区项目一级开发当年完成征地批复、居民拆迁、市政项目综合等工作,累计投入资金3400余万元,当年回收资金3500万元。6月22日区重点建设中心工作正式纳入天泰兴业,该中心有10个在施项目,投资总额约为31.2亿元,已完成10.58亿元。京石客专石景山段全面施工,阜石路二期全线贯通。7月,公司增持鎏金置业20%的股权,总股权达到70%,成为控股公司。5月27日,公司与京汉置业集团股份有限公司共同出资成立北京西部联合置业发展有限公司,总股1000万元,公司占51%。6月10日中标衙门口综合改造土地一级开发项目,年内完成道路定线、路网规划方案及成果报告、地块普测成果、6版规划设计方案、协调京石客专退距、地块中车辆段的调整、启动资金的协调、市政条件确定等前期工作。征地拆迁完成全部12个标段、2397户的入户调查和拆迁网上公示;完成非住宅集地106家、国有土地8家单位的确权工作,初步确定所需定向安置房约5310套。石海兴业公司承担的西井项目因上级有关部门要求定向安置房由鎏金置业公司代建,进度放缓。

(张小军)

【物业类子公司】 实兴金海物业公司全年实现利润3.9万元,物业收费率 70%，房屋出租率 90%，租金回收率 85%，供暖费收缴率 79%。与芳星园物业公司互派 4 名干部开展为期 3 个多月的交流学习活动，形成调研报告。酒店物业公司全面接管今鼎时代广场，办理入住 254 户，累计入住 439 户。全年主营业务收入 1601.17 万元，利润总额 50 万元；物业收费率 96%；出租房屋面积 4100 平方米，租金回收率 100%；停车费收入 30 万元，实现扭亏为盈。实兴建材公司实现总收入 223.5 万元，房屋出租率 99%，租金收缴率 100%，上缴税金 9.8 万元，利润总额 6 万元。代管的金鼎园大学生公寓物业管理中心实现收入 680 万元，利润总额 12 万元。

（张小军）

石景山区建筑公司

【概况】 北京市石景山区建筑公司（简称建筑公司），是区属全民所有制建筑企业。具有房屋建筑工程施工总承包二级资质，城市及道路照明工程专业承包三级资质。是区属建筑业企业中第一个通过 ISO9001 质量管理体系认证的建筑公司。2006 年 1 月通过质量、环境保护及职业健康安全管理体系的三体系认证，之后年年顺利通过三体系认证。上年，公司又成为本区首批持“CRD 绿卡”的 88 家重点企业之一。公司现有 8 个职能科室，8 个土建分公司，1 个电气分公司，正式职工 171 人，工程技术及专业管理人员 115 人。其中具有高级技术职称的 4 人，中级技术职称的 23 人。截至年底，公司共获得市建筑工程最高质量奖“结构长城杯”和“长城杯工程奖”15 项、市优质工程 6 项、市文明安全工地 16 个，连续多年获区“百强企业”，2003 年起连续被评为重合同、守信誉企业。年内，衙门口经济适用房 A1、A2、A3 号住宅楼及裙房工程、北辛安集贸市场工程等相继如期竣工并投入使用，另外石景山区第二水泥管厂安置房项目、潭柘寺生态花园工程以及河北香河京汉君庭 1 号住宅楼、商业楼工程相继开工建设。全年完成营业收入 25748 万元，上缴税金 850 万元，开复工面积 20 万平方米，竣工面积 6 万平方米。被评为“首都精神文明单位”。

地址：西井路 15 号静洋科技大厦五层
邮编：100041
电话：68863898
传真：68829495

（贾海艳）

【通过三体系认证审核】 1 月 5 日、6 日两天，方圆标志认证中心专家审核组，对公司本部和所属基层项目部的质量管理、环境保护及职业健康安全三体系运行情况进行监督审核，审核结论为“监督审核结果符合要求，继续保持认证注册资格。”

（贾海艳）

【衙门口经适房三项工程竣工】 衙门口经适房 A1 号楼等三项工程包括 A1 号、A2 号、A3 号三栋高层住宅楼以及配套裙房工程，于 10 月相继竣工并投入使用。工程地点位于衙门口村，建设单位为北京石开房地产开发有限公司，由本公司第二分公司和第六分公司联合承建。该群体工程建筑总面积 52194 平方米，合同总造价 10034 万元，于上年 4 月开工建设。

（贾海艳）

【北辛安集贸市场竣工】 该工程位于北辛安，建筑面积 10978 平方米，合同造价 1969 万元，为三层钢结构工程。建设单位是北京欣安天成投资管理公司，于上年 9 月开工建设，当年 12 月竣工投入使用，由本公司第一分公司负责承建。

（贾海艳）

【安置房工程】 该工程位于八角地区第二水泥管厂内，5 月开工建设，建筑面积 40350 平方米，合同造价 9736 万元。工程为全现浇剪力墙结构和框架结构，由 4 栋高层住宅及配套公建和地下车库组成。建设单位是京汉置业集团股份有限公司，由本公司第三分公司和第六分公司联合承建。

（贾海艳）

【京汉君庭工程】 京汉君庭 1 号住宅楼、商业楼工程位于河北省香河秀水街南侧，是公司成立以来承接的第一个市外工程。该工程于 7 月开工建设，建筑面积 60836 平方米，合同造价 8478 万元。工程由全现浇剪力墙结构的 27 层 1 号住宅楼及三层框架结构的商业楼组成。建设单位是香河京汉房地产开发有限公司，由本公司第六分公司承建。

（贾海艳）

【生态花园 8 项工程】 该工程位于门头沟区潭柘寺新大街 6 号，10 月开工建设，建筑面积 10988 平方米，合同造价 2728 万元。工程由 16 栋独立别墅组成，1～6 号、8～13 号、17～19 号楼为三层全现浇剪力墙结构，7 号楼为三层框架结构。建设单位是北京潭墅苑房地产开发有限公司，由本公司第二分公司承建。

（贾海艳）

【经适房项目Ⅰ标段】 第二水泥管厂经济适用房项目Ⅰ标段 2～4 号楼工程，于 11 月开工建设，建筑面积 43156 平方米，合同造价 7767 万元。工程为全现浇剪力墙结构，2 号楼地上 18 层，地下一层；3 号、4 号楼地上 21 层，地下 2 层。建设单位是京汉置业集团股份有限公司，由本公司第六分公司负责承建。

（贾海艳）

【公司总部完成整体搬迁】 公司机关总部办公楼和基层单位北京景旺设备租赁站，位于老古城综合改造项目定向安置房建设用地拆迁范围。10 月 20 日，根据北京市房屋拆迁许可证（京拆许字[2009]第 174 号）文件和区政府（石政办纪[2010] 25 号文件）精神，与北京古城兴业置业有限公司就公司机关办公楼和租赁站整体房屋拆迁安置补偿达成协议。根据协议,建于1999年9月,位于古城西路30号,房屋总面积4483.59平方米、土地总面积7303.64平方米的区建筑公司机关总部办公楼及景旺设备租赁站于12月13日完成全部拆迁腾退工作。

(聂　俊)

北京燕金源置业有限公司

【概况】 北京燕金源置业有限公司(简称燕金源公司)作为独立企业法人,实施苹果园交通枢纽商务区土地以及开发项目的建设工作。有正式员工19人,平均年龄33.5岁,本科以上学历11人,占正式员工总数的58%。公司前身为苹果园交通枢纽商务区建设开发办公室。依据国务院《关于投资体制改革的决定》(国发[2004]20号)中"鼓励实行业主委员会制度"的精神,由区政府作为发起人,于2005年初成立苹果园交通枢纽商务区业主委员会,由项目规划区内土地权属单位区政府、首钢总公司、北京公共交通控股(集团)有限公司、北京市基础设施投资有限公司、琅山苗圃5家单位组成。同年12月31日,5家单位共同成立北京燕金源投资有限公司,注册资本4.5亿元,具有房地产开发三级资质,2006年7月更名为北京燕金源置业有限公司。

地址:杨庄北区甲12号楼底商二层
电话:68868123
邮编:100043

(王椿淋)

【项目进展情况】 苹果园交通枢纽项目总用地面积为5.19公顷,地上可规划总建筑面积为11.47万平方米。苹果园交通枢纽商务区土地一级开发项目总用地面积为52.71公顷,其中,总建设用地面积为20.16万平方米,代征城市公共用地面积为32.55万平方米。规划建设用地性质为居住、商业金融、文教、医疗、市政。2008年6月19日,枢纽项目移交北京市公联公司建设,目前正在加紧办理立项手续。枢纽项目计划征用集体土地50亩,总拆迁面积67828平方米。截至年底,已完成拆迁面积15567平方米,占拆迁总量的23%。

(王椿淋)

【四个地块上市】 苹果园交通枢纽商务区项目I、J、P、G四个地块成功上市。7月15日,I地块在市土地中心网站发布上市交易公告;8月18日,经过14轮竞拍,以2.3亿元被北京天鸿铭基房地产发展有限公司竞得。11月19日,J、P地块正式在市土地整理储备中心网站发布招标公告;12月9日,中铁建设集团通过投标方式以5.2亿元取得J、P地块商业金融项目国有建设用地使用权。12月8日,G地块在市土地整理储备中心网站发布招标公告;同月28日,通用地产有限公司和通用地产(北京)有限公司联合体通过投标方式以1.6亿元取得G地块商业金融项目国有建设用地使用权。四个地块用地规模共计33325平方米,规划建筑面积共计137669平方米。

(王椿淋)

【三个地块开工】 苹果园交通枢纽商务区H地块由燕金源公司完成拆迁工作后,按照区政府要求,由区住建委授权北京实兴腾飞置业发展公司建设廉租房项目。9月30日,实兴腾飞公司在H地块举行开工奠基仪式。12月30日,周茂非等区领导参加中铁建房地产公司在苹果园交通枢纽商务区J地块举行J、P地块开工奠基仪式。

(王椿淋)

【拆迁取得进展】 苹果园路以南共8个地块,拆迁面积共计100685平方米。截至年底已拆迁面积为87206平方米;苹果园路以北地块两大地块拆迁面积共计128318平方米,截至年底已拆迁面积2.35万平方米。

(王椿淋)

【推进管线改移】 年内完成J地块高压电缆改移、1米战备自来水管线改移、原首钢绿化公司内电信电缆改移;完成G地块英迪学校食堂燃气管线切割和排水管线改移工作以及I地块苹果园地铁东侧上水管线改移工作。完成J、P、H、G、F地块的围墙砌筑约2000米,为各地块顺利验收奠定基础。

(王椿淋)

城市管理

市政市容管理

概　述

北京市石景山区市政市容管理委员会(简称区市政市容委),是区政府主管全区市政基础设施、公用事业、环境卫生和城市市容环境综合整治的职能部门。设20个职能科室,7个直属事业单位。本区处于快速推进城市化进程关键时期,对城市建设和管理提出新的更高标准和要求。基础设施按照首都新城区建设标准,不断满足新的功能区建设需要;城市环境按照建设世界城市目标,不断满足开放环境下区域内外群众日益增长的物质精神文化生活需要;城市管理适应新形势发展变化,不断提升服务质量和水平。城市环境已经成为招商引资的品牌,引起全社会普遍重视;经济持续快速发展,为加大投入创造一定财力基础;首钢涉钢产业搬迁调整和永定河绿色生态发展带启动,使产业结构和空间布局加快调整,城市功能日益完善,城市品质进一步提升。突出建管并举、重在管理的“大市政”理念,求真务实、开拓创新,抓住机遇,正视困难,多做战略性的谋划思考,多想促进科学发展和谐发展的创新举措,多干事关民生的实事好事,按计划完成全年各项工作任务。以永定河绿色生态发展带建设为重点,争取市水务建设资金4.67亿元,莲石湖项目已通过蓄水验收。投入资金6068万元,加强供水、排水设施建设,打井8眼,铺设管线1.7万米,完成10项雨污水工程。落实防汛责任制,出动巡查抢险人员1000余人次。投入资金1650万元,加快推进南马场水库大坝加固工程,确保全区安全度汛。市、区总投资20.5亿元,完成阜石路二期工程建设,对全区13条道路进行大修改造,养护道路3.9万平方米、排水管线14千米。投入资金6100万元,更新环卫设备、改造垃圾楼、完善公厕设施。投入资金2500万元,建设银河商务区、八角西街夜景亮丽工程。推进垃圾分类工作,发放家用垃圾分类桶4万余个、家用垃圾袋320万个,完成16个垃圾分类试点小区达标工作,为环境卫生工作有序开展做好硬件保障。将市政管理、环境整治、水务管理、爱国卫生、防震救灾等职能有机统一,在工作过程中建立起较为完善的集城市环境规划、整治、建设、管理相结合,有效运转的工作机制,城市市政基础设施和环境建设水平在建管并重中得到显著提升。逐步转变城市管理方式,不断健全与首都世界城市社会经济发展相适应的城市管理体系,实现城市建设管理的精细化、常态化、法制化、社会化和专业化。

地址:杨庄东路9号
邮编:100043
电话:68881555

(齐　忠　翟国鑫)

【提高水务保障能力】 坚持以人为本、可持续发展的治水思路,全力打造莲石湖生态河道,构建水岸经济,着力提高全区水务保障能力。成立永定河绿色生态发展带石景山段建设总指挥部,投资30亿元,结合首钢搬迁,以门城湖、莲石湖为依托,在重点区域和交通节点形成水面,将石景山段13.8千米河道水面汇集成片,门城湿地公园、首钢滨水公园、南大荒滩地公园形成人水和谐的生态河道。加强与市水务局沟通,将莲石湖设计长度由3.8千米增加至5.8千米,设计水面面积由60万平方米增加至100万平方米,河道总面积达220万平方米,增设亲水设施,提高经济和社会效益。工程于7月26日开工后,克服工期紧、施工条件复杂等困难,争取市水务建设资金4.67亿元,投入设计、监理、施工及劳务人员14万人次、机械设备1.5万台次,已通过蓄水验收。争取市水务局资金1000万元,在高井沟上游支流建设两处临时小型污水处理设施,消除污水对永定河的生态安全隐患。推进供水设施建设,提高供水能力。打井6眼,完成34项供水工程,铺设管线1.74万米,新建6500立方米清水池,推进五里坨供水工程前期工作。加强节水管理,建设节水型社会。向987家用水单位下达计划用水指标292万立方米,推进节水创建、节水技术改造,在社区、学校广泛开展节水宣传活动,发放宣传品4万份。加强排水工程建设与管理,确保安全度汛。投入资金892万元,完成五里坨西路北段等10项雨污水管线改造工程,管线总长度7.7千米。清理整修边沟1.2万米、雨水口9200座、检查井1400座,疏通管线1.2万米,更换井盖、雨箅子1016套,确保汛期排水畅通。召开全区防汛工作大会,落实防汛责任制,做好汛期应急值守工作,出动巡查及抢险人员1000余人次,确保全区安全度汛。加强水利工程建设,消除安全隐患。完成人民渠阻水设施改造及绿化整治工程,保障渠道行洪安全,加快建设南马场水库大坝加固工程,推进人民渠上游1.8千米河道改造工程前期工作。加大水务行政执法力度,保障用水安全。出动执法人员1200余人次,检查建筑工地46个、洗车点150个、社会单位380家。抓好自备井监管,做好自备井检查及水资源费征收工作,确保供水安全。

(齐　忠　翟国鑫)

【城市道路建设管理】 加强重点道路及大修工程建设,总投资47亿元,新建道路13条,续建道路5条,大修改造道路14条,新增道路长度26.9千米。其中,投入资金36亿元,协调推进阜石路二期工程建设,加快推进长安街西延、轨道交通S1线和杨庄大街、京门路新线建设前期准备;投入资金2632万元,完成五里坨西路北段等13项道路大修工程,总长度11千米,总面积11万平方米;推进永引渠南路等4条城市主干路和金顶北路等9条城市次干、支路建设前期工作。加强国防交通战备和铁路道口管理。完成第四次交通综合调查,建立交通战备车辆信息管理系统。加大铁路道口安全检查力度,全年累计检查120次,确保安全无事故。强化市政设施管理养护,建设市政设施信息化管理平台,提高科技化水平,全年养护道路3.9万平方米、排水管线14千米,确保市政设施运行良好。

(齐　忠　翟国鑫)

【供热燃气管理】 妥善应对气候寒冷、供暖时间增加21天的不利形势,完成2009~2010年度供热工作。投入资金4813万元,大修更新供热设施241处;投入资金2029万元,对老旧小区供热管网进行更新改造。贯彻市供热采暖管理办法,推进供热计量改革。加强燃气安全宣传和检查,完成"老楼通气"户内管线工程。

(齐　忠　翟国鑫)

【市容环境管理】 召开城市管理工作大会、夏季市容环境整治大会,成立区城乡环境建设委员会及办公室,建立健全城市环境长效管理机制。制定并落实环境卫生管理办法,对26个环境卫生有关单位的职责进行细化,向3079家社会单位发放市容环卫告知书,落实市容环境卫生责任制。检查道路街巷1300条次、公共卫生间1168座次、密闭式清洁站476座次,清除小广告400万张,查处违规条幅1127条,清理垃圾渣土2.8万吨。加强环卫基础设施建设,投入资金1000万元,更新改造环卫黄标车辆、购置道路清扫新设备;投入资金3660万元,对43座垃圾楼进行分批改造,完成10座垃圾楼改造任务;投入资金358万元,改善公厕设施条件,提升公厕服务水平。推进垃圾分类工作,投入资金753万元,发放家用垃圾分类桶4万余个、家用垃圾袋320万个,完成16个垃圾分类试点小区达标工作,推进餐厨垃圾处理场建设前期工作。扎实做好铲冰扫雪工作,投入资金1120万元,购置多功能除雪车6台、人行步道除雪设备95台,机械除雪能力达到70%。积极应对60年一遇特大暴雪,发动社会单位、部队、居民等20余万人次参加扫雪铲冰,出动作业车辆1500余台次,确保道路畅通。加强夜景照明管理,投入资金1950万元,在银河商务区、八角西街实施夜景照明工程,营造和谐亮丽的夜景氛围。推进永引渠南侧和"城中村、边角地"环境整治项目,完成永引渠南侧"边角地"环境整治项目前期工作,推进拆迁进度,协调首钢启动"厂中村"拆迁项目。

(齐　忠　翟国鑫)

【信息化平台建设】 强化信息化城市管理与公共服务平台建设,不断提高城市精细化管理水平。全年立案2.33万件,结案2.28万件,结案率98%。加强城市管理监督指挥平台建设,提高信息化、科技化水平。做好基础数据更新工作,更新城市部件管理系统基础地形图。加大科技利用力度,将城管通手机更新为"3G"手机,进行23项新功能开发测试,提高及时发现、快速上报能力。增强监督服务能力,完善信息化城市管理工作机制。对1423个网格进行全覆盖、无缝隙的监督巡查,不断提高发现问题的能力,开展架空线等7项专项普查,及时准确地反馈城市管理工作完成情况与效能。稳步推进监督评价工作,利用多种渠道发布评价结果,提升政府部门履职的积极性。加强指挥协调,发挥网格化城市管理的优势。建立指挥分派系统,使问题处置达到标准化、规范化、精细化。采取现场协调会、联席会、工作例会等方式解决疑难案件,形成分工明确、职责清晰、衔接顺畅、处理高效的疑难案件处置机制。加强监督员队伍建设,打造业务精湛的城市管理队伍。修改完善监督员管理制度,开展专项培训14次,共2700余人次参加,进一步提升监督员业务素质。

(齐 忠 翟国鑫)

【健康城区建设】 开展健康城区建设,提高生态环境质量和群众健康生活水平,将爱国卫生工作不断引向深入。年初,针对国家爱卫会暗查指出存在的问题,分别召开专题研究会、工作动员会、现场部署会,将“国家卫生区”整改工作任务和要求逐项分解到各街道、各有关部门,明确整改工作完成时限和标准,确保整改工作有重点、有步骤地扎实开展。开展“城市清洁日”活动,在135个社区开展6次“城市清洁日”环境治理活动,累计参加活动达5万余人次,清理卫生死角1.5万余处、垃圾渣土1200吨、白色污染500吨,市容环境明显改善。加强病媒生物防治工作,建立公共场所外环境固定灭鼠毒饵站1.1万个,投放鼠药3吨,发放灭蚊蝇器具30台,灭蚊蝇药品120箱,检查餐饮单位384户次,全区各项病媒生物指标均控制在国家标准范围之内。推进健康教育宣传活动,设立10个宣传站,发放资料6000余份,在社区举办专家健康知识讲座12次,推动健康社区工作有序开展。强化禁烟控烟工作,检查公共场所单位3451个,发放宣传品1万余份,增强群众禁烟意识,全区65家餐饮单位、24家企事业单位成为市级“无烟单位”。

(齐 忠 翟国鑫)

【组织扫雪铲冰】 自元月2日21时出现降雪至元月4日早7时,全区降水量15.8毫米,积雪深度33.5厘米,属1977年有记载以来最大暴雪。降雪强度大,雪后温度低,严重影响道路交通安全和市民出行安全。区扫雪铲冰指挥部根据国务院紧急通知和市政府扫雪铲冰电视电话会议要求,连夜紧急部署,协调调动各方力量及时扫雪铲冰。到4日中午11时,清除重点大街机动车道残雪,融通打透其他主要道路。区环卫中心连续奋战近40个小时,出动多功能除雪车、推雪铲、融雪车等作业车辆491车次,3日夜间出动保洁员700余名,作业4965人次。按照“融、扫、推、清”方式,以政府、学校、医院、部队等周边主要道路为重点,融通打透支干道路114条;各街道办事处连夜发动社会单位2500余家,社区居民、驻区部队等5.5万余人次进行扫雪。城管大队全员上岗,出动执法人员534人次,执法车辆159车次,对全区主要道路、社区开展监督执法,并对6家不按规定落实扫雪铲冰工作的单位依规进行处罚。

(齐 忠 翟国鑫)

【城市安全运行】 做到“六个及时”,确保大风降温天气城市运行安全。1. 及时启动应急预案,加强应急值守和备勤,供水供热应急抢修队全员24小时待命,随时处理可能发生的供水供热系统故障问题;2. 及时调整供热工作方案,根据天气变化加大供暖量,在确保锅炉及管网系统安全的基础上适当提高供、回水温度,保持居民用户室内温暖;3. 及时启用供水系统压力传感器等精密仪表,采用电加热方式对供水管线进行保暖,防止供水系统管网冻坏;4. 及时加大对供水供热管线、截门的巡查力度,防止供水供热管线冻裂,发现问题及时解决;5. 及时妥善处理居民来电来访问题;6. 及时进行信息沟通,与政府及相关单位保持24小时联络畅通,确保及时掌握、处理相应信息及情况,确保城市运行安全。

(齐 忠 翟国鑫)

【燃气供热应急保障】 落实北京市关于极端低温天气居民供热保障工作会议精神,及时启动燃气、供暖突发事件应急预案,做好应对突发事件准备。配合市燃气集团进行燃气用户筛查,锁定公建停气对象,并制定具体停气措施及方案。对市燃气集团严格限制用气量的7家单位实行日用气量每日抄表、每日报告。由燃气办牵头,与燃气集团相关部门组成两个工作组,分别对工业及公共建筑燃气供热锅炉房用气量进行控制,尽量保障居民供热。对首钢NEC公司、首钢特钢公司、东方家园八角店、八大处农工商公司等四家单位的燃气锅炉房实行运行控制,停止使用燃气锅炉3台,其余锅炉保持低温运行。做好居民燃气供热调控,坚决控高,所有居民燃气供热单位每日上报用气量,确保燃气用量不增加。区供暖服务热线接到的供热质量投诉相对集中于热力集中供热的老山、杨庄、苹果园等地区,燃气、燃煤供热地区供热质量投诉未见明显增多。针对居民投诉量大幅上升问题,与区应急办、信访办及各街道共同配合,耐心做好因限气供暖受影响的居民解释工作。在做好区“两会”期间基本供气、供热保障的同时,严格落实节能政策。1月10日对区“两会”会场及代表、委员驻地饭店室内温度进行实地测量,抽测结果显示会场、客房室温均未出现超标供热现象。

(齐 忠 翟国鑫)

【“两会”期间保障】 完善、细化区“两会”期间城市运行保障方案,逐项做好准备,确保机制健全、职责明确、措施有效、人员到岗、装备和物资到位。加强市政基础设施监控工作,特别是水、气、热、环境的保障性工作,防止出现大规模、大范围停水、停气、停热等事件,确保群众正常生活。做好应急保障准备,做好万商花园酒店和京燕饭店周边夜间照明设施、市容环境、供水设备、雨污水管线等市政公用设施的安全检查,对燃气、热力等进行细致排查,确保“两会”顺利进行。安排应急抢险队伍,从硬件设施和软件管理两个方面,落实应急保障准备和安全生产工作,做到保供应、保服务、保安全、保应急准备、保信息畅通。进一步做好区域环境保障工作,全面落实环境卫生责任制,加强重点大街积雪清运、环境保洁、夜景照明管理,做到"两会"区域环境处处有人管,不留责任死角,确保城市环境整洁良好。

(齐　忠　翟国鑫)

【残冰残雪清理消纳】 及时启动清融雪预案,做到带班领导、值班人员、环卫车辆、通讯器材四落实。分区、分片、分段划分残冰残雪清运责任区:区环卫中心负责15条重点大街残冰残雪的清运工作,区市政市容委组织应急队伍对其余41条重点大街残冰残雪进行清运,各街道办事处和社区负责组织力量对56条重点大街以外的城市道路和街巷胡同积雪清运。指定南山一号院等4处政府储备用地作为黑冰黑雪消纳地点,设置残雪清运车辆统一标识,城管监察部门全员上岗,对责任区扫雪铲冰落实情况进行执法检查,对未按规定时间落实扫雪铲冰责任的单位,以及向道路扬雪或将含有融雪剂的残雪堆积在绿地和树坑内等违规行为,依法予以严处。加大社会参与力度,扩展责任范围,要求社会单位将责任区扫雪铲冰范围延伸至便道路牙,有隔离带的延伸至非机动车道内侧路牙,以减轻专业除雪作业压力,恢复整洁路面。

(齐　忠　翟国鑫)

【治理白色污染】 组织开展节前白色污染专项治理活动。召开专项部署会,组织城管、环卫、街道等相关单位清理整治白色污染。以城市道路、河湖、绿地、工地、结合部地区等5大区域为重点,建委、园林、环卫等部门各负其责,同步行动;发动社会单位、小区物业等1万余人参与清理活动,清理白色垃圾1.2吨,清理绿地面积45万平方米,清理树挂2300余株,检查"门前三包"商户810余家。对白色垃圾、黑冰黑雪等问题开展专项检查,以阜石路、石景山路、莲石路3条快速路沿线、京九铁路沿线及区内主要道路为重点,调整增加作业力量,减少污染物停留时间。加强全区垃圾站点清运管理,增加清运频次,确保日产日清,不积存、不暴露。

(齐　忠　翟国鑫)

【春节环境保障】 合理安排作业班次,严格执行环卫作业标准,在规定时间内完成晨扫作业,保障繁华地区、主干道路环境卫生干净整洁,给全区人民和中外游客营造"欢乐、祥和、文明、整洁"的节日环境。有序开展节日期间烟花残屑清除工作,清理烟花爆竹残屑300余吨,有效消除安全隐患;对主要大街夜景照明开启情况进行检查,56处夜景照明设施基本按时开启,景观效果良好;对重点地区16座密闭式清洁站、20座公共卫生间设施运转情况和清扫保洁情况进行检查,运行情况良好;加大非法张贴、喷涂小广告的冲刷作业力度,节日期间出动作业车辆12台次,出动作业人员24人次,清理非法张贴、喷涂小广告3000余张,清除主要大街违规悬挂横幅15条。

(齐　忠　翟国鑫)

【春节供热保障】 组织各供热单位进行安全生产隐患自查,确保各项设施设备运转良好,规章制度健全,操作流程规范。同时配合市燃气集团相关部门,督促做好区内天然气及液化石油气安全保障工作。要求各居民供热单位切实做好节日期间的供热保障工作,在确保安全前提下适当提高供、回水温度,全力保证供热质量。召开供热、燃气行业节日期间安全生产工作会,严格落实各项相关应急预案,以及各相关单位部门应急抢险队伍人员、物资配备,加强应急值守,确保应急处置快速、及时、高效。按照市市政市容委"六查"要求,对供热及燃气行业各相关单位设备运行情况、规章制度制定和落实情况、责任主体履责情况、关键和薄弱环节、人员培训教育以及应急预案等进行专项检查。

(齐　忠　翟国鑫)

【烟花爆竹安全管理】 下发关于做好春节期间烟花爆竹安全管理工作的通知,部署节日期间相关安全保障工作,确保重点部位安全。召开工作会,在组织部署上坚持"四个有",即工作有方案、阶段有部署、部署有会议、贯彻有督察,确保各项工作分步骤、有重点,稳步、有序推进。开展供热、燃气重要部位及周边各类可燃物的清理工作,进行必要阻燃预防。在隐患排查上做到"五个坚决",即发现隐患坚决,整改措施坚决,复查结果坚决,逐级反映坚决,盯住进展坚决。各供热、燃气单位在燃放时段内实行领导带班24小时全天候值班制度,落实岗位责任制,开展巡视检查,重点位置和区域要增派力量看护,加密巡查,及时、准确报送信息。配合消防、街道等部门做好对违规燃放烟花爆竹群众的劝阻工作,确保保障位置周边不出现不正确的燃放行为。

(齐　忠　翟国鑫)

【莲石湖全线竣工】 2月28日,莲石湖(永定河绿色生态发展带石景山段)建设工程与丰台区宛平湖建设项目同时启动,标志着当年本市重点项目——永定河绿色生态走廊建设拉开帷幕。7月26日,莲石湖建设工程全线开工。12月1日,莲石湖全线竣工,开始蓄水,部分标段水面已经形成。莲石湖总投资4.67亿元,自麻峪延伸至京原铁路,全长5.8千米,由12级跌水组成,从湖体长度、河道面积等各个方面衡量,莲石湖都是当之无愧的永定河第一大湖。不仅长度上在永定河六大湖泊中排行第一,水面面积也超过其他湖泊,湖面最宽处达500多米,窄的地方也有230米,整个湖面面积达102万平方米,相当于半个昆明湖。莲石湖也是永定河绿色生态发展带建设中第一个全线竣工的湖泊。

(齐　忠　翟国鑫)

【保障莲石湖建设】 年内完成叠坝拦水工程。在莲石湖一期上游位置设置高1米的拦截坝,下游河段水位明显下降,为一期施工建设创造条件。建设现场管理用房。自筹资金,组织人员于3月初开始进入现场施工,4月20日交付使用。所有项目管理人员进驻现场办公,做到服务到一线,保障到一线,指挥到一线。解决施工用电问题。由于永定河周边缺乏用电设施,无法满足施工用电需求。通过多次论证及多方联系,确定由燕山水泥厂提供施工用电。组织人员对石景山段沿岸8个排污口进行详尽调查并召开排水协调会,要求各排水单位污水排放达标,同时上报排水计划,对突发性排水提前通告,便于项目实施过程中的施工组织。由于项目种植用土及结构基础用土量较大,为防止施工期间土方价格上涨,增加工程造价,于3月底开始组织相关部门贮存施工用土,确保工程顺利实施。完成环境评价工作。组织人员深入石景山段周边村镇,入户发放环境影响评价问卷并进行收集整理,上报至市环保局,为环评报告做好充分准备。同时将莲石湖(麻峪—京源铁路河段)环评一期、二期在石景山信息网上公示。完成建设项目招标方案和水土保持方案。莲石湖"建设项目招标方案核准申报表"和水土保持方案报告书已上报市发改委和市水务局。全年投入设计、监理、施工及劳务人员14余万人次,各种机械设备1.5万台次;完成土方开挖240万平方米、土方回填140万平方米;铺设减渗膜111万平方米。治理面积达220万平方米。

(齐 忠 翟国鑫)

【信息化城市管理】 召开信息化城市管理工作推进会,重点对信息化城市管理部件、事件工作手册、信息化城市管理监督评价体系外部评价方案在全区推行实施进行部署和安排。制定下发信息化城市管理系统疑难(问题)案件处理办法和信息化城市管理系统紧急、突发案件处理办法。自4月1日起,对全区各责任单位进行由信息化城市管理平台系统自动生成评价结果。在内部评价基础上,增加包括各类媒体曝光的城市管理问题,区人大代表、政协委员对城市管理问题的反映,公众通过便民电话68812345或其他途径的投诉。就城市管理中各类责任主体不清、推诿扯皮和常态城市管理中影响城市公共秩序安全和百姓生命财产安全的紧急、突发问题,明确各相关部门责任、处置流程,旨在建立并落实"分工明确、职责清晰、衔接顺畅、处理高效"的城市管理工作机制,进一步理顺条与条、条与块、管理执法作业之间的工作关系,推动信息化城市管理工作有序、健康发展。

(齐 忠 翟国鑫)

【环卫管理办法实施】 区环境卫生管理办法(试行)5月1日起正式实施。该办法是为促进城市环境长效化管理、总结奥运和国庆保障经验形成的行政规范性文件。一是合理划分事权,对市政市容、建设、商务、街道、城管、环卫等单位有关环境卫生的职责进行细化;二是有效运转监督管理体系,以定期联席会议为平台,落实区街两级管理体系,研究部署、协调解决全区环境卫生工作;三是实行监督评价与检查通报,对街道、城管、环卫等单位环境卫生工作进行检查评比,对发现的环境卫生问题及时通报,督促整改;四是引入信息技术管理,建立市容环境卫生责任区地理信息管理系统,实现责任区划地域上、机制上的无缝衔接;五是畅通市民参与渠道,以参与环境建设、摒弃不良陋习、积极扫雪铲冰、文明养犬等四项为切入点,强化市民环境责任意识。

(齐 忠 翟国鑫)

【清明祭扫服务保障】 执行清明节停车管理工作突发事件处理预案,3月27日~4月11日,开辟上庄大街西侧、人民公墓西门、福田公墓等12个临时停车场,面积近5万平方米,可容纳约3500辆机动车停放。联合区发改委以及交通支队等部门做好临时停车场经营管理的监督和检查工作。全力确保清明节祭扫活动期间市容环境干净整洁,加大重点保障区域张贴的非法小广告的清理力度,由原来每天2次冲刷作业增加到每天4次,扫墓高峰日期间采取不间断巡回作业方式。加大八宝山革命公墓、老山公墓、福田公墓周边等重点保障区域道路清扫保洁、环卫设施运行以及施工现场检查力度,发现问题及时解决。加强应急值守及八宝山地区的监督检查工作。3月27~28日,4月3~5日,10~11日清明节扫墓高峰期间,实行领导带班责任制,安排检查人员对重点区域进行巡查,遇到问题及时协调有关部门解决。

(齐 忠 翟国鑫)

【老楼通气工程验收】 对已通气和未通气住户的燃气管道系统安装、燃气计量设备安装、燃气设备安装、严密度压力实验结果、户内安全隐患以及表后灶具和连接软管等方面进行检查。对于存在问题的住户暂缓通气并进行登记备案,属于燃气表及管线问题的由燃气集团和施工单位进行解决,属于居民家中个性化灶具及软管问题的由燃气集团派专业人员指导居民进行整改。指导和帮助居民办理燃气表卡等通气手续,做好发放办理通气手续的表格、单据等相关工作。做好居民宣传工作,发放燃气用户使用手册,宣传天然气安全使用常识。

(齐 忠 翟国鑫)

【全国节水宣传周】 围绕"节水全民行动,共建生态家园"宣传主题,在山姆会员超市外举办节水宣传活动,向过往市民发放节水宣传资料,通过展板的形式宣传节水小妙招。开展节水进校园、进社区、进医院、进单位活动，对节水工作及节水器具进行检查；学生们走上街头向市民宣传节水知识、节水器具、观看节水视频。在重点区域利用公共宣传栏，滚动视频宣传普及节水常识、节水公益广告，在《石景山报》登载节约用水法律规章。全面开展供水安全生产大检查，对区自来水公司自备井管理情况、京汉旭城物业及小天使幼儿园使用中水及生活用水情况、管辖范围内的洗浴中心、洗车装饰行等非生产行业高耗水情况开展专项检查。邀请专业人士开展节水专管员专题培训，普及节水知识，提高对水资源忧患意识的认识。每月开展一次联合执法专项检查和宣传活动，提升市民节水意识。

(齐　忠　翟国鑫)

【世界卫生日宣传】 4月7日，联合卫生局、环保局、交通支队及9个街道(社区)共同开展以“城市化与健康”为主题的“世界卫生日”宣传活动。设立10个宣传站，制作和展示环保、节能减排、健康知识等方面展板50多块；向市民发放健康宣传手册、病媒生物控制宣传册、随地吐痰危害宣传画、环保及节能减排小册子0.6万余份；组织石景山医院、首钢医院等三级以上8家医疗机构的21名专家对过往群众进行健康咨询和健康义诊。

(齐　忠　翟国鑫)

【渣土集中整治】 4月中旬至5月中旬，联合区住建委、城管大队、环保局、公安分局、交通支队及市交通委运输管理局石景山管理处、市交通局第八执法大队等部门，对渣土运输车辆乱倒、遗撒等违法违规行为开展全面整治。期间，对建设施工单位采取设置围挡、硬化进出口路面、防止车轮带泥等措施以及依法办理渣土消纳许可手续、持准运证从事运输作业等情况进行检查，对渣土运输车辆乱倒、遗撒等违法违规行为集中整治。检查施工工地14个，对4个存在问题的施工现场提出限期整改要求，并对整改结果进行复查；检查运输车辆134辆，其中违规车辆30辆，对无准运证、无消纳证、无全密闭苫盖装置、泄漏遗撒、车轮带泥行驶等违规行为，由城管部门依法进行处理，罚款2.73万元。

(齐　忠　翟国鑫)

【夏季供水保障】 全力保障夏季用水高峰时期城市供水，实现安全足量供水。确保供水水量充足，对水源井作全面调试，合理分配水源；科学调度保障水压平稳，针对受气温波动影响，日用水总量起伏较大，日供水量最低5.1万立方米，最高6.7万立方米，自来水公司及时掌握管网运行状况，通过科学调配，适时平衡管网压力，保障供水管网安全稳压运行；加强供水设备设施检查、巡视，供水高峰来临前，对杨庄水厂、老山加压泵站机泵和重要机电设备进行全面检修和维护，同时加强主要供水管网及附属设施巡查力度，对重点管网、主要输水管线、水源房井泵房等进行全天候巡视，发现隐患，及时排除；加大水质监测力度，由原来每月2次增加为每月4次、9项常规检测，密切关注四系井水质，变化情况，提早发现问题，提早解决；提升应对突发事件能力，组织相关人员对供水突发事件应急预案等4套预案进行学习及演练，应急抢修小组24小时待命，做好抢修准备，做到反应迅速、抢修及时，保证第一时间恢复供水；做好宣传和便民服务工作，倡导居民节约用水，鼓励使用节水器具，由专人受理高峰供水期间用户咨询与投诉，及时解决市民用水困难。

(齐　忠　翟国鑫)

【市容环境治理】 稳步推进夏季市容环境集中治理行动，联合各责任单位抓紧时间搞好摸排，把影响夏季市容环境的突出问题和重点地区摸清楚、摸准确，研究制定符合实际的整改方案，建立问题台账，细化落实责任，确定解决方案。在治理行动工作中，履行各自职责，形成只要有问题出现就要有人去解决的局面，将集中治理行动与迎接国家卫生区复审有机结合起来，对痼疾顽症严格依法整治，实施联合整治、综合执法，发挥信息化管理平台作用，利用各种监督检查力量，及时发现并协调有关单位解决问题，有针对性地开展重点督办，确保突出问题得到有效治理。一是加强渣土整治，加大执法检查力度，发现问题及时处理。对莲石路北辅路、雕塑园中路、莲石路水屯出口等三处乱倒渣土进行清理，共计90吨；二是加强违规户外广告、标语条幅整治，规范门头牌匾。普查霓虹灯式门头牌匾、户外广告893件，其中门头牌匾759件，广告牌匾81件，装饰性霓虹灯53件，设施完好的861件，占96.4%；有断亮情况的32件，占总数的3.6%；区城市管理监督指挥中心将问题案件派发到相关责任单位进行处理。落实市容环境卫生责任制，清除石景山路、鲁谷路、鲁谷大街等主要道路违规条幅124条、充气拱门6个、宣传气球24个、宣传彩旗近20面；联合城管部门对全区未经审批或与审批内容不符的违规广告进行治理，清除违规广告条幅240余条，对金顶西街大中电器、美廉美超市违规行为严重的2个单位进行处理；三是加大114条主要道路以及街巷的清扫保洁力度，对石景山路及两侧200米内果皮箱进行维护修缮。加强环卫作业质量监督检查，针对道路清扫保洁、公厕服务、垃圾清运等各项环卫作业开展日常检查，严格落实质量标准，强化道路遗撒治理、雨后推水等应急作业，针对夏季风后软包装清理等开展专项检查，督促落实；四是整顿市容环境秩序，净化街容街貌。联合城管、公安、工商、交通以及街道等部门对苹果园新生活商场及地铁周边进行整治，集中治理街头游商、无照经营、乱堆乱放等违法违规行为。

针对高井排洪沟内蚊蝇滋生问题，于7月19~20日对高井排洪沟进行全方位病媒生物消杀，出动消杀作业专用喷洒车4台次，出动人员12人次，使用消杀药品200公斤。

（齐 忠 翟国鑫）

【城乡环境建设委成立】 7月2日，区城乡环境建设委员会（简称区环境建设委）正式挂牌成立。大会宣布区环境建设委及办公室职责和组织机构方案，周茂非、首都环境建设委员会办公室副主任、市市政市容委副主任吴亚梅共同揭牌。主管副区长对当年环境建设任务进行部署：以全面落实“办法”为龙头，健全市容环境工作机制；以完善设施环境为基础，加强城市管理硬件建设；以营造优良秩序为重点，提升城市运行管理水平；以社会全面动员为保障，营造全民参与浓厚氛围。鲁谷社区、高井热电厂、北京军区司令部等委员会成员单位分别发言。周茂非强调，统一思想，充分认识成立区环境建设委的重大意义；明确任务，切实增强做好环境建设工作的责任感、使命感和紧迫感；加强领导，不断提升地区环境建设工作水平。

（齐 忠 翟国鑫）

【垃圾分类指导员培训】 8月19日，召开垃圾分类指导员培训会，对16个试点小区277名垃圾分类指导员进行集中培训，进一步推动垃圾减量、垃圾分类工作，更好地指导小区居民正确投放生活垃圾。会议讲解垃圾分类指导员的工作职责和管理措施，分析垃圾处理现状，强调做好垃圾分类工作重要意义。会后，对即将上岗的指导员进行业务知识考核，对达到合格标准的指导员统一发放上岗证，并配发统一的服装、帽子、手套、口罩及相关工具。指导员上岗后，对社区居民垃圾分类进行宣传、指导和监督，保证垃圾分类收集和分类投放环节的准确性。

（齐 忠 翟国鑫）

【确保安全度汛】 全面落实全国进一步防御洪水地质灾害工作紧急电视电话会议精神，按照中央领导同志重要指示，扎实做好安全迎汛各项工作，坚持以人为本、依法防控、科学防控、群防群控。区防汛指挥部下发通知（石政汛[2010]1号），严格按照各级防汛职责做好汛前防汛设施、通讯设备、防汛物资储备等方面的检查；通过各种形式广泛宣传《防洪法》及防汛知识，提高群众防汛法律意识及防汛避险自救能力；修订安全迎汛应急预案及各专项防洪抢险实施方案、遇险转移方案；各指挥部、分指挥部填报安全迎汛责任制，逐级落实以行政首长负责制为核心的各项安全迎汛责任制。严格按照法规、制度，细化责任、分解任务，落实应急值守制度，确保24小时通讯畅通，接到气象部门雨情预报或指挥部指令，应急队伍进入待命状态，降雨后密切关注辖区内情况，做好重点部位雨中巡查，随时处理各类险情。进一步落实南马场水库加固修复工程，放空库内存水，设计报告报市水务局审批；组织实施清淤，在保证水库、山体安全前提下，增强水库蓄水能力。区城市防汛指挥部下发关于加强拆迁地区及外来人口聚居地区防汛工作的通知，周密部署各项工作。各分指挥部及相关单位明确管辖范围内防汛工作重点，建立风险点及基础数据台账，制定具有针对性的工作方案及应急预案。各部门严格值守制度，加强监测预警，设置专人对拆迁地区及外来人口聚居地进行日常巡查。加大宣传力度，提高群众防灾避灾意识，确保汛期安全。

（齐 忠 翟国鑫）

【国家卫生区创建】 8月10日，召开巩固国家卫生区整改工作部署会议。会议通报“全国爱卫会对我区巩固国家卫生区工作暗访情况”，部署整改工作，明确整改目标、整改任务和完成时限，并要求各部门整改工作严格按照区政府关于巩固国家卫生区工作整改方案进行整改。会议要求全面清醒、准确、客观地认识当前环境卫生管理工作所面临的形势。现在距国家卫生区复审还有一年，在机制上还有许多问题需要解决，要深挖根源，认真整改，按照已经明确的责任，把最终落脚点放在解决好各类问题上，要真研究问题，真发现问题，真解决问题，加大人力、财力投入，整合力量把问题解决好；要加强宣传、营造舆论氛围，支持国家卫生区复审工作，尽可能动员各方面力量参与复审工作；要加强对中小学生教育，组织学生参加社会实践活动；要加强外来人员环境卫生教育。区新闻媒体要做好国家卫生区宣传报道工作；各单位要组织开展好城市清洁日活动，引导市民爱护环境。

（齐 忠 翟国鑫）

【市级挂账地区整治】 全力做好市级挂账地区环境整治工作。对衙门口小横街环境脏乱现象进行综合执法，出动执法车5辆，工作人员45人，纠正倚门售货150余起，清理堆物堆料120余处，取缔侵街占道经营210起，清理无照经营95起、清除游商游贩260余起，拆除违法违规广告牌匾160余块。针对广宁路金安桥东北角拆迁现场建筑垃圾长期暴露问题，协调市公联公司对暴露的垃圾进行苫盖及绿化。组织人员、车辆对衙门口铁道桥下乱倒的渣土进行彻底清理，出动运输车辆10台，铲车2台，清理乱倒渣土3750吨。清理后对铁道桥设置护栏围挡195米，对桥下场地进行绿化，面积约2340平方米。成立苹果园地铁整治工作组，对新生活商场周边的无照经营、乱贴小广告和非法运营等行为进行联合执法，共出动执法车辆60车次，执法人员100余人次，取缔无照摊贩40余起，罚没各种物品5车，处罚违章车辆4辆。协调市河湖管理处组织人员清理永引渠南侧道路建筑垃圾渣土2.5万余吨，加强日常巡查力度，严厉查处乱倒垃圾渣土的车辆，保持环境干净整洁。

(齐 忠 翟国鑫)

【地铁周边环境整治】 协调苹果园街道及相关部门制定苹果园地区新生活及地铁周边重点整治销账攻坚工作方案，组织召开新生活商场及地铁周边专项整治工作协调会。8月10日起，组织城管、公安、工商、交通以及街道等部门进行联合执法行动，每天早7时至晚23时，开展集中和不间断的职守、整治工作。每天出动城管执法人员20名，加强巡视，规范"门前三包"，查处无照游商和非法运营；出动工商执法人员4名，打击非法交易、无照经营、超范围经营、黑市交易、制售假冒伪劣商品等违法行为；苹果园街道科以上干部组成整治攻坚工作带班组，巡视、劝阻、查处违法行为；每天出动6名公安干警保障城管、工商、交通等单位人员的现场执法安全，排查无照经营和非法运营人员，摸清底数，打击各种违法犯罪活动，清理流浪乞讨人员。各职能部门随时调整职守和打击力量，使新生活商场和地铁周边达到"有序可控"整治目标。

(齐 忠 翟国鑫)

【国庆环境保障】 加强市容环境检查，对石景山路、银河大街、鲁谷路、莲石路石景山段等主要道路及重点地区街巷进行检查，共计90条；清理莲石路水屯出口、福田公墓五环桥下、西黄村桥下、转运站等5处乱倒的垃圾渣土，共计300吨；摘除违规条幅65条，2个气球拱门，7个气球；加强环卫设施检查，对环卫车辆设备、49座公共卫生间，42座密闭式清洁站等环卫基础设施以及垃圾转运站和粪便排放站的设施运转情况进行全面检查，无异常情况。加强施工现场检查，联合区住建委、区环保局、区城管大队对15个施工现场进行检查，对9个存在问题的施工现场下发限期整改通知书，并对整改情况进行复查。加强非法小广告管理，增加冲刷作业频次，特别是苹果园地铁周边，安排专车每天进行冲刷作业。

(齐 忠 翟国鑫)

【加强防震减灾】 创建防震减灾示范校，建设公共安全馆，组织防震减灾知识培训，发放宣传品1.5万份。召开专题会议，学习贯彻市政府贯彻落实全国防震减灾工作会议精神意见的任务分工精神，做好监测预报、震害防御、应急救援等方面工作；在35所中小学开展"科学避震和自救互救"培训，提高各街道(社区)灾情速报员防震减灾意识，向社区居民宣传防震减灾常识；会同科技馆、少年儿童图书馆、古城街道联合举办主题为"残疾人在自然灾害中的自救与互救"培训，通过专家授课、应急疏散与自救互救演练等方式，进一步提高残疾人科学应对自然灾害，有效掌握逃生、自救及互救技能。

(齐 忠 翟国鑫)

园林绿化

概述

根据区政府机构改革方案，新组建园林绿化局，挂石景山区绿化委员会办公室(简称区绿化办)牌子，原区园林管理局更名为区公园管理中心。区园林绿化局(区绿化办)是负责本区园林绿化工作的区政府工作部门，内设办公室、绿化科、园林科、林政科、财务科五个科室，区森林公安处(挂"北京市公安局石景山公安分局森林公安处"牌)也由本局管理。区园林绿化局下设绿化工程一队、绿化工程二队、玉泉花圃、园林设计所、森林消防大队5个科级全额拨款事业单位。全局在职干部职工181人，其中行政编制27人，事业编制154人。5月1日，区园林绿化局与划入公园管理中心人员正式分离办公；11月4日，将58名人员个人档案及相关资料正式移交给区公园管理中心。截至年底，全区实有绿地3850.34公顷，实有树木466.02万株、古树1361株、草坪1052.48万平方米，绿地率45.85%；绿化覆盖面积4078.29公顷，绿化覆盖率48.56%；人均绿地106.42平方米；公共绿地总面积959.18公顷，人均公共绿地26.51平方米。区属公园9个、占地面积315.34公顷。街旁绿地94.87公顷，道路绿化面积152.43公顷，居住区绿地面积129.27公顷，单位附属绿地面积567.4公顷，防护绿地面积2035.11公顷。年内，全区完成绿化面积41.5公顷，其中新建10.3公顷，改造31.2公顷，植树6.9万株，铺草7.5万平方米，接待游人1155.38万人(次)。重点完成节假日期间，主要道路、重点地区的花坛布置任务，栽摆花卉55.3万盆(株)。做好第一代美国白蛾幼虫防治工作。森林防火开设防火道10.5万延长米，化学除草5.5万平方米，清理树下可燃物280吨，连续8年获"北京市森林防火先进区县"称号。中铁建设集团有限公司等4个单位被评为"首都绿化美化花园式单位"，苹果园街道海特社区等2个单位被评为“首都绿化美化花园式社区”，苹果园街道办事处等3家单位被评为“首都绿化美化先进单位”。

地址：杨庄路6号

电话：68875258

邮编：100043

（郑文靖）

【春季森林防火】 大年三十至正月初六，全区出动护林员980人次、专业森林消防队员420人次，检查及备勤车辆105台，加强应急值守，对重点部位加派巡视力量，确保林区防火安全。区森林公安处不定时抽查各有林单位应急值守和护林员上岗到位情况，特别是对夜间值守进行2次检查，各单位值班员均在岗到位。清明节期间，区森林防火指挥部办公室召集全区各有林单位，传达市森林防火指挥部文件精神和区领导批示，与10个有林单位、2支专业森林消防队签订“森林防火目标责任书”。

（周瑞立）

【管理职责交接】 按照石政办发〔2010〕7号文件要求，将区原农业委员会（区政府集体经济办公室）承担的林业行政管理职责划入区园林绿化局。3月1日，区园林绿化局与区政府集体经济办公室在京燕饭店举行工作交接仪式，新划入的职责主要由区园林绿化局绿化科和林政科承担。

（尹　赫）

【开展“条例”宣传】 3月1日，配合《北京市绿化条例》颁布实施，发动全区9个街道（社区）上街开展宣传活动。以北京国际雕塑公园为宣传主会场，鲁谷伴月园公园、苹果园街道办事处门前为分会场进行宣传，通过悬挂横幅、发放材料等方式，向群众宣传“条例”。在主会场设立咨询台，展出展板、黑板报40余块，悬挂横幅20余条，发放材料千余份。同月12日，发动9个街道（社区）开展宣传活动。设立11处宣传点，摆放义务植树展板45块、出黑板报32块、悬挂横幅27条、发放条例0.2万本，彩页500张。

（郑文靖）

【苗木采购招标】 3月12日，在北京国际雕塑公园召开春季绿化工程苗木采购招标会，项目涉及100多个苗木品种、29种花卉。初步选定15个中标单位提供苗木，适时对预定单位苗木进行实地考察后确定中标单位，再签订供销合同。招标会邀区监察局对招标过程实施全程监督。

（张莉非）

【全民义务植树】 4月3日是北京第26个全民义务植树日，在八角东街北端（晋元庄小区西侧）开展以“绿化美化石景山、共建和谐新家园”为主题的植树活动，驻区部队官兵、机关干部、工人、学生等14个单位1200余人参加。挖树坑1000余个，种植银杏、白皮松、雪松、法桐、云杉、栾树等10余种树木、1046株。在北京国际雕塑公园及主要大街繁华地段设立绿化宣传咨询站10个，就市绿化条例、义务植树尽责形式、低碳生活等开展形式新颖、贴近百姓的绿化宣传及咨询。悬挂横幅标语80条，彩旗200余面，展板81块，发放政策法规、林业碳汇、养花知识等材料2万余份，向市民宣传节能减排、低碳生活理念。各单位、街道社区发动职工、居民走进庭院、走进社区进行清扫绿地、平整土地等劳动。全区参加各种形式义务植树劳动共2万人，挖坑1.2万个，养护树木10万株，植树1万余株。

（郑文靖）

【科普宣传活动】 4月17日上午，“北京市第十三届生物多样性保护科普宣传月”活动启动仪式在国际雕塑公园奥运文化广场举行。活动以提高公众科学素质，坚持“政府引导、社会参与、多元投入、注重实效”为方针，宣传“人文北京、科技北京、绿色北京”建设理念，开展形式多样的科普宣传活动，促进全民科学素质提升，提高低碳生活意识。活动期间以互动节目、有奖知识问答、人偶互动等形式开展宣传活动，北京园林学会、北京林学会、市林业保护站、区园林绿化局、北京林业大学以及自然之友等单位分别设立展台以现场咨询、发放宣传材料、条幅签字、展板宣传、昆虫标本展示、园林绿化图书、花卉展示等方式向公众宣传生物多样性保护的意义及重要性。当天发放材料0.5万余份、环保袋0.1万个，500余人参加。

（叶　宏）

【救助日本松雀鹰】 5月13日，群众反映在金顶街模式口西里佳汇中学内发现一受伤猛禽。林政人员接到报案后第一时间赶赴现场进行救助。该猛禽翅膀受伤，经简单现场处理后被送往国际爱护动物基金会北京猛禽救助中心救治。专业人员鉴定后确认该猛禽属隼型科，学名日本松雀鹰，是国家二级保护动物，在林地生态系统的食物链中处于顶端，人口稠密的京郊浅山区较为罕见。此次在模式口空地区发现此禽种，为本市近年来林地生态系统好转和恢复提供佐证。

（蒲子雯）

【打击非法行为】 5月11日和27日，区园林绿化局林政人员协同区森林公安处干警联合对八大处公园西南角停车场外的野生动物交易黑市进行突袭检查。查获国家二级保护动物灰背隼1只，北京一级保护动物灰喜鹊5只、北京二级保护动物煤山雀10只，画眉9只，喜鹊6只，麻雀84只，刺猬12只，巴西龟17只。10月22日，协同区城管大队、公安分局和区森林公安处干警联合对八大处公园西南角停车场外的野生动物交易黑市进行突袭检查，查获国家二级保护动物雕鸮1只，北京一级保护动物灰喜鹊、红嘴蓝雀15只、北京二级保护动物煤山雀、红嘴伯劳、黄眉柳莺23只，喜鹊,麻雀等一般性保护鸟类430只,刺猬1只。由区政府牵头,园林局、城管大队和森林公安处初步建立起联动平台。区园林局林政人员组织公园管理中心、八大处公园、西山林场黑石头和福寿岭林场及集体林地管理单位护林人员加大林地和片林内违法捕鸟巡视力度,并将相关情况通报市林业稽查大队。启动爱鸟宣传周活动。联合市野生动物救助中心、爱鸟协会等单位在八大处公园举行以“爱鸟爱自然、共建和谐生态环境”为主题的爱鸟宣传周活动。宣传期间发放法律法规书籍和宣传画0.6万份,制作爱鸟宣传展板21余块、横幅4条,受教育群众达1万余人。

(蒲子雯)

【防控美国白蛾】 根据美国白蛾生物学特性,6月末、7月初第一代美国白蛾老熟幼虫逐渐进入化蛹期。释放周氏啮小蜂进行天敌防治是化蛹期除治美国白蛾的一个重要手段。6月28～29日,区防控指挥部在防控美国白蛾重点地段64个释放点集中释放周氏啮小蜂6000万头。释放周氏啮小蜂是一种较为高效的无毒、无害生物防治手段。除美国白蛾外,周氏啮小蜂还是杨扇舟蛾、榆毒蛾和柳毒蛾等鳞翅目害虫的寄生性天敌。部署开展为期一个月的美国白蛾幼虫网幕专项检查。发挥基层社区和社区居民积极性,开展群治群防。对美国白蛾喜食的臭椿、榆树、法桐、国槐、白蜡等树种进行逐株检查,做到不留死角。普查基础上以城乡结合部、平房区、老旧小区和一级开发后土地储备地块以及公路、铁路、河流沿线为重点。对发现美国白蛾幼虫和网幕地区,相关单位根据“谁主管、谁负责”原则,及时组织开展全方位灭杀。共对45千米公路、20千米铁路、32千米河流、7个公园、20个重点地段进行检查,检查面积2.3万亩,检查树木约10万余株。共发现网幕42处。在检查的同时,投入人工3269人次、出动653车次、动用防治机械4台班、使用药剂1.02吨、对发现网幕疫点周边500～1000米范围进行两次以上消杀除治,消杀面积600公顷。丰石两区交界地区林地分界情况较为复杂,林地相互毗邻,容易造成防控盲区。8月13日,与丰台区林保站召集鲁谷社区、向阳农工商、衙门口农工商、卢沟桥乡林业站及相关单位进行现场指界,召开协调会。再次明确两区交界地区林地的防控职责划分,消灭防控死角;建立防控协调机制加深两区林保部门和交界地区街道、乡镇、有林单位和林保部门之间了解。

(蒲子雯)

【屋顶绿化参评】 9月,“石景山区政府南配楼及中铁建设大厦屋顶绿化设计”项目参加北京园林优秀设计评选活动。19日,由市局领导和行业专家组成的评审团到中铁建设大厦屋顶花园实地检查评审。专家们对该项目给予肯定,提出意见和建议。该工程位于区政府庭院南侧新建三层楼顶,项目东西长198米,南北宽平均12.6米,绿化面积2273平方米。上年10月10日开工,当年5月24日竣工。被市屋顶绿化协会颁发“屋顶绿化优质工程”。

(张莉非　谢　梦)

【市局绿化检查】 9月16日下午,市园林绿化局领导及绿化养护专家对区绿化养护管理工作检查。检查组先后对远洋山水居住区、北京国际雕塑公园、鲁谷路、北辛安片林、首钢总公司、法海寺森林公园等8处绿化养护情况指导检查。检查类别具有典型性和多样性,既有专业绿地、又有单位自管绿地;既有区域性公园,又有居住区绿地、道路绿地和商服绿地。检查组了解绿地养护管理情况,听取养护单位汇报,查看绿化管护现状。结合检查组提出的意见和建议,对养护管理现状进行调研,学习其他区县先进管护经验,加强养护管理力度。

(张莉非)

【国庆花卉布置】 组织摆放国庆花坛9处,栽摆花卉约42万盆株。选用凤仙、矮牵牛、孔雀草、万寿菊、日本小菊等优良品种,在北京国际雕塑公园北门、区政府、五环八角桥绿地、八角西街西北口栽摆“编制喜庆”、“自然风光”、“欢庆之舞”等大型花坛4处。各街道、社区及主要社会单位在主要道路、社区、单位门前均摆放色彩亮丽的鲜花。

(郑文靖　张莉非)

【森林防火宣传】 11月1日,区森林防火指挥部办公室在万商大厦广场举办森林防火宣传日活动,主题是“共享绿色森林,严防森林火灾”,设1个主会场和5个宣传站点。发放宣传品1.5万份,包括印有森林防火宣传环保布袋0.2万个、压缩毛巾0.2万个、扑克牌0.3万副、森林防火宣传帽子0.1万顶、围裙0.1万个、《森林防火条例》0.28万册、台历0.5万册、制作森林防火展板20余块、横幅12条、出动宣传车5辆,受教育群众达1.5万余人。

(周瑞立)

【使用新型挡盐板】 本区首次在上庄大街、鲁谷路、广东门路等使用新型材料“耐威格特”改性聚烯烃挡盐板1.4万米,进行冬季防盐害处理,效果显著且符合节能降耗要求。

(李　红　张莉非)

市容卫生

概述

石景山区环境卫生服务中心(简称区环卫中心)是区政府全额拨款直属事业单位。机关设有7个职能科室,下属7个基层单位,环卫职工1418人。年内,在深入巩固奥运和国庆60周年保障成果基础上,围绕全区经济社会发展要求,巩固学习实践活动,以强化管理为重点,大力推进环卫基础设施建设、设备升级,狠抓作业质量,全面落实各项业务任务指标,以提供优质服务和提高居民满意度为目标,扎实推进环境卫生长效管理机制,环卫事业发展建设取得可喜成果。全年完成道路及绿地保洁709万平方米,对全区118条主要道路实行机械化清扫,日机扫面积250.7万平方米,机扫率达到100%;对114条主要道路实施水冲作业,面积240.5万平方米;对86条人行便道进行水冲作业,面积84.6万平方米;对45条主要道路实施高压降尘,作业面积133.9万平方米。垃圾、粪便清运率继续保持100%。开展经济技术创新活动,引导职工围绕环卫事业发展,开展技术改革和创新,不断提高作业科技水平和服务质量,年底表彰经济技术创新先进集体5个、先进个人13名。

地址:杨庄东路65号

电话:68842258

邮编:100043

(张　才)

【提升道路作业水平】 全年完成709万平方米道路及绿地保洁任务。按照市城市道路清扫保洁质量标准要求,利用新设备、新工艺,对全区主要道路实施吸扫、冲刷及降尘立体化作业。每日出动5个班次,对全区主要道路实行机械化清扫,日机扫面积250.7万平方米,机扫率100%。主要道路及人行便道水冲作业面积325.1万平方米,高压降尘面积133.92万平方米。加强道路隔离带喷刷清洗作业,提高冬季融雪除雪机械化作业能力,改造绿篱、树坑、雨水口、过街天桥及巷口、果皮箱保洁方式和作业工艺,全面提升环卫作业机械化程度。重点加强对长安街沿线及重点地区、旅游景点及市区重点大街的道路清扫保洁,使用环保清洁车取代人力手推车方式,采用电动车"两箱一筐"快速保洁法,缩短道路污染物停留时间,提高作业质量和效率,确保全区大环境干净整洁。

(张　才)

【有效控制道路扬尘】 落实北京市第十六阶段大气污染防治措施,做好全区道路扬尘污染防控工作。响应应急联动机制,加大机械化清扫保洁力度,优化作业降尘工序,道路空气质量明显提高。年内,对全区114条主要道路实施水冲作业,水冲面积240.54万平方米;对86条人行便道进行水冲作业,面积84.6万平方米;对45条主要道路实施高压降尘,面积133.92万平方米。对全区主要道路每天洒水降尘不少于3次,其他道路不少于2次,确保机扫率、水冲率100%。针对春季干燥风大、沙尘天气以及夏季雨后水冲黄带易造成道路扬尘污染现象,制定道路扬尘污染控制工作方案及大风扬尘天气应急预案,及时组织实施洒水降尘措施,重点加强对施工工地、拆迁村周边洒水降尘工作,采用人工清除与机械化作业相结合方式,做好风后降尘控制及白色污染物的清理以及雨后黄带的清除工作,最大限度降低路面粉尘含量,在最短时间内清除路上污染物,尽快恢复市容环境秩序。当年实施环保应急联动预案50余次,出动各种作业车辆90余台。为完成市第十六阶段大气污染防控任务作出贡献。

(张　才)

【拓展密闭作业方式】 落实城市垃圾处理设施规划建设,搞好辖区内垃圾处理,实现经济建设与环境建设的双赢发展。全年垃圾处理全部实现压缩转运、卫生填埋,确保全区12.5万吨生活垃圾密闭化转运出区。年初结合垃圾楼改造工程,对136个垃圾容器进行维修、油饰,集中配备垃圾楼作业工具,规范完善垃圾楼作业标准。坚持执行对环卫作业车辆的管理制度,保持车体干净整洁,无明显浮土,对破损的垃圾容器及时进行维修和更换,将部分清洁站垃圾集装箱更新为不锈钢箱,增强了抗腐耐磨的实用性和观瞻性。加大垃圾楼的监督检查力度,健全中心、联合检查组、基层检查组三级网络监督检查体系,为各项工作的顺利开展提供有力保障。

(张　才)

【提高公厕管理水平】 贯彻落实北京市公共厕所管理办法,创新管理和服务模式,提升环卫服务品质和城市公共服务整体水平。按照市政市容委规定要求,加强对278座公厕管理工作,完善公厕设施。从抓原始记录做起,制定专项管理制度,建立维修任务、报修单、检查记录单等记录台账,制定作业流程图和组织体系,明确各项工作责任人。同时,充实扩大检查队伍,加大公厕检查力度,形成公厕管理有效机制。针对发泡型免冲公厕发泡系统不畅,厕内有异味的问题,加强对发泡水箱的维修保养,利用潜水泵对发泡水箱进行清理,取得很好的效果。进一步研究粪水分离清运方式,粪便清运达到机械化、密闭化,粪便无害化处理率达到100%。全年共进行专项检查698次,出动维修车辆1341次,完成粪便无害化处理8.6万吨。

(张　才)

【重点保障专项治理】　完善应急管理机制,加强应急突击队联动作业力量,依据任务特点突出作业重点。在完成5月7日台湾街开街仪式和6月11日石景山国际啤酒节活动以及"六节""两会"(元旦、春节、清明、五一、十一、中秋、政协、人大会议)等各项重大活动的应急保障作业中,承接各类相关部门临时委派应急保障任务50余次,出动作业车辆0.1万余车次,出动保障人员0.2万余人,完成各项重点保障任务。在完成全年正常任务指标的同时,打破以往专项任务单一作业模式,将夏季市容环境集中整治,迎接"国家卫生区"复审、百日街面环境整治等专项整治工作有机结合,有效整合资源,调整作业方式和重点,出动作业人员270人次,出动作业车辆90余车次,清理积存垃圾渣土800余吨,清理小广告48万余张,维修基础设施240余次,增加公厕巡回保洁频次和打药灭蝇力度,清理街面遗撒、死角积存垃圾22吨。按照市、区政府冬季铲冰扫雪工作要求。建立以中心专业队、作业人员组成的三级反应机制,做到"人员、车辆、设备、工具"四落实。做到主要道路雪后"2小时融通,4小时打透"。全年出动作业人员12618人次,作业设备1524台次,施撒融雪剂832吨,清理道路积雪2万余吨。

(张　才)

【设施设备升级改造】　结合市政市容委要求,提升全区环境卫生综合实力,在区委区政府支持下,总投资11646万元,加强环卫基础设施建设。年内投入7000余万元,对全区环境卫生生产作业设备、设施进行升级改造,提高专业化科技水平和作业质量,增强应急作业保障能力。1. 投资1100万元完成24辆黄标车的更新,其中2台为新工艺扫车,年底顺利完成环卫黄标车三年淘汰更新计划,新工艺扫车达到14台,占清扫车总数的50%,新型多功能清洁车装备作业一线后,使道路清扫能力和作业质量大幅提高。2. 投资1500万元对全区12座垃圾楼进行升级改造,其中5座为配合市垃圾分类计划改造为移动式垃圾站;对7座垃圾楼进行土建装修及加装除臭设备,并更新25个不锈钢垃圾箱,改造后的垃圾楼占全区垃圾楼的30%。3. 投资30余万元,改建移动公厕1座,新建1座达标公厕,对2座公厕主体和内部进行装修改造,完成3座高类别公厕发泡设备向气水冲设备升级,以及20座达标公厕外墙贴砖改造工程。4. 增加铲冰扫雪设备投入,投资1100万元购置多功能除雪车6台、推雪铲10台、装雪机2台、小型除雪设备77台。5. 投资200余万元完成环卫设备GPS定位指挥系统工程建设,为覆盖全区环卫作业建立综合调度监督指挥平台。6. 投资3000万元用于环卫职工生活服务设施改造。

(张　才)

【规范化精细化管理】　总结推广先进的服务管理模式,将成功经验和行之有效的做法转换成为长效机制,完善和充实各项检查制度和管理措施。根据《北京市环境卫生专业作业考核办法》,制定新的业务检查标准,对作业情况实行更加科学、合理的监督检查,促进作业质量整体水平提高。年内,业务检查指导小组重点加大专业作业检查比重,在对7项纳入市级考核范围内的专项作业检查的基础上,增加对街巷道路、作业车辆、单吊箱站、粪井及职工休息点的检查,将考核与奖惩直接挂钩,提高环卫专业服务水平;指导各专业队调整作业管理模式,完善各项专业作业运行记录及登统计台账,规范作业流程和岗位职责,建立应急突发情况处置预案制度,推动精细化管理进一步深化;建立领导带队检查制度、当日检查当日反馈制度、月度业务会制度、张贴检查结果与公布市级考核通报制度,加强对检查的分析及重点问题的专项整改,发挥检查组监督检查职能,促进环卫作业质量和人员素质的提高。全年检查道路作业2233次、垃圾楼及单吊箱站1277次、公厕保洁维修1906次、车容车貌344次、职工休息点等其他设施1972次、领导带队巡查62次、重大任务专项检查43次,在市环境卫生各类检查考核评比中取得优秀成绩,综合考评成绩名列城八区第二。

(张　才)

【改善生产生活条件】　年内,将改善一线职工生产生活条件作为工作重点,创造条件,为基层建设服务。投资2000余万元对垃圾综合处理厂厂区进行改造,通过合理规划、重新布局,建立花园式综合场站,形成办公区、生产作业区和生活区三大部分,实现物业式统一管理,有效提高资源利用率。投资220万元,对道路清扫队办公及生活区域进行改造,扩建职工食堂和浴室,对院内环境进行整治,硬化绿化地面,改善职工办公、生活环境。投资120万元,为公厕粪肥管理处场站进行重新布局,完成职工食堂扩建、浴室装修、库房及办公用房装修改造,职工日常办公、生产生活条件得到根本改善。完成八大处职工休息点升级改造工程,建成可容纳8辆电瓶清扫车的充电点。完成7座公厕、1座垃圾楼及家属住宅楼1450平方米防水工程。

(张　才)

【安全生产管理】　从抓好基础工作做起,加大安全生产管理力度。狠抓制度、责任的落实,牢固树立"稳定是前提，安全是保证”理念，制定落实各项安全生产方案，完善突发事件应急机制，开展应急培训和实战演练。针对环卫在有限空间作业这一特殊业务工种，制定有限空间作业方案、安全生产长效管理机制等各项制度，投资 1.5 万元对环卫有限空间作业场所安装 80 余块安全警示牌；开展国Ⅳ达标车辆及新工艺车辆使用维修培训，坚持开展“百日安全竞赛”活动，全年开展各项活动 20 余次，参加人员达到上万人次，使各项服务保障工作安全有序地进行，确保全年未出现重大安全责任事故。

（张　才）

【完善基础服务】 规范基层单位财务工作制度，制定库存管理制度及财务人员轮岗、会计交接制度，提高固定资产有效利用率，加大财务经费使用监督力度。完成基层单位编制设置方案，处置调节劳动纠纷 80 件。完成职工公费医疗保险改革以及外来务工人员工资调整工作。完善矛盾排查调处及信访制度，定期开展矛盾排查工作，年内接待处理信访电话百余个，政府便民电话 200 个，政风行风热线及便民热线、政府督办转办件 22 个。

（张　才）

环境保护

概　述

石景山区环境保护局（简称区环保局）是行使环境保护统一监督管理权限的政府职能管理部门。总编制数 77 个，其中行政编制 25 个（含 1 个工勤）；参公编制 11 个；事业编制 41 个；实有人数 75 人。设行政科室 6 个（办公室、综合管理科、环境评价科、环境监理科、宣教法制科，辐射安全管理科）；参公管理单位 1 个（环保监察队）；科级事业单位 2 个（环保监测站、机动车排放管理站）。年内，围绕建设“绿色北京”和世界城市的战略构想，把握“大调整、大建设、大发展”工作主基调，以持续改善区域环境质量为目标，以污染减排为抓手，以大气污染控制为重点，锐意创新、扎实进取，推动生态石景山建设工作。加大对首钢搬迁调整过程中大气污染监管力度，使首钢冶炼、热能生产工艺等年底前全部关停。狠抓第十六阶段控制大气污染各项措施落实；10 件环保实事按期完成；全区二氧化硫、二氧化氮、一氧化碳浓度同比分别下降 12.9%、7.4% 和 11.8%；淘汰改造黄标车 1005 辆，城六区排名第一。完成二级及以上天数 247 天，完成可监测天数的 68.8%，达到历史最好水平，实现空气质量连续五年持续改善。本区被评为市“节能减排工作先进集体”，区环保局被评为“全国污染源普查先进集体”和市“黄标车淘汰先进单位”。

地址：古城路 8 号
电话：68876190
邮编：100043

（陈茂全）

【首钢涉钢产业停产】 首钢涉钢产业停产工作从 12 月 16 日上午 10 时开始，到 21 日 18 时基本结束，历时 128 个小时。拥有 91 年历史的首钢北京石景山区钢铁主流程安全停产、经济停产、稳定停产，首钢向世界兑现年底前全面停产的郑重承诺。首钢停产范围涉及厂区在线运行的炼铁厂、焦化厂、第二炼钢厂、高速线材厂，以及首钢嘉华建材公司和富路仕彩涂板公司等 6 家配套公司，如此规模的钢铁企业停产在国内外为首创。停产涉及高温高压，有毒有害气体、液体，极易出现危险。停产打破原先能源介质（氧气、煤气等）平衡，哪个先停哪个后停，都存在制约。首钢技术人员根据钢铁生产特点，确定各停产环节之间的衔接顺序，设定 16 种预案，停产过程中没有发生伤亡、着火和爆炸。还实现“经济停产”，即生产停止的同时，原料也消耗完毕。

（陈茂全）

【环保规划编制完成】 成立由区长任组长的环保编制领导小组，北京师范大学环境学院作为技术支持单位，完成前期调研课题 12 篇。“十二五”环境保护与建设规划于 12 月 10 日编制完成。规划设 7 节 28 目，附图 6 幅，附表 5 个；全文 3.5 万余字。

（陈茂全）

【环保物联网试点建设】 投资 90 万元，正式启动环保物联网建设项目，打造适应新时期环保工作需要的“智慧环保”体系。物联网应用项目由时代凌宇公司负责组织实施，建设地点分别选在巴威公司、首钢医院、大唐高井电厂和石景山路。分为辐射源自动跟踪系统、医疗污水余氯自动监控系统、工业区环境空气二氧化硫报警系统和交通噪声自动监测系统四类应用。将各类污染源信息和环境信息实时采集，统一进行数据挖掘和模型建立，为环保部门总量控制、生态保护、环境执法服务，为企业排污设施优化调节和不同行业的污染控制技术的提升提供服务。

（陈茂全）

【新增 5 个监测站】 完成投资 300 万元，新增北京工业职业技术学院、老山街道办事处、永定河水文站、国际雕塑公园、工商分局苹果园工商所5个空气质量自动监测站安装调试,并已进入测试试运行阶段。空气质量自动监测子站的设立更能客观准确反映不同区域可吸入颗粒物状况。

(陈茂全)

【行政处罚18家次】 环境监察全年实施行政处罚18家次,处罚金额约30万元。完善四项执法监管机制,即强化日常巡查机制、多组双班巡查机制、市、区两级联动机制、部门横向联合机制,按照区政府关于进一步加强污染源监管工作的实施意见要求,对辖区内34家重点企业实施高强度、高密度监管,出动环保监察人员4867人次,检查重点工业企业单位2443家次,对不达标的一律依法处置。

(陈茂全)

【环保专项行动】 14个部门联合开展"整治违法排污企业,保障群众健康"环保专项行动。重点开展重金属污染整治、古城车站周边烧烤油烟污染专项治理、工业污染源专项整治、二恶英类持久性有机污染物专项调查、家具汽修类VOC专项调查、扬尘污染专项整治、冬季大气污染专项整治等行动。其间,对北京中新联数码科技股份有限公司异味扰民案件、北京泽洋大厦屋顶中央空调室外机噪声扰民案件和鲁谷大街53号天大商城空调室外机噪声扰民案件实行挂牌督办,3起案件均在时限内解决,做到查处曝光、企业整改和责任追究到位。

(陈茂全)

【信访处理313件】 处理信访案件313件,同比减少26.5%,实现处理率100%,结案率100%。其中大气污染167件,占总量53.4%;噪声污染134件,占总量42.8%;水污染、固体废物、电磁辐射等其他污染12件,占总量3.8%。其中"金顶物业鼓风机噪声扰民"等6件信访办结件被市"12369"评为优秀办理件。

(陈茂全)

【环境治理投资过亿】 总投资1.44亿元,完成10项环境治理工程。包括首钢电力厂脱硫系统改造、首钢第二炼钢厂LF精炼炉还原渣综合利用、首钢炼铁厂原料转运站除尘改造、高井热电厂脱硫系统改造工程、高井热电厂5、7号炉除尘器滤袋更换、高井热电厂2号冲渣水浓缩机改造、京能热电公司2号炉静电和布袋复合式除尘器改造工程、区餐厨垃圾处理站建设工程、淘汰改造黄标车及老旧车辆1005辆、阜石路花语城市休闲绿地一期建设工程。

(陈茂全)

【机动车尾气监管】 在8条重点道路设置30余个检查检测点位,形成完善的机动车监管网络。坚持"五重三查"(重点时段、重点地区、重点道路、重点单位、重点车型;路检、夜查、遥测)机制,成立路检、夜查、遥测各一组,每组2名执法人员,在交警配合下对本市排放超标的机动车给予行政处罚和限期整改通知,劝返外地不符合市机动车污染物排放标准的机动车。全年路检车辆5933辆,处罚99辆,劝返车辆328辆;夜查车辆5484辆,处罚40辆,劝返车辆268辆,遥测车辆31.3万辆,其中黄标车983辆,超标车51辆。淘汰改造黄标车1005辆,接待电话及现场咨询人数2158人次,窗口办理黄标车手续209辆,发放鼓励资金106.55万元。黄标车淘汰排名城六区第一。

(陈茂全)

【污排单位减少44家】 依法开展污染物排放单位年度申报登记,全区有131家,比上年减少44家。其中,一般企业59家,小型三产72家。小型三产企业中,有加油站21家,4S店及修理厂26家,医院20家。用煤量829.85万吨,比上年减少33.91万吨;消耗天然气3944.03万立方米,其他气体564936.14万立方米。用水总量147325.87万吨,比上年减少77750.89万吨。其中重复用水142494.79万吨,重复用水率96.72%。污染物排放:排放废水360.81万吨,其中COD排放299.04吨;排放废气9326374.96万标立米,其中二氧化硫4205吨,氮氧化物6032.96吨,工业粉尘2096.46吨;产生固体废物417.83万吨,产生危险废物0.41万吨,固体废物产生量同比减少79.13万吨。

(陈茂全)

【排污收费449.96万元】 根据排污申报登记结果,依法对26个单位征收排污费449.96万元,比上年度减少45.81万元,减少9.24%。其中污水排污费征收5户,征收11.8万元;废气排污费征收23户,征收428.91万元;固体废物排污费9.25万元。遵照《排污费征收使用管理条例》履行收费程序,没有出现减免缓收费。执行收支两条线,全部按时足额解缴入库,排污费收缴总额位居全市十六区县第二。

(陈茂全)

【环境统计】 辖区内环境统计单位53家,其中工业企业33家(比上年少1家),医院20家,污染物排放主要来自工业企业。全区工业废水排放量372.44万吨,排放达标率为99.56%。工业煤炭消费量958.83万吨。二氧化硫排放量4090.48吨;氮氧化物排放量6287.13吨;烟尘排放量1893.84吨;工业粉尘排放量1768.76吨。工业固体废物产生量510.36万吨,工业固体废物利用量509.89万吨,工业固体废物利用率99.91%。

(陈茂全)

【环境监测】 完成水(6个断面地表水、7口井地下水)、气(12个点位降尘)和声(139个网格区域环境噪声和35条道路路段交通噪声、自动监测4个功能区和5个交通路段噪声)监测。完成污染源监督监测。

市控重点污染源单位的废气和废水18个单位，区控重点环境统计和目标考核污染源单位的废气、废水和挥发性有机物的监测42个单位。完成委托和信访监测。对90个单位委托的水、气、声等项目进行监测；配合监察队对20个有信访问题单位进行多次监测。报出手工有效监测数据约4500个，自动监测数据约0.7万个，合计11500个。

（陈茂全）

【二级以上天数247天】 推进空气质量持续改善，完成二级和好于二级天数247天，占全年监测天数的68.8%，创历史最好成绩。可吸入颗粒物年均值0.141毫克/立方米，同比增加0.003毫克/立方米；二氧化硫年均值0.028毫克/立方米，同比减少0.006毫克/立方米；二氧化氮年均值0.050毫克/立方米，同比减少0.006毫克/立方米；降尘量(5个点位)年均值14.2吨/平方千米·月，同比增加2.6吨/平方千米·月；区域环境噪声年均值52.0分贝，同比增加0.9分贝；交通干线千米路长计权值年均74.2分贝，比上年增加1.0分贝。环境质量总体评价比上年基本持平。

（陈茂全）

【网上审批项目233件】 制定实施环保行政许可绿色审批通道实施方案，将区政府重点工程、折子工程、重大项目、持有绿卡重点企业投资项目列入绿色环保审批通道范围，同时延伸服务范围，将符合区域经济发展定位的高新技术产业、现代服务业、环保产业等项目作为自选动作纳入绿色审批通道范围，参照持有“绿卡”企业优先办理各项环保许可手续。审批各类建设项目233件(比上年减少31件)，项目投资总额49.3亿元。其中审批基础设施建设类项目28件，项目投资总额38.4亿元，审批生产加工类项目63件，项目投资总额9.6亿元，审批餐饮、娱乐、干洗等服务类项目142件，项目投资总额约1.3亿元，审批项目符合产业政策、区域发展定位、环保准入规定。

（陈茂全）

【环保志愿者协会成立】 4月16日，区环保志愿者协会成立启动仪式暨永定河生态发展带“碳中和林”植树活动在永定河东岸举行。与会领导向协会会长和19个分会会长授旗。来自辖区学校、机关、社区、驻区企业、部队的5位环保志愿者代表宣读“打造低碳CRD，建设绿色石景山”倡议书，向全社会发出用实际行动实践低碳生活的倡议。500名环保志愿者一起参加“碳中和林”植树活动，共植树200棵。该协会是由热爱环保事业的企事业单位和各界人士自愿参加组成的非营利社会公益组织。会长由区环保局局长兼任，19个分会会长分别由各相关部门主管领导担任。包括首钢、特钢、大唐高井电厂、京能热电、巴威、北汽轮6个重点企业分会，9个街道分会以及由辖区大专院校学生组成的青年分会、由中小学校学生组成的教育分会、由机关干部组成的机关分会和部队官兵志愿者分会，在册志愿者达0.3万余人。

（陈茂全）

【低碳办公进机关】 6月7日，与区机关工委、区机关行政处在区政府办公楼开展环保宣传高潮日活动，启动为期一周的“低碳机关，高效服务”环保宣传周活动。号召机关干部率先垂范，低碳办公，从身边点滴做起。增强资源意识、能源意识、环境意识，增强节能减排责任感和紧迫感，成为建设低碳石景山的倡议者、先行者，为节能减排作贡献。区四套班子领导100余人参加活动。

（陈茂全）

【环境宣传获佳绩】 以“环保宣传月”为重点，以世界环境日为契机，联合20余个部门、重点企业、学校、驻区部队等单位组织开展首届校园环保节、百家低碳家庭评比表彰、“绿色军营建设”环保讲座、小学生“走进环保局”环保科普活动等17项主题活动。以不同层次、不同性质的群体为对象，有针对性地深入推进环境宣传工作，引起社会各阶层人士对环保工作的重视，增强全民环保意识。6月4日，纪念“六·五”世界环境日大型环保主题文艺演出暨环保宣传月开幕式在区广电中心大演播室举行，突出“低碳”理念，首次公开揭晓3位环保形象大使。年内，继续坚持“保护环境，宣传先行”的工作理念，不断创新宣传手段，丰富宣传内容，全年向区广电中心报送每日空气质量及预报492条；向《石景山报》报送区空气质量周报52次；通过电子显示屏向公众发布每日区域空气质量246次；在《石景山报》开辟“绿色石景山”专栏，刊登60篇新闻稿件；在《中国环境报》、《环境保护杂志》、《北京晚报》等国家和市级报刊发布4篇专题报道；在区有线电视台举办《记者视线》专题12期，新闻播报38条；在BTV-9公共频道制作6期专题；在北京新闻频道播报5条新闻。

（陈茂全）

【环保宣传月成亮点】 连续第六年举办环保宣传月，成为每年亮点工作和品牌宣传活动。6月5日是第39个世界环境日，在八角北路社区举行“节能减排、保护环境”纪念邮票暨环保宣传月纪念封首发仪式。同月10日，与京能热电股份有限公司承办“自然与生命的瞬间”环保摄影比赛获奖作品展。17日，“笔墨之间画环保”主题书画笔会暨环保摄影作品、集邮展在区图书馆举行。活动以“打造低碳CRD，建设绿色石景山”为主题，面向全区征集低碳环保主题书画、摄影、集邮作品300余幅，集中展示优秀环保主题书法作品17幅、美术作品33幅、摄影作品50幅，邀请10位书画家现场创作环保主题作品。引导公众更加关注环保，积极参加环保公益活动，支持环境保护事业。

(陈茂全)

【辐射安全监管】 6月,“辐射安全管理科”建立,辐射安全纳入正常监管。本区现有48家辐射工作单位,拥有各类放射源227枚,各类射线装置189台。根据辖区内辐射单位行业特点,将辐射单位分为涉源单位、Ⅱ类射线装置单位、其它射线装置单位等三类,涉源单位每季度至少检查一次、Ⅱ类射线装置单位每半年至少检查一次、其它射线装置单位每年至少检查一次。年内,检查辐射工作单位66家次,出动执法人员132人次,联合公安分局、卫生监督所检查41家次,配合市环保局辐射处检查12家次。发现北京大学首钢医院、石景山医院等4家违法单位,下发责令限期改正违法行为通知书,4家单位均在时限内完成整改。逢节假日敏感日实施零报告制度,实时掌握涉源单位当日辐射安全状况。

(陈茂全)

【OA系统建成使用】 投资17万元的OA系统(协同办公管理系统)建成投入使用。系统分为个人办公、公文管理、文档管理、行政管理、信息简报等9个模块,通过邮件、消息、公告、日程、论坛、日志、共享、批单等20余种形式,提供多种信息传输方式,实现业务协同和工作成果共享,能大大节省时间、提高工作效率,同时能有效促进公文处理规范化。

(陈茂全)

城市管理监察

概　　述

北京市石景山区城市管理监察大队(简称区城管大队),是集中行使行政处罚权的一支专司行政执法的队伍,主要行使工商、园林、规划、市容、市政管理、公共事业等14个方面、近300项的行政处罚职能。大队编制257人,实有244人。内设党委办公室、行政办公室、信访办公室、查处违法建设办公室、宣传科、监察科、督查科、法制科、教育培训科、指挥调度中心;下辖3个直属队、10个地区分队。年内,在“大调整、大建设、大发展”总体部署和市城管执法局提出的“调整思路、重塑形象、争创一流”工作思路指引下,举全队之力,认真履行职责,严格依法行政,在查处违法建设、街面环境秩序治理、联勤联动机制、城管文化建设和队伍管理诸方面取得显著进展。不间断地开展社会治安重点地区排查整治、打击非法运营脉冲行动、夏日市容环境集中整治行动、街面环境秩序“百日整治行动”等83次专项治理工作。查处违法行为55274起,罚款1263460元,同比增长26.9%;受理各类热线举报10284件,同比上升2.99%。

地址:八角西街32号

电话:68862289

邮编:100043

(吴英莉)

【队伍正规化建设】 反腐倡廉教育、行业作风教育、队伍纪律教育贯穿全年,覆盖全员。通过强化教育、完善制度、加强监督、开展市民城管面对面活动,大队行风政风明显好转。以老山分队“雷厉风行、开拓创新、亲民为民、甘于奉献、勤奋扎实、争创一流”的精神风貌和工作作风为标杆,推动城管队伍正规化建设。大队召开3次专题会议,修改岗位职责23项、制度37项,新增工作制度4项,建立符合时代要求和队伍自身实际的制度体系,真正实现从“以人管人”向“制度管人”转变。经过深入调研,推行绩效考核评议办法,解决“干好干坏一个样、干与不干一个样”问题,有效促进各项工作落实。

(吴英莉)

【干部管理更加规范】 全面、客观、公正、准确地考核评价分队、科(室)领导班子、科级干部工作实绩及履职情况。大队党委每半年对分队领导班子、科(室)和科级干部进行考察,对不合格的干部进行调整或诫勉谈话,形成科学的干部评价体系。通过公开岗位信息、规范竞争程序、量化选拔分值、拓展考察空间等措施;突破以往惯用的考试、面试模式,采取更为科学民主的选拔推荐方式,按照群众评议、支部推荐、党委决定的程序,选拔任用11名年轻的科级领导干部,优化干部队伍结构。面向社会公开招录11名公务员。

(吴英莉)

【提升依法行政水平】 坚持以提高队伍素质为抓手,提升执法水平;聘请专家学者指导,提升现场执法能力。完善“法制员——分队负责人——法制科——大队分管领导”的四级审核体系,推进决策科学化。结案1124卷,较上年同期增长44.3%。报区政府批准执行案件39件,增长44.4%;集体审议156件;向园林、规划、国土、集经办等部门发出鉴定、论证344件次;向有关部门移送案件2件;行政复议2件,由于案件前期制作规范、合法,区法制办依法维持行政处罚决定,全年未发生行政诉讼案件。

(吴英莉)

【健全风险防范网络】 推进廉政风险防范管理工作向基层分队延伸。年初，开展以“讲党性、强党风，明党纪、促发展”为主题，以贯彻《党员领导干部廉洁从业若干准则》等廉政法规为主要内容的党风廉政建设宣传教育月活动，逐级签订党风廉政建设责任书和领导干部承诺书；组织科以上干部到市反腐教育基地接受教育。做到平时经常提醒，会议经常教育，领导经常谈话。大队纪检监察部门全年受理各类投诉举报39件，经详细查证，未发现违法违纪行为以及行政不作为、乱作为等问题。

（吴英莉）

【罚没物品依法处置】 罚没物品的管理、处置，一直是困扰城管执法工作的难题。年内，大队积极协调法制、财政等相关部门，确定罚没物品在区财政局监管下，由产权交易中心统一变卖、拍卖或销毁，实现罚没物品依法处置。

（吴英莉）

【拆违涉案物品处置】 邀请市高院、市法制办和市城管执法局有关领导和专家，专题研究拆除违法建设涉案物品处置办法，为相关法制部门出台管理办法提供参考依据。

（吴英莉）

【社会监督日趋完善】 提升解决问题能力。邀请社会监督员44人，包括市人大代表、市政协委员、社科院专家、律师、教授等各行业代表。社会监督员每季度对大队进行一次工作评查，听取汇报。开展千名城管访万家活动，征求意见352条；对10284件举报案件查办情况进行随机回访，回访满意率达90%，为全市城管系统第一名。

（吴英莉）

【加强信访工作力度】 年初，增设信访办公室，由一名副大队长专门负责。建立信访复议工作综合协调、矛盾纠纷排查化解、信访信息汇集分析、重点矛盾纠纷督察督办、信访预警和信访工作通报等机制，增强工作主动性，强化工作前瞻性；化解信访难题，引导信访人通过法律途径解决诉求，变“一时息事”为“彻底解决”。切实做到“四到位”，即诉求合理的解决问题到位、诉求无理的思想教育到位、行为违法的依法处理到位、生活困难的帮扶救助到位，有效解决群众反映的问题，维护群众利益。年内，接待处理来信来访518人次，办理市、区督办事项32件，件件有回复、有落实。收到锦旗23面，表扬信6封，完成市、区督办368件和13件人大代表建议、政协委员提案，信访工作实现“双零”指标。

（吴英莉）

【查处违建绩效突出】 年初，区查处违法建设指挥部由市政市容委转至城管大队，各街道办事处恢复查处违法建设分指挥部。在研究总结多年查处违法建设工作经验的基础上，进一步建立健全区、街两级组织指挥体系，采取“以块为主、条块结合、属地管理”的执法模式，严密组织，积极协调，果断指挥。全年区、街两级召开查违工作会279次，对相对人进行634次教育劝导工作；组织、指挥、协调展开7次大规模强拆行动，快速拆除四海市场南、阜石路、京西等地块内违法建设；强制拆除天马市场、苹果园交通枢纽“钉子户”违法建设；多部门密切配合，制止和拆除五里坨地区80户违法建设；对被拆的82户采用“自拆与助拆相结合”方式，自拆率达到91.11%，避免破坏性拆除，将相对人损失减少到最低，有效遏制违法建设蔓延趋势。促使全区192户违建者采取自拆或申请助拆。年内，拆除违法建设316处，面积4.7万平方米，是上年同期的3.13倍。

（吴英莉）

【新生违建两天拆除法】 压缩查违程序和拆违时间，减少建房人损失，节约拆除成本，降低建房人抵触情绪，减少不稳定因素，真正实现新生违法建设早发现、早制止、早拆除。多次与区法制办进行研讨，并经鲁谷、苹果园、金顶街、广宁和五里坨地区的可行性实践，建立起新生违法建设“两天拆除法”（当天发现、当天制止；次日组织拆除），解决制约查违工作程序繁琐、拆除时间较长的瓶颈问题。

（吴英莉）

【拆违实现多快省好】 在拆违实践中推行“多、快、省、好”工作法。“多做宣传”，通过悬挂横幅、发放传单、电视媒体宣传等多种方式，做到常宣传、常走访、常沟通，及时劝阻违建苗头；“快速定位”，成立近200人的专项执法队伍，运用电子测量设备、GPS卫星定位等高科技手段，及时发现、查处辖区违法建设；“节省资源”，加强立案调查工作，多部门联合快速拆除违法建设，节省执法资源；同时在广泛宣传基础上动员、鼓励自拆，节省社会资源；“做好善后”，联系相关部门尽快进行渣土清理、卫生保洁、土地苫盖、围挡设置等工作，并加强监管，防止拆后土地违法建设二次反弹。

（吴英莉）

【推进老古城拆迁工程】 8月，大队机关科室和各分队抽调30名党员干部和业务骨干组成工作队，全力推动老古城拆迁工作。队员通过“清、压、治、谈、裁、拆”的六字促迁工作法，采取电话、短信、朋友捎信等多种方式与被拆迁人进行联系，千方百计进行促迁。建立和完善基本信息工作台账，利用晚间和节假日对古城地铁、天圣发和老古城周边无照、占道经营行为进行4次大规模整治行动；向121户违法建设人送达违法建设整改通知单，向4名违法建设人送达责令限期拆除通知书，经过深入细致的促迁工作，促成230户拆迁。

（吴英莉）

【解决农用车无照经营痼疾】 农用三轮车无照经营行为集中在公交、

地铁换乘车站等人流量大、车辆聚集的繁华地段,相对人利用逆向行驶、闯红灯、违反禁行标志等方法逃避检查。自2006年以来,城管大队采取专项打击、点位盯守、联合执法等多种形式开展专项整治;投入大量人力、物力,但收效甚微。年内,针对这个城市痼疾,历时3个多月,共对17辆"农三"建档,收集无照经营证据照片1500余张、视频3个多小时。仔细分析农用机动车形成的特点后,大队提出"无接触执法"理念,摸索出"适时监控、取证建档、摸点定位、联合查处、精确打击"等一套切实可行的办法。实行深掏窝点、精确打击,全年组织7次打击行动,查扣20辆"农三",查处过程顺利、安全、高效。"无接触执法"实现执法由激烈的现场执法向缜密的无接触执法转变,由简单的处罚型执法向严谨的证据型事后追究转变,彻底解决这一困扰环境秩序的城市顽疾,取得的经验在全市城管系统进行推广。

(吴英莉)

【着力开辟公益市场】 在强化部门协同联合治理的同时,加大对各种轻微违法行为的疏导力度,完善便民服务措施,解决一批符合群众切实需求的实际问题。在老山地区的何家坟、梁公庵,苹果园地区的北工大后门,金顶街地区的金三区、模式口东里,古城地区的八千平、北小区、环铁、特钢和西路南,八宝山地区的玉泉鲁谷市场等28个重点地区,开辟临时性公益市场和便民菜市场,将占道经营、流动摊贩规入市场进行规范经营,实现由无照游商到稳定坐商,由围追堵截到规范经营的转变。为社区行动不便的空巢老人和残疾人家庭提供免费送货上门服务。解决群众买菜购物不便的问题,堵住无照游商的生存空间,通过人性化管理,探索城市管理"疏堵结合"的新路子。

(吴英莉)

【加大重点整治力度】 衙门口南社区、边府社区、老古城前街社区是城乡结合部"城中村"较为混乱的典型;八角地铁站口、新生活商场、万达广场等区域是城市管理难点,上述地区集中表现一般城市管理中存在的普遍问题。大队专门制定重点乱点排查整治工作方案,配强执法力量、加大宣传力度、集中打击治理各种违法行为,出动执法人员5919人次,开展联合执法81次,动用执法车辆1643台次,共查处无照经营2018起,罚款2.06万元;查处非法营运757起,罚款4.9万元;查处非法小广告367起,没收24757张,罚款1800元;劝阻流浪乞讨人员120人次。

(吴英莉)

【开展百日整治行动】 自9月10日开始,围绕全区5类重点地区、7类违法行为、35个重点点位,集中治理影响街面环境秩序的突出问题,开展"百日整治行动"。最大限度地净化街面环境,实现"减乱象、净环境、保稳定"的目的,确保街面环境有序和长远好转。行动中,将35个重点点位区分为五种类型,分类关注、区别指导。每个重点点位都有一位副处级以上领导作为直接责任人,明确联动时间、带队领导、工作职责、参加整治的单位和人员,实行"分片包干";成立4个督查督导组,均由副处级领导带队,专门负责街道工作和职能部门履职情况的督察督导,确保集中统一行动的严肃性和有效性。结合城市管理现状,先后组织开展"门头牌匾的专项执法检查"、"中小餐饮企业燃气安全专项执法检查"、"保护知识产权、查处无照经营"、"无障碍出行"、"节水"、"养犬管理"、"渣土管理"、"迎世博反盗版"、"黑车"、"露天烧烤"等专项执法行动。全年投入执法人员8365人次、车辆2390台次、解决问题1310个。

(吴英莉)

【美食文化节环境保障】 提前展开对台湾街周边环境的整治工作。在美食文化节开幕前,对周边的商户进行法规宣传和"门前三包"规范,重点治理无照经营行为。加大对台湾街及周边环境人盯车巡力度,及时纠正解决各类违法行为。每日下午5点至10点客流量高峰期,及时调整执法力量,强化执法力度。强化街道、公安、工商等多部门联合,齐抓共管,综合治理。出动执法队员40余人次、执法车辆20余台次,规范"门前三包"60余家,取缔无照经营25起,没收非法小广告0.2万张。

(吴英莉)

【取缔模式口无照摊群】 随着模金顶和天马市场的拆除,致使永引渠模式口桥周边逐步聚集无照经营摊点400余个,形成摊群,造成该地区环境脏乱,交通阻塞,公交车在该地甩站不停车,群众反映极为强烈。结合集中治理无照经营转型行动,经过前期细致摸底,于8月7日,联合公安、交通、街道办事处等多部门对永引渠模式口桥及其周边地区无照经营相对人及群众进行法规宣传及劝阻。当日出动执法人员70人,发放宣传告知书0.1万份。同月14日早5点,再次联合上述部门,出动执法人员105人,提前占领阵地,逐一劝离来此经营商户,当天该地区未发生一起无照经营行为,在依法行政的同时,坚持文明执法,宣传先行,彻底取缔这个非法市场。赢得大部分无照商贩和市民理解和支持,实现执法效果和社会效果的最大化,经验被市城管执法局向全市推广。

(吴英莉)

【强化专项执法】 牢牢抓住中秋、国庆、十七届五中全会、成人高考、国际盲人节、大风扬尘及各项重大任务保障等重点时期,提前预测、提前计划安排,适时开展"街面环境保障"、"农用车专项整治"、"露天烧烤”、“大排档”、“集中救助”、道路遗撒、整治“黑诊所”、整治盲道、成人高考保障、打击非法捕猎贩卖野生鸟类行为等15项次的专项执法行动,使各项问题得到不同程度的解决和改善。

(吴英莉)

【施工工地管理】 从5月开始,每月对辖区内北京西－石家庄客运专线工程、鲁谷G804地块住宅及配套项目工程、银河商务区项目、衙门口东路北侧居住及配套工程等8个施工工地进行检查,同时对承担以上工地渣土运输业务的北京古运机械施工有限公司及江旺嘉泰公司部分运输车辆进行检查。要求施工现场严格按照相关规定进行管理。在对渣土运输单位的检查中,要求运输车辆必须具备全密闭苫盖装置、渣土消纳许可证、准运证方可从事渣土运输作业。同时告知,将依法加大查处渣土运输车辆乱倒、遗撒等违法行为。每周安排一次与区市政市容委、住建委、环保等部门的联合检查行动。年内检查施工工地164家次,对16起违法施工行为予以立案调查,罚款4.9万元;查处各类影响大气环保的扬尘违法行为25起,罚款2.1万元。

(吴英莉)

【道路扬尘控制】 从源头上加强道路扬尘污染控制。采取自行执法检查及联合交通、环保、市政市容委、住建委等部门组成联合执法检查组,在运输车辆通过比较集中的时间和地点、施工工地较多的区域,采取管控工地土方出口、联勤联动等方式,不定期开展执法检查工作,力争从源头上控制住运输车辆不符合规定、泄漏遗撒、车轮带泥行驶等违法行为的发生。年内,出动执法人员2867人次、执法车辆809台次,检查运输车辆420余辆,查处运输车辆违法行为93起,罚款7.34万元,取得较好效果。

(吴英莉)

【打击贩卖野生动物行为】 严厉打击贩卖野生动物行为,遏制违法捕猎和贩卖野生动物的势头。10月22日,会同区园林、公安、森林公安处,联合对八大处公园西南角停车场外的野生动物交易黑市进行突袭检查。查获国家二级保护动物雕鸮一只,北京一级保护动物灰喜鹊、红嘴蓝雀15只、北京二级保护动物煤山雀、红嘴伯劳、黄眉柳莺23只,喜鹊,麻雀等一般性保护鸟类430只,刺猬1只,查处鸟贩子5人。对非法贩卖野生动物的违法人员起到很大的震慑作用。

(吴英莉)

【校园周边环境整治】 根据职责,主动“靠上去”做工作,确保学校周边200米范围内无违法状态。年内,出动执法人员1477人次,执法车辆468台次,规范各类问题445起,罚款5800元;取缔无照经营163起,罚款2700元;取缔无照摊群40起,罚款1500元;规范堆物堆料23起;规范店外经营33户,规范大排档7家,取缔露天烧烤9起;检查“门前三包”147家,规范57家;查处其他违法行为109起,罚款600元。为保持整治成果,加大巡控力度、增加巡查频次,采取“抓两头管中间”的办法,即在学生上下学高峰时间段派专人加强盯守与巡视,并在中午安排人员加班盯守,发现问题及时处理,对校园周边做到全方位监控,为在校学生提供良好学习环境。

(吴英莉)

【宣传取得新突破】 年内,上报信息被区委、区政府、市城管执法局采用187条次。7条信息被评为区优秀信息,6条信息引起区领导高度重视,并作出批示。在各类电视、广播、报纸等新闻媒体上刊登宣传稿件260条。“石景山城管部门开展清明节前环境治理”、“石景山城管开展冥币换鲜花活动”分别被《人民日报》、中央电视台等21家媒体报道。“石景山区城管部门开展百日整治夜查运输车”在中央电视台新闻频道法制在线栏目专题播出。7月,大队自办报纸——《石景山城管》创刊,多方位、多角度反映城管大队各项工作进展情况。已发行3期,印发0.2万余份,发放对象涵盖全区100余个职能部门,136个居民社区。

(吴英莉)

交 通 管 理

概 述

北京市公安局公安交通管理局石景山交通支队(简称交通支队)是本区道路交通的管理机关,主要职能是对道路交通依法进行管理。截至年底,在编干警169人,支队下属7个职能科室,1个执勤大队。年内,围绕“平安北京交通、微笑北京交警”奋斗目标,瞄准“世界城市,一流警务”,以推进“三项重点工作”和“三项建设”为载体,坚持科学管理、严格执法、高效服务,取得指挥调度、交通管控、安全监管、规范执法、队伍建设等五个方面能力的明显提升,有效确保各项重大活动交通安全、万无一失,全区道路交通安全稳定,交通组织科学高效,路面秩序明显好转。全年处罚各类交通违法行为25.5万余笔,罚款3700余万元。查获酒后驾驶机动车2494起、醉酒261起、非司机220人、涉牌92426起、现场处罚闯红灯846起、行政拘留463人,暂扣残三865辆,各项指标在全局名列前茅。共接各类报警49953起,其中事故报警22604起,拥堵报警4798起,反映情况报警22551起,群众满意率为98%;利用电视监控系统直接发现问题3605起,其中事故1902起,故障车辆1125起,拥堵347起,其他情况231起;共处理交通事故5950起,其中一般程序139起,其中重大死亡事故14起、亡14人,简易程序处理交通事故5811起。4个单位获区“人民满意政法单位”表彰,4人获区“人民满意政法干警”称号;1个单位立市交管局“集体二等功”,13人立“个人三等功”,35人获市局“个人嘉奖”;4人次获市局“孟昆玉式好交警”称号,1个岗组获市局“拼搏奉献好警组”称号,70人次获交通支队“岗位标兵”称号。

地址:杨庄路8号

邮编:100043

电话:68873720

(霍醒文)

【完成建议提案办理】 接区政府转来人大代表建议、政协委员提案共计21件,全部按时限完成。其中人大代表建议10件(主办8件,会办2件);政协委员提案11件(主办7件,会办4件)。在交通支队主办的15件建议、提案中,代表、委员全部表示满意,满意率达到100%。

(霍醒文)

【黑车整治“脉冲行动”】 协调公安、城管、工商和交通执法八队各相关执法部门,继续坚持多警联动,大力开展捆绑式执法,持续开展“脉冲行动”专项整顿工作。按照逢岗必查、违者必纠的要求,在“摩的”、残疾车、人力三轮车非法聚集揽客突出的地区以及主要旅游景点、交通枢纽、地铁站口、繁华商业区等位置设立固定岗位,对路过的“摩的”依法进行拦截检查。在执法中,凡“摩的”未取得牌照上路行驶或残疾车、人力三轮车违法后拒绝交纳罚款的,一律扣留车辆;凡属无驾驶证驾驶正三轮摩托车的,一律予以行政拘留;凡发生逆行、闯红灯等其它违法行为的,一律严格高限处罚。全年组织联合执法行动75次,出动警力累计557人次,滞留“残三”865辆。

(霍醒文)

【严管货车违法行为】 针对莲石路大货车违法行为突出情况,强化科技手段查处大货车驶入管制区域等严重违法行为的整治力度。专门抽调民警组成专项执法小组,并协调组织区有关部门对莲石路货运车辆未按规定安装防护装置、标识,货车超载等交通违法行为开展联合治理和专项整顿。通过视频监控系统实时监测货车违法情况,特别是围绕货车违法高发路段和物流企业密集区域,科学设置查控岗位,对违法货车形成有效防控体系。全年处罚货车各类交通违法行为7.1万笔,罚款807余万元。

(霍醒文)

【优化区域交通组织】 结合全区道路实际情况,通过不断完善各类交通标志、标线及其他各种交通设施,严格审批占路施工申请,排查信号灯位置、配时,普查全区道路停车位资源等措施,改造易拥堵重点区域周边道路,有效缓解交通拥堵。经统计,全年审批各类施工109件,召开阜石路施工例会49次,进行各类施工检查153余次,完成阜石路施工导改17次,完成阜石路桥梁件带道运输工作92次,申报各类优化渠化方案123项,新增信号灯7处,完成道路工程交通优化设计7处,新增交通标志116面,标线复划8万米,增设护栏1500余扇,完成辖区93所中小学、幼儿园门前交通设施排查工作。

(霍醒文)

【静态交通秩序整治】 按照市委、市政府和市局关于加强静态停车秩序管理的工作部署,本着“突出重点、以点带面”的原则,采取多种工作措施加强占路停车秩序整治工作。发挥摄录像纠违优势,合理调配民警和协管员岗位,对全区违法停车行为突出的道路进行全面整顿。一是以石景山路和规范大街、路口为重点,合理调配民警和协管员岗位,对石景山路违法停车和各类交通违法行为进行全面综合整顿；二是利用各类物理隔离设施，杜绝乱停车交通违法行为。针对地铁周边、小区出入口周边黑车违法停放扰乱交通秩序的情况，协调市局秩序处、设施处等部门在上述地点加装便道隔离桩；三是做好先期宣传发动工作，组织民警深入社区等部门，宣传停车秩序整治政策，同时粘贴“宣传告知单”，全年粘贴违法停车通知单2.1万张，通过电视监控录入违法停车行为9778起；四是开展集中整顿，对辖区重兴园小区、古城南路、金顶商务区等违法停车问题严重、群众反映强烈的重点地区和道路开展停车秩序专项整顿，加大执法处罚力度，营造严管氛围。

（霍醒文）

【创新勤务指挥模式】 强化日常岗位管理，科学安排警力投量、投向，加大非现场执法力度，为群众出行创造安全、有序的交通环境。针对农历每月初一、十五，八大处公园佛事活动游客增多特点，适时启动八大处个性化交通疏导方案；遇雨、雪、雾等恶劣天气，启动相应等级上勤方案，加大疏导力度，力争实现警力跟着警情走，增强警力投入的针对性和可行性；加强对岗位的日常监督检查，严格岗位调整申报制度，采取路面巡视、电视监控、单兵定位等方式，对民警到岗到位进行检查，全年检查岗位4576处，调整岗位73次；完成局级1处堵点（古城路口）、支队级2处堵点（苹果园南路东口、阜石路）治理工作；进一步加强科技系统应用，全年利用电视监控录入违法行为13757起，113系统录入违法行为11529起。

（霍醒文）

【成立女子护送岗】 5月，按照市局“关于加强中小学及幼儿园安全防范”工作要求，女民警全员参与，在金苹果幼儿园成立“女交警护送岗”。岗组女民警自5月起，按照市局“关于加强中小学及幼儿园安全防范”工作要求，女民警全员参与，在金苹果幼儿园成立“女交警护送岗”。岗组女民警在完成本职工作的同时，早、晚义务为儿童提供安全护送服务。实施岗位承包责任制，加大对幼儿园周边道路交通的管控力度，重点加强对车辆超速、鸣笛、乱停乱放等交通违法行为依法进行整治，确保孩子们出行安全。

（霍醒文）

【道路交通综合整治】 贯彻落实“全市道路交通秩序综合整治”动员部署大会精神，8月26日，召集区委办局、各街道、系统、社会单位主管领导、车管干部等300余人，就道路交通综合整治工作进行全面动员部署。9月1日，秩序整治工作启动当天，确定全区17处路口为交通安全义务宣传员维护岗，安排区属机关及街道办事处、驻区部队人员1500余人（次）作为交通安全义务宣传员，配合民警在主要路口、路段，维护交通秩序，劝阻非机动车、行人交通违法行为，参与交通秩序维护工作。

（霍醒文）

【交通安全社会化宣传】 通过采取多种措施，开展交通安全宣传活动，为创造良好交通环境营造宣传氛围。结合“全国文明城区”创建工作，全面部署实施辖区“交通文明行动计划”，通过广播、电视、网络等媒介，在全区倡导“六大文明交通行为”（机动车礼让斑马线、机动车按序排队通行、机动车有序停放、文明使用车灯、行人/非机动车各行其道、行人/非机动车过街遵守信号），自觉摒弃“六大交通陋习”（机动车随意变更车道、占用应急车道、开车打手机、不系安全带、驾乘摩托车不戴头盔、行人过街跨越隔离设施），坚决抵制“六大危险驾驶行为”（酒后驾驶、超速行驶、疲劳驾驶、闯红灯、强行超车、超员/超载）。通过联合区教委在学生放假前深入辖区学校为广大师生讲授交通安全课，与学校签订预防重特大道路交通事故责任书等形式加强对中小学生的假期交通安全教育；通过在管界内设立宣传站点，设置展板，悬挂横幅、彩旗，发放宣传材料等形式，集中开展以“文明出行，平安春运”为主题的交通安全宣传活动，全力做好春运、春节交通安全工作；利用驾驶员之家，举办各类专题讲座，对私人大客车、大货车驾驶员进行法律法规、驾驶技术、故障排除、安全常识等交通安全教育，使他们在接受有关业务咨询、专业知识讲座的同时不断提高自己遵法守法、安全出行意识。

（霍醒文）

【重点车辆单位管控】 通过采取将全区新排查出的危险货物生产、经营、使用单位全部纳入监管视线，在危化货物运输单位中设立交通安全监督员，组成专项检查组深入危化运输、客运、货运单位进行检查，加强驾驶员交通安全法律法规、交通安全常识教育等多种措施，进一步加大对危化运输单位及运输车辆的监管力度。加强私人大客车、私人大货车源头管理，有效遏制严重违法行为。截至年底，对51辆私人大客车、70辆私人大货车纳入监管，分别占全区私人大客车、大货车总数的85%和72%，监管率始终居全市前列。对全区交通违法连续超标、严重交通违法发生率较高和发生过交通事故等重点单位不断加大安监执法力度，始终保持高压严管态势。全年采取责令限期改正措施706次；对396家单位采取禁止机动车上路行驶措施；对存在严重交通安全隐患的4家专业运输单位给予黄牌警告。对严重交通违法人员进行强制再教育，全年举办专题培训班107期，有398名有关单位领导参训，参加严重交通违法专题培训的驾驶员共计744人，其中：酒后驾车37人，超速驾驶22人，闯红灯637人，涉牌违法驾驶48人，培训期间对332名驾驶员进行测试，对1名驾驶员建议单位调离原岗位。

(霍醒文)

【严格事故追查制度】 对5家交通亡人事故单位进行责任追究,全区监管交通事故死亡5人,占市下达本区监管交通事故死亡控制指标(8人)的62.5%。

(霍醒文)

消 防 工 作

概　　述

北京市石景山区公安消防支队(简称消防支队)隶属于北京市公安消防总队,属于武警现役编制单位,在行政业务上归公安分局领导。内设司令部、政治处、后勤处和防火处,下辖5个基层中队;截至年底有官兵346人,其中干部103人,战士243人;执勤车辆23辆。当年是构筑社会消防安全"防火墙"工程、全面推进"平安北京建设"的重要一年,区领导高度重视,将消防工作列入区政府及各部门落实消防责任制年终考核,荣华、周茂非等到消防支队调研听取汇报或以召开区长办公会、参加全区消防工作联席会大会、火灾隐患整改促进会等形式对全区消防工作提出要求,要求各部门结合实际,全面落实打造社会防火墙工程工作,建立政府消防应急运行机制,设立专人负责,督促落实各项消防安全责任制。为地区平安发展建设作出应有的突出贡献,为提升地区防控火灾整体水平,切实维护火灾形势稳定,遏止重特大火灾事故发生,保卫人民财产安全,维护经济社会发展提供有力的消防安全保障。

地址:古城大街甲2号

电话:68886208

邮编:100043

(耿增军)

【排查火灾隐患】 联合各部门开展火灾隐患突击检查86次,检查单位3128余家,发现并整改火灾隐患4487处,填发责令限期改正通知书175份,全年共处罚206起,125.5万元,责令"三停"单位3家,消除市级挂账火灾隐患1件,区级挂账火灾隐患3件,挂账火灾隐患整改率达100%,实施临时查封4起,行政拘留3起,拘留5人。

(耿增军)

【消防铁军建设】 区委区政府对消防支队开展的打造消防铁军工作十分重视,在上年投入54万元购买攻坚组器材和打铁训练器材的基础上,5月又划拨278.4万元专款用于购买专用器材。截至年底,购置的消防器材装备已部分配备到位,为切实做好打造公安消防铁军工作提供强有力的后勤保障。新购器材装备的配备使支队消防装备水平得到整体提高,为完成各项消防安全保卫任务和加强支队灭火救援攻坚能力奠定坚实的硬件基础。

(耿增军)

【推进队站建设】 6月25日,区主管领导主持召开消防队站建设协调会,区发改委、公交客运六公司、供电局、住建委、规划分局、国土分局、市政管委、西部建设办、消防支队等领导参加此次协调会,确保"十一五"队站建设任务如期完成。9月25日,消防支队指挥中心及古城特勤消防站改扩建工程破土动工。市消防局局长赵子新、副局长张志明,区领导周茂非等以及区各有关部门领导、施工单位和消防支队官兵出席奠基仪式。消防指挥中心建成后,将打造集消防调度指挥、抢险救援和处置应急突发事件、特种消防训练设施、抢险救灾物资储备、全民消防宣传教育培训等功能于一体的综合性支队,届时将大大提高地区灭火、应急抢险救援能力。年内,模式口消防站和五里坨特勤消防站前期手续正在办理中。

(耿增军)

【社区消防建设】 按照公安部、中央社会综合治理委员会办公室、民政部《加强城市社区消防工作意见》总体要求,加强社区消防工作组织领导,强化协调和配合,形成工作合力,推进社区构筑消防安全"防火墙"建设工程,建立健全社区消防工作长效机制,落实基层组织消防工作职责,完善社区消防安全管理体系。11月4日,北京市在本区西山枫林第一社区召开社区消防安全四个基础及能力建设现场会,全面展示和推广该社区四个基础(组织建设基础、群防群治基础、队伍建设基础、消防设施建设基础)及四个能力(扑救初起火灾能力、消除火灾隐患能力、宣传教育培训能力、组织人员疏散逃生能力)建设成功经验。

(耿增军)

【系列比武竞赛】 分别于2、4、7、10月举行迎新春长跑比赛、新训冬训比武对抗赛、灭火救援攻坚组比武对抗赛和打造铁军执勤岗位人员比武对抗赛。通过打造铁军系列比武竞赛活动,为总队"综合应急演练"选拔输送多名业务能手,6人代表总队参加市局运动会、3人参加"香港健康快车2010年慈善跑步为光明"活动,并取得优异成绩。

(耿增军)

【专项基础调研】 组织所属中队开

展辖区内的高层建筑、地下建筑、轨道交通(含地铁)、大跨度大空间场所、化学危险品、居民平房聚集区等场所的专项基础调研工作。全年累计熟悉社会单位655个次、出动人员1024人次、车辆189车次。制(修)定的消防灭火救援预案325份。

(耿增军)

【综合应急救援】 11月11日,由区消防、医疗、供电、森林、公安、交通、市政、红十字、民防等9种应急救援力量组成的区综合应急救援支队和地震灾害应急救援队在八大处消防中队成立。市消防局政委张高潮、副局长武志强,区有关领导以及公安分局、交通支队、区市政市容、地震局、园林局、卫生局、红十字会、供电公司、民防局、发改委等相关委办局主要负责人出席成立揭牌仪式。活动现场展示应急通信指挥车、美国A类泡沫车、路虎60雪炮车、奔驰路轨两用消防车、曼斯32米云梯车、斯坦尼亚破拆救助车以及民防应急指挥车、120急救车、市政应急抢修车、供电抢修车等各种应急救援车辆和侦检、破拆、救生类等20余种先进的救援器材。

(耿增军)

【开展消防宣传】 全年在市总队网站刊稿328余篇,在公安部消防局网站刊稿38篇,在中央级媒体刊稿15余篇(条),在市级媒体刊稿311余篇(条),在区级媒体刊稿226余篇(条)。举行消防宣传培训、演习活动327场次,发放消防宣传材料113120份;成功举办第二十届"119"消防宣传周活动。

(耿增军)

气　象

概　述

石景山区气象局属于科技型、基础性、公益性事业单位,受市气象局和区政府双重领导。观测场建在福田寺村南。在职职工10人,其中大学学历5人,大专学历4人,中专学历1人。外聘人员3人,其中大学学历2人,中专学历1人;党员3名,预备党员1名。局机关下设办公室、业务科。年内承担的主要工作有:地面气象探测业务、公共气象服务业务和气象依法行政业务。地面气象探测业务经市气象局评定,获综合质量全市第一名,地面观测业务质量为A级;公共气象服务业务包括面向政府部门的决策气象服务、面向全区公众气象服务和面向不同部门的专项气象服务业务,取得显著社会效益;气象依法行政业务办公地点设在行政服务大厅,主要承担防雷装置设计审核和竣工验收、升空气球施放资格的审批及气象行政执法工作。

地址:杨庄大街20楼9单元201室
电话:68887008
邮编:100043

(王琳琳)

【气候评价】 年度主要气候特点为:气温接近常年,降水偏少。年平均气温为12.5℃,接近常年(12.4℃)。年极端最高气温40.4℃,出现在7月5日,常年平均值为37.4℃。年极端最低气温为-16.5℃,出现在1月6日,常年平均值为-14.1℃;年总降水量458.6毫米,比常年(558.0毫米)偏少。一日最大降水量为41.9毫米,出现在8月21日。本年度温度起伏十分明显:3月平均气温较常年偏低2.0℃;5~9月各月平均温度均较常年有不同程度偏高,其中7月份偏高最多(2.2℃)。无霜期日数为202天(常年平均213天);年降水时空分布不均匀,年总降水量较常年偏少17.8%,较上年419.0毫米偏多9.5%。降水时间分布特点为:冬季异常偏多、春秋两季明显偏多,夏季明显偏少,主汛期强降水次数少。春季降水量较常年偏多33%,其中3月是常年同期4.1倍。夏季除6月接近常年外,7月较常年偏少6成多,8月较常年偏少近4成。秋季降水量较常年偏多43.5%。冬季降水量是常年2.2倍,其中1月是常年同期8.8倍;年日照时数接近常年,年内大雾出现1次,大风出现3次,较上年(大雾出现6次,大风出现4次)均有所减少。

(王琳琳)

【重要天气】 1月3日出现一次强降雪天气过程,降雪量达15.8毫米,气温骤降,日、旬平均温度均降至历史同期最低值。日、旬、月降雪量均为1977年建站以来历史同期的最大值。1月最大平均积雪深度28厘米,是建站以来雪深最大值。连续积雪日数22天,年累积积雪日数34天。10月25日~12月31日,连续无降水日数68天。

(王琳琳)

【气象业务】 区气象站继续承担地面测报和花粉观测任务,转发市气象台天气预报。承担区域内八大处、模式口、雕塑公园和老山自行车馆四个加密自动气象站维护工作;按中国气象局部署,当年大气探测(地面观测)为自动气象站观测正式投入运行第五年,保留不能实现自动化的人工观测项目。

(王琳琳)

【气象服务】 气象服务工作分为两部分进行:常规气象服务和汛期气象服务。坚持每旬向区政府、应急办等部门转发长期预报和重要天气信息,为区防汛抗旱指挥部、区扫雪铲冰指挥部的领导和成员提供中、长期天气预报服务和短期预报电话、传真服务。汛期内(6月1日~9月15日),业务科通过手机短信平台为区政府、区防汛部门发送天气预报短信息24次,预警短信息19次,高温、降雨情况通报4次;传真内容主要包括气象信息专报、雨情通报、高温实况、转折天气预报和重要天气预报、预警,发送短期预报、预警传真23份,气象信息专报5份。电话转发天气预报285次,以信件方式为区政府和防汛相关领导提供长期预报11次308份。1月中旬,区气象信息员队伍正式建成。信息员多来自9个街道城管(建)部门,身兼防汛抗旱联系人和抢险队员的双重身份,与气象工作联系最为密切,为区环保观测站选址评估工作提供气象资料和气候因子影响评估。

(王琳琳)

【依法行政】 全年组织施放气球现场检查4次,防雷工作检查6次。报批升空施放气球130份,施放升空气球2941个。接报审验图纸4件,审核竣工验收1件。

(王琳琳)

【法规宣传】 5月9日,在区法制办组织下,在半月园进行联合执法宣传,发放《气象灾害防御条例》等气象科普及宣传图书。5月13日下午,在鲁谷社区开展《气象灾害防御条例》宣传活动,向社区群众发放条例和宣传品,并挂起宣传展板供市民参观学习。10月4日,协助区消防处在区北方工业大学宿舍区,组织《中华人民共和国消防法》宣传活动,组织施放升空气球6个、大型拱门1个;同日,在西山枫林社区参加全区消防安全防火演习,提供宣传展板10块、升空宣传气球4个、大型拱门1个。3月23日,世界气象宣传日活动中,结合“世界气象组织——致力于人类安全和福祉的六十年”主题,暨世界气象组织成立六十年,在杨庄北区展出20块展板、发放500份宣传资料,组织气象科普及法律法规宣传活动,发放气象公共服务公众满意度调查问卷100份,收回有效问卷100份,向社区居民赠送科普书籍。

(王琳琳)

科学技术

科技管理

概述

石景山区科学技术委员会(简称区科委)是区政府主管全区科技工作的综合职能部门。与知识产权局和园区管委会合署办公,对内简称“科委园区”,现有编制57人。年内,以建设世界城市和“科技北京”为契机,抢抓中关村国家自主创新示范区建设机遇,围绕全区中心工作,推进“158工作思路”,即把握“打造特色园区,引领区域发展”一条主线,实现“引进培育一批龙头企业、吸引凝聚一批领军人才、组织实施一批重大项目、建设打造一批特色基地、树立形成一批特色品牌”五个目标,抓好“招商引资、精品服务、开发建设、产业聚集、项目引领、环境提升、特色科普和党建凝聚”八项重点工程,完成全年各项工作任务。本区被科技部批准为国家可持续发展实验区,区生产力促进中心被科技部认定为国家级示范生产力促进中心。评选首批10个重点实验室和10个创意工作室。3家企业获“北京市著名商标”,21家企业被认定为年度市专利试点企业,3项产品入选市第九批自主创新产品目录,有30家企业61项产品入选市自主创新产品目录。制定出台创新科普工作室评选办法(暂行),评选出首批创新科普工作室12个。少儿图书馆被评为第三批市级科普教育基地,冰川馆成为本区首家全国科普教育基地。全区已有市级科普基地6家、市级创新型科普社区6家。年内组织各类科普进学校、进社区和进军营活动30余次,发放宣传资料近3000份。科技馆被评为市“科学技术普及工作先进集体”。

地址:八角西街40号
电话:68863659 68863626
邮编:100043
网址:http://sjskw.bjsjs.gov.cn
邮箱:sjskw@263.net.cn

(高延娜)

【区域创新能力持续增强】 以企业为主体的自主创新活跃,创新能力不断提升。“十一五”期间,全区专利申请累计量达4853项、授权1563项,其中发明专利申请2721项,发明授权196项。版权数量超过0.5万余项。专利的申请数量增加显著,五年平均增幅达到200%。专利授权量年均增幅达87%,版权申请平均增幅在50%以上,处于全市中上水平。30家企业的61项产品纳入市自主创新产品目录,12家企业入选中关村百家创新型试点企业,2家企业入选首批中关村国家自主创新示范区创新型企业,上市企业总数达到7家。企业牵头或参与制定国家标准10余项,行业标准20余项,在数字音视频、电子标签等10余个行业处于国内领先地位。

(王亚智)

【科技人才突破7万】 科技人才工作体系逐渐健全,科技人才数量明显增加,人才活力持续增强,人才发展环境不断优化。截至年底,全区科技人才总数突破7万,其中专业技术人才约3.5万人,占总量的50%,企业经营管理人才约1.6万人,占总量的22%。全区现有市级以上驻区科研院所13家,国家级科技园区1个,国家级授牌产业基地5个,国家级重点实验室6家,市级以上企业技术中心9家,市级文化创意产业集聚区2个,市级以上科技孵化器3家,市级创业园2个,已经成为吸纳和培养科技人才的重要载体,集聚一批高端科技人才和行业领军企业家,以文化创意为特色的专业人才突破2万,留学归国人才达到100余人,310名科技人才受到政府科学技术奖表彰奖励。

(王亚智)

【科技产业引领经济转型】 特色产业发展迅猛,产业规模快速增长。以数字娱乐为特色的文化创意产业快速发展,形成以中关村石景山园为龙头,文化创意与高新技术产业融合互促,辐射带动相关产业发展的良好态势。国家网络游戏动漫产业发展基地、国家数字媒体技术产业化基地、国家动画产业基地、中国电子竞技运动发展中心、国家文化产业示范基地等国家级基地相继落户。“十一五”末,全区文化创意类企业达2700家,实现年收入和税收分别突破160亿元和7亿元,同比增长25%以上。五年间合计出品文化产品1500余部,出产游戏作品200余款,生产制作各类影视、动画片58部,总长近4万分钟。高新企业不断增加,经济占比持续增长。“十一五”末,认定中关村高新技术企业1806家,招商引资年平均新增企业超过500家,涵盖数字娱乐、电子信息、新材料、新能源与节能环保等行业,年收入突破400亿元,税收突破10亿元,保持年均30%以上的高速增长,科技产业占全区经济比重达到18%,支撑并带动五大主导产业的快速发展,推动第三产业发展增速达到16%,占全区经济比重达到55%,较“十五”末期上升近26个百分点。

(王亚智)

【科技管理体系逐渐完善】 科技领导小组进一步完善,建立科委、园区、知识产权局合署办公新机制和园区建设小组推进平台,实施高效科技行政管理。完善科学决策制度,建立重大科技发展问题研究决策机制。完善科技政策体系,对接“科技北京”行动计划,制定“科技石景山”行动计划,出台促进科技进步、建设创新型城区、集聚特色产业、发展五大主导产业和鼓励青年创业等系列政策。

(王亚智)

【科技服务环境日趋优化】 强化项目支持,发挥政府资金的杠杆作用和乘数效应,“十一五”期间实施各级重点项目400余项,争取市级以上资金支持突破5亿元,带动本区企业和社会各方累计投入资金上百亿。完善投资服务,从创新资金支持、人才引进、载体需求、知识产权奖励、政府采购等方面开展投资政策对接;设立“中关村科技园区石景山园发展专项资金”,实施“明星计划”,开立“园区讲堂”,落实“金桥工程”,开辟“绿色通道”,推进“中介信誉联盟”和“银企联席会”,开展“税务指导”等一系列特色服务。

(王亚智)

【科技应用推动社会事业发展】 全区目前拥有中小学校63所,高等院校4所,学前教育发展水平位居全市前列,中小学教育硬件基础设施进一步完善。“数字石景山”工程取得重要进展,城市管理信息化、标准化、精细化水平大幅提高。全区互联网覆盖面积达到100%,通讯覆盖面积达到100%,有线电视覆盖率为100%。科技支撑突发事件应急处置能力进一步提高。开展以科技促进节约、发展循环经济的科技攻关、节能技术示范项目,促进节约型社会建设和区域可持续发展。

(王亚智)

【科普提升社会公众科技素质】 科普工作体系进一步完善,推进产业科普平台建设,建设区科普发展中心,打造科技石景山宣传平台;建设国家级科普基地1家,市级科普基地6家,创新型科普社区6家;开展“美丽石景山,科技CRD”、“科普基地在行动”等科普进学校、进企业、进军营活动;举办“科普节”,组织各类科普报告会和讲座,推动大众科技素质提升,获“全国科普示范区”称号。

(王亚智)

【专利和技术】 出台关于促进园区产业集聚和企业发展的办法、中关村石景山园关于促进重点实验室与创意工作室发展的暂行办法等政策,选出首批10个重点实验室和10个创意工作室;成立保护知识产权举报投诉服务中心,不断加强知识产权保护和管理;企业自主创新能力进一步加强,3家企业获“北京市著名商标”,21家企业被认定为市“专利试点企业”,有30家企业61项产品入选市自主创新产品目录。“合康亿盛”等19个企业项目被列入市火炬计划,“航天测控”等企业的38个项目获2008~2009年度区“科学技术奖”。年内,全区企业登记技术合同316份,技术交易额14.4亿元,同比增长1倍;专利申请量1280件,其中发明专利申请量531件;专利授权量931件,为上年同期的2倍。

(王亚智)

【获批国家重点实验室】 1月6日,国家科技部正式发文批准立项,在全国第二批建设56个企业国家重点实验室,北京建材总院“综合利用固废制备高性能土木材料国家重点实验室”榜上有名。6月8日,科技部基础研究司组织专家召开综合利用固废制备高性能土木材料国家重点实验室建设计划论证会议,进一步明确建设目标、建设措施以及建设经费的落实渠道,为完成实验室建设任务提供有力保障。

(石桂莲)

【国家可持续发展实验区建设】 自上年初开始创建国家可持续发展实验区,经过规划编制、创建申报、科技部专家组实地考察、周茂非代表区委、区政府参加由科技部等19个国家部委组织的联席会评审等多个环节,3月15日,科技部正式发文同意石景山区开展国家可持续发展实验区建设工作,成为本市继西城区、怀柔区之后的第三个国家级可持续发展实验区。4月,成立以荣华、周茂非为组长,涉及全区48个委办局及首钢总公司的实验区建设领导小组,出台区委区政府关于建设国家可持续发展实验区的实施意见和石景山区国家可持续发展实验区第一阶段(2010~2011)工作任务分解,编制《石景山区建设国家可持续发展实验区普及读本》丛书,推进可持续发展实验区建设。

(王亚智)

【知识产权“五个一”计划】 明确知

识产权“五个一”计划，助推区域经济社会转型。1. 编制一个规划。编制知识产权“十二五”规划，加快区域自主创新能力提升；2. 出台一个意见。制定出台动漫游戏产业知识产权保护指导意见/规范，加大本区动漫游戏产业知识产权保护力度；3. 成立一个中心。与市保护知识产权举报投诉服务中心合作，建立“北京石景山 CRD 知识产权投诉服务中心”，即 12330 服务热线，进一步完善知识产权保护服务体系；4. 办好一个论坛。举办“文化创意产业与知识产权保护发展论坛”，提升地区文化创意产业特色品牌知名度；5. 争创一个牌子。争取一块国家级牌子，营造知识产权保护良好氛围，促进区域经济社会健康快速发展。

（曹　洁）

【举报投诉中心揭牌】 3 月 26 日，召开知识产权联席会议工作会。市知识产权局、区有关领导，区知识产权联席会成员单位相关负责人参加。会议通报区知识产权联席会成员单位调整情况和“4.26”知识产权宣传月活动方案，对获得上年度知识产权政策奖励资金的企业颁发证书，并举行市保护知识产权举报投诉服务中心（北京 12330）在本区设立“石景山（CRD）保护知识产权举报投诉服务中心”揭牌及签约仪式。中心作为市保护知识产权举报投诉服务中心的二级举报投诉业务系统信息平台，以服务 CRD 主导产业发展为目标，为企业、政府和社会公众提供知识产权保护信息咨询和知识产权维权援助等多项服务，是本区完善知识产权保护体系，优化区域发展环境的一项重要举措。至此，本区已形成以中国互联网协会石景山区调解中心和 12330 热线为核心的知识产权保护及维权网络，对维护企业合法权益，鼓励企业自主创新，促进区域经济社会又好又快发展起到推动作用。

（耿　璐）

【创新科普工作室评选】 根据区科普联席会议办公室制定的石景山区创新科普工作室评选办法（暂行），在全区范围内开展评选“创新科普工作室”活动。以此推动文化创意产业发展，创新科普工作形式，整合社会力量大力推动科普工作。4 月 14 日，首批“石景山区创新科普工作室”评选结果揭晓，中国华录、科影国际等 12 家企业被评选为首批创新科普工作室，在资金、项目申报等方面获得相关支持。

（孙爱强）

【19 个项目入选市火炬计划】 4 月初，市科委公布上年度市火炬计划入选企业名单，由科委园区推荐的合康亿盛、天山新材料、暴风网际、景山创新等 19 个企业项目全部被列入市年度火炬计划，比 2008 年度增加 9 家企业。其中文化创意 5 项，电子信息技术 5 项，新能源与高效节能 4 项，先进制造技术 3 项，新材料技术 2 项，均为区重点发展的高新技术产业领域。

（耿　璐）

【阿尔西入选国家级专利试点】 4 月 21 日，国家级专利试点企业授牌仪式在北京会议中心召开，园区企业阿尔西公司作为在全国范围内评选出的北京市有代表性的 38 家企业之一，被授予国家级专利试点企业称号。该公司自 2007 年开始，每年把研发经费的 10% 作为知识产权工作专项资金，并逐年以 5% 速度递增，知识产权专项资金达到近 100 万元。公司正式取得商标注册证书 30 件，其中国内 26 件、国外 4 件；获商标抵押贷款 1000 万元；申请受理专利 70 项，其中授权发明专利 5 项，实用新型专利 20 件。

（耿　璐）

【世界知识产权日活动】 4 月 26 日，开展“4.26 世界知识产权日”宣传咨询活动。由区知识产权局、区科委、园区管委会联合区文委、法院等知识产权联席会成员单位，在无冒充专利示范商场沃尔玛广场举行，主题是“保护知识产权，促进 CRD 创新发展”。通过发放知识产权宣传材料，宣传“12330”保护知识产权投诉举报服务热线，悬挂“杜绝盗版出版物、争做文明健康公民”等宣传横幅，设立知识产权法律咨询台等方式，向广大群众宣传知识产权知识。现场发放《中国知识产权报》、保护知识产权宣传光盘、宣传页及书籍、宣传纪念品 1000 余份，在全区营造“保护知识产权，促进 CRD 创新发展”氛围。

（曹　洁）

【对外科技交流】 5 月 25 日，区主管领导率队随市科委组团参加以“走向长期关系”为主题的首届墨西哥城－北京论坛。参加“知识城市与工业园区建设”专题论坛。28 日～6 月 2 日，赴加拿大、美国就国际创新资源合作、生物医药、IT、新能源等科技领域进行考察交流。先后到加拿大西安大略大学的医学影像诊断实验室和华裔科学家李顺成教授的蛋白质及干细胞领域研究实验室，以及美国英特尔、吉利德科学、ELAN 公司、昂飞公司等旧金山硅谷地区高新技术企业参观考察。

（李　晨）

【举办首届科普节】 “北京石景山区科技周暨首届石景山区科普节”持续 5 个月，以“创新·科技·和谐·发展”为主题，通过主题展览、科普宣传、文娱表演和科技产品体验等活动方式，让市民感受“科技提高生活品质、产品服务惠及民生”。本届科普节相继推出首届“3G 应用人才创业创新大赛”、文化创意产业成果展和青少年科技创新成果主题展览以及“时尚健康石景山”、“绿色环保石景山”、“数字娱乐石景山”主题活动周、“科技改变我的生活”主题征集等一系列活动。

（董广萍）

【3 家企业获市著名商标称号】 7 月，市工商局公布上年度“北京市著

名商标”名单,园区企业北京合康亿盛变频科技股份有限公司的“合康”商标、北京银建投资公司的“银建”商标以及北京冲击波电子有限责任公司的“冲击波”商标,获年度“北京市著名商标”称号,并获得区政府10万元资金支持。截至年底,全区著名商标增至8件。

(曹 洁)

【虚拟技术研发基地揭牌】 9月1日,在北京九中开学典礼上,荣华与市委教育工委领导为“中关村科技园区石景山园虚拟技术研发基地”和“虚拟教学推广示范基地”揭牌。“中关村石景山园虚拟技术研发基地”以北京易用视点动漫科技有限公司为主体,主要从事虚拟现实技术、虚拟现实项目制作、虚拟仿真实验室建设等VR技术研发,自主研发的各类虚拟现实产品已被广泛应用于教学、数字城市、工业、科普、娱乐等诸多领域。与北京航空航天大学合作的“中学虚拟教学系统”研发项目是科技部“国家科技支撑计划”项目之一。北京九中作为“推广示范基地”与“石景山园虚拟技术研发基地”建立合作关系,重点使用“研发基地”生产的虚拟现实产品开展虚拟教学推广实验。“研发基地”将以“推广示范基地”的反馈为基础,对产品进行修改、补充、完善,使产品更适合教学需要,实现与市场需求有效对接。两个基地的成立是本区科技与教育又一次成功联合,对进一步完善区域产学研一体化建设具有推动作用。

(裴菊芳)

【38个项目获区科学技术奖】 按照区科学技术奖励办法(修订)(石政发〔2007〕30号),从科技部、市科委、文化创意产业专家库中遴选14名知名专家、学者对2008~2009年度申报区科学技术奖项目进行专业初审,区评审委员会复审,区长办公会审定,10月29日评审结果揭晓。38个项目获奖,其中航天测控公司的“通用静力试验系统平台”、建材院的“脱硫石膏的综合利用”、暴风网际公司的“基于P2P和视频叠加技术的视频信息数据发布系统”3个项目为一等奖;信力筑正公司的“钢铁企业能源综合利用工程IESM系统”等9个项目为二等奖;世界星辉公司的“世界之窗浏览器3.0”等26个项目为三等奖。本次评审,符合条件的申报项目达45项,包括航天测控、建材院、通融通等年收入过亿元、纳税50强企业申报的项目11项;世界星辉、完美时空、炫耀天下等新引进骨干企业申报项目21项;以及航天测控、建材院、艾尔豪斯等应用于奥运会场馆建设、登月计划、建国60周年大庆等重大活动的自主创新技术与产品。获奖项目如下:

2008~2009年度石景山区科学技术奖获奖项目名录

序号	项 目 名 称	项 目 承 担 单 位	等级
1	通用静力试验系统平台	北京航天测控技术开发公司	1
2	脱硫石膏的综合利用	北京建筑材料科学研究总院有限公司	1
3	基于P2P和视频叠加技术的视频信息数据发布系统	北京暴风网际科技有限公司	1
4	矿用一般型高压变频器	北京合康亿盛变频科技股份有限公司	2
5	易宝支付电子支付平台2.0	北京通融通信息技术有限公司	2
6	智能交通系统综合信息平台研究	北京易华录信息技术有限公司	2
7	高可用性工业以太网总线的研究与开发	北京东土科技股份有限公司	2
8	网络游戏运营管理技术平台	蓝港在线(北京)科技有限公司	2
9	节能型基站专用空调机组	阿尔西制冷工程技术(北京)有限公司	2
10	钢铁企业能源综合利用工程IESM系统	北京信力筑正新能源技术股份有限公司	2
11	以胸廓内动静脉近、远心端行难治性胸壁缺损修复及乳房再造的基础及临床研究	中国医学科学院 整形外科医院	2
12	数字X光影像仪(CR)	北京中卫宏远医疗设备有限公司	2
13	异步电动机集群初发故障在线检测系统	北京迈方达科技发展有限公司	3
14	CTB污泥生物处理成套技术与设备	北京中科博联环境工程有限公司	3
15	UV-LED点光源固化机	北京岩田博远科技股份有限公司	3
16	用于石油钻井的汉显示微硅陀螺电子测斜仪	北京深度科技有限责任公司	3
17	便于拆装的油水分离器	北京首拓汽车滤清器制造有限公司	3
18	责任成本管理操作流程	中铁建电气化局集团有限公司	3

续表

序号	项 目 名 称	项 目 承 担 单 位	等级
19	世界之窗浏览器3.0	北京世界星辉科技有限责任公司	3
20	《梦幻诛仙》2D游戏真实飞行系统	北京完美时空数字娱乐技术有限公司	3
21	智能汇流盒	北京意科通信技术有限责任公司	3
22	烃油改进PU防水产品开发推广	北京建筑材料科学研究总院有限公司	3
23	针对化学物质有高灵敏度识别功能的化学感应设备制造与应用	北京东宝亿通科技股份有限公司	3
24	电子商务及结算模式管理系统	北京华谊伽信整合营销顾问有限公司	3
25	脑血管病急性期应激状态的临床的研究	北京市石景山医院	3
26	产品数据管理系统(SmartPDM)	北京科思诚科技有限公司	3
27	社区卫生服务医疗机构开展女性乳腺疾病防治策略的研究	北京市石景山区卫生局社区卫生服务管理中心	3
28	疯狂飚车在线游戏研发	北京炫耀天下网络科技有限公司	3
29	亿舟教育淘宝网	北京亿舟智慧科技有限公司	3
30	穹幕广告膜结构建筑	北京艾尔豪斯膜式技术有限公司	3
31	手机网络游戏三国猛将online研发	北京华娱无线科技有限公司	3
32	GameWing多人在线游戏开发引擎	北京网元圣唐娱乐科技有限公司	3
33	水厂自控系统升级	石景山区自来水公司	3
34	掌上书院手机出版平台	北京逍遥掌信息技术有限公司	3
35	媒体舆论监测平台	六十分钟(北京)文化传媒有限公司	3
36	科技企业创新公共服务平台建设	石景山区生产力促进中心	3
37	多用途移动多媒体应急指挥中心系统	北京中电瑞达电子技术有限公司	3
38	“感知北京－智慧关爱”残疾人远程康复指导服务平台	区信息资源中心	3

（石桂莲）

【首家博士后科研工作站成立】 9月27日，经国家人力资源和社会保障部、全国博士后管理委员会的严格评审，园区企业东方信联“博士后科研工作站”获批成立。成为本区第一家博士后科研工作站，也是北京市获批成立的24家工作站之一。北京东方信联科技有限公司是区重点企业，专业从事无线通信系统应用解决方案及相关设备开发的国家高新技术企业，公司拥有8个系列400余种完全自主知识产权的产品，在无线技术的有源设备、微波有源部件，无源器件和专用无线技术等领域处于国内领先水平。

（韩 娜）

【获社区科普创意大赛一等奖】 11月11日，古城街道选送的科普文艺作品《我登上月球》获“科技北京 科学生活”社区科普创意大赛一等奖。此次大赛由市科委举办，分为科普文艺作品创作、科普征文、科普摄影、科普演讲、DIY作品制作五个比赛项目，在全市选送561件作品中，本区41位居民选送30件作品，有8件作品分获一、二、三等奖和入围奖。截至年底，全区已创建市级创新型科普社区6家、市级科普教育基地6家，其中冰川馆被评为“全国科普教育基地”，科技馆被评为市“科学技术普及工作先进集体”。

（孙爱强）

【恒实基业获项目支持】 11月，园区企业北京恒实基业科技有限公司“双功率智能高频电刀关键技术研究及系列产品开发”，获科技部“十二五”首批国家科技支撑计划资金400万元支持。该课题属于“医学影像等中高端医疗器械研发”项目，进行双功率系统技术等15项核心技术研发，其关键技术达到国际先进水平，对提升国家高频电外科系列产品的整体水平具有重要推动作用。恒实基业成立于1999年，拥有100多项关键技术，核心技术占到2/3以上，获多项国家专利和软件著作权，研发的“C－21型氩离子止血综合电刀”等多项产品列入国家火炬计划。

（高延娜）

中关村科技园区石景山园

概　　述

中关村科技园区石景山园(简称园区),是中关村科技园区"一区十园"重要组成部分。地处本区中部,紧邻长安街延长线、五环路、阜石路,毗邻八大处和法海寺公园,规划面积3.45平方千米,分为北Ⅰ、北Ⅱ和南区,重点发展高新技术产业及文化创意、科技服务等符合区域发展定位的新兴高端产业。作为中关村一区十园重要组成部分的石景山园,不仅是本区产业转型过程中的动力引擎和创新龙头,同时也是本区把握中关村国家自主创新示范区建设机遇的重要载体。随着上年10月国家重大文化创意产业项目——中国动漫游戏城落户首钢二通,更加确立石景山"首都文化创意产业第一区"地位。年内,将重点功能区建设与重大产业化项目落地相结合,整合运用好"国家数字媒体产业化基地"、"国家网络游戏产业基地"、"国家动画产业基地"和"中国电子竞技运动发展中心"等几块国家级产业品牌的资源优势。在支持文化创意产业发展、支持高层人才引进与服务等方面打好"政策组合拳"。出台关于促进园区产业集聚和企业发展的办法、中关村石景山园关于促进重点实验室与创意工作室发展的暂行办法等政策。园区实现快速发展,认定中关村高新技术企业累计达1806家,大唐新能源、合康变频和华谊嘉信3家企业实现上市,6家企业筹备上市。全年实现收入和税收分别突破400亿元和10亿元,同比增长30%以上,增速继续保持"一区十园"首位。年内新引进企业856家,年收入过千万元企业达150家,比上年增加15家。年税收过百万元企业约120家,比上年增加20家,其中年税收过千万元的企业超过20家,占全区经济总量由加入中关村时不足5%增长到18%。北京数字娱乐产业示范基地新引进企业400余家,注册资金过千万元企业30余家,推出新品300余款,带动全区文化创意企业2700家,实现收入160亿元,税收7.1亿元,均同比增长25%以上。中国游戏产业年会授予本区"中国游戏产业特别贡献奖"和"年度中国游戏产业支持奖",园区企业完美时空、盛大、畅游、巨人、蓝港在线获"2010年十佳游戏开发商"和"2010年十大游戏运营商"。开发建设有序推进,完成固定资产投资突破20亿元。5个土地开发项目进展顺利,南区确定概念性规划方案,启动控规调整;北一区住宅拆迁完成80%;西井地块签署征地协议;60亩创意产业基地完成控规调整;新媒体基地中区竣工、南北区主体结构封顶。推动产学研合作,成立NICC国际动画学院和动画产业联盟,与中国互联网协会合作建立"企业无线互联网扶持平台"、"3G应用产业联盟"、"无线互联网知识产权保护联盟"和"3G就业联盟",加快特色产业集聚。加快北京青年创业园石景山园建设,相继挂牌金顶等5个创业楼,全区共挂牌8个青年创业楼,孵化面积4万余平方米,入驻企业200余家。

地址:实兴大街64号　八角西街40号
电话:88794457 68863659
邮编:100041 100043
网址:www.zgc-sjs.gov.cn
E-mail:sjskw@263.net.cn

(高延娜)

【经济总量快速提升】"十一五"期间,中关村石景山园收入和税收年均增长30%以上,全年实现收入、税收分别达到465亿元和10.6亿元,经济总量占全区比重由2006年的不足5%增长到突破18%,实现高速发展,增速居中关村各园前列。规模企业群不断壮大,特色行业龙头逐步汇聚,中关村高新技术企业总数达到1806家,招商引资企业年均新增500家;其中年收入亿元以上企业达到48家、千万元以上企业150家,年税收千万以上企业超过20家、百万以上企业120家,涌现出一批行业龙头企业和高成长性企业。12家企业入选中关村百家创新型试点企业,2家企业入选首批中关村国家自主创新示范区创新型企业,上市企业总数达到7家。

(王亚智)

【产业发展特色鲜明】在"北京数字娱乐产业示范基地"发展基础上,"国家网络游戏动漫产业发展基地"、"国家数字媒体技术产业化基地"、"中国电子竞技运动发展中心"、"国家动画产业基地"和"国家文化产业示范基地"相继落户。"中国动漫游戏城"在首钢改造区启动规划。园区成为中关村"一区十园"中的文化创意特色园和数字娱乐示范园,形成网络游戏、影视动漫和数字媒体三大产业互为支撑的发展格局。截至年底,园区带动全区文化创意企业超过2700家,实现收入和税收分别突破160亿元和7亿元,同比增长25%以上。企业创新能力持续提高,创新成果不断涌现。共组织实施市级以上重点项目400余项,争取市级以上资金超过5亿元,建立"数字内容制作公共技术服务平台"等系列公共技术平台。30家企业的61项产品纳入本市自主创新产品目录,企业牵头或参与制定国家标准10余项,行业标准20余项，在数字音视频、电子标签等10余个行业处于国内领先地位。20余家企业产品应用于奥运工程建设，龙头骨干企业创新产品和技术应用于神六、神七等国家重大科技工程。

（王亚智）

【引领带动区域转型】 发挥引领功能，园区辐射带动作用显著增强。促进创新研发，以企业为主体，建立"3G开发与应用联合实验室"、"北京大学工学院亿通所"、"中国金融电子支付发展研究中心"等为代表的一批以市场为导向的产学研用协同创新研发机构。促进创业发展，建设北京青年创业园石景山园，实施"个十百千"（即建设一个青年创业园、十个青年创业楼、百个青年创业室、推动千人就业）工程。促进产业集聚，发挥龙头企业产业带动力，整合各功能区优质载体，建立"文化传媒产业基地"、"金隅科技创意园"等一批特色高端产业基地。集聚一批科技产业人才和行业领军企业家，全区科技人才总数突破7万人，以文化创意为特色的专业人才突破2万人。科技产业对区域经济贡献进一步增强。科技引领推动CRD五大产业实现快速发展。第三产业比重达到55%，较"十五"末期上升近26个百分点。

（王亚智）

【招商引资取得新成绩】 年内，园区新引进企业900家，同比增长24%，注册资本突破45亿元，其中注册资本过千万元的企业85家，注册资本过亿元企业8家，园区企业总数达1800家。新引进企业中，文化创意和高新技术企业占绝大多数，包括巨人征途、盛大无线、趣游科技等文化创意知名企业，银江科技等高新技术龙头规模企业，以及实德集团、恒大集团等国内500强投资的具有良好发展前景的文化创意和高新技术企业，园区产业结构进一步优化。

（毛慧敏）

【NICC国际动画学院揭牌】 1月19日，"NICC国际动画学院全国动漫人才实训基地暨全国信息技术人才培养工程培训基地签约揭牌仪式"在北京工业职业技术学院举行。"NICC国际动画学院"是由威运达科技（北京）有限公司、相关行业机构与留学欧美归来的动画专家团队共同发起创办的国际化、专业化、职业化动画教育机构。通过国际产业论坛、项目推介会、聘请访问学者、教育合作等形式推进我国动漫教育和国际接轨，全面培养职业化、专业化、国际化动漫产业人才。经合作各方多次调研选择落户在本区。该基地的启动，标志NICC国际动画学院全面发力国内动漫游戏职业教育市场，为动漫产业人才与企业搭建有效的产业交流平台。

（马海涛）

【2企业在创业板上市】 北京合康亿盛变频科技股份有限公司成为本区首家创业板上市企业。股票简称：合康变频，股票代码：300048。2月1日，该公司举行成功登陆创业板新闻发布暨庆祝答谢会，周茂非与中关村管委会有关领导、企业高层、合作伙伴、客户代表等近300人参加活动，中关村管委会向合康变频颁发上市奖励资金200万元。该企业高压变频器国内市场占有率10%，位列全国第二名。4月21日，园区企业北京华谊嘉信整合营销顾问股份有限公司（股票代码300071）在创业板成功上市。该公司是本土最大的线下营销服务供应商，也是业内少数具有整合营销传播服务能力的领军企业，成功为众多国内外知名企业在提升品牌形象、提高产品销量方面提供长期、稳定、优质的线下营销服务，包括惠普、微软、三星、飞利浦、西门子等世界500强企业，以及联想、伊利、王老吉、中粮集团等国内知名企业。截至年底，石景山园企业东方信联已成功登陆纳斯达克主板，搜狐畅游在纳斯达克全球精选版成功上市，东宝亿通、东土科技在"新三板"成功挂牌，4家企业积极备战创业板。

（曹　洁）

【"三个创新"推进工作】 科委园区通过"三个创新"，大力推进全年工作。1. 创新招商引资机制。设立国内招商部、国际招商部和资源招商部三个招商科室，形成合作与竞争的工作机制，推动招商引资向纵深发展；2. 创新干部培养机制，设置主任助理职位，选拔科级骨干担任，提高其工作推进能力，形成科委园区干部培养梯次。通过实际岗位锻炼，加快骨干干部培养；3. 创新党建工作内涵。党工委副书记负责为园区非公党建提供抓手，将"围绕发展抓党建，抓好党建促发展"工作方针落到实处。

（李　晨）

【促进产业集聚办法】 3月22日，修订出台关于促进中关村科技园区石景山园产业集聚和企业发展的办法。与原"办法"相比，突出三大特点：1. 扩大适用范围，按照"小园区大发展"的思路，新办法适用范围扩大到CRD"一二三六"全部功能区，支持产业类型扩大到CRD五大主导产业。2. 突出重点领域，加大支持力度。大幅提高园区发展专项资金，由每年1亿元提升到5亿元。提高对新增企业技术改造和技术创新资金支持，幅度按其对区财政年贡献额可达到40%～50%。提高文化创意企业租房补贴，加大新增规模企业和社会中介招商等奖励力度。3. 整合全区政策，内容系统全面。在继续保留支持规模企业发展，鼓励人才引进，实行"绿色通道"制度等条款基础上，新增鼓励青年创业、支持创意研发、扶持支持企业改制上市、促进科研成果转化等多项具体措施。截至年底，产业聚集效应初步显现，全区已有2700多家文化创意企业，其中网游动漫企业700多家，年均增长速度超过20%，总收入突破150亿元。据初步统计，文化创意产业占全区经济总量比重达到12%。

(周西松)

【加入中关村发展集团】 3月25日,北京中关村发展集团股份有限公司成立,石景山园正式加入中关村发展集团。该集团是市委、市政府落实国务院精神,高标准建设中关村国家自主创新示范区,协调整合资源,统筹推进中关村各分园共同发展,以股权为纽带,重组"一区十园"的主要开发建设公司的重大举措,主要功能是服务各区(县)引进重大项目、统筹产业布局,搭建融资平台和重大产业化项目股权投资。石景山园经过四年快速发展,成为中关村国家自主创新示范区的特色区,因其鲜明的文化创意产业定位,快速的经济发展势头,在示范区中占有重要地位。此次加入中关村发展集团,对加快园区开发建设、促进产业项目引进具有推动作用。

(崔明明)

【"双十评选"活动】 根据区委区政府"关于深入贯彻落实科学发展观推动我区经济又好又快发展的意见"精神,开展开放实验室和文化创意工作室"双十评选"活动。在3月31日举行的中关村石景山园工作会上,中关村科技园区管委会领导及区有关领导等向评选出的"合康变频实验室"等10个石景山园第一批重点实验室、"畅游第一研究中心"等10个创意工作室授牌。活动推动高校院所、企事业单位广泛合作,搭建产学研交流平台,增强企业自主创新能力,促进高校、科研院所及企事业单位科技成果转化。

(周西松)

【获低碳新锐园区称号】 "中国低碳新锐榜"是由中国高新技术产业开发区协会、国际分布式能源联盟、台湾碳排放交易推广协会、FT中文网、华尔街日报、彭博新闻社、美通社(亚洲)等单位共同举办的中国低碳经济论坛的组成部分。自上年12月启动提名与网上投票,在4月10~11日"2010中国低碳经济论坛"上,中关村石景山园凭借低碳环保的发展理念、创意鲜明的产业特色和乐山乐水的自然环境,获"2010低碳新锐园区"称号。

(岳继华)

【企业产品动态】 3月14日,绿色网游研发基地企业,北京帷幄昊合数字娱乐科技有限公司出品的动画电影《浩昊文字国历险记》获美国好莱坞第十五届国际家庭电影节"最佳外语电影教育片奖"。4月8日,园区企业搜狐畅游在人民大会堂召开新闻发布会,首部3D网游巨作《中华英雄》正式发布。至此,搜狐畅游宣告进军3D网游市场。《中华英雄》将成为继《天龙八部》之后,搜狐畅游旗下的又一款大作。

(裴菊芳)

【ACG新媒体艺术节大师论坛】 4月25日,科委园区参加ACG国际新媒体艺术节大师论坛。本届论坛以"创意·营销·发展"为主题,旨在打造全球最大的国际动漫教育与产业的交流平台。论坛上,科委园区重点介绍区域优势、环境优势和政策优势,建设"中关村国家自主创新示范区特色区"情况。该论坛由中央电视台数字频道、ACG国际动画教育主办,清华大学美术学院、东南大学艺术学院承办。Robin King等国际动漫产业专家、国际CG院校教育专家、中央民族大学美术学院等50余家全国高校新媒体艺术院系专家教授、政府主管部门、投资界精英百余人参会。

(王　震)

【南区概念性规划设计】 4月28日,周茂非听取石景山园南区概念性规划设计方案汇报,对美国柏诚公司的概规方案给予肯定,并确定最终方案。至此,南区概念性规划方案设计工作完成。该方案是美国柏诚公司从2008年竞标的29家国内外优秀规划设计单位中脱颖而出,在综合其它设计公司方案优点,反复征求中关村管委会、市规划委、市规划院、区规划分局、首钢特钢公司等部门意见基础上做出的。

(崔明明)

【园区企业捐助灾区】 4月中旬,园区组织青海省玉树县抗震救灾捐助活动,首批募集款物价值400余万元。其中,搜狐畅游公司200万元、中国华录集团50万元、暴风网际5万元、蓝港在线2.5万元、崇新通信1.18万元、意科通信1万元等。物美集团以最快速度筹集灾区急需保暖物资共计90余万元,并自组赈灾车辆急送灾区。

(韩　娜)

【数字娱乐产业高层论坛】 5月15日,由市文化创意产业领导小组办公室和区政府联合主办的"2010中国(北京)数字娱乐产业高层论坛"举行。来自广电、通信、计算机行业和数字娱乐企业的150余家企业高管和行业专家近200人参加。周茂非与工业和信息化部、新闻出版总署、中关村管委会、中关村发展集团相关领导出席论坛并讲话。本次论坛以"三网融合时代数字娱乐产业发展的新契机"为主题,就如何发挥电信网、广播电视网和互联网"三网融合"政策对数字娱乐产业带来的影响进行探讨,重点研究动漫游戏、网络视频等数字娱乐内容与网络、电视、手机等新媒体的融合之道。由区政府举办的"首届3G人才创业创新大赛"同期启动。

(岳继华)

【亮相第13届科博会】 5月27~31日,以"增强自主创新能力,加快发展方式转变"为主题的第13届科博会在京举行。在本届科博会期间,有19家本区明星企业参展,以10余款优秀游戏、动漫影视作品以及科技创意产品,展示"打造北京CRD"、"打造中国数字娱乐第一区"、"建设国家自主创新示范区特色区"三大主题,吸引大量参展观众。中央政治局委员、国务委员刘延东,国务委员、国务院秘书长马凯,市长郭金龙,副市长程红等先后到展台视察。石景山展台获得本届科博会组委会授予的“最佳组织”、“最佳展示”、“最佳互动”三项大奖。

(于海春)

【龙头企业入驻】 6月1日,园区与汉能控股集团有限公司签订入驻意向书。汉能控股集团有限公司是以太阳能光伏产业为主导的当今国内规模最大的民营清洁能源发电企业。同月,在区工商分局、国税、地税和经信委等部门合力推动下,本市首家以“物联网”字号命名的公司——银江(北京)物联网技术有限公司正式落户石景山园。在此之前,久游国际、银江北京、巨人集团等一线规模企业纷纷入驻,对地区产业结构转型升级起到推动作用。

(郭宝松)

【中央巡视组视察园区】 6月1日,中央巡视组组长徐光春、副组长管雷、李明波一行到中关村石景山园巡视工作。市领导吉林、刘敬民,区领导荣华、周茂非等陪同。巡视组先后考察石景山园服务中心、北京青年创业园石景山园、搜狐畅游公司、华录文化产业有限公司和北京东土科技股份有限公司等单位。

(柴亚洲)

【《古剑奇谭》与同名电视剧】 7月10日,举行网元圣堂国产单机游戏巨献《古剑奇谭》全国发布暨同名电视剧签约仪式。《古剑奇谭》是网元圣堂历时3年打造的首款大型3D角色扮演游戏,网元圣堂CEO孟宪明与电视剧制作方御景江山影视公司总经理刘燕军共同签署《古剑奇谭》电视剧独家拍摄权授权协议,标志着自游戏《古剑奇谭》上市后,同名电视剧的筹拍工作也正式启动。

(吴 旋)

【金融电子支付研究中心挂牌】 7月16日,“中国金融电子支付发展研究中心”挂牌成立。该中心是在中国人民银行指导下,在中国保险协会、中国保险学会、中国电子商务协会、中关村管委会、市金融工作局和区政府共同支持下成立的。中心以中国领先的独立第三方支付平台——易宝支付为依托,普及企业电子支付知识,加强中国金融电子支付发展研究领域的交流,在政府与电子商务的企、事业单位及个人之间发挥桥梁作用,促进中国电子商务及电子支付事业的健康发展。中心成立同时,举办“首届中国金融电子商务创新与发展论坛—保险电子商务”论坛。

(周西松)

【中关村承接重大工程专项】 7月,举行中关村国家自主创新示范区支持企业承接重大工程工作会,园区企业东方信联、东土科技、航天测控、合康亿盛、易华录等9家企业入选首批中关村承接重大工程专项工作重点企业名单。其中两家企业已承接重大工程,分别是阿尔西制冷工程技术(北京)有限公司承接的境外项目“供应精密基站空调”,属节能环保领域工程,工程金额4300万元;北京明诚技术开发有限公司承接的河北省重点工程“唐山文丰轮毂项目”,属现代交通领域工程,工程金额11.5亿元。

(王 震)

【举办3G应用产业高峰论坛】 8月8日,由区政府与国家工信部通信发展司联合主办的“中国首届3G应用人才创业创新大赛”暨3G应用产业高峰论坛在人民大会堂举行。来自中国电信、中国移动、中国联通、中日3G应用研究院、北邮3G移动通信学院等单位的专家和企业代表围绕3G技术应用与发展,在产业高峰论坛上发表演讲,共同探讨3G应用技术推广的潜力和前景。与会领导为“企业无线互联网扶持平台”、“3G应用产业联盟”、“无线互联网知识产权保护联盟”和“3G就业联盟”揭牌。中国首届3G应用人才创业创新大赛自开幕式后正式启动。

(岳继华)

【9家企业获市技术创新资金】 8月,市科委、中关村管委会公布本年度科技型中小企业技术创新资金立项企业名单。园区企业北京博华经纬文化发展有限公司、北京世纪天宇科技发展有限公司、北京科思诚科技有限公司、品耀光电科技(北京)有限公司等9家企业立项成功,获得市级支持资金共计265万元,项目涉及电子信息、文化创意、新材料等高新技术领域。

(耿 璐)

【入选市自主创新产品目录】 8月,《北京市第九批自主创新产品目录》公布,园区企业北京东方信联科技有限公司的“企业办公网统一接入网络传输设备”、“企业办公网桌面接入节点设备”和北京中科博联环境工程有限公司的“臭气自动监测和控制设备”入选,获《北京市自主创新产品证书》。在当年政府采购中关村自主创新产品第三次签约大会上,东方信联与中国联通和中国电信两大运营商签订产品采购合同。至此,全区有30家企业的61项产品入选市自主创新产品目录。

(耿 璐)

【入选中关村“瞪羚计划”】 8月,在中关村国家自主创新示范区“瞪羚计划”重点培育企业工作大会上,中关村管委会联合市发改委等单位发布“瞪羚计划”首批重点培育企业名单,石景山园暴风网际、航天测控等16家企业入选。业界通常将高科技高成长的中小企业形象地称为“瞪羚企业”,园区16家入围企业上半年均实现50%以上增长。

(曹 洁)

【第四代视频网站“华录坞”】 9月1日,华录文化产业有限公司开创第四代视频网站“华录坞”。华录坞(www.hualu5.com)是中国唯一的央企正版视频网站,打破传统的、单一媒体型互联网视频平台形式,将视频购物、视频互动、视频游戏结合等用户需求高度融合,借助电脑、移动手持等多终端及广播、电视、光纤等多网络,以高清播出、游戏互动、网络购物多重体验向中国4亿余网民呈现一系列全新互联网体验,技术上实现三网、四网协同,pc电脑、手机、车载、电视之间的无缝衔接,目前已拥有94项软件著作权和3项发明专利。华录坞以视频媒体为传播平台,建立差异化的网络视频营销模式,通过互动创新的营销手段,开启网络视频领域营销模式的新篇章。

(曹　洁)

【入选全国节能服务公司名单】 9月,国家发改委和国家财政部发布首批符合标准的节能服务公司备案名单,石景山园企业合康变频、信力筑正、中节能(北京)空调节能科技有限公司、瑞宝利、国电康能5家企业入选,涉及高压变频器制造,热泵技术、余热回收等多个领域。进入备案名单的节能服务公司在全国各地实施的合同能源管理项目,均可向项目所在地省级财政部门和节能主管部门申请财政奖励资金支持,各地不得对节能服务公司设置注册地域要求。

(耿　璐)

【恒大集团两子公司落户】 9月26日,全国十强地产企业之一的恒大集团,出资6亿元人民币成立恒大欣业文化投资有限公司,这是继该集团出资1亿元成立恒大文化有限公司后又一重大举措。恒大集团是一家在香港联交所主板上市的涵盖地产、钢铁、体育等产业的现代化国际企业集团,总资产近800亿,投资文化产业是该集团实施多元发展战略、进军北京的第一步。恒大欣业以资本为纽带,以资源整合为手段,以重大项目为带动在本区乃至全市开展重大文化项目战略投资、融资和新兴文化业态风险投资。

(王　震)

【"西山汇新媒体基地"开盘】 10月29日举行开盘典礼。国家无线电监测中心检测中心与西山汇正式签订入驻协议。西山汇作为中关村石景山园区首个商务地产大盘,是本市重点建设项目之一,位于石景山园北Ⅱ区,由15栋现代化高端建筑组成,建筑面积26万平米。集中"国家数字媒体技术产业化基地"、"国家网络游戏动漫产业基地"和"国家动画产业基地"高端资源,汇聚新媒体产业、3G应用产业以及三网融合背景下的全新一代数字娱乐产业精英,全面开启京西发展新蓝图,为本区打造"中国数字娱乐第一区"奠定基础。

(岳继华)

【举办第三届新媒体节】 11月17日,第三届新媒体节暨中国新媒体年度盛典开幕。本次活动由第五届文博会组委会办公室、区政府、新媒体节组委会联合多家权威机构主办。本届新媒体节包含中国新媒体专家年会暨新媒体教育论坛、中国企业品牌传播论坛暨新媒体营销年会和中国新媒体投资年会暨中国团购行业大会和一个年度盛典晚会暨新媒体节颁奖典礼,与此同时,中国数字新媒体产业融合发展论坛以及新媒体项目发布推介会同期举办。本届新媒体节活动内容丰富,与会领导、专家和企业家代表针对十二五与新媒体发展机遇、新媒体技术创新与融合发展、新媒体人才教育、营销以及当前热门的团购话题进行深入探讨,并评选出中国新媒体领军榜和中国新媒体年度品牌。会议期间举行新传媒产业联盟总部和新媒体总部基地落户揭牌仪式。开幕式上,周茂非介绍投资服务环境和经济建设的发展情况,引起与会者的高度重视。

(李　晨)

【5家企业获科技创新资金】 11月,魔秀科技(北京)有限公司、北京海斯迪克新材料有限公司等5家企业与中关村管委会签订中关村国家自主创新示范区中小企业创新资金无偿资助项目合同,获得支持资金130万元。其中,魔秀科技(北京)有限公司申报的项目——魔秀手机主题在线制作平台,获科技部创新基金50万元资助。

(耿　璐)

【园区人才工作结硕果】 11月18日,全区人才工作大会召开,科委园区作典型发言,园区30余人被评为优秀人才和先进人才。科委园区树立"人才是第一资源"的工作理念,按照"135"的工作思路,即"围绕发展抓人才,抓好人才促发展"一条主线,抓住"重引才、强育才、促聚才"三个环节,实施"抓规划、出政策、建载体、强服务、优环境"五项措施,加强人才队伍建设,人才工作取得显著成绩。园区企业东方信联被认定为本区首家博士后科研工作站、7人被评为市劳模、5人获优秀人才资助项目、3人被评为市海外高层次人才、3人被评为中关村高端人才。园区产业人才达到3万人,为全区实现跨越发展注入强劲动力。

(韩　娜)

【北京数字媒体实习网启动】 12月2日,由石景山园和北方工业大学联合主办的北京数字媒体实习网启动仪式暨北京数字媒体校、企研讨会在北方工业大学举行。北京数字媒体实习网作为市教委授予的"市级校外人才培养基地"的重要组成部分,提供"创意论坛"、"实习论坛"、"网上交流"、"自主创业"等多个讨论区,为首都文化创意企业和科研院所的需求搭建桥梁。来自中国传媒大学、北京电影学院等14所高校的数字媒体类专业负责人和搜狐畅游、盛大无线等16家在京文化创意类企业人力资源主管、技术总监就"高校数字媒体专业建设情况"、"企业研发及人才需求情况"、"数字媒体课程体系建设"、"北京数字媒体实习网的人才选拔和培养模式"等话题进行深入的探讨。借助北京数字媒体实习网的资源整合优势，石景山区集学生、学校、企业、政府一体化的文化创意产业人才培养平台基本形成。

（曹　杰）

【重点企业入驻瑞达大厦】 12月16日，“国家网络游戏动漫产业发展基地”重点企业入驻仪式在中国瑞达大厦举行，标志着国家级网络游戏动漫产业发展基地正式落户石景山。瑞达大厦作为展示本区文化创意产业的示范窗口，吸引巨人征途、趣游科技、东方信联、电玩巴士、国美电子商务等30余家业界知名企业入驻。该大厦是中国电子信息产业集团推动科技与文化融合发展，参与区域经济建设的重要载体，入驻企业可以享受到国家、北京市、中关村、石景山区等多重政策的全覆盖。

（王　震）

【精品项目推介会】 12月20日，中关村留学人员企业精品项目推介会（三三会）在本区举行。来自中关村海外高层次创业人才考察团、海归创业企业、各创业园负责人、风投机构代表和媒体人士共300余人参加会议。石景山留创园、汇龙森留创园、丰台留创园和国际孵化器的4家留学人员企业进行精品项目推介。北京青年创业园石景山园创新以色列孵化体系，介绍2家以“天使投资＋百万服务”模式建设石景山常青藤高端人才创业园的做法，受到与会海归企业代表们的关注。“三三会”是中关村管委会每月第三周的周三，向风险投资机构推介留学人员企业精品项目的会议，自2004年举办以来历经六载，为100多家海归企业提供项目推介机会，其中多家已成功融资。

（韩　娜）

【非公党建取得新进展】 将党建和工、团建有机结合，实现双建互动，不断扩大党组织覆盖面。新组建企业党支部18个，依托楼宇建设社会工作站8个、工会13个、团支部10个。园区共组建党支部108个，园区内10个楼宇全部建立社会工作站。深入开展“创先争优”活动，7人被评为市劳动模范；2人被评为区“群众心目中的好党员”，10人被评为园区“群众心目中的好党员”，4人被评为区优秀社会主义建设者；组织园区企业参加第一届中关村国家自主创新示范区运动会，获“组织优胜奖”，在“支援玉树抗震救灾”等活动中捐款捐物近2000万元。中央巡视组领导、中央组织部先后三次到园区企业参观指导非公党建工作。园区党工委连续两次在全国高新区党建工作会上作典型发言。

（柴亚洲）

【获奖情况及荣誉称号】 1月，石景山园在国务院发展研究中心县域经济专家委员会、中国社会科学院当代城乡发展规划院、联合国亚太城市发展研究中心、联合国人居环境发展促进会和中国开发区发展促进会等联合主办的“中国开发区（工业园区）招商引资可持续发展创新高峰论坛”上获“全国十大最佳生态环境示范开发区”和“全国最具政府服务竞争力开发区”称号。6月，北京华录百纳影视股份有限公司出品的电视连续剧《媳妇的美好时代》在“第16届上海电视节”上，获“最佳编剧奖”、“最佳女演员”和“最佳电视连续剧银奖”，在“东京国际电视节”上，获“最佳海外电视剧奖”。《媳妇的美好时代》是唯一一部在本届电视节获奖的中国作品。10月，暴风网际获评“双50强”，即“2010德勤高科技、高成长中国50强企业”及“清科－2010年中国最具投资价值企业50强”双项殊荣。“德勤高科技、高成长中国50强活动”由世界四大权威会计师事务所之一的德勤主办，根据企业过去三年平均收入增长率，评选出中国50家增长最快的企业，暴风此次以990%的增长率位居榜单第12名。10月22日，蓝港在线首次被美国福布斯网(Forbes.com)报道《佣兵天下》产品技术。《佣兵天下》是国内第三代网络游戏公司蓝港在线历时3年打造的一款奇幻战争史诗网游，已发行到欧洲、北美、中国台湾和香港等40多个国家和地区。蓝港在线被评选为上年度“《红鲱鱼》亚洲100强科技企业”；连续两年获“清科中国最具投资价值企业50强”等殊荣。11月3日，本年度ChinaJoy“金翎奖”颁奖典礼在解放军歌剧院举行，本区9家游戏企业喜获14项专项奖，其中龙头企业搜狐畅游公司独揽“玩家最喜爱的十大网络游戏”和“玩家最期待的十大网络游戏”两项荣誉。12月9日，文化部在天津市举办第四批国家文化产业示范基地命名授牌仪式，北京数字娱乐产业示范基地被授予“国家文化产业示范基地”称号。

（马海涛　岳继华　崔海霞）

驻区科研单位

中国科学院高能物理研究所

【概况】 中国科学院高能物理研究所(简称高能所)是以基础研究和应用基础研究为主的多学科综合性研究所,中长期发展目标是成为有显著影响力的世界粒子物理研究中心,成为我国相关大科学装置发展的骨干力量,成为具有世界先进水平的、高度开放的、多学科、综合性大型研究基地。主要学科方向是高能物理研究、先进加速器技术研究和先进射线技术及应用研究,并兼顾核分析技术及交叉学科研究;优势研究领域是高能物理、粒子天体物理、同步辐射及其应用、加速器物理及技术、核分析技术。高能所建有北京正负电子对撞机国家实验室,4个院级重点实验室:核分析技术重点实验室(北京分部)、粒子天体物理重点实验室、纳米生物效应与安全性重点实验室(与国家纳米中心联建)、核探测器与核电子学重点实验室(与中国科技大学联建);下设实验物理研究中心、粒子天体物理研究中心、理论物理室、计算中心、加速器技术研究中心、多学科研究中心、研发中心等7个研究单位;拥有北京正负电子对撞机、北京谱仪、北京同步辐射装置、西藏羊八井国际宇宙线观测站、大亚湾中微子实验站等大型科研装置。截至年底,在职职工1204人。其中科技人员660人,科技支撑人员217人,包括中国科学院院士8人、中国工程院院士2人、研究员及正高级工程技术人员159人、副研究员及高级工程技术人员271人;全所进入创新岗位746人。中国科学院"百人计划"入选者35人,"西部之光"人才入选者1人,国家杰出青年科学基金获得者16人。作为国务院学位委员会批准的首批博士、硕士学位授予权单位之一,现有理论物理、粒子物理与原子核物理、凝聚态物理、光学、无机化学、生物无机化学6个理学博士(硕士)培养点;有核技术及应用、计算机应用技术2个工学博士(硕士)培养点,有材料工程、动力工程、机械工程、电子与通讯工程、核能与核技术工程、计算机技术6个全日制工程硕士培养点;有物理学、核科学与技术2个博士后流动站。共有在学研究生442人(其中硕士生179人、博士生234人、全日制工程硕士生29人)、在站博士后62人。是高能物理学会、粒子加速器学会、同步辐射专业委员会、核电子学与探测技术学会、引力与相对论专业委员会的挂靠单位;主办刊物有《中国物理C》(月刊)、《现代物理知识》(科普双月刊)。

地址:玉泉路19号乙

电话:88235008

邮编:100049

(蒙　巍)

【规划与前瞻部署】 根据中国科学院部署,高能所启动"创新2020"计划。编制"十二五"发展规划,承担中国科学院"创新先导专项"中"先进核裂变能专项"的"加速器驱动的次临界系统"计划的强流质子加速器项目和"空间科学专项"的硬X射线调制望远镜卫星。

(蒙　巍)

【科研工程进展】 北京正负电子对撞机Ⅱ实现稳定高效运行,性能大幅度提高,至12月25日,峰值亮度达到$5.21\times10^{32}cm^{-2}s^{-1}$,较改造前提高52倍。北京谱仪Ⅲ国际合作组发表8篇文章,物理成果受到国际高能物理界广泛关注。北京同步辐射装置完成两轮专用光运行,兼用光正式对外开放供光,基于北京同步辐射装置实验发表的论文共161篇,影响因子大于3的有54篇。超导备用腔研制取得进展,500MHz铌腔的垂直测试一次成功,性能指标接近国际水平。大亚湾反应堆中微子实验工程的土建工作接近尾声,探测器研制进展良好。圆满完成承担的嫦娥二号探测器任务,X射线谱仪在轨正常运行3个月。中国散裂中子源完成8个预研项目的测试验收,完成初步设计报告编写。

(蒙　巍)

【科研项目】 全年承担在研项目354项(包括新增项目181项)。其中主持(或承担)国家重点基础研究发展计划"973"项目5项、课题23项,中国高技术研究发展计划"863"项目3项;国家自然科学基金重点项目10项、主任基金项目1项、面上项目63项,国家自然科学基金重大研究计划培育项目2项,重大国际合作项目2项、国家杰出青年基金项目5项、创新研究群体1项、青年基金27项;知识创新工程重大项目1项、重要方向项目9项,国际合作项目11项,院装备研制项目5项,院地合作项目79项。

(蒙　巍)

【成果及获奖】 "BES-Ⅱ阈上粒子ψ(3770)非衰变的发现和D物理研究"获本年度国家自然科学二等奖。"低温超导技术在除铁器上的应用"获山东省科技进步一等奖。"基于现场可编程门阵列(FPGA)的高精度电源数字控制装置"获甘肃省科技进步奖二等奖。据《科学引文索引扩展版》(SCIE)数据统计,全年发表SCI论文203篇,居全国研究机构第

11位;发表EI论文51篇,国内发表论文共132篇。上年SCI收录论文被引用226篇,1186次,居全国研究机构第14位,2000~2009年SCI收录论文累积被引用1092篇,10639次,居全国研究机构第16位。年内申请专利42件,获得专利授权10件,软件著作权12件,商标授权1件。

（蒙 巍）

【科技开发】 加速器、探测器、核医学成像技术、超导技术、无损探测、网络安全以及高性能加速器部件等大科学装置科研成果技术的研发和成果转移转化,初步形成产品系列化的布局。组织相关人员制定系列核医疗设备产品标准、工艺标准,并按照标准实施改造,测试并最终确定产品指标,完成样机到产品的转换。在辐照加速器方面,完成第二台10MeV20KW设备的现场安装调试,已经投入辐照加工生产,成为高能所又一个应用示范基地。科技成果转化工作参与人员180人,落实国内合作项目45项;国外开发项目17项,为国家创汇近500万美元。全年累计总产值4425万元(不含参股公司)。

（蒙 巍）

【国际合作】 执行重要国际合作协议或参与重大国际合作10个,组织召开各类国际会议12个,接待境外来访学者697人次,所内研究人员445人次。与美国能源部签订下年度中美高能物理合作协议,达成49项合作项目。与德国自由电子激光项目合作研制成功EXFEL－U48波荡器样机,是首台专门针对欧洲XFEL装置研制的波荡器样机,也是国内首次研制的超长、高精度波荡器。与欧洲大型强子对撞机的合作,ATLAS和CMS二大物理实验取得初步物理成果。高能所参与并主持两个欧盟第七框架(FP7)项目EPIKH和CHAIN,中欧计算网格合作取得重要进展,建立由1600个CPU内核、640TB存储组成的网格站点。

（蒙 巍）

工业和信息化部电子科学技术情报研究所

【概况】 工业和信息化部电子科学技术情报研究所(简称电子情报所)是工业和信息化部直属事业单位。现有职工800余人,专业技术人员占85%以上,其中国家级突出贡献专家2人,部级突出贡献专家3人,享受政府特殊津贴人员21人。主要从事情报研究和信息咨询服务,服务对象遍及工业和信息化部、国防科工局、总装备部等政府和军队领导机关及相关科研院所、生产企业和高等院校。代工业和信息化部行使情报、成果、期刊、电子知识产权、电子工业档案和工程建设等行业管理职能,并提供媒体出版、声像服务、文献服务、软件开发、数据库建设等多元化服务。编辑出版《中国信息产业年鉴》等公开出版物和“世界信息产业与技术发展年度报告”、“世界信息化发展年度报告”、“世界网络与信息安全发展年度报告”、“世界软件产业发展年度报告”、“国外军事电子发展年度报告”等系列研究报告,以及《世界军事电子装备与技术发展研究》等内部刊物。同时还是中国电子学会情报分会、国防科技声像服务中心、中国信息产业商会等社团组织的挂靠单位。由电子情报所控股的计世传媒集团是目前国内最大的IT传媒集团,经营规模连续多年位居全国报刊业前十强,出版《计算机世界》、《IT经理世界》、《网络世界》等业界知名品牌媒体。《计算机世界》进入当年世界品牌实验室认定的“中国最具商业价值的500强”,品牌价值已达41.18亿元。现建有26T的存储系统,以“世界信息技术与产品水平数据库”、“中国电子元器件产品信息检索系统”、“电子科技期刊全文数据库”、“信息技术领域专利数据库检索平台”、“中国信息产业图片数据库”为代表的数值型、事实型、文献型、图片型信息资源受到关注。连续5年获“中央国家机关文明单位标兵”,连续9次获“首都文明单位”称号,所团委获“中央国家机关五四红旗团委”称号,74号院宿舍区被评为“首都文明社区”。

地址:鲁谷路35号
电话:68632898
邮编:100040

（赵 莹）

【科研产品与情报研究】 围绕科研支撑和核心能力建设的迫切需求,电子情报所形成多层次、多领域、多周期、多形式的科研产品体系。编辑出版《中国信息产业年鉴(2010年版)》,2009年版获中国年鉴编校质量特等奖;大型科普系列作品《利器之首》获得科蕾奖一等奖和优秀科普作品一等奖;承办工业和信息化部直属机关党委主办的内部刊物《党建动态》;申请创办《新型工业化》月刊。同时,推出一批自主研究产品,情报研究的主动性和前瞻性明显提高。科研业务部门通过内部刊物、期刊杂志、年度报告、编译报告、专题报告等各种载体呈现出来,提高业界影响力。定期出版《金融危机国际动态》、《消费品工业发展动态》、《台湾产业聚焦》、《IT热点》、《信息技术产业研究》、《软件服务业动态》、《信息化工作通讯》、《电子政务动态》、《信息安全观察》、《信息安全快讯》电子版、《世界信息化热点聚焦》电子版、《世界军事电子装备与技术发展研究》、《军民结合信息通讯》等内部刊物;自主选题编译《欧美等发达国家工业发展规划汇编》、《美国国家宽带计划》、《欧盟数字战略》、《日本新IT战略》、《iNEMI电子产品与技术路线图》等书籍。

（赵 莹）

【计世传媒30周年庆典】 11月21日,计世传媒集团在北京隆重举行成立30周年庆典大会。工业和信息化部副部长杨学山、新闻出版总署副署长邬书林、总装备部电子信息部副部长王峰、中国出版集团公司总裁聂震宁,以及工业和信息化部、中宣部、新闻出版总署等部委的有关司局领导、业界专家学者、大型企业主管、媒体同行和中美合资双方代表等500多人出席主题为“三十而跃”的庆典大会。会上,计世传媒集团中美双方股东签署第四个10年合作协议。计世传媒集团创立于1980年,由电子情报所与美国国际数据集团(IDG)合资创办,是中国新闻出版领域迄今为止唯一一家中外合资新闻出版企业。集团主要业务包括:商业媒体出版、IT市场研究与信息咨询、会展交流与培训等。旗下拥有《计算机世界》、《网络世界》、《IT经理世界》、《电脑爱好者》、《数码精品世界》、《中国数字电视》、《新金融世界》等10多家在中国IT市场处于绝对领先地位的专业媒体和相关互联网站,同时还设有计世会展、计世在线、计世大学、计世评测等信息服务机构。集团拥有150多万的媒体付费订户、500多万的传阅读者、0.2万多家客户合作伙伴。

(赵　莹)

【承办专题研究班】 10月25～29日,由工业和信息化部主办,电子情报所承办的“2010年地方领导干部信息安全专题研究班”在京开班。专题研究班培训课程包括信息技术发展现状与趋势、推动我国信息化向高端发展、信息安全保障政策体系等11个专题报告。来自全国各省(区、市)、新疆生产建设兵团工业和信息化主管部门分管信息安全工作的厅局级领导,以及部分城市分管信息安全工作的副市长(副专员)共43人参加培训。

(赵　莹)

【承办态势发布会】 11月23日,由工业和信息化部主办,电子情报所承办的“第十二届信息技术领域专利态势发布会”在上海召开。“信息技术领域专利态势发布会”是推进行业知识产权工作的重要举措之一,自1999年开始每年举办一次。该活动紧密跟踪并发布行业内重点技术领域知识产权最新发展态势,已成为业内具有品牌效应的重要活动之一。来自各地工业和信息化主管部门、国内企事业单位、行业协会以及国外公司的150余名代表参加发布会。

(赵　莹)

【承办发布会】 12月29日,由工业和信息化部主办,电子情报所承办的“2010年(第十届)信息产业重大技术发明评选结果发布会”在京召开。信息产业重大技术发明评选活动是推进行业知识产权工作的重要举措之一,已连续举办十届,获选项目总数达66个,激励相关领域技术创新,推动重点技术产业化进程,有力促进我国信息产业持续快速发展。本届评选发布活动是在全国范围内开展打击侵犯知识产权和制售假冒伪劣商品专项行动的背景下举办的。

(赵　莹)

【二期工程验收】 8月24日,“电子科技大楼二期工程”暨“电子科技大楼二期配套工程”通过了由工业和信息化部及行业专家组成的现场验收小组的验收。该工程是电子情报所建所以来利用国拨资金最多且跨度大、难度多、标准及智能化程度最高的基本建设项目。包括二期工程、二期配套工程及电子建管中心建设三个项目。该项目于2006年3月全面进场施工,2008年12月工程竣工,2009年5月交付使用投入运行。

(赵　莹)

北京建筑材料科学研究总院有限公司

【概况】 北京建筑材料科学研究总院有限公司(英文缩写BBMA,简称建材总院),隶属于北京金隅股份有限公司,是金隅技术中心研发总部,国家认定企业技术中心,国内建材行业优秀科研院所之一,经过多年发展,现已成为以科技创新为核心,集研究开发、质量检测、产业化经营为一体的综合型高科技企业。建材总院下设环保技术研究所、功能材料研究所、资源利用与节能技术研究所等多个专业研究所,以及墙体材料及体系研发中心、家具设计与研发中心、耐火材料研发中心、水泥与混凝土研发中心、工业废弃物处置研发中心、矿棉板研发中心、环保节能研发中心等多个研发分中心,所属的北京建筑材料检验中心拥有五个国家级检验中心、三个市级质量监督检验站以及两个专业检验所,是国内检验品种最全,规模最大的检验机构之一。年内,紧扣“能力提升”年主题,抓住国家大力推动经济发展方式转变所带来的良好机遇,进一步加强自主创新能力建设,坚持走低碳绿色建材发展之路,提前一个月超额完成集团下达的全年任务指标,实现“十一五”完美收官。此外高质量完成市工促局、市科委、市发改委的项目验收工作和科技奖项、专利的申报工作,主编或参编的国标、行标、地标十余项。金隅砂浆先后获“北京市散装预拌砂浆推广试点”、“环渤海地区建材行业知名品牌”、“2010全国房地产总工优选品牌”等殊荣。被中华全国总工会授予“全国模范职工之家”称号。

地址:金顶北路69号院

电话:88721857

邮编:100144

(刘　燕)

【国家重点实验室获批建设】 1月6日,国家科技部正式发文批准北京建材总院建设“固废资源化利用与节能建材国家重点实验室”。标志着总院科技创新体系建设跃上一个新台阶。6月8日,科技部基础司组织专家实验室建设计划进行可行性论证，一致同意通过拟建重点实验室建设计划。建材总院全面进入国家重点实验室建设实施期。使之尽快发展成为金隅集团乃至全国固废资源化利用与节能建材专业领域的最重要的创新平台。

（刘　燕）

【完善科技创新体系】 作为北京建材行业第一个国家认定的企业技术中心，探索具有金隅特色的科技创新研发体系。整合总院和集团内相关科技资源，成立金隅环保节能研发分中心，于3月31日在金隅科技大厦正式揭牌，为集团环保节能产业发展和加速成果产业化提供有力的技术支撑。至此，形成“1＋7”运行模式的科技创新体系，即一个研发总部和水泥与混凝土、耐火材料、墙体材料、家具设计与研发、矿棉板研发、建筑设计、环保节能七个研发分中心，各专业研发中心承担核心技术研发和科技成果转化。

（刘　燕）

【加强研发平台建设】 北京建材总院继续建设“北京市固废处置科技创新基地”、“首都新材料和节能环保科技条件平台”、“首批中关村国家自主创新示范区创新型企业”、“中关村石景山园金隅科技创意园”等既有平台，加强各个科技创新条件平台的建设工作，包括组织机构的建立、规章制度的完善、人才队伍的调配与充实、激励约束机制的健全等，使每个创新平台都能真正发挥效能、切实发挥作用。

（刘　燕）

【科研项目申报】 首次承担国家重点基础研究发展计划（即“973”计划）“材料复合新技术基础”项目《水泥生产替代原燃料中的重金属离子迁移及控制机制研究》课题；首次承担国家科技支撑计划重点项目《节能绿色建筑材料开发与集成应用示范》课题五——《保温与结构一体化墙体及屋面材料制造与应用技术研究》；与北京大学、中国标准研究院一起，承担国家科技支撑计划项目《重点工业领域资源高效利用共性技术标准研究》中的课题—《工业固废综合利用检测标准体系及检测标准研究》；承担集团重点科技项目7项。

（刘　燕）

【科研项目研发】 “生活垃圾焚烧飞灰的资源化利用”项目是金隅技术中心承担的市科委重点项目，年内在北京琉璃河水泥厂建设一条年处置3万吨的垃圾飞灰生产线，项目进入产业化实施阶段。通过对B03级加气混凝土制品及板材配料、生产等环节关键技术的研究，初步掌握300级加气混凝土所必须的原材料要求，工艺配比及工艺参数，产品强度可以达到1.8MPa，超过欧洲标准不小于1.5MPa的要求，为实现加气混凝土产品升级，推动我国建筑节能、墙体材料改革以及资源循环利用事业的发展起到的推动作用；聚羧酸减水剂项目历时四年的研发，其合成技术和应用技术已处于国内领先水平，年内实现为集团搅拌站供应减水剂成品1400多吨，产值330多万元，开创项目研发新模式。

（刘　燕）

【科技成果获奖】 全年申请专利7项，获国家专利企业外观设计专利1项；中国建筑材料流通协会科学技术二等奖1项。10月，北京建材行业科技进步奖评选结果揭晓，北京建筑材料检验中心申报的多个科研项目及课题均榜上有名。其中，“建筑隔声材料及应用技术研究”获二等奖，“北京市新型轻质轻体材料现状及发展方向”、“干拌砂浆应用市场质量状况及对策研究”、“北京市循环经济型建筑材料的发展状况及政策研究调研报告”、“外墙保温施工技术规程”等获三等奖。此外，还获得北京建材联合会科研成果二等奖2项、技术革新二等奖1项、调研报告技术规程二等奖1项、调研报告技术规程三等奖4项、硅酸盐学会科技进步二等奖1项；区科委科学技术奖一等奖1项、三等奖1项以及“优秀科普活动奖”和“优秀组织工作奖”。

（刘　燕）

【建成酚醛保温板生产线】 10月，在窦店产业基地开工建设防火保温酚醛泡沫板中试生产线。该产品是为解决节能和防火不能两全问题而开发的，年内完成全部设备的安装、调试，并且进行连动试车。运行投产后可实现年产100万平方米酚醛保温板。

（刘　燕）

【拓展检测领域】 检验中心继续加大整合力度，在增强检测能力、深挖市场潜力、完善检测基础设施建设上下功夫，检验收入同比增长近30%。9月，通达耐火材料检测业务并入北京建材检验中心质量体系管理，并通过计量资质扩项评审，扩项产品109个，新增参数389个，同时将门窗、风机盘管、塑料管材、建筑扣件等产品纳入工程见证检测范围，为今后全方位、深入开展建筑工程检测服务做准备。

（刘　燕）

【检测基地建设】 年初，在本部建成并投入使用0.3万平方米综合检测车间和实验室建设，涵盖难燃试验、耐候试验、风机盘管、采暖散热器等共19个检测项目。下半年又在金隅科技产业园开工建设检测基地，项目投资4300万元、占地面积2万平方米，检测设施和条件国内一流、国际先进。年内，中心顺利通过国家质检总局对危险化学品生产许可证检验机构的评审，首次承担国家质检总局下达的陶瓷片水嘴等产品的国抽任务。同时，加大对新业务领域的开拓，难燃检测、地铁检测、环境检测、能效测评、系统节能、（绿色）节能认证等新兴检测项目成为新的增长点。

（刘　燕）

【国家家具中心挂牌】 4月,与市质检所合作成立的国家家具中心正式挂牌运行,5月获得美国FI认证机构授权检测出口美国人造板材的资质。这是继美国CARB认证机构之后的又一项国际资质授权,标志着木材与家具的相关检测业务领域已开始走向国际检测市场。

(刘　燕)

【CA砂浆应用于高铁建设】 新研发高铁专用砂浆(CA砂浆),在京石、石武线成功中标多个标段。通过技术攻关,掌握水泥乳化沥青砂浆(CA砂浆)核心技术,成功跻身高速铁路建设,年内相继中标京石、津秦、石武高铁,全年CA砂浆供货4万吨,实现产值2400万元。

(刘　燕)

【干混砂浆产销突破20万吨】 全力贯彻集团"金隅砂浆"发展规划,砂浆产业实现跨越式发展。7月,干混砂浆月产量突破2.5万吨,10月底,干混砂浆产销量突破20万吨,同期比增长60%,销售收入突破亿元大关,成为集团又一个亿元产业。到年底,实现全年25万吨产量目标。"金鼎"干混砂浆是建材总院在"产业平台推动成果转化,打造知名品牌"战略思想指导下,利用多年来在干混砂浆专业领域的科技成果而形成的规模化高科技产业项目,产品品种、生产规模、产销量均位居全国前列,环渤海地区砂浆行业第一。

(刘　燕)

【干混砂浆首次出口俄罗斯】 8月25日,数千吨喷射混凝土顺利出口到俄罗斯。此次出口的干混砂浆产品将用于加固工程,为总院干混砂浆在国内外市场开辟一个新领域。喷射混凝土是利用压缩空气或其他动力,将按一定配比拌制的干拌混凝土混合物沿管路输送至喷头处,以较高速度垂直喷射于受喷面,依赖喷射过程中水泥与骨料的连续撞击,压密而形成的一种混凝土,常用于灌筑隧道内衬、墙壁、天棚等。为确保证砂浆顺利出口,总院发挥生产线产能优势,按照对方对产品特殊要求调整技术配方,产品达到客户要求,按时保质保量完成出口任务。

(刘　燕)

【制定"十二五"发展蓝图】 经自下而上,由各个平台提出自身发展思路、工作目标和规划要点,经过领导班子综合研究和征求各方意见,制定北京建材总院"十二五"发展规划,明确总体发展思路。即全面贯彻落实市政府和金隅集团公司战略部署,实施"一二三四"战略(即"坚持一条思路,推行两项战略,建设三大平台,强化四大板块"),推进技术创新、管理创新、体制创新和文化创新,提升核心竞争能力和综合实力,实现新的跨越式发展。

(刘　燕)

北京首钢国际工程技术有限公司

【概况】 北京首钢国际工程技术有限公司(简称公司)由北京首钢设计院于2008年初改制而成,是首钢总公司相对控股、公司经营团队持股、技术管理骨干参股的国际型工程技术公司。公司注册资本1.5亿元,设有23个专业,投资控股4家公司,投资2家中外合资企业。遵循循环经济理念,推广节能环保新技术,总体技术负责首钢京唐钢铁厂工程设计,获得各类科技奖、设计奖265项,申请国家专利192项,创出多项中国企业新纪录。公司保持有工程咨询(钢铁、建筑、生态建设和环境工程、市政公用工程)甲级、工程设计(冶金行业、建筑行业建筑工程、机械行业热加工专业、市政行业城镇燃气工程专业、环境工程大气污染防治专项)甲级资质;机械行业、市政行业、电力行业火力发电专业、建筑行业人防工程、环境工程水污染防治专项乙级设计资质、工程造价咨询、对外承包工程、城市规划编制、工程测量(地下管线测量、地形测量、市政工程测量)、工程勘察(工程测量)、特种设备(压力容器、压力管道)设计资质。公司年末有员工1022人,平均年龄39.5岁,其中,研究生以上学历176人,大学学历661人;高级职称334人,中级职称299人。实施"走出去"战略,强化功能建设,改革机制,激发活力,在市场开发、项目实现、科技创新和人力资源管理等方面取得良好业绩,较好完成年度计划任务。

地址:石景山路60号

电话:68872480

传真:88295389

邮编:100043

(白雪松)

【服务首钢重点工程】 全面满足首钢重点工程建设要求,为迁钢、首秦和京唐等项目顺利生产保驾护航。在迁钢冷轧工程建设中,通过学习消化先进技术,集成先进技术,攻克工程设计难关,完成一冷轧施工图设计,开展二冷轧和冷轧公辅工程设计。以经济合理的技术和实施方案,赢得长治钢铁公司填平补齐100万吨棒材工程项目设计权,并承担长钢棒材和加热炉工程设备成套设计,5月20日,该公司第一批技改工程8个项目的初步设计审查工作全部完成。

(白雪松)

【开展项目前期工作】 年内,受总公司和业主单位委托,开展贵钢、首黔、长钢、通钢、霍邱和凯西等项目前期工作。公司技术团队准确把握国家产业政策,调研产品市场需求,与国内外专家深度交流,根据首钢战略发展要求,为总公司和业主提供高质量的技术方案和实施方案,为总公司决策提供技术支撑。

(白雪松)

【改革结构开拓市场】 贯彻"走出去"战略,落实营销与技术销售一体化思想,调整市场开发结构。成立国际市场部，配置技术销售资源，以海外市场开发为使命，开展项目商务运作和承揽。将国内市场营销职能并入设计管理部，配置营销资源，开发国内市场，取得良好经营业绩，全年签订设计合同4.62亿元，完成年计划的154%；签订总承包合同35.14亿元，完成年计划的100.4%。全面超额完成年度计划经营指标。

（白雪松）

【开发目标客户市场】 年内，以提供精品设计和优质总承包服务为载体，以目标市场和目标客户开发为重点，积极拓展国内市场。目标客户“开发－维护－巩固－再开发”良性循环初步形成，市场效应进一步扩大。在巩固宣钢等目标客户基础上，成功开发德胜集团、中天钢铁为目标客户，签订宣钢高炉大修及球团二期、赤城球团和云南德胜烧结、料场、焦化等工程总承包合同。

（白雪松）

【开拓海外市场】 年内，通过参加土耳其、越南冶金展会宣传推介企业品牌和优势技术，扩大市场影响力。以项目信息为载体，组团出访中东、东南亚和南美等地区，深入了解当地钢铁工业现状和项目情况，推介企业优势技术，加深对海外市场开发的理解，进一步明确海外市场开发思路和措施。搭建海外市场信息网络，重点跟踪台塑河静钢铁厂、沙特电炉炼钢连铸及伊朗、印度、巴西球团等项目，取得阶段性进展。推进巴西球团项目谈判，实现项目重启；配合马来西亚金狮集团烧结、焦化项目重新启动工作。

（白雪松）

【总承包工程】 激发管理机制效能，稳步提高总承包工程的质量和效益。落实总承包项目目标控制及奖惩管理办法，颁发总承包工程奖励实施细则，将制度规定具体化，强化执行；注重项目管理协调，贯穿于前期策划、工艺方案以及设计、采购、施工各个环节，调动各个环节团队的积极性，总承包工程履约质量明显提高。四川德胜烧结工程实现“功能齐全、指标先进、维护方便、形象美观”的精品工程目标；宣钢360平方米烧结工程提前达到投产条件，工程质量和生产运行优于宣钢同类型工程；水钢棒线材工程以打造精品工程为目标，强化对施工和设备制造单位的过程管理，通过确保各里程碑节点，保证项目整体目标实现，工程质量和进度得到业主高度评价；巴西球团工程严格按合同要求和海外工程运作规律，精心组织，严把质量关，年内完成基本设计，施工图设计及采购工作按计划进行；赤城球团、迁钢污水处理等总承包工程按合同要求推进，进展顺利。

（白雪松）

【编制完成发展规划】 围绕“走出去”开展战略研究，编制完成对市场开发、技术开发、运行组织、人力资源开发、功能建设五个方面的“十二五”规划的子规划。在向总公司作专题汇报后，结合首钢北京地区产业发展规划要求进行修订，增加首都现代服务业、高端金属材料和装备制造产业，以及首钢搬迁后土地综合利用，建设产业功能区等相关内容，从“首钢品牌、首钢服务、首钢创造”方面进行完善。截至年底，编制完成公司“十二五”发展规划。

（白雪松）

【技术开发与管理】 制定科技开发课题项目管理办法，指导科技开发工作开展。结合技术开发战略规划和市场需求，以及产品功能性实现设计要求，组织科技开发，确立39项技术开发课题，投入资金623万元。全年完成35项科研课题，其中京唐钢铁厂工程设计创新研究与实践等多项技术达到国内先进水平。全年获冶金行业优秀设计奖11项（一等奖8项，二等奖2项、三等奖1项）；获冶金行业优秀工程总承包奖4项（一等奖1项，二等奖1项、三等奖2项）；申报专利33项，其中发明12项，实用新型21项。通过科技开发、创优与应用的紧密结合，进一步提升技术实力。编辑出版《冶金工程设计理念的创新与实践》专辑，汇集近50篇公司技术人员设计创新和技术应用集成的科技论文，形成良好的科技创新氛围。

（白雪松）

【改革分配制度】 年内，公司改革专业设计部门收入分配制度，制订专业设计部门收入分配管理办法，明确“一次分配体现市场竞争性，与合同额挂钩，按产值向专业设计部门分配；二次分配体现劳动、技术和管理要素，与产值脱钩，按工作价值向员工分配”的分配原则。一次分配严格坚持制度原则，月度预支，年终统一结算。各专业设计部门结合部门实际制订二次分配办法，通过计算机系统将员工工作客观量化，体现工作价值，进行二次分配，“客观、公正、公平”的收入分配体系初步构建，激发专业设计部门的积极性和创造力，激励作用明显增强，年内以专业设计部门为主签订设计合同占公司设计合同总额的8.9%；总承包合同占公司总承包合同总额的9.7%。为公司经济规模总量增长，完成年度指标作贡献。

（白雪松）

【重组长钢规划设计院】 以资本为纽带重组长钢规划设计院，于11月18日注册成立山西首钢国际工程技术有限公司。新公司注册资本金600万元，国际工程公司出资306万，占总股本的51%；首钢长治钢铁公司出资120万，占总股本的20%；经营者团队和技术骨干出资174万，占总股本的29%。同月12日，召开新公司第一次股东大会、董事会和监事会。

（白雪松）

教　　育

石景山区有各类幼儿园35所,在园幼儿9879人(其中非京籍户口1036人)。小学32所,在校生20667人(其中借读生11271人)。初中学校13所,高中学校4所,完全中学4所,一贯制学校4所。初中在校生9805人(其中借读生3945人)。高中在校生4763人(其中借读生633人)。中等职业学校3所,在校生2070人。成人高等学校2所,在校生3094人。各级各类民办教育机构90所,全年完成教育培训82724人次。社区市民学校总校1所,街道市民学校9所,全年完成社区市民培训541760人次。

实施绿色教育发展实验项目。以“绿色教育”理念为引领与北师大教育学部签订协议,共建“绿色教育发展实验区”。围绕“绿色、生命、爱与尊重”的主题,以“基本理论研究项目组、师德教育项目组、绿色课堂改进项目组、名校品牌建设项目组、优秀师资培训项目组、绿色教育论坛项目组”六大项目组为主要支撑,开展大量富有成效的工作,组织大型活动60次,培训校长、教师1万人次,形成各类报告74.5万字。推动区域教育品牌升级。引进优质教育资源,将八大处中学变更为“北京师范大学励耘实验学校”;重组金顶街地区教育资源,北方工大附中正式变更为北京九中初中部;推进学校集群化发展,由金顶街二小、金顶街四小、佳汇中学、北京九中四所学校组成的“北京九中教育集团”正式成立;京源学校综合楼和融景城分校工程、古城中学、古城二小工程进展顺利,区域优质教育资源覆盖面不断扩大。各级各类教育创新发展。学前教育优质发展,年内接收2所新建幼儿园,新建3所幼儿园,增扩9个班,新增200余个学位。市级示范园数量占园所总数14.7%,提高6个百分点,8所市立园中示范园比例达50%,早教基地扩大到16所。职业教育启动“绿色职业教育实验”工程,积极推动校企合作,内涵发展能力不断增强。坚持学历教育、职业培训并重,构建现代职业成人教育与培训服务体系。社区教育稳步发展,荣膺全国社区教育实验区之列。加强民办教育规范管理,在公办与民办学校间开展手拉手共建活动,促进共同发展。义务教育课程改革持续深化。加强课程实施管理,推进三级课程建设,引导学校特色发展。持续开展质量监控,完善区域“教育教学质量监测评估体系和教学指导体系”。实施“绿色课堂教学改进行动计划”,提高课堂教学效率,减轻学生课业负担。高考全区本科上线率达到67.87%,比上年提高12.36%。文科、理科上线率达到53.02%和77.33%,分别比上年提高7.13%和15.8%,全区各高中校本科上线率均有较大提高。认真办理人大代表议案、建议和政协委员提案,按期结案率100%,满意率100%。加大信访工作力度,开展矛盾纠纷定期排查、化解工作,区教委共接待来信67封、来访56人次、来电72次,回复率100%。

(王　蕾)

教　育　行　政

概　　述

北京市石景山区教育委员会(简称区教委)作为区政府主管教育事业的职能部门,负责管理、推动发展全区学前教育、基础教育、职业教育、成人与社区教育、民办教育等工作。年内,坚持科学发展观,准确把握教育本质,以遵循教育发展规律作为一切工作的出发点;坚持教育服务理念,持续开展教育承诺服务活动;坚持教育开放理念,继续开展人民满意学校评价,不断完善教育发展舆论环境,增进公众对教育的理解与支持,不断提升教育综合满意度。

地址:八角西街95号
电话:68872844
邮编:100043

(王　蕾)

【完成学习实践活动】 全区教育系

统72个基层党组织围绕“提高教育服务质量，办人民满意教育”的主题，在开展学习讨论、调研走访、整改落实、解决问题等方面，取得成效。各基层单位在学习阶段共举办集中培训3229人次，送学助学56次；发放学习材料2842册，自编学习材料79种；组织现场教学点观摩或外出参观学习活动199场；举办专题报告会149场，讲党课78次，举办宣讲活动87场；3973人次通过座谈会、演讲、知识竞赛等多种形式参与学习讨论。在调研环节走访2331人次，走访单位221个，走访群众2129人，发放征求意见表及问卷14891份，整理意见、建议1140条，梳理出突出问题272个，并以能改快改为原则整改问题142个，订立整改落实措施825条，并确定整改计划、时限、人员、责任，办成惠民实事好事267件。完善修订各项规章制度157项，废止影响和制约科学发展的制度8项，新建制度83项。党员对单位领导班子开展学习实践活动实际效果评价满意率达99.80%，对单位领导班子开展学习实践活动情况总体评价满意率达99.74%。

（王 蕾）

【编制教育发展规划】 区教委组织召开高层专家论证会，全面分析总结“十一五”区域教育事业发展经验与成果，明确“全面推进、重点突破、质量提升、精细发展”的“十二五”教育发展目标，树立区域教育形象，努力打造“石景山模式”教育，形成本区“十二五”教育规划和中长期发展规划：到2015年，以推动教育优质、均衡、协调、创新发展为目标，全面提升区域教育现代化水平，初步建成学习型城区，使地区教育总体实力居于全市较高水平。“十二五”时期教育事业发展规划采取以重点工程带动整体发展的思路，确定十项重点工程为重要任务，这十项工程是：学前教育全面普及工程、义务教育优质均衡发展工程、高中教育高品质特色发展工程、职业教育提升与拓展工程、育人模式创新工程、教育人力资源建设工程、学校布局结构优化调整工程、终身教育体系建设及民办教育品牌创建工程、教育督导促进工程、学校安全保障工程。“规划”还提出通过加强人才队伍建设、保障教育经费投入、加快教育信息化进程、推进依法治教、加强组织领导等五个方面夯实教育改革发展的基础。

（王 蕾）

【开展素质教育】 推进德育主题特色学校建设，北京九中初中部等首批11所学校全部通过验收。加大社会大课堂课程的开发力度，将物美集团纳入区级资源单位，第四纪冰川馆和老山全民健身基地批准进入市级第二批资源单位，依托资源单位广泛开展丰富多彩的社会大课堂实践活动。成功承办《我们的北京我的家——人文北京 科技北京 绿色北京》读本赠送暨走进社会大课堂实践体验活动。稳步推进德育课程改革，坚持开展中学生模拟法庭和模拟联合国活动，加大社会大课堂课程的开发力度，依托资源单位广泛开展丰富多彩的社会大课堂实践活动。发挥德育心理研究中心龙头作用，广泛开展心理咨询服务，重新评聘心理咨询师10名、心理咨询志愿者8名。进行生涯规划教育，出台初中学生综合素质评价手册，分别从学业成就、思想道德、运动与健康、心理健康、社会大课堂与综合实践活动和个性发展等六大方面制定详细的评价指标。推动青少年科技俱乐部建设，通过丰富多彩的课程，培养学生的科学态度、科技素养以及创新与实践能力，促进学生全面协调可持续发展。稳步实施“翱翔计划”，北京九中、京源学校、古城中学和苹果园中学为“翱翔计划”生源校，整体提升优秀学生的培养水平。深入推进“阅读工程”，举办“师生共读经典，心灵沐浴书香”中小学生经典诵读展示与表彰活动。加大美育课程的建设与开发力度，举办“风华少年”第13届学生艺术节，坚持开展“四联展”和中小学生创意作品大赛。开展阳光体育运动，举办“奥城杯”中小学校园足球赛和中小学生运动会。开设健康教育课，组织参加市中小学生国家体质健康标准测试赛，成绩优异。

（王 蕾）

【推进“双名”工程】 持续推进“名校长、名教师”培养工程，11名校长进入校长成长工作室，其中2名优秀教师成长为市特级教师。9名校长加入“绿色教育”学校品牌建设工程。北京九中校长进入北师大“教育家书院”研修，2名校长同时入选“北京市先锋校长培养工程”；23名小学校长进入北师大小学校长培训系列。拓宽后备干部培训途径，通过异地培训、专业教育机构培训、“影子校长”综合实践活动等方式，增强干训实效。

（王 蕾）

【人才队伍建设】 全面启动可持续视野下教师专业化发展培养计划，开展面向全系统“绿色教育校本课程”系列专题培训和北师大教育管理硕士培养项目，选派13名骨干教师攻读北师大教育学硕士。开展教育国际交流与合作，组织境外培训，提升教师国际交流品质。加大校本培训力度，全区各学校寒暑假前均安排不少于三天的校本培训制度得到有效落实。面向国内公开招聘优秀人才5人。20人列入名教师培养计划，15人被评为市学科带头人，70名教师被评为市骨干教师。顺利完成义务教育阶段教师绩效工资改革工作。制定教师职业道德建设意见，以“绿色·生命·爱与尊重”年度师德主题教育活动为契机，完成师德建设先进单位、师德标兵、优秀教师评选、表彰工作。实施“教师身心关爱计划”，提高教职工身心健康水平。年内,本区全面落实义务教育阶段教师绩效工资。

(王　蕾)

【确保学校安全】 推行教育系统安全工作手册,实行校园安全工作“一票否决制”,完善安全制度与应急机制,规范工作流程。投入400万元,为63所中小学、幼儿园配备262名专职保安员;加强视频技防监控,新增监控头72个、视频监控360个、主机51个;为学校配发警棍、防割手套、消防毯、催泪喷射器等防护器械。集中开展四次专项督查,组织应急疏散演练,全区500人以内学校均能于1分50秒以内完成疏散。开展学校卫生安全联合大检查,对全区60所学校(含打工子弟学校)的传染病防控、突发公共卫生事件应急管理以及食品卫生安全工作进行督导检查。

(王　蕾)

【党风廉政建设】 严格执行党风廉政建设责任制,增强领导干部责任意识,开展以“讲党性、强作风、明党纪、促发展”为主题的党风廉政建设教育月活动,组织党员干部参观市反腐倡廉警示教育基地。开展“我为作风建设进一言”活动,收集廉政感言598条,作风建设建言232条。加强廉政风险防范管理,各单位通过查找风险点、公开风险点、制定风险防范措施,建立风险档案等方式,进一步规范责任制工作流程。将春季收费检查与学校财务审计工作相结合,规范教育收费工作。在全市教育收费督查中,本区规范教育收费工作得到市教育收费专项检查组一致好评。

(王　蕾)

【教育宣传工作】 新闻宣传工作水平不断提升。开展“走近石景山教育—媒体进校园”活动,邀请《北京日报》、《现代教育报》、《北京晚报》等媒体走进校园,重点对绿色教育发展实验项目、古城中学走班制教学改革、九中教育集团、北师大励耘实验学校成立等进行集中报道,呈现地区教育改革与发展亮点工作。全年市级媒体上稿量达到140余条。“一报、一刊、一网、一台”等区内宣传阵地完成各项宣传任务。组织学校新闻发言人培训,召开绿色教育新闻宣传座谈会,创新思路,加大绿色教育宣传力度。组织参加市第七届国际教育博览会,以“全面实施绿色教育,促进学生健康发展”为主题通过展台和演出互动等形式生动地宣传和展示本区绿色教育理念及教育改革成果。

(王　蕾)

【绿色教育发展实验区】 1月21日,与北京师范大学教育学部签订协议,共建“石景山区绿色教育发展实验区”。北师大校长钟秉林、副校长董奇,市政府教育督导室主任线联平,区领导周茂非等出席签字仪式。项目周期为三年,主要有五个方面内容:一是绿色教育发展规划。运用现代教育思想、管理理念与信息技术手段,结合本区“十二五”教育规划,制定“绿色教育发展试验区”5~10年的总体发展规划,并按年度制定年度工作执行计划,基本实现本区基础教育均衡化、现代化、品牌化的发展目标;二是绿色学校品牌工程。三年内,打造10所具有优质教育教学水平、有特色、在社会上有广泛影响的幼儿园、学校,为促进全区绿色教育发展奠定基础;三是绿色教育名师工程。三年内,培养10名具有现代教育思想和管理理念的示范性幼儿园园长、学校校长,培养一批具有冲击“特级教师”称号或正高级职称实力的名牌教师;四是绿色教育试验工程。进行教育教学策略、教学模式、教学手段、信息化综合应用、绿色教育校本教材的改革试验,实现绿色可持续发展教育的本土化;五是北京师范大学教育教学实践基地工程。在本区选择20至30所幼儿园、小学(含特殊教育学校)、初中和高中,作为北师大教育教学实践基地,促进这些基地的中小学教师专业化发展和教研教学资源建设。12月29日,“石景山区绿色教育发展实验区”论坛召开,全国人大常委会委员、教科文卫委员会委员、原国家教委副主任、国家总督学柳斌出席论坛并讲话。年内双方以“绿色教育”理念为引领,围绕“绿色、生命、爱与尊重”的主题,以“基本理论研究项目组、师德教育项目组、绿色课堂改进项目组、名校品牌建设项目组、优秀师资培训项目组、绿色教育论坛项目组”等六大项目组为主要支撑,组织专题报告、教师培训、学校评估、课堂诊断等60次大型活动,参与专家共计509人次,听课215节,培训校长、教师1万人次,形成各项文字记录、总结、报告74.5万字。北师大专家团队和区教委、教育分院以及各项目实验学校和广大老师组成互助共同体,共同深刻分析学校优势以及存在的问题,寻找变革改进的突破口。

(吴　彬)

【“五四”表彰活动】 5月4日,区教育团工委召开“五四”表彰大会。大会对教育系统十佳青年教师、十佳学生团员、红旗团委等先进集体和个人进行表彰,决定授予北京九中杜江等10人“十佳青年教师”称号,苹果园中学王宁宁等10人“十佳学生团员”称号,京源学校等6个团委“红旗团委”称号,北京九中高一(1)支部、教育信息中心团支部等45个团支部“红旗团支部”称号,八大处中学杨琳等80人“优秀共青团干部”称号,黄庄职业高中夏明利等100人“优秀共青团员”称号。

(徐继先　张　蕾)

【北京九中教育集团成立】 5月21日,整合金顶街地区教育资源,成立北京九中教育集团。集团包括5所学校:北京九中、北京九中初中部、金顶街二小、金顶街四小等四所公办学校和民办佳汇中学,是以扩大区域优质教育资源、促进学校间均衡发展、推动教育品牌升级为宗旨的学校发展协作共同体。集团发挥北京九中作为示范学校的示范辐射作用，推进中小学整体教学改革，形成相辅相成、互相促进、互惠互利的关系，形成学校办学的规模效应，实现优势互补，促进各类学校的协调发展，扩大优质教育资源覆盖面。成立北京九中教育集团，是本区推进基础教育集群发展的一次有益尝试。

（吴　彬）

【少年艺术风采展示】 5月31日，“乘着歌声的翅膀”——庆祝“六一”国际儿童节青少年艺术风采展示活动在金鹏剧场举行。以“爱”、“美”和“创意”为主题的展示，汇集区艺术节获奖合唱、舞蹈节目，诠释全方位的绿色育人工程成果。活动中还表彰中小学校徽、校歌创作与展示活动获奖集体、区第十三届学生艺术节优秀组织单位以及区十佳少先队员、十佳少先队辅导员。

（徐继先　张　蕾）

【唱响校园歌咏活动】 5～12月，组织开展“青春旋律，唱响校园”歌咏活动。活动旨在落实学校艺术教育工作规程，推动学校美育教育的改革与发展，推进素质教育进程，展示学校美育教育成果。歌咏活动立足课堂、重在参与；以美育德，以德促美；鼓励创作，倡导出新。全区51所学校、3万多名学生参加。不仅为师生搭建展示平台，丰富校园文化生活，而且提高学生艺术素养，增强师生集体凝聚力与荣誉感，为青少年健康成长营造良好育人环境。

（朱志学）

【参加国际教育博览会】 6月18～20日，区教委以“全面实施绿色教育，促进学生健康发展”为主题，参加在中国国际展览中心举办的第七届北京国际教育博览会、搭建126平米的展区，向观众展示区域教育发展成果。三天展期，向观众展示人像素描、沙画、食雕等特色课程，古城中学心理健康教育团队进行心理小游戏，并在现场教授开发潜能的手指操，展区内精彩表演吸引上万名中外观众驻足。

（彭　悦）

【绿色课堂改进行动】 6月11日，与北师大教育学部共建“绿色教育发展实验区”课堂改进项目启动，标志着“绿色教育发展实验区”项目进入攻坚阶段。绿色课堂改进的立足点，是尊重学生的人格、生命价值、改善学生成长的环境，促进其可持续性发展。特别是在课堂教学中，强调注重个体差异，使每学生都能在课堂中体验发展过程，构建师生、生生和谐互助教学环境，形成尊重学生主体、凸显平等多元内涵的绿色课堂理念。7月1日，与北师大正式签订协议，合作共建“北京师范大学励耘实验学校”。学校占地面积近9万平米，以原八大处中学为基础，通过资源整合，在八大处、西山枫林、西黄村三处校址建设一所集小学、初中、高中为一体的公办学校。同日，八大处中学正式更名为北京师范大学励耘实验学校，作为该校中学部。

（吴　彬　王贤鑫）

【庆祝第26个教师节】 9月7日，区领导周茂非与全区教育系统23名优秀教师代表参加庆祝第26个教师节优秀教师座谈会。8日，庆祝第26个教师节暨表彰大会举行，大会对北京九中等18个“教育先进单位”、陈述等220名“优秀教育工作者”、刘新颖等10名“石景山区支援新疆和农村教育工作先进个人”予以表彰。

（吴　彬）

【走进社会大课堂启动】 9月14日，《我们的北京我的家——人文北京、科技北京、绿色北京》学习读本赠送仪式暨走进社会大课堂实践体验活动启动仪式在北京九中举行。市委副书记、市委教育工委书记王安顺，市委常委、市委宣传部部长、副市长蔡赴朝，区领导荣华、周茂非等出席启动仪式。与会领导观看走进社会大课堂实践体验活动介绍短片，并向学生代表赠送《我们的北京我的家——人文北京、科技北京、绿色北京》学习读本，通过免费发放读本，让广大中小学生了解“三个北京”建设的内涵。

（吴　彬）

【《青春防线》进校园】 10月29日，区教委、区检察院联合举办“《青春防线》进校园”活动启动仪式在苹果园中学，荣华等出席。仪式上宣读《青春防线》进校园活动倡议书，向20所学校代表赠送《青春防线》光盘，号召全社会共同关注未成年人犯罪预防和未成年人保护工作，教育和引导青少年牢固树立法律意识，提高自我保护能力。随后，与会人员共同观看一集《青春防线》“我是新生”。《青春防线》是高检影视中心为预防未成年人犯罪而开设的宣传栏目。区检察院借助这个平台，从近年来办理的未成年案件中，精选出两起具有典型性、教育意义的案例，制作出两集《青春防线》警示教育片。故事中的每一个人物都是当事人本人，不掺杂任何演绎，每一句话都发自当事人内心，引人深思、发人深省。

（吴　彬）

【国家体质健康测试】 11月27日，中小学生国家体质健康测试赛举行。全区52所学校的1768名学生参加身高、体重、肺活量、台阶试验、坐位体前屈、握力、立定跳远项目等分组测试。测试赛采取随机抽方式，从各校高中一年级、初中一年级、小学五年级学生中随机抽取男、女各17名学生参加测试。测试结果为，小学及格率89.3%；初中及格率80%；高中及格率70%。

（孙志国）

【京源学子主题画展】 12月20～29日，“首钢，永远的记忆——京源学子百幅画作献首钢”主题画展在首钢文馆举行,参观人数达0.3万余人次。作品是从京源学校学生创作的500余幅画作中精选出的,画展从“钢铁巨人”、“首钢之美”、“向首钢人致敬”、“难以忘怀的情愫”四个部分,展出百余幅画作与优秀征文作品,展现中学生心目中的首钢。京源学校师生以首钢为大课堂,深入开展“看首钢、画首钢、写首钢、学首钢、研首钢”系列活动,通过观看《石景山铁色记忆》及首钢展览、参观首钢、听报告、走访首钢人等,美术班学生还走进首钢,开展写生活,用自己的画笔勾勒出所见所闻、所思所想。

(权银花)

学 前 教 育

概 述

全区有各类幼儿园35所,其中市立园8所、集体办园2所(街道办园1所)、部队办园4所、企事业单位办园5所、民办园及合作办园16所(民办园7所)。优质园所中,市级示范园5所,一级一类幼儿园16所,市级早期教育示范基地16所。总计在园(班)幼儿9879人(其中外省市户口幼儿2721名)。教职工1494人,其中园长69人,教师828人,保健员49人。总占地面积166455平方米,建筑面积93303平方米。幼儿园年经费投入3480.5万元,其中财政拨款2197.7万元,自筹1282.8万元。市一级一类幼儿园15所,市示范园5所,市早期教育示范基地14所。年内,围绕区域“绿色教育”实验项目推进工作,继续以科学管理和扎实的教育实践为中心工作,探索落实幼儿园教育指导纲要的新途径和有效方法,关注两支队伍的专业发展,关注幼儿的和谐发展,促进学前教育事业优质均衡发展。

(范璐丹)

【高品质园所建设】 2所幼儿园顺利通过北京市示范园验收,市级示范园数量占园所总数14.7%,比上年提高6个百分点。8所市立园中示范园比例达50%,早教基地扩大到16所。加快学前教育机构的发展步伐,加大经费和设备投入,稳步推进新建、改扩建、扩班工程,学前教育增扩9个班,新增200余个学位,接收远洋、雍景2所新建幼儿园,新建广宁、麻峪、北辛安3所幼儿园。

(范璐丹)

【园本教研交流】 3月11~18日,“以园为本教研制度建设”项目网络小组计划交流会分别在四所项目试点园召开。区幼教研及各项目小组试点园园长、业务园长参加会议。会上,幼儿园园长和业务园长从幼儿园发展目标、工作思路、重点工作及具体措施等几个方面分别交流全园工作计划和保教工作计划。与会者就园本教研计划的体例、现状分析、工作思路和措施的制定等问题进行研讨和梳理,提高园所管理者科学制定计划的目标管理能力。

(李 徽)

【北师大专家考察】 3月23日,区教委邀北京师范大学学前教育所专家到区第三幼儿园、实验幼儿园、师范附属幼儿园进行考察,为幼儿园有效推进绿色教育进行前期调研工作。专家参观园所环境和幼儿活动,并用“头脑风暴”法与教师进行交流,鼓励教师用教育实例阐述自己对绿色教育理念的理解,并提出关注师资队伍建设、以培养“名师”打造“名园”的幼儿园绿色教育工作思路。4月19日,专家一行参加“绿色学前教育行动方案”研讨会。会议依据“绿色教育”理念内涵,围绕塑造品牌园所和区域学前教育的均衡发展两项重点工作,就方案中的工作目标、工作机制、工作重点等方面展开讨论,专家们对“绿色学前教育课程”的思路框架作出新补充。

(李 徽)

【多措并举缓解入园难】 年内,着力优化区域学前教育结构布局,加大幼儿园改扩建和招生扩班工作力度,以缓解适龄幼儿入园难问题。一是在上年扩招8个班的基础上,继续挖掘幼儿园潜力,扩招8~10个班;二是各幼儿园从下一学年度开始,在现有学位不能满足3岁以上幼儿入园需要的情况下,将具备招收小班能力的托班和亲子半日班转办为小班;三是各幼儿园优先解决本区户籍幼儿和在幼儿园周边居住的幼儿入园需求,加大对区内适龄幼儿学前教育服务。

(范璐丹)

【落实工作思路】 确定“一个目标、二个引领、三个重点、四个措施、五个主题”的工作思路。全区14所早期教育示范基地园以“回到原点,倡导理念,志存高远”为主题,结合儿童早期教育示范基地评价标准及细则进行自查,总结前一阶段成绩,针对存在问题和努力方向制定下一阶段工作计划。年内,各园所加强早教理论学习,提高队伍建设;规范早教基础工作,丰富早教活动形式;加强早教研究,形成特色课程;加强档案资料管理,展示早教亮点。同时,开展“亲子活动中转变家长观念的有效策略”课题研究。4月,在中国学前教育研究会和市学前教育研究会幼教工作者“十一五”研究成果总结会上，本区五篇论文分获中国学前教育研究会一等奖、三等奖和优秀奖；选送14所幼儿园的94篇论文参加市学前教育研究会评选，分获一、二、三等奖，占参赛论文的60%。区教委学前教育科、教研室获优秀组织奖。

（范璐丹）

【举行主题培训】　4月24日，举办幼儿教师“快乐与发展课程”培训会，邀请“快乐与发展课程”编写组专家对全区800名幼教工作者作“快乐与发展课程”的指导培训。同月29日，举行以“开展阳光体育活动，深化健康领域研究”为主题的幼儿园阳光体育活动专题培训。邀请丰台区幼儿教研室老师从幼儿体育运动价值，体育环境创设及丰富多彩的体育活动内容等三个方面为全区150名幼教工作者作专题培训。10月9日，幼儿园园长、业务园长、骨干教师60人接受“加快信息化建设，提高教师现代化技术设备应用水平”主题培训，听取“如何录制好一节课”辅导。11月25日，召开以“提升专业素养，提高写作水平”为主题的幼儿教师基本功培训会。《学前教育》杂志社幼教版主任、家教版编辑结合《学前教育》杂志栏目特点，通过典型文章的剖析，讲解选题原则、体例规范、内容要求等，与听众交流互动，解决教师写作中的困惑和实际问题。

（范璐丹）

【举办专题讲座】　5月7日，举办幼儿园语言及科学领域专题讲座，请市早教所、丰台区教委教研室老师分别围绕语言领域和科学领域的核心要素阐述语言教育和科学教育对幼儿发展的价值，幼儿园语言教育和科学教育的组织和实施要点及语言活动和科学活动的评价方法。6月21日，请市早教所专家作幼儿园科学领域数学教育专题讲座。围绕“什么是幼儿数学教育”及“幼儿园如何进行数学教育”两个问题，阐述幼儿数学经验的建构对正规数学学习的准备作用，以及幼儿获得基本的数学概念的途径以及幼儿数学素养的养成方法等问题。各幼儿园园长、教师150余人听取讲座。

（范璐丹）

【亲职教育交流】　5月27日，台湾功文文教机构总裁、基金会执行长蔡雪泥博士一行8人走进区师范附属幼儿园讲学。首先参观班级教学环境，参与幼儿活动，作“阅读习惯启蒙于幼儿，成就于未来”讲座。强调培养孩子稳定的基础学力，阅读文章的理解力的重要性，介绍从亲子共读活动开始培养兴趣、增大阅读量、开阔视野、开发智力的育儿经验，讲解功文文教基金会对童谣课程的开发，并现场指导教师们进行童谣教学表演。

（范璐丹）

【绿色学前教育】　在全面把握“绿色教育”理念内涵，把握学前教育改革与发展的价值取向，围绕区教委“名园工程”，学前系统制定“绿色学前教育”行动方案。方案明确以“名师”带“名园”，以绿色课程推动“绿色教育”理念落实，以品牌园所辐射带动区域均衡发展的行动思路，确立“塑造品牌园所”和“推动区域学前教育发展”两项重点工作。成立由领导小组、专家小组、工作小组组成的绿色学前教育工作组，细化责任与分工，为绿色学前教育规范、科学、有效地推进提供组织保障；建立联席会议机制、人才引进机制、人才培养机制、专家指导机制，保障工作小组职能的发挥，实现理论层面与实践层面的有效对接和最大效益转化，提高绿色教育研究实效。6月11日，主题为“打造绿色学前教育，推进优质均衡发展”的学前系统绿色教育启动。全区110名园长、骨干教师参加启动仪式。整个行动分为三个阶段（准备阶段、实施阶段、总结反思阶段），制定各个阶段的工作目标、具体工作内容和分月安排。扎实推进品牌园所塑造，区域学前教育全面均衡发展，教师专业素质可持续发展和幼儿生动活泼、主动发展。

（范璐丹）

【民办双一园开放展示】　6月24日，根据市教委要求组织以“规范促发展，特色创品牌”为主题的民办一级一类幼儿园开放展示活动。希望之星幼儿园作为本市17所优质民办园代表，面向全市幼教同行开放。全市16个区县的70名园长、教师参观园所环境、幼儿活动、参加交流研讨。园所具有艺术特色的教育环境、蕴含富有教育价值的游戏活动和园长“希望在于创新，创新才有希望”的主题汇报得到同行赞扬。

（范璐丹）

【接受市级验收评审】　10月20～22日，市教委“阳光体育活动”验收组分别检查指导区实验幼儿园、希望之星幼儿园、中科院高能所幼儿园。验收组依据市幼儿园阳光体育活动综合评估标准，通过听取汇报、实地考察、观摩户外活动、查阅资料、体质抽测等方式，对幼儿园阳光体育活动情况进行评估。11月10～11日，区幼儿园、京源学校幼儿部分别接受市级示范园评审。市教委学前处组织由早教所专家、市特级教师、区县教研员、北京妇幼保健医生等16人的市级示范园评审专家组，依据北京市示范幼儿园验收标准，对幼儿园管理、保教、卫生保健、后勤等工作进行评审指导，对园所发展提出建设性意见和建议。

（李　徽）

【幼儿体质水平提高】　区教委对幼儿园进行体质测试，幼儿体质测试合格率上升0.6%，优秀率上升2.4%，幼儿身体素质状况明显提升。自2008年10月以来，学前教育部门落实市教委关于在全市各级各类幼儿园开展“阳光体育活动”的通知精神，制定了石景山区幼儿园“阳光体育活动”工作方案》。通过实践与研究,教师教育理念和组织体育活动的能力不断增强,各幼儿园的户外场地类型更加多样,体育器械玩具更加丰富,幼儿游戏水平不断提高,园所健康领域研究得以不断深化,幼儿体育活动质量显著提高,身体素质和健康水平明显改善。

(范璐丹)

【开办“园长领导力”工作坊】 11月29日~12月3日,开办学前系统“提升园长领导力,带动幼儿园整体发展”绿色教育工作坊。依托北师大学前教育研究所的组织与引导,开展幼儿园园长之间的合作学习。11所示范幼儿园、一级一类幼儿园优秀园长通过“绿色课程与绿色教师”、“绿色幼儿园园长与绿色学前教育”、“绿色学前教育的社会责任”、“我们的方向——协作提升计划”四个分主题交流与研讨,整体推进区域绿色学前教育和幼儿园品牌建设。

(范璐丹)

【学前经费投入呈现新特点】 11月下旬,初步完成下年市级学前教育经费申报工作。投入方向有两个特点:1. 应对本市幼儿入园压力,学前教育经费投入将大量应用于幼儿园的发展与建设。包括加大政府投入大力发展公办幼儿园,对新建和改、扩建园给予经费补助;统筹和盘活现有教育资源,对扩充接收幼儿能力的园所给予经费补助;大力扶持其他部门办和民办幼儿园,缓解本市学前教育资源紧缺矛盾。2. 应对幼儿园快节奏的建设与发展,学前教育经费投入将大量应用于加强学前教育教师队伍建设。促进学前师资队伍的整体发展名师工作室工程,全面提高区域园所教师专业化水平,并开展非师范专业幼儿教师教育素养培训和未经注册幼儿园教师培训项目的研究。

(范璐丹)

【创新评估方式】 幼儿园年度考核工作采取全新的评估方式,以提升园长管理思想和提高幼儿园科学管理水平为突破点,加强园长经验总结和幼儿园档案资料管理工作的考核。一是汇报以专题短片形式呈现,全面、立体地反映园所工作。内容涉及园所管理、保教、教研、保健、后勤等各方面的成绩与问题,;二是依据石景山区幼儿园验收考核档案材料目录,提供详实、规范的各类专项业务档案资料,涵盖管理、保教、卫生保健、后勤、早教基地、阳光体育等方面,折射科学管理和目标管理的水平。

(范璐丹)

【提高专业基本功】 举办幼儿园第七届“萌芽”杯教育研究系列活动——教学基本功大赛活动。征集到各类园所申报的各领域优秀录像课102节。各园所在园级评比的基础上,推荐具备一定教学实践经验并在学科领域教学中具有特长的优秀教师参加评比,各园园长、业务园长对参赛教师的教育活动做出评析与指导,提高教师学科领域教育研究能力。

(范璐丹)

【接受一级一类园验收】 12月16日,北京军区联勤部幼儿园接受北京市一级一类幼儿园验收。由区教委、教育分院、保健所组成的评审小组,分管理、保教、卫生保健三个方面,通过实地考察半日活动、查阅园所档案资料、听取园长工作汇报、与教职员工座谈访谈等形式,对幼儿园办园方向、物质条件、人员条件、管理工作、保教工作、卫生保健、儿童身心发展作出验收评审,并立足于幼儿园长远发展提出中肯建议。

(范璐丹)

基础教育

概述

本区有小学32所,另有一贯制学校小学部4部,教学班653个,招生3670(外省市户口借读生2215人),在校生20667人(外省市户口借读生11271人),毕业生3435人(外省市户口借读生1864人),教职工1850人,其中专任教师1611人;小学入学率100%,巩固率100%,毕业及格率100%。中学25所,其中初中17所,高中5所,完全中学3所,一贯制学校4所;教学班440个,其中初中303个教学班,高中137个教学班;在校生14568人(外省市户口借读生4578人),其中初中9805人(外省市户口借读生3945人),高中4763人(外省市户口借读生633人);招生4924人(外省市户口借读生1764人),其中初中3374人(外省市户口借读生1508人),高中1550人(外省市户口借读生256人);毕业生4301人(外省市户口借读生1219人),其中初中2894人(外省市户口借读生1068人),高中1407人(外省市户口借读生151人);初中入学率为100%,巩固率为100%,毕业及格率99.45%,普通高中入学率65.28%,高考上线率96.19%,高考录取率90.79%,应届高考录取率为91.78%;教职工2188人,其中专任教师1496人。特殊教育学校1所,10个教学班,招生6

人，毕业12人，在校学生100人，教职工33人，其中专任教师28人，残疾儿童入学率100%，巩固率100%，毕业率100%。校外教育单位1个，教职工66人，其中专任教师49人。小学教师学历合格率96.7%，初中教师学历合格率96.4%。中小学具有高级技术职务460人，中小学具有中级技术职务1770人。全区中小学图书馆藏书1624217册。校舍总占地面积885872平方米，总建筑面积373777平方米。固定资产总值67305.6万元。全年教育经费投入90040.9万元，其中国拨77865.9万元，自筹12175万元。

（刘　娟）

【小学规范化校长论坛】 3月17～18日，"小学规范化建设工程校长论坛"召开。全区小学校长、副校长共70余人参加会议。各校校长分别在学校管理、队伍建设、课程建设、学生发展四个分论坛发言；北师大高鸿源教授就学校发展与规划落实作专题讲座；区政府教育督导室介绍小学规范化建设督导验收年度重点工作，就小学规范化建设所取得的阶段性成果作大会总结，并围绕学校内涵建设提出具体要求。

（于今育）

【市基教研中心视导】 3月29～31日，市基教研中心52位教研员对本区进行全面教学视导。第一部分为下校听课，共2天，涉及全区4所高中、4所初中、6所小学共14所学校的273节课；第二部分为研究课交流，各学科分别做一节研究课，课后市教研员对本节研究课的主题和内容进行点评和指导，全区各学科授课教师一同参与学习。市基教研中心对本区重视课堂教学，深入课程改革给予肯定，各学科教研员结合视导情况对教育教学工作提出意见和建议。

（王贤鑫）

【教育教学研讨月启动】 4月6日，中小学教育教学竞赛表彰暨第四届教育教学研讨月启动大会在区教育分院召开。全区中小学校校长和教学校长200余人参加。会上对上年中小学教育教学竞赛获奖教师及单位进行表彰。全区有597人在课堂教学评比中获胜，589人在教学设计评选中获胜，40所学校获群星奖。大会同时启动主题为"创设绿色课堂，关注生命价值"的"石景山区中小学第四届教育教学研讨月"活动，通过各类研讨活动，促进学校管理者与教师创设绿色课堂，让学生享受绿色教育的过程，焕发生命活力并实现可持续发展。

（王贤鑫）

【"心系女童"主题活动】 5月17～24日，在全区中小学开展"关爱女童、笑迎花季"主题教育活动。活动主要对象是小学五、六年级和初中一、二年级女生。各校举办"青春期健康知识讲座"、"和小伙伴一起读"、"和妈妈一起看"等丰富多彩活动。通过家长和孩子共同学习，引导家长运用新的家教理念指导孩子轻松度过青春期，构建和谐美满家庭生活。

（周晓敏）

【第24届中小幼四联展】 5月24～28日，第二十四届中小幼四联展（小展）在各协作区举办。活动以绘画、书法、篆刻、工艺四大类项目为主要比赛内容，全区中小幼学生、教师积极参与。从本届起，分"大展"和"小展"进行展评，即单年大展，双年小展。大展为区级规模的大型书画工艺作品展；小展是以本区5个协作区为主的小型书画工艺作品展。本届参赛作品500余幅，其中教师作品35幅，评出一等奖86名，二等奖170名，三等奖260名。

（周晓敏）

【九中内地新疆高中班】 8月30日，北京九中首届内地新疆高中班86名学生顺利抵京，学校举行欢迎仪式。区主管领导前去接站并出席欢迎仪式。从当年起，北京九中每年接受86名新疆班学生，每届2个班，新疆班学制四年（预科一年，高中三年），四年招收届满后共计8个班344名学生，首届新疆班预科一年安排在九中初中部。

（吴　彬）

【第八届教育教学大赛】 10月11～14日，区教委、教育分院联合举办主题为"强化教师基本功，促进教师专业发展"的第八届教育教学大赛。本次大赛共计说课876节（中学349节，小学488节，心理和班会39节）。获奖比例由上年的60%提高到80%，其中一等奖15%，二等奖30%，三等奖35%。

（周晓敏）

【经典诵读表彰展示】 11月19日，中小学生经典诵读表彰与展示活动在区青少年活动中心举行，400余名中小学生进行汇报演出。活动对在诵读活动中有突出成果的学校及教师个人进行表彰，并推出京源学校小学部、八角北路小学、天泰中学等8个优秀诵读节目进行展示。此次活动是继2008年本区推进诵读工程以来开展的系列活动之一。在上年诵读活动基础上，基层学校相继开展"师生共读一本书"活动，分别以市区联动、区域推动、学校自动方式推进。"市区联动"推出京源学校"弘扬中华文化 诵读经典诗文"现场研讨活动，不仅有中小学师生诵读的场面，还有课外读物的阅读指导研究课，其中有绘本阅读、古诗文吟诵指导课和名著导读课等，活动还得到中国教育学会苏立康教授指导。"区域推动"突出全区整体与统筹安排，有计划、有步骤进行，6月在八角北路小学召开以"师生共读经典，同享书香文化"为主题的研讨活动；各学校根据区域方案，制定各自读书活动计划，并通过多种多样形式有声有色地将读书活动深入到班级，甚至学生家庭之中。区教委将学校诵读活动成果，如学生读书作品、教师读书指导、教学设计、论文、诵读节目等汇集起来，并对上交的

49个节目,47件成果进行区域评比,并将教师的研究成果汇集成册,推出课外读物指导教学设计集、读书活动设计集、名著导读论文集。

(杨红兵)

【第二届中小学武林大会】 11月26日,"石景山中小学第二届武林大会"在高井中学举办。区教工委、教委、区教育分院、区政府教育督导室相关领导出席大会。全区21所中小学400名选手参加比赛。此次活动为全面贯彻落实促进学生全面健康发展项目方案,深入推进素质教育,促进学生全面健康与特长发展搭建有效的平台,展现全区中小学武术校本课程的建设成果及青少年良好精神风貌。

(王贤鑫)

社 区 教 育

概 述

全区有社区市民总校(社区学院)1所,9个市民学校中心校(即街道社区教育中心),139个市民学校分校(设在居委会)。社区专职教师34名,登记在册社区教育志愿者3543人。初步建立社区教育管理体制和运行机制,合理整合各方资源,各类社区教育培训活动广泛开展,有效创建各级各类学习型组织,较好满足社区居民不断增长的多样化学习需求,为提高居民综合素质和社区建设水平作出巨大贡献。年内,完成各类社区教育市民培训541760人次。根据教育部关于重新公布全国社区教育实验区名单的通知(教职成函〔2009〕4号),被教育部命名"全国社区教育实验区"。

(姜葵葵)

【总结部署工作】 1月14日,区社区教育委员会召开社区教育工作总结部署会,9个街道社区教育中心分别总结上年工作,汇报当年计划,会议对全区社区教育工作作出部署。3月30日,区政府召开学习型城区建设领导小组工作会,区委组织部、区文明办、教委、社工委、妇联、工会、团委、科技园区、各街道办事处等相关成员单位30余人参加。发布学习型城区建设领导小组办公室工作计划要点,对学习型城区建设表彰大会等主要工作进行部署。

(姜葵葵)

【红蜡烛社区助学行动】 3~12月,学习型城区建设领导小组在全区开展"红蜡烛社区助学行动"。活动旨在关心社会中的弱势群体,强化社区教育服务,通过组织大学生志愿者志愿帮扶等形式,为本区贫困、残疾人、流动人口、单亲困难家庭、服刑及刑满释放人员家庭、教育孩子存在严重困难的家庭等特殊家庭中的家长和在校学生,义务提供家庭教育、课外辅导、心理健康教育等方面的指导与扶助,同时提供部分经济支持。首批受助学生50人,全年为第一批学生14人发放捐助善款0.7万元。

(姜葵葵)

【参加首届科普节启动】 5月15日,区科技周暨首届科普节启动,区职业与社区教育联席会组织广大社区教育志愿者,通过宣传展览、报告讲座、知识竞赛、作品展示等方式,为市民进行社会科普咨询、低碳生活低碳工作知识宣传和教育咨询。社区学院设计并印制2500册《践行节能减排、享受低碳生活》市民学习手册和《践行节能减排、享受低碳工作》公务人员学习手册,在活动期间进行发放。

(姜葵葵)

【第六届社区学习节】 6月18~25日,举办以"学习让石景山更美好"为主题的第六届社区学习节,全区9个街道(社区)、100多个居委会参加活动。活动期间,各街道利用市民学校主阵地作用,组织丰富多彩的市民教育活动,开展"低碳你、我、他"DV大赛、"绿色石景山低碳新生活"数码摄影竞赛、"学习型石景山"LOGO设计大赛等竞赛以及优秀作品展示活动,开办社区大讲堂等一系列符合市民学习需求的培训讲座和课程;开展组织社区志愿者开展"一帮一学习结对"、"假日送教送学"等帮学活动,提高市民学习积极性,提升市民幸福指数,在全区营造学习为荣、创新发展的浓郁文化氛围。18日,召开"第六届社区学习节暨2010年创建学习型组织先进单位表彰大会",对21个学习型组织、10个学习型家庭、6个学习品牌、12个学习之星进行表彰。

(姜葵葵)

【全民终身学习周】 10月23日,区政府外事办、区文明办、区教委与社区学院共同举办的"石景山区全民终身学习周暨市民讲外语活动周"启动。启动仪式上对易静等10名市民讲外语学习之星和社区学院等10个优秀组织单位进行表彰;聘请荷兰志愿者范君豪先生为区市民讲外语活动形象大使;宣布"我爱美好的家园"垃圾减量分类知识竞赛活动方案。同时,"绿色石景山,低碳新生活"数码摄影比赛作品在9个街道(社区)巡回展出。

(姜葵葵)

【首都市民学习品牌】 10月23日,石景山社区学院主办的"市民公益英语”项目被市建设学习型城市工作领导小组认定为第二批首都市民学习品牌。该项目于2003年启动，逐年组织英语教师志愿者深入到街道、居委会、军营、企事业单位等开展公益英语教育培训，开辟市民英语公益大课堂、市民公益英语广场、市民英语电视大赛、公益英语空中课堂，并编写和发放专门教材0.7万余套，年培训量达到2万余人次。

（姜葵葵）

【社区教育志愿者】 12月2日，区志愿者联合会在青少年活动中心剧场举行社区教育志愿者协会和新居民志愿者协会授旗仪式。区社区学院接过社区教育志愿者协会会旗，标志社区教育志愿者协会正式成为区志愿者联合会大家庭一员。3日，区社区教育志愿者协会对五里坨街道等10个优秀分会、崔晓文等10名志愿者标兵以及131名优秀志愿者进行表彰，282名新志愿者领取志愿者证书。

（姜葵葵）

【表彰优秀家长学校】 12月29日，区文明办、妇联、教委等对获得区级优秀家长学校称号的学校作出表彰决定，并为17个优秀家长学校颁发奖牌；区教委向参与区“红蜡烛助学活动”项目的大学生志愿者代表和捐款单位代表颁发证书。

（姜葵葵）

职业与成人教育

概　　述

年内，区属中等职业学校2所，毕业生367人，招生931人，完成招生计划345%。在校学生2109人，教职工214人，其中专任教师109人，高级专业技术职称42人，中级87人，100%具有本科以上学历（研究生1人）。两校占地面积9.06万平方米，建筑面积4.42万平方米。图书馆藏书10.75万册。固定资产总值9711.5万元。全年教育经费投入2132万元，其中财政拨款1886万元，自筹286万元。学校开设服装设计与工艺、金融商贸等31个专业，建有7个校内实训基地，57个专业实训室，办学条件优良。年内，区属成人高校2所。其中，区业余大学开设会计、电脑艺术设计等12个专业，毕业412人，招生600人，在校生888人。北京电大石景山分校开设工商管理、物流等15个专科专业和广告、会计等14个本科专业。春季招生515人，秋季招生622人，毕业580人，在校生3737人。两校实行合署办学统一管理，共有教职工145人，其中专任教师41人，包括副教授10人，讲师30人。学校现有三个教学区，合计占地面积10636.3平方米，建筑面积24529.41平方米。图书馆藏书130786册，固定资产总值3070.59万元。全年教育经费投入2991.53万元，其中财政拨款1113.35万元。

（姜葵葵）

【教师说课比赛】 3月30日～4月16日，举行中等职业学校专业课教师说课比赛，由黄庄职高承办。17个学科35位专业课教师参加比赛，评选出一等奖4个，二等奖6个，三等奖7个。此次说课比赛对促进中职学校“以工作过程为导向”课程改革的开展和职教教师专业成长起到积极作用。

（姜葵葵）

【技能大赛获奖】 4月24日～5月9日，组织中等职业学校参加全国、北京市中等职业学校技能大赛，获得优异成绩。其中，获全国旅游院校服务技能“神州视景杯”导游服务大赛二、三等奖各1个；获市职业院校第四届财会综合技能比赛一等奖1个、二等奖6个、三等奖5个；获市中等职业院校烹饪大赛一等奖1个、二等奖3个、三等奖1个；获市中等职业院校园林专业技能大赛三等奖2个；获市中等职业学校美容美发专业技能大赛暨全国中等职业学校美容美发专业技能大赛预选赛一等奖3个、二等奖2个、三等奖1个；获市中等职业学校服装专业技能大赛第三名1个、第五名2个。33名学生获奖，其中6名获奖学生代表本市参加全国中等职业学校专业技能大赛总决赛5个项目比赛，并在美容美发与形象设计、服装工艺与设计、烹饪3个项目上再获3个一等奖、1个二等奖、2个三等奖。

（姜葵葵）

【接受市专项督导】 6月22日，市、区政府督导室德育督导专项评估组联合对北京市黄庄职业高中进行督导随访，听取学校自查自评准备情况汇报，巡视校园德育环境，观摩学生德育活动，就如何深入开展自查自评、分析问题、总结经验等方面的工作进行研讨交流，并提出工作意见。10月28日，市、区联合对该校进行德育专项督导，市政府教育督导室与区督学及教委相关人员等23人参加此次督导。督学、专家依据《全国中等职业学校德育大纲》、北京市中等职业学校德育专项督导评价工作方案，查看学校德育工作资料，听取校长项自评汇报，观看学生课间操，观摩德育课、专业课和学生德育活动，参观学校实训仿真室、心理咨询室,巡视校园育人环境、查阅相关档案资料,分别召开教师、学生、家长及社区、企业代表的座谈会并进行问卷调查,获取大量信息,其间,区政府、区委教育工委、区教委相关领导与督导评估组就本区职教事业长远发展工作进行广泛交流。12月28日,市、区督评组作出对黄庄职业高中德育专项督导的反馈意见并向黄庄职业高中进行反馈。

(姜葵葵)

教育督导

概　述

截至年底,区政府教育督导室有专职督学6人、兼职督学13人、特约督学13人。充实督导队伍力量,完成兼职和特约督学新增选聘工作,2人聘为兼职督学,聘任7名学校一线领导为特约督学。7月5日,根据本区教育督导工作需要,经区编委会批准(石编办[2010]37号),设置内设机构督学科和督政科。督学科行政编制3名,主要职责为:依据法规文件,负责对区属中小学、幼儿园及民办办学机构进行督导检查;督政科行政编制2名,主要职责为:依据法规文件,负责对区属委办局、街道办事处及教育行政部门的教育执法情况进行监督检查。年内,坚持“以服务为宗旨,以督导评价为手段,以促进教育发展为目的”督导原则,依据市教委、市政府教育督导室关于实施小学规范化建设工程的意见(京教基[2007]38号)和北京市普通中小学校全面实施素质教育指标体系及石景山区小学规范化建设工程督导验收指标体系,启动本区小学规范化建设工程督导验收工作,完成对32所学校的小学规范化建设工程督导验收培训及前期随访,完成对13所学校的小学规范化建设工程督导验收。依据北京市幼儿园全面实施素质教育指标体系、幼儿园一级一类评价标准及学前教育纲要,就两支队伍建设、办园特色等完成对2所公办幼儿园督导随访。依据市中等职业学校德育工作专项督导实施方案,探索“室、科、校”共同贯彻落实市职教评价方案模式,制定区职业教育德育专项督导工作草案,与市督导室联合对黄庄职业高中进行德育专项督导。完成对高井中学等6校初中内涵建设督导随访,完成对北京九中等3所高中校“关于高中课改情况”随访调研。围绕区教委“绿色教育”、基础教育课程改革、学校教科研、德育心理健康教育等工作,通过随访、视导、参加会议等形式,了解教育改革、课程改革、教法改革动态和成果。围绕市、区督导核心工作,组织高中教科研和初、高中体育管理工作调研,完成“石景山区中学体育管理工作调研报告”。会同教委开展“石景山区优秀民办教育机构评选活动”,通过督导评估促进民办教育规范、健康、可持续发展。完成10所民办教育培训类学校办学水平综合督导评价;完成民办北京群星表演艺术学校督导随访。部署完成相关委办局年度教育执法情况自查及领导干部考核工作。根据市义务教育工作执行法律法规情况督导检查要求,完成本区专项执法自查工作,完成区政府关于本年义务教育工作执行法律法规情况自查报告及相关报表并上报。组织开展本区义务教育实施情况监测和义务教育均衡发展督导评价,完成2009~2010学年度市“义务教育实施与均衡发展情况监测统计报表”上报工作。完成对区域内8个街道办事处及鲁谷社区教育督导随访,进一步加强对社区教育的监督指导力度,推进学校、家庭、社会三结合教育不断深化。实行将督导结果向社会公布制度,加大监督、整改力度,提升办学水平。举办区政府教育督导室成立20周年庆祝活动,召开“区政府教育督导室成立20周年暨教育督导研讨会”。组织教育督导信息宣传工作,9篇文章、督导信息被区、市级乃至国家级报刊及网站刊、转载。

(王桂洋)

【积极建言献策】 根据国家和北京市对《国家中长期教育改革和发展规划纲要》征求意见的精神,组织全体专兼职督学反复讨论规划纲要征求意见稿。从国家教育教育督导事业长远发展角度建言献策,形成集体建议,同时6位督学个人以书面形式,通过电子邮箱提交给《国家中长期教育改革和发展规划纲要》意见收集组。

(王桂洋)

【完成监测统计】 11月9日,与区教委联合召开2009~2010学年度义务教育实施及均衡发展状况监测工作培训会。全区义务教育阶段50多所学校主管领导、统计人员以及教委相关科室、直属单位负责人参加。对监测方法、数据采集、时间界定、表册填报等方面工作进行具体指导。同月30日,将监测统计结果汇总并上报市政府教育督导室。

(于文芳)

【8所小学督导验收】 4月29日,召开小学规范化建设工程督导正式验收工作准备会,成立由督导室与区教委相关科室、部门20人组成的

督导验收工作组。9月16日，召开小学规范化建设工程督导验收启动暨培训会，就督导验收工作意义、目的、内容、原则进行阐述，并解读相关文件，提出自评工作要求。10月9日～11月30日，完成对北京景山学校远洋分校等8校的小学规范化建设督导验收工作。

（于文芳）

【优秀民办机构评选】 1月28日，联合下发关于评选优秀民办教育培训机构的通知。在自愿申请基础上，通过教育督导评价，在全区评选“优秀民办教育培训机构”。华育信息技术学校、北方艺术学校等10所区属民办培训类学校提交评估申请表。12月，评选出北方艺术学校等5所“优秀民办教育培训机构”。区教育督导室、区教委依据督导评价结果，对评选出的优秀民办教育培训机构给予激励表彰。

（厉　丽　赵　苓）

【民办教育督导评价】 4月18日～12月9日，依据有关民办教育法律法规、民办学校办学水平综合评价方案（试行）要求和督导评价工作程序，分别对华育信息技术学校等10所民办学校办学水平进行综合督导评价。督导评价组分别通过听取校长工作汇报、查看教育教学环境、深入课堂听课、查阅管理工作档案资料、查阅帐目、实地考察教练场地、分别召开教师和家长座谈会、进行个别访谈、进行教师问卷及部分在校学生问卷调查等形式，了解学校自评工作过程、办学基本情况等方面情况，对所获取信息进行综合整理和分析研究，形成综合督导评价意见。

（厉　丽　赵　苓）

【民办教育督导随访】 5月20日，对北京群星表演艺术学校进行督导随访。听取学校办学情况汇报，随堂听课，访谈干部教师，召开学生座谈会，查阅学校各项管理工作档案、上一年度财务“资产负债表”、“费用活动表”等资料，了解学校近年来办学的基本情况、专职与兼职教师的配备及队伍建设、学校办学规模与办学质量情况，并就办学取得的社会效益与经济效益有关问题与学校进行探讨交流。

（赵　苓）

【社区教育督导随访】 5月19日～6月11日，依据教育执法和实施素质教育目标责任分解相关要求，对辖区内8个街道办事处及鲁谷社区教育实施情况进行督导随访。听取各单位主管领导就2008年以来本单位及所辖地区学习型城区建设、社区教育机构建设经费保障、社区家长学校、家庭教育亮点工作、执行教育法律法规自查自评等内容的工作汇报。查阅相关档案资料，与相关人员及社区教师进行座谈，完成社区教育工作随访调研。

（王桂洋）

【学前教育督导随访】 6月12日、12月17日，会同区教委、区教研员，分别对区师范附属幼儿园、区第三幼儿园进行督导随访。听取园长汇报、观看半日活动、查看相关档案材料、座谈等形式，了解两支队伍建设情况、办园特色，并就本区学前教育发展现状和存在的共性问题与幼儿园领导进行探讨交流。

（于文芳）

【初中内涵建设督导随访】 3月19日～12月7日，开展初中内涵建设专题督导随访。先后走访天泰中学等6所学校，就初中建设工程结束两年来学校软、硬件发展情况，内涵建设新举措，各办学特色情况，听取校长汇报，观看学生课间操和课间活动，召开师生、中层干部座谈会，听取各学科的推门课，参加学校教育教学质量分析会，与学校就两支队伍建设和“十二五教育规划”拟定等专题，共同进行总结交流。

（曹艳玲）

【高中课改情况调研】 4月2日～12月24日，开展以“改革、实践、研究、发展”为主题的高中课改情况调研工作。就实施高中课改思路和做法，教学管理和质量监控，学生综合素质评价工作，教师队伍建设，教育教学设施、经费保障等情况，先后走访北京九中等3所公办（民办）高中校，召开九场教师干部和学生座谈会；组织区高中校教科研主任三期研讨会，形成高中课改情况调研报告并提交市教育督导室结集成册。

（曹艳玲）

民　办　教　育

概　　述

本区有经审核批准的各级各类民办教育学校89所。其中民办中学3所，民办中等职业学校1所，民办幼儿园10所，外地来京务工人员子女自办学校3所，其它各类文化、教育、技术等非学历培训学校72所。在各类培训机构接受教育培训达82724人次，民办普通中学在校生1526人，民办职业学校学生209人，民办幼儿园有幼儿2174人，已批准的来京务工子女学校在校生3664人。各类学校教职工合计3477人，其中专任教师2246人。资产总额为1.0366亿元，民办学校全年收入合计1.48亿元。另有5所尚未批准的外地来京务工子女学校，在校学生1729人。

(郭燕艳)

【民办学校年审】 1~3月,按照市教委部署,结合办学状况评估、广告审查备案、年检等文件规定,完成83所民办学校及教育机构办学许可证的换发和年检工作。年检结果通过石景山教育网及《石景山报》进行公示。5月6日对上年民办学校年检工作进行总结,并对5个先进集体10个先进个人进行表彰。

(郭燕艳)

【"手拉手"共建活动启动】 3月19日,公办学校与来京务工人员自办学校"手拉手"共建活动启动。8所来京务工人员自办学校校长、8所公办学校校长及区相关部门30多人参加启动仪式。下发共建活动工作方案。通过手拉手共建活动,加强双方交流,通过师资培训、教科研指导、师生研讨交流等多种形式,促进自办学校办学水平提高,逐步缩小与公办校的办学差距,创设共同成长的理想均衡教育,实现"同在蓝天下",共同接受优质教育目标。

(郭燕艳)

【建立流动子女临时学籍】 4月1日起,区教委组织相关部门和人员,对来京务工人员适龄子女进行逐校逐人登记,将本区5所未批准的自办学校就读的0.万2名流动儿童基本信息统一录入到"来京务工人员随迁子女临时学籍登记表",建立基本信息数据库。本区在公办学校、已批准的自办学校就读的流动儿童均被纳入到全市学生电子学籍管理系统中。年内,向0.2万名携带适龄子女的来京务工人员发放"来京务工人员随迁子女入学登记卡"。

(郭艳燕)

驻区高校

中国科学院研究生院

【概况】 中国科学院研究生院(简称研究生院)由设在北京的4个园区、5个研究生教育基地及117个研究生培养单位构成。设有数学科学学院、物理科学学院、化学与化学工程学院、材料科学与光电技术学院、地球科学学院、资源与环境学院、生命科学学院、信息科学与工程学院、管理学院、人文学院(社会科学系、科技史与科技考古系)、外语系、计算与通信工程学院、工程教育学院、继续教育学院等直属教学机构;设有中国科学院数据与通信保护研究教育中心(信息安全国家重点实验室、国家计算机网络入侵防范中心)、中国科学院虚拟经济与数据科学研究中心和科技资源管理研究中心等研究机构。研究生院教师由专任教师、任课教师、论文指导教师组成,其中,专任教师317人(教授研究员120人、副教授副研究员143人),论文指导教师9401人,任课教师1514人。全年毕业研究生8057人,其中,博士研究生4733人,硕士研究生3324人。授予4767人博士学位,3949人硕士学位。录取研究生13046人,其中,博士研究生5300人,硕士研究生7746人。在学研究生37393人,其中,博士研究生18221,硕士研究生19172人。在学留学生119人,其中博士研究生100人;在学港澳台学生48人。中科院研究生院主办有《中国科学院研究生院学报》、《自然辩证法》、《管理评论》、《工程研究》4个公开发行的学术期刊以及内部刊物《研究生院》

地址:玉泉路19号甲

电话:88256030

传真:88256006

电子信箱:po@gucas.ac.cn

网址:www.gucas.ac.cn

邮编:100049

(尚　颖)

【学科授权点分布】 中科院研究生院拥有博士学位一级学科授权点26个,分布在理学、工学、农学、医学、教育学、管理学等6个学科门类;博士学位二级学科授权点113个,分布在哲学、理学、工学、农学、医学、教育学、管理学等7个学科门类。有硕士学位二级学科授权点131个,分布在哲学、经济学、法学、文学、理学、工学、农学、医学、教育学、管理学等10个学科门类。并在20个博士学位授权一级学科下自主设置44个二级学科专业,另有工程硕士和工商管理硕士等8个专业学位授权点。在培养单位中拥有10个国家实验室、75个国家重点实验室、71个中国科学院重点实验室。

(尚　颖)

【研究生开课1451门】 2009~2010学年,研究生院共开设课程1451门(班),其中秋季学期588(850)门(班),春季学期603(847)门(班),夏季学期260(262)门(班)。对74门课程进行教学督察,对1686门(次)课程进行教学巡查;评选出2008~2010学年优秀课程29门,院系优秀课程50门。

(尚　颖)

【科研项目新立项324项】 年内,新立项项目324项。其中国家自然科学基金项目61项(含杰出青年基金1项,重点项目4项);中国高技术研究发展计划(863)项目重点课题 1 项；国家重点基础研究发展计划(973)项目课题 2 项，专题 8 项；科技支撑计划项目课题 1 项，专题 1 项；国家科技重大专项课题 4 项，专题 5 项；中科院创新方向性项目课题 12 项；国家社会科学基金项目 3 项；教育部留学回国人员基金 3 项；地方委托项目 11 项；企业委托项目 29 项；国外委托项目 4 项；研究生院院长基金 A 类 16 项，研究生院院长基金 B 类 16 项。

(尚　颖)

【优秀课程教学交流】 1 月 15 日，举办 2008～2009 学年校级优秀课程教学交流会。会议旨在发挥优秀课程的示范和推广作用，为全体教师介绍教学经验、提供教学观摩，使课程评优的示范效果落到实处。来自 14 个院系近 300 名教师按照学科相近原则分成三个组，分别进行教学观摩与经验交流。10 余位校级优秀课程任课教师代表在交流会上作报告。与会人员就教学内容、教学方式、考试方式等教学过程中遇到的具体问题进行深入交流。

(尚　颖)

【获市科学技术奖】 2 月 1 日，市委、市政府在北京会议中心召开北京市科学技术奖励大会。研究生院酶学实验室完成的“脂肪酸合酶的作用机制及植物来源的抑制剂”项目获三等奖。该项目从脂肪酸合酶的作用机制的基础研究入手，进而发现和研究一系列植物来源的该酶抑制剂，并提出脂肪酸合酶可能和体内脂肪代谢调控有关的观点。至今已发表相关 SCI 收录论文 33 篇，核心期刊论文 18 篇。研究成果受到国内外同行的关注和肯定，得到较高引用率，其中最高的一篇已有近 60 次 SCI 期刊引用。并应本领域国际高水平主流期刊的约稿发表相关综述论文。在此研究方向上本项目已达到国际先进水平。

(尚　颖)

【青年骨干培训】 4 月 27 日，举办教学科研岗位青年骨干培训班。旨在加强教学科研岗位青年骨干队伍建设，促进相互交流，提高学术水平和科研工作能力。培训分专题报告和分组讨论两个部分。童秉纲院士、石耀霖院士及科研处处长乔从丰教授分别作题为“科学研究前沿和方法论与人生追求”、“兴趣·责任感·洞察力”和“利用一切积极因素提升自身科研实力”的报告。在分组讨论中，各小组就三个报告及学校教学、科研工作以及各类大家比较关心的问题进行讨论交流并进行汇报。150 名 40 岁以下的教学科研岗位人员参加培训。

(尚　颖)

【百场演讲庆典】 5 月 4 日，与高等教育出版社共同主办的“中国科学与人文论坛”在钓鱼台国宾馆举办百场演讲庆典。庆典回顾自 2003 年初发起至今 8 年来的发展历程，展望新时期发展前景。该论坛自创立以来，邀集中国高层领导、外国政要及国内外著名专家学者，就人们共同关心的政治、经济、科技、外交、环境、社会发展和人类文明进步的各种问题进行广泛深入的学术研讨和交流，致力于自然科学与人文社会科学的结合、科学精神与人文精神的贯通，致力于高层次创新创业人才的培养。论坛已举行 99 场主题报告会，90 余位功勋科学家、学界大师及专家学者、高层政要、国际知名人士、企业界精英等莅临论坛发表演讲，累计听众达到 8 万多人次，论坛两位发起人全国人大常委会副委员长、中国科学院院长路甬祥，中共中央党校原常务副校长、中国科学与人文论坛理事长郑必坚到会并分别致辞。

(尚　颖)

【文化遗产日主题游园会】 6 月 11 日举办。本次游园会为纪念中国第五个文化遗产日而举办，结合展板展示与互动游戏，集知识性和趣味性为一体。展板展示的内容既包括北京的非物质文化遗产介绍、公众保护文化遗产方法，也有考古研究进展介绍和考古发掘的照片，通过展板展示使同学们了解身边的文化遗产知识和鲜为人知的考古过程。游戏环节包括文化遗产知识问答，历史地理知识填字游戏，LOGO 中的文化遗产元素创意竞猜，文化遗产图片“找茬”以及“我对文化遗产说”等。300 余名学生参加游园会。

(尚　颖)

【获第 13 届“侯德封奖”】 6 月 22 日，中科院研究生院地球科学学院副教授王多君，获中国矿物岩石地球化学学会颁发的“第 13 届侯德封矿物岩石地球化学青年科学家奖”(简称“侯德封奖”)，其获奖项目为“矿物岩石的电导率实验研究及应用”。该奖项共计 10 人。

(尚　颖)

【科学与艺术国际研讨会】 7 月 10 日，与中科院科学传播办公室、市科协共同主办的首届“科学与艺术”国际研讨会在研究生院召开。会议为期 2 天，以“科学与艺术走向融合”为主题，收到论文 60 余篇。会议就科学、技术与社会环境；科学发展中的伦理问题；科学家与艺术家：本质的异同；表现科学的艺术实践与技巧；数字媒体技术与数字媒体艺术；自然界中的科学与艺术等相关命题开展广泛的讨论与探讨。来自美国、法国、德国、日本及加拿大等 40 多位专家学者和来自中科院研究生院、北京大学、中国人民大学、清华大学等多所大学的 180 余名研究生参加会议。

(尚　颖)

【研究生暑期学校】 7 月 28 日，举办全国行业应用软件研究生暑期学校。作为教育部和国家自然科学基金委联合批准的研究生教育创新计划项目，主要面向各高校和科研院所的计算机学科在读硕士和博士研究生、博士后和青年教师。暑期学校为期 9 天，分别讲授软件工程技术、软件管理与领导力、行业软件实战等方面课程，并组织学员到企业参观考察。来自全国48所高校和科研单位的70多名研究生和青年教师作为正式学员参加暑期学校。

(尚　颖)

【完善教学评估指标】 年内，改进教学评估办法，把学生的创新能力和综合素质作为评价教学水平的核心指标。课程评估结果及时反馈给各院(系)及每位授课教师，作为改进教学质量的有力参考信息。同时建立健全优秀课程评选体系，提高评选标准，严把质量关。2010～2011学年秋季学期，按学科对课程进行团组式督导/察68门、巡考136门；评选出2009～2010学年校级优秀课程43门、院系优秀课程50门、夏季学期优秀教学组织单位5个和夏季学期课程特别奖6门。

(尚　颖)

【全国科技考古学术讨论会】 8月9～11日，与内蒙古考古研究所、中国社会科学院考古研究所和中国科技考古学会(筹)联合主办的第十届全国科技考古学术讨论会在研究生院召开。会议分为大会报告、特邀报告和专题报告，围绕环境考古、生物考古、冶金考古、陶瓷考古、文物保护以及石器、玻璃和玉器六大研究专题，进行广泛而深入的学术交流，展示近些年来我国科技考古研究的最新成果和动态。大会收到论文百余篇。全国80余名专家学者及来自美国威斯康辛大学、美国布莱恩特大学、加拿大英属哥伦比亚大学、德国马普学会进化人类学研究所、英国诺丁汉大学等海外学者参加会议。

(尚　颖)

【第六届国际学生论坛】 9月27日开幕，为期四天。中、美、日、澳、丹、荷、德、泰等13个国家的110余名师生参加论坛。由研究生院与东京大学两校共同发起，分别来自东京大学、美国内布拉斯加州医学中心、澳大利亚格里菲斯大学、澳大利亚国立大学、奥克兰大学、南丹麦大学、荷兰格罗宁根大学、南洋理工大学等世界著名高校参与的国际学生论坛，是面向研究生、主题为“生命科学与医学”的国际性学术论坛，旨在为中外研究生提供一个高起点、深层次的学术交流平台。从2005年至今，论坛已在日本、中国、美国和澳大利亚等地成功举办五届，共有来自中、日、美、澳、俄等国300余名学生参加。论坛加强与会各国高校、科研机构之间的学术交流与合作，取得一定学术成果，国际声誉日起。

(尚　颖)

【完善研究生奖助体系】 进一步完善研究生奖助体系，实行“三元结构”。一是普通奖学金，面向全体注册在读学生，实行“无过即奖”原则，主要用于保证研究生的基本生活；二是优秀奖学金，面向优秀学生，包括院级优秀奖学金和所级优秀奖学金。院级优秀奖学金主要有院长奖及各种冠名奖及其他资助等；三是奖酬金，主要通过实行“研究助理”、“管理助理”和“教学助理”三助制度得以实现，培养单位通过为研究生提供研究助理、教学助理和管理助理的工作岗位，使研究生在承担一定工作的前提下，以劳动报酬方式对研究生提供资助。

(尚　颖)

【与昆士兰大学签署备忘录】 10月15日，与澳大利亚昆士兰大学签署合作备忘录。根据备忘录，研究生院与昆士兰大学将开展广泛的教育合作，通过师生互访、信息交流和项目合作等方式促进双方教育、科研和社会服务能力的发展。

(尚　颖)

【获中国运筹学应用奖一等奖】 在10月16～18日举办的“中国运筹学会成立三十周年纪念大会暨2010年全国学术交流年会”上，数学科学学院郭田德、高随祥、赵彤、邵宏志、陈鸽等研究团队完成的项目“TD－SCDMA/GSM双网融合高精度无线网络规划算法研究及系统应用”获“中国运筹学应用奖”一等奖。

(尚　颖)

【首届计算机博士生入学】 10月22日，计算机应用技术同等学力博士研究生班正式开学，来自银行、证券、IT企业、政府部门、高校、水利水电设计院或相关企业的33名同学成为该班第一批研究生。首批研究生中有教授级高级工程师、副教授、高级工程师、事业部总经理、研发总监、司局级或处级业务领导，均在各自业务领域取得较突出成绩，成为所在企业或行业领军型人才。

(尚　颖)

【专题学术研讨会】 10月31日，举办首届科学、技术与工程社会学学术研讨会。会议由专题发言和自由讨论组成。中国自然辩证法研究会学术工作委员会主任、《自然辩证法研究》常务主编、中科院研究生院李伯聪教授、南开大学社会学系的赵万里教授、中科院研究生院尚智丛教授和大连理工大学的王国豫教授分别作题为“工程社会学”、“科学社会学：回顾与展望”、“关于科学社会学研究的思考”和“德国的技术社会学研究”的专题发言。自由讨论阶段围绕“生物技术的风险与生物专家、企业和媒体的社会责任”和“回归莫顿立场”等主题展开讨论。来自全国多所高校和研究所的30多位专家和学者参加会议。

(尚　颖)

【入选全国优秀博士学位论文】 11月，各培养单位有11篇入选“全国优秀博士学位论文”。其中，中科院数学与系统科学研究院张世华的“生物分子网络及复杂网络中模式结构识别问题的研究”、中科院物理研究所柳延辉的“块体金属玻璃的室温变形机制与超大塑性”、中科院高能物理研究所张毅的“利用羊八井ASγ实验研究Multi－TeV宇宙线各向异性”、中科院化学研究所狄重安的“有机光电器件的设计、制备及性能研究”和中科院大气物理研究所王林的“东亚大槽变异及其与东亚冬季风的关系”5篇来自京区各培养单位。

（尚　颖）

【研究生教育学术研讨会】 11月12日召开。旨在加强各培养单位领导、研究生导师和教育管理干部的沟通和交流，分享经验，提高能力。会议分为主题发言和分组讨论两部分。收到来自23个培养单位的45篇论文，院培养办聘请近30位专家对论文进行通讯评审，总体优秀率达到38%，优良率达到62%。来自全院各研究生培养单位和教育基地教育管理干部、导师及特邀专家近140人参加研讨会。

（尚　颖）

【与美国公司组建研究中心】 11月17日，与美国BeyondBond公司成立联合研究中心——虚拟信息风险管理研究中心（风险实验室［RiskLab］），为中国房地产和金融行业提供华尔街水平的咨询分析。双方的合作结合领先行业的专业分析和处理大规模中国国内经济数据的丰富经验，探索房地产和金融资产估值的市场发展准则。双方伙伴关系能够很好地处理房地产和金融市场在定价和资产本身的风险管理的复杂性。这种伙伴关系提供给委托人清晰的尽职调查，以全面地认识潜在风险来源和资产的内在价值。BeyondBond公司是设立在纽约的专门提供固定收益、结构性融资独立性研究、风险管理分析以及为全球日交易量超过10亿美元的金融机构（如野村Nomura，汇丰银行HSBC，黑石Black-Stone，标准普尔S&P和吉利美Ginnie Mae等）提供交易平台，该公司成立于1999年，创始人为野村房地产的一批投资银行家和软件工程师。

（尚　颖）

【中青年骨干教师教学研讨会】 11月13日举行。旨在为中青年教师搭建交流教学经验、总结教学体会的平台，进而加强教师队伍建设，帮助中青年骨干教师总结教学规律、切磋教学经验，不断提高教学业务能力。7位教师代表分别从教学方法、授课技巧、学生培养等不同方面在会上作经验交流。与会教师还就教学内容、教学方式、考试方式、教学评估等方面进行分组讨论。该院教学委员会委员、教学督导组成员、各院（系）负责人、中青年骨干教师、教学秘书等近百人参加研讨会。

（尚　颖）

【科技馆教育与研究中心成立】 12月29日，与中国科学技术馆共同创建的“科技馆教育与研究中心”在研究生院玉泉路园区成立。研究生院党委书记、常务副院长邓勇和中国科技馆馆长徐延豪共同为中心揭牌。该中心是我国第一个科技馆教育与研究方面的中心，主要负责科技馆相关业务的学术研究及交流，采用学历教育、在职培训等多种形式，培养科技馆行业的专业人才，协助中国科技馆开展学科建设、人才培养及科学研究等相关工作，组织科技馆相关专业研究生培养点申请工作，组织研究生招生培养工作。

（尚　颖）

【研究生教育工作座谈会】 12月31日，为解决中科院研究生教育改革发展面临的政策瓶颈问题，教育部举行中科院研究生教育工作座谈会。教育部部长袁贵仁，副部长杜玉波、杜占元，部长助理林蕙青，中国科学院常务副院长白春礼、副院长阴和俊等出席。双方就中科院研究生培养工作进行交流，在教育理念、人才培养改革思路和操作机制等方面达成一致意见。教育部表示，从人才培养来说，中科院是国家高层次科技创新创业人才培养的重要基地，中科院研究生院是教育系统的重要组成部分；在人才培养改革的思路方面，中科院发挥引领示范作用，把工作重点放在人才培养质量上，并与重大工程结合，培养大批拔尖实用型人才。教育部表示，在今后的国家人才培养中，特别是高层次人才培养上，会高度重视中科院的研究生培养，将对中科院研究生培养规模予以支持。在操作机制方面，以此次座谈会为契机，双方建立工作交流与推动机制。此次座谈会是在国务院批准中科院继续深入实施“创新2020”、全国教育工作会议召开、《国家中长期教育改革和发展规划纲要》实施的大背景下召开的。会议涉及的相关具体问题，双方将进一步洽商研究后逐一落实解决。教育部办公厅、规划司、思政司、科技司、学生司、研究生司（学位办），中科院办公厅、人教局、研究生院等部门和单位领导出席座谈会。

（尚　颖）

北方工业大学

【概况】 北方工业大学（简称北方工大）是一所以工为主，文理交融，理、工、经、管、文、法协调发展的多科性大学。学校占地面积480亩，建筑面积36.4万平方米。固定资产总值59267.82万元，其中教科仪器设备总值28177.00万元。全年教育经费投入53910.73万元，其中，国家拨款43607.45万元、自筹经费10303.28万元。设有8个学院，14个教学实验中心，27个研究设计院（所）；开设29个本科专业，14个硕士学位授权一级学科、22个硕士学位授权二级学科、11个专业硕士学位授予领域、同等学力人员申请硕士学位资格，3个第二学士学位点。有1个国家级特色专业，5个市特色专业，4个市品牌专业，1个市重点实验室，5个市实验教学示范中心，拥有数量经济学、经济法学、思想政治教育、机械电子工程、检测技术与自动化装置、计算机应用技术、电力电子与电力传动7个市重点建设学科。截至年底,有教职工970余人,其中,专任教师703人。专任教师中,教授94人,副教授205人;硕士生导师321人;享受政府特殊津贴专家20人。外籍教师12人。全年毕业4397人,其中,学历教育学生中全日制硕士研究生367人,普通本专科生2237人(本科2141人、第二学士学位22人),成人教育本专科生1868人(本科459人、专科1409人),招生4242人,其中,学历教育学生中全日制硕士研究生505人,普通本专科生2557人(本科2532人、第二学士学位25人),成人教育本专科生1180人(本科生513人、专科667人)。全校有在校生14501人,其中,学历教育学生中全日制硕士研究生1386人,普通本专科生9965人(本科9628人、第二学士学位48人),成人教育本专科生3150人(本科生1665人、专科1450人)。本科毕业生就业率98.10%,高考北京地区提档线一本理科494分,二本理科441分、文科474分。留学生毕业110人,招生115人,在校生199人。图书馆建筑面积19652平方米,馆藏图书126.88万册,其中,电子图书108.98万册。年内被评为“首都文明单位”。

地址:晋元庄路5号

邮编:100041

电话:88802114

网址:www.ncut.edu.cn

(钱昌照)

【获首都大学生工作实效奖】 在1月8日由市委教工委、市教委主办的“思考与展望:在中央16号文件颁布5周年的新起点——北京高校德育高层论坛·2009”上,北方工大申报的“助困育人相结合,促进家庭经济困难学生成长成才”、“强化文化素质教育,促进学生全面成长”,分获上年首都大学生思想政治教育工作实效奖三等奖和优秀奖。论坛还发布首都大学生思想政治教育课题招标情况和中标名单。校党委副书记项进申报的“北京高校班主任队伍建设现状调查研究”与其他高校申报的14项课题获得重点课题立项,袁本文申报的“互动式教学法在‘毛泽东思想和中国特色社会主义理论体系概论’课中的实践应用研究”、胡春江申报的“柔性管理在学生工作中的应用研究”、姚彩琴申报的“大学生学习倦怠感及其人格因素研究”、何有华申报的“大学生党员一对一结对在学风建设中的作用”等4项课题分获一般和支持课题立项。

(钱昌照)

【获6个硕士学位授予权】 3月4日,根据国务院学位委员会办公室下发的关于批准工程硕士培养单位新增工程领域的通知(学位办[2010]9号),北方工大获得电气工程、电子与通信工程、集成电路工程、软件工程、建筑与土木工程和工业设计工程等6个领域工程硕士专业学位授予权。这是继机械工程、控制工程及计算机技术获得授权后,在工程硕士专业学位授权领域取得的重大进展。

(钱昌照)

【获评“先进图书馆”】 3月5日,经市高校图工委推荐,华北地区高等学校图书馆协作委员会评选,华北地区高等学校图书馆协作委员会授予清华大学、北京大学、中国人民大学和北方工业大学等20所高等学校图书馆本年度“先进图书馆”称号。

(钱昌照)

【精品课程获3项市级奖】 根据市教委关于公布本年度北京高等学校市级精品课程名单的通知,以王景中教授为课程负责人的“计算机安全技术”,以张建国教授为课程负责人的“复变函数与积分变换”被评为年度市精品课程。以郭涛教授为带头人的“大学英语课程教学团队”被评为年度市优秀教学团队。

(钱昌照)

【举办市大学生棒垒球联赛】 5月8日上午,市第十五届大学生棒垒球联赛暨2010年中国大学生棒垒球联赛北京赛区选拔赛在北方工大拉开帷幕。原台盟中央副主席、全国政协常委、副秘书长,中国大学生体育协会棒垒球分会名誉主席李敏宽等出席开幕式。本届联赛共吸引包括清华大学、北京大学、中国政法大学、北京师范大学、中央财经大学等17所高校的13支棒球队和10支垒球队参赛。作为北京高校最高水平的棒垒球赛事,本届比赛也成为历届联赛参赛队伍最多、规模最大的一届。经过激烈角逐,北方工大棒垒球队获本届棒垒球联赛冠军,王桂兰、谢静获得优秀教练员奖,王小娇获得本垒打奖,李赛、李源获得优秀投手奖,陈驰、姜頔获体育道德风尚奖。学校还被授予集体体育道德风尚奖。

(钱昌照)

【会商“十二五”发展战略】 7月5~7日,召开暑期干部会,集中研讨学校“十二五”发展战略。党委书记吴晚云主持会议,全体中层干部参加会议。校长王晓纯作“十二五”时期学校发展思路的主题报告。“十二五”时期学校发展的总体思路是:内修品质、外树形象,整体推进、重点突破。改革发展的主要内容包括一个目标、两个战略和三个优先。“一个目标”即学校发展的总体目标:在保持办学条件、办学环境具有优势的前提下,重点将学校整体实力提高到一个新水平,建设特色鲜明、人才培养质量高、核心竞争力强、社会声誉好、与首都经济社会发展密切结合、充满生机与活力的高水平大学,包括重点学科和一级硕士点、科研经费、国家级项目、高水平论文等方面的具体指标。“两个战略”即开放办学战略和人才强校战略。“三个优先”包括优先加强学科建设、优先加强学术建设、优先加强学风建设。王晓纯、吴晚云在讲话中要求各学院在稳定办学规模的基础上，重点谋划发展目标、发展定位、学科建设、人才队伍建设、学术水平、专业特色、教学质量等内涵发展内容，坚持以人为本，重视人文关怀，紧扣内涵发展这个中心，制定好本单位的“十二五”时期发展规划。与会人员围绕确定新的发展目标、实施“两个战略”、贯彻“三个优先”、加强党风廉政建设等主题进行分组讨论，并作大会交流发言。

（钱昌照　张　煜）

【市级校外人才培养基地】　5月26日，根据市教委关于公布北京高等学校市级校外人才培养基地的通知（京教函[2010]297号），以北方工大为基地主持学校，以“北京中科创新园高新技术有限公司、北京天华博实电气技术有限公司、北京浩普华清电气技术有限公司”为基地依托单位的校外人才培养基地被认定为“2010年北京高等学校市级校外人才培养基地”建设单位。

（钱昌照）

【市级实验教学示范中心】　6月7日，根据市教委关于公布北京高等学校实验教学示范中心名单的通知（京教函[2010]334号），北方工大“数字媒体艺术实验教学中心”被评为北京高等学校实验教学示范中心。迄今已拥有5个市级实验教学示范中心。

（钱昌照）

【新增一个市重点建设学科】　6月17日，市教委、市学位委员会下发关于公布增列市重点学科名单的通知（京教研[2010]14号），北方工大电力电子与电力传动学科被批准增列为市重点建设学科。加上之前获批的数量经济学、经济法学、思想政治教育、机械电子工程、检测技术与自动化装置、计算机应用技术学科，目前北方工大有7个市级重点建设学科。

（钱昌照）

【10个项目获国家基金资助】　6月28日，根据全国哲学社会科学规划领导小组通知，北方工大2项科研项目获国家社科基金立项资助，分别是理学院陈云的“城乡居民收入差距的非参数统计分析及政策调整研究”和文法学院李海燕的“河汾王氏和陕郡上官氏与初唐诗学研究”。8月18日，国家自然科学基金委员会网站公布的年度国家自然科学基金申请项目评审结果，黄际政、刘继英、刘峰斌、蒋正荣、林文洁、戴澜、赵会群、吴文祥8位老师获得资助。

（钱昌照）

【教师获奖情况】　5月26日，根据市教委（京教函[2010]296号）通知，建筑工程学院教授贾东获“第六届北京市高等学校教学名师奖”。在6月21日市委教育工委召开的专题会议上，文法学院杨超获第三届“北京高校十佳辅导员”称号，这是北方工大教师首次获得此项称号。在9月7日北京市庆祝教师节大会上，文法学院谭旭东获“2010年北京市师德先进个人”称号。

（钱昌照）

【新增2名人才工程市级人选】　7月12日，市人力资源和社会保障局等七部门联合下发关于公布北京市新世纪百千万人才工程市级人选的通知（京人社专家发〔2010〕180号），北方工大教授邹建成、姜岩峰入选“2010年新世纪百千万人才工程市级人选”。此次全市新增101名新世纪百千万人才工程市级人选，其中市属高校有20余人入选。

（钱昌照）

【校棒垒球队联赛夺魁】　7月18～28日，在上海外国语大学举行的第六届中国大学生棒垒球联赛中，北方工大棒球队和垒球队分获棒球联赛和垒球联赛甲组冠军，这是该校建队以来首次在全国大学生比赛中囊括棒、垒球冠军。垒球队获体育道德风尚奖，棒球队教练谢静、垒球队教练辛苗获优秀教练员称号，队员李源、米蕊、马小雨分获优秀投手和最佳击球员称号。本届联赛吸引来自全国22所院校30支队伍参赛。

（钱昌照）

【获“结构长城杯金奖”】　8月1日，北方工大新建的“图书信息楼及地下停车场工程”建筑结构，被评为市建筑结构质量的最高奖项——“结构长城杯金质奖工程”。该工程于上年3月开工，施工单位为北京住总第六开发建设有限公司、监理单位为鑫诚建设监理咨询有限公司、设计单位为北京中色北方建筑设计院有限公司。是北方工大继学生第八公寓工程、实验楼工程（第四教学楼）、教学实验综合楼工程（第五教学楼）、学生九公寓工程、留学生公寓及学生食堂工程（国教中心）后第六个获得“北京市结构长城杯工程金奖”的工程。

（钱昌照）

【人才强校再获丰硕成果】　根据市教委（京教函〔2010〕478号）通知，又有一批教师入选市人才强教深化计划。名单如下：特聘教授：理学院颜松远，讲座教授：信息学院阮秋琦、机电学院单忠德，高层次人才：机电学院孙德辉、信息学院王景中，创新团队：建筑学院屈铁军团队、信息学院赵会群团队、文法学院田晓云团队、机电学院孙启国团队，中青年骨干人才韩飞、王洪波、张从鹏、董慧凝、刘波、王斐民、宋威、李海燕、肖珂、毕瑞祥、米仪琳、袁凤识、李红梅、魏秀丽、童立靖、马欣、梁玮男、李小勇、王书平。

（钱昌照）

【获高校优秀成果二等奖】　9月10日，市委教育工委下发关于公布2008～2009年北京高等学校党的建设和思想政治工作优秀成果及创新成果获奖名单的通知（京教工〔2010〕38号），北方工大申报的“以形势与政策教育为切入点，推进大学生思想政治工作创新发展”获优秀成果二等奖，这是历次参评该奖项取得的最好成绩。

（钱昌照）

【9人获个人项目资助】　10月11日，经市委组织部评审委员会评审

决定,北方工大有9人获得当年度北京市优秀人才培养个人项目资助,资助金额共计39.5万元。

(钱昌照)

【获第五届鲁迅文学奖】 10月19日,第五届鲁迅文学奖揭晓,文法学院中文系谭旭东博士《童年再现与儿童文学重构》获第五届鲁迅文学奖,这是北方工大首位获此殊荣的教师。鲁迅文学奖是中国具有最高荣誉的文学奖项之一。第五届鲁迅文学奖征集参评作品工作于2月28日启动,4月30日结束。经评审和投票,产生30篇(部)获奖作品,其中中篇小说、短篇小说、报告文学、诗歌、散文杂文、文学理论评论各5篇。

(钱昌照)

【获教学基本功比赛一等奖】 10月21日,市委教育工委下发关于第四届北京高校思想政治理论课教学基本功比赛获奖名单的通知,思想政治理论教研部青年教师王洪波博士获一等奖,这是北方工大教师近年来参加这一比赛连续获奖所取得的最好成绩。

(钱昌照)

【创先争优活动获三项大奖】 12月3日,北京高校创先争优活动阶段总结部署暨表彰大会在北京会议中心召开,70名育人标兵、30名成才表率和30个党建工作项目受到表彰。北方工大经济管理学院会计系教授刘永祥被评为"北京高校育人标兵",经济管理学院国贸07A-3班张瑞被评为"北京高校成才表率",经济管理学院会计系教工党支部"教工党员创先争优四个'一对一'工程"被评为"北京高校优秀党建工作创新项目"。

(钱昌照)

【北京管材国际会议】 11月6~7日,北京管材国际会议(Beijing Tube Conference 2010)在北方工大召开,会议由国际管材协会(ITA)与中国钢协冷弯型钢协会(CCRSA)共同举办,日本塑性加工学会(JSTP)辊式成型分会协办、北方工大承办。围绕会议主题"管材与冷弯成型技术的创新——面对'绿色'和'智能'制造技术的挑战",探讨和交流该领域的先进理论、关键技术及今后的发展与合作方向。出席会议的有来自国内外高校学者和知名企业代表约200人。其中来自德国、澳大利亚、日本、奥地利等国家的专家学者20余人。

(钱昌照)

【校标正式发布启用】 11月12日,北方工大校标正式发布启用。校标的中心图案由三个叠放的"人"字与天宇运行轨迹组成,标准色为深紫红色。三个叠放的"人"字,寓意北方工大在人才培养中"以人为本",培育具有完善"人性、人格、人品"的人才。它似圆规,寓意知识与实践是成才的根基,也象征治校做人的规矩与方圆,较为完善地诠释校训:"敦品励学,才德并懋"。它似树——十年树木,百年树人,寓意北方工大在教学和科研中为国家培养的无数栋梁之才。它似山,寓意北方工大位于风景秀丽的西山脚下。天宇的运行图形,既寓意北方工大未来广阔的发展空间与前景,又寓意北方工大博大的胸怀与抱负,同时也寓意当代的高新科学技术。新校标征集活动自年初启动以来,有关部门在33个设计方案基础上,广泛征求意见,反复修改完善,经过广大师生员工投票,确定入选方案,经校长办公会研究,最终确定学校校标。大学校标是大学的标志和象征,体现办学理念、学校精神和办学特色,是学校历史和文化的积淀与浓缩,对增强广大师生和校友的凝聚力、向心力,提高学校美誉度,具有重要意义。

(钱昌照)

【云计算技术研究中心成立】 12月16日,云计算技术研究中心成立仪式在第一教学楼338会议室举行。王晓纯致辞并为中心主任和研究人员颁发聘书。云计算技术是一种新的基于Internet的计算技术,一些著名研究机构和IT企业对云计算技术的研究刚刚起步,北方工大抓住时机,通过引进人才、合作研究形式,建立云计算技术研究中心,促进云计算技术与应用方面的研究。

(信息工程学院)

【建筑学院获奖】 12月19日,由建筑工程学院教授孙世国负责的两项课题:"复杂条件下排土场安全控制关键技术的研究"、"布沼坝露天矿五期扩建安全控制关键技术的研究"分别获得中国冶金矿山企业协会和云南省科技进步一等奖。这是孙世国科研团队近年来以学校名义获得的第7项省部级和国家级科技进步奖。

(建筑工程学院)

北京工业职业技术学院

【概况】 北京工业职业技术学院(简称北工职院)是一所以工科教学为主,涵盖工、管、经、法等专业门类,独立设置的公办普通高等职业技术学院。学院前身为创建于1956年的北京煤炭工业学校,1994年开始举办高等职业教育,1999年正式改制为职业技术学院。2000年被教育部确定为全国首批示范性职业技术学院建设单位;2002年被财政部、教育部确定为中央财政重点支持建设的示范性职业院校;2003年在教育部组织的高职高专院校人才培养工作水平评估中,成为全国首批八所优秀院校之一。2002年和2006年两次被评为"北京市职业教育先进单位";2007年入选"国家示范性高等职业院校建设计划",成为"十一五"期间国家重点支持建设的百所重点高职院校之一;2008年被市委教育工委评为党建和思想政治工作优秀院校。学院占地面积24.01万平方米、建筑面积19.25万平方米；图书馆建筑面积5868平方米，藏书45万册，数字资源13203GB；固定资产总值44516.5万元，其中教学、科研仪器设备总值26316.29万元；全年教育经费投入28510.62万元，其中国家拨款23710.9万元、自筹经费4799.72万元。设有机电工程系、建筑工程系、信息工程系、经济工程系、社会科学系、基础部和思想政治教育部等7个教学系部和1所成人教育学院。开设高职专业32个，其中"国家示范性高等职业院校建设计划"立项建设专业5个，国家级精品专业2个，市重点支持建设专业7个，有国家精品课程10门，市级精品课程11门，院级精品课程45门。校内生产性实训企业5家，学校一体化实训室129个，稳定的校外挂牌实训基地230个。教职工总数为479人，其中专任教师319人，包括教授11人，副教授114人。其中全国优秀教师2人，北京市高校教学名师5人，市优秀教师12人，市中青年骨干教师46名，教育部高等学校高职高专专业类教学指导委员会委员7人，全国和北京市高职高专院校人才培养水平评估专家5人。年内，毕业生1900人，其中学历教育学生中全日制普通专科生1860人，成人教育专科生40人。专科毕业生就业率为99.68%。招生1929人，其中学历教育学生中全日制普通专科生1889人、成人教育专科生40人。在校生6912人，其中学历教育学生中全日制普通专科生6856人，成人教育专科生56人。学院坚持走"内涵式、精品化"发展道路，围绕建设"有特色、高水平、国内一流、国际知名的示范性高等职业技术学院"的目标，实践"校企互动、产教对接、学做合一"的办学理念，以专业建设为龙头，不断深化教育教学改革，稳定规模，提高质量，强化特色，着力加强教学条件建设，努力促进学院人才培养质量和社会服务能力的提高，努力提升学院综合实力和办学水平。

地址：石门路368号

电话：51511004

邮编：100042

网址：www.bgy.org.cn

（谢光辉　刘建新）

【各类竞赛成绩优异】　1月7日，市教委在北京会议中心举行"2009年北京市大学生学科竞赛颁奖会"，本院一代表队获得"2009年全国大学生数学建模与计算机应用竞赛（专科组）"一等奖，成为该奖项北京赛区唯一获得者。本院派出14个代表队参加大学生数学建模与计算机应用竞赛北京赛区比赛，最终摘得该赛区唯一一个全国一等奖。同时，两个代表队获得全国二等奖、一个代表队获得市一等奖、三个代表队获得市二等奖。在全国第二届大学生数学竞赛暨北京市第二十一届大学生数学竞赛中，4名学生获得一等奖，4名学生获得二等奖，3名学生获得三等奖，获奖总数位列全市高职类院校之首。

（刘建新）

【香港高职考察团到访】　1月12日，经教育部推荐，以香港职业训练局副执行干事为团长的"香港内地高等职业技术教育考察团"一行30人对本院进行友好访问。代表团由香港特别行政区教育局相关官员及香港职业教育多个学院院长和高级行政管理人员组成。双方就办学理念、人才培养模式、实践教学环境等进行探讨和交流，代表团还参观相关实训室，并表达校际之间加强教师交流、学生互访、学术研究等多方面意愿。

（刘建新）

【高职改革调研座谈】　1月19日，教育部"高等职业教育改革发展情况调研座谈会"在本院召开。教育部党组副书记、副部长陈希，部长助理、党组成员林蕙青等一行5人与来自全国12所高职院校主要领导、高职教育研究专家以及北京市、天津市教委主要负责人参加。与会领导观看介绍高职教育视频录像，视察学院建筑工程系和机电工程系实训基地，对学院订单培养的人才培养模式，特别是从招生开始，企业就为学生留下工作岗位的蒂森克虏伯电梯班订单培养方式表示认可，认为值得推广。

（谢光辉　刘建新）

【打造动漫游戏人才输出基地】　1月19日，"NICC国际动画学院全国动漫人才实训基地暨全国信息技术人才培养工程培训基地签约揭牌仪式"在学院举行。中关村石景山园、中国动画学会、美国纽约电影学院驻华代表及学院领导致辞，来自中关村石景山园管委会、文化部中国艺术研究院、工业和信息化部中国电子竞技大会、央视辉煌动画公司、天津对外经济贸易职业学院等相关政府部门、行业组织、合作院校领导和企业界代表以及各大主流媒体出席本次活动。北工职院与天津外经贸职业学院分别是NICC国际动画学院北京和天津地区的唯一院校合作伙伴，学院以中关村科技园区石景山园和北京数字娱乐产业示范基地为依托，与国内各动漫文化产业基地、职业学院和动漫企业建立人才合作、师资培训、共建实验室等形式的合作关系，搭建"院校—实训基地—企业"三方之间畅通无阻的增值合作平台，面向国内动漫、游戏等文化创意企业长期提供人才培养和输送、提供订单式应用型职业技术人才定向培养、推荐应用型职业技术人才、免费发布人才招聘信息、提供项目服务外包合作信息等。

（谢光辉　刘建新）

【生产车间入校园】　3月17日，与北京京闰电气有限公司签署校企进一步合作协议，宣布双方共建"标准产品"和"控制产品"两个生产车间（学院挂牌为"机电产品装配实训基地"）在机电系实训楼正式开工建设。根据协议，京闰公司主要提供变频器、软启动器、调功器等价值60万元设备,学院提供车间建设场地和基础条件。8月30日,两个车间建成并投入实用,能够完成变频器、软启动器等4种机电产品的生产制造,同时为机电类专业学生提供组装调试、产品检测、设备维修、采购等一系列真实职业环境下实训岗位。

(谢光辉　刘建新)

【高职项目通过验收】 7月1日,教育部和财政部组织专家对本院"国家示范性高等职业院校建设计划"2007年度立项建设院校项目进行验收评审。专家组一致认为本院在课程体系建设、师资队伍建设、实验实训条件建设等多方面,全面完成示范性建设各项预期目标。校企合作制度建设、专业人才培养质量、学生就业、紧密结合产业与行业的服务能力及承担社会责任等方面成绩显著,社会认可度高。教育部和财政部同意通过验收,评为优秀等级,并决定给予500万元的一次性奖励,用于国家示范性高职学院深化建设工作。

(谢光辉　刘建新)

【全国技能大赛获奖】 6月25～27日,由教育部、天津市政府、人力资源和社会保障部等16家单位共同主办的"2010年全国职业院校技能大赛"在天津举行。北工职院代表队代表北京市参加高职组"汽车技术——汽车检测维修与故障排除赛项"和"电子设计——嵌入式产品开发"两个赛项的比赛。7月27日,教育部公布获奖名单,本院一支代表队获"汽车技术——汽车检测维修与故障排除"赛项"全国团体一等奖",同时获其子赛项"发动机修复运行与检验分析"单项第一名;另一代表队获"电子设计——嵌入式产品开发"的"全国团体二等奖"。

(刘建新)

【7课程入选国家精品课程】 6月2日,7门课程入选国家精品课程。入选课程分别是:刘兰明教授负责的"职业基本素养"、贾书申教授负责的"公共体育"、薄志毅教授负责的"矿山测量"、宋文光教授负责的"市场调查与分析"、董红卫副教授负责的"法庭速录"、许保国副教授负责的"煤矿生产安全事故调查与处理"、卞化梅副教授负责的"CNC雕刻加工"。至此,本院有国家精品课程10门,市级精品课程11门。

(刘建新)

【1团队入选国家教学团队】 7月7日,信息工程系通信技术专业教学团队入选"2010年国家级教学团队"。该团队依托"国家示范性高职院校建设计划"立项重点建设的通信技术专业而建,承担通信技术专业群各相关专业的教学和专业改革建设等工作,在人才培养模式改革、课程体系建设、校企合作和开展职业技能鉴定等方面取得成果。团队现有专兼职教师27名,其中专职教师13名,兼职教师14名。专职教师中,教授2人,副教授6名,讲师2人,硕士学位获得者共11人,4人博士或博士在读,具备"双师"素质的教师达到100%;兼职教师中,中高级工程师或主任级工程师占9人。至此,本院有两个团队入选国家级教学团队。

(刘建新)

【开展人才订单培养】 6月2日,与蒂森克虏伯电梯有限公司(中国区)正式签订2010级订单人才培养合作协议。根据协议,该院在当年招生计划中单列出120个名额用于"蒂森订单班"招生。根据企业需要,学校负责该计划落实到8个省份组织招生。企业负责协助学校在各相关省市的招生宣传,介绍企业与订单培养基本情况,吸引优秀生源报考订单培养专业,保证招生任务完成。学生报到入学后,学院、企业和学生协商确定三方责、权、利,签订相关协议,确保订单班学生招生、培养、毕业等环节实施。订单班学生自入学起即具有在校学生和企业员工双重身份。人才培养过程中学校在确保高职教育要求基础上,根据订单班学生将来工作岗位特点,与企业共同研讨、制定订单班人才培养计划。本院同时与中国铁路建设公司、山东淄博矿业集团、北京飞机维修公司、海南航空和神华集团等众多企业达成订单培养协议,订单人数占到全年招生总数30%。

(刘建新)

【共建机器人实训室】 8月30日,与川崎机器人有限公司共同建成"工业机器人实训室"。公司为实训室建设提供价值为80万元的工业机器人及相关设备和技术支持。该实训室主要承担机电一体化技术、电气自动化技术等有关专业教学实训,同时为学生考取川崎工业机器人操作证书开展技术培训,以促进学生对工业机器人操作技能提高。该实训室同时对外挂牌"川崎机器人有限公司华北地区培训基地",主要负责华北地区川崎机器人公司机器人操作和维修人员培训等工作。

(谢光辉　刘建新)

【综合改革试点获批】 10月24日,与石景山区联合申报的国家教育体制改革试点项目"开展地方政府促进高等职业教育发展综合改革试点"获批。该项目通过北工职院与石景山区联合建立国家级高等职业教育综合改革试验区,挖掘发挥地方政府政策调控与资源配置作用,统筹规划,整合区内资源,开展高等职业教育综合改革。学校着力改革人才培养和教学模式,建立多元教学评价和全面教学质量监控保障体系,提高人才培养质量;承担社会责任,为所在地区开展技术服务和社会培训,提升服务区域经济社会发展能力。

(刘建新)

【获煤炭工业科技奖】 11月8日,与中国矿业大学(北京)等单位联合申报的"煤炭产量远程监测技术与系统”被评为一等奖，实现科研成果省部级一等奖零的突破。该成果在高精度防爆矿车衡的研制、符合煤矿安全要求的矿车衡产量监控系统研制、基于图像处理的矿车衡防作弊系统研制和矿车衡防搭桥作弊技术等方面研究取得11项技术突破，制定煤炭行业标准2项，获国家专利3项，获计算机软件著作权4项，研制系统及产品12种，取得矿用安全标志证书12项，防爆合格证11项，制造计量器具许可证和计量器具型式批准证书4项。项目成果先后在10个煤矿生产现场推广应用。

（刘建新）

【社会培训9600人次】　3～12月，依托国家二级安全培训资质、教育部高职高专师资培训基地、市职业院校建筑类师资培训基地和市矿山安全生产培训基地，利用专业优势教学资源，举办“北京市矿山企业主要负责人培训班”、“北京市矿山企业安全管理人员安全培训班”、“昊华采矿技术培训班”、“昊华机电技术培训班”、“昊华矿山测量技术培训班”以及“神华神东煤炭集团公司订单培养班”等58个培训班，完成培训9600人次。

（谢光辉）

文化·传媒

文　　化

概　　述

北京市石景山区文化委员会(简称区文化委),是负责全区文化艺术、文物和博物馆、新闻出版和著作权以及广播电影电视事业管理工作的区政府工作部门。内设办公室、组织人事科、文化科、文物科、文化市场管理科和监察科1室5科。下属行政执法队、文化馆、图书馆、少儿图书馆、古城电影院、法海寺文保所、慈善寺文保所、承恩寺文保所、冰川馆、文物研究所、会计管理中心11个单位,在职员工204人。当年是“十一五”收官之年,区文化委坚持以科学发展观为指导,以建设世界城市、“三个北京”为契机,以科学编制“十二五”规划为推动,以“文化兴区”和“文化惠民”为主线,摸清文化资源底数,了解群众公共文化需求,研究文化与经济、旅游、科技的关系,研究文化对促进区域发展的支撑点和着力点,邀请专家多方沟通对接、多层面论证、研讨,科学编制“十二五”规划,完成“关于落实人文北京行动计划,加强文化建设”、“关于石景山区‘十二五’期间文化事业发展的目标、重点及政策措施、建设世界城市,促进区域文化发展繁荣的对策与建议”、“石景山区‘十二五’期间文化兴区总体思路研究”等调研。完善基层基础设施,坚持公共文化服务普惠与提升并重,完成全区公共文化中心(站)电子基础数据库建设,为街道文化站及社区配备价值近300万元的文化设施和设备。加大政策支持和资金支持,争取市级资金扶持437.5万元,用于升级文图三馆硬件设施;推动文化馆新馆立项。开展“群众文化年”系列活动,组织元旦、春节晚会、“古城之春”艺术节、夏日文化广场等大型演出43场次、中小型活动236场次,22万余人次参与;承办第六届市“舞动北京——群众舞蹈大赛”城区复赛、决赛组织工作并获城区团体金奖;开展与韩国麻浦民间文化交流活动。坚持文物保护与文化开发并重,挖掘京西文化内涵,西部开发中采取集中、迁移、原地三种保护方式对四合院进行保护;完成第三次全国文物普查阶段性工作;冰川馆被国家科协授予“全国科普教育基地”称号;争取市、区资金1587.28余万元,启动香界寺、皇姑寺、龙泉寺、万善桥修缮工程,完成慈善寺引水上山、法海寺泵房和慈祥庵门前改造工程;筹集社会资金2530万元修缮双泉寺、长安寺、证果寺、孙家花园,督促首钢绿化公司投资120万元改造石景山古建群周边环境;举办“聚缘法海古寺、相约中秋赏月”活动;推荐第三批北京市级非物质文化遗产项目代表性传承人及第二批区级传承人的专家评审;开展永定河、古香道考察;利用慈善寺、承恩寺等举办特色活动。坚持规范市场与促进繁荣并重,对重点企业实行重点服务,对冰雪嘉年华、台湾街、啤酒节、重阳登高节等重点文化项目的审批实行申请、受理、审批“三优先”和一站式服务;完成文化经营场所审核换证274家及老古城综合改造项目土地一级开发等22个项目的审批。引进企业注册资本1个亿。完善联合执法机制,开展全区性“扫黄打非”等专项整治行动,确保文化经营场所安全有序、文化市场日益繁荣。行政执法队被市政府授予“模范集体”称号,并在全市推广执法经验。

地址:石景山路18号
电话:68607158
邮编:100043

(苗天娥)

群众文化

【概况】 截至年底,健全完善区文化馆——街道文化站——社区文化活动室三级公共文化服务体系和区级示范团队——各街道文体协会及艺术团——社区基层艺术团队三级文化队伍体系。有国家二级文化馆1座,各类文化广场93个;各街道全部建有文化服务中心。全区除新改扩建社区外，全部建有社区文化室。有群众业余文艺团队423支，涵盖合唱、舞蹈、戏剧等各个艺术门类，人数达到1.5万余人。年内，按照区域文化发展要求，围绕“大调整、大建设、大发展”工作主基调，以提升区域文化软实力，丰富群众文化生活为目标，以提高公共文化产品供给能力，营造和谐良好的区域文化氛围为重点，遵循“高端、高效、高标准”的原则，以弘扬京西文化为主线贯穿全年“群众文化年”系列活动，着力推动“文化兴区”和“文化惠民”战略的实施，开展军民春节联欢晚会、露天剧场演出、清明诗会、第27届“古城之春”艺术节、夏日文化广场、“舞动北京”群众舞蹈大赛、奥运城市体育文化节石景山之夜等系列活动，丰富全区人民的文化生活。不断加强公共文化服务体系建设，初步完成全区公共文化电子基础数据库建设工作，优化文图三馆基础设施，启动文化馆新馆工程，健全完善非物质文化遗产项目档案资料及数据库建设，文艺创作推陈出新，促进群众文化工作再上新台阶。

（黄　杰）

【军民春节联欢】 2月9日晚，在区体育馆举行军民春节联欢晚会。整场晚会以“创意创智CRD，龙腾虎跃石景山”为主题，以本区历史文化传承、古今追溯为主线，展示历史文化内涵，体现京西文化，反映CRD的时尚现代色彩，反映全区各界人民及各项事业和谐发展，向现代都市迈进。节目内容既有具有传统而深厚的文化底蕴，又不乏CRD的青春活力时尚娱乐的发展特色。《古韵京西》、《春醉花园城》等一批原创节目精心推出，400余名军地演员同台献艺喜迎新春。北京军区、驻区企业和区四套班子领导同部队官兵和来自全区各条战线的1300余名观众观看演出。

（黄　杰）

【承办清明诗会】 3月31日，第三届北京清明诗会在区体育馆举行。本次活动由市委宣传部、首都文明办、市文化局、北京电视台、区委区政府主办，区委宣传部、区文明办、文化委、体育局和广电中心共同承办。诗会以“珍爱生命·思念感恩”为主题，分为“生命”、“生活”、“自然”三个篇章，来自全市各行业0.2万余名群众组成14个方阵同现场演员一起，共同演绎20余首不同风格的清明古诗词、伟人诗笺、英烈诗抄以及当代诗人追思先烈的诗词。北京电视台整合三大自有媒介平台BTV卫视、BTV在线及BTV手机电视，于4月4日晚同步播出诗会盛况。区文化委高效完成1600名群众演员观众的组织、演出互动的培训、排练、审查工作。安全顺利完成6300人次的演员及观众食品饮水发放等后勤保障工作。

（黄　杰）

【群众文化年活动】 依托元旦春节、“古城之春”艺术节等传统节庆，广泛开展“群众文化年”系列活动。全年组织区级演出43场次，中小型群众文化活动236场次，参与人数22万余人次。4月30日，“群众文化年”系列活动启动仪式暨第27届“古城之春”艺术节开幕式——“精彩荟萃齐动员”优秀文艺团队展演在八大处公园二处广场隆重举行，来自全区各界和驻区高校的15支群众艺术团队表演精彩文艺节目，近千名观众观看演出。

（黄　杰）

【第27届“古城之春”艺术节】 4月下旬到6月中旬举办。全区居民群众用舞蹈、合唱、器乐、曲艺、诗歌、故事等艺术形式，唱响“文化京西 和谐家园”主题，展示CRD建设成果和京西文化形象。本届艺术节推出“精彩荟萃齐动员”优秀文艺团队展演、“百姓群英会”文化艺术比赛、“情系石景山”配乐诗、散文朗诵比赛、“红歌唱响京西”群众合唱活动以及主题征文、故事会等一系列群众文化活动。艺术节呈现三个特点：1. 活动形式多样。在举办合唱、艺术展演等传统活动基础上，创新思路，举办百姓群英会、民间传说故事会等多种群众喜闻乐见的文化活动，百姓周末大舞台、周末剧场演出同时上演；2. 人才佳作涌现。一批优秀艺术团队、艺术人才和优秀文艺作品崭露头角，精品迭出。艺术节期间，区文化馆选送的梅花大鼓《岁月如歌》获文化部第十五届群星奖；3. 各界广泛参与。突破单一以街道社区为参与对象的活动模式，各街道办事处、机关企事业单位、驻区高校等34个单位，0.4万余名各界群众直接参与艺术节活动，观众近10万人次。

（黄　杰）

【露天剧场演出】 扶持培育惠及普通民众的文化演出市场，依托露天剧场，不断提升“周末剧场”演出规模和水平，为不同层次、不同人群提供丰富文化产品。石景山游乐园CRD露天剧场周末剧场演出效益良好，活动引进北京儿艺、良宵竹乐团、心灵呼唤残疾人艺术团等专业团体，面向市民群众开展低票价、高水平的70场次专业演出，销售门票2.6万余张，上座率83%，6万余观众收益，销售金额53.9万元。在国际雕塑公园露天剧场开展“百姓周末大舞台”系列演出活动，在7～9月每个周末提供专业团体公益性演出，演出12场，近万观众观看。

（黄　杰）

【夏日文化广场】 6月22日，第27届“古城之春”艺术节闭幕式暨年度夏日文化广场开幕式文艺演出活动在国际雕塑公园举办，对艺术节涌现的优秀团队和艺术人才以及获奖节目颁奖。以广场演出、艺术比赛、艺术培训等活动为主要形式，组织举办“文化京西 和谐家园”文艺汇演、“我的舞台我来演”社区文艺展演系列活动、“舞出我精彩、快乐齐参与”群众舞蹈大赛、残疾人文化周专场演出活动,文化馆下基层慰问演出等各类型文化活动136场次,参与活动人数近15万人次。在全区范围内营造热烈喜庆、文明和谐的人文环境和文化氛围,为群众提供丰富公共文化服务产品。

(黄　杰)

【石景山之夜】　8月18日晚,"北京奥运城市体育文化节石景山之夜"在北京奥林匹克公园中心区上演。整台晚会以"文化京西、和谐家园、腾飞石景山"为主线,从追溯京西历史文化,到展现CRD建设成果和百姓幸福和谐生活,集合全区近年来群众文艺创作精品节目,以多种艺术表演形式,展现人文奥运主题和京西文化风采。整场演出,来自全区10余支群众文艺团队300余名演员与专业演出团体同台献艺,以先进文化的形式诠释奥运理念,展现石景山人民蓬勃向上的精神风貌和CRD建设的时代风尚。

(黄　杰)

【基层文化建设】　对全区街道文化活动中心、文化活动室、文化广场、文化共享资源等开展实地调查和科学统计,初步完成全区公共文化电子基础数据库建设工作。为街道文化站及社区文化室配备CD机、便携式音响、照相机、手风琴、演出服装道具等价值近300万元的文化设施和设备。研究并出台文化项目专项经费管理规定,加大落实北京市新建小区公共服务设施设置标准力度,进一步加强基层文化设施使用管理的监督与指导。扶持品牌队伍,开展首批地区性特色文化活动、品牌文艺团队、社区文化志愿之星评比,评选出14支品牌群众文艺团队和"和谐鲁谷"社区艺术节等5项特色地区性文化活动。加强文艺人才队伍建设,面向文化干部和艺术骨干开展摄影技巧、主持人培训。

(黄　杰)

【舞蹈大赛保障】　10月3日,"舞动北京——第六届群众舞蹈大赛"城区复赛在国际雕塑公园举行。由市委宣传部、市文化局、团市委、市文联、区政府联合主办,北京文化艺术活动中心、北京电视台、区文化委承办。赛事分为团体少年组、成年组、中老年组、广场舞以及单项舞台舞,来自6个城区和社会团体选送的35个舞蹈作品、800余人参加比赛。6日,在区体育馆举行决赛暨颁奖晚会。各职责部门密切配合,做好大赛服务保障和赛事组织工作,成立赛事筹备、领导接待、音响保障、后勤服务、观众组织、文化志愿者等保障小组,注重细节,精心实施,确保本次赛事顺利进行,获城区组团体金奖。

(黄　杰)

【文化阵地建设】　启动文化馆新馆工程建设。成立新馆建设工程领导小组,多次召开专家论证会和相关部门协调会,确定馆址,推进新馆土地规划、功能设计和立项工作,项目被列为下年度区重大项目工程。丰富文化阵地服务项目和内容,举办流动演出车文化慰问演出系列活动、"翠微艺苑"戏曲茶座等活动,惠及群众2万余人次。深入基层开展业务培训和辅导800余人次,全年辅导群众0.6万余人次。

(黄　杰)

【非遗保护】　年内,搜集整理非遗项目基础资料,完善项目档案资料及数据库建设,完成推荐第三批市级非遗项目代表性传承人及第二批区级传承人的专家评审和申报工作。召开《中华人民共和国非物质文化遗产法》修改意见专家研讨会,完成2009非遗年度发展报告撰写工作和永定河传说、太平鼓国家级项目"十二五"保护规划编制工作。走访慰问区内非遗项目传承人,组织部分非遗项目参加国际雕塑公园新春庙会活动。开展永定河文化考察活动,举办文化遗产日第二届民间传说故事会等非遗宣传活动,扶持鲁谷社区、苹果园街道、古城街道开展太平鼓传承和老物件收集活动。

(黄　杰)

【文艺创作】　实施文艺精品创作工程,探索创新,重点突破。动员组织全区文艺骨干和基层文艺创作爱好者创编歌曲、舞蹈、戏曲小品、书画等各类文艺作品560余件。依托京西古香道、法海寺壁画创编情景表演《古韵京西》、古典舞《曼妙天香》等文艺节目彰显京西文化内涵。创编梅花大鼓《岁月如歌》获文化部第十五届全国群星奖。组织选拔舞蹈团队参加市第六届"舞动北京"群众舞蹈大赛,获城区组团体金奖,舞蹈《圆月踏灯》获单项节目二等奖。创作故事《联合舰队》、《飞来的儿子》,在4个直辖市故事演讲比赛和第二届"沙坪坝文化杯"全国故事比赛中分获金奖和优秀奖。

(黄　杰)

【对外文化交流】　7月9日,韩国首尔麻浦区文化院民间文化交流团到区参观访问。双方就公共文化服务体系建设情况进行沟通和交流,并在区少年活动中心举行文化交流演出。11月30日~12月3日,"中国北京石景山区·日本东京板桥、墨田区·匈牙利布达佩斯市等11区和平主题区民摄影作品展"在区图书馆举办,70余件反映各地城市风貌和文化特色的摄影作品展出,500余人次参观展览。

(黄　杰)

图　书　馆

【概况】　截至年底,有国家一级公共图书馆2座:石景山区图书馆和石景山区少年儿童图书馆;9个街道全部建有街道级图书分馆,基层图书流通网点64个。年内,两馆办理借阅证12567个,接待读者52.5万人次,借阅图书72.3万册次。送书下基层以9个街道图书馆和26家送书点为主,开展上门换书、业务辅导、举办读书活动、图书捐赠等,不断加强网点建设，切实发挥流动图书车作用。深入推进基层文化信息资源共享工程，新建基层图书室及图书流通点8家，送书5万余册。开展图书读者活动场次436场次，7万人次参加。两馆顺利通过全国第四次公共图书馆评估定级检查，均被国家文化部评为一级图书馆。

（黄　杰）

【数字化图书服务】 5月24～30日，举办服务宣传周。活动主题是“充分发挥公益性电子阅览室作用，积极推进学习型社会建设”。活动中，区图书馆在全市公共图书馆中首家投入使用“电子报纸阅读机”和“触摸屏读报系统”，读者通过手指点击触摸屏即可阅读每日最新报纸30余种，还能通过简单操作“听”报纸。同时推出“中国数字化期刊全文数据库”、“电子图书数据库”、“报纸全文数据库”、“动漫图书数据库”、“工具书、年鉴数据库”、“在线模拟考试系统数据库”等6个电子资源数据库，便于读者查阅资料。宣传周期间，读者可以进行一小时免费的数据库资源体验。

（黄　杰）

【开展文化拥军】 加大“文化拥军”力度，在武警19支队、93658部队和66410部队建立3个图书分馆，提供图书2.1万余册。邀请部队官兵参加图书馆活动达20余次，近千人参加。根据部队阅读需求量身定制书单，把更多专业书、畅销书、官兵喜爱的图书送到广大官兵手中。在送书基础上，不断拓展延伸服务内容，将名家讲坛、灯谜讲座等品牌活动送进军营，丰富官兵精神文化生活。

（黄　杰）

【红领巾读书活动】 区少年儿童图书馆组织开展全区中小学校“红领巾”读书活动。活动以“读好书 讲文明 树理想”为宗旨，以“做文明北京人 阅读好书我先行”为主题，组织开展“做文明北京人——文明故事我来讲”故事比赛、“传承文化 弘扬经典”现场知识竞赛、“我看世博会”中小学生征文活动、第十一届“读书小状元”评选等活动，举办未成年人读书活动54场次，2万多读者参加。

（黄　杰）

【主题征文活动】 “京西文化 和谐家园”征文活动是“古城之春”艺术节一项重要内容，由区文化委、残联、妇联主办，区图书馆承办。活动面向普通群众，得到区机关、街道、学校、部队及广大读者支持和参与，征集稿件600余篇，通过散文、诗歌等不同体裁的作品，以普通群众视角追溯与感悟区域历史文化风采和京西文化底蕴，反映新时期CRD发展带来的社会生活各个方面的深刻而又迅速的变化，展现群众对石景山的炙热情感和对美好生活的真实感悟。评出一等奖2名，二等奖4名，三等奖8名，优秀奖14名。8月26日，在区图书馆举行颁奖仪式，对获得各种奖项的单位和个人进行表彰。

（黄　杰）

【中学生灯谜大赛】 11月5日，由区文化委、区教委主办的首届中学生灯谜大赛决赛在区图书馆举行。竞赛历时半年，旨在引导学生传承弘扬中华民族传统文化，开展健康向上的课外文化生活。区图书馆和图书馆协会举办9次灯谜讲座和赛前培训，十多所学校千余人次参加。5所学校6支代表队闯入决赛，实验中学拔得头筹，石景山中学、高井中学、京源学校、杨庄中学分获二、三等奖。市灯谜协会名誉会长、名誉顾问等出席并向获奖选手颁发《爱我中华灯谜选》图书。

（黄　杰）

【举办知识竞赛】 5月20日，“争做环保小卫士”幼儿家庭知识竞赛在区少年儿童图书馆亲子乐园内举办，9个家庭代表9个街道参加活动。区有关领导出席活动，为参赛家庭赠送“六一”儿童节礼物。11月30日，“文化共享、共建和谐”区共享工程知识竞赛在区广电中心举行。由区文化委、区广电中心主办，66019部队、高炮四团、北方工业大学和区共享工程九个基层服务点等单位6支代表队参加，高炮四团代表队获得冠军。

（黄　杰）

文物管理

【概况】 科学编制区“十二五”文物保护规划，实现文物保护和利用稳步推进。建立文物安全预警和应急机制，深入落实安全责任制，争取市级资金106万元，安装承恩寺防盗报警监控系统、维修更换田义墓及慈善寺的报警监控设施；区政府投资133万元，完成慈善寺消防输水管线工程，更换法海寺消防泵房设施，改造田义墓门前环境，改善重点文物保护单位安全状况。争取市、区两级修缮资金1587.28万元，启动皇姑寺二期、龙泉寺、香界寺、万善桥修缮工程；争取社会资金2530万元，启动双泉寺、长安寺、证果寺、孙家花园修缮工程。深入合作开发机制，达成对崇兴庵开发利用合作意向书。开辟绿色通道，优化审批制度，加速建设项目用地文物遗存的审核，完成行政许可项目22个。举办“聚缘法海古寺、相约中秋赏月”活动。完成第三次全国文物普查调查资料审核上报工作，录入单位100个。日常保护经费由每年度的35万元增至45万元。

（马彦斌）

【文化旅游考察】 3月30日，区主管领导带队，文化、旅游、研究室及民宗侨相关负责人赴杭州、无锡、苏州等地，针对其发展较成熟的文化旅游市场、大型文化演出、古镇文化以及佛教文化的打造进行考察。根据“文化兴区”战略要求，为制定“十二五”时期文化发展规划，促进区文化旅游事业新发展，拓宽文化发展和建设思路,考察组与对方文化旅游部门进行对接,就文化事业发展状况、“十二五”时期文化发展规划的思路和战略布局、文化产业发展思路及特色精品文化的打造进行多次座谈。通过实地考察和经验交流,得到以下启示:1. 文化体制改革需进一步深化,吸引更多社会资金,引领文化消费。2. 文化旅游及相关产业发展必须统筹规划,确定统一发展目标,形成协调一致产业布局。3. 公共文化服务体系需要进一步健全,要站在时代最前沿,研究百姓需要的文化服务和消费,才能建设与之相匹配的公共文化服务体系。4. 文化资源需要进一步整合,政府应为民间文化团体的发展搭建平台,加以专业辅导和培训,抓大放小,从而培养出优秀的民间业余团队。5. 打造文化精品迫在眉睫,本区需要尽快编创富含京西文化特色的经典剧目,建设一批标志性文化建筑,吸引知名演出团体落户本区。

(王莹莹)

【文保单位调研】 4月2日,京报集团党组书记、社长梅宁华一行17人到法海寺考察。7月29日,市科协领导一行到冰川馆调研,听取该馆科普活动及“科普益民”计划工作汇报,视察擦痕遗迹保护区。9月28日,市旅游局局长孙维佳到田义墓考察。4月15日,荣华与八大处方丈释常臧到双泉寺、慈善寺等处考察调研。9月7日,荣华率相关部门负责人到承恩寺调研,确定将承恩寺主体院落作为文物发展基地,挖掘承恩寺历史故事传说及京西文化。10月28日,荣华考察慈善寺。同月30日,周茂非到承恩寺调研。倪国锋于6月、10月分别到皇姑寺、承恩寺调研。

(马彦斌)

【文物修缮工程】 文物修缮工程齐头并进。4月20日,投资20万元,由城建亚泰公司施工的田义墓门前广场工程竣工。6月,双泉寺修缮工程启动,由灵光寺出资200多万元,大龙古建公司施工,文物研究所委托监管。8月20日,皇姑寺二期修缮工程正式开工,投资530万元,主要复建药师琉璃阁、观音殿西配殿、观音殿天王殿东耳房等。9月9日,慈善寺引水上山工程剪彩,正式通水。12月15日,承恩寺技防工程施工人员进场施工,此次工程由市文物局投资97.93万元、北京迈科电子系统工程有限公司施工。

(马彦斌)

【田野石刻收集】 4月21日,收集佟家坟火焰宝珠1件(顶部残损)。6月9日,收集五里坨散落石刻共17件。10月15日,收集金顶街东街路边散落石刻雍王碑座1件(残)、装甲兵司令部路北石栏杆杆柱1件、石磨2件。11月11日,五里坨隆恩寺地区施工出土郑真墓志及买地券。这些石刻均运往田义墓集中保管。

(马彦斌)

【冰川馆科普活动】 5月16日,冰川馆“全国科普教育基地”正式挂牌。注重发挥博物馆社会宣传作用,普及科普知识,落实科普惠民计划,扩大冰川馆知名度。10月6日,与北京赢蔡视界国际文化传媒有限公司、祥开万春(北京)国际拍卖有限公司联合举办“世界矿物艺术精品拍卖会”,拍卖竞拍品共33件,吸引不少国内外收藏者到馆参加竞拍,共拍出展品5件。

(马彦斌)

【抢救地下文物】 6月9日,接群众举报,五里坨地区隆恩寺路东100米处施工发现两座古墓。经清理发现,古墓早已被盗,出土石刻共17件。11月9日,群众举报隆恩寺路东100米处施工时又发现两座古墓。文物科、区文物研究所经过3天抢救性清理,至11日下午清理完毕。清理结果:西墓仅存砖砌墓门;东墓形制为砖砌拱券墓,墓门南向北西北上方被破坏,墓室内淤泥高达2米,证实该墓早年被盗,出土明代买地券一方、墓志铭一盒及氧化严重的嘉靖、万历年号铜钱十余枚。买地券朱砂书写,字迹模糊。青石墓志一盒,字迹清晰,为明朝万历年间司礼监管监事太监郑真墓志铭,徐阶撰文、王槐书丹、李勋篆盖。

(马彦斌)

【文物安全工作】 文物安全工作常抓不懈。建立由政府主管部门、文物行政执法队、文保协会及安全监督员组成的文物安全网络,在历年安全工作不断夯实的基础上,分析薄弱环节,抓住安保重点,提前布置、及早动手,制定实施方案,召开全区文物安全会议,与文保单位签订文物安全保护责任书,层层签订,责任到人。通过与区安监局、消防支队联合开展行动,每季度例行检查,敏感时段集中检查,通过全方位巡视,确保文物安全,营造安全的文物保护环境,获市文物局“文物安全和执法先进单位”。

(马彦斌)

【优化审批制度】 年内,开辟绿色通道,优化审批制度,完成多项文物项目的保护意见和行政许可工作。拟定老古城综合改造项目土地一级开发、衙门口休闲绿洲A区、C区、石龙路文物保护意见,五里坨路网文物保护意见,古城路网文物保护意见,为配合模式口历史文化保护区的整体开发建设,对奥宸公司提出模式口地区文物保护意见。拟定天泰山A地块,满井茶棚保护,衙门口保护意见。完成涌泉寺万泉寺遗址发掘、老山骨灰堂的修缮、显应寺(皇姑寺)三期修缮工程、万善桥修缮工程、首钢古建群修缮工程、姚家寺批复、古城中小科技企业基地D座、老古城前街社区、边府社区综合整治、何家坟村土地一级开发、刘娘府改造、模式口村76号四合院、北京市中低速磁悬浮交通示范线等22个工程项目的行政许可工作。

(马彦斌)

【利用文物资源】 吸引社会资金,

动员社会力量，开展文保单位的保护修缮利用，达成对崇兴庵合作利用意向书。与区佛协合作开发双泉寺，其固定资产投资300万元，做到文物资源有效保护和合理使用共促进。举办“聚缘法海古寺，相约中秋赏月”活动，开拓多种利用模式，展示京西文化韵味，扩大社会影响力，助推文化旅游。

（马彦斌）

【摸清文物家底】 全力推进实地调查，完成第三次全国文物普查阶段性任务。对辖区内地上、地下的不可移动文物进行彻底调查核实，全面完成野外调查工作。按照“发现一处，登记一处”要求，登录100个（不含4处地下文物埋藏区及1处历史文化保护区），其中需专家最终论证的文物23处。新增乡土建筑（传统民居和四合院）、工业遗产、近现代优秀建筑等类别，大大丰富本区文物内容。

（马彦斌）

【文保协会活动】 文保协会是区文化委下属协会组织，有八大处公园管理处、首钢园林绿化公司等20余个单位会员，会员人数增加到百余人。年内，协会组织文物保护、民俗文化研究等活动、讲座10项，完成工作实施计划，活动次数超过往年。

（马彦斌）

文化市场

【概况】 截至年底，全区有注册文化经营场所440家，其中：歌舞娱乐场所49家、网吧58家、出版物发行单位126家、音像制品经营单位74家、电影放映单位3家、文艺表演团体5家、有线电视共用天线设计安装单位5家、印刷企业29家、报刊亭91家，场所固定资产合计1.79亿元。其中，全国连锁的影剧院1家，800平方米以上的歌舞厅3家，终端机数量200台以上的网吧15家。440家经营场所中，421家为有限责任、股份制公司等民营企业，所占比例为95.6%。初步形成以数码娱乐、网吧、歌舞厅、音像制品销售为主导的文化市场经营体系。年内，坚持依法行政，加快职能转变，创新管理思路，坚持以规范促发展，以管理促繁荣，加强服务重点企业及重大项目，实行申请、受理、审批“三优先”和一站式服务，持有“CRD绿卡”企业享受“绿色通道”，办理时限进一步压缩。对冰雪嘉年华、CRD啤酒节、台湾商业街、重阳登高节等重大项目涉及文化许可内容的，及时、主动了解、沟通，实行绿色通道审批制。全年接待咨询办事人员2300余人次，受理各类审批件51件，其中新审批场所37家次：歌舞娱乐场所4家、音像制品经营单位13家、出版物发行单位19家、文艺表演团体2家。受理各类变更事项14家次。完成年度审核换证274家，其中歌舞厅31家、网吧58家、电影院2家、文艺表演团体5家、书店102家、音像店42家、有线电视共用天线设计安装单位7家、印刷企业27家。全年出动执法人员3290余人次，执法车辆910余台次，检查网吧、音像店、书店、印刷企业、歌舞娱乐场所及重点地区重点部位1630余家次；落实群众举报51起，纠正违规29起，取缔非法游商46家；立案查处违章67起，收缴罚款13.9万元，没收非法所得15255元；收缴盗版图书3万余册，盗版光盘5万余张，电子出版物0.6万余张，非法报刊0.2万余份；收缴卫星电视地面接收天线120余套；取缔黑网吧5家，黑游艺厅6家，无证照图书、音像店6家；扣押电脑主机39台，赌博游艺机132台，游艺机157台，游艺机主板26块。确保文化经营场所安全、有序、有条不紊地运转，文化市场日益繁荣，文化经营场所也开始由中低档向高规格、高品位、高格调方向迈进。

（赵 勤）

【公益电影放映】 精心挑选受群众欢迎的各类优秀影片，使用轻便实用、高清、立体声的高科技数字电影放映机，并增加放映小分队的数量，继续坚持在社区活动站和露天广场放映电影。年初，对数字电影流动放映暨电影公益放映领导小组作出调整，根据市广播电影电视局关于电影公益放映工作指导意见和农村电影放映工程建设目标责任书的要求，协调组织电影院完成全区公益电影放映720场次；做好首钢迁安社区的文化生活工作，为该社区放映公益电影50余场。在辖区主要文化广场放映100多场，在共建部队及家属区放映近200场，配合大型文化活动放映近50场，观影人数6.5万人次。

（赵 勤）

【专题影展开幕】 5月6日是北京的“民族团结日”，首届北京民族团结专题电影展启动仪式暨新片《圣地额济纳》全国放映启动仪式在石景山万达国际影城举行。电影展由市民委、区政府、北京电影家协会联合主办，是北京民族电影节系列影展的重要活动之一。《圣地额济纳》是中宣部、国家广电总局电影管理局重点推荐的影片，是庆祝共和国六十周年华诞重点献礼影片，也是蒙古族女导演麦丽丝继电影《东归英雄传》和电视剧《东归英雄》之后第三次执导的关于土尔扈特蒙古族的民族题材影片。国家民委主任杨晶向内蒙古自治区党委宣传部授予荣誉证书，周茂非代表主办方致开幕辞，并与国家广电总局电影局局长童刚等共同按动“启动球”。中央民族大学附中、北京西藏中学的270名少数民族师生参加启动仪式。

（赵 勤）

【应急演练活动】 5月12日，组织开展全区文化娱乐场所“防灾减灾日”宣传暨演练活动，重点抽查万达大歌星歌厅和大江南歌厅的实际应急演练情况。应急演练期间，从发现险情报警到组织人员疏散，从救护遇险伤员、火场外围警戒到协助消防人员完成火险的彻底扑救，整个演练过程迅速而不慌乱，秩序井然、有条不紊。

(赵　勤)

【开通有线信号】　解决远洋山水社区多年未安装有线电视传输石景山信号的问题。3月底，接到区政协委员祝智军提出的关于远洋山水社区安装地方台建议提案，责成专人多次与远洋山水物业、区广播电视中心和北京航数宽网科技有限责任公司等几个提案涉及单位协调、沟通，6月7日，石景山有线电视信号顺利接入航数宽网公司的有线网络，远洋山水小区万余户居民可以通过数字机顶盒，收看石景山有线电视节目。

(赵　勤)

【取缔非法书市】　5月19日，与工商、公安、保密等单位联合召开“关于查处取缔涉密文件资料非法交易的联合检查工作”会议，相关区领导出席。会后，各部门对博古艺苑市场进行联合检查。同月27日，各部门再次研讨对博古艺苑市场内非法书市的取缔事宜。文化行政执法队分别于6月1日、3日对该市场内书市进行检查，针对检查情况决定开展专项整治行动，并会同相关部门与博古艺苑工艺品市场负责人召开多次协调会，拟定市场整治“三步走”方案：首先向销售出版物的商户开展法规宣传；其次，对商户责令期限搬出；第三，对个别拒绝搬出的商户，重点谈话进行法规教育。同月10日，市场内所有销售出版物的摊商按照要求全部搬出。通过专项整治，遏制非法出版物和涉密文件资料的非法交易，消除安全隐患。

(赵　勤)

【五区战略合作】　9月3日，与丰台、房山、大兴、门头沟区文化委员会在房山区正式签订北京西南五区文化市场监管“永定河工程”战略合作协议书。市文化执法总队领导及五区文委主任、执法队长参加协议签字活动。共同达成建立组织领导机制、建立联席会议机制、建立定期沟通机制、建立信息共享机制、建立情报预警机制、建立联防联动机制、建立合作协助机制和建立市场监管机制。协议签署后，五区文化执法工作重点联手推进六项工作：一是依托网络开发建设沟通平台，推动信息共享工程；二是依托市有关职能部门开展广播电视安全工作的合作和联动；三是开展区域交界地带的联防联动执法和研究；四是建立五区联席工作会议机制，通报工作情况，总结筹划合作与交流工作；五是建立信息互通机制，明确联络员，加强日常工作联系沟通；六是适时组织开展交叉执法检查，共同提高业务能力和水平。

(赵　勤)

【取缔黑游艺厅】　9月1日，会同区工商分局检查队、公安分局治安支队及苹果园派出所，共出动执法人员15人，执法车辆4台，对苹果园天宇市场西侧胡同内，一家招牌为“百味拉面”门面房内的非法游艺场所进行突击执法检查。查缴具有赌博性质的电子游艺机32台，并对该场所现场予以取缔。此次联合行动动作快、目标准、声势大、力度强，收到良好整治效果。

(赵　勤)

【百日整治行动】　9月10日～12月31日，打掉街面销售盗版光盘和非法出版物的游商5处，收缴盗版光盘0.6万余张。通过集中打击专项行动，使古城小街、华联商厦门前、苹果园地铁站区域、龙海天一农贸市场等地方游商销售盗版光盘及非法出版物的行为得到控制。

(赵　勤)

【信息化监管平台】　年内，依据北京市文化市场行政执法总队信息化建设发展规划(2006～2010)的要求，结合本区文化市场监管的工作重点，在16区县率先全面规划建设文化市场信息化管理系统，此项目建设列入区下年信息化项目计划，以实现“五化”(文化市场监管网络化、办公自动化、监督举报整合化、执法案卷电子化、信息资源共享化)为目标，提高办公效率、文化执法能力和管理水平。

(赵　勤)

传　媒

广播电视

【概况】　石景山区广播电视中心(简称区广电中心)是区属正处级、公益性事业单位，是区委区政府重要的新闻宣传机构，承担全区对内、对外电视宣传任务。现有干部职工86人，其中在编职工40人(编制43人，空编3人)。在编干部职工中管理岗14人，专业技术岗24人，工勤岗2人。内设办公室、总编室、新闻部、广告专题部、技术播出部、经营部6个部门。下设北京蓝宇文化传媒中心和北京蓝宇星辰广告中心两个经营实体。年内，围绕区委区政府工作重心，服务大局，牢牢把握正确舆论导向，坚持团结稳定鼓劲、正面宣传为主的方针，宣传打造北京CRD，建设现代化首都新城区的成果，为本区和谐稳定发展营造舆论氛围。全年中心综合收入实现1670

万元,事业收入完成948万元,是2002年改革之初的20倍。

地址:古城大街61号

电话:68849799

邮编:100043

(白莫菊)

【新闻内宣】 《石景山新闻》全年共播发新闻2205条,其中午间新闻567条。新闻性栏目《记者视线》制作播出152期,访谈类栏目《走进演播室》44期,法制类栏目《法治聚焦》制播51期,经济信息类栏目《生活与信息》制播51期,综艺类栏目《艺海星光》制播33期,资讯类栏目《生活资讯》播出251期;合作类栏目中,《娱乐者》制播52期,《教育新视线》24期,《人口视窗》11期,《城管在身边》10期,《政协之窗》6期,《百姓明星》6期。全年自办、合办电视栏目的制作、播出总期数达到871期。新闻专题有《记者跑两会》、《回眸2009展望2010》、《石景山园每年5亿专项资金打造"中关村国家自主创新示范区特色区"》、《市级媒体聚焦石景山区区域经济发展》等。新闻专栏、系列报道有:"科学发展观实践"、"重点工程重点报道"、"话说永定河"、"身边365"、"北京台湾街"、"文明北京新市民"、"这五年"等。

(白莫菊)

【新闻外宣】 全年在市级以上新闻媒体(不计多栏目重复多发)播发新闻156条。其中,在中央台《新闻联播》、《晚间新闻》、《经济信息联播》、《整点新闻》等栏目播发30条。在北京台《北京新闻》播发55条,在《首都经济报道》、《特别关注》、《法制进行时》等栏目播发71条。8月30日,副区长李艳做客中央电视台,参加《对话》特别节目《财经热点面对面》的节目录制,重点介绍本区推动文化创意产业的经验和做法,利用央视名牌栏目影响力,实现面对全国观众宣传CRD建设的新突破。12月24日,中央台《新闻联播》以《北京聚焦效应打造文化创意产业高地》为标题,着重对区域文化创意产业给予长达一分五十秒的报道,实现年度对外宣传新突破。

(白莫菊)

【电视专题片】 拍摄、制作各类专题片28部。《政府工作专题片》、《依法履职,不辱使命——人大常委会走过30周年》、《闪光的足迹——石景山区援藏工作纪实》、《腾飞之路——北京实兴腾飞置业发展公司成立五周年纪实》和《CRD形象片》等均获得较好社会反响。

(白莫菊)

【录制大型节目】 组织、策划、承办、录制电视文艺晚会18场。平均每月1.5场,场次和频次均创造历史新高。主要场次有:元宵电视晚会《和谐大家庭》、庆祝"三八"妇女节电视晚会《百年颂歌》、庆祝"五一"劳动节电视晚会《劳模之光》、青年创业大赛颁奖电视晚会《放飞梦想》、环保宣传电视晚会《爱在天地间》、《实兴腾飞五周年庆典活动》等。为全区文化大发展、大繁荣增添新色彩。

(白莫菊)

【自办电视栏目】 除原有自办、引进的栏目外,中心在年初和年末推出两档新的自办栏目《午间新闻》和《百姓明星》。《百姓明星》所有摄制人员均为机关二线中层领导干部,电视转播车由土法组装,以"进社区、进学校、进军营"为主题,免费拍摄群众自己的事,是中心落实"三贴近"、为基层群众服务的体现。

(白莫菊)

【十四区县广电联谊会】 11月,经过中心倡议和运作,北京市十四区县广电主任联谊会在区广电中心举行,会议就如何推出新的合作模式和促进事业发展进行交流、研讨。与十四区县签订联合推出《区县风采》外宣新栏目的合作意向。此前朝阳、海淀、丰台、石景山四区已经开展交流活动,形成每年4次的四区广电主任联谊制度,并达成四区合作协议,在四区新闻播发上,开展交流和互换。此次联系范围扩大到十四区县,目的是形成合力、扩大各区县新闻宣传的影响力。

(白莫菊)

【安全管理】 坚持做到安全工作不应付、安全教育不动摇、安全责任不放松、安全播出不懈怠。一是完善各项安全制度及应急预案不应付。如演播大厅建立并实行消防安全专人专岗检查制度,办公楼各类安全设施建立并实行定人、定岗、定时、定期巡查制度,重要敏感期建立并实行各类应急员组织演练、实施启动制度;二是开展重大活动、重要节日及日常安全教育不动摇。坚持经常、重在提醒,常抓不懈、狠抓责任,真正使安全教育有要求、有制度、有重点、有效果;三是落实各项安全责任不放松。与各部门重点岗位签订消防安全、交通安全、内保安全层级管理责任书,确保安全问责制度落实到位。投入资金对消防应急设施、电梯进行维护保养,确保安全设备正常运行;四是狠抓安全播出不懈怠。落实安全播出制度,加强播出值班人员的政治意识、责任意识教育。全年顺利实现安全播出17520小时。

(白莫菊)

【高清设备采购】 对高清设备需求精心调研,通过网络查阅、实地调研、与相关公司沟通了解等,形成较完整的设备采购计划,通过政府招标采购,投入124万元采买高清摄像机和高清非编设备。为中心高清节目的拍摄和制作做好技术和设备方面的准备。同时,参加市广电局举办的高清节目拍摄制作技术培训班,了解高清节目制作流程、制作要求、制作规范。

(白莫菊)

【接入航天网信号传输】 中心利用现成的光缆与航天网宽带网络进行沟通,与北京航天中昊通信技术公司签订合同,投入近2万元购置一套光端机。通过接入节点设备,为远洋山水1万余户居民提供电视信号传输。继实现首钢居民区四个半街道的覆盖后,电视信号实现全区域覆盖。

(白莫菊)

【节目获奖】 电视专题片《为了祖国的庆典》获"北京市广播影视奖"电视社教类三等奖;《石景山新闻》获"北京市广播影视奖"电视节目技术质量奖标清新闻类三等奖;《和谐大家庭》获"北京市广播影视奖"电视节目技术质量奖标清综合文体类三等奖;《为了祖国的庆典》获"北京市广播影视奖标清专题类三等奖;《法治聚焦》获"北京市广播影视奖"电视优秀栏目。

(白莫菊)

石景山报

【概况】 《石景山报》为中共石景山区委机关报,由区委宣传部主办。为区委宣传部所属的相当正科级全额拨款事业单位,主要负责编辑出版《石景山报》和管理维护"石景山宣传网"。编制11名,其中科级领导职数为2正2副(《石景山报》编辑部1正2副,报社电台记者站1正),设总编辑、总编辑助理(采编、行政)3人,编辑兼记者11人。年内,以围绕中心、服务大局、面向基层、服务群众为宗旨,发挥区属媒体的宣传导向作用,加大正面宣传力度,把握正确舆论导向,宣传党的路线、方针、政策,着眼于服务经济建设中心和全区工作大局,及时准确地报道区委区政府重要活动,关注百姓、关注生活,挖掘各行各业先进事迹、先进人物。完成对区"两会"、区委十届十一次全体(扩大)会、第二批学习实践科学发展观活动、经济发展推进大会、党风廉政建设工作会、清明诗会、区委中心组赴天津滨海新区学习考察活动、创先争优暨党员作风建设年活动、区四套班子领导赴东北考察活动等重大事件和会议的报道。全年编辑出版《石景山报》105期,共1232版。

地址:石景山路18号

电话:88699820

邮编:100043

(石　硕)

【"十大新闻"评选】 "京汉杯"《石景山报》上年度十大新闻评选活动自1月1日开始,得到热心读者积极响应。收到读者通过邮寄、手机短信和网络投票1000余张,产生61名获奖读者。同月28日,"十大新闻"评选揭晓。分别是:1.率先实行医保刷卡实时结算;2.深入学习实践科学发展观活动启动;3.京西高端百货——当代商城开门迎客;4.保障性住房建设让5000余家庭受益;5.又一标志性项目——中国动漫游戏城落户石景山;6.获"中国十佳绿色城市"称号;7.804数字频道倾情开播;8.新中国成立60周年系列庆祝活动成功;9.苹果园交通枢纽正式启动;10.政府机构改革基本完成。29日上午,"十大新闻"评选获奖读者名单由10名从各街道社区随机抽选的读者代表抽取产生,2名代表推举的监督员对抽奖过程全程监督。

(石　硕)

【"两会"报道】 1月,对区十四届人大五次会议及政协八届四次会议进行重点报道。派出10余名编辑记者驻会采访。当期《石景山报》刊登"两会"消息,解读《政府工作报告》,对区相关局处和驻区企业负责人进行专访。期间,集中出版"两会"专版16个。在"两会"专版中,开辟《建言献策》栏目,摘登区政协委员围绕政协常委会工作报告的讨论发言。发挥视频直观、深入、及时、感染力强等优势,对"两会"进行网络视频直播。

(石　硕)

【合办专版】 1月,与区发改委合办系列专版,每月推出1期,全年刊登专版12个,内容回顾上年区域经济社会发展各项工作,解读当年国民经济和社会发展计划。同月,与苹果园街道合办"金苹果通讯"系列专版,以讲百姓话、说百姓事、道百姓情为办版宗旨,每月推出1期,通过"金苹果新闻"、"亮点追踪"、"群星璀璨"、"金苹果社区"、"金苹果服务"等栏目,展示社区文化建设的丰硕成果,全年出专版12期。

(石　硕)

【专栏报道】 1月,围绕"六普工作"开辟专栏,刊发相关报道、政策法规100余篇。2月8日,在第一批学习实践活动宣传见成效的基础上,继续对有关部门学习实践活动情况进行报道,组织专版10余块,其中"苹果园街道建立新居民互助服务站加强流动人口服务管理求实效"及后续系列报道引起较大反响。3月31日,对第三届北京清明诗会进行重点报道,出专版3块;利用"京西文化"等栏目,组织特稿对清明、端午等民俗文化进行报道。4月30日,刊发《五一劳动节专刊》,8个专版,刊登本区获全国先进工作者、市劳动模范、市先进工作者、市模范集体先进事迹;对区总工会举办"劳模之光——庆'五一'颁奖晚会"进行报道。

(石　硕)

【区领导外出考察报道】 5月,对区委中心组成员赴天津滨海新区学习考察,深入了解滨海新区未来发展规划、产业布局及建设情况随团采访,作专题报道。8月,对荣华带领区代表团赴吉林、黑龙江、辽宁三省,学习考察东北老工业基地转型发展的经验和做法,全程随团采访,作专题报道,刊发2条新闻,2个专版。

(石　硕)

【创先争优专刊】 7月1日,刊发"创先争优"专刊,8个版。从三个层面入手进行报道:一是通过要闻版,第一时间对全区各单位活动中的会议、调研、活动、亮点进行报道;二是通过开办“群众心目中的好党员”、“创先争优”专栏,分别对活动中涌现出的先进个人和先进集体进行宣传报道;三是利用“创先争优”专版,用鲜活语言介绍活动中好做法。截至年底,刊发创先争优综述4篇,评论员文章8篇,相关报道60余篇,专版30余块。

(石　硕)

【落实科学发展观专刊】 围绕“促增长、调结构、惠民生、保稳定”主题,利用开门办报优势,坚持“三贴近”方针,推动各单位工作。会同各办栏单位对劳动就业、住房保障、医疗、帮困等政策进行解读,栏目内容求新、求实、求近,年内开辟专栏10个,刊登各类报道180余篇,营造良好舆论氛围。

(石　硕)

【区域经济专刊】 围绕“扩内需、保增长、促发展”主题,服务于区域经济发展,全力以赴宣传发展规划、招商引资政策,宣传经济建设成果,宣传园区建设和企业,宣传应对国际金融危机、帮扶企业的若干措施,宣传明星企业家。年内,刊登相关新闻报道74余篇,出专版18块。

(石　硕)

【CRD建设宣传】 文化创意产业和CRD建设宣传始终是《石景山报》宣传重点。年内围绕CRD标识设计与宣传、全区企业推介、金融博览会、第十三届中国北京国际科技产业博览会等进行报道,出专版20余块,相关报道近百篇。同时开辟“区域经济”专版、“科委园区”专版,整合报道资源,形成报道合力,做到常规报道不漏项,重点报道出亮点。

(石　硕)

【重大项目报道】 围绕“永定河绿色生态发展带工程”,“北京台湾街盛装亮相石景山”等市、区重大项目进行专题报道,刊登新闻10余篇,专版8块。

(石　硕)

【民生问题宣传】 与区委组织部、区委办、政府办、社工委等单位配合,加强对重大节日各级领导走访慰问送温暖的报道。提出雪情就是命令,深入基层,展现区属各单位战天寒、斗冰雪的情况;围绕楼房供暖,平房取暖安全进行系列报道30余篇,专版6块。加大对社区的报道,开辟“社区新闻”、“社区人物”版面,宣传正面典型人物和故事。截至年底,报道社区人物53名,成为报纸的品牌栏目。加大贴近百姓的宣传,开辟“卫生健康”、“民主法制”、“百姓生活”、“市民学校”、“消费维权”等版面。特别对医疗制度改革,食品、药品安全生产,居民文明养犬,“黑车”治理和烟花安全燃放等工作进行重点报道。

(石　硕)

【石景山宣传网更名】 加快CRD品牌建设,整合多家单位网站内容,创新宣传模式,升级原网站系统。推出CRD形象宣传暨“中国·石景山”新版网站。网站汇集各类本地信息,内容涵盖新闻、招商引资、旅游资讯、文化创意、园区建设等内容;拥有各类新闻资讯栏目:媒体眼中的石景山、石景山概述、人文历史、图片摄影和原创文学等。下设“走进石景山”、“投资石景山”、“创意CRD”、“活力石景山”、“石景山论坛”、“石景山家园”等频道。定位为“立足石景山,面向全国,放眼世界”的门户网站,已成为外界“了解石景山,展示石景山”最全面最迅捷的网络窗口。

(石　硕)

医疗卫生

区委区政府高度重视,全社会积极参与卫生事业发展改革。截至年底,辖区有各级各类医疗卫生机构193个,其中三级医院4个、二级医院6个、一级医院13个、社区卫生服务中心9个、社区卫生服务站29个、门诊部及以下医疗机构127个、其他卫生机构5个;编制床位4786张,实际开放床位3985张。全区卫生技术人员6183人,其中执业(助理)医师2400人、注册护士2716人。平均每千常住人口拥有卫技人员10.04人、执业(助理)医师3.90人、注册护士4.41人、床位6.47张。有万元以上大型医疗设备4373台套,其中磁共振扫描仪(MRI)4台,计算机断层扫描仪(CT)9台,数字减影血管造影X线机(DSA)5台,单光子发射电子计算机断层扫描仪(SPECT)1台,总价值60298万元。全区人民健康水平进一步提高。人均期望寿命83.13岁,比“十五”期末增加6.82岁。全区传染病发病率得到有效控制,甲、乙类传染病发病率265.5/10万,孕产妇死亡率0,婴儿死亡率4.39‰。卡介苗、脊髓灰质炎疫苗、百白破疫苗、麻疹疫苗和乙肝疫苗接种率达到98%以上。居民死因顺位前十位依次是:恶性肿瘤,心血管病,脑血管病,呼吸系统疾病,内分泌、营养和代谢性疾病,消化系统疾病,损伤和中毒,精神障碍,传染病,神经系统疾病。全区医疗机构门急诊总量421.58万人次,同比增长16.88%,其中门诊量390.61万人次,同比增长17.83%,急诊量30.97万人次,同比增长6.18%;出院病人7.18万人次,同比增长9.68%;住院病人手术例数3.21万人次,同比增长14.88%;药品收入占总收入比例为53.43%,同比增长1.04%;二级以上综合医院出院患者平均住院日12.36天,同比增加0.15天,实有床位病床周转次数19.03次,同比提高0.51次。辖区居民平均期望寿命83.13岁;孕产妇死亡率0;婴儿死亡率4.39‰;全区甲、乙类传染病发病率为265.5/10万;国家免疫规划中一类疫苗接种率99%;精神病人系统管理率98.0%;孕产妇系统管理率98.72%;0~6岁儿童保健系统管理率96.54%。组织无偿献血5332个单位,同比增长16.29%,医疗用血10151个单位,同比下降6.03%。

(徐晓光　赵超英)

医政管理

概　述

北京市石景山区卫生局(简称区卫生局)是负责本区卫生工作的区政府工作部门。设党委办公室、办公室、人事科、财务审计科、医政科(科教科)、疾病控制与卫生监督科(妇幼社区卫生科)、献血办公室、法制科、安全保卫科。局机关行政编制33人,工勤编制3人。当年增加的职责:组织实施国家基本药物目录制度和北京地区药品推荐使用目录的职责。转变的职责:一是加强对公共卫生服务、医疗服务及医疗卫生机构的监督管理职责;二是深化医药卫生体制改革,坚持公共医疗卫生的公益性质,坚持预防为主、中西医并重的方针,坚持为人民健康服务的方向;三是强化在法定权限内对公共卫生、医疗、餐饮方面的安全工作承担监督管理责任。下辖卫生监督所、疾病预防控制中心、卫生信息中心、社区卫生服务管理中心、医院管理中心、中医医院、妇幼保健院、五里坨医院等局属医疗卫生机构。年内,切实加强以服务民生为重点的社会建设工作;科学编制“十二五”时期卫生事业发展规划;全面落实医药卫生体制改革重点工作任务;全力推进公共卫生服务体系和保障能力建设;以患者为中心持续改进医疗护理服务质量;不断增强社区卫生服务网底功能和服务水平;扎实推进创先争优活动和党风廉政建设。全区医疗机构门急诊421.58万人次,同比增长

16.88%，其中门诊390.61万人次，同比增长17.83%，急诊30.97万人次，同比增长6.18%，；出院病人7.18万人次，同比增长9.68%；住院病人手术例数3.21万人次，同比增长14.88%；药品收入占总收入比例为53.43%，同比增长1.04%；二级以上综合医院出院患者平均住院日12.36天，同比增加0.15天，实有床位病床周转次数19.03次，同比提高0.51次；国家免疫规划中一类疫苗接种率99%；精神病人系统管理率98%；孕产妇系统管理率98.72%；0～6岁儿童保健系统管理率96.54%。组织无偿献血5332个单位，同比增长16.29%，医疗用血10151个单位，同比下降6.03%。12月9日，本区被市中医管理局命名为"市社区中医药工作先进单位"；同月29日，被国家中医药管理局命名为"全国社区中医药工作先进单位"。获"首都文明单位"、市"百个优秀防艾创意大赛优秀组织奖"、"疾病预防控制工作先进单位、"无偿献血工作先进单位"、市"语言文字工作达标单位"等称号。

地址：体育场南路6号院

电话：68873891 68879937

邮编：100043

（徐晓光　赵超英）

【卫生基础设施建设】 过去五年，疾病预防控制中心大楼投入使用，中医医院、妇幼保健院完成改扩建工程并投入使用，五里坨医院新病房楼建成，石景山医院新住院楼工程进展顺利，结核病防治所开工建设，玉泉医院医疗教学综合楼开工条件具备。社区卫生服务机构基本完成基础设施标准化建设和基础设备配置，卫生信息化基础设施建设初具规模。年内，加大对公立医疗机构基础设施投入力度。区结核病防治所迁建工程作为区十项重点工程之一，于年底开工建设；石景山医院新住院楼工程竣工。驻区医疗机构中，首钢医院吴阶平泌尿医学中心大楼建成使用，北京康复中心改扩建项目正式启动。社区卫生服务机构基本完成基础设施标准化建设和基础设备配置，卫生信息化基础设施建设初具规模。

（徐晓光　赵超英）

【卫生管理水平提升】 "十一五"期间，首钢医院深化管理体制改革，促进医院全面建设。玉泉医院成为清华大学医学院附属医院后，神经外科、妇产科技术水平不断提高。朝阳医院西区医疗数据指标快速增长。北京康复中心（北京工人疗养院）致力发展康复医学。石景山医院建设发展加速，服务能力持续改善。整形医院、眼科医院发挥专科特色，吸引大批国内外患者。首钢矿山医院地处河北迁安，医院管理改革进一步加强。医院管理年、医疗质量万里行、创建人民满意医院、安全生产管理、医疗风险防范、行业作风建设和治理商业贿赂等成效显著。成立16个医疗质量控制办公室，开展中医医院、社区卫生服务机构绩效考核评价，建立经费补偿机制，持续改进医疗卫生服务质量。

（徐晓光　赵超英）

【医疗质量得到保证】 "十一五"末，医疗服务体系渐趋完善，三级医疗网络基本形成，服务能力逐年提高。常见病、多发病诊疗进一步规范，重大手术、急危重症和疑难复杂病例诊疗水平逐步提高，心血管、呼吸、消化、神经、泌尿、胃肠、肝胆等内外科新技术、新疗法相继开展。医疗服务质量指标逐年提高，住院平均日逐年减少，门、急诊和住院患者次均费用保持在全市平均水平之下。医疗机构注重改善就医环境，改进服务流程，提升服务水平，采取积极措施方便群众就医。推进平安医院建设，重视加强患者安全管理，"十一五"期间未发生重大不良医疗事件。

（徐晓光　赵超英）

【卫生体系框架初成】 "十一五"时期，加大投入力度，健全与街道、社区相匹配的9个社区卫生服务中心和29个站，形成15分钟社区卫生服务圈。加强社区卫生服务内涵建设，全面实施绩效考核，人才队伍数量和结构进一步改善，"六位一体"服务功能有序开展，服务能力逐步增强，服务人次逐年增加，人民群众满意度不断提高。收支两条线管理、药品零差价销售、居民健康档案建立、家庭团队服务、慢病管理和社区中医药服务等工作规范开展，人民群众就医、就近获得服务更趋方便快捷。

（徐晓光　赵超英）

【卫生保障能力增强】 坚持平战结合的原则，建立健全突发公共卫生事件应急预案并加强演练，有效应对手足口病疫情、三聚氰胺污染奶粉事件、甲型H1N1流感等。完成北京奥运会和残奥会、新中国成立60周年庆典等重大活动保障任务，汶川特大地震医疗救助任务。"十一五"期间，未发生重大食物中毒、生活饮用水、放射污染等事件。

（徐晓光　赵超英）

【疾病防控能力提高】 "十一五"期间，院前急救能力、院内救治水平和危重患者救治的联动机制得到加强。紧急医疗救治组织指挥、站点分布、人员配备、基础装备和保障措施更趋完善。建立院前急救站点11个，紧急医疗呼救反应时间实现在15分钟之内的目标。二级以上医疗机构开放急诊绿色通道，建立院内紧急救治、会诊专家队伍。不断完善疾病预防控制三级网络，重视预防、监测、控制3个环节工作的落实，构筑传染病预防、监测、控制三大防御体系。加强疾病预防控制能力建设，重大疾病的早发现、早诊断、早隔离、早治疗、早控制的能力增强，重点加强医院感染管理科和感染性疾病科建设。

（徐晓光　赵超英）

【卫生执法监督推进】 "十一五"期

间,加强卫生监督执法队伍建设,实现卫生综合执法,成立5个卫生监督站,提高卫生监督执法覆盖率。连年开展食品卫生、学校卫生、生活饮用水卫生和打击非法行医等整治行动。持续开展餐饮业量化分级管理、职业卫生、放射卫生、学校卫生、公共场所卫生和重大节日、重要活动的专项整治行动。卫生信息化建设日趋完善。加强卫生信息中心基础设施和基本设备配置,卫生系统信息平台建设初具规模,信息化程度逐步提高。完善应急指挥中心、中心机房基本建设,实现卫生办公自动化(OA)。各级各类医疗卫生机构信息化建设取得进展,二级以上医院信息管理系统(HIS)、实验室管理系统(LIS)、门诊与病房工作站比较完善。

(徐晓光　赵超英)

【中医 妇幼 精神卫生发展】 “十一五”期间,中医药服务体系建设有较大进步,区中医医院通过二级医院评审。加强中医药人才引进和中医药适宜技术的推广应用。综合性医院中医科建设、中医药服务进社区等持续改进。妇幼、精神卫生服务网络体系建设完善,服务能力逐步提高。深入开展妇女健康促进、母婴保健工程,婴幼儿、孕产妇死亡率控制在较低水平,新生儿疾病筛查率不断提高,“两癌”普查工作成效显著。重性精神病患者系统管理率达到98%以上。

(徐晓光　赵超英)

【卫生人才战略实施】 “十一五”期间,推进实施卫生人才培养和引进“两个工程”,加大人才引进和培养力度,加强重点学科、重要专业人才的引进。人才培训数量、层次结构不断扩大,继续医学教育连年达标。卫生系统承担国家自然基金课题12项,首都医学发展基金课题60项,区级科技发展计划课题79项。发表论文2639篇,其中中国科技论文与引文数据库收录1809篇,《科学索引》收录14篇。过去五年获全国、市区精神文明、行业作风建设等各类奖励300多项,涌现一大批先进集体和先进个人。

(徐晓光　赵超英)

【卫生总投入2.09亿元】 年内,加大力度,加强监管,落实医改配套资金,并建立可持续的政府卫生投入机制。区级卫生总投入达到2.0947亿元,超额完成市政府下达本区2.0617亿元的任务。重点支持公共卫生项目落实、公费医疗进医保的改革工作、社区卫生发展及改善医疗机构设备条件的建设。截至年底,医疗卫生财政支出2.352亿元,其中医疗卫生机构财政拨款1.6814亿元(含基本建设拨款0.62亿元),分别占全区财政总支出的5.495%和3.929%。

(徐晓光　赵超英)

【服务民生工作加强】 以加强社会建设、促进百姓健康安全为主题,把服务民生的医疗卫生工作作为重点任务,结合区域实际情况,在充分调研论证基础上,先后制定印发关于加强医疗机构医疗服务管理工作的指导意见、加强内涵建设,充分发挥社区卫生服务功能实施方案等文件或工作方案,特别是区政府印发的医疗纠纷预防与处置暂行办法,对加强医疗纠纷的有效预防和正确处置发挥了积极的作用。各级各类医疗卫生机构联系实际,抓好落实,为医疗卫生重点工作的推进奠定坚实基础。建立公共卫生以奖代补机制,不分医院级别、不论隶属关系,对辖区医疗机构实施政府购买公共卫生服务。

(徐晓光　赵超英)

【公共卫生服务体系建设】 坚持“健全体系、平战结合、注重实效、保障有力”的基本原则,全力推进公共卫生服务体系和保障能力建设。围绕“一个机制”和“四个体系”建设总目标,以健全和完善医疗卫生机构公共卫生“以奖代补”的绩效考核机制为抓手,进一步加强公共卫生管理的组织体系建设,积极推进公共卫生应急管理工作机制建设,妥善处置突发公共卫生事件,确保社会公共秩序稳定。加强院前急救力量配备与医院急诊科建设,整合急救资源,细化救治流程,强化专业培训,开展急救演练,完善设施设备配置,最大限度地保障人民群众得到“快捷、安全、有效、连续”的医疗救治服务。参与并完成辖区各类重大事件和重要活动的医疗卫生保障任务。全区公共卫生服务保障能力得到明显提升,年内先后获“全国滥用阿片类物质成瘾者社区药物维持治疗工作2009年~2010年度优秀门诊”和市“健康歌曲大家唱”第一名等1个国家级、5个市级奖项。

(徐晓光　赵超英)

【卫生事业发展规划编制】 将编制区域卫生事业“十二五”发展规划作为推进医改任务全面落实的有效举措之一。利用专项资金,成立专门机构,与首都医科大学专家协作,按照“立足区情,着眼长远,注重实效,科学发展”的工作目标,在总结分析“十一五”卫生事业发展规划基本数据、主要成绩、存在问题基础上,开展全方位、大范围、深层次调研,经过认真组织起草、广泛征求意见和反复论证研究,形成“十二五”时期卫生事业发展规划(草案),同时完成“十二五”时期卫生人才发展规划(草案)和“十二五”时期医疗机构设置规划(草案)两个规划。上述相关规划为未来五年区域医疗卫生事业科学发展指明方向目标,明确发展思路,确定改革任务,规范重点工作,为加强医疗卫生全行业管理,合理配置利用卫生资源,健全医疗卫生服务网络体系,增强医疗卫生服务能力,促进区域人民群众健康幸福,加快实现区域医疗卫生事业可持续发展提供蓝本和依据。

(徐晓光　赵超英)

石景山区国家税务局

SHI JING SHAN QU GUO JIA SHUI WU JU

税收宣传月局领导亲自带队为纳税人解答税收问题

深入重点企业调研

联合地税、公安破获一起特大制售假发票案

石景山区教育委员会
SHI JING SHAN QU JIAO YU WEI YUAN HUI

荣华视察校园安全工作

与北京师范大学签署合作办学协议
共建北京师范大学励耘实验学校

与北师大签订共建协议共建“绿色教育发展实验区”

召开庆祝教师节表彰大会

联合中央教育科学研究所教育政策中心举办《石景山区“十二五”时期教育事业发展规划》专家论证会

市委副秘书长秦刚到区教工委调研新疆挂职干部情况

与北京师范大学举办“石景山区绿色教育发展实验区”论坛

北京首家校园安保室在第二实验小学正式挂牌

北京九中教育集团成立

区重点工程京源学校综合实验楼开工仪式

石景山区科学技术委员会

SHI JING SHAN QU KE XUE JI SHU WEI YUAN HUI

中央巡视组视察青创园

园区工作会

园区在第13届科博会展位

“低碳生活在身边”——科普节活动一角

中国金融电子支付发展研究中心揭牌

园区重点企业新春座谈会

园区劳模先进事迹报告会

石景山区科学技术委员会

SHI JING SHAN QU KE XUE JI SHU WEI YUAN HUI

中国新媒体产业大会

园区两家企业合康亿盛、华谊嘉信在创业板成功上市

北京数字媒体实习网启动大会

国际动漫培训中心成立

重点企业入驻国家网游动漫产业发展基地启动仪式

保护知识产权举报投诉服务中心成立

重点企业入驻国家网游动漫产业发展基地

石景山区人民政府国有资产
State-owned Assets Supervision and Administration Com

五里坨定向安置房01地块正式开工建设

刘淇、郭金龙到石景嘉
园经济适用房项目调研

华游竞界科技发展有限公司举
办竞游ECL电子竞技冠军联赛

市国资委党委书记周毓秋就学习
实践科学发展观活动开展调研

北京妇女儿童发展基金会“实
兴腾飞助学基金”启动仪式

市区两级国有企业战略发展座谈会

督管理委员会

sion of Shijingshan District Government

荣华就系统党建科学化和开展
创先争优活动工作进行专题调研

向区属国有企业公开招聘财务总监

公开选拔国企领导干部

向区属国有企业外派监事会启动仪式

系统党风廉政建设知识竞赛

EVA业绩考核与管理专题培训会

石景山区委社会工作委员会
SHI JING SHAN QU WEI SHE HUI GONG ZUO WEI YUAN HUI

市委常委梁伟为获奖者颁发荣誉证书

荣华春节前夕到金顶街街道慰问社区工作者

荣华在社会建设推进大会上讲话

市委社会工委领导对区社区干部手工艺品赞赏有嘉

社会建设推进大会

"两新"组织学习实践活动座谈会

石景山区社会建设工作办公室
SHI JING SHAN QU SHE HUI JIAN SHE GONG ZUO BAN GONG SHI

荣华到联勤部社区调研党建工作

八角街道书记在“世界城市　社会建设”论坛上发言

大学生社工岗前培训

社区工作者新春团拜会

新居民志愿者协会成立仪式暨鲁谷义工表彰大会

社区工作者在国家体育场参加“国际社工日”活动

石景山区地方志办公室

SHI JING SHAN QU DI FANG ZHI BAN GONG SHI

荣华调研地方志工作

司马红听取地方志工作汇报

召开第二轮修志牵头单位工作协调会

第二轮修志资料长编培训大会

石景山区地方志办公室

SHI JING SHAN QU DI FANG ZHI BAN GONG SHI

副区长司马红参观北京年鉴成就展

区志编辑部讨论篇目设置

编辑部进行理论学习

《北京志》常务副主编赵庚奇等专家对《北京石景山年鉴》（2010）征求意见稿进行评审

北京市公安局石景山分局
BEI JING SHI GONG AN JU SHI JING SHAN FEN JU

指挥中心大楼揭牌剪彩仪式

警民交流室启动仪式

第二实验小学成立校园安保室

看守所举办“迎两会、庆三八”联欢活动

北京市公安局石景山分局

BEI JING SHI GONG AN JU SHI JING SHAN FEN JU

政委慰问酷暑中执勤的一线巡逻民警

在蓝天二中举行全区中小学“收缴管制刀具、严禁管制刀具进校园”主题宣传活动

民警在繁华地区巡逻

成功打掉特大制售假公章犯罪团伙

石景山区人力资源和社会保障局
SHI JING SHAN QU REN LI ZI YUAN HE SHE HUI BAO ZHANG JU

自主择业军转干部医疗保险制度改革政策宣讲会

举行全国医保工作经验交流会

参与“建国60周年”庆祝活动

针对社会保险“五险合一”向企业开展相关培训

城乡携手共建精神文明工作日常化

教育培训工作成果显著，受到上级部门好评

石景山区人力资源和社会保障局

SHI JING SHAN QU REN LI ZI YUAN HE SHE HUI BAO ZHANG JU

开展系统大规模的干部培训工作

法律法规知识竞赛

举办大型军人家属专场招聘会

召开农民工兄弟座谈会并赠送礼物

教育培训监督检查工作汇报会

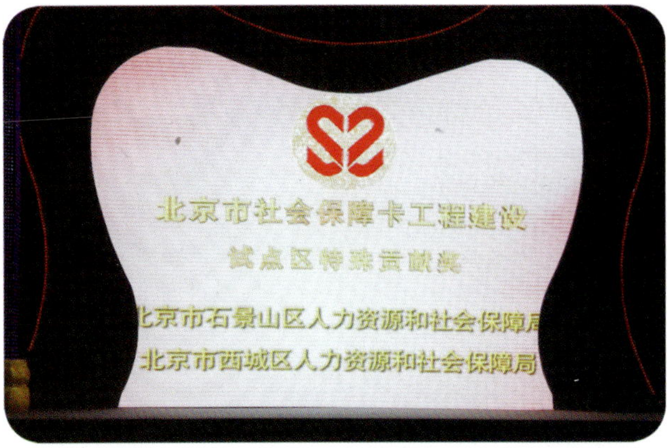

荣获市社会保障卡工程建设试点区特殊贡献奖

石景山区档案局（馆）
SHI JING SHAN QU DANG AN JU（GUAN）

荣华到档案局（馆）调研工作

副区长司马红主持召开"十二五"档案规划研讨会

召开拆

第二届档案馆日活动

局长接受采访

石祥向档案局

市档案局局长陈乐人到档案局(馆)调研工作

作会

档案行政执法检查

送书法作品

赠送档案编研成果--《见证》一书

石景山区卫生局
SHI JING SHAN QU WEI SHENG JU

副市长丁向阳调研社区卫生服务工作

吴阶平泌尿外科医学中心落成典礼在北京大学首钢医院举行

在衙门口地区张贴打击非法行医公告

在中、小学校开展“口腔健康流行病学抽样调查工作”

石景山区卫生局
SHI JING SHAN QU WEI SHENG JU

国家中医药管理局检查验收全
国社区中医药工作先进单位

全区深化医药卫生体制改革工作大会

卫生监督执法人员督导检查麻疹疫苗接种工作

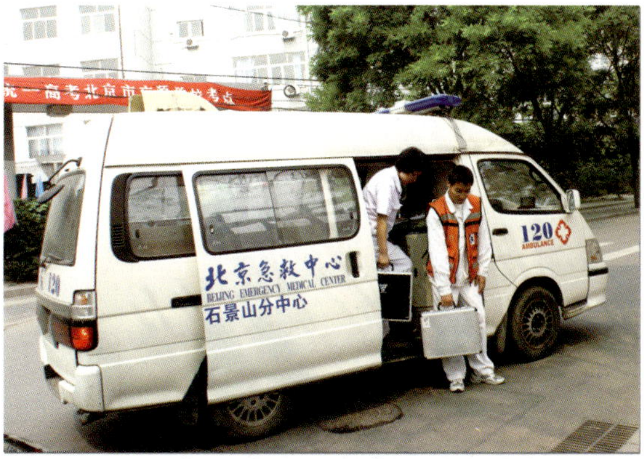

医务人员进行高考医疗保障

北京市药品监督管理局石景山分局
BEI JING SHI YAO PIN JIAN DU GUAN LI JU SHI JING SHAN FEN

年度药品安全监管工作会议

局长带队检查医疗器械生产企业

加强医疗机构药品监管，保证群众用药安全

在查处11·20特大制售假药案中和公安召开案情分析会

药监法制和安全用药知识宣传走进社区

北京市药品监督管理局石景山分局

BEI JING SHI YAO PIN JIAN DU GUAN LI JU SHI JING SHAN FEN JU

全体党员开展“我是党员我承诺”活动

分局被市药品监督管理局授予查处11.20
特大制售假药案突出贡献集体称号

企业送“真诚助企成长，严格公正执法”锦旗

一支朝气蓬勃的药监队伍

石景山区环境保护局

SHI JING SHAN QU HUAN JING BAO HU JU

环境部监测司司长魏山峰调研

区四套班子领导出席低碳环保办公宣传活动

周茂非参加环保宣传月开幕式

环境监测技术比武取得优异成绩

区领导带队检查行政服务窗口

黄标车淘汰工作会

首钢搬迁控制大气污染推进会

环保形象大使宣读倡议书

石景山区城市管理监察大队

SHI JING SHAN QU CHENG SHI GUAN LI JIAN CHA DA DUI

荣华调研便民菜市场

市社会监督员测评“双百”工作

党委书记参加直属一队民主生活会

老山分队开展纪律作风百日整顿活动

万达广场开展绿化条例宣传活动

组织队员参观区经济犯罪展览

石景山区广播电视中心
SHI JING SHAN QU GUANG BO DIAN SHI ZHONG XIN

区委常委、宣传部长王文光到广电中心调研

与资阳广播电视台互派新闻工作者交流学习工作启动

消防安全知识培训

新推出“三进”栏目《百姓明星》片头

电视监审会议

十四区县广电主任联谊会

八宝山街道
BA BAO SHAN JIE DAO

团建创新试点工作推进大会

街道领导参观永东北社区巧娘编织社作品展

社保所联合多家单位举办“春风送暖 助你就业”主题招聘会

“和谐家园 共建共享”街道第二届“和谐家园”故事会

春季信访条例宣传

街道书法作品展及现场表演

八宝山街道党建联建门店联席会

地区残疾人为街道赠送锦旗以示感谢

组织参观预防涉众型经济犯罪展览

尼泊尔籍治安志愿者参与国庆平安社区巡逻活动

治理环境卫生行动

新居民互助服务站成立揭牌

石景山区私营个体经济协会

SHI JING SHAN QU SI YING GE TI JING JI XIE HUI

常务副区长、区私个协名誉会长市私个协会及区工商分局领导观看国庆文艺演出

聘请常务副区长担任区协会名誉会长

区私个协会与邮储银行西区支行签订金融服务合作协议书

举办庆祝中华人民共和国成立61周年文艺汇演

全体党员面向党旗，庄严宣誓，重温入党誓词

古城分会举办的古城地区首届餐饮服务大赛

石景山区私营个体经济协会

SHI JING SHAN QU SI YING GE TI JING JI XIE HUI

市私个协会副秘书长与区私个协会
长为石景山会员法律服务中心揭牌

八角分会举办的庆“五一”美容美发大
赛获奖选手与相关部门领导合影留念

苹果园分会组织会员进行登山比赛

走访慰问

鲁谷分会举办的拔河比赛

举办首届私营个体经济协会
“京汉杯”羽毛球友谊比赛

北京工业职业技术学院

BEI JING GONG YE ZHI YE JI SHU XUE YUAN

教育部副部长陈希在楼宇自动化实训室调研

北京昊华能源公司订单培养班

“国家精品课程”总数名列全国高职院校第一

荣获高教社杯全国大学生数学建模竞赛专科组一等奖一项、二等奖两项

川崎工业机器人实训室

北京工业职业技术学院
BEI JING GONG YE ZHI YE JI SHU XUE YUAN

北京高等职业教育改革发展情况调研座谈会

香港内地高等职业技术教育考察团考察本院

煤炭科技奖颁奖会

神华神东煤炭订单培养班开学典礼

荣获“全国技能大赛电子设计
嵌入式产品开发”赛项二等奖

电子实训室——北京京闰电气有限公司控制产品车间

北京建筑材料科学研究总院有限公司

BEI JING JIAN ZHU CAI LIAO KE XUE YAN JIU ZONG YUAN YOU XIAN GONG SI

院长王肇嘉向刘淇等领导介绍总院自主创新产品

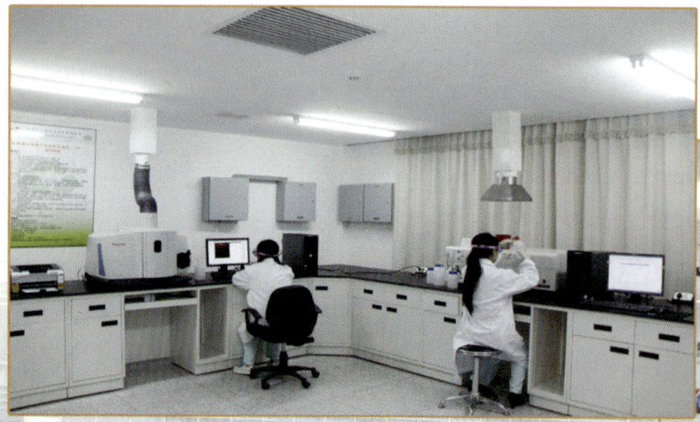

实验室

检验中心业务大厅

卫 生 改 革

概 述

正式启动深化医药卫生体制改革工作，区委区政府高度重视，本着“横纵联动、内建机制、外借推力”的原则，不断提高对医疗卫生事业发展方式的认识，坚持大卫生观念，强化责任落实、强化监督考核、强化协调配合、强化宣传引导，取得初步成效，积累有益经验。按照市推进医药卫生服务体制改革精神和整体部署，8月20日召开全区深化医药卫生体制改革工作大会，印发2010～2011年医改实施方案和医改2010年主要工作安排，就推进全区医改各项工作进行部署，周茂非就深化改革提出要求。成立以区长为组长、常务副区长和主管副区长为副组长，由相关26个部门组成的医改领导小组。医改领导小组办公室设在卫生局。当日，周茂非与市医改领导小组签订“医改责任书”，全面推进地区医改工作。在市局指导下，医改办按照市“医改责任书”要求，建立并健全医改工作推进机制和工作制度，制定“石景山区医改工作动态调查表”，定期对各责任单位进行医改工作进展情况调查，编制工作月报5期，做到“工作思路清晰，任务职责明确，制度保障有力”，深入基层实地调研，反复进行数据分析，定期开展督导评估，抓紧抓实、全力推进医药卫生体制改革重点工作任务按时落实。至年底，“医改责任书”中6个方面的22项重点工作任务基本完成。

（徐晓光 郝 珺）

【基本医疗保障制度建设】 进一步提高城镇职工、城镇居民医疗保险参保率。城镇职工基本医疗保险、城镇居民基本医疗保险参保人数达到39.84万人，其中城镇职工参保人数达到33.98万人，城镇居民参保人数达到5.86万人。狠抓实干，实施完成本区城镇无保障老人、无业居民、学生儿童基本医疗保障制度的整合任务。城镇无保障老人10226人，无业居民3047人，学生儿童37450人。提前筹划，着力做好公费医疗改革工作，确保公费医疗与基本医疗保险制度顺利并轨。自10月1日起，在原有执行公费医疗管理的区属行政机关、事业及有关单位进行医疗保险制度改革，全区机关事业单位共有17552人统一参加北京市基本医疗保险；建立补充医疗保险制度，成为全市继公费医疗改革试点区县后的第一家完成公费医疗改革的区县。

（徐晓光 赵超英）

【国家基本药物制度初步建立】 所有政府举办和非政府举办的社区卫生服务机构均实施基本药物制度。国家基本药物目录药品和北京市增补的非目录药品全部实行零差率销售，全年社区卫生零差率补贴871万元。加大对药品监察力度，基本药物实行电子监管码管理，实行统一招标，统一配送。

（徐晓光 赵超英）

【推进建设医疗服务体系】 年内，社区卫生事业招聘30人，其中接收毕业生21人，社会招聘工作人员9人。鼓励和引导医疗卫生人才到基层服务。在岗培训基层医疗卫生机构人员642人次，培训中医类别全科医师5人次。按要求完成全科方向的住院医师规范化培训。安排4名社区卫生机构在岗人员进行全科医生转岗培训；社区卫生服务机构招收的大学毕业生到培训基地进行全科医师规范化培训。制定公共卫生与基层医疗卫生事业单位实施绩效工资方案。发挥绩效工资分配的激励导向作用，加强绩效考核，在分配中与绩效考核挂钩，坚持按劳分配、多劳多得、优绩优酬的原则，重点向关键岗位、业务骨干和作出突出成绩的工作人员倾斜，并落实8个公共卫生与基层卫生事业单位的绩效工资政策，兑现补发当年绩效工资，推进和完善事业单位实施绩效工资政策，在推行速度上位居十六区县前列。在公立医疗卫生机构实行能进能出的人员聘用制。根据北京市事业单位公开招聘工作人员实施办法，政府举办的社区卫生服务机构人员编制按相关规定已确定446人，人员逐年到位，并全部实行岗位聘任。近三年，从政府举办的医疗机构分离出147人，社会招聘各类专业技术人员41人，应届毕业生54人（其中包括硕士、博士研究生25人）。建立以服务质量、服务数量和群众满意度为核心的绩效考核机制，加大对社区卫生服务机构人员岗位考核和绩效考核的频次和力度，编制社区卫生工作绩效考核与年度总结资料汇编，采用第三方调查机构进行问卷调查，居民满意度逐年提高。加强对社区卫生服务机构中医特色建设，12月，先后创建“北京市社区中医药工作先进单位”和“全国社区中医药工作先进单位”。编制本区“十二五”时期卫生事业发展规划和“十二五”时期卫生事业发展人才规划、医疗机构设置规划两个子规划。其中医疗机构设置规划需在市指导性意见出台后再行修改和实施。

（徐晓光 赵超英）

【基本公共卫生服务均等化】 全面实施居民健康档案、健康教育、预防接种、传染病防治、儿童保健、孕产妇保健、老年人保健、慢性病管理、重性精神疾病患者管理等9类国家基本公共卫生服务工作。居民健康档案达75.1%，辖区居民人均期望寿命83.13岁；国家免疫规划中一类疫苗接种率99%；全区甲、乙类传染病发病率为265.5/10万；0~6岁儿童保健系统管理率96.54%，为0~6岁儿童免费健康体检20838人；孕产妇死亡率0；婴儿死亡率4.39‰；孕产妇系统管理率98.72%；重性精神病人管理率100%；为老年人提供“三优先”就诊服务，共诊疗老年人308784人次，其中免挂号费54121人次，为老年人出诊3314人次；为无社会保障的老年人提供免费体检服务共642人。继续实施国家重大公共卫生项目。对15岁以下的人群补种乙肝疫苗3242人；完成贫困白内障患者免费开展复明手术20例；实施艾滋病母婴传播阻断。认真实施本市新增公共卫生服务项目。为适龄妇女乳腺癌及宫颈癌筛查11700人；为生育妇女1587人免费发放叶酸9234瓶；开展艾滋病、结核病、病毒性肝炎等重大疾病防控工作，尝试将娱乐场所服务人员以及流动人口等人群的外展干预工作延伸至社区卫生服务中心开展，并联合多部门规范美沙酮维持治疗门诊工作程序，获国家防艾办“全国滥用阿片类物质成瘾者社区药物维持治疗工作2009~2010年度优秀门诊”，防艾志愿者“爱心登山活动”，获市防艾委颁发的优秀组织奖和优秀创意奖。制定健康促进工作要点，实施“镶上牙齿，摘下眼镜，稳定血压，减轻体重”四项健康促进措施。对1822名适龄儿童开展龋齿筛查并实施窝沟封闭共3857颗牙；在中小学校开展视力普查，“我的视力我做主，健康用眼每一天”为主题的视力保护活动；开展“健康大讲堂”，推行低钠盐、高血压患者的干预和规范化用药指导；通过宣传、培训、讲座和开展活动等方式，在社区、学校、机关、企业启动眼病、口腔疾病、高血压等疾病的初级保健和慢性病管理工作；为本区慢性病家庭培养家庭保健员530名；对700名高危人群开展脑卒中筛查及干预项目。为本区60周岁及以上老年人和在校中小学生免费接种流感疫苗36637支，其中60岁以上老年人16441支，学生20196支。

(徐晓光　赵超英)

【推进公立医院改革试点】 结合地区实际，探索公立医院改革和公立医院法人治理结构。尤其对首钢医院理事会制度下法人治理结构进行调研和学习，先后邀请市局、市医改办对本区公立医院改革进行考察和研讨。进一步完善公立医院补偿机制。实行对医疗卫生机构承担公共卫生服务工作绩效考核机制，以奖代补，全面提高公共卫生服务能力和水平；探索加大对公立医院基础建设、大型设备购买等方面的力度。加强医院内部管理、行业自律，推进构建和谐医患关系和多方参与的监管机制。先后制定印发关于加强医疗机构医疗服务管理工作的指导意见、医疗纠纷预防与处置暂行办法、发挥社区卫生服务功能实施方案等文件或工作方案，开展医疗风险防范患者安全目标管理，对加强医疗纠纷的有效预防和正确处置以及遏制“医闹”发挥作用；充分发挥16个医疗质量控制与改进办公室专家团队作用，加强对各医疗机构质量督导和指导；聘任行风监督员，实行医疗机构不良执业行为积分管理办法，强化社会监督，发挥管理机构对医疗服务的监督制约作用；开展“医疗质量万里行”、医院管理年活动、与“平安医院”创建工作相结合，以查促建，促进医疗安全，改善医疗服务；全面开展“优质护理服务示范工程”活动，8家医疗机构创建“优质护理服务示范病房”，进一步加强医院临床护理工作，落实基础护理。鼓励民营资本和社会资本进入医疗卫生事业，制定民营医疗机构执业准入标准(试行)，坚持特色、高端、品牌、规模相结合的原则。全年审批10家民营医疗机构，满足群众多层次就医需求，达到“政府起主导、社会出资源、群众得实惠”的三赢效果。

(徐晓光　赵超英)

【逐步完善管理运行机制】 本级医改资金投入(含基本建设资金)20900余万元。建立可持续的政府卫生投入机制，政府卫生投入增长幅度要高于经常性财政支出的增长幅度，占经常性财政支出的比重逐步提高，占卫生总费用的比重逐步提高，并与经济社会发展阶段相适应，保持比重。重点支持基本公共卫生服务、基本医疗服务、基本医疗保障和药品供应保障体系建设。建立健全资金利用监督与责任追究制度，提高投入资金利用效率。

(徐晓光　赵超英)

【社区卫生服务机制改革】 八角、五里坨、广宁3家社区卫生服务中心及其下属站全部实行“收支两条线”管理。其中，广宁社区卫生服务中心于9月与原主办单位石景山医院剥离，实施独立法人“收支两条线”管理。为使药品零差率销售惠及辖区百姓，保障群众就医用药安全，全区政府办、非政府办的9个中心及其下属站全部实行基本药物制度和药品零差率销售制度。基本药物全部实行统一招标、统一配送、统一结算管理，零差率销售药品实行公示，并及时进行调整及时降价销售。管理部门加强对政府办社区卫生服务机构的监督管理，财政部门按照预算安排拨付公用经费，即时发放人员绩效工资，专项经费根据任务完成考核情况拨付。加强财务基础工作，实行专人负责，持证上岗，严格经费使用管理，做到帐物相符，科目清楚。对非政府办社区卫生服务机构,按照完成公共卫生服务情况及时给予经费补偿,基本药物销售差价按照考核数量及时补偿到位。

(叶林书 刘 喆)

【创新绩效考核改革】 对社区卫生服务机构的绩效考核工作实施改革创新。由区卫生局组成考核专项工作组,对社区卫生服务机构日常工作进行考核。对政府办"收支两条线"机构重在考核评价服务工作数量、质量和群众满意度;对非政府办机构以"购买公共服务"形式,重点加强项目考核,彻底打破过去按照地区服务人口考核的"大锅饭"形式。6月和12月,分别对辖区社区卫生服务机构进行绩效考核检查,公布考核结果,发放绩效考核经费,提出下一年度工作方向。建立对医疗机构公共卫生绩效考核机制,组建区公共卫生专家组。5月,制定下发石景山区医疗机构公共卫生工作绩效考核标准(2010年版);采取以考核成绩评定奖励额度,以奖励经费实现对医院公共卫生服务进行补贴的以奖代补方式。11月29日~12月6日,组织区卫生监督所、疾控中心、妇幼保健院及精防所专业人员,依照该考核标准,对石景山医院、首钢医院等15家医院公共卫生工作开展情况进行绩效考核。

(叶林书 祁 强)

医 疗 服 务

概 述

以患者为中心持续改进医疗护理服务质量。加强医疗质量管理、提升服务能力水平、确保医疗安全是医疗卫生服务工作的核心要务。区卫生局继续完善和发挥16个医疗质量管理和控制办公室作用,强化医疗质量管理评价指标建立和医疗服务缺陷的控制与持续改进工作;开展"百名优秀护士"表彰和医疗质量万里行活动,组织进行"以患者为中心、以质量安全管理为核心"的医院管理年检查评价活动,加强医疗机构医疗服务的日常监管,强化医疗机构不良执业行为积分管理;全区卫生系统开展以贯彻落实新病案书写管理规定和《中华人民共和国侵权责任法》为重点的全员教育活动,对医疗机构主管医疗院长及职能科室管理人员进行系统培训;组织开展"优质护理服务示范工程"活动和无假日门诊;完成首次医师定期考核工作;为提高医疗质量,保障医疗安全,开展医疗风险管理评价,强化患者安全目标环节管理;各级医疗机构特别是二级以上医疗机构,建立分级诊疗和手术分级管理制度;社区卫生服务机构与大医院转诊预约试点工作全面启动,双向转诊机制运行良好,转诊病人基本实现预约转诊,效果逐步显现;继续推进中医药工作的创新发展,加大中医药人才培养引进力度,开展中医"治未病"研究,加强综合性医院中医科建设,推广普及中医药适宜技术在临床中的应用;各级各类医疗机构在方便群众就医、简化就诊流程、改善服务设施、及时化解矛盾等方面作出努力。

(徐晓光 赵超英)

【医疗工作】 全年诊疗4227506人次,健康检查144449人次,其中门诊3906129人次、急诊309658人次,急诊危重抢救3629人次,急诊抢救成功率97.30%,住院危重抢救1103人次,病房抢救成功率76.16%。入院71961人次,出院71808人次,病床使用率81.08%,病床周转19.03次,治愈率39.35%,好转率42.21%,病死率2.11%,临床与病理诊断符合率58.78%,手术前后诊断符合率99.92%,住院手术32102例,平均住院日15.15天。

(刘媛媛)

【准入管理】 全年办理医疗机构许可230件,审批医疗机构20个,其中医院2个、门诊部3个、社区卫生服务机构8个、诊所6个、卫生所1个;医疗机构变更登记30家37项;换发一级以下医疗机构执业许可证169个,注销3个,停业6个,年检不合格暂缓校验5个;办理执业医师注册76人次、变更245人次。年内,组织完成一级及以下医疗机构414人的医师定期考核工作。以属地管理为原则,印发民营医疗机构管理委员会例会制度,强化对民营医疗机构的监督管理,并以区域医疗资源规划为指导,制定民营医疗机构执业准入标准(试行),鼓励和吸引民营资本进入医疗市场。

(高 晖 曹 静)

【医疗质量管理】 继续发挥区医院感染管理、护理、急诊医学等16个医疗质量控制和改进办公室的作用,以"医院管理年"、"医疗质量万里行"和优质护理服务等活动为契机,加大对公立医院的管理力度,在提升医疗质量、保障医疗安全方面取得明显成效。制定以患者为中心、以质量安全管理为核心的评价实施细则,加强对各医疗机构质量督导;实行医疗机构不良执业行为积分管理;发挥管理机构对医疗服务的监督制约作用。制定区"医疗质量万里行"活动总体方案;各医疗机构开展对本单位医疗质量和医疗安全自查。3月24～26日、4月22～23日,组织相关专家组建石景山区医院管理年和医疗质量安全万里行活动督查组,对石景山医院、玉泉医院、工人疗养院、区中医医院、区妇幼保健院、五里坨医院和首钢矿山医院,依据"实施细则",采取听取汇报、查阅资料、实地检查、现场抽查、模拟操作、理论考试、调查问卷等方式进行检查评价。11～12月,成立专项督查组,对辖区一、二级医院及各社区卫生服务中心进行检查与评价。聘任行风监督员,实行医疗机构不良执业行为积分管理办法,强化社会监督,发挥管理机构对医疗服务的监督制约作用。

(乔彦云 李 晶)

【构建和谐医患关系】 在充分调研、论证基础上,与司法、法制、人力社保、财政、维稳等部门密切协作,制定医疗纠纷预防与处置办法(试行),5月19日经第9次区长办公会审议通过;7月22日,区政府印发(石政发[2010]33号)全区各单位执行。开展医疗风险防范患者安全目标管理,加强医疗纠纷有效预防,正确处置、遏制"医闹"。年内,贯彻落实卫生部医院投诉管理办法,二级以上医院均成立医患沟通办公室并设专人负责患者投诉接待工作,建立规章制度及重大医疗纠纷事件应急处置预案,做到"首诉负责制"。

(叶林书 李 卓)

【医院感染 1.66%】 制定甲型H1N1流感防控与医疗救治专项督导方案,对区内5家设有感染性疾病科医院的接诊流程、预检筛查、医务人员防护、消毒隔离制度落实情况等进行检查。对辖区内开展血液透析的6家医院的血液透析管理情况进行专项检查。区医院感染管理质控办组织卫生知识培训,辖区医疗机构230多人参加。区口腔质控办对41家有口腔科的医疗机构的感染控制进行现场评估检查。辖区22家一级以上医院全年出院71628人次,医院感染例数1187例,医院感染率1.66%。对辖区医疗机构开展医疗废物管理监督检查409户次。向各级各类医疗机构发放医疗废物管理文件汇编160本、会议材料160本和宣传画530张。

(乔彦云 刘媛媛)

【病历质控和处方管理】 组织区中医病历书写基本规范的培训,80人参加。12月,在辖区医疗机构内开展年度处方质量评比专项活动。区药学质控办专家依据处方管理办法、医院处方点评管理规范(试行),对全区70家医疗机构(包括23家一级以上医院、32家社区医疗机构、15家西医或中西医诊所)的处方进行评定,对评比结果给予通报及颁奖。

(高 晖)

【优质护理服务】 成立"优质护理服务示范工程"活动领导小组,制定相关活动具体实施方案。4月,举办全区护理管理培训班。7月,组织对设置病床的医疗机构进行现场检查与指导。10月,组织辖区4家医院参加市护理质控中心组织的"护理质量管理体系构成要素"培训班。11月,举办护理管理培训,特邀香港护理训练及教育基金会护理专家、香港大学教授洪彩英授课,全区近300名护理管理人员和护士参加培训。截至年底,首钢医院、朝阳医院京西院、眼科医院、玉泉医院、石景山医院、中医医院、五里坨医院等12家医院创建"优质护理服务示范病房"。

(乔彦云)

【转诊预约】 制定开展大型医院与基层医疗卫生机构转诊预约工作实施方案(试行),首钢医院、朝阳医院京西院区、石景山医院3家大医院与9家社区卫生服务中心签订转诊协议,建立免费转诊关系。11月1日,社区卫生服务机构与大医院转诊预约试点工作全面启动;对口医院做到24小时内答复社区卫生服务中心的转诊要求,3个工作日内安排转诊患者就诊的时间。至年底,转诊病人基本实现预约转诊,转诊成功率达到95%以上。石景山医院运用计算机自动识别功能,将转诊患者自动转为免除挂号费的"第一"就诊患者,受到社区居民好评,市社管中心为此到区进行专题调研。

(李 卓 赵超英)

【对口支援】 受援社区卫生服务机构专家门诊5197人次,健康咨询807人次,会诊50人次,带教培训90人次;居民健康讲座54场次,2252人次受益。年内,选派2名医务人员参加市第七批援疆团,到新疆和田县进行医疗支援。开展"城乡统筹、文明先行"主体社会实践活动409次,参与活动医务人员532人次,结对村镇受益人数18452人次,捐赠资金6万元,合作资金18960元,举办讲座5场,下乡医疗队10支,诊治病人2558人次,赠送医疗器械及药品价值4577元。

(李 卓 王 洪)

【中医管理】 继续推进中医药工作的创新发展,加大中医药人才培养引进力度,开展中医"治未病"研究,加强综合性医院中医科建设,推广普及中医药适宜技术在临床中的应用。5月,根据市政府折子工程及市中医局对综合医院设置中医临床科室工作进行督导的通知要求,区卫生局对辖区4家政府举办的二级以上综合医院的中医药工作落实情况进行调查和督导,4家医院均设立中医临床科室和中药房。年内,本区被市中医管理局命名为"社区中医药工作先进单位";被国家中医药管理局命名为"全国社区中医药工作先进单位"。

(高 晖)

【麻精药品管理】 辖区取得"麻醉药品、第一类精神药品购用印鉴卡"的医疗机构新增2个,共计14个。监督14个医疗机构每月按时汇总麻精药品使用情况网报并上报纸质报表。

（高　晖）

【医疗器械管理】 区卫生局加强医疗机构医疗器械临床合理使用与安全管理。依据市卫生局关于转发卫生部2010年医疗器械临床合理使用与安全管理专项检查活动方案的通知精神，对辖区各级各类医疗机构医疗器械临床合理使用与安全管理进行基本情况调查和专项检查。

（高　晖）

【医用氧安全使用管理】 3月16日，石景山医院高压氧舱通过市卫生局组织的实地验收，17日正式投入使用。8月，根据市局转发卫生部办公厅关于湖南郴州市第一人民医院工业氧代替医用氧事件通报的通知精神，区卫生局以自查与抽查相结合的方式，对辖区医疗机构医用氧的使用情况进行检查。辖区一级及以上医院及社区卫生服务中心、站26家机构填报"医疗机构医用氧使用情况汇总表"；对随机抽取的10家医疗机构进行医用氧使用的现场检查，并对2家有高压氧舱的机构进行检查。检查中未发现使用工业氧（或压缩气体）冒充医用氧的违法行为。

（高　晖）

【卫生信息化建设】 围绕中心工作，加强质量管理，不断提高保障能力，完善卫生统计分析工作。坚持需求主导，充分调研论证，完成市"政府机关办公用计算机软件配置试点项目"工作；社区卫生服务信息系统建设有序推进。1月，在八宝山第二社区卫生服务中心和五里坨社区卫生服务中心开展了社区卫生服务信息系统的部署和操作培训。修改了社区卫生信息系统医保实时结算接口。5月，开展全区139家医疗机构的中医现状调查工作；完成北京市"政府机关办公用计算机软件配置试点项目"；对试点范围内的PC与服务器进行安全漏洞扫描，针对扫描中发现的问题制定安全加固方案并予以实施；9月，开展改版石景山区卫生信息网，将卫生局网站建设为区信息网子网站之一，使用同一台服务器和数据库、操作系统，增加网站安全性，并减少安全支出。12月，完成市新社区卫生服务综合管理信息系统在本区3个社区卫生服务中心、10个社区卫生服务站的推广应用工作。卫生应急指挥信息系统不断完善。5月，新购16部800M手台，通过直接对讲方式辅助对辖区医疗机构出现突发事件的快速准确处理。8月，完成卫生局大会议室接入IP视频会议信号，扩大视频会议的会址范围。12月，完成对石景山医院、玉泉医院和朝阳医院京西院区视频接入工作，在其院内选择突发事件的高发地点进行视频监测。

（刘媛媛）

【血液管理】 全年组织无偿献血5332单位，其中团体无偿献血2014单位、街头献血3154单位、成分献血164单位。医疗用血10151单位，其中成分用血10147单位，成分输血率达到99.96%；自体血694单位，自体血输血率达到6.84%；血浆5176单位。审批报销血费11人次，通过"北京市血液信息系统"进行登记、录入，报销血费5760元。年内，采取四项措施应对临床缺血，即启动区应急献血队伍；紧急召开区应急献血启动工作会，部署相关工作；与市血液中心协商恢复石景山游乐园的街头献血点；组织局系统医务工作者带头献血。获市级无偿献血先进单位123个、先进个人133个，区级无偿献血先进单位117个、先进个人132个，无偿献血先进单位和个人队伍不断壮大。

（李小洁）

【继续医学教育】 区卫生局医院管理中心审核批复辖区各继续医学教学基地申报的区级继续医学教育项目296项；组织申报2011年市级继续医学教育项目13项。1月，完成区继续医学教育ICME系统软硬件更新工作。4月与7月，市继续医学教育办公室督导组分别对石景山医院举办的"北京西部骨科国际会议"和医院管理中心举办的"社区医师合理安全用药与药品不良反应"2个市级项目进行实地督导检查，督导组对项目的组织管理、授课内容、场地安排给予肯定。10月，制定并印发继续医学教育质量控制和改进细则；对相关管理人员进行培训。12月，市继续医学教育办公室抽检石景山医院、泰康医院和长庚医院卫生技术人员共100人的年度学分达标情况，其学时合格率与学分达标率均为100%。全区继续医学教育对象学分达标率97.52%，局属医疗卫生机构继续医学教育对象学分达标率98.9%。

（叶林书　武凤娇）

【科研科普】 继续做好首都医学发展科研基金资助申报管理工作。对辖区内医疗机构2005年度首发基金项目进行结题验收；申报本年度市中医药科技发展资金项目6项。开展"名医进社区"活动；开展"三级医院专家进矿区活动"、"区卫生系统科研知识普及"、"社区常见慢性疾病的早期预防和科学治疗"和"卫生系统普及法律法规与医疗纠纷防范"宣传活动。区医学会与区科协合作，编辑出版《石景山医药卫生》科技专刊，刊载卫生系统医药卫生科技论文40余篇；组织完成市、区科技周大型科普活动。

（叶林书　李　晶）

【事故鉴定】 区医学会全年受理委托、移交医疗事故技术鉴定案例10起；上年度顺延3起；完成鉴定9起；终止1起；中止3起。年内，区医学会成立骨科学组并召开骨科学组首届年会。举办《中华人民共和国侵权责任法》、"病历书写基本规范"、区"临床实验室质量管理学术周"、"护理部主任和护士长学习班”、“北京西部骨科国际学术会议”、“心血管病新进展研讨会”、“医疗质量控制与改进管理培训班”、“医疗质量管理与医疗纠纷防范处置培训班”及口腔质量管理、信息统计、急诊等专题学习班。

(叶林书　曹　静)

【人才培养】 培养学科骨干。组织石景山医院选送2人参加市卫生局组织对18个区县学科骨干和学科带头人进行为期一年的导师制“一对一”临床、科研和教学等方面的强化培训。加强急诊急救医疗人才培养。开展首都急诊急救医疗人才培养工作,组织工人疗养院、区妇幼保健院、首钢矿山医院急诊专家共10人,参加中法急救培训中心举办的急救理论学习与技能培训;组织石景山医院急诊专家1人参加市局在北京医院召开的急诊医学国际学术研讨会;中医人才培养。年内,组织眼科医院、工人疗养院选送西医专家3人参加市中医管理局主办的“北京首届西学中高级研究班”学习。住院医师规范化培训。组织石景山医院、玉泉医院、妇幼保健院选送的7名住院医参加市住院医师规范化培训;组织石景山医院、玉泉医院参加住院医师规范化培训的92名住院医师进行公共必修课学习及临床技能考核;组织眼科医院、区中医医院71名中医住院医师参加中医规范化培训考核。为培养高层次医疗卫生人才,与建立战略框架合作关系,其中石景山医院选派5位医学博士到解放军总医院进行一对一指导进修学习,解放军总医院派5位科主任到石景山医院作技术主任。

(李　晶　赵超英)

【人力资源管理】 全年招收应届毕业生34人;引进高级人才2人(其中正高1人);招聘社会在职人员30人;内部调整11人。年内,改变社区人力资源总量不足、结构比例失调现状,为社区卫生服务机构调整增加编制,加速社区卫生人才资源开发补充。本着“总量控制、合理分派”原则,落实上年为社区增加60个社区卫生服务编制具体实施工作,分配至广宁、八角、五里坨3个社区卫生服务中心的新增编制分别为35个、20个、5个,以补充各中心及所辖卫生服务站人员需求。在不增加政府负担基础上,从五里坨医院、区妇幼保健院和区中医医院分别各调整出编制1人,为区卫生信息中心增编3人,调整后,区卫生信息中心编制8人。区属卫生事业单位中有159人晋升职称。其中,高级7人、副高19人、中级49人、初级(师)68人、初级(士)16人。

(苑　丽)

【专题调研】 医院管理中心和区医学会承担市科协“基于医疗质量和风险管理的医疗纠纷防范”和区“社区卫生服务中心作用发挥情况”两项调研课题。承担并完成区政府、区卫生局医疗纠纷预防和处置办法、医疗纠纷第三方调解机制现状与对策、“十一五”时期区域卫生事业发展规划回顾与“十二五”时期区域卫生事业发展规划起草思路和中国医药卫生体制改革历程与政策研究等8个专题调研报告。

(叶林书)

【精神文明建设】 以创先争优活动为主线,以科学发展观为统领,以推动医疗卫生工作持续发展为中心,进一步深入广泛地开展精神文明创建活动。开展学习型党组织、学习型领导班子创建活动;开展“管理教育两手抓,素质能力双提升”主题教育活动;开展“爱首都、讲文明、树新风—我参与、我奉献、我快乐”主题活动;组织卫生系统开展群众性健身活动,开展“健康北京人”健康知识宣传活动;开展创先争优活动,进行“创建先进集体,争当优秀职工”评比活动,评出10个先进集体和18个优秀职工;开展“百名优秀护士”评选活动;开展卫生局“群众心目中的好党员”评选活动,评出“群众心目中的好党员”23名。

(孟祥明)

【财务管理】 区属医疗卫生单位上年结余3353.2万元;全年总收入78586.8万元,其中:财政拨款10614.3万元(不含基本建设拨款)、上级补助10万元、事业收入59555.3万元、其他收入8407.2万元;全年总支出76274.3万元,收支结余5665.7万元,用事业基金弥补收支差额526.2万元,结余分配1623.5万元,年末结余4568.4万元,其中:基本支出结余603.6万元,项目支出结余3964.8万元。基本建设拨款6200万元。

(安冬生)

【安全生产】 6月8日,召开卫生系统构筑社会消防安全“防火墙”工程工作部署会。辖区医疗卫生机构的相关领导及具体负责人参加会议。8月28日,召开学习贯彻《国务院关于加强企业安全生产工作的通知》(简称“国发23号文件”)的专题部署会,转发相关文件40余份。9月20日,开展“国发23号文件”精神宣传日活动,发放文件100余份、宣传册160余份、宣传画200余张。9月28日,组织辖区29家社区卫生服务中心以上医疗卫生机构在朝阳医院京西院区召开消防安全“四个能力”建设情况汇报会,观摩初期火灾扑救和人员疏散逃生实战演练,并对该院整体消防工作进行实地参观学习。11~12月,联合区消防支队防火处对辖区医院进行消防安全“四个能力”达标验收工作,朝阳医院京西院区、眼科医院、整形医院、首钢医院、石景山医院、玉泉医院、工人疗养院、中医医院、五里坨医院等消防安全重点单位和妇幼保健院、昆仑医院、长庚医院、八角社区卫生服务中心等人员密集场所作为第一批达标验收单位通过验收。

(黄旭红)

社区卫生服务

概　　述

社区卫生服务管理中心(简称社管中心)是隶属于区卫生局的事业单位,负责对各级社区卫生服务组织实施检查、评估和专业技术指导;建设老年病、慢性非传染性疾病防治网络;总结经验并推广。不断增强社区卫生服务网底功能和服务水平。年内,将加强服务体系建设、增强服务能力、提升服务水平作为改善民生的重要任务和落实医改任务的重点。在社区卫生服务机构标准化建设基础上,进一步合理调整布局站点,加强管理运行机制改革,树典型,学先进,抓管理,促发展,不断提升服务能力,推行绩效考核评价,出现"两个逐步"、"两个明显"良好势头,即社区卫生服务"六位一体"(以健康档案为中心,为社区居民提供预防、保健、健康教育、计生指导、康复、医疗服务)功能逐步完善,居民就近获得基本医疗卫生服务的观念逐步增强,全年就诊人次同比明显增加,社区卫生服务总体满意度明显提高;辖区社区卫生服务机构全部实现药品零差率销售;开展以慢性病管理为重点的健康服务模式,推广"家庭保健员"计划,落实助老惠民政策;建立家庭健康档案16万余份,高血压、脑卒中、糖尿病、冠心病等慢病管理档案3.5万份;获得北京市社区卫生服务"四心工程"突出贡献先进单位、北京市和全国社区中医药工作先进单位。副市长丁向阳到区专题调研时,对社区卫生服务工作特别是政府"购买服务"机制给予充分肯定。

(徐晓光　赵超英)

【服务体系建设】 根据每个街道(社区)服务人口需求以及"15分钟服务圈"要求,全区已建成9个社区卫生服务中心,29个社区卫生服务站,并全部纳入医保定点,服务人口60多万。有社区卫生工作人员783人,其中卫生技术人员689人,包括全科医师147人,中医类别的执业医师62人,执业护士218人。社区卫生服务中心(站)基础设施标准化建设陆续完工并投入使用。全年社区门急诊881975人次,其中门诊819237人次,急诊44883人次,出诊5009人次,急诊抢救50人次,观察病人199418人次,双向转诊5215人次,其中执单转诊4369人次。社区全年共报告法定传染病1271例,传染病家庭访视2004人次。免疫接种143535人次(其中麻疹疫苗集中强化接种36489人),儿童免疫预防接种率达98%以上。孕产妇保健9861人次,儿童保健25657人次。精神疾病患者建立健康档案2362人,联合公安、精防所为精神病人免费投药639人次,访视精神病患者9399人次。实施慢性病管理,管理高血压病人17543人、糖尿病患者6498人、冠心病患者8110人、脑卒中患者5935人。康复管理3406人,健康讲座424次16923人参加,开展健康促进活动488次共5063人次,健康咨询80880人次。建立居民健康档案452479份,完成电子档案录入216627份,录入率达到47.88%。全区规划内的9个社区卫生服务中心和22个社区卫生服务站全部实行"药品零差率销售",销售总额10385万元,占全部药品销售总额的59.10%。

(郝伶敏　张佳蕊)

【政府购买社区卫生服务】 本区非政府举办的社区卫生服务中心(站)占总数的2/3。政府加大对"购买服务"社区卫生服务机构在公共卫生服务指标上的考核力度及补偿力度,使补偿激励机制更加合理、科学,充分调动企事业单位主办社区卫生服务积极性和服务能力;率先探索把民营资本引入社区卫生服务体系。与规划、人力社保、财政、街道等多部门联动,根据小区配套需求,充分利用医疗资源,批准民营医疗机构进入社区卫生服务体系,为群众就近提供社区卫生服务,中央电视台新闻频道对上述举措进行专题报道。

(徐晓光　赵超英)

【市领导专题调研】 10月28日,副市长丁向阳就社区卫生服务工作到区调研。丁向阳一行先后来到鲁谷、古城社区卫生服务中心,现场查看社区卫生服务机构的基础建设、人员构成和药品供应情况,询问工作开展情况,倾听就诊居民和服务人员对社区卫生服务的需求和建议,听取工作情况汇报。丁向阳对本区"政府购买社区卫生服务"模式的探索给予肯定,提出四点意见:1.认真总结,大胆实践,及时发现问题解决问题。2.建立规范科学的管理模式,不断完善运行机制。3.推进社区家庭医生制度的建立,更好地为百姓服务。4.做到防病治病一起抓、社区医院一起抓、改革管理一起抓,最大限度满足人民群众医疗卫生服务需求,努力实现群众"不得病、少得病、晚得病"、"看得起病、看得上病、看得好病"的基本目标。

(刘　喆　赵超英)

【基础设施标准化建设】 继续落实社区卫生服务中心(站)规划设置与基础设施标准化建设,至年底,累计完成社区卫生服务中心7个、社区卫生服务站22个的标准化建设任务。年内,开展辖区内新建改建居住区涉及9个社区卫生服务站的配套建设,其中雍景四季、远洋沁山水、茂华 都3个社区卫生服务站竣工;确定6个社区卫生服务站配套建设的项目规划,包括第二水泥管厂政策房、燕山水泥厂两限房、燕山水泥厂经济适用房、刘娘府地区回迁安置房、融景城经济适用房及商品房、金顶街首钢铸造村配套用房规划。

(黄旭红)

【队伍建设与人员培训】 年内,招收应届毕业生21人,社会公开招聘9人,引进高级专业技术人员1人。全科医生、全科护士、防保医师等11类人员均持证上岗。42人参加市全科医师培训;组织社区医师全员参加高血压防治知识培训考试;"健康北京人"十年规划项目"母婴健康保健"师资培训36人次,开展社区医师二级培训158人次;举办全区社区医师糖尿病知识竞赛共20人参加;全科医师等15个专业岗位培训已有88人进入技能考试阶段;检验、心电图等专业岗位培训4人;全科医师转岗培训4人。社区卫生专业技术人员继续医学教育覆盖率100%,传染病培训率100%,学分达标率95%以上。

(王 洪 康凤霞)

【中医药服务】 不断推进"全国中医社区卫生服务示范区"创建工作。社区卫生服务机构中有中医示范中心1个、中医示范站2个,以中医为主的社区卫生服务站10个。中医科作为9个社区卫生服务中心一级临床科室设置,实现三个100%,即100%社区卫生服务中心设立中医诊室和中医临床诊疗科室;100%社区卫生服务站能够提供中医药服务;100%社区卫生服务中心实现中医专家坐诊和定期出诊。同时,中医诊疗设备和适宜技术得到广泛应用。各中心基础诊疗设备达到8种以上,有的中心达20多种。一些中心中医保健康复成为特色,吸引辖区内外大量患者,个别中心站点的中医专家享誉国内。各中心全部开展或由上级医院承担300种以上中药饮片及其煎药服务,40%以上的社区卫生服务站点能够提供或由上级中心提供200种以上中药饮片服务,所有站点均开展中医药和适宜诊疗技术服务,针灸、推拿、火罐、敷贴、刮痧、熏洗、穴位注射、热熨、导引等普遍开展,运用中医治疗手段对中风、偏瘫、腰腿痛、颈椎病、伤残等患者开展康复治疗;社区卫生服务中心门诊处方中,中药饮片、中成药和中医非药物处方比例高于30%。加大中医药建设投入力度和宣传力度,居民对中医药服务的知晓率逐步提高,坚持用中医药理论指导老人、妇女、亚健康等重点人群养生保健,促进预防、保健、医疗、康复、健康教育、计划生育技术服务为一体的新型社区卫生服务模式的落实。年内,本区获得市"社区中医药工作示范区"、"全国社区中医药工作先进单位"称号。

(叶林书 汪 磊)

【发挥社区卫生服务功能】 制定下发加强内涵建设,充分发挥社区卫生服务功能实施方案。在社区卫生服务系统开展"创先争优"活动,将社区卫生服务机构政风行风建设纳入绩效考核,增加社区居民评价意见和建议权重,促进各项工作持续改进;加大对返聘专家的专项管理,充分利用专家团队资源,以"改善管理素质、加强内涵建设、提升创新能力"为主要内容,开展"作风能力建设年活动",促进社区卫生管理干部综合素质的整体提高。计生部门与社区计划生育技术服务工作联动,在加强硬件配套工程落实的同时,制定出台"评价标准",有8个社区卫生服务机构获得区"计生工作先进单位"称号。

(徐晓光 赵超英)

疾病预防与控制

概 述

区疾病预防控制中心(简称疾控中心)是根据国家卫生防病机构改革精神,在原区卫生防病监督管理所、区卫生防疫站、区结核病防治所、区慢病防治所和区性病防治所基础上,于2002年2月正式组建成立的区级卫生事业单位。疾控中心位于体育场南路6号院,建筑面积7500平方米,其中实验室使用面积3500平方米;中心内设11个专业科(所)、3个职能科室。在编职工88人,其中专业技术人员78人;副高及以上卫生专业技术人员7人,占专业技术人员的9.0%;中级专业技术人员30人,占专业技术人员的38.5%;初级专业技术人员41人,占专业技术人员的52.6%。拥有气相色谱仪、原子吸收分光光度计、双道原子荧光光度计、液相色谱仪、离子色谱仪、全自动酶免系统、全自动生化分析仪、流动注射仪、恒温培养箱、微波消解仪、电感耦合等离子体发射光谱仪-质谱仪(ICP-MS),医用诊断X线机等各种检测仪器设备,可开展各类检验检测278项。疾控中心为市禽流感、麻疹、艾滋病及甲型H1N1流感病毒网络实验室,承担着疾病预防与控制、应急事件预警与处置、疫情收集与报告、监测检验与评价、健康教育与促进、应用研究与指导、技术管理与服务等重要公共卫生职责。获得国家计量认证合格证书，以及职业健康检查和职业病危害因素检测与评价的资质。年内，扎实有效地做好甲型H1N1流感、手足口等重点传染病疫情防控工作、组织开展麻疹疫苗强化免疫接种工作；以全面启动“健康北京人——全民健康促进十年行动”为契机，会同区文化委、社会办、工会、体育局、老干部局等部门组织社区居民、单位员工开展“健康歌曲大家唱”、“健康知识与健康技能大赛”等一系列群众喜闻乐见的健康促进活动；区结核病防治所工程列入年度十项重点工程，并已开工建设；精神卫生和妇女儿童保健工作多措并举，有序开展；协助公安部门做好对辖区645名重性精神病人排查、评估、管理工作，有效防范精神病人肇事肇祸事件的发生，同时开通“区域精神卫生心理干预咨询热线”，为辖区居民提供心理健康咨询服务。被评为“首都文明单位”。全年办理食品从业人员体检39866人；公共场所从业人员体检14469人。

（张艳霞　赵超英）

【传染病防治】 全年报告法定传染病16种4834例，发病率为786.9/10万。报告死亡7例，包括艾滋病1例、乙肝4例、甲型H1N1流感2例，死亡率1.14/10万，病死率为0.14%。甲类传染病1种1例（霍乱），发病率为0.16/10万，无死亡。乙类传染病10种1630例，其中，细菌性痢疾918例、梅毒179例、肺结核174例、病毒性肝炎120例、淋病91例、麻疹71例、猩红热62例、艾滋病7例、甲型H1N1流感7例、布病1例，发病率265.3/10万。丙类传染病5种3203例，其中，报告其它感染性腹泻病1936例、手足口病1114例、流行性腮腺炎92例、流行性感冒39例、风疹22例，发病率521.4/10万，无死亡。监测禽流感高危人群24820人，流动人口7.3万人。流感样病例监测、门急诊就诊病例932309人，流感样病例30843人。全年无脊灰野病毒病例发生，接报处理AFP病例5例；无百日咳、白喉、新生儿破伤风、流脑、乙脑、狂犬病病例发生。

（张艳霞）

【甲型H1N1流感防控】 1月20日，召开全区甲型H1N1流感防控阶段工作总结会。会议总结前一阶段疫情防控工作，分析当前的疫情形势，提出下一步防控工作重点。周茂非对全区甲型H1N1流感防控工作给予肯定，就下一阶段防控工作提出要求。卫生局采取三项措施加强春节前后甲型H1N1流感医疗救治工作。一是召开甲型H1N1流感重症、危重症医疗救治工作会，实施分类救治，做好重症病例的早期发现和重症、危重症救治。二是组织专家组对区内3家甲型H1N1流感重症定点医院进行督导检查。三是要求各医疗机构做到“一个准备、四个到位”。一个准备即应对春节后可能到来的疫情高峰的人员、物资准备；四个到位即讲政治，提高警惕，思想认识到位；及时将上级的新要求传达到每名医务人员，关注特困、高危等特殊人群，工作部署到位；强化单位内自查，建立责任制，不漏报、迟报，完善医院与社区卫生机构的信息互通，责任落实到位；顾大局，加强定点医院重症医学科等重点科室建设，储备救治药械，保障支持到位。

（郭振玲　赵超英）

【性病、艾滋病防控】 调整针对性病、艾滋病重点人群和高危人群的干预活动策略，首次尝试将娱乐场所服务人员以及流动人口等人群的外展干预工作延伸至社区卫生服务中心开展，提高全区高危人群的干预覆盖面和效果。制定成员单位防治艾滋病工作职责，依托疾控中心继续做好对注射吸毒者社区清洁针具交换工作，同时采取广播、电视、互联网、报纸、杂志等多种形式，面向各类人群开展防艾宣传工作。“6.26世界戒毒日”在美沙酮门诊举办宣传活动以及座谈会，切实了解病人需求；10月9日，组织200余名防艾志愿者在八大处公园举办“爱心登山活动”；12月1日“世界艾滋病日”，对大众进行性病、艾滋病防治知识宣传。获市防艾委颁发的优秀组织奖。年内，联合公安分局、药监分局进一步规范瑞达医院美沙酮维持治疗门诊工作程序，该门诊累计治疗295人，在治人数150人，维持治疗率为80.6%，各项指标均比上年有所提高。12月，该门诊获国家防艾办“全国滥用阿片类物质成瘾者社区药物维持治疗工作2009～2010年度优秀门诊”。

（祁　强　张艳霞）

【计划免疫】 区免疫预防工作以控制和消除免疫可预防传染病为中心，以建立实施免疫预防工作规范为重点，加强外来人口管理以及免疫预防接种工作。加快免疫预防规范化门诊建设，做好免疫接种监测和疾病监测工作，加强安全接种工作指导，开展免疫接种不良反应监测。建立免疫预防信息化管理，加强免疫规划质量管理，建立免疫预防专业人员考核准入制度。进一步规范免疫预防保健科人员资质的专业技术培训。年内，召开专业会议和专业培训41期，参加1767人次，其中学校托幼11次，参会486人次。全年应急接种MV591人、MMR疫苗672人、水痘疫苗1059人。年内，儿童基础免疫接种49793人次，接种率99.99%；加强免疫接种25899人次，接种率99.34%。其中，外来流动儿童基础免疫接种42921人次，接种率99.95%；加强免疫接种20930人次，接种率99.03%。学校、托幼园所补种疫苗9种，补种5491

人次,补种率90%以上。9月11日~10月中旬,对全区8月龄至14岁的适龄儿童进行麻疹疫苗强化免疫工作,累计接种麻疹疫苗45314人,累计接报疑似预防接种反应7例(已痊愈),无严重AEFI报告、无接种差错事故发生。经市卫生局评估,全区该次麻疹强化免疫接种率达到99.87%。上年9月至当年4月6日,遵循"知情同意、自愿免费"原则,全区接种甲型H1N1流感疫苗50472人,累计接到38例甲型H1N1流感疫苗接种后不良反应报告,其中心因性反应3例,偶合症27例,异常反应8例(2例过敏性紫癜、6例过敏性皮疹)。10月20日~12月20日,全区累计接种招标免费流感疫苗36501支,其中60岁以上老年人16306支、学生20195支。接报处理疑似预防接种反应4例,处置及时率100%。外来务工人员接种流脑A+C疫苗717人,接种麻疹疫苗737人。

(祁　强　张艳霞)

【手足口病防控】 召开全区手足口病医疗救治工作会,通报发病情况和发展趋势,部署相关工作。强化疫情监测与报告工作,编辑流行形势分析8期,编发防控工作专报32期。加大对托幼园所、中小学校及流动人口聚集地等重点场所监察力度,对各级医疗机构开展专项检查。至9月底,出动监督检查人员624人次,监督车辆234辆次,督查450余户次。及时处置手足口病聚集性和暴发疫情,并做好对重症病例医疗救治,全年累计处理辖区内手足口聚集性疫情65起(其中暴发疫情10起)。全方位开展健康宣教,全年开展手足口病宣传5次,其中现场宣传3次、在《石景山报》刊登防治知识2期;解答群众咨询300余人,发放"致家长一封信"、宣传册、海报、折页等资料5万余份。

(祁　强　张艳霞)

【结核病防治】 结防所全年门诊1985人次,初诊病例372人次,免费查痰1039人次,培养658人次,菌阳60人,菌阳监化率100%。传染病报卡52张,监化47人,其中本市19人,外地28人,共投药9322人次,DOTS覆盖率达100%。对3所大学新生5139人进行结核菌素监测,并对强阳性者进行筛查,行胸片检查289人次。新生儿卡介苗接种604人,接种率100%,PPD监测4226人次,DOTS覆盖率达100%。年内,建立健全防治网络,对各级各类医疗机构进行防治培训;对二级以上综合医院结核病接诊、防治情况督导检查,针对发现问题限期整改。3月24日"世界防治结核病日",组织有关医疗卫生单位在八大处公园,举办防治结核病的宣传咨询及义诊活动,发放宣传材料及宣传品3000余份,咨询200余人,专家义诊50人次;同时组织各社区卫生服务机构开展防治结核病的宣传咨询活动。

(祁　强　张艳霞)

【精神疾病防治】 建立全区精神卫生三级管理网络。对全区精神病人实施计算机主卡导入,与市局网络链接,通过建卡、入户随访等措施对精神病人实施有效治疗,对重点病人实施监控。截至年底,全区精神病人共计2356人,享受免费服药的贫困病人285人。年内,制定精神卫生管理工作方案,召开管理工作会,建立卫生、公安、残联、民政、司法、教育、财政多部门联席会制度,在重大节庆活动前,牵头组织公安分局、民政局、残联等单位对重点(贫困)精神病人进行节前入户免费投药和送温暖活动,共计入户1500余户次。5月12~14日,组织社管中心、区精保所对相关医疗机构的精神病人管理情况进行督导检查。针对重性精神疾病、神经症发病明显上升、人群精神卫生知识知晓率普遍较低等问题,6月18日,开通"精神卫生心理干预咨询热线",至年底共接听咨询电话并进行心理疏导300余人次。8月,开展对全区肇事肇祸重性精神病人排查工作;组织社区精防人员配合公安部门进行入户核实信息并进行危险度风险评估。经评估,全区有重性精神病人645人。10月10日"世界精神卫生日",开展主题为"沟通理解关爱、心理和谐健康"宣传活动。

(祁　强　李　靖)

【慢病管理】 完成市疾控中心开展的使用慢病信息管理系统对一般人群、慢病患者及高危人群开展健康管理前基线调查,重点目标人群为35岁以上成年人,在7312厂社区和区疾控中心使用慢病信息管理系统对一般人群、慢病患者及高危人群开展健康管理,共管理200人,随访6次,开展干预活动6次。在八宝山第一、第二社区卫生服务中心开展糖尿病及高血压干预项目,干预204人,定期进行患者随访16次。开展脑卒中筛查项目,分别在八宝山第一社区卫生服务中心、八角社区中心筛查700人。完成区疾控中心及9个社区卫生服务中心关于全国慢病防治机构预防控制能力调查项目的问卷调查。组织并开展世界无烟日、全民生活方式日、国际高血压日、世界糖尿病日等宣传活动。

(祁　强　张艳霞)

【公共卫生监测与评价】 全区有156家厂矿企业,年内检测职业危害场所16家,检测样品312件,合格样品297件,合格率为95.2%。为117名高温作业人员、73名苯(甲苯、二甲苯)作业人员进行职业健康体检,发现8名职业禁忌症和6例疑似职业病患者,并按规定将疑似病例进行职业病网报,督促企业监管疑似职业病人员进一步明确诊断。网络直报尘肺病、职业病、疑似职业病和农药中毒44例。对30家医院职报人员开展2次培训,对部分医院开展3次职业病网络直报绩效考核。对27家医疗单位射线装置和机房防护进行影像质量检测和场所防护检测,检测109台,合格105台,合格率96.3%。对3家工业X线探伤单位的工业X线探伤机专用探伤室进行全方位防护检测,合格率100%。对1家企业5台非医用射线装置进行防护检测,合格率100%。开展放射工作人员外照射个人剂量监测,应检单位44个,个人剂量检测应检278人,全部监测到位,共监测864人次,检出大剂量照射人员1人,检出率0.4%。全年完成食品委托检测送检样品470件,食品现场抽检150件,因与卫生标准不符,无法进行合格与否的判定。餐具现场抽检1070件,合格1000件,合格率93.5%。对489户公共场所进行办证和审证监测,监测15346件,合格15209件,合格率99.11%。检测自备井水和二次供水404件,合格356件,合格率88.12%。其中,检测二次供水80件,合格78件,合格率97.5%。采集检测"02"水129件,合格率100%。检测末梢水120件,合格106件,合格率88.3%。检测地下水18件,合格7件,合格率38.9%。食品从业人员体检39866人,公共场所从业人员体检14469人。

(祁　强　张艳霞)

【感染防治】　全年监测医疗机构区级以上11家,区级以下18个,诊所45个,学校医务室4个,托幼机构25个。共监测131户次1892件,合格1890件,合格率99.9%,其中物表及工作人员手涂抹采样1057件,全部合格;空气采样175间551件,全部合格;高压锅监测采样553件,合格551件,合格率99.6%;其它107件,全部合格。托幼机构消毒效果监测:共监测46户次,采样837件全部合格。其中物表及手采样432件,空气采样107件,其它298件。消毒工作检查医疗机构116户次、托幼机构46户次。传染病消毒管理:病家或疫点消毒28户次,物表消毒面积38140平方米,消毒空间2.2万立方米。传染病疫情病家消毒技术指导112户次,检查社区服务站(中心)40户次。传染病防控督导检查发热门诊8户次、肠道门诊36户次。病媒生物监测:蝇监测21次,共6类环境每次设点7个场所,累计布放蝇笼119个。蚊监测18次,成蚊共监测3类环境每次5个点,累计布放诱蚊灯180套。幼蚊监测共4类环境每次6个点,累计检查容器46个,取水样270勺。蟑螂监测12次,每次设点8个场所,累计布放粘蟑板4080张。鼠监测12次,每次设点4个。布粉块600块;鼠夹1300把。抗药性监测:完成本年度家蝇、德国小蠊及淡色库蚊幼虫对残杀威及高效氯氰菊酯。出血热鼠监测:布放粘鼠板880张,捕鼠32只,鼠心肺标本送市CDC实验室进行出血热抗原抗体的检测。

(张艳霞)

【学校卫生】　对中小学校医进行二级培训;发放折页、手册、挂图、光盘等宣传品3万余份;发放学生常见病预防光盘,进一步推广新版眼保健操,开展"我的爱眼日记"活动;向全区小学生及初一新生发放"家庭护眼按摩操"图册和爱眼卫生宣传手册2.9万余套;针对学生视力低下和青少年肥胖问题开展系列防治措施进行干预;对中小学教学环境、健康教育、传染病管理、食品及饮用水卫生等检查视导工作;对49个中小学校教学物质进行环境检测,检测覆盖率100%。配合全市开展青少年健康危险行为监测项目,随机抽取初、高中、职高6所学校1232名学生,完成现场问卷调查,并进行数据录入、分析汇总,撰写调查报告和相关论文。

(祁　强　张艳霞)

【健康促进】　全面启动"健康北京人"行动规划,编制印发《健康北京人——全民健康促进十年行动规划》工作方案,组建健康促进工作信息员队伍。6月初全面启动健康知识普及、合理膳食、控烟、健身、保护牙齿、保护视力、知己健康、恶性肿瘤防治以及母婴健康等九大健康行动。联合相关部门选送2支合唱队参加健康北京人主题歌曲歌咏大赛,获"健康歌曲大家唱"第一名。组织2个家庭参加市健促委、市卫生局举办的"争做健康北京人"——北京市民健康知识与健康技能竞赛并获优秀组织奖。开展"无烟医院"创建,全区大多数医疗卫生机构无烟环境建设基本符合相关标准。继续创建"健康促进学校",健全完善健康管理、考核、评估标准,逐步规范硬件设施,治理整顿周边环境,有38所中、小学校达到市健康促进学校标准,占全区中小学校总数的76%。12月初,"学校卫生防病工作规划(2006~2010年)"贯彻执行情况,通过市终期考评。利用电视、网络、报刊、海报等多种渠道,加大卫生防病知识宣教力度。全年累计开展各类卫生主题日宣传活动15次,发放宣传材料5.8万余份,宣传礼品1.3万余份。进行居民健康教育424场,受益16923人次。

(祁　强　张艳霞)

【卫生应急】　制定"十二五"卫生应急体系建设规划(2011~2015年),细化和完善区突发公共卫生事件预警响应和应急响应等各项应急指挥工作机制。组织相关应急人员参加市局组织的禽流感、鼠疫、紧急灾害救援等内容应急培训。参加市局组织的应急演练1次。妥善处置突发公共卫生事件1起(为1例霍乱散发病例),处置暴发疫情17起,其中水痘6起、手足口病10起、麻疹1起。1月,组织专家组对3家甲型H1N1流感重症定点医院进行督导检查。

(祁　强)

卫生监督

概述

石景山区卫生局卫生监督所(简称卫生监督所)为区卫生局直属副处级行政执法机构,核定行政专项执法编制64人。至年底,有公务员59人,工勤1人。设置科室12个,综合办公室、党群办公室、总务科、法规督察科、审批科、公共卫生科(队)、古城卫生监督站、八角卫生监督站、鲁谷卫生监督站、五里坨卫生监督站、苹果园卫生监督站、医政执法科(队)。年内,卫生监督执法以预防性监督为基础、建立长效机制为重点,建立食品安全、医疗机构不良执业行为积分管理机制。组建公共卫生执法专家组,发挥专家在公共卫生决策、管理、评价中的技术支持作用。全年监督检查10121户次,合格9608户次,合格率为94.93%,行政处罚143起。协同做好"百日整治"、老古城、五里坨、苹果园地铁等地区专项整治行动,严厉打击非法行医。开展全员系统培训,培训监督员17次,包括20项内容,其中有《食品安全法》、大型活动保障、学校、托幼机构传染病防控监督要点、医疗机构监督等突发事件处置等法律法规及专业培训,采取理论培训与实际操作相结合方式。全年受理投诉举报102起,其中食品卫生类66起,生活饮用水类4起,公共场所6起,医政26起。全区年内未发生食物中毒和生活饮用水污染事件。获全国妇女"巾帼建功"活动先进集体、第二届十佳全国巾帼文明岗、首都文明单位、首都卫生系统文明单位等称号。

(董　静　张树华)

【卫生行政审批】 根据关于加强行政审批集中办理有关事项的通知(石政发[2009]55号)要求,将涉及医政的8个许可事项进驻区行政服务中心办理,实现卫生许可事项全部进厅办理并一窗式办公。全年接待办理卫生行政许可咨询3000余人次,受理卫生行政许可申请1492件,其中发放卫生许可证971件、不予许可202件、现场指导限期整改319件,现场审查1912件。发放放射诊疗许可46件,执业医师注册许可178件,母婴保健机构许可4件,对持有"绿卡"的重点企业实施绿色通道许可85件,对固定资产投资重大项目实施重点审批47件。

(张树华)

【公共卫生检查】 全区有餐饮服务单位1159个,其中餐馆655个、食堂316个、现场制售69个、小吃店52个、饮品店32个、快餐店26个、集体用餐配送单位7个、临时许可证2个,餐饮单位建档率100%。全年监督检查4245户次,合格率97.86%,处罚91户次(警告72户次、罚款19户次),罚款金额3.8万元,没收违法所得1234.5元。对718个餐饮单位实施量化分级管理,其中A级107个、B级290个、C级321个。全区有公共场所经营单位648个,其中旅店业79个、理发店、美容店490个、公共浴室28个、游泳场馆13个、文化娱乐场所22个、商场14个、体育场馆2个。监督检查1226户次,合格率97.88%,处罚26个,执行简易程序(警告)13个,一般程序13个,罚款4500元。对具备资质的105个单位进行卫生监督量化分级管理,其中住宿行业达到A级21个、B级30个、C级25个,量化分级完成率为95%。游泳场所达到A级6个、B级4个、C级1个,完成率91.67%。全区有生活饮用水供水单位179个,其中集中式供水19个,二次供水159个,其他供水方式1个。全年监督检查供水单位428户次,合格率91.82%。自备井监督覆盖频次达到100%,市政供水、二次供水监督频次达到200%以上。处罚35个,其中简易程序(警告)32户次,一般程序3户次,罚款0.5万元。

(张树华)

【职业卫生监查】 辖区有职业危害单位140个,其中重点职业危害单位23个。年内,开展对在册粉尘、高毒作业单位以及市政所属可能接触职业危害的作业单位进行专项检查。全年督查164户次(不含洗衣业排查单位户数),有效监督136户次;重点职业危害单位覆盖率100%。实施行政处罚6起,其中对4家组织职业上岗前体检的单位给予警告,1家职业技术服务机构因出具虚假证明被给予警告,罚款0.5万元,1家无职业体检服务机构资质的医疗机构因擅自开展职业体检被给予警告、罚款2万元。开展《职业病防治法》宣传活动。4月22日主题宣传日,在规模和影响较大的工地开展宣传咨询活动,2300人次参加,发放宣传材料1100份,宣传画300余张,相关单位制作宣传板报6块,横幅3条,展板5块。组织接触职业危害工作的相关人员1100人参加知识竞赛答题。宣传月期间,对相关企业负责人、职业卫生管理人员进行大型公开课培训3次,向涉及职业危害的中小企业发放主题宣传画80张。

(张树华)

【放射卫生监查】 全区有放射单位23家,其中放射诊疗工作单位37家,工业探伤单位10家,放射源单位6家。监督覆盖率为100%。4

月、10月，会同区环保局、公安分局对6家“涉源”单位进行监督检查，全部合格。9月开始，组织换发放射工作人员证，办理换发98人。

（张树华）

【医疗专项检查】 全年监督检查医疗机构3061户次，合格2872户次，合格率93.83%。行政处罚9户次、警告4户次，罚款人民币1.7万元。年内，联合相关街道、药监分局、公安分局、流管办等出动监督员148人次，出动车辆52台次，打击非法行医70户次，收缴药品97袋、器械278件，广告牌19块。对6家医院血液透析管理情况专项监督；对7家医疗机构临床用血安全监督检查，对存在问题机构进行复查，监督检查15户次；对市血液中心设在区内的流动采血点进行现场监督2户次。4月20日，制定下发医疗机构医疗废物监管工作方案，对指导检查领导小组作出调整，全年开展医疗废物管理监督检查409户次。年内，成立区卫生法学专家组，聘任20位医疗卫生法学专家，参加各项专项监督检查。制定医疗卫生安全风险评估管理办法（试行）、医疗卫生安全风险评估暂行标准、非法行医重点地区评估，16家医疗机构列入医疗安全风险较大名单；根据评估结果，对其提高监督频次，进行重点监督。下发关于加强医疗机构不良执业行为积分管理的通知，每季度对不良执业行为积分情况进行通报，对14家医疗机构不良执业行为积分20户次。

（张树华）

【大型活动保障】 完成重大节庆、全国“两会”及2009～2010北京国际自盟世界杯赛等大型活动卫生保障任务。出动监督员236人次，监督车辆124车次，监督检查营养餐配送单位3户次、餐饮服务单位742户次、庙会摊点780户次、公共场所单位25户次、生活饮用水14户次、医疗机构70户次，取缔无证餐馆5户。制作现场检查笔录74份，出具卫生监督意见书26份。现场快速检测370件，结果均合格。

（张树华）

【产品抽检】 食品卫生抽检380件，合格353件（盒饭40件，餐饮具200件，沙拉40件，凉拌菜40件，月饼15件，糕点、面包15件，红葡萄酒10件，碘盐10件，食用菌10件）。凉拌菜3件检出致病菌，餐饮具24件大肠菌群定性阳性，卫生监督员对样品检测不合格的餐饮服务单位依照相关法律法规予以行政处罚，并进行餐饮卫生安全操作现场指导。生活饮用水卫生抽检25件，合格23件（市政供水末梢水10件、二次供水10件、自备水源出厂水5件）。市政供水末梢水2件菌落总数超标，对检测不合格的供水单位予以警告的行政处罚，并下达责令改正通知书限期整改，并对其相关负责人进行卫生知识培训。公共场所卫生抽检181件，合格163件（公共用品用具的消毒效果50件、游泳场所水质42件、集中空调通风系统卫生状况80件、室内空气质量9件）。游泳场所泳池水6件尿素超标，浸脚池水9件余氯不符合卫生标准，集中空调通风系统3件积尘量超标，对样品检测不合格的公共场所单位下达卫生监督意见书，要求其立即整改并进行复查。

（张树华）

【案卷评查】 形成行政案件48卷，罚款8.95万元。其中食品卫生19卷，金额3.8万元；医政11卷，金额1.7万元；公共场所13卷，金额0.45万元；生活饮用水3卷，金额0.5万元；职业卫生2卷，金额2.5万元。12月，市卫生局抽取20卷一般程序案卷进行案卷评查，全部达到优秀案卷的标准。

（张树华）

妇幼卫生

【妇幼保健】 逐步推进高危孕产妇救治工作。在石景山医院设立区“石高危孕产妇抢救中心”，制定转会诊及抢救方案，加强与市级指定医院联系，保证转会诊途径畅通，定期组织专家对危重孕产妇抢救病例进行评审；组织协调抢救危重症孕产妇14例，其中抢救成功13例、死亡1例。全区产妇分娩4411人，活产4394人，围产儿死亡数17例，死亡率3.85‰。监测围产儿总数4411人，其中本市户口2352人，发生出生缺陷40例，包括本市户口24例，本市户籍出生缺陷发生率10.20‰。高危产妇758人，住院监护分娩2322人，孕产妇死亡1人。本区户籍出生2285人，产妇2259人，活产数2279人；孕产妇死亡0人，死亡率0；孕产妇系统管理2230人，孕产妇系统管理率98.72%。

（祁　强　郭淑菊）

【儿童保健】 活产婴儿2279人，婴儿死亡10人，死亡率4.39‰。5岁以下儿童死亡13人，死亡率5.7‰。新生儿管理率95.09%；新生儿访视3235人。全区免费新生儿疾病筛查2305例，筛查率99.49%；四个月内婴儿母乳喂养率93.12%；儿童保健系统管理率96.54%；0－6岁儿童听力筛查率89.51%；高危儿智力监测覆盖率100%。完成0－6岁儿童免费定期体检15734人，智力筛查

2877人，听力筛查8092人，视力筛查379人，血常规检查7899人，口腔检查3072人，儿童体质监测128人，为集体儿童氟泡沫防龋9293人次。

(郭淑菊)

【技术管理】 年内，组织区专家组的产科、急诊、护理专家，按照市卫生局新修订的开展助产技术服务的医疗保健机构的基本条件要求，完成石景山医院(市级评审)、首钢医院、朝阳医院京西院区、玉泉医院、首钢矿山医院5家医疗机构助产资质评审及助产人员的换证工作；完成泰康医院等4家医疗机构计划生育资质的审批工作；组织完成石景山医院、朝阳京西医院等13名计生技术人员的笔试考试及个人母婴保健技术合格证书换证工作；对全区15家开展计划生育技术服务的医疗机构进行联合督导检查。5月14日，通过市卫生局对区计划生育技术服务机构的专项监督检查。全区计划生育手术总数7539例，其中本市户口3046例，外地户口4493例，无节育手术并发症发生。婚前检查881人，其中男性婚检459人，女性婚检422人，疾病检出率9.31%。

(祁 强 郭淑菊)

【督导检查爱婴医院】 按照卫生部制定的《爱婴医院管理监督指南》的要求，组织区妇幼保健院开展对石景山医院等4家爱婴医院检查与指导，针对检查发现的问题，检查组要求各医院现场进行整改，同时要求各医院不断加强产、儿科医务人员对《爱婴医院管理监督指南》的学习和培训，及时更新母乳喂养知识，开展对孕产妇的宣教指导，加强儿科对母乳喂养工作的重视，不断提高产、儿科服务质量。

(祁 强)

【及时补发医学证明】 根据市局转发卫生部关于进一步加强出生医学证明管理的通知精神，按照市局统一安排，及时刻制石景山区出生医学证明补发专用章；4月1日正式使用，截至年底，共计完成15例出生医学证明补发工作。

(祁 强)

【女工保健】 妇女病普查11700人，普查率82.48%，患妇女病4633人，患病率39.60%，恶性肿瘤发病率8.55/10万。

(郭淑菊)

【业务培训】 组织石景山医院、朝阳京西医院等6家医疗机构19名助产人员参加市局组织的产前筛查(B超、实验室)培训；15人参加市级产前筛查咨询培训，12人参加助产岗前培训；区级助产评估培训25人。全年组织区级计划生育资质医务人员培训3期共160余人参加。

(祁 强 郭淑菊)

医 疗 机 构

中 医 医 院

【概况】 石景山区中医医院是一所政府举办的非营利性二级中医综合医院。市基本医疗保险定点医院。现有干部职工136人，其中卫生技术人员89人，正高职称2人(含社区服务中心)，副高职称7人，中级职称31人，初级师32人。年内，在大力引进人才、培养人才基础上，加强思想建设、硬件设施建设、制度体系建设、学科建设和中医内涵、中医药文化、中医特色专科建设，狠抓医疗服务质量，改善就医环境。以医院管理年及绩效考核为依托，开展岗位练兵活动，增强干部职工服务意识，改善服务态度。同时，广泛吸纳先进诊疗技术，逐步使医院发展成为以中医为主，中西结合，多学科渗透，多科室广泛参与，多种诊疗手段优势互补的综合性医疗服务体系，社会效益和经济效益均获得双丰收。全年累计业务收入同比增长74.81%。先后获得“政府为百姓办实事先进单位”；“北京地区中医医院医疗质量监测工作三等奖”；“无偿献血工作成绩突出单位”；“卫生部心血管中心社区医务人员岗位练兵大赛三等奖”等称号。

地址：八角北路

电话：6886290(院办)

88982461(医务科)

68875912(医疗保险科)

邮编：100043

网址：www.sjszyy.cn

(孟林洁)

【改善医患关系】 组织广大干部、职工参加反腐倡廉学习活动，要求领导干部、医务人员自觉提高廉洁自律，廉洁从政、廉洁从医意识，加强广大干部职工的道德修养，提高个人反腐倡廉的自觉性。组织医务人员系统学习卫生系统相关法律法规，开展向身边先进典型学习、重温文明用语和服务禁语等活动。倡导工作中要充分尊重和自觉维护病人的知情权、选择权和隐私权等相关权利。通过系列活动的开展，既增强医护人员的服务意识，也增强患者对医院的信赖，建立良好的医患关系，患者对医院的满意度逐步提高。年内收到患者表扬信近20封，锦旗近30面。

(孟林洁)

【医疗工作】 全年门、急诊149695人次，日均门诊548人次，同比上升30.11%；业务总收入同比增长

74.81%。为使患者享受到更多的中医中药治疗,进一步加大中医药人才引进工作,年内引进骨科学科带头人1人,中医研究生7名,为中医院发展奠定人才基础。成立骨伤科病区,为方便周边居民就医创造条件。开通预约挂号服务,方便周围居民就诊。实施新的区中医医院处方管理办法,规范医生的医疗行为,解决患者看病贵问题。

(李长征)

【护理工作】 全年进行静脉输液43619人次,完成各种注射21239人次,静脉采血8147人次,其他治疗28691人次,基础护理合格率95.9%,技术操作达标率100%,急救物品完好率100%。完成麻疹疫苗强化免疫接种任务。年内开展争创“优质护理示范病区”活动,加强护理安全管理和护理不良事件管理,开展护理礼仪培训,组织全体护理人员季度考试三次,提高医学基础知识、基本理论、基本技能。对新上岗的护理人员进行岗前培训和10项技术操作达标考核。整体护理技能得到提高。

(陈 涌)

【医院感染管理】 院感率为1.91%。院感委员会定期对重点科室进行督导检查,要求严格执行消毒隔离措施,医疗垃圾正确收集、分类、处理,发现问题及时整改。对院感病例进行回顾性和前瞻性监控,随时发现病区院感病例,及时采取措施防止感染流行。

(陈 涌)

【医疗保险】 以市医疗保险工作要点为指导,结合实际贯彻落实《社会保险法》,着力为参保人员服务,减轻群众负担。学习新政策,领会新文件,熟悉业务操作,确保参保人员正当利益。制定科学合理的医保管理体系,指导临床大夫合理检查、合理用药、合理治疗、合理收费。根据市医保联审互查反馈结果,每日抽查处方100张,发现违规处方,加大处罚力度。

(范京梅)

【教育科研】 开展慢性病、传染病等相关防治知识讲座共10次,参与培训者500余人次。组织健康咨询25123人次;举办健康教育讲座11次,受益者5032人次。制作宣传板145块,发放健康教育处方和宣传材料31768份。97位医疗技术人员参加继续教育学习,有19篇论文在全国各类期刊上发表。

(李长征)

【妇幼保健】 开展计划免疫、儿童保健、妇女保健、精神病管理,各项指标均达到上级要求。妇女保健全年共诊治患者7700人次,完成计划生育手术685人次,安全率达到100%。建立母子健康档案440人次,产后访视390人次,访视率达到100%。儿童保健全年共查门诊日志8659人次,传染病无一例漏报迟报。加强传染病个案管理,24小时内访视率达到100%,未发生一例续发病例。本地区甲乙类传染病总发病率低于上级410/10万的标准。精神病访视1564人次,免费投药64人次,精神病人建纸质档案406人次。麻疹疫苗强化接种2412人次。对60岁以上老人实行免费接种。对在校中、小学生减免20元的流感疫苗接种工作,共计接种8051人次。

(柴 华 张 文)

【药房扩容】 根据中医管理局的要求,克服医院空间小,增扩困难的实际问题,挤出20平米空间,投入5万元,对药房进行扩建,基本满足中医管理局对二级医院药房规模要求。

(孟林洁)

妇幼保健院

【概况】 石景山区妇幼保健院位于依翠园小区,是区卫生局直属的二级妇幼保健机构,承担着全区妇女保健、儿童保健、婚前保健、出生缺陷监测及计划生育技术指导与管理工作,是以保健为中心,医疗、科研、健康教育为一体的医疗保险定点专科医院,是地区公共卫生体系重要组成部分。下设妇女保健中心、儿童保健中心、医技科室及社区卫生服务站,能开展一系列妇幼保健特色服务。有正式职工46人,其中卫生专业技术人员37人(高级职称2人、中级职称15人、初级职称16人、无职称4人),非卫生专业技术人员9人。年内新购置医疗设备总值9.66万元,医疗设备总价值达399.53万元。完成艾滋病初筛实验室房屋改造,4月2日通过市疾控中心验收。获“首都文明单位”、“首都平安示范医院”、市“政府为百姓办实事”工作先进单位、“无偿献血先进单位”等称号。

地址:依翠园5号

电话:68625569

邮编:100040

(谢 莹 郭淑菊)

【改革与管理】 自1月起,增设周六门诊,各科室全部开放,方便群众体检、就医。完善医院检验工作程序,制定院内检验申请单,对血样采取条码管理。检验科通过市临检中心临床免疫(肝炎)学、临床血液(血常规)学检验室间质量评价。根据卫生部有关文件,3月4日起,取消保教人员体检、儿童入园体检项目中“乙肝五项”检测。每季度进行患者满意度调查,满意率达95%以上。

(谢 莹 郭淑菊)

【医疗保健】 妇产科门诊4289人次;计划生育手术255人次。孕前保健门诊476人次,口腔科门诊980人次,儿科门诊3709人次,儿童保健门诊5015人次;儿童健康检查8757人次,预防接种4529人次,自费疫苗接种3933人次;儿童入幼儿园体检7170人次;保教人员体检601人次,社会体检1935人。

(谢 莹 郭淑菊)

【儿童保健】 实施0～6岁儿童免费健康体检及免费为本市新生儿疾病筛查工作。对全区相关医疗机构进行政策培训4次,发放宣传材料500份,免费体检折页0.5万份;制定免费体检制度、免费体检门诊登记,按季度对体检数据汇总;对全区儿童免费健康体检进行质量控制,将新生儿疾病筛查纳入计算机管理系统;完成0～6岁儿童免费定期体检15734人,智力筛查2877人,听力筛查8092人,视力筛查379人,血常规检查7899人,口腔检查3072人,新生儿访视3235人。全区免费新生儿疾病筛查2305例。为128名儿童进行体质监测。为儿童氟泡沫防龋9293人次。开展儿童生长发育监测和儿童智力测评。对29个托幼园所进行卫生保健合格证换证检查。

(谢 莹 郭淑菊)

【婚前保健】 10月,通过市卫生局婚前保健服务机构资质验收。全年婚前医学检查881人,其中男性459人,女性422人,婚前医学检查率8.65%,疾病检出率9.31%,以生殖系统疾病为主,对受检者进行婚前卫生指导和卫生咨询。

(谢 莹 郭淑菊)

【健康教育】 普及妇女卫生知识,组织各种宣教活动。全年发放宣传材料139种7098份,张贴宣传画55种186张,自制宣传板81块50期;发放健教处方95种5752张;宣传咨询132次,宣传人群2102人次,发放材料72种7690份;举办妇幼健康讲座57次,培训1848人次;到家长学校讲课3次,听课50人次;孕妇学校发放宣传材料68种6090份,讲课次数86次,听课2386人次。12月,与区人口计生委共同举办“人生课堂”,利用周末时间为围孕期妇女讲授孕前、孕产期和产后保健知识。报纸刊稿1篇,电台广播2次。

(谢 莹 郭淑菊)

【手足口病防控】 加强手足口病医疗管理。派儿科骨干参加市、区卫生局诊疗培训;对全院卫生专业技术人员进行二次培训及考核;设置手足口病专用诊室,制定院内感染控制措施。

(谢 莹 郭淑菊)

【麻疹疫苗接种】 9月11～20日期间,与北京大学首钢医院组成麻疹强化疫苗接种队到幼儿园、学校进行接种2432人次;完成辖区内散居儿童麻疹强化疫苗接种220人次。

(谢 莹 郭淑菊)

【指标完成情况】 1. 助产机构:分娩总数4411人,活产数4394人,其中剖宫产2414例,剖宫产率54.70%,围产儿死亡数17例,围产儿死亡率3.85‰。2. 产前筛查:孕20－24周B超筛查胎儿3107例,筛查异常76例;血清学筛查2858例,筛查异常179例。3. 围产儿出生缺陷监测:监测围产儿总数4411人,其中本市户口2352人,发生出生缺陷40例,其中本市户口24例,本市户籍出生缺陷发生率10.20‰。4. 孕产妇系统管理:户籍出生数2285人,产妇数2259人,活产数2279人;孕产妇死亡0人,死亡率0;围产儿死亡10人,死亡率4.38‰;孕产妇系统管理数2230人,孕产妇系统管理数率98.72%。5. 计划生育技术服务:计划生育手术总数7539例,其中本市户口3046例,外地户口4493例,无节育手术并发症发生。6. 儿童保健指标:新生儿管理率95.09%;新生儿疾病筛查率99.49%;婴儿死亡率4.39‰;5岁以下儿童死亡率5.7‰;四个月内婴儿母乳喂养率93.12%;儿童保健系统管理率96.54%;0～6岁儿童听力筛查率89.51%;高危儿智力监测覆盖率100%。7. 妇女病体检:妇女病普查率82.48%,妇女病患病率39.60%。各类妇科恶性肿瘤发病率8.55/10万。

(谢 莹 郭淑菊)

五里坨医院

【概况】 五里坨医院位于石景山、海淀、门头沟交汇的西北部地区,是一所集精神卫生专科与社区卫生服务中心双重功能的大专科、小综合医院,为市医疗保险定点机构。医院建筑面积11075平方米,人员编制总数183人,年内从业人员182人,其中正式职工119人,聘用63人。床位编制280张。承担全区精神病人门诊治疗、住院康复及面向全区开展老年疾病的治疗护理工作。医院坚持“质量第一,安全第一,服务第一”方针,立足西部,面向全区。精神科以心理和药物治疗为主,辅以文娱活动、康复训练,促进精神病患者早日康复。老年科病房开拓思路,大胆创新,针对老年患者特点,与区福利院合作,建立起集治疗、养护、康复为一体的老年病房,受到老年患者和家属欢迎。精神卫生保健所对全区精神病人实施计算机主卡导入,与市网络链接,对重点病人实施监控。承担全区医疗机构、企事业单位54名精神卫生兼职干部的管理培训和工作督导任务。社区卫生服务中心服务面积26.94平方千米,服务人口3.6万人。下设二个社区卫生服务站:北辛安站、黑石头站,其中北辛安站位于古城街道,服务人口1.2万,承担以上辖区内人民群众的基本医疗保健任务。自1997年起连续获区“文明单位”称号。

地址:石门路322号

电话:88902313

邮编:100042

(李 靖)

【精神卫生】 截至年底,全区精神病人2356人,其中享受免费服药的贫困病人285人。深入21家社区精防管理机构,检查验收社区精神病人健康档案信息录入完成情况,5月完成录入,通过市级验收,社区精神病人管理纳入新改版的网络信息管理。针对重性精神疾病和神经症发病明显上升、人群精神卫生知识知晓率普遍较低等问题，于6月18日正式开通“精神卫生心理干预咨询热线”，共接听咨询电话并进行心理疏导300余人次。8月，开展对全区肇事肇祸重性精神病人排查工作，对曾住医院和社区精神病人信息进行核对及危险度风险评估，排查3900余人次。10月10日“世界精神卫生日”，开展“沟通理解关爱、心理和谐健康”主题系列活动。协同区卫生局、疾控中心、公安、残联、民政等部门深入街道开展大型义诊宣传活动，发放宣传材料2000余份。组织住院患者参加市“第一届精神疾病患者职业康复技能大赛”，取得优异成绩，在“院所开放日”，召开医患及家属座谈会，坚持开展工娱活动。年内，建立由区卫生、公安、残联、民政、司法、教育、财政多部门联席工作制度。在重大节日和活动前夕，走访贫困重点精神病人家庭51人次，免费发放药品和节日慰问品。组织召开5次辖区精防工作例会，编发4期精防工作简报，发挥专业指导作用。

（薛　云　张春霞）

【社区卫生服务】 以热心利民为宗旨，以公共卫生服务为主导，以基本医疗为依托，较好完成计划免疫、传染病防控、儿童保健、妇女保健、计划生育技术指导等项任务。完成甲型H1N1疫苗接种1622人次。以健康教育为抓手，为辖区百姓健康做实事，举办健康讲座12次，近400人参加。2008年交付使用的黑石头社区卫生服务站是本区最早完成规范化建设的标准社区站，针对黑石头村位于山区且交通不便的特点，6次组织医务人员（37人次）深入潭峪、双泉寺、板凳沟、陈家沟等自然村，为居民免费测血压、提供医疗咨询等服务。自上年2月13日启动黑石头村“社区医疗服务巡诊进山村”活动以来，坚持每周进山巡诊，截至年底，进山服务2000余人次。根据群众需求，创造条件开设口腔科、中药房、煎药室；开展中医针灸、拔罐、理疗、口腔等诊疗科目，诊疗人次逐步增加，医疗收入稳步上升。制定五里坨社区卫生服务中心（站）药品目录，满足居民需求。中心药品品规385种，较上年增加62种。

（沈凌霞）

【老年病工作】 医院老年病科成立5年，承担老年病人治疗护理。科室将医疗护理质量放在首位，把爱老、尊老、敬老、孝老的服务理念贯穿工作始终，树立“以病人为中心”理念，开展人性化服务。针对老年人病情发展快、并发症多的特点，制定一套护理计划和应急预案，治疗同时给予精心护理。年内收治住院病人91人，病床使用率132%。针对老年痴呆、脑血管后遗症、抑郁症等患者开展心理治疗、肢体功能锻炼、认知及日常生活动作训练、理疗、按摩、针灸等中西医结合的综合治疗。针对老年人生理特点与需求，进行环境和内部设施改造，同时增添新的康复设备，提高老年人生活的安全性、便利性、舒适性。

（兰淑华）

北京市石景山医院

【概况】 石景山医院创建于1987年10月20日，是区政府举办的集医、教、研、防为一体的二级甲等综合医院，是市急救中心石景山分中心、首都医科大学教学医院、市医疗保险A类定点医疗机构、区域医疗中心。有正式职工759人，其中卫生技术人员657人（含正高级职称20人，副高级职称59人，中级职称281人，初级职称297人）。编制床位600张，实际开放床位524张，设有32个临床科室，15个医技科室，4社区卫生服务站。拥有1.5T高场超导核磁共振诊断仪、64牌螺旋CT扫描机、数字成像血管造影仪、16人高压氧舱等万元以上设备805台件，其中当年新购入体外循环机、彩色多普勒超声诊断仪等万元以上设备114件。年内，通过助产机构评估验收，妇产科在市妇幼保健院组织的计划生育工作专项检查中获全市第一名；“卫生部医疗质量万里行——骨质疏松症诊疗技术协作基地”建成并揭牌；医保患者门诊持卡就医实时结算工作运行正常，切实解决看病难看病贵问题，获市人力社保局颁发的“社会保障卡工程建设试点医院特殊贡献奖”，获市“医疗保险管理工作一等奖”；被市卫生局、公安局评为“首都平安示范医院”，获区“精神文明先进单位”。

地址：石景山路24号
邮编：100043
电话：68668131
网址：www.bjsjsyy.com.cn

（王松岩）

【医疗工作】 全年门急诊量1058003人次，同比增长16.8%，其中门诊总量935320人次，急诊量122683人次；出院病人15403人次，同比增长9.1%；住院病人手术例数3520例，同比增长5.2%，甲乙级手术比30%；病床使用率91.8%，病床周转次数29.4次/年；平均住院日11.5天，治愈率38.7%，好转率56.9%，死亡率2.7%；入出院诊断符合率100%，三日确诊率90.7%，临床与病理诊断符合率100%。开展心脏再同步治疗晚期心衰患者，颈椎人工间盘置换术等新技术新项目25项，尤其是开展的常温体外循环心脏不停跳下心脏肿瘤切除术填补京西地区此项手术空白；在区工会推广经济技术创新活动中，以劳动模范王明生命名的“王明生创新工作室”被授予区创新工作室。制订施行手术分级管理制度，为每位医师建立“手术医师技术档案”；制订完善会诊制度、疑难病例讨论制度、危重病人抢救制度、术前讨论制度、死亡病例讨论制度等，规范诊疗行为，特别是对核心制度和重点环节加强督导；召开医疗质量管理委员会2次，制定年度医疗质量目标；组织医疗质量督导37次，院内会诊28次，外院手术会诊41人次；开展处方点评，规范用药行为，特别是抗生素滥用及围手术期用药的管理，检查处方4万张，处方点评7次；培训卫生部新出台的《病历书写要求和规范》，召开病案例会12次，组织检查环节病历410份，检查归档病历8192份，郭丽敏医生获市局病历评比二等奖。开展"三基三严"岗位练兵，开展技术大比武，对400人进行医师业务水平测试、120人进行基本技能的考核，组织进行突发公共事件卫生应急演练及洪涝灾害、自然灾害紧急医疗救援应急预案的模拟演练。风湿免疫科开展达到国际先进水平的风湿病健康管理项目，10月被卫生部医疗质量万里行确定为骨质疏松症诊疗技术协作基地。按照医院感染管理评价标准，定期开展医院感染管理监测，反馈检测结果，预防医院感染的流行和爆发；召开兼职医师会议12次，取样检测2925份，医院感染率为1.5%，无菌手术切口感染率为0.2%。

（王松岩）

【医疗安全】 全年收到锦旗111件、表扬信302封，社会评价满意度93.6%。加强手术病人管理，术前医生与患者(或家属)谈话，通过腕带管理等办法完善患者身份识别；完善围手术期患者安全管理，加强手术安全核查与手术风险评估；组织"重大医疗过失行为、医疗事故防范预案和处理程序"培训，强化重大医疗过失行为和医疗事故报告；召开病案讨论12次，对有争议的医疗过失行为分析原因并提出整改措施；推行医患沟通制度，执行医疗缺陷责任追究制，落实首诊首问负责制；定期反馈患者满意度，根据患者需求，改善服务措施，切实降低医疗风险；医疗服务、医疗价格等向社会公开；坚持住院费用一日清单制。

（王松岩）

【医疗服务】 改善门诊设施条件，畅通服务流程，落实便民设施，增强服务能力。夏季开展错峰挂号就诊，6月1日始提前1小时挂号，门诊开诊时间提前到7:00，延长门诊时间，适时增加挂号、收费、药房等窗口的人员和设备，实行电子处方，提高医技科室工作效率，大大缩短患者等候时间，缓解门诊就诊高峰压力。参加"贫困白内障患者复明工程"，免费手术9例；完成各级各类医疗保障任务49项94天288人次，完成高招、征兵体检、义务献血等工作。

（王松岩）

【医保工作】 医保患者门诊持卡就医实时结算运行正常，全年刷卡875997笔，切实解决百姓看病难看病贵问题。8月，市医保中心组织参加"全国医保工作经验交流会"的各省市厅局级干部一行40余人到医院调研医保实时刷卡运行情况，观摩医保病人从挂号、就诊到收费的全过程。9月，完成区属公费医疗与基本医疗保险并轨；出刊《医保动态》12期，召开医疗保险专管员工作会议4次，每月抽查医保处方2000张，通过组织医保政策培训、加强次均费用管理等措施，做到"合理检查、合理用药、合理治疗、合理收费"，完成医保A类医院各项工作指标，获市医疗保险管理工作一等奖。

（王松岩）

【预防保健】 全年网络报告传染病2467例，漏报率为0；死亡患者死因统计网上直报631例。定期入户查漏补种，完成儿童预防接种5761人次，接种率97.1%；新生儿访视51人次，儿童体检1483人次，智力测查383人次；妇女保健6431人次，孕妇建册329册，产后访视75人次，坚持每月一次孕校；60岁以上老人免费接种流感疫苗1293支；9月份的麻疹疫苗强化免疫活动中，医院接种团队下到中小学校和幼儿园接种麻疹疫苗2918支、接种散居儿童677支，接种第二类疫苗5122支；春季为外来务工人员免费接种麻疹疫苗、流脑疫苗各32针次。召开2次健康教育委员会会议，组织临床科室编制健康教育处方29种，共印制6.85万份，开展计划免疫宣传日、全国高血压日、联合国糖尿病日的宣传活动。加强传染病培训，4月，培训传染病信息报告管理规范、新病毒性肝炎、细菌性痢疾诊断标准，针对春季多发传染病举办手足口病、麻疹、不明原因肺炎、流脑等疾病考试；5月，培训艾滋病防治条例、急性迟缓性麻痹(AFP)监测方案；6月，开展甲型H1N1流感诊疗方案(2010版)培训；9月，在医生工作站安装传染病报告提示系统；11月，举办鼠疫、禽流感防控知识培训。

（王松岩）

【社区帮扶】 年初，新承办的1个社区中心和5个社区站均顺利开诊，通过医疗保险定点单位验收，医保实时刷卡工作步入正轨。10月，全面开展社区预约转诊，设立专门机构，24小时内答复社区转诊要求，3个工作日内负责帮助安排患者就诊；经过预约的患者，可按照预约时间直接到医院预约窗口联系就诊，免预约挂号服务费；建立双向转诊信息平台，转门诊1028人次，转住院108人次，网上转诊35人次；全年门诊54076人次，出诊612人次；全民健档26500份，开展健康教育讲座及义诊咨询88次；增加1个免费班车站点，接送病人3667人；医保实时刷卡22308人次。远洋山水社区卫生服务站通过全国中医特色服务示范站的验收。与八宝山第二社区中心开展专家下社区工作，6个临床科室长期出诊246人次，专家会诊4次，专业技术指导8次；选派1名儿科工作人员赴新疆开展为期一年的对口支援，接收四川什邡市、湖北巴东县进修人员5名，完成大安乡卫生支农工作。

（王松岩）

【护理工作】 按照医院管理评价指南（2009版），逐项评价护理部门的工作。落实全国护理工作精神和市卫生局规范护理服务，争创优质护理服务示范标兵的活动要求，以内分泌科为试点病区，以夯实基础护理为切入点，创建温馨病区环境，开展优质护理；规范护理管理工作，13名护士长参加护理管理培训学习；护理质量督查8次，季度护理质量大检查4次，护理文件书写合格率96.9%，护理病历书写合格率96.9%，基础护理合格率96.8%，特级、一级护理合格率96.7%，技术操作合格率97.7%，急救物品完好率100%；11月，组织护理技能和护理病历大比武活动，21个科室60名护士参加考核。护理治疗处置608万人次。护理人员在各类期刊上发表论文14篇，470人次参加继续教育，完成年度继续教学学分，达标率100%；134人次参加在职教育，57人次参加专项培训。

（王松岩）

【教育教学】 全年发表论文104篇，其中全国性杂志刊登61篇、地方性杂志刊登43篇；获得首发基金资助科研项目2项，基金资助14万元；急诊科“脑血管病急性期应激状态的临床研究”项目获区科技进步三等奖；23405人次参加继续教育活动256次，参加学术会议、培训56人次，外出进修16人次；引进学科带头人及业务骨干4人，接收高学历应届毕业生30人；与解放军总医院确立“北京市优秀人才培养资助”项目，5名博士、3个科室被确定为区高层次医疗专业人才和重点科室进行培养。院内召开2次学术年会，4月举办北京西部骨科国际论坛，邀请多位国内外知名专家进行学术交流。完成首医教学任务，完成教学课时1286学时，接受教学督导4次，开展教学研究，获首都医科大学教育教学改革立项2项。

（王松岩）

【信息化建设】 建立门诊患者自助系统，患者可自行挂号、取化验报告。完成HIS系统与影像系统的接口，使报告传回医生工作站供医生调用；完成多系统实时备份及异地容灾备份方案的实施工作；建立外网报告查询系统，不占用生产服务器的资源；重新规划内、外网流量，对网络行为进行监督与控制，形成良好网络环境。

（王松岩）

【基础建设】 病房楼建设项目主体工程封顶，部分楼层开始内部装修。工程施工期间稳妥解决施工噪音扰民、停车位紧张等问题，同时对配套设施进行调研论证，力求新医疗楼布局合理，功能完善，设施齐全。对门诊布局进行有针对性地调整改造，增加医疗用房。改善硬件条件，全年新购入体外循环机、彩色多普勒超声诊断仪等万元以上设备114件并投入使用。

（王松岩）

北京大学首钢医院

【概况】 北京大学首钢医院（简称首钢医院）始建于1949年10月，是一所非营利性三级综合医院和市医保A类定点医院。在册职工总数1643人，在岗职工数为1595人。其中：卫生技术人员数1354（含正高级职称26人，副高级职称100人，中级职称509人，初级师316人，初级士117人，无职称286人）。医院占地面积68436平方米，业务用房建筑面积86580平方米。医疗设备固定资产总值16731万元，其中，新购置设备301台（套），总价值2352万元。其中10万元以上设备60台（套），百万元以上设备1台（套）。医院获“全国百姓放心示范医院”、首都文明单位、首都公共卫生文明单位、市“政府为百姓办实事”先进集体、无偿献血先进单位、医院感染管理监测工作先进单位。

地址：晋元庄路9号
邮编：100144
电话：88294978（办公室）
网址：www.sgyy.com.cn

（范爽斐）

【机构设置】 2月2日，首钢医院重症医学中心（ICU）揭牌。中心面积约1100平方米，病床22张，配备有22台监护设备、11台呼吸机、2台血液透析机、1台血气机和1台心输出量检测仪等先进设备，中心安装先进的层流和负压系统。4月，成立无线实时心电监护中心。7月，成立矛盾纠纷联合疏导室。8月29日，北京大学吴阶平泌尿外科医学中心举行落成典礼。全国人大常委会副委员长、中国科协主席、九三学社中央主席、北京大学医学部主任韩启德，全国政协副主席王志珍，九三学社中央副主席邵鸿以及卫生部、市卫生局、首都医科大学、首钢总公司、北京大学医学部、中国医院协会、中国医药生物技术协会、世界中医药学会联合会、中华医学会、中国医师协会、北京医学会等社会各界及来自全国各地的泌尿外科专家约220人出席落成典礼。同日，与中华医学会泌尿外科学分会联合主办的“中国泌尿外科内镜模拟培训中心”举行落成剪彩仪式，韩启德出席并剪彩。“性知识、性教育、性健康、性疾病”展览也于当日举行开馆仪式。9月1日，首钢医院开设营养咨询门诊。同日，血管医学科病房正式启用。10月21日，血管医学中心在住院大楼七层举行揭牌仪式，这是国内首家针对血管疾病早期监测、血管健康终身管理、血管疾病内外科联合临床诊疗和康复为一体的综合性血管医学中心。10月25日，“性与生殖健康国际项目”启动仪式举行。12月1日，血管医学科开设国内首家血管健康咨询专业门诊。同月2日,成立乳腺疾病科。

(范爽斐)

【改革与管理】 3月11日,首钢医院第二届理事会第二次会议召开。韩启德主持会议。首钢总公司董事长、党委书记朱继民作为特邀嘉宾出席会议。院长向理事会汇报医院上年工作完成情况、当年重点工作和面临问题。会议就医院体制、学科建设、人才引进、医院发展等重大问题进行讨论。3月23日,医院第十六届职工代表大会第三次会议召开。根据卫生部及市卫生局“医院管理年”及“医疗质量万里行”活动精神,制订“以病人为中心,以提高医质量为主题”的医院管理年活动方案和“医疗质量万里行”活动方案,通过整章建制、人员培训、强化管理、持续改进,促进医院整体建设。重新修订各种规章制度,完善各类应急预案,下发医疗总值班制度、关于做好高温中暑应急工作、首钢医院5岁以下儿童死亡评审规范等多项管理制度规范医疗行为。以医疗质量、医疗安全为核心,对临床及辅助科室进行监管。加强毒麻药品管理,通过培训及考试,新增部分医师麻醉处方权资格,对医师使用毒麻药品、精神药品进行培训。制定医师定期考核管理暂行办法、服务态度投诉考核办法(试行)、职工过失行为处理暂行办法等。组织新任有业务处置权岗位人员参加为期一周的脱产廉政教育培训班;开展新上岗应届高校毕业生“医院廉政建设及医药购销领域商业贿赂防范”的岗前教育;在全院开展“向马庆军教授学习”、“怎样做个好医生、好护士”主题系列活动;下发首钢医院开展“廉洁从业从我做起”主题教育活动安排,组织全院职工观看光盘《算一算七笔账,常思贪欲之害》,开展“廉洁从业 从我做起”主题教育征文活动;在医院局域网上刊登首钢医院医务人员医德考评实施细则,组织全院医务人员学习;采取逐级谈话方式,在领导干部和有业务处置权岗位人员范围内开展预防谈话、诫勉谈话、警示谈话。年内,医务人员拒收“红包”58人次,共计6.7万元,收到表扬信80封、锦旗38面。

(范爽斐)

【医疗工作】 全年门诊量529236人次,急诊量62900人次,急诊抢救1245人次,成功率97.91%,孕产妇死亡率0,新生儿死亡率0,围产儿死亡率3.03‰。编制床位1006张,实际开放820张,住院患者18305人次,出院18250人次;出院病人手术7048例;病床使用率88.06%,病床周转次数25.11次/年;出院者平均住院日12.88天/人,七日确诊率98.37%,入出院诊断符合率99.96%,治愈率37.94%,好转率57.47%,死亡率4.18%。年内,普通外科微创保胆手术量突破600例,在全国继续保持微创保胆技术的领先地位。病案管理。以网上病历实时监控方式对运行病历进行监管,对发现问题通过网上发帖、电话沟通、下发医疗质量检查反馈表等方式反馈科室,及时修改完善。每月抽查全院终末病历15~20%,检查终末病历2947份,甲级病案率93.49%。医院感染管理。医院感染发生率为2.96%。不断完善医院感染控制的相关规章制度,制定非结核分枝杆菌医院感染预防与控制制度等,进行相应培训和现场督导检查。

(范爽斐)

【医保工作】 全年医保出院人次12119人,出院医保病人总费用17063万元,次均费用14080元。根据当年医保工作重点,对医保出院病人费用实施“动态监控、定期公布”;实行数据指导管理,及时调整考核方案,确保指标完成;加强对新进医疗材料、药品审核,减少无用材料使用,给出最大最有效的次均费用空间以鼓励新技术开展。3月12日,门诊医生工作站通过市医保中心验收并正式开通使用。7月20日,市基本医疗保险门诊持卡就医实时结算试点工作正式启动。

(范爽斐)

【医疗支援】 自5月26日起,派出四支医疗队,包括神经内科、普通外科和超声医学科等12个临床科室的14名队员赴内蒙古丰镇市医院、凉城县医院进行对口支援活动。包括两方面内容,一是为期三个月的临床诊疗、教学培训、重点学科建设等技术援助活动;二是为期两天的专题讲座、教学查房、手术示教等科研教学工作。年内,对房山佛子庄乡社区服务中心及长沟镇中心社区服务中心开展支农活动,进行人员及设备资金支援,并安排医院专家前往两地开展专业门诊、会诊、带教、专题讲座、健康咨询等。4月3日,神经内科二病区主任赴北川参加“共铸中国心—首都医务工作者义诊活动”。6月,党委书记带领由科室主任和骨干等16人组成的医疗小分队前往首钢迁钢公司、首钢京唐公司开展迎“七一”,党员专家义诊和健康咨询活动;神经内科主任深入模式口社区,为居民宣传健康知识,讲解与睡眠相关的疾病;普外科博士和风湿科主治医师前往河北邢台地区内丘县为当地同仁进行肝胆疾病及风湿疾病知识讲座。12月25日,医院泌尿外科主治医师前往新疆和田地区开展援疆工作。医院还定期安排医务人员前往河北省曲阳县第二医院及首钢矿山医院,开展医疗支援工作。

(范爽斐)

【社区医疗】 全年组织121名医务人员开展各类宣传义诊活动32次,累计受教育人数约11241人,发放宣传材料6060余份。各科对患者进行健康教育8716次,接受教育18585人次;发放健康教育处方7215张;自制宣传材料4436份;开展健康教育讲座258次,参加患者2526

人次。为医务人员举办健康教育讲座14次,2251人次参加。9月,首钢医院苹果园社区卫生服务中心获区“热心公益事业奖”,是本区唯一获此荣誉的社区卫生服务单位。全年为首钢公司领导干部健康体检285人,为首钢女工健康体检4146人次,为首钢职工进行健康体检22918人次。医院流动体检车为迁钢、京唐等首钢一业多地生产一线职工进行健康体检1.3万人次。社区卫生服务共管理人口206518人,共计63942户。提供家庭病床服务床日1457个,上门医疗健康服务887次。管理高血压病患者2674人,糖尿病患者777人,冠心病患者306人,脑血管病患者243人,精神病患者1028人,恶性肿瘤患者32人,建立健康档案102319份。预防接种62237人次,Ⅰ类疫苗接种率100%,新生儿管理覆盖率100%。医院利用直接管辖四个社区卫生服务中心的优势,打造三级医院和社区卫生服务中心人才“双向流动”的管理机制,进一步完善“双向转诊”绿色通道。8月,启动社区转诊工作。

(范爽斐)

【传染病防控】 响应卫生部“全国消除麻疹行动”号召,制定强化麻疹疫苗接种工作方案,成立领导小组,组织抢救专家小组,开设绿色通道。选派两组临时接种队伍,于9月11日分赴区妇幼保健院和金顶街地区的中小学校麻疹疫苗强化免疫临时接种点为适龄儿童进行接种。完成发热门诊日常监测与报告,严格发热筛查,做好发热病人预检分诊。全年筛查发热病人12307例,采集咽拭子标本并独立完成甲型H1N1流感咽拭子检测61例,确诊甲型H1N1流感患者7例。完成流感样病例哨点医院监测与报告任务,设置流感样病例监测诊室,及时监测并网络报告病例182278例,流感样病例2027例,比例1.1120%。

(范爽斐)

【护理工作】 重新修订完善护理流程和护理应急处理程序共43项。开展优质护理服务示范病区活动,不断探索和创新以病人为中心的护理模式、绩效考核及护士分层管理。护理文件书写合格率为98.1%,护理病历书写合格率为98.1%,基础护理合格率为99%,特级护理合格率100%,一级护理合格率为99.02%,技术操作合格率为99.16%,急救物品完好率为100%。护理人员在各类期刊上发表论文26篇,其中在统计源期刊发表论文15篇。在研项目3项,其中新申请首发基金科研项目2项。完成638名护理人员继续教育IC卡更换工作,10月底完成护理人员继续教育学分统计录入,继续教育学习达标率100%,通过市级抽查。全年接收护理实习生300余人,修订完善实习生管理档案,对136名试工人员及118名新签合同护士分6批进行岗前培训。对全体护理人员进行护理基础理论知识培训考核,对新参加工作1~3年的低年资护士进行护士必读专科知识考核,通过率93%。全院护理质量评分97.39分,病人对护理工作满意度达到98.58%。

(范爽斐)

【科研工作】 年内,医院在研项目(含合作)61项,7项科研项目结题(横向4项,纵向3项)。申报的“去胆碱能神经支配后大鼠良性增生前列腺腺上皮细胞渐进性死亡的分子机理”和“药物干扰胆碱能神经支配对大鼠良性前列腺增生的影响”项目分获国家自然科学基金和市自然科学基金资助;泌尿外科孙国锋博士主持申报的“前列腺癌雄激素剥夺治疗患者骨健康评估及干预研究”,护理部主任郭秀英主持申报的“应用循证方法开发内镜微创保胆手术护理指南的研究”,副主任护师杨铁花主持申报的“出院糖尿病患者继续护理模式的探索”三个科研项目获首都医学发展科研基金资助;风湿免疫科韩淑玲主任承担的“炎性腰背痛及脊柱关节病流行病学调查”(项目编号:2005-3108),慢性病研究所郭来敬副主任承担的“国产替罗非班易化PCI中TIMI血流影响的临床研究”(项目编号:2005-3109)两项首发基金项目圆满完成并通过结题验收。医院有3项科研成果分别获得恩德思医学科技奖、冶金医学奖及首钢科学技术奖。全年,医院科技论文发表103篇,著作4部。1月22日,首钢医院妇产科医生陈沂“子宫血管周围上皮样细胞肿瘤一例报道并文献复习”在北京大学妇产科学系组织的“北京大学妇产科青年论文比赛”中获得优秀奖;4月,首钢医院泌尿外科主任王义主持的《中老年男性生活质量影响因素及临床干预研究》获中国金属学会冶金医学奖三等奖;9月,在北医重症医学系统青年医师论文比赛中,首钢医院重症医学科医师王征的“高危队列人群血浆NT-proBNP浓度与左室舒张功能相关性的探讨”获一等奖;10月,在市病理技术比赛中,病理科派出的代表王淑芳获市“莱卡杯”免疫组织化学质控优秀奖、“京华杯”石蜡切片质控优胜奖、“益迪杯”石蜡切片质控优胜奖。马淑芳获市“莱卡杯”冷冻切片优胜奖;11月,第二届世界(暨第二十届中国)内镜医师大会、第二届澳港外科学术交流会、世界内镜博览会上,那彦群、刘京山获中国内镜杰出领袖奖。刘京山、赵期康、雷福明等8位医师获得中国医师协会内镜分会颁发的全国首批免考内镜微创教师资格证书。由刘京山主持的“微创保胆手术与胆囊切除术后不良反应多中心联合调查分析”获恩德思医学科技一等奖;12月,心血管内科主任唐强当选为中国医师协会心血管内科分会委员及北京大学医学部心血管内科学系第一届学系专家委员会成员。3月2日,举办第一届“京西神经病学沙龙”,多家大型医院神经内、外科主任和业务骨干及医务人员出席。6月1～4日，与中国医师协会联合主办“全国内镜保胆手术高级研修班”，来自全国各地50多名学员参加。7月24～25日，与中国医师协会内镜医师分会共同举办第二届全国内镜微创保胆学术大会，来自28个省市200余家医院的300余名医务人员参加。8月29日，举办第七届“2010北京西部医学论坛”，有近200名医务人员参加，征集论文62篇，会上交流11篇。9月20日，中国泌尿外科内镜模拟培训中心第一期内镜模拟培训班正式开班。年内举办培训班8期，接收来自全国各地的学员149名。10月21日，举办2010北京大学血管医学论坛。同月22日，在吴阶平泌尿外科医学中心举办“第六届全国良性前列腺增生健康教育工程”。12月18日，举办“前列腺癌的诊断和治疗”健康讲座。

(范爽斐)

【医学教育】 本科教育方面，完成北医2006级生物医学英语专业临床教学任务，共564学时；完成北医2007级口腔专业教学任务，共374学时；完成2007级辽宁医学院临床教学任务，共1537学时。在加强本科教学的同时，新招收培养北医外科学硕士研究生7人。组织开办各种学术讲座及专业技术培训班91场，参加人数约0.6万人。全年外派脱产学习67人。接收来院进修生27人，包括北医口腔留学生进修4人。参加市卫生局专科医师规范化培训的住院医师94人，其中一阶段63人，二阶段31人，8人取得二阶段合格证书。年内，完成各类业余学历教育43人，其中取得硕士学位13人，本科学历30人。

(范爽斐)

【交流合作】 全年接待国外来访者11次、20人；外出进修9人，其中赴美国、日本进修学习2人，其他分布北大医学部、北京肿瘤医院等国内一流医院。年内，医院外出参加各种学术交流126人次。其中，赴外地参加学术交流28人次；赴美国、德国、日本、中国台湾和香港等地参加学术交流24人次。4月2日，心内科举办国际学术交流会，邀请来自瑞士的Olivier Muller教授和澳大利亚的Sidney Lo教授来院进行学术交流。6月18～21日，血管医学科主任王宏宇应邀担任在挪威奥斯陆召开的第20届欧洲高血压会议血管健康和危险控制联合论坛主席。8月17日，墨尔本大学内科学教授、著名心脏病学专家林延龄来院作学术交流，进行专题讲座、教学查房和病例讨论。9月23日，美国加州大学吕福泰教授访问北京大学吴阶平泌尿外科医学中心。10月12日，美国哈佛大学麻省总院教授、美国泌尿外科学会候任主席、英国皇家医学会泌尿外科分会主席、巴西泌尿外科学会教授访问吴阶平泌尿外科医学中心。12月23日，奥林巴斯(北京)销售服务有限公司总经理彦坂充洋先生一行来到吴阶平泌尿外科医学中心参观访问。同月27日，日本东邦大学内分泌及代谢专家、首钢医院血管医学中心客座教授白井原治教授来院参观并讲学。

(范爽斐)

【信息化建设】 完成住院处结算设备读卡机具安装、调试，医保外挂组件程序安装调试。完成医院门诊医生工作站系统建立，分别进行程序测试、设备调试、现场项目实施、设备安装以及操作人员的培训。共计安装HIS工作站及打印机约115套，实现门诊处方、检查、检验申请单电子化，方便患者就医的同时规范医院管理，有效提高收费效率。门诊挂号、收费实施通柜服务，优化工作流程，实现挂号、收费一体服务，减少患者在挂号和交费过程中的等待时间。完成对医院HIS系统进行接口改造，联调测试、设备安装等，实现医院HIS系统与卫生局就诊卡系统的网络连接；根据市卫生局要求，对医院HIS系统的门急诊信息进行接口改造、系统联调测试及信息采集，实现医院门急诊患者信息通过实名就诊信息系统上报；完成吴阶平泌尿外科医学中心及血管医学科综合布线、系统安装、程序调试、设备联网测试及现场安装；根据该中心及学会管理需求，完成互联网设备联网线路测试、入网设备防病毒系统、远程桌面管理系统安装及入网设备安装调试。

(范爽斐)

【泌尿外科医学中心建成】 8月，北京大学吴阶平泌尿外科医学中心建成投入使用。占地面积6.56万平方米，建筑面积5.25万平方米，一期开设床位209张，具备门诊、住院、临床教学等综合医疗条件，是一所集医疗、教学、科研、预防保健、国内外学术交流于一体的世界上规模最大的泌尿外科医学中心。中心分设泌尿生殖系肿瘤、尿路结石、前列腺疾病、肾移植及血液透析、综合五个病房，每个病房设40张床。附属设施包括：手术室、超声波检查室、尿动力学检查室、膀胱镜检查室、体外冲击波碎石室。

(范爽斐)

清华大学玉泉医院

【概况】 清华大学玉泉医院(清华大学第二附属医院)是一所向社会开放的二级甲等综合性医院，1983年12月建院，2003年4月10日划归清华大学。为医疗保险定点医院，具有高级干部医疗保健资质；被评为“爱婴医院”，妇产科获得三级助产机构资质，在京西地区处于优势地位；加入北京市社区服务热线呼叫系统(96156)；申报并通过“北京市工伤定点医院”的资质审核。占地面积3.258万平方米，建筑面积5.2万平方米，绿化面积近1万平方米。截至年底，有职工697人，其中卫生技术人员512人(高级职称83人,中级职称153人,初级职称265人,为聘任专业技术人员11人)。其它专业技术人员51人,行政人员62人,工勤人员68人,停薪人员4人。年内,引进各类人员21人,其中副高以上人员1人,博士3人,硕士11人,本科2人;引进设备161台件,总价值659.86万元,其中万元以上设备25台件。本年度业务收入为21122.63万元,较上年增长15.5%。主要打造重点学科:神经中心汇集一批高学历、临床经验丰富的医师,是清华大学医学院博士后流动站及博士学位授予点,也是清华大学生命科学与医学研究院——脑科学与神经疾病研究所的临床治疗中心。神经中心病床数150张,规模居全市第3位,全年完成手术2613台,病人来源覆盖除台湾、澳门及西藏以外的31个省、市、自治区,另有部分蒙古及其他海外患者慕名前来就医。神经中心下设功能及微创神经外科、脊髓神经外科、脑瘫及周围神经外科、癫痫研究中心等多个临床专业组,开展三叉神经痛、面肌痉挛、脊髓疾病、癫痫、脑肿瘤、脑血管疾病、帕金森氏病、脑瘫后遗症等疑难疾病诊疗。其中三叉神经痛和面肌痉挛的治疗是国内本病治疗的最大中心之一;在国内率先采用软性内镜治疗脑室脑池疾病、内镜下导水管成形或支架植入术、内镜下后颅窝囊肿造瘘术、内镜下经导水管第四脑室内囊虫取出术、第四脑室出口堵塞造瘘术等;在国内首家开展经皮激光椎间盘减压术,显微手术治疗脊髓拴系综合症例数最多、疗效较好;对脑瘫、癫痫病人进行全面系统的诊断和治疗,也成为国内该病诊治的最大中心之一;疼痛科对疱疹后神经痛、三叉神经痛等多种急慢性和高难度顽固性疼痛的治疗效果显著;此外还开设临床心理门诊和开放式心理康复病房,对神经外科病人开展术前、术后心理康复治疗。妇产中心在市西部地区处于优势地位,开设普需和特需专家门诊及VIP病房,满足不同医疗需求者,采取医疗与保健相结合的服务模式,提供系统的孕前、孕期、产后一条龙服务,年内,分娩人数为1205例。手外科已开展的专业特色有手指再造、整形、修复,治疗多种原因引起的臂丛神经损伤等。口腔科开展满足不同层次人群多种需求的修复、正畸、唇腭裂修复术、良性肿瘤切除术,成功开展牙种植手术,与口腔医院的知名专家有长期的合作关系。体检中心承接职工、学生、驾驶员、就业等多项健康体检,并可建立个人健康档案。干部病房是市干部保健40家定点医院之一,在老年病诊治方面独具特色。肿瘤消融中心将三维、四维超声的检查引入常规检查中,成功实施多例计算机辅助导航下的微波消融治疗手术。

地址:石景山路5号
电话:88257755
网址:http://www.yuquanhosp.com
邮编:100049

(于殿文)

【医疗服务】 医院门诊158291人次,比上年增长27%;急诊10816人次,增长5.2%;住院7632人次,增长10.1%;平均住院日为13.9天,与上年相同;病床使用率为88.2%,同比增长7.7个百分点;病床周转次数为23.1,同比增长2.1次;病房手术4837人次,同比增加4.1%;门诊手术人次为337,比上年减少24.6%。全年神经外科各专业共接诊门诊病人8469人次,较上年减少15.2%;急诊549人次,较上年增加9.9%;出院病人2672人次,较上年增加8.9%;手术2613人次,较上年增加9.9%。妇产科门诊量、分娩量明显增加,分娩1205例,较上年增加2.6%。年内,医院组织各类院级专业委员会规范制度化管理,确保依法执业,保障医疗安全;加强医疗质控管理,提高医疗质量;组织三基培训和技能操作考核,提高临床医师业务水平;完成各类公共卫生任务;完成医师定期考核工作;统一医院标识,改善就医环境;开展预约挂号,开展病历的邮政快递服务业务,方便群众就医。对医院麻醉医师处方权进行核查及信息维护,对在职医师的执业资格证及执业证进行核查,确保在职医师的执业资质,同时以医院团体单位的名义为全体在职医师办理加入北京医师协会手续,保障医疗安全。医院参考卫生部模板,结合实际情况对常见疾病诊疗(手术、操作)、知情同意进行规范,制定清华大学玉泉医院医疗知情同意书。针对市卫生局转发卫生部关于对医疗机构血液透析实行执业登记管理的通知,医院按照要求准备相关资质材料,对血液透析室的设置进行核准申请。加强医疗质控管理,提高医疗质量。医院编撰月刊《医疗工作简报》,收录医疗工作信息,将各类医疗指标、医院信息及质控要求等及时反馈给相关科室。年底,经院务会讨论决议,恢复医院质量控制委员会工作,对院质量控制委员进行调整,并召开院质量控制委员会第一次会议,提出下年度质控开展及实施设想。确认本届质控委员会人员名单,并明确医疗质量控制三级质控(院质控委员会、医务处、科室质控员)职责,确认恢复院长查房制度,明确执行质控政策的相关规章制度:清华大学玉泉医院医疗工作奖惩规定、清华大学玉泉医院医疗纠纷赔偿比例细则。对于医疗过失、差错及各类不当的医疗行为给予一定数额的惩罚,罚款设立基金,用于奖励医疗质量管理工作中表现优异的科室及临床医务人员。医院获批成为三级助产技术服务机构,血透室、口腔科质控检查合格,医疗质量及公共卫生管理也受到相关检查组肯定。

(于殿文)

【医师定期考核】 为加强对执业医师的管理,贯彻落实卫生部《医师定期考核管理办法》及市“医师定期考核管理暂行办法”,医院组织2008~2010年度的医师定期考核工作。成立考核委员会,制定医师定期考核实施细则,并对全院的支部书记、临床科室主任及相关部门负责人进行考核前培训,印制培训手册供每位医师学习、参考。10~12月,通过一般程序考核表及医师定期考核档案表、法律法规考试、临床通科考试、科室内问卷调查、患者对医师评议问卷调查等程序,按照医师定期考核实施细则中的各项评分标准,对每位医师进行业务水平测评、工作成绩、职业道德的评分,完成本年度医师定期考核工作。

(于殿文)

【改善就医环境】 对门诊各楼层进行粉刷,统一门诊标识,安装197块新标牌。重新布置专家宣传栏目,规范重点科室及专家的介绍版块,更换门诊就诊椅及诊室桌椅,使门诊就医环境大幅改善,方便群众就医。对门诊各科流程图重新制定,规范门诊服务台的配置,并在妇产中心率先开展预约挂号,优化就医流程。

(于殿文)

【对口支援】 完成继续支援房山南窖乡卫生院及区杨庄社区卫生服务站的医疗工作。医院先后组织3次医疗队前往对口支援单位南窖乡卫生院进行义诊活动,每支医疗队5至6人,先后为约120名群众提供医疗救治与咨询服务,并捐赠2万元用于改善医疗环境。根据杨庄社区卫生服务站的特点和要求,医院每月选派一名医德好、业务能力强的医务人员到该单位坐诊,全年共派遣呼吸科、神经内科、心内科、妇产科、消化内科等专家共12人次,共接诊病人800人次,提供健康咨询204人次,会诊16次,并捐赠2万元用于改善医疗环境。针对不同时期的医疗环境与疾病流行趋势,院派出专家到对口支援单位开展健康教育,宣传疾病防治知识,今年在南窖乡卫生院及区杨庄社区卫生服务站共计举行6次专题讲座活动。发放400份健康书籍、科普宣传材料。

(于殿文)

【护理工作】 深化医药卫生体制改革各项重点任务,开展“优质护理服务示范工程”,将外科作为第一批“优质护理服务示范病房”,加强基础护理,改善护理服务,提高护理质量,减少病区陪住率,提高患者满意度。加强人才培养,继续教育和“三基训练”,选派护理骨干外出参加专科培训班14人,去厦门长庚医院进行为期三个月学习11人,参加中思康德基础灾害救援培训27人。组织院内护理讲座9次,护理人员继续教育达标率100%。进行三基训练及考核613次,全院护理查房4次,新护士岗前培训50人次,举办护士长学习班1次,带教老师学习班1次,鼓励和支持护理人员走自学成才,不断提高大专以上学历层次的比例,目前大专以上学历比例已达到67%。11月,联合石景山医学会成功举办为期2天的“香港护理专家交流会”,授课内容涉及病房管理、提高员工的工作表现,与患者的有效沟通,提供优质护理服务等方面,参会人数达300多人。举办为期5天的“职业化塑造”讲座,内容包括护理人员的职业信念和理想、心态和修养、形象塑造及职业技能训练。持续质量改进:完善各项规章制度,强调制度的知晓和落实;实现管理制度化、操作常规化、工作规范化、设置规格化,继续落实“护士长首尾负责制”;实施“二级质控”,不断推动护理质量的提高。重点提高新护士观察病情、护理文件书写以及应急能力,保证临床医疗及护理安全。基础护理合格率达到90%以上。每季度进行“住院病人满意度调查”,满意度保持在95%以上。全年护理工作量为1338395人次,核心期刊发表论文8篇。

(于殿文)

【科研管理】 课题申报:国家自然科学基金面上项目批准9项;“973”课题一项;市自然科学基金面上项目申请4项。获批国家自然科学基金青年基金2项(张付全、王晓文),获批首都医学科研发展基金自由探索项目4项(陈春玲、刘海生、刘沐青、张光明),中加合作项目1项(刘破资),清华裕元医学基金(左焕琮)。发表论文:医务人员以第一作者或通讯作者在国外医学期刊上发表医学论文5篇,并被SCI收录,在国家及省市级医学期刊上发表医学论文80篇。

(于殿文)

【继续教育】 举办各类继教培训讲座50次,包括区级医学继续教育讲座33次,院内讲座9次,外请专家学术报告8次。完成对医务人员手足口病防控的全员培训和考核,手足口病讲座2次,手足口病考试1次,共321人完成答卷。组织全体员工学习《中华人民共和国突发事件应对法》及《北京市实施<中华人民共和国突发事件应对法>办法》,并下发考试试卷,全员合格。进行继教管理ICME系统升级工作,新办理或升级继续教育IC卡50人,医护人员上网学习获得继续教育学分590分。全院500余人办理或更新触摸式新卡。获批国家级继续教育项目1项,市级继续教育项目2项。完成中华医学会北京分会会员及继教注册75人。

(于殿文)

【教学培训】 完成各阶段住院医师参加市卫生局组织的医学英语、专业理论、临床技能考试报名9人次。接收滨州医学院、北华大学医学院、石家庄医学高等专科学校、安徽医学高等专科学校、北京卫生学校等的口腔、检验、临床医学、医学影像等本、专科毕业实习轮转38人次。

接受新实习生35人,神经外科、妇产科接收进修人员6人次。组织部分专家与中科院高能所专家座谈,交流科研成果与体会。8月14日,召开“第五届清华大学玉泉医学论坛”。10月11日,日本大学酒谷熏教授、北海道大学田村守教授来院讲学。

(于殿文)

【医保工作】 全年医保出院1779人次,医疗总费用2141.6万元,病人次均费用12038.3元,拒报费用1604元,占总费用的0.007%,在二级医院中处于低水平,各项指标均符合医保要求。门诊就医48167人次,较上年增长26.8%。定期组织举办医疗保险、物价知识学习班,有计划、有重点地对医护人员进行医保政策培训。不断修改完善医保管理制度,制定“降低医疗保险费用”整改措施,严格控制各项指标。落实医保各项规章制度,规范物价收费行为,严格医保病历审核制度,对发现的问题及时与科室沟通,及时解决。抓好环节管理,做好日常病历审核工作,减少拒报额。每月对医疗保险住院病人的费用、用药、检查、单病种管理及拒报情况进行考核,发现不符合医保政策的检查、治疗告诉相关人员及时改正。作为门诊和住院划卡结算工作的试点单位,医院成立门诊划卡结算工作小组,建立领导岗位责任制,制定本院持卡结算工作流程、应急预案、各部门职责(医生的职责包括核对医保病人身份、书写病历手册、合理开具处方)、工作计划、工作进度。完成HIS接口改造工作并通过首信公司的业务认证,对挂号处和收费处的计算机进行内存升级,内存全部达到1G。测试卡和POS机发放后,进行测试工作,对计算机室、收费处、挂号室、医保办相关人员进行操作培训,熟练掌握业务流程。对全员进行重点培训和分类培训,并进行相应知识的考核。通过市及首信公司的现场认证,并顺利划卡结算。年内,获市医疗保险管理工作三等奖、社保卡工程建设定点医疗机构优秀奖和社保卡工程建设优秀个人奖。

(于殿文)

【设施改造】 完成新病房楼电梯更换,通过验收并投入使用。进行医工科、医工科库房、采购中心、病案室加层改造;加装电涌保护器(避雷);儿科改造;地下宿舍,泌尿、普外病区,神外一门禁系统加装;锅炉房水箱更换;妇产中心消防通道加用防火涂料,通道消防门改造,应急灯、安全通道标识加装;更换损坏监控设备;妇产中心电梯大修;部分防水工作(1040平方米);部分防盗门加装;部分地沟改造;新病房楼外立面全面维修;妇产中心六楼病房改造。

(于殿文)

【基本建设】 医疗教学综合楼地上总建筑面积约为13801平方米,包括门诊楼、实验、配套设施。4月取得市规委医疗教学综合楼设计方案的审查意见;完成地质勘查和设计招标,取得市建委、市国土资源局、市园林绿化局、防空办公室的相关批复,完成放射科迁移环境评价工作。

(于殿文)

【信息化建设】 完成机房改造工作,包括装修工程、电气工程(机房供配电、UPS)、通风工程(空调系统)、机房防雷接地保护系统、消防安全系统。完成网络设备和网络布线升级改造具体工作,全院共布线260个信息点。完成新旧机房的切换工作包括不间断电源、服务器机柜、网络机柜。部门诊顺利通过医保病人门诊划卡实时结算首信公司和市医保局的现场认证。

(于殿文)

北京康复中心

【概况】 北京康复中心(北京工人疗养院)是一所以康复医学为主体特色,集康复医疗、科研、疗休养、残疾预防为一体的综合性医院,是市总工会下属的全民所有制事业单位。编制床位848张,开放医疗床位500张,疗休养床位97张。占地面积132亩。1995年被国家批准为涉外医疗机构;1999年成为市劳动模范健康体检唯一定点医疗单位;2000年被指定为市医疗保险定点医院(医保号:07110006);2001年被批准为市工伤定点医院;2008年指定为市残联小儿脑瘫定点医院,同时成为区肢体残疾康复技术指导中心;上年被批准为市工伤康复定点医院;当年被批准为全国工伤康复定点医院。中心设有功能齐全的临床科室和康复业务科室,拥有先进医疗设备,将现代康复与中医推拿、药疗、水疗、体育疗法、气功医疗等传统治疗相结合,形成鲜明专业特色,在骨与关节损伤康复、脊柱脊髓损伤康复、脑卒中及脑外伤康复、脑瘫的康复等领域处于国内先进水平。现有在编职工277人,其中专业技术人员224人,包括高级职称17人,中级职称77人,初级职称130人,行政后勤人员53人;外聘职工184人,其中专业技术人员125人,包括高级职称7人,中级职称5人,初级职称113人,行政后勤人员59人。年内,主要针对老年人、儿童、工伤及事故患者开展骨科康复、儿童康复、心肺康复、神经康复、疼痛康复以及康复手术和健康体检服务,成为本市康复、护理专业人员的培训基地,成为市总工会为广大劳模先进、弱势群体提供康复医疗与健康管理的基地。改扩建项目一期工程于年底开工,工程总建筑面积61060平方米,其中新建46750平方米,改造现有建筑14310平方米,项目总投资3.2亿元,全部由市政府固定资产投资安排解决。

地址:八大处西下庄

邮编:100144

电话:58823388(总机)
网址:www.bjrrc.com.cn
www.xishanhosp.net

(李鹏宇)

【医疗工作】 全年门诊59167人次,急诊7342人次,急诊危重症抢救108人次,抢救成功率95.37%。开放床位428张。入院1899人次,出院1840人次,病床周转次数5.2次,床位使用率83.09%,平均住院日75天,七日确诊率97.89%,出入院诊断符合率99.62%,治愈率11.33%,好转率82.82%,死亡率2.83%。住院手术130例。完成外出保障任务7次,接受市、区卫生局各项检查14次。

(李鹏宇)

【病案管理】 每月组织检查运行病历、终末病历,并与考核挂钩,在区卫生局组织的病历评比活动中,北京康复中心选送的病历获得一等奖两名、二等奖一名、三等奖一名。全年甲级病历率85%。在区卫生局组织的处方评比中,获得医院组二等奖。在区医疗机构公共卫生绩效考核中,获传染病防控与计划免疫部分第二名、妇幼卫生工作第三名。获市健康促进医院称号。

(李鹏宇)

【院感管理】 制定北京康复中心医院感染质量评价标准2010版,更新医院感染质量管理委员会,制定医院感染管理规章制度、管理规定3项,规范医院感染管理记录表格2张,组织院内岗前培训1次,外出参加培训会议6次。院内感染率1.15%,住院病人抗生素使用率32.3%,各种监测合格率96.2%,无菌物品合格率100%,一类手术切口甲级愈合率100%。全年无一起院感暴发事件发生。

(李鹏宇)

【医保工作】 全年医保出院630人次,医保病人总费用748万元,次均住院费用11873元,平均住院日29天,自费比例1.29%。日均住院费用410元,低于同级同类医院均数45.62%。

(李鹏宇)

【医疗支援】 对北京龙泉医院进行业务指导,派出8名医生到该院出诊,支援其学科建设。做好社区卫生服务,派出12名医生支援西黄村社区卫生服务站工作。

(李鹏宇)

【护理工作】 建立北京康复中心护理质量评价标准2010版,健全护理规章制度、管理规定11项,规范护理记录表格24张,更新护理质量管理委员会,成立护理科研管理委员会,更新护士长手册,健全满意度调查4项,召开护士长例会19次,进行护理质量季度大检查4次、月检查12次,进行院际会诊4人次,院内会诊2人次,进行出院患者半月内随访,进行护士长助理竞聘,护士长轮岗。护理质量管理。护理文件书写合格率100%,基础护理合格率93.8%,特级护理合格率97.1%,一级护理合格率94.2%,技术操作合格率100%,安全护理合格率99%,急救物品完好率100%。作为北京房山卫校、河北定州市卫生中等专业卫生学校等三所学校的护理实习基地,全年带教实习生10人。选派有带教经验的护士兼职护生带教工作,每季度召开实习生及带教老师会议,对实习生与带教老师进行背对背考核,每季度对实习生进行一次理论考试,出科上交护理部出科反馈表。外请专家来院培训4次,外派进修、资格认证7人次,外派短期培训学术交流68人次,组织院内护理业务学习5次,护理业务查房4次,举行参加工作2年内的护士理论、技能考核4次,参加工作5年内的护士理论、技能考核2次,全体护士长及护士参加理论、技能考核1次。

(李鹏宇)

【预防保健】 社区传染病防治管理率、合格率、疫源地消毒率等达到100%;检查门诊日志23976人次,无漏报;传染病管理率、访视率、及时率、访到率、合格率、疫源地消毒率均为100%,宣教率100%;地段预防接种率100%。

(李鹏宇)

【科研教学】 在研课题2项,包括市优秀人才培养资助D类项目1项,首都医学发展科研基金项目1项。结题课题1项,为首都医学发展科研基金项目。发表科技论文31篇,其中SCI收录论文5篇。教学。举办市级继续教育项目6次,区县级继续教育项目17次,传染病、职业病培训6次,邀请首都医科大学专家为本院医务人员进行康复医学理论和技能培训12次,共培训2667人次专业技术人员。为区康复技术人员及管理人员举办短期学习班2次,220人参加。在职研究生学习3人,外出进修8人,接收外院进修人员4人,接收实习生65人。12月24日成为首都体育学院培训基地。

(李鹏宇)

【改扩建项目】 北京康复中心改扩建项目建设总规模9.8万平方米,总床位数800床,分两期实施。一期拟拆除西院现有建筑面积13033平方米,拆除东院医疗建筑面积1731平方米;保留并改造西院现有建筑14310平方米;新建医疗综合楼等建筑面积46750平方米。项目改扩建完成后,中心总医疗建筑面积为61060平方米,其中,新建建筑面积46750平方米,保留改造现有建筑面积14310平方米。总床位数达到400张,比现有床位增加98张。7月4日,获市发改委立项批复,9月29日进行可行性研究报告评审,完成交通、环境、节能等专业评审,取得电力、热力、煤气等市政方案,完成初步方案设计。12月24日,取得市规划委规划方案复函;28日,举行奠基仪式,市委常委、市总工会主席梁伟宣布开工,副市长丁向阳致辞,区领导荣华、周茂非出席奠基仪式。

（李鹏宇）

中国医学科学院整形外科研究所 北京协和医学院整形外科医院

【概况】 中国医学科学院整形外科医院是中国整形外科事业的摇篮。医院占地10万平方米，是一座中国古典式的园林建筑群，以中国古典特色建筑入选《英国世界建筑大全》。经过50年发展，现已成为集医疗、教学、科研于一体的整形外科三级甲等专科医院。系国家卫生部直属单位之一，是北京协和医学院临床教学医院，设整形外科研究所，是《中华整形外科杂志》的编辑出版单位。医院现有职工623人（在编职工446人，派遣制员工144人，合同制临时工33人），其中具有正、副高级职称人员85人，中级职称人员185人。开设床位328张，包括普通整形外科、现代美容外科等23个特色中心，并在平安大街开设平安门诊部，在国贸中心开设北京医科整形美容门诊部。研究所设有研究中心，下设分子生物学实验室、细胞生物学实验室、组织与免疫化学实验室、动物实验室和解剖实验室。医院是北京协和医学院整形外科学、麻醉学和生物化学与分子生物学的博士研究生和硕士研究生的培养点，也是卫生部整形外科专业进修生的培训基地。现有博士生导师11人，硕士生导师22人。年内，举办第二届北京国际整形美容外科学研讨会，有来自美国等国家地区近300名医师参会。派出33人的代表团参加在台湾林口长庚医院举行的第二届全球华裔整形外科医师大会。举办第一届“亚太地区乳房美容整形外科技术培训班”，来自韩国、新加坡、越南等7名整形外科医师接受培训并进行手术观摩。被首都卫生系统精神文明建设协调委员会评为“首都卫生系统精神文明单位”；被中国医学科学院评为“精神文明先进单位”。

地址：八大处路33号
网址：http//www.zhengxing.com.cn
博客：http//zhengxing - yiyuan.blog.sohu.com
电话：88964826
邮编：100144

（郝亚丽）

【医疗工作】 门急诊74677人次，比上年增长15.19%；实际床位328张，入院9969人次，比上年增长12.16%；床位使用率85.04%，平均住院日9.52天；门诊手术19428人次，同比增长23.68%；住院手术9512人次，同比增长10.42%。七日确诊率100%，出入院诊断率100%，治愈率74.68%，好转率25.32%，死亡率为0。参加“医院管理年”、“医疗质量万里行”和卫生部“大型医院巡查”活动，制定下发执行新的手术安全核查制度通知及医师定期考核实施方案等8项制度，及时叫停部分时机不当、准备不足或风险较大的择期手术，组织院内危重、疑难等病历讨论23人次，专业委员会会议及各类培训14次，科主任专题讨论会3次、医师定期考核专家小组工作会2次。定期举行各专业委员会会议、处方点评和病案质量点评，对重大手术组织全院和院际会诊，对病案、院内感染、床位使用率、床位周转率等重要医疗指标定期考核。对门诊就诊流程进行改革与创新，成为市三甲医院中第一个创立首问责任服务理念的医院。进一步加强学科建设，增设特色科室，成立“体表肿瘤治疗中心”与“注射美容中心”，使临床特色中心达到23个。门诊咨询室网上在线与病人有效交流55085人次，电话有效对话62104人次，预约23927人次，实际到院看诊11992人次，实现手术7283人。网站日均独立IP量0.8万～1万左右。门诊挂号同比增长14.82%。院所对人员梯队培养有明确要求，通过优秀青年医师人才培养计划选拔，8人到国外进修学习；鼓励临床科室开展项目创新及申报卫生部临床学科重点项目，有2项课题中标2010～2012年度卫生部临床学科重点项目，获得经费380万元。

（郝亚丽）

【护理工作】 制定“优质护理服务示范工程”活动方案，确定活动主题为“夯实基础护理，提供满意服务”，通过在部分病区开展“优质护理服务试点病房”、召开经验总结推广大会的方式，并在全院范围内开展优质护理示范工程活动，安全护理合格率99%。每月召开护理学习讨论会及护理质量检查，加强护理缺陷管理制度，改进不适宜的运行机制与工作流程，为临床开展新技术、护理要点等建立业务交流平台。护理部还在全院所范围内开展多种形式的操作培训与考试，其中护理部教学委员会主持监考操作1000余人次，理论卷笔试420余人，技术操作合格率100%，理论考核合格率90%。发表护理论文13篇，有1篇为SCI论文。

（郝亚丽）

【科研教学】 申报课题65项，中标22项，获得科研经费657万元。其中国家自然基金项目课题5项、市科委重大项目基金1项、市科委首都特色基金3项、首都医学发展基金7项、高校博士点基金2项、教育部留学回国人员科研启动基金1项、人事部“留学人员科技活动项目择优资助经费”1项、北京协和青年基金2项。申报国家科技体制改革经费和公益科研业务专项经费，共得到112万元经费拨款。完成市自然基金1项、首都医学发展基金2项的结题工作。获得专利13项，其中发明专利3项，实用专利7项，外观专利1项，著作版权2项。发表科技论文195篇,其中在核心期刊发表论文116篇,SCI收录论文71篇,在非核心期刊发表论文7篇,出版译著1部。年内申请31项国家级继续医学教育项目,完成2011年国家级继续教育项目的申报工作。在研究生教育方面,是唯一要求临床型博士研究生必须发表1篇SCI研究论文才能申请学位的医院,且博士论文全部实行双盲评阅,申请学位率达100%。全年招收硕士28人,博士10人;毕业答辩12人。

(郝亚丽)

中国中医科学院眼科医院

【概况】 中国中医科学院眼科医院是集医疗、科研、教学为一体的中医、中西医结合非营利性专科三级医院。有职工293人,其中卫生技术人员212人,包括正高职称10人,副高职称24人,中级职称46人,初级师81人,初级士51人。年内医疗设备总价值4885万元,新购置医疗设备总值642万元,其中10万元以上设备数量14台(套),100万元以上设备数量1台。年内,落实国务院关于扶持和促进中医药事业发展的若干意见精神,坚持公立中医医院办院方向,采取科学化管理措施,在"大专科、小综合"总体建院方针指导下,平衡发展。新增"整形美容中心",进一步扩大门诊量,提高医院综合实力和影响力,显著提高临床效果,并购置13台电针仪、10台熏蒸器、10台腿浴器等相关配套设施。推动治未病工作,市青少年健康管理平台已在东城区启动并试运行一年。《中国中医眼科杂志》收稿321篇,同比增长80%。建立《中国中医眼科杂志》网站,进一步扩大医院和《中国中医眼科杂志》的知名度。名誉院长唐由之荣获北京"同仁堂杯"中医药特别贡献奖,护理部获"第二届全国中医护理先进集体"。

地址:鲁谷路33号
邮编:100040
电话:68688877
网址:www.ykhospital.com.cn

(杨　丹)

【改革与管理】 医院管理有条不紊。医院"十二五"中长期规划(草案)经过专家论证,上报科学院。进一步规范处室管理,规范院务会议、院周会和内容通报流程、红头文的印发格式,确保24小时印发会议纪要并及时向职工通报。修订完善管理制度汇编,印发应急预案管理汇编。在财务管理上,理顺财务管理体制,规范财务行为,进一步规范资金支付工作流程;加强预算项目执行工作,确保预算项目完成;建立资产管理长效机制,开展资产清查盘点;开展"小金库"治理,堵塞财务漏洞;按照成本核算原则,继续加强各级预算管理;完成门诊医保实时结算工作,为住院医保实时结算打下良好基础。继续组织开展文明优质服务活动,从加强医务人员职业道德教育入手,倡导"尊重患者,关爱患者,方便患者,服务患者"的人文服务理念,提高主动服务患者意识。进一步加强医德医风教育,弘扬大医精诚理念,以推行语言、仪表、行为、秩序、环境五种规范为标准,进一步开展全程医疗服务和文明优质服务活动,增进医患沟通,拉近医患距离,使医患关系更加和谐,患者满意率一直保持在90%以上。收到锦旗36面,表扬信58封,拒收钱物百余次。组织6名医务人员报名参加国家中医药发展综合改革试验区专家讲师团活动。组织职工参加献血活动,组织全院干部职工为青海玉树地震灾区和甘肃舟曲地区受灾群众捐款,并举行集体哀悼仪式。还组织开展为贫困母亲捐款和"善行天下,温暖患儿"等募捐活动,各项捐款累计近10万元。加强治贿工作,制定加强廉政及预防腐败体系建设的实施方案、在基建工程建设中加强廉政建设的规定、落实北京医药卫生系统预防职务犯罪联席会议制度的实施办法、医德考评实施方案等制度。请律师进行招投标及政府采购法律法规培训,请国家审计署丁玎教授进行"内部审计规范"专题讲座等。治理商业贿赂工作切实做到有部署、有落实、有检查、有考核。利用院周会、院长办公会、简报、公示栏、短信平台等形式及时通报"三重一大"及院务会决议,做到院务公开,达到人人重视、人人参与医院整体工作的目的。

(杨　丹)

【医疗工作】 全年门诊145870人次,急诊3188人次,急诊危重症抢救人次为0,抢救成功率100%,医院实有床位数204张,年入院人次3134人,出院人次3132人,床位周转次数15.35,床位使用率74.73%,平均住院日17.38,三日确诊率99.9%,出入院诊断符合率98.5%,治愈率52.6%,好转率45%,死亡率为0,住院手术例数5206例。

(杨　丹)

【病案管理】 年内,五个病区共查运行病历总数为2087份,质控简报所见病历总数为1209份,占运行病历90%,各科室(1~5病区)甲级病历率为100%。医院感染的发病率、漏报率共监测病人3111人,发生医院感染共计7人,感染率为0.22%。采取如下措施:1. 补充和完善医院感染各项制度;2. 坚持每周一至两次深入病房,对医院感染病例进行前瞻性监测,坚持临床医师主动报告和专职人员主动寻访相结合,以便及时发现、有效控制医院感染暴发事件;3. 根据眼科医院临床医疗、医技科室院感综合考核指标,每月对全院门诊及病房的消毒隔离工作逐项检查落实,加强医院感染考核力度;4. 加强各类人员培训,全年进行3次培训,参训156人次。医院感染率逐年下降,由上年0.46%降为

0.22%。

（杨　丹）

【医保工作】 全年医保出院1632人次，出院医保病人总费用14746395.79元，出院医保病人次均费用为9035.78元。12月按照上级要求，完成城镇居民（无业人员、"一老一小"人员）、离休人员及部分公费医疗人员持卡就医工作。10月开始，编发每月一期的《眼科医院医保通讯》，发布上级有关文件及院内医保工作检查情况等信息。

（杨　丹）

【医疗支援】 派出眼科医师2～3名外出进修，分别学习玻璃体切割手术、眼部整形手术、眼科适宜技术，除葡萄膜炎专业外，12月底前均返回医院开展工作。援疆医疗工作由杨永升医师担任半年；1名眼科副主任医师在新疆中医院开展医疗支援工作，开展社区对口支援，在与门头沟区中医医院眼科共建市中医眼科特色诊疗中心基础上，每周派专业技术人员到该院眼科工作1天；眼科四病区完成与海特花园社区服务站双向转诊通道协作任务。

（杨　丹）

【护理工作】 依据全国护理工作会议精神和市"中医机构护理工作质量标准"、"中医医院管理年实施细则"，以"三基三严"为核心，"以病人为中心"服务理念，落实护理工作贴近病人、贴近临床，贴近社会，提高护理质量。进一步开展护理质量控制，完善三级护理质量管理体系，制定护理部目标管理考核标准、月护理质量检查表等10余项，建立和修订多项护理制度，并以新制度、新的质量标准对临床进行考核、检查、打分。调整护理质量管理小组，设基础护理管理、护理安全管理、护理操作管理、文件书写管理、教学管理、继续教育管理等6个组，负责临床护理质量检查工作。落实医疗质量和医疗安全制度，对重点科室工作流程进行规范，重新修订手术双重识别制度和双重识别卡，防止手术患者、手术部位及术式发生错误。对护理质量检查过程中经常发生的突出问题，每月组织召开护理质控及护理安全会议进行分析，提出整改措施。针对"以病人为中心、为患者服务"宗旨，护理部对住院病人进行护理满意度调查并实施护理绩效奖励工资。贯彻落实全国卫生工作会议精神及深化医药卫生体制改革各项重点任务，加强医院临床护理，落实基础护理，经护理办公会讨论通过，在眼科四病区开展"优质护理服务示范工程"活动。并将服务项目公示。依据卫生部关于加强医院临床护理工作的通知要求，简化护理文书，尽可能减少临床护士书写病历时间，促进护士贴近患者。护理文书合格率95%，基础护理合格率90%，一级护理符合率95%，技术操作合格率95%，急救物品完好率100%。临床实习是护理教学重要组成部分，全年接收护理实习生10人，重新制定实习生管理制度、实习护士教学计划与方案，组织带教老师、护士长为实习生讲课，了解掌握医疗护理工作程序和护理技能，并在带教老师指导下，巩固理论知识，提高实践技能，提高独立工作能力。安排专人负责各级护士培训，落实护理人员理论和操作培训考试，制定人手一册的护士技术档案。加强护理人员在有限时间内拓宽、更新知识，提高专业理论和技术水平，适应护理专业迅速发展要求。以提高安全认知，建立安全文化为主题，分析总结医院近10年30余起护理不良事件，并邀请中华护理学会副理事长、中华中医药学会护理分会主任委员郑萍讲"规避风险强化责任，加强患者护理安全管理"。举办院内首次医护论谈会，研讨中华护理学会糖尿病视网膜病变护理病例讨论，扩大医院在眼科中医专科护理的影响力。邀请国际护理专家举办"Mailde livery. railed"讲座，了解国际前沿最新动态。加强安全管理，与行保处制定火灾逃生预案，以展板方式对病人进行安全宣教，并对病区安全设施、防火设备开展安全大巡查，排查消除各类安全隐患，做好应付突发事件的急救准备。参加社会公益活动，落实卫生部2006～2012年全国消除麻疹行动计划和2010～2012年全国消除麻疹行动方案要求，接受区卫生局任务，组织参与麻疹接种工作。注重安全、严格筛查、注重接种质量，疫苗受种者2882人，经医学观察均未发生严重不良反应。

（杨　丹）

【科研工作】 申报课题28项，中标课题7项，其中国家自然科学基金3项，市首发基金课题3项、留学回国人员专项1项，科研合作课题4项，市中医管理局十病十方项目1项、博士后基金1项，在研课题22项，结题1项。获科技奖3项，唐由之研究员课题组获中华中医药学会科学技术三等奖，高健生研究员课题组获中国中医科学院科学技术二等奖1项，唐由之研究员获"同仁堂杯"中医药特别贡献奖，另外市科委科技进步三等奖2项（公示中），发表科技论文53篇，主编、参编著作5部。

（杨　丹）

【教育工作】 举办国家级继续教育学习班9次，参加学习班人员1500余人次。全年举办院内培训65次，专业技术人员完成继续教育学分25分，合格率100%。全年录取硕士研究生2名；接收实习生15人，进修医师11人次；到院外西学中进修人数2人次。

（杨　丹）

【国际交流合作】 严格执行国家有关涉外及护照管理规定，未出现违规现象。完成上级下达的外事任务，包括接待、出国、培训等。全年公派出国（境）3人次，其中出国考察1人次，参加国际会议2人次；接待

5个团组39人次参观；接收美国纽约针灸中医康复中心12名学生见习针灸治疗眼病；完成以色列学员为期两个月学习中医治疗眼病的带教工作；接收住院境外患者10人次，诊治门诊境外患者50余人次。

(杨　丹)

【信息化建设】 修正HIS软件运行错误690余次，及时排除相关隐患，为医院信息系统正常有序运行提供保障。请市局专家对医院信息化建设以及"十二五"信息化规划进行论证。完成医保医院端业务组件业务升级16次，完成对医保门诊收费数据格式改造。配合市局在医院部署医联码服务器1台，对患者信息实时跟踪和采集做充分准备。年内更换服务器2台、交换机16台，磁盘阵列等服务存储设备，更换终端机100余台，实施门诊医生工作站系统和挂号收费系统升级，组织相关人员进行10余次培训和3次业务考核。维护眼科医院网站正常运作，及时更新各类医院信息，重新开通医院网站论坛及博客注册，保障患者与医生之间的交流平台，维护网站及博客，制定眼科医院网络安全管理办法及实施方案。维护医院信息平台，及时更新医院职工通讯录和中国移动网站白名单系统，使医院重要通知、重大突发事件等相关信息及时传达到全院职工。

(杨　丹)

【基本建设】 完成医院基本建设总体规划(2010~2015)编写，方案报国家中医药管理局。在新建热力站投资未到位情况下，医院自筹资金建设临时热力站，保障全院冬季采暖系统正常运行。根据医疗业务发展需要，对原院感办、医保收费处、杂志社等用房进行装修与改造。根据上级要求，对房屋进行抗震排查。继续做好节能减排，在西院安装太阳能热水器，保障五病区、洗衣房、公共洗澡堂所用热水，减少锅炉运行时间，所用燃气费用有所下降。本年度用于电力设施第一期改造工程150万元，已完成自备电源改造工程论证、招标、合同签订、付款工作。污水站改造工程正在调研，做可行性研究。

(杨　丹)

首都医科大学附属北京朝阳医院京西院区

【概况】 首都医科大学附属北京朝阳医院创建于1958年，是集医疗、教学、科研、预防为一体的三级甲等综合医院，首都医科大学第三临床医学院，北京市医疗保险A类定点医疗机构。医院总占地面积10.28万平米(东区5.08万平米；西区5.2万平米)，建筑面积21万平米(东区15万平米；西区6万平米)，总床位1910张(本部1410张；京西院区500张)。医院以呼吸病学、心脏病学、高压氧医学、职业病学、实验医学、急诊医学、泌尿外科学为优势学科，以器官移植、微创手术、介入治疗为技术重点。现有北京呼吸疾病研究所、市高压氧治疗研究中心、市器官移植中心、市职业病与中毒医学中心；首都医科大学呼吸病学系、急诊医学系、核医学系、血液病学系、危重症医学系、骨外科学系、风湿病学系、泌尿外科学系及首医大心血管疾病研究所、国家生命科技人才培养基地、市临床检验中心、市病案质控中心、世界卫生组织烟草与健康合作中心、卫生部急诊医学教育合作项目培训基地等十余个研究和学术机构均设于北京朝阳医院。2004年12月31日，原中铁建总医院整体划转市卫生局并入北京朝阳医院，正式命名为北京朝阳医院京西院区，并于2005年5月19日正式开院，形成一院两址、东西呼应、资源共享的发展新格局。京西院区成立后，进行就医环境、医疗设备的统一规划和品牌服务、学术学科的整体再造，将ISO9000国际质量管理体系纳入医院管理，成为本区目前唯一一家三级甲等综合医院。为缩小城乡医疗差距，改善北京西部居民医疗环境，提供优质医疗服务创造条件。同时，医院加大对人才队伍的建设，形成以学科带头人和学科骨干为核心的优势团队，拥有高级职称的技术骨干百余人。将医院品牌、优质医疗资源拓展到北京西部地区(石景山、门头沟、丰台、房山、海淀等)，为实现"打造国际化品牌医院"战略目标迈出坚实一步。截至年底，京西院区医疗设备总价值10191.74万元。有职工905人，其中正高级职称人员31人，副高级职称人员69人；中级职称人员188人；初级师152人数；初级士159人数。全年收到锦旗80面，表扬信92封；收到科室上交患者红包现金总额2.37万元及其他礼品等。全年媒体刊载京西院区稿件179篇，科普文章108篇，电视媒体访谈72次。组织职工向青海玉树灾区及市卫生局"善行天下，温暖患儿"等活动捐款60635.85元。

本部地址：朝阳区工人体育场南路8号
邮政编码：100020
联系电话：85231000
京西院区地址：石景山区京原路5号
邮政编码：100043
联系电话：51888114
网址：http://www.bjcyh.com.cn

(郝庆军)

【医院庆典】 9月15日，首都医科大学附属北京朝阳医院京西院区成立五周年庆典仪式在门诊大厅举行。区政府、市卫生局、首都医科大学等单位领导出席，各兄弟单位百余人参会，全国人大常委会原副委员长吴阶平、卫生部副部长黄洁夫、中国工程院院士郭应禄、中国工程院院士翁心植发来贺信。京西院区依托朝阳医院学术学科优势，着力打造呼吸与危重症医学中心、心脏中心、妇产科、急诊科、耳鼻咽喉头颈外科、肝胆外科及疝和腹壁外科等优势学科,已构建成相对完善的学科体系;医疗业务范围不断拓展,微创手术、介入治疗、无痛技术等在各临床科室得到广泛应用,为患者提供高水平医疗服务。五年来,京西院区医疗社会服务量逐年递增:门急诊量增长约4倍,出院病人数增长近3倍,住院病人手术量增长4倍。在满足广大患者医疗需求的同时,实现医院跨越式发展。

(郝庆军)

【医疗工作】 秉承“救人为本、经营为道”的办院理念,把“博爱、诚信”作为立院之本,以教为政,坚持科学发展观,以病人为中心、以保障医疗安全、提高医疗服务质量为使命,制定“一二三”发展战略和中远期发展目标,即明确一个基本定位:凝炼先进文化的国际化品牌医院;抓住两条工作主线:学术与学科建设工作和经济与经营管理工作;服务三个主体市场:社会医疗保障市场、商业医疗保险市场和专病专科主题市场;整体发展目标为创建国际化品牌和构建学院型医院。全年各项医疗指标均以两位数速度增长,收治住院病人同比增长12.30%;门急诊病人增长24.65 %;病房手术增长43.91%;病床使用率增长11.15%;抢救成功率95.48 %;外地患者在门急诊患者所占比例17.01%,在住院患者所占比例为24.09%。根据卫生工作要点,在总结上年“医疗质量万里行”活动经验基础上继续开展相关工作,以“持续改进质量、保障医疗安全”为主题,对医疗质量安全意识、医疗管理核心制度、病历质量、医疗安全管理、实验室及血液制品管理、院感管理、就医流程及医疗技术临床应用8方面内容进行督导检查,着力提高医疗质量。按照卫生部“大型医院巡查”活动的要求,对医疗质量、医疗安全及服务进行自查自纠。开展三级医院临床路径试点,以临床科室主任为核心的管理小组制定工作方案,举办“以临床路径管理试点为契机,促进医疗管理改革”为主题的全院培训大会,呼吸科、胸外科、消化内科为第一批临床路径管理试点科室,摸索一套“程序化、日程化、流程化、时限性、计划性”的标准化治疗模式与程序。通过市卫生局血液透析室管理、市爱婴医院助产技术抽查、市卫生监督放射诊疗督导等多项检查。严格医院感染监测管理,提高传染病防控能力,全年未发生院内感染,无传染病迟报、漏报,对全体医务人员进行人高致病性禽流感、手足口病预防与控制等知识进行培训、考核,培训合格率100%。为解决医患纠纷,缓解医患矛盾,于6月成立社会工作办公室,为医疗纠纷与投诉搭建平台。

(郝庆军)

【护理工作】 加强管理,提高护理水平,注重危重病人护理管理及访视制度,危重患者护理合格率达96.76%;每月组织一次护理单元抢救模拟演练,有效提高护士抢救技能;更新护理管理理念、学习管理技巧、注重护理质量改进及科室文化建设,确保护理团队主动、高效、优质工作。强化安全管理,提升护理质量,建立三级护理安全监控体系,就现存和潜在的安全问题进行讨论和分析,提出切实可行的防范措施;统一制定护理警示牌,有效防范护理差错发生;建立完善护理缺陷及护理投诉报告登记制度,对每起护理缺陷及投诉,组织讨论,分析原因,持续改进。开展“优质护理示范工程”,在4个病区开展“优质护理服务示范病区”活动,初步实现患者满意、护士满意、社会满意的目标。开展“三基三严”岗位练兵,通过系列活动,加强基础护理,改善护理服务,提高护理质量,保障医疗安全;全年有10名优秀护士受到区卫生局表彰。进一步规范临床教学,在护理队伍中创造学术氛围,提高护理教学及科研水平,成立“护理教学科研委员会”。

(郝庆军)

【教学科研】 建设规范化教学体系。承担首医大公共卫生学院卫生法学专业、首医大第三临床医学院临床医学专业、北京护士学校的教学及临床实习工作。举办继续教育讲座、技能培训等活动41次,累计5048人次参加。组织医师定期考核工作,完成285名医师的职业道德评定和业务水平测试工作。加强对青年医师继续教育的培养,组织各类病例讨论及技能培训30余次。年度专科医师技能考试合格率90%,比上年提高2%。加强青年医师培养,继续实行24小时住院医师制度。完成首医大2008级卫生法学系和北京护士学校2007级教学任务,学生临床理论及技能考核合格率100%。首次承担首医大临床医学五年制本科生教学任务,在年度首医大学生临床技能大赛中取得优异成绩,分获一、二、三等奖,教学工作受到校方肯定。推荐4名教师参加首医大第三临床医学院青年教师授课比赛,获“中文组三等奖”。加强学术学科建设,发挥各科学科带头人优势。新增博士研究生导师1名,硕士研究生导师1名。以奖促进,提高临床技术水平,倡导发表高水平学术论文。全年发表论文113篇,同比增长3%,其中核心期刊100篇(含SCI文章2篇,中华系列26篇)。

(郝庆军)

【医保工作】 医保患者在门急诊患者所占比例为54.32%,住院患者所占比例为62.16%,医保出院共计6333人次,同比增长21.07%。审核上传医保病案6333份,准确率达100%。严格执行医保政策,医保拒付0.37万元,同比下降12%。办理门诊“特殊病”申报审批179人,办理“异地医保”720人次。及时完成医保数据库升级后的信息校对和增补、调整项目的维护,确保患者及时持卡结算。协调上级有关部门安装医保门诊持卡结算院端自助服务查询机,方便参保人员对医保相关政策及相关社保卡信息的查询。贯彻落实医疗保险单病种付费管理,对现有18种手术治疗疾病单病种费用召开相关院级、科室费用分析会4次,分解政策标准、推进费用成本核算。完成医保持卡实时结算准备工作。对全部收费人员就医保政策知识、业务组件操作方法、业务流程进行培训并完善硬、软件设施。

（郝庆军）

【社区医疗工作】 10月28日,副市长丁向阳一行到医院社区卫生服务中心调研,通过与医务人员、就诊患者交谈,了解社区卫生服务相关情况,对社区卫生服务工作给予肯定。京西院区社区医疗部全年接诊门诊患者125080人次,团队规范化管理各类慢性病人31827人次,发放健康服务卡3819份,静脉输液20959人次,上门服务481人次,其他各种治疗14089人次,各项辅助检查42238人次,发放健教资料10475份,完成"知己"慢病管理50人。接种疫苗19060人次,管理散居儿童2892人次,管理学校托幼园所儿童6489人次,强化查漏外来流动儿童1852人次,日常查漏9501人次。传染病接访599例621人次,巡查幼儿园、学校管理116次。管理精神病人113人、378人次,配合民警排查86人次。产后访视319人次,孕期保健312人次,电话咨询238人次,孕期健康讲座10期。管理儿童776人1462人次,智力筛查243人,听力筛查680人,访视新生儿321人次,管理高危儿童24人,体弱儿童管理78人。举办健康教育讲座46期,接受教育1662人次,制作展板32块板报4期,团队进社区讲座14场受众600余人次,义诊5场次。

（郝庆军）

【对口支援】 根据市卫生局卫生支农工作具体要求,继续开展与房山区阎村镇中心卫生院、门头沟区中医院对口支援工作。根据受援医院需要,医院派出18名具有主治医师以上职称的医师,于每周一至五到房山区阎村镇医院出诊,出诊时间一年。并进行捐款、捐药总价值2万元。自1月始,有69名具有主治医师以上人员到八宝山第一社区卫生服务中心出诊,各科医师对社区医师进行专业知识培训讲座。与区看守所、区卫生局签署三方"医疗服务协议",在看守所内设立医疗工作站,派出8名医护人员对在押人员实施24小时医疗救治、卫生防疫等工作。

（郝庆军）

【基础建设】 京西院区二期工程批准立项,工程总建筑面积6,636平米,总造价4,413万元。年内完成功能布局调整设计、土地预审、环境评估及可行性研究编报工作。打通封堵多年的医院南侧道路,为二期工程建设创造条件。完成对院区二次供水及污水处理系统进行改造并投入使用。缓解停车位紧张状况,对医院南侧道路、核磁周围空地、行政办公楼前后进行改造,新增车位170个;为金潮阳大药房迁址改造装修房屋,完善使用功能;装修改造多功能厅,教学环境得到改善;对4号楼供暖锅炉进行大修,确保冬季正常供暖。全年污水处理达标排放18万吨,污水自行检测720次;处理医疗垃圾6万公斤;氧气站供应液氧160吨,设备运行良好,氧气站实现托管;电梯安全运行无事故。

（郝庆军）

首钢矿山医院

【基本情况】 矿山医院始建于1959年,由首钢矿业公司管理,是市二级甲等医院、医保定点医院、工伤医疗定点医院、职业健康检查定点医院、爱婴医院、区大病统筹定点医院、唐山市医保定点医院、华北煤炭医学院定点教学医院。医院占地42202平方米,建筑面积25590平方米,设有临床、医技科室18个,职能管理科室9个,后勤服务科室1个。职工311人,其中卫生技术人员253人,包括副主任医师12人,主治医师40人,医师(士)56人,护士100人,医技人员45人;行政管理人员18人;工勤人员18人;其他技术人员6人;退养及病休6人。有CR机、16排CT机、高仟伏X光机、彩超机、血液净化机、血液透析机、血凝仪、脑病治疗仪、动态心电监护仪、呼吸机、麻醉机、电子胃镜、全自动生化分析仪、眼底荧光造影机等医疗设备185台(件)。固定资产原值6783.08万元,净值2643.22万元。年内,新购置医疗设备19台(件),价值208.44万元,其中10万元以上设备3台。完成CT室改造、制剂室改病房项目,改善患者就医环境。实施体检数据上传,确保体检数据准确性。完成中心机房改造、硬件设施更换,实施门诊持卡就医实时结算,为矿区北京市参保人员就医提供方便。

地址:河北迁安市首钢矿业公司
邮编:064404
电话:0315-7710856 7713124

（郑玉伟）

【改革与管理】 加强特色专科建设,成立呼吸、内分泌特色专科门诊。加强对外医疗合作,聘请中医科学院眼科医院专家来院开展白内障手术等。制定周末门诊出诊管理规定,开设周六、日专家门诊,方便患者就医,减少病源流失。制订科主任年终目标经营管理考核办法,完善考核分配机制,在全院推行量化考核,调动职工积极性;落实小指标挂钩体系,提升管理水平。对311项规章制度、148个岗位职责进行修订完善,定期组织岗位职责及各项规章制度的培训与考试,增强责任意识,促进作风转变。围绕"零投诉"目标,贯彻落实岗位优质服务规范和岗位文明用语规范，加强教育引导，不断改进服务作风。强化机制建设，制订矿山医院出院病人回访月反馈制度，加强出院病人回访工作，融洽医患关系。坚持落实社会监督机制，广泛听取各方面意见和建议。制订矿山医院医务人员职业道德考评办法，规范和完善职业道德考评体系。持续开展"树行业新风、争服务标兵"和以"迎接挑战展风采，优质服务塑形象"为主题的立功竞赛活动，在护理岗位及部分窗口开展"微笑服务"活动。全年收到患者表扬信8封，锦旗5面，镜匾1块，通过论坛等表扬4件次。制订并实施深化优质服务，加强健康教育工作的安排意见，发挥医疗资源优势，扎实开展健康促进活动，先后组织技术骨干到厂区、社区开展咨询服务、电视讲座等，受到职工家属普遍欢迎。加强廉政风险防范管理工作，以有业务处置权岗位为重点，以深化主题教育为主，运用剖析典型案例、与供应商签订廉政协议、专题学习、效能监察等形式，不断推进反腐倡廉建设。

（郑玉伟）

【医疗工作】 全年门诊114002人次，急重症抢救98人次，抢救及时率100%。床位255张，入院3473人次，出院3496人次，病床使用率100%，床位周转15.4次/床，平均住院日25.46天，手术819例。无孕产妇及新生儿、围产儿死亡。

（郑玉伟）

【医疗质量管理】 建立质量管理委员会和科室质量管理小组两级质量控制体系，完善五个委员会及科室管理小组职责及制度。按季组织召开医疗、病案、院感、输血、药事委员会会议，讲评分析，规范科室质量管理。组织医务人员集中培训病历书写基本规范，全员考试达标率为100%。甲级病案率为90%以上，无丙级病历。

（郑玉伟）

【医院感染管理】 加强感染垃圾管理，实行定点清运、上锁管理，杜绝外流。加强手术器械清洗、灭菌流程管理，保证使用安全。规范落实手卫生，避免医源性交叉感染。组织院感知识培训14场次，提高全员感控意识。严格执行医院感染管理办法、消毒技术规范、传染病管理办法，院感发生率为1.8%，无院感爆发流行。

（郑玉伟）

【医保工作】 加强医保专业管理，定期复核参保病人资质，对参保出院病历进行百分之百审核。加强政策宣传教育，普及医保知识，全员开展医保政策法规学习和培训，深入临床督促检查"四个合理"（合理就医、合理检查、合理施治、合理用药）执行情况。加强物价管理，对三大目录进行升级维护，优化诊疗库项目。对新开展诊疗技术的收费项目进行检查指导，无私立项目收费现象。

（郑玉伟）

【护理工作】 加强业务学习和培训，开展全院技术练兵，规范24项护理操作，每月进行操作培训考试；加强新护士和实习人员培训教育，每月进行护理基础知识考试、专科知识考试。鼓励支持在职人员参加学历教育，继续教育合格率100%。组织全员护理文件书写培训，定期检查科室运行病历书写质量。提高护理人员安全防范意识，对潜在风险进行评估，组织案例教育等，减少护患纠纷发生。创新护理查房形式，学习探讨专科疾病发病特点及护理措施，提高护理人员专科业务水平。

（郑玉伟）

【科研工作】 制订发表论文奖励办法，10篇论文在国家级核心期刊发表。开展课题研究，完成课题攻关项目48项，有3项课题分获矿业公司管理创新成果三等奖、优秀科技项目科技成果类四等奖及技术措施类三等奖。

（郑玉伟）

【医学教育】 组织专题讲座26次，教学查房12次，安排12人外出进修培训。开展导师带徒活动，组织临床科主任、高职称人员与所有参加工作不满5年的青年医师结成对子，按季鉴定，按年评比，促进青年医师成长。发挥专家、技术带头人作用，组织技术专家与青年医师签订导师带徒协议书，强化对骨干青年医师的重点培养。组织青年医师"三基"（基础理论、基本知识、基本技能）知识考试、应急演练及医护配合急救知识竞赛等，提升医务人员应急能力及急救水平。组织业务与管理创新论坛7期，交流课题19项。

（郑玉伟）

【体检33808人次】 加大体检硬件投入，配置体检专用B超机、X光机。完善体检制度，制订体检异常结果及时报告制度、标本交接制度，规范价格体系管理。加强检后服务，开设咨询电话、组织健康知识讲座、解读体检报告。全年完成各类体检33808人次。

（郑玉伟）

药品监督管理

概　　述

北京市药品监督管理局石景山分局(简称药监分局),负责对辖区内药品、保健食品、化妆品和医疗器械的研究、生产、流通、使用环节进行行政监督、技术监督和执法监督,保证人民的用药安全有效。下辖五科两室(安全监管科、市场监督科、医疗器械科、保健品化妆品监督管理科、监察法规科、行政办公室、稽查办公室),现有干部职工30人。下属全额拨款事业单位1个(石景山区药品检验所),职工6人。截至年底,全区有药品企业122家,其中药品生产企业3家,药品经营企业119家;医疗器械企业372家,其中医疗器械生产企业37家,医疗器械经营企业335家;保健食品企业236家,其中保健品生产企业7家,保健食品经营企业229家;化妆品企业763家,其中化妆品生产企业3家,化妆品经营使用单位980家;各类医疗机构174家。药监分局树立“法治、人文、学习、和谐”工作理念,着眼“具有首都水平,适应首都发展,服务首都人民”的药品监管建设目标,严格药品市场准入,强化药品市场监管,加强对全区药械市场秩序的监督执法。全年共接受上级批转、群众举报和协查85件,其中立案处罚16起,罚没款合计51007.90元。被市局授予“查处11.20特大制售假药案突出贡献集体”称号,被评为区“精神文明先进单位”。

地址:古城南里16号

电话:68885118

邮编:100043

(胡成杰)

【落实国家基本药物政策】 年内,按照国家局和市局有关精神和医疗卫生体制改革要求,为加强国家基本药物生产、配送和使用管理工作的监管,制定医药卫生体制改革工作实施方案,围绕“原辅料购入关、生产配制关、检验放行关”三个关口,开展对基本药物生产企业的现场监督,对物料管理、人员培训、空气净化系统、纯化水系统管理、标签说明书管理和执行药品生产质量管理规范(GMP)情况进行监督检查。特别是对基本药物生产、经营企业下发任务分解书,强调责任明确任务,强化基本药物生产、经营全过程监督,确保基本药物的质量安全。尤其是完成辖区全部基本药物基层使用单位、9个社区卫生服务中心和24个社区卫生服务站的基本药物专项检查,出动监督检查人数99人次。

(胡成杰)

【药械质量抽验】 全年完成医疗器械抽验25批次全部合格;保健食品抽验26批次,有4件不合格,合格率85%;化妆品抽验35批次全部合格。完成药品抽验检品611件,其中药品监督性抽验150件,药品针对性抽验278件,药品评价性抽验78件,药品基础测试105件,全检率为74%,每百件药品检验参数620项,有9件药品不合格,药品检验合格率98.53%。其中药品针对性抽验278件中抽验化药149件(化学药品116件,抗生素30件,生化药品3件),有1件不合格,合格率99.33%;中药完成抽验129件(中成药109件,饮片20件),有8件不合格,合格率93.80%;评价性抽验和药物基础测试全部合格。

(胡成杰)

【受理行政许可】 年内,分局受理工作进驻区行政服务大厅进行集中办公。办理各种业务事项1143件,接待办事群众2000余人次,其中受理各类许可、服务事项共380件,其中药品经营企业行政许可199项,医疗器械生产、经营企业许可203项,保健食品经营卫生许可55项,全部在规定时限内办结,办结率100%,群众满意率100%。

(胡成杰)

【药品质量认证】 不断加强药品经营企业的认证监管、对辖区内药品零售企业进行摸底,尤其是对相关企业的经营状况、人员配备、场地设施等情况进行重点调查分析,坚持“标准不走样、条件不减低、程序不减少”,按照GSP标准现场检查验收,全年受理GSP认证药品经营企业26家,全部通过GSP现场认证检查,并签发证书。

(胡成杰)

【药品追溯系统】 根据国家局关于深入开展药品专项整治工作(国食药监办[2009]570号)要求,按照北京市提出的“严格准入、科学监管、依法查处、辖区责任”药品监管方针,为强化药品生产企业源头监督管理,在药品生产、经营企业建立药品追溯电子监管码系统,组织企业相关培训,使企业如期将药品追溯系统所涉及的基础数据上传,检查追溯系统中数据的准确性、上报数据与实际数据的符合性、数据上报的及时性及完整性,在监管中充分利用药品追溯电子监管码系统,查验票据真伪,保障药品质量。

(胡成杰)

【开展打黑行动】 依据上级有关文件精神,继续严厉打击黑药店、黑性保健品店、黑诊所、非法邮寄制售假劣药品黑窝点、医院周边非法收购、销售药品、医院大夫私自销售药品等危害人民群众健康的违法行为。确定老古城、衙门口等城乡结合部和二级以上医疗机构三个高风险地区,5个打黑小分队全年出动执法人员968人次,联合外单位出动268人次,与区卫生局、公安分局、工商分局等联合执法26次,发放告知书84张,发放违法经营使用药品医疗器械保健食品行为告知书26张,共取缔黑诊所、黑药店58家次(成人保健品店9起,黑诊所黑药店28起,医院周边收药卖药21起),检查覆盖、告诫、取缔率100%,查处五种无证经营药品违法行为案值金额总计22098万余元。

(胡成杰)

【"三品一械"监管】 按照"责权明确、统筹协调"原则,不断加大对药品、医疗器械、保健食品、化妆品(简称"三品一械")市场日常监督检查力度,保障公众使用"三品一械"安全有效。全年对药品经营企业日常监督检查120家,对各类医疗机构日常监督检查85家,对医疗器械生产经营企业现场日常监督检查96家,对保健食品日常监督检查282家,检查产品约1400余种,对化妆品经营企业检查100家,检查品种涉及1000余种,检查中发现问题及时解决。

(胡成杰)

【寄递假药整治】 根据市局关于开展打击利用互联网等媒体发布虚假广告及通过寄递等渠道销售假药专项整治行动实施方案(京药监市〔2009〕178号)要求,加大对已审批药品广告的监测和检查力度。对通知涉及的11个虚假药品信息及违法药品广告的互联网站相关信息,通报有关部门,配合邮政部门做好寄递环节假药鉴定及相关工作。先后8次对邮政部门邮件进行收集鉴别,对11个邮箱进行关闭,对辖区3家快递公司、货付公司进行针对性现场检查。检查中在衙门口一出租房内发现中药粉50公斤、无标签药瓶400个,与派出所配合对当事人进行调查和重点监控。

(胡成杰)

【特殊药品管理】 对科研用特殊药品使用单位、二类精神药品批发企业、蛋白同化制剂和肽类激素批发企业进行严格日常监督检查。严格特殊药品批发企业经营数据网络上报工作,对特殊药品管理的安全设施、购进渠道、帐物管理、储存情况、使用流向等进行重点检查,落实各项安全管理措施,杜绝流弊隐患,确保特药使用安全。特别是对美沙酮药物维持治疗门诊强化日常监督检查,对中国医学科学院整形外科医院科研用盐酸氯胺酮加强监管,督促其建立科研用特殊药品管理制度、使用流程和内部监督检查机制,签订科研用特殊管理药品使用责任书,该院对科研用特殊管理药品投资专款100万元对动物实验室进行改扩建,完善制定包括动物实验使用盐酸氯胺酮麻醉用药规章制度、生物安全管理制度等19项管理制度,保证实验用特殊管理药品使用安全。

(胡成杰)

【麻疹疫苗监管】 配合卫生部门做好对8月龄至14周岁儿童麻疹疫苗强化免疫接种工作,强化疫苗质量监管。按照市局要求,制定麻疹疫苗强化免疫接种应急工作预案,到儿童免费麻疹强化免疫接种站点、社区卫生服务中心、疾控中心、门诊部等各预防接种单位,督察检查麻疹疫苗来源、储存设施设备、冷链记录和一次性使用无菌注射器提供等情况,同时,在疫苗接种期间,持续对各接种点"冷链"情况进行监督抽查,保障辖区不发生因接种麻疹疫苗引起的不良事件。

(胡成杰)

【开展专项检查】 依据市局有关通知精神,不断加强"三品一械"市场专项检查工作。先后开展麻黄碱类药品专项、阿胶产品专项、抗感冒类专项、维尔康芦荟瘦身养颜胶囊专项、温热理疗床专项、喜炎平注射液专项、奥美定专项、狂犬病疫苗专项、非药品冒充药品专项、体外诊断试剂检查专项、医疗器械高风险检查专项、打击利用互联网等媒体发布虚假广告及通过寄递等渠道销售假药专项整治行动、查处假冒进口避孕套、查处罗麦牌(深海)鱼油软胶囊、查处同仁活根草及同仁生精源、查处利用互联网销售假药等等市场专项检查,开展儿童麻疹疫苗强化免疫接种专项监督、打击工业氧(或压缩气体)冒充医用氧违法行为等18项专项检查,并对清热解表类中药材、特供叁号和糖瑞平、蜂蚁健骨素、气血和胶囊、维生素B12注射液、健胃消食片等进行专项检查。

(胡成杰)

【企业专项整治】 依据上级通知精神,加强保健食品化妆品生产企业监督检查,开展保健食品违法添加药物专项检查。把打击在保健食品中违法添加非申报成分、擅自改变审批配方和生产工艺、在生产流通过程保持可追溯性作为日常监管重点,尤其对重点品种生产情况各个环节进行严格检查,如原辅料采购索证、库存、检验情况,特别是对北京唐安营养保健品有限公司生产的品种中涉及唐安奶粉进行三次专项检查,对其中全脂奶粉原料进行三聚氰胺化验,对企业委托方的投料记录、生产记录复印件以及企业成品入库记录等各项记录、原料及成品检验报告按照保健食品规范进行严格监督检查。

(胡成杰)

【保健食品流通治理】 集中力量对保健食品流通环节开展全面的产品整顿和治理。利用分局保健食品管理软件系统对重点品种逐一筛查,对排查出的问题品种要求企业立即下架,规范保健食品流通市场秩序。全年监督检查保健食品经营单位282家,检查产品约1400余种,检查单位涉及超市商场、药店和专卖店，出动检查人员1100余人次，重点查处违规生产经营保健品和伪造、冒用保健品标签标识的行为。同时，针对通过公益讲座、免费体检、学术交流、会展销售等形式销售假冒伪劣保健食品行为加大打击力度。

（胡成杰）

【保健食品电子监管】 3月2日，按照市局通知(京药监保化〔2010〕22号)要求，分局建立实施“保健食品电子监管系统”，对保健食品生产、经营企业基本情况实行网上动态实时连续监督。在重点企业设立信息管理员，利用网络上传当月企业经营品种信息，在第一时间掌控企业经营状况，第一时间了解品种情形，第一时间查询不合格产品，第一时间查询品种出处并作出快速反应。截至年底，全区110家药店和55家重点大型超市商场以及部分保健食品专卖店品种全部被电子监管系统掌控。

（胡成杰）

【创新医疗器械监管】 以确保公众用械安全为核心，以推进医疗器械重点企业、重点产品、重点环节监管体系为突破口，建立“医疗器械生产日常监督分级管理制度”。将企业各种行政管理数据、信息汇总，分级录入信息平台，提高监管有效性。同时，制定实施医疗器械生产企业基本情况变更和重大事项报告制度(试行)，对企业报表数据进行分析汇总和归纳，对重点企业和问题企业分品种、分层次进行制度监控，按照GMP要求重新修订报告制度(有5个附件、每个附件200余条款)，对企业最大限度进行全过程监控。尤其是把企业基本信息、行政管理人员信息和分级管理等9项内容列入“风险管理台账”中，采用数值计算方式，分析、归纳、比较企业总体风险点和各分风险点，形成医疗器械生产企业风险管理报告，并确定下年度重点监控企业和重点监控环节。

（胡成杰）

【医疗器械不良事件监测】 针对一级以上医疗机构制发关于运用医疗器械使用监管信息系统报送信息有关事项的通知，同时下发医疗器械使用单位备忘录。做好相关单位医疗器械不良事件网上直报、器械持有情况申报、医疗单位与药监信息互动及建立医疗器械不良事件联络员，将医疗器械不良事件监测工作列入日常监督检查必查内容，开展不良事件监测培训，推进医疗器械生产企业不良事件监测和再评价工作。到年底，辖区社区卫生服务中心、个体医及一级以上医疗机构医疗器械不良事件监测联络员260余人，初步建立起医疗器械不良事件监测网络。

（胡成杰）

【查处11.20特大假药案】 7月1日，甘某到药监分局匿名举报，称自己在一份报纸上看到一则治糖尿病的药品广告，说能彻底治愈糖尿病，于是就按广告中联系方式，从标示为北京中医中药研究院糖尿病研制中心邮购药品“止渴降糖胶囊”，刚开始效果不错，但服用一段时间后，身体感到极度眩晕不适，不能正常站立，怀疑是假药。分局接报后，对举报线索逐项立案调查取证，经技术部门检验确认该药品添加大量西药成分，经医药专家论证后认为足以严重危害人体健康，涉嫌触犯刑律。经过药监、公安联合专案组四个多月蹲守、跟踪及公安部门电话监听、IP地址查询、车辆3G定位和银行账号、录像调查，确定是一起以湖北天门人为主要成员的假药生产和销售团伙，通过媒体发布虚假广告，利用网络或电话、快递物流公司形式向全国各地邮寄假药的特大假药销售案件。11月20日，药监、公安联合出动460余名药监执法人员，600余名公安执法人员采取执法行动，端掉涉及石景山、丰台、房山、大兴、朝阳、海淀、通州等地区假药窝点60个。其中生产假药窝点5个，储藏假药窝点6个，假药物流中心2个，假药非法销售网点18个；抓获180名犯罪嫌疑人，查获假药371个品种近百吨，半成品2.5吨，货值金额约7080万元；查获化妆品55箱，保健食品143箱；查获假药生产设备45台，扣压涉案车辆18辆，查获涉案电脑75台，假公章134枚、银行卡468张、存折11本；同时还查获大量假药标签、说明书、宣传品、包装材料、销售记录、信封、特快专递和邮政票据等证据。此案无论是从抓获犯罪嫌疑人数量，还是捣毁制售假药窝点规模，无论是查办假药案值，还是缴获假药货值金额，都是迄今为止全国药监系统查办的重特大制售假药案。国务院相关领导专程对此案进行调研，被列入全国药监打击侵犯知识产权十大案件中第一案。

（胡成杰）

【药监法制宣传】 进一步加大安全用药法规知识宣传力度。“3.15国际消费者权益日”在八角北里社区启动主题为“合理用药、知情选择、您的健康我关注”药学知识大讲堂进社区活动。活动以每个月走进一个街道形式宣传安全用药知识，辖区9个街道(社区)全部走到，宣传群众千余人次。全年在《石景山报》刊登药监宣传稿件40篇，在区有线电视台播放相关新闻12期，将安全用药知识送进军营，组织各类宣传活动9次，现场发放安全用药知识读本、祝你健康、安全用药知识宣传漫画、环保袋、毛巾等宣传册和宣传品共计0.7万余份。同时，对辖区“三品一械”企业负责人进行法律法规培训和以会代训10余次，参加千余人，通过药品回收箱回收过期药品1205.5公斤。

（胡成杰）

【三级监督网络】 按照“地方政府负总责、监管部门各负其责、企业是第一责任人”药品安全责任体系，发挥药品三级监督网络作用。年内三次召开药品三级社会监督网工作会，配合各街道定期培训相关人员，把药品监管触角扎根社区。发挥全区147人组成的药品社会监督网络对药监执法的补充和支援作用，及时发现并报告辖区药械违法违规行为，宣传推广药监法规和安全用药知识，对摆放在社区的过期药品回收箱进行管理。同时，结合市局启动的药品安全“百、千、万”工程，通过创建药品安全放心街道，评选质量安全承诺企业，培养选聘药品安全员，全力推进药品市场秩序专项整治，保障群众用药安全，建设药品安全放心城市。

（胡成杰）

【专项效能监察】 依据《行政监察法》和市药监局《关于开展基本药物专项抽验的通知》（京药监市〔2010〕47号），对基本药物专项抽验工作进行效能监察。全年药品抽验550件，其中基本药物抽验169件，不合格1件，合格率99.4%。同时，依据工作方案，对分局各科室完成ISO9000质量管理体系目标情况进行效能监察。

（胡成杰）

【加强信息公开】 依据市局进一步加强政府信息公开工作方案的通知要求（京药监办［2010］14号），按照任务分解对政府信息公开工作进行检查和梳理。从规范完善制度流程入手，先后建立和完善信息清理工作制度、保密审查制度等13项工作制度，对政府信息公开的保密审查、信息送交、工作规程等进行规范，印制政府信息公开指南及宣传材料。同时，在规定时间、规定范围、规定程序主动公开政府信息，并做到及时更新。全年公开政府信息830条，发布机构职能类信息15条，法规文件类信息255条，规划计划类信息8条，业务动态类信息552条。

（胡成杰）

【民主评议基层站所】 开展以群众满意为标准的评议基层站所活动，确定受理窗口作为民主评议基层站所的评议对象。提出“分局工作围着窗口转，窗口工作围着群众转”口号，围绕评议内容，采取走访服务对象、召开座谈会、设立意见箱等形式进行自查，主动整改，进一步将行政审批事项通过多种形式和渠道向社会公开，从端正服务态度入手，以一句您好相迎，一张笑脸相见，一把椅子相让，一杯热水相敬，一份热情相待，一声再见相送“六个一”制度落实，自觉接受社会各界监督，不断提高人民群众对药监工作政风行风建设满意度。年内群众满意度为98.5%。

（胡成杰）

体　　育

北京市石景山区体育局(简称区体育局)是区政府主管全区体育工作的职能部门。设办公室、组织人事科、体育科、后勤管理科、监察科5个科室,下设青少年业余体校、体育总会、体育场、体育馆、物业中心、核算中心、网球中心7个事业单位。年内,在区委区政府和市体育局指导下,全面谋划,突出重点,发挥体育功能,以增强人民体质、提高人民健康水平、改善人民生活为根本出发点,以满足全区人民群众日益增长的体育健身需求为目标,以丰富多彩的群众体育活动为载体,以建立健全全民健身服务体系为保障,抓住编制"十二五"规划契机,破解公共体育事业发展过程中的难题;推动公共体育事业发展,进一步普及体育科普知识,打造品牌体育活动,完善群众体育设施,健全体育组织体系,抓好体育骨干队伍,使广大群众切实分享体育发展的成果;努力攀登竞技体育高峰,发挥传统优势,寻求项目新突破,创造优异运动竞赛成绩;以发展和繁荣体育产业为目标,借鉴先进地区成功经验,促进体育社会化进程和产业化经营,推动体育产业和奥运场馆赛后利用再上新台阶,不断提升石景山体育知名度和影响力。推动地区体育持续、健康发展,全面完成当年各项任务。

地址:石景山路32号
电话:68878705
邮编:100043

(徐春生　郑　宇)

群众体育

概　　述

围绕"亲民、便民、利民"目标,深入开展全民健身运动,努力健全群众体育组织,大力建设全民健身设施,为群众提供优质的体育公共服务。体育锻炼人口占全区总人口75%,人均体育占地面积达到2.04平方米。随着全民健身热潮到来,健身成为地区群众衣、食、住、行之外第五个元素。热爱健身、参与健身、支持健身的人越来越多,"花钱买健康"已成为社会共识。1.贯彻《全民健身条例》,促进群体工作再上新台阶。健全群众身边体育组织,支持体育协会和晨晚练辅导站健康发展。壮大体育骨干力量,注册等级裁判员231名,培训社会体育指导员400名。2.满足群众健身需要。强化国民体质监测体系,发挥体质测试站作用,完成成人体质测试5000人次。创建"体育生活化社区",开展20场"健身知识大讲坛"活动。3.开展群众身边的体育活动。全年开展各类全民健身活动50项次,全区共计40万人次参与。重点开展三类精品活动:一是以阳春保健社区体育生活周、金秋体育盛会为代表的品牌活动;二是以军民庆"八一"篮球赛、"工会杯"职工广播操赛、社区千人跳绳赛为代表的体育休闲活动;三是以"和谐杯"乒乓球赛、北京市"九九重阳"登山大会为代表的特色活动。通过开展各项活动,争取社会各界支持体育工作,吸引更多群众参与比赛、关注健康。4.满足群众日益增长的健身需求。建设群众身边的体育设施。升级全民健身工程,支持各街道推进体育广场建设。推动学校、机关、厂矿、企业的体育场地向周边群众开放。加强小区体育设施建设监管,保障小区居民健身权益。

(徐春生　郑　宇)

【第25届金秋体育盛会】 9月18日在石景山体育场开幕。区属及驻区53家机关企事业单位参加入场式表演,周茂非致开幕词,市体育局局长李颖川致贺词,中国奥委会副主席晓敏等为赞助金秋体育盛会的企业代表颁发贡献奖杯,荣华宣布开幕。开幕式上进行"舞动金秋心相依,欢歌盛会梦飞扬"大型文体表演,参演队伍分别表演"舞动金秋展风采"第八套广播体操表演、"奥运中国"少林武术表演、"金色童年"小学生健身操表演、"永远不停步"中国鼓表演，约1万人参与表演。开幕式结束后，组委会举办"军民"趣味田径运动会，开展推铁环、集体跳绳、动感颠球等项目，出席开幕式的领导与群众共同参与，气氛热烈。本届金秋体育盛会由区政府主办、区体育局承办，活动以"体育的盛会、人民的节日"为主题，主要内容包括：足球、篮球、乒乓球、登山、田径等项目比赛。活动期间，组委会在全区范围内广泛开展各行业、系统运动会，20万人次参与。

（徐春生　郑　宇）

【第二届社区千人跳绳大赛】 1月30日在石景山体育中心举行。来自全区9个街道、127个居委会共1500多人参加大赛。海特二社区等10个居委会获得一等奖，西山社区等15个居委会获二等奖，八角南里等20个居委会获三等奖。社区千人跳绳大赛是本区一项传统体育活动，参加范围广、参加人数多、影响力大，得到社区居民广泛认同。

（徐春生　郑　宇）

【第四届"和谐杯"乒乓球比赛】 4～5月在全区范围内举行，由区体育局、区社会办联合主办，10万人次参与。3月31日在金顶街首钢小区启动，6月3日在石景山体育馆落幕。历时近百天，共有27508人参赛，包括社区居民、来京务工人员、残疾人、少数民族、国家机关干部和驻区部队官兵以及在校学生等。经过激烈角逐，八宝山瑞达社区、广宁新立社区、金顶街模南社区等9个代表队获得本次比赛一等奖；老山西里社区、苹果园苹一社区、鲁谷依翠园南社区等9个代表队获二等奖；八角特钢社区、五里坨红卫路社区、广宁东山社区等9个代表队获三等奖；八角街道地铁家园社区、古城街道水泥厂社区、苹果园街道琅山社区等40个单位获优秀组织奖。通过比赛活动，传承北京奥运会的文化遗产，让市民分享体育发展成果，享受体育带来的健康快乐，形成健康和谐的生活方式；抓好赛事组织工作，邀请文体知名人士参与活动，形成社会影响力；抓好赛事安全工作，确保活动安全、有序进行。

（徐春生　郑　宇）

【"九九重阳"登山大会】 10月9～16日，由市体育局、区政府共同主办，市社会体育管理中心、区体育局承办，八大处公园管理处协办的"九九重阳"登山大会暨第二十五届石景山区金秋体育盛会登山活动在八大处公园举行。登山大会持续一周时间，除开幕式外还包括卫生系统登山日、机关系统登山日、检察院系统登山日、体质测试、科学健身知识传授等活动内容。比赛分为竞技组、区县组、单位组、群众组四个组别，参赛人员达到3000余人，涉及全市16个区县。活动吸引学生、老师、部队官兵、医护人员、机关、检察院、厂矿职工、社区街道等各行各业的登山爱好者，参与人数逾万人。

（徐春生　郑　宇）

【"十一"长假健身活动】 短短七天时间，各体育经营场所接待健身群众近37280人次。呈现以下特点：群众体育活动与庆祝国庆结合起来。群众参与体育健身的人次明显增多，体育健身成为群众休闲度假的重要内容；群众健身方式趋向多样化，健身人群中既有选择前往体育经营场所健身的，又有选择在户外进行体育锻炼的。部分人群开始借助于更为新颖的健身器材，把健身房"搬"到家里；群众更加注重科学健身。各体育经营场所推出针对不同人群的健身模式，为方便社区居民健身，不少社会体育指导员牺牲假期，自发为群众健身做指导，使社区群众能在科学、安全的环境下进行体育锻炼。

（徐春生　郑　宇）

【健身气功展示】 12月10日，健身气功展示暨总结表彰大会在石景山体育馆召开，来自全区16个健身气功站点的习练者共300余人参加展示，市体育局社会体育管理中心、区体育局、区610办公室等部门领导观看展示，并为获得年度健身气功工作先进组织单位、先进站点和先进个人颁发奖牌和证书。本区健身气功的开展普及始于2002年，全区有一、二级健身气功社会体育指导员50余人、习练者1000余人，站点遍及全区，深受气功爱好者和体育锻炼人群喜爱。

（徐春生　郑　宇）

【健身科普大讲堂】 随着生活水平提高，健康成为百姓关注的首要话题。全民健身科普大讲堂活动自开办以来得到有关领导高度重视。在上年成功举办近40场讲座基础上，年内大讲堂活动以普及科学健身知识为专题，有计划、有组织地进行。活动聘请科学健身、运动营养、心理健康、奥运文化等方面的讲师走进机关、企事业单位、街道社区，为百姓送去知识的及时雨，全年授课60余场，上千人从中受益，得到社会各界认可和群众好评。

（徐春生　郑　宇）

【创建体育生活化社区】 继续深入开展体育组织进社区、健身设施进社区、体育活动进社区、体质测试进社区、全民健身科普进社区和社会体育指导员进社区活动，满足不同人群的健身需求，发挥群众体育"强身、健心、睦邻、乐群"基本功能，打造体育生活化社区和人文奥运品牌社区，推进社区体育生活化步伐。开展市"体育先进社区"创建工作，提升社区体育工作水平。

（徐春生　郑　宇）

【全民健身组织网络】 抓好四个方面建设，完善全民健身服务体系。加大社会体育指导员培训力度，调动社会体育指导员积极性，发挥体质测试站作用，加强成人体质测试工作，每年近8000人参加体质测试,发挥体育社团对群体活动的引导、规范作用,促进体育活动开展,加快群众体育组织网络建设,重点加强社区、居委会体育组织、青少年体育俱乐部和晨晚练辅导站建设。逐步在全区构建起以健身组织、健身设施、健身指导、宣传教育、健身活动、体质测试为内容的多元化全民健身服务体系。

(徐春生 郑 宇)

【晨晚练辅导站点建设】 加强晨晚练辅导站建设,为每个晨晚练点配备1~2名专、兼职社会体育指导员,提高对社区居民的公共体育服务质量。截至年底,全区拥有132家晨晚练辅导站点。

(徐春生 郑 宇)

【社会体育指导员】 体育队伍力量不断壮大,经过重新注册和调整,纳入规范管理的社会体育指导员总数达到1056人,注册等级裁判员400人。社会指导员主要从事体育基本知识和技能传授,组织和带领居民参加体育活动,指导居民科学健身,提高锻炼效果,引导和帮助居民进行合理的体育消费和投资。

(徐春生 郑 宇)

【国民体质监测】 开展机关干部体质测试赛、处级领导体质达标赛、普通人群体质测试活动,对8000人次进行体质测试,合格率达到80%,并对1000人实施跟踪检测,掌握各职业、各年龄层次人员体质状况。

(徐春生 郑 宇)

【群众体育呈现新特点】 年内,群众体育活动呈现三大特点:一是群众体育活动坚持"三个结合"原则,即坚持大型活动与小型活动相结合、集中与分散相结合、临时性与经常性相结合;二是重点组织"四类活动",即品牌活动、特色活动、传统活动和经常性活动。区体育局既抓好阳春保健社区运动会和金秋体育盛会两大传统品牌活动,又在全区各街道、社区、居委会广泛开展健身秧歌、大众广播体操、太极功夫扇等深受群众喜爱的特色体育项目,促进群众体育活动广泛、深入开展;三是突出抓好"四类指导",即科学健身指导、户外体育健身活动指导、晨晚练点健身活动指导、营利性体育经营场所健身活动指导。

(徐春生 郑 宇)

【全民健身志愿者服务】 在全市率先启动全民健身志愿者服务活动。6月9日,举办全民健身志愿者服务活动启动仪式。国家体育总局射击射箭运动管理中心副主任、中国射击队总教练王义夫,奥运冠军庞伟、郭文 启动仪式,并与市民进行现场互动。全民健身志愿者主要来自辖区知名体育人士、社会体育指导员、体育小教员、体育经营场所专职教练等,总人数在0.3万名左右。区体育局对全民健身志愿者实行"实名制",做到规范管理,确保志愿者的质量。开展此项活动,旨在推动全区体育志愿者包括驻区奥运冠军发挥自身优势,走进街道社区,为群众免费提供健身志愿服务,将健身方法、健身书籍、健身讲座、健身器材送到群众当中;创新体制、机制,开通全民健身志愿者服务热线,促进全民健身运动开展。

(徐春生 郑 宇)

【青少年阳光体育锻炼】 全区有中、小学校52所,其中有200米跑道的学校10所,有400米跑道的2所,300米跑道的4所,有4学校拥有体育馆4座。与区教委紧密配合,加快实施石景山区学生全面健康发展工作方案,倡导青少年阳光体育锻炼,关注学生体质,提高学生健康水平。年内,在全市率先取消小学早自习,原早自习时间用于发展学校自主体育项目,并要求学校做到每天锻炼一小时,逐步为所有学校配备体质监测仪器,对全体学生开展日常体质监测,定期向家长通报学生体质情况。坚持"校校有特色、生生有特长",建成37所"北京市健康促进校"和3个青少年体育俱乐部。定期组织中小学春季田径运动会、"三对三"篮球比赛,组织参加全市中学生田径运动会,推动学校体育运动开展。截至年底,全区有市级体育传统校5所、区级体育传统校7所,100%的中小学校建立长年训练的田径代表队,超过50%的中、小学校建立篮球队,全区新增二、三级运动员46名。学生身体素质整体状况得到改善。

(徐春生 郑 宇)

【小学生足球互访赛】 2月6日~3月7日,与门头沟区举行两地小学生"京西杯"足球互访赛,比赛时间全部安排在周六、日举行。两区14所学校参加比赛,是京西地区有史以来规模最大的一次校级之间体育文化交流。预赛和决赛均采用主客场赛制,全部比赛116场,总进球达到395个,平均每场进球3.4个。本次比赛是落实国家体育总局、教育部关于开展全国青少年校园足球活动的通知精神,根据市体育局、市教委联合下发关于开展全市青少年校园足球活动的通知要求,由两地体育、教育行政部门联手,实施体教结合的青少年足球人才培养体系的一次尝试。

(徐春生 郑 宇)

竞技体育

概　述

打好亚运会、市运会，夯实竞技体育发展基础，促进竞技体育可持续发展。以国家队重点队员参赛保障为重点，关照运动员训练、生活，让运动员无后顾之忧。年内，本区输送的运动员在亚运会上取得3金1银的好成绩。全力打好第十三届运动会，全力以赴、同心协力，运动成绩与精神文明双丰收，区体育局获市运会"体育道德风尚奖"和"优秀承办单位奖"。扎实做好体教结合工作。加大体育资源整合力度，与区教委共同观摩学习北京四中体教结合经验，摸索本区体教结合新方法，力求通过科学体制，实现学生学习和体育锻炼有机结合，促进教育和体育均衡发展。依托"国家高水平体育后备人才基地"优势，做好体育后备人才选拔、培养工作。充分挖掘自身潜力，引进优秀体育后备人才，做到科学训练、科学选材。全年向国家输送25名优秀体育后备人才。

（徐春生　郑　宇）

【参加亚运会取得好成绩】 加强广州第16届亚运会训练保障工作，以国家队重点队员参赛保障为重点，关照运动员训练、生活，让运动员无后顾之忧。本区输送的运动员在亚运会上取得3金1银好成绩，为祖国争得荣誉。其中，常思在花样游泳集体自由自选项目中摘取金牌，常思和范佳晨在花样游泳组合项目中摘取金牌，邢宇在男子射箭团体赛中与队友一道摘取银牌。

（徐春生　郑　宇）

【打好第十三届市运会】 7月18日～8月15日，组成300人的体育代表团参加北京市第十三届运动会田径、游泳等15个大项、234个小项的比赛，以38枚金牌、30枚银牌、26枚铜牌，名列金牌榜第八，并有1人次打破市青少年纪录，展现出良好的竞技状态和精神风貌。

（徐春生　郑　宇）

【打破射箭全国纪录】 5月28日～6月1日，全国奥林匹克射箭锦标赛在浙江德清举行，来自全国各省市29支队伍的297位运动员参赛。在5月28日下午举行的男子反曲弓个人奥林匹克轮排名赛中，本区运动员邢宇以680环的成绩获得冠军并打破677环的全国纪录。

（徐春生　郑　宇）

【抓好后备人才培养】 从奥运战略和后备人才培养需要出发，调整项目布局，突出重点项目，打造精品项目，淘汰弱势项目，发现、培养优秀体育后备人才，推动业余训练工作的开展。全年共向上级体育部门培养、输送16名优秀体育后备人才，超额完成年度工作任务。

（徐春生　郑　宇）

体育产业

概　述

制定优惠政策，积极搞好服务，促进体育休闲产业发展，使其成为地区经济新亮点。年内，做大做强电子竞技产业，继续打造西五环体育产业带，推进体育设施向社会开放。体育产业总产值突破2亿元，成为区域经济发展新的增长点。体育从业人员达3000余人，其中体育经纪公司3家，体育经纪人25人。体育产业对全区经济贡献逐年走高。

（徐春生　郑　宇）

【打造西五环体育产业带】 全区以体育休闲为核心的体育消费呈现出迅猛发展势头，体育经营场所规模不断扩大。形成以西五环沿线的首钢篮球中心、石景山体育中心为代表的体育产业集聚区域，体育类经营单位达到78家，涉及游泳、台球等25个项目。

（徐春生　郑　宇）

【电子竞技产业规模初现】 争取国家体育总局支持，在本区挂牌"中国电子竞技运动发展中心"。利用市体育局专项资金2500万元，建成中国电竞行业地标性建筑——中国电子竞技馆，创造具有自主知识产权的国家民族电竞品牌——电竞冠军联赛，开通中国最大的电子竞技游戏资讯门户网站——"竞游网"。该网站上线后短短9个月时间里，互联网搜索达到1790余万次。

（徐春生　郑　宇）

【体育产业专项调研】 联合区发改委，并与清华大学专家进行合作，对"西五环体育产业带"和"八大处网络体育集聚区"建设进行3次专项调研,确定发展方向,形成调研报告,为西五环体育产业带和八大处网络体育集聚区建设奠定坚实基础。

(徐春生 郑 宇)

【体育设施向社会开放】 促进石景山体育中心网球场、篮球场竣工开业。美化石景山体育中心环境,为群众健身提供一流体育设施。实现体育资源共享,取得良好社会效应。

(徐春生 郑 宇)

【推进体育设施园林化】 争取资金,会同各街道办事处,在绿地、广场、园林等地带添置一些与周边环境相协调的体育设施,形成与首都文化娱乐休闲区(CRD)相协调的体育休闲新景观,推进体育设施园林化建设,形成新的靓丽景观。

(徐春生 郑 宇)

【承办场地自行车世界杯赛】 1月22~24日,2009~2010北京国际自盟场地自行车世界杯赛在老山自行车馆举行。本届赛事由国家体育总局、市政府主办,中国自行车运动协会、市体育局、区政府承办,赛事设男、女两组共计17个小项,其中男子组设男子团体竞速赛等9个小项、女子组设女子个人追逐赛等8个小项,来自近40个国家和地区近400名运动员、随队官员和技术人员来京参赛,中国队以5枚金牌名列金牌榜第一,澳大利亚和荷兰分别以3枚金牌和2枚金牌名列金牌榜第二和第三。为做好赛事承办工作,区政府借鉴北京奥运会成功经验,实施"双进入"体制,严格履行属地政府职责,实现体育场馆与外围保障无缝对接。制定赛事安保、交通方案,做好安保和交通工作,确保参赛国家和地区运动员、随队官员、技术人员绝对安全。做好市政市容整治工作,以一流环境迎接各国参赛球队。按照球队要求,联系球队下榻饭店(京燕饭店),让各国运动员、球队官员感到满意、舒适。动员新闻媒体,宣传报道赛事活动,让更多市民前往赛场观赛。依托世界杯赛事,宣传、推介石景山。建立安保、交通、医疗、宣传等应急预案,做到赛场应急工作"有方案、有措施,有行动",实现赛事圆满成功。

(徐春生 郑 宇)

【承办国奥队挑战赛】 9月8日晚,中国"金杯海星"国奥队挑战赛(中国国奥-北京国安)在石景山体育场举行,近6000名球迷观看比赛。中国国奥挑战赛,是中国足协为提高国奥队实战经验,推动中超联赛发展的一项举措,即在中超联赛间歇期间,安排中国国奥队与中超、中甲队伍进行比赛。本区承办此次活动,目的是通过举办高水平体育赛事,推动首都文化娱乐休闲区建设,为中国足球发展尽一份力。

(徐春生 郑 宇)

体 育 执 法

概 述

随着体育产业的发展,体育经营单位数量不断增加,体育市场安全形势日益严峻。年内,贯彻实施《行政许可法》,维护体育经营活动安全,完善体育市场监管体系。努力转变职能,树立"服务"观念;加大对执法人员的培训力度,树立"学习"观念;按照《行政许可法》要求,清理不规范审批,树立"公正"观念;配合相关部门,加大执法力度,确保各体育经营场所无安全隐患,树立"安全"观念。

(徐春生 郑 宇)

【体育市场监管】 区体育执法监管领导小组成员单位由原来的3家(公安、卫生、体育)扩展到7家(公安、卫生、安监、消防、防疫、工商)。成立体育市场监管领导小组、减溺工作领导小组、"低、慢、小"飞行器地面管控工作领导小组,制定安全生产管理机构、安全生产例会制度、安全生产培训制度、生产安全事故隐患排查制度和应急救援预案,细化各成员单位工作职能。年内,会同卫生、防疫、公安、工商部门对全区64家体育经营单位累计检查127次,下达执法文书103件。加强重大节假日期间执法检查,每天安排专人对体育经营单位进行检查,设立台账,对工作人员、体育健身者进行登记。

(徐春生 郑 宇)

【游泳场馆减溺】 切实抓好游泳场馆安全工作。6月13日,召开游泳场馆减溺工作会,督导游泳场馆负责人加强安全意识,体会"重视、制度、责任、落实"八字精神,以最高标准落实游泳场馆安全责任。树立以人为本的价值观念,把人的生命作为最高价值,提高游泳场馆安全责任意识,确保游泳场馆不出安全问题。年内,全区22家游泳场馆实现无溺亡事故发生,区体育局被评为"市减溺工作先进单位"。

(徐春生 郑 宇)

【体育法制宣讲】 加大体育法规知识培训,提高场馆业主安全意识。召开体育经营单位安全生产主题会5次,发放《体育执法》手册160本,《规定》、《条例》手册130本,安全生产材料、宣传折页及挂图3000余份,制作安全生产和依法经营的展板10块。

（徐春生　郑　宇）

【经营场所安全应急】 建立应对突发事故快速反应机制。向社会公布体育局值班电话，要求体育经营单位在节假日期间定点报告安全生产情况。加强应急预案演练，以杨庄游泳馆为主会场在全区体育经营场所中开展应急预案演习，明确岗位职责，完善应急预案，提高应急反应能力。

（徐春生　郑　宇）

社会事业

民政工作

概　述

北京市石景山区民政局(简称区民政局)是负责全区民政事业管理工作的区政府工作部门。内设办公室、财务科、优抚安置科、民政科、社会团体管理办公室、社会福利救济科、婚姻管理科、双拥工作科8个行政科室及区政府老龄工作办公室、区居民最低生活保障事务中心、区接受救灾捐赠事务管理中心、区救助管理站、区社区服务领导小组办公室等23个事业单位。年内,全面落实科学发展观,践行“大民政”理念,把握“以民为本、为民解困、为民服务”的宗旨,以保障和改善民生为首要,以落实新的惠民政策、举措不断满足人民群众新需求为切入点,以全面落实低保政策为主线,全力实施“济困工程”建设。城市居民最低生活保障标准由410元提高到430元,提高地退超转人员生活补助标准、残疾军人护理费标准,加大医疗救助、临时救助等政策和帮扶措施的实施力度,为424名无丧葬补助居民发放丧葬补贴,社会救助水平持续提高。养老总床位数达到2950张,每百位老人平均拥有床位4张,实现市“十一五”养老床位指标要求;落实“九养政策”(即1.每年重阳节推荐评选“孝星”,并给予物质奖励;2.为80周岁及以上的老年人每人每月发放100元养老券;3.建立养老餐桌,并为行动不便的老年人提供家庭送餐服务;4.建立社区托老所;5.招聘居家服务养老员并纳入公益性岗位;6.为每个街道配发一辆养老无障碍服务车;7.为老年人提供电话咨询、上门服务;8.为有需求的老年人家庭实施无障碍设施改造,提供洗澡、如厕、做饭、户内活动等方面的便利;9.为有需求的65周岁以上老年人配备便携式“小帮手”电子服务器),在全区评选出孝星584名,发展老年餐桌定点单位145家,老年日托场所102个;共为1.2万人发放900余万元的养老服务补贴;为6200名65岁以上老年人办理优待卡,给90岁以上老年人发放高龄津贴66余万元,为全区490户高龄空巢老人家庭安装“一按灵”紧急医疗呼叫器。捐赠中心、慈善协会积极开展慈善募捐活动,通过“爱心送灾区”、“扶贫济困送温暖”、“慈善情暖万家”、“春雨行动”、“慈善助学”、“慈善助医”、“共产党员献爱心”等募捐活动,接受捐款265万元,支援南方旱区、玉树地震、舟曲泥石流等灾区困难群众恢复生产生活。为优抚对象办实事,做好退役士兵安置工作,军休干部政治、生活待遇得到有效落实,利用“双拥月”开展丰富多彩的拥军优属活动,区长第28次进军营现场办公,为部队解决10个问题,拥军优属政策全面落实。全年共办理社会组织行政许可事项35项,办理婚姻登记及出具证明6210对(份)。

地址:古城北路
电话:68863615
邮编:100043

(郭文翠)

【优待抚恤保障】 坚持依法行政,围绕政策制度落实,切实做好优抚对象的优抚保障工作。一是加大对困难群体的救助力度,严格落实对优抚对象的抚恤补助待遇。研究并制定重点优抚对象体检实施方案,对全区540余名烈属、残疾军人等优抚对象体检需求情况进行调查统计,为143名优抚对象进行免费体检。审核一次性抚恤金25人次,累计发放1552375元;为7名残疾军人办理换证、补证;为3名残疾军人提高残疾等级;为5名公安干警补办评残手续;为32名一至四级残疾军人提高护理费标准,并补发护理费30944元;为516名优抚对象发放一次性生活补贴51600元;为全区优抚对象进行调标。二是开展走访慰问活动,促进优抚工作深入发展。在元旦、春节和“八一”双拥月中,开展拥军优属活动。普遍召开军政座谈会、联谊会、军民联欢会、文艺晚会、军烈属座谈会等;普遍走访优抚对象850余户次,送慰问金和慰问品价值70万余元。为烈属、在乡残疾军人、老复员军人等330余户次重点优抚对象购买防暑降温茶叶和月饼等慰问品,并组织两次登门慰问。对65名抗日老战士和抗日烈属进行走访慰问,发放慰问金14.2万元。三是落实现役军人立功受奖奖励制度。对从本区入伍现役军人在部队立功受奖的给予奖励。其中荣立二等功3人、荣立三等功10人,评为优秀士兵60人,每人分别奖励5000元、2000元和500元。制作烈军属光荣牌1200个,制作残疾退役军人、烈属、现役军人优先和军车免费标志1000个,并组织发放悬挂。举办双拥优抚工作业务培训,针对近年来双拥优抚新政策出台多,各街道工作人员变化大的实际,组织双拥优抚业务知识培训班,30余人参加。

(郭文翠)

【见义勇为事业】 坚持典型激励,围绕弘扬社会正气,不断推进见义勇为事业的健康发展。1. 加强见义勇为宣传,努力营造浓厚舆论氛围。年初,召开"见义勇为人员新年茶话会",区人事局、公安局、卫生局等相关单位领导,以及全区30多位见义勇为人员参加此次茶话会。6月组织15名见义勇为人员赴广西桂林、南宁等地参观学习。为配合首都见义勇为基金会创办《首都见义勇为工作》简报,将本区50名见义勇为人员的通讯方式进行统计上报,以电话和见面的形式对见义勇为人员全部进行慰问和了解。2. 加大表彰奖励力度,营造见义勇为光荣的社会风尚。1月和7月,首都见义勇为基金会副理事长、副秘书长一行,两次来到为抢救市政工人而英勇牺牲的"首都见义勇为好市民"马玉新家中走访慰问,送去果篮、生活用具、油等慰问品和23200元慰问金;为支持见义勇为人员子女学习,给予取得北京信息科技大学毕业证书的马玉新之子马晓峥1万元奖励金。采取对重点特困人员进行入户走访和普遍慰问的方式,为50名见义勇为人员送去共计6万余元的慰问金,以及价值3万多元的慰问品。对区2名特困人员、2名困难人员子女和13名生活较困难的见义勇为人员发放专项补助金共计14.2万元。3. 推动条例贯彻落实,不断建立健全见义勇为保护机制,7月23～29日,在《北京市见义勇为人员奖励和保护条例》、《〈北京市见义勇为人员奖励和保护条例〉实施办法》颁布实施十周年之际,制定关于开展见义勇为"宣传周"活动的工作安排,召开各办事处主管领导参加的会议,全区各街道、社区悬挂横幅150余条,发放北京市见义勇为行为确认告知书和见义勇为行为确认流程图5000册。在沃尔玛商业广场设立中心宣传站,悬挂5条标语,摆放4块展板,发放宣传材料3000份,开展政策咨询活动。继续完善见义勇为人员信息数据化管理,对50名见义勇为人员及其家庭情况进行整理和更新,保证信息准确性。

(郭文翠)

【退役士兵安置】 坚持以人为本,围绕和谐稳定目标,做好退役士兵安置工作。年内,共接收退役士兵154人。其中义务兵118人,一期士官7人,二期士官2人,转业士官27人;男兵144人,女兵10人;党员85人,团员64人;荣立三等功以上36人,评为优秀士兵或受到嘉奖的82人;因病评为四级残疾1人,六级残疾2人,九级残疾2人,十级残疾1人。截至12月31日全部安置,其中复工、复学14人,自谋职业54人,分配86人。一是加大宣传教育力度,召开退役士兵欢迎大会,宣传安置政策和就业形势,转变择业观念。对去年在退役士兵安置工作中取得突出成绩的首钢总公司等5个先进单位和梁铁山等55名先进个人进行表彰和奖励,促进安置工作顺利开展;二是不断拓宽安置渠道,组织首钢总公司、公交第六客运分公司、双层客运分公司、中机汽车集团等11个单位,召开10次双向选择安置洽谈会;三是不断强化工作人员服务意识和责任意识,鼓励和支持退役士兵参加学历和技能培训,会同区委组织部在区职业技术学校举办退役士兵计算机操作培训班,20余人参加学习,为34名自主参加技能培训的退役士兵报销培训费95760元;为33名申请自谋职业人员办理手续,发放自谋职业补助金99万元,报销社会保险费19.2万元,发放生活费179720元。做好优待安置证填写发放工作,本区应征入伍新兵117人,采取一人核实材料,一人填写草表,一人进行核对,最后正式抄写优待安置证的办法,做到填写准确、字迹工整、清晰,无涂改。

(郭文翠)

【社会组织管理】 以加强管理监督和加快培育扶持为着力点,将源头管理与过程管理相结合,变简单注册登记为复合型服务管理,逐步拓展社会组织功能,以服务民生为主线,发挥社会组织服务社会的积极作用,通过社会组织公共服务平台累计审核发布86个社会组织申报的156个服务民生项目,并有9个项目入围市社团办评选出的优秀项目,实现两个对接,即服务民生行动与"九养政策"的落实相对接、服务民生行动"大调整、大建设、大发展"的要求相对接。全年办理社会组织行政许可事项54项,其中成立21项(社团8项、民非13项),变更24项(社团10项、民非14项),社团筹备6项,增设分支机构1项,注销2项。先后召开社团、教育类民非和非教育类民非年检工作动员会,对年检范围、时限、程序等提出要求。截至年底,全区应参检的138个社会组织(社团47个、民非91个),完成年检115个、办理注销2个、准备注销或撤销17个(社团4个、民非13个)、应检未检4个(社团3个、民非1个)。

(郭文翠)

【清明节保障】 成立以区领导为总指挥,各有关职能部门一把手参加的清明工作指挥部,各街道办事处也成立清明工作临时机构,3月27～4月11日,共计16天,其中高峰日7天,全区出动执勤人员14464人次,执勤车辆2547台次,接待祭扫群众43万人次、车辆4.3万台,其中高峰日接待扫墓群众34万人次,车辆3.2万台,做到社会治安稳定,祭扫秩序良好,便民措施到位,群众反映满意,实现"平安清明、文化清明、惠民清明"的目标。一是修订完善清明节群众扫墓服务工作方案和应急预案,确保各相关部门责任明确,相互协调,服务保障措施有力;二是突出做好文明祭扫的宣传引导工作,拟订宣传口号,印制5000份《北京市殡葬管理条例》和7000份区政府通告,在各个小区和群众扫墓点上进行张贴和发放;协调区、首钢电视台、石景山报和首钢日报等新闻媒体,加大清明节群众扫墓服务工作的宣传力度,宣讲政策法规,倡导文明理念,营造和谐的舆论氛围;组织9个街道设立14个宣传点,通过发放和张贴宣传册和海报等形式,普及政策法规、森林防火、文明祭扫知识;三是成立督导检查组,每天了解各服务保障单位工作情况,发现问题及时协调解决;四是动员社会力量广泛参与,在每个扫墓高峰日,全区9个街道办事处共有135名志愿者参加接待服务工作;五是加强殡葬用品市场检查执法,采取清明节前普遍查、清明期间重点查、扫墓高峰日定点查的方法,从3月23日开始,联合工商分局、城管大队等相关部门出动执法人员2427人次,对辖区内经营殡葬用品的市场、网点逐一进行不间断检查执法,进一步规范殡葬用品市场经营秩序,净化清明祭扫环境。

(郭文翠)

【殡葬管理】 3月,落实属地责任,对首钢医院、石景山医院、朝阳医院京西院区、工人疗养院和玉泉医院逐一进行收费、医院太平间遗体登记备案、殡仪服务等专项执法检查,未发现违法违规行为医院太平间及非法运尸车执法。5月中旬组织170余人次,对老山郊野公园、京原路东侧、松林公园和永定河引水渠附近的乱埋乱葬现象进行专项治理,集中平毁私建坟墓800余座。针对市推出的多项殡葬惠民、利民、便民政策进行专题授课,五里坨、广宁、金顶街和苹果园四个街道办事处民政科长及其所属社区居委会主任共56人参加培训,了解殡葬法规以及本市城乡无丧葬补助居民丧葬补贴办法、市骨灰撒海补贴管理办法、"零百千万"工程和96156"殡葬社区公益服务热线"等各项惠民新政,为确保火化率100%的工作目标打下坚实基础。办理无丧葬补助居民丧葬补贴审批手续,做到审核仔细、程序合法、审批严格、群众满意。全年共受理申请439份,发放424份,共计212万元。

(郭文翠)

【婚姻登记】 年内,对婚姻登记场所进行全面改造和装修,重新修缮档案室,更新档案、档案柜等设备,添置和更新电子显示屏、计算机、办公桌椅、空调、档案密集架等,专门为当事人设置等候区域,提供连排等候椅,电子显示屏不断滚动显示办事指南及须知,在原有登记大厅基础上,增加40多平方米面积,达到100平方米,使工作条件和服务环境得到改善,呈现出"新"、"馨"、"亮"面貌。全年办理婚姻登记及出具证明6200对(份),其中结婚登记3857对,离婚登记1060对,补办婚姻登记证912份,出具证明381份;办理收养登记10件;完成本年度173卷档案整理归档工作,确保档案资料完整准确和档案保管严格规范。在保证日常婚姻登记工作正常有序基础上,合理安排工作人员,落实星期六办公制度,开展上门服务,全年利用中午休息时间,为卧病多年,行动不便的老人进行12次上门服务。10月10日婚姻登记工作高峰日,350对新人在婚姻登记处顺利办理结婚登记手续,喜结良缘,其中,提前预约登记285对,直接现场登记65对。

(郭文翠)

【收养登记】 为落实市民政局、公安局、司法局、卫生局、人口计生委联合发文解决本市公民私自收养子女有关问题的通知(京民发[2010]31号)有关要求,按照上级统一部署,抽调专门人员,有计划,有步骤地开展工作,把政策落实到位,解决本区公民私自收养子女问题。成立区解决公民事实收养子女问题领导小组,协调区相关单位,召开联席会议,学习传达上级文件精神,讨论通过落实办法,统一思想认识,明确解决公民私自收养子女的工作要求和部门分工。为使每一个事实收养子女的家庭不遗漏,通过在每个小区楼门口张贴通知等形式,将政策传递到千家万户,组织各街道摸底调查,信息摸得准,情况掌握实。经过20多天调查,有40户家庭的孩子没有上户口,经分类统计,筛选符合此次政策,能够办理收养手续的9户(其中2户无子女收养孩子,剩下7户中有2胎收养子女的2户,1胎收养子女的5户),9名孩子中最大的已满16周岁。31户不符合此次政策(不在本辖区捡拾的5户;已办理收养手续的5户;非婚生育1户;未婚先孕4户;二胎16户)。在解决被收养人落户等问题时,与公安分局人口处5次召开协调会,在现有法律法规框架内共同研究具体操作程序和办法,各部门达成共识,形成相互配合的工作机制，在解决被收养子女落福利院集体户口问题上实现突破，实行取消三联单，将公安、计生等部门证明复印，由福利院填制“北京市捡拾弃婴儿童入户审批表”，再到所在派出所办理入福利院集体户口手续的办法，简化相关程序，推进事实收养登记工作。截至年底，共受理符合政策条件的11件，办理完毕7件（其中有：收养登记5件，收养事实证明2件），2件已公告正在办理之中，剩余2件因当事人主动放弃而终止。

（郭文翠）

【行政区划管理】 为完善行政区划基础资料，适应全区发展建设的需求，提高行政区划管理工作信息化水平，争取军区测绘大队的技术支持，于9月开始制作区电子行政区划图和滚筒挂图，到年底完成数据采集、编辑工作。掌控城市建设中涉及的区划管理工作，协助区城管大队完成石海线边界线指认工作，避免边界地区争议问题发生；与金顶街街道办事处就办公地点搬迁事宜进行沟通，将相关规定和工作程序向各级领导进行汇报。在边界线管理上，坚持界桩实地检查制度，在督促界桩维护人员严格履行职责的同时，对边界线界桩和界桩标志物的现状进行巡查，确保界桩保持完好，9月8日，针对丰石线一号界桩因施工原因发生倾斜现象，组织人员进行修复并重新定位测量。

（郭文翠）

【地方退休人员管理】 截至年底，全区有地退人员199人，其中退休干部14人，退休职工184人，退职人员1人；建国前参加工作的9人；70岁以上老人171名，占总数的85.9%；年内去世9人。采集各类数据进行编排、统一处理，每月与各街道核对数据库中的姓名、年龄、出生日期、参加工作时间、退休时间、原工资级别、身份类别、每年调资情况等数据，确保各项基础数据的准确性、时效性和延续性。日常管理服务中，按照街道归口管理模式细化为社区管理模式，由各社区居委会进行日常数据维护和事务性工作，掌握辖区内地退老人基本情况，遇到问题及时上报。同时完善档案管理，强化三级管理网络职能作用，保证区、街、居三级部门管理人数、信息卡片和工资档案一致性。坚持转入、转出、死亡三联单传递制度，确保工作的连续；根据“费随事转”有关文件要求，年初针对各街道地退人员情况，按时将专项经费下拨街道，由街道根据需要统筹安排，保证地退人员各项资金、补助及时到位；要求各街道认真填制地退人员工资、医疗费用支出、相关补贴、一次性抚恤金等资金发放表格，并加以监督，保证报表准确无误，专款专用，做到专项经费全部用于地退人员的日常管理和开支。丧葬费用及时核对发放，对死亡的地退人员，主管科室及时对丧葬费用进行核算，与街道专干核对无误后，及时向死亡人员家属发放；完成地退人员医疗改革，根据市国家机关事业单位医疗改革方案，地退人员也列入改革范围，各街道及时核对地退人员情况，征求地退人员意见，按时发放地退人员基本医疗卡；协调解决冬季供暖费问题，由于拆迁和房屋所有权变更，八角街道个别地退人员和原永定河林场18名地退人员的冬季取暖费将改由区财政统筹，此项工作正在协调中；各街道根据地退人员专项费用的多少，在夏季为地退人员发放防暑费，在春节等重大节日开展走访慰问。

（郭文翠）

【征地超转人员管理】 截至12月，全区有市级超转人员1443人，其中一般人员1386人，病残人员52人，孤老5人；区级超转人员255人，合计1698人。当年新接收区级185人，死亡61人。一是及时落实政策，完成超转人员调标工作。年初，根据关于同意提高征地超转人员待遇有关意见的通知（京政办函［2007］15号）文件要求，按照市劳动保障局关于北京市2009年调整企业退休人员基本养老金的通知（京劳社养发［2008］232号）规定，自1月1日起，再次调整超转人员生活待遇，最低基本养老金由每人每月900元调整至1000元，调整幅度10%。为保障超转人员及时按照新的标准享受相关待遇，及时组织各街道超转专干参加调标培训，并按照规定标准足额发放超转人员各项补助经费，保障他们的基本生活。此次标准调整共涉及市、区两级征地超转人员1592人，月增发生活费159200元；二是按时审查审核，完成超转人员医疗费报销工作。为确保超转人员医疗费用能够按时报销，每月20日前向各街道收取超转人员医疗费报销单据，协调区人保局医保中心的工作人员到局里进行审查审核，保证超转人员医疗费用及时报销，按时发放。全年报销超转人员药费1149.34万元；三是在开展征地超转人员管理工作过程中，长期采取ACCESS数据库规范管理，建立区、街统一台帐，方便进行数据核对、统计、报送等工作，对超转人员的死亡情况，及时统计，变更台帐，按时上报市征地办公室。坚持以区民政局为中枢、街道办事处为基础、社区居委会为依托的三级网络化管理模式，实行统一的人员管理、经费管理、孤残重点户管理、老年人管理、信息信访管理和档案资料管理等制度，做到区、街同步处置、按月核对，做到数量统一、补助及时、发放准确，切实维护征地超转老人的合法权益。四是定期走访慰问，国庆节为全区61名病残、孤老和市级劳模超转人员发放慰问金6100元。各街道也根据本辖区情况，在重大节日为困难或病残超转人员送去米、油、面、慰问金等。

（郭文翠）

【灾害应急组织】 针对近年来自然灾害频发和民政局人员调整较大的实际，成立灾民救助应急指挥部，下设办公室、物资保障、善后处理、转移安置等10个组，明确职责，分工到人。借鉴四川什邡市经验，结合本区实际，对灾害救助应急预案进行重新修订完善，对预案的启动程序、应急准备、物资调配、灾害信息管理等六个方面进行细化，使预案更加合理，更具操作性。强化全局人员救灾意识、明确职责和工作程序，8月12日，组织灾害救助应急桌面推演，推演以强降雨造成人员伤亡财产损失为背景，采取分段演示的方法，演示应急预案启动和组织指挥、灾民转移安置、救灾物资调配、殡葬应急处置等八个方面内容，收到较好效果。根据市局救灾处指示精神和本区实际，制定下发安全迎汛工作通知，对汛期的组织领导、救灾应急准备、灾情核查报送和值班值守工作进行明确，确保人员、物资、资金等各项措施落实到位。强化各级安全防汛责任意识，与市局救灾处、各街道签订安全迎汛责任书，各街道也与各社区、居委会签订责任书，层层签订责任书，使各级责任明确，奖罚有据。整理救灾物资，对社会福利救济科和捐赠中心两个储备库中的帐篷、应急灯、棉衣被等救灾物资进行重新整理统计，充实应急包等部分救灾物资，与物美超市确定供应关系，确保紧急情况发挥作用。加强汛期值班，在主汛期，局建立值班制度，每天一名局领导带班，值班员在职在位，建立局、街道防汛人员电话联系表，发现情况能够及时沟通，迅速上报，确保全区安全度过汛期。

(郭文翠)

【防灾减灾工作】 年内，以“国家减灾日”、“国际减灾日”为载体，抓好防灾减灾知识技能普及，增强公众应急公共安全意识和避险自救能力。以应急办和民政局为牵头单位，5月7～13日在全区开展以“减灾从社区做起”为主题的防灾减灾宣传周活动；5月12～8月31日，由区民政局牵头，区教委、红十字和团区委协助，进行“防灾减灾知识大赛”。八角街道八角北路社区和五里坨联勤部大院社区被民政部、国家减灾委评为第三批“全国综合减灾示范社区”受到表彰、奖励。6月召开全区防灾工作会议，下发关于做好社区防灾减灾工作和应对突发事件工作的通知，强调社区防灾减灾工作重要性，对建立社区防灾领导小组、制定应急救助预案、设立特殊人群帮扶小组、宣传培训等七项工作进行明确，使社区防灾减灾工作有抓手。开展社区应急避险地图标注工作，依托市政务地理空间平台，对全区各社区、居委会区域内避险安置场所、居民疏散路线、社区风险源、社区人口情况以及各级政府、街道、社区办公地点等进行标点、标识。同时录入各社区防灾减灾机构组成、应急队伍建设等情况。

(郭文翠)

【最低生活保障】 根据关于调整2010年本市城乡社会救助相关救助标准的通知(京民救发[2010]274号)文件精神，7月起，城市居民最低生活保障标准由原来的410元调整为430元。7月31日完成对全区6463户低保家庭的复审调标及当月47户新申请家庭的审批、复核工作，确保每一户低保家庭待遇无差错。调标后当月支出低保金及粮油帮困金共计539.01万元，较调标前增加1个百分点。截至年底，享受低保待遇的共计6229户、13459人，累计支出低保金和帮困卡6476.04万元；全年新审批低保对象662户、1279人，暂停1113户家庭低保待遇，进行低收入家庭认定68户，实现动态管理下“应保尽保、应退则退”。在专项救助方面：累计审批医疗救助3140人次，支出医疗救助金472.06万元，其中低收入家庭51人次，支出医疗救助金25.28万元；累计实施临时救助1512户，支出临时救助金82.35万元，发放临时生活补贴134.64万元。春节期间“济困工程”各成员单位、社会单位集中开展“春节送温暖”活动，累计走访慰问1.1万人次，其中涉及低保家庭、低保边缘家庭、困难职工、贫困失业人员家庭、残疾人家庭等困难对象，发放慰问款、物达914.61万元。

(郭文翠)

【低收入家庭普查】 根据市局关于开展全市社会救助对象家庭经济状况普查的通知(京民社救发[2010]331号)精神，对辖区内民政部门管理的社会救助对象开展家庭经济状况普查。8月，采用入户调查的方式，普查对象包括：低保家庭、生活困难补助对象和低收入家庭。普查内容包括：家庭人口、就业状况、家庭财产、家庭收入。普查对象填写申请社会救助待遇家庭经济状况申报表及声明书，并签字保证所填内容真实性。申报表及声明书将由区民政局建档保存。有6345户低保家庭和37户低收入家庭接受此次针对社会救助对象家庭经济状况的普查工作，填写并申报申请社会救助待遇家庭经济状况申报表及声明书。依据申报表暂停低保待遇12户，因不愿填写申报表主动放弃低保的有72户家庭。

(郭文翠)

【养老机构建设】 新增养老床位650张，其中寿山福海二期新建330张，民族养老院西区改扩建260张，首钢老年福养老院内部挖掘潜力10张，天泰养老院内部挖潜50张。截至年底，有养老服务机构11家，其中政府办2家，社会办9家，拥有床位2950张，平均老人入住率61.7%，现有60岁以上老人7.3万人，每百名老人拥有养老服务床位达到4.04张，超额完成“十一五”规划每百名老人2.5张的预期目标，基本形成养老服务机构档次分明、规模适中、兼具特色的良好格局。第一季度对11所养老服务机构实施上年度检查，组织养老机构负责人和局相关人员培训，审查各类材料，到现场对有关数据和情况进行核实，并对养老机构满意度进行测评；通过年检，全区11所养老机构各类证书真实有效，制度落实较好，服务管理规范，年检全部合格。减轻社会力量兴办的养老机构在设施设备购置、用水、用电以及车辆使用等方面的运营成本负担，对全区符合申请运营资助的8所养老机构进行审核，上报不能自理老人6057人次，自理老人4257人次，会员制老人145人次，获180万余元运营资助。采取学习、培训、检查的方式继续落实养老服务机构老年人养老机构建设规范、老年人社会服务机构基本规范和国家养老护理员职业标准(简称“两规一标准”)，开展养老机构消防“四个能力”达标建设活动，强化各养老机构安全意识、防火防灾意识，加强养老机构安全运营，使全区养老服务机构的服务管理、标准化队伍的专业化水平明显提高。

(郭文翠)

【落实“两个待遇”】 以军休服务管理工作为中心，以“三创新、三提高”(创新服务理念，提高服务质量；创新管理模式，提高管理水平；创新工作机制，提高队伍素质)为抓手，以强化服务为手段，以为军休干部落实好“两个待遇”为保障，推进军休工作队伍建设。全体军休工作者牢固树立敬老意识，怀着“两颗心”(真心和孝心)以儿女之心、晚辈之情，为老干部做好事，办实事，解难事。主动提供亲情化、人性化服务，做好“四倾”(即倾心、倾听、倾谈、倾力)，把工作做到细微处，坚持以军休干部健康长寿为工作目标；以军休干部满意为工作标准；以军休干部信任为工作动力，不断提高军休干部幸福感和生活满意度。年内，新接收军休干部18人，累计接收军休干部1200人。当年病故军休干部22人，现有军休干部807人，其中离休干部219人，占27.1%；退休干部588人，占72.9%。管理军休干部遗属310余人，其中50人享受定期抚恤金，2人享受生活补助补差，114人享受医疗补助。主要做法：保证生活待遇落实，及时下拨经费，确保军休干部各项生活待遇按时足额发放。为238人发放服装费，为805人发放年度增加退休费，共计61万余元。全年为军休干部发放离退休费9958万元，报销医药费2528.7万元；全年慰问看望住院及长期卧床的军休干部900余人次，入户走访慰问2400余人次。“八一”、春节邀请区委区政府领导和局领导到医院看望病号、参加军休组织的大型集体活动；推进军休干部房改工作，完成摸底调查、信息采集、录入计算、审核公示、上报审批等基础工作；改善军休干部休养环境，全年投入环境改造资金50多万元，有计划地进行军休干部住宅楼防水维修、更换暖气、安装楼梯扶手和防护栏，整治绿地1600多平米、搭建凉亭等改造项目。房管所专门制定房屋维修管理制度，建立“回访制度”，为军休干部提供购买维修配件等服务，完成各种维修任务2300多次；医疗保障有力，门诊部在医务人员紧张的情况下，克服困难，统筹安排，满足军休干部常见病、常用药、一般检查治疗的基本需求。全年门诊30663人次，其中为周围群众诊治3126人次。出巡诊61人次，医疗保障36人次，办理转(出)院手续841人次，外诊医药费报销审核6704人次。开设家庭病床28人；成立急病应急抢救小组，为军休干部解决夜间救护问题。组织600余名军休干部及享受医疗补助的家属，进行22个项目的体检。邀请朝阳医院专家进行“老年病防治知识”专题讲座，对到场100多名军休干部进行义诊。落实市防控统一规范要求，安全处理医疗垃圾140公斤，确保老干部就医安全；文体活动丰富多彩，活动站和各个干休所始终坚持把“一切从健康出发，一切从安全考虑”作为文体活动安排的出发点和落脚点，坚持走“学、教、乐、为”全面发展的路子，多措并举为军休干部搭建“文化养老”平台。全年活动站和各干休所共组织比赛、采风、展览、笔会、垂钓、采摘、金婚庆典、游艺会、运动会等各类活动150余次，参加市军休文体联合会、区大型培训、展示以及比赛20余次。群众性活动新颖灵活、吸引力凝聚力不断显现，全年参加活动人数达到万余人次，各个文体协会组织新吸收数十位军休干部加入。提供军休干部活动保障用车200余次，行程4万余千米。其中迎新春游艺会、新春慰问联欢会、新春京剧演唱会、庆祝建党89周年京剧专场演出、金秋趣味运动会等大型文体活动，吸引众多军休干部及家属参加。区有线电视台为军休合唱团制作名为《夕阳中的枫叶更红》的专题片，在《走进演播室》栏目播出。在《军休之友》杂志和多种报纸上多次刊登本区军休干部的摄影、楹联、书画、诗词作品。

(郭文翠)

【无军籍退休职工管理】 军队无军籍退休职工已累计接收1426人，现有1301人，分散在8个街道管理。举办春节慰问联欢会，为其提供展示风采的舞台；春节等四个重大节日代表各级政府走访慰问全体军工，并发放慰问品；今年分四批组织70岁以下的军工去三峡参观疗养；组织70岁以上的军工去怀柔雁栖湖游览；组织军工小组长秋季采摘；11月下旬召开街道军工工作总结交流会。

(郭文翠)

【军休干部管理】 军休党委开展创先争优活动，成立领导小组，并结合自身特点制定活动方案。逐级抓学习，层层抓落实，让军休干部党员参与到活动中来：请专家教授作专场形势报告，为老干部讲解国内外政治局势、经济发展和对外政策等面临的新挑战；组织军休支部委员以上老干部，开展以“缅怀英烈军休老兵展风采，创先争优党建再上新水平”为主题的狼牙山红色之旅活动；组织500多名军休干部参加市、区两级“群众心目中的好党员”评选活动；编发《石景山军休》12期近14万字，全年采稿近400余篇。报道好人好事，刊登论文、征文，以专栏的形式加大对军休工作和军休人形象的对外宣传力度，全年外投稿件450余篇，《石景山报》、《军休之友》等报刊共刊登130余篇，其中军休工作动态信息19篇。对军休干部党员信息进行采集补充和完善，规范个人档案系统管理。组织党的知识答题活动，770名军休干部参加竞答。重阳节前夕，军休党委举办“文明健康老人”表彰大会，50位军休干部受到表彰。青海玉树地震发生后，军休干部党员、家属在第一时间里伸出援手，在抗震救灾和“党员献爱心”活动中，捐款近16万元。

（郭文翠）

【拓宽军休服务渠道】 针对集中居住军休干部年龄偏大和分散居住人员多的现状，及时调整工作思路和方向，努力创新服务管理方式，加强沟通渠道，力求做到服务跟着需求走，使服务工作由一般性服务向个性化服务延伸。1. 利用社区优势，推进服务管理工作向社会延伸。军休一所和五所分别与所在社区结成共建对子，明确共建宗旨、共建项目等内容；社区把军休干部列为重点服务对象，利用社区服务功能和资源为老干部提供更为周到贴心的服务项目；社区娱乐设施与活动场地无偿提供给老干部使用，以方便老干部就近就地开展健身娱乐活动；干休所则筹资为社区添置麻将、象棋、跳棋等活动器材，以满足社区居民的需求。军休一所为了解决部分分散居住的军休干部就医难问题，主动与他们所在社区卫生站沟通协商，为散居军休干部开设电话开药、重病入户、送药上门等贴心服务。军休五所同区老龄委联系，为10位年大体弱多病的老同志家安装应急门铃；2. 开展邻里互助活动，共同营造和谐休养氛围。军休二所、三所和四所针对各所工作人员少，而军休干部高龄多、空巢多、病号多的特点，在军休干部和遗属中开展“邻里互助”活动。活动以孤老、高龄和“空巢”老人为重点，以一帮一、一帮二或一帮多人的形式，邻里之间自发结成互助对子，相互关照、相互帮助。既陪聊天，又代为购物、取药、交纳各种生活所需费用等，还能应急解难，为干休所及时提供老干部的健康和生活信息；3. 军休六所利用文化橱窗、宣传栏着力打造干休所特色文化，为军休干部及时了解国事、家事、天下事开辟窗口，为大家的学习交流提供平台。每月定期更换宣传资料，全年共更换12期；4. 工作中尊重军休干部意见和建议，发挥军休干部在军休所管理服务中的参谋助手、桥梁纽带和监督检查作用。管委会履行职责，帮助协调邻里关系，为军休工作出谋献策，奉献余热；5. 年内，加强对涉及人、财、物等重点岗位的监督，强化财务管理，严格执行财务预算和领导审核制度，加强审核、堵塞漏洞，确保每笔资金准确无误；加大对军休干部住房补差等重点专项资金监管力度，严格发放手续；加快推行军休干部医疗费报销上卡进度，以保证报销过程中现金使用安全；购置奖品、慰问品、活动用品时本着勤俭节约原则，严格控制开支，做到货比三家，公开透明；落实和深化政务公开和党务公开相关制度，定期将党费使用情况进行帐目公开，公益捐款及时上交和公示。

（郭文翠）

【流浪乞讨人员救助】 保证盛夏季节站内良好的救助生活环境，站里使用动力喷雾器进行喷洒“灭蝇灵”；使用臭氧消毒机净化室内空气；使用紫外线杀菌车对受助对象起居室进行处理；在站内死角处投放灭鼠药等方式，对全站进行彻底消毒；加强食品采购、制作、储存环节卫生监督，购买防暑药品及绿豆、冰糖等防暑降温食品，保障站内受助对象身体健康。先后开展8次，累计长达97天的各项集中救助工作，有效维护春节、两会、清明、武博会、“五一”、“十一”等期间街头环境秩序，切实保障生活无着人员合法权益。年内，救助来自全国690名流浪乞讨人员，由公安引导、护送或自行来站的357人，由宣武、西城救助管理咨询站送本站接受救助的333人，男性为562人，女性128人，其中18岁(含)以下77人、肢体残疾65人、智力残疾34人、老年人77人；站内突发精神病4人；医疗救治71人；正常死亡的1人；由本站直接护送返乡的3人；由当地政府或亲人接回的49人；提供车票并护送上车返乡232人次。

（郭文翠）

【接受捐赠】 坚持以“政府指导、民间运作、社会参与”为核心，坚持“规范化、制度化、信息化”工作模式，整合社会力量，加强与社会各界、相关单位联系；整合捐赠资源，加大救助力度。全年接受捐款1031120.35元(其中定向捐款690843.07元、募捐月捐款334449.28元、日常接收捐款5828元)，接受物资81059件(日常接受6139件，募捐月活动接受74691件)。4月14日，青海玉树发生7.1级强烈地震，区接受救灾捐赠事务管理中心第一时间迅速做出反应，部署抗震救灾工作。1. 通过报纸、有线电视向社会公布捐赠热线电话及募捐账号，安排专人24小时值守，随时接受社会各界的捐款、捐物。2. 做好款物的接受、统计、上报工作，每天按时将捐款存到银行内。3. 通过区有线电视台、《石景山报》将接受捐赠情况向社会进行公示，自觉接受社会各界监督，确保抗震救灾接受捐款工作的公开透明。截至5月11日，区捐赠中心共接受社会各界玉树地震捐款530403.07元。8月7日甘肃舟曲泥石流灾害发生后，千人遇难，数百人失踪，人民生产生活受到极大影响。舟曲的严重灾情牵动着石景山区市民的心，民营企业家恒坤集团董事长刘志成再次慷慨解囊捐赠善款10万元，支援灾区救援工作；截至9月10日，共接受捐款160440元，用于支援灾区重建。9月"送温暖 献爱心"社会捐助活动拉开帷幕。此次捐助活动得到区内党政军机关、群众团体、社会团体、企事业单位、大专院校等单位支持，各级领导带头捐款、捐物，广大群众积极参与，特别是驻区企业首钢总公司、北重汽轮电机有限责任公司、京西发电有限责任公司、大唐高井热电厂、京能电厂、巴威公司六家单位，各级领导高度重视，领导、干部、党员带头捐助衣被，广大职工纷纷参与，两周内，募集捐款331444.28元，按照要求部分上缴市捐赠中心；此次共募集到衣被74691件，9月28日，从大红门火车货运站发往青海省海西州衣被76869件(其中仓库储存2178件)，完成此次"送温暖、献爱心"捐助活动。

(郭文翠)

【爱心家园救助】 "爱心家园"是经常性捐助活动的一种新形式，已建立9个爱心家园，覆盖辖区全部街道办事处。主要以政府搭台、社会参与的方式，接受社会各界捐助，并将社会捐助物品无偿发放给需要资助的困难群众。"爱心家园"全年累计救助4510户、9611人次，发放粮油物资37216.96公斤，为困难群众排忧解难、帮扶困难群众的基本生活。年内，区捐赠中心用福彩公益金34.8万元购买米、油13842袋(桶)，共计65166公斤，向10家"爱心家园"补充物资，让困难群众过好"十一"和"春节"。

(郭文翠)

【广泛募集善款】 区慈善协会利用媒体资源，营造人人关心慈善、参与慈善的氛围。截至年底，通过《北京慈善月刊》发布消息13条，通过《石景山报》发布消息12条。同时，总结三年工作，制作《慈善工作纪实》在区有线电视台播放，并围绕募捐工作发布专门消息，公布捐款信息。多次在有线电视台播出专题新闻等；制发宣传彩页、宣传折扇，通过街道社区向居民、企业发放，逐步扩大慈善工作影响力、提高公信力，争取吸纳更多的社会资金。12月3日，以"善行天下"为活动主题，通过在繁华路段、居民聚集区设立宣传点，发放宣传册、宣传手袋等，与社区义诊、义务理发等慈善公益活动结合，倡导全民参与慈善活动。先后组织为西南五省、青海玉树、甘肃舟曲等灾区捐款25余万元，全部捐款按要求上缴市慈善协会，统一安排支援灾区重建。协会向青海玉树藏族自治州金巴慈善救助会捐款50万元。依托全市统一活动，形成合力加强劝募工作。通过开展"春雨行动"募集善款，并在全市范围宣传爱心企业的爱心善举。做好一年一度"共产党员献爱心"捐款活动，接受捐款84余万元，比上年增加11万元，是2005年的16倍多。协会接受捐款实际到账1448638.9元，共投入资金122.6万元开展多项救助项目。

(郭文翠)

【慈善救助服务】 慈善救助是慈善工作落脚点。协会坚持以"关注民生，扶贫济困"为重点，将慈善工作与社区民政工作相结合，积极开展"助老、助医、助学、助困、助残"等多项慈善救助活动。一是"爱心助老"项目，协会以一个品牌救助项目——"慈善医疗卡"助老项目为重点，将助老和助医两项救助有机结合，救助困难群众。用资17.6万元，为352名低保老人发放"助老慈善医疗卡"，此项目惠及区内部分低保老人，解决他们小病及时就医问题，得到社会各界尤其是贫困户老人好评；二是"爱心助学"项目，在与有关单位沟通协商基础上，协会不断调整助学范围，除公立学校就读学生以外，将救助范围扩大到外来打工子弟学校。通过"光彩助学"项目对黄庄学校、华奥学校两所打工子弟学校进行援助，用资20万元；"恒坤助学"等一批长期资助的救助项目继续开展；三是开展"困难党员"、"单亲母亲"救助项目，协会与区委组织部门合作，加大救助力度，出资10万元资助"区困难党员帮扶资金"，对区内困难党员进行帮扶；与区妇联、区民政局合作开展"关爱母亲 共建和谐"援助单亲贫困母亲项目，拨付救助资金10万元，救助200名单亲母亲，每人一次性救助金500元；四是临时救助，协会增加对临时救助项目资金投入，坚持"遇到一名困难群众，解决一样实际困难"、"急事急办，严格透明"的工作要求，社区、街道、区慈善协会层层把关，会长办公会集体研究救助标准和方式，缩短救助审批、发放时间，年内，有5人次申请救助，相关手续正在进行中；五是其他救助项目，元旦、春节两节期间，开展"慈善情暖万家"活动，对全区200个困难家庭，在因疾病、突发事件等原因造成困难时进行一次性救助，为每户困难家庭送去500元慈善救助金，用资10万元。

(郭文翠)

【慈善协会分会成立】 4月23日，区慈善协会广宁街道分会揭牌，成为首个街道层面的慈善协会分会。协会拨付善款5万元用于开展救助广宁街道地区内的困难群众，增强广宁街道社会救助的力量。年内向广宁地区居民群众宣传慈善理念，动员地区社会力量开展扶危济困、赈灾助残等公益活动,推进地区慈善公益事业,促进慈善公益文化建设,慈善公益意识逐步深入人心。

(郭文翠)

【福利彩票发行】 福利彩票发行工作围绕“安全运行,健康发展”的福利彩票发行工作方针,坚持“一手抓发行、一手抓管理”,在确保全区稳定发行基础上,做到稳中有升,截至年底,销售电脑福利彩票98040244元。区中心通过反复下网点调研、踩点、向市中心报批、与所属区域电话局协调共办理新增电脑福彩网点8个;通过召开大会、面签等形式与全区103个网点的机主签订一年一度的代销协议;根据市彩发[2010]5号文和市彩发[2010]15号文件精神,理顺自2001年电脑福利彩票系统开通以来遗留的押金单据与机主姓名不符的问题,为30个网点进行发票更换,并与之签订相关法律协议,为35个网点办理市中心备案机主信息变更业务,并将上述65个网点具体情况进行分别汇总、备案、说明、整理及上报。完成对快速游戏26个网点机主的银行签约工作,并对全区103个网点机主及投注站具体信息进行新软件系统的数据录入、整理,并按要求上报至市彩中心。完成全区所有网点预付款自动转账系统开通前的准备工作,包括软件升级、下载、现有银行扣划系统数据整理汇总、全部网点银行卡资料转换到ES系统工作以及所有普通网点建行签约等工作。协助市彩维修部分批次对剩余的57个普通网点的硬件进行升级,安装红外线扫描枪,使其都能顺利操作即开票的兑奖、扫票等功能。组织全区103个网点到门头沟社区服务中心进行EFT系统培训,并分三批组织今年新上网点的所有销售人员到市中心进行持证上岗的系统培训。9月开展销售网点普查活动,为每个网点下发“福利彩票销售网点调查表”、“填写须知”,下站点指导各个网点填写调查表,并收回录入电子数据程序;同时收取全区所有网点机主、站长电子档照片,完善全市综合业务管理系统信息,加强本区销售网点规范化管理。为保证发行安全,区中心工作人员多次带领管片小组长到销售网点进行安全检查,加大对网点的检查力度,中秋国庆双节期间,对辖区网点、特别是双机店网点福彩标示进行全区大检查,对不符合市统一要求的网点进行集中整顿,并限期整改。

(郭文翠)

【即开型福利彩票】 与每个网点签订“销售责任书”,鼓励网点积极销售即开型彩票,以奖惩结合方式激励网点拓宽销售渠道,销售即开票。3月开始,每周一和周三定为即开票结账时间,周一到周五全天可到区中心领取即开票。进一步加大销售力度,邀请区交通支队、城管大队、市政市容委、商务委以及九个街道办事处领导,召开“即开型福利彩票”销售协调会,向相关单位传达即将在全区组织开展销售活动的目的、意义及活动形式,向各单位征求实施意见与建议。通过反复协调、合作,全年开辟即开型福利彩票小卖场及销售单点28个,销售即开型福利彩票1400万余元。

(郭文翠)

【提升管理拓展服务】 成立区、街居家养老服务管理中心,破解社会养老难题。全面推进居家养老服务工作,健全养老保障体系,提高老年人生命生活质量:配专人负责居家养老(助残)券的审批、发放、管理、使用,全年累计发放“市民居家养老(助残)服务券”老年人103142人,累计发放金额1169.18万元;加强服务力量的组织发展、监督管理,对服务质量的追踪调查、居民意见反馈。增强专项工作人员力量。为每个街道级居家养老服务中心配备专职养老员3~4名,明确各级社区服务中心服务重点、服务人群、服务形式、服务项目。

(郭文翠)

【社区服务商管理】 全区已发展签约的社区为老服务商161家,涉及餐饮、家政、日托、心理慰藉等多个服务领域。依托96156社区服务平台,以为老服务为立足点,建立“两级发展、两级管理、四级监督”的社区服务商发展、管理模式。由区中心发展在全区范围提供服务的服务商,街道发展在本辖区内提供服务的服务商,街道级服务商可以成为区级服务商,不同级别的服务商形成良性竞争、避免垄断。区、街两级中心分别管理自己的服务商,对服务商的服务资质进行认定、对服务质量进行监督、对服务投诉进行处理。由区中心、街中心、社区服务站、社区群众面对服务商进行监督、有效增强管控力度。建立社区服务商准入制度,拟定居家养老服务单位服务协议书、居家养老服务商服务承诺表、居家养老服务商服务备案表,对社区为老服务商的资质,为老服务的内容、范围、服务流程和服务质量提出明确要求,对为老服务商的权利义务进行明确的约定。出台关于建立社区托老(残)所的工作意见(石民发[2010]7号)等文件,强调、细化专业类服务商标准,保证其服务质量和服务水平。建立服务质量监管制度,区、街两级中心每季度对辖区内20%享受服务的老年人进行电话回访,抽查服务质量,对存在问题追踪核实。整合、梳理已签约的服务商,规范项目名称、服务内容和价格,确定每家服务商的质量责任人和投诉电话,以上内容印制成第一期石景山区居家养老服务项目名录,发到每一位社区老年人手中。

(郭文翠)

【社区服务设施建设】 与区卫生局、区残联联合出台关于建立社区养老(餐桌)的工作意见(石政办发[2010]37号),明确社区养老(助残)

餐桌建立的基本条件、服务范围、发展方式等内容。通过集中座谈、入户走访等方式对社区老年人的餐饮需求进行初步调查,对分布在社区的餐饮资源进行摸底,有针对性地发展社区养老(助残)餐桌。调动社会资源,鼓励具有一定资质的餐饮企业、单位食堂为老年人提供餐饮服务。发展社区养老(助残)餐桌145家,包括首钢餐饮、神农饮食管理有限公司、船工号子等知名餐饮企业,实现服务人群全覆盖。建设社区托老(残)所,明确建设目标、建设形式、管理方式等内容,针对不同服务对象、不同服务需求,利用不同资源分类建设。利用"社区老年福利服务星光计划"用房、社区残疾人温馨家园、职业康复中心、社区服务中心用房以及其他资源,建立面向有自理能力的老年人,提供生活互助、文体娱乐等服务的社区托老所;动员、协调养老机构和其他社会组织,利用专业资源,建立面向不能自理的老年人,提供专业日间托管服务的托老所。全区初步建立社区托老所102个,其中专业托老所3家。

(郭文翠)

【福利企业生产】 截至年底,有福利企业4家,均属于工业企业,其中1家为集体所有制、3家为股份合作制。有职工259人,其中残疾职工82人。福利企业销售收入达到8384.48万元,实现利税60.11万元,减免税合计206.42万元,其中实际已退还179.37万元。1月5家福利企业通过年检;6月完成福利企业证书换发。兴隆塑料制品厂于9月20日提出撤销福利企业申请,区福利生产办收回该厂福利企业证书正副本并开具北京市福利企业资格注销决定。汇利源金属制品厂于上年3月拆迁,8月拆迁款到位后,3名退休职工撤出股份,2名残疾职工股东提出退职退股要求,区福利企业集体资产管理协会作为企业股东之一,及时召开股东会议形成有关决议,基本满足残疾职工的要求,平衡股东利益,未出现新的问题。把"安全隐患排查整改"作为一项日常工作,常抓不懈,于春节、"五一"、国庆节前夕对5家福利企业进行针对防火防盗、设备用电、节日值班等方面问题进行重点检查,要求企业加强环境治理,杜绝火灾隐患,对设备用电进行检修;对残疾职工做好思想稳定工作,杜绝集体上访事件发生。7月30日,在区残联办事大厅设置福利企业岗位补贴集中审核专场,办理58名残疾人就业岗位补贴的申领、审核工作,申领金额23.8万元。

(郭文翠)

【落实"九养政策"】 全区老龄工作紧扣"统、融、扩"抓落实,做协调,搞活动,获"市爱老敬老先进单位"、"市老龄工作先进单位"和"市老年体育工作先进单位"称号。老龄委成员单位由20家扩充至40家;牵头制定落实"九养政策"实施方案及各单项细则,联合区残联完成"九养政策效能监察"迎检各项工作;推出老龄委成员单位联络员制度、街道老龄委工作职责和加强老龄工作信息报送的通知三项新制度;分批次培训街道老龄专干、社区老龄工作协管员和居家养老(助残)员;组织区人大代表、政协委员、部分老龄委成员单位和老年人代表参加"市老龄事业推进大会",答复4件政协委员提案。联合人保、财政、残联,为各街道招聘养老(助残)员29名;携手社区中心、区残联,在全市率先启动"小帮手"服务器配发工作,首批为老年人配发"小帮手"272部;配合"999"急救公司,为490名高龄空巢老人安装"紧急医疗救援呼叫器",初步构筑高龄群体应急网;以敬老月活动为载体,举办第十一届老年人艺术节,同时推动各街道、社区展开专场艺术节活动,老年群体直接参与人数超过3000人;举办"会员杯"、"长乐杯"两场门球赛,吸引各街道、驻区部队和企业30余支老年门球队、350余名门球爱好者参与其中;配合人口计生委,完成石景山区人口发展"十二五"规划老龄化发展趋势预测及文字撰写工作;联手区慈善协会,协调北京复兴博爱眼科中心,为给老年人提供免费眼疾筛查服务,268位老年人从中受益。注重延伸"扩"的触角,在全市率先启动"孝星"评选活动,首家召开孝星表彰大会,层层推选出孝星584名,评选出为老服务先进单位35家,在《石景山报》、《北京社区报》连续刊载孝星事迹,通过孝星评选表彰活动的深入开展,在营造尊老敬老浓厚氛围的同时,扩大老龄工作影响力;全面落实各项惠老政策,年内,为6200名65周岁以上老年人审批办理老年优待卡,给591名90周岁以上高龄老人审批发放高龄津贴66.63万元,为两位百岁老人报销医疗费用20879.99元,重阳期间走访慰问高龄特困老人22名;在《北京日报》、全国老龄信息网、《北京社区报》、北京民政信息网、《石景山报》等各类媒体刊发信息40余条。

(郭文翠)

双拥工作

【概况】 本区是北京军区机关所在地,驻区部队团以上单位31个。军地双方贯彻胡锦涛总书记关于坚持军民融合式发展、推动国防建设和经济建设良性互动的战略思想,适应社会转型和军队变革新形势,探索双拥工作特点规律、实现途径和有效载体,提升强国固防的认知高度、军地双方的互援力度、拥军优属的保障强度、构建和谐的自觉程度,不断拓展双拥模范城"五连冠"成果,推动本区双拥工作在传承中巩固、在创新中发展、在跨越中提高。年内,国防宣传教育广泛深入。刊发国防教育稿件、图片110余篇(幅),制作双拥展板760块,展出各类字画、图片2620余幅,组织1次国防形势报告会、2次处以上领导干部国防教育课、1次四套班子领导及有关委办局领导"军事日"活动,基层开展国防教育活动105次,受教育人数达10万余人次。拥军优属落实"五个百分之百"。区政府全年为驻区部队解决用水、用电、修路、治理营区周边环境等,投入资金近9000万元,为63名选择自谋职业的随军家属发放政府补助188.5万元,人力资源和社会保障局接收安置军转干部63人,随军家属76人。民政局接收安置退役士兵126人,教委妥善安排105名随军子女入学,军休干部享受地方同职级离退休干部医疗待遇做到百分之百。拥政爱民深入扎实。驻区部队组织官兵1.55万余人次,动用车辆1576台次,支援本区植树造林和城区绿化建设,植树1.4万余株,挖树坑1.7万个;义务修理电器120多台件,义务放电影30多场次,资助共建学校40余万元,对7500余名中小学生进行国防知识教育和军事训练。

地址:古城路民政局213室

电话:68863368

邮编:100043

(牛清民)

【密切军政关系】 2月2日,北京军区司令员房峰辉带领军区常委到区,与区四套班子领导交流座谈,互祝新春,共叙军地友谊,军地双方就国防建设与经济建设融合发展和争创全国双拥模范城"六连冠"等进行深入探讨。同月9日,"迎新春"军政座谈会在万商花园酒店召开,北京军区司政联装领导李振军、李忠义、刘鑫、吕登高和区领导荣华、周茂非、赵玉民、倪国锋等70余人参加座谈会。当晚,春节军民联欢晚会在石景山体育馆举行,军地领导和3000余名军民一起观看演出,周茂非和军区政治部副主任李忠义致辞。

(牛清民)

【访功臣送温暖】 2月4日,北京军区司政联装领导李振军、任恩尚、刘鑫、吕登高,在荣华、周茂非、赵玉民、倪国锋等陪同下,分四组走访慰问8户优抚对象、残疾和特困家庭,送去新春祝福和问候,赠送慰问金和慰问品。区民政局筹集慰问金45万元和价值10余万元慰问品,组织对全区650户优抚对象、残疾和特困家庭等进行全面走访慰问。7月29日,区主要领导陪同北京军区司政联装领导分四组走访慰问8户优抚对象、残疾和特困家庭,向他们表示节日祝贺,赠送慰问金和慰问品。

(牛清民)

【关爱子弟兵】 1月28日,区有关领导慰问北京军区某部女兵六连,赠送电脑10台、家庭影院1套。2月2日,荣华、周茂非一行慰问武警北京总队第十九支队、区消防支队、预备役高炮四团、区武装部、赠送慰问金130万元。7月20日,区有关领导慰问北京军区指挥自动化工作站,赠送健身器材15套。同月23日,荣华、赵玉民、倪国锋率队慰问武警北京总队第十九支队、区消防支队、预备役高炮四团、区武装部,赠送慰问金80万元。

(牛清民)

【军政座谈会】 7月29日,区四套班子领导到北京军区招待所会议厅参加"八一"军政座谈会,与军区副政委杨建亭、副参谋长李振军、联勤部副政委刁建业、装备部副部长吕登高等部队领导70余人欢聚一堂,共叙军民鱼水情,共商双拥大计。

(牛清民)

【进军营办公】 7月5日,周茂非带领区委办、政府办、双拥办、住建委、市政市容委、商务委、民政局,公安分局、交通支队、城管大队、苹果园街道等部门主要领导到军区现场办公。当场确定区政府投入资金近9000万元,为驻区部队解决有关用水、用电、修路、治理营区周边环境、公共交通方面问题。

(牛清民)

殡葬管理与服务

【概况】 北京市殡葬管理处成立于1984年10月,是隶属于北京市民政局的职能处级单位,设二级党委,主要职责为:贯彻落实国务院及北京市殡葬法规;负责所属殡葬服务机构和事业单位管理,包括开展殡葬服务与经营、殡葬设施设备建设及更新改造、殡葬技术的研究开发、殡葬文化建设等。殡葬管理处现所属事业法人单位20个(不含机关),下属公墓17家:其中直属殡葬事业单位有7家,分别为八宝山革命公墓、万安公墓、福田公墓、八宝山人民公墓、西静园管理处(含外侨公墓)、长青园骨灰林基地、西北旺公墓管理办公室;与当地乡村和事业单位联营的公墓有8家,分别为太子峪陵园、金山陵园、八达岭人民公墓、通惠陵园、温泉墓园、朝阳陵园、天慈墓园、宝云岭墓园;合资合作经营的公墓2家,为北京万佛华侨陵园有限公司和北京西静园殡仪服务有限公司(注:合资合作经营的企业单位共3家,除北京万佛华侨陵园有限公司正常经营外,北京八宝山京龙机械设备有限公司和北京西静园殡仪服务有限公司已经停业,正在清算中)。处属的17家公墓(陵园)共有土地资源约4706.6亩,已使用土地2087.4亩,剩余土地2619.2亩,其中包括西静园殡仪服务有限公司土地约100亩,基本为未使用土地;西北旺公墓土地30亩,已占用土地约12亩。骨灰安葬形式主要有骨灰墓葬、骨灰堂寄存、骨灰深葬、骨灰林、草坪葬、立体安葬(墙、廊、亭)等多种形式。各公墓(陵园)还同时提供丧葬用品销售和安葬仪式服务。单位曾多次被授予"首都创建文明行业活动规范化服务行业"、"北京市民政教育培训工作先进单位"等荣誉。2006年12月,按照市委、市政府要求,市民政局进行民政事业管理体制改革，成立北京市社会福利事务管理中心，隶属单位包括市殡葬管理处。至此，市殡葬管理处行政管理和行政执法职能被分离，工作职能转向市属殡葬事业单位的经营服务管理，着力为首都人民提供优质殡葬服务，满足市民多层次丧葬需求。

地址：石景山路9号

电话：88257779

邮编：100039

网址：www.babaoshan.com.cn

（王 琦 王德东）

【八宝山殡仪馆】 始建于1958年，是北京历史上较早的殡仪馆之一。是全市规模最大、设施齐全的殡仪服务单位，承担着本市城近郊区市民、已故党和国家领导人、海外侨胞、国际友人的殡仪服务业务。每年承办告别活动6000余场，接待来宾近百万人次，年火化量2万多具。坚持“服务第一，丧家至上”宗旨，不断推行科学管理，提高服务质量，受到社会好评，连续多次被评为“首都精神文明单位”、“全国殡葬改革先进单位”、“北京市花园市单位”，2004年被国家民政部评为全国民政基层行风建设先进集体。多年来，几经大规模建设改造，形成一整套独特的建设风格和服务体系，“八宝山”因此而成为中国殡葬业的代名词。

（康季坤 杨秉洪）

【海地遇难维和警察治丧服务】 1月18～20日，本处完成8名海地地震遇难维和警察的治丧服务保障工作。20日上午9时，遗体送别活动在八宝山殡仪馆大礼堂举行。胡锦涛、吴邦国、温家宝、贾庆林、李长春、习近平、贺国强、周永康等19位党和国家领导人，以及部队官兵、首都各界群众代表5700人参加遗体送别。

（康季坤 杨秉洪）

【霍懋征遗体送别】 2月19日上午，八宝山殡仪馆在东礼堂举行霍懋征遗体送别活动。温家宝、刘延东、许嘉璐、罗富和、严隽琪等党和国家领导人及曾经担任党和国家领导职务的老同志，以及社会各界群众600余人参加送别活动。霍懋征1956年被评为全国首批特级教师。

（康季坤 杨秉洪）

【孙起孟遗体送别】 3月9日上午，原全国人民代表大会常务委员会副委员长、中国民主建国会中央委员会名誉主席孙起孟遗体送别活动在八宝山殡仪馆大礼堂举行。胡锦涛、吴邦国、温家宝、贾庆林、李长春、习近平、李克强、贺国强、周永康等52位党和国家领导人，以及出席全国“两会”的民建成员、工商联人员和各界代表共510人参加送别活动。

（康季坤 杨秉洪）

【彭冲遗体送别】 10月27日上午，原中央政治局委员、中央书记处书记，原全国政协副主席，原全国人大常委会副委员长彭冲遗体送别活动在八宝山大礼堂举行。胡锦涛、吴邦国、温家宝、贾庆林、李长春、习近平、李克强、贺国强等中央领导及曾经担任党和国家领导职务的老同志47人，社会各界代表和群众共1003人参加送别活动。下午16时，彭冲的骨灰安放在八宝山革命公墓骨灰堂。

（康季坤 杨秉洪）

【黄华遗体送别】 12月1日上午，国务院原副总理、国务委员，原全国人民代表大会常务委员会副委员长黄华遗体送别活动在八宝山大礼堂举行。胡锦涛、吴邦国、贾庆林、李长春、习近平、李克强、贺国强等中央领导及曾经担任党和国家领导职务的老同志41人，中央和国家机关有关部门负责，以及黄华的生前友好和各界群众代表760人参加送别活动。

（康季坤 杨秉洪）

【八宝山革命公墓】 八宝山革命公墓因山而得名。据地质专家考证，这里盛产红土、耐火土、青灰、黄浆、白土、马牙石（方解石）、沙石、板石等八种非金属矿，八宝山由此而得名。八宝山革命公墓现利用的建筑是建于明朝永乐初年的褒忠护国寺，该建筑主要是为礼祭、护守明朝功臣刚炳之墓而建的。北京解放后，遵照周恩来总理关于寻找一处环境优美、交通方便、便于群众进行革命传统教育的地方，作为革命先烈的安息之所的指示，北京市政府领导吴晗派人经过多次勘察，最终选定八宝山。1950年，北京市政府将护国寺改建成公墓并遵照周恩来总理的建议，定名为北京市革命公墓。1970年，经周总理批准，又改名为北京市八宝山革命公墓。文化大革命期间（1966～1976），革命公墓内近四分之一墓穴遭到不同程度破坏。1978年以后，国家相继拨款进行重修和重建。八宝山革命公墓现占地约170亩。1949年八宝山革命公墓设立时主要用于安葬已故党和国家领导人、民主党派领导人、爱国民主人士、革命烈士、国际友人、科教文卫方面的巨匠大师和县团级以上领导干部。1992年后骨灰安葬范围由县团级领导干部提高为司局级。骨灰堂室，限副部级或大军区副职以上干部；烈士堂，限革命烈士；红军墙，限老红军（1937年7月6日前参加革命）。此外还有骨灰墙、骨灰墓葬及植树葬等葬式。截至年底，共安置骨灰30278余份，现每年接纳骨灰近千份。1984年被确定为市级重点文物保护单位。至今公墓内还保存有大雄宝殿、褒忠护国祠、刚公护国寺碑记、观音和地藏王菩萨刻像、70多株古树等珍贵文物和历史遗迹。此外，这里还有毛泽东、周恩来、朱德、董必武、徐特立、何香凝、杨尚昆、黄炎培、郭沫若、王光英、师哲、赵朴初、启功、米南阳、刘炳森、舒同等众多名人的墨迹。1996年12月，八宝山革命公墓被市政府正式命名为“青少年爱国主义教育基地”。

（刘国强 王福成）

【八宝山人民公墓】 位于八宝山革命公墓院内，是殡葬管理处直属单位,位于京西八宝山,距地铁八宝山站一公里,占地面积约400亩,地势开阔,规划有序,松柏林立,环境幽雅,交通方便,是已故人士骨灰安葬、安放的理想境地。八宝山原名黑山,主要是由东西两座山峰构成的,最高处海拔103米,是西山山前岗阜。全山东西长约1.2公里,南北宽约0.6公里。八宝山历史名胜颇多,明代时有延寿寺、灵福寺、朝阳庵,西峰上建有娘娘庙,其中最著名的还是褒忠护国寺。褒忠护国寺又名黑山护国寺,是明代永乐年间为纪念名将刚炳所建,寺内有刚炳墓,现仅存墓碑和墓前石龟。日本侵华时期侵略者为纪念死难的日军于山上建忠灵塔,1946年改建为忠烈祠,纪念抗战中牺牲的国民党官兵,包括张自忠、佟麟阁、赵登禹等38位将领。

(张　彦)

【北京市福田公墓】 地处京郊西山风景区,北依燕山龙脉,西邻佛教盛地八大处,南抱川流不息的永定河引水渠,东望六朝古都,占地130余亩。这里地势高畅,环风抱水,气盛地旺。公墓始建于1930年,因距福田寺较近,故取名福田公墓。墓区种植各种果树,环境优美,又有"百亩果园"的美誉。院内清幽、安逸、肃穆,三季有花,四季常青,是"首都花园式单位",也是本市首家上等级公墓。安葬在这里的社会名流人士有:末代皇帝溥仪的先父、清王朝最后一位摄政王爱新觉罗·载沣,近代著名国学大师王国维,五四新文化运动的倡导者之一、著名文学理论家钱玄同,现代著名文学家俞平伯,著名京剧表演艺术家郝寿臣、余叔岩、杨宝森、赵筱楼等梨园名流,中国装甲兵之父许光达大将,以及现代核物理学家钱三强先生等。

(吴新梁　梁福臣)

【安全保障】 3月2日下午,召开"两会"安全稳定工作再动员、再部署大会。同月3日上午,请公安、消防等专业人员,组成安全巡检工作组,对八宝山革命公墓和人民公墓的消防、技防、基建、交通等安全情况进行检查。16日,会同市公安局治安总队、市交管局、市消防局、市工商局、市公交总公司等市清明指挥部相关单位负责人,到八宝山革命公墓、八宝山殡仪馆、八宝山人民公墓、福田公墓、金山陵园、天慈墓园、通惠陵园等重要扫墓点,现场查看并协调解决有关问题,各区相关单位参加检查。26日下午,市消防总队到八宝山人民公墓检查清明期间防火安全工作。30～31日,市防火安全委员会到八宝山殡仪馆老山骨灰堂、福田公墓、金山陵园进行防火安全检查。6月4日上午,万安公墓及处属其他安葬"六·四"人员的单位未有事故发生,祭扫活动进行正常。7月1日上午,会同公安部门阻止一起欲进入福田公墓的非正常群体祭扫活动,与区公安分局领导带领相关人员到现场指挥处置。11月25日上午,组织召开处机关全体人员安全教育会,下午组织针对性消防演练。

(王　琦　张　青)

【扫墓服务】 3月9日下午,清明服务工作协调会召开。同月20、21日,清明服务首个双休日接待工作安全有序,所属20个扫墓点接待扫墓群众41933人,扫墓车辆7007辆。27日,清明节群众扫墓首个高峰服务日安全有序,20个扫墓点全员上岗,2468名工作人员参加服务,接待扫墓群众157108人,扫墓车辆27583辆。28日,清明节群众扫墓第二个高峰服务日接待扫墓群众183016人,扫墓车辆30158辆。29日上午,召开专题会议,对清明前期工作进行总结部署。4月3日,清明节假期首个高峰服务日各项工作平稳安全,20个扫墓点接待扫墓群众302927人、扫墓车辆41660辆。同月4日,清明节假期第二个高峰服务日各项工作平稳安全,20个扫墓点接待扫墓群众292550人、扫墓车辆39289辆。5日清明节,20个扫墓点全天接待扫墓群众249434人、扫墓车辆26966辆。11月6日,完成"寒衣节"群众扫墓服务保障工作。

(王　琦)

【"优质服务月"活动启动】 3月15日,全国殡葬系统"优质服务月"活动启动仪式在八宝山殡仪馆举行。民政部副部长窦玉沛、市政府副秘书长侯玉兰、市民政局局长吴世民等领导共同触摸启动仪式球,民政部社会事务司司长张明亮等领导以及殡葬行业职工代表200余人参加启动仪式,标志着全国殡葬系统"优质服务月"活动正式启动。八宝山殡仪馆馆长首先代表首都殡葬行业向全国殡葬行业发出开展优质服务活动倡议。万安公墓工作人员代表殡葬行业职工对开展优质服务、提升行业水平作出承诺。民政部此次在全国殡葬系统开展的以"优质服务,阳光殡葬"为主题的"优质服务月"活动,旨在通过加强和改进殡葬服务,实现规范服务、文明服务、诚信服务、优质服务,更好满足群众殡葬需求,保障清明祭扫活动文明、安全、有序,树立良好形象,提升殡葬行业社会满意度。

(王　琦　张　青)

【清明"网络祭奠"推出】 3月15日,依托"八宝山在线"网站,推出清明"网络祭奠"新举措。建立"普通纪念馆"、"撒海纪念馆"、"遗体捐献馆"和"公安英烈馆",为逝者家属提供网上祭奠,受到群众欢迎。

(王　琦　张　青)

【服务标准体系评审确认】 8月4～5日,由市标准化协会牵头,市质量技术监督局、市标准化技术协会有关专家组成的专家评审组,对八宝山殡仪馆、万安公墓服务标准体系进行评审确认。八宝山殡仪馆、万安公墓的标准化工作均以95分的成绩获得标准体系确认。

(王　琦　张　青)

人力资源和社会保障

概　　述

北京市石景山区人力资源和社会保障局(简称区人力社保局)于上年10月组建,是负责全区人力资源和社会保障工作的区政府职能部门。截至年底,局机关设19个职能科室,下设9个事业单位,有干部职工239人。年内,强化政策引导和就业帮扶作用。出台关于实施稳定就业扩大就业措施的通知和关于进一步促进大学毕业生、失业人员就业工作的通知等区域性政策,延续支持企业稳定就业扩大就业的帮扶措施。完成各项就业指标。全区城镇登记失业人员总量14919人,城镇登记失业率2.73%。不断加强人才服务和管理工作,全年引进高级专业技术人才12人,办理北京市工作居住证271人次,在北京东方信联科技有限公司建立本区第一家博士后科研工作站。全面推进科级干部竞争上岗,全区62人通过竞争走上科级领导岗位;举办公务员初任、任职及专技人员更新知识等培训班25期,培训5486人次。社会保障体系建设逐步完善,全年五项社会保险基金累计收入27.7亿元,同比增长22%;累计支出39.5亿元,同比增长19.0%;简化办事流程,实现基金收缴"五险合一"。全面推进社保卡工程,全区62家定点医疗机构全部实现持卡就医实时结算,成为全市第一个实现社保卡全覆盖的行政区。加快公费医疗制度改革,平稳实现"公费医疗和职工基本医疗保险制度"并轨,实施进度比全市提前三个月。查处工资类违法案件,实现"无拖欠工资"目标。充分发挥企业内部劳动争议调解中心的作用,加大劳动争议调解力度。全年仲裁受理劳动争议案件1133件,同比下降20%。全局28个科室部门对岗位职责和工作依据进行重新制定和修订,涉及业务事项196项,绘制工作流程图196个,机关管理进一步规范,全员依法行政意识不断提高。区社会保险基金管理中心被评为"全国人力社保系统2008~2010年度优质服务窗口单位"。

地址:杨庄路66号
电话:68861840
邮编:100043

(李艾娟)

【就业工作稳步推进】 年内,加大就业政策落实力度,扩大就业成果。为帮扶企业应对国际金融危机的后续影响,出台关于实施稳定就业扩大就业措施的通知(石政发〔2010〕9号)和关于进一步促进大学毕业生、失业人员就业工作的通知(石政办发〔2010〕68号)等区域性政策,适时延续支持企业稳定就业扩大就业帮扶措施,强化政策引导和就业帮扶作用。鼓励大学毕业生、失业人员通过自主创业、自谋职业和灵活就业方式实现就业,鼓励各类用人单位大量吸纳本区城镇失业人员。政府在社会保险补贴、岗位补贴、培训补贴、交通补贴、单位招用失业人员奖励等七个方面为失业人员就业提供资金支持。根据北京市统一部署,本区于1月1日建立重点行业、重点企业、重点地区的失业动态监测制度,按月监测42家企业,涉及职工4.23万人;按季度抽样调查4.66万公共就业服务机构存档人员就业状况。在有效监控的同时,成功组织城镇登记失业人员参保信息比对工作,使隐形就业失业人员显形化,有效控制城镇登记失业率指标。全年城镇登记失业人员总量14919人,当年实现就业8572人,就业率57.46%。城镇登记失业人员中就业困难人员总量8834人,通过落实促进就业优惠政策和实施再就业援助工作,当年实现就业5139人,就业率58.17%。125名就业特困人员全部进入社区公益性就业组织实现托底安置,安置率100%。全年开发社区就业岗位、中小企业就业岗位8139个,安置失业人员6584人。认定"零就业家庭"52户,52名劳动力实现就业,连续四年保持全区"零就业家庭"动态为"零"的目标。全区累计实现创业1155人,带动就业2836人。期末城镇登记失业率2.73%,同比下降0.11个百分点。

(李艾娟)

【首钢富余人员分流安置】 全力做好首钢富余人员分流安置工作,加强与首钢劳动工资部的联系和沟通,建立业务对接制度。密切关注首钢生产和人员分流动态,共同研究应对方案;拟定首钢富余人员分流安置应急预案、分流安置工作方案、首钢分流人员安置风险评估报告等,抽调骨干力量加强首钢职工就业服务中心的服务工作,为首钢全面停产后富余人员的分流安置做好前期准备工作。全年为解合人员办理档案接转手续430份,对406人进行免费职业指导,其中384人实现再就业,再就业率89.3%。

(李艾娟)

【推出系列招聘洽谈会】 年内,"春风行动"、"高校毕业生双向选择服务月"、"民营企业招聘周"、"军人家属专场"、"大学生专场"等招聘会在区人力资源市场相继展开。人力资源市场进一步规范招聘单位资质审查制度,确保用工质量。6月11日,与苹果园街道、园区管委会共同举办以“就业援助献真情、实现就业共努力”为主题的高校毕业生专场招聘会,本次招聘会共有83家企业参加,提供岗位1000余个,求职者1400余人,现场达成就业意向464人;7月6日,联合门头沟区共同举办暑期北京地区毕业生双向选择会,20家企业提供岗位517个,求职者200余人,其中高校毕业生100余人,现场达成就业意向66人;7月29日和8月20日,在区人力资源市场服务大厅举办军人家属专场招聘会,区委领导和北京军区首长亲临现场视察,42家参会单位提供岗位631个,现场达成就业意向216人;9月21日和28日,借助中关村高科技园区石景山园岗位资源优势,联系高新技术企业、区重点企业、明星企业开展以“服务就业,成就人才”为主题的北京市2010高校毕业生就业服务活动,参会60家企业提供就业岗位1295个,求职者660余人,现场达成就业意向103人。11月,“职业指导进校园”活动拉开序幕,人力资源市场与区业余大学达成合作协议,共同开展学生职业指导活动,对业余大学200余名在校学生开展“大学生就业期望”调查,并组织业余大学104名学生进行素质测评活动,提供有针对性的职业指导。年内,区人力资源市场配合市职业介绍服务中心,以广宁街道为试点单位,对街道辖区内4个社区进行四级(市、区、街道、社区)职业介绍网络延伸工作,为社区居民提供家门口的职业介绍和职业指导服务。截至年底,区人力资源市场共举办各种招聘会99场,提供岗位47938个,职位7454个,达成意向7712人次。全年共采集空岗信息30735个,推荐失业人员成功就业4799人次,开展职业指导18014人次。

(李艾娟)

【落实就业优惠政策】 全面落实市区各项就业优惠政策,稳定和扩大就业。全年申请自谋职业(自主创业)、灵活就业社会保险补贴累计3829人(其中零就业家庭1160人),比上年同期减少877人,同比下降18.6%。累计为享受补贴15161人申请社会保险补贴资金5214.62万元。全年新认定吸纳失业人员的商贸、服务型企业3家。上报申请社会保险补贴的用人单位19家,补贴资金29.1万元,补贴人数38人;申请工资性岗位补贴的用人单位34家,补贴资金15.9万元,补贴人数53人。全年申请社区公益性就业组织专项补助经费总额1658.6万元,其中区专项补助资金329.93万元,市专项补助资金1328.67万元。为阿尔西制冷工程技术有限公司、迈克罗·迈帝克机械有限公司、太平洋邓禄普纺织品有限公司、国中景山压力容器制造有限公司申请稳定就业补贴资金409.17万元,涉及待岗轮岗职工479人。进一步落实区域性政策,大力支持企业稳定就业和自谋职业(自主创业)人员带动就业,对首钢机电有限公司等4家稳定就业企业法人给予奖励14万元。申请区域性自谋职业(自主创业)、灵活就业社会保险补贴累计194人,申请社会保险补贴资金79891.14元。

(李艾娟)

【街道人力社保平台建设】 全面加强对街道社保所管理服务工作。一是加强充分就业社区建设。对本区已挂牌的60个充分就业社区建立就业情况季报制度,有效推动就业再就业目标的落实;二是全面提高社保所工作人员政策水平和业务能力。加大各项促进就业政策培训指导力度,确保各项政策稳定实施;三是进一步规范街道各项建设工作。根据关于开展2010年社会保障事务所评估工作的通知(京人社服发[2010]153号)文件精神,对本区申请五星级的社保所进行评估,提升社保所服务标准,改善服务质量。截至年底,全区9家街道社保所全部被认定为“五星级”社保所,成为全市唯一一个所有社保所上“五星”的行政区。全区139个社区全部聘用劳动保障协管员,劳动保障协管员总数226人。

(李艾娟)

【退休人员社会化管理】 截至年底,全区实行社会化管理退休人员总数16711人,比上年同期增加2533人,同比增长17.9%,占当月养老库退休人员总数(101565人)的16.5%。从人员构成情况看,失业转退休人员占社区管理退休人员总数的比重为53.5%,存档转退休人员占31.6%,外商投资企业退休人员占10.4 %,破产企业退休人员占3.8%,注、吊销企业退休人员占0.7%。组织退休人员开展春节团拜、诗歌汇演、乒乓球比赛、书画摄影展等各项文娱活动。本着统筹规划、合理安排、兼顾公平的原则,共组织退休人员安全休养6批,休养人数720人,完成全年休养任务。

(李艾娟)

【职业技能鉴定】 全年职业技能考核鉴定243人次,办理职业资格证书228人次,分别比上年同期减少88.69%和89.59%。业务量减少的主要原因是:上年5月市人力社保局下发(京人社发[2009]5号)通告,公布北京市首批承担可以面向本市城镇失业人员和农村转移就业劳动力开展职业技能培训任务的培训机构,本区只有区职校、首钢高级技工学校、北京地铁技术学校三所学校名列其中,其他学校均未获得批准,使得本年度鉴定量锐减,尤其失业人员考核鉴定106人次,比上年同期的2038人次减少94.8%。年内,进一步推进区职工素质建设工程,加强高技能人才队伍建设,提高综合素质和技能水平。与区总工会、区科委联合举办“石景山区职工职业技能大赛”,为辖区内公交六公司、公交双层公司、地铁机电公司等企业技能竞赛(初赛)提供全程质量督导服务。本次比赛有249人参加,最终6名选手获得《中华人民共和国技师职业资格证书》,10名选手获得《中华人民共和国高级职业资格证书》。

(李艾娟)

【完善人才引进服务】 对已引进人才进行跟踪服务,了解引进人才使用情况,最大限度发挥引进人才作用。加强调研和宣传,召开重点企业座谈会,宣传引进人才相关政策,对企业急需引进的人才情况进行了解和统计。本年度引进硕士以上学历及高级专业技术人才12人,接收安置高级人才随迁家属2人。为区域内高新技术企业专业技术人员和管理人员办理北京市工作居住证271人次,办理北京市留学人员工作居住证1人次。根据市引进人才制度和工作居住证制度相关规定,按照区政府折子工程要求,为区重点企业建立引进人才绿色通道,自企业申请引进人才之日起对企业进行跟踪服务,确保引进人才户口迁入、社会保险参保等事项顺利进行。

(李艾娟)

【稳妥接收毕业生】 为引进优秀毕业生来本区工作,保证高校毕业生顺利就业,年内采取推荐优秀毕业生、争取非京生源进京指标、统计毕业生求职需求等方式做好毕业生接收工作。1. 继续实行毕业生就业推荐制度。广泛挖掘、充分调动区域就业资源,广开就业渠道,重点针对各类中小企业、民营企业和岗位需求较大的行业收集需求信息,推荐毕业生就业;2. 做好非京生源毕业生接收工作。为支持区域产业发展,满足人才需求,市局分配本区毕业生进京指标245人(不含教育),是上年的2.72倍。按照总量控制、专业对口、择优引进的原则,合理分配非京生源毕业生进京指标,重点支持区域经济发展重点保障的企业。本年度申报非京生源毕业生339人(其中包括74名社区专职工作者);3. 开展下年度毕业生需求统计工作,对全区100家机关、企事业单位、驻区非公经济企业申报2011年毕业生需求情况进行统计汇总备案。

(李艾娟)

【人员招录公平有序】 本着"公开、平等、竞争、择优"原则,开展机关事业单位工作人员招录工作。一是全面推行公务员职位竞争考试。在北京市各级机关上半年考试录用公务员工作中,本区27家单位53个职位共招录89人,报考考生1456人。经过笔试、面试、考察、体检环节,最终录用77人。在下半年考试录用公务员工作中,本区29家单位44个职位招录66人,最终录用49人;二是面向合同期满大学生"村官"招录公务员。拿出5个公务员职位专门面向合同期满大学生"村官"招录,通过报名和调剂报名,12人通过笔试进入面试,最终来自昌平、怀柔、海淀等区县乡镇的5名合同期满大学生"村官"进入体检考察阶段并办理报到手续;三是事业单位公开招聘工作人员。上半年15家事业单位110个职位招聘131人,报考考生886人,最终录用75人。下半年共有25家事业单位44个职位招聘64人,报考考生394人,最终录用32人;四是选聘当年高校毕业生到社区工作。市委、市政府安排本区接收126名应届毕业生和5名合同期满"村官"到社区工作。经北京市统一笔试和街道面试,126名应届毕业生和2名合同期满"村官"通过面试进入体检、考察阶段,最终录用124名应届毕业生和1名合同期满"村官"。全年为74名非京生源毕业生申报户口进京审批手续,为72名非京生源毕业生办理落户手续。

(李艾娟)

【军队转业干部安置】 挖掘岗位潜力,积极安置军转干部。上年安置到本区的军转干部109名,于当年1月报到47人,其中行政单位报到15人,事业单位报到32人。当年北京市下达本区安置任务80人,其中行政团职干部20人,行政营连职和专业技术干部59人,转业干部随调家属1人。经集中审档、综合考试、双选、指令性安置等阶段,安置到党政群机关及参照公务员法管理单位33人,安置到事业单位47人。

(李艾娟)

【随军家属就业安置】 在政策规定框架内,采取指令性、双向选择分配和考试考核相结合的创新举措,妥善安置随军家属。开展随军家属就业安置服务月活动,举办随军家属专场招聘洽谈会,除企业招聘外,区属5家事业单位和9个街道(社区)提供岗位36个(其中事业单位21个、社区工作岗位15个),报名参加事业单位、街道社区考试的有116人,最终聘用21人,其中事业单位6人,街道社区15人。当年事业单位招收录用随军家属19人。

(李艾娟)

【人力资源市场管理】 年初,原劳动力市场和人才市场统一整合为人力资源市场。年内依法管理辖区内人力资源市场服务机构,促进人力资源市场健康发展,对辖区内25家人力资源服务机构(包括2家人才服务机构、23家职业介绍服务机构)开展年审、换证及年中监督检查工作。经市局终审,25家服务机构全部通过年度审核,并核发统一的人力资源服务许可证,保障本区人力资源市场良好运行秩序。

(李艾娟)

【教育培训】 按照依法培训、整体推进、突出重点、按需施教、科学管理工作模式,提高培训质量、更新培训理念、创新培训方法,落实"大规模培训干部,大幅度提高干部素质"任务。1. 组织全区26个单位72名新录用人员(包括参照公务员管理及纳入工资规范单位人员)参加初任培训,全面提升新录用公务员为人民服务的理念;2. 举办科级干部任职培训班,培训上年新任科级干部59人,提升科级干部综合管理能力和执行力;3. 举办科级干部更新知识培训班,提升科级干部解决问题、分析问题、处理问题的能力与水平;4. 举办9期电子政务培训班,培训1500余人,进一步提升公务员电子政务水平;5. 开展军转培训,区军转干部首次参加市军培中心举办的统一培训,全区上年转业的47名军转干部于3月15日在顺义军培中心进行为期三个月的学习实践;6. 按照市公务员录用面试考官资格规定,举办第二期公务员录用面试考官培训,全区46个单位党政一把手、主管组织人事工作的单位副职、组织人事科长共计92人参加培训;7. 与区红十字会联手在区委党校举办5期"自救与互救"培训班,全区1500余名公务员(含处级)参加培训,实现全区公务员人人持有北京市红十字会急救员证,成为全市首个大规模完成公务员自救与互救全员培训的区县;8. 举办人力社保系统干部岗位培训班,全区450余名人事、劳资干部参加培训,提升业务水平和工作能力;9. 启动公务员学法大讲堂,规范本区行政机关公务员行为,保证公务员依法履行职责,200名公务员听取讲座。本年度完成市局检查组对本区"十一五"期间公务员培训、专业技术人员继续教育情况及人力社保系统干部岗位培训情况的检查工作。公务员初任培训率达到100%,任职培训率达到95%以上;专业技术人员继续教育达到规定标准。较好完成"十一五"教育培训工作,达到市考核标准,受到市检查组表扬与认可。

(李艾娟)

【事业单位工资制度改革】 结合上年绩效工资实际发放情况,按照绩效工资调控办法,核定当年事业单位工资总额,指导事业单位实施绩效工资分配方案。研究义务教育学校绩效工资工作新情况、新问题,完善义务教育学校绩效工资政策和分配的激励约束机制,切实保障义务教育教师工资各项政策落到实处。指导教委做好义务教育学校学年奖发放工作,采取积极措施,做好相关政策解释指导。完成公共卫生与基层医疗卫生事业单位实施绩效工资方案,本区公共卫生与基层医疗卫生事业的8个单位282名工作人员实施绩效工资。完成181个事业单位当年收入调查、资金来源调查工作,全面掌握各事业单位的收入现状,核定下年度事业单位工资总额。进一步清理规范其他事业单位津贴补贴奖金,加大事业单位收入调控力度,以缓解不同单位之间收入差距较大的矛盾。制定本区调整事业单位年终奖金标准的意见,进一步缩小机关、事业单位间的收入差距,规范事业单位奖金分配秩序,进一步调动事业单位工作人员积极性。

(李艾娟)

【事业单位人事制度改革】 按照全市整体部署,积极稳妥开展事业单位人事制度改革。到11月,278家事业单位全部完成岗位设置工作,设置岗位总量9376个。其中管理岗位1661个,专业技术岗位6206个,工勤岗位1509个。同时,做好事业单位岗位设置后岗位变更审核和批复工作,对5家主管部门所属的26家事业单位岗位设置进行变更核准,对15家单位1146人次的岗位变动情况进行审核。完成全区事业单位人事情况统计工作,截至12月31日,全区有270家事业单位实行聘用合同制,聘用人员8243人。从单位性质看,全额拨款单位6588人,差额拨款单位1398人,自收自支单位257人。

(李艾娟)

【专业技术人员职称管理】 年初完成2009年度全区专业技术人员职称备案工作,上年新晋升专业技术人员623人,其中:高级职称95人(含正高6人),中级职称265人,初级职称263人。年内,进一步规范评委会工作,完成教师职称评审检查验收。本年度参加高、中级评审委员会评审人数共计147人,经评审确定有133人取得高、中级教师职务任职资格,其中评审确定中学高级教师49人、中学一级教师36人、小学高级教师48人,通过率分别为80.3%、97.3%、98%。

(李艾娟)

【首家博士后科研工作站】 年初下发博士后科研工作站申报工作的通知,与高科技园区共同对申报企业进行走访、考察,推荐北京东方信联科技有限公司作为本区博士后科研工作站申报单位。经国家人力资源和社会保障部和全国博士后管理委员会审核,北京东方信联科技有限公司被批准建站,成为本区区属首家博士后科研工作站,为高端人才在本区创业提供平台。

(李艾娟)

【公务员管理】 加强公务员队伍建设,着重提高公务员管理和服务水平。1. 完成上年度机关督查考核工作。全区共参加督查考核单位72家,经过区领导、人大代表、政协委员、党代表及主管部门打分、网上互评和系统现场互评五个环节,评出"业绩突出单位"22个,工作创新单位32个,考核达标单位18个,无考核不达标单位;2. 完成对行政机关、参照公务员管理的事业单位、纳入工资规范管理事业单位工作人员(含机关工勤)的2009年度考核奖励工作。全年参加年度考核1747人,335人为优秀等次,占参加考核人数的19.18%,1371人确定为称职等次,占参加考核人数的78.5%,40人不定等次,占参加考核人数的2.3%,1人确定为基本称职等次。在参加考核人员中,授嘉奖奖励590人,占参加考核人数的33.8%,授三等功人员123人,占参加考核人数的6.6%;3. 完成推荐评选市人民满意公务员和人民满意公务员集体的初审和申报工作。经区推荐评选表彰领导小组初审、区长办公会和区委常委会研究决定，确定推荐1个先进集体候选单位和2个先进个人人选，经市评选表彰办公室网上投票和公示，最后区城管大队李宁当选北京市人民满意公务员，获1万元奖金，并享受省部级以上劳动模范和先进工作者待遇；4. 完成行政公务员、政府口参照公务员管理和纳入工资规范管理单位的210名科级干部任免备案工作。配合区委组织部完成公务员科级任免档案检查指导工作。全面推行竞争上岗，年内有150人参加竞争上岗，62人走上科级领导岗位；5. 完成区防汛办、水政大队、普查中心、预算编审中心、绩效考评中心等5个事业单位参照公务员法管理工作和新成立园林绿化局后原园林局部分人员划转工作以及物价检查所整建制划转工作；6. 按照市局部署，完成行政公务员、参照公务员法管理单位人员统计工作，全区当年行政公务员2200人，参照公务员法管理单位工作人员300人。

（李艾娟）

【军转干部服务】 落实市、区相关政策精神，主动为自主择业军转干部解决实际问题，确保自主择业军转干部群体的稳定。一是拓宽就业渠道，开展就业培训。根据年初市军转办关于加强自主择业军转干部教育培训工作通知要求，结合本区自主择业军转干部的实际情况，组织实施个性化培训，开展适应性培训，签订网络学习协议27人；二是完善基础设施，提高服务质量。利用现有条件最大限度为自主择业军转干部提供政策和信息服务，在区人事人才网中设置自主择业军转干部板块，利用网上平台发布信息、提供服务。自主择业军转干部足不出户就可以了解自己的退役金发放、医疗费和取暖费报销等相关情况；三是完成工作目标，解决实际问题。落实国务院军队转业干部安置组调研会要求，组织召开自主择业军转干部政策咨询座谈会。调研组听取本区工作汇报，并与部分自主择业军转干部进行座谈，对本区管理服务工作给予充分肯定。完成自主择业军转干部公费医疗向基本医疗保险制度并轨工作，为本区242名自主择业军转干部建立基本医疗保险。完成当年11人自主择业军转干部接收、退役金发放等工作。

（李艾娟）

【社会保险扩面征缴】 年内，全面做好五项社会保险的扩面征缴工作，进一步扩大社会保险覆盖面。1月起农民工参加养老保险强制增加，所有参保农民工全部增加养老保险，提高农民工参保率。全市社会平均工资提高，使本年度各项社保基金收缴额与上年同期相比有所增长。区域产业结构调整，越来越多的高新技术企业入驻石景山，股份制企业及民营企业增长迅速，全区每月单位新参保量保持在60户以上。1月起中铁建系统医疗保险属地化管理，在京单位在本区参加基本医疗保险。按照市局统一部署，11月1日开始实施个人委托存档人员补缴养老保险政策。及时落实养老保险补缴政策，为660人办理养老保险补缴手续，解决职工反映强烈的历史遗留问题。平稳开展城镇企业职工基本养老保险关系转移接续工作，为261人办理相关手续。本年度全区累计征缴社会保险基金27.7亿元，各项社会保险基金征缴率均达到98%以上，全面完成市下达本区的征缴任务。1. 养老保险：全区共有3344家单位163603人参加，收缴基本养老保险费176077万元，累计支付养老保险金258131万元。2. 基本医疗保险：全区3554家单位301011人参加（含离退休人员90373人），收缴基本医疗保险费84905万元，累计支付基本医疗保险金119394万元。3. 失业保险：全区3372家单位155541人参加，收缴失业保险费7176万元，累计支付失业保险金9559万元。4. 工伤保险：全区3374家单位172763人参加，收缴工伤保险费4882万元；累计支付工伤保险金5970万元。5. 生育保险：全区2342家单位118097人参加，收缴生育保险费4313万元，累计支付生育保险金1555万元。全年“一老一小”大病医疗保险参保缴费人数52145人，其中“一老”10340人、“一小”41805人。无业和残疾人员参加大病医疗保险总人数3179人，其中城镇无业居民2378人、城镇残疾无业居民78人、城镇重度残疾无业居民723人。城乡居民养老保险参保2556人，收缴基金454万元。

（李艾娟）

【社保基金收缴五险合一】 对“五险”（养老、失业、医疗、工伤和生育五项社保基金保险）进行整合，实现“五险合一”。1月25日，区社保中心基金征缴部与医疗保险部两部门合并，建立“五险”基金征缴部并正式运行。通过“五险合一”征缴五项社保基金，参保单位、参保人员社保信息和数据实现“同人、同城、同库”，参保缴费、人员变更、社保稽核等业务集中经办，一站式服务，确保征缴数据的完整性、准确性。在改进经办服务模式同时，实现社保业务网上申报，进一步方便职工和用人单位缴费和查询。

（李艾娟）

【养老保险跨省转移】 人力资源和社会保障部、财政部于上年底联合下发城镇企业职工基本养老保险关系转移接续暂行办法，本办法于当年1月1日正式实施。本区全年办理养老保险关系转出780余人，转入80余人。切实保障参加城镇企业职工基本养老保险人员合法权益，促进人力资源合理配置和有序流动，保证参保人员跨省、自治区、直辖市流动并在城镇就业时基本养老保险关系顺畅转移接续。

(李艾娟)

【持卡就医实现全覆盖】 在上年全市"持卡就医,实时结算"试点工作取得圆满成功的基础上,全力做好后续工作。在市局相关处室支持下,顺利完成迁安矿区医院上线运行,解决迁安矿区北京籍职工持卡就医问题。同时,不断加强社保卡服务体系建设,提高服务能力。截至年底,累计发卡32万张,发放率达到99.4%;全区62家定点医疗机构全部实现"持卡就医、实时结算",成为全市第一个实现全覆盖的区县。

(李艾娟)

【公费医疗向基本医疗并轨】 公费医疗制度向基本医疗保险制度并轨是本年度市委市政府重点工作之一,旨在解决公费医疗人员就医不便和报销周期长问题。按照市局部署,本区作为本市继公费医疗改革试点区县后的第一家改革区县,自10月1日起,原执行公费医疗制度的区属行政机关、事业及相关单位进行医疗保险制度先行改革。为保证全区区属机关事业单位公费医疗制度改革平稳过渡和顺利实施,成立领导小组,制定实施方案。6月24日,召开动员会,正式启动公费医疗改革工作。10月1日,区公费医疗与基本医疗并轨工作顺利实施,全区符合公费医疗向基本医疗并轨的215家单位18786人全部纳入,社会保障卡全部发放到位,并投入使用。截至年底,收支工作基本稳定。

(李艾娟)

【劳动鉴定】 年内,进一步加强医疗鉴定专家队伍建设。落实北京市劳动能力鉴定专家管理办法,规范医学专家管理,建立并完善医疗专家库,聘请医风正、医德高、技术精湛的18名医疗专家组成区劳动鉴定委员会,满足劳动鉴定需要。全年鉴定伤病职工628人,与上年同期持平,其中:工伤鉴定587人(达到伤残等级388人,未达到伤残等级39人,工伤导致疾病确认21人,配置、更换辅助器具确认125人,延长停工留薪期确认14人),因病提前退休劳动能力鉴定确认41人(达到完全丧失劳动能力的39人,未达到完全丧失劳动能力的2人)。全年劳动能力鉴定工作总体平稳,劳动能力再次鉴定结论改变率为0,未突破市局下达的再次鉴定结论改变率不高于鉴定总数1%的指标。

(李艾娟)

【退休人员审批】 全年审批退休人员5619人,其中男3166人,女2453人。退休金总计1227.97万元,养老金人均水平2185.39元。比上年人均水平2088.5元高出96.89元。

(李艾娟)

【工伤认定】 受理工伤认定申请621件,同比增加76件,其中:在工作中受到事故伤害的432件;预备收尾性工作中受伤5件;因履行工作职责受到暴力伤害的46件;患职业病的20件;因工外出期间受到事故伤害的37件;上下班途中受到机动车事故伤害的67件;认定为视同工伤的14件。截至年底,工伤死亡人数30人,同比增加2人。全年未出现因工伤认定而引发行政复议或诉讼。

(李艾娟)

【社会保险稽核】 受理群众社会保险举报投诉案件134件,涉及人员148人,年底全部结案。实地稽核67户,涉及缴费人数3430人,查出少缴漏缴社会保险费619人次,少缴漏缴社会保险参保基数1561.79万元,收回少缴漏缴社会保险费251.85万元。书面稽核641户,事前稽核30户,追回养老保险历年欠费77.54万元。

(李艾娟)

【劳动关系保持平稳】 《劳动合同法》实施三年,取得一定成效。从劳动关系运行情况看,未显现突出矛盾和问题,劳动关系双方法律意识逐渐加强,劳动合同签订率明显提高。全年累计监控企业360户,涉及职工37472人,其中城镇职工34603人,农民工2869人。签订劳动合同36273人,劳动合同签订率96.8%。城镇职工劳动合同续订率85%以上。集体合同执行期内企业共674户,涉及职工100236人,其中专项集体合同企业328户,涉及职工8979人。全年新增集体合同54户,涉及职工33213人,其中专项集体合同31户,涉及职工1796人。

(李艾娟)

【劳动保障监察执法】 做好劳动保障监察执法工作,认真查处各类劳动关系违法案件。全年对辖区内1287家用人单位进行劳动保障监察,涉及职工48930人,其中开展专项监察检查用人单位336家,日常巡视检查用人单位752家,查处举报投诉77家,对用人单位进行书面审查122家,其中检查非公企业占检查用人单位总数的95%。督促用人单位办理社会保险登记11家;督促用人单位缴纳社会保险费7家,为职工186人缴纳4.4万元;督促用人单位签订劳动合同361份。全年立案147件,其中日常巡查检查立案70件,受理职工举报投诉立案77件,在规定的期限内结案率100%,无逾期未结案件;作出行政处罚10件,处罚金额2.3万元。

(李艾娟)

【实现无拖欠工资目标】 全年通过各种检查方式,查处工资类违法案件46件,为劳动者追发工资440.59万元,涉及职工751人,其中处理建筑企业拖欠农民工工资19起,追发工资435.96万元,涉及724人,实现无拖欠工资目标。主要措施:一是完善落实"无拖欠工资目标"工作方案,加强组织领导,明确责任分工;二是针对重点行业开展劳动保障专项监察,针对历年建筑企业拖欠农民工工资情况,开展春节前农民工工资支付专项执法大检查；三是建立企业欠薪预警机制，全面查清建筑工程项目和施工情况，编制在建施工项目和施工企业目录，实施工资支付动态监控；四是加大劳动保障法律、法规和规章宣传力度，开展“致建筑施工企业规范劳动用工一封信”活动，督促企业按月足额支付工资；五是建立全天候不间断的应急值班制度，设立应急小组，24小时备勤。发生拖欠工资突发事件，应急小组半小时内到达事发现场调查处理；六是加强部门协作，妥善解决拖欠工资问题。对情况复杂且处理难度大的案件，与公安分局、区建委、信访办、集体经济办、武装部等部门建立联动机制，形成合力妥善解决。

（李艾娟）

【劳动人事争议仲裁】 按照市仲裁委统一部署和人社部劳动人事争议仲裁组织规则相关要求，整合本区劳动人事争议仲裁委员会。调解仲裁工作以落实“公正与效率”为主题，维护区域和谐稳定的劳动关系。全年受理劳动人事争议案件1133件（人事争议案件为0），较上年减少305件，同比下降21%。其中集体劳动争议67起，涉及人数438，较上年同期减少13起，同比下降16%，涉及职工人数同比下降29%。按照“速立、速结”制度，严格把握案件审限，无超时限立案问题，经调解结案533件，占结案的47%，超额完成市局下达全年调解率35%的工作指标，全年结案率100%。通过调解或仲裁企业为劳动者支付劳动报酬415.3万余元、经济补偿及赔偿金191.9万余元、其他金额98.5万余元，依法维护当事人合法权益。

（李艾娟）

【劳动人事争议预防】 继续加强劳动人事争议预防，力争将争议化解在基层，维护和谐稳定劳动关系。1.加强对企业劳动争议调解中心的指导。通过庭审观摩、现场指导及经验交流等形式对首钢和物美两个企业内部劳动争议调解中心进行业务指导，使两个中心作用发挥明显。首钢劳动争议调解中心全年受理本企业劳动争议98件，调解成功81件，成功率82.7%；首钢各基层调解组织（含中心）全年共受理劳动争议223件，调解成功174件，成功率78.5%。物美劳动争议调解中心及下属各店调解机构全年受理本企业劳动争议61件，调解成功60件，成功率98.4%。2.推进本区劳动争议调解体系建设。按照市局、市总工会、司法局要求，9月，各街道及园区管委会建立劳动争议调解中心并开展调解，全年受理劳动争议475件，调解成功234件，成功率49.2%。3.继续在有条件的大中型企业或行业内部建立劳动争议调解中心，协调北京北重汽轮电机有限责任公司及中铁建设集团有限公司等有关单位推进本企业内部劳动争议调解体系建设。4.加强行政调解，将争议化解在立案之前。本年度通过行政调解解决在立案之前的劳动争议案件达1357件，首次行政调解数大于立案数。5.加强劳动法规、政策宣传。通过宣传《劳动合同法》、《劳动争议调解仲裁法》等法规及对法定代表人、劳资负责人进行专项培训等形式，加强用工制度规范性，预防劳动人事争议发生，维护劳动关系稳定和社会和谐。

（李艾娟）

残疾人事业

概　述

北京市石景山区残疾人联合会（简称区残联）是地区残疾人的统一组织，是将残疾人自身代表组织、社会福利团体和事业管理机构融为一体的残疾人事业团体。归口区委管理，业务上接受市残联指导。下属残疾人就业服务中心、活动中心等事业单位，在9个街道设街道残联，138个社区成立残疾人协会，形成区、街道、社区三级工作网络。主要职能是履行“代表、服务、管理”职能，代表残疾人共同利益，维护残疾人合法权益；开展各项业务和活动，直接为残疾人服务。年内，坚持以残疾人为本，围绕实现“人人享有康复服务”、促进残疾人就业、开展群众性文体活动、创建示范残疾人温馨家园等重点工作，以残疾人社会保障体系和服务体系建设为目标，通过创先争优、创建学习型机关等活动，调动残疾人工作者积极性，带领广大残疾人积极参与社会建设，努力解决残疾人实际困难，残疾人生活得到改善，幸福感有所提高，各项工作得以顺利开展。获市“两刊宣传工作三等奖”、区“工作创新奖”等称号，被评为区“文明单位”、“优秀信息单位”、“信访工作先进单位”、“社会文化工作先进集体”。在第五届北京市残疾人职业技能竞赛中，获得团体总分第二名和最佳组织奖。

地址：古城北路
电话：68860754
邮编：100043

（刘会生）

【扶贫工作】 落实社会保障政策。

截至年底,全区享受低保残疾人1405人;享受无固定性收入重残无业残疾人生活困难补助的555人;享受失业残疾人生活困难补助的238人;享受特困残疾人生活困难补助的799人。为42名残疾人办理特事特办,发放一次性临时救助款211500元;开展走访慰问工作,贯彻落实安居助残工程,解决残疾人的住房困难。元旦、春节、“助残日”、国庆节期间走访慰问残疾人5259人;全区有123名残疾人享受廉租住房政策,其中87人享受实物配租;加大居家养老助残工作力度,提升残疾人社会福利水平和生活质量。全面落实“九养”文件精神,召开培训会,讲解政策,做好居家养老助残的宣传工作。有61家服务单位为残疾人提供家政、餐桌等居家助残服务,2426名残疾人享受居家养老(助残)券,累计发放助残券面值2372800元,结算金额2121129元;375名残疾人提出申请配备小帮手电子服务器,192名自愿购买配备。

(刘会生)

【残疾人就业】 综合开展“四帮扶”活动(即职业规划帮扶、就业政策帮扶、就业岗位帮扶和职业技能帮扶),帮助残疾人解决就业难题。与区人力社保局成立就业援助月专项活动领导小组,开展以“就业援助进家入户,帮您解决就业困难”为主题的就业援助月专项活动;在第二十次“全国助残日”前期举行以“春风化雨 情满人间”为主题的残疾人大型专场招聘会;全年共举办招聘会16次,介绍成功73人次;举办职业指导讲座9次,共261人次参加;职业能力测评30人;进行求职34人;新安置残疾人就业153人,超额完成市残联下达的就业安置指标;对符合城镇个体就业残疾人保险补贴政策的25名残疾人,发放保险补贴资金10.7万元;对上年残疾人就业保障金审核、代征工作中超比例安置残疾人的31家优秀单位发放奖励资金17.7万元;为151家安置残疾人就业的用人单位发放岗位补贴,合计金额296万元。

(刘会生)

【职业培训】 创新培训项目,实现残疾人就业。与阳光职业技能培训学校签订培训协议,培训工作做到与就业岗位相结合、与传统文化相结合、与残疾人职业培训需求“三结合”;开展残疾人职业技能竞赛项目调查和全市劳动年龄段残疾人职业培训需求调查;举办区残疾人职业技能竞赛;开展劳动年龄段内视力残疾人需求调查,走访盲人保健按摩机构,为18家盲人按摩店换发盲人保健按摩机构执业资格证书。全区共有328名残疾人参加烹饪、蛋糕装饰、计算机、盲人保健按摩等项目的培训班;有34名盲人按摩师分别参加市、区两级的保健按摩、医疗按摩等培训项目,在第五届北京市盲人保健按摩师职业技能比赛中,获得一等奖1名,二等奖1名,三等奖2名,并获优秀组织奖;25名残疾人选手参加第五届北京市残疾人职业技能竞赛,角逐计算机组装、室内摄影、西式面点等18个竞赛项目,有10名选手分获各参赛项目的一、二、三等奖,并获得团体总分第二名及最佳组织奖的成绩。

(刘会生)

【康复服务】 全面完成年度各项康复工作指标。实施白内障复明手术2200例,免费为30名贫困白内障患者进行复明手术;肢体康复训练755人,肢残儿童训练10人;儿童听力言语训练20人;智残儿童系统训练22人,成年智障系统训练194人;精神残疾人入住农疗基地36人;为285名贫困精神病人办理免费服药,系统训练91人。继续实施扶助残疾儿童康复工程,对11名残疾儿童少年进行救助,救助金额15万余元;实施儿童康复救助工程救助儿童73名,救助金额28万元;为2名儿童免费安装人工电子耳蜗价值33万,为2名儿童免费人工电子耳蜗升级价值12万元。

(刘会生)

【民办康复】 加大民办康复工作力度,推动儿童康复工作健康发展。区残联领导到小飞象训练发展中心调研;在全国助残日、教师节、中秋节期间到小飞象训练发展中心、太阳花聋儿听力言语康复中心和漂亮妈妈聋儿听力言语康复中心走访慰问,送去学习用品和生活用品,让残疾儿童深切感受到社会大家庭温暖。小飞象训练发展中心,太阳花聋儿听力言语康复中心争取阳光家园支持款13万元,通过市康复技术指导中心的检查验收;小飞象训练发展中心列入阳光家园计划,成为市儿童康复定点机构。

(刘会生)

【信访与维权】 全年接待处理信访维权94件,其中来信7件,来电来访87件,实现非正常集体访零指标,实现“无重大重复上访户”工作目标。贯彻信访条例,落实信访工作制度,不断提高预防、化解矛盾纠纷的能力;建立与市残联、区政府、街道残联相互连接的信息沟通机制,发现苗头及时上报市、区相关部门;深入开展信访宣传,定期排查调处人民内部矛盾,注重思想疏导、有效稳控,采取多种形式化解矛盾,将各类矛盾隐患吸附在本单位,将问题吸附在基层,完成信访排查调处任务,为确保全区社会稳定作出贡献。

(刘会生)

【宣传残疾人事业】 利用“爱耳日”、“爱眼日”、“助残日”,广泛宣传残疾人事业。全年发放宣传册4000余份、宣传材料1万余张,张贴宣传画200余张,制作板报120余块。第20个“助残日”期间,在《石景山报》刊登题为“帮扶贫困残疾人共享社会关爱阳光”两个版面专版和“谱写残疾人事业科学发展新篇章”专版,全年在《石景山报》出专版12个。

编辑《蓬勃发展的石景山区残疾人事业》画册，发给区人大代表、政协委员。全年在《中国残疾人》、《挚友》等刊物上刊登稿件47篇；在《北京日报》、《北京晚报》刊稿4篇；《石景山报》刊稿近百篇，其中千字以上的稿件21篇。区有线电视台播稿52篇，制作5期访谈节目，播发新闻报道32条。

（刘会生）

【文体工作】 搭建社区健康娱乐平台，在社区普及健身操、柔力球等残疾人群体性文体活动，开展丰富多彩的残疾人文体活动。在第二十个全国助残日到来之际，区政府残疾人工作委员会在首钢古城影剧院召开扶残助残先进集体、先进个人和残疾人自强标兵表彰大会，市残联领导和区四套班子领导出席大会，残疾人进一步感受到党和政府的温暖，增强自强自立信心，社会单位增强扶残助残的社会责任感，进一步营造良好的扶残助残氛围。

（刘会生）

【组联工作】 建立残疾人温馨家园联系制度、活动信息报送制度和固定资产管理制度等长效机制，争取资金70万，完成7家温馨家园的改造升级。发挥枢纽型社会组织作用，扶持创建第1家爱心助残养老便民服务机构，为残疾人提供新的综合服务平台。与区交通支队携手开展“交通安全服务示范岗”活动，组织残疾人在社区接受交通安全知识教育，进一步提高残疾人交通安全知识、法制观念和安全意识，杜绝非法运营行为，树立遵纪守法良好形象。区残联增加1名工作人员，为各街道残联增加养老助残员11名。与区委组织部、区编办、区人力社保局、区社会办等单位就增加编制、规范事业单位人员工资待遇、增加社区残疾人工作者工资等事项进行协商，到年底进入具体研究、汇总意见阶段。

（刘会生）

【无障碍建设】 为731余户残疾人家庭进行无障碍改造，为200户老年人安装无障碍设施，使残疾人出行、居家更加便利。参加全国100个城市创建无障碍示范城工作，无障碍建设取得新进展。为五个街道残联配发5辆无障碍专用车，用于残疾人开展各种活动。采取平时街道管理，必要时区残联统一使用的管理机制，为残疾人出行和参与社会生活创造便利条件。

（刘会生）

【编制规划】 根据市残联、区政府总体要求，科学编制“十二五”规划。通过深入基层开展调研；请中残联、市残联、区残工委相关部门开展康复、就业、信息化、信访等专题调研、座谈；召集残疾人工作者和残疾人骨干总结“十一五”时期残疾人事业工作情况，特别是残疾人就业工作、残疾人就业保障金管理和使用工作情况、无障碍环境建设等方面的情况，以及征求意见等方式，经过近半年努力，五易其稿，初步形成规划初稿。

（刘会生）

人口和计划生育

概　　述

北京市石景山区人口和计划生育委员会(简称区人口计生委)是区政府依法负责全区人口和计划生育工作的职能部门，设办公室、调研统计科、流动人口法制科，编制为11人，辖计划生育技术服务站、计划生育宣传站和计划生育药具站3个事业单位，编制9人。年内，全区人口和计划生育工作始终以“稳定低生育水平，统筹解决人口问题，促进人的全面发展”为主线，以综合改革为契机，本着“围绕中心、加强统筹、开拓创新、突出重点、全面提高”的总体思路，着力在事关全局的主要工作和基础性工作上下功夫，取得明显成效。为全面完成“十一五”规划和CRD“三步走”战略第一步目标任务营造良好的人口环境。

地址：杨庄东路甲65号
电话：68863385
邮编：100043

（王　芹）

【领导小组会和工作会】 2月5日，召开区人口与计划生育领导小组会。周茂非与各综合治理部门、街道、部队、驻区大企业签订人口与计划生育综合治理责任书，进一步调整和明确各成员单位统筹解决人口问题的职责。荣华提出三点意见：1.坚持以人为本，始终高度重视和加强人口与计划生育工作；2.坚持以科学发展观为指导，千方百计稳定低生育水平，下大力气提高人口素质，切实加强流动人口服务管理，加大人口规模调控力度，努力解决出现的新情况新问题；3.坚持统筹解决人口问题的领导体制和工作机制，在组织领导、主要工作、统筹机制上形成工作合力。全区39个综合治理部门、北京军区计生办、首钢总公司、北重等单位领导参加会议。周茂非在全区工作大会上强调，一是认清形势，围绕中心，努力在“高标准”上适应“新要求”。要适应人口和计划生育工作转型期新要求，进一步强化改革创新意识；要适应建设“世界城市”和打造“CRD”战略目标的新要求,进一步强化服务中心意识;要适应“人口计生工作模范区县”新要求,进一步强化责任忧患意识;二是明确任务,突出重点,努力在“高平台”上实现“新突破”。要集中开展三项活动,即“改革创新年”、“优质服务年”、“提质强基年”活动;三是明确责任、狠抓落实,努力在“高起点”上再上“新台阶”。

(王　芹)

【加强人口调研】 年内,高标准完成区重点调研课题——“优化人口结构服务区域经济社会发展的调研”。通过课题调研,准确把握和分析人口结构特点,提出优化人口结构、适应世界城市建设需求、促进区域经济社会发展相关政策建议,区发改委、人力社保局等6个相关部门参与调研。在开展课题调研基础上,年末举办以“优化人口结构,促进区域发展”为主题的第二届人口与发展论坛。区人口计生委以“面向世界城市,优化人口结构,服务区域经济社会发展”为题、中国社科院专家以“人口结构优化的国际大都市经验和对石景山的启示”为题作主题演讲,区发改委、教委、科委、人力社保局等4个单位主要领导对本部门调研课题进行专题汇报,分别从产业结构优化、教育、人才引进、就业角度对优化人口结构进行解析。为统筹解决区域人口问题提供理论依据和政策参考。

(王　芹)

【编制人口规划】 按照全区“十二五”规划编制工作要求,科学编制“十二五”人口发展规划和计划生育事业发展规划。按照规划前期准备、部署启动、深入调研、初稿形成、修改完善、审批发布的工作思路,有序推进工作。3月,制定编制工作方案,成立领导小组,确定“十二五”时期人口调控和发展思路研究。6月,召开由相关部门主管领导参加的动员部署会,安排部署编制工作,同时对相关部门任务进行分解,明确规划编制基本思路,并开展人口规模预测和人口承载力研究。8月,完成初稿撰写,并根据各部门规划内容进行调整和衔接。9月,完成规划征询意见稿并召开三次相关部门、专家学者、人大代表、政协委员参加的征询意见会。截至年底,规划在进一步修改完善中。

(王　芹)

【配合人口普查】 通过与公安、卫生、流管等部门核实信息、走访调查等方法,慎重稳妥做好第六次全国人口普查期间超生申报工作。通过主动宣传政策、开展调查摸底、加强部门沟通,主动为群众提供超生申报“一站式”服务,做好社会抚养费征收工作,全年受理审批历年累计超生90例,征收社会抚养费853万余元。开展重点信访案件排查调处工作,妥善处理信访案件,使群众合法权益得到维护和保障。开展人口基础信息核查,对2000年以来本区人口出生情况进行全面核查,开展育龄妇女信息核实、补录和户籍人口基础信息的采集、录入工作,较好发挥人口计生在“六普”中的基础信息作用。

(王　芹)

【强化对外宣传】 创新宣传载体,开展“一十百千万”人口文化宣传季系列活动。按照“一次大型主题宣传、十场文艺演出、百回系列讲座、千人赛诗会、万名流动人口赞家乡”的工作部署自下而上地逐级开展,先后举办“4·22”地球日主题宣传活动、区(街)纪念世界人口日文艺演出、社区人口国情巡回讲座、“5·29”携手国策唱响辉煌赛诗会等,将流动人口、计生协会、基层基础工作等有机结合起来,扩大宣传覆盖面。拓展宣传内容,开展和谐计生活动。纪念“公开信”发表30周年,与首钢总公司计生办联合举办以“重温国策路,再展和谐风”为主题的纪念“公开信”发表30周年暨和谐计生家庭表彰活动,展现和谐计生家庭风采。打造宣传阵地新品牌,相继建成西山枫林小区人口安全教育基地、苹果园民族人口文化长廊、老山人口健康园等社区精品工程,为全区100多个社区新安装人口计生宣传栏,并在金顶街模西中社区建成全市首家人口文化活动室,使社区真正成为“倡导婚育文明,构建和谐家庭”的基层单位。继续办好《人口视窗》,发挥宣传媒体作用。

(王　芹)

【流动人口管理】 开展区域协作,与43个县市签订双向管理协议书。通过PADIS系统,与户籍地开展信息互通,实现流动人口双向管理和服务。召开区域协作研讨会,开展社会抚养费异地征收工作。启动流动人口出生监测和动态监测调查,建立健全流动人口计划生育工作分类管理、权益维护等六项工作制度。

(王　芹)

【强化优质服务】 从关注民生着手,开展“出生缺陷干预工程”。为提高出生人口素质,构建与卫生、民政等部门服务相衔接的出生缺陷综合干预平台,在全区实施“健康生育计划”,继续开展免费唐筛项目,“婚育健康服务包”和叶酸免费发放工作,继续办好“人生课堂”,努力减少出生缺陷发生;在新婚夫妇中开展免费婚前健康检查需求调研,并通过赠送新婚礼包这种温馨的宣传服务方式,让新婚夫妇重视优生优育,共计发放婚育健康服务大礼包1573个。开展“生殖健康促进工程”,组织无业、特困已婚育龄妇女健康体检,加大生殖道感染干预力度。全年为2016名已婚育龄妇女提供体检和咨询服务。实施药具易得工程,推进避孕节育知情选择。继续拓展药具发放渠道,在部分社区、单位、企业新装第四代避孕药具自助发放机60台、发卡18000张。建立以社区计划生育信息员为主的基层药具发放队伍,加大药具发放力度。

在全区广泛开展药具“三基”岗位练兵和知识竞赛活动，并在全市“三基”岗位练兵知识竞赛中荣获三等奖。开展已婚育龄妇女采取长效避孕措施情况调查分析，提出有针对性的对策建议，确保育龄妇女生殖健康。提升男性生殖健康水平，10月25日与首钢医院、银建公司联合，围绕“关注男性健康 促进家庭和谐”主题，结合男性性与生殖健康国际项目，举办“欢乐金秋 情暖的哥——石景山区10.28男性健康日宣传活动暨促进出租车司机性与生殖健康国际项目”启动仪式。开展“困难家庭帮扶工程”。开展独生子女伤残特别扶助工作。经社区居委会、街道计生办、区人口计生委三级审核，全区共确认478名伤残扶助对象和202名死亡扶助对象，并将扶助金存折发放到位。全年共发放独生子女父母各项奖励费134.5万元。此外，还开展“温暖献给国策人”走访慰问计生困难家庭活动。在驻区企业中开展“幸福工程—为贫困母亲捐款”活动等。

（王　芹）

【信息平台建设】 经过两年建设，人口信息库一期建设初步完成，人口基础信息库进入全面运行阶段。全区流动人口信息导入该平台后，使其涵盖的个人信息数量由原来43万人扩展到60余万人；户籍人口信息经过与公安分局数据进行比对，准确程度进一步提高；完成与政务信息门户集成，将人口信息平台挂靠到政务信息门户上，定期发布人口信息统计分析结果，将实有人口库服务范围扩大到全区各单位。

（王　芹）

【基层基础建设】 开展区、街、居三级业务培训，人口计生干部队伍建设得到加强。召开区计生协七届二次理事会，实施协会评估认定工作，加强特色协会组织建设，成立新居民计划生育协会组织，开展各种宣传服务活动。加大社区计划生育技术服务基础设施投入，规范社区计生（卫生）服务站管理，召开社区计生（卫生）服务站计划生育工作总结表彰会，促进社区卫生服务站水平提升和人人享有生殖健康目标的实现。

（王　芹）

私营个体经济

概　　述

北京市石景山区私营个体经济协会（简称区私个协）由全区私营企业、个体经营者及其从业人员组成，是经济社会团体行政主管机关核准注册登记的社会团体法人。协会会员包括在本区工商行政管理机关登记注册的私营企业（包括个人独资企业、合伙企业、公司制以及其他组织形式的私营企业）、个体工商户的从业人员。区私个协成立10年来，全区私营个体经济迅猛发展，逐年递增，私营个体主体的数量增长近3倍。截至年底，全区私营个体企业37693户，其中私营企业11553户，个体户数26140户，私营个体经济主体占全区经济主体总数的92%，私营企业注册资本数额累计151.46亿元。区私个协各成员单位依法经营，照章纳税，纳税总额约9.2亿元，其中私企纳税达8.56亿元。据统计，全区从业总人数约25万，其中私营企业从业人员共计44170人，个体工商户从业人员为33545人，合计77715人，占从业总人数31%，私营个体经济发展壮大在增加地区财政收入，发展社会生产和改善人民生活，吸纳新增就业，安置下岗、失业人员再就业方面发挥重要作用，为促进地区经济发展作出应有贡献。协会内设办公室、服务部、宣教部，下设八角、金顶街、古城、苹果园、鲁谷五个直属分会，另设个体出租汽车、美容美发、餐饮、食品流通四个行业分会。年内，在市私个协指导和工商分局党组领导下，发挥职能作用，引领私营企业和个体工商户共同营造辖区良好市场生态环境，促进私营个体经济健康快速发展。筹建会员之家，会员法律服务中心、加强协会干部力量，重新修订岗位职责。优化办公环境，对外设置公示牌，添置摄像机、照相机、计算机等设备，更新改造会议室等。促进协会组织建设落实到位。各项工作扎实推进，整体素质不断提升，取得显著成效。协会获“全国基层组织建设先进单位”、“全国服务维权先进单位”，市工商局“先进集体”、市“私个协系统先进单位”，区“文明单位”称号；食品流通行业分会、八角分会、苹果园分会获市“私个协系统先进分会”称号；会员钟青林获“北京市劳动模范”称号；京汉、爱依等80多名会员单位获市、区级文明单位、先进私营企业、优秀个体工商户等多项荣誉。

地址：八角西街12号
电话：88708326
邮编：100043

（杨文彪）

【分会组织建设】 从调整直属分会领导人手，决定5个分会由原工商所副所长担任分会长调整为由所长担任，分会秘书长由工商所1名副所长担任。此举更加便于内部及横向协调,解决分会干部年龄老化等问题,4月对外招聘5名大学生,经培训后充实到5个分会,加强分会工作力量,提升分会人员整体素质。年内各分会完成换届工作。

(杨文彪)

【会员小组建设】 会员小组是组织建设的基础架构,是保障各项工作落实到位的基础。随着私营个体数量迅速增长,建立会员小组更加迫切。协会专题研究指导各分会从重点行业入手,按照从事行业和网格地域建立会员小组。截至年底,各分会建立179个会员小组(其中包含食品流通行业小组45个、市场行业会员小组67个),推选会员小组长和副组长358名,覆盖会员单位5531个。

(杨文彪)

【落实开放式办会】 落实市协会提出的开放式办会方针,完善协会和分会组织领导,聘请常务副区长王春杰为区私个协名誉会长,聘请区发改委主任等5个政府职能部门一把手担任副会长。五个分会聘请9名街道办事处主任和副主任担任名誉分会长,聘请政府职能部门派出机构的15名科级领导担任副分会长。新的领导成员组成形式,发挥相互支持共同促进地区私个经济发展的积极作用。

(杨文彪)

【落实分中心建设】 根据辖区实际,协会提出"以分会为载体建立分中心"的组织建设新模式。即区私营个体经济指导服务中心在5个分会建立5个分中心,分中心主任由分会秘书长兼任,按照区协会(指导中心)要求,分会与分中心合署办公,两块牌子一套人马。年内5个分会已全部建立分中心,分会与分中心正式统一对外挂牌。此举不但提升社会对私个协和指导中心的认知度,也为下一步指导中心开展工作奠定组织基础。

(杨文彪)

【提高党建覆盖面】 完成协会党总支和分会支部换届工作。依托协会优势,加强对零散党员管理,扩大党组织覆盖面。年内在私营企业中新建4个党支部,在有形市场内新建3个党小组。截至年底,区私个协党总支有支部11个,正式党员29名,临时党员17名。年初结合个体验照和企业年检工作,通过填写调查表,上门走访等形式,摸清辖区私个经济中党员数量。深入了解私个经济组织党建工作情况。通过与街道办事处、园区管委会等部门联合共建等方式,目前全区私个经济组织中有党员5396名,各相关部门已在私个经济组织中建立党支部220个。组织私个协党员开展党日活动。协会党总支召开"庆祝中国共产党成立89周年"党员大会,为每个支部配发党旗和学习资料,为党员配发党徽。以党建促团建,年内在辖区新建团总支1个,团支部5个。区私个团工委已有团支部13个,团员99名。上述做法在市协会召开的全市组织建设大会上作重点发言。区协会被中国个体劳动者协会授予"全国基层建设先进单位"称号。

(杨文彪)

【提高会员凝聚力】 依靠政府支持,依托工商职能,利用会员资源,发挥联系会员广泛的优势,不断创新活动载体,有针对性地开展活动,凝聚会员,促进发展。全年组织辖区会员开展培训、讲座、文体等各类活动35次。推进活动制度化,做到有计划、有方案、有主题。年内组织:4项百人以上大型活动:一季度以"提高会员技能,争创岗位能手"为主题,连续两年举办美容技能美发大赛;二季度以"提高会员体能,开展争先创优"为主题,开展登山、羽毛球、拔河等体育比赛活动;三季度以"歌唱祖国,弘扬爱国主义精神"为主题,举办"十一"大型文艺汇演活动;四季度以"诚信守法,依法经营"为主题,举办系列法规知识培训讲座活动。坚持开展"送温暖"活动,分别对5户困难会员进行走访慰问,送去食用油、米、鸡蛋等价值0.2万元慰问品;召开30余名私个妇女会员参加座谈会,对私个经济妇女工作提出很多好建议;召开"劳动模范推荐人物事迹报告会",被区私个协推荐评为市劳动模范的个体劳动者钟青林作事迹报告;"五一"前夕,八角分会与办事处、街道工会共同举办"庆五一八角地区美容美发大赛",会员积极参与,切磋技艺,促进行业水平提高;苹果园分会在八大处公园举行会员登山比赛,加强会员之间交流;鲁谷分会协同相关政府部门到食品流通行业分会理事及会员单位进行工作指导;金顶街分会开展法律培训、技能大赛活动;古城分会开展融资贷款服务咨询培训和辖区餐饮企业比赛活动。协会开展活动主动与政府相关部门沟通联系,主动邀请区领导参加,争取政府支持,提高活动影响力。上述做法在全市光彩服务活动大会上进行介绍。

(杨文彪)

【搭建融资服务平台】 制定中小企业融资服务实施方案,与邮储银行西区支行签订个体私营企业金融服务合作协议。2月8日举行融资服务启动仪式,初步构建起为中小企业融资贷款服务的基本框架。1.加强合作,建立层级沟通机制。自2月起,区私个协服务部与西区支行信贷部、各分会与西区支行所属各营业部、各分会干部与信贷员三个层级分别实现对接,确立双方联系人,共同为企业搭建高效便捷的融资贷款服务平台。2.广泛宣传,形成互动的宣传机制。与西区支行共同制作12块宣传展板、6块融资贷款服务平台标牌,分别设立在辖区5个工商所的服务大厅,各分会充分利用验照、年检时机,发放宣传材料3000余份,同时邀请西区支行派出专业人员配合介绍服务产品,进一步扩大宣传面和力度。3、强化服务，形成推荐反馈机制。对有融资贷款需求、信誉较好的中小企业，区私个协和各分会以推荐表形式向西区支行推荐，支行为上述企业提供优质、高效、便捷、优惠的服务。截至年底，区私个协推荐896户中小企业，有404户获得邮储银行贷款，金额达5051万元。比上年同期提高527%，融资贷款额度在全市私个系统名列前茅。为地区经济大发展注入急需的资金活力。

（杨文彪）

【搭建交流服务平台】 做好网站建设工作，对网站整体设计、布局与模块内容，表现形式进行更新和完善，进一步发挥服务会员作用。网站在5月底正式开通，为私个协会员搭建起一个网上交流服务的平台。到年底网站发布各类信息300余条。

（杨文彪）

【搭建法律服务平台】 成立会员法律服务中心，为会员提供法律支持。协会和各分会全年接待法律咨询507件，培训会员932人次。9月，成立会员法律服务中心，聘请4名专业律师为会员提供各类法律服务。促进私营企业和个体工商户健康发展，增强法律意识、提高依法经营能力，推动私营企业和个体工商户发展壮大。

（杨文彪）

【搭建义务年检平台】 在5个分会设立义务年检服务平台，为会员提供年检服务。各分会工作人员先后为3397户私营企业进行义务年检，占私营企业总数的33%。

（杨文彪）

【引导行业自律】 区私个协下属美容美发、餐饮、个体出租、食品四个行业分会，年内，加强完善食品流通行业分会建设，把引导行业自律作为营造区域良好市场生态环境突破点，取得一定成效。1月，分会宣传贯彻有关食品安全法律法规，开展知识培训，组织会员学法守法，进一步引导经营者诚实守信、合法经营，保障公众身体健康和生命安全；2月，制定石景山区食品流通行业自律公约，从食品进货管理、建立台帐、不安全食品退市、创建文明服务窗等八个方面规范自身经营行为，抓住春节重点时段，在重点大街1000余家食品经营户店堂内张贴自律公约；4月，制定石景山区食品流通行业自律规则，建立表彰和惩戒机制，规范行业自律，强化诚信经营；“十一”前夕，总结汇集分会近两年自律工作，印制2000本《自律手册》，向会员发放。

（杨文彪）

居民生活状况

概　　述

区统计局、经济社会调查队住户调查工作，以提高统计数据质量为中心，不断完善统计基础工作，坚持实事求是，优化服务质量，为各级政府了解和掌握人民生活、收入分配等社会经济发展情况提供调查数据，对研究消费、需求、保障等国计民生问题起到十分重要的作用，住户调查的相关民生指标已列入各级政府全面小康统计监测和科学发展评价考核体系。截至年底，全区共有300户常规居民家庭调查户和50户常规居民低保家庭调查户，街道覆盖率分别达到100%和56%。据居民家庭生活抽样调查资料显示，本区常规居民家庭人均可支配收入为28051.22元，比上年增长9%，居民家庭人均消费性支出为18902.76元，比上年增长10.66%，人均存入储蓄款25246.49元，比上年增加765元；人均社会保障支出3516.84元，比上年增加300元。

（邢瑞华）

【居民收入】 居民人均可支配收入为28051.22元，同比增长9%。从收入构成来看，人均工资性收入21227.18元，同比增长10.91%；人均经营性收入319.29元，同比下降4.58%；人均财产性收入415.71元，同比增长70.46%；人均转移性收入10413.54元，同比增长3.96%。人均工资性收入和转移性收入占家庭总收入97.7%，两项收入分别拉动居民家庭总收入增长6.4个百分点和1.2个百分点，这两项收入已经成为居民家庭收入主要来源。工资性收入增长主要原因：一是元旦、春节、“五一”及“十一”期间，部分单位发放过节费及年终奖金、业务提成对累计工资收入拉动明显，经济形势转好，部分单位发放年终奖金有所提高，1~12月，人均工资性收入大于5000的人数较上年增长37%；二是单位发放各种购物卡数量及金额均有所提高，购物卡消费直接拉动地区消费市场；三是本市提高低收入人员收入水平，最低工资标准由每小时不低于4.6元、每月不低于800元，提高到每小时不低于5.5元、每月不低于960元，低收入人员工资性收入水平得到大幅提升；四是地区就业结构更加优化，社区针对外来及伤残人员开展多种技能培训，居民从事第二职业比例增加，其他劳动收入同比提高1.2倍，增幅达到52%；五是就业形势转好，区人才中心开展各种招聘会拓宽本区居民就业渠道，离退休及失、待业人员

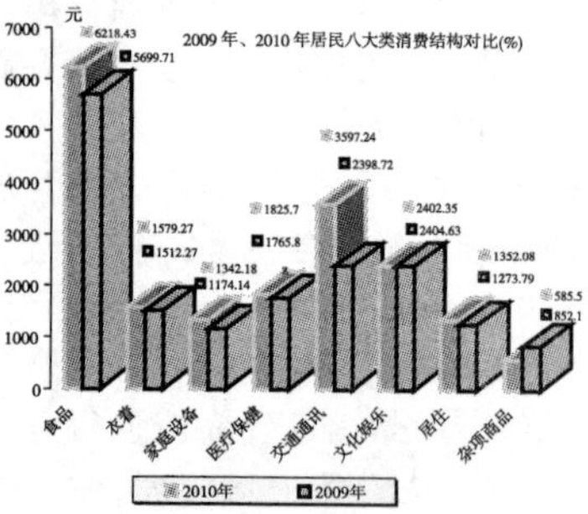

图1　2009～2010年居民八大类消费结构对比(%)

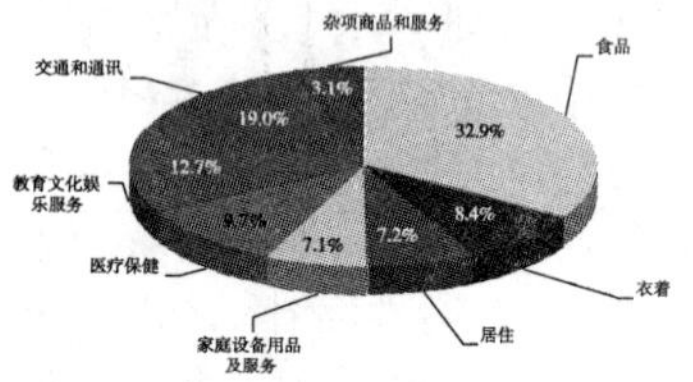

图2　民居家庭八大类消费占消费性支出比重

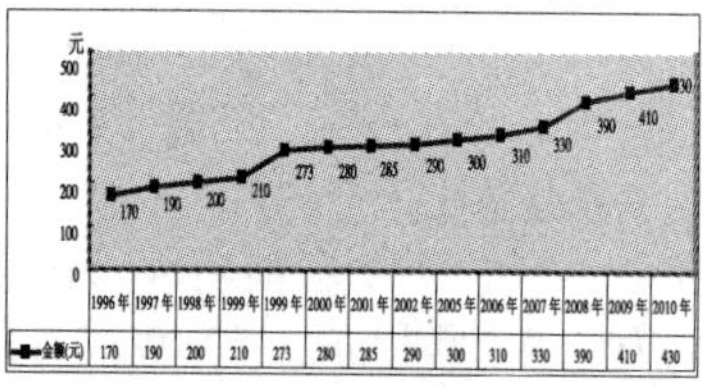

图3　历年北京市城市最低生活保障标准

选择重新上岗的积极性增加，选择就业渠道也逐步放宽，离退休再就业人数较上年增长20%，人均工资性收入增长潜力逐步显现。五是人均转移性收入增幅有所增长，离退休人员收入增速已逐步接近在岗职工的收入增速。主要原因是养老金或离退休金标准提高，对60岁以上无保障老人发放260元养老金，居民人均养老金及离退休金同比增长9.7%，拉动转移性收入同比增长7.6个百分点；国家给予80岁及以上老人每月100元消费卷也带动转移性收入增长；此外，居民人均赡养收入增幅也超过10%，居民收入结构、来源及金额均有较大转变。房屋租赁市场较上年呈现出回暖态势，虽然国家和北京市于4月底分别出台“国十条”和“京十二条”房屋调控措施，但人均出租房收入同比仍增加105.2元，增长58.6个百分点，占财产性收入比重的68.4%；随着购买金融理财产品人数的增多，人均利息收入同比增长46.1%，股息与红利收入也实现“0”的突破，人均股息与红利收入达到57.46元。

（邢瑞华）

【居民消费支出】　居民人均消费性支出为18902.76元，同比增长10.66%。八大类消费支出呈现“六升两降”局面。其中食品、衣着、居住、医疗保健、交通和通讯、家庭设备用品及服务继续保持增长。教育文化娱乐服务、杂项商品和服务支出同比略有下降。主要原因：一是受节日促销、食品消费价格指数不断升高，政府扩大内需出台一系列利好政策，单位发放购物卡增多影响，居民消费增长明显。中秋节期间，购物卡消费已经成为居民最常见的消费方式之一；二是家乐福、永辉和华普等大型超市推出花样繁多的食品价格优惠活动，对食品消费拉动较为明显，水果高产及蔬菜波动对食品消费起到助推器作用，人均食品支出保持平稳增长，中秋节期间月饼热卖更是为食品消费添加新的增长点，情人节、世界杯及圣诞节期间糖烟酒饮料类消费为食品消费注入新动力；三是随着居民手存现金逐渐宽裕及家电以旧换新政策带动，居民购买家电、交通通讯及娱乐用品积极性增加，并带动居民消费呈现出波浪式增长，居民消费理念和消费模式更加广泛和新颖；四是房屋租赁市场发展迅速，国家出台的房屋调控措施虽然对居民购买房产产生抑制作用，但在一定程度上刺激房屋租赁，人均租赁房支出增长明显；五是受“避峰”因素影响，居民家庭选择春节及“五一”过后外出旅行，团体旅游及参观游览增长明显，暑假期间居民团体旅游更是迎来一个小高潮，居民休闲方式更加多样化；六是近年来居民对于交通工具的购买力加强，并在年内得到释放，购买家庭汽车的数量及金额均有所增加；其次是随着住宅商业化，居住小区高档化，居民居住服务费明显增多，购置及租赁房屋增多直接带动住房装潢支出，年内有13户居民家庭住房装潢支出超过万元。

（邢瑞华）

【食品支出】　人均食品支出6218.43元，同比增长9.1%。恩格尔系数为32.9%，同比下降0.4个百分点。其中，糖烟酒饮料类同比增长27.4%；干鲜瓜果类同比增长19.6%；蔬菜类同比增长15%；糕点、奶及奶制品同比增长15.5%。1～12月，食品增速始终保持在9%以上，糖烟酒饮料类及蔬菜类价格波动较大，对食品拉动效果明显。增长的主要原因：一是元旦、春节、情人节及中秋节等节日对食品消费的拉动较上年更加明显，居民家庭购买年货积极性逐步提高，糖烟酒饮料类最受居民家庭欢迎，酒类产品人均购买量较上年提高较为明显；二是部分新鲜瓜果价格回落，居民人均购买金额及数量均有所增长；三是受气温反常及供应因素影响，年初部分蔬菜价格高居不下，拉动蔬菜支出增长；四是中秋节到来带动以月饼为主的糕点类消费，肉禽类、奶粉类及干鲜瓜果类产品也受到居民热捧；五是节日文化拉动饮食消费，大型庙会及有春节特色的年夜饭增加在外就餐消费。

（邢瑞华）

【衣着支出】　人均衣着支出1579.27元，同比增长4.43%。其中，人均成衣服装支出898.77元，同比增长4.1%；人均鞋类支出388.15元，同比增长3.7%。1～12月，衣着类消费增速放缓，居民家庭购买衣着不在注重数量而是注重提高品质，以成衣服装为例，人均购买衣着数量从上年的9.56件减少到的8.49件，居民家庭累计购买衣着数量较上年下降，但是金额有所增加。

（邢瑞华）

【家庭设备用品及服务支出】 人均家庭设备用品及服务支出1342.18元,同比增长14.31%。其中,人均家庭日用杂品支出533.04元,同比增长41.2%;人均耐用消费品支出576.25元,同比略有下降。受部分指标归入家庭日用杂品影响,人均家庭日用杂品支出增长显著,购买其他家庭设备及床上用品增幅均超过2位数;家政服务逐渐走进居民家庭,家庭对保姆与小时工需求增加,与上年相比,家政服务支出增长33.1%;耐用消费品增速较1~11月有所回落,电冰箱、空调器及淋浴热水器仍是居民家庭购买的首选。耐用消费品更新换代及以旧换新增多,直接带动家电维修服务费同比增长98.5%。

(邢瑞华)

【医疗保健支出】 人均医疗保健支出1825.7元,同比增长3.3%。其中,医疗费同比增长68.4%;滋补保健费同比增长18.2%;药品费略有下降。药品费支出占医疗保健总支出的50.9%,居民购买药品支出仍是医疗保健主要支点。随着健康意识加强,居民走亲访友更青睐于购买滋补保健品。

(邢瑞华)

【交通和通讯支出】 人均交通和通讯支出3597.24元,同比增长49.96%。车辆用燃料及零配件同比增长33.1%;通信费同比增长30.3%;家庭用交通工具同比增长113.4%。由于购买汽车家庭和居民开车出行次数增多,人均车辆用燃料支出同比增加126.64元,数量也有所增长。随着3G上网流行及电信普及,居民人均电信费及上网费增幅较大。1~12月有12户居民家庭购买汽车,人均家用汽车支出为1433.35元,同比增加761.74元。

(邢瑞华)

【教育和文化娱乐支出】 居民教育文化娱乐服务人均支出2402.35元,同比下降0.09%。其中,教育支出748.6元,同比下降10.6%;文化娱乐服务支出849.6元,同比增长11.8%。下降主要原因:一是私立生及各种成人培训班交纳非义务教育费用及培训费有所减少,居民人均教育费用下降;二是居民家庭购买娱乐用品数量下降。此外,居民团体旅游及参观游览支出增长明显,出国游人次及金额增长明显,人均团体旅游支出同比增长17%。

(邢瑞华)

【居住支出】 人均居住支出1352.08元,同比增长6.15%。其中,居住服务费同比增长46.65%;水电燃料及其他同比增长17.4%;住房装潢费501.8元,同比下降3.7%。1~12月,由于小区配套设施和安全保卫逐渐升级,物业管理费提高较快,另外交纳物业费及取暖费的家庭有所增多。水价格调整对居民水消费产生一定影响,居民人均用水量同比减少0.6吨。结婚购置新房及租赁住房的居民增多,居民家庭住房装潢得到集中释放。

(邢瑞华 孙晓亮)

【杂项商品及服务支出】 杂项商品及服务人均支出585.5元,同比下降31.29%。其中,其他商品支出同比下降27.4%;服务类支出同比下降36.4%。下降的主要原因:一是受指标变动影响,其他杂品被归入生活日用杂品;二是居民家庭人均购买金银珠宝支出有所减少,同比下降32.6%;三是居民从事其他服务类的消费有所下降。

(邢瑞华)

【家庭耐用消费品拥有量】 每百户居民家庭耐用消费品拥有量:家用汽车27辆、洗衣机103台、电冰箱105台、彩色电视机147台(其中接入有线电视网络的电视机134台)、家用电脑105台(其中接入互联网的电脑93台)、组合音响20套、摄像机19台、照相机87架、钢琴6台、中高档乐器11件、微波炉88台、空调器163台、淋浴热水器99台、消毒碗柜6台、健身器材9件、固定电话98部、移动电话227部(其中接入互联网的移动电话13部)。

(邢瑞华)

【低保家庭生活收支情况】 关注、改善民生是党和政府的中心工作。党的十七届五中全会提出,要着力保障和改善民生,合理调整收入分配关系,努力提高居民收入在国民收入分配中的比重、劳动报酬在初次分配中的比重,并将改善民生提到前所未有的高度。受益于惠民政策,年内低保居民家庭总收入保持增长态势,消费性支出呈现"五升三降",低保居民家庭生活质量不断提高。

(孙晓亮)

【家庭总收入稳步增长】 1~12月,低保家庭人均总收入为7371.1元,比上年增加464.9元,增长6.7%。其中,人均工资性收入1114.5元,同比增加259.3元,增长30.3%。最低生活保障收入3970.7元,同比增加170.8元,增长4.5%,增收的主要原因是,低保标准提高、政府特殊扶助政策项目增多。

(孙晓亮)

【消费性支出"五升三降"】 低保家庭人均消费性支出6261.8元,比上年增加236.1元,增长3.9%。消费结构八大类支出和上年相比,呈现"五升三降"。"五升":人均居住支出640元,比上年增加192.4元,增长43%;人均家庭设备用品及服务支出305.3元,同比增加76.8元,增长33.6%;人均交通和通讯支出390.8元,同比增加95.6元,增长32.4%;人均食品支出2968.8元,同比增加372.9元,增长14.4%;人均衣着支出341.2元,同比增加41元,增长13.6%。"三降":人均医疗保健支出726.8元,同比减少434.9%,下降37.4%;人均其他商品和服务107.6元,同比减少33.2元,下降23.6%;人均教育文化娱乐支出781.1元,同比减少74.6元,下降

8.7%。

（孙晓亮）

【生活质量不断提高】 人均食品、医疗和教育占比重76.6%。人均医疗保健支出1161.6元，同比增长72.2%；人均教育文化娱乐支出855.7元，同比增长33.7%，三者相加，占消费性支出的比重为76.6%；其他消费项目增幅在5%以上。居住支出447.6元，同比增长31.3%；衣着支出300.5元，同比增长37.8%；交通和通讯支出295.2元，同比增长5.4%；耐用消费品支出228.5元，同比增长30.9%；其他商品和服务140.8元，同比增长20.2%。耐用消费品每百户拥有量提高。洗衣机、电冰箱、彩电三大件百户拥有70台以上。

（孙晓亮）

社 会 建 设

社会领域党建及社会建设

概 述

中共北京市石景山区委社会工作委员会(简称区委社会工委)和北京市石景山区社会建设工作办公室(简称区社会办)合署办公,在区委、区政府领导下开展工作。年内,全面贯彻落实党的十七大和十七届四中全会精神,以科学发展观为指导,根据区委、区政府总体工作部署,按照市、区社会建设大会精神和加强社会建设系列文件要求,全面推进社会建设和管理体制改革。召开一个大会,即召开社会建设推进大会,总结经验,巩固成果,部署工作,举全区之力推动社会建设工作再上新水平;举办一个论坛,即举办社会建设与发展论坛,邀请有关领导和专家、学者就社会建设发展方向及有关问题展开探讨,集思广益,共图良策,共谋发展;加强两支队伍建设,即加强社区工作者队伍和社会志愿者队伍建设,抓好管理,提高素质,做好服务,激发社会建设和发展的内动力;推开三个试点,即推开商务楼宇党建工作站试点、社区规范化建设试点和流动人口服务管理新模式试点,以点带面,逐步推进,不断夯实社会建设的基础;完善五个体系,即完善社会公共服务体系、社区管理体系、社会组织管理体系、社会工作运行体系和社会领域党建工作体系。

地址:石景山路 18 号
电话:88699851
邮编:100043

(李世民)

【社会建设推进大会】 6月28日召开。大会总结过去三年社会建设所取得的经验成果,出台区委区政府关于进一步加快社会建设若干意见等10个文件,明确稳定和扩大就业、提高社会保障水平、维护社会和谐稳定、完善社会领域党建等七个方面22项重点任务,确定社会管理、教育、医疗、文化等8个方面42项实事。会上,对30个荣获“特色社区风采奖”社区、30个荣获“热心公益事业奖”驻区单位、100名“志愿服务之星”进行表彰奖励。市委常委梁伟出席并讲话。

(李世民)

【世界城市·社会建设论坛】 9月27日举办。论坛分为一个主论坛和两个分论坛,邀请社会建设领域知名专家学者、中央部委和市委市政府部门领导、各区县有关负责人,分别围绕“世界城市与社会建设创新”、“社会公共服务与管理体制创新”和“经济发展方式转变与社会建设”三个主题进行深入研讨和交流。20位发言者的主题演讲,突出社会建设领域的前瞻性、战略性和实效性,为北京建设世界城市,在更高标准上加快推进社会建设献言献策。市委常委梁伟出席论坛并致辞。

(李世民)

【社会领域党建】 实现“四个率先”。一是在全市率先以“三推一选”方式建立街道社会工作党委,在基层社会建设中发挥作用,彰显出以党建资源整合带动多种社会资源整合为特点的“大党建”优势;二是在全市率先创新“社区联建门店”党建工作模式并实现对社区周边底商、小门店的全覆盖;三是在全市率先开展协会党建,引领协会立足社区、整合资源、广泛开展社会化服务;四是在全市率先创新商务楼宇“五站合一”综合服务站模式并在全市推广,整合党建、工会、妇联、共青团、计生、社保以及招商引资等各方面资源,发动驻地科、队、站、所共同参与,切实把政府社会管理职能、公共服务职能延伸到商务楼宇。截至年底,全区建立商务楼宇综合服务站35个,在“两新”组织中建立党的基层组织41个,实现对全区楼宇和规模企业党建工作全覆盖。

(王 耿)

【社区联建门店】 3月,针对个体门店、商户中党员人数少、流动性大、居住分散、不具备成立党组织条件的状况,召开现场推进会,推广八宝山街道远洋山水三个社区"社区联建门店"的工作经验。按照"有利于党员管理、有利于组织活动、有利于服务、地域相邻、行业相近"原则,灵活组建党小组,实现对社区周边小门店的全覆盖,使原来较为分散的党员管理网络变得更加集中和紧密。

(王　耿)

【建立党员关怀制度】 针对社区高龄党员多的实际,制定社区党员关怀制度。4月,推广八角街道"党组织关爱工程"。对社区老党员,特别是困难党员及家庭,在思想上关心、生活中帮扶,充分体现党组织的人文关怀。12月,推广五里坨街道"双为"工程亮点做法,助推"党员为党旗增辉、党组织为党员和群众服务"活动在全区开展,在加强党的先进性建设,促进党建工作科学化、推动地方经济社会科学发展方面,进行积极探索。

(王　耿)

【"星级争创"活动】 5月,在广宁街道召开"星级党建示范社区创建活动"研讨会,出台"星级党建示范社区"创建标准、"星级党员"评选标准和"星级党务工作者"评选标准。实行"星级争创"百分制考核,将每一项创建内容量化为具体分值,增强"星级争创"活动星级评定的可操作性。

(王　耿)

【社会组织党建】 7月,推广金顶街街道协会党建亮点工作,扩大党组织在协会组织中覆盖面。金顶街社区服务者协会党总支于2003年5月4日成立,是全市第一家建立在社区层面的社会组织的党组织,目前协会党总支拥有5个党支部和62名党员,协会会员3000余人。党总支以群众需要为出发点,以特殊困难群体为主要服务对象,立足社区,整合资源,多方联动,全方位地开展社会化服务,起到组织党员、凝聚群众、推动社区建设作用。

(王　耿)

【商务楼宇党建】 在全市首家建立"五站合一"商务楼宇工作站。8月,组织召开商务楼宇建设工作现场推进会,在全区推广古城街道"五站合一"综合服务站的做法。会上在全市率先成立由21家单位组成的商务楼宇综合服务联席会,统一规范各工作站的站名、站标及建站标准。全年新成立商务楼宇工作站10个,在"两新"组织中建立党的基层组织26个,至此共成立35个商务楼宇综合服务站,在"两新"组织中建立党的基层组织41个,实现党组织对全区35座楼宇全覆盖。市委、区委给予肯定,北京市社会服务管理创新行动方案将这种工作模式向全市进行推广。

(王　耿)

【流动党员教育管理】 针对拆迁地区党员流动性大,教育管理不规范、不统一的现状,9月,推广苹果园街道涉迁党员教育管理成功做法。坚持"集中管理"与"跟踪管理"相结合,建立涉迁党员信息库,做到"流向合理、联系不断、表现清楚"。针对外来务工流动人口中的党员服务教育管理工作"零、散、杂、繁"等特点,11月,召开老山街道加强流动党员管理工作现场推进会。该街道依托街道流管办,专门成立流动人口党支部,探索建立外来流动党员服务管理工作机制,使流动人口党支部各项工作更加规范有序。

(王　耿)

【区域化大党建】 在区、街、居三级大党建格局基础上,探索社会工作党委更好地统筹辖区党建资源、服务区域发展的方式方法。12月,推广鲁谷社区社会工作党委做法,建立在党工委领导下,社会工作党委为平台,各类党组织有效联动的纵向管理机制;实现各类人力资源向街道(社区)事务主体的转化,形成以代表团活动为平台横向联动工作机制;实现社区政治资源、物质资源、文化资源和人力资源的优化组合,形成以创新载体为依托的活动机制。

(王　耿)

【学习实践科学发展观】 在第二批学习实践活动中,社会工委负责全区社区和"两新"组织学习实践活动的指导、协调、综合和沟通工作。指导社区党组织244个,党委68个,党支部184个,指导社区党员28567人(65岁以上老党员1.3万余人,流动党员487人);委派指导员160人,建立联系点150个,组织培训班282次,发放学习材料54548本,在区级简报发稿53期,特别是在中央简报1002期习近平副主席对苹果园街道设立新居民互助服务站,加强流动人口服务管理的做法进行批示。通过学习实践科学发展观活动的开展,广大社区和"两新"组织党员加深对科学发展观的理解,许多党员不顾年老体弱多病,参加学习实践活动,主动联系思想实际,增强党员意识。在学习和查找问题过程中,发放问卷11985份,查找并解决群众集中反映的问题306个。

(王　耿)

【基层党组织负责人培训】 开办社区党组织书记、商务楼宇工作站站长、大学生社工党员等三期培训班。组织党务工作者进行有针对性地研讨交流和外出参观学习等,围绕党建工作重点、难点问题,开展社会领域党建研讨活动。提高基层党组织带头人队伍素质,打造一支守信念、重品行、讲奉献、有本领的社会领域党建工作队伍,为社会领域党建工作提供强有力的组织基础。

(王　耿)

【创先争优活动】 成立创先争优活动领导小组,统筹协调,督促指导139个社区、8620家非公企业和35幢商务楼宇党组织扎实推进创先争优活动。"我是党员我承诺"等主题实践活动持续推进。以开展"星级党建示范社区”、“星级党员”、“星级党务工作者”争创活动为抓手，深入开展创先争优活动，不断激发社会领域党建活力。强化创建机制，制定下发关于在社会领域开展“星级争创”活动的通知，形成“上下一起抓、三级同步动”联动机制。细化创建内容。将“星级党建示范社区”创建内容细化为5大项20小项，“星级党员”创建标准细化为“五带头、五争当”。量化创建标准。实行“星级争创”百分制考核，将每一项创建内容量化为具体分值，有效增强星级评定的可操作性。

（王　耿）

【社区基本公共服务】 推进“一刻钟社区服务圈”试点工作，进一步完善社会公共服务体系建设，让市民更多更好地享受社会建设带来的实惠和便利，对试点社区开展的服务项目和建成的服务设施进行梳理，并重点听取街道、社区意见。根据北京市社区基本公共服务指导目录(试行)的意见，对社区基本公共服务工作进行部署，为下一步全面梳理居民群众最关心、最急需的社区基本公共服务项目，协调社会资源更好地集成政策、集中资金和集合力量打下基础，让越来越多的居民实现“小需求不出社区、大需求不远离社区”的愿望。

（董妍君）

【社区公益经费】 会同区财政局对各街道社区上年度社区公益事业专项补助资金使用情况进行专项检查。制定出台社区公益经费使用绩效考核办法，进一步规范和完善社区公益事业专项补助资金的使用管理。将绩效理念融入到资金使用、活动实施、监督管理全过程，确保公益经费专款专用，切实提高公益资金使用的社会效益。

（董妍君）

【基层政权建设】 进一步完善居民自治制度，继续推行居务公开、分片包户工作制度。搭建居民有序参与社会建设的平台，使居民民主参与社区事务积极性、主动性更强，在多次大型活动中积极献策，踊跃参与。发挥社区居民委员会、社区服务站作用，加强对首钢小区居民服务工作，及时掌握首钢搬迁后居民的思想动态及服务需求，为社区和谐稳定创造条件。对第七届社区居委会换届选举后成员基本情况进行梳理，留存居委会成员照片资料，对居委会成员进行8位数字的编码并颁发任职证书。

（董妍君）

【和谐社区建设】 以服务居民、造福群众作为工作的出发点和落脚点，以建设管理有序、服务完善、文明祥和的社会生活共同体作为基本目标，以和谐之中见特色、特色之中育精品作为工作理念，开展特色社区、精品社区的评选活动，评选出各类特色社区30个、精品社区9个。

（董妍君）

【流动人口服务管理】 将3个市挂账“重点村”的社区建设摆在突出位置，不断创新服务方式，拓展服务渠道，逐步探索流动人口管理服务新模式。加强与区流管办联动，共同研究重点村流动人员管理服务工作中存在的突出问题，对“重点村”改造后社区组织体系、公共服务设施、办公和服务用房等方面建设工作提前谋划、提前部署、提前到位。从满足辖区内临时居住人员需求出发，在流动人口集聚地成立“新居民互助服务站”，实现对流动人口的自我管理和自我服务。

（董妍君）

【实施便民工程160余项】 区财政投入资金5488万元，实施便民工程160余项。按照便民工程管理办法(试行)要求，配合区发改委完成定点供应商建库招投标、工程立项、资金预算、招投标、项目实施等工作，并做好工程建设检查工作。

（董妍君）

【社区规范化建设】 年内，有98个社区顺利通过市级规范化检查验收，实现社区公共服务全覆盖的社区服务管理新格局基本形成，社区规范化建设工作稳步推进。在组织建设上进一步理清职能，创新机制，实现社区党组织、社区居委会、社区服务站“三位一体”工作格局。提高试点社区办公经费，由2万元/年增加到3万元/年。下发社区公益事业专项补助资金绩效考核办法，规范社区公益事业专项补助资金的使用和管理，提高其使用效率。以规范化建设为契机，充分利用便民工程、市专项资金，切实改善社区硬件设施。协调区发改委、财政局、规划局、住建委等相关部门，将社区用房建设专项资金足额及时拨付到位，用于全区31个社区用房建设。截至年底，全区社区用房面积平均达到346平方米，60%的社区用房达到并超过350平方米的标准。

（董妍君）

【社区工作者队伍建设】 新招录125名大学生输送到社区工作。出台大学生社工计划实施意见，建立起对大学生社区工作者的管理、培养和激励机制。有针对性地开展全方位、多层次岗位培训，完成对新招录大学生的岗前培训、社区骨干区级培训和街道层面全员培训，社区工作者的整体素质和业务能力得到明显提升，全区社区专职工作者大专及以上学历人员达到80%。制定下发关于进一步规范社区工作者待遇的通知，增设工作津贴，增加年终奖金，建立激励机制，提高职业水平补贴，自7月起，社会工作者每人每月工资平均增长820元，全年区财政新增支出1600万元。此外为199名退离居委会老积极分子每人每月增加200元生活补助。

（董妍君）

【社会组织建设】 依托9家枢纽型社会组织及各街道社区，进一步延伸工作手臂，搭建起以条为主、条块结合的社会组织工作网络，实现社会组织分级分类管理和区域管理的有机结合。选调优秀社区工作者分派到区总工会、团区委、区妇联、科协、残联、文联等6家枢纽型社会组织协助开展工作，不断强化枢纽型社会组织的“龙头”和“平台”作用。

(王建强)

【志愿者队伍建设】 区志愿者联合会发挥统筹协调指导作用，推动志愿服务逐步规范，不断完善。志愿者队伍日益壮大，新成立环保志愿者和体育志愿者协会，至此，志愿者联合会下属协会增加至18个，志愿者人数达到3.6万余人。开展“志愿服务之星”评选活动，在全区志愿者中通过层层推选，评选出100名“志愿服务之星”，给予表彰奖励，对弘扬“奉献、友爱、进步、互助”志愿精神，激励广大志愿者进一步投身社会公共服务事业，起到积极推动作用。

(王建强)

【成立社工事务所】 金顶阳光小区总建筑面积51.3万平方米，有3900套限价房，入住率达到70%；配建全市规模最大的廉租房计439套，已入住431户，其中“两劳”、吸毒等重点户160户。如此数量的重点人群集中居住，给小区管理和服务工作提出新课题。9月，成立本区首家社工事务所——金顶阳光社会工作事务所。该所坚持公益性、服务性，采取“政府主导、专家督导、所长负责、社工服务、义工参与”的运作模式，聘请首都师范大学社会工作系专家进行全程工作督导，通过政府购买服务项目的形式，让专业社会工作服务介入到社区日常管理和服务，以社会工作者为主体提供专业服务，并广泛动员志愿者参与到弱势群体帮扶中来。该社会工作事务所的成立为区政府购买服务及专业社工介入社会管理作出有益探索。

(王建强)

【新居民志愿者协会】 12月2日，成立区新居民志愿者协会，市社工委和区有关领导向协会授旗。年内，区委、区政府联合发文，在全区推广“新居民互助服务站”管理模式，全区共成立服务站64个。在日常工作中，以流动人口志愿者组成的互助队作为核心工作力量，在各个服务站承担大量工作。成立新居民志愿者协会，对于规范“新居民互助服务站”建设和互助队员管理，提高新居民志愿者服务层次和水平，使志愿者工作更加灵活多样，并向大众化和生活化普及型发展，起到积极促进作用。

(王建强)

【购买社会组织服务】 争取到市专项资金105万元，购买金色亲情服务、文化艺术讲堂、“三心”服务工程、和谐博爱家园、青年创业公益支持、流动人口性病艾滋病行为干预、特殊家庭子女跟踪教育、和谐“心”生公益心理援助等10个社会组织的13个服务项目，在政府购买公共服务和扶持社会组织发展方面作出积极探索。

(王建强)

【校园周边安全保障】 协调各街道配合相关部门开展好校园周边安全保障工作。成立检查小组，深入街道、学校周边，查看街道安保落实情况，发现疏漏和隐患，督促街道及时整改。加大统筹指导力度，加强街道与公安、教委等部门联动，指导街道系统建立起与辖区学校、幼儿园的无缝对接机制。

(李世民)

【首钢社区对接工作】 全年接收1万余名首钢党员组织关系，按照“组织不掉队，学习不掉挡，思想不掉线”要求，加强对首钢党员的教育管理工作。通过协调沟通，与首钢公司有关单位达成一致，对首钢本部家属区社区用房签订无偿使用协议。注重加强对首钢小区居民服务，及时掌握首钢搬迁后居民的思想动态及服务需求，确保搬迁调整过程中社区的和谐稳定。

(李世民)

社区党建

【概况】 本区有9个街道、139个社区。建立党组织的社区136个，其中党委77个、总支36个、支部23个。在街道社区建立党组织734个，占基层党组织总数的47.2%，其中街道党组织29个，社区党组织705个(党委69个，总支38个，支部598个)；街道社区党员2.9万名，占党员总数的70.16%，其中60岁以上党员17299名，35岁以下党员1010名。抓好两项工作，实现全面覆盖。一是抓好商务楼宇工作站建站工作，成立35个商务楼宇工作站，在“两新”组织中建立党的基层组织41个，实现党的组织对全区商务楼宇和规模企业的全覆盖；二是抓好社区党组织建立工作。按照“一居一党组织”标准建立完善社区党组织，同时，在全市率先创新“社区联建门店”党建工作模式，把社区周边3950个小超市、小餐馆等“六小门店”商户纳入到社区党建的范围之中，推进党的工作在社区的全覆盖。推进两项活动，加大建设力度。一是推进“一月一典型”的项目推广活动。按照一街一亮点的要求，推广各街道党建工作的成功经验。已完成对所有街道的亮点经验进行专题研讨和推广，建立起抓好基层党建的长效机制。二是推进星级争创活动。结合党员“五带头”要求，大力开展“我是党员我承诺”主题实践，开展争当“星级党建示范社区”、“星级党员”、“星级党务工作者”的创建活动，激发党员责任意识，增强光荣感和责任感，保持先进性内在动力。建立两项制度，提高服务水平。一是建立党建工作队伍培训制度。先后组织开办社区党组织书记、商务楼宇工作站负责人、大学生社工党员三期培训班。围绕党建工作重点、难点问题，开展社会领域党建研讨活动，打造一支守信念、重品行、讲奉献、有本领的社会领域党建工作队伍；二是建立商务楼宇工作站建设管理制度。制作统一的商务楼宇工作站标志和工作职责宣传牌，制定下发关于加强商务楼宇工作站建设的实施意见，明确商务楼宇工作站建设的指导思想和总体目标、基本原则、主要职责和建设标准。

（王　耿）

【社区党建全覆盖】　八宝山街道探索社区党建工作全覆盖的途径，形成以远洋山水社区为试点的“党建联建门店”党建工作新模式，把门店党员纳入党建工作全覆盖范围，巩固社区党组织的群众基础和执政基础。探索开展“一党组织一品牌”建设，切实发挥基层党建品牌引领作用。创建瑞达、永东北、三山园等社区党建品牌，为更好的完成各级任务和发挥基层党组织服务功能、堡垒作用用奠定基础。

（严　峻）

【大党建格局新发展】　鲁谷社区坚持党建带群团机制，提升社会领域党建工作水平，提升基层党组织建设和党员队伍建设，使地区“大党建”格局进一步深化。一是深化社会领域党建工作。在“两新”组织中新建立5个党支部，4名业务骨干被发展为预备党员；以商务楼宇社会工作站为阵地，推出“心理减压室”、“两新”组织妇女工作发展促进会、“社区青年汇”等楼宇精品项目，实现党建、工建、团建、妇建工作的同步推进与提升。二是推进基层党组织建设和党员队伍建设。抓好党组织书记、后备人才、预备党员和积极分子的培养工作，提高组织合力；安排党建精品项目负责人介绍创意设立、品牌特色以及项目完善方法，以经验交流形式激发基层党组织创造力和服务群众能力。三是完善党代表团活动机制。明确各党代表团的职责与任务，激发党代表参与热情，为党委决策提供咨询，发挥参谋作用；建立党委委员、党代表、党员、群众四层长效联络机制，加强上下层联系对象之间交流与沟通，解决党员群众生产生活中的热点难点问题。

（陈　坤）

【鲁谷社区创先争优活动】　鲁谷社区全面启动“开展创建先进基层党组织、争当优秀共产党员”活动，不断扩大活动覆盖面、提高活动参与度。注重从实际出发，开展活动与全区“大调整、大建设、大发展”的主基调结合起来，与鲁谷社区整体发展结合，将设岗定责、党员承诺、党员志愿服务等纳入创先争优活动。通过创建“党建示范社区”、评选“群众心目中的好党员”和“学先进大讨论”等活动，营造学习先进、争当先进、尊重先进氛围。社区有121人被评为“群众心目中的好党员”，44人被评为社区优秀党务工作者，评选出先进基层党组织9个、社会领域党建先进单位2个、精品党建项目6个；地区党团员们在社区中广泛开展帮困结对、爱心捐款、居民科学健身指导等多种服务活动，赢得百姓赞誉。

（陈　坤）

【主题教育提升党员素质】　老山街道围绕“增强服务意识、大力改善民生、加强基层组织、构建和谐社区”这一主题，抓好老山街道第二批学习实践科学发展观活动。活动历经4个月，共14个基层党组织、2695名党员参加学习，圆满完成学习活动的各阶段任务。通过主题活动的开展，使辖区党员领导干部的整体素质和表率作用有明显提升；各级组织的凝聚力、创新力、执行力、战斗力有明显提升；党员先进性有明显提升；干部职工精神状态有明显提升；街道和社区干部改革、创新、发展意识有明显提升；街道集体精神、整体形象有明显提升。

（吴展标）

【社会领域党建不断扩大】　年内，老山街道一是进一步规范街道社会工作党委工作职责和运行机制，发挥社会工作党委统筹区域党建工作作用。二是深化商务楼宇“五站合一”建设，扩大党的工作覆盖面，加强商务楼宇社会建设、统战工作和群团组织建设。三是对商务楼宇党建工作、社会工作、工会工作、共青团工作和妇联工作职责进行细化，对工作站服务项目和内容进行统一规范，有效整合资源；四是探索流动党员管理机制。投资10余万元，建立老山街道流动党员活动之家，完善流动党员活动阵地建设。区委组织部、社工委在老山街道成功召开流动党员教育管理现场推进会。

（吴展标）

【创先争优活动扎实推进】　成立老山街道创先争优活动领导小组，确立活动主题、目标、任务，做到目标明确、主题鲜明、载体丰富、氛围浓烈、激发出基层活力、焕发出崭新面貌，充分展示出基层党组织的战斗堡垒作用和党员先进模范作用。组织开展“星级社区创建”活动，培育宣传以“红蜡烛”特殊家庭子女跟踪教育服务队、健康俱乐部等一批先进典型，总结推广一批先进典型和先进经验，进一步激发基层党组织和广大党员的积极性、创造性和主动性。

（吴展标）

【构建流动党员管理服务机制】　老山街道结合辖区党建工作，不断探索流动人口和流动党员教育服务管理的长效机制。坚持以“增进融合，关爱服务，促进和谐”为目标，边探索、边实践、边总结、边完善，进一步整合资源，强化关爱和服务，依托流动党员之家和流动人口活动中心，建立“统筹协调、部门联动、高效便捷”的流动人口和流动党员服务网络，全面打造流动人口、流动党员的精神家园和政治归宿，使流动人口和流动党员与当地党员合常驻户籍人口共享现代文明成果，共同发挥作用，服务地区社会、经济发展。

（吴展标）

【党建引领群团工作齐头并进】 老山街道把党建带群团工作纳入党建工作总体格局。一是健全"两新"团组织建设,成立12个"两新"组织团支部;二是召开街道第一次工会代表大会,选举产生第一届工会工作委员9名、经济审查委员3名、女工委员3名;探索街道工会工作机制和运行方式,夯实工会组织基础;三是加强老干部、统战、侨联工作,定期举办丰富多彩的文化活动;四是完成征兵任务,经过严密严格审查,选拔7名入伍新兵;五是发挥地区武装民兵、预备役作用,统筹协调社会力量,有效整合社区资源。

(吴展标)

【党风廉政建设扎实推进】 老山街道全面落实党风廉政建设责任制,坚持"一岗双责",党风廉政建设与业务工作同步推进,结合"党员作风建设年"活动,以学习贯彻《廉政准则》为重点,通过书记讲党课、《廉政准则》及党纪条规知识的考试和预防职务犯罪百题答卷等活动,加强党性党风党纪教育,筑牢拒腐防变的思想道德防线。

(吴展标)

【古城街道创先争优】 古城街道以"群众心目中好党员"评选为载体,强化党员在地区发展中的带头作用,全面开展"创先争优"活动。创新评选投票方式,在发动各社区居民、辖区非公经济组织投票的基础上,将流动人员纳入到投票群体;在推选候选人过程中建立的"五推两选"("五推"即预备人选由社区党委、社区党支部、社区党员、社区群众和各界人士共同推荐,根据推荐情况确定5名候选人;"两选"即初选和复选,初选为5人选3人,复选为3人选2人)模式在全区推广。在地区各级党组织和广大共产党员中开展"我是党员我承诺"主题实践活动,明确承诺重点、承诺内容,制定承诺方案,把承诺活动与创先争优活动相结合,丰富承诺活动内涵,提升承诺活动标准。党组织提出承诺110条,党员提出承诺4163条。

(孔 徽)

【促进社会领域党建】 古城街道探索社区党建与楼宇党建联建联盟联动的工作模式,拓展楼宇党建形式,领秀大厦楼宇综合服务站与古城街道西路北社区党委联盟,成立西·秀党建联盟合作社,形成需求与服务对接,相互借力、支持、资源共享,达到多方共赢的目的。开展"同话人圆月圆中秋夜,共享温情亲情祥和时"中秋联谊、"登高八大处,党建入人心"为主题的重阳登山比赛,拓展社区、楼宇党建工作范围,对接社区与楼宇工作,提升党组织在非公企业、在商务楼宇的号召力和凝聚力。领秀大厦"五站合一"工作模式在全市推广,先后接待市有关领导调研2次,其他区县单位参观考察5次,合计600余人次。"领秀大厦商务楼宇综合工作站"被评为"北京市十佳商务楼宇工作站"。

(孔 徽)

【"项目化管理"推党建】 八角街道实施"项目化管理"推动社区党建工作水平不断提升。一是从设置引导入手申报。下发项目化管理实施方案,提供六个方面项目设置参考,即建立社区科学发展长效机制、规范社区党组织工作、社区管理和社区服务、丰富党建活动载体、创新党员教育管理方式、社区党建共建工作。二是从群众需求入手立项。各社区党组织在走访调研、分析讨论、理清思路基础上,经过广泛征求党员群众意见,科学准确地选定本社区党建工作项目。三是从制度保障入手实施。建立评估制度,成立协调小组对社区在项目探索和实施中出现的问题给予指导和帮助;建立研讨制度,对运作良好、群众欢迎的项目,及时组织现场观摩会、理论研讨会、经验交流会,总结好的做法,推广典型经验;建立奖励制度,适时召开项目评估会,对组织较好、影响面广、成绩比较突出的项目进行表彰,并给予奖励。

(朱 莹)

【党员发展】 八角街道建立"四项制度"严格党员发展工作。一是建立联系点制度。将基层党组织按照管理便利原则,划分为12片,由12个副处级领导和一名科长承包管理。街道每位处科级领导深入社区,对发展党员工作中存在的倾向性问题和薄弱环节做到及时发现,加以解决;二是建立党群组织联席会制度,注重发挥群团组织优势,团组织负责30岁以下青年培养和推优,妇联组织负责30岁以上妇女培养和推优,定期沟通培养教育情况、存在的问题,研究制定解决办法,形成党组织牵头抓总、群团组织齐抓共管工作格局;三是建立培养预审制度,街道党工委对各基层党组织上报的积极分子先把关、后考察培养,每个支部委员可以联系1~2名积极分子,定期汇报考察情况。四是建立工作通报制度,每年对各基层党组织发展党员工作进行一次通报,做到"四个审查、五个不发展"。"四个审查"即:一是审查发展资料是否齐全、规范;二是审查申请人信仰是否坚定,入党动机是否纯正;三是审查考察报告是否全面客观反映申请人现实表现及在培养过程中如何对待党组织考验;四是审查申请人政审材料是否齐全同时"五个不发展",即没有经过一年以上培养考察的不发展;考察期间有问题的不发展;党的基本知识考察不合格的不发展;没有政审和政审不合格的不发展;入党材料不齐全的不发展。

(朱 莹)

【党员手机学习平台】 八角街道开通"党员手机短信学习平台"推进创先争优活动开展。一是搭建数字平台。充分利用现代化信息网络技术,依托政务办公系统,建立党员手机短信学习平台,实现党员干部教育管理信息化、日常化和网络化。

二是拓宽受众范围。对机关党员、社区党委成员、社区党员、非公党总支成员、非公企业党员的手机号码进行分类采集、补充，建立完整人员信息库，指派专人进行短信采集、编辑、整理、发送、反馈工作，受教育党员覆盖面实现最大化。三是丰富学习内容。短信内容主要包括宣传党的方针政策、传达布置市区重点工作、重大活动情况通报、宣传优秀党员事迹、开展廉政勤政教育等方面，发送形式为每周一次定期发送与重大活动、重大节日随时发送相结合，按照不同党员群体分期、分类发送，在拓展宣传面的同时不断增强教育活动针对性。

（朱　莹）

【促迁专项承诺工程】 年内，苹果园地区面临大规模拆迁改造。街道党工委在社区党员中开展“我是党员我承诺，合理合法提诉求”的专项承诺活动，号召党员发挥模范带头作用，引导居民通过合理合法的渠道解决诉求，152名党员进行专项承诺，促进拆迁工作顺利进行。

（高嘉璐）

【党员关爱留守家庭】 由于首钢搬迁调整，苹果园街道部分社区出现首钢留守家庭，独特的家庭结构，使这些家庭直接面临许多实际生活困难。街道党工委在首钢职工集中的6个社区，组织社区党员开展关爱留守家庭专项工程，为留守家庭提供心理疏导、生活陪护、照看儿童、代为购物等服务，并在节假日组织留守家庭参与社区活动，在春节等传统节日对留守家庭进行慰问走访。80多名党员与20多个家庭结成“一帮一”或“多帮一”帮扶对子，为留守家庭提供服务近百次。

（高嘉璐）

【“烛光行动”促就业】 苹果园街道在各社区建立大学生失业人员、就业转失业人员、零就业家庭、农转居人员、残疾人员五大台账，及时了解各类失业人员需求，充分发挥社区作用，继续开展“烛光行动”。发挥每一个家庭、每一个社区成员的能量，形成社区内部、社区之间自发的就业互助行动。通过邻里互相传递信息，推荐介绍，实现就业。不仅解决一部分居民就业问题，更增进邻里之间的感情和社区凝聚力。通过社区互助良性发展，从就业扩展到全方位信息共享，促进社区和全地区和谐稳定。截至年底，为社区191多名失业人员解决就业问题。

（高嘉璐）

【开展创先争优】 落实“创先争优”活动。按照区委统一部署，评选出市级“群众心目中的好党员”1名，区级“群众心目中的好党员”党员9名，通过社区和街道两级审核，评选出200名街道级优秀党员，在地区基层党组织中评选出8个街道级先进基层党组织，10个五好党支部，并进行表彰。支部建设进一步规范化。在22个社区建立党支部建设台帐，完善党建基础材料，建立党组织活动档案，规范“三会一课”，使社区党支部活动更加规范化、制度化；在22个社区开展党建研讨活动，并将研讨经验材料装订成册；在基层党组织中评选最佳党日活动，探索主题鲜明、形式多样、内容新颖，效果明显的党员活动形式；对区社工委下发的“星级党建示范社区”创建标准层层细化，完善工作制度，规范工作记录，丰富创建内容。

（高嘉璐）

【社区党建“一区一品”】 金顶街街道16个社区党组织推出“一区一品、提升服务、建设工作一流的特色社区”主题系列活动。10月，街道党工委分别将金四社区“快乐大巴”、模西北社区“便民服务型社区”作为品牌予以推广。各社区党委依据金顶街街道党工委创建“星级党建示范社区”考核办法，以“立足实际、服务基层、方便群众”为宗旨，围绕“敬老型”、“创业型”、“文化型”等内容，倾心打造社区服务品牌，随着“一区一品”深入开展，社区功能不断完善，服务领域不断拓宽，服务方式不断创新，社区党组织领导班子逐步加强，组织结构明显改善；社区党组织的影响力、凝聚力进一步增强；城市社区党建工作的科学化水平逐步提升。

（炼立颖）

【协会党建新模式】 金顶街街道党工委推行“协会＋支部”的党建新模式，走出一条党建促协会、协会促服务的新路子。协会党总支下设5个党支部、党员62名，协会队员3000余人，协会团队13支。街道党工委努力加强协会党建工作，成立“社会组织管理科”专门管理协会工作。根据创先争优活动要求与部署，协会党总支着力实施“三心服务工程”（即暖心、欢心、安心），主要承担社会帮扶救困服务功能、社区文体服务功能、社会管理和公共服务功能，使协会真正成为“党和政府信得过，群众离不开”的社会组织。

（炼立颖）

【广宁街道社区党建】 广宁地区共有各类党组织8个，其中社区党委4个，非公企业党总支1个，党支部2个，街道机关党支部1个。党员总数856名，其中，社区党员736名，占党员总数的86%；街道机关党员54名，占党员总数的6.3%；非公企业党员66名，占党员总数的7.7%。在党员总数中，男性党员550名，女性党员306名。大专以上学历211名，35岁以下42名，72岁以上246名。年内，以抓基层打基础为工作主线，以优化地区综合管理格局为创新动力，以配套完善工作制度为措施保障，以创先争优活动为契机，全面加强基层党组织建设，全面加强骨干队伍建设，全面加强特色社区建设，保民生政策顺畅落实，保安全稳定和重点工程平稳推进。组织4个社区党委、3个非公经济党组织，759名党员参加第二批学习实践科学发展观活动，围绕“抢抓机遇，迎难而上,全力打造和谐新广宁"这一主题,完成学习活动各阶段任务。各社区党委坚持把学习实践活动与社区班子建设、工作者队伍建设和各项工作有效结合,解决广宁村新立街北山24间房下边护坡存在的防汛安全隐患等一批群众反映的突出问题。组织召开东山社区星级党建示范社区创建活动现场,并以此星级党建示范社区创建活动全区普遍推广。组织开展"创先争优"活动、"我心目中的好党员"评选表彰和读一本好书、开展一项主题实践活动等内容的"七个一"系列活动。组织开展"和谐家园"故事大赛、"做文明礼仪的北京人"和"文明新市民"的评比表彰活动,15名来京人员获得街道"文明新市民"的称号。

(杨晨琛)

【广宁街道创先争优】 按照市、区委关于在党的基层组织和党员中深入开展创建先进党组织、争当优秀共产党员的活动要求,党工委制定广宁街道深入开展创先争优活动实施方案,召开地区创先争优活动动员大会。以党员作风建设年活动为专题,以"我是党员我承诺"和"创先争优我带头"活动为重要载体,按照分类管理原则,根据机关单位、非公企业、社区不同党组织特点,精心设计特色鲜明、务实管用载体。形成"构建和谐广宁,人人创先争优"的良好氛围。一是结合庆祝建党89周年,在辖区范围内开展"七个一"系列活动,即发展一批新党员;表彰一批先进;召开一次民主生活会;开展一项主题实践活动;组织一次党员献爱心活动;读一本好书;开展一次慰问;二是各社区党委结合支部实际,结合星级党建示范社区建设,开展五项活动:党性教育活动、岗位奉献活动、服务群众活动、引领示范活动、组织创新活动;三是非公企业开展创业服务年活动。通过争当"四型党员"、"四个典范"、"四个带头"、"五个先锋"竞赛活动,涌现出一批先进典型,有效增强企业凝聚力;四是"七一"前夕,在基层党员中开展区"群众满意的好党员"和"我心目中的好党员"评选活动。形成学习先进、争当先进、赶超先进良好风气。

(杨晨琛)

【星级党建示范试点】 5月27日,区星级党建示范社区现场会在东山社区召开。广宁街道党工委和东山社区党委分别就星级党建示范社区创建工作综合情况进行汇报。创建活动激发基层党组织和广大党员的积极性、主动性,调动社区党组织、党员的创建热情,丰富创建内涵。工作汇报反响良好,会后,星级党建示范社区创建活动在本区全面展开。

(杨晨琛)

【结合促迁创先争优】 五里坨街道创先争优活动结合促迁工作,在各级党组织和广大党员中开展"我是党员我承诺,拆迁促迁我带头"主题实践活动。制定实施意见,召开动员部署会。按照"年初新定、个人自定、小组议定、支部确定、工委审定"健全党员承诺数据库,党工委进行审定和公示。各基层党组织和广大党员围绕"带头宣讲政策、带头拆迁促迁、带头履职尽责、带头维护稳定"四个方面承诺履诺,创先争优,1472名党员提出承诺2465条,19个基层党组织提出承诺285条。他们通过各种方式向亲属、群众、拆迁居民宣讲重大项目推进和环境整治重要意义,宣讲城市建设政策法规,宣讲区委、区政府拆迁为民和为民拆迁的政策措施。自觉做到不听谣、不信谣,不组织、不参与、不支持各种形式的群体访、越级访事件,他们及时反映拆迁过程中出现的不利于稳定的苗头性问题,协助开展矛盾排查调处工作,努力使矛盾化解在社区。年底,涉及拆迁的机关党员干部签约率达100%,涉及拆迁的社区党员干部、协管员签约率达100%,涉及拆迁的社区党员248人,签约率达100%。石府社区书记翟秀琴、黑石头社区王凤英等带头签订拆迁协议。

(介卫星)

【党建"双为"品牌】 2005年起,五里坨街道党工委在所属各级党组织和广大党员中广泛开展"4568"心连心系列活动。即构织4个"连心网"、设立5个"连心日"、搭建6个"连心桥"、办好8件"连心事"。年内,党建"双为"工程深化发展,实施"七送亲情服务"连心工作法,即社区党组织对社区党员和居民群众失业送岗位信息、新婚送祝福、满月送生肖、生病送关怀、困难送温暖、生日送寿面、亡故送挽联。截至年底,各社区为失业人员送岗位信息128条,为新婚人员送祝福6人次,为满月的婴儿送生肖8人次,为生病党员送关怀67人次,为困难党员、群众送温暖84人次,为60岁老人生日送寿面26人次,为亡故居民送挽联22人次。自此党建"双为"工程形成"45678"系列活动品牌,被北京市社工委列为社会建设先进案例。

(介卫星)

【党风廉政宣传教育】 4~5月,五里坨街道结合党员作风建设年活动,以"讲党性、强作风、明党纪、促发展"为主题,以党性党风党纪教育为主要内容,以学习贯彻《中国共产党党员领导干部廉洁从政若干准则》为重点,在党员干部中开展党风廉政建设宣传教育活动,引导党员干部进一步增强理想信念,加强作风建设,促进廉洁从政。按照区纪委要求,结合街道实际,开展"七个一"宣传教育月活动。1. 举办一个启动仪式,召开党风廉政建设教育月动员大会,传达区纪委党风廉政建设宣传教育月动员大会精神,部署街道党风廉政宣传教育月活动安排;2. 讲一堂党课,以"讲党性、强作风、明党纪、促发展"为主题,请区招商局领导就招商引资中应注意的一些问题为机关干部上一堂党课；3，开展一次学习《廉政准则》和党纪条规等法律法规知识学习宣传活动。给机关党员干部每人赠送一本《廉政准则》和《党员干部不可不知的365个问题》读本；4．组织一次学习《廉政准则》和党纪条规等知识答题活动，同时，为进一步贯彻落实中央《关于开展工程建设领域突出问题专项治理工作的意见》，推动实现"大调整、大建设、大发展"主基调的工作部署，推进工程建设领域特别是拆迁领域职务犯罪预防工作，保障石景山区拆迁工作规范有序的进行，组织机关党员干部开展预防职务犯罪知识百题竞答活动；5．征集一批感言建言。结合教育月期间听党课、学准则、听讲座，围绕我区"大调整、大建设、大发展"工作主基调，组织党员干部撰写廉政感言，为加强作风建设积极建言献策；6．分别组织机关党员干部和社区干部参观廉政教育基地，增强党员干部的廉政勤政意识；7．召开一次街道领导班子民主生活会，查找不足，进行整改。

（介卫星）

八宝山街道

概　　述

八宝山街道位于本区东南部，辖区面积5.24平方千米。街道行政辖区四至为：东起玉泉路，与海淀区相接；西至鲁谷大街，与鲁谷社区行政事务管理中心隔路相望；南起吴家村路，与丰台区连接；北至石景山路，与老山街道办事处为邻。区域内有大小街道近30条，其中主要道路为"四横"，即石景山路、鲁谷路、莲石东路、吴家村路；"四纵"，即玉泉路、雕塑中街、鲁谷东街、鲁谷大街。30多条公共汽车运营线路途经地区，京九铁路、一线地铁也从辖区内穿过。辖区总人口8.21万余人，常住人口60759人，流动人口2.14万余人。内设三部（党群工作部、社区工作部、城市管理部）三室（综合办公室、地区成员代表会议办公室、居民事务服务办公室），有工作人员90人。下设14个社区。年内，以深入学习实践科学发展观为主线，围绕建设"人文北京、科技北京、绿色北京"和"世界城市"目标，关注民生，维护社会稳定，主动作为，完成各项工作；坚持招商引资，引进企业157家，注册额1.63亿元，其中注册资金百万以上的企业38家。开展"创先争优活动"主题系列活动。获"全国爱心示范街道"、市级"爱国卫生先进单位"等荣誉。

地址：鲁谷东街18号

电话：68682169

邮编：100040

（严　峻）

【社会治安综治】 全年开展"打击非法营运行动"、"清理无照游商"、"百日清理"等项整治活动共35次，警告10人，查缴黑车16辆，摩的51辆；组织专项执法行动12次，查抄、收容非法犬和流浪犬300余条。严格烟花爆竹禁、限放管理，加强重点企业、经营单位安全检查管理；对人员密集场所、地下室、商场、市场、危化企业等进行重点安全防范督查，确保"两节"、"两会"期间安全稳定。对辖区13名涉毒重点人员摸底排查，进行监管，有效防止涉毒人员复吸和扰乱社会现象发生；对地区"法轮功"人员进行再摸排，加大"6·4"等敏感期防控工作力度，避免有影响事件发生，实现社区"五无"目标。先后开展矛盾大排查3次，排查出重点矛盾12件，一般矛盾20件；对重点矛盾问题协调有关部门，采取措施，有效防止各种紧急事件发生。加强流动人口管理，组织联合检查11次，组织力量6860人（次），检查1150个用工单位、3915户出租房屋，审查登记流动人口19878人（次），发现各种隐患27起，排除隐患24起；全年办暂住证5338个，签订治安责任保证书1541份、发告知书35份；组织宣传活动8次，出宣传栏、板报40期（块）、悬挂横幅标语30条、发放各种宣传材料16508份。

（严　峻）

【环境卫生整治】 采取措施，落实城市管理工作大会精神。继续坚持重点大街专业保洁，临街门店联包保洁，居民小区物业保洁，责任盲区自治保洁，非专业作业时段实行错时管理保洁，小区绿地专业养护保洁等六类保洁管理。年内，动员社会力量，组织发动社会单位、社区志愿者5000余人次参与针对白色垃圾、卫生死角、积存垃圾清理活动，拣拾白色垃圾1000余袋，清除暴露垃圾40处，清除背街卫生死角60处。开展专项卫生整治，清除堆物堆料、积存渣土垃圾500余吨。组织地区社会单位、社区群众开展病媒生物防控工作，投放鼠药20余箱，其它药品3箱，清除蚊蝇孳生地隐患40处。搞好"百日整治行动"，针对玉泉路、八宝山地铁站、华普超市、永辉超市、国际雕塑园、台湾街等存在无照经营等违法经营行为的重点点位，组织联勤联动执法队开展持续整治行动，出动人员360余人次，90余车次，取缔无照经营118起，整治露天烧烤及大排档5起，查处非法散发小广告17起，有效改善地区整体环境。

(严　峻)

【扶贫帮困】 坚持多层次、多方位、长时间与困难户结对子,设立爱心基金,由节前"送温暖"转向常年关爱。将14个社区划分为四片,分别设立居民生活需求调查信息反馈点,由共性服务转向个性服务。"两节"期间走访低保、优抚家庭332户,发放一次性过节补助13.15万元;完成慈善"情暖万家"活动,救助低保医疗困难家庭18户,0.9万元。严格规范城市最低生活保障审批呈报程序,确保动态管理下应保尽保。新审批低保23户、44人,停保22户、55人,对家庭情况有变化的低保家庭166户、413人进行低保金调整,发放低保金210万元;发放低保医疗救助54人次、63690.76元,低收入家庭医疗救助3人次、32930.65元。配合五里坨医院开展对社区精神病人免费送药、服药、防治和康复服务。发挥"温馨家园"平台,开展残疾人文体活动,建立完善残疾人康馨牵手职业康复劳动站,促进残疾人融入社会。

(严　峻)

【住房保障】 开展地区保障性住房专项核查,涉及510户申请家庭,处理信息580条。接待电话咨询及来访740余次,核查经济适用房申请269份、限价房申请199份、廉租房申请43份。街道审核通过廉租房申请30份、经济适用房申请173份、公租房申请61份,廉租房新签合同126户。

(严　峻)

【改善民生】 把好低保准入关,实施规范化动态管理,采用入户宣传和走访核查方式,畅通低保退出关;引导其参与社会公益活动,为早日实现再就业创造条件。开展扶贫济困送温暖,做到"老有所养、贫有所济、残有所助、灾有所救"。开展"一助一"帮扶活。培育各种志愿者队伍,推动义工组织规范化管理。开展义工"亲情陪伴"(社区志愿者上门为老年人提供义诊、电器修理等服务);成立社区老龄维权站;举办地区老年人趣味运动会。集中开展排忧解难送温暖,通过"政策咨询、法律援助、生活帮助、特困助学、聊天谈心、特病救助"等6个方面服务,对特殊困难家庭实施救助。

(严　峻)

【再就业援助】 发挥街道社保所和社区社保工作站两个平台作用,开通再就业"绿色通道",帮助贫困居民寻找脱贫解困的办法,由扶贫济困转向脱贫解困。开展就业帮扶三项活动。一是召开4次招工招聘洽谈会,组织30余家企业参会,提供岗位空缺1000余个,涉及300多个工种,参会人数500余人,现场达成意向148人,成功就业46人;二是开展劳动政策宣传活动,发放资料500多份,现场接待咨询人数300多人,发放社保所联系卡200多张;三是开展"职业指导大课堂"活动,以"树立信心,转变观念、把握机会"为主题,对60多名失业人员进行职业指导培训,提高求职择业过程中抗挫折能力和变换职业适应能力,为二次就业打下良好基础。

(严　峻)

【民政工作】 开展老龄服务"三个一"活动,即一个党员帮助一个特困老人,一个志愿者负责一个特困老人,一个社会单位与一户特困老人结成互助对子;为28名老龄人发放高龄津贴共25200元;办理老年人优待证、老龄证380张,安装、配发"一按灵"、"小帮手"电子服务器83个;评选出20名市级孝星,15名区级孝星;组织举办地区第十一届老年艺术节文艺汇演及书画展活动,获得"老年艺术节"开幕式演出精品节目奖。发放地退人员工资40万元,发放超转人员工资110万元;报销超转药费43万元。以"民族团结月"为契机,举办为期两周的"八宝山街道'手拉手·心连心'民族文化艺术展"活动,承办并参加"石景山区第二届'喜隆多'杯民族健身操舞大赛"。

(严　峻)

【社会化管理】 办理求职证185人,优惠证193人,档案转入256人,转出239人,办理灵活就业109人,领取失业金252人次,发放金额72.9万元,发放各项社会保障基金246万元。对辖区860名企业退休人员及90多名异地退休人员基本养老金资格进行认定,完成1000多名退休人员档案整理,并通过验收。接收退休人员92人,办理医疗蓝本101人,更换医院133余人。完成850名退休人员工资调整。

(严　峻)

【便民工程】 全年投入资金284万元,完成便民工程19项。包括装修改造四季园、西里北、永东南、电科院、中铁建等社区办公用房和活动室,铺装改造三山园、四季园、永东北、永东南、鲁谷住宅等社区道路及黄庄职高西侧道路,为永东北、永东南等社区新安装宣传橱窗,改造社区服务用房水、电,装修社区服务中心活动室。9月与城管、派出所联合执法,对永乐东区40、41号楼周边违法搭建简易棚进行拆除,拆违面积550平方米,为推进街道便民工程打下基础。

(严　峻)

【文化体育】 街道14个社区50余支文艺团队,年内获市第五届民族健身操舞大赛决赛三等奖及区第二届民族健身操舞大赛三等奖;获区"古城之春"艺术节优秀组织奖,选送参赛的曲艺、合唱、舞蹈、朗诵等节目分获一等奖1个、三等奖5个、优秀奖4个;参加市、区乒乓球比赛,获区级比赛一等奖、市级比赛城区组二等奖。组织12个社区132人参加区第二届千人跳绳大赛,获一、二、三等奖各1名及优秀组织奖。开展优秀影片展演进社区活动,放映电影30余场次,受益群众达0.6

万余人。组织社区居民参加全民健身志愿服务活动启动仪式及社区趣味运动会;组织机关工作人员参加“第二十五届金秋体育盛会”开幕式、广播操表演及篮球三对三比赛。组织开展体育生活化社区“健身月”活动。

（严　峻）

【人口计生】 组织开展人口资源环境知识巡讲活动11场,遍布14个社区以及驻区武警部队和流动人口学校,受教育人群2000余人。为3个社区2个社会单位免费安装避孕套机。在14个社区居委会、9个社会单位和一个流动人口计生协会中开展历时2个月的自查和评估认定工作,进一步调整和优化街道基层协会组织形式和成员结构,落实27人次一次性独生子女父母奖励费2.7万元,为地区待业、无业育龄妇女报销计划生育手术费8例3369元。先后在玉泉西社区六道口西院和玉泉西里中社区成立新居民计划生育协会组织,构建以现居住地管理为主的新居民计划生育工作新格局,为流动人口提供有效服务。

（严　峻）

【社区教育】 利用社区活动站、图书室、展牌,以社区科普志愿者为依托,以社区科普宣传站为载体,本着贴近社区、贴近居民、贴近生活的原则,开展科普宣传活动。承办区“科普宣讲团系列科普活动启动仪式”,举办以“预防老年抑郁症”为主题的科普健康知识讲座。开展北京科技周活动,指导、协助社区开展科技知识手拉手、家庭节能减排、低碳生活讲座、参观科普展览等活动5次,发放科普知识宣传挂图400张,发放科普光碟150张,受益群众达0.4万余人次。全面提高青少年文化素质和道德修养,开展形式多样的社区教育活动,举办计算机、英语、手工、绘画、家庭教育等方面讲座、培训62(场)次,受益群众5100人,在辖区营造人人爱学习、时时都学习的良好氛围。加强校外教育力度,聘请社区外勤民警在暑期为青少年及家长开展法制安全教育1次,促进青少年健康成长。

（严　峻）

鲁谷社区

概　述

鲁谷社区位于本区东部,长安街西延长线南侧,东起鲁谷大街,西至五环路,北临西长安街(石景山路),南与丰台区交界。辖区面积6.20平方千米,总人口10.82万人,其中常住人口6.66万人、流动人口4.16万人。辖区有居民委员会22个,中央、市、区级单位40家,各类商业服务网点800余个,小区物业服务企业21个。有石景山路、鲁谷路、莲石路、鲁谷大街、银河大街、五环路等“三横三纵”6条主要街路。辖区绿化面积131万平方米,绿化覆盖率41%。作为市唯一称谓“社区”的街道,鲁谷社区成立于2003年7月,是城市基层管理体制改革创新试点单位及和谐社区建设示范单位。社区党工委、社区中心共设置“三部三室一所一站两中心”(党群工作部、社区事务部、城市管理部、综合办公室、社区委员会办公室、企业服务办公室、流动人口管理服务中心、社会保障事务所、文化站、社区服务中心),现有工作人员84人。年内,围绕本区“大调整、大建设、大发展”工作主基调,以“构建大党建、大维稳、大城管、大服务、大民主政治等五大格局”工作思路为指引,以改善民生、构建和谐为根本,扎实推进社区各项事业不断发展,完成全年各项工作任务。获得市“敬老爱老为老服务先进单位”等各级各类荣誉表彰30项。

地址:鲁谷南路8号
电话:68622901
邮编:100040

（陈　坤）

【构建安全屏障】 通过抓基层、抓联动、抓排查、抓整改等“四抓”措施,强基固本,进一步构筑地区大维稳工作格局。“抓基层,强基础”,落实基层综治组织建设,成立鲁谷社区综治维稳中心及衙门口、万达广场两个分中心;整合社会力量5800余人,实行规范化、实名制管理,发挥其在安置帮教、社区矫正、交通安全、法制宣传、校园周边安保等工作中的作用,做好群防群治工作。“抓联动,重治理”,在衙门口市级挂账重点村和万达广场市级挂账治安重点地区,成立衙门口中心警务站及万达广场警务站,建立打击和清理联动机制,集中开展联合执法,治理社会治安秩序问题、城市环境秩序问题和偷盗扒窃等违法犯罪活动。“抓排查,促调解”,结合城乡结合部环境建设等重点工作,对辖区矛盾纠纷进行重新排查并分类管理,对重点人建档备案,重点监控;实行社区、居委会、楼门三级联动和领导干部包片制度,畅通民意表达渠道,做好调解化解和引导工作。年内开展信访大排查3次,调解各类矛盾纠纷1413件次。“抓整改,保平安”,严格落实安全生产责任制,发挥属地管理和专业监管作用,抓好重点单位、重点时段、重点行业、重大危险源、有限空间的隐患排查治理，先后开展32次联合检查，发现并整改安全隐患495条。

(陈　坤)

【综合改造促迁】　衙门口南社区被列为当年北京市城市化改造的重点“挂账村”。经过数月筹备，于6月初成立衙门口地区综合改造促迁工作指挥部，组建“十横工作组”，与相关部门顺利对接，搭建衙门口地区综合改造项目促迁工作指挥运行机构，确保衙门口地区综合改造工作顺利进行。绘制衙门口综合改造标段图等3种14幅工作用图，摸清各项数据底数，奠定工作基础。针对综合改造过程中可能出现的各类矛盾，提前了解群众思想动态，做到提前预警和多渠道解决问题；建立由各方面力量密切协作、综合防治的“大信访”格局，及时将矛盾化解在一线、化解在社区。对渣土、垃圾突增现象进行集中清理，及时维护雨排水设施，疏通下水管道，保证综合改造期间居民生活环境。

(陈　坤)

【提升城市形象】　从拆违控违、市容环境两方面入手，加快推进城市环境整治建设，使地区形象不断提升。做好控违拆违工作，深化地区城市管理委员会作用，整合城管等执法资源，形成鲁谷地区拆除违法建设工作联动机制。将执法力量重点布控在衙门口地区，设立衙门口现场指挥办公室，有序推进控违拆违工作。全年拆除违建目标68处、6319.07平方米。做好市容环境集中治理工作，相继开展夏季市容环境集中治理、街面环境秩序“百日整治行动”；落实六合园南、双锦园两个社区环境保洁长效机制；在重点区域增设夜景照明设施，不断美化辖区市容市貌。全年收集整理堆物堆料190立方米，清理卫生死角及绿地污染8.7万平方米；累计取缔无照经营180起，没收非法小广告6000余张。

(陈　坤)

【实施便民工程】　以改善居民活动场所和出行环境为根本，以社区便民服务设施建设、老旧小区改造为重点，投入资金247万元，完成11项便民工程。坚持“急事急办、特事特办、难事共办”原则，抓住施工筹备、重点实施、测评验收三个关键环节，规范集体研究、分兵把口、专业监理、阳光操作、严格验收等12道程序，全方位强化监督，做到准备充分、计划清楚、支出严谨，确保便民工程有条不紊、科学高效全面推进。

(陈　坤)

【服务流动人口】　深化流动人口服务内容，拓展服务视野，构建新老居民和谐融洽的社区环境。深化新居民互助服务站的建设推广工作，建立8个“新居民互助服务站”，通过计划生育进站服务、法律咨询进站答疑、传统文化进站弘扬，使新居民得到更全面的服务和帮助。“暖心行动”关爱留京过年新居民，邀请留京过年流动人口参与各居委会组织的联欢会、饺子宴等节庆活动；社区领导带队走访慰问流动人口困难家庭；除夕夜为流动人口开通免费长途电话与家人互报平安、传递祝福，拉近流动人口与本地居民距离，增强流动人口对社区的认同感和归属感。关注流动人口妇女身心健康，联合武警北京总队第三医院举行健康咨询宣传活动，为300余名流动人口妇女提供免费义诊、健康咨询，发放“两癌筛查”免费就医卡近万张；成立“新居民姐妹之家”，举办适合流动人口妇女参加的技能培训，帮助流动人口妇女开发就业岗位300余个；邀请专业人士为流动人口妇女开设“自我保护课堂”，就女性务工人员在工作生活中如何知法、懂法、用法进行现场讲解和答疑，促进流动人口和谐共融。

(陈　坤)

【煤气中毒“零死亡”】　通过“五级联动”全力做好预防煤气中毒工作，实现地区连续三年煤气中毒“零死亡”控制目标。加强社区覆盖面宣传，发放宣传材料到每户居民手中；深入流动人口家中，讲解不安全炉具危害性，现场演示教授合格炉具的安装、使用方法，使取暖户切身提高安全意识。居委会掌控片，加强教育，把预防煤气中毒与日常的流动人口核查相结合，居委会干部、流动人口管理员与社区民警每日对地区人员变化情况进行核对，当日发现新入住人员，当日入户进行煤炉取暖宣传，消除宣传教育和管理盲点。对集体土地上的厂矿企业、集体宿舍、出租大院，由衙门口地区3个农工商公司加强监管；配合有关部门坚决查处取缔非法生产、销售的煤炉产品。明确出租房主对中毒事故所负有责任，提高房主责任意识和监管意识。房主每日对承租人进行早晚检查；定期检查烟道，清理积碳，确保租住人员安全。将房屋相邻5户出租房屋划分为一个小组，开展“五互联防”活动，即通过流动人口之间互相关心、互相帮助、互相提醒、互相教育、互相监督，加强自护。全年开展宣传活动37次，发放宣传材料及安全提示1.9万余份，签订安全责任书9564份，检查并销毁“夺命炉”17套，排除隐患311处。

(陈　坤)

【创新地下空间管理】　启动地下空间“旅店式”管理试点工作，通过打造“一二三四”工作模式，实现辖区174处地下空间规范化管理。“明确一个目标”，即以“实现实有人口全面掌握、重点人口有力掌控”为目标，加强推广地下空间“旅店式”管理工作。“采取两套方法”，建立身份自动识别报警信息系统；完善地下空间物防技防设施，实现地下空间规范化和信息化管理。“规范三类管理”，实行实名登记。引进入住登记、身份比对、外来人员会客登记制度，实时掌握人员入住、离开情况；实现警示上墙。为每个房间安装安全防范提示牌，在值班室、楼道张贴报警电话，实现第一时间危机应答；坚持隐患排查。安排专人24小时值守，对消防设备设施、擅自改扩建行为进行巡逻检查，消除各类隐患。"实现四个对接"，在街道层面，横向与公安、住建委、民防、消防等职能单位顺利对接，纵向与地下空间产权单位、经营单位无缝对接；在单位内部，实现综治、流管、城管等业务部室平行衔接，加强与22个居委会纵向联系，构建"两横两纵"对接网络。

（陈　坤）

【社区规范化建设】 以规范社区服务站为重点，以推动社区居委会和服务站职能分开为切入点，加强社区工作者队伍建设，完善服务设施，健全运行机制，提高社区管理和服务水平。选拔21名大学应届毕业生进入社区工作，加大社区专职工作者培训和职业教育力度，提高社区工作者职业化水平。继续推广社区规范化"一门式"服务平台工作模式，为22个社区服务站配备110名工作人员，完善社区服务站管理制度、议事规则和监督评价体系，实现规范化管理。投资65万余元，加强社区硬件和基础设施建设。

（陈　坤）

【拓宽就业渠道】 立足和谐稳定，完善就业服务体系，做实地区就业与再就业工作。以"区域对接"方式开辟就业渠道，开发治安维护等公益性岗位；建立政策扶持、职业指导、就业帮扶"三位一体"工作机制，加强失业人员就业意识培养和就业典型宣传；针对部分失业人员不愿或不能走出去的实际情况，推出"地域就业圈"就业模式，即以就近就地就业为原则，以不借助任何交通工具、步行即能到达工作地点为目标，实现特定人群就业愿望。年内召开各类招聘会8场，新增就业489人，动态消除"零就业"家庭3户4人。

（陈　坤）

【推进社会保障】 采取多项措施，确保各类社会保障工作统筹推进。一是立足为民解困，使困难群众生活有保障。加大救助政策落实力度，实现低保人员动态管理下应保尽保，对贫困家庭特殊困难给予临时救助。累计审核保障房申请1938户，发放各类救助、帮扶、保障金570万元，为66户家庭申请医疗救助和临时救助；二是立足以人为本，使残疾人群生活更温暖。将节日走访与平时救助、特殊救助与一般救助相结合，解决残疾人就业问题；以重兴园康复基地为依托，安排组织残疾人参加康复锻炼和劳动；三是立足为老服务，使老年居民生活更美满。落实市区"九养"政策，与16家服务商签约，在全区首批试点运行"老年餐桌"服务模式。通过"银龄港湾"品牌项目，探索居家养老新模式，实现地区孤寡老人和高龄老人全覆盖、全方位服务。年内，发放老年证218人，为495人办理免费乘车卡，为83人安装急救门铃，为157人发放"小帮手"电子服务器。

（陈　坤）

【社会化管理服务】 总结上年社保卡"持卡就医、实时结算"试点工作经验，加强社保卡网点建设，通过"提早部署，广泛宣传，逐一通知，耐心答疑"做好社保卡发放。年内为服务对象发放卡2357张，办理挂失和补卡312人次。同时，创新服务理念，通过召开退休人员迎新年座谈会、组织外出疗养、参加各种文体比赛、走访慰问重点服务对象等多种形式，拓宽退休人员社会化管理与服务范围。对退休人员由静态服务向动态服务转化，加强与文化站、艺术团和鲁谷义工等组织联系与合作，引导和开展各项活动，指导自管组织为重点对象提供帮扶服务，使服务联动化。

（陈　坤）

【公益服务便民】 健全社区、居委会便民服务联动体系，通过"96156"便民服务网络接受并完成服务需求370余次，通过回访，居民对求助结果满意率100%。优化社区服务中心设施配置，免费开放电脑网络培训教室、图书阅览室、电教室、多功能厅等文化活动场所，为居民、艺术团体提供公益服务近900次。培育和发展社区服务组织和服务商，激励社会组织广泛参与社区服务，有4支有资质专业服务商队伍参与到居家养老服务工作，58支已备案的文艺宣传、志愿者等服务队伍逐步由提供服务向组织服务迈进。

（陈　坤）

【文体活动丰富】 贴近群众需求开展文体活动，直接参与人数超过2万人次。组织社区庆元宵佳节、书画灯谜展及花卉走街活动，举办第六届"和谐鲁谷"文化节文艺演出、"鲁谷杯"社区歌手邀请赛、"鲁谷杯"社区秧歌舞蹈展演、百姓周末大舞台夏日文化广场鲁谷社区专场演出，与区文委共同举办区中秋文艺晚会。组织参加区第四届"和谐杯"乒乓球比赛，2000余人报名参赛，获得两个二等奖、一个三等奖及优秀组织奖；参加第25届区金秋运动会，获得乒乓球比赛女子团体第三名；参加区趣味运动会，获得团体总分第一名；代表区参加市级登山比赛，获得团体第四名和优秀组织奖。

（陈　坤）

【计生服务管理】 严格落实目标管理责任制，实行"一票否决"制度，与辖区居委会、社会单位、综合治理部门签订计划生育责任书51份。关注育龄群众生育健康，组织194对新婚夫妇参加"人生课堂"讲座，为73名孕妇免费发放叶酸365盒，对208名已婚无业育龄妇女进行生殖健康检查。关爱独生子女家庭，对69户独生子女困难家庭走访慰问，发放独生子女父母一次性奖励7万元，为39户独生子女伤残家庭发放特别扶助存折。

（陈　坤）

【完善社区自治】 丰富参政议政形

式,提升社区代表和广大居民民主参与、民主监督意识。组织社区代表召开便民工程征询会,组织政协委员对衙门口拆违现场实地调研,开展政府部门及派出机构述职评议工作;在22个居委会推行“居务公开”制度,建立居民自治章程或居民文明公约,修订鲁谷社区工作者考核办法等20个规章制度,使居委会工作自觉接受群众监督。注重培育社会组织,加强物业服务企业指导管理,提升业主委员会自治能力,协调解决4个居民区物业纠纷问题。

(陈　坤)

【招商14家企业】 年内,招商引资14家企业,注册资金1596万元。利用辖区商业资源,发挥独有体制特色、自治特色和地域特色优势,营造招商引资社会氛围。一是通过体制特色,创造魅力吸引。利用各级专家学者到社区调研考察契机,宣传招商引资政策,延伸招商触角,拓宽引资渠道;二是发挥自治特色,创造招商合力。发挥社区大党建格局作用,以党工委为龙头,号召辖区各级党组织和党员共同参与、共享资源,促进招商引资;同时,通过社区代表会议“8+2”联组模式,发挥政协委员、侨联委员和社区代表人脉广阔优势,为企业落户牵线搭桥;三是突出地域特色,创造优势竞争。利用银河商务区和区委区政府坐落鲁谷辖区独特地域优势吸引投资商,对投资企业实行全程协调性服务、跟踪性服务和贴心式服务,使企业“引得来、留得住、服务好、发展快”。

(陈　坤)

【义工授星表彰】 12月2日,举行鲁谷社区义工授星表彰仪式。为弘扬志愿者精神、激励创先争优、推进社区建设,区委区政府授予北京长庚医院等6家单位“鲁谷义工先进集体”称号,授予田振声、张泽民等10位义工“十佳星级义工”称号、授予六合园南义工服务团队的“六合花苑”、久筑义工服务队的“巧娘义工编织献爱心”等6个项目“鲁谷义工品牌项目”,区有关领导向五星级义工代表颁发证书和徽章。

(陈　坤)

老山街道

概　述

老山街道位于本区东部,东起玉泉北路,北至田村路,与海淀区接壤;南起石景山路,与八宝山街道相连;西至西五环路,与八角街道相接。辖区内坐落着奥运会自行车馆、山地自行车和小车轮赛场等3个比赛场馆。辖区面积6.1平方千米。常住人口19162户,54098人(其中流动人口7895人)。有中央、市属、区属企事业单位179家。街道机关设3个部,3个室,人员编制72人,实有70人。其中,行政公务员编制41人;工勤编制3人,实有2人;事业编制29人,实有26人。下设12个社区居委会,社区干部107人。15个居民党组织,其中1个再就业党委,1个机关党支部,1个非公企业党支部,11个居民党组织,共计党员2878人。深入贯彻落实科学发展观,按照区委“大调整、大建设、大发展”工作主基调,以“六民工程”为载体,全面加强党的建设,着力提升城市综合服务功能和提高社会建设管理水平,全面推进老山地区经济和社会各项事业的统筹协调发展。

地址:老山南路18号

电话:88971727

邮编:100049

(许晓峰　吴展标)

【实现综治维稳目标】 在全区率先筹建综治维稳中心。综治办牵头,联合工商、城管、劳动、工会、司法、信访、交通、流管、应急、民政、派出所和消防等部门,建立联动机制,实现主要领导负总责,一名领导分管、一套体制机制统筹、一个平台运作、一个窗口接待群众的办公模式。按照“矛盾联调、问题联治、平安联创、治安联防、工作联动”的工作机制,成为服务基层群众的文明窗口、化解矛盾的有效平台、维护社会和谐稳定的前沿阵地。6月,成立专职巡逻队,作为综治维稳中心直管的一支群防群治力量,由街道专门配备电动自行车,与综治巡逻车捆绑工作。经过一系列业务培训、人员磨合、勤务熟悉,以辖区内长安街沿线公交、地铁站、过街桥为重点,实现对整个地区的巡控网格织细、织密的工作目标。

(许晓峰)

【校园周边安全防控】 按照市、区综治委关于进一步加强学校、幼儿园及周边巡逻防范工作的要求,落实校园周边安全防范工作,制定并印发老山街道关于建立健全辖区学校、幼儿园及周边安全保卫工作长效机制的实施意见。自5月3日以来,统筹辖区内警力、保安、街道干部、社区工作者以及街道各类协管员队伍共1.4万余人次参与校园周边安保,对学校园所周边社会治安防控体系进行全面强化。同时,会同公安、城管、工商、卫生等执法单位,以定点设岗和流动巡防相结合的方式,确保校园周边安全防范工作全覆盖、无死角。

（吴展标）

【社区矫正和帮教安置】 做好对高危人员的宣传、教育、防范工作，对现有“法轮功”人员的生活情况、活动现状、思想动态等进行分析和分类，采取“打两头、稳中间”的做法，为他们搭建回归社会的平台，鼓励他们参加社区治安巡逻、舞蹈队、书法班等社会活动，使他们认识到“法轮功”对社会、个人及家庭的危害。年内完成2名未转化“法轮功”人员的转化工作。

（吴展标）

【创新社区信访模式】 全面落实属地责任，本着倾听民意、服务民众、凝聚民心的工作理念，抓好“五个一工程”（一日、一卡、一网络、一信箱、一代理点）建设，使社区信访工作制度化、规范化、经常化，打造反映社情民意的“绿色通道”。“一日”，即完善街道领导信访接待日制度，并向群众公布信访接待时间、接待领导，畅通诉求渠道，使信访接待日成为密切联系群众的桥梁和纽带；“一卡”，即制作“社区信访连心卡”，分发到各户，卡上信息包括：该社区信访联系员姓名、联系电话以及信访工作涉及范围、信访件反馈程序等，引导群众通过正确的信访渠道表达诉求；“一网络”，即建立街道信访办、社区居委会、居民楼门、居民小组四级信访信息传送网络，畅通社区信访信息渠道；“一信箱”，即在各社区设立“信访工作信箱”，设专人汇总信访件情况；“一代理点”，即在每个居委会设立1个居民信访代理点，并由街道领导分别与各社区结成“对子”，以便掌握辖区动态，做到早发现、早解决。同时，街道还建立完善信访工作“三个长效机制”。一是完善信访矛盾排查调处机制，在社区构建信访排查工作网络，超前化解信访隐患；二是建立定期走访机制，加强对特定信访人员的帮扶；三是建立教育引导机制，加强信访法规知识宣传教育。

（许晓峰）

【完善应急管理体制】 完善应急指挥系统和应急管理机制，突发事件应急处置能力进一步提高。按照区应急委工作要求，加强预警机制，推进社区应急管理体系建设，加强指导工作，确保各项应急预案落实到位。根据实际需要，设立街道突发事件专项应急指挥部，确保街道辖区应急事件发生时的组织、协调、指挥相关类别突发事件应对工作。加强应急值守、信息汇总、综合协调等工作，做好年度应急管理预案工作计划，确保应急管理工作落到实处。做好自查工作，抓好基础台账管理，迎接市、区应急委检查指导。

（吴展标）

【流动人口服务管理】 整合流动人口和出租房屋基础信息，开展“百日核查”专项工作。发挥流动党员、志愿者热情，鼓励流动人口参与社区建设和管理。以实现流动人口与本地居民同管理、同服务、同教育为目标，在聚居大院自治基础上建立13个“新居民互助服务站”；推行“新居民一卡通”，新居民持卡到指定社会单位、职能部门，可享受免费职业介绍、免费培训、免费就医挂号等服务。建立大院儿童看护站，由互助队员负责看护工作，解决流动人口子女放学后无人看管问题；建立全区首家流动人口阅览室，新居民文化生活更加丰富。加强流动人口党建工作，建立何家坟地区流动党员活动站，调动流动党员参与和谐社区建设的积极性。

（吴展标）

【预防煤气中毒】 及时修订工作方案，完善各类台帐，形成街道流管办、老山派出所主抓，综治办、民政、城管等部门协助的工作机制。严格落实责任制，实行领导、干部包片负责，做到“七个百分百”，即入户宣传100%，张贴安全提示（告知书）100%，炉具合格率100%，会正确使用炉具、懂得自救常识率100%，签订安全责任书100%，填写检查记录单100%，责令整改完成率100%。工作中，注重抓好宣传、检查、联合执法三个环节，强化“五个规定动作”、“七个必查”责任和要求，发挥“预防煤气中毒工作检查表”和预防煤气中毒隐患整改通知书作用，收到良好效果。由于工作到位、措施到位，地区取暖季没有发生煤气中毒事故，实现“事故总量下降，不发生群死群伤，不发生责任事故”的工作目标。

（许晓峰）

【狠抓安全生产】 开展安全生产预防工作，通过“安全生产月”、“安全日”、“119”消防日、“通知”宣传周、宣传日运用多种形式进行安全生产宣传，普及安全科普知识和事故灾难预防知识。开展检查、排查活动，对重大危险源严格落实监控措施，不留死角，对发现的隐患苗头，坚决整改。同时，开展安全生产治理行动，对突出重大危险源隐患排查治理，严厉打击非法违法生产经营行为，扎实推动打击非法违法安全生产执法行动。

（吴展标）

【抓好环境保洁】 结合辖区实际，完善城市环境保洁试点工作。进一步提升城市管理水平。建立地区环境卫生管理网络。以街道城管专业部门、城管执法部门实施地区环境保洁和城市管理为主导，社区参与地域环境保洁、管理、检查及督办为重点，各产权单位、社会单位及物业公司等依权属范围为基础的责任管理和卫生保洁的三级管理体系。实施目标管理责任制，建立考核评价体系，优化考评监督体制，奖优罚劣，形成城管环卫长效管理机制。充分调动各职能部门储备资源，联合联动，形成城市管理、综合执法、外管机构的综合管理执法效力。结合“爱卫月”、“城市清洁日”等活动，着力宣传石景山区环境卫生管理办法等相关规章制度,提高居民环境卫生意识。

(许晓峰)

【遏制违法建设】 落实区查违办工作部署,成立老山查违分指挥部,制定查处违法建设实施方案、拆违工作计划、拆违工作时间推进表。全年拆除违法建设10处239平米,有效遏制新生违法建设的反弹,确保辖区良好环境秩序。

(吴展标)

【百日环境整治】 细化管理办法,狠抓常态管理,确保辖区优质环境质量和良好环境秩序,未发生一起环境卫生群众举报事件。落实市《市容环境卫生条例》、区《环境卫生管理办法》,巩固奥运和新中国成立60周年城市整治成果,制订老山地区城市管理和城市环境保洁工作意见、老山地区环境卫生联席会议制度及老山街道社区、社会单位环境卫生考核标准,进一步完善百日整治方案、预案、风险点台账、国庆节期间联勤联动执法及信息报送工作,加强对重点点位、黑车、黑摩的、无照游商进行严密监控。到年底,完成辖区4个环境卫生重点点位的全部销账任务。

(吴展标)

【便民工程建设】 根据区便民工程定点承包商招标方案和便民工程管理办法(试行)要求,根据社区居民所需,加大基础设施投入,实施便民工程32处。年内,完善便民工程各种制度、措施,规范办事流程,纳入良性发展轨道。委托政府采购中心通过公开招标方式,确定工程定点承包商,按照高效、规范、便民要求,进一步细化、量化、优化服务,使便民工程按章、有序、稳妥、积极推进。通过实施便民工程,进一步完善公共设施,有效改善社区环境及社区居委会办公和居民活动条件,提高综合服务水平。

(吴展标)

【深化社区服务】 进一步深化社区服务中心管理体制和运行机制改革,加强队伍人员建设,提升服务人员的自身素质,使之由服务群众向服务组织拓展,由提供服务向组织服务拓展,由服务阵地向龙头带动功能拓展,切实发挥社区服务基础平台作用,促进社区服务事业发展。工作中,秉承"生活帮手,凡事不烦"服务理念,打造96156便民服务热线,进一步做好居家养老券发放工作,开展形式多样的义工活动,打造温暖乐龄社区,落实"九养"工作,向有使用需求并具备使用能力的65周岁以上老年人及重度残疾人提供生活、就医、交通、购物、社交等电子服务。

(吴展标)

【完善社会保障】 做好失业人员的档案转出、转入工作,依据有关规定办理失业登记,核发求职证、优惠证、再就业优惠证等。开发社区就业、职业指导工作,征集创业项目,采集公共职业机构岗位信息,举办招聘洽谈会,千方百计做好辖区劳动保障工作。全年城镇登记失业人员就业人数指标为707人,完成769人;开发就业岗位指标为450个,完成592个;社区就业安置指标为400人,完成564人;失业人员推荐成功指标为200人,完成225人;空岗信息采集指标为600个,完成776个,均全部高线完成各项任务指标。同时,完成社会化退休人员档案整理,完成企业退休人员、社会化退休人员、地区退养人员"一老一小"医疗费报销工作和养老金资格认定。全年办理医疗费报销2700人次,435万元;发放各类社会保障金600万元。

(吴展标)

【完成人口普查】 完成第六次全国人口普查户口整顿和摸底工作。根据区域划分12个普查区,按80~100户要求划分169个普查小区,抽调选聘指导员、普查员311人,召开大规模人口普查动员会及业务培训会5次,组织各社区完成绘制普查区图、普查小区图及普查区建筑物和建筑物信息录入等工作。通过入户调查,完成实点数据登记人口19162户,完成总户数的103.4%,登记总人数54098人。其中,登记外来人口7895人,登记上年11月至当年10月之间死亡人口数203人,出生人口数315人。

(吴展标)

【休闲娱乐活动】 组织全民健身活动,参与"和谐杯"乒乓球比赛、"千人跳绳大赛"、"趣味运动会",观看"北京国际自盟场地自行车世界杯赛"等活动,让居民充分享受体育带来的欢乐,享受参与的快乐。同时,做好各社区配备的体育健身器材的更新、维护工作,给居民创造良好健身环境。组织开展各社区广场舞蹈展示、书画手工制作、社区音乐节、文艺演出、电影下社区、社区读书节等文化宣传活动,给居民提供多元选择的文化环境。先后组织参加区军民春节联欢晚会、广电中心"百姓大秀场"节目录制、"古城之春"艺术节闭幕演出、"舞动北京"群众舞蹈大赛复赛、颁奖典礼等活动,并受到区有关单位的多次表彰。9年来,街道社区成立的"红蜡烛"特殊家庭子女跟踪教育服务队被评为当年做文明有礼的北京人——10个品牌文明团队之一;成立10年的健康俱乐部更是成为地区群众文化生活的重要载体,其中舞蹈队、合唱队等团体在全市都赢得众多荣誉;老山地区的金韵艺术团赴沂蒙山革命老区进行慰问演出,受到广泛赞誉。

(吴展标)

【温馨家园建设】 以温馨家园为活动平台,针对弱势群体需求和爱好,结合一些重点节日开展13项文体活动,丰富社区残疾人生活。春节前后举办"残疾人迎新春游艺会";三八"妇女节"之际,组织"三八"联欢会暨魅力女性评选活动,评选出社区3位最具魅力的残疾妇女;父亲节举办"父爱如山"纪念父亲节联谊会；庆祝国庆 61 周年，在温馨家园广场举办残疾人红歌会，100 余人参加。街道残联承办"老山东里温馨家园成立两周年——心的港湾我的家"主题庆祝活动。全区 100 余名残疾人代表参加。评选出温馨家园优秀学员和志愿者之星。此外还根据实际情况和残疾朋友们的需要适时组织他们进行外出交流活动。

（许晓峰）

【再就业援助】 继续以"就业援助进家入户，帮您解决就业困难"为宗旨，开展有针对性的六项措施促进就业。一是以"政策宣传月"活动为契机，开展政策"进企业、进社区、进家庭"活动，使更多的企业和居民了解政策、享受政策；二是在居民事务服务大厅设立专门窗口为前来办事的居民提供政策咨询服务；三是开展主题宣传日活动，广泛宣传，做到家喻户晓；四是为特困失业人员和大中专毕业生就业搭建服务平台，为他们举办招聘洽谈会，促进就业；五是多渠道开发社区就业岗位，安置失业人员就业；六是开辟公益性就业岗位，对认定的就业特困人员和零就业家庭人员进入社区公益性就业组织实现托底安置。为帮助企业失业人员深入了解就业政策，尽快实现再就业，街道领导带领工作人员携带北京市促进就业稳定就业政策宣传资料送到企业、社区，并在现场举办就业政策进社区宣传咨询活动。

（许晓峰）

【推进计生工作】 进一步探索人口和计划生育"居民自治"新机制，推进老山地区人口和计划生育工作全面、协调发展。创新宣传方式，整合地区资源，成立人口和计划生育文艺宣传队，文艺宣传实现规范化、常态化。扎实开展"阳光计生行动"，落实阳光管理，实施政务公开，分为政策、程序、服务、维权等类别在社区公开，同时将自制的生育政策、计生奖励政策、避孕节育、优生优育知识等材料，有针对性地送到育龄群众手中。推行阳光服务，在服务窗口建立首问首办负责制、服务承诺制、限时办结制和一次性告知制，切实做到首问首办。年内，老山东里南社区被评为"全国计生协先进单位"。老山东里社区被评为"全国基层群众计划生育居民自治示范社区"，街道被评为市"人口计生系统作风建设先进单位"。

（许晓峰）

【普及健康知识】 依托健康教育大课堂，定期举办健康知识咨询、讲座等特色活动形式，提高居民健康意识和自我保健能力。按照"重引导，固基础，强服务，创特色"工作思路，把握"稳定低生育，统筹解决人口问题，促进人的全面发展"这一核心任务，建立 QQ 网络平台，向群众宣传计划生育法律法规、生殖保健、优生优育等知识，不断完善随访服务，使居民满意率不断提高。做好新增人口出生、二孩审批、新生儿登记等工作，加强围产期保健、优生优育培训，确保辖区的稳定低生育、高质量水平。本着"践行科学发展观，弘扬大人口文化"的理念，投资 60 余万元建立老山人口健康文化苑，把人口文化融入到社区建设之中。

（吴展标）

【完成招商引资】 街道坚持以经济建设为中心，以服务经济、服务企业为己任，不断加大优化经济发展环境的宣传力度，不断提高为辖区企业服务的能力和水平，促进招商引资工作有效推进。强化招商意识，发动招商攻势，形成人人都是招商主体，个个都是投资环境的浓厚氛围。一是加大招商引资宣传工作力度。根据区相关奖励政策，结合实际，重新制定街道招商引资实施办法和招商引资奖励办法；专题召开老山地区招商引资推进会，积极动员街道机关人员、社区干部和辖区单位筑巢引凤，落实区下达任务目标；二是层层分解招商引资任务。将招商引资任务指标分解到机关各科室及社区，纳入年度目标考核，真正做到"千斤担子万人挑，个个身上有指标"；三是高限完成区下达的各项经济指标，全年引进企业 65 家，注册资金 26894 万元，税收入区财政 107 万元，实现完成区下达任务指标 107%，为全区经济的发展作出应有贡献。

（吴展标）

【服务中心迁址】 4 月 30 日迁新址。老山社区服务中心新楼作为本区 2008 年十项重点工程之一，于上年 4 月 5 日动工，7 月 9 日封顶。总建筑面积 5771.52 平方米，其中地上建筑面积 4857.19 平方米，地下建筑面积 914.33 平方米，项目总投资 2300 万元。周茂非等区领导亲临现场祝贺。

（吴展标）

古 城 街 道

概　　述

古城街道位于本区中部,辖区总面积15.5平方千米,占全区总面积的18.2%;人口总数81707人,户籍人口40567人,常住流动人口5.22万人,多为汉族,还有满族、蒙古族、苗族等8个少数民族;20个社区居委会。辖区有企业5367个。其中,内资企业2248家,个体工商户3078家,外资企业41家。辖区内既有市管大街,又有区管、自管街巷;既有"城中村",又有条件较差的"厂中村"。年内,不断巩固和深化学习实践科学发展观活动成果,围绕全区"大调整、大建设、大发展"主基调,以抓基层、打基础、"促民生建设保大调整、促拆迁维稳保大建设、促招商引资保大发展"为工作主题,不断完善和创新工作机制,扎实开展各项工作。获"街面百日整治先进单位"、"人口和计划生育工作红旗单位"、"五四红旗团委"等市级荣誉称号及区级荣誉近百项。在市、区以上新闻媒体刊登新闻稿件200余篇,其中市以上新闻媒体刊登稿件55篇、《石景山报》刊登100余篇,在区有线电视台播放街道工作新闻30余次。

地址:古城路6号
电话:68872356
邮编:100043

(孔　微)

【推进老古城村拆迁】 老古城村是长安街上最后一个城中村,有着600多年历史。3000多本地人口和超出本地人口6倍多的外来人口在这里居住。上年8月10日,老古城综合改造项目拆迁定向安置房展示中心正式揭牌。为妥善安置拆迁居民,在拆迁地块上规划建筑面积约20万平方米定向安置用房,拆迁居民既可选择单纯货币补偿,也可选择定向安置用房。年内,多项措施促进老古城村拆迁。一是开创"2+9"党员促迁工作模式,由38名机关干部、12名社区干部组成9个党员家庭促迁工作组,包户到人,对未搬迁的70名退休党员家庭重点开展促迁工作,入户次数200余次。二是以广播、墙面、纸质三种方式开展"三维"立体宣传,发放《致居民的一封信》1200余封,劝搬劝迁信1.8万余张,悬挂宣传横幅标语200余条,喷印宣传标语40条,张贴拆迁公告43套162张,展出宣传板12块。三是通过两条途径加强信息收集:1.利用97人的维稳信息队伍收集信息,逐户了解需求、思想动态,及时反馈、化解;2.关注老古城贴吧等网络论坛动态,前瞻性分析苗头性问题,多次成功化解规模访。四是加大"两个力度",推进老古城拆迁促迁工作:1.加大思想工作力度,9个促迁工作组采用"白+黑"方法开展入户走访,攻坚克难,不厌其烦,做好促签工作;2.加大综合整治工作力度,组织协调相关职能部门,开展大规模排查整治工作21次,出动人员963人次,检查出租房屋4000余间,流动人口6700余人次。五是建立"一三四"拆违长效机制:"一个对接机制"即居委会的举报机制与农工商公司的自查机制相对接,畅通信息渠道,加强管理和巡查;"三步监督机制"即事前监督、做到信息到位,事中监督、做到监控到位,事后监督、做到处理到位;"四级巡视报告机制"即两级日常巡视报告由社区和城市管理监督员承担,两级重点巡视由街道相关部室和地区城管分队承担。截至年底,老古城村累计签约937户,占总数的77%。

(孔　微)

【创新流管模式】 采取"四个依托",进一步加强流动人口服务管理体系建设。依托社区居委会开展对散居流动人口的就近服务管理模式;依托流动人口大院,普及推广新居民自助服务站的管理模式;依托安和小区,建立流动人口综合服务站"会所制"管理服务模式;依托楼宇综合服务站,建立楼宇新市民互助服务站。四种模式将流动人口划分为散居式和集居式以及低、中、高层次,在各层次服务站中建立党建联络点,加强流动人口党组织全覆盖。

(孔　微)

【安全生产防范】 履行安全生产属地监管责任,通过宣传橱窗、展板、横幅以及发放致居民一封信等方式,多渠道、多角度地宣传安全生产法律法规,传播安全知识,强化安全意识。制定中小学及幼儿园安全工作方案及应急预案,投入资金4万元落实校园人防、物防、技防措施,安装监控探头19处,配备专职安保人员,由派出所进行统一安全技能培训。

(孔　微)

【做好环境整治】 采取"五四三三"措施,落实"百日整治行动",提升城市管理水平。明确五字方针:"快"、"准"、"稳"、"合"、"实";落实四项行动:迅雷、探雷、排雷、化雷;实现三个最快:部署最快、摸底最快、行动最快;取得三项成果:一是与城管部门联合,以人性化管理与严格整治相结合,制定"五必须、五不许"标准,规范大排档经营;二是与公安部门联合开展闪电行动,端掉杨庄大街公共绿地麻将摊点80余个;三是与工商部门联合,疏堵结合,为社区设立规范便民菜市场5个，被多家新闻媒体报道。开展8次大型联合专项整治行动，出动人员7500人次，车辆700车次，清理无主垃圾渣土2500吨、卫生死角68个，小广告5万份。专项执法点20个，宣传告诫1200余人，设立宣传点10个，发放宣传材料3000余份，张贴横幅100余条，制作宣传栏120余块。处理违法经营案件15起，罚款1000元。检查餐饮商户120余家，对6家提出整改意见，并监督落实。做好垃圾分类工作，建立区首家垃圾分类示范小区并通过市级验收。

（孔　微）

【抓好招商引资】 巩固处级领导定点联系发展区域机制。领导干部落实“三个一”工作要求，即必须提供一条以上的招商引资线索、力争完成一个以上项目的招商任务、全力做好一个区域的企业服务。到12月底，引进企业103家，注册资金近亿元，实现三年入区库总税收769万。

（孔　微）

【“家门口”菜篮子工程】 10月27日下午，办事处与古城工商所联手举办社区便民服务点挂牌启动仪式，荣华为便民菜站开张仪式剪彩。街道统一协调，古城工商所牵头，联手打造“家门口”菜篮子工程，在古城北小区、八千平、特钢、环铁、西路南社区等五个社区设立便民服务点，使古城地区5022户家庭在社区就能买到新鲜蔬菜。首批进驻的5家蔬菜服务商都是从正规管理的农贸市场中挑选出来的商户，全部有正规的营业执照，多年被评为优秀商户。考虑到社区老人行动不便，服务商还承诺为社区的73户行动不便的空巢老人家庭、9户残疾人家庭免费送菜上门，真正做到贴心周到服务。古城街道有20个社区，常住人口有8万多人，但是正规管理的集贸市场不足3家，给居民买菜带来不便，同时也为游商小贩违法经营提供可乘之机。街道以“百日整治行动”为契机，寻求疏堵契合点，在大力整治和对居民需求调查的基础上，坚持四个原则，打造“家门口”菜篮子工程。一是坚持方便居民原则。充分征求居民意见，以方便居民生活为目的，提供优质、便捷的便民服务；二是坚持依法经营原则。经营者必须在古城地区农副产品市场具备合法经营资质，经市场推荐和社区居民同意。社区便民蔬菜服务点的经营地点和经营时间，遵从社区统一安排；三是坚持食品安全原则。便民蔬菜服务点所销售的蔬菜，严格落实索证、索票和进货验收制度，纳入市场食品快速检测体系，相关进货票据留存于农副产品市场摊位；四是坚持服务居民原则。对经社区居委会认定的行动不便的空巢老人家庭和残疾人家庭，经营者提供免费送货上门服务。

（孔　微）

【完善就业扶持体系】 通过“订单式”与“私人顾问”等特色服务，创新完善就业扶持体系。对需求量大的岗位，实行先培训后就业的“订单式”服务，安置100余人上岗；推出“职业指导私人顾问”，动员具有初、中、高级职业指导师资格的社保所工作人员、劳动协管员和地区职介机构员工，成为首钢分流人员就业创业的社会志愿服务者，义务担任“一对一”职业指导，为企业招录人员70余名。全年对失业人员提供职业指导服务1216人次，申请发放社会保障补贴8万多元、残疾保险补贴1.4万元、营业税减免32760元。开展庆“三八”特别招聘活动，提供就业岗位476个；开展“一对一”结对帮困，以“零就业”家庭、残疾人家庭为重点，制定帮困计划；实行失业人员动态管理，建立健全各类台帐20多份，每月对求职登记人员进行职业指导；对1757名失业人员进行入户宣传、调查，使“3540”、“4050”下岗失业人员充分了解就业岗位信息。社区就业岗位开发861个，社区安置失业人员634人，公共职业介绍机构空岗采集1633个，职业介绍推荐成功367人，完成计划92%；完成职业指导人次数1216人次，创业带动就业573人，帮扶“零就业家庭”9户，全部实现就业。

（孔　微）

【落实救助保障服务】 全年累计发放低保金1112万元；办理廉租住房租金补贴306户，发放租金补贴302481万元；为老人、重残人员发放粮油物资526户、1578人，米、面、油10800公斤；医疗救助186人、救助金额36万元；临时救助7户，救助金额2900元；办理大学新生救助32户、金额12.8万元。办理居家养老服务1327人，免费安装求助门铃32户，发放“小帮手”178个，办理老年人优待卡339人次、优待证196人次，发放高龄津贴70余人次、65600元；确定老年餐桌及定点服务单位28个，实现老年餐桌社区全覆盖。落实改造工程75户，办理相关补助341人，发放一次性救助款10500元。为青海灾区募捐衣物9200件。

（孔　微）

【完成便民工程】 争取便民工程资金228万元，其中建设类资金178万元，实施便民工程11项。实行便民工程新型管理办法，坚持“三个全程”原则：管理全程跟进，实行便民工程领导小组、主任办公、工委会三级会议制度，从项目确定到工程验收全程把关；监督全程落实，项目责任部门、纪检监察部门、工程监理单位三步把关，对工程质量进度全程跟踪监督，确保工程质量；群众全程参与，通过便民工程征询会和居民代表、党员代表、物业代表共同验收的两级群众参与制度，保障阳光工程，打造民心工程。

（孔　微）

八 角 街 道

概 述

八角街道位于石景山区中心地带，辖区面积6.3平方千米，有居民3万余户、常住人口7.6万人，流动人口3.4万人。辖区有18个社区居委会，已有10个市级、5个区级文明社区。设有16个党委、3个党总支，下辖110个党支部、6115名党员。年内，围绕区"大调整、大建设、大发展"的工作主基调和市、区关于加强社会建设的工作部署，从实际出发，提出建设"绿色、健康、人文、和谐"新八角的工作目标，坚持"广大居民期盼的，就是我们要干的"服务理念，实施党建凝聚力工程，着力抓好改善民生工作，扎实推进社区建设，继承传统，因地制宜，注重特色，积极创新，各项工作均有新的起色。获得"全国学习型街道示范单位"及市"为老服务先进单位"、"安全生产月活动'优秀组织奖'"、"市容环境卫生先进街道"、"'百日整治行动'先进集体"等荣誉称号。

地址：八角北路甲36号

电话：68876898

邮编：100043

（朱 莹）

【扩大"全国示范街道"影响力】 年内，作为市党建工作领导小组联系的街道、市创先争优活动联系点和区社区建设窗口单位，承接各类迎检活动近50次。中央巡视组、中组部、全国妇联、中国计生协、北京卫戍区、市人大、市委组织部、市社工委、市妇联、市政市容委、首都文明办等部门领导，以及韩国、香港、河南、天津等国内外社团组织，先后调研参观，对各项工作给予高度评价。全国社保卡现场观摩会、北京国防后备力量规范化建设工作会、市第20个"垃圾减量日暨绿色社区"活动等均在八角街道举行，知名度和影响力进一步提升。

（朱 莹）

【"金色亲情"服务】 推广八角北路特钢社区"金色亲情"服务品牌。特钢社区是个老龄化社区，社区党委为调动党员积极性，发挥党员先锋模范作用，成立"金色亲情志愿者服务队"。服务队以社区离退休党员和流动党员为主体，以自助服务、互助服务、个体服务和集体服务为主要模式，转变"百姓上门要服务"为"社区主动送服务"。一是公示服务热线"亲情号码"，方便居民预约；二是成立"终极关爱小组"，帮助处理老年人后事，促进社区邻里和谐；三是坚持每月开展"金色亲情党员奉献日"活动，为居民提供义务便民服务。"金色亲情"服务得到中央巡视组、市委党建领导小组和区领导高度评价。

（朱 莹）

【社区工会联合会】 完善"社区工会联合会"建设初显成效。一是实现工会组织全覆盖。在地区成立15个社区工会联合会，吸纳225家单位入会，将工会工作触角延伸到社区内的个体经营者和外来务工者，完善社区工会组织体系，健全工会组织网络；二是实现职工维权、排忧常态化。联合会主席均由地区职工代表推举选举产生，在社区居委会日常办公，同时建立信息沟通反馈渠道，及时处理解决会员反映的问题，做到"矛盾有人管、问题有人问、困难有人帮"，处理各类问题11件；三是实现地区工会活动规模化、品牌化。联合会采取多种形式分行业组织相关活动，有效推进地区行业品牌项目建设；四是实现会员职工"当家做主"，参与社区建设。联合会会员主人翁意识不断增强，专业技能会员常年为社区优抚对象等弱势群体提供家电维修、管道疏通等便民服务。

（朱 莹）

【落实20项便民工程】 按照便民工程"三优先"（即关系居民生活的项目优先、居民反映强烈的项目优先、影响社区安全稳定的项目优先）原则，投资330余万元，落实20项便民工程。完成八角南路、古城南里社区道路改造，硬化铺装7400平方米；完成八角中里、八角南里等5个社区办公用房改造；铺装八角北路、公园北社区1.1万平方米绿地及铺设草坪0.8万多平方米，优化社区环境。

（朱 莹）

【社区服务站建设】 通过三项措施稳步推进社区服务站建设。一是抓硬件，协调产权单位、物业公司等重点解决社区用房未达标问题，成立时代花园社区居委会，18个社区中13个社区用房面积达到市规定标准；二是抓队伍，合理调整人员配置，招录应届大学生进社区，提高社区工作人员素质，重新修订社区服务站基本职责、接待规定、首问责任制等规章制度；三是抓规范，着重理顺社区党组织、社区居委会、社区服务站职能分工，确保职责清晰、形成合力，切实提高社区公共服务水平。

（朱 莹）

【社会保障服务】 结合"创先争优"活动，在居民事务服务大厅开展"'争创优质服务窗口，争当优秀服务标兵'服务月"活动；拓宽就业渠道，建立区—街—社区—社会单位四级联动工作机制，创建充分就业社区；扎实做好社会保障卡网点服务工作，继续推行“五零服务”标准，为百姓提供满意服务。全年办理“一无一残”、“一老一小”大病医疗保险5050人，发放社会保障卡4425张，举办“春风行动2010”、“民营企业招聘周”等专场招聘活动6次，开发就业岗位1400个，安置失业人员836人。

（朱　莹）

【“ABCD”创充分就业社区】 推出“ABCD”服务法，创建充分就业社区。一是将生活特别困难，迫切要求就业人员划分为A类，给予重点帮扶。在社区范围内采取“逐人拉网式”信息采集法，对此类人员进行“3+x”帮扶就业，即职业指导、技能培训、推荐就业、个人意愿为一体的就业服务体系。累计开发就业岗位150个，安置失业人员220人，举办失业人员专场招聘会2次；二是将家庭有特殊原因不能上岗人员划分为B类，给予生活援助。将此类家庭与辖区单位结成帮扶对子及通过协调上级部门发放生活援助资金、办理最低生活保障等方式，解决生活问题，并利用节假日进行走访慰问，累计发放帮扶资金6500元；三是将有就业要求但不迫切人员划分为C类，给予一般帮助。定期发布用工信息，组织召开招聘会，同时向其宣传再就业优惠政策，鼓励自谋职业、自主创业；四是将家庭条件好，暂无就业要求人员划分为D类，给予一般关注。通过定期随访，了解其就业情况，做到动态管理，并主动提供“窗口式、一站式、全程式”就业服务。

（朱　莹）

【提升救助水平】 全面落实北京市市民居家养老服务（九养）办法。“老年餐桌”在辖区实现全覆盖；建立“心理健康辅导站”；改造辖区152户残疾人家庭卫生间、坡道为无障碍，在3个温馨家园设置编织十字绣、丝网花、珠串劳动康复项目，为残疾人拓宽就业渠道；在地铁家园社区设立计生国策宣传岗；完善救助服务，发挥街道慈善服务中心、地区社会单位、社区“零距离服务队”、“爱心互助社”等组织作用，建立低保救助、实体救助与应急困难救助相结合的机制，解决困难群众的生活需求；严格住房保障服务，为1109户家庭办理经济适用房和限价房初审手续，为100户住房困难家庭办理廉租房手续，居民满意率不断提升。

（朱　莹）

【推进人口普查】 建立“四项机制”，推进全国第六次人口普查工作精细化开展。一是宣传机制。通过媒体、网络、宣传单、横幅标语等形式对居民进行宣传，重点对流动人口开展有针对性的宣传，打消流动人口顾虑；二是选拔机制。进一步完善和规范普查员选择标准，综合考虑年龄、身体状况、工作能力和政治表现，公示入户普查员信息，取得居民信任和支持；三是培训机制。科学设计培训内容，对普查员进行业务知识、社交礼仪、语言技巧等方面专项培训，增强普查员工作能力，减少入户阻力；四是查遗补漏机制。召开户口整顿与摸底阶段查遗补漏工作动员会，明确重点问题，协同公安、流管等部门集中行动查准流动人口，全力做好普查整顿收尾工作。

（朱　莹）

【丰富社区文化】 以建设和谐文化为主线，组织花会展示、夏日文化广场、计生文艺汇演、老年艺术节，承办石景山区春节系列文化活动启动仪式、温馨家园歌咏比赛、第13届全国推广普通话宣传日活动，举办“八角杯”全民健身运动会、残疾人金秋趣味运动会、“和谐家园”故事演讲比赛、社区读书节、健康大课堂等活动；完善科普设施，建成时代花园科普安全基地和八角北路体育生活化社区，形成八角北路、文化广场和公园北社区15分钟科普圈。全年，街道和社区共组织文体活动百余场次，参与居民2万余人次。

（朱　莹）

【数字电视试点】 1月21日，杨庄中区正式开通高清交互数字电视社区界面，成为全国首家“资讯服务进社区”试点。高清交互数字电视是本市提升公共服务和信息化水平的一项重点惠民工程，为居民提供集“电子政务、公共服务和多媒体服务”为一体的新型服务，通过电视可以了解最新地区资讯、政府信息及日常缴费和定点医院挂号服务等。

（朱　莹）

【开展多项整治】 发挥组织协调作用，完成多项整治工作。开展重点地区排查整治。整治石景山游乐园、友谊餐厅周边等区域无照游商，出动2656人次、执法车辆1097台次，查处无照游商204处；联合检查衙门口地区商业网点，小型企业和门店28家，改善辖区经营环境。开展街面环境秩序整治。建立由街道、城管、派出所组成的“联勤联动”巡逻执法队伍，对石景山路沿线、古城中学等重点地区进行集中整治，组织执法检查544人次、车辆202台次，查扣非法运营车辆24辆，没收小广告3500余张。开展流动人口百日核查，以出租房屋核登、核销及流管平台内数据信息核准为主，建立双采集工作机制，共补录、补全信息4400余条。

（朱　莹）

【维稳调处平台】 建立完善“四个中心”：综治维稳工作中心、信访接待中心、妇女维权调解中心、劳动争议调解中心，分头处理社区各类矛盾纠纷和安全隐患。全年排查各类社会矛盾26项，化解17项，采取稳控措施9项；接待来信来访167件次，解决113件，成功化解融科置业项目施工噪音粉尘扰民、杨南社区违章建筑历史遗留、地铁家园社区修建残疾人坡道等问题；完成各敏感时期安全保卫任务，确保辖区稳定。

（朱　莹）

【校园周边安全】　结合辖区实际，统筹社会资源、整合专群力量，创新统一管理、统一调配、整体联动、交叉出勤的大防控工作模式，建立校园周边安全工作长效机制，在全区街道系统进行推广。整合公安力量，实行专业巡控。以“着眼长远、预防为主、全面设防、重点盯守”为原则，以“发现得早，化解得了，控制得住，处置得好”为工作目标，派出所每日安排两部巡逻车，在辖区内校园周边加强巡逻控制；整合群防力量，实行社区网控，建立由161名社区干部和148名职能部门各类协管员整合组编的安保巡逻队伍，每日在学生上下学的两个时段佩戴红袖标巡逻；整合教师力量，实行校园内控，各学校、幼儿园安排两名驻校保安员在校门口执勤，同时严格门卫查验及来客登记、学生接送等制度，确保校园周边安全。对巡防队员值守情况进行不定期监督检查。建立责任追究和事件倒查机制。对空岗漏岗现象，发现问题及时整改；对防范不到位、处置不及时引发恶性案件的，严格追究责任。

（朱　莹）

【严抓安全生产】　加大安全生产检查工作力度，落实安全责任，与辖区社会单位、生产经营户签订各类安全责任书2800余份，发放安全提示贴600余张；组织安全检查，开展地下空间经营场所、粉尘作业场所等安全专项检查6次，对衙门口宝山1号院的出租房屋经营易燃易爆危险品进行突击检查，当场取缔非法存储、销售煤气罐45罐，消除隐患；开展安全教育，承办石景山区“安全生产宣传咨询日”活动启动仪式，向82家单位发出安全生产倡议，接受居民咨询300人次，营造良好安全氛围。

（朱　莹）

【招商引资新突破】　采取五项措施全面加强招商引资工作。一是建立信息共享机制。完善统计网络，建立辖区内招商引资资源信息库，实现信息资源共享；二是形成招商合力。实行协调例会制度，邀请税务、工商等部门定期分析引进企业现状，加强宏观调控和指导，形成区域招商引资合力；三是推进代理招商。加强与中介组织、写字楼、企业的联络和协调，扩大招商引资渠道，推进代理招商；四是加大宣传力度。借助各种活动、会议平台，发挥各社区及中介力量，广泛宣传招商引资优惠政策；五是开展优质服务。发挥招商引资办公室职能，向投资意向人介绍区情和优惠政策，了解企业发展方向和需求，协调解决企业在注册过程中的实际困难。全年，共引进企业53家，注册资金2.4亿元，注册1000万元以上的规模企业11家，其中注册5000万元以上的规模企业2家。引进企业年内实现入区库税收700余万元。

（朱　莹）

苹果园街道

概　述

苹果园街道坐标为东经116°11′，北纬39°56′。地处本区北部，东经新四平台、晋元庄与海淀区搭界，南抵京门铁路，西起首钢福寿岭疗养院、礼王坟、金顶山一线，与金顶街街道连接，北依京西翠微、青龙诸峰与五里坨街道隔界。辖区面积13.13平方千米，辖域内驻有社会单位699家。北京射击场、北京康复中心(工人疗养院)、北京铁路分局疗养院、中国医学科学院整形医院、中关村高科技园区石景山园，北京军区司令部、政治部、装备部，首钢日电公司及中央高级检察官管理学院、中央宣传部培训中心等中央机关企事业单位坐落在辖区内。街道所属社区22个，地区总户数47874户，共124548人。年内，以推进和谐社区建设为主线，以维护安全稳定、提升地区形象、发展区域经济、关注地区民生为重点，全力推进各项工作，促进地区各项事业又好又快发展。按照“扩大地域、拓宽领域、壮大总量”工作要求，扩大项目信息来源，在朝阳、宣武、海淀、门头沟等建立长期稳定的招商联系点，全年引进北京信宝立得信息技术有限公司、北京万玉投资有限公司、北京三牛创业电信工程有限公司等8家企业，注册资金总额达5030万元。人大街工委作为全区试点率先挂牌成立“人大代表之家”，为人大代表和地区选民做好各项服务。枫林二社区被评为市“敬老爱老为老服务先进单位”，海一社区被评为“全国妇女健身示范站点”，边府社区被评为“全国妇联基层组织建设示范社区”。

地址：苹果园南路23号
电话：68886002
邮编：100144

（高嘉璐）

【开创社会管理新局面】　街道地处京西城乡结合部，流动人口数量几乎与辖区常住人口数量持平，且居住相对集中，对这部分人员的服务和管理曾一度是办事处的头疼事。自上年8月开始，尝试破解基层流动人口服务管理难题，打破传统管理模式，建构“新居民互助服务站”这一新的社会管理机制，推行“居民式待遇、互助式服务、自治式管理”的流动人口管理新模式。在上年试点成立7个平房社区新居民互助服务站基础上，年内建立17个楼房社区新居民互助服务站，以“同服务、同教育、同管理、同参与、同发展、同提高”为理念，搭建流动人口管理与服务平台，形成集社区服务、医疗卫生、妇幼保健、就业培训、文体健身为一体的长效服务体系，社区服务建设再上一个新的台阶。联合中华职教社实施全国首个温暖工程——新居民免费培训计划，一期培训学员108名，实现培训、就业一条龙服务，打造家政服务培训品牌。流动人口服务管理工作不仅不再是难事，而且流动人口还成了参与社会管理的“新生力量”。截至年底，街道共有新居民802人，互助队员56人，所有纳入“新居民互助服务站”的出租大院没有发生过一起刑事治安案件。多家媒体对此进行报道，朝阳、海淀、平谷等区县相关部门先后前来参观学习。

（高嘉璐）

【建立地区综治维稳中心】 挂牌建立地区综治维稳中心，重点整合平安创建、矛盾纠纷排查调处、情报信息研判、城市综合管理指挥四项工作，并在实践中不断摸索工作模式。坚持例会制度，全年召开89次专题会研究地区维稳工作，建立大排查、大整治、大调解、大联防工作体系。中心分类汇总每月排查出的矛盾隐患，下发督办单，对影响地区社会稳定的治安、城市秩序、案件多发社区等突出问题，开展联合专项整治，逐步建立地区联合执法的实体队伍，实现对地区突出秩序问题的强力管控。全年联合整治60余次，调解各类矛盾81件。

（高嘉璐）

【做好校园周边安全防范】 动员社区志愿者、机关干部200余人，构建“1+2+1”的巡逻模式，对辖区内30所学校（幼儿园）周边定时定线不间断巡逻值守，落实安全隐患地毯式排查，落实重点区域专人管控定点巡逻，落实安全工作实施方案，实现地区30所学校（幼儿园）周边24小时安全防范部署落实到位，未出现安全事故。

（高嘉璐）

【治安重点地区排查整治】 成立整治领导小组，联合公安、工商、城管、交通等成员单位对挂账边府社区、治安乱点八大处公园、地铁新生活商场周边、地铁“黑车”非法运营进行联合整治。全年开展重点地区宣传活动7次，制作宣传横幅60条，印发各类宣传材料3000份；组织联合整治30次，查处无照经营150余起，当场警告劝教非法运营100余人次，治安秩序明显好转。

（高嘉璐）

【公益反哺家园活动】 10月，在苹一社区、苹二社区和西黄新村西里社区3个社区首先试行公益反哺计划。在对志愿者实施实名制管理的基础上，根据其参与公益活动时间和贡献进行累计积分，依据积分对志愿者进行星级认定，依据不同星级，由街道为其提供相应的公益反哺服务，采取“一卡积分、量化考核、定期奖励、十年反哺”工作模式，使他们感受到党和政府的关怀与温暖，以此调动市民参与社区志愿服务积极性，建立健全“奉献——反哺——奉献”长效激励机制。自此，22个社区居民，只要参加社区巡逻治安志愿服务，都可以量化积分，按照公益反哺办法，满足条件后，每月都可以享受一次如理发、家政等服务，服务费用由政府买单。年内，社区公益反哺志愿者累计认定巡逻时间12.7万小时、积分25.52万分，认定荣誉志愿者39名。截至年底，有13名符合条件的志愿者享受到反哺服务。结合志愿者的意见和建议，街道在原来6项服务的基础上逐步完善增加清洗抽油烟机、帮忙买米面等服务项目。让每个星级志愿者享受与之积分相对应的反哺服务。40余家社会媒体对此项活动进行报道，并由区委在全区推广。

（高嘉璐）

【推进环境建设】 开展环境综合整治行动。全年共计拆除边府地区、四海菜市、实兴大街、老百货路等地严重侵街占道的违法建设20处，571平方米，地区违法建设的势头基本得到遏制。构建拆迁工作指挥部、拆迁工作小组、街道、社区居委会四级纵向工作网络体系，平稳推进地区拆迁工作。采取四项举措：深入一线，做到情况明、数字准；加强宣传培训，践行党员承诺制度；完善工作机制，形成整体合力；签订安全责任书，提供安全保障。搭建信访、法律、就业、信息等平台，多方服务解民所困。截至年底，对边府等拆迁区域走户700户，面积113066平方米，走户率46.8%，约有0.6万名流动人口迁出。探索食品安全工作长效监管机制，创新成立全市首家地区级食品安全管理委员会，形成街道牵头、部门监管、群众参与、社会监督的全方位多角度监管模式，这一做法得到市领导肯定，市工商局在街道召开16个区县参加的现场推荐会，在全市总结推广该模式。

（高嘉璐）

【社区队伍建设】 组织开展大学生和随军家属社区工作者选聘工作，选拔出20名大学生（其中为高科技园区代招8名）和4名随军家属充实到社区工作者队伍中。组织社区工作者参加全国社会工作师资格考试，有13人取得初级社工师资格，6人取得中级社工师资格。成立“新起点”青年社区工作者俱乐部，创办《新起点》会刊、组建文体队伍，为青年社工搭建相互交流学习、施展才华的平台。

（高嘉璐）

【公共安全宣教基地】 年内,对枫林一社区人防工程进行开发利用,建成“西山枫林社区公共安全宣传教育基地”。基地面积900平方米,分为地震知识、人口与计生教育、红十字会工作、消防常识、民防和科普知识等六大部分,设置地震小屋、高空坠物、跨步电压、3D图板展示等多媒体项目,运用声、光、电等高科技手段,使周边居民和百姓能从娱乐和参与中获取公共安全知识。

(高嘉璐)

【社会救助保障】 街道各项救助制度进一步完善落实,发挥社会救助体系的整体效能。870户、1969人享受低保,年内新增低保68户、134人,停止享受低保118户、278人,做到应保尽保,应退则退,动态管理。全年发放各类临时性社会救助资金、抚恤金167.48万元。为19种服务人群29315名服务对象,提供全方位服务,按时、准确完成各项资金的发放,共计1879.25万余元。自主开发劳动和社会保障工作咨询系统,满足窗口咨询需要,提高工作效率和服务质量。成立20个社会化退休人员自管小组,提高社会化退休人员服务水平。发放保障性住房核定表1039套,初审通过1030户,公共租赁住房轮候预先登记95户。发放宣传材料近8000份,接受现场咨询人数达万余人次,对745户家庭进行专项核查。通过组织文体活动、走访慰问、创建温馨家园等多种形式为地区1666名残疾人提供全方位服务。通过开展就业援助月、春风行动、烛光行动、大学生专场招聘会等系列活动,举办大型专场招聘会9次,为失业人员、地区新居民以及大学毕业生等提供2250余个岗位,约1310人达成就业意向,997人实现就业。“烛光行动”促就业被推荐为市“服务民生优秀项目”并参加全市展示。

(高嘉璐)

【开展便民服务】 以“爱心家园”、爱心超市为平台,以济困助残献爱心,构建和谐创文明为原则,开展助残济困送温暖工作。居家养老(助残)券服务制度和百岁老人补助医疗制度在22个社区全面覆盖,居家养老签约服务商达到9家,养老(助残)餐桌14家,享受养老(助残)服务补贴的老人达到2517人,发放服务券1811200元。96156服务平台被评为市“社区大课堂优秀组织单位奖”。

(高嘉璐)

金顶街街道

概　　述

金顶街街道位于本区西北部,东以金顶山为界与苹果园街道毗邻,南以京门铁路为界与古城街道相接,西以黑头山为界与广宁街道接壤,北至蟠龙山,与五里坨街道相接。辖区面积6.9平方千米,现有16个社区居委会,人口9.1万余人(其中常住人口约6.6万人、流动人口约1.3万人、户在人不在约1.2万人),首钢职工及家属约占90%,地区单位150余个。地处城乡结合部,首钢居民多、困难群体多,辖区人员构成复杂,新旧矛盾突出。年内,贯彻落实市、区重大决策和工作部署,围绕“大调整、大建设、大发展”工作思路,深入贯彻落实科学发展观,抓基层、打基础、重建设、强管理、求发展,努力建设“平安、宜居、文明、和谐的金顶街”。按照首都城市性质和服务功能的要求,加强城市管理,全面开展“大调解”、“大维稳”、“大防控”工作以保稳定;全力做好地区城市建设工作,挖掘资源拓宽招商引资渠道;改善地区环境,百日整治行动有序进行;强化重点,落实地区拆违工作,顺利完成天马及模金顶市场关闭工作;扎实推进便民工程,解决群众迫切需要;服务群众,做好民生保障;保质保量,圆满完成第六次人口普查工作;争创文明街道、文明社区、文明有礼的北京人,推进地区精神文明建设;创精品社区,加强社区自治建设;推行“协会+支部”党建新模式,协会建设工作创新模式;深入开展创先争优活动,抓街道、社区干部队伍建设。荣获区“社会治安综合治理先进单位”,市“老年体育工作先进单位”、“敬老爱老为老服务先进单位”、“双拥模范街道办事处”及区“禁毒工作先进单位”、“先进街道流管办”、“信访工作先进单位”、“保密工作目标督查考核先进集体”、“精神文明先进单位””等荣誉称号。

地址:金项街五区1号
电话:88711860
邮编:100041

(炼立颖)

【三大机制维稳】 以“大调解”促和谐、“大维稳”促发展,“大防控”保稳定为出发点,按照“解决民生是第一要求,确保稳定是第一责任”的工作目标开展工作。全年处理各类纠纷98件,接待来访群众137人,主要涉及邻里纠纷、拆迁补偿、家庭困难等问题,调解成功96件,调解成功率94.08%。社区调委会受理各类纠纷159起,来访群众584人,调解成功159起,调解成功率100%。建立基层联合执法工作机制和队伍,切实强化社区综治委、治保会作用。全年累计出动警力618人次、社区工作者和治保人员2952人次、发放宣传材料2958份、张贴宣传画1700张、检查单位61家、学校8所、检查大型商场3个、网吧5家、歌厅1家、建筑工地5家、六小门店556家，填写检查记录登记表2118份，发现隐患23起，及时整改隐患23起。完成“元旦”、“春节”、“两会”、“十一”等社会面防控任务。

（炼立颖）

【缓解社会矛盾】 成立街道综治信访工作中心，坚持依法、及时、就地解决群众反映问题与疏导教育相结合，全力维护地区和谐稳定。接待天马及模金顶市场关闭来访群众50多人，信件3封，便民热线10个，接待商户10批270人。处理模式口村28号院因停电停水50多人要求上访事件、铸造村一栋居民搬迁、红光金鼎商品市场停车场内大树倒下造成三辆小轿车受损、赵山社区供电局楼停水等10余件。排查人民内部矛盾3次，重大矛盾隐患2个。区信访办转领导批件20封，区便民热线反映群众信访事情30件，办结率、回复率90%。及时处理社区反映的问题40余次，做到件件有落实，事事有回音。在区处理信访突出问题及群众性事件联席会议收录的优秀信访案例中，街道入选4个。

（炼立颖）

【关闭两个市场】 全国重点文保单位法海寺外，由天马市场和半封闭的模金顶市场组成的早市，已发展成本区最大的早市，有固定商户260余家，还有大量游商占道摆摊。日均客流近万人，道路拥堵，环境脏乱，外来人口聚集，不稳定因素增多，给古刹及模式口村内文物古建造成极大的安全隐患。民意调查显示，90%的模式口村民赞成关闭市场。4月，区政府发出通告，决定对该地区文物古迹进行全面修缮，关闭天马及模金顶市场。由城管、公安、工商、卫生监督等执法部门及街道综治、流管、社区居委会等联合组成“法海寺早市秩序综合整治指挥部”，集中整治法海寺农贸市场东门前、金顶街西口两个治安重点地区。出动180多车次，清运占道堆物堆料及水泥、沙子、砖瓦渣土360多吨。成立联合执法队，清理整治模式口地区卫生死角、违章摊点、建筑垃圾堆放等难点问题，加强日常巡逻检查及后续管理。在区住建委、信访等各部门支持下，与市场主办方洽商，解除租赁关系，两市场分别于4月29日和5月30日如期关闭。早市关闭后，在市场内保留一个专营蔬菜的大厅，可提供100个摊位。同时市场商户向附近的模式口西里和南里两个市场分流，以解决辖区6万人口买菜问题。

（炼立颖）

【整治街面环境】 落实城市管理工作大会精神，围绕区城市街面环境秩序“百日整治行动”方案任务安排，召开动员大会，部署实施方案，抽调30人组成联勤联动专项执法队。通过调查摸底，建立基础台帐，针对七类违法行为确定四类重点区域：人流密集地区，旅游景区景点，中小学、幼儿园及周边地区，垃圾渣土脏乱点。对重点区域展开集中整治，做到“三个结合”（百日整治要与打击无照游商相结合，与查处违法建设相结合，与清理地区卫生死角相结合）、“三个必须”（每次会议和整治行动都必须有数字和信息统计，必须有影像资料，必须有签到记录）。各社会单位和社区居委会开展社区街面整治活动，出动联勤联动执法队550余人次、120多车次，执法车辆70多车次，设立宣传站点8个，悬挂宣传横幅65条、发放宣传材料3000余张，清理无照流商300余起，处理店外经营90余起、占道经营190多起，清理堆物堆料50余处，清理模式口大街占道堆物堆料20多车，建筑垃圾渣土、生活垃圾近12吨，地区环境明显改善。

（炼立颖）

【创建健康社区】 开展创建健康社区活动，9个小区通过市健康社区达标验收。组织12次清洁日活动，出动2万余人次对重点地段和卫生死角进行清理整治。清除残标广告1500余条，捡拾白色垃圾70多公斤，清理绿地29450平方米，出动机动车68台次，清除蚊蝇孳生场所56处。迎接市、区领导及国内外参观团到法海寺观光及对辖区市容环境进行综合检查28次。

（炼立颖）

【拆除违法建设】 配合阜石路高架桥改造及铸造村拆迁，做好金顶南路、广宁路金顶街段周边、城中村私搭乱建等违法建设拆除工作。协调城管分队加强模式口村、西福村、铸造村“三村”重点地区违法建设查处力度，调查取证94件违法建设并上报。拆除模式口小学院内、法海寺东市场违建。全年拆违26起、面积7665.90平方米。

（炼立颖）

【推进便民工程】 投资284万元建设20项便民工程，年内完成17项。改造佳汇中学东侧陡路并安装扶手、修补模式口村西破损花池、法海寺坑洼道路、模式口村45个破损垃圾箱及5个井盖等，解决居民需求，美化生活环境。

（炼立颖）

【特色养老服务】 弘扬尊老、敬老、爱老、助老、孝老传统美德，开展各类特色养老服务活动，推动“康乐为老”服务品牌健康发展。在有品牌资质的首钢二招、圣洁饭店建立2处老年餐桌，为老年人提供订餐、就餐服务。开展推荐评选“孝星”活动，申报市级40个，区级22个。开展老年艺术节系列活动，举办老年人风采展和才艺展，成立老年人协会，开展中秋节、重阳节慰问困难老人活动。为地区老年人办理老年证、乘车卡、发放高龄津贴等累计908人次，7.23万元。

（炼立颖）

【规范社区管理】 抓典型创精品社区,以点带面,加强规范化社区建设。在金四区创建"快乐大巴",金五区创建"志愿服务"及模式口中里的民族特色社区;金顶街二区创建首都文明社区,模式口西里南区、西里北区创建区级文明社区工作按计划进行,统一定制"社区服务站"站牌,制定社区服务站工作流程,并将相关制度上墙,方便居民,提高办事效率。

(炼立颖)

【完成人口普查】 加强领导,组建机构,精心组织,周密部署,划分出16个普查区、243个普查小区,选聘162人担任调查员。通过强化培训、打牢基础、严把三关、制度保障、查遗补漏,数据评估等措施,确保人口普查数据真实、全面、准确。完成户口整顿和摸底阶段各项工作任务。基本数据如下:入户核对户籍人口18854户、53209人,新登记有人无户人数23040人;核准暂住人口7844人,新登记暂住人口9003人;核准境外人数42人,新登记境外人数4人。街道登记总户数30810户,现有人口76140人,外来人口11951人,户在人不在11565人,出生391人,死亡358人,本户港澳台和外籍人口数46人,在本户居住的归侨数8人,在本户居住的侨眷数68人。

(炼立颖)

【关爱妇女行动】 参加区"暖流行动之春雨计划"贫困妇女救助行动和"关爱母亲,共建和谐"爱心医疗援助行动,为地区19名单亲特困母亲每人发放爱心救助款500元,合计9500元;为地区25名单亲特困母亲免费进行体检;在社区妇女中开展"春风送暖进万家"活动,走访地区5名单亲特困母亲,为每户家庭送去米面油;组织社区妇女干部开展巾帼义务服务,为困难家庭送温暖做一件好事活动。"两节"期间,街道社区两个层面共走访慰问老妇救会主任5人、单亲贫困母亲120人、创业贫困妇女3人、流动妇女儿童38人、先进妇女代表20人、妇女统战人士3人,其他困难家庭150户。捐款送物7万元。

(炼立颖)

【科普教育活动】 以科普周活动为契机,以北京科普之夏系列活动为载体,倡导居民身体厉行实践科普生活,引导居民建立科学生活理念,提升市民科学素质。科普周、科普之夏活动呈现出不同特色,宣传低碳环保、节能减排科普知识,组织开展丰富多彩科普活动,围绕低碳、节能、环保科普知识,推广科普节能小窍门,由社教中心编写、印制低碳宣传材料,发放到居民手中;组建"低碳环保服务队";铸造村社区成立低碳环保联谊会,51名社区居民成为联谊会首批会员;举办居民手工艺作品大赛,利用废旧物品制作参赛手工艺品;举办"争做低碳一族 品味美丽生活"为主题的低碳知识等讲座十余场;与长庚医院合作举办多场颈椎保健操的演示和培训推广;模西北社区与石景山小学共同开展的"大手牵小手,共绘低碳家园"绘画比赛;与冰川陈列馆联合举办科普之夏暨暑期青少年地质勘探夏令营活动。多种形式的科普教育活动受益群众达3万余人。

(炼立颖)

广 宁 街 道

概 述

广宁街道地处本区西部,辖区面积6.1平方千米,常住人口12212人、流动人口8233人。境内东南由四平山、黑头山边麓形成山地与金顶街街道接壤;西部沿永定河东北岸干涸的河滩与麻峪工贸公司企业与门头沟区相邻;北侧是由大唐国际北京高井热电厂及一些中小企业形成的工业区和沿高井排洪渠两岸形成的电厂住宅小区与五里坨街道相接;南部为广宁村住宅小区。境内有丰沙、京门两条铁路穿过,广宁路(含阜石路高架路二期)、电厂路、双峪路三条为市级主干道,有过境公共汽车线路12条。广宁村、麻峪村、柳林庄、电务三段、麻峪29号院小区及高井是境内6个主要住宅小区,并以此为主形成麻峪、高井路、新立街、东山4个社区。辖区设有1所中学、3所小学。广宁地区是本市主要电力生产基地,北京京能热电股份有限公司、北京京西发电有限责任公司、大唐国际北京高井热电三厂三家电力企业驻此,成为地区的支柱产业和经济命脉。年内,广宁街道围绕区委、区政府大调整、大建设、大发展工作主基调,抢抓机遇、借势而上,以抓基层打基础为工作主线,以优化地区综合管理格局为创新动力,以配套完善工作制度为措施保障,以创先争优活动为契机,全面加强基层党组织建设、干部队伍建设、特色社区建设,保民生政策顺畅落实、安全稳定和重点工程平稳推进,招商引资工作取得显著成效。荣获首都铁路护路联防工作先进集体、新立街社区荣获"市先进社区居委会"、东山艺枫舞蹈队获得市"第六届舞动北京—群众舞蹈大赛团体金奖",5人获市级先进个人。

地址：广宁村新立街4号
电话：88992395
邮编：100041

（杨晨琛）

【综治维稳】 成立广宁地区综治维稳中心，实行重点时期集中办公。有效将公安、司法、城管、工商等相关职能部门和主要社会单位纳入中心平台之下，各部门依法履职，协调联动，齐抓共管，提高快速反应和应急处置能力。同时，聘用10名队员，组建综治维稳专业巡防队，与派出所紧密衔接，加强治安防范力度，刑事警情同比降低36%；三类可防性案件同比降低50%；治安警情，同比降低20%，群众安全感显著提升。

（杨晨琛）

【预防煤气中毒】 受永定河水岸绿化发展带建设和麻峪村整体搬迁影响，3月始，麻峪村居民掀起改、扩建房屋热潮。改建后变成封闭式院落1100余户，给冬季预防煤气中毒工作埋下隐患。街道成立预防煤气中毒工作领导小组，实行处级领导包社区负责制；以麻峪为重点开展宣传和联合检查，提高居民正确使用炉具和安全取暖意识，发现隐患及时整改；做到三个百分之百（入户见面率、与出租户签订安全责任书、查找问题整改率）；制定"六个规定动作"和"七个必查"措施。开展2次集中宣传，累计发放宣传材料10794份、签订责任书2009份；开展3次集中检查行动，累计投入机关、社区干部325人次。确保地区未发生煤气中毒事件。

（杨晨琛）

【百日整治活动】 根据市夏季环境集中治理行动和全市城市街面环境秩序"百日整治行动"要求，开展地区"百日整治"活动。一是成立整治工作领导小组，制定市容环境集中治理行动方案和广宁街道环境秩序百日整治行动方案；二是整合地区资源，启动联勤联动机制，明确各部门职责及任务；三是加大宣传力度，出板报及宣传栏，悬挂横幅，发放致地区居民（单位）积极参加环境卫生整治活动的一封信和百日整治行动告知书，广泛发动社会单位和居民群众参与地区环境整治；四是组织各类专项整治7次，消除2个区挂账点；取缔各类非法设置和低档次户外广告牌匾、标志320块；取缔严重影响市容环境卫生的5个非法修车、洗车点；清除城市"三乱"3256处，清除积存渣土1.3万吨，垃圾1500吨。

（杨晨琛）

【整治麻峪大街】 针对麻峪村大街治安案件高发和黑车问题，采取加大巡逻和民警走访力度，发放《致黑车司机的一封信》等措施。联合相关执法部门开展排查整治行动20次，消除治安隐患26处、解决矛盾纠纷29件，未发生入室盗、入室抢、盗窃机动车等三类案件，整治工作取得实效。

（杨晨琛）

【校园周边安全】 依托地区综治维稳中心，进行联席会商5次，及时分析解决学校周边存在的安全隐患。抽出专项经费为广宁村小学安装3条减速带；出资11万元为电厂路小学门前铺设水泥路，方便学生出行；督促3所非法幼儿园安装监控探头、配备保安。在学生上下学重点时段，组织派出所、街道、社区干部和社区志愿者在校园周边巡逻，有效保证校园安全。

（杨晨琛）

【控制违法建设】 针对麻峪村违法建设急剧升温，按照区领导批示精神，迅速展开工作，控制违法建设。成立查处违法建设分指挥部，统一指挥，协调部署，每周召开一次例会，研判违建情况，制定方案，决定查违工作事项；成立督察小组，负责督察"分指"工作落实情况，作出评估，提出督办意见和建议，对成员单位工作表现作出鉴定。召开麻峪社区党员大会、居民组长会、骨干会等会议，讲形势、提要求，宣传有关政策法规；发放"给麻峪社区居民的一封信"，通过流动广播、悬挂横幅等多种方式加强宣传。由办事处、城管分队、派出所、麻峪社区联合组成60余人的"麻峪查违专项工作队"，将社区党员、居民组长、低保人员混编成8个小组，划分责任区域，明确工作要求，落实网格化监管责任，调动居民参与，发现违法建设及时上报，提高居民维权意识。加大日常巡查和执法力度，对拒不听从劝阻侵街占巷、加盖二层等违法行为，采取暂扣施工工具、推倒违建墙体等办法进行阻止。年内，拆除违法建设51处、3220平方米。

（杨晨琛）

【精神文明创建】 注重抓好社区群众性文体活动，初步形成"人人有组织、组织有活动、活动有特色"的全民健身网络。参加区第二届社区千人跳绳大赛，东山社区获得一等奖；第四届和谐杯社区乒乓球比赛代表区参加市里决赛获得三等奖；组队参加区第二十五届金秋体育运动会广播操比赛；在机关干部中开展"每天锻炼半小时，健康生活一辈子"系列体育活动。文化活动亮出品牌：组队参加区第27届古城之春艺术节合唱比赛，获得二等奖。在参加"舞动北京"百姓广场舞大赛活动中，艺枫舞蹈队获得石景山赛区第一名，并代表本区参加北京市舞蹈比赛获得团体金奖。与《新京报》共同组织推荐高井路社区工作者王玲楠参加市"十大感动社区人物"评选活动，王玲楠最终成功当选。组织开展"和谐家园"故事大赛、"做文明礼仪的北京人"和"文明新市民"评比表彰活动，15名来京人员获街道"文明新市民"称号。

（杨晨琛）

【无名烈士墓迁移】 将位于麻峪村柳林公园的无名烈士墓迁至八宝山革命公墓。4月2日，街道机关干部、社区居民、共建部队官兵以及麻峪小学师生们,送别朝夕相伴62个春秋的无名烈士墓。麻峪小学师生与到场领导在无名烈士墓前默哀半分钟,为烈士墓擦洗一新,少先队员代表向无名烈士献花,并一起前往八宝山革命公墓参加新无名烈士墓纪念碑落成典礼。1948年,国民党守军在四平山构筑碉堡,封锁交通要道,给解放北平增设障碍,东北野战军第11纵队32师95团在攻克碉堡战斗中,有5位战士英勇牺牲,村民将5位烈士安葬在村头。1966年重修并将烈士遗骨移葬至麻峪小学操场对面,并修建烈士陵园,1977年立碑。

(杨晨琛)

【招商引资】 以“三强化三提升”使招商引资取得新突破。一是强化组织领导,提升招商引资意识。成立招商引资工作领导小组,党政“一把手”亲自抓负总责。建立与辖区大企业,科队站所及引进企业联席会制度,调动一切力量,推动招商引资工作开展;二是强化措施,加强宣传,提升招商引资效果。制定广宁街道招商引资奖励办法,处级领导带头招商引资,机关、社区干部和社区居民提供信息,开展项目招商,营造招商引资人人有责的社会氛围;三是强化服务环境,提升招商引资质量。街道招商引资工作尽一切办法为企业解决实际困难,使企业“引得来、留得住、养得壮”。年内,引进企业40家,实现税收1571万元,入区库418万元,超额完成150万任务。

(杨晨琛)

【帮扶救助】 率先在全区成立石景山区慈善协会广宁街道分会,分会成立后积极发挥作用,为青海玉树地震灾区人民募集善款42万余元、捐献御寒衣物2000余件。救助困难群体,帮助解决基本生活保障问题。为288户低保家庭发放保障金、粮油帮困金、各种补助金364万余元。帮扶残疾人生活,累计走访慰问残疾人507次,送出款物价值4.7万余元。组织有就业意向残疾人参加就业指导和招聘会,7人实现就业。被评为区扶残助残先进集体。落实居家养老政策,建立社区托老所和社区老年餐桌,为老年人发放养老券、高龄津贴,合计30余万元。

(杨晨琛)

【安全生产无事故】 贯彻落实《国务院关于进一步加强企业安全生产工作的通知》精神,成立地区安全生产工作领导小组,召开地区年度安全生产工作大会,与地区22家企业签订年度广宁地区安全生产监督管理责任书。开展安全生产宣传周活动,注重做到日常监管与专项整治相结合,6次组织地区企业召开各类安全生产工作会。与相关职能部门联合开展安全生产大检查,组成检查组18个、出动检查人员80人次、检查生产经营单位90家、下达行政执法文书10份、发现安全隐患40处并及时督促整改完毕,确保地区全年未发生安全生产事故。

(杨晨琛)

【计生工作】 召开地区计划生育大会与相关科室和部门签订人口与计划生育责任书及综合治理责任书。在社区居民中广泛开展“人口国情、土地资源”知识讲座、“携手国策划畅想辉煌”诗歌朗诵会等一系列计生宣传教育活动。组织地区108名已婚育龄妇女进行生殖健康体检。按时发放各类奖励和扶助资金,为两户伤残独生子女发放特别扶助金,全年发放独生子女费42960元;发放独生子女父母一次性奖励12人12000元;为无业已婚育龄妇女报销手术费1893元,为流动育龄妇女报销手术费1324元。计划生育率97.5%,完成区人口和计生委规定指标。

(杨晨琛)

【第六次人口普查】 按照全国第六次人口普查工作总体部署,成立“六普”工作领导小组,抽调相关工作人员组成8个工作组,召开人口普查动员大会,组织“六普”指导员进行业务培训。通过各种途径宣传普查意义,扩大群众知晓率。率先在全区完成户口整顿和摸底工作。在建筑物核查和普查小区图的绘制工作中,自创“三查一考核”工作方法,保证对5832个建筑物核查中的最小差错率。一是自查,对自己负责的普查小区报上来的建筑物信息一览表和小区绘图自己检查,发现问题及时纠正;二是互查,在自查基础上,互相检查对方,对新发现的数据问题进行及时纠正;三是抽查,在自查、互查基础上,普查办专挑一些容易被忽略的建筑物进行检查,严把最后一道数据质量关。“一考核”是用人口普查数据质量考核奖惩办法考核每个普查人员在普查每个阶段的数据质量,做到奖罚分明,确保普查数据质量。通过实施“三查一考核”方法,区统计局在对全区139个社区小区建筑物核查中,一次性通过有10个社区,其中广宁街道2个社区通过核查。在人口普查入户登记中按市区时限要求完成任务。

(杨晨琛)

【便民工程】 根据地区居民代表建议,结合地区实际,继续实施便民工程,全年投资350万元。其中,财政拨款300万元,自筹资金50万元。计划实施便民工程15项,其中解决民生类5项,社区建设类6项,提升形象类4项;截至12月底完工11项,另有3项因阜石路二期高架工程施工原因尚未开工。

(杨晨琛)

【再就业工作】 成立街道劳动保障和再就业工作领导小组,制定落实年度再就业工作实施方案,创办《广宁劳动保障信息专刊》,为失业人员及地区居民搭建再就业和社会保障交流平台;拓宽就业渠道,与地区企业、社会单位建立沟通联系机制,开发就业岗位400余个,通过招聘会、洽谈会等多种途径，安置失业人员221名。

（杨晨琛）

【社区规范化建设】 年内，在不断深化特色社区建设基础上，有利地推动社区规范化建设。一是规范工作职能，对社区目前承担的各项工作进行全面梳理和合理划分，并列出社区各主体工作职能清单；二是规范工作运行机制，建立社区居委会和社区服务站紧密对接、协调联动的工作机制，完善社区事务听证会、楼门院管理等制度，保障各部门有效运行；三是规范队伍建设，通过集中培训、以会代训、专题讲座等形式，不断提高社区工作者专业化水平，增强社区志愿者的服务技能，为规范化社区建设提供人才保障；四是规范办公环境。在全区率先实现各社区居委会办公用房达到350平方米的目标，建立"一站式"综合服务大厅，推行"为民服务全程代理制"，深受辖区居民好评。

（杨晨琛）

五里坨街道

概　　述

五里坨因辖区内小青山（俗称坨子）距模式口、三家店、麻峪均为五里路程而得名。五里坨街道位于本区北部，东部与金顶街街道接壤，南部与广宁街道相连，西部与门头沟区为邻，北部与门头沟和海淀区毗连，是石景山、门头沟、海淀三区交界地，属城乡结合部。总面积27.6平方千米，总人口34415人，其中户籍人口21330人、流动人口13085人。有109国道1条，黑陈路、潭峪路、红卫路等3条市政公路。截至年底，有社区居委会11个，其中农转居社区6个，军营社区2个，军工社区1个，校园社区1个，楼房住宅社区1个。辖区内有行政、事业单位19个，大小企业217家，驻区团以上部队18个。五里坨街道办事处内设三部三室（党群工作部、社区工作部、城市管理部、地区成员代表会议办公室、综合办公室、居民事务服务办公室），公务员编制41人，实有39人，其中处级领导实有10名。工勤编制3名，实名2人。下设事业单位（流管办、社保所、社区服务中心、文化站）4个，编制27人，实有24人。2～7月，对机关办公楼进行综合装修改造，扩大办公面积，优化服务环境，科室分部更加合理，门牌标示更加醒目，居民办事更加便捷。街道党工委、办事处一班人团结带领干部群众，以党的十七大、十七届四中和五中全会精神为指导，以科学发展为主线，以服务西部建设为中心，以维护稳定为重点，以保障和改善民生为目标，以加强和改进党的建设为保障，按照区委区政府"大调整、大建设、大发展"战略部署，统筹推进全年各项工作。落实促迁责任，举全街道之力服务五里坨组团建设项目土地一级开发拆迁工作，以促迁推动拆迁，统筹推进地区发展。成立五里坨街道综治维稳工作中心，强化街道综治委领导作用，形成比较完善的制度保障和运行机制，构建区域性综治维稳工作大格局，得到市综治委和区政法委肯定。保障和改善民生工作，实现应保尽保、应退则退；社会救助实现应助尽助，全面覆盖。以创先争优活动为契机，扎实推进党建工作创新发展，社区周边个体商户实现党组织和党的工作全覆盖，在职党员参与社区建设机制得到区领导充分肯定，党建"双为"工程被评为市"社会建设典型案例"。

地址：五里坨车站路1号
电话：88904238
邮编：100042

（介卫星）

【全力促迁】 上年底，五里坨组团建设项目土地一级开发拆迁工作全面启动。年内，街道按照区委、区政府部署要求，切实履行促迁责任，举全街道之力服务西部大拆迁。截至年底，10个地块、40万平方米、3647户的拆迁任务，签约3351户，签约率92%。在拆迁过程中，按照街道职能科学定位，以促迁推动拆迁，统筹推进地区发展。1. 抓创新，构建实体。街道成立促迁领导小组，抽调专人成立全区第一个街道级促迁办公室，发挥承上启下、神经中枢的良好作用，保证促迁有人管、有人抓、有人盯、有人负责。促迁办全年召开促迁例会112次，编发简报12期，报送有价值信息60条。2. 抓协调，明确任务。突出支持保障拆迁、引导居民正面认识拆迁、维护居民合法权益三个重点，加强与职能部门配合促拆迁；加强与拆迁公司沟通协调促拆迁；加强对拆迁居民引导促拆迁。3. 抓原则，体系高效。对上，促迁领导小组只接受区重大办指示；对内，"十横"工作组只接受促迁领导小组指挥；对下，促迁人员做到不了解的不说、不懂的不说、政策不清的不说，随时掌握拆迁动态。4. 抓制度，落实责任。四级对接、定期例会、信访调处、共同协商等涉迁工作制度，落实主管部门、主管领导、责任到人。5. 抓宣传，营造氛围。通过加大"拆迁为民，为民拆迁"宣传力度，开展"我是党员我承诺,拆迁促迁我带头”主题实践活动,引导居民理性拆迁。6.抓信访,合力调处。前端防范,创新方法,依托一线促迁人员,减少群体性事件;依托五里坨法庭,引导居民通过司法途径解决纠纷。7.抓管理,服务民生。规范拆迁区域水、电、气、公厕等公共服务部件管理;督促拆迁公司及时清理拆迁区域拆除渣土、堆积物;保护涉迁弱势群体合法利益。

(介卫星)

【民兵整组】 根据区武装部要求,街道民兵整组以营级编制组建,在辖区大型企业较少的情况下,通过多方整合,在华育国际培训基地组建机炮连1个;与区集体经济办合编步兵连1个,其中街道编入60人;8个社区合建民兵营1个,编入312人;录入基干民兵133人。挑选符合条件的机关干部17人与华育国际培训基地13名学生骨干组建30人的综合应急分队,应急分队专业对口率达到90%、复转军人比例达到70%、党团员比例达到90%。街道武装部加强对社区民兵连、机炮连和步兵连的抽查点验,联系到并能够在规定时间参加民兵活动的民兵骨干达到95%以上。通过点验,提高民兵干部组织指挥能力,增强“兵”的观念,达到官兵相识,杜绝在册不在位、在编不在队的现象,确保民兵组织整顿的实效性,夯实民兵队伍建设基础。

(介卫星)

【流动人口管理】 通过加强基层基础建设、强化综合治理、规范服务方式,提高流动人口服务管理工作水平。完善台帐。集中开展流动人口和出租房屋基础调查、百日核查、公安、计生数据核对工作,核对个人信息3万多人次、出租房屋5000余间,累计新登8051人,核销1.2万人,更新7843人,迁移1460人;出租房总量由1280户减少到702户,新登178户、核销772户、迁移309户。综合治理。联合派出所、司法所、城管分队、工商所对马尾桥、200间房出租院、葛庄子大院等流动人口聚居地排查整治12次,排除安全隐患3处,取缔流动人口非法幼儿园2所。规范服务。成立高井社区200间房出租院新居民互助服务站,为服务站配备手推车、铁锹、扫把、应急药箱、各类文体用品等,定期组织科所站队、社会单位为新居民提供服务,增强新居民认同感和归属感。

(介卫星)

【引进企业153家】 街道把招商引资工作作为统筹地区发展的重要任务来抓,强化“三大理念”。1.诚信招商理念。与西部建设办公室、5家企业代办公司搭建企业服务平台,帮助企业了解地区大拆迁、大开发为企业发展带来的历史机遇;通过发放宣传材料、投资石景山网页、广告牌、影像资料、区电视台记者视线等形式加大宣传力度,接待投资企业150多批次,放影像资料150多次。2.优质服务理念。协调工商、税务等部门,为企业办理注册提供“一站式”服务,做到全程、快捷、有效。3.落实政策理念。严格执行区委、区政府提出的“一个项目、一个政策”、“重点企业、重点帮扶”要求,处级领导对注册的重点项目跟踪服务,并帮助、协调解决具体困难。截至年底,引进并完成注册153家企业,注册资金5.9亿多元,完成税收482万元,入区库241万元。引进的企业中上亿的2家,1000万~1亿的3家,100万~1000万的13家,100万元以下的135家,涉及管理、信息咨询、照明设计、投资开发、文化传媒等10余个行业。

(介卫星)

【失业人员服务】 辖区登记失业人员1147人。全年接收各类失业人员档案210份,转出370份,无一差错。快捷、准确地为符合条件的失业人员办理相关手续,为348人办理失业登记;为141人办理失业金申领;为275人办理再就业优惠证,注册再就业优惠证1616册,占实际发放人数的90%;为203名再就业人员办理失业金停发;为658人发放失业金,为53人办理医药费报销。先后发放按月领取失业保险金40余万元,一次性领取失业保险金30万元,报销医药费3.26万元,全部累计73.85万元。

(介卫星)

【就业促进工程】 围绕“稳定就业促发展,扩大就业保民生”主线,开展“新六条”、“促进就业稳定就业”等就业惠民政策进企业、进工地、进社区活动,发放各类宣传材料2万余份。开展“就业援助进家入户,帮您解决就业困难”再就业援助月活动,落实职业规划、就业政策、就业岗位和职业技能“四式”帮扶办法。开展“服务进城务工,帮助就近就业,扶持自主创业”为主题的“春风行动”和“外来农民工专项就业服务”活动。举办“来京务工人员”专场招聘会2场,“促进就业稳定就业”现场招聘会3场,提供岗位397个,成功推荐136人。截至年底,岗位开发、失业安置等年度指标任务全部超额完成,全年开发社区岗位570个,完成指标300个的190%;就业人数574人,完成指标529人的108.51%;社区安置失业人员445人,完成指标200人的222.50%;职业指导741人,完成指标300人的247%;推荐就业243人,完成指标160人的151.88%;征集创业项目6个,完成100%,实现创业人数40人,完成指标20人的200%,创业带动就业82人。

(介卫星)

【确保校园安全】 做到“五个到位”,加强校园安全防范。一是组织到位,成立五里坨地区校园安全保卫工作领导小组,健全联席会议机制;二是人防到位,组建1支141人的校园安全保卫巡防队,每天上午7~8时、下午4~5时两个时段配戴红袖标分班,配合派出所在辖区8所中小学、幼儿园,实名制上岗巡逻，街道综治办对上岗巡逻情况进行随机检查；三是物防到位，为红旗小学门前马路安装减速带，消除车速快问题。协调西建办，拆除五里坨小学周边拆迁遗留废旧围墙，解决校园门前货车来往多的问题。解决天泰中学门违规经营摊点堵塞学生通道。协调现代公司小区物业解决首钢大地幼儿园家长停车不安全问题；四是技防到位，对141名巡防队员进行自我保护及巡防知识培训，加强对校园技防设施的监督检查；五是排查整治到位，对地区五类重点人进行拉网式排查，健全“重点人员排查登记表”，全面掌握可能危及学校、幼儿园安全的重点人情况，逐一明确管控措施，严控高风险重点人；对因拆迁和其他民生问题引发的矛盾纠纷进行全面分析、排查和化解。

（介卫星）

【查处违法建设】 五里坨组团建设项目土地一级开发拆迁工作实质推进，涉及5个农转居社区的全部或部分，还有部分区域暂不拆迁，分期、分批拆迁政策，给待拆迁区域违章建设提供时间和空间。高井和隆恩寺居民采用改建、扩建和新建等方式大肆建房；双泉寺、板凳沟居民使用挖掘机等大型设备开山辟地违章建房。为有效遏制新生违法建设，街道安排专人与城管分队、派出所、农工商公司和国土分局等部门密切协作，按照“摸清情况，严格执法，争取自拆，依法强拆”的思路全面查违。通过给违建编号、拍照片和画平面图，多种途径联系房主，适时组织联合执法等方式。全年查处违建104户、2.34万平方米，立案98户、2.3万平方米。劝说居民自拆914平方米；配合区城管大队等部门强拆3次19户4596平方米。

（介卫星）

【低保阳光工程】 采取“五个一”措施，确保低保阳光操作，使本市城乡低保政策惠及民生，造福百姓，公平公正，做到应保尽保、应退尽退。“一栏”，在11个社区居委会设立低保公示专栏，专人负责公开低保政策、低保人员名单、低保补助金额等内容；“一组”，完善居民代表低保听证小组人员构成、组织方式、听证内容，对低保申请对象入户调查，组织召开低保听证会；“一折”，为每位低保家庭办理银行存折，低保家庭凭存折到就近银行各网点领取低保金，实现低保金的社会化发放；“一电”，向社会公布区、街、社区三级低保机构的举报电话，接受群众监督投诉；“一队”，成立街道低保家庭专职调查队，专门调查群众有异议的低保对象，并将调查结果向社区公布。通过阳光操作，低保对象由年初的710户1782人，下降到年终的266户594人，分别下降63%和67%，全年为低保对象发放各类补助金590余万元。

（介卫星）

【开展促迁宣传】 召开五里坨建设组团项目拆迁促迁动员部署大会，讲明拆迁的目的、意义、眼前和长远利益关系、整体和局部利益关系。联合区有线电视台制作一期《记者视线》栏目，向居民宣传街道在拆迁中的功能定位、工作和所作努力，提高拆迁透明度，加深居民对拆迁政策、促迁工作的理解和支持。利用石门路沿线车站广告牌设立拆迁宣传专栏，广泛开展“拆迁为民、为民拆迁”宣传活动。抓住拆迁奖励期最后一段时间，3次入户发放温馨提示，为居民辨明拆迁奖励期内外的利益差别。协调实兴腾飞公司安排专人对网上涉及五里坨拆迁的不良信息加强正面引导。开展“我是党员我承诺，拆迁促迁我带头”主题实践活动，实行“组织联系党员，党员联系群众”工作法，广泛宣传拆迁促迁先进典型，发挥各级党组织和广大党员的战斗堡垒、模范带头作用。

（介卫星）

【“9064”养老助残】 完善“9064”(90%的老年人居家养老、6%的老年人在社区养老、4%的老年人集中养老)养老服务模式，促进老年人、残疾人共享经济社会发展的成果。年内，整合社区资源建立6个日间照料托老所，利用社会力量建立6个养老(助残)餐桌，基本覆盖辖区所有老年人。增备2名专职养老(助残)协管员，充实养老服务力量；引进智方达园家庭服务公司解决养老服务不便难题。为262名老人办理老年优待证和免费乘车证，69位老年人配备“小帮手”电子服务器，21位80岁以上的老年人安装老年门铃，181位“一老”人员办结医药费报销33万余元，为87位高龄老年人发放津贴2.6万余元。组织18名残疾人工作者参加康复知识培训；组织14名智力和精神残疾人进行有偿康复劳动训练；为2名个体就业残疾人申请保险补贴8528.52元；落实残疾人的各种生活待遇；开展多种形式的残疾人文化娱乐活动。全年为550名老年人、163名残疾人发放养老(助残)券82.29万元。

（介卫星）

【垃圾分类减量】 按照市、区政府部署，稳步推进垃圾分类垃圾减量工作。组织人员参加垃圾分类减量的各类宣传、知识培训、参观学习和知识竞赛等活动。在试点小区西山峻景组建“绿袖标”队伍，向居民发放垃圾桶736个，发放垃圾袋7360个。对15个餐饮单位餐厨垃圾排放进行登记。

（介卫星）

【应对夏季防汛】 街道按照“抓早、抓准、抓严”的思路开展防汛工作，有效解决拆迁区域渣土堆积、高尔夫球场施工区域土地裸露和高井社区流动人口大量聚集给防汛工作带来的新情况、新问题。抓早准备——入汛前，组织人员对辖区地质灾害点、八沟一渠、11个社区的防汛安全情况进行全面摸底，并以文字、图片和影像的方式通报给相关单位；为各单位配齐防汛物资；召开防汛部署会,明确西建办、拆迁公司、农工商公司、社会单位和居委会等单位的职责。抓准问题——向黑石头村南沟和板凳沟地质灾害隐患点周边居民住户发放明白卡;危房问题,城建科、区住建委广宁房管所和各社区签订责任书;高井村和五里坨村2个防汛重点区域,制定遇险迁移安置预案;黑石头排洪沟内的违章建设,协同城管分队,依法强制拆除。抓严督察——成立防汛督察组,对各社区、社会单位的防汛预案、人员配备、物资准备等情况,实行定期、不定期检查,确保工作落实到位。

(介卫星)

【夏季市容整治】　按照"三步四点"法开展夏季市容环境集中治理工作。"三步"即摸清底数建台帐,划分责任明任务,逐项疏理严整治;"四点"即抓住清除渣土垃圾重点,突破施工工地监管难点,关注食品安全防控热点,做好爱国卫生运动基本点。在集中治理行动中,清理脏乱点11处,清运渣土垃圾361吨。在第22个爱国卫生月和月末城市清洁日活动中,发放宣传材料3800份(张),清除蚊蝇滋生地40处,出动机动车辆12台次,清运垃圾杂物27吨,捡拾白色垃圾375公斤,清理绿地450平方米。

(介卫星)

【加强非遗保护】　市级非物质文化遗产项目太平鼓是老百姓自娱自乐、集体传承、集体发展的民间舞蹈,具有广泛群众基础和深厚历史渊源,自明代起在京西流传。年内落实国家对重要文化遗产和优秀民间艺术保护及区关于加强非物质文化遗产保护工作意见精神,与区文化馆协调合作,为五里坨地区太平鼓项目传承人陈富敏申请从当年起每年补助传承补贴8000元。

(介卫星)

【文化惠民工程】　扎实推进文化惠民工程,大力完善社区公共文化服务体系,培养文艺骨干,丰富社区居民文化生活。以第27届"古城之春"艺术节、夏日文化广场为契机,组织社区居民演出队参加"百姓群英会"群众综艺类比赛;"情系石景山"配乐诗、散文朗诵比赛,"文化京西,和谐家园"主题征文,"红歌唱响京西"群众合唱比赛,少儿书画比赛,"舞动北京——群众舞蹈大赛",分别获得2个特别奖、1个二等奖、1个三等奖和2个优秀奖。特别是街道搭台的"夏日文化广场,百姓周末大舞台"和"文化京西,和谐家园"2场专场文艺演出展示社区居民、部队官兵、学校师生的不同风采。科技周、科普月期间,以"学习科普、愉悦身心"为主题,开展科普活动,营造"时时学科普、处处用科普"的良好氛围。高井、联勤部、西山机械厂社区聘请北京长庚医院、五里坨社区卫生服务中心共同举办"夏季多发疾病的预防和保健"知识等讲座,吸引1万多名群众参与。

(介卫星)

【发展社区教育】　以满足群众需求为目标,开展社区教育工作。年初制订社区教育活动计划,加强对社区教育实验工作的领导和指导。定期召开社区教育工作会议,对需要群众共同参与的教育和专题培训活动及时协商、落实安排,达到"有关部门配合、社区自主活动、群众广泛参与"的效果。全年组织各类知识讲座、知识竞赛11场,参与人数600余人,英语学习培训36场。接受区教育督导组对街道2008~2010年学习型单位、学习型家庭、学习型个人工作情况督导检查,整理档案资料38份。

(介卫星)

石景山区街道(社区)工委办事处负责人

苹果园街道
　　工委书记　王春艳
　　办事处主任　齐　兵
八宝山街道
　　工委书记　崔恩平
　　办事处主任　吴　燕
八角街道
　　工委书记　种　磊
　　办事处主任　李路海
古城街道
　　工委书记　崔　泽
　　办事处主任　陈婷婷
金顶街街道
　　工委书记　王亚兰(7月免)
　　　　　　　吕秀艳(7月任)
　　办事处主任　刘云清
广宁街道
　　工委书记　胡冀民
　　办事处主任　杨旭东
五里坨街道
　　工委书记　张宝权
　　办事处主任　毛　盾(5月免)
　　　　　　　王永明(7月任)
老山街道
　　工委书记　孙　钢
　　办事处主任　任连田
鲁谷社区行政事务管理中心
　　工委书记　崔章程
　　社区行政事务管理中心主任　高国强

人　　物

全国（含系统）先进集体及先进个人

先进集体

2006～2010年法制宣传教育先进集体

石景山区依法治区领导小组办公室

依法行政先进单位

国土资源局石景山分局

全国科普教育基地

中国第四纪冰川遗迹陈列馆

第一次全国污染源普查先进集体

石景山区环境保护局

全国爱心示范街道

八宝山街道

全国工会系统“五五”普法先进单位

石景山区总工会

先进个人

全国先进工作者

王钢成　石景山区公厕粪肥管理处 班长

魏长鹏　石景山区法院 执行员

全国科普先进工作者

佟长江

2006～2010年法制宣传教育先进个人

高国强

第一次全国污染源普查先进个人

王震涛　吴景义　王　静　程忠元

依法行政先进个人

刘丽娟

全国地质灾害优秀群测群防监测员

赵晓宾

鲁迅文学奖

谭旭东

环境保护部排污收费奉献者

王建国

环境保护部监察局排污收费先进个人

邓　杰

北京（含系统）先进集体及先进个人

先进集体

劳动模范集体

石景山区八角街道八角北路社区居委会

石景山区市政市容管理委员会自来水公司杨庄水厂

石景山区文化委员会行政执法队

北京市公安局石景山分局治安支队

2006～2010年法制宣传教育先进集体

北京市石景山区八宝山街道四季园社区

北京市石景山区区教育委员会

北京市石景山区区人力资源和社会保障局

北京市石景山区人民法院

北京市石景山区国有资产监督管理委员会

北京市石景山区司法局

北京市石景山区区人力资源和社会保障局教育培训科

首钢总公司

“三八”红旗集体

石景山区环卫中心公厕粪肥管理处检查员班组

北京市杨庄中学

石景山区纪委建设室

北京国际雕塑公园票务班

石景山区公安分局出入境管理处中国公民出入境证件受理大厅

石景山区民政局婚姻管理科

石景山区少年儿童图书馆

石景山区八宝山街道永乐编织社

文明示范楼门庭院名单

金顶街街道模式口北里社区 34 号楼 6 单元

金顶街街道金四区社区金顶街四区 12 号楼 4 单元

金顶街街道模式口中里社区 22 栋 1 楼门

金顶街街道金顶北路西福村社区 59 号院 4 栋 4 门

金顶街街道模式口南里社区 12 栋 1 单元

金顶街街道模式口西里北社区 12 栋 1 单元

八宝山街道玉泉西里西社区 7 号楼一单元

八宝山街道玉泉西里西社区 7 号楼二单元

八宝山街道玉泉西里西社区 7 号楼三单元

八宝山街道玉泉西里北社区 1 号楼 1 单元

八宝山街道玉泉西里北社区 2 号楼 1 单元

古城街道十万平社区老古城大楼 7 栋 2 单元

古城街道十万平社区老古城大楼 7 栋 4 单元

古城街道特钢社区宏鑫家园小区 2 栋 4 单元

古城街道南路东社区古城南路 24 栋 1 单元

古城街道南路东社区古城南路 33 栋 3 单元

古城街道后街社区如意小区 2 栋 1 单元

古城街道北小区社区古城北路 24 栋 4 单元

古城街道北小区社区古城北路 7 栋 2 单元

老山街道西里社区老山西里 3 栋

老山街道东里南社区老山西里 7 栋

老山街道东里社区老山东里 2 栋

老山街道东里南社区老山东里 26 栋 1 单元

老山街道东里社区老山东里 23 栋

五里坨街道军区联勤部大院社区 21 号楼 1 单元

五里坨街道红卫路社区隆恩寺路 99 号院 3 区 2 号楼 1 单元

五里坨街道军区联勤部大院翠戎小区 4 号楼 1 单元

五里坨街道红卫路社区隆恩寺路 99 号院 3 区 2 号楼 2 单元

八角街道八角北里社区八角北里 32 楼 1 单元

八角街道公园北社区古城路 58 栋院

八角街道八角北路社区八角北路 41 栋 3 门

八角街道杨南社区首钢杨庄小区院内 35 栋 2 单元

八角街道特钢社区八角北路 9 栋 7 楼门

八角街道八角中里社区八角中里 27 栋

八角街道古城南路社区古城南路 41 栋 6 门

鲁谷社区市运八场宿舍 2 号楼 4 单元

鲁谷社区双锦园居委会 3 号楼 5 门

鲁谷社区六合园 19 楼 4 门

鲁谷社区七星园 6 号楼 2 门

鲁谷社区七星园 7 号楼 3 门

鲁谷社区七星园 24 号楼

鲁谷社区七星园 17 号楼 1 单元

鲁谷社区重聚园社区 8 号楼

鲁谷社区重兴园 9 号楼 2 单元

苹果园街道海特第一居委会自治小组

苹果园街道装备部社区 14 楼 2 单元

苹果园街道海特花园第三社区 56 栋 2 单元

苹果园街道八大处甲 1 号 84 楼 4 单元

苹果园街道苹果园二区 10 栋 1 门

苹果园街道海特花园 1 号楼

苹果园街道苹果四社区 12 栋 A 单元

苹果园街道西山枫林第一社区 12 号楼 1 单元

苹果园街道苹一社区 28 栋

广宁街道新立街社区 82－85 号院

广宁街道高井路社区“八千四小院”

首都十大品牌文明团队

老山街道“特殊家庭”子女跟踪教育服务队

首都优秀文明团队

八角街道特钢社“金色亲情服务队”

信防排查调处工作 2006～2010 年先进集体

石景山区信访办

石景山区国资委

石景山区金顶街街道

人口和计划生育工作先进集体

石景山区八宝山街道

石景山区苹果园街道

石景山区八角街道

石景山区鲁谷社区

首都全民义务植树先进单位

石景山区武装部

八宝山革命公墓

市社区科普益民计划组织工作先进集体

石景山区科协

石景山区财政局

敬老爱老为老服务先进单位

区总工会

金顶街街道

鲁谷社区

八角街道

石景山区先进少年军校

北京市第九中学初中部与北京军区装备部营院管理处共建的少年军校

北京市古城外国语学校与66444部队共建的少年军校

北京市苹果园中学分校与93658部队共建的少年军校

石景山区先锋小学与66018部队共建的少年军校

石景山区炮厂小学与66294部队共建的少年军校

石景山区金顶街第二小学与北京军区联勤部司令部直属工作处共建的少年军校

石景山区红旗小学与66111部队共建的少年军校

先进个人

北京市劳动模范

杨秋香 石景山游乐园服务员

王昊尧 北京沃尔玛百货有限公司员工

谭理想 北京金银建科技发展有限公司高级工程师

陈德文 北京畅游天下网络技术有限公司总裁、首席运营官

钟青林 北京市三林星鞋城经理

师 力 北京天山新材料技术有限责任公司工程师

张黎明 中国华录集团公司华录文化产业有限公司总经理

刘 刚 北京青年创业园石景山园经理

北京市先进工作者

丁大文 北京市公安局石景山分局巡警支队民警

李 凯 石景山区人民检察院公诉处处长

周永春 石景山区园林绿化局工程一队队长

崔智刚 石景山区市政工程管理所班长

白宏宽 北京市京源学校校长

张 鹏 石景山区人民法院民二庭审判员

曾爱玲 石景山区苹果园房管所所长

郭桂云 石景山区八宝山街道四季园社区主任

梁 键 石景山区环境保护局机动车排放管理站站长

龙笑江 石景山区城市管理监察大队副大队长

高 杰 石景山区地方税务局第一税务所科员

孙爱强 石景山区科技馆副馆长

赵 五 石景山区垃圾清扫队班长

焦智华 石景山区中医院副主任医师

赵一名 石景山区人力资源和社会保障局局长

首都精神文明建设奖

吴景义 石景山区环保局副局长

刘建国 石景山区市政市容管理委员会主任

刘 红 石景山区妇联副主席

董聪慧 石景山区文化委员会副主任

李 欣 石景山区业余大学英语教研室主任

白宏宽 北京市京源学校党支部书记和校长

邵誉培 老山街道社区居民(首钢退休人员)

贾树庆 石景山保安公司海特保安分队队长

王晓庆 石景山区住房和城乡建设委员会住房保障科科长

唐华茂 北京市药品监督管理局石景山分局稽查科负责人

张颖莉 石景山区经信委中小企业科科长

赵广静 石景山区检察院公诉一处未成年人办案组检察官

北京市文明北京新市民

康小利 石景山区广播电视中心新闻主播

贾树庆 石景山区保安公司驻实业金物业保安队队长

刘东晖 北京日东升投资有限责任公司董事长

王怀雷 中城建第五工程局项目部负责人

王乃贵 石景山区千喜贵龙美发店店长

赵生杰 石景山区树仁学校校长

“三八”红旗奖章

王雪颖 仲长军 陈婷婷 林 晶
高洪雁 贾 静 侯晓红 李元员
郭淑丽 张爱华 刘云艳 郗爱萍
李 娟 王海春 刘 红 吕 燕

2006~2010年法制宣传教育先进个人

宋丽荣 卢满钧 赵广静 吴冬春
杨国栋 郭桂云

2006~2010信访排查调处工作先进个人

李振玲 朱刚银 孟全会 孙谷月

人口和计划生育先进工作者

赵世英 王 梅 崔玉珍 高 慧
闫小兰 王惠珊 何金平 刘 行
魏玉英

首都绿化美化积极分子

梁锁生 郭兴奎 齐 兵 程华祥
李耀雄 田肆军 徐世明 刘宗志
姜德明 刘 英 郭京荣 陈有忠
李崇涛 龚士顺 沈 刚 李 博
王永飞 孟志刚 翟 源 菅吉正
刘俊丽

第一次污染源普查先进个人

刘光锋 张 虎 张 红 程忠元

黄标车淘汰工作先进个人

吕新兴　张　虎　张　红　相桂玲
王　昕　高　炜　杨惠梅

老年工作先进个人

朱志斌　柏崇凯　魏忠奇　张淑军
张殿军　王建伟　唐桂荣　赵雅莉
翟金利　韩淑玲　李永丰　高华云
祝　璇

逝世人物

吕子敬　男,河北临漳人,生于1920年10月,于当年9月15日7时30分在石景山医院逝世,终年90岁。1938年12月参加革命工作,1939年1月加入中国共产党。1938年12月在临漳县参加青救会,任宣传部部长,投身抗日工作。1940年后,接受组织安排转入地下工作和敌工工作,任中共临漳县城关区委组织委员、宣传委员,1943年任中共临漳县城关区委副书记。1946年参加冀南区委党校学习,1947年参加冀南三地土改工作,任土改工作团工作组长,1948年7月参加中共中央华北局党校学习,1948年11月任北京军管会丰台分会工作组长,参加解放和接管工作,1949年6月任市委郊委组织部干部组长,1952年3月任市南苑区委常委、组织部长兼纪检委书记,1956年6月任市南苑区委副书记,1958年6月任丰台区委常委、工业部长,1960年2月任丰台区委书记处书记,1964年代职第一书记,1965年8月任石景山办事处党委书记,1966年8月至1972年1月"文革"受迫害,下放南大荒、房山周口店劳动,1972年2月至1979年12月任石景山区委副书记、书记,革委会副主任、主任,1980年1月至1983年5月任区委书记,其间,1980年12月兼任区第七届人大常委会主任,1984年7月至1986年3月任区第八届人大常委会主任。吕子敬是中国共产党北京市第一、二、三次代表大会代表,政协北京市第三、四届委员,市第七届人民代表大会代表、市革委会委员,市第八届人民代表大会代表、市人大常委会委员,区第七、八届人民代表大会代表。1988年5月离休。

统计资料

2010年地区生产总值

表1

单位:万元

项　　目	2010年	2009年	增长速度%（现价）	增长速度%（不变价）
合　计	2954730	2486612	18.8	10.4
第一产业				
第二产业	1270814	1123252	13.1	3.6
工业	929055	838576	10.8	-0.3
建筑业	341759	284676	20.1	15.1
第三产业	1683916	1363360	23.5	16.0
交通运输、仓储和邮政业	52418	44678	17.3	2.5
信息传输、计算机服务和软件业	327607	186392	75.8	70.8
批发和零售业	210926	173335	21.7	18.8
住宿和餐饮业	46449	38261	21.4	15.4
金融业	175321	124642	40.7	31.4
房地产业	214707	256010	-16.1	-26.2
租赁与商务服务业	91027	78276	16.3	8.6
科学研究、技术服务和地质勘察	128624	105937	21.4	13.7
水利、环境和公共设施管理业	20638	18301	12.8	5.3
居民服务和其他服务业	32495	23506	38.2	29.1
教育	112648	96390	16.9	9.1
卫生、社会保障和社会福利业	77167	63093	22.3	14.2
文化、体育和娱乐业	81300	68173	19.3	11.3
公共管理和社会组织	112589	86366	30.4	23.7

资料来源：北京市统计局。

2010 年财政收入与支出

表 2

单位:万元

项　　目	金额	项　　目	金额
一、财政收入总计	190,679	二、财政支出总计	509,063
一般预算收入合计	188,541	一般预算支出合计	428,490
(一)区县固定税收小计	26,50	一般公共服务	43,085
房产税	14,50	国防	520
车船税	5,13	公共安全	36,487
印花税	4,65	教育	63,598
资源税		其中:教育费附加支出	16,035
耕地占用税	2,20	科学技术	8,408
(二)共享税收小计	149,52	文化体育与传媒	5,853
增值税	24,17	社会保障和就业	74,173
营业税	71,16	医疗卫生	23,516
城镇土地使用税	3,15	环境保护	2,918
土地增值税	9,05	其中:排污费支出	381
教育费附加收入	3,90	城乡社区事务	72,691
城市维护建设税(85%	15,31	农林水事务	11,578
企业所得税	22,91	其中:水资源费支出	909
企业所得税退税	－15	交通运输	
(三)分级收入小计	12,51	采掘电力信息等事务支出	39,297
国有资本经营收入		商业服务业等事务	12,025
国有资源(资产)有	1,30	金融监管支出	121
其他收入	6,27	地震灾后恢复重建支出	1,798
罚没收入	70	国土资源气象等事务	214
行政性事业性收费	2,99	住房保障支出	27,699
排污费收入	9	粮油物资储备等管理事务	660
水资源费收入	1,14	债务付息支出	
公路运输管理费收入		其他支出	3,849
基金预算收入合计	2,13	政府性基金预算支出合计	80,573
新型墙体材料专项基金收入		一般公共服务	
育林基金收入		教育	
残疾人就业保障金收入	2,11	文化体育与传媒	390
其他政府性基金收入	2	社会保障和就业	2,265
国有资本经营预算收入合计		城乡社区事务	76,158
债务收入合计		农林水事务	
		采掘电力信息等事务	
		金融监管支出	
		其他支出	1,760
		国有资本经营预算支出合计	
		债务还本支出合计	

数据来源:石景山区财政局。

2010 年银行存款情况

表 3

单位:万元

银行各项存款余额

	一月	二月	三月	四月	五月	六月	七月	八月	九月	十月	十一月	十二月
工商银行	2498296	2592528	2543928	2526608	2450738	2676242	2728037	2592140	2850177	2630229	2671163	3254342
建设银行	630722	560086	569344	638675	701230	681431	760124	738419	772894	751742	731954	725229
北京银行	448064	489008	461896	502717	508737	506459	470867	468505	506083	522930	522529	551254
农业银行	1237364	1229677	1288335	1254939	1237233	1405009	1360643	1362925	1454894	1411060	1442370	1627060
农商行	576254	583907	596777	611750	580003	658651	586611	598175	618738	640204	625461	617383
合计	5390700	5455206	5460280	5534689	5477941	5927792	5906282	5760164	6202786	5956165	5993477	6775268

居民储蓄存款余额

	一月	二月	三月	四月	五月	六月	七月	八月	九月	十月	十一月	十二月
工商银行	1587753	1632378	1634838	1659536	1644742	1650774	1652814	1658982	1736829	1710015	1713228	1758720
建设银行	143573	157634	170911	188037	179293	177337	173146	174944	175953	172134	168979	171544
北京银行	119223	121727	128008	132663	138932	141319	141900	146145	150466	150026	149027	166735
农业银行	586754	608661	612960	610757	613956	626529	640487	652026	664915	658047	660951	945320
农商行	194003	216068	211859	214805	215411	216307	215304	216023	218114	221245	222586	230116
合计	2631306	2736468	2758576	2805798	2792334	2812266	2823651	2848120	2946277	2911467	2914771	3272435

银行贷款余额

	一月	二月	三月	四月	五月	六月	七月	八月	九月	十月	十一月	十二月
工商银行	853934	855596	849321	842451	838150	876266	895232	882508	913446	888472	913963	935362
建设银行	957729	955053	954856	953028	963563	963490	1001597	1004960	1006765	1014492	997125	1030888
北京银行	215739	229629	233132	233562	277534	278625	279046	281356	280496	285036	273541	266820
农业银行	104633	115324	163367	162243	191547	207282	232089	224790	329610	350137	349656	368406
农商行	143887	201760	151662	145407	138980	207862	206296	205212	199973	202900	208202	186131
合计	2275922	2357362	2352338	2336691	2409774	2533525	2614260	2598826	2730290	2741037	2742487	2787607

2010年现金收支情况(年人均)

表4

单位:元

收 入	金额	支 入	金额
一、期初手存现金	931.7	五、家庭总支出	26128.9
二、可支配收入	28051.2	(一)消费支出	18902.8
三、家庭总收入	32375.7	其中:服务性消费支出	5106.8
(一)工资性收入	21227.2	(二)购房与建房支出	693.2
1. 工资及补贴收入	20935.6	(三)转移性支出	2863.5
2. 其他劳动收入	291.6	其中:1. 交纳的个收入税	547.5
(二)经营净收入	319.3	2. 捐赠支出	1664.9
(三)财产性收入	415.7	3. 购买彩票	27.2
(四)转移性收入	10413.5	4. 赡养支出	409.5
其中:1. 养老金或离退休金	9051.6	(四)社会保障支出	3516.8
2. 赡养收入	393.6	六、借贷支出	26388.6
3. 捐赠收入	377.5	其中:1. 存入储蓄款	25246.5
四、借贷收入	20289.7	2. 归还借款	33.6
其中:提取储蓄存款	19657.6	3. 借出款	36.2
		4. 储蓄性保险支出	327.2
		5. 归还住房贷款	645.8
		七、期末手存现金	1245.3

2010年人均消费性支出(年人均)

表5 单位:元

项目	金额	项目	金额
消费支出	18902.8	6、家庭服务	115.7
一、食品	6218.4	四、医疗保健	1825.7
1、粮油类	650.0	1、医疗器具	14.0
2、肉禽蛋水产类	1240.7	2、保健器具	30.8
3、蔬菜类	507.7	3、药品费	929.8
4、调味品	99.6	4、滋补保健品	196.5
5、糖烟酒饮料类	806.3	5、医疗费	647.2
6、干鲜瓜果类	686.6	6、其他	7.4
7、糕点、奶及奶制品	570.1	五、交通和通讯	3597.2
8、其他食品	67.1	1、交通	2551.8
9、饮食服务	1590.4	2、通信	1045.5
二、衣着	1579.3	六、教育文化娱乐服务	2402.4
1、服装	1117.0	1、文化娱乐用品	804.1
2、衣着材料	10.9	2、文化娱乐服务	849.6
3、鞋类	388.2	3、教育	748.6
4、其他衣着用品	53.5	七、居住	1352.1
5、衣着加工服务费	9.7	1、住房	611.8
三、家庭设备用品及服务	1342.2	2、水电燃料及其它	651.7
1、耐用消费品	567.3	3、居住服务费	88.6
2、室内装饰品	25.7	八、杂项商品和服务	585.5
3、床上用品	97.4	1、其它商品	352.7
4、家庭日用杂品	533.0	2、服务	232.9
5、家具材料	3.1		

2010年固定资产投资完成情况(建设地)

表6　　单位:万元、平方米

项　目	计划总投资	自项目开始至期末本年完成投资	本年完成投资	#住宅	本年新增固定资产	房屋建筑施工面积	#住宅	房屋建筑竣工面积	#住宅
合　计	1155386	714980	387225	1400	166778	865136	12246	311336	0
一、按隶属关系分									
1、中央合计	205996	155101	53177	1400	58641	182284	12246	98400	0
2、市属合计	259973	209523	94151	0	65495	179740	0	67472	0
3、区属合计	549773	284921	197471	0	23631	222720	0	39088	0
4、其他合计	139644	65435	42426	0	19011	280392	0	106376	0

2010年房地产开发建设生产情况(建设地)

表7

项　目	完成投资额(万元)	#商品房及经济适用房	#住宅	房屋建筑施工面积(平方米)	#商品房及经济适用房	#住宅	房屋建筑竣工面积(平方米)	#商品房及经济适用房	#住宅
合　计	1157333	196056	139805	2693564	2693564	1557996	724849	724849	461947
一、市属小计	26771	24388	7137	460470	460470	320663	92798	92798	21483
二、区属小计	779655	53844	47910	730702	730702	582421	376570	376570	283366
三、其他小计	350907	117824	84758	1502392	1502392	654912	255481	255481	157098

注：1.“本年完成投资”下的“商品房及经济适用房”是由“本年完成投资”减“土地开发投资”减“其他费用”得到的。

2.“房屋建筑施工面积”下的“商品房及经济适用房”是由“房屋建筑施工面积”减非房地产开发项目的施工面积得到的。

3.“房屋建筑竣工面积”下的“商品房及经济适用房”是由“房屋建筑竣工面积”减非房地产开发项目的竣工面积得到的。

4.2010年年鉴将“市属”和“区属”以外的房地产开发企业归入为“其他”。

附　　录

中共北京市石景山区委主要文件目录

中共北京市石景山区委文件

京石发〔2010〕1号　中共石景山区委关于印发区委常委会工作报告的通知

京石发〔2010〕2号　中共石景山区委 石景山区人民政府关于印发《石景山区2010年双拥工作要点》的通知

京石发〔2010〕3号　中共石景山区委关于印发《区委常委会2010年议题计划》的通知

京石发〔2010〕4号　中共石景山区委关于印发《石景山区2010年建立健全惩治和预防腐败体系任务分解方案》的通知

京石发〔2010〕5号　石景山区2010年创建文明城市工作意见

京石发〔2010〕6号　中共石景山区委关于加强和改进新形势下党的建设的实施意见

京石发〔2010〕7号　中共石景山区委转发《中共石景山区人大常委会党组关于进一步做好人大工作的若干意见》的通知

京石发〔2010〕8号　中共石景山区委关于在全区基层党组织和党员中深入开展创先争优活动的通知

京石发〔2010〕9号　中共石景山区委关于推进学习型党组织建设的通知

京石发〔2010〕10号　中共石景山区委关于表彰“群众心目中的好党员”的决定

京石发〔2010〕11号　中共石景山区委 石景山区人民政府关于进一步加快推进社会建设的若干意见

京石发〔2010〕12号　中共石景山区委 石景山区人民政府关于印发《石景山区2010－2011年深化医药卫生体制改革实施方案》的通知

京石发〔2010〕13号　中共石景山区委 石景山区人民政府关于印发《人文石景山行动计划(2010—2012年)》的通知

京石发〔2010〕14号　中共石景山区委 石景山区人民政府关于建设国家可持续发展实验区的实施意见

京石发〔2010〕15号　中共石景山区委印发《中共石景山区委常委会关于加强风险防控落实“三重一大”决策制度的实施办法(试行)》的通知

京石发〔2010〕16号　中共石景山区委关于印发区委常委会工作报告的通知

京石发〔2010〕17号　中共北京市石景山区委关于制定石景山区国民经济和社会发展第十二个五年规划的建议

京石发〔2010〕18号　中共石景山区委关于印发《2010—2013年石景山区党政领导班子建设规划纲要》的通知

中共北京市石景山区委办公室文件

京石办发〔2010〕1号　中共石景山区委办公室 石景山区人民政府办公室转发区双拥办《关于2010年新年春节期间开展“双拥月”活动的通知》的通知

京石办发〔2010〕2号　中共石景山区委办公室关于印

发《区委2010年主要工作任务分解》的通知

京石办发〔2010〕3号 中共石景山区委办公室 石景山区人民政府办公室关于印发《石景山区2010年重点协作调研课题计划》的通知

京石办发〔2010〕4号 中共石景山区委办公室关于表彰2009年度信息工作“三优”的通报

京石办发〔2010〕5号 中共石景山区委办公室关于2010年度信息目标管理考核办法的通知

京石办发〔2010〕6号 中共石景山区委办公室 石景山区人民政府办公室关于印发《中共北京市石景山区委农村工作委员会北京市石景山区人民政府集体经济办公室主要职责、内设机构和人员编制规定》的通知

京石办发〔2010〕7号 中共石景山区委办公室 石景山区人民政府办公室关于印发《中共北京市石景山区委社会工作委员会北京市石景山区社会建设工作办公室主要职责、内设机构和人员编制规定》的通知

京石办发〔2010〕8号 中共石景山区委办公室 石景山区人民政府办公室关于印发《中共北京市石景山区委教育工作委员会北京市石景山区教育委员会主要职责、内设机构和人员编制规定》的通知

京石办发〔2010〕9号 中共石景山区委办公室 石景山区人民政府办公室关于印发《北京市石景山区机构编制委员会办公室主要职责、内设机构和人员编制规定》的通知

京石办发〔2010〕10号 中共石景山区委办公室关于印发《北京市石景山区人民法院主要职责、内设机构和人员编制规定》的通知

京石办发〔2010〕11号 中共石景山区委办公室关于印发《北京市石景山区人民检察院主要职责、内设机构和人员编制规定》的通知

京石办发〔2010〕12号 中共石景山区委办公室关于在全区推进廉政风险防范管理工作的通知

京石办发〔2010〕13号 中共石景山区委办公室关于做好《中国共产党北京市石景山区组织史资料(1987—2010)》编纂工作的通知

京石办发〔2010〕14号 中共石景山区委办公室关于启用“中共北京市石景山区园林绿化局党组”等印章的通知

京石办发〔2010〕15号 中共石景山区委办公室 石景山区人民政府办公室关于印发《2010年区领导分工负责部分重大项目建设实施方案》的通知

京石办发〔2010〕16号 中共石景山区委办公室关于转发《中共石景山区委党的建设工作领导小组2010年工作要点》的通知

京石办发〔2010〕17号 中共石景山区委办公室 石景山区人民政府办公室关于成立石景山区建设国家可持续发展实验区领导小组的通知

京石办发〔2010〕18号 中共石景山区委办公室 石景山区人民政府办公室关于印发《石景山区社会治安重点地区排查整治工作方案》的通知

京石办发〔2010〕19号 中共石景山区委办公室关于区委常委分工的通知

京石办发〔2010〕20号 中共石景山区委办公室 石景山区人民政府办公室关于成立石景山区“十二五”规划编制工作领导小组的通知

京石办发〔2010〕21号 中共石景山区委办公室 石景山区人民政府办公室转发区人力社保局 区委组织部 区财政局《关于石景山区机关事业单位纳入基本医疗保险管理建立补充医疗保险制度的实施方案》的通知

京石办发〔2010〕22号 中共石景山区委办公室 石景山区人民政府办公室转发区双拥办《关于2010年“八一”期间开展双拥月活动的通知》的通知

京石办发〔2010〕23号 中共石景山区委办公室 石景山区人民政府办公室关于进一步在全区推广和深化“新居民互助服务站”的工作意见

京石办发〔2010〕24号 中共石景山区委办公室 石景山区人民政府办公室关于印发《石

景山区民兵政治教育工作规范》的通知

京石办发〔2010〕25 号　中共石景山区委办公室 石景山区人民政府办公室关于调整区双拥工作领导小组的通知

京石办发〔2010〕26 号　中共石景山区委办公室 石景山区人民政府办公室转发区综治委《关于建立健全学校、幼儿园及周边安全保卫工作长效机制的实施意见》的通知

京石办发〔2010〕27 号　中共石景山区委办公室 石景山区人民政府办公室转发区纪委 区委组织部 区编办 区监察局 区财政局《关于进一步加强纪检监察机关及基层纪检监察组织建设的实施办法》的通知

京石办发〔2010〕28 号　中共石景山区委办公室 石景山区人民政府办公室关于进一步规范外出学习参观考察等活动的通知

京石办发〔2010〕29 号　中共石景山区委办公室关于学习宣传贯彻十七届五中全会精神的实施意见

京石办发〔2010〕30 号　中共石景山区委办公室 石景山区人民政府办公室转发区人才工作领导小组《关于鼓励海外高层次人才来我区创业和工作暂行办法》的通知

京石办发〔2010〕31 号　中共石景山区委办公室 石景山区人民政府办公室 首钢总公司办公厅关于成立首钢北京厂区停产维稳工作协调小组的通知

京石办发〔2010〕32 号　中共石景山区委办公室 石景山区人民政府办公室关于印发《中共北京市石景山区纪律检查委员会机关北京市石景山区监察局主要职责内设机构和人员编制规定》的通知

京石办发〔2010〕33 号　中共石景山区委办公室 石景山区人民政府办公室关于成立区加强和改进社会领域统一战线工作领导小组的通知

京石办发〔2010〕34 号　中共石景山区委办公室 石景山区人民政府办公室转发区双拥工作领导小组《关于深化双拥工作推进军民融合式发展的意见》的通知

京石办发〔2010〕35 号　中共石景山区委办公室 石景山区人民政府办公室印发《石景山区 2011 年—2013 年对口支援拉萨市堆龙德庆县工作安排》的通知

京石办发〔2010〕36 号　中共石景山区委办公室关于调整区党务公开工作领导小组的通知

京石办发〔2010〕37 号　中共石景山区委办公室 石景山区人民政府办公室关于 2011 年新年春节期间开展双拥活动的通知

京石办发〔2010〕38 号　中共石景山区委办公室 石景山区人民政府办公室关于调整区推进首钢地区规划建设及产业调整工作领导小组的通知

京石办发〔2010〕39 号　中共石景山区委办公室关于印发《石景山区贯彻 < 2010—2020 年深化干部人事制度改革规划纲要 > 实施意见》的通知

北京市石景山区人民政府主要文件目录

北京市石景山区人民政府文件

石政发〔2010〕1 号　关于印发 2010 年折子工程的通知

石政发〔2010〕2 号　印发《关于贯彻落实〈北京市市民居家养老（助残）服务（“九养”）办法〉的实施方案（试行）》的通知

石政发〔2010〕3 号　关于开展第六次全国人口普查的通知

石政发〔2010〕4 号　关于组织开展火灾隐患市区级挂账督办工作的通知

石政发〔2010〕5 号　关于组织机构代码情况的说明

石政发〔2010〕6 号　关于清明节通告

石政发〔2010〕7 号　关于表彰 2009 年度依法行政工作先进集体和依法行政工作先进个人的决定

石政发〔2010〕8号	关于2010年依法行政考核办法及考核指标的通知
石政发〔2010〕9号	关于实施稳定就业扩大就业措施的通知
石政发〔2010〕10号	关于第二水泥管厂5万平方米经济适用住房的决定
石政发〔2010〕11号	关于印发石景山区重点企业名单的通知
石政发〔2010〕12号	关于印发《石景山区服务重点企业暂行办法》的通知
石政发〔2010〕13号	关于印发《2010年石景山区促进中小企业中小企业发展意见》的通知
石政发〔2010〕14号	关于发放2009年石景山区中小企业发展专项资金决定
石政发〔2010〕15号	关于表彰2009年度石景山区区域经济发展突出贡献单位、纳税百强单位的决定
石政发〔2010〕16号	关于做好2009年冬季退役士兵接收安置工作的通知
石政发〔2010〕17号	关于转发《北京市人民政府关于进一步完善错时上下班措施的通告》的通知
石政发〔2010〕18号	关于印发《石景山区环境卫生管理办法(试行)》的通知
石政发〔2010〕19号	关于确认苹果园交通枢纽1.8万平方米决定
石政发〔2010〕20号	印发《关于实施北京市第十六阶段控制大气污染措施任务方案》的通知
石政发〔2010〕21号	关于石景山区模式口历史文化保护区环境综合整治的公告
石政发〔2010〕22号	关于印发《2010年石景山区环保十件实事》的通知
石政发〔2010〕23号	关于印发《关于进一步加强石景山区污染源监管工作的实施意见》的通知
石政发〔2010〕24号	关于印发《北京市石景山区人民政府行政规范性文件管理规定》的通知
石政发〔2010〕25号	关于举办首届3G人才创业创新大赛的通知
石政发〔2010〕26号	关于印发《石景山区保障性住房全程阳光工程实施方案》的通知
石政发〔2010〕27号	关于印发《2010年社会建设拟办实事项目》的通知
石政发〔2010〕28号	关于印发《关于加强推进首钢厂区规划建设和产业调整工作的方案》的通知
石政发〔2010〕29号	关于确认燕山水泥厂经济适用房项目主体的决定
石政发〔2010〕30号	关于印发《北京市石景山区"健康北京人—全民健康促进十年行动规划(2009—2018年)"实施方案》的通知
石政发〔2010〕31号	关于印发《石景山区创业投资引导基金管理暂行办法》的通知
石政发〔2010〕32号	关于印发《石景山区创业投资引导基金合作机构评审细则》的通知
石政发〔2010〕33号	关于印发《北京市石景山区医疗纠纷预防与处置办法(试行)》的通知
石政发〔2010〕34号	关于京石客运专线治理违法建设的通告
石政发〔2010〕35号	关于成立石景山区人民政府第二届行政复议委员会的通知
石政发〔2010〕36号	关于在相关部门实行法律顾问制度的通知
石政发〔2010〕37号	关于成立支持衙门口通讯电台易地搬迁领导小组的通知
石政发〔2010〕38号	关于印发《石景山区关于巩固国家卫生区工作整改方案》的通知
石政发〔2010〕39号	关于印发《《北京市石景山区深化医药卫生体制改革2010年主要工作安排》的通知
石政发〔2010〕40号	关于印发《第二十五届石景山区金秋体育盛会组织工作方案》的通知
石政发〔2010〕41号	关于确认苹果园交通枢纽H地块廉租住房项目主体的决定
石政发〔2010〕42号	关于开展"送温暖、献爱心"社会捐助活动的通知
石政发〔2010〕43号	关于表彰2010年教育先进单位和优秀教育工作者的决定
石政发〔2010〕44号	关于印发《北京市石景山区征地补偿区片价听证会实施方案》的通知
石政发〔2010〕45号	关于印发《北京市石景山区城市街面环境秩序"百日整治行动"方案》的通知
石政发〔2010〕46号	关于印发《石景山区第九届北京

重阳登高节总方案》的通知
石政发〔2010〕47 号　关于印发《石景山区鼓励民营总部经济发展暂行办法》的通知
石政发〔2010〕48 号　关于印发《石景山区实施北京市深入构筑社会消防安全"防火墙"工程的意见》的通知
石政发〔2010〕49 号　印发《石景山区关于加强空气质量自动监测站建设与管理的实施方案》的通知
石政发〔2010〕50 号　关于 2010 年冬季征兵令
石政发〔2010〕51 号　关于印发 2008－2009 年度石景山区科学技术奖评审结果的通知
石政发〔2010〕52 号　关于贯彻落实《北京市人民政府关于进一步加强和改善行政执法工作的意见》的通知
石政发〔2010〕53 号　关于贯彻落实《北京市人民政府关于进一步加强和改善行政执法工作的意见》的通知
石政发〔2010〕54 号　关于印发《石景山区人民政府重大行政决策规则》的通知
石政发〔2010〕55 号　印发《关于加强风险防控完善领导班子"三重一大"决策制度的实施办法》的通知
石政发〔2010〕56 号　关于调整石景山区住房保障工作领导小组成员单位和工作职责的通知
石政发〔2011〕26 号　关于印发《石景山区保障性住房全程阳光工程实施方案》的通知

北京市石景山区人民政府办公室文件

石政办发〔2010〕1 号　关于启用"北京市石景山区商务委员会"印章的通知
石政办发〔2010〕2 号　关于启用"北京市石景山区园林绿化局"印章的通知
石政办发〔2010〕3 号　关于印发《北京市石景山区人民政府法制办公室主要职责内设机构和人员编制规定》的通知
石政办发〔2010〕4 号　关于印发《北京市石景山区人民政府外事办公室主要职责内设机构和人员编制规定》的通知
石政办发〔2010〕5 号　关于印发《北京市石景山区金融服务办公室主要职责内设机构和人员编制规定》的通知
石政办发〔2010〕6 号　关于印发《北京市石景山区旅游局主要职责内设机构和人员编制规定》的通知
石政办发〔2010〕7 号　关于印发《北京市石景山区园林绿化局主要职责内设机构和人员编制规定》的通知
石政办发〔2010〕8 号　关于启用"北京市石景山区人民政府集体经济办公室"印章的通知
石政办发〔2010〕9 号　关于启用"北京市石景山区第六次全国人口普查领导小组及办公室"印章的通知
石政办发〔2010〕10 号　关于印发《北京市石景山区体育局主要职责内设机构和人员编制规定》的通知
石政办发〔2010〕11 号　关于印发《北京市石景山区审计局主要职责内设机构和人员编制规定》的通知
石政办发〔2010〕12 号　关于印发《北京市石景山区财政局主要职责内设机构和人员编制规定》的通知
石政办发〔2010〕13 号　关于印发《北京市石景山区民政局主要职责内设机构和人员编制规定》的通知
石政办发〔2010〕14 号　关于印发《北京市石景山区安全生产监督管理局主要职责内设机构和人员编制规定》的通知
石政办发〔2010〕15 号　关于印发《北京市石景山区民族宗教侨务办公室主要职责内设机构和人员编制规定》的通知
石政办发〔2010〕16 号　关于印发《北京市石景山区卫生局主要职责内设机构和人员编制规定》的通知
石政办发〔2010〕17 号　关于印发《北京市石景山区民防局主要职责内设机构和人员编制规定》的通知
石政办发〔2010〕18 号　关于印发《北京市石景山区人口和计划生育委员会主要职责内设机构和人员编制规定》的通知
石政办发〔2010〕19 号　关于印发《中共北京市石景山区委北京市石景山区人民政府信访办公室主要职责内设机构和人员编制规定》的通知
石政办发〔2010〕20 号　关于印发《北京市石景山区人民政府办公室主要职责内设机构和人员编制规定》的通知
石政办发〔2010〕21 号　关于印发《北京市石景山区经济

和信息化委员会主要职责内设机构和人员编制规定》的通知

石政办发〔2010〕22号 关于北京南方伟业装饰有限公司安全事故结案的通知

石政办发〔2010〕23号 关于印发《北京市石景山区发展和改革委员会主要职责内设机构和人员编制规定》的通知

石政办发〔2010〕24号 关于印发《北京市石景山区人民政府国有资产监督管理委员会主要职责内设机构和人员编制规定》的通知

石政办发〔2010〕25号 关于印发《北京市石景山区环境保护局主要职责内设机构和人员编制规定》的通知

石政办发〔2010〕26号 关于印发《北京市石景山区科学技术委员会(北京市石景山区知识产权局)主要职责内设机构和人员编制规定》的通知

石政办发〔2010〕27号 关于印发《北京市石景山区人力资源和社会保障局主要职责内设机构和人员编制规定》的通知

石政办发〔2010〕28号 关于印发《北京市石景山区商务委员会主要职责内设机构和人员编制规定》的通知

石政办发〔2010〕29号 关于印发《北京市石景山区司法局主要职责内设机构和人员编制规定》的通知

石政办发〔2010〕30号 关于印发《北京市石景山区统计局主要职责内设机构和人员编制规定》的通知

石政办发〔2010〕31号 关于印发《北京市石景山区文化委员会主要职责内设机构和人员编制规定》的通知

石政办发〔2010〕32号 关于启用“北京市石景山区城乡环境建设委员会”及“北京市石景山区城乡环境建设委员会办公室”印章的通知

石政办发〔2010〕33号 关于印发《石景山区参加第八届北京市民族传统体育运动会实施方案》的通知

石政办发〔2010〕34号 关于印发《石景山区2010年人口和计划生育工作评估方案》的通知

石政办发〔2010〕35号 关于印发《2010年石景山区人力资源和社会保障工作要点》的通知

石政办发〔2010〕36号 关于印发石景山政府系统政务信息目标考核评比细则的通知

石政办发〔2010〕37号 关于转发《关于建立社区养老(助残)餐桌的工作意见》的通知

石政办发〔2010〕38号 关于印发《2010年石景山区清明节群众扫墓服务工作方案》的通知

石政办发〔2010〕39号 关于调整石景山区招商引资工作领导小组的通知

石政办发〔2010〕40号 关于印发《北京市石景山区市政市容管理委员会(北京市石景山区城乡环境建设委员会办公室、北京市石景山区水务局)主要职责内设机构和人员编制规定》的通知

石政办发〔2010〕41号 关于印发《北京市石景山区住房和城乡建设委员会(北京市石景山区人民政府住房保障和改革办公室)主要职责内设机构和人员编制规定》的通知

石政办发〔2010〕42号 关于下发《2010年区政府联络区人大区政协工作具体安排》的通知

石政办发〔2010〕43号 关于成立石景山区创建国家服务业综合改革试点区领导小组的通知

石政办发〔2010〕44号 关于制定区政府2010年议题计划的通知

石政办发〔2010〕45号 关于调整石景山区住房保障工作领导小组的通知

石政办发〔2010〕46号 关于进一步规范区政府常务会议、区长办公会议若干事项的通知

石政办发〔2010〕47号 关于调整石景山区政府信息公开工作领导小组成员单位及职责分工的通知

石政办发〔2010〕48号 关于印发《石景山区政府信息公开工作2009年工作总结和2010年工作计划》的通知

石政办发〔2010〕49号 关于印发《石景山区政府信息依申请公开工作办法(试行)》的通知

石政办发〔2010〕50号 关于印发《石景山区政府信息发布协调办法(试行)》的通知

石政办发〔2010〕51号 关于印发《石景山区行政机关澄

清虚假或不完整信息工作办法(试行)》的通知

石政办发〔2010〕52号　关于印发《2010年度石景山区政府信息公开工作督查考核办法》的通知

石政办发〔2010〕53号　关于印发《石景山区2010年治理"黑车"专项工作方案》的通知

石政办发〔2010〕54号　关于印发进一步加强全区各单位安全防范工作的通知

石政办发〔2010〕55号　关于启用"北京市石景山区公园管理中心"印章的通知

石政办发〔2010〕56号　关于开展2010年科技周活动的通知

石政办发〔2010〕57号　关于北京玉泉联实石材市场有限公司"3·12"一般生产安全事故结案的通知

石政办发〔2010〕58号　关于转发《2010北京CRD狂欢之夏活动总体方案》的通知

石政办发〔2010〕59号　关于成立石景山区职业与社区教育联席会的通知

石政办发〔2010〕60号　关于成立石景山区应对气候变化及节能减排工作领导小组的通知

石政办发〔2010〕61号　关于启用"首届3G应用人才创业创新大赛组委会专用章"的通知

石政办发〔2010〕62号　关于北京方利工贸有限责任公司"4·18"一般生产安全事故结案的通知

石政办发〔2010〕63号　关于加强易攀爬高空危险物体安全整治和管理工作的通知

石政办发〔2010〕64号　关于印发《石景山区行政机关依申请提供政府公开信息收费办法的实施细则》的通知

石政办发〔2010〕65号　关于印发《北京市石景山区公园管理中心主要职责内设机构和人员编制规定》的通知

石政办发〔2010〕66号　关于印发《石景山区信息化建设管理办法》的通知

石政办发〔2010〕67号　关于印发《石景山区信息化基础设施提升计划》的通知

石政办发〔2010〕68号　关于进一步促进大学毕业生失业人员就业工作的通知

石政办发〔2010〕69号　印发《关于建立查处取缔无证无照经营工作机制的意见》的通知

石政办发〔2010〕70号　关于中国航空港建设总公司"5·29"一般生产安全事故结案的通知

石政办发〔2010〕71号　关于北京鑫雅圣泰商贸中心"5·25"一般生产安全事故结案的通知

石政办发〔2010〕72号　关于远洋国际建设有限公司"5·20"一般生产安全事故结案的通知

石政办发〔2010〕73号　关于北京星远金刚石材料厂"5·06"一般生产安全事故结案的通知

石政办发〔2010〕74号　关于成立石景山区金顶阳光社会工作事务所的通知

石政办发〔2010〕75号　关于李江霖等同志人事任免的通知

石政办发〔2010〕76号　关于启用执业兽医资格考试石景山区考点领导小组及办公室印章的通知

石政办发〔2010〕77号　关于北京达兴电控开关设备有限公司"7·02"一般生产安全事故结案的通知

石政办发〔2010〕78号　关于通化市嘉泰房屋拆迁有限公司"6·16"一般生产安全事故结案的通知

石政办发〔2010〕79号　关于北京重德物业管理有限责任公司"6·30"一般生产安全事故结案的通知

石政办发〔2010〕80号　石景山区人民政府办公室关于调整石景山区科学技术奖评审委员会组成委员的通知

石政办发〔2010〕81号　关于北京朗迈控制系统工程有限公司"7·10"一般生产安全事故调结案的通知

石政办发〔2010〕82号　关于长春馀庆家经贸有限公司"8·07"一般生产安全事故结案的通知

石政办发〔2010〕83号　关于成安县凯信建筑劳务有限公司"7·31"一般生产安全事故结案的通知

石政办发〔2010〕84号　关于转发区档案局区住建委在房屋拆迁工作中进一步加强档案管理的意见的通知

石政办发〔2010〕85号　印发《关于依靠科技 广泛动员 全面做好2010年扫雪铲冰工作的方案》的通知

石政办发〔2010〕86号 关于印发《石景山区2010~2011年度预防煤气中毒工作方案》的通知

石政办发〔2010〕87号 关于金坛建工集团有限公司“9·13”一般生产安全事故结案的通知

石政办发〔2010〕88号 关于北京鸿伟恒通货物运输部“9·09”一般生产安全事故结案的通知

石政办发〔2010〕89号 关于北京群利顺达商贸有限公司“9·14”一般生产安全事故结案的通知

石政办发〔2010〕90号 关于启用“北京市石景山区房屋经营和市场管理中心”印章的通知

石政办发〔2010〕91号 关于印发《北京市石景山区房屋经营和市场管理中心主要职责、内设机构和人员编制规定》的通知

石政办发〔2010〕92号 空文号

石政办发〔2010〕93号 关于进一步做好消防工作坚决遏制重特大火灾事故的通知

石政办发〔2010〕94号 关于成立石景山区打击侵犯知识产权和制售假冒伪劣商品专项行动领导小组的通知

石政办发〔2010〕95号 关于印发《石景山区2011年元旦春节烟花爆竹安全管理实施工作方案》的通知

石政办发〔2010〕96号 关于2010年石景山区中小学校舍安全工程(平房翻建)土地及房产的说明

石政办发〔2010〕97号 关于印发《石景山区药品安全百千万工程建设实施方案》的通知

石政办发〔2010〕98号 关于在我区信息化基础设施建设中积极推广使用驻地统一信息网技术的通知

石政办发〔2010〕99号 关于中铁六局集团太原铁路建设有限公司“8·19”一般生产安全事故结案的通知

石政办发〔2010〕100号 关于参加石景山区人大十四届六次会议政协石景山区八届五次会议的通知

区域教育单位名录

石景山区幼儿园名录

学校名称	性质	园长	学校地址	联系电话
北京市石景山区师范学校附属幼儿园	公办	齐景华	永乐小区甲 42 号院	68682877
北京市京源学校幼儿部	公办	白宏宽	京原路 10 号	68645864
北京市石景山区实验幼儿园	公办	张艳君	八角北里小区	68843113
北京市石景山区幼儿园	公办	左丽君	古城南里 17 号	68874902
石景山区第二幼儿园	公办	佟桂香	八角南路东街	68874643
北京市石景山区八角幼儿园	公办	王雅君	八角南路甲 18 号	68874744
石景山区八角北路幼儿园	公办	鲁建平	八角北路甲 18 号	68876355
北京市石景山区第三幼儿园	公办	徐　艳	海特花园小区内	88798005
北京市石景山区向阳农工商公司幼儿园	集体办	牛彦玲	衙门口上后街	68684485
古城地区民族幼儿园	集体办	李玉伶	古城西路	6887207
北京市石景山区灵童潜能开发幼稚园	民办	谢　承	玉泉路北临一号翠谷玉景苑 15 号楼	58974885
北京市石景山区方舟双语艺术幼儿园	民办	李金霞	西井路 19 号	88798467
北京市石景山区希望之星幼儿园	民办	李兆兰	吴庄重兴园小区	68654023
北京市石景山区新世纪幼儿园	民办	王世兰	京源路 8 区 8 号	68626456
北京市石景山区民办北方之星幼儿园	民办	张　焱	鲁谷东街 20 号	68687989
北京市石景山区新世界国际幼儿园	民办	陈继红	石景山路 2 号	68663136 – 818
北京市石景山区瑞吉欧双语艺术幼儿园	民办	左海燕	八角南路 47 号	68822781
北京金色未来幼教中心金苹果幼儿园	民办	张桂苹	苹果园路七区 16 号	68815812
北京市石景山区首钢大地现代幼儿园	民办	王艳弟	黑石头现代生活小区	51725187
首钢矿山街道居民管理委员会第二幼儿园	其它部门	刘赞芬	河北省迁安市首钢矿业公司滨河村	0315 – 7713469
首钢矿山街道居民管理委员会第三幼儿园	其它部门	孙兴霞	河北省迁安市首钢矿业公司鸽子湾	0315 – 7713550
首钢矿山街道居民管理委员会水厂幼儿园	其它部门	张　静	河北省迁安市首钢矿业公司水厂	0315 – 7714091
中国科学院高能物理研究所幼儿园	其它部门	杨红宇	玉泉路 19 号乙	88235964
北京金色未来幼教中心首钢大地老山幼儿园	合作办园	李　荣	首钢老山西里小区	88297108
首钢大地老山东里幼儿园	合作办园	王　慧	首钢老山东里小区	88973110
北京特钢燕鼎金地幼教中心		高亚丽	八角北路特钢小区	68872802
北京金色未来幼教中心首钢大地古城幼儿园	合作办园	史玉玲	古城小街 15 号	68872147
北京金色未来幼教中心首钢大地八角幼儿园	合作办园	马　建	古城南路 10 号	68874088
北京军区司令部幼儿园	部队办	王红霞	八大处甲一号	66399542
北京军区政治部幼儿园	部队办	段春梅	八大处甲一号	66399546
北京军区装备部幼儿园	部队办	杨桂荣	绍家坡驻军一号	66397026

学 校 名 称	性质	园长	学 校 地 址	联系电话
北京金色未来幼教中心首钢大地苹果园幼儿园	合作办园	张立建	苹果园大街151号	88742877
北京金色未来幼教中心首钢大地金顶街幼儿园	合作办园	白 静	金顶街五区	88723422
北京金色未来幼教中心首钢大地模式口幼儿园	合作办园	时进霞	模式口南里小区内	88294056
北京军区联勤部机关幼儿园	部队办	王 青	高井甲32号	66384084

石景山区小学名录

学 校 名 称	性质	园长	学 校 地 址	联系电话
北京市石景山区向阳小学	公办	李润华	衙门口村大横街	68687838
北京市石景山区玉泉路小学	公办	王建华	玉泉路西何家坟北	88233851
北京市石景山区京原小学	公办	厉左艺	鲁谷路66号	68637153
北京市石景山区师范学校附属小学	公办	王瑞敏	永乐小区甲31号院	68685415
北京市京源学校小学部	公办	李晓军	京原路10号	68623031
北京市石景山区第二实验小学	公办	苑爱红	老山西街21号	88970161
北京市石景山区银河小学	公办	杨丽红	六合园甲24号	68644930
北京景山学校远洋分校	公办	徐秀筠	鲁谷东街22号	88690802
北京市石景山区爱乐实验小学	公办	张竟芳	重聚中街	68656411
北京市石景山区八角北路小学	公办	吴继红	八角北路52号	68830747
北京市石景山区古城第二小学	公办	王 英	古城南路	68872963
北京市石景山区古城第六小学	公办	张竟芳	古城南里	68875305
北京市石景山外语实验小学	公办	刘世彬	首钢黄南苑小区内	88996422
北京市石景山区杨庄小学	公办	张美玲	杨庄小区	68813625
北京市石景山区实验小学	公办	叶 艳	八角北里39号院	68862278
北京市石景山区北辛安小学	公办	章 雯	北辛安南岔13号	68872398
北京教育学院石景山分院附属小学	公办	贾洪波	古城小街18号	68872083
北京市石景山区水泥厂小学	公办	蒋景明	京源路68号	88806185
北京市石景山区苹果园第二小学	公办	马 强	苹果园一区甲10号	68872198
北京市石景山区西黄村小学	公办	李晓钧	八大处路102号	88932653
北京市石景山区六一小学	公办	王京兰	八大处路乙2号	88964512
北京市石景山区海特花园小学	公办	吴幼颖	海特花园小区	88798735
北京市石景山区先锋小学	公办	魏春英	邵家坡1号	88722419
北京市石景山区石景山小学	公办	蒋新华	模式口西里甲32号	88992808
北京市石景山区金顶街第二小学	公办	陈凤云	金顶街北路71号	88717111
北京市石景山区金顶街第四小学	公办	陈 娜	金顶街北路	88722510
北京市石景山区石景山第二小学	公办	张国琴	模式口东里	88751011
北京市石景山区广宁村小学	公办	苏银德	广宁村新立街151号	88993222－8000
北京市石景山区麻峪小学	公办	肖印军	麻峪南街51号	88991876
北京市石景山区电厂路小学	公办	傅立新	高井路18号	88953963
北京市石景山区五里坨小学	公办	王迎梅	五里坨车站路7号	88904267

学校名称	性质	园长	学校地址	联系电话
北京市石景山区红旗小学	公办	孔德英	高井甲32号	88902251
北京市石景山区炮厂小学	公办	张立田	黑石头7312厂	88950092
北京石景山区黄庄学校	民办	陈恩显	八宝山街道黄庄村43号	88681197
北京市石景山区华奥学校	民办	王桂云	永乐东小区	68664165
北京市石景山区台京学校	民办	刘运贵	衙门口村西南后街	68663821
首钢矿业公司职工子弟学校	企业办	武书育	河北省迁安市杨店子镇滨河村滨西小区	0315－7710094

石景山区中学名录

学校名称	性质	园长	学校地址	联系电话
北京市京源学校	公办	白宏宽	京原路10号	68644124
北京市同文中学	公办	叶 奔	永乐小区甲8号院	68653297－817
北京教育学院石景山分院附属学校	公办	赵士雪	古城东街5号	68878146
北京市苹果园中学分校	公办	于志勇	西井路	88931340
北京景山学校远洋分校	公办	徐秀筠	鲁谷东街22号	88681812
北京市蓝天第二中学	公办	王立山	老山西里甲2号	68875051
北京市古城外国语学校	公办	曹彦彦	八角南路	68871582
北京市古城高级中学	公办	曹彦彦	古城南路6号	68876325
北京市石景山区实验中学	公办	冯 岩	八角路40号	68861034
北京市杨庄中学	公办	李 苹	八角北路53号	68870934
北京市蓝天第一中学	公办	牛淑英	苹果园三区	88744485
北京八大处中学	公办	林福森	八大处路8号	88962352
北京市苹果园中学	公办	于志勇	苹果园南路25号	88932450
北京市石景山区石景山中学	公办	李先平	模式口西里甲31号院	88293411
北京市第九中学	公办	郝显军	模式口大街16号	88753160
北方工业大学附属中学	公办	郝显军	金顶北路八号	88751337
北京市高井中学	公办	刘福花	高井路26号	88953764
北京市天泰中学	公办	焦凤儒	石门路342号	88902163
北京市石景山区黄庄学校	民办	陈恩显	八宝山街道黄庄村43号西南郊苗圃	88681197
北京市石景山区华奥学校	民办	王桂云	永乐东小区	68664165
北京市石景山区台京学校	民办	刘运贵	衙门口村西南后街	68663821
北京市礼文中学	民办	欧阳蒙	老山东里甲19号	88977433
北京市艺考高级中学	民办	杨东民	八大处杏石口甲2号	82593068
北京佳汇中学	民办	麻宝山	模式口南里	88296005
首钢矿业公司职工子弟学校	企业办	武书育	河北省迁安市杨店子镇滨河村滨西小区	0315－7710094

石景山区职业教育、高等教育学校名录

学校名称	学校性质	主办单位	法人代表	校长	学校地址	联系电话
黄庄职业高中	公办	石景山区政府	王彦荣	王彦荣	鲁谷东街	68638293
古城旅游职业学校	公办	石景山区政府	王彦荣	王彦荣	老古城	68826042

学校名称	学校性质	主办单位	法人代表	校长	学校地址	联系电话
北京盛基艺术学校	民办	个人	荆　跃	荆　跃	隆恩寺路	88903441
首钢高级技工学校	企业办	首钢总公司	王传雪	王传雪	晋元庄路6号	68871841
北京地铁技术学校	企业办	地铁公司		罗建华	福寿岭	88723440
石景山区业余大学	公办	石景山区政府	王　松	王　松	八角北路7号	68825782
北京广播电视大学石景山区分校	公办	石景山区政府	王　松	王　松	八角北路7号	68825782
北方工业大学	公办	市属市管	王晓纯	王晓纯	晋元庄路5号	88803055
首钢工学院	企业办	首钢总公司	毛　武	毛　武	晋元庄路6号	68871841
北京工业职业技术学院	公办	北京市教委	陈建民	陈建民	石门路368号	51511004
中国科学院研究生院	公办	中国科学院	邓　勇	白春礼	玉泉路19号甲	88256030
国家检察官学院	公办	最高人民检察院	石少侠	石少侠	香山南路111号	61719114
北京中新企业管理学院	民办		陈建军	陈建军	杨庄路西口	68811520
北京英迪经贸学院	中外合办	北京市机械工业管理局职工大学	刘宗仁	刘宗仁	苹果园大街161号	88719822

石景山区民办教育机构名录

学校名称	学校地址	负责人	电话
北京盛基艺术学校	隆恩寺路一号	荆　跃	51511888
北京群星表演艺术学校	黄庄职业高中	吕丽萍	68688730
北京市艺考高级中学	八大处杏石口甲2号	邹　群	62599440
北京市礼文中学	老山东里	欧阳蒙	88977433
北京市石景山区民办北方之星幼儿园	鲁谷西路9号楼	吴　英	68687989
北京市石景山区希望之星幼儿园	吴庄	李兆兰	68628180
北京市石景山区民办新世纪幼儿园	八宝山街道六合园	王世兰	68626456
北京市石景山区苹果园培训学校	苹果园南路25号	李鸿池	68872390
北京市石景山区信德培训学校	模式口东街	王桂梅	68626114
北京市古城旅游服务培训学校	古城大街23号	文大信	68816869
国家检察官学院培训中心	八大处甲1号	杨迎泽	61731377
北京市石景山区成教培训中心	教育招生考试招生中心院内	张　燕	68817917
北京市石景山区启蒙艺术培训学校	八角北里	王景春	68830104
北京市石景山区劳动与信息技术培训中心	老山西里	张素华	88977009
中国成人教育协会培训中心	晋元庄路6号院	孙永龙	62233254
北京市石景山区育人培训学校	古城高级中学院内	冯燕璞	88706836
北京市石景山区海特艺术培训学校	海特花园	周淑芬	88792445
北京地铁发展培训学校	福寿岭	罗建华	86929264
北京市石景山区统计干部培训学校	杨庄东路71号	董年龙	68826046
中国医学科学院整形外科医院培训中心	八大处路	曹谊林	88703799
首钢工学院培训学校	苹果园地铁站北侧	王　林	88725120

学 校 名 称	学 校 地 址	负责人	电　话
北京市石景山区图书馆培训学校	八角南路2号	王　红	68878503
中国科学院研究生院培训中心	玉泉路甲19号	苗建明	88256422
北京市石景山区金帆艺术培训学校	京源路10号	张玉娟	68644122－840
北京市北方艺术学校	苹果园大街161号	王　松	68861396
中国国际广播电台培训中心	石景山路甲16号	李　萍	68892231
北京市石景山区创新教育培训中心	古城第二小学	张　平	68820786
北京市石景山区阳光培训学校	河北迁安首钢矿业子弟学校	李诚阳	0315－7710094
北京市石景山区非凡培训学校	八宝山南路	刘　冰	68812883
北京市石景山老年大学	八角北路7号	王　松	68875723
北京新旅程培训中心	八角北路9号	吴献斌	88699833
北京市石景山区业余大学培训中心	八角北路7号	王　松	68861127
北京市石景山区青少年文化教育培训学校	鲁谷南路11号	孙冰燕	68681406
北京市石景山区精华培训学校	石景山图书馆4层	廖中扬	62122020－6230
北京市石景山区瑞博教育培训中心	八角西街95号	高世宝	68838533
北方工业大学培训中心	晋元庄路5号	罗学科	88803639
北京市石景山区巨人文化艺术培训学校	八角北路甲14号	尹　雄	51608188－8444
北京市石景山区裕诚培训学校	苹果园23号	毛金铸	88981637
北京市石景山区信实培训学校	依翠园乙16号3层	张　伦	88748809
北京市石景山区豪斯曼培训学校	第二实验小学	赵云凤	68819739
北京市石景山区沃格办公自动化培训学校	苹果园第二小学	王荣富	86929264
北京市石景山区金晓文化培训学校	苹果园北大街甲2号	牛淑和	68821514
北京市石景山区中软培训学校	向阳小学院内	田若珠	68681550
北京市石景山区华特培训学校	西黄村小学	王　河	68838468
北京市石景山区智诚文化补习学校	首钢工学院12号楼	何　新	88920064
北京市石景山区华英培训学校	外语实验小学内	李明明	88995559
北京市石景山区泰兆培训学校	京原小学	桂卫红	64911280－800
北京市石景山区翠微文化补习学校	首钢高级技工学校10号楼	王知勉	51911268
北京市石景山区兴华文化补习学校	古城二小内	佟维萍	88910127
北京市石景山区金实艺术文化培训学校	杨庄南区地铁古城家园东区	孙淑洁	68812304
北京市石景山区爱德斯培训学校	鲁谷六合园814号	马　亮	68641053－11
北京市石景山区华夏英才培训学校	古城第六小学	杨　肇	88981232
北京市石景山区金苹果电脑培训学校	苹果园南路23号	郎兆圣	88921172
北京市石景山区升华培训学校	石景山路甲18号院3号楼万达广场E座2211室	邵日新	88977226
北京市石景山区增智培训中心	北京工业职业技术学院东角楼	安源福	88750302
北京市石景山区爱华外语研修学校	古城南路古城第六小学	陈　曦	68823303
北京市石景山区新思维文化艺术培训学校	模式口西里石景山小学	杨　琦	68876015
北京市石景山区希望培训学校	金顶街第二小学	王敬东	88724758

学　校　名　称	学校地址	负责人	电　话
北京市石景山区天立计算机培训学校	福田寺甲3号	刘立生	88962658
北京市石景山区汇英艺术文化培训学校	银河商务区写字楼17层1901	许蕴卿	68655993
北京市石景山区八大处顺成培训学校	八大处路8号	成凤舞	88962352
北京市石景山区中意汽车驾驶学校	永乐西小区57号综合楼	赵国业	68627197
北京市西郊驾驶学校	吴庄	赵忠立	68633771
北京市石景山区华奥学校	永乐东小区	王桂云	68664165
北京市石景山区台京学校	衙门口村西南后街	刘运贵	68663821
北京市石景山区黄庄学校	黄庄村43号西南郊苗圃	陈恩显	68681619
国家体育总局老山汽车摩托车驾驶学校	老山西街15号	张燕华	68826368
北京市石景山区瑞吉欧双语艺术幼儿园	八角南路63号	左海燕	68822781
北京市石景山区启明星艺术培训学校	石景山路46号	刘宣明	68869262
北京市石景山区加祥培训学校	八角西街95号	徐瑞春	68867861
北京市石景山区好贝德培训学校	五里坨小学	王瑞平	13311158310
北京金色未来幼教中心	古城路	王玉芬	68873601
北京市石景山区方舟双语幼儿园	西井路19号	李金霞	88798467
北京市石景山区灵童潜能开发幼稚园	玉泉路北临1号翠谷玉景苑15号	谢　承	58974071
北京市石景山区星乐汇培训学校	八角西街85号二层	张荣欣	68680171
北京市石景山区向日葵钢琴艺术培训学校	鲁谷东街22号	李瑞霞	13381379416
北京建达培训学校	鲁谷东街29号	王　超	13611162778
北京市石景山区领语堂培训学校	石景山路22号长城大厦4层	赵　勇	65388419
北京市石景山区华育信息技术学校	隆恩寺红卫路一号院	周海涛	51517986
北京市石景山区首钢大地现代幼儿园	黑石头现代生活小区院内	王艳弟	517285817
北京市石景山区新国人培训学校	八大处4号北京军区体工大队	许建琦	66127398
北京市电力公司进网作业电工培训中心	模式口3号院	顾联军	63679970
北京市清大世纪培训学校	八大处高科技园区西井路3号	王　玫	62690299
首钢幼儿保教中心培训学校	西井一区综合楼	孙丽凤	88295796
北京市石景山区前程教育培训学校	金顶街首钢今时宾馆3号楼	杨建荣	88719608
北京佳汇中学	模式口南里	麻宝山	88291033
北京市石景山区新世界国际幼儿园	国际雕塑公园内	陈予川	68662026
北京市石景山区华大天下教育研究培训中心	石景山路22号长城大厦1116房间	雷云萍	13910269978
北京市石景山区二十一世纪实验幼儿园	西黄新村西里雍景四季11楼	朱　敏	88938065
北京市石景山区爱贝儿幼儿园	五里坨炮厂小区招待所院内	许爱国	51583197

区域科研机构名录

驻区科研单位

中国科学院高能物理研究所	北京市918信箱	88235008
中国科学院研究生院	石景山区(甲)19号	88256003
中国电子基础产业装备公司	石景山路23号	68885579
信息产业部电子科学技术情报研究所	鲁谷路35号	88686108
中国瑞达系统装备公司	石景山路23号	68885579
中国医学科学院整形外科研究所	八大处路33号	88772029
首钢国际工程技术有限公司	石景山路60号	68872480
首钢技术研究院	首钢厂东门	88296012
北京市建筑材料研究院	金顶街西福村1号	88721857
北方工业大学	晋元庄路5号	88802114
北京数字娱乐产业示范基地	阜石路166号泽洋大厦	88909999
北京信息安全产业示范基地	石景山路40号	68812109

区域卫生机构名录

卫生医疗单位

综合医院 12家

北京大学首钢医院	西黄村晋元路9号	88294978
北京市石景山医院	石景山路24号	88689000
北京首钢特殊钢有限公司泰康医院	古城小街1号	88924142
北京市燕都医院	苹果园大街117号	88730120
中国瑞达系统装备公司瑞达医院	鲁谷路74号院	68689047
北京市石景山区同心医院	鲁谷大街吴家村	68632004
北京市石景山区五里坨医院	石门路322号	51513851
北京市昆仑医院	永乐东区	88682537
北京中康佳中医药研究院长庚医院	古城南里8号	88296303
清华大学玉泉医院	石景山路5号	88257755
首都医科大学附属北京朝阳医院(京西院区)	京源路5号	51718020
首钢矿山医院	河北省迁安市滨河村	0315－7710856

中医医院 4家

北京市石景山区中医医院	八角北路	68877025
北京市石景山区老医药卫生工作者协会模式口中医医院	模式口甲48号	88719986

北京市石景山区老医药卫生工作者协会中医骨伤医院	八角北里	68885018
中国中医科学院眼科医院	鲁谷路33号	68688877
专科医院5家		
北京米赫眼科医院	永乐东小区(原黄楼幼儿园)	68669720
中国医学科学院整形外科医院	八大处路33号	88964826
北京古城阳光妇科医院	古城大街37号	68882323
北京市石景山区红十字绍家坡康复医院	绍家坡金顶山路19号	88729330
北京市石景山区老医药卫生工作者协会风湿病医院	古城小街1号风湿病医院	68874320
疗养院1家		
北京工人疗养院	八大处西下庄	58823366
门诊部7家		
北京市石景山区疾病预防控制中心门诊部	体育场南路6号院	68662805
中国科学院研究生院门诊部	玉泉路甲19号	88256119
北京市石景山区民政局北里门诊部	民政局北里门诊部	68875716
北京圣唐思邈中医门诊部	黑石头村东侧	68882802
北京市石景山区老医药卫生工作者协会口腔门诊部	依翠园19号楼底商(银河大街11-8号)	88680288
北京市石景山区老医药卫生工作者协会京西门诊部	鲁谷路35号	68657699
北京张海明整形美容门诊部	石景山路29号京燕饭店4层	68870821
妇幼保健院1家		
北京市石景山区妇幼保健院	依翠园5号	68625569
精神病防治所1家		
北京市石景山区精神卫生保健所	石门路322号	51513851
急救站1家		
北京市石景山区急救站	石景山路24号	68667890
疾控1家		
北京市石景山区疾病预防控制中心	体育场南路6号	68662805
卫生监督所1家		
北京市石景山区卫生局卫生监督所	体育场南路6号	88605081
社区38家		
北京市石景山区八角社区卫生服务中心	八角北路	88928019
石景山区五里坨街道社区卫生服务中心	石门路322号	88902313
北京市石景山区古城社区卫生服务中心	古城路	88296532
北京市石景山区苹果园社区卫生服务中心	苹果园大街220号	88707858
北京市石景山区老山社区卫生服务中心	老山西里	88296531
北京市石景山区金顶街社区卫生服务中心	模式口南里	88293218
石景山区八宝山第一社区卫生服务中心	鲁谷小区六合园	51718209
北京市石景山区八宝山社区卫生服务中心	鲁谷东街38号	88682861
北京市石景山区广宁街道社区卫生服务中心	广宁中学院内	88689021
石景山区金顶街四区社区卫生服务站	金顶街四区	88757497
石景山区五里坨街道黑石头社区卫生服务站	五里坨街道黑石头村口	88954148
北京市石景山区广宁街道寿山福海社区卫生服务站	双峪路23号	88991616-9961
北京市石景山区鲁谷街道衙门口社区卫生服务站	鲁谷街道衙门口南	88689021
北京市石景山区苹果园街道刘娘府社区卫生服务站	苹果园街道刘娘府大队1号	88689021
北京市石景山区广宁街道麻峪社区卫生服务站	麻峪南沟甲5号	13439149590
北京市石景山区八角街道体育馆路社区卫生服务站	石景山路32号	88707949
北京市石景山区八宝山街道远洋山水社区卫生服务站	玉泉西里二区29号楼	88689021
北京市石景山区苹果园街道西山枫林社区卫生服务站	香山南路166号院56号	88994615

北京市石景山区广宁街道高井社区卫生服务站	高井	88689034
北京市石景山区鲁谷街道永乐社区卫生服务站	永乐西小区23号楼底商	88689021
北京市石景山区依翠园社区卫生服务站	依翠园5号	68625536
石景山区金顶街街道模西社区卫生服务站	模式口西里小区	88293254
北京市石景山区璟都馨园社区卫生服务站	时代花园南路28号院2楼	88980010
北京市石景山区苹果园街道雍景四季社区卫生服务站	苹果园街道冠景新城B区12号楼首层106室	15311084328
北京市石景山区八角街道中里社区卫生服务站	八角中里居委会	88928021
北京市石景山区金顶街街道赵山社区卫生服务站	金顶街赵山宿舍院内平房	88714801
北京市石景山区古城街道北辛安社区卫生服务站	古城街道北辛安南岔149号	68872427
北京市石景山区重兴园社区卫生服务站	八宝山南路重兴嘉园1号一层	13522816646
北京市石景山区苹果园街道海特花园社区卫生服务站	海特花园45号楼1单元101–102室	88794771
北京市石景山区老山街道中础社区卫生服务站	石景山路23号院	68885504/03
北京市石景山区八角街道北方工大社区卫生服务站	晋元庄5号	88803257
北京市石景山区杨庄社区卫生服务站	杨庄村西口	68874002
石景山区苹果园街道西黄村社区卫生服务站	西黄村后街24号	88701091–8000
石景山区老古城社区卫生服务站	老古城北后道8号	68820341　13693338163
石景山区五里坨街道西山社区卫生服务站	黑石头	88952242　13691311972
石景山区老山街道高能社区卫生服务站	玉泉路19号(乙院)	88235961
石景山区古城街道水泥厂社区卫生服务站	京源路68号	88806839　13121890611
石景山区五里坨街道南宫社区卫生服务站	石门路368号	51511215　13661211533

诊所60家

北京佳铭诊所	玉泉西里二区远洋山水小区12–02底商	68656752
北京刘恭敏内科诊所	高井南街	13240996143
北京建国清秀诊所	衙门口西后街21号	68633440
北京德康杏林诊所	鲁谷村7号楼1号底商	68651340
北京嘉信诊所	西下庄1号楼综合商场一层	88965818
北京中健安康口腔诊所	杨庄银创家园南小区D座1单元101号	88293369
北京市高宝维内科诊所	老古城前街22号	68235565
北京李春琼内科诊所	自来水公司良安东里8排45号	15901462117
北京鲁谷永乐诊所	鲁谷路36号楼底商	88684265
北京市天泰悦馨诊所	五里坨西街20号	88903073
北京同仁堂连锁药店有限责任公司古城中医诊所	古城南路32号	88981624
北京张丽华中医诊所	玉泉路65号	51887598
北京金象大药房医药连锁有限责任公司鲁谷金象诊所	鲁谷路公汽八场3号楼	68636155
北京诚安诊所	老山东里29栋	88973788–813
北京山角中医诊所	刘娘府路36号	13552127391
北京市弘泰堂中医诊所	麻峪村东街36号院2号	88991807
北京市弘济药店有限公司苹果园诊所	苹果园南路128号	68833437
北京市时珍平安诊所	八宝山南路29号7号楼1层	51885505
北京锦安堂诊所	鲁谷小区五芳园18号	68623263
北京孙家琪中西医诊所	把角北里29–7–102	68848351
北京珍鹊中医诊所	香山南路166号院18号	13522706056
北京市王建歧中西医诊所	模式口大街168号	88725119
北京市弘济药店有限公司诊所	杨庄北路	68842624
北京济世慈仁中医药研究院中西医诊所	高井路29–2–9号	88953048
北京市王焕荣中西医诊所	模式口大街217号	88717556
北京市圣医坊诊所	海特花园商业楼一层2–A2–B	51956112

北京济润中西医诊所	鲁谷依翠园 13 号底商 2 号一层	68629347
北京民安康中西医诊所	北辛安大街 97 号	13146183811
北京时雨中西医诊所	游乐园南门广场商用房	13520571791
北京耿银珠中西医诊所	石门路 408 号	13661121162
北京市翟鸿印中西医诊所	边府社区服务中心	13671138625
北京文杰枫林诊所	老山街道文化活动中心二层	88974634
北京市李奇灿中西医诊所	金世界物业中心后院(杨庄北区)	68870165
北京皓齿口腔诊所	古城大街 75 号院 3－1－2－107	68838461
北京市黄德民口腔科诊所	西黄新村东里 1#底商 07 号	88705688
北京雅士美口腔专科诊所	鲁谷路 27 号	68653707
北京嘉信泽洋口腔诊所	阜石路 166 号泽洋大厦 309 室	88909890
北京市张玫口腔诊所	模式口村农村信用社旧址	88753398
北京石景山区老医药卫生工作者协会模式口西里口腔科诊所	模式口西里	88721625
北京市王秀玲口腔镶复诊所	老古城西路农工商公司商业房	68823784
北京市石景山区老医药卫生工作者协会口腔科诊所	海特花园 57 栋北区 2 号	51956726
北京市赵慧兰口腔科诊所	苹果园三区 20 栋 8－102	88715618
北京梅宝馨口腔科诊所	五里坨新马路 8 号	88906454
北京中健安康口腔诊所有限公司八角口腔诊所	八角南里 15 栋 5 门一层	88923369
北京市唐凡华口腔科诊所	古城路园北小区 54 栋平房	88927485
北京市王志国口腔科诊所	模式口中街南职工宿舍	86056674
北京志雅口腔诊所	老山西街八角公园门区 12 号商业用房	88978953
北京王雅平口腔镶复诊所	金顶街西口	88738997
北京立文同创科技发展有限公司吉源口腔诊所	苹果园海特花园 28 号楼 1 门 102	88794859
北京瑞嘉口腔诊所	八宝山南路重兴嘉园 4 号楼 102	68636560
北京市吉田光军口腔诊所	鲁谷大街北重西厂十二号楼二单元 102	88687707
北京兴安口腔诊所	香山南路 168 号院 7 号楼一层 48 号	13552975197
北京市日新口腔诊所	八角西街 61 号西二楼一层	88921249
北京市王雅红口腔镶复诊所	古城大街 75 号院曦景长安 1－1－107	68870013
北京市刘锦玲口腔科诊所	黄南苑小区院内物业楼一层	88997785
北京茂华口腔诊所	时代花园东街 1 号楼 111－112 室	88980808
北京冰蝶整形美容诊所	银河大街 1 号万商花园酒店运动中心三层	68667799
北京市古城娜仙子美容美体有限责任公司惜娜医疗美容诊所	杨庄 28 号西城忆树 1 号楼 1 号底商	88909802
北京景尧洲医疗诊所	模式口大街	88718028
北京市石景山区建筑公司万方诊所	古城西路 15 号	68844118
卫生所医务室 57 家		
北京太平洋邓禄普纺织品有限公司卫生室	鲁古大街 66 号	68660043－12
北京市苹果园中学卫生室	苹果园中学南路 25 号	88794698－8039
北京市石景山区佳汇中学卫生室	金顶街街道模式口南里小区	88296005
北京市石景山区古城第二小学卫生室	古城南路	68832985
北京市石景山区幼儿园卫生室	古城南里	68874902
北京市古城高级中学卫生室	古城南路	68872084
北京市石景山区八角幼儿园卫生室	八角南路幼儿园	68874744
北京市石景山区实验小学卫生室	八角北里	68862278－810
北京市高井中学卫生室	高井路 26 号	88953764
北京市石景山实验中学卫生室	模式口西里	68293411－805
高井热电厂卫生所	高井	52552843
中国科学院高能物理研究所幼儿园卫生室	玉泉路 19 号(乙院)	13466347459

北京市八大处中学卫生室	八大处路8号	88962352
北京教育学院石景山分院卫生室	八角西街95号	88912055
北京市石景山区师范学校附属幼儿园卫生室	永乐东小区	68652877
北京市同文中学卫生室	永乐东小区	68653297－804
北京市石景山区第二幼儿园卫生室	第二幼儿园卫生室	68874643
新华通讯社机关事务管理局鲁谷卫生所	京源路8号	63076032
北京市第一中级人民法院卫生室	石景山路七区16号	59891120
北京市天泰中学卫生室	石门路342号	88902163
北京金色未来幼教中心金苹果幼儿园卫生室	石景山区苹果园路16号	68815812
北京市石景山区八角北路幼儿园卫生室	八角北路幼儿园	68876355
北京市石景山外语实验小学卫生室	首钢黄南苑小区	15010123207
北京市石景山区青少年活动中心卫生室	鲁谷南路11号	68662402
北京市黄庄职业高中卫生室	鲁谷东街29号	68652190－2104
北京市京源学校卫生室	鲁谷小区七星园	68644122－8888
北京市石景山区第三幼儿园卫生室	苹果园海特花园	88792445
北京市蓝天第二中学卫生室	老山西里	68872461－8023
国家广播电影电视总局国际台医务室	鲁谷小区65号楼7－102号	68636183
北京市第九中学医务室	模式口大街	88759928
北京市石景山区石景山中学医务室	模式口西里	88293411－805
北京市杨庄中学医务室	八角北路53号	68873778
北京市石景山区社会福利院医务室	杨庄路17号	68865347
北京市石景山区少年国防教育基地医务室	红卫路1号	88901083
北方工业大学附属中学医务室	金顶北路8号	88751337－8005
北京市石景山区寿山福海养老服务中心医务室	双峪路23号	88990998
北京中新企业管理学院医务室	杨庄路西口	68811520
北京市石景山区民族养老院医务室	模式口南里清真寺西侧、模式口村西102号	88719092
北京金色未来幼教中心首钢大地模式口幼儿园医务室	模式口南里小区	88755285
中国地震应急搜救中心医务室	玉泉西街1号	59956422
中国电子科技集团公司电子科学研究院医务室	八大处高科技园区双园路11号	68893711
北京市公安局石景山分局医务室	古城南路1号	88788242
首钢工学院医务室	西黄村晋元庄路6号	59805852
北京市石景山区金顶街第二小学医务室	金顶街北路	88717777
北京市人民检察院医务室	石景山路12号	68299132
工业和信息化部电子科学技术情报研究所医务室	鲁谷35号电科大厦	88686046
北京市古城旅游职业学校卫生室	古城西路丙2号	68873626－8105
北京市石景山区实验幼儿园医务室	八角北里	68864966
北京市艺考高级中学医务室	杏石口甲2号	82591755－8122
北京市石景山区颐养年养老院医务室	高井北街149号	88908996
北京市石景山区六一小学医务室	六一小学八大处路乙2号	88964512
北京市苹果园中学分校医务室	西黄村西口	88931324－231
北京金色未来幼教中心首钢大地八角幼儿园医务室	古城南路10号	68874088
北京金梦圆老年乐园医务室	八大处路35号	88961161
国家体育总局射击射箭运动管理中心医务室	香山南路103号院	88962277－790
北京地铁技术学校医务室	福寿岭	88935427
国家体育总局自行车击剑运动管理中心医务室	老山西街15号	68868432
其他机构4家		
北京市石景山区中小学卫生保健所	永乐西小区	68611300

北京市石景山区卫生局社区卫生服务管理中心	石景山路24号(石景山医院办公楼四层)	68832727
北京市石景山区卫生局医院管理中心	石景山路24号	68635049
北京市石景山区卫生信息中心	体育场南路6号院	88605067

区域文化设施名录

全国重点文物保护单位

法海寺	模式口村街北	88713976
承恩寺	模式口大街东段路北	88724148

北京市重点文物保护单位

长安寺	八大处	88964661
灵光寺	八大处	88964661
三山庵	八大处	88964661
大悲寺	八大处	88964661
龙泉庵	八大处	88964661
香界寺	八大处	88964661
宝珠洞	八大处	88964661
证果寺	八大处	88964661
八宝山革命公墓	石景山路	88255681
慈善寺	五里坨天泰山	88905988
冰川馆	模式口大街28号	88722585
田义墓	模式口大街北	88724148
老山汉墓	老山驾校内	68607156

石景山区文物保护单位

皇姑寺	西黄村	88701190
崇兴庵	鲁谷村	68607156
龙泉寺	模式口大街北	88713976
双泉寺	双泉寺村	68607156
礼王府	福寿岭铁路疗养院内	88961133
万善桥	黑石头村东	68607156
隆恩寺冰川擦痕	五里坨	68607156
雍正御制碑亭	首钢制氧厂内	68607156
福田公墓	福田寺村	68607156
贤良寺塔院	八大处长安寺南200米	68607156
石景山古井	石景山南侧	68607156
石景山古建群	石景山南侧	68607156
八大处冰川漂砾	八大处公园五处龙泉庵	68607156

四柏一孔桥	模式口大街北	88713976
瑞王坟碑楼	西山枫林东南角	68607156
兴隆寺	五里坨小青山上	68607156
翠云庵	高井村	68607156
崇国寺塔	八宝山革命公墓南 300 米	68607156

图　书　馆

石景山区图书馆	八角南路 2 号	68874077
石景山区少年儿童图书馆	古城南路 11 号	68875256

电影院放映场所

北京山姆娱乐公司山姆电影院	石景山路 42 号	68879106
北京市石景山古城电影院	古城南路 15 号	68866386
北京万达国际电影城有限公司石景山店	石景山路乙 18 号 4 号楼 3 层万达影城	68663399

歌舞娱乐场所

北京萃朋苑餐饮有限公司	双峪路 37 号	88993572 13801014252
北京老来福娱乐有限公司	永乐西小区得实电子有限公司	68688584 13910061761
北京康悦娱乐有限责任公司	衙门口虹艺玩具厂院内 15 号	68635056 13051576880
北京市遥感星空音乐茶座	刘娘府路西侧琅山苗圃院内	88728068 13801369383
北京市仙鹤楼酒店管理顾问有限公司	京源路口	68665588 13331072999
北京神农庄园饮食管理有限公司	实兴北街东侧	13901054689
北京鑫金玉阁歌厅	古城南街东侧 55 – 1	13910933608
北京京港之夜娱乐有限公司	古城北路 81 号	13651340335
北京市星光歌厅有限责任公司	古城南路 45 号	68873241 13901234999
北京心相乐歌厅	五里坨 2 号	13366771336
北京玉鼎娱乐有限责任公司	金顶街西口星座兴石超市四层	88749385 13371729920
北京海特饭店飘歌舞厅	实兴东街 1 号	88795844 13331137931
北京大歌星餐饮娱乐有限公司	石景山路乙 18 号万达广场 D 座 2 层	13699262001
北京金雁翎饮食中心	麻峪村北	88992470 13126681649
北京湾仔情娱乐有限责任公司	八大处希望公园内	13901165510
北京派丽舫餐饮娱乐有限公司	八大处西黄村西口	13911232399
北京午夜至尊娱乐有限公司	八大处 58 号对面	13601057908
北京京西豪门娱乐城	八宝山南路 29 号院 7 号楼地下室一层	51885112
北京海龙腾歌厅	古城西路 121 号	68884183 86185846
北京漂淼情娱乐中心	鲁谷路 58 号院	13601010466
北京荣荟星园音乐茶座	北辛安和平街 29 号	13381152569
北京鑫鑫金唱纳练歌场有限公司	八角西街 68 号	13341019581
北京华晨兔兔娱乐有限责任公司	八角北里 1 号楼东侧甲 2 号	15011261007
北京时尚风情娱乐中心	古城北路甲 4 号	88928881 13601317222
北京火焰娱乐有限公司	古城南里甲 5 号	68877332 13901326447
北京花丽都娱乐俱乐部有限公司	海特花园 50 号楼公建工程 5 层	13911727579
北京市鑫鑫沁园春饭庄	广东门(区服务公司)商业房	13522007896
北京金色海滩洗浴中心	古城西路南侧北京明塑包装厂内	13901380791
北京西山明珠歌厅	西黄村西头三角地红房子东房	13370155799

北京温情如家啤酒屋	八宝山南路 29 号	13810200633
北京大江南花园酒店有限责任公司	八大处路 58 号北段路东	88703883 139010586582

音像制品经营单位

北京歪歪兔教育科技有限公司	八大处高科技园区西井路 3 号 3 号楼 1283 室	68883303
北京秋彤健身顾问有限公司丹彤健身俱乐部	海特花园 57 号楼底商二层 2－2	52638806
北京昊冶文化有限公司	鲁谷路 52 号(皓月写字楼)536 号	13911466606
北京格动音像制品有限公司	古城西路 90 号	88914841
北京雅利华文商贸中心	黄庄村 43 号	88680676
北京布娃娃教育科技有限公司	石景山路 23 号院科研中试楼八层 801 室	68867900
中基育通(北京)教育科技有限公司	石景山路 23 号院办公楼西配楼 8 层	13910701393
北京市根源升商贸中心	永乐东小区 49 栋西平房 1 号	51811319
北京书霖文苑图书销售中心	古城路 58－1－1 号	
北京东兴文化传播有限公司	双园路 1 号 1 号院 107 室	
北京天厚科贸有限公司图书城	苹果园南路甲 11 号	88796548
八大处百货商场	杏石口路	13661220882
北京诚安堂药房有限公司金顶街分店	金顶街二区商业用房一层	88973774－812
北京诚安堂药房有限公司	老山东里	
北京市谷香佳膳食品有限责任公司	香山南路 168 号院 7 号楼一层底商 48 号	13910182508
北京市喜隆多购物中心有限公司	苹果园南路 13 号	13521911171
北京传奇时代图书有限公司	八宝山南路重兴嘉园 4 号楼一层 102 号	
北京市新动感音像制品经营部	高井路 29－2 号	13381185276
北京翰良文化有限公司	体育场南路 2 号景阳宏昌大厦 811 室	13701295252
北京市金彩蝶音像制品服务部	东下庄 11 号	13146457156
北京世纪宏辉文化传播有限公司	八大处高科技园京宝公司办公楼 426 室	88790886
北京牡丹四星音像有限公司第二十八分店	阜石路 158 号一楼入口北侧	64037312
北京乐友达康科技有限公司石景山母婴用品专营店	八宝山南路重兴嘉园 4 号楼三层	13801285889
北京日东升投资有限责任公司	古城南街 52 号	13521911171
北京好旺通音像制品中心	刘娘府四海公园 2、3 号房	13126935613
北京市宝龙行商贸有限责任公司	杨庄北大街路西商用平方	13901337879
北京福星闪亮音像制品销售中心	古城南路锅炉厂(副食品商店 2 号)	13718756733
创意博奥教育科技(北京)有限公司	石景山路 23 号科研中试楼八层 811 室	68867900
北京市瑞奇晓婉商贸中心	八宝山南路(台宝加油站对面)	13911220520
北京银贝文化交流中心	依翠园 3 号楼商业用房	68610499
北京光合作用文化传播有限公司	石景山路乙 18 号 4 号楼万达广场商业步行街 233 号	13811928430
北京龙逸雅轩文化发展中心	古城大街特钢公司十一区(首特创业基地 A 座 721 号)	13683079371
北京梦幻明星文化发展中心	八角(石景山游乐园内)	68876016
北京东方托普文化传播有限公司	八大处高科技园区北京京宝办公楼 424 室	13269198770
北京语航环球教育咨询有限公司	苹果园北大街甲 2 号 427 室	13911839244
北京当代商城有限责任公司石景山分公司	阜石路与杨庄东路交叉西北角	13901231613
北京华科堂图书有限公司第一经营部	海特花园 57 号底商福客隆超市内	13801006776
决策探索(北京)管理咨询中心	双锦园 10 号楼 8302 号	13901008017
北京牡丹四星音像有限公司第四十六分店	石景山路乙 18 号院 4 号楼地下一层 32 课	13911083532
北京边听边看音像店	苹果园南路甲 11 号天宇商海小商品市场前二楼 25、26 号	13693252785

北京丽英宇音像店	苹果园南路甲 11 号天宇商海小商品市场前二楼 18 号	13651304313
北京丽君海音像店	苹果园南路甲 11 号天宇商海小商品市场前二楼 15 号	13718286366

互联网上网服务营业场所

名　　称	地　　址	电　　话
北京协成金豆互联网上网服务有限公司	古城路古城小街甲 6 号	13011296431
北京百合海业英达上网服务有限公司	南路甲 11 号	88931058
北京市万亚辰上网服务有限公司	苹果园地铁斜对面二楼	13901009250
北京崇光成辉上网服务有限公司	金顶街西街南北装饰公司内	88731067
北京世纪传讯上网服务中心	西黄村首钢地质勘查院外	13301083939
北京金正上网服务有限公司	八大处路 22 号办公楼一层西厅	13311397223
北京红峰鸟上网服务中心	鲁谷新岚大厦西侧一层大厅	13910610610
北京忠义合上网服务有限责任公司	古城大街 10 号	13241012153
北京市瑞龙嘉恒上网服务中心	石景山永乐西小区得实电子有限公司二层	68627095
北京一线缘好风景上网服务有限公司	杨庄西口福利院内	68826475
北京天之使者上网服务有限公司	钢校煤厂	13901068167
北京喻世三言上网服务有限公司	西黄村北方工大路北东侧	13801364329
北京腾龙网信上网服务中心	南宫石门路 379 号	13801193332
北京余乐网上网服务有限公司	古城西路 28 号	13911086366
北京吉祥在线上网服务有限公司	北京市石八角东街 181 号	13301037009
北京市龙腾神州上网服务中心	古城大街 53 号	13691166820
北京市零星上网服务有限公司	古城路南里甲 5 号办公楼二层北侧	13901388874
北京永远在线上网服务中心	鲁谷新岚大厦西二层	13520722506
北京市华翼三友上网服务有限公司	古城北路甲 3 号	13301083939
北京天罗网上网服务有限责任公司	西黄村物美超市二楼	13055067830
北京龙之风上网服务有限公司	金顶西街杨家坡临街楼	13301369225
北京市聚友网缘上网服务有限公司	苹果园路物美天翔超市(原副食商场)三层	13366033718
北京世纪金福上网服务中心	八角南里 14 号楼	88923231
北京宏泰基业上网服务有限公司	银河大街 3 号	68684303
北京千龙网都华城上网服务有限公司	海特花园 50 号楼地下一层北侧	13301365207
北京千龙网都火凤凰上网服务有限公司	石景山路 42 号地下一层	13269697070
北京瑞得在线流星雨上网服务中心	古城东街 18 号星座超市 3 层	13311560780
北京千龙网都市联友上网服务有限公司	金顶街西口华禹铸造厂南侧	13051088171
北京千龙网都和美上网服务有限公司	五里坨路 2 号	13381080822
北京红色起点上网服务有限公司	石门路 318 号	13701011103
北京千龙网都宇亿通达上网服务有限公司	模式口北里 40 号楼前	13801169012
北京千龙网都立龙上网服务有限公司	模式口东里	13301365416

名　称	地　址	电　话
北京零度聚阵黄金时代上网服务有限公司	八宝山街道办事处二层	13911056612
北京千龙网都任君行上网服务有限公司	古城南大街1号	13701213005
北京雅思网艺互联网上网服务有限公司	苹果园大街(原副食商场二楼)	13366066406
北京零度聚阵华文上网服务有限公司	苹果园刘娘府路四海公园西侧	13301378786
北京千龙网都瀚海网缘上网服务有限公司	八宝山南路首钢机电有限公司重型机器分公司七千米西半部	15910820776
北京千龙网都旗舰上网服务有限公司	苹果园北路苹果园大街甲2号	13381129021
北京千龙网都鑫领域上网服务有限公司	苹果园大街135号	13241198218
北京零度聚阵飞越上网服务有限公司	衙门口村村北口	13901040405
北京千龙网都鸿利云霄上网服务有限公司	八大处路26号亚视办公楼	13901080433
北京千龙网都新起点上网服务有限公司	八角北路甲18号	15801269188
北京千龙网都巨大上网服务有限公司	鲁谷南路重聚园商业楼	13911160661
北京千龙网都仙鹤楼上网服务有限公司	鲁谷路五环桥东仙鹤楼	13381272000
北京千龙网都天润上网服务有限公司	杨庄中区锅炉房	68848849
北京千龙网都三色人生上网服务有限公司	八角南路18#三层	68864073
北京千龙网都网聚时空上网服务有限公司	金鼎商业中心二层298号	88725654
北京零度聚阵天天上网服务有限公司	古城西街西侧	13701278257
北京千龙网都骑士在线上网服务有限公司	鲁谷路74号院9号楼裙楼地下一层	68664563
炫秀(北京)上网服务中心	杨庄东路128号	13910961019
北京市快乐吧吧上网服务有限公司	老山西街八角公园门区10、11号	13901063883
北京天龙忆达上网服务有限公司	北辛安大街69号	13051887957
北京双胜鑫上网服务有限公司	鲁谷大街118号永乐西小区9号楼前商业楼	13901190224
北京裕丰文盛上网服务有限责任公司	老山西里41号楼南侧	13381095839
北京美速上网服务有限公司	古城南里甲5号	13301369288
易网世界(北京)国际上网服务有限公司	八宝山南路29号院7号楼地下一层	13901258628
北京市风行龙互联网上网服务中心	古城西路20号	13801391130
北京嘉仕金诚上网服务有限公司	八宝山南路重兴园甲2号	13311578087

图书经营场所

名　称	地　址	法　人	联系电话
北京康达振华文化发展有限公司	鲁谷路74号院十号楼206室	张桂虎	68658976
北京广协出版信息中心	杨庄东路126号	杨秀玲	82597155
北京百福鑫创劳务有限公司	北辛安和平街9号	李运鼎	68810487
北京乘云阁图书有限公司	八角中里科技馆	俎俊玉	88708914 88708689
北京新华联合文化传播中心	京原路口南向阳综合楼	李　婧	68624789
北京金锋盾经济文化发展中心	京原路展龙大厦312室	梅金锁	68624321
北京锐标文化发展中心	古城大街古城宾馆319室	杨　肇	68815096
北京新锐时空文化交流中心	古城大街西侧	魏明明	88924586

名　　称	地　　址	法　人	联系电话
北京市古城文社书店	古城大街古城宾馆旁	龚文瑞	88916704
北京市九州博文图书有限公司	北辛安袁家胡同 12 号	何小满	
北京京审华信书刊经营中心	杨庄路 110 号华信大厦 909 室	李　刚	68829564
北京红旗在线图书有限公司	鲁谷路 52 号	王　军	68650181
北京水木文泉图书有限公司文泉学苑书店	北方工业大学办公楼一层	范为国	88802018
北京经卫联合医药信息研究所	七星园展龙写字楼 515	李宝山	68611602
华教联合(北京)文化传播中心	京原路口南展龙大厦	施进军	68624789
水木时代(北京)教材教学研究中心	景阳宏昌大厦 1113 室	宣　侠	82866611 82866284
北京华联综合超市股份有限公司石景山分公司	石景山路万商大厦裙楼	赵国清	68666688－6508 68666688－6518
北京市鑫海威信息中心	鲁谷路 35 号电科大厦 10 层	万鹏远	88686257
北京华普联合商业投资有限公司鲁谷超市	鲁谷西路	蒯英海	68639939
北京市石景山区利众书店	鲁谷大街 12 号	尹庆章	68667246
北京林墨轩文化用品销售中心	八角北路小学南侧门面房	芦永杰	88915656
北京万卷天地图书有限公司	南大荒 80 号院西侧 3 号平房	王德高	84495089
北京国联图书有限公司	八角北路小学北侧	卢永青	88915656
中基育通(北京)教育科技有限公司	石景山路 23 号院办公楼西配楼 8 层	徐美玉	68867900 68864116
北京结缘龙腾文化用品店	鲁谷路玉都雅风市场二层 0928	刘本平	
北京秀雅香轩文化用品店	鲁谷路玉都雅风市场二层 0948	彭述中	
北京燕传书文化用品店	鲁谷路玉都雅风市场二层 0938	李秀平	
北京天之星经济文化中心	玉泉西路地震局综合观测中心院内	闪中明	88257899 51522188
北京天厚科贸有限公司图书城	苹果园南路甲 11 号后三楼	蒲红英	88796548
北京翰良文化有限公司	景阳宏昌大厦 1115 室	李长河	51810666
北京首钢源景文化发展有限公司	首钢厂东门院内陶楼三层	姜兴宏	88293618
北京金华鸿文化传播中心	京原路向阳综合楼展龙写字楼 609 号	许华丽	86950883
北京市和讯通达书店	金顶街红光金鼎市场 1B394 号	张道敏	86183880
北京陆机文化传媒有限公司	展龙大厦 617 室	田向阳	68610322 68621751
北京众智百川教育科技科技中心	杨庄 110 号华信大厦 1218 室	温广超	51713700
北京世纪宏辉文化传播有限公司	八大处高科技园京宝公司办公楼 426 室	马朝晖	88795937 88790886
北京东方托普文化传播有限公司	八大处高科技园京宝公司办公楼 424 室	丁　颖	88790886 88795937
北京海纳天成文化传播有限公司	八角北里综合商业楼 211 号	芦　刚	51957089
北京昊冶文化有限公司	鲁谷路 52 号皓月写字楼 536 室	王　茹	87993827 88685009
北京市文力本果品商亭	五里坨石门路 258 号	夏文伏	88908187

名　　称	地　　址	法　人	联系电话
北京金蚂蚁文化发展中心八角分部	八角地铁东北出入口内	祝亚君	68286894 68151832
北京轩地方圆书店	古城西路20号5号楼景华丰写字楼A603室	李金平	68845399
北京龙翔世纪文化发展中心	京原路向阳综合楼A327号	袁明高	51713210
北京育禾华盛文化传播中心	京原路口南向阳综合楼B448室	施成军	68610788
北京卓远今朝国际文化传播有限公司	石景山路22号长城大厦629室	李纪梅	65469653
北京建享和谐文化交流中心	古城西路20号景华丰写字楼A408	屈　刚	52631350
北京心灵坊文化传播中心	鲁谷南路26号展龙写字楼1002室	赵　猛	68625649
北京市虹彩天空书店	金顶街红光金鼎商业中心一层1B176号	刁景民	88730133
北京嘉文视野文化传播有限公司	阜石路166号泽洋大厦301B室	曾柳江	52638558
北京大唐天和文化传播有限公司	古城西路20号5号楼A621	刘紫栋	52631688
北京世达环球科贸有限公司	阜石路166号泽洋大厦706室	李　超	88909467
北京银贝文化交流中心	依翠园3号楼商业用房	王金英	68644110
北京布娃娃教育科技有限公司	石景山路23号科研中试楼八层801	徐美玉	68867900
北京市喜隆多购物中心有限公司	苹果园南路13号	刘东晖	52635123
北京诚安堂药房有限公司	老山东里	李伯军	88973774－812
北京日东升投资有限责任公司	古城南街52号	刘东晖	52635123
北京歪歪兔教育科技有限公司	八大处高科技园区西井路3号3号楼1283室	宗芳斌	63992580－115
北京中住联合科技发展有限公司	衙门口向阳工业小区	李浩桢	81822311
北京诚安堂药房有限公司金顶街分店	金顶街二区商业用房一层	李伯军	88973774－812
北京牵手文化交流有限公司	黄庄村43号院东4幢	李慧琴	88878138
北京光合作用文化传播有限公司石景山店	石景山路乙18号4号楼二层233号	廖建宇	
北京市元培林书屋	古城南路北方锅炉厂宿舍区校外活动站	方其林	88797871
北京大唐之都文化传播有限公司	古城西路20号5号楼A620	刘紫栋	52631655 15301091782
北京辉煌文化交流有限公司	古城北路21楼5单元一层西2间	赵雅莉	68861115
北京昊福文化传播有限公司	阜石路166号泽洋大厦1102室	福　生	52638909
北京丽家丽婴婴童用品有限公司第四十一便利店	石景山路22号A座长城大厦A－2底商	周　威	
北京龙腾达文化发展中心	古城西路20号5号楼B605	刘江霞	
北京龙腾瀚海文化传播有限公司	古城西街25号C座113室	蒋　森	15810358793 13161830059
北京美廉美连锁商业有限公司鲁谷超市	鲁谷依翠园新岚大厦地上一层	李小南	13701276754 82034533
创艺博奥教育科技(北京)有限公司	石景山路23号科研中试楼八层811室	徐美玉	68867900
北京智慧文渊信息咨询中心	麻峪新街58号	梁　勇	13681347419

名　　称	地　　址	法　人	联系电话
北京五月书香文化传播有限责任公司	古城西街25号B座406室	边丽涛	13681156080
北京永辉超市有限公司	鲁谷大街东侧	张轩松	
北京物美商业集团股份有限公司西山枫林店	香山南路168号院15栋一层	许少川	
北京诚安堂药房有限公司五芳园店	五芳园15号楼1层3号	李伯军	88973788－820
北京诚安堂药房有限公司八角北里店	八角北里实验小学对面华联超市内	李伯军	88973788－820
北京华裕恒泰国际管理咨询有限公司	京原路向阳综合楼展龙写字楼528B室	杨勇刚	68686637
北京龙逸雅轩文化发展中心	古城大街特钢公司十一区首特创业基地A座721	袁明高	13683079371
北京九州博文科贸有限公司	八大处高科技园区西井路3号3号楼2410房间	刘永壮	13120089764
北京双春阁书店	八大处路东侧(天翔超市)	喻士丰	88968700
北京卓远启明国际文化传播中心	双峪路35号	李纪梅	
北京中科工研工程咨询服务有限责任公司	玉泉路19号(甲)21号楼科研楼东二层204、205	侯泉林	88256707
北京语航环球教育咨询有限公司	苹果园北大街甲2号427室	董红军	88795169 88256709
北京永辉超市有限公司石景山分公司	鲁谷大街东侧二层	彭华生	
北京经纶纵横生物科技传媒有限公司	鲁谷路128号2号楼102室	李　昊	68658301 68658322
北京东方仕林书店	重聚园9楼901室	李　淼	
北京时代音符文化发展中心	八宝山南路重兴嘉园4号楼401－26	郝洪学	
北京博弈前程教育科技有限公司	金顶街首钢今时宾馆一层11号	杨建荣	88719608
北京当代商城有限责任公司石景山分公司	阜石路与杨庄东路交叉西北角	刘建勤	88939169

区域体育健身设施名录

石景山区体育经营单位

名　　称	地　　址	开　设　项　目
北京万商大厦	石景山路22号	游泳、健身
北京实兴海特大厦	八大处科技园区	游泳、健身、保龄球
北京环美游泳馆	苹果园北路36号	游泳
八大处富斯特滑道	八大处公园内	滑道
国家体育总局射击射箭运动管理中心射击场	福田寺甲3号	射击

名　　称	地　　址	开 设 项 目
石景山游乐园	八角游乐园	蹦极、攀岩
首钢体育馆	首钢篮球中心	篮球、排球、羽毛球、网球、壁球、乒乓球、台球
北京市吉跳龙羽毛球运动中心	石景山路23号	羽毛球
北京市兴钢文化交流中心模式口分部	模式口南里活动站1号	健身、健美
北京市兴钢文化交流中心苹果园分部	苹果园1－3号	健身、健美
北京市兴钢文化交流中心八角分部	八角小区内	乒乓球
北京市兴钢文化交流中心老山分部	老山东里49、60、61、62号一层	健身、乒乓球
北京靓靓伊人舍宾俱乐部有限公司	八角西街66号	健美操
北京市八大处西翠会馆	八大处西便门南侧	台球
北京市石景山区高井节能服务公司康体中心	电厂路东侧	游泳、健美
石景山区体育中心网球馆	石景山路32号	网球
老山自摩中心－健身中心	老山自摩中心内	游泳、健美
北京军区联勤部健身中心	北京军区联勤部院内	游泳、保龄球
石体娱乐中心游泳馆	石景山路32号	游泳
首钢红楼游泳馆	石景山路首钢总公司院内	游泳
誉景苑酒店游泳馆	誉景苑酒店	游泳
希望公园游泳场、网球场	希望公园内	游泳、网球
四海水上乐园	刘娘俯路四海水上乐园	游泳
九中游泳馆	北京市第九中学内	游泳
高能物理研究所游泳场	玉泉路高能物理研究所内	游泳
工业职业技术学校游泳馆	五里坨工业职业技术学校内	游泳
军区司政游泳场	北京军区司政大院内	游泳
首钢杨庄游泳馆	杨庄小区内	游泳
博雄健身中心	鲁谷社区五芳园	健美
丹彤健身中心	海特小区内	健美
石景山区体育场	石景山路32号	足球、田径
石景山区体育馆	石景山路32号	篮球、羽毛球、排球
首钢老山游泳场	老山小区内	游泳
北方工业大学游泳场	北方工业大学南院	游泳
市政铁路疗养院	市政铁路疗养院内	保龄、沙壶、乒乓、健身房、网球、篮球、游泳
北京市星球娱乐有限责任公司	鲁谷74号院	台球
北京市国利伟业体育交流中心—8台	永乐西小区粮管所	台球
北京巨龙大成文化体育用品商店	首钢八角小区43号	台球
北京金络台球厅	鲁谷新岚大厦南三层	台球
北京开心乐园体育健身中心4层	西井路17号	台球
北京公交六厂鲁海捷健身中心	鲁谷大街	台球

名 称	地 址	开 设 项 目
古城百合台球厅	古城路	台球
长安家园地下－东文之星台球厅	石景山路	台球
北京星牌伟业体育发展有限公司星牌台球俱乐部	区阜石路159号	台球

职业服务机构名录

职业介绍机构名录

名 称	法人姓名	电 话	地 址
石景山区职业介绍服务中心	李燕平	68879893	杨庄路66号
北京市石景山区外来劳动力职业介绍服务中心	李燕平	68879893	杨庄路66号
石景山区八角街道职业介绍所	王宏宇	88982139	八角北路甲36号
石景山区苹果园街道职业介绍所	朱树萍	88799673	苹果园南路23号
石景山区八宝山街道职业介绍所	王超英	68624739	鲁谷东街18号
石景山区金顶街街道职业介绍所	王秋玲	68873043	金顶街街道办事处
石景山区老山街道职业介绍所	邸士萍	88296319	老山街道办事处院内
石景山区广宁街道职业介绍所	李爱平	88903075	广宁村新立街4号
石景山区五里坨街道职业介绍所	魏林屏	88905460	五里坨车站路1号
石景山区古城街道职业介绍所	潘黎燕	68879143	古城街道办事处(院内)
石景山区鲁谷社区行政事务管理中心社会保障事务所	胡文超	68624758	六合园东部社区中心
首钢职工交流服务中心	李 京	88722635	金顶街－北京首钢华禹铸造厂院内
石景山区残疾人劳动就业服务中心	赵军生	68821872	古城北路残联
石景山区工会职业介绍所	陈雅琴	88930313	石景山路42号
石景山区妇女儿童活动中心	张莎丽	68875501	八角西街
北京市爱依家政服务有限责任公司	穆丽杰	68825744	古城南路52栋
北京市爱依家政服务有限责任公司八角分部	穆丽杰	68878685	古城公园西墙外
北京市爱依家政服务有限责任公司杨庄分部	穆丽杰	68844022	社区服务中心一层
北京市爱依家政服务有限责任公司鲁谷分部	穆丽杰	68641619	东部社区服务中心
北京市益友嘉职业介绍有限责任公司	叶 红	68885486	八角街道社区服务中心
北京益友嘉职业介绍有限责任公司永乐分部	叶 红	68854010	永乐小区长城羊毛衫厂西侧
北京好职坊人力资源服务有限公司	周玉红	68840818	八角街道社区服务中心206－1室
北京田慧源人力资源服务有限公司	贾淑珍	68875104	北辛安和平街6号

民办职业技能培训学校

学校全称	培训职业工种名称	培训层次	学校地址	负责人	招生电话
北京市石景山区职业技能培训学校	计算机文字录入处理员、中式烹调师、家政服务员、保健按摩师、花卉工	初级 中级	古城东街11号	王　辉	68875360
北京市古城职业技能培训学校	美容师、美发师、中式烹调师(高)、餐厅服务员、调酒师、花卉工、西式面点师、计算机调试	初级 中级 高级	古城大街23号	刘　冰	68873414
北京市石景山区业余大学职业技能培训学校	计算机文字录入处理员、秘书(高)、公关员(高)、物业管理员、保育员	初级 中级 高级	八角北路51号院	王　松	68875355
北京市石景山区阳光职业技能培训学校	计算机操作员、计算机维修工、中式烹调师、中式面点师、餐厅服务员、保健按摩师、美容师、美发师、家政服务员。	初级 中级	模式口西里培智学校院内	张　昶	88748051
北京市首钢职业技能培训学校	维修电工、装配钳工、机修钳工、焊工、车工、铣工、冷作钣金工(高级技师、技师、高、中级、初级)营销师(技师、高、中级)企业人力资源管理、电子商务、项目管理、加工中心操作员(高、中级)汽车维修工(高、中、初级)数控铣床操作工(中级)家政服务员、仓库保管工、计算机文字录入处理员、计算机调试工、计算机操作员	中级 初级	晋元庄6号首钢技师学院内	孙继伶	59805765
北京市地铁职业技能培训学校	电动列车电器钳工、电动列车机械钳工、电气仪表工	初级 中级 高级	福寿岭地铁技校院内		88935415
北京市石景山区安邦职业技能培训学校	保健按摩师	初级 中级	老山西里21号实验二小院内	项学贤	68680867
北京市石景山区创艺博林职业技能培训学校	调酒师、咖啡师	初级 中级	古城南路43号	崔　乐	59480601
北京市石景山区育才职业技能培训学校	计算机文字录入员、计算机维修工、家政服务员、按摩师	初级 中级	鲁谷大街18号	王龙军	52636543
北京市石景山区棋槟职业技能培训学校	汽车维修工、工艺编结工	初级 中级	模式口南里文化馆一层	赵丽华	88996229
北京市石景山区博闻职业技能培训学校	家政服务员、公共区域保洁员、停车场管理员(非等级)	初级 中级	鲁谷南路26号展龙大厦西楼二层	高　丰	68622858
北京市石景山区新天地职业技能培训学校	计算机调试工、美容师、花卉工、中式烹调师、办公应用软件	初级 中级	古城北路3号	苏向党	51952585
北京市石景山区红顺职业技能培训学校	按摩师、美容师、仓库保管员、商品营业员、花卉工、客房服务员、医药商品购销员、计算机调试工、制冷维修工、中式面点师、公共区域保洁员、足部按摩师、手工编织(非等级)	初级 中级	八角街道社区服务中心	李清华	51620651

学校全称	培训职业工种名称	培训层次	学校地址	负责人	招生电话
北京市石景山区益生美职业技能培训学校	美容师、保健按摩师	初级中级	石门路288号四层	董立梅	88900152
北京市石景山区京华建工职业技能培训学校	电工、焊工、管道工、制冷设备维修工、钳工、测量放线工、计算机调试工、仓库保管员、花卉工	初级中级	晋元庄23号首钢勘察院内南楼	张凤伶	68837927
北京市石景山区正华职业技能培训学校	客房服务员、餐厅服务员	初级中级	八角西街85号楼首钢实业大厦二层	李拴劳	88927632

律师、公证服务机构

律师事务所

北京方正律师事务所	八角北里	68876784
北京华夏律师事务所	石景山路22号万商大厦602	68636613
北京双全律师事务所	石景山路甲18号万达广场E座2811室	13601000273
北京博天律师事务所	石景山路甲18号万达广场E座3层309室	68681755
北京合达律师事务所	石景山路甲18号万达广场C座2210	88696642
北京佳泰律师事务所	海特花园46号楼2单元601室	68810997 13601255416
北京信之源律师事务所	玉泉大厦506室	13501394769
北京中顾律师事务所	八大处高科技园区西井路三号楼1227室	82616007 13718367776
北京京晓律师事务所	政达路2号CRD银座1029	88930905 13901094605
北京兆泰律师事务所	鲁谷路33－16号	88682216 88696186
北京凯诺律师事务所	石景山路22号长城大厦738室	52632699
北京孙海清律师事务所	八角北路45号楼1单元3号	13521779287
北京恒顿律师事务所	石景山路甲18号院万达广场E座512室	88696916
北京品臻律师事务所	杨庄中区20号楼7单元1202室	68812847

公 证 处

北京市燕京公证处	八角北里司法局2楼	88915322 68834410 68875084

法律服务所

北京市石景山区八宝山街道法律服务所	永乐西小区25栋底商2号	68681657
北京市石景山区八角街道法律服务所	八角街道社区服务中心三楼	68872210
北京市石景山区古城街道法律服务所	社区服务中心205室	88708217
北京市石景山区苹果园街道法律服务所	苹果园首钢文化馆二楼	13801014427
石景山区法律援助中心	八角西街46－4(妇女儿童活动中心)	68870148 68810848

石景山公安分局派出所

八宝山派出所	永乐小区甲 66 号	68668751
八角派出所	八角北路甲 38 号	68875652
古城派出所	老古城北后道甲 1 号	68872373
苹果园派出所	实兴大街甲 1 号	68836781 68872303
老山派出所	老山东里	88971590
模式口派出所	模式口南里甲 1 号	68875574
金顶街派出所	金顶街五区 3 栋	88732328
鲁谷派出所	依翠园甲 16 号	88682186
广宁派出所	广宁复兴街 75 号	88992177
五里坨派出所	五里坨东街甲 1 号	88952410
石景山路派出所	石景山体育馆内	68875350
八大处派出所	八大处公园内	88964250
高井派出所	高井甲 32 号	66384471
四平台派出所	八大处甲 1 号	88963060

科技中介服务组织

北京经纬通达咨询有限公司	石景山路 22 号长城大厦	68666236
北京财智信商咨询中心	古城宾馆写字楼	13910777439
北京爱思济会计事务所	石景山路 23 号中础大厦 206 室	68872158
北京普洋会计事务所	实兴大街 64 号	88791898
首钢总公司专利中心	首钢厂东门首钢技术研究院	88296581
信息产业部电子专利中心	鲁谷路 35 号电科大厦	68632927
石景山区人才交流中心	杨庄东路 66 号人才交流中心	68871056
北京国辰世纪企业管理咨询中心	石景山路 22 号长城大厦	68666240
石景山区生产力促进中心	八角西街 40 号	68863350
北京 863 信息安全科技发展有限公司	石景山路 40 号	68812109
首特科技孵化器	特钢公司院内	88982098
北京盛世易达咨询有限公司	双园路 9 号京宝公司 307 室	13001263436
北京汇丰国际登记注册代理事务所	苹果园实兴大街 64 号	88790708
北京华鑫宏达投资顾问有限公司	苹果园实兴大街 64 号	13011206904
道正国丰知识产权代理	苹果园实兴大街 64 号	13901311903
北京快时捷登记注册代理事务所	八角北里经济服务大厅 3 号	13011198963
北京颖通嘉琳登记注册代理事务所	阜石路 166 号泽洋大厦 718X6	13641314173
北京市双全律师事务所	碣石坪 12 号 1－2303B	68667174

北京领步科技发展有限公司	苹果园西井路3号	51620688

福 利 机 构

北京市石景山区社会福利院	杨庄路17号	68842135
北京市金顶街街道敬老院	法海寺公园旁	88720370
北京市慈善寺敬老院	五里坨潭峪村口	88903508
北京市金梦圆老年乐园	八大处路35号	88961199
北京市寿山福海养老服务中心	双峪路23号	88990006
北京市天泰老年公寓	黑石头村	88959754
北京市颐养年养老院	高井北街149号	88908996
北京市西山八大处老年公寓	八大处北空院内	88965745
北京市民族养老院	模式口南里小区	88719092
北京市老年福敬老院	模式口西里小区	88292255

区国资委一级监管企事业单位

北京市石景山区国有资产经营公司	杨庄东街59号	68887260
北京实兴腾飞置业发展公司	杨庄东街59号	68880853
北京宏润投资经营公司	八角西街商业一号楼	68875965
北京石景山游乐园	石景山路25号	68876016
北京市石景山区房屋经营和市场管理中心	古城东街103号	68861581
北京石开房地产开发有限公司	体育场南路2号	51810266
北京市石景山物资总公司	古城北路3号	68861843
北京鲁谷集中供热厂	衙门口村东	68663146
北京芳星园物业管理中心	鲁谷七星园小区四号楼南侧	68642511
北京万商投资发展公司	石景山路22号	68681188
北京市石景山区建筑公司	西井路15号	68829495
北京市恒辰工贸集团	古城西路原塑料八厂院内	68878748
北京市石景山区第二建筑工程公司	北辛安和平街6号	68874794
北京海特饭店	苹果园实兴大街1号	68811188
北京燕金源置业有限公司	杨庄北区甲12号楼底商2层	68868123

街道社区居委会

古城街道

八千平社区居委会	古城北路八千平	68875184
古城路社区居委会	古城路 18 栋楼前车棚	68874653
南路东社区居委会	古城南路 28 栋前	68835582 68874955
南路西社区居委会	古城南路 16 栋前地下室对面车棚	68875391 68827934
十万平社区居委会	老古城大楼十万平 5 栋西	68874328
北小区社区居委会	古城北路 8 栋前	68875712
环铁社区居委会	杨庄大街地铁车辆段居民区	68835233
特钢社区居委会	特钢东门大楼一栋前	68810165
西路南社区居委会	古城西路 8 栋	68882076
西路北社区居委会	古城西路北 10 栋	68874303 68829434
天翔社区居委会	古城北路 21 栋后院	68882488
古前街社区居委会	北后道刑警大队门口	68819071 68878506
古后街社区居委会	北后道刑警大队门口	68819073 68878343
大街社区居委会	北辛安大街 56 号	68826703
南北岔社区居委会	北辛安南岔 34 号	68876114 68836117
铁新社区居委会	北辛安新房子 16 号	68871476
南大荒社区居委会	永定林居民区院	88806089 88806150
水泥厂社区居委会	京源路 68 号	88957201
白庙社区居委会	白庙村 35 号	88912423
庞村社区居委会	庞村后街 2 号	88295211

苹果园街道

苹一区社区居委会	苹一区 5 栋楼北侧	68844260 68877461
苹二区社区居委会	苹二区 6 号楼后面	68844546 68870591
苹三区社区居委会	苹三区 19 栋西	88719085 88736486
苹四区社区居委会	苹四区 13 栋对面	88708061 88725239
海特第一社区居委会	海特花园 15 栋后平房	88790239
海特第二社区居委会	海特小学北侧	88790874
海特第三社区居委会	海特花园 56 号楼旁平房	88796485 88791077
西井社区居委会	西井二区甲一号	88931244 88932431
西黄村社区居委会	西黄村木材厂南侧三楼	88705057
西黄新村社区居委会	西黄新村北里 12 号楼 109 号	88783611
琅山村社区居委会	琅山村 64 号	88728914 88752643
边府社区居委会	雍王府 1 号	52637020 88759370
装备部社区居委会	装备部大院 37 号	66397155 66397061
八大处社区居委会	八大处路 6 号六一教工院内	88962994
三疗社区居委会	工人疗养院 6 号楼前平房	88960306

西山枫林一社区居委会	香山南路168号院8-9-101	88782445
西山枫林二社区居委会	香山南路166号院8-6-102	88774971
军区第一社区居委会	军区大院58-1-101	66398257
军区第二社区居委会	军区大院15-3-104	66398446
西黄新村东里社区居委会	西黄新村东里13号楼108号	88702083
西黄新村西里社区居委会	西黄新村西里13号楼旁12号楼北侧	88701646
下庄社区居委会	八大处路甲26号院8栋11门101号	88960745

金顶街街道

金一区社区居委会	金顶北路20号院19号楼首层	88775047 88749902
金二区社区居委会	金顶街二区综合楼	88750554 88750423
金三区社区居委会	金3区6栋东南侧平房	88748025
金四区社区居委会	金顶北街68号(金顶街工商银行北侧)	88722550 88748026
金五区社区居委会	金五区甲9栋楼一层	88724302 88749971
赵山社区居委会	赵山2号楼北侧平房	88744007 88748007
西福村社区居委会	金顶山路168号院5栋6门103号	88723576
铸造村社区居委会	铸造二区47号	88714343 88748033
模式口村社区居委会	模式口村76号	88728098 88750148
模东里社区居委会	模式口东里9号楼西侧	88728152 88717592
南里社区居委会	模南里9栋北侧	88722187
中里社区居委会	模南里26栋楼前	88728616
模北里社区居委会	模北里38栋512号	88748010 8991155-3713
模西中社区居委会	模西20栋楼前	88722602 88748826
模西南社区居委会	模西33栋北侧	88722602
模西北社区居委会	模西10栋楼前	88724325

五里坨街道

五里坨街道联勤部社区居委会	高井甲32号	66384479
五里坨街道西山机械厂社区居委会	99号信箱	51725435
五里坨街道石府社区居委会	五里坨石府南路26号	88951287
五里坨街道西街社区居委会	五里坨西街南路3号	88901285
五里坨街道东街社区居委会	五里坨东街47号	88902445
五里坨街道高井社区居委会	高井南街11号	88901283
五里坨街道南宫社区居委会	石门路368号居委会	51511107
五里坨街道黑石头社区居委会	黑石头南街49号	88951284
五里坨街道隆恩寺社区居委会	五里坨隆恩寺礼堂	88901286
五里坨街道红卫路社区居委会	北京1228信箱工兵管理处转居委会	88906426
五里坨街道隆恩寺新区社区居委会	隆恩寺路19号院兴泰家园物业1楼	61803063

广宁街道

新立街社区居委会	广宁村新立街113号	88991868
东山社区居委会	广宁村复兴街东山	88991398
高井路社区居委会	广宁村电厂路21号	52552881
麻峪社区居委会	麻峪南沟乙5号	88991931

八宝山街道

三山园社区居委会	永乐东区 84 楼东侧平房	68657086
四季园社区居委会	永乐东区 27 楼前白楼	68681076
永东南社区居委会	永乐东区 32 楼南平房	68684695
永东北社区居委会	永乐东区 7 号楼前	68658546
鲁谷住宅社区居委会	鲁谷住宅 7 楼东侧一层	68636654
情报所社区居委会	情报所 24 号楼前平房	88686047
电科院社区居委会	电科院社区院 31 号楼东二层	68683508
玉泉西社区居委会	玉泉路甲 65 号院平房	68636681
瑞达社区居委会	瑞达社区北院 11 号楼北侧	68689014
青年楼社区居委会	青年楼社区内	68687279
中铁建社区居委会	八宝山南路 29 号院食堂二层	51885679
西里西社区居委会	西里二区 7－3－106	88685338
西里中社区居委会	西里二区 29 号楼一层(底商)	88609638
西里北社区居委会	西里二区 1 号楼一层(底商)	88680676

鲁谷社区

依翠园南社区居委会	依翠园 13 号楼南居委会	68624224
依翠园北社区居委会	六场宿舍市运 8 场 3 楼南平房居委会	68663737
双锦园社区居委会	永乐西小区 3 号楼东面	68636674
五芳园社区居委会	鲁谷路 5 号	68620956
六合园南社区居委会	六合园 20 号楼	68625271
六合园北社区居委会	六合园 12 号楼	68626880
七星园南社区居委会	七星园 10－13－102	68627417
七星园北社区居委会	七星园 7 号楼对面	68627418
衙门口东社区居委会	衙门口上后街南头	88681730
衙门口西社区居委会	衙门口西街 44 号	68636683
衙门口南社区居委会	衙门口西南后街	88681010
新华社社区居委会	京原路 8 号新华社第二工作区西配楼 101 号	63077157
石景山医院社区居委会	碣石坪小区 3 号楼西侧	68659138
久筑社区居委会	双锦园 10 号楼院内平房	68658542
西厂东社区居委会	北京重型机电厂西厂宿舍 10 号楼 3 门 103 号	68683321
新岚社区居委会	依翠园乙 16 号新岚大厦	68641236
永乐西南社区居委会	永乐西区 20 号楼北侧平房院	88681799
永乐西北社区居委会	永乐西区 20 号楼北侧平房院	68686532
重聚园社区居委会	重聚园 18 号楼西侧综合办公楼	68686316
重兴园社区居委会	重兴嘉园 1 号楼 6 层	68655994
碣石坪社区居委会	碣石坪 12 号 1 层	88690992
聚兴园	聚兴园 7 号配套房	52630903

八角街道

八角北里社区居委会	八角北里 45 栋北侧	68883787
八角中里社区居委会	八角中里 21 栋北侧	68863698
八角南里社区居委会	八角南里 17 栋楼旁	88910810 68849734
八角北路社区居委会	八角北路 44 栋楼前平房	68882386 68872161

八角路社区居委会	八角路11栋西边	68874285
八角南路社区居委会	八角南路10栋北侧	68873979 68879213
杨庄南区社区居委会	杨庄小学北侧	68875242
杨庄中区社区居委会	杨庄中区19栋楼后侧	68872711
杨庄北区社区居委会	杨庄北区49栋西侧	52651532
公园北社区居委会	古城路甲61号	68872798
古城南路社区居委会	古城南路50栋院内	68874196
古城南里社区居委会	古城南里5号楼南侧	68874340
建钢南里社区居委会	八角南里1号楼南侧平房	68879285
八角北路特钢社区居委会	八角北路9栋北侧	68878797
地铁古城家园社区居委会	八角北路59号	88922228
黄南苑社区居委会	黄南苑小区2号楼前平房	88996424
中铁建总医院社区居委会	京源路5号院1号楼东侧	51718491
时代花园	时代花园南路23号院15号楼一层	88937457

老山街道

老山西里社区居委会	老山西里4栋平房	88970474
老山东里社区居委会	老山东里健身园平房	88975996
老山东里南社区居委会	老山东里28栋东侧平房	88973339
老山东里北社区居委会	老山东里49栋北侧	88973470
何家坟居委会	玉泉西路何家坟	88255146
高能所居委会	玉泉路19号乙高能所	88233098
玉泉西路居委会	玉泉西街	88255501
11号院居委会	玉泉路11号院	68289034
翠谷玉景苑居委会	翠谷玉景苑1-6-103号	68289034
京源社区居委会	石景山路23号院	68810401
玉泉北里二区第一社区	玉泉新城北里二区居委会	88620097
研究生院社区居委会	玉泉路19号丙12号楼101号	88256073

索　　引

说　　明

· 本索引采取内容分析索引法编制。
· 彩页不在标引范围之内。
· 本索引基本按汉语拼音音序排列,汉语打头的标目按首字的音序音调依次排列。
· 针对一些标目在多个页码出现或标目本身专指性较差的情况,为避免读者盲目检索,本索引特在部分标目后括号中加注栏目所属和页码。如"组织建设(工商联)　167","组织建设(九三学社区工委)　166"。

汉语拼音索引

A

B

C

D

E

F

G

H

J

K

L

M

N

P

Q

R

S

T

W

X

Y

Z

数字索引

英文字母索引